中国考古事业

2012~2016

上

国家文物局 编

文物出版社

图书在版编目（CIP）数据

中国考古事业：2012～2016 / 国家文物局编. —北京：文物出版社，2018.12
ISBN 978-7-5010-5773-3

Ⅰ.①中… Ⅱ.①国… Ⅲ.①文物—考古—中国—2012-2016 Ⅳ.①K87

中国版本图书馆CIP数据核字（2018）第232456号

中国考古事业（2012～2016）

编　　者：国家文物局

责任编辑：孙漪娜　王霄凡
责任校对：孙　蕾　赵　宁　陈　婧
责任印制：张道奇

出版发行：文物出版社
地　　址：北京市东直门内北小街2号楼
网　　址：http://www.wenwu.com
邮　　箱：web@wenwu.com
经　　销：新华书店
印　　刷：北京京都六环印刷厂印刷
开　　本：889毫米×1194毫米　1/16
印　　张：57.5
版　　次：2018年12月第1版
印　　次：2018年12月第1次印刷
书　　号：ISBN 978-7-5010-5773-3
定　　价：760.00元（全二册）

目录

CONTENTS

中国考古事业 2012－2016

上册

上册

309 江苏省

375 浙江省

411 安徽省

423 福建省

447 江西省

上册

下册

下册

把握机遇　真抓实干　努力实现考古工作新发展

国家文物局局长　刘玉珠

考古工作是文物事业的重要组成部分。党的十八大以来，习近平总书记站在实现中华民族伟大复兴中国梦的战略高度，就传承弘扬中华优秀传统文化和文物保护发表了一系列重要论述，作出重要指示。习近平总书记强调，文物承载灿烂文明，传承历史文化，维系民族精神，是老祖宗留给我们的宝贵遗产，是加强社会主义精神文明建设的深厚滋养。保护文物功在当代、利在千秋。各级文物部门要不辱使命，守土尽责，提高素质能力和依法管理水平，广泛动员社会力量参与，努力走出一条符合国情的文物保护利用之路，为实现"两个一百年"奋斗目标、实现中华民族伟大复兴的中国梦做出更大贡献。习近平总书记的重要指示，深刻阐明了文物考古工作在传承中华优秀传统文化、弘扬社会主义核心价值观、展现中华文化独特魅力、增强中华民族文化自信中的重要性和独特作用，为我们今后的文物考古工作提供了遵循。

"十二五"以来，特别是党的十八大以来，在党中央国务院对文物考古工作高度重视下，在广大文物考古工作者的共同努力下，我国文物考古工作成绩斐然，主要表现在五个方面。

一是基本建设考古有序开展，抢救保护了一大批重要文物遗存，有力地保障了重大建设项目的顺利实施。三峡工程文物保护工作完美收官，南水北调中东线一期工程文物保护工作成效显著，特别是湖北省和其他相关省市文物部门在这两项世纪工程中组织得力，实现了工程建设与文物保护的双赢；北京城市副中心以考古新发现的潞河古城遗址和汉代墓葬为依托，建设考古遗址公园，展现了考古工作在当代经济社会发展中的独特作用。

二是考古研究工作稳步推进，涌现了一大批新的考古研究成果。中国科学院古脊椎动物与古人类研究所和河北省文物研究所领衔的泥河湾遗址考古工作取得长足进展。北京大学、中国社会科学院考古研究所领衔的中华文明探源工程取得阶段性重要成果，良渚、陶寺、石峁等大遗址的考古取得突破性进展，为实证中华民族5000多年文明史提供了更为丰富的依据、奠定了更为坚实的基础。在这些考古成果基础上所开展的大遗址展示利用、国家考古遗址公园建设等也进一步发挥了文物考古工作的社会效益，在带动区域发展、提供公共文化服务、展现中华文化独特魅力等方面作用突出。

三是水下考古工作有了跨越式发展，形势喜人。国家文物局水下文化遗产保护中心正式成立，北海基地、宁波基地先后建成启用，“中国考古01号”水下考古工作船投入使用，“南海Ⅰ号”有序发掘，“丹东Ⅰ号”发现和确认，南海水下文化遗产调查取得阶段性成果，水下考古研究成果更是为海上丝绸之路中国史迹保护和申报世界文化遗产提供了强有力的支撑。这些都充分凸显了水下考古的独特魅力和在响应国家海洋战略、维护国家领土安全、建设“一带一路”等方面的重要作用。

四是科技考古不断深化，成为考古学科发展的重要推动力。中国社会科学院考古研究所、陕西省考古研究院所开展的实验室考古取得显著成绩，展现出蓬勃生机和广阔前景，考古工作的能力和水平得到大大提升。测绘技术、遥感技术、现代信息技术等科技手段在考古领域广泛应用，以现代科学技术手段与传统考古工作相结合，多学科联合攻关、协同研究的创新研究机制与模式正在形成。江西南昌海昏侯墓的发掘，正是这方面的一个成功范例。

五是国际合作广泛开展，充分展现中国考古的水平和风采。近年来，高等院校、中央和地方科研机构充分利用自身优势，积极走出国门，开展国际合作，工作范围覆盖蒙古、哈萨克斯坦、吉尔吉斯斯坦、乌兹别克斯坦、塔吉克斯坦、印度、孟加拉国、尼泊尔、越南、老挝、柬埔寨，远到东非的肯尼亚和美洲的洪都拉斯。国家文物局水下文化遗产保护中心和中国社会科学院考古研究所还分别与沙特、法国、希腊、埃及等国家达成了合作意向。国家文物局派出代表团深入缅甸蒲甘震区协调落实援助缅方联合考古与文物抢救性修复工作，受到缅方高度评价。2016

年6月，习近平总书记在对乌兹别克斯坦共和国进行国事访问时，百忙之中接见了在该国开展联合考古的我国考古队员代表，高度评价了中乌合作考古，极大地鼓舞了考古工作者的士气。

“十二五”期间，文物考古工作成绩喜人，但同时也存在着一些不足：一是还未能全面充分体现习近平总书记关于考古工作的重要指示精神；二是考古工作还不能完全适应国家经济社会发展的新形势；三是中国考古“走出去”的计划性还不够强；四是文物保护意识尚有待进一步提高，公众考古和考古学普及工作还相当有限；五是基层一线考古工作的政策保障尚有不足。为解决这些问题，促进考古工作持续健康发展，在今后的工作中，应着力做好四个方面的工作，概括起来就是“四个服务”。

第一，要服务国家大局。根据习近平总书记重要指示精神，从理论上和实践上积极探索考古工作如何服务国家发展大局。要从提升中华民族文化自信的高度出发，充分认识到考古工作在实证中华5000多年文明中的基础性地位和作用，不断深化考古学的系统研究，高度重视多学科融合创新，围绕中华文明起源、形成和发展的重大课题开展学术攻关，推出一批具有世界影响力的研究成果。要从服务国家经济社会发展的大局出发，继续高度重视基本建设考古，不折不扣地做好当前及今后一段时期内与基本建设有关的抢救性考古发掘，确保地下文物遗存能够得到最大化的保护，确保建设工程顺利进行。要从服务“一带一路”等国家重大战略的高度出发，在继续“请进来”的同时积极“走出去”，广泛开展国际合作考古，展现中国理念、中国技术、中国方案、中国实力。

第二，要服务文物保护。文物考古工作者要围绕《国家文物事业发展“十三五”规划》和《大遗址保护“十三五”专项规划》所确定的总体目标和主要任务开展考古工作，进一步加强文物保护，坚持保护意识贯穿工作始终，做好各种保护预案，确保重要遗迹和出土文物的第一时间现场保护，为后续工作留出空间；更加积极地参与保护展示，优先围绕亟须解决的保护展示问题开展研究工作，通过组织实施一批重要考古研究项目，培育一批大遗址保护展示重点项目，为后续保护利用工作打好基础，提供支撑。在这方面，湖北、湖南、贵州三省土司遗址的考古、研究、保护和展示工作提供了很好的榜样。

第三，要服务社会公众。按照党中央国务院“让文物活起来”的工作要求，做好公众考古，不断将最新的考古研究成果以人民群众更喜闻乐见的形式传播出去。如2016年上半年在首都博物馆举办的海昏侯墓和殷墟妇好墓出土文物的展览，引起了轰动，社会反响很好。同时，要积极推动考古成果、出土（水）文物资源共享，参与文物保护展示，通过有效手段将文物内涵、价值和中华文化的优秀特质呈现出来，满足民众的文化需求。

第四，要服务基层一线。国家文物局要进一步转变作风，提高服务意识，加强顶层设计，一方面找准制约考古工作发展的关键问题，围绕考古单位职能定位、机构建设和人员配备，考古库房、实验室、修复中心和区域性考古整理基地建设，田野考古技术手段和装备设施规范等问题，积极出台相关办法、标准、规范等；另一方面，积极与其他相关部委进行沟通、协调，力争在基本建设考古第三方监理、成果发布和工作取费标准、田野考古人员津补贴、考古人才队伍培养等方面不断出台政策，切实保障文物考古工作的有序开展，以适应新形势新要求，发挥更大的综合效益。同时，国家文物局将在人才培养上进一步加大力度，广泛举办各类考古和文物保护培训班，尽量向一线工作人员倾斜。各地文物行政部门也要积极开展工作，努力为基层一线文物考古工作者创造更好的工作条件。

在以习近平为总书记的党中央的坚强领导下，我国的考古事业正面临着前所未有的历史机遇。希望广大考古工作者能够紧抓机遇、开拓进取，以更高的学术定位、更强的责任感使命感和更积极的工作态度投入到新时代文物考古工作中去，充分发挥主观能动性，为构建中华优秀传统文化传承体系，展现中华文明历史文化价值和中华民族精神追求，向世人展示全面真实的古代中国和现代中国贡献新的力量。

（本文为2016年10月11日刘玉珠局长在全国考古工作会上所作主旨发言）

乘风破浪　齐心协力
共同开创考古工作新局面

国家文物局副局长　宋新潮

时隔四年，再次召开全国考古工作会，为我们提供了一次总结成绩、分析问题、明确方向的机会。全国文物考古工作者应深入学习贯彻习近平总书记关于文物考古工作重要指示精神，按照全国文物工作会议和《国家文物事业发展“十三五”规划》要求，科学规划下一阶段考古工作的思路与重点。

一、五年来考古工作回顾

2012年以来，全国考古工作者兢兢业业，奋发有为，推动考古事业取得创新发展——我国考古队伍不断壮大，工作内容和领域不断拓展丰富，科技含量和管理水平进一步提高，整体面貌显著提升，一系列重大学术认识取得新进展。考古工作在促进国民经济和社会发展、推动文物事业发展、提供公共文化服务、传承和弘扬中华优秀传统文化等方面发挥着越来越重要的作用。

（一）考古工作为基本建设提供有力保障

各地基本建设考古有序开展，积极服务经济社会发展大局。2015年，国家文物局印发《关于做好当前基本建设考古工作保障重大建设项目顺利实施的通知》，指导各级文物部门与考古单位进一步加强基本建设考古工作组织协调，理顺工作程序，保质提效，为国家重点建设工程提供有力保障。2012~2015 年全国共实施基本建设考古发掘项目 1803 项，考古发掘面积近 100 万平方米，西气东输、高速公路铁路建设、重大水利设施建设项目、棚户区和城乡危房改造等基本建设工程中的考古工作及时、全面开展，为各项工程顺利实施提供了有利条件，为实现当前形势下国家宏观经济发展目标，以及“京津冀一体化”“长江经济带”“一带一路”建设等重大战略做出了应有的贡献。各地不断加强组织和管理，创新机制，提高基本建设考古工作的质量和效率，长江三峡文物保护和南水北调东、中线一期工程文物保护两项世纪工程的验收工作顺利实施；陕西、山东等省出台相关地方法规和指导性文件，加强基本建设考古工作；重庆、四川等省市文物部门与水利部门加强沟通协作，统一规划三峡库区消落区、向家坝水库等建设工程地下文物抢救性考古发掘；北京、湖北等省市在全国范围内调集考古工作力量，全力推进北京城市副中心和鄂北水资源配置工程等重大建设项目中的考古工作。基本建设考古工作的课题意识不断加强，精细化、规范化程度显著提高，江苏兴化蒋庄遗址、贵州新蒲杨氏土司墓地、北京故宫建设工程工地遗址等项目组织多学科队伍，高标准开展工作，获得重要学术认识。在全社会共同努力下，基本建设考古工作发现的重要遗址得到重视和积极保护，江苏隋炀帝墓、重庆老鼓楼衙署遗址考古工作结束后，当地花大力气调整建设项目方案，组织开展后续保护，推动考古遗址公园、遗址博物馆建设，保留重要历史遗迹和民族珍贵记忆。

（二）主动性考古研究工作大力推进

主动性考古项目快速增长，工作区域更加广阔，在我国考古事业中逐步占据更加重要的地位，成为考古事业转型发展的重要趋势。国家文物局因势利导，加大对主动性考古工作的支持力度，2012 年以来共批准实施主动性考古发掘项目 875 项，约占同期项目总数的 32%；此外，批复大遗址考古工作计划和综合考古调查研究项目 50 余项。在科学有序的组织下，主动性考古工作成果丰硕，人类起源、文明起源、农业起源等重大课题研究取得一系列重要成果，都城考古、陵墓考古、建筑考古、瓷业考古、冶金考古等研究专题不断取得新的突破。中华文明探源工程完成四期验收，在山西陶寺、江苏顺山集、浙江良渚、安徽凌家滩、陕西石峁、湖北石家河等诸多遗址一系列新的重要发现的支撑和引领下，我们对中华文明起源阶段的历史有了新的重要认识。中国社会科学院考古研究所创新工程不断取得新的突破，填补学术研究的空白，新疆温泉阿敦乔鲁遗址、西藏阿里故如甲木墓地和曲踏墓地先后入选“全国十大考古新发现”。各地文物部门和考古单位根据地域特点和学术优势，组织开展各具特色的主动性考古研究项目，学术成果百花齐放。考古人员参与世界文化遗产申报与遗址保护工作，为湖北、湖南、贵州三省土司遗址和广西花山岩画的申遗，以及新疆七个星佛寺、苏巴什佛寺遗址的保护等工作，提供了坚实的基础。主动性考古工作更加注重保护意识和行业伦理，不主动发掘古代帝王陵寝，大遗址考古采用大面积调查勘探的方式搞清范围和功能布局，尽可能以较小的发掘面积解决更多的学术问题，边发掘、边保护、边展示等科学的、带有鲜明中国特色的工作理念成为业内共识，指引田野实践的发展。重大考古项目的协调机制不断创新，国家文物局专门组织专家组和工作团队，对江西海昏侯墓和广东“南海Ⅰ号”的考古与保护工作进行现场指导，为项目实施提供了有力的技术保障和组织保障。各地结合学术课题开展多学科合作,采用新的技术手段和工作理念，开展区域性、流域性的系统调查，辽宁、福建、山东等省开展明清海防调查，进一步廓清海防遗产的内涵与外延，调查工作为认识重要遗存价值，开展预防性保护提供了有利条件。一批备受关注的重要考古报告，如《隋唐洛阳城》《二里头》《襄汾陶寺》《牛河梁》等，相继出版并在体例上不断创新。对考古资料的全面系统刊布和对科技测试成果的充分吸纳，为研究工作深入开展提供了便利条件。

（三）考古工作制度建设与管理水平进一步提升

根据国务院“放管服”改革要求，各级政府和相关部门高度重视制度建设，创新体制机制，加强考古工作管理。财政部、国家文物局联合出台《国家重点文物保护专项补助资金管理办法》，规范国家重点文物保护专项补助经费管理。国家文物局进一步强化考古项目监管，加强资质单位管理。2012 年，国家文物局推出考古发掘电子审批系统 2.0 版，考古发掘项目全面实现网络报审；同年，印发《关于大遗址考古工作的指导意见》和《大遗址考古工作要求》，指导各地科学有序开展大遗址考古工作；2014 年以来，连续开展年度主动性考古发掘项目评估、大遗址保护工程检查评估等工作，不断加强考古和遗址保护工程的事中、事后管理；国家文物局组织开展考古资质单位年审工作，加强考古科研机构管理，督促各单位加强人才队伍和设施装备建设。各地研究出台相关措施，保障考古和文物保护工作顺利开展。2013 年以来，北京市公布《北京市地下文物保护管理办法》并划定两批地下文物埋藏区，明确了基本建设考古审批程序；2012 年，江苏省印发《江苏省考古调查勘探发掘经费预算办法》，成为省级主管部门制定的首部地方考古工作经费预算办法。该文件对于规范地方考古经费收取和使用起到了重要作用。吉林省编制出台文物保护工程质量和资金管理的相关办法，细化相关工作管理。

（四）田野考古工作的科技含量不断提高

先进的设施装备和前沿理论方法、技术手段广泛应用，考古工作面貌得到整体提升。2012年以来，国家文物局相继颁布田野考古制图、土遗址保护工程勘察等规范以及人骨标本、人类遗骸 DNA、植物遗存、出土动物标本、碳氮同位素食性分析骨质样品、^{14}C 样品采集等技术标准。多视角影像三维重建技术、低空拍摄技术、机载激光扫描遥感等现代化信息获取技术应用于考古调查、测绘，显著提升地理与环境信息采集的科学化、便捷化水平。考古工地信息数字化采集系统在江苏、河南、湖北、云南等省得到应用，为考古数据的全面系统采集、科学管理和后期分析提供了支持。考古现场保护技术提升，文物现场保护用车在重要考古工地得到更加普遍的配置，河南东赵遗址、陕西石峁遗址考古移动工作站的建立，提高了考古工作现场科技保护的综合能力。实验室考古的技术方法日趋成熟，环境考古、动物考古、同位素分析技术、古 DNA 分析技术等新的理论方法和科技手段广泛介入，进一步促进了考古学与现代科研手段全方位、多角度融合。

（五）大遗址保护工作深入开展

国家大力推进大遗址保护。2013 年，国家文物局、财政部联合印发《大遗址保护“十二五”专项规划》，引导各有关部门和各级地方人民政府进一步强化责任、加大投入，推进一批重点保护展示工程和遗址博物馆建设，形成规模和联动效应，极大改善了重要遗址保护管理工作的整体面貌。遗址保护的基础工作不断加强，浙江省对良渚遗址的保护工作卓有成效，通过体制创新、资源整合，建立起省、市、区三级联动的保护机制，开创土地出让金反哺文物保护的机制，完善制度配套，改变文物行政部门单打独斗的被动局面。海昏侯墓、石峁遗址等所在地政府抓住有利时机，加强保护管理机构和设施建设；元上都遗址、凌家滩遗址、炭河里遗址等一批重要大遗址的保护管理条例公布，使保护工作有法可依。考古遗址公园建设工作积极推进。2012 年，国家文物局印发《国家考古遗址公园规划编制要求》《国家考古遗址公园运行评估导则》，公布第二批 12 家国家考古遗址公园，批准 31 处遗址立项建设国家考古遗址公园。首批 12 家国家考古遗址公园 2011~2013 年共接待游客 6562.5 万人次，充分表明公众的认可程度。国家考古遗址公园建设起到了良好的示范效应，浙江、江苏等省研究制定办法，公布了省级考古遗址公园名单，使这一工作向纵深发展。

（六）水下文化遗产保护蓬勃开展

2014 年，经中央编办批准，国家文物局水下文化遗产保护中心独立建制，标志着我国拥有了专门、独立的国家级水下文化遗产保护研究机构，水下中心迅速完成人员整合和工作部署，机构基地建设、专业人员培养、重大项目实施等工作有序开展。与此同时，国家水下文化遗产保护北海、南海、宁波、福建、武汉（内水）等基地建设稳步推进，山东、湖北成立独立的省级水下文化遗产保护研究机构，沿海与内水主要省份加强工作机构建设，我国基本建立起“立足沿海，兼顾内水，依托中央，调动地方”的水下文化遗产保护格局。水下考古工作的技术装备水平快速提升，我国第一艘考古工作船——“中国考古 01 号”于 2014 年研制成功并投入使用，成功参与西沙、辽东等多个水下考古项目，标志着我国水下考古工作硬件建设迈上了新的台阶。一系列重要的水下考古项目顺利实施，西沙、上下川岛、环渤海和宁波等重点海域和“丹东Ⅰ号”沉船遗址的水下考古调查工作稳步推进，“南海Ⅰ号”“南澳Ⅰ号”“小白礁Ⅰ号”等考古发掘项目取得阶段性进展，水下文化遗产保护工作的社会影响不断扩大，为配合我国“海上丝绸之路”战略的实施、维护国家海疆主权提供了重要的学术支撑。水下考古学术研究不断加强，国家文物局水下文化遗产保护中心积极推动国家水下文化遗产数据库建设，推动“海上丝绸之路”、海防、海岛、港口、近现代沉舰等专题研究，学科建设初见成效。我国学者积极参与国际水下文化遗产保护领域交流与合作，在国际学界获得更加重要的话语权。

（七）考古机构综合能力建设全面加强

考古单位科研和综合保障能力显著提高，努力为社会提供更加丰富的公共文化产品。国家文物局加大对考古单位建设发展的支持力度，2012~2015 年批准新增考古发掘资质单位 12 家，全国具备考古发掘资质单位达到 79 家。考古单位根据专业优势，积极参与文物保护工程勘察设计和出土文物保护修复相关工作，不断拓展工作领域。考古单位的设施装备水平大幅提高，多家现代化、高水平科技实验室和标本库房建成。中国科学院古脊椎动物与古人类研究所重点打造“脊椎动物演化与人类起源中国科学院重点实验室”；南京博物院、湖北省文物考古研究所等单位建设高水平的文物标本库房，改善出土文物整理修复、检测研究和保存条件。各单位积极开拓思路，创新工作机制，中国社会科学院考古研究所等单位与地方政府、考古单位合作建立联合研究中心，为长期开展考古学研究、保护展示和人才培养创造了有利条件，开创了央地省地合作、双赢双利的局面，形成良好的示范效应。研究人员更加重视社会服务功能，积极引入新的理念和手段开展公众考古，为社会公众提供丰富的精神文化产品。

（八）高校考古专业与考古学科建设成效显著

国家文物局高度重视考古学科建设，2012 年国务院学位委员会将考古学调整为一级学科后，国家文物局专门组织召开考古学科建设发展研讨会，研究考古学科建设、人才培养等问题，并专门致函教育部，提出学科建设和专业人才培养工作的相关意见。高校考古专业取得快速发展，目前设立考古专业院校已达 44 家，其中 2012 年以来，中国人民大学、河南大学、北京联合大学、辽宁大学、首都师范大学等 5 所高校获国家文物局颁发的考古发掘资质，2014 年吉林大学边疆考古研究中心被认定为体质人类学与分子考古学国家文物局重点科研基地，2015 年西北大学列入国家文物局文博人才培训示范基地名单。各高校积极推进博物馆（陈列室）、资料室、实验室和科技测试设备建设，努力提升科研和教学能力，专业和课程设置进一步与考古事业发展的实际需求相结合，加强考古学基础理论研究，为事业发展提供强有力的队伍保障和理论支撑。按照国家文物局要求，多家高校与地方合作建立考古教学实习基地，为考古专业学生锻炼田野能力提供有利条件。各高校积极承担各级文物部门委托开展的专题研究项目和人员培训工作，西北大学、南京大学、四川大学注重产学结合，积极参与大遗址保护规划与保护方案编制，推动文物保护工作，提升学生综合素质；与国际知名高校加强人员交流互访，为培养具备国际视野的专业人才创造有利条件。

（九）学术交流与合作日益活跃

国内外考古单位与研究机构交流合作日益紧密，积极开展重大项目协同攻关。河北省文物局组织开展泥河湾遗址群等大遗址考古工作，多家单位统筹规划，统一领导，分工协作，各项工作有序开展。国际合作研究的深度不断加深，辽宁省文物考古研究所、甘肃省文物考古研究所同国内外高等院校合作开展区域性考古调查和研究项目，中国文化遗产研究院、国家文物局水下文化遗产保护中心与法国、希腊等国考古和遗产保护机构进行交流互访，积极策划开展合作研究。越来越多的考古队伍开始走出国门，2014 年，国家文物局组织召开境外考古工作座谈会，并开展相关课题研究，科学、稳妥地推动境外考古工作。中国社会科学院考古研究所、西北大学、故宫博物院、湖南省文物考古研究所等单位赴境外开展考古工作，积极拓展中国考古学的视野，增强了与相关国家的文化交流。今年 6 月，习近平总书记访问乌兹别克斯坦期间，亲切接见有关单位代表，并对开展的考古和文物保护工作给予充分肯定。学术团体建设卓有成效，中国考古学会及专业指导委员会、各省考古学会近年来发展迅速，工作成效显著，在推进学术交流、搭建合作平台、宣传考古工作成果等方面发挥了重要作用。各类学术会议日益活跃，中国考古学大会、“上海·世界考古论坛”的成功举办，促进全世界范围内最新考古和研究成果的传播，进一步提高了中国考古学在国际考古学界的地位；黄淮七省考古论坛、南方考古论坛在搭建区域交流合作平台方面继续发挥积极作用。

总的来说，这五年考古工作取得重要进展，成绩有目共睹。当然，我们仍要清醒地认识到，当前经济建设和文化遗产保护之间的矛盾依然严峻，考古事业本身发展的各种制约因素依然存在，一些体制、机制问题亟待解决，如果不认真研究落实具体措施，将会影响到我们事业的发展。

二、考古工作面临的形势和存在的问题

随着国家经济社会发展，中国的考古工作也面临着新的形势。有利的方面主要在于：第一，党中央、国务院高度重视文物保护工作。十八大以来，习近平总书记等中央领导同志多次就文物考古工作作出指示批示，为下一步开展各项工作指明了方向。第二，改革开放 30 多年来，我国经济建设取得快速发展，社会文明程度大幅提高，为考古事业发展提供了更加坚实的物质基础和有利的社会环境，考古事业伴随中国走向世界的脚步，不断拓展国际合作的深度与广度，中国考古学国际化步伐加快。另一方面，新形势中也存在对考古工作不利影响的方面：第一，伴随我国经济结构转型和调整，大型基本建设工程投资与建设的热潮正逐步退却，使得基本建设考古工作从数量和经费量上都开始下降，出现明显的拐点。以基本建设考古为主要支撑的考古工作格局需作出必要的微调，特别是要加强对于这些年积压的考古资料的整理和研究。第二，随着社会法治化进程的加快，各行业都要求规范化管理，适应考古的特殊需要、又合乎总体规

范化要求的制度建设滞后，考古工作在定额标准、预算管理、财务审计等方面均不尽完善，对工作开展极其不利。

在这种形势下，目前在考古事业发展中遇到的，既有新问题，也有一些原本已经存在、但在经济社会新的发展阶段更加凸显的老问题。

（一）人才是基础性和根本性的问题

缺少各类人才是当前考古事业发展的重要瓶颈。边疆地区、基层单位长期面临人才短缺，而一线往往是最需要人才的地方，无法吸引人才或留不住人才，制约了这些地方事业发展，甚至难以满足工作正常开展的需要。传统的考古人才面临总量不足、知识结构单一的情况，各地技术工人、文物修复工、绘图工普遍短缺，严重影响文物修复和资料整理的质量和效率。科技人才普遍缺乏，科技考古、测绘和地理信息系统、文物保护专业、实验室考古等领域专业人才短缺，限制了新技术的应用和考古工作科技化水平的提升。全国高校每年培养各类考古专业毕业生总量有限，即使如此，也只有不到50%的毕业生能够充实到考古工作中，这其中既有个人选择的原因和社会就业的原因，也有考古机构制度设计方面的原因。目前我国考古从业人员数量甚至不如日本、韩国，与我国国土面积和文化遗产大国的实际需求严重不符。

（二）考古机构定性需要进一步明确

考古机构的定性问题，随着时代和社会的发展越来越突出和紧迫。怎样定义考古所的性质、目标？究竟是公益性事业单位，还是科研机构？决定了下一步考古工作的整体定位和考古机构建设发展的方向。此外，考古所的制度建设滞后，1986年文化部出台《省、自治区、直辖市文物考古研究所工作条例》后，再没有制度跟进，各单位内部管理制度建设普遍不完备或缺乏，特别是人事、财务度等各项基本制度，缺少相对统一的要求和政策导向。在人事管理上，想要的人进不来，没有用处的人流不出。同时，国家文物局对于考古机构规范化要求不够，考古单位只有领队数量的要求，其他方面，包括硬件设施、人员、制度建设等没有作进一步的要求，缺少机构评估、设施设备、安全条件等管理和运行规范具体意见，对考古单位建设发展的指导和引导不足，考古研究机构自身发展缺少活力和动力。

（三）行业技术装备现代化水平有待提高

与其他行业相比，考古工作基本装备设施不完备，缺少统一和基本的行业规范，不利于行业形象的树立。田野考古现场装备配置和新技术、新方法的应用还处于初级阶段，影响考古发掘和现场保护工作的质量。文物标本库和整理场地缺乏，不仅影响了后续资料整理工作，也对出土文物安全造成重大隐患，许多考古单位大量陶片积压在编织袋中，堆放在狭小的库房中，无法开展整理。资料管理是绝大部分省级考古机构的工作薄弱环节，缺乏相应的设施设备，实物资料、档案资料的管理及保存条件令人担忧，长期下来，许多重要发现和考古工作将会成为一笔糊涂账。

（四）考古学研究缺乏整体规划

基本建设考古工作学术意识、学术准备不足，凝练课题的能力不足，依然停留在抢救发掘或“随工清理”的层次，难以达到科学严谨的工作要求。主动性的考古工作和研究整体规划不足，远期学术目标和近期学术任务不清，许多单位和研究人员缺乏明确的学术追求，工作难以深入。考古学理论研究和通过考古学研究建立理论学说没有得到应有的重视，学术研究欠缺理论建树的魄力，缺乏对国际热点课题的跟踪兴趣，对于其他文明古国或者文明起源的重要地区研究不足。中国考古“请进来、走出去”的力度和目标仍然需要有明确的认识，与当前工作的实际水平不相符，在国际考古学界缺乏话语权。

（五）行业统一的标准规范建设滞后

行业标准的缺失，使考古在与相关行业竞争中，缺少必要的行业标准依据，也不能适应全面依法治国的国家战略发展形势。考古工作的取费标准、种类、数额存在不完全符合当前实际的情况，田野工作的补助、技术人员的薪金等没有明确的制度依据和标准。从行业内部发展需要看，考古工作操作标准规范完善工作需要加强，我们既要有强制性的规范，但更多的还是需要行业建议性的标准，包括各种技术标准、取样标准、测试标准、测量标准等，通过标准的制定与宣传贯彻来对考古工作提出更高的要求，提升考古发掘、文物保护以及工地管理的整体水平。有的标准需要制定和推广，有的则是把已有的成功实践经验以标准化的形式予以普及，如车马坑、大型墓葬的发掘等等，以标准化推进程序规范化。

（六）考古在文物保护领域基础作用仍然孱弱

文化遗产和考古学是一门国际化的知识体系，国际社会有一系列的公约、宪章，就考古而言，有国际古迹遗址理事会的《考古遗产保护与管理宪章》（1990 年）、联合国教科文组织《保护水下文化遗产公约》（2001年）等，这些应成为考古工作者的最基本的认识。大遗址是我国最为重要的文化遗址，但考古发掘人员参与大遗址保护的主动性与动力不足，基础工作欠账很多，重点不清、信息数据不完备，使保护工作常常处于被动的境地。特别是大量遗址规划编制工作中，考古单位和考古学家缺位，这一状况不利于工作深入科学开展，也不利于考古遗址的持续保护与利用。因此，考古发掘的保护意识还应进一步加强，要强调不对帝王陵寝进行发掘，对重要遗址在发掘前必须要有保护措施和预案，也要有较为长期的发掘计划。

（七）行业的协作与合作意识有待加强

考古是一项科研工作，但同时也是一项社会工作，需要得到社会方方面面的支持。基本建设的考古工作既要守土有责、守土尽责，又要树立大局意识、服务意识，但目前还存在与地方管理部门、建设单位、新闻媒体的协作与合作意识不强、影响工作顺利开展的情况。不同地区、不同单位、不同部门的合作与协作意识欠缺，长期以来内部利益和矛盾难于协调，不同学科、专业之间合作多是“并联”，缺少“串联”，缺乏有深度与协调融合的组织体系。学术研究有断代的重点，而考古发掘对象则常常是不同历史时期人类遗存的堆积，一处遗址往往存在多个时代文化层，应该有相关专业研究人员共同参与才能全方位搜集信息，最大化地利用好遗址推进研究，否则只能根据领队个人兴趣而取舍，发掘者画地为牢，必然导致资料大量浪费。

三、加强考古工作的思路与要求

面对机遇与困难，需要全国文物考古工作者认真思考，冷静应对。应认真落实习总书记批示和中央文件精神，根据全国文物工作会和《国家文物博物馆事业发展“十三五”规划》部署，对各项工作进行了系统安排，积极推进制度创新、机制创新、管理创新、理念创新、技术创新和服务创新，形成合力，谋求考古事业的健康快速发展。今后一段时期，考古工作应重点在八个方面着力。

（一）主动适应新形势，不断提高工作的自身建设

经济建设减缓，配合基本建设的考古项目相对减少，应抓紧时间对“十一五”“十二五”积压的大量考古资料进行整理、消化与开展系统性的研究。中央财政经费不会有大幅度的增长，

但结构会有所调整，《“十三五”文物事业发展规划》明确提出文物保护“由抢救性向预防性转变”，使得主动性考古工作得以增加。应主动对考古遗址特别是大遗址进行持续的、系统的调查了解，积极推进大遗址的保护、展示和利用工作，使大遗址保护规划能更加目标明确，重点突出，更加科学实效，切合实际。各级文物部门应主动支持一些重大的课题研究，解决考古学、历史学以及保护的关键问题。在国家法制化进程倒逼的形势下，考古机构必须严格执行国家财务管理制度和工作经费使用的各项规定，完善内部规章办法，加强自我调整、自我完善和自我提高，大力推进考古工作制度建设和规范化管理。

（二）把基础性建设放在首位，力求实效

应按照中央事业单位改革的总体要求，进一步明确考古研究公益属性机构的基本要求，国家文物局将组织对考古单位的评估与评价，制订新的省级考古研究单位规范要求，提高考古机构的专业化、规范化水平。国家文物局将加快与有关部门沟通，研究修订“考古调查、勘探、发掘经费的预算定额管理办法”，出台“考古工作人员田野补助标准”等，为考古工作顺利开展奠定基础。各省文物行政部门要按照国务院“简政放权、放管结合、优化服务”的总体要求，切实转变观念，为考古单位全面发展和考古工作有序开展提供强有力的保障。要积极协调相关部门，围绕考古单位机构建设和人员编制增加、考古整理基地及修复中心建设运行、考古库房与实验室装备提升、田野考古人员津补贴、考古项目运行保障，以及国家在科研方面的优惠政策等方面出台符合本省实际情况的针对性政策。

（三）加强队伍建设，夯实人才基础

应建立健全符合考古机构特点的人事管理制度。加大专业人才的吸引力度，加强引导，重视保障田野考古人员必要的工作条件和生活待遇，各项政策要向考古一线人员提供政策倾斜，进一步提高一线工作人员积极性，营造有利于人才引入、使用和成长的外部环境。对于现有的考古工作者加强培养，通过学术研讨培训的形式，着重就学科发展的新领域、新理论和新专业技能普及、推广、训练；探索重大项目与人才培养相结合的多种方式，在考古研究项目实施过程中培养考古学科的领军人才。积极探索考古技工、修复、绘图等类别专业人员聘任制管理模式，提高考古工作辅助队伍的稳定性。国家文物局将主动与教育部门沟通协商，发挥文博专业教育指导委员会的作用，提出需求，完善专业基础课程设置，加强考古学理论训练，不断完善学生

的视野和知识结构，特别是科技在考古学中的应用，注重田野考古实习，重点是进一步加强教学内容与考古工作实际需要的衔接，不断提升考古专业学历教育水平。支持考古研究机构与职业院校开展合作，培养行业发展的辅助技能型人才。

（四）强化考古工作技术准备，提高科技水平

要清醒认识科技考古对提升考古能力和水平的关键性作用，进一步增强现代科学技术在考古工作中应用的主动性和系统性。国家文物局将在工信部的支持下，推进文物保护装备研发，近期将出台《考古工地装备设施规范与要求》，引导各单位加强相关建设。积极推广“实验室考古”，通过室内精细考古，提取更多的历史、科学信息，尽可能减少考古发掘中信息遗失带来的遗憾。规范考古管理与考古移动工作站建设，推广河南东赵遗址、陕西石峁遗址工作站建设经验，提高考古工作现场科技保护的综合能力。支持一些省市依托大遗址建立考古基地。这类基地将是开放的、综合性的，为考古、文物保护和合作交流，以及学生实习提供服务。加强对历次考古档案资料的管理，进一步完善制度建设，明确管理职责。按照《田野考古数字化记录与管理系统建设技术总体规范》，积极推进田野考古数字化采集与记录系统的使用，为科学的信息记录、资料整理和数据管理奠定基础。

（五）支持多学科结合，着力提升考古学研究水平

考古工作本质是一项学术活动，是一切遗产保护和阐释的基础、灵魂，考古工作者应不忘初心。积极吸收现代科技和自然科学的成就，借鉴国际同行的新方法、新技术、新理论，与时俱进，不断地丰富和完善中国考古学的体系。切实推进多学科协同合作，完善考古学科体系，助力考古学科发展。只有积极的合作、融合、消化、吸收，才能为我所用。积极谋划具有整体性、带动性的重大课题。国家文物局已将河套地区聚落与社会、长江中上游文明进程、长江下游区域文明模式三大研究专题纳入《“十三五”文物事业发展规划》，还将积极推进边疆地区、丝绸之路、城市考古，以及其他地区性专题研究项目。水下考古工作应充分发挥学科优势，围绕国家“一带一路”倡议和保障国家海洋权益的目标开展工作。各行业学会协会应充分发挥桥梁和平台作用，推动学术交流与合作。

（六）加强考古学科与文物保护的国际合作

解决中国考古学的问题，既要有广阔的视野，也要有充分的文化自信。加强国际合作，同

样有一个“以我为主”“为我所用”的原则，要从边疆区域向外延伸，首先关注与中国文化有密切关系的地区考古工作。应强调统一协调，强调国家总体形象。考古研究机构、高校应与国家文物局加强沟通、增进统筹和协作。国家文物局将在政策上、经费上、联络协调上加大支持，组织具有相关学术优势并能够代表国家水平的单位参与相应的国际合作项目。各高校应逐步调整课程设置，建立相关领域考古教学和研究内容，培养具有国际视野和知识背景的学术人才。另一方面，国家文物局还将与有关部门加强沟通，组织考古单位积极主动地参与援外建设工程考古工作，提升我国在文化领域同样是负责任大国的国际形象。

（七）强调社会责任，主动与公众分享考古研究成果

考古人员在理念上进一步明确考古工作是文化遗产保护工作的重要部分，加强保护意识。在考古方案制定时，不仅要明确解决什么样的学术问题，同样要考虑保护条件如何，是不是有具体的保护措施，关注发掘后续的保护问题。从保护意义上讲，考古田野报告，不仅是文物保护的基础，也同样是与社会分享的考古成果，因此要加快加大推进考古报告的编辑出版工作。“十三五”时期，考古报告出版工作要力争补齐欠账，确保不欠新账。要重视公众考古普及与研究，将其制度化，成为考古项目的一项重要内容。重视公众考古在推动考古工作融入现代经济社会方面的积极作用，作为当前及今后一个时期内的重点工作予以积极推进，切实回应社会关切，最大限度地满足广大人民群众的文化需求。支持考古机构与公共媒体或博物馆合作，以“互联网＋考古”的思维，弘扬优秀传统文化，普及历史与文物知识。完善重大考古成果的发布制度，及时、准确、科学地向社会发布考古结果，解释考古发现的重要意义，为开展后续保护工作奠定基础。

（八）深入开展大遗址保护和考古遗址公园建设

持续主动开展系统性的大遗址考古，继续推动大遗址保护规划编制工作。国家文物局支持考古研究单位在遗址保护领域获得更多的参与权和相关资质，编制大遗址保护规划必须由设计单位和考古单位联合开展。当然对不同的大遗址在保护和利用策略上也要区别对待，对位于城市核心区和城市近郊区的大遗址，要继续坚持建设考古遗址公园的做法，鼓励结合大遗址保护展示不同程度地承担城市公共绿地或公共文化服务功能；对距离城市稍远的大遗址，可以建设成为旅游景点进行开放展示；对那些远离城市的大遗址，应坚持以现状保护为主，重点做好考古、

管理等基础性工作，有条件的可以依托大遗址建设区域性考古科研中心，对其所在区域的考古、科研、文化遗产资源保护等进行支持和支撑；对处于荒漠地区，乃至无人区的重要大遗址，如尼雅、楼兰等，支持做好日常管理和维护即可，不再过多干预。大遗址保护工作同样要注意展示服务工程，通过实施国家记忆工程，弘扬中华优秀传统文化，展现中华民族精神追求的历程，增强全民族的文化自信。国家文物局将开展第三批国家考古遗址公园评选工作，各地文物部门要积极做好相关准备工作。

回顾我国考古工作几十年的发展历程，既有成绩，也有时代局限下的教训与无奈。“十三五”时期是中国考古转型发展的关键五年，考古工作者需要在理念与方法上坚持与时俱进，高标准地自我定位。要进一步明确考古工作在国家经济社会发展过程中的重要意义，融入发展大局，夯实考古工作在文物事业中的基础地位和作用，积极筹划重大考古工程和学术课题，加快推动大遗址保护和国家考古遗址公园建设，全面提升我国考古工作的质量和水平，努力开创中国考古新局面。

（本文为2016年10月11日宋新潮副局长在全国考古工作会上所作工作报告）

北京市

中国社会科学院考古研究所

一、业务建设

（一）业务工作

1. 考古调查与发掘

中国社会科学院考古研究所有20多个考古队，常年活跃在田野一线。黄河中游地区旧石器时代向新石器时代过渡的考古学研究项目对陕西宜川龙王辿遗址第1地点考古发掘资料进行整理，对第4地点进行全面测量和发掘，并对相关考古资料进行多学科研究。在多处史前聚落开展了田野工作，在山东日照尧王城龙山文化遗址进行了连续多次的发掘，通过发掘确认了大汶口文化至龙山文化中期城址的存在，通过调查、勘探及发掘明确了遗址的分布范围和面积，清理了一批重要的遗迹。安徽蚌埠双墩遗址的发掘在遗址核心区发现三层的夯土台基。在湖北沙洋县城河遗址发掘屈家岭文化晚期城址。河南灵宝西坡遗址的发掘报告正在编写中，动物考古、植物考古、石制品研究、成分分析和碳氮同位素分析等多学科研究融入报告中。在河南新砦遗址、青海官亭盆地遗址群开展了物理勘探。在内蒙古与敖汉旗博物馆联合在该旗境内的兴隆沟遗址第2地点进行考古调查和测绘。

2. 考古学研究

中国社会科学院考古研究所围绕国际学术热点开展高水平的专题和综合研究。重点开展农业起源与发展、古代城市（尧舜时期、夏商周时期、汉唐至辽代都城为主）化进程、文化交流与互鉴（以新疆中西部和乌兹别克斯坦费尔干纳盆地及中、蒙、俄交界地区为主）、中华文化多样性及多元一体中华文明和国家的形成与发展（以西藏吐蕃文化、云南汉代前后、内蒙古辽文化为主）、南岛语族起源、玛雅文明中心——科潘遗址考古及中美洲文明研究等国际学术热点研究，争取掌握国际话语权。

3. 基础设施建设

根据学科创新和发展的需要，充分整合各方面资源，与地方政府和地方科研机构联合，在各地设立了十多个考古研究基地。研究所向基地提供创新经费和现有人员及办公家具、设备，由地方单位提供工作场地、补充研究设备和研究人员的配置，以灵活的机制开展研究工作。几年来分别与地方政府和有关单位合作建立了东南考古研究基地（福建）、广西桂林洞穴遗址考古研究中心（广西）、蚌埠淮河文化研究基地（安徽）、辽东岛屿考古研究基地（辽宁）、中国亚欧草原文化研究中心新疆博州工作站，二里头考古研究基地（河南）、鲁东南古文化研究基地（山东莒县）、赤峰红山文化研究基地（内蒙古）、呼伦贝尔蒙古族源研究基地（内蒙古）、辽上京辽文化研究基地（内蒙古）、丝绸之路研究基地（新疆，与新疆大学共建）、中国社会科学院考古研究所山西考古基地暨陶寺文化国际研究中心（山西），以及文化遗产保护洛阳龙门基地、文化遗产保护安阳基地和正在建设的海南海疆考古研究基地（海南）、三门峡仰韶文化研究基地（河南）等。另外还修缮了一些老旧考古工作站，对站内陈旧的设备进行更新，有效地改善站内文物的储藏和展示环境，如山东队曲阜工作站。

（二）人才建设与培养

在各级领导的支持下，2012~2016 年中国社会科学院考古研究所各项工作，包括博士后流动站的日常工作顺利开展。

中国社会科学院考古研究所多年来一直在学科建设、学科发展、规范管理、提高培养人才素质等方面大力发展，将工作重点放在了建设师资平台和学生素质教育平台之上，2012~2016 年共招收博士生 20 人、硕士生 19 人，港澳台硕士 2 人。同时，随着创新工程的深入开展，重大立项科研急需人才情况较突出，经所内领导研究决定，以博士后合作导师为核心，科研项目为依托，设立岗位招聘，积极做好人才队伍建设，并取得了很大的成效。2012~2016 年共招收博士后 13 人，博士后出站 7 人，解决了一时人才匮乏的局面。

（三）学术交流与科研成果

1. 学术交流

2012 年，中国社会科学院考古研究所组织了各种类型的大中型学术会议十余次，并且多次和相关单位联合举办学术研讨会，包括在江苏省张家港市举行中国文明起源与形成学术研讨会、大型聚落田野考古方法座谈会、第一届中国植物考古学术交流研讨会、第三届全国动物考古学研讨会、2012 文明探源公众考古论坛、第五届生物分子考古学国际研讨会（The 5th International Symposium on Biomolecular Archeology）、东亚古代青铜冶铸业国际论坛、中澳文化遗产论坛、汉代西域考古与汉文化国际学术研讨会、秦汉土墩墓国际学术研讨会、全国第十一届科技考古学术讨论会等。

2013 年，所内组织了各种类型的大中型学术会议十余次，并且多次和相关单位联合举办学术研讨会，包括 2012 年度中国聚落考古新进展、澳门黑沙史前轮轴机械及相关问题国际会议、

10~12世纪东亚都城和帝陵考古与中国契丹辽文化国际学术研讨会、天文与考古暨陶寺观象台考古发现10周年纪念学术研讨会、“中国公共考古·仰韶论坛”、多维视域下的当代考古学、夏商都邑考古暨纪念偃师商城发现30周年国际学术研讨会、2013年中国边疆考古论坛、禹会村遗址与淮河流域文明研讨会、第四届全国动物考古学研讨会等。

2013年8月23日，由中国社会科学院与上海市人民政府联合主办，中国社会科学院考古研究所和上海市文物局承办的首届“世界考古·上海论坛”在上海中国艺术宫（即上海世博会中国馆）的艺术剧场隆重开幕。论坛议题主要包括世界重大田野考古发现和重大考古研究成果评选结果的发布和介绍、世界考古学主题论坛演讲及公众考古学讲座等内容。

2014年，所内组织了各种类型的大中型学术会议十余次，并且多次和相关单位联合举办学术研讨会，主要有中国社会科学论坛（2014·史学）——“曲曼遗址与帕米尔古代文明”国际学术研讨会，会议于2014年7月27~28日在新疆塔什库尔干塔吉克自治县举行，由中国社会科学院主办，90多名专家学者参加了会议。汉代陵墓考古与汉文化国际学术研讨会于2014年10月11~13日在江苏省徐州市召开，由中国社会科学院考古研究所、徐州市人民政府、中国考古学会秦汉考古专业学术委员会联合主办，100多位专家学者参加了会议；纪念二里头遗址发现55周年国际学术研讨会于2014年10月25~26日在北京召开，由中国社会科学院考古研究所主办，70多位专家学者参加了会议。2014年11月14~16日，第五届全国动物考古学研讨会暨中国考古学会动物考古专业委员会成立大会在首都师范大学召开。此外还举办了全国第十二届科技考古研讨会、稻作农业起源与传播学术研讨会暨中国考古学会植物考古专业委员会成立大会、中国考古学会夏商考古学专业指导委员会成立大会暨夏商考古论坛等。

2015年，组织了各种类型的大中型学术会议十余次，并且多次和相关单位联合举办学术研讨会，其中中国考古学研究中日论坛会议于2015年3月28~29日在北京召开，由中国考古学会和日本中国考古学会联合主办，来自中日的近200位学者参加了此次论坛。扬州城考古学术研讨会于2015年10月23~24日在扬州会议中心召开。齐家文化与华夏文明国际研讨会于2015年8月1~2日在甘肃召开。中国考古学会夏商考古专业指导委员会2015年年会暨考古视野中的早商文化与先商文化论坛、都邑与水系考古专题学术研讨会、第六届全国动物考古学研讨会等，都产生了积极的学术影响。

2015年12月13~18日，第二届“世界考古论坛·上海”在上海大学宝山校区圆满落幕，本届论坛秉持2013年创立以来的宗旨与理念，旨在推动世界范围内考古资源和文化遗产的调查、研究、保护与利用；致力于创新与合作，关注人类社会的可持续发展，打造宣传考古成果、促进考古研究、彰显文化遗产现代意义的高端国际平台；以“文化多样性与文化交流的考古学探索”为主题，通过“世界考古论坛奖”的评选与发布、主题论坛演讲、公众考古讲座及分组讨论等环节，推进和加深了中国考古学与国际学界之间的相互了解和交融。并且加强国际考古学界的交流，宣传最新田野考古发现和研究成果，扩大考古学的社会影响力，推动世界范围内考古资源、文化遗产的调查、研究、保护和利用，使之更好地为当今国际社会的发展做出了积极贡献。

2016年组织大中型学术会议5次，并且多次和相关单位联合举办学术研讨会。北朝佛教造像高清三维信息采集学术研讨会于1月28日在北京召开，由中国社会科学院考古研究所汉唐考古研究室组织；2016年洹北商城手工业区发掘现场学术讨论会于2016年6月11~12日在河南省安阳市召开，由中国社会科学院考古研究所主办；2016年陶寺宫城门址考古现场研讨会于2016年6月19~20日在山西襄汾县召开，由中国社会科学院考古研究所主办；“跨越欧亚：从天山到阿尔泰山青铜时代国际学术研讨会”于8月27日在新疆温泉县召开，由中国社会科学院考古研究所、德国考古研究院欧亚考古研究所主办。

2016年5月21~23日，首届中国考古学大会在河南郑州举行。此次大会由中国考古学会主办，主题为“面向未来的中国考古学、面向世界的中国考古学”，来自中国社会科学院考古研究所等49家研究院所和高等院校、全国75家考古文博机构的385位专家学者以及来自俄罗斯、加拿大、德国、英国、埃及、印度、韩国、日本、乌兹别克斯坦、洪都拉斯、蒙古国等11个国家的24位外国专家学者参加大会，另有269名学者列席大会。有别于此前考古界的大型会议，此次大会以中国考古学会的13个专业委员会为单位组织学术研讨，并在会议期间，授予我国著名考古学家、中国佛教考古的开创者、北京大学教授宿白先生“中国考古学会终身成就奖”，同时，还颁发中国考古学大会研究成果奖“金鼎奖”11项、中国考古学大会青年学者奖“金爵奖”11项以及中国考古学会2011~2015年度田野考古奖21项。

2. 科研成果

出版的田野考古报告9部：《蚌埠禹会村》《偃师商城第一卷》《二里头（1999~2006）》《安阳大司空——2004年发掘报告》《隋唐洛阳城——1959~2001年考古报告》《拜城多岗墓地》《扬州蜀岗古代城址勘探报告》《襄汾陶寺——1978~1985年发掘报告》《青龙寺与西明寺》。

出版行业标准3部：《田野考古植物遗存浮选采集及实验室操作规范》《田野考古制图》《碳氮同位素食性分析骨质样品采集及实验室操作规范》。

出版专著14部：《殷墟小屯村中村南甲骨》《善自约束：古代带钩与带扣》《科技考古的方法与应用》《秦汉城邑考古学研究》《新世纪中国考古新发现2001~2010》《商代青铜器铭文研究》《考古学大辞典》《商代青铜器铭文分期断代研究》《怎探古人何所思——精神文化考古理论与实践探索》《丰镐考古八十年》《动物考古学》《宋至清代都城形制研究》《红山文化研究》《中国考古学·魏晋南北朝卷》。

出版编译著作2部：与日本京都大学合作编译20卷本《云冈石窟》第1~7卷中译本，第8~16卷中译本。所内科技考古中心翻译出版美国学者Elizabeth J.Reitz和Elizabeth S.Wing合著动物考古学研究经典著作《动物考古学》一书。

出版论文集 14 部:《秦汉土墩墓考古发现与研究：秦汉土墩墓国际学术研讨会论文集》《文化遗产研究第 2 辑》《考古学视野下的城市、工艺传统和中西文化交流》《考古学集刊 19》《昂昂溪考古文集》《三代考古（五、六）》《夏商都邑与文化（一、二）》《汉代西域考古与汉文化》《呼伦贝尔民族文物考古研究（第一辑、第二辑）》《呼伦贝尔民族文物考古研究（第三辑）》《科技考古（四）》。

出版学术资料集 1 部:《首届世界考古论坛会志》。

出版图录 7 部:《文明的足迹：中国社会科学院考古研究所成果集萃》《天地之灵：中国社会科学院考古研究所发掘出土商与西周玉器精品展》《玉石之魂》《考古中华——中国社会科学院考古研究所成立六十年纪成果展》《呼伦贝尔民族文物考古大系（鄂伦春自治旗卷、陈巴尔虎旗卷）》《呼伦贝尔民族文物考古大系（新巴尔虎左旗卷、扎赉诺尔卷）》《王后·母亲·女将——纪念殷墟妇好墓考古发掘四十周年玉器篇》。

出版公众考古读物 1 部:《何以中国——公元前 2000 年的中原图景》。

（四）对外宣传与公众服务

1. 电视专题片

专题片《五千年文明见证——牛河梁揭秘》，由中国社会科学院考古研究所、央视科教频道联合摄制，辽宁省文物局、辽宁省文物考古研究所、朝阳市政府协助摄制，历经两年拍摄完成。该片共 3 集，采用现场拍摄、专家访谈、情景再现等手法，以学术性、艺术性镜头语言，真实地、全方位地再现牛河梁红山文化发现、发掘全过程。于 2014 年 8 月 15~17 日在中央电视台《探索·发现》栏目播出。

2014 年 10 月 3~9 日播出的专题片《2014 考古进行时》，是由中国社会科学院考古研究所与中央电视台《探索·发现》栏目联合策划的 2014 年国庆特别节目，共 7 集；2015 年 2 月 17~26 日，央视《探索·发现》栏目又播出了春节特别节目《2015 考古进行时》，共 10 集。

2014 年 7 月 6 日，中央电视台科教频道《读书》栏目播出专题节目《最早的中国》，介绍中国社会科学院考古研究所研究人员的公众考古著作。

2015 年 1 月 6 日，中央电视台科教频道播出了《创造——失落的太阳历》专题片 1 集，主题为中国社会科学考古研究所发掘的陶寺观象台遗迹。

2015 年 6 月 9~12 日，中央电视台科教频道《百家讲坛》栏目播出了 4 集“考古殷墟”专题讲座，由中国社会科学院考古研究所研究人员何毓灵主讲。

2. 文物展览

“商邑翼翼、四方之极”——殷墟文物里的晚商盛世展于 2013 年在国家博物馆隆重展出。

展览由中国社会科学院考古研究所与国家博物馆联合举办，遴选了 1950 年以来殷墟考古发掘出土文物的精品 200 件，展出的文物是高度发达的商文明的物证。

“玉石之魂”——中国社会科学院考古研究所发掘出土商周玉器精品展，于 2012 年 12 月 13 日由中国社会科学院考古研究所与深圳博物馆合作举办。展览集中反映了殷商西周贵族使用玉器的状况，以及这一时期的玉雕工艺技术和玉器种类与造型的特点，是我国举办的第一个殷商西周玉器精品展。

“天地之灵”——中国社会科学院考古研究所发掘出土商与西周玉器精品展于 2013 年 4 月 26 日由中国社会科学院考古研究所、北京艺术博物馆联合主办。展出来自中国社会科学院考古研究所珍藏的妇好墓、张家坡墓地、前掌大墓地出土玉器 240 件（套）。

玉器玉文化夏代中国文明展，集中展示了二里头、夏家店、石峁、花地嘴等著名遗址出土的精美玉器，汇集了中国社会科学院考古研究所、陕西历史博物馆、郑州市文物考古研究院和延安市文物研究所等多家单位的精品。

“玉润东方”——大汶口·龙山·良渚玉器文化展在山东博物馆举办，该展遴选中国社会科学院考古研究所在山东考古发掘出土的玉器精品，体现了我国东部沿海史前玉器的研究的成果，对海岱地区史前玉器的研究起到了推动作用。

“中国古代都城展”——汉魏晋南北朝时期于 2015 年 9 月 8 日 ~12 月 6 日在韩国首都首尔市的汉城百济博物馆隆重展出。从中国社会科学院考古研究所发掘的汉长安城、汉魏洛阳城、曹魏北齐邺城等大型都城遗址、墓葬中遴选的代表性出土文物，展品既包括反映汉王朝都城宫殿建筑艺术的文物，也有令人瞩目的满城诸侯王墓出土的珍贵文物，还有北周时期的佛教造像等，共 140 多件（组）。

“玉泽陇西”——齐家文化玉器展首次将 11 家国有文物收藏和研究单位考古出土与采集的齐家文化玉器，以及若干征集品、遗址出土铜器、陶器、骨器等标准器进行集中展示，从多个角度展示齐家文化玉器与玉文化。

“玉出昆冈”——中国社会科学院考古研究所发掘出土商与西周玉器精品展于 2015 年 5 月 15 日在上海松江区博物馆隆重开幕。展览遴选殷墟妇好墓、西安张家坡西周墓地和滕州前掌大墓地出土的精美玉器 160 件（组），将商代王室和西周贵族的用玉制度及对玉器的喜好展示于公众面前，这是考古走向公众，让公众了解考古的一个重要方面。

“与猪同行”——中国古代猪类驯化、饲养与选育技术及其影响研究科研成果展于 2013 年 9 月 5~25 日，由中国社会科学院考古研究所、北京大学考古文博学院、河南省文物考古研究院和湖北省文物考古研究所主办，该展览是国内首次动物考古专业学术展览，从考古学角度集中展示了家猪的驯化史。

3. 公共考古论坛的举办

自 2002 年至今，每年举办一届中国社会科学院考古学论坛；2012 年 7 月，与北京大学公众考古与艺术中心联合举办 2012 文明探源公众考古论坛；2013、2014 年连续举办两届“中国公共考古・仰韶论坛”。

二、重要考古成果

（一）史前考古研究室

1. 陕西延安龙王辿遗址第 1 地点

遗址位于陕西省延安市宜川县壶口镇，年代距今 2 万 ~1 万年。2011~2015 年，中国社会科学院考古研究所在黄河中游地区以遗址为中心，开展一系列考古工作，通过多学科研究手段对当时的自然环境进行复原；结合对人类行为状况的探讨，究明当时人类的生业模式和经济形态；对自然环境及人类的经济活动与自然环境的互动关系进行研究分析，推动旧石器时代向新石器时代过渡这一重大研究课题的进展。

2. 湖北荆门城河遗址

2011 年 11 月，中国社会科学院考古研究所对湖北史前城址进行了调查，并选取位于湖北省荆门市沙洋县的城河遗址进行了持续发掘与研究，希望能够以点带面，不断创新，进一步深化屈家岭、石家河文化时期的社会结构和文明化进程研究，为中华文明起源研究提供关键资料和信息支撑。2012 年 11 月 ~2013 年 1 月，经国家文物局、湖北省文物局批准，对城河遗址进行了首次发掘，并对疑似城垣进行了解剖性发掘，从考古实证角度确认城河遗址为史前城址；同时发现了房址、灰坑、灰沟、陶窑、灶址、黄土台以及活动面、柱洞、红烧土坑等多类遗迹现象；出土了大量陶器以及纺轮、石镞、石斧、石环、玉璜等文化遗物，并确认该遗址为屈家岭至石家河文化早期的城址。2013 年 9~12 月，对城河遗址进行了全面勘探，初步掌握了城垣、城外壕、

瓦家坪遗址城河遗址位置示意图

瓦家坪遗址城河遗址出土玉石器残片

城内水系、水门、居址等重要遗迹现象的分布状况，为深入研究其聚落布局特征提供了充实的资料和线索。2014 年 9 月 ~2015 年 1 月，对遗址北部、西部区域进行了发掘，对遗址两处区域有了整体性的认识，基本廓清了其功能和性质，为深入探索城河遗址的聚落布局提供了更多的信息和资料。同时，借助此次发掘，得以管窥屈家岭—石家河时期城河遗址不同地点的人类活动状况，对城河遗址的历时性变化有了更为深刻的理解。

3. 西北地区史前聚落

2014 年 2~3 月，课题组赴甘肃省东部和宁夏回族自治区南部开展史前遗址调查工作。此次调查共涉及遗址 56 处，时代上自大地湾一期文化，下至青铜时代。通过此次调查大致了解了陇东地区新石器时代遗址的基本情况，为西北地区考古工作的进一步开展奠定了基础。

2015 年 4~5 月，为了解洮河流域史前遗址的分布和保存状况，制定洮河流域史前聚落研究的长期规划，中国社会科学院考古研究所在甘肃省定西、临夏两市沿洮河开展史前遗址调查工作，调查遗址 51 处，发现多处重要遗迹，并采集到大量陶、石、骨等各类标本。这些遗址主要分布在洮河干流或支流两岸的二级台地上，面积数万至数十万平方米不等，时代上自仰韶文化晚期，下至辛店文化，主要集中在马家窑—齐家文化时段。多数遗址地面散见陶片、残石器等遗物，断面见有厚薄不一的文化层，部分还能看到灰坑、白灰面房址、烧土面房址、灶等各类遗迹。通过本次调查，课题组进一步掌握了洮河流域史前遗址分布与保存的整体情况，并对这些遗址的基本面貌和主要特征有了更多的了解，为下一步开展系统的调查、发掘与研究工作奠定了基础。2015 年 5 月，中国社会科学院考古研究所在马家窑遗址南部、巴马峪沟北侧两处台地（瓦家坪）上进行考古钻探，初步确定了 2015 年度考古发掘的具体地点。同年 7~10 月，在前述选定的区域开展考古发掘工作，共开设探方 20 个，揭露面积 500 余平方米，清理出不同时期灰坑 29 个、房址 3 处、沟 3 条、墓葬 1 座、窄沟状遗迹 2 条，收集了大量陶、石、骨等人工遗物和自然测试样本。其中，较为重要的遗迹有 H13、F2 和 M1 三处：H13 在其第②层堆积下发现 4 具人骨，其中一具保存相对完整，成年，俯身直肢；F2 规模较大，虽破坏严重，但基本形制可辨，大致为方形，多处见有柱础（洞），中部见有隔墙，留有疑似土坯痕迹；M1 为竖穴土坑墓，

瓦家坪遗址 M1 ②层（西—东）

瓦家坪遗址 M1 ③层（西—东）

分层埋有人、猪、犬。上述钻探和发掘工作，进一步丰富了学术界对马家窑遗址不同时期文化堆积及各类遗存的认识，为马家窑遗址的保护、开发及相关学术问题的研究提供了重要资料。

4. 河南新砦遗址

2012 年下半年，经钻探，在新砦城址东侧约 500 米的王嘴村发现一处疑为新砦二期的公共墓地，该墓地已经为王嘴村现代民居破坏了 3/4，现存墓葬 100 余座。为了解墓地的年代及性质，试掘采用钻探发现墓口进行重点发掘的方法，首先在不同区域选择墓口较小、埋藏较浅的小墓进行试掘。2013 年 9 月，中国社会科学院考古研究所联合郑州市文物考古研究院对此处墓地进行试掘，目前共发掘墓葬 10 座，取得的主要成果有：第一，确认王嘴村的公共墓地很可能为东周时期，墓地面积约 2 万平方米；第二，发现了在新砦城东城墙之外仍有新砦二期文化的居住遗迹，拓展了新砦城址及其外围区域的范围；第三，发现了新砦二期文化的陶窑 3 座，疑为小规模的手工业作坊区；第四，在一个废弃的新砦二期文化的灰坑中发现了疑为冶炼金属所用的坩埚的残片。2014 年春、夏两季继续发掘新砦遗址中心区，发掘面积 1500 平方米，出土大量新砦期遗物，此外，还发现了龙山文化和二里头文化时期的其他重要遗迹和遗物，进一步确定新砦遗址的核心区就在此发掘区附近。

新砦遗址航拍

新砦遗址出土陶器

5. 黄淮中下游地区史前城址与聚落

（1）淮河中游史前遗址

2013 年 11 月 ~2014 年 1 月，中国社会科学院考古研究所安徽队沿淮河两岸的河湖平原地带组织了两个区域的史前遗址考古调查。北部调查区域为淮河支流浍河、沱河与石梁河下游（蚌埠市固镇、五河、泗县境内）；南部调查区域为安丰塘与瓦埠湖流域（淮南市和寿县地区）。调查区域选择在安徽省全国不可移动文物普查的基础上展开，这一区域的文物普查多采取全覆盖的拉网方式。本次调查史前遗址80余处，通过后期的初步整理，我们初步掌握了该区域史前聚落演进的历程。

（2）山东日照尧王城遗址

自2012年秋季至2015年秋季，中国社会科学院考古研究所山东队与山东省文物考古研究所合作对遗址核心区进行勘探和发掘，核心区包括内城和外城两部分，南北长900、东西宽600米，面积54万平方米。其中内城位于遗址核心区的西部，南北长430、东西宽280米，面积12万平方米。内城城墙基宽23、残存墙高1.5~2.8米，墙体建于生土和基岩上，在北墙墙基的底部发现两条东西向的人工铺石。在墙外侧发现壕沟，壕沟局部宽近30、深4.5米，上层为废弃后雨水冲积的红褐色淤土，下层为沟底自然堆积的黑灰色淤土。尧王城遗址面积大、堆积厚、各类遗迹丰富，通过连续的考古发掘基本搞清城址的范围、布局、结构及年代等问题。尧王城城址的年代从大汶口晚期一直延续到龙山中期，期间经历了连续使用和不断营建的过程。

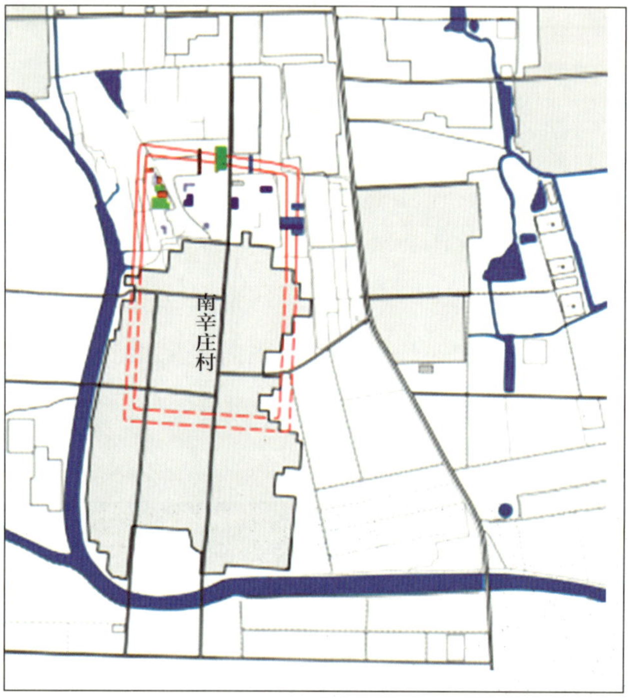

尧王城遗址2012~2015年发掘探方位置图

6. 辽东半岛积石冢

2011年和2013年，中国科学院考古研究所对辽宁省大连市广鹿岛洪子东遗址进行发掘。在辽宁长海广鹿岛首次发掘青铜时代遗址，并发现新石器时代晚期与青铜时代文化的地层叠压关系，为研究该地区青铜时代以及新石器时代与青铜时代文化的传承关系提供了线索。在蛎碴岗和洪子东遗址均发现小珠山第五期文化遗存，后者稍晚于前者，推测是史前时代到青铜时代过渡期文化。其次，发现青铜时代的双砣子三期与上马石上层文化的地层叠压关系，为解决两个文化之间关系提供了依据。岛上的新石器和青铜时代（洪子东、南山、长寺山、朱家村）遗址均为贝丘遗址，所处地理环境和自然风貌比较接近，说明岛屿的史前时代和青铜时代的生计模

广鹿岛卫星影像及洪子东遗址地理位置

鞍子山积石冢出土玉器

式较为接近，主要以捕鱼、狩猎经济为主，以农业为辅。

2014 年 10 月，由中国社会科学院考古研究所、辽宁省文物考古研究所、大连市文物考古研究所、辽宁师范大学四家单位对辽宁鞍子山积石冢进行正式发掘。鞍子山积石冢位于大连市甘井子区营城子街道后牧村鞍子山东山山脊上，山脊呈南北走向，积石冢所在山脊海拔落差165~190 米，积石冢沿山脊分布，长约 150 米。在鞍子山主峰上，还分布有一处遗址，地表分布有大量红烧土，推测与积石冢存在一定关联，另外鞍子山积石冢西北方向几千米处就是双坨子青铜时代遗址。

7. 华南地区史前遗址

2011 年以来，中国社会科学院考古研究所在广西桂林、贵州平坝、海南陵水和福建三明四个地区进行考古调查和发掘，初步建立了海南地区新石器时代文化的基本年代框架。在贵州地区，牛坡洞遗址新发现的 6 座墓葬填补了长久以来贵州地区洞穴考古中不见墓葬的空白；在福建地区，通过对福建沿海地区及闽北、闽西山区进行的田野工作，初步建立了福建三明地区的史前考古学文化谱系框架。

大岩遗址 2012 年发掘远景

螺蛳岩遗址外景

象鼻岩遗址 B 洞远景

父子岩遗址 2014 年发掘现场

8. 河北泥河湾盆地旧石器时代遗址

2015 年，中国社会科学院考古研究所对河北泥河湾盆地旧石器时代遗址进行调查与研究，对西白马营的年代及遗址空间利用信息有了新的认识与发现。

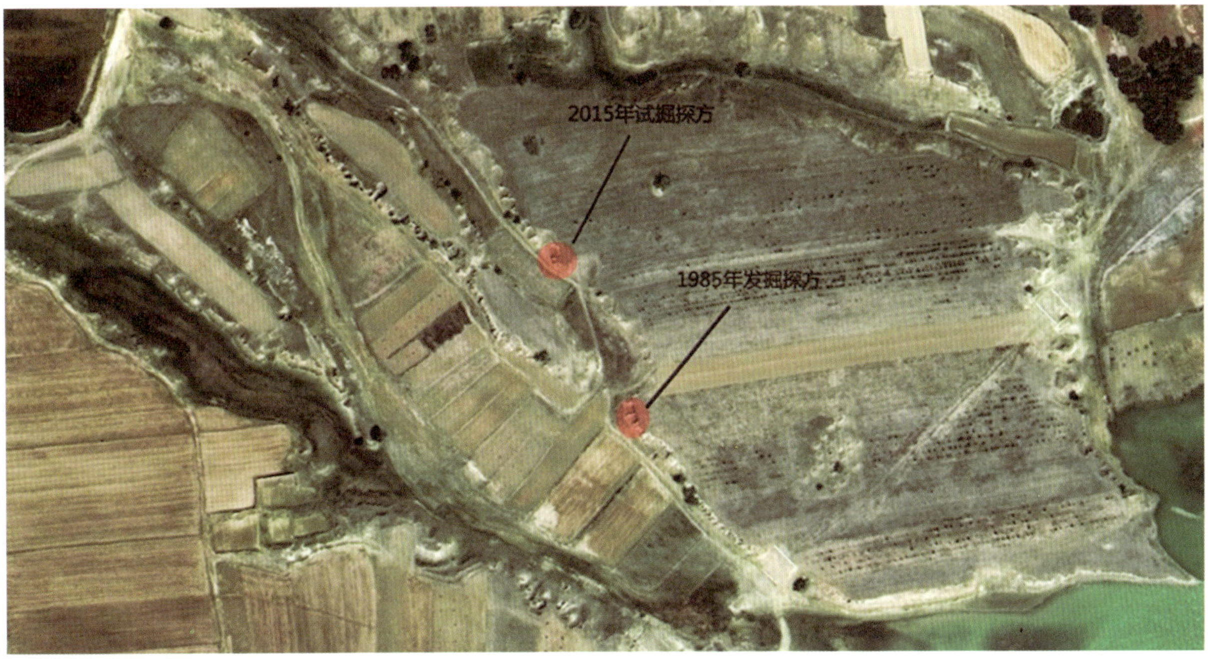

西白马营遗址发掘地点位置图

（二）夏商周研究室

1. 河南偃师二里头遗址

2011 年以来，中国社会科学院考古研究所在河南偃师对二里头遗址中心区和作坊区西部进行了发掘，全面揭露了一组大型多院落建筑基址，确认宫城内存在可能属祭祀遗存的大型坑状遗迹（一号巨型坑）。对二里头遗址宫殿区和围垣作坊区进行了全面勘探，发现有夯土建筑、道路、夯土墙等重要遗迹。

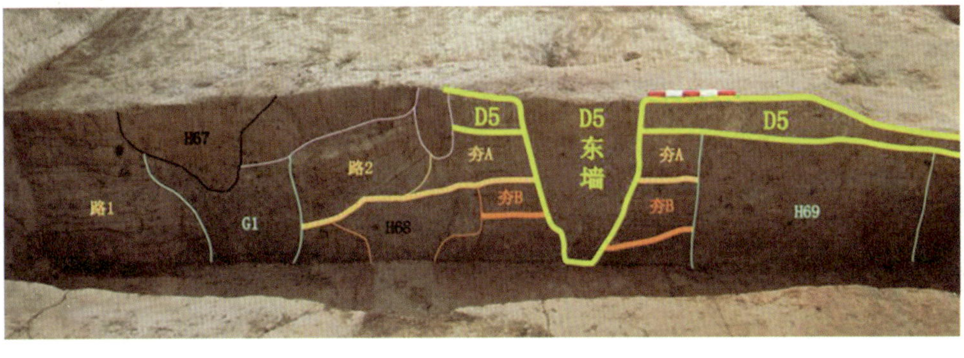

二里头遗址五号基址东缘的层位关系

2. 山东襄汾陶寺遗址

陶寺遗址宫城西北角门处的墩台或基址瞭望塔

2011~2015 年，中国社会科学院考古研究所山西队山西襄汾陶寺遗址发掘与研究被纳入中国社会科学院创新工程“陶寺遗址发掘与研究”项目，目的是进一步探索陶寺都城遗址内部的功能区划。发掘工作的重点放在陶寺城址的城北大型夯土基址、手工业区以及宫殿区。总计发掘了 10 个工作季，总发掘面积为 3852 平方米。

3. 河南安阳殷墟遗址

2011 年，中国社会科学院考古研究所提出“殷墟布局勘探与试掘”，在河南安阳，发掘各时期墓葬 800 余座、灰坑近 3000 个、房基 100 余座，以及水渠、水井、陶窑、道路等遗迹；首次发现与甲骨文中贞人相对应的墓葬；在洹北商城发现了制骨及铸铜等手工业作坊区。通过 2011~2012 年的深入研究，研究人员对殷墟布局有了更深入的理解，绘制了整个殷墟遗址的路网和水网，但新的问题也随之出现。随着问题的展开，2013 年，研究人员循着思路提出了“殷墟手工业综合考察”的创新课题，意图通过一年的创新研究，初步了解手工业作坊与路网、水网的关系。2013 年的收获颇丰，一方面，通过沿道路、水系的勘探，在殷墟西北—东南方向的水渠沿线找到了铸铜作坊、制骨作坊和制陶作坊；另一方面，通过配合基本建设，选择其中的部分作坊进行了考古发掘，将钻探成果全部落实。

殷墟遗址南北向道路遗迹

殷墟遗址制陶作坊遗迹

4. 河南偃师商城宫城遗址

自 2011 年秋季开始至 2015 年冬季，中国社会科学院考古研究所偃师商城考古队针对在宫城遗址的资料整理过程中遇到的问题，对偃师商城宫城遗址内的第一、第三、第七和第五号宫殿进行了复查和清理，整体了解了五号宫殿东部的布局。

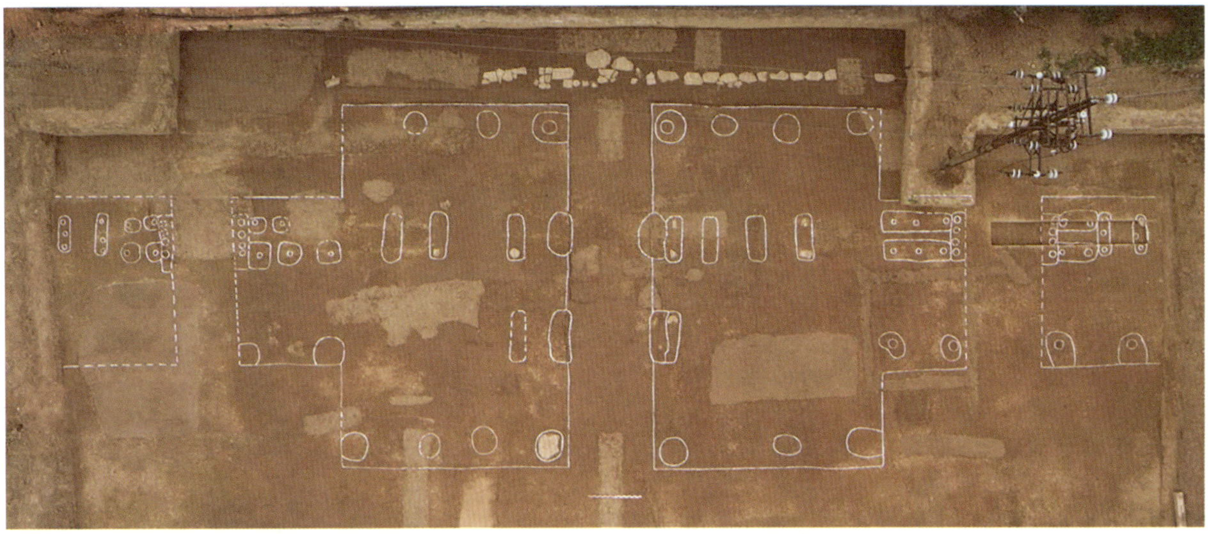

偃师商城三号宫殿南门塾（上南）

5. 陕西西安丰镐遗址

在陕西西安，2011~2015 年，中国社会科学院考古研究所丰镐队在西周都城遗址——丰镐遗址和周原遗址开展了大规模的考古勘探与发掘工作，同时，还兼顾开展了泾河上游古代遗址的区域调查工作。对丰京遗址进行了全面地面调查，调查面积约 10 平方千米。通过系统勘探和综合研究，准确地确定了丰京遗址的范围和四至，初步构建了丰京遗址的 ARCGIS 系统框架，发现确认了人工水域与人工水道，发掘手工业作坊等遗存，填补了丰京遗址考古工作的区域空白。

丰镐遗址冯村制骨作坊出土骨器成品与半成品残件：
1、3~4. 骨笄半成品（H1：7、8、13）；2. 骨笄（H1：1）；
5. 骨签（H1：19−1）；6. 骨耳勺（H1：14）

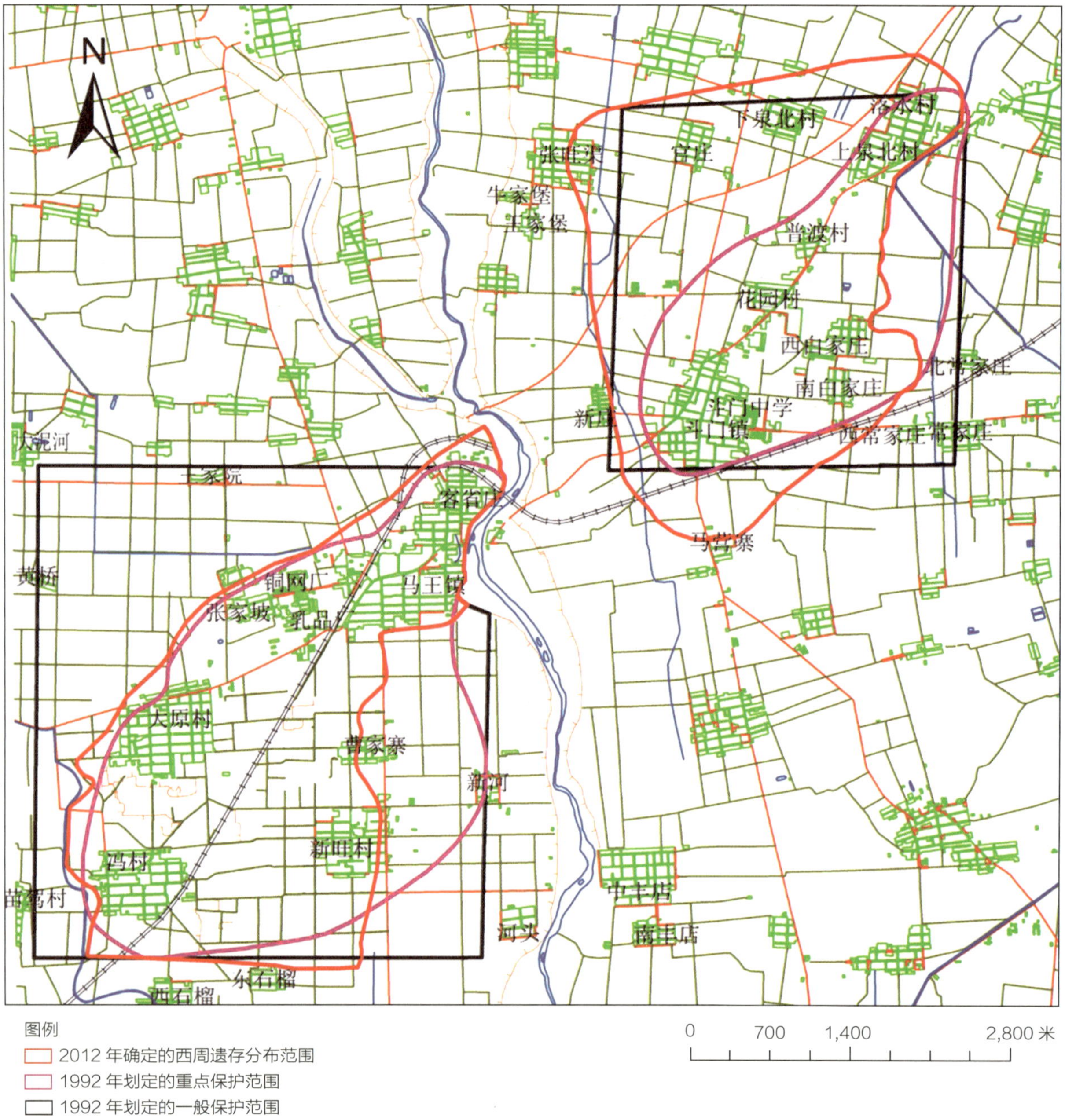

丰镐遗址西周遗存分布范围及保护区边界变动示意图

6. 陕西宝鸡周原遗址

2014 年，中国社会科学院考古研究所在周原地区共布置了三个发掘区，由南向北依次为普通居址墓葬区、车马坑发掘区、夯土基址发掘区，发掘面积总计约 5000 平方米。其中，大型建筑基址主体建筑呈“回”字形，方向 355°，面积 2780 平方米，为西周时期面积最大者，始建于西周早期，延续到西周中晚期之交。大型建筑南发现一座车马坑，车轮装有铜轮牙，首见装饰绿松石的铜车构件，这辆车应是迄今为止西周时期最为豪华的车。再南侧为普通居址和墓葬区，

周原遗址凤雏 F3 全景

周原遗址凤雏车马坑
嵌绿松石铜车軎、辖、軎

时代从先周晚期延续到西周晚期，已清理西周时期中小型墓葬 24 座，其中 M11 属西周早中期之际，出土铜器 21 件、陶器 9 件、原始瓷器 6 件，墓主人为昔鸡。铭文显示，昔鸡很有可能来自殷代的举族，曾受周王后的派遣去谒见韩侯的夫人乃姞，并受到韩侯的赏赐。2015 年，周原工作以水网系统、城墙为目标，了解周原遗址的聚落结构和功能分区，同时在贺家北区域以凤雏建筑群为中心，对该区域进行尽可能地全面揭露，共完成重点勘探面积约 67 万平方米，池渠遗迹的抽样勘探面积 108 万平方米，发现大面积淤土遗迹 1 处、沟渠 9 条、灰坑 376 个、墓葬 64 座、陶窑 1 座，并对淤土和沟渠遗迹进行了探沟发掘。根据已有发现，遗址边缘的大面积淤土遗迹、遗址中心区域的人工水池、多条纵横交错的人工水渠等不同层次的水系遗迹，共同构成了周原遗址水网系统的雏形。

7. 江苏苏州木渎古城

在江苏苏州，苏州古城联合考古队 2011~2015 年对木渎春秋古城的田野发掘和调查工作确认了这一春秋晚期的都邑性遗址，通过发掘对城址的布局及周边小型城址等遗存的分布状况有了进一步的认识。

（三）汉唐研究室

1. 临淄齐故城冶铸遗存

中国社会科学院考古研究所对齐故城内的冶铸遗存进行了有计划的调查、勘探和发掘。调查共发现和确认东周秦汉时期的冶铸遗址 14 处，出土一批铜镜铸范及相关遗物，首次科学发掘了秦汉铸镜作坊遗址，不仅证明了临淄是秦汉时期的铜镜铸造中心之一，而且对研究当时铜镜铸造工艺技术以及铜镜产地和流通等问题将起到积极的推动作用，是秦汉时期乃至整个古代铜镜铸造业及铸造技术研究的一个重大突破。该项目的实施及其成果，引起了国内外学术界以及社会各界的广泛关注。

临淄齐故城出土滑石半两钱范

临淄齐故城窑炉遗迹（西—东）

临淄齐故城出土砂范

2. 汉长安城遗址

汉长安城考古队近五年在未央宫遗址发掘地点较多，规模较小的有西宫门、东西道路、南北道路的试掘，沧池以及 66 号建筑等遗址的试掘，规模较大的发掘是南宫门遗址。此外还发掘

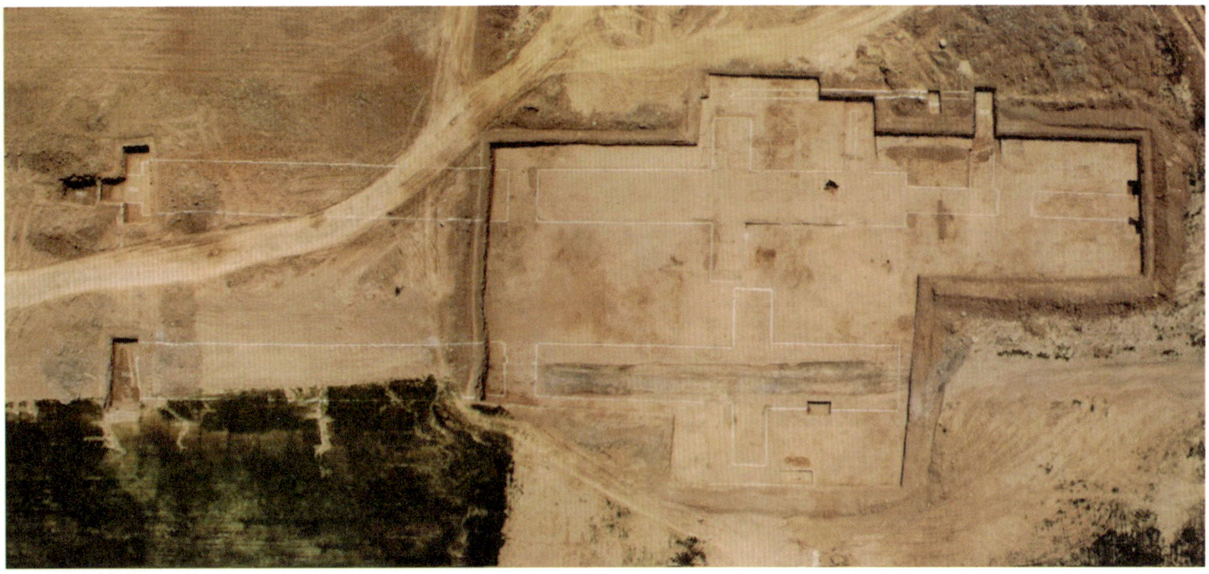

汉长安城遗址未央宫南宫门遗迹全景（北—南）

了长乐宫东西道路和北宫墙遗址，并在汉长安城西安门外发掘一座大型西汉建筑遗址，这是一个以廊道、廊房和庭院为主体的建筑群，建筑的性质以用于戍卫的可能性较大。

3. 唐长安城遗址

2012年以来，隋唐长安城考古队在大明宫中央官署先后进行了四次发掘工作，揭露出南廊道、西厢房、东厢房、东侧庭院东部，北部堂屋建筑和整个院落。2015年进行了隋唐长安城东市遗址的调查和发掘工作，揭露出市场道路、排水沟、水井等重要遗迹，出土了带“□家酒店”墨书题字的瓷壶底片、玻璃残片、宝石戒面等体现市场和丝绸之路特色的各种遗物近500件。

唐长安城遗址出土墨书“□家酒店”瓷壶底（左图）

唐长安城遗址大明宫内过水涵洞（右图）

4. 汉魏洛阳城遗址

2012~2015 年，汉魏洛阳城考古队通过汉魏洛阳城太极殿的发掘，清晰再现了 2~6 世纪中国最高政治权力中枢的建筑形态，确认了曹魏始建的太极殿是中国历史上第一座“建中立极”的宫城正殿，是中国乃至东亚地区的古代都城发展史上的里程碑。

5. 洛阳唐城遗址

2012~2013 年，隋唐洛阳城考古队通过发掘隋唐洛阳城郭城里坊区宁人坊、从政坊和明教坊等遗址，基本搞清了里坊的形制布局和规模，为城市的复原研究提供了重要依据。2013~2015 年，通过对隋唐洛阳城宫城九洲池遗址区的发掘，确定了九洲池的轮廓与范围、池内岛屿的分布以及环池建筑的分布和形制。

洛阳唐城遗址九洲池砖砌西池岸遗迹（东北—西南）

6. 河北邺城遗址

2012 年以来，邺城考古工作也陆续取得了一系列重要成果，其中位于东魏北齐邺城南郭区的赵彭城北朝佛寺遗址和位于东郭区的北吴庄佛教造像埋藏坑等佛教遗迹，是中国早期佛教遗

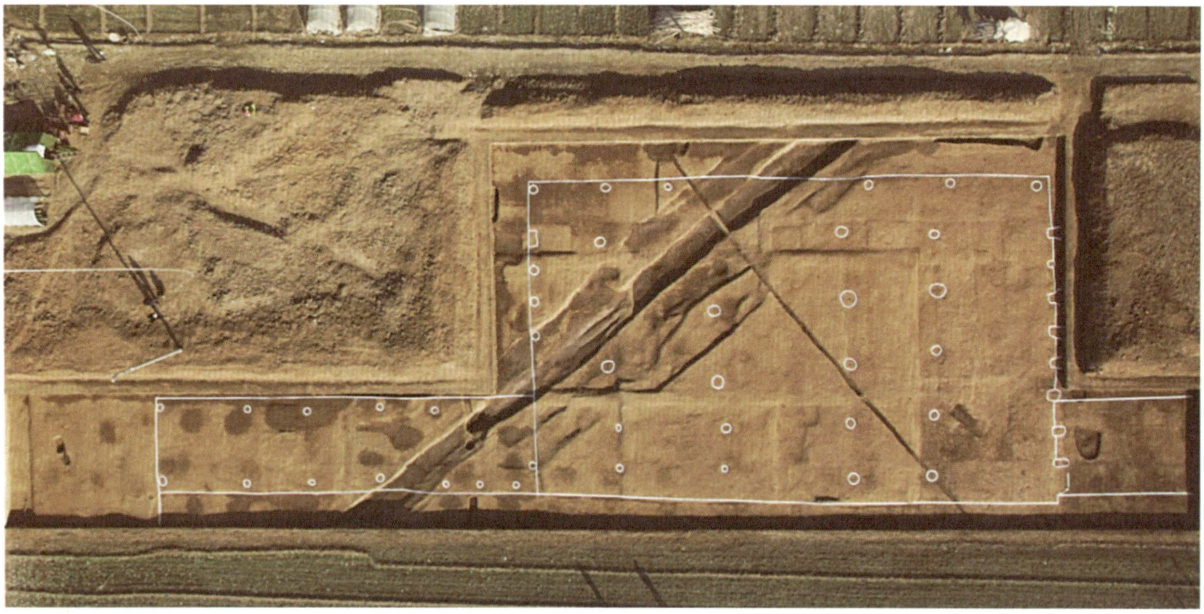

赵彭城佛寺东南院大型殿堂式建筑及连廊

迹中罕见的实例，对其发现与发掘东亚地区佛教考古研究有重要影响。2013~2014年，又先后发掘了核桃园北朝佛寺一号和五号建筑基址，其中一号建筑基址应为佛寺塔基遗存，在夯土台基中心解剖沟内发现的石函、青瓷罐等，丰富的出土遗物和“常平五铢”等证明这是一座北齐佛教建筑。

邺城遗址北吴庄出土白石菩萨像

7. 内蒙古赤峰辽上京城遗址

2012年以来，在内蒙古赤峰市巴林左旗，辽上京考古队先后发掘了辽上京皇城西门——乾德门遗址、皇城西山坡遗址、宫城遗址、道路、建筑遗迹等，并通过考古钻探确认皇城东、西、北三面城墙外有护城壕遗迹。其中西山坡遗址被认为属于辽代始建皇家佛寺遗址，出土一批精美的辽金时期泥塑人像等遗物。

辽上京城西山坡佛寺遗址出土泥塑造像

辽上京城西山坡佛寺遗址 2012 年发掘全景（东—西）

8. 陕西西安先秦至汉代相关遗址

在陕西西安，阿房宫与上林苑考古队在沣东新城王寺街道窝头寨遗址发掘一处时代单纯的汉代大型铸钱遗址。2012 年 4 月，发现“厨城门一号至五号桥”和“洛城门桥”遗迹，2012~2015 年考古队持续对厨城门一号桥、三号桥及洛城门桥等进行抢救性发掘。2013 年开始对栎阳城进行考古勘探与发掘，基本确定了一号、二号古城，入选“2013 年度全国十大考古新发现”。2014 年夏秋，发现三号古城，从田野资料看，三号古城应为战国秦栎阳城所在。

9. 唐宋扬州城遗址

在江苏扬州，扬州考古队 2011 年 10~12 月和 2013 年 3~4 月，先后对扬州蜀岗古代城址的城墙城壕及城圈内展开考古勘探调查工作，在扬州蜀岗古代城址发掘出土了城墙、城门、城壕、城内遗迹、道路等遗迹，取得重大收获。

扬州蜀岗古代城址北城墙西段东部城门遗址第一期水涵洞中部底部枋木（南—北）

（四）边疆考古研究室

1. 新疆博尔塔拉阿敦乔鲁遗址及相关遗存

2012~2015 年，对以阿敦乔鲁遗址与墓

地为中心的青铜时代的遗存进行了正式发掘和调查，调查面积近1000平方千米，确定了以阿敦乔鲁遗址与墓地为代表的新的考古学文化——阿敦乔鲁考古学文化。这是一处以居住址、墓地及巨石遗迹和岩画等多类型遗存为主要特征的新考古学文化，其文化性质中既有中亚相同类型的因素，也具有自己独特的建筑形式和类型，在西天山地区颇具代表性。遗址中获得的家马、大麦、黍以及肉

阿敦乔鲁墓地北区SM4出土石棺

阿敦乔鲁墓地北区墓葬分布

苁蓉等动植物遗存，填补了中国考古在这些领域的空白。新发现的遗址类型中，有明确具有军事性质的瞭望台等遗迹，也为新疆青铜时代出土文物中所仅见，该遗址获评“2012 年度全国十大考古新发现”。

2. 新疆塔什库尔干吉尔赞喀勒墓地

2012~2014 年对新疆维吾尔自治区塔什库尔干县吉尔赞喀勒墓地进行考古发掘，该墓地位于塔什库尔干塔吉克自治县曲曼村东北吉尔赞喀勒台地上，年代约为距今 2500 年。主要收获有三：一是新发现 C 区是拜火教葬俗的天葬区，D 区是雅丹地貌埋葬区（疑似高等级墓葬区）；二是葬俗文化内涵以拜火教文化为主，分为天葬后敛骨二次葬与一次性天体入葬，随葬有火坛，总数已达 11 个；三是随葬品中多西亚南亚工艺的琉璃、玛瑙精品，充分反映墓地所在的帕米尔为东西方文化交流孔道的历史事实。

3. 新疆昌吉木垒县平顶山古墓群遗址

2015 年 6 月中旬开始，对新疆维吾尔自治区昌吉回族自治州木垒哈萨克自治县平顶山古墓群遗址进行考古发掘，木垒县平顶山墓群位于照壁山乡平顶山村东南方圆十多平方千米的山地丘陵中，共分布有 6 处古代墓葬遗址群，发掘地点分为 A、B、D 三区。A、B 两区 ^{14}C 测年数据均为距今约 2500 年，已确定属于天山草原青铜时代中晚期塞种文化，性质初步判断为天山塞人游牧文化墓葬与祭祀遗址；D 区除了出土已有相当数量与 A、B 区文化性质年代接近的遗址和文物出土之外，一批年代早至距今约 3000 年的墓葬遗址也已发现并有相关文物出土。

平顶山古墓群 B 区一号墓葬塞人数字“7”崇拜石堆遗迹

平顶山古墓群 B 区十一号墓葬出土塞人殉葬马坑及巨形石叶

4. 新疆青河县三海子遗址群

2013~2015 年，中国社会科学院考古研究所、阿勒泰地区文物局和青河县文物局连续三年于夏季在新疆维吾尔自治区青河县三海子遗址群开展考古发掘工作，发掘了花海子第二大的三号遗址、美依尔曼 4 座遗址、成拜特 6 座遗址。最为重要的发现是刻纹或素面的盾牌石，证明三道海子是早期游牧王国夏季的礼仪中心。在山下查干郭勒乡所在的河谷地带，发掘了 9 个墓地中的 19 座墓葬，初步推测这些墓葬的时代为公元前 19~ 前 15 世纪，属于切木尔切克文化晚期，具有重要的学术价值。对三道海子地区以及青河、富蕴等地区进行了考古调查，发现了很多新的遗址点，在花海子三号遗址发现的汉晋墓葬为草原丝绸之路增加了珍贵的实物资料。

花海子三号遗址出土盾牌石

5. 西藏阿里象泉河上游象雄时期墓地

2012~2015 年，中国社会科学院考古研究所与西藏自治区文物保护研究所在西藏自治区阿里象泉河上游地区的故如甲木墓地和曲踏墓地联合开展发掘工作，共发现并清理了一大批土坑墓和洞式墓，出土有黄金面具、铜器、铁器、木器以及大量殉葬动物，表明该墓地是一处分布相当密集、规格较高的象雄时期（相当于中原汉晋时期）古墓群，并与“穹窿银城”——卡尔东城址有着密不可分的关系。从文化面貌上可看出这一地区与邻近的札达地区、南疆地区、西北

故如甲木墓地 2012M1

故如甲木墓地 2012M1 出土“王侯”铭文鸟兽纹锦

故如甲木墓地 2012M1 出土黄金面具

印度乃至中原地区存在着广泛的文化联系，表明象泉河流域是象雄国的核心区域。由于墓葬出土随葬品种类特别丰富，涵盖了当时社会物质生活的诸多方面，对于我们重建古代象雄国的社会生活面貌提供了极有价值的材料。墓葬内随葬大量青稞种子和牛羊马动物，说明当时象泉河流域半农半牧的生活方式以及经济上的繁荣，种类繁多的外来物品则反映了象雄文化对周边地区文化的吸纳和融合。

6. 内蒙古呼伦贝尔谢尔塔拉墓地

谢尔塔拉墓地位于内蒙古呼伦贝尔市海拉尔区谢尔塔拉镇东约 5 千米的台地上，1998 年，

谢尔塔拉墓地 2013 年发掘区航拍

中国社会科学院考古研究所内蒙古第一工作队、海拉尔区文物管理所联合清理 10 座墓葬；2013 年，中国社会科学院考古研究所内蒙古第一工作队、呼伦贝尔民族博物院再次对谢尔塔拉墓地进行了发掘，清理了 3 座木棺墓。谢尔塔拉墓地 ^{14}C 测定年代为公元 9~10 世纪，结合文献记载，确定为室韦人的遗存，为蒙古族源研究提供了重要材料。

7. 内蒙古呼伦贝尔岗嘎墓地

岗嘎墓地位于内蒙古呼伦贝尔市陈巴尔虎旗呼和诺尔镇东约 6 千米处海拉尔河南岸的沙丘上。2013~2014 年，由中国社会科学院考古研究所、内蒙古自治区文物考古研究所、北京大学考古文博学院、呼伦贝尔民族博物院组成呼伦贝尔联合考古队，对岗嘎墓地进行了发掘，共清理墓葬 22 座，出土了大量的随葬品，葬具分为独木棺和板棺两种。^{14}C 测定年代为公元 8~10 世纪，结合文献记载，确认岗嘎墓地为蒙兀室韦人的遗存，为蒙古族源找到了直接源头。2015 年，开展对岗嘎墓地墓葬的实验室考古工作，墓葬整体被作为可供永久展览的标本保护。

岗嘎墓地男女合葬墓

岗嘎墓地 M18 出土珠饰

岗嘎墓地 M22 出土铜饰

中国科学院古脊椎动物与古人类研究所

一、业务建设

（一）业务工作

1. 中国地区本土人群连续演化及早期现代人起源研究

中国科学院古脊椎动物与古人类研究所通过对旧石器时代考古材料的系统梳理和分析，对中国乃至东亚地区本土人群连续演化及该地区早期现代人起源问题开展研究，取得重要成果。通过对石制品原料特点及开发利用方式，石器制作技术，石制品类型、形态与组合特点以及区域文化传统演变等方面进行分析，认为这里的旧石器时代文化一脉相承，古人群生生不息、连续演化。并通过对中国旧石器时代文化体系中勒瓦娄哇技术制品、具有阿舍利风格的石器组合和石叶技术产品这些具有“西方元素”特点的文化成分的辨识与分析，指出更新世期间该地区石器生产基本维持在奥杜威模式内，来自西方的文化因素间或出现，但从来没有成为主流，更没有发生对土著文化的置换，说明这一地区没有发生过大规模移民和人群更替事件。基因混合与文化交流可能发生过，但其过程是融合而非替代。秦岭诸遗址、北窑、大地湾、徐家城、乌兰木伦、织机洞、井水湾、黄龙洞等遗址的地层和测年数据表明东亚不存在距今 10 万 ~4 万年间的材料空白，人类演化的链条没有中断过。“综合行为模式”等学说的提出强化了对本土人群生存能力的论述。对人类独特的行为特点与社会属性的观察和思考，也对本土人群与西方同类的隔离问题及不同地区人群长时期维持在同一物种内的可能性与动因提供了有益的启示。

2. 周口店古人类用火研究

人猿揖别以来，人类以一系列开天辟地的创举昭告着自己与其他动物的不同。其中有控制地用火对人类的生存和演化至关重要，是人类在动物界中具有排他性的行为特征。

对早期用火证据的获取和论证，存在着诸多困难。因为大多数情况下没有发现明确的火塘结构（例如围石等），难以确定是否存在有控制的用火现象；自然火的遗存与化学变化、腐蚀、污染等痕迹容易与人工用火遗留混淆；用火遗存在暴露和遗址形成过程中会改变甚至消失。那么人类用火证据的要素是什么？所内研究员高星等提出以下证据体系：（1）确实发生过燃烧，如有灰烬、木炭、烧骨烧石等；（2）存在人类操控的迹象，如遗迹集中分布、有火塘结构等；（3）与其他人类遗存共生，如有人类化石、石制品、被人类改造过的动物碎骨、装饰品等；（4）适宜的人类生存与埋藏环境等。周口店遗址曾经被认为存在最早的有控制用火的证据，但以前的结论被西方学者挑战和否定。利用新一轮考古发掘的契机，高星研究团队会同中国安全生产研究院燃烧实验室，在第④和第⑥层提取灰烬样品做新的分析测试。样品经过一系列物理—化学处理提纯后，利用扫描电镜和X射线衍射仪观察其元素构成和物质成分。结果表明：因燃烧而形成的富集的元素碳、钾和植硅体在灰烬样品中存在，证明在这两个层位发生过原地燃烧（用火）行为。课题组还开展了燃烧实验对比研究，共有12种树木被选作实验的燃材，其中朴树和紫荆的成分曾经出现在遗址的灰烬层中，另外10个树种于北京猿人的时代在龙骨山生存过。通过对实验燃烧获得的新鲜灰烬进行元素和物质成分分析，课题组发现了植硅体和不同含量的锶、铝、铁、钾元素，而且发现不同树种燃烧后产生的上述物质与元素含量差异很大。通过对比分析，课题组认为维纳（Weiner）等西方学者于20世纪末在遗址取样分析时没有找到灰烬等燃烧物质，进而对原地用火提出否定，是因为他们取到的样品可能是北京猿人燃烧某种或几种树木后留下的，而这些树木恰好是在燃烧后生产低含量植硅体与相关元素的树种。可见，从周口店这样大型、复杂遗址的不同层位、不同部位提取的样品会导致不同的分析结果，得出不一样的结论。仅凭在局限的部位提取的有限的样品所做出的分析结果，而在整体上否定北京猿人的用火证据，难免以偏概全、不充分、没有说服力。课题组还与中国科学院地质与地球物理研究所合作，开展疑似灰烬及红烧面的红度、磁化率与燃烧温度分析，表明疑似火塘部位的磁化率和红度比同层的其他部位高出很多——磁化率高出22倍，红度高出3倍。并提取到疑似火塘部位高达700°C的高温信号。此外，燃烧产生的植硅体和碳、钾等元素也存在集中分布的状况，而不是呈现散布状态。并且遗址中还存在集中用火的部位和持续燃烧导致的高温事件（野火无法达到的温度）。这些都指向人类有控制用火的行为。

3. 宁夏水洞沟遗址群综合研究

所内课题组对宁夏水洞沟遗址群开展了连续系统的发掘，建立了一整套旧石器时代考古规范与流程；实现了田野技术和信息采集精细度上与发达国家的接轨，受到国内外学术界的高度评价；对多个地点出土的材料做了深入研究，在石制品微痕分析、残留物分析、石料热处理分析、用火方式分析、水质分析、遗址空间分析、动物考古研究和古人类认知能力分析等方面多有创新；在中国旧石器时代遗址中首次提取到植物食材利用、石制品上的人工有意刻划、石料热处理、“石煮法”、复杂利用居址、织网、串珠制作工艺、广谱革命等证据；通过高精度年代测定建立起东亚地区旧石器时代晚期最翔实、分辨率最高的年代框架与文化演变及环境变化序列；澄清和[illegible]正了此前对该遗址的误区或模糊认识[illegible]新信息、新观点：（1）水洞沟是一个由多处地点构成的分属旧石器时代晚期不同时段的大型露天遗址群；（2）先民的遗存分属7个文化期，据此建立起4万年来翔实的文化序列；（3）不同文化期存在不同技术与文化组合，出现过勒瓦娄哇+石叶技术与小石片技术的交替，显示末次冰期间东北亚人群复杂的适应、迁徙交流过程；（4）勒瓦娄哇+石叶技术体系与本土小石片体系不存在渊源关系，前者是从西方—西北方向迁移过来的古人群的遗留，是目前得到的信息明确的唯一一支外来人群的物质文化证据；（5）移居者没有对本土人群实现整体替代，反而被后者取代；（6）后者在石器技术上保持固有的传统，但文化遗存中出现小型精制石器、装饰品、石料热处理、植物利用、对居址复杂利用等早期现代人的行为表征，反映出现代人起源与扩散模式不是简单的外来移民替代，本土人群连续演化才是主旋律。2008~2015年，对该遗址的研究产生专著3部、中文核心期刊论文23篇、英文SCI/CCSI论文26篇、博士学位论文8部、科普文章16篇。此外，还举办了水洞沟遗址发现90周年纪念大会暨国际学术研讨会，在国内外学术界产生了重大影响，得到媒体和社会的高度关注，在博物馆建设、公众考古和人才培养、学科发展、国际合作诸方面取得公认的成就，并因此获得首届中国考古学大会研究成果奖“金鼎奖”。

4. 东亚最早现代人化石的发现与研究

东亚南部地区晚更新世早期人类化石发现非常稀少，生存年代早于4.5万年前并且在形态特征上可以明确归入现代智人的人类化石一直未见报道。2015年，在中国南部湖南省道县福岩洞进行的科学发掘发现了47枚人类牙齿化石。这些牙齿的形态及测量特征表明可以将它们明确归入现代智人；对比分析显示道县人类牙齿较其他解剖学意义上的现代人更为进步，与更新世晚期中、后阶段人类，甚至现生人类相似；地层和年代学的研究则表明这些牙齿的生存年代在8万~12万年前。这表明8万~12万年前，具有完全现代人特征的人类在该地区已经出现，较西亚和欧洲提早了3万~7万年。这项研究填补了以往缺乏的现代类型人类在东亚地区最早出现时间和地理分布的空白，揭示出晚更新世早期在华南地区生活着比华中和华北地区更为进步（或现代）的人类，对于探讨现代人类在东亚地区出现以后的扩散路线具有非常重要的意义。此外，以往研究提出了与现代智人的竞争也许导致了尼安德特人的灭绝，而这一研究表明具有完全现代形态的人类至少8万年前在华南地区已经出现，且目前尚无证据支持现代智人进入欧洲的时间早于4.5万年前。因此，这项研究结果可能说明尼安德特人是现代人进入欧洲的一个生态屏障，有助于理解现代智人进入欧洲时间较晚的原因。相关研究论文发表在*Nature*上。此项成果入选“2015年度中国科学十大进展”。

5. 安徽华龙洞遗址出土直立人头骨化石研究

由安徽省文物考古研究所、中国科学院古脊椎动物与古人类研究所、安徽省东至县文物管理所联合组成的考古发掘队于2014~2015年对位于安徽省东至县境内的华龙洞进行发掘，取得了一系列重大发现，累计发现包括1件古人类头骨化石在内的20余件古人类化石以及古人类制作使用的石器、大量具有人工切割或砍砸痕迹的骨片和30余种脊椎动物化石。根据对发现的古人类化石形态的初步观察并结合对动物群组成的分析，考古研究员可以确定在华龙洞发现的古人类化石属于直立人（俗称“猿人”)。华龙洞是继北京周口店、陕西蓝田、安徽和县、江苏南京之后，在中国发现的又一处重要的包含有头骨的直立人（猿人）化石地点。华龙洞古人类头骨化石的发现标志着近年中国古人类学研究取得的一项重大进展。华龙洞也是在安徽省境内发现的第三处古人类化石地点（前两处分别为1980~1981年发现的和县直立人、1982~1983年发现的巢县早期智人)。华龙洞古人类化石的发现进一步证实安徽省是我国古人类演化、扩散的重要地区，对于探讨中国直立人的分布、演化、变异具有重要的价值。

（二）人才建设与培养

近年来，中国科学院古脊椎动物与古人类研究所重视人才的建设与培养，共有国家海外高层次人才引进计划（千人计划）入选者1人,中国科学院“百人计划”入选者11人（新增1人)，国家杰出青年科学基金获得者5人，中国科学院特聘研究员7人，国家百千万人才工程入选者15人（新增1人)，“西部之光”人才入选者1人。2014年举办旧石器遗址野外发掘数字化技术研讨班，有宁夏文物考古研究所、中国科学院古脊椎动物与古人类研究所的相关人员、重庆中国三峡博物馆、中国科学院大学、西北大学、兰州大学、郑州大学、吉林大学和美国匹兹堡大学的青年工作人员与学生参加。2015年召开古脊椎动物与古人类专业培训班，培训来自全国的文博机构和高校、研究所等的工作人员80人，授课58课时，并组织实地参观学习。高星研究员在中国科学院大学开设“旧石器考古学”课程，吸引了包括北京大学、中国人民大学、北京自然博物馆、天津自然博物馆、内蒙古博物院等单位的诸多学子前来进修。在“十二五”期间，所内古人类学、旧石器考古学和环境考古等方向培养硕士研究生、博士研究生各十余人，还有数位博士后，为国家文博考古单位输送了一批人才。

着力建设“中国科学院脊椎动物演化与人类起源重点实验室”。目前该实验室已经具备在古脊椎动物与古人类研究方面国内领先、快速接近发达国家的实验分析能力，主要设备包括高精度CT、野外三维激光扫描仪、扫描电镜、质谱与同位素分析仪、用于微痕图像提取与分析的显微镜系统、全站仪等。这些仪器设备和实验设施为提取古人类化石的形态与结构信息，提取古人类工具的制作、使用磨损痕迹和残留物信息，分析古人类和古哺乳动物的食谱信息，通过孢粉、木炭、沉积物等分析手段重建古人类演化的生态环境，提取遗物与遗迹在遗址的空间分布信息，开展古人类用火及狩猎、采集方式研究等提供了重要的技术支持。新成立的“古DNA实验室”已经成功提取了距今4万年前的田园洞人的线粒体与核DNA，从遗传的角度找到了目前为止蒙古人种最早的祖先代表，并与德国、美国等国家的古DNA实验室合作，对出自欧洲和西亚、西伯利亚地区数万年前的古人类DNA做了成功的提取分析，发现“早期现代人”与尼安德特人、丹尼索瓦人基因交流的证据，并从遗传变异方面重建了史前欧洲人迁徙融合过程的部分细节。相关文章发表在 *Nature* 和 *Science*，引起学术界和媒体的高度关注。

（三）学术交流与科研成果

中国科学院古脊椎动物与古人类研究所主办了多次大型的以古人类学和旧石器时代考古学为主题的国际学术研讨会，包括纪念水洞沟遗址发现 90 周年国际学术研讨会（2013 年），纪念北京猿人第 1 个头盖骨发现 85 周年国际古人类学大会（2014）。还参与举办了亚洲旧石器考古联合会分系列年会（2012 俄罗斯、2013 中国、2014 韩国、2016 日本）。在国内举办过中国考古学会旧石器专业委员会成立大会暨 2014 年泥河湾考古工作汇报会，中国—非洲古人类学论坛，中国第四纪古人类—旧石器专业委员会第四次、第五次学术年会等。高星研究员当选亚洲旧石器考古联合会主席，高星团队的水洞沟研究成果获首届“金鼎奖”，李锋副研究员获青年学者奖“金爵奖”。洛南旧石器考古项目入围“2012 年度全国十大考古新发现”。在此期间，相关人员获得重大项目的支持，包括科技部科技基础性工作专项（高星，1401 万元），中国科学院 A 类先导科技专项（高星，1150 万元），中国地质调查局专项（金昌柱，320 万元），中国科学院重点部署项目 2 项目（刘武、高星，900 万元），中国科学院重要方向性项目（金昌柱，255 万元），中国科学院国际合作重点项目（刘武，120 万元），中国科学院古脊椎动物与古人类研究所重点部署项目 41 项（429 万元）等。

（四）对外宣传与公众服务

2013 年开通中国科学院古脊椎动物与古人类研究所微信公众平台，宣传科技成果。所内研究人员对周口店、泥河湾、庙后山、丁村、水洞沟、百色、洛南盆地等遗址和地区的遗产保护和利用提供了多方面的资料和建议，对相关博物馆管理、建设给予了指导和支持；参与了丁村、魔刀山、老奶奶庙、奇和洞、沈阳农学院后山等多处遗址考古发现的价值论证和相关研讨；参与举办 2015 年 6 月 8~10 日的泥河湾公众考古活动，取得了良好的效果；参与筹建《石器研究》创刊；高星、王社江、侯亚梅研究员等的学术成果与学术活动受到媒体的高度关注，高星研究员多次在中央电视台等媒体接受采访，宣传介绍人类演化知识和相关的研究成果；利用所内的《化石》杂志和中国古动物馆等平台，向社会宣传推广进化论和人类演化研究进展。

二、重要考古成果

1. 河北阳原泥河湾盆地麻地沟旧石器时代遗址

麻地沟遗址位于河北省阳原县大田洼乡东谷坨村西北。2011 年 7~9 月，所内研究人员裴树文曾主持对文化遗物丰富的 MDG-E2 地点进行正式发掘，揭露面积 15 平方米。2012 年 7 月 30 日 ~9 月 13 日，再次对 MDG-E2 地点进行系统发掘，揭露面积约 35 平方米，出土石制品 600 余

麻地沟遗址 2012 年发掘现场

件和哺乳动物化石及碎骨 500 余件。自 2013 年 7 月 16 日起，裴树文主持对麻地沟遗址 E6 和 E7 地点进行正式考古发掘。两个地点均埋藏在泥河湾层 TBS 下，主体堆积为湖滨相的灰白—灰绿—褐黄色粉砂、砂及黏土，中间夹多层钙质结核层，石制品和动物化石分布在灰黄色至灰白色砂层内。其中 MDG-E7 有两个文化层，共出土文化遗物 150 余件。MDG-E6 地点的发掘尚在进行中，已揭露一个文化层，出土 20 余件石制品和动物化石。2014 年，在国家文物局的批复下，中国科学院古脊椎动物与古人类研究所裴树文主持对麻地沟 E3 和 E5 旧石器地点进行正式考古发掘，揭露面积 40 平方米，出土石制品、动物碎骨和砾石等遗物 1000 余件。

2. 河北阳原泥河湾盆地板井子旧石器时代遗址

遗址位于河北省阳原县化稍营镇板井子村，2015 年 8~9 月进行发掘，发掘面积近 40 平方米，年代距今约 8 万年，出土石制品 1900 余件、无人工痕迹的砾石 700 余件、动物骨骼化石 700 余件、动物牙齿 320 余件、鸵鸟蛋皮 6 件，以及数量较多的石质碎屑和碎骨等。中国科学院古脊椎动物与古人类研究所硕士研究生以该地点考古材料正在进行硕士论文研究。已发表论文《河北阳原泥河湾盆地板井子旧石器遗址发掘获大量资料》。

3. 河北蔚县泥河湾盆地吉家庄镇前上营旧石器时代遗址

泥河湾盆地是研究中国北方早期人类演化和环境关系的关键地区，然而，以往的工作主要集中在泥河湾盆地东北部阳原县境内的岑家湾台地，而早更新世泥河湾层出露良好的蔚县盆地的工作尚未系统开展。2003 年以来，河北省文物研究所在该区域进行了古人类活动的调查工作，发现旧石器时代早期遗址10余处。其中地处吉家庄镇的前上营遗址地层发育良好，调查遗物数量丰富，具有良好的工作前景。2015年，在国家文物局的批复下，中国科学院古脊椎动物与古人类研究所对前上营遗址进行了正式考古发掘。吉家庄前上营遗址位于蔚县吉家庄镇前上营村前沟，前上营遗址由前上营A和B两个地点组成。其中A地点地层清楚，剖面第①层为后期马兰期黄土沉积，第②~⑳层为泥河湾层沉积，文化遗物出自剖面第⑫~⑭层，尤以第⑫层最为丰富。发掘揭露面积约30平方米，共出土编号标本1409件，此外尚有超过1000件筛出的标本。初步统计发现，石制品约600件，其余为动物化石。B地点位于前上营前沟东坡，与前上营A地点相距约200米。发掘揭露面积约28平方米，共出土编号标本481件，此外尚有超过200件筛出的标本。初步统计发现，石制品约250件，其余为动物化石。

4. 河北阳原泥河湾盆地马鞍山旧石器时代遗址

马鞍山遗址位于泥河湾盆地中部阳原县东城镇西水地村西南桑干河二级阶地上，与东北部的于家沟遗址直线距离1800余米。2014~2016年，发掘队对遗址开始了正式发掘。此次发掘揭露了两个有人类遗物的区域（MAS2014 Ⅱ、MAS2014 Ⅲ），发掘全程采用全站仪进行布方和测量，发掘面积达200平方米，在控制自然层的基础上以5厘米为一水平层逐层发掘。中国科学院古脊椎动物与古人类研究所与河北省文物研究所长期从事旧石器时代考古发掘工作，拥有专门的文物保护技术队伍，能够根据遗址与遗物的实际状况，对其进行科学评估，制定科学、合理的

马鞍山遗址2016年发掘现场

发掘与保护预案，整合了旧石器时代考古学、动物考古学、新石器时代考古学、地质学、考古测绘等多学科的专业人员加入发掘队伍。另外还吸纳了来自西北大学、兰州大学、中国地质大学等多家高校的研究生及志愿者加盟。这些具有不同科研背景的队员，将整个遗址视为研究对象，在发掘的过程中即制定研究计划，最大限度地提取遗址信息。

5. 北京周口店遗址第1地点西剖面

在该地点开展的以落实遗址保护规划、抢救坍塌隐患为宗旨的考古发掘始于2009年，一直持续到2015年。揭露面积接近20平方米。清理了第③~⑤层的堆积。在第③层发现少量动物化石，在第④层（上文化层）发现丰富的动物化石和石制品，以及大量火塘遗迹。第⑤层鲜有文化遗存。对揭露的地层做了系统的堆积采样，开展了年代学、沉积学、埋藏学等一系列分析测试，对所有文化遗物做了空间分布的三维测量，对重要遗迹做了三维激光扫描记录与分析。该项发掘的一个重要收获是确定了晚期北京猿人在遗址原地用火的坚实证据，使一项长久的学术争论尘埃落定。并且围绕这一问题已经发表3篇研究论文。

周口店遗址2012年西剖面发掘时对疑似保留用火遗迹的地层做三维激光扫描

6. 宁夏水洞沟旧石器时代遗址第2地点

2014~2015年，依据国家文物局批准的“水洞沟遗址发掘（2014~2018）工作计划”，宁夏文物考古研究所与中国科学院古脊椎动物与古人类研究所联合组队，对水洞沟遗址第2地点（SDG2）进行了新一次的发掘。两个年度的发掘时间分别为2014年6月9日~7月15日，2015年6月1日~7月31日。参加发掘的队员除了来自宁夏文物考古研究所和中国科学院古脊椎动物与古人类研究所外，还有来自中国科学院大学、中国社会科学院考古研究所、重庆中国三峡博物馆、西北大学、兰州大学、郑州大学、吉林大学、厦门大学、山东大学等单位的工作人员与实习学生。发掘期间美国亚利桑那大学人类学学院校务委员会特聘教授、宗喀巴中亚细亚考古捐赠基金主任欧阳志山教授（Prof. John W. Olsen）和世界著名考古学家斯蒂夫·库恩教授（Prof. Steve Kuhn）专程来到遗址进行考察，并与发掘队员进行了互动。发掘还得到了灵武市文物管理所和水洞沟旅游有限公司的大力支持。

为了提高发掘效率和精度，2014年6月9~14日，考古队邀请德国马普学会进化人类学研究所Shannon P. McPherron研究员和博士后Sam Lin对发掘队员进行了“野外发掘数字化技术”培训。在实际工作中，该项技术得到了很好的应用，较之以往发掘更高效、更精准地获得了更多相关信息，并且对SDG1、SDG2地点现有地貌进行了3D重建，为今后SDG1地点的再次发掘，特别是对该地点旧石器文化堆积的时空分布和具体文化层位划分提供了良好的背景信息。

依据计划，此次发掘实际发掘面积约92平方米。发掘深度约10米，揭露了6个文化层，原有发掘第④文化层在T3并没有出露。共出土石制品3415件、哺乳动物化石953件、鸵鸟蛋皮碎片995件（其中有少量装饰品成品及半成品），采集炭屑样339份。另发现疑似火塘30个，分别位于第①②③⑤文化层，主要集中于第③文化层，这与此前发掘火塘大量集中于第②文化层的情况不同。

此次发掘除基本实现了科研和保护目的外，还为进一步科普展示提供了野外平台。发掘中，我们在不同的文化层预留了阶梯状平台，如条件许可后，考古人员可在该平台进行发掘，清理出古人类的活动面，提取标本和遗物信息后，该活动面可作为保护和展示用，同时也可在保护基础上，根据研究成果将当时古人类诸如制作装饰品、敲骨吸髓、生火、制作石器等不同的行为复原展示给观众。

7. 宁夏鸽子山旧石器时代到新石器时代过渡期遗址

鸽子山又名格子山，位于宁夏回族自治区青铜峡市以西约20千米，地处贺兰山南侧山麓，海拔约1200米。2013年，中国科学院古脊椎动物与古人类研究所与宁夏文物考古研究所旧石器考古队对该遗址开展新的调查。在鸽子山西北侧的一处泉眼边发现一个新的地点，定为QG14地点。此次调查最重要的收获来自对QG10地点的复查。采集的石制品包括磨盘、磨棒、小石斧，同时也有普通石片石核和细石叶石核，其中的一件穿孔磨圆器残段十分特殊。该地点数量众多的石制品揭示这里可能是古人类活动的主要区域，磨盘可能用于植物资源的强化利用或作为磨制石器的石砧，大量石核、石片与细石器产品说明这里也是古人类生产工具的主要地点。

2014 年 9~10 月，在青铜峡市文物管理所的大力协助下，联合考古队基于 2013 年的摸查情况，选择鸽子山遗址第 10 地点进行了首次发掘，发掘面积约 100 平方米，发掘深度超过 4 米。在原生地层中共计出获得石制品及炭样标本 700 余件，还发现有一些的疑似灰堆、火塘等遗迹现象。2015 年 8~9 月，中国科学院古脊椎动物与古人类研究所和宁夏文物考古研究所对该遗址的第 10 地点继续进行考古发掘。在做好排水措施的前提下，继续对 T1、T3 进行发掘，同时在遗址北部布探方 T2 与 T4。该年度的发掘共计出土石制品及炭样标本 250 多件，其中比较重要的是在第 ② 层与第 ③ 层之间出土的一件打制且磨光的石斧毛坯，证明该遗址此类器型的出土文化层位。第 10 地点目前共计出土遗物 2600 余件，主要为石叶、石核、烧石、石磨棒等石制品以及动物骨骼，牙齿，炭化木等。在 T1 第 ④ 层火塘附近出土一件尖状器，明确了该类器型的文化层位。在 T4 第 ④ 层中也筛选出鸵鸟蛋皮及串珠等。

8. 内蒙古金斯太旧石器时代遗址

金斯太遗址位于内蒙古自治区锡林郭勒盟东乌珠穆沁旗阿拉坦合力苏木以西的东海尔汗山的丘陵山地中，2012 年 7~8 月和 2013 年 7~8 月进行发掘，发掘面积约 20 平方米，揭露旧石器时代、新石器时代及历史时期文化层位 8 个，其中旧石器时代层位年代距今 4 万 ~1 万年。出土石制品约 1100 件、动物化石约 300 件。目前该地点的研究简报正在撰写中。已发表《内蒙古金斯太遗址 2012 年的新发掘和新收获》。

大窑遗址四道沟地点 2014 年发掘与取样

9. 内蒙古大窑遗址四道沟旧石器地点

四道沟地点位于内蒙古自治区呼和浩特市新城区保合少乡大窑村，2012~2015 年进行发掘，发掘面积约 40 平方米，揭露含文化遗物层位 13 个，发掘深度约 16 米。遗址年代距今 30 万 ~2 万年，出土石制品 400 件、动物化石 10 件。目前年代研究报告以及遗址发掘简报皆在撰写中。

10. 甘肃杨上旧石器时代遗址

杨上遗址位于甘肃省张家川回族自治县张家川镇杨上村，2013 年 8~9 月发掘，发掘面积约 15 平方米，揭露遗物密集文化层位 3 个，年代距今约 22 万 ~15 万年，出土石制品 1710 件、动物化石 337 件。目前发掘简报正在撰写中。中国科学院古脊椎动物与古人类研究所硕士研究生赵宇超立足该遗址材料完成《甘肃杨上旧石器遗址的初步研究》硕士论文研究；该遗址的年代研究成果已被 *Journal of Quaternary Science* 接收。

11. 甘肃石峡口旧石器时代遗址第 1、2 地点

石峡口遗址位于甘肃省张家川回族自治县川王乡峡口村，包含两个旧石器地点。其中第 2 地点于 2014 年 8~9 月发掘，发掘面积约 50 平方米，主要文化层位年代距今 3.2 万年，发现用火遗迹 4 处，出土石制品 4500 余件、动物化石 500 余件，以及大量的石质碎屑和碎骨等。第 1 地点于 2015 年 9~10 月发掘，发掘面积约 5 平方米，揭露两个文化层位，年代距今约 1.8 万年，发现火塘 1 处，出土石制品 389 件、动物化石 201 件、串珠 2 件、古人类牙齿 1 件以及烧骨、大量的石质碎屑和碎骨等。已发表《甘肃张家川发现旧石器晚期遗址和用火遗迹——石峡口遗址的考古收获》；研究成果《甘肃石峡口旧石器遗址第 1 地点的试掘报告》已被《人类学学报》接收。

12. 陕西秦岭地区诸旧石器时代遗址

近五年来，中国科学院古脊椎动物与古人类研究所王社江研究员带领其团队先后申请和发掘了秦岭山区洛南盆地和汉中盆地一系列重要的旧石器遗址，这些遗址中，既有为配合基本建设所进行的抢救性考古发掘，也有配合国家大遗址保护工程所进行的主动性考古发掘工作。

2011 年 12 月 ~2012 年 3 月，对洛南县过境公路建设郭塬、张豁口南和十字路口旧石器地点进行抢救性发掘，发掘面积 1300 平方米。出土 18000 余件石制品，发现原位埋藏的手斧、薄刃斧等工具组合，是整个东亚地区最为完整的阿舍利类型器物组合。2013 年，这些遗址被列入第七批国家重点文物保护古遗址名单。

2014 年 2~12 月，对汉中南郑龙岗寺旧石器时代遗址进行发掘，发掘面积 150 平方米，出土旧石器时代石制品数万件。

2014 年 5~12 月，对汉中洋县金水河口旧石器时代遗址进行抢救性发掘，发掘面积 400 平方米。出土石制品 1000 余件和一批动物化石。

2015 年 2~12 月，对汉中南郑龙岗寺旧石器时代遗址进行发掘，发掘面积 150 平方米。

2014 年 12 月 ~2016 年 4 月，对汉中南郑龙岗寺旧石器时代遗址进行发掘，发掘面积 200 平方米。龙岗寺遗址最早的含旧石器时代制品的地层堆积年代不晚于距今 120 万年，该遗址时代跨度非常之大，含人类文化的黄土堆积地层一直延续到距今 8 万 ~7 万年，是我国目前所见为数不多的年代超过 100 万年的旧石器时代遗址之一，对研究我国旧石器时代文化发展演化、南北旧石器时代文化交流以及东西方旧石器文化之间的关系具有十分重要的价值。

13. 山东黄泥梁旧石器时代遗址

黄泥渠遗址是山东沿海地区首次正式发掘的具有明确原生层位的旧石器时代遗址，位于山

东省日照市东港区秦楼街道双庙村。2012 年试掘，2013 年 4~6 月正式发掘，发掘面积约 50 平方米，年代距今约 5.9 万 ~5.4 万年，出土石制品 1600 余件。已发表阶段性成果《山东日照黄泥梁遗址 2012 年调查与试掘》。

14. 山东青岛大珠山旧石器时代遗址

大珠山遗址位于山东省青岛市黄岛区乔家洼村西 1 千米，大珠山东麓，2013 年 10~11 月进行发掘，发掘面积约 30 平方米，年代距今超过 4 万年。出土石制品 529 件、动物化石 5000 余件。其中鉴定出的哺乳动物化石共有 18 个种，从组成上看有食肉类 2 种、长鼻类 1 种、奇蹄类 6 种、偶蹄类 9 种，数量较多者为蒙古野驴、马、鹿、原始牛、普氏羚羊等。目前发掘简报及动物化石的研究报告正在撰写中。

15. 贵州毕节老鸦洞旧石器时代遗址

老鸦洞遗址位于贵州西部毕节市七星关区青场镇，2013 年 7 月 17 日 ~8 月 20 日，中国科学院古脊椎动物与古人类研究所、贵州省博物馆组成联合工作队，对遗址进行了发掘，总发掘面积 8 平方米，出土包括石制品、骨制品、古人类牙齿化石、动物化石、植物果核、炭屑在内的标本 2000 余件，另有未统计碎骨上万件。除此以外，发掘区各石器层中均发现了大小不一的火塘遗迹，遗迹中遍布红烧土及炭屑，其间夹杂着各类石制品及动物碎骨。有关该遗址的动物化石遗存已经发表与待刊 3 篇研究论文。

16. 内蒙古鄂尔多斯乌兰木伦遗址

乌兰木伦遗址位于内蒙古自治区鄂尔多斯市伊金霍洛旗东南部，经过 2010 年的试掘和 2011~2015 年的正式发掘以及国内外多家科研机构的合作，在考古学（含实验考古学）、年代学、第四纪地质学、古生物学、动物考古学、埋藏学和古环境等多方面取得了一系列新的发现和成果。该遗址时代距今 7 万 ~3 万年，出土人工打制石器 4200 余件，古动物化石 3400 余件，以及大量灰烬、木炭、烧骨等组成的用火遗迹。该遗址的研究成果已由数十篇在 SCI 和国内核心期刊发表。该遗址于 2012 年 1 月被评为“中国社会科学院考古学论坛 2011 年中国考古新发现”。

17. 黑龙江伊春市桃山遗址

桃山遗址位于黑龙江省伊春市，经过 2013 和 2014 两个年度的发掘工作，在 3 个文化层中出土文化遗物 3000 余件包括石制品、陶片、装饰品和植物化石。对遗址的研究工作已系统展开，研究涉及原料、技术类型、微痕、年代学和古环境等诸方面，已在国内核心期刊发表文章，国际刊物文章正在组织投稿中。此外，组织、参与内蒙古准格尔旗，黑龙江省伊春市桃山、嘉荫、桦阳等地区的旧石器时代遗址调查工作，为今后开展进一步工作做准备。

18. 河北省张家口泥河湾盆地史前化石点

该遗址 2014 年发掘点位于河北省张家口市阳原县大田洼乡岑家湾村西南方向的石沟。化石层在泥河湾层的油坊断层上盘，海拔高度890米。2014年总共发掘了15个探方。化石层厚度为1.4米。2015年发掘点位于大田洼乡官厅村西北方向的山神庙咀。化石点与小长梁遗址隔沟向望，海拔高度914米。2015年总共发掘了24个探方。化石层为黄色粉砂，厚度约0.8米。2014年野外发掘出有野外登记号的标本115件，其中化石的主要生物类别有猎豹、狼、大象、马、犀牛、古麟及中国羚羊等，以马化石最为常见。化石保存状况较差。此年度未发现可靠的文化遗物。化石现正在进行室内修理过程中。这是泥河湾盆地在大南沟之外第二次发现古麟；此外，大象腓骨在泥河湾盆地尚属首次发现。2015年山神庙咀化石点共出土大于5厘米的标本252件。其中直隶狼6件、鹿类16件、野牛11件、骆驼1件、其他偶蹄类9件、草原猛犸象11件、泥河湾披毛犀26件、板齿犀3件、三门马84件；化石主要是肢骨，少量为单个牙齿，其余为不可鉴定的骨片。此年度也未发现可靠的文化遗物。化石的室内修理工作已经完成。板齿犀胫骨为泥河湾盆地首次发现，骆驼跖骨也较为少见。

19. 广西扶绥渠仔洞古人类遗址

2015年，中国科学院古脊椎动物与古人类研究所广西野外调查队对崇左市扶绥县大来山渠仔洞早期现代人遗址进行了系统发掘，共发现早期现代人牙齿化石共8枚及伴生的哺乳动物化石数千件，尤以猩猩、长臂猿、猕猴等高等灵长类最为丰富。依动物群性质、地层对比及铀系年代初步测定，该遗址及伴生动物群的地质时代很可能为距今约9万年的晚更新世早期，这是继广西崇左木榄山智人（距今约11万年）和湖南道县智人（距今约8万年）的系统研究之后我国古人类学的又一重大发现，对探讨现代人的起源、演化及其环境背景具有重要的意义。此外，渠仔洞大量属种丰富的哺乳动物化石的发现也为研究早期现代人与其他哺乳动物的协同演化和华南晚更新世生物地层序列提供了新的证据。

20. 广西崇左左州岜仙洞遗址

岜仙洞遗址位于崇左市左州镇林村逐林屯，洞口海拔高度约为176米，堆积物总厚度可达约4.5米，自上到下可分为4层，其中第②层的沙砾层为化石富集层。经2013年和2014年的系统发掘，已采集到包括猩猩、长臂猿、金丝猴及叶猴等种类多样的高等灵长类化石及与之伴生的50多种哺乳动物化石，化石总量超过1000件。尤其引人注目的是发现了疑似直立人牙齿数枚以及若干件人工石制品。左州岜仙洞洞穴埋藏情况较好，初步研究表明，岜仙洞动物群出现巴氏大熊猫和亚洲象化石为特征，其时代可能为晚更新世，这说明直立人在该地区可能一直延续到了更新世晚期。岜仙洞动物群与过去发现的其他地点动物群比较，其组合特征、生态环境及生存时代方面有所差异，代表了更新世晚期的新层位，它的发现为探讨我国南方第四纪动物群的演化分期具有重要的意义。

中国国家博物馆

一、业务建设

中国国家博物馆下设综合考古部，部内设田野考古研究中心和遥感与航空摄影考古研究中心，田野考古研究中心主要从事田野考古调查、发掘和研究工作，遥感与航空摄影考古研究中心则在文物普查、遗址保护、考古发掘和古代环境等方面发挥着不可替代的作用。

（一）业务工作

自 2012 年以来，中国国家博物馆在陕西、山西、甘肃、江苏、安徽、福建、四川、重庆等多省市开展了田野考古发掘和调查工作。

田野考古研究中心与山西省考古研究所、运城市文物保护研究所组成的联合考古队在山西的运城盆地进行了多年的区域系统调查，在此基础上选择绛县周家庄遗址进行了大规模的勘探和持续发掘。2012~2016 年，在周家庄村北发现了大量龙山期的墓葬以及一些房址、陶窑、灰坑等遗迹现象，在遗址北面和西面解剖了环绕该遗址的壕沟，同时钻探面积近百万平方米，并大致了解了各区域的堆积概况以及在聚落中的功能。同时，田野考古中研究心还与山西省考古研究所、忻州市文物局合作，在山西省忻州滹沱河上游区域进行了多年的区域考古调查。在陕西，田野考古研究中心与陕西省考古研究院等单位合作，主要开展了“陕西关中地区秦汉离宫别馆遗址考古调查”项目，2012~2014 年主要是田野考古调查，其后进行室内资料整理，调查范围包括宝鸡、咸阳、西安、渭南、铜川所有区县以及商洛靠近关中的部分区县，共调查秦汉时期遗址 500 余处，可辨别出属“离宫别馆”的遗址有 98 处，还有其他类型的聚落。2015 年以后，在秦汉离宫别馆遗址调查的基础上，同时配合早期秦文化研究项目计划，又与陕西省考古研究院联合开展了“千河流域东周秦汉聚落考古研究”项目，对千河入渭处的陈家崖、魏家崖遗址进行了详细的考古调查，并对千河北岸凤翔塬上雍山的血池遗址以及陈仓区吴山遗址进行了考古勘探，并于 2016 年开始对血池遗址进行考古发掘，初步认定该遗址对研究西汉国家祭祀有重要意义。中国国家博物馆田野考古研究中心与南京博物院考古部合作的“苏北地区田野考古调查”

的课题于2013年启动，在淮河下游的老濉河流域—重岗山一带展开区域系统调查，调查面积约100平方千米，发现遗址12处、地点4处，对于认识和探索淮河下游的先秦时期考古学文化面貌，建立该区域考古学文化的序列提供了丰富的材料。2014年开始与南京博物院和泗洪博物馆合作，对江苏省泗洪县梅花镇韩井遗址进行发掘，该遗址的发掘极大丰富了顺山集文化的内涵。此外，2012~2015年，田野考古研究中心还与山东大学、山东省文物考古研究所等单位合作，完成了山东“八主祠”及薛河流域遗址的调查与研究。自2015年开始，与河北省文物研究所、河北师范大学历史文化学院合作，在河北西部地区开展新石器时代早期遗址调查项目。

遥感与航空摄影考古研究中心自2012年以来与地方省所进行多种合作研究。2011年与山西省考古研究所组成联合调查组，在闻喜、垣曲两地进行矿冶遗址调查，发现了千金耙遗址，该遗址是迄今中条山地区发现的年代最早的铜采冶遗址，并于2011年和2012年进行了抢救性发掘。与山西省考古研究所合作，2010~2014年在浊漳河上游地区进行早期文化考古调查，覆盖了浊漳河上游干流和支流两岸720平方千米范围，确认遗址127处，其中文化遗存较为丰富、年代确定的有68处，年代从仰韶前期至商代。该项目于2015年顺利完成，形成专著《浊漳河上游早期文化考古调查报告》。2013~2016年与安徽省文物考古研究所合作，在铜陵及池州地区进行了六次现场调查，调查区域面积约3600平方千米，安徽贵池地区调查异常点80余处，可确认为遗址和遗物采集点的共35处，新发现遗址及地点26处，复查遗址14处。2016年开始实施“太行山东麓史前文化考古调查”项目，上半年对涉县境内清漳河两岸地区进行了重点调查，调查覆盖清漳河干流两岸87平方千米范围，确认遗址16处。另外，遥感与航空摄影考古研究中心还承担了“中华文明探源及其相关文物保护技术研究”项目之“遥感技术在中华文明探源中的应用研究”课题，遥感考古研究中心具体负责课题重要遗址地貌环境分析、遥感数据采集与解译并进行详细设计、组织和实施工作，该课题已通过验收。对河姆渡文化鱼山、乌龟山遗址总勘探面积15万平方米，发掘面积4500平方米，完成对该区域的热红外遥感实验研究。现野外工作已结束，进入室内资料整理与报告编写阶段。宁波鄞江古城宋代码头遗址完成地球物理探测实验，根据采集野外数据的解译结果，对探测区域进行了全面的田野考古发掘。浙东地区明清海防史迹的遥感考古调查与研究启动，宁波是海上丝绸之路的起碇港、重要的海防要塞，历经抗倭、抗英、抗法、抗日等多次反侵略战争，目前正在进行浙东海防遗存的调查和遥感数据的采集工作。对齐长城的遥感调查从2015年5月开始，历时一年，地面考古调查阶段已基本完成。齐长城是由城墙、关隘、城堡、烽燧等节点构成的一个完整的军事防御体系，城墙是长城的主体，关隘是平时出入长城要道，发现关隘12处、便门9处；城堡是驻兵的指挥中枢，发现城堡、要塞和兵营50余处；烽燧是军事信息传递系统，发现烽燧13处。

2016年上半年为配合“中国西部文化线路与遥感考古调查与研究”项目的开展，进行了前期的资料收集和相关整理工作，主要收集了新疆烽燧遗址沿线各个地区的考古资料。中国国家博物馆业务人员杨林于5月前往新疆洽谈，具体开展调查工作的相关事宜，并与甘肃省文物局、新疆维吾尔自治区文物局做好项目调查的协调工作。6月，杨林、高华光前往甘肃、新疆开展田野调查工作，主要对甘肃、新疆古代烽燧遗址开展调查研究。

此外，遥感与航空摄影考古研究中心成员参与的考古工作还有安徽省颍河地区区域系统调查、新疆木垒平顶山古墓群发掘工作、河北地区的考古调查及航拍工作等。

2012年，国务院三峡工程建设委员会办公室“三峡工程重庆库区文物保护总结性研究”课题结项，研究成果于2014年正式出版；2013年完成《三峡后续文物保护科研与宣传项目规划》，并提交国务院三峡工程建设委员会办公室；另2016年6月完成《三峡文物》大型文物图录的编稿工作。

（二）人才建设与培养

中国国家博物馆历来重视人才的引进和培养，自2012年以来，引进硕士3人、博士2人。业务人员积极参加国家文物局组织的领队培训班，五年来，新拿到考古发掘领队资格的人数达5人。

（三）学术交流与科研成果

1. 学术交流

中国国家博物馆重视与国内外同仁进行广泛的学术交流，2012~2016年多次参加国内外重要的学术会议，其中包括中华文明探源工程系列学术会议、早期秦文化研究会议、黄淮七省考古论坛、上海世界考古论坛及众多专题学术研讨会等，还多次出席美洲考古学大会年会、印度—太平洋史前学会大会、东亚考古学会大会、遥感与航空考古学大会等国际会议。数次组织主办相关的学术研讨会，包括2012年在山东青岛水下考古基地举办的国家博物馆田野考古合作项目研讨会、2015年与中国社科院考古研究所山西队在运城市共同组织召开的“中华文明探源工程”山西陶寺、周家庄遗址现场讨论会等。

2. 科研成果

自2012年以来，中国国家博物馆承担的重要课题主要如下：2013年始，田野考古研究中心主持发掘的山西绛县周家庄遗址被纳入国家科技部“十二五”科技支撑计划项目“中华文明探源及其相关文物保护技术研究（2013~2015）”之“中华文明起源过程中区域聚落与居民研究”中的一个子课题，由戴向明负责主持实施。遥感与航空摄影考古研究中心承担了“中华文明探源及其相关文物保护技术研究”项目之“遥感技术在中华文明探源中的应用研究”课题，由杨林主持实施。戴向明参加了由北京大学承担的国家社科基金重大项目“环境考古与古代人地关系研究”之子课题“考古学文化区系类型形成与演化的环境基础研究”的研究工作。田野考古研究中心参与了由国家文物局立项支持、由五家考古科研单位共同实施的“早期秦文化探索”项目。遥感与航空摄影考古研究中心承担了国家文物局“西部典型区域（新疆）遥感物探研究”项目。

2012 年以来，由中国国家博物馆编写出版的著作和考古报告主要有《纪念国博百年考古文集》《滹沱河上游先秦遗存调查报告（一）》《垣曲商城（二）1988~2003 年度考古发掘报告》《浊漳河上游早期文化考古调查报告》《三峡工程重庆库区文物保护总结性研究报告》。此外，中国国家博物馆科研人员还发表论文近百篇。

（四）对外宣传与公众服务

中国国家博物馆有专人负责组织实施与博物馆相关的有关公众考古活动，另外也配合馆内外相关部门和单位组织一些公众考古活动。考古部的各个课题的发掘和调查的研究动态和学术成果，都定期通过中国国家博物馆的网站平台和微信公众号发布与更新。

二、重要考古成果

1. 苏北地区先秦遗址

由中国国家博物馆田野考古研究中心与南京博物院考古部合作的“苏北地区先秦遗址考古调查与研究”课题于 2013 年 3 月启动，分别在淮河下游的老濉河流域和重岗山一带展开了区域系统调查，调查区域面积约 100 平方千米。两次调查共发现先秦时期的遗址 12 处、地点 4 处，这些遗址包含了自顺山集文化到相当于北辛文化、大汶口文化、龙山文化、岳石文化以及商周时期的聚落。通过两次调查，对于认识和探索淮河下游的先秦时期考古学文化面貌，填补区域考古学文化的序列都提供了丰富的材料，同时也对这一地区在不同时期的聚落分布特点、聚落和社会的变迁有了较为宏观的认识，为下一步的发掘和研究工作提供了线索。

2014 年 4~5 月，由中国国家博物馆、南京博物院和泗洪县博物馆合作，对江苏省泗洪县梅花镇韩井遗址进行发掘。2014 年春季发掘的区域位于遗址北部，实际发掘面积 290 平方米，发现的遗迹有沟 15 条、灰坑 41 个，发现的遗物有陶、石、骨、角器等。其中 G14 为当季发掘最大收获，通过初步判断，G14 应是在顺山集文化二期的时候作为壕沟使用，三期时废弃。2015 年 3~6 月，通过钻探追踪出 G14 的走向，为一处近三角形的环壕，环壕内部面积约 3 万平方米，遗址面积约 5 万平方米。2015 年的发掘区分布在三个区域，一区是在环壕南段布 2 米 ×15 米的探沟解剖环壕，二区是在遗址中部偏南东西向布 5 米 ×10 米探方 4 个，三区是在东侧环壕内侧布 10 米 ×10 米探方 4 个进行发掘，实际发掘面积约 425 平方米。通过发掘了解到南部环壕内填土均为顺山集二期时堆积起来；在二区内发现顺山集二期时的居住区；在三区发现了一组水沟和洼地的遗迹，水沟 6 条，其中 3 条连通了三块有高差的洼地，可以判断水的流向是自西向东和自西向北。通过水沟填土内出土的陶片判断，这组遗迹在二期就已经废弃，应当是一组先民有意识的对水资源进行管理和利用的设施。此外，通过浮选在近 10 个单位中发现了炭化稻，并在两个灰坑的填土里发现了炭化的小穗轴，说明当时韩井聚落上应是存在着栽培水稻的行为，这有助于判断水沟和洼地遗迹的性质功能，目前认为该遗迹可能与水稻的栽培有关。

2016 年春季，对 2015 年发掘区第三区进行了重新揭露，并在这个区域的北部、曹梅线的南侧布 10 米 ×10 米的探方 3 个，东南环壕外布探沟 1 条，共发掘面积 660 平方米。在与水沟和洼地组合的相同的层位下，发现了东北—西南向的小沟若干条，汇入 T3352 内的洼地中。基本弄清了这组水坑和水沟组合遗迹的结构。此外在遗址的东南，环壕外侧开探沟 1 条，在 ④ 层和 ⑤ 层下有若干生土坑和小水沟，填土为青灰色淤土，几乎不见包含物。初步判断这是一组稻田遗迹，但是由于没有包含物，对年代的判断还存在困难，目前已经取了土样，希望能通过植硅体来进行测年，解决这组遗迹的年代问题。

韩井遗址的发掘，极大地丰富了顺山集遗址第三期遗存的文化内涵，对于解决顺山集文化的去向，了解第三期遗存与长江中、下游考古学文化如跨湖桥文化、皂市下层文化、城背溪文

韩井遗址 2014 年发掘区

韩井遗址 G14 活动面陶片采集

韩井遗址水沟洼地遗迹（东北—西南）

化之间的关系，甚至是长江下游河姆渡文化和马家浜文化的起源都有重要学术意义。生业经济研究的逐步深入，有助于探讨中国稻作农业起源，对了解 8000 多年前的淮河中下游的社会以及淮河流域在中国古代文明形成过程中的角色和地位都有重要意义。

2. 山西运城周家庄遗址

2012 年以来，由中国国家博物馆田野考古研究中心、山西省考古研究所、运城市文物保护研究所组成的联合考古队继续在绛县周家庄遗址进行连续的考古工作。具体工作包括钻探与发掘。

钻探工作于 2014 年秋季和 2015 年春季在遗址北部崔村进行，钻探面积近百万平方米，发现大量灰坑、房址、陶窑、墓葬等遗迹，为全面认识周家庄遗址提供了参考。

2012 年春季，继续发掘位于周家庄新村北的房址、墓地集中分布区，发现大量龙山期墓葬。在遗址东部，通过探沟发掘的方式，对遗址的东环壕进行了解剖，对环壕周边的堆积做了细致的了解。此外，还在遗址中南部地区布设 3 米 ×60 米探沟一条，对该区域的堆积状况有了深入的了解。2013 年春季，在周家庄村北以约百米为间隔，布设探沟 6 条，通过发掘，获

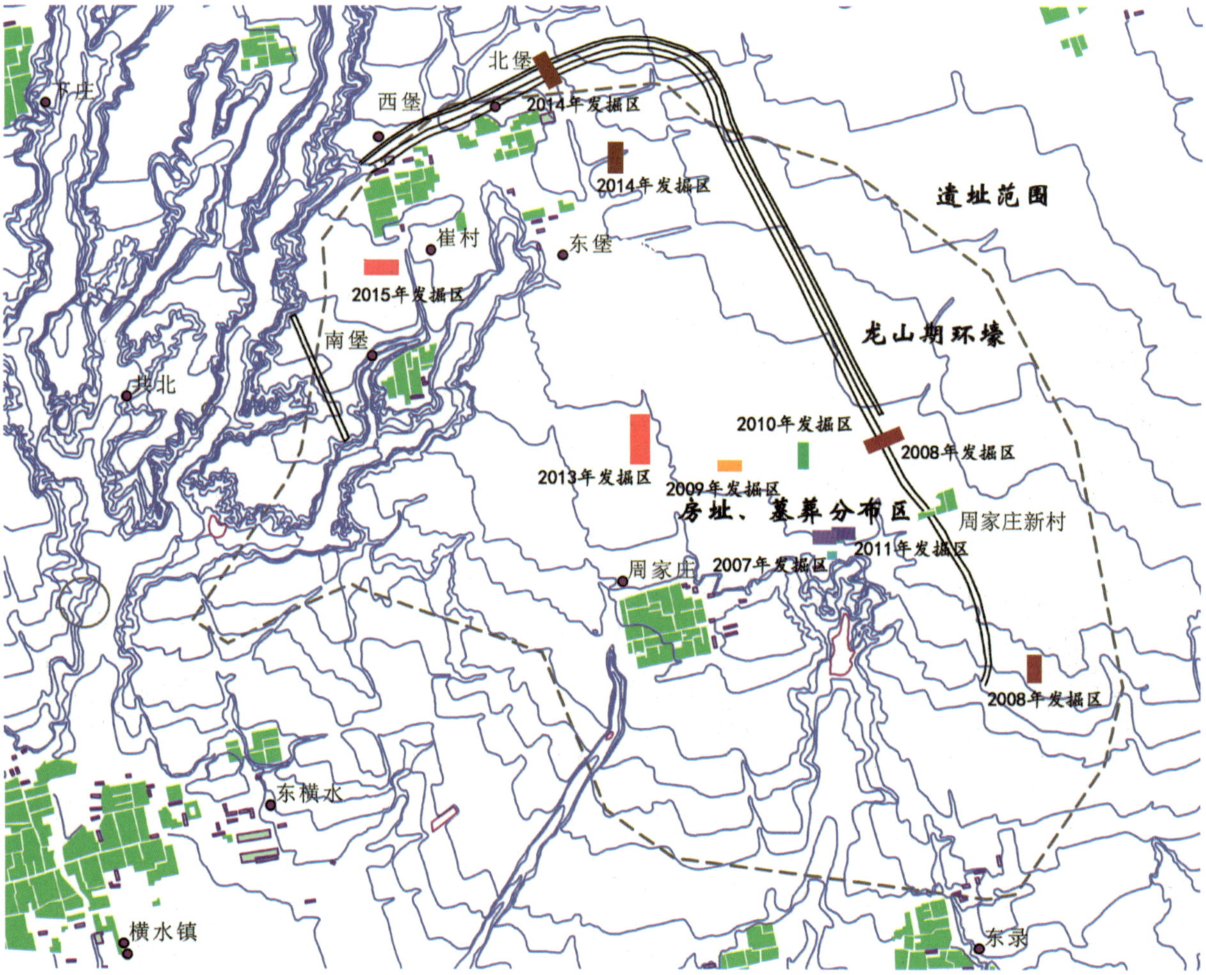

周家庄遗址历年发掘位置图

得了大量陶、石、骨器，并新发现了一处龙山期墓地，对这一区域的功能区分布有了深入的了解。2014年春季及之后的发掘工作在遗址北部的崔村进行。发掘重点分两部分，一是连续三年在遗址的北、西部布设探沟解剖环绕遗址的壕沟；二是在重点区域布设探方发掘，了解各区域的堆积概况及其在聚落中的功能。2015年春季在遗址西北部、2016年春季在遗址中北部等地区布设10米 ×10米探方近20个，获取了一大批重要资料。

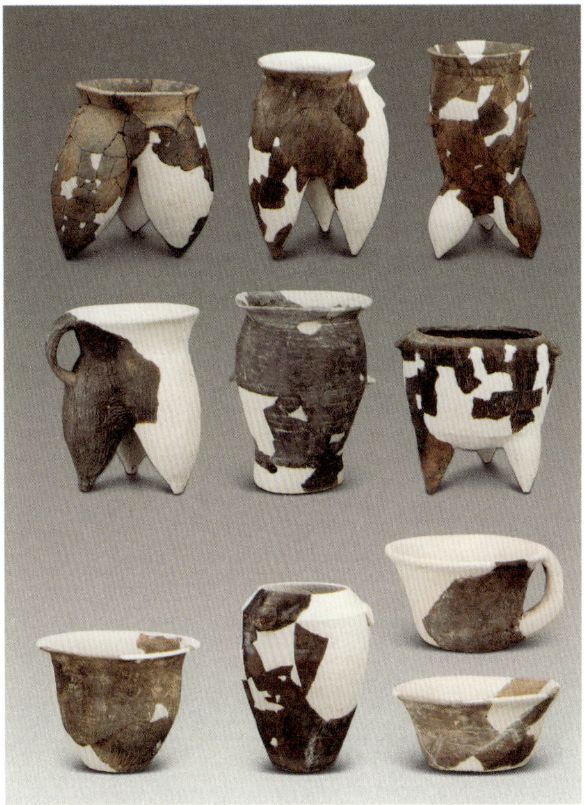

周家庄遗址出土陶器

通过2012~2016年的工作，再加上前些年连续的调查、勘探和发掘，截至目前，已确认周家庄为一处面积500余万平方米的大型遗址，其中龙山期聚落面积达400余万平方米，聚落内有大型壕沟环护，壕内面积约350万平方米，而且该聚落很可能有一个由小到大的扩展过程。在聚落内存在不止一处的墓地和多处居住生活区，有的还同制陶等手工业生产密切相关。墓葬的分布排列有序，可以划分出不同级别的社群组织，其中还能反映出一定的等级差异。这些发现为研究晋南乃至中原地区龙山时代的社会结构、居住形态、丧葬制度、经济生产等方面提供了重要的资料。工作期间考古工作人员系统提取了动植物遗存和人骨标本，并与相关领域的专家合作进行了系统的分析和研究。周家庄的工作还在持续进行中，相信随着

周家庄遗址集中分布的瓮棺葬

周家庄遗址集中分布的较大型墓

未来田野工作的进一步开展，对周家庄龙山期聚落的认识也会越来越清晰。

3. 山西长治浊漳河上游地区早期文化与太行山东麓史前文化遗址

浊漳河上游早期文化调查项目的实施自2010年始，至2014年结束。调查的地区涉及浊漳河上游的7个县（区），调查对象的年代为新石器至夏商时期。2010~2011年对襄垣、武乡和沁县进行了重点调查，2012~2014年，对屯留、长子、潞城、长治县、长治郊区进行了重点调查。2012~2014年度的调查覆盖了浊漳河上游干流和支流两岸的720平方千米范围，确认遗址127处，其中文化遗存较为丰富、年代确定的有68处，文化遗存年代从仰韶文化前期至商时期皆有发现。其中较为典型的有屯留李高的仰韶文化早期遗存，屯留柳行、常庄的仰韶文化中期遗存，屯留尧泽头的仰韶晚期遗存，屯留水泉的庙底沟二期遗存，长子后窑的龙山遗存，屯留常金的二里头遗存，长子碾北的商时期遗存。该调查项目于2015年顺利完成，成果包括专著《浊漳河上游早期文化考古调查报告》和相关学术论文5篇。

水泉庙底沟二期遗存H2出土陶器

太行山东麓史前文化调查项目从2016年开始实施，工作计划进行3~5年。调查的地区包括太行山东麓的山区和山前地带，主要涉及河北南部的涉县、武安、峰峰、沙河等县（区）。调查对象的年代为旧石器时代、新石器时代和夏商时期。2016年3~5月，对涉县境内清漳河两岸地区进行了重点调查，调查覆盖了清漳河干流两岸的87平方千米范围，确认遗址16处，其中文化遗存较为丰富、年代确定的有7处，文化遗存年代有旧石器时代中期，新石器时代的仰韶文化、龙山文化和夏商时期。其中较为典型的有东辽城的旧石器时代中期遗存，西辽城、新店的仰韶文化遗存，北原的商时期遗存。

4. 山西闻喜千金耙早期矿冶遗址与皖江流域古代矿冶遗址

千金耙遗址地属山西省运城市闻喜县石门乡玉坡村，位于下玉坡自然村至焦家沟村之间、闻垣路东南侧山地。2010年7月，中国国家博物馆与山西省考古研究所组成联合调查组，在闻喜、垣曲两地进行矿冶遗址调查时发现该遗址，其时遗址已受到矿山作业的扰动。之后又于2010年9月及2011年3月进行了两次复查。调查过程中发现了井巷遗迹、陶器残片、炼炉残块和石质采矿工具。这些遗存显示，该遗址可能属于夏商时期的矿冶遗址，是迄今中条山地区发现的年代最早的铜采冶遗址，但大部分区域已被破坏，仅近山脊部位的狭窄区域尚存少许文化遗存。为进一步了解该遗址的文化面貌，经主管部门同意，中国国家博物馆与山西省考古研究所组成联合考古队，分别于2011年9~11月及2012年4~7月，对该遗址进行了抢救性考古发掘，发掘面积近500平方米。

千金耙遗址采矿竖井、斜井、平巷

皖江流域古代矿冶遗址调查项目是中国国家博物馆与安徽省文物考古研究所合作研究的矿冶遗址专题项目，2013年4月~2016年5月，在铜陵及池州地区共进行了6次现场调查，累计350天、30人次，调查区域面积约3600平方千米。

5. 陕西关中地区秦汉离宫别馆遗址

自2008年起，中国国家博物馆田野考古研究中心与陕西省考古研究院合作开展陕西关中地区秦汉离宫别馆遗址考古调查项目，2014年，田野工作基本结束。该调查覆盖范围包括宝鸡、咸阳、西安、渭南、铜川所有区县以及商洛靠近关中的部分区县，调查秦汉时期遗址500余处。通过地面暴露遗迹和采集遗物标本，可辨别出属于离宫别馆的遗址有98处，属于秦汉县治的遗址有25处，其余为一般聚落。通过这次调查，基本上掌握了关中地区秦汉离宫别馆和县治遗址的保存现状，对关中秦汉离宫别馆的空间分布、宫室布局、建造特点、内涵、功能等有了较为清晰的认识，对秦汉关内县治也有了进一步认识，为下一步的研究和保护积累了重要资料。

6. 千河流域东周秦汉聚落考古研究项目相关遗址

2015年开始，在秦汉离宫别馆调查的基础上，同时配合早期秦文化研究项目计划，中国国家博物馆又与陕西省考古研究院联合开展了千河流域东周秦汉聚落考古研究项目。2015年上半年对千河入渭处的陈家崖、魏家崖遗址进行了详细考古调查，发现大量灰坑、墓葬遗迹以及少量的夯土遗存，并采集到铸铜陶范、春秋时期筒瓦和属于西周晚期的陶鬲。本次调查基本确认了遗址的分布范围和功能分区。遗址的面积约 20 万平方米，分为墓葬区和生活作坊区，有较合理的规划。这些发现为寻找秦早期都邑“汧渭之会”提供了重要的线索。2015 年下半年，对千河北岸凤翔塬上雍山的血池遗址进行考古勘探，勘探总面积 27 万平方米，发现遗迹单位 235 处，包括祭祀坑 202 处和建筑遗存 12 处。通过勘探采集遗物判断血池遗址年代属于西汉时期，对研究西汉国家祭祀有重要意义。从 2016 年 5 月开始，对血池遗址进行考古发掘，发掘面积 2000 平方米。

受血池遗址启发，2016 年中国国家博物馆与陕西省考古研究院对陈仓区吴山遗址进行了考古勘探，发现类似血池的遗存 98 处，遗址位于吴山东侧山脚，面积较血池略小。在勘探血池与吴山遗址的间隙还对宝鸡地区有线索的类似遗址进行了调查，也有所发现，准确的认识需待进一步的考古工作。

吴山遗址勘探现场

陈家崖遗址发掘地点

故宫博物院

一、业务建设

（一）业务工作

截至2016年6月，故宫博物院共开展20项考古调查、勘探和发掘工作，包括院内考古和院外考古两方面。

1. 院内考古

2014年至今，配合院内工程建设对共计17个地点开展了考古勘探和发掘工作。

配合南大库管理用房工程，清理了清代光绪时期的御窑瓷器埋藏坑，证明清代宫廷内部对御用物资残损器的处理方式仍遵循严格的制度；同时，大量的玉石料、骨蚌料和残损玉石器的发现，为研究清代宫廷作坊的管理体制提供了第一手资料。

对南三所东南角紫禁城城墙基础进行了发掘，找到了明代初建城墙时期的地面和散水、排水沟，不仅为研究明代紫禁城初建时期的城防与排水系统提供了可靠依据，也证明现在的地面已高出明代地面近90厘米。

在南三所门外电力增容管线工程工地揭露出早于现南三所建筑群的建筑遗址与地面，表明南三所建筑群是有规划地拆除早期建筑并统一平整地面之后起建的，揭示了清代对明代基础的利用情况。

发掘慈宁花园东院遗址，面积112平方米。发现了大型宫殿建筑基址，由地钉、桩承台、磉墩、夯土层、夯砖层等遗迹构成，是一处保存较好、规模宏大、工艺考究的宫殿建筑基址，推测其时代为明早期，为研究紫禁城历史和中国古代建筑技术提供了新的资料。紫禁城明清建筑基址也因此被编入《2014中国重要考古发现》一书。

宝蕴楼修缮工程院落地面管道开挖施工过程中，相继发现早期建筑遗迹与遗物，故宫博物院配合工程施工进行了考古勘探与抢救发掘，揭露出清代咸安宫埋藏于地下的院落地面、甬路、台阶和房屋基础，探明了早期建筑夯土基础的做法与范围，基本厘清了宝蕴楼明清时代的格局演变及宝蕴楼的营建历史。

隆宗门以西发现一组重要遗存，其层位关系由晚及早分别为：清中期的砖铺地面和砖砌排水沟；明后期的墙和门道基址、铺砖地面、砖砌磉墩；最下层的素土夯筑层和夯土铺砖层基槽——这组遗存从层位关系判断为该遗址最早的一组堆积，结合其包含物推断其年代指向为元代，是故宫考古的首次重要发现。这组叠压关系清楚的元明清遗迹，堪称故宫“三叠层”。对研究紫禁城历史和中国古代建筑史具有重要价值。

为配合大高玄殿修缮工程，对大高玄门两侧东、西值房址进行发掘，发掘面积500平方米。其中西值房址大多被现代建筑所破坏，遗迹无存；东值房址保存较好，共清理出基本完整的一列七间清代值房基址，包括柱础、围墙、散水、踏跺、地面等遗迹，为下一步复建提供了科学依据。

在长信门西北侧基建勘探坑发现一处明代早期的大型宫殿建筑基址，包括东西向明早期墙基及其底部的地钉、排木组成的桩承台、夯土夯砖层、建筑基槽等遗迹。这是紫禁城内首次发现明代大型宫殿建筑的墙基以及建筑基槽遗迹。初步推断是紫禁城建造之初具有宫廷分区功能的大型墙基，对于研究北京城市变迁、紫禁城历史、中国古代建筑技术等具有重要意义。

2. 院外考古

故宫博物院先后与河南省文物考古研究院、江西省文物考古研究所、四川省文物考古研究院、湖北省文物考古研究所、浙江省文物考古研究所、陕西省考古研究院、景德镇陶瓷考古研究所联合进行了考古发掘和调查工作。

2014年景德镇御窑厂遗址发现了大量较为完整的正德官窑釉上彩半成品堆积，并发掘出土了部分釉上彩颜料、配制釉上彩的原料，这在景德镇御窑厂考古发掘中尚属首次，具有填补空白的重大意义，也为研究明代官窑釉上彩制作工艺提供了十分珍贵的实物资料。

2014年对河南省鹤壁市大赉店遗址进行了考古调查；2015年又完成了王庄先商遗址的测绘工作，为下一步发掘奠定了基础。2016年对青岛市黄岛区琅琊台“四时主”遗址开展考古调查和勘探。

由故宫博物院参与的四川石渠吐蕃时代石刻考古调查项目入选“2013年度全国十大考古新发现”。

故宫博物院还利用馆舍条件，在保和殿东庑设立资料间、文物库房和专业图书室。

（二）人才建设与培养

故宫博物院成立伊始，即探索一条有利于出成果、出人才，学术民主、体制开放、机制灵活、技术精湛、充满生机的新型科研机构路径，在从京内和京外引进具有高级职称和项目负责人资质的考古专业人员外，整合院内不同部门具有考古专业背景的人才资源，发挥各自在建筑考古、器物研究、科技考古等方面的优势，同时外聘相关领域的研究专家指导和参与故宫考古，合力共同推进故宫考古的全面发展。故宫博物院还依托院内博士后科研流动站，吸纳考古学、文献学、艺术史、建筑史、中西文化交流等方面的高端人才参与故宫考古；故宫考古还是一个开放的平台，每年招募京内外高校考古专业的实习生，为相关高校考古专业学生提供田野考古实践机会。故宫博物院一直重视人才梯队建设，逐年招收考古学、美术学、文保科技、文化交流等方面的专门人才，助力故宫考古的可持续发展。

（三）学术交流与科研成果

故宫博物院目前承担了“故宫博物院藏青铜器研究”“故宫博物院藏玉器研究”“‘四时主’遗址调查、勘探”及“景德镇十世纪以来瓷器遗址分布的考古调查”等课题。

三年来，故宫博物院业务人员先后赴贵州省贵阳市考察遵义海龙囤土司遗址新王宫建筑基址；赴益阳考察兔子山遗址、明清古巷及洽谈围绕羊舞岭古窑址、兔子山遗址的大遗址保护规划编制合作开展的考古项目；赴甘肃参加“玉泽陇西——齐家文化玉器”开幕式暨学术报告会；赴四川省对金沙遗址、邛窑遗址、广汉三星堆遗址进行考察，观摩借鉴考古遗址开放展示的成果及经验；赴景德镇参加唐英与“唐窑”国际学术研讨会并考察丽阳窑址；赴扬州参加中国考古学会宋元明清委员会成立大会暨扬州城考古学术研讨会；参加郑州首届中国考古大会；赴江西省金溪县里窑遗址调查，赴湖北省丹江口庞湾琉璃窑址调查，赴福建泉州、浙江宁波海上丝绸之路遗存调查等。

故宫博物院业务人员自 2014 年至今，两度赴印度参与帕特南遗址（Pattanam Site）和奎隆港口遗址（Kallam Port Site）的考古发掘与调查工作。不仅对重建印度西南沿海地区古代历史的重要基础工作意义重大，也对深入认识柯钦地区作为海上丝绸之路重要港口的历史大有裨益。通过两年的合作交流，双方建立了互信与共识。故宫博物院在实验室、考古学研究等方面提供的大力支持和投入得到印方的高度肯定，我方所关注的海上交通线及中印交流的学术课题也得到印方的大力支持，相信随着合作的深入，学术成果更加丰硕，社会影响愈加深远。

从 2014 年起，故宫博物院开始与英国杜伦大学合作，对该校收藏的威廉姆森在波斯湾地区考古调查所得大量中国瓷器标本进行预研究。2015 年 6 月与德国考古研究院签订了合作意向书，2016 年 8 月派出两名专业人员参与该院希腊考古项目。

故宫博物院先后主办了张忠培先生学术思想研讨会、紫禁城宫殿考古座谈会、苏秉琦学术思想座谈会暨《我的父亲苏秉琦》首发式、故宫考古发掘与文物保护专家咨询会等学术会议。

2014 年，由张忠培先生组织编写的《中国陶鬲谱系研究》一书出版，作为故宫博物院著作甲种第一号出版，不仅是展示张忠培先生及其学术梯队通过陶鬲研究所达到的考古学高度，更重要的是提供一种方法论的示范案例和典型样本。紫禁城明清建筑基址考古发掘、景德镇御窑厂遗址发掘成果等相继在《中国文物报》《故宫博物院院刊》等发表，同时还定期编辑《故宫考古简讯》《印度考古工作年度报告》等。

（四）对外宣传与公众服务

故宫考古的成果，通过多种手段的现场展示、故宫博物院的专题展览、故宫讲坛的精彩阐释与传播及新媒体的运用等得以共享。

2015年10月，故宫博物院成立90周年之际，慈宁花园东院考古工地正式对公众开放展示，采取边发掘边展示的方式，让公众近距离观摩考古发掘过程，形象直观地了解紫禁城地下建筑基础，是故宫公众考古的一次重要尝试。2016年5月举行了“故宫考古成果新闻发布会”，吸引了京内外30余家媒体的报道，获得公众的广泛关注和强烈反响。

2016年“故宫考古”微信公众号开通，成为及时、迅捷报道和公布故宫考古最新成果的又一个平台。特别是故宫宫殿考古、元代地层等成果的推送，赢得极高的点击率和公众的广泛参与。此外，故宫博物院官方网站还设立了专门栏目，定期公布故宫考古的动态。

故宫考古结合紫禁城实际，在近三年来的工作中逐步形成了如下共识：

第一，把紫禁城考古作为大型综合课题，以北京古代都城的城市考古为宏观指导，以逐年配合院内工程建设进行考古发掘为切入点，探索建立相应的工作程序、科研路径和保护方案。通过对个别地点发掘、记录、研究的积累，逐步拼缀、完善紫禁城地下文化遗存地图，深入解读其分布、结构和关联，是故宫考古工作的方向。

第二，作为平安故宫工程的一部分，故宫院内考古始终坚持最大限度保护遗存、最小干预原则，尽可能利用各项维修工程的坑道、管渠等剖面，采取“微创”手段，随工进行、适当扩展的方式，所有考古发掘均贯彻“见面即停”理念，发现遗迹即停，并进行科学保护。

第三，继续运用考古学理论和方法对院藏文物进行研究也是故宫考古的重点方向。在考古所涉及的古陶瓷、青铜器、玉器、建筑、美术、宗教文物等领域，故宫都有专家、有藏品、有资料、有学术积累和学术梯队。求精不求多，做细不贪大，选择合适的课题作为突破口，循序渐进。

第四，故宫考古依托故宫博物院内诸多不同专业的学术和技术力量，包括古建筑、古文献、文物科技保护、修复、检测、拓印、影像拍摄制作乃至信息技术、虚拟现实技术等，力争在建筑考古、科技考古、数字考古及文物保护等方面取得突破。

第五，故宫不仅在中国古代陶瓷史、窑址调查和历代官窑瓷器研究上有传统优势，而且在外销瓷研究、进口原材料研究等方面也有长期的积累。三年来，故宫博物院对外交流不断扩展，由故宫博物院参与的印度考古发掘，发现了大量中国文化在当地的影响痕迹，提供了海上丝绸之路研究的重要线索；研究人员还分别参与了日本琉球各遗址出土中国瓷器、越南北部古代窑址及窑业技术的考察工作。今后，在“一带一路”倡议的大背景下，利用故宫博物院的平台，东南亚、南亚乃至中东、东非地区，都将考虑纳入故宫合作考古的视野。

二、重要考古成果

1. 北京故宫南大库明清御窑瓷器埋藏坑

坑口平面呈不规则形，南北约 1.7、东西残长 2.6、坑深约 0.9 米，坑壁较直，底部较平整。坑内集中出土数万件瓷器残件，年代自明洪武至清光绪，几乎全部瓷片均产自御窑厂。经初步整理，瓷片绝大多数可拼对为较完整的器物，器形主要有碗、杯、盘、碟、瓶、盆、缸等日用器，也有少量尊、豆、爵、香炉等礼祭器与陈设器。根据故宫博物院藏品分类，坑中瓷器可分为青花、釉里红、黄釉、红釉、白釉、蓝釉、黄地绿彩、绿地紫彩、豆青釉及粉彩等 17 个品种，其中明代瓷器标本占比约 5%，包括 4 个品种，清代标本占比 95%，包括全部 17 个品种。根据最晚标本年代推断，该埋藏坑形成年代不早于清光绪年，不晚于清宣统年。从坑体结构看应是有计划的埋藏活动所致。坑中标本以清代瓷器为大宗，以青花和黄釉器为最多，其来源应该是南大库旧内务府瓷器库房藏品。

这是在紫禁城内首次发现有意识埋藏的御用瓷器碎片坑，补充了文献档案对库房御用瓷器处理情况记录的缺失，从考古学上证明了皇帝对御用瓷器从生产到使用的全程垄断，为深入认识以御窑瓷器为代表的官办手工业产品生产、使用情况提供了重要实物资料。

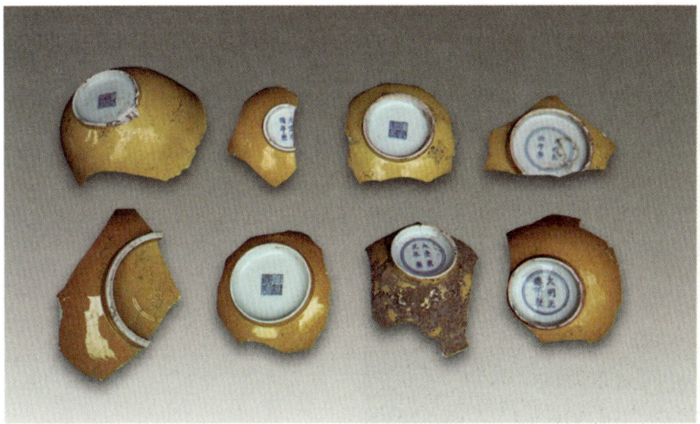

南大库瓷器埋藏坑出土官窑黄釉瓷器残件

南大库瓷器埋藏坑出土清代官窑瓷器残件

2. 北京故宫紫禁城东城墙墙基遗迹

发现的主要遗迹有东城墙墙基、铺砖地面、排水沟及其下统一分布的夯土基础。墙基包括东城墙内壁包砖及墙基底部压于包砖之下的土衬石；铺砖地面共有二层砖；排水沟以青砖砌壁和底、石板盖顶；夯土基础分布于土衬石和铺砖地面之下，总厚约 1.78 米，系黄土与碎砖交互夯层，致密坚硬。根据层位关系和夯土层出土遗物分析，夯土基础、铺砖地面及排水沟皆属明早期，即永乐时期。

该区域的发掘，揭露出明代初建城墙时期的地面和散水、排水沟，不仅为研究明代紫禁城初建时期的城防与排水系统提供了可靠证据，也证明现在的地面已高出明代地面近 90 厘米。

紫禁城东城墙墙基夯层俯视

紫禁城东城墙内侧（西—东）

3. 北京故宫慈宁宫花园东院明代建筑遗址

2014 年 8 月，故宫慈宁宫花园东院西侧进行高压线铺设工程时开挖了一条南北向施工沟，在沟内发现砖砌建筑基础，故宫博物院于 2014 年 9~11 月、2015 年 4~10 月对该遗址进行抢救性考古发掘。发掘总面积 376 平方米，迄今已发现砖铺地面 2 处、建筑材料施工坑 1 处、砖石混建排水沟 2 条、白灰硬面 1 处、大型宫殿建筑基址 1 处等遗迹。

大型宫殿建筑基址由地钉、桩承台、磉墩、夯土层、夯砖层等遗迹构成。该宫殿建筑基址周边起加固作用的 15 层夯土夯砖层中出土有元代风格的红胎琉璃瓦、黑釉盆底残片和元末明初特征的青釉碗口部残片。夯土夯砖层被带多块嘉靖铭文砖的排水沟打破，叠压宫殿建筑基址的白灰硬面中包含有明后期风格的青花瓷碗残片。推测这处保存较好、规模宏大、工艺考究的宫殿建筑基址的时代可能为明早期。结合出土遗物和慈宁宫兴建的文献记载，推测砖铺地面、建筑材料施工坑的时代为清中期，砖石混建排水沟为明后期的嘉靖时期。

该处宫殿建筑基址，为研究紫禁城格局、历史变迁和中国古代建筑技术提供了新的资料。紫禁城明清建筑基址也因此被编入《2014 中国重要考古发现》一书。

慈宁花园东院明早期建筑基础磉墩（北—南）

慈宁花园东院明早期建筑基础底部的桩承台（北—南）

4. 北京故宫隆宗门以西元明清三代建筑遗存

2015 年 7 月故宫博物院在故宫隆宗门西广场北侧、内务府各司值房南侧一条东西向消防施工沟内发现重要遗存。2015 年 7~10 月进行考古发掘工作，共发现砖铺地面 2 处、砖砌排水沟 1 条、墙和门道基址 1 处、砖砌磉墩 3 座、夯土夯砖建筑基槽 2 处、夯土铺砖建筑基槽 2 处、面积较大的素土夯筑层 1 处（第④层地层）等。其中最早的素土夯筑层和夯土铺砖层基槽，无论层位关系、建筑工艺，还是出土遗物，均是故宫考古的首次发现。

从层位关系判断，夯土铺砖层建筑基槽 C4、素土夯筑层即第④层地层为该遗址最早的一组堆积，④层又早于 C4，C4 和④层都被 C2、C3 打破；C2、C3 内堆积的土质土色、包含物、建筑工艺等与慈宁宫花园东院遗址可早到明早期的夯土夯砖层明显一致；第④层地层出土布纹瓦、琉璃瓦、黑釉、白釉瓷片等遗物具有明显的金元时代风格，推断夯土铺砖层建筑基槽 C4、素土夯筑层即第④层地层的年代指向为元代。墙和门道基址 Q1、铺砖地面 ZM2 和砖砌磉墩大体为明后期，砖铺地面 ZM1、砖砌排水沟 ZG1 为清中期。

隆宗门以西发现的叠压关系清楚的元明清遗迹，堪称故宫“三叠层”，对研

隆宗门以西元代素土夯筑层（东—西）

隆宗门以西元明清三代地层剖面（南—北）

究元大内（皇宫）格局、紫禁城历史和中国古代建筑史具有重要价值。

5. 北京故宫长信门西北明代宫殿墙基遗迹

2016 年 5 月，故宫博物院对慈宁宫花园东院遗址长信门西北侧基建勘探坑进行考古调查取得重要收获。主要发现一段东西向墙基及其底部的地钉、排木组成的桩承台、夯土夯砖层、建筑基槽等遗迹。这是紫禁城内首次发现的大型宫殿建筑的墙基及建筑基槽遗迹。

在东西宽 2.5、南北长 5.4 米的探坑内，距地表深 0.3 米以下发现整个慈宁宫区域大面积存在明后期的砖铺地面和厚约 0.3 米的夯土层。在探坑南壁上可以看到明后期的夯土层下为残存 20 层、残高 2.8 米的砖砌墙基。墙基的北侧是起加固作用的厚约 2.8 米的 15 层夯土夯砖层。墙基的底部是生土上直接下挖的斗型基槽。在探坑底部北距墙基约 3、深约 4.4 米的基槽内发现 4

长信门西北明代宫殿墙基排木（北—南）

长信门西北明代宫殿墙基（西—东）

根东西向木质地钉（竖桩），地钉之上为一组东西向排木和一组南北向排木（卧桩）组成桩承台。桩承台向南延伸在墙基之下，桩承台周边基槽内夯筑厚约0.8米的碎砖层，使整个墙基更为坚实牢固。此处大体量墙基在层位关系、施工工艺、出土遗物等方面与慈宁宫花园东侧发现的明早期大型宫殿建筑基址基本一致，可以判定其始建年代为明早期，废弃年代为明后期。初步推断这段墙基是紫禁城建造之初具有宫廷分区功能的大型墙基。对于研究北京城市变迁、紫禁城历史、中国古代建筑技术具有重要意义。

6. 江西景德镇御窑厂遗址

2014年江西景德镇御窑厂遗址实际发掘面积为363平方米，共揭露遗迹60余处，包括房基、墙基、灰坑、水沟、天井和路面、辘轳坑、澄泥池等，时代分属元、明、清。

其中发现一座明中晚期作坊遗址，根据遗迹与相关遗物推断，该作坊遗迹很可能是明正德—嘉万时期的釉上彩作坊遗址，这类遗址在御窑厂历次发掘未见，目前已揭露出遗址面积为200

景德镇御窑厂遗址发掘区北区鸟瞰图

景德镇御窑厂遗址出土侈口鼓腹大花盆

多平方米，而且有向四周扩展的迹象。这一釉上彩作坊遗址相对完整，对研究明代御窑厂整个作坊群的分布、规模、制瓷工艺、作坊内部分工形式等均具有重要意义。于明代正德地层发现大量较为完整的正德官窑釉上彩半成品堆积，并发掘出土了部分釉上彩颜料、配制釉上彩的原料，这在景德镇御窑厂考古发掘中尚属首次，具有填补空白的重大意义，也为研究明代官窑釉上彩制作工艺提供了十分珍贵的实物资料。

7. 印度帕特南遗址及奎隆港口遗址

故宫博物院业务人员 2014 年和 2015 年两度赴印度参与帕特南遗址（Pattanam Site）和奎隆港口遗址（Kallam Port Site）的考古发掘与调查工作。

印度奎隆港口遗址出土中国瓷器残片

作为印度西南海岸边的一处聚落，帕特南遗址体现了东、西文化交流及相互影响的考古学文化面貌，对该遗址及其出土文物的系统研究不仅对重建印度西南沿海地区古代历史的重要基础工作意义重大，也对深入认识柯钦地区作为海上丝绸之路重要港口的历史大有裨益。奎隆港口遗址出土有 10~16 世纪的中国瓷器残片及千余枚中国古钱币，反映出以瓷器为代表，这一时期中国与该地区有过贸易高峰期，从而对研究南印度历史及其在东西方交通、商贸史上的地位提供了新资料。

印度帕特南遗址发掘现场

中国文化遗产研究院

一、业务建设

（一）业务工作

中国文化遗产研究院在2012~2016年主要从事的考古工作，涉及文化遗产理论与政策法规及考古管理评估、柬埔寨茶胶寺考古调查与发掘、中国和肯尼亚合作考古监理项目、“南海Ⅰ号”沉船保护发掘、全国新任考古领队培训以及相关课题研究等几个方面。其中，由中国文化遗产研究院承担的中国和肯尼亚合作实施的拉穆群岛地区考古项目监理工作从2010年开始，至2014年完成了水下考古、陆上考古、肯尼亚出土中国古代瓷器研究等三个子项目的现场监理工作，监理报告已被商务部国际经济合作事务局采用。长城资源调查与保护管理重大专项为中国文化遗产研究院培养了一批从事长城研究和保护管理的人才，开拓了一项重要研究领域。

通过2012~2016年的实际工作，中国文化遗产研究院在考古工作方面取得的主要成果和经验重点表现在以下几个方面：一是依托研究课题和大型文物保护工程开展考古调查、勘探与发掘，在大遗址研究和长城考古方面取得了初步成果。二是在涉外考古方面积累了部分经验，对柬埔寨吴哥古迹茶胶寺考古专项的实施，对吴哥地区乃至东南亚考古以及古代中外文化交流有了较为良好的认识。三是在国家重大基本建设工程中和涉外考古项目中执行了考古监理任务，通过对中肯合作考古项目的考古监理工作，积累了比较丰富的考古监理经验，对我国考古监理制度的建设和完善具有很重要的意义。四是通过主动性考古发掘项目的评估和境外考古评估项目，对考古管理和事业发展有了进一步认识。

中国文化遗产研究院有很好的文物考古工作传统，在文物保护方面有着很强的实力，如何在文物保护和文物考古方面取得最佳结合，发挥专业优势，这是目前存在的一个比较突出的问题。因此，应当鼓励考古人员积极参与文物保护和规划工程项目中的考古工作，更好地发挥中国文化遗产研究院在这方面的优势。

中国文化遗产研究院一直有着开展陆上考古研究和承担国家文物局组织的有关考古管理的

传统，近年来大力发展文化遗产理论和政策法规及考古调查工作，文物保护工程规划、文化遗产监测、文物保护修复实践和理论积累丰富，文化遗产理论政策法规研究和项目组织管理优势逐步凸现，与国际文化遗产保护管理和科研机构交流日益频繁，作为国内最早组织开展赴国外考古工作的科研单位，已完成和正在实施多项涉外文化遗产保护和考古研究的工程项目，摸索出了较多赴国外开展文物保护和合作考古工作的实践经验，值得总结和推广。

（二）人才建设与培养

受国家文物局委托，中国文化遗产研究院近五年来一直承担全国新任考古领队现场文物保护培训工作，累计对全国数百名新任考古领队和考古发掘负责人开展了现场培训。另外，为适应国家考古管理评估和一些大型文物资源调查与保护项目的开展，中国文化遗产研究院主动加强了文物理论政策和考古项目评价等方面的人才训练。

（三）学术交流与科研成果

中国文化遗产研究院除参加田野考古调查、勘探和发掘工作外，还积极安排与文物考古工作密切相关的一些课题研究工作，基本科研业务费课题“考古监理实践总结与规范探索研究”与2012年申报的国家社科基金重大项目“大遗址保护行动跟踪研究”目前均已结项；此外还承担了2014年度、2015年度主动性考古发掘项目评估工作和2006~2015年度境外考古项目评估工作，并开展了大运河后申遗时代的文化遗产保护管理评价以及其他一些考古遗址保护利用研究课题；与国际重要文化遗产保护机构、学术团体、国外著名科学研究机构和知名大学开展了广泛的交流与合作，如与柬埔寨吴哥古迹保护与发展管理局、金边皇家艺术大学、法国预防性考古研究院等开展考古合作交流。

（四）对外宣传与公众服务

在2012~2015年的柬埔寨茶胶寺考古发掘现场举办了形式多样的公众考古活动，如学生和游客参观工地、布设永久性考古展板、公共考古交流讨论会等，在实践中取得了很好的社会效果。

二、重要考古成果

（一）柬埔寨吴哥古迹茶胶寺考古

自2007年开展前期调查研究以来，特别是经过2011~2015年的工作，茶胶寺考古已取得了阶段性考古成果，新资料有助于推动对茶胶寺的深入认识，为茶胶寺建筑历史、寺院结构布局和建筑群遗址丰富内涵的深入研究，也为保护修复设计方案提供了较为翔实的考古依据。具体考古工作和初步成果包括以下几个方面：

1. 吴哥古迹群落

对茶胶寺持续深入地开展考古研究，需要放在整个吴哥古迹群落中去进行，需要建立在对吴哥古迹较为全面的调查认识基础之上。截至目前，已对吴哥古迹群中的50余处都城和寺庙遗址作了调查，吴哥古迹考古资料逐渐丰富，对都城、寺庙、桥梁、皇道、运河、采石场等古迹的认识越加深入。除了寺庙建筑考古外，采集了大量种类丰富的宋、元、明、清瓷器，初步开展了考古学视野下的古代中柬文化交流研究，《吴哥古迹考古》报告也正在组织编写中。对吴哥古迹的这些考古调查研究工作，在实践中对了解茶胶寺建筑历史和进行考古发掘与研究都起到了极为重要的支撑与参考作用。

2. 茶胶寺周边遗址

开展茶胶寺周边相关遗址的考古调查对进一步探索研究茶胶寺及其周边遗迹的区位关系、演变历史、排水系统及纪念祭祀功能性质等，甚至对开展考古学视野下的古代中柬文化交流研究，都具有非常积极的学术意义。通过对茶胶寺周边遗迹的详细调查，发现茶胶寺是一处内涵丰富、结构复杂的古建筑群。茶胶寺作为一处规模较为庞大的国家寺庙建筑群，周边分布着一些与其密切相关的石构建筑遗迹，先后发现有8处，分别编为茶胶寺东遗址、茶胶寺东北一号遗址、茶胶寺东北二号遗址、茶胶寺东北三号遗址、茶胶寺东南塔殿遗址、茶胶寺西北医院石塔遗址以及茶胶寺南、北遗址。对前五处遗址进行了比较全面的考古调查和勘探，这些遗址中，地表散见数量不等的陶瓷残片，也发现有零星水晶。在茶胶寺东北二号遗址残存的1尊石狮子底部发现一则古高棉文石刻铭文，不见于已公布的其他相关资料中，是这次调查的新发现。

3. 茶胶寺遗址

茶胶寺位于吴哥通王城胜利门东约1千米处，寺西距暹粒河约500米，寺东侧及神道与东池（Barayoriental）相连接，东南与位于吴哥通王城东的塔布隆寺、班迪克黛寺等著名寺院遥相呼应，建于10世纪末11世纪初，属于吴哥王朝阇耶跋摩五世（Jayavarman V）和苏耶跋摩一世时期的国家寺庙遗存。茶胶寺平面近方形，东西长225、南北宽195米，由庙山建筑、神道、南北池、壕沟构成，整体是由砂岩和角砾岩砌筑的庙山建筑，而南北池、壕沟、神道、散水等有机组成部分大多深埋地下，具体分布范围、布局结构和建筑工艺并不明了。

截至目前，茶胶寺的壕沟、神道、池塘的发掘面积已近1000平方米。通过对北桥、壕沟、神道、南池等的发掘清理，发现壕沟护岸由砂岩和角砾岩错缝平砌成16级台阶，纠正了法国人雅克・杜马西认为壕沟护岸共约8层石台阶的误判。在壕沟内侧最下层石台阶迎水面发现使用石英和高岭石混合黏土防渗水层，该发现在吴哥古迹以往相关寺庙壕沟、池塘等遗迹发掘中尚属首见。在神道南侧共清理出护岸12级角砾岩石砌筑台阶，各层台阶砌筑规整，石块保存完好，这一发现改变了此前人们对茶胶寺神道建筑样式与池塘关系的多种推测。对神道东段北侧的发掘，揭露了神道经历前后两期的砌筑过程。寺院排水系统的发掘，完整地揭露了神道东段南北各分布有一处石构排水孔遗迹，这在吴哥古迹考古中同样鲜见。

茶胶寺地表散见大量陶瓷和瓦片，发掘中出土了大量建筑陶瓷、本地生活陶器及少量中国瓷片、铁器、水晶等。其中，建筑陶瓷对重新认识茶胶寺庙山建筑用材和屋宇顶饰样式提供了新证据，少量中国宋元青白瓷片的出土有利于了解茶胶寺一带古代陶瓷的交流使用情况，也对吴哥地区中柬两国古代陶瓷文明交流史的深入探寻做出进一步推断。

加强吴哥古迹保护维修中的考古学，特别是建筑考古学研究，是文物保护修复实施工作者的共识和愿望，这将会极大地提高科研含量，一定程度上会给保护修复工作带来实物信息资料的极大便利。法国吴哥古迹保护研究专家、柬埔寨考古专家等多年从事吴哥古迹保护研究的专家学者们同样认为，整个吴哥古迹的考古工作尚有欠缺，应当结合保护修复工作继续加强吴哥古迹的考古学研究。中国文化遗产研究院一直承担周萨神庙（一期）的考古工作，也正在实施茶胶寺（二期）本体的考古调查及发掘工作，并且具备古建筑研究人员及考古专业人员，因此深入和扩大茶胶寺建筑群遗址的考古工作是可行的。深入开展茶胶寺考古学研究，是提高中国政府援柬工作队、中国文化遗产研究院乃至中国学者在吴哥古迹保护行动的学术地位的重要组成部分，是拥有发言权的重要表现，具有极为重要的学术意义，对茶胶寺的保护维修等极具参考价值，对支持中国政府援助吴哥古迹保护工作队及研究中心的学术建设同样具有积极的现实意义，是中国考古走出去的战略布局和国际合作开展境外考古工作方面取得的宝贵经验。

（二）“南海Ⅰ号”沉船

“南海Ⅰ号”保护工程是国家文物局于2011年6月3日印发的《国家文物博物馆事业发展“十二五”规划》中规定的重大工程之一。自2013年11月始，中国文化遗产研究院参与“南海Ⅰ号”沉船保护发掘项目，除参加考古发掘外，还负责现场文物保护工作，沉船上部淤泥已完成清除，现阶段已进入船舱内清理提取器物。随着沉船船体及船载货物的大量暴露，一些历史信息逐步显现，发掘和保护难度逐渐增加，待研究领域不断涌现，且土水文物与茶胶寺考古和吴哥古迹考古中的中国宋元陶瓷外销及商贸文化交流研究存在一定的关联性，其中的宋代外销瓷器对深入研究吴哥地区出土陶瓷器有一定的参考价值。

国家文物局水下文化遗产保护中心

（一）水下考古工作概述

“十二五”期间，国家文物局水下文化遗产保护中心的水下考古事业取得了长足进步，水下考古工作有序推进，一系列重要水下考古成果获得文物考古领域从业人员和社会公众的广泛关注，学科建设不断取得新进展。

1. 以“国家水下文化遗产数据库”为抓手，积极推进摸清我国水下文化遗产家底

科学规划南海、东海、黄渤海与内水水域水下考古调查工作，有序推进各区域重点海域的调查工作，开展西沙海域、福建平潭海域、广东上下川岛海域、浙江舟山群岛海域、广西北部湾海域以及丹江口等内水水域的系统调查工作。以“国家水下文化遗产数据库”建设带动水下文物资源登录的标准化与制度化。

2. 维护国家海洋权益，加强南海水下考古工作

按年度在西沙、南沙海域开展系列水下考古工作，努力推进南海基地、西沙工作站建设。2012 年进行了西沙“珊瑚岛Ⅰ号”水下沉船调查，初步掌握珊瑚岛水下遗迹的性质、年代、分布范围；2013 年赴西沙群岛开展文物调查和执法巡查活动，并对南沙群岛的渚碧、永暑和美济礁进行了水下文化遗产调查与相关线索的核实、确认，确认水下遗存点 6 处，采集文物标本 200 余件；2015 年实施了“珊瑚岛Ⅰ号”沉船遗址水下考古发掘、“金银岛Ⅰ号”沉船遗址水下考古调查、永乐环礁海域物理探测调查及甘泉岛遗址田野考古调查等工作，获得了不同时期的石、陶瓷、玻璃质文物，进一步加深了对我国先民开发利用南海的历史的认识。

3. 水下考古工作思路进一步明确，学科建设初见成效

紧紧围绕国家建设海洋强国和“一带一路”战略，构建国家主导、以沿海海域为主、适当兼顾内陆与远海水域的水下文物保护新格局，进一步明确了当前和“十三五”期间水下考古工作的目标和任务，对水下考古理论、技术、方法等进行认真思考、探索。从学术角度考虑，水下考古的主要目标是研究人类开发利用江河湖海的历史。近年，水下考古研究视野逐步走出“水

考察法国阿尔勒实验室文物修复室

下”“沉船”的框框，凡与人类经营经略海洋有关的，诸如海防、港口码头、衙门、聚落、庙宇教堂、贸易品制造和聚散、交通设施、船舶制造等遗迹遗物均已纳入调查研究范畴。围绕“海上丝绸之路”申遗工作开展的系统研究工作即是其具体体现。国家文物局水下文化遗产保护中心制定了考古报告、专著、译著、论文集等若干专业书籍系列的出版规划，持续开展各种形式的学术活动；运用多波束、浅地层、旁侧声呐、磁力仪等海洋物探设备，水下三维扫描、地面数字化采集、空中多角度航拍等海陆空“三位一体”手段，构建三维虚拟复原图像、出水文物数字化信息管理系统、水下考古现场三维展示系统等技术平台，利用水下探方框架、潜水钟、RTK 技术、新型抽沙工具、水下灯阵等新技术、新方法，取得了重要成果。学术领域与研究纵深不断拓展，与田野考古和国际水下考古的水平差距逐渐缩小。

4. 水下考古能力建设取得明显进展

整合水下考古力量，国家文物局水下文化遗产保护中心独立建制，开启水下考古工作新篇章。水下考古专业人员培训持续进行，正式取得水下考古潜水资格的人员达到 124 名，并有多人取得大深度潜水认证，同时注意以水下考古急需为导向进行专项技能人才培养，初步形成人才梯队。第一艘水下考古船建成并投入使用，以南海、北海和宁波地区等为代表的国家水下文化遗产保护基地建设有序推进，水下考古基础保障空前加强。开展了《中华人民共和国水下文物保护管理条例》的研究与修订，研究制定《水下考古工作规程（试行草案）》。水下考古工作逐步规范化、科学化。

中国考古01号

5. 重要成果不断涌现

“南海Ⅰ号”“南澳Ⅰ号”“致远舰”“小白礁Ⅰ号”及南海水下考古调查等水下考古项目取得重要收获，多项成果获评“全国十大考古新发现”“中国社会科学院考古学论坛年度中国考古新发现”和中国考古学会田野考古奖。推动“海上丝绸之路”、海防、海岛、港口、近现代沉舰等专题研究，完成了“海上丝绸之路”申遗的基础研究工作。

“南海Ⅰ号”船体平面俯视（数据截至2016年1月20日）

（二）存在的问题

“十二五”期间，我国水下考古工作虽已取得长足进步，但同时也存在一些亟待解决的问题。

1. 水下文物家底不清状况没有根本转变，学科长远规划明显滞后

我国海疆广阔、海岸线绵长，水下文物资源总量巨大、埋藏情况复杂，囿于工作环境、水平和技术、人力、物力等方面条件的限制，目前的水下考古调查工作还停留在以调查核实日常生产生活发现、甚至盗捞盗掘发现的线索为主的阶段，主动性系统调查工作开展的远远不够。即便在如西沙、南沙海域、福建海域等重要和水下文物集中区域也缺乏更进一步的详细工作规划。可以说，水下考古工作始终没有摆脱临时救火、被盗捞盗掘分子牵着鼻子走的被动局面。摸清我国水下文物家底的工作仍是任重道远。

目前我国水下考古的学科建设还处于摸索阶段，学科自身的主体内容、理论和方法等还没有系统建立，与国际上的先行国家相比，起步较晚，研究薄弱，工作积累欠缺，同时，主动性、课题性、学科建设性工作开展较少。

2. 盗掘、盗捞、走私和非法倒卖等活动依然猖獗，水下文化遗产安全形势堪忧

我国沿海海域以沉船为代表的水下文化遗产数量多，分布广，具有重大价值。近年来，水下文化遗产盗捞、走私等犯罪活动日益猖獗，同时，缺乏对涉水基础设施建设及涉水工程等法人行为的监管，法人违法现象时有发生，水下文物安全形势严峻。

3. 专业技术人员不足，水下考古技术与装备水平仍待提高

目前我国水下考古人才依然存在总量不足及结构性不足与失衡问题，业务繁多、人力缺乏一直是水下考古领域的基本现状之一。随着水下考古业务、视野、面向的逐渐拓展，也出现了海洋探测与数据处理人才短缺、水下测绘人员不足等结构性不足与失衡问题。同时，水下考古技术近年来始终没有取得突破性进展，对大深度、水况复杂的遗址埋藏点的调查、发掘工作目前尚处于试探、试验阶段。而水下考古装备水平近年来虽已有较大提升，但与承担的任务相比、与国际先进水平相比尚有较大差距。

4. 与国际同行的交流、合作仍处于较低水平

限于眼界和能力，目前我国水下考古机构与国外同行的交流不仅数量少，而且主要在互访、参加学术会议等常规层次上，基本没有合作开展水下考古项目、课题研究等深度交流，对国际同行的动态、水平等了解有限。

（三）下一步工作计划

1. 提升顶层设计水平，强化“国家主导”方针

根据国家文物局的要求和部署，进一步发挥好国家文物局水下文化遗产保护中心的“总平台”与“主阵地”作用。同时，进一步加强事业总体发展规划的编制和落实水平，有序推进《国家

2015年西沙海域"珊瑚岛Ⅰ号"沉船水下考古

水下文化遗产保护事业发展"十三五"规划》《国家水下文化遗产保护事业发展中长期发展规划》《南海海域水下文化遗产保护工作规划》的编制与落实工作。

2. 实施重大项目，加强工作能力

加大力度开展我国相关海域的水下文物保护工程项目，分步骤、有重点地实施南海、东海、黄海、渤海、内水水域的水下文物保护工程，推进摸清我国水下文物家底工作。同时，进一步增强工作水平和工作能力，建立国家水下文化遗产资源数据库，提高工作的信息化水平；加强水下文化遗产保护基地建设，完成南海基地、西沙水下考古工作站和北海基地（青岛）建设工程，加强宁波、武汉、福建等已有基地建设。此外，要进一步加强水下考古、专业设备操作与维护等方面的专业培训，建立合理的人才梯队，与高等院校、科研院所合作建立水下文化遗产保护专业教育、合作科研模式。适时开展第二艘考古船的可行性研究与前期设计论证工作，开发、购置水下考古科技新设备，增强水下物探、文物保护方面的科技能力。

3. 完善法律法规，保障水下文物安全

进一步加强《中华人民共和国水下文物保护管理条例》等相关法律法规的研究和修订工作。同时，选择水下文化遗产较集中的西沙、福建海域作为试点，探索建立水下文物的监测、监控模式，建立健全多部门联动的制度化、常态化水下文物保护巡查机制，确保水下文物的安全。同时，积极开展公众教育，提升全民水下文物保护意识，鼓励公众参与，探索建立水下考古志愿者队伍。

4. 进一步加强水下考古学科建设

进一步把握学术增长点，投入更多人力、物力开展学科基础性科研，研究探讨水下考古理论、技术、方法层面的问题，初步形成水下考古学科体系。积极围绕“海上丝绸之路”沿线水下文物保护这一重大课题，开展相关研究，并进一步开展明清海防设施、海岛文物、近现代沉船等方面的专题研究。同时，积极开展以往水下考古资料整理和报告出版工作，进一步促进学术思想的活跃和成果的积累。积极推动水下文物保护对外交流与合作，组织合作开展人员培训、合作开展水下考古项目及研究、文物展览，适时举办国际性水下考古专题会议等，提高我国水下考古工作水平和国际影响力。

北京大学

一、业务建设

（一）业务工作

1. 考古调查与发掘

2012~2016 年，北京大学考古文博学院共进行考古调查与发掘工作 15 项，分别为郑州二七区老奶奶庙遗址发掘（2012）、章丘市东平陵故城汉代遗址发掘（2012）、湖北省郧县杨溪辅汉至清代墓地发掘（2012）、江西景德镇浮梁县兰田窑址发掘（2012）、陕西宝鸡岐山双庵遗址发掘（2013）、景德镇市落马桥窑址发掘（2013）、景德镇浮梁县兰田窑址发掘及南河流域区域考古调查试掘（2013）、景德镇市珠山区明清御窑厂遗址发掘（2014）、陕西宝鸡周原遗址发掘（2014）、广东郁南磨刀山遗址与南江旧石器地点群发掘（2014）、河南郑州东赵遗址发掘（2014）、陕西宝鸡雍城遗址发掘（2015）、新疆通古斯巴什古城遗址发掘（2014~2015）、洛阳龙门唐代香山寺遗址考古发掘（2016）、唐安西大都护府相关军政建置考古调查（2013、2015）。

2. 科技考古与文物保护

科技考古与文物保护工作共计 18 项，分别为：甘肃清水李崖墓地年代及人骨同位素研究（2012），甘肃陈旗磨沟遗址年代及骨骼同位素研究（2012），考古发掘现场移动实验室应用技术推广（2012），武侯祠彩塑、壁画制作、修复工艺及病害评估（2012），亚沟石刻防风化保护（2013），承德普佑寺石质文物保护合作研究（2013），御窑厂遗址本体保护工程设计（2013），内蒙古哈民遗址本体保护工程（2013），晋侯墓地马坑遗址本体保护研究和保护工程（2013），晋侯墓地车坑遗址本体保护研究和保护工程（2013），圆明园遗址出土考古样品科技检测分析（2014），陕西西安秦汉渭桥遗址的年代研究（2015），山西兴县碧村遗址的年代研究（2015），叶家山出土青铜器取样样品及相关材料分析（2015），凌家滩墓地出土玉石器无损分析综合研究（2015），宁波“小白礁 I 号”船体连接材料分析研究（2015），齐国古城剖面遗址本体保护设计方案（2015），新疆峡口古城保护工程设计（2015）。

3. 规划编制

规划编制工作共计 27 项，分别为：坎儿井博物馆及附属商业区概念性设计（2012）、郑州大遗址片区保护利用战略规划（2012），江苏张浦赵陵山考古遗址公园规划编制（2012）、侗族村寨申报 2012 年中国世界文化遗产预备名单文本（2012），河南省登封市东华镇手工艺术文化产业聚集区项目（2012），普定县穿洞遗址保护与利用规划设计（2012），2012 年中国世界文化遗产预备名单更新文本——白酒老作坊（2012），邛崃市邛窑遗址保护与利用规划（2012），昆山市赵陵山遗址价值及保护规划研究（2013），南宋临安城基础资料汇聚分析项目（2013），林散之墓保护总体规划（2013），河南省洛阳市白居易故居概念性规划设计（2013），邛崃市邛窑遗址五号窑包环境整治方案设计（2013），杭州市大运河申遗点段之广济桥、白塔测绘（2013），河北衡水封氏墓群遗址保护规划大纲（2013），河北省平山县中山古城国家考古遗址公园规划（2013），密县瓷窑遗址保护规划（2014），全国重点文物保护单位北庄遗址保护规划（2014），江苏省昆山市敬业堂保护规划（2014），南宋临安城建筑群数字基础复原服务（2014），苗族村寨申报 2012 年中国世界文化遗产预备名单文本（2014），侗族村寨 2012 年中国世界文化遗产预备名单更新申报文本（2014），杨粲墓文物保护总体规划（2014），全国重点文物保护单位寿县孔庙、清真寺文物保护规划编制（2015），渝中区老鼓楼遗址复原方案设计（2015），北庄遗址展示与利用工程设计研究（2015），钓鱼城遗址申遗文本技术咨询（2015）。

4. 基础设施建设

在基础设施建设方面，除依托北京大学赛克勒考古与艺术博物馆的场地外，因北京大学考古文博学院进行的发掘多与学生实习有关，并多与地方文博单位合作，故重点建设了 16 处实习基地，分别为：陕西省周原考古实习基地（雷兴山）、河南邓州八里岗考古实习基地（张弛）、山西天马曲村考古实习基地（孙庆伟）、洛阳龙门石窟佛教考古教学基地（杭侃）、景德镇陶瓷考古教学实验基地（秦大树）、浙江良渚考古实习基地（秦岭）、河南郑州科研实习基地（王幼平）、河北正定文化遗产教学实习基地（徐怡涛）、山西文化遗产教学实习基地（徐怡涛）、杭州文化遗产教学实习基地（徐怡涛）、宁波文化遗产教学实习基地（徐怡涛）、山东曲阜文化遗产教学实习基地（孙华）、元中都田野实习基地（杭侃）、绍兴文化遗产教学实习基地（杭侃）、河北定窑陶瓷考古教学实验基地（秦大树）、山东东平陵城考古实习基地（杨哲峰）。这些基地可供考古学不同历史时段、古代建筑、陶瓷考古、文物保护规划及保护技术等多个方向的实习教学之用。基地建设通常由地方机构提供用房，中心提供教学研究的器材设备。基地不仅供院内学生完成实习任务，也是开放型教学和科研平台，接受各种委托培养、培训任务，与地方合作机构共同设计开展科研课题，通过这种强强联合的方式，北京大学考古文博学院在资源上的不足得以弥补，实现了合作双方共同发展的目的。

（二）人才建设与培养

近年来，北京大学考古文博学院的教师队伍在学历、职称、年龄结构等方面均得到优化。2012 年至今，引进曲彤丽、张颖、曹大志、张剑葳等青年学者。其中曲彤丽、张颖、曹大志为国外高校博士毕业，张剑葳也有两年美国宾夕法尼亚大学的访问经历，均具有较广的国际视野。

2012 年，崔剑锋副教授获选国家万人计划。2009~2012 年，连续四年获批国家新世纪人才（吴小红、杭侃、雷兴山、孙庆伟）。2014、2015 年，张弛、吴小红先后获百千万人才称号。2014~2016 年，张海、曲彤丽、何嘉宁先后参加国家文物局考古领队培训，并获得考古领队资质。

（三）学术交流与科研成果

2012~2016 年，北京大学考古文博学院共召开学术会议 10 次，其中影响较大的有首届中欧建筑考古国际研讨会（2016）、中国考古学研究中日论坛（2015）、中古时期丧葬的观念风俗与礼仪制度学术研讨会（2015）、“早期文明的对话：世界主要文明起源中心的比较”（2015）、“海上丝绸之路：亚洲的跨文化交流和文化遗产”（2013）等；参加交流互访活动约 690 人次。

2012~2016 年，北京大学考古文博学院共承担学术课题 179 项，其中国家级课题 32 项，分别为：中印石窟寺研究（2015 国家社科基金重大项目）、中国西南少数民族传统村落的保护与利用研究（2015 国家社科基金重大项目）、非洲出土中国古代外销瓷与海上丝绸之路研究（2015 国家社科基金重大项目）、周原地区商周时期的聚落与社会研究（2012 国家社科基金重大项目）、史前时期中西文化交流研究（2012 国家社科基金重大项目）、邓州八里岗仰韶聚落研究与报告编写（2012 国家社科基金重大项目）、东北亚古代铁器传播的技术观察（2016 国家社科基金一般项目）、丝绸之路中道城镇与路网研究（2016 国家社科基金一般项目）、先秦两汉都城礼制文明研究（2016 国家社科基金一般项目）、田螺山河姆渡文化遗址动物资源获取模式的综合研究（2016 国家社科基金青年项目）、北京军都山古代游牧民族人骨遗存的生物考古学研究（2015 国家社科基金一般项目）、南北朝墓葬礼制研究（2015 国家社科基金一般项目）、中国古代营造文献中的制度和思想研究（2014 国家社科基金重点项目）、郑州老奶奶庙遗址与东亚现代人的出现问题研究（2014 国家社科基金青年项目）、土木营造中的节俭观和生态思想研究（2013 国家社科基金一般项目）、拓跋起源的考古发现与研究（2013 国家社科基金一般项目）、云南史前农业经济的考古学研究（2013 国家社科基金一般项目）、考古发现与外来文化（2012 国家社科基金后期资助项目）、秦汉墓葬的结构类型与区域变迁研究（2012 国家社科基金一般项目）、新石器时代墓葬与祭祀坑集中埋葬猪下颌现象的研究（2012 国家社科基金青年项目）、中国古代墓葬中所见仿木构建筑史料研究（2015 国家自科基金面上项目）、丝绸之路天山廊道文物古迹调查（2015 教育部人文社科重大项目）、徐州地区南北朝隋唐墓葬研究（2015 教育部人文社科重大项目）、皖南地区早期铜冶金的技术与社会（2014 教育部人文社科重大项目）、夏商周考古学术体系的建立——以重大学术问题中心（2014

教育部人文社科重大项目）、中古时期丧葬的观念风俗与礼仪制度（2013 教育部人文社科重大项目）、欧亚草原考古（2013 教育部人文社科重大项目）、龟兹石窟寺院调查与研究（2012 教育部人文社科重大项目）、沉船所见景德镇明代青花瓷的考古学研究（2013 教育部人文社科一般项目）、公元前 3500~ 前 1500 年考古学文化谱系的年代研究（2013 科技支撑）、中华文明起源过程中区域聚落与居民研究（2013 科技支撑）、中华文明形成和早期发展的整体性研究（2013 科技支撑）。

2012~2016 年，北京大学考古文博学院共获得专项考古成果 8 项，分别为：古老都邑的新认识——陕西宝鸡周原遗址（2015 年度全国十大考古新发现）、古代矿冶工人的足迹——湖北大冶铜绿山四方塘遗址墓葬区（2015 年度全国十大考古新发现）、广东郁南磨刀山遗址与南江旧石器地点群（2014 年度全国十大考古新发现）、河南郑州东赵遗址（2014 年度全国十大考古新发现）、北京延庆大庄科辽代矿冶遗址群（2014 年度全国十大考古新发现）、河南省郑州市东赵遗址考古发掘（中国考古学会 2011~2015 年度田野考古奖一等奖）、甘肃省早期秦文化遗址考古调查与发掘（中国考古学会 2011~2015 年度田野考古奖二等奖）、广东省郁南县磨刀山遗址考古发掘（中国考古学会 2011~2015 年度田野考古奖三等奖）。

共出版专著 33 本（均为第一作者），发表论文 540 余篇，其中 SCI、SSCI、EI、A&HCI、CSCD、CSSCI 收录的第一作者文章 127 篇；获省部级以上科研奖励 8 项，其中教育部高校科研成果奖 5 项。

（四）对外宣传与公众服务

对外宣传方面，北京大学考古文博学院现建设有北京大学考古文博学院（www.archaeology.pku.edu.cn）、北京大学中国考古学研究中心（www.csca.pku.edu.cn）、北京大学与英国伦敦大学学院考古学院 UCL 合作中国文化遗产保护与考古学研究国际中心（www.ucl.ac.uk）等网站，以及“北京大学考古文博学院”“纸上考古”两个微信公众号，构成了一个面向校内外的网络公众服务平台，近三年的总点击率达 2600 万次，在专业学习和学术交流方面发挥着日益重要的作用，同时也是中国考古学与文化遗产学科国际化的重要窗口。

公众服务方面，北京大学考古文博学院秉承北京大学学术和社会影响力并重的优良传统，提倡知行合一，强调学以致用，突出学科的社会服务功能，以“国家急需、社会急需”为导向，积极开展形式多样、针对性强的社会服务工作，主要有：以北京大学赛克勒考古与艺术博物馆为依托，通过引进来或走出去，每年均举办多场次、多主题的展览；创办全国高校学生文化遗产设计创意大赛，充分展示最新科研成果和优秀传统文化，真正“让文物活起来”。每年主办多场高水平学术会议，其中 2015 年 4 月举办的“早期文明的对话：世界主要文明起源中心的比较”国际研讨会吸引了全球 300 多位专家学者与会，盛况空前；创办了《考古学研究》《古代文明》两种学术辑刊以及《古代文明研究通讯》《陶瓷考古通讯》《玉器考古通讯》等学术刊物，有力地促进了学科发展。强调学科普及，连续多年举办全国优秀中学生考古夏令营、全国中学历史教师考古学培训班、“十大考古发现进校园”等社会服务活动，扩大了学科影响力。受国家文物局委托制定《田野考古工作规程》，开发田野考古数字记录系统，举办多届全国田野考古人员培训班、田野考古高级研修班，从整体上推动了全国田野考古水平的提高，促进了行业发展。

二、重要考古成果

1. 广东郁南磨刀山遗址与南江旧石器点群

磨刀山遗址位于广东省云浮市郁南县河口镇和都村，2014 年，广东省文物考古研究所和北京大学考古文博学院等单位在磨刀山遗址第 1 地点发掘 200 平方米，取得突破性收获，在四级阶地网纹红土堆积中发现上、下两个旧石器时代早期文化层，出土各类石制品近 400 件。磨刀山遗址是广东省首次发现并经科学发掘的旧石器时代旷野类型遗址，发现了岭南地区年代最早的古人类文化遗存，填补了该地区旧石器时代早期文化的空白，是广东史前考古的重大突破。发掘区揭露的石制品平面

磨刀山遗址第 1 地点出土手镐

磨刀山遗址发掘现场

分布、古人类活动区域、石器生产操作链及古人类适应行为等多方面信息，反映了亚洲东南部低纬度地区早期古人类独特的石器生产活动与适应模式，亦显示出亚热带与热带地区、华南北部与岭南及东南亚地区早期旧石器文化与古人类行为的联系与区别。南江盆地目前已发现的60余处旧石器地点展现出区域内由中心营地与临时活动地点组成的古人类栖居形态。同时，由中更新世至晚更新世的三期文化遗存为研究岭南乃至华南与东南亚地区的旧石器文化发展脉络提供重要参考依据。南江流域的旧石器考古发现既是中国旧石器时代考古的重大进展，也为深入研究华南—东南亚地区旧石器文化的关系、区域人类起源与演化历史以及东西方文化比较等国际热点课题提供了十分重要的新资料。

2. 陕西宝鸡双庵遗址

双庵遗址位于陕西省宝鸡市岐山县与扶风县交界处，属岐山县京当镇双庵村，遗址现存面积12~15万平方米。该遗址于1959年由陕西省考古所渭水调查队发现，1977~1978年由半坡博物馆考古队首次进行发掘，根据已发表简报，该次发掘试掘地点三处，主要发现一处西周墓地和一批比较丰富的龙山时期文化遗存。

2013年9月~2014年1月，经国家文物局批准，北京大学与陕西省考古研究院合作，成立北京大学双庵考古队，再次对双庵遗址进行了发掘和初步整理。发掘面积约1500平方米，发掘范围主要在遗址南部，在遗址中部偏东亦有小范围工作。发掘共清理灰坑351个（含窖穴和各种坑状堆积）、墓葬19座、瓮棺2个、房址4个、陶窑12个、灰沟12个。这些遗存的时代主要包括仰韶晚期、客省庄二期、商代和战国等不同阶段。

双庵遗址发掘中的显微观察记录及成分测试

2013 年度发掘发现了比较丰富的仰韶晚期阶段遗存，亦是此次发掘年代最早的遗存，主要分布在发掘南区。发掘了一批保存较好的陶窑，从分布上看，发现的仰韶陶窑成组，形成了一定的规律。客省庄二期遗存遍布三处发掘地点。其中北部、中部仅有零星灰坑，均未见明确的文化层；南区的客省庄遗迹和文化堆积则比较丰富。客省庄阶段的房址共编号 4 个，其中保存尚可的 2 个，均为地穴式方形结构，在房屋一侧有门道，中部有火塘，并在壁上发现类似“火炉”的壁龛状遗留。其结构、体量和营建方式均同 20 世纪 70 年代末期双庵遗址发掘的房址一致。商代遗存十分丰富，并发掘一批商人墓葬，其中规格较高的墓葬 2 座，有二层台，随葬殉人、甲骨、铜器和玉器。从分布规律看，发掘区外不排除还有同等级墓葬的可能性。考虑到商代京当类型之前尚无墓葬明确出土有铜器，在双庵继续开展商代考古研究具有相当的潜力。

此次发掘实现了预期的学术目的，解决了双庵遗址自 20 世纪 70 年代末发掘后遗留的空白和疑问；并对将来在周原地区进行新石器时代考古做了初步的预研究工作；也为周原地区商时期考古研究提供了重要的学术线索。

3. 河南郑州东赵遗址

东赵遗址位于河南省郑州市西北郊。该遗址东距郑州商城约 14 千米，遗址面积约 100 万平方米。自 2012 年至今，为探讨“中原腹心地区早期国家的形成与发展”这一重大学术课题，郑州市文物考古研究院与北京大学考古文博学院联合组成考古队，持续对东赵遗址展开大规模的

东赵遗址遗迹分布图

田野工作。

田野工作主要取得以下收获：基本厘清了遗存分布状况，初步了解了该遗址夏商时期的聚落结构。基本建立了该遗址夏商周时期较为详细的考古学文化编年体系和文化谱系。东赵遗址考古学文化延续时间之长，从龙山晚期到早商时期的文化序列之连续完整，在中原地区甚为罕见。发现了一座新砦期城址以及新砦期仓储类遗迹。小城面积 2.2 万平方米，是第二座新砦期城址，同时也是嵩山以北地区第一座新砦期城址。发现一座二里头文化城址和几处祭祀遗存。二里头文化城址面积约 9 万平方米。对于夏文化研究是不可多得的重大发现。发现一座二里冈文化大型夯土建筑基址。这座基址的总面积 3000 平方米，规模仅次于偃师商城内一些早商建筑基址。

东赵遗址新砦期遗存、二里头文化和二里冈文化遗存的上述重大发现，为早期夏文化探索、夏商区域聚落形态与政治地理结构、早期国家形态等重大学术问题研究带来新的契机。

4. 陕西宝鸡周原遗址

周原遗址社祀遗迹

2014 年 9 月，北京大学考古文博学院、陕西省考古研究院、中国社会科学院考古研究所三家单位联合组成周原考古队，对位于陕西省宝鸡市的周原遗址启动了新一轮考古工作。此次发掘收获颇丰：第一，清理出凤雏三号和四号两处大型建筑基址。其中三号基址总面积达 2180 平方米，始建于西周中期，废弃于晚期。主体部分呈“回”字形，庭院中部有长方形铺石遗迹，正中长方体立石一块，推测可能为殷遗民的“社祀”遗存。第二，在发掘的 20 座西周墓葬中，以 M11 形制最大，为东西向的长方形竖穴土坑墓，葬具为一椁两棺，共出土有铜器 21 件、陶器 20 件、原始瓷器 6 件。铭文显示墓主人昔鸡很有可能来自殷代的举族。灰坑从西周早期延续至晚期，和墓葬虽有相互打破关系，但墓葬范围内几乎不被同时期灰坑打破，而范围外则常见同时期灰坑。这可能是一种“居葬合一”现象。第三，车马坑位于三号基址南侧，形制为长方形竖穴土坑，南北长 4.3、东西宽 3.2 米。坑内南北向放置一车，车轮牙为青铜浇铸而成，直径约 1.6 米。在其北面发现了一座马坑，坑内自西向东依次并排放置有 4 匹马，头向南。第四，目前已完成池渠遗迹的勘探面积 108 万平方米，新发现大淤土遗迹和人工沟渠若干，并对大淤土遗迹和 4 条人工沟渠遗迹进行了解剖发掘。在此基础上，可以初步认为周原遗址内存在着自然水系与人工水系、蓄水池与引水渠、干渠与支渠等不同层次的水系遗存，共同构成了周原遗址的水网系统。

5. 新疆阿克苏通古斯巴什古城遗址

新疆自古以来就是我国领土不可分割的一部分。自汉代丝绸之路开辟以来，中央政府开始在西域地区设立行政管理机构，建立军事防卫体系。

通古斯巴什古城出土联珠纹人形陶片

贞观十四年（640 年），唐平高昌，置安西都护府于西州交河城（今新疆吐鲁番西交河古城址），管理西域地区军政事务。贞观二十二年（648 年），唐平龟兹，将安西都护府移至龟兹国都城，并在龟兹、焉耆、于阗、疏勒四城修筑城堡，建置军镇，由安西都护兼统，称“安西四镇”。安西四镇的设立对于保护中西陆路交通、巩固西北边防均起了十分重要的作用。

通古斯巴什古城 2015 年发掘区全景

2013 年，国家文物局批准北京大学考古文博学院、新疆维吾尔自治区文物考古研究所、新和县龟兹文化博物馆三家单位联合申报《安西大都护府考古工作计划》。该项目旨在对新疆境内以安西大都护府为中心的一系列古代行政、军事设施等进行调查、发掘和研究。

2014 年，该考古项目正式启动。2015 年夏季，北京大学考古文博学院师生在通古斯巴什古城开始了第二年度工作。

2014~2015 年调查工作重点为通古斯巴什古城、乌什喀特古城、克孜勒协尔古城、夏合吐尔遗址等，掌握总体分

通古斯巴什古城北门瓮城遗址

布情况及各遗址的范围、结构、基本现状等。

通古斯巴什古城位于新疆维吾尔自治区阿克苏市，考古发掘北瓮城，面积约800平方米。通过局部钻探，发现通古斯巴什古城地层堆积超过5米。这说明该城文化堆积深厚，延续使用时间长。对北瓮城的发掘显示，该部分遗址进行过多次改造利用。从遗迹现象判断，先后有多层房址堆积。出土的涂朱墙皮、涂青金石墙皮、贴金塑像残块等现象表明，这里房址的等级可能比较高。由于经多次改建及后人破坏，遗址残损严重。但在部分墙皮上还是发现了残存的古代墨书题记。出土的古代钱币，除唐代“建中通宝”外，还有不少五铢钱。此外，还发现了釉陶和玻璃器皿残片，推测可能与波斯有关。一些出土遗物反映出该城的世俗化程度较高，可能并非单纯的屯兵、屯田城址。另外，据出土遗物推测，该城的始建年代应早于唐代，可能建成于4世纪前后。

中国人民大学

一、业务建设

（一）业务工作

中国人民大学2012年成为中国考古学会的团体会员；2013年1月获得国家文物局颁发的“考古团体发掘资格”。自建立以来，中国人民大学历史学院考古文博系主动参与国家基本建设工程中的考古发掘与文物保护工作，先后与北京、河北、湖北、上海、内蒙古、辽宁、新疆和江西等省区的兄弟单位合作，参加南水北调、西部开发、北京市基建项目和上海广富林等诸多遗址的考古发掘和资料整理工作等；获得考古发掘团体领队资格后，又成功从国家文物局申请到辽宁凌海金宝岭遗址、河北卢龙蔡家坟遗址、辽宁喀左土城子遗址、新疆阿勒泰东喀腊希力克别特墓地、新疆博乐泉水沟遗址等多项田野考古发掘项目。

2012~2016年，中国人民大学考古文博系承担和参加的发掘与整理工作近50项。除考古发掘外，中国人民大学考古文博系师生还先后多次赴河北、内蒙古、新疆、贵州、重庆等地及以色列进行田野调查和学术考察。历次发掘和调查中所获文物大多在当地建立文物库房以妥善保存；为配合教学需要，又选取部分文物成立了专门的考古标本室和人体骨骼标本室。作为教学单位，中国人民大学还在工作中把考古发掘调查和教学紧密结合起来，积极开展田野考古实习、文物整理与考古实习基地建设工作。

（二）人才建设与培养

中国人民大学考古文博系于2013年成立，魏坚教授任系主任，设北方民族考古、西域与中亚考古、先秦考古、秦汉至宋元考古4个学科方向，每个方向均具备学术带头人、教学骨干及青年教师组成的教学科研梯队，形成合理的科研布局。此外，聘北京联合大学韩建业教授、北京市文物研究所宋大川研究员为兼职教授、博士研究生导师，以及中国文化遗产研究院乔梁研究员，故宫博物院杨晶研究员、王光尧研究员，北京市文物研究所赵福生研究员，首都博物馆黄雪寅研究员，北京联合大学陈悦新教授，北京辽金城垣博物馆王清林研究员等考古文博领域的著名专家为专业硕士研究生导师。

除不断引进高层次人才和吸引优秀博士毕业生加盟，中国人民大学考古文博系于 2010 年设立考古学博士后科研流动站，为专业发展储备人才，2012 年以来已出站博士后 5 人，其中 2 人留校任教，现在站研究人员 2 人。

在人才培养方面，中国人民大学考古文博系已建立起完整的本、硕、博人才培养体系，旨在培养具有扎实的考古学学科理论基础和系统的专业知识，适应我国社会主义建设事业和考古学科发展形势需要，掌握本学科的发展状况和最新动向，具有较强的考古学实践能力和研究能力、开阔的学术视野和前瞻性的学术眼光的高水平、高层次、高素质人才。2005 年，中国人民大学开始招收考古学硕士研究生，每年约 5 人，学制 3 年，同年开始招收考古学博士研究生，学制 3 年；2011 年，开始招收文物与博物馆专业硕士研究生，每年招生规模约为 15~20 人，学制 2 年；2013 年起开始招收考古专业全日制本科生，每年招生规模约 15 人，学制 4 年；2013 年起，为适应文史哲类研究的需要，博士研究生学制改为 4 年；2015 年起，文物与博物馆专业硕士研究生学制改为 3 年。在人才培养方面，本学科目前已毕业博士研究生 10 名、学术型硕士研究生 32 名、专业硕士研究生 46 名，现有在读博士研究生 13 名、学术型硕士研究生 29 名、专业硕士研究生 41 名，其中留学生 4 名。2013 年考古文博系成立后本科生已招 32 名，毕业生大多进入高校、科研院所、各地文物考古部门、博物馆等相关单位工作，并获得用人单位的好评。

为促进延安文博事业的发展，中国人民大学还与延安市革命纪念地管理局签署了研究生定向培养计划，为延安培养文博业务干部。由教育部批准，中国人民大学考古文博系 2014 年专为延安革命老区文博部门筹办了学术型考古文博学位研究生班，经过严格考试选拔，招收了来自延安各文博单位的在职硕士研究生 6 名。

在人才培养过程中，中国人民大学考古文博系在本、硕、博三个层次的人才培养中，始终将考古实践能力的培养作为教学的重点之一。一方面，在课堂教学中，除了理论知识的讲授，还充分结合实物教学、案例分析、现场研究、模拟训练等教学方法，着重培养学生分析、解决实际问题的能力。另一方面，在教学方式上，对于本、硕、博每个层次，均实行校内授课与田野实习相结合的培养模式：本科生在第三学年将参加为期半年的田野考古实习，深入考古第一线，在实际操作中学习知识、锻炼动手能力，增进对本专业的深入理解；对考古学硕、博士研究生，除了进行常规的田野实践教学之外，还吸纳他们加入国家、教育部和校内的各种科研项目的研究团队，通过执行项目锻炼考古实践能力、提高研究能力；文博专业硕士研究生的实习时间不少于 4 个月，除校内导师之外，还配备一位校外特聘教师，均由来自博物馆、考古所等文博领域业务单位的专家担任，注重对学生职业素质的培养。

为保证考古实习的开展，从2006年开始，中国人民大学先后与河北、北京、内蒙古、辽宁、湖北、新疆、上海等多个地方考古机构和科研院校签订合作协议、开展联合考古工作；同河北省文物研究所、北京市文物研究所、辽宁省文物考古研究所、内蒙古乌拉特后旗、内蒙古伊金霍洛旗蒙古源流文化产业园区、湖北宜昌博物馆和重庆巫山博物馆等地方和单位签署协议，设立中国人民大学考古与文博实习基地，建立了长期的合作关系，最大限度为考古专业学生提供参与田野调查、发掘和资料整理的良好环境和锻炼机会。

（三）学术交流与科研成果

1. 学术交流

为促进以新材料、新思路来解决重大学术问题、提升学术水平，中国人民大学频繁举办学术讲座、论坛及沙龙：2012年10月，主办召开2012东北亚古代聚落与城市考古国际学术研讨会，来自中国、俄罗斯、蒙古、韩国、日本等国的50余位专家学者参会，此次会议加强了东北亚各国和地区考古学界之间的交流；2014~2015年，分别主办召开了以“一带一路”考古和“草原丝绸之路考古”为主题的国际学术研讨会，国内外相关领域的专家学者汇聚一堂，探讨相关学术问题，为贯彻国家“一带一路”倡议的深入实施做出积极贡献；多年来坚持连续举办中国人民大学历史学院考古文博系学术前沿系列讲座、历史学院学术名家考古系列讲座、RUC历史考古沙龙等，累积讲座达60余场、沙龙近10场，为学术沟通提供了良好的平台；为推动考古教育和学术交流，2008年开始连续举办“北方民族考古研究生论坛”，并于2011年更名为“北京地区高校研究生系列论坛”，已经先后成功举办五届，为高校考古学科的研究生学术交流提供了一个活跃的平台，成为考古学领域的一个品牌，影响力已达全国各高校考古专业，极大促进了各地年轻学者的交流，受到了学术界的一致赞誉；此外，依托专业优势，创办学术期刊《北方民族考古》，并已成为该领域研究的重要交流平台和学术阵地。

此外，多年来系内学术骨干受邀与各地相关部门合作签订多个专项课题研究协议。此外，通过学术访问、合作研究、举办学术会议和讲座等方式，与美国、俄罗斯、以色列、蒙古、日本、韩国等国家及台湾、香港等地区的研究机构建立了广泛的学术联系。

2. 科研成果

2012年以来，中国人民大学在考古学研究上取得了长足进步，系内教师曾先后承担国家社科基金、国家自然科学基金等国家级项目15项，北京市社科联项目等省部级和重要横向科研项目30余项，获得省级哲学社会科学成果奖等科研奖励，累计获得科研经费1000多万元，取得了一系列国内外学界瞩目的学术成果，出版论著15部，发表论文百余篇。

（四）对外宣传与公众服务

在对外宣传方面，随着互联网的飞速发展，社会大众通过社交媒体了解考古学发展动态已经成为主要途径。中国人民大学考古文博系建有“中国人民大学考古文博系”网站，介绍考古专业的基本教学与科研情况，并及时更新各种田野实习、学术考察、会议讲座等学术活动的进展，介绍最新学术动态和信息；此外，还于2015年开设了“人大考古”微信公众号，及时传播学术信息，收到了良好的效果，显示了与国内外考古领域及社会大众沟通的积极态度。

在公众服务方面，中国人民大学考古学科始终秉承学术服务社会的理念，利用专业优势，为文化遗产保护和文物考古事业做出了重要贡献：筹建成立了“中国人民大学博物馆”，并组织筹办了“北国春秋”等一系列展览，面向公众开放，发挥高校服务社会的功能；魏坚教授对内蒙古元上都遗址、李梅田教授对湖北恩施唐崖土司城址的发掘和研究，为推动二者列入世界文化遗产名录提供了重要学术依据；定向为延安地区考古文博界培养研究生、推动当地文博事业发展；多次受邀参加文化部、国家文物局、教育部等部委及地方的文博事业发展规划的制订工作，参加博物馆、文物保护、文化遗产方面的项目评审会、论证会；魏坚教授还参与了2015版中文社会科学引文索引目录标准的制定。

二、重要考古成果

1. 河北卢龙蔡家坟遗址

2013年6~9月，吕学明教授主持发掘河北卢龙蔡家坟遗址，发掘面积500平方米。该遗址堆积深厚、文化内涵丰富、保存状况好，发现新石器时代至战国时期的地层和陶器、石器、动物骨骼等遗物。陶器质地以夹砂陶为主，泥质陶数量少，器形有鬲、甗、罐、钵、盆、瓮等，纹饰以绳纹为主，还有附加堆纹、压印三角纹等。这是在河北省秦皇岛地区首次开展的大规模、系统性的主动考古科研项目，取得了丰硕成果，充实完善了河北省东部地区的考古学文化年代

蔡家坟遗址出土新石器时代石片

蔡家坟遗址出土新石器时代陶片

序列，具有重要的学术价值。

2. 辽宁锦州金宝岭遗址

金宝岭遗址2013年发掘区

2012~2013年，魏坚、吕学明分别率队，两次负责辽宁锦州金宝岭西大砬子遗址抢救性发掘工作，发掘面积共计1700平方米，确认遗址性质为夏家店下层文化时期的人类居住址。出土陶器包括典型的夏家店下层文化时期鬲、甗、尊、深腹罐、瓮、豆等，而夏家店下层文化中心区常见的尊形鬲和鼎则发现较少；发现的石器多数为农业生产工具，渔猎工具很少，暗示该遗址古代居民社会经济类型以农业为主；从石器制品的类型和使用状况来看，农耕技术比较完善，意味着对农业资源利用更加集约化，属于精耕细作。

3. 上海广富林遗址

2013~2014年，魏坚主持参与了三期上海广富林遗址的考古发掘工作，发掘面积共计2909平方米，并完成了三期项目的资料整理和报告编写工作。广富林遗址堆积复杂，文化内涵丰富，由早至晚发现了崧泽、良渚、钱山漾、广富林、两周至汉代、宋元、明清等时期的地层堆积和

广富林遗址全景

广富林遗址出土广富林时期鼎足

广富林遗址汉代水井遗迹

遗迹单位，时间序列清晰，延续时间较长。三次考古发掘工作中较有代表性的发现包括：2013年发现了大量广富林时期的遗迹单位和遗物，2014年上半年发掘的遗迹单位以两周至汉代的灰坑为主，2014年下半年至2015年初的考古发掘中发现了18座良渚时期墓葬。近两年的田野发掘工作，出土了大量的陶器、瓷器、石器、骨器、铜器、铁器，并有少量的玉器、木器出土，器物种类丰富，其中不乏器型独特、较有代表性的生活用具和生产工具，为建立上海地区文化发展序列提供了翔实的材料，并为研究探讨上海地区新石器时代自崧泽、良渚、钱山漾至广富林文化的转变和各自的面貌特征、文化内涵等问题提供了新的依据。

4. 新疆阿勒泰东喀腊希力克别特墓地

喀腊希力克别特墓地位于新疆维吾尔自治区阿勒泰市东，2014年7~8月，发掘面积2000平方米，祭祀遗迹1处、殉牲坑2个、墓葬4座（包括竖穴土坑墓2座、竖穴偏室墓1座及大型封堆墓1座），出土器物种类较少，包括青铜扣饰、青铜戒指、铁器、桦树皮箭筒、木质梳子、

喀腊希力克别特墓地祭祀遗迹

珠饰、鹿石、鹿角、狼牙、动物骨骼等。从墓葬形制和出土文物来看，不同遗迹的年代差距较大，并非同一时期。祭祀遗迹中有一块为鹿石的二次利用，年代应在早期铁器时代以后；竖穴偏室墓的年代或可早至青铜时代，大型石堆墓应为早期铁器时代遗存，而竖穴土坑墓出土了青铜戒指、桦树皮箭筒，则属于突厥时期遗存。因而，处于同一平面并集中分布的遗迹，其时代内涵和文化性质的考量需要谨慎，应以墓葬而非墓地作为基本研究单位。该墓地的发掘为探讨新疆地区考古学文化研究方法提供了重要材料。

5. 辽宁朝阳土城子遗址

土城子遗址位于辽宁省朝阳市喀喇沁左翼蒙古族自治县，该项目为连续考古工作项目，2014~2015 年共发掘 1600 平方米，调查 52 平方千米。遗址主体属于夏家店下层文化，发现了房址、窖穴、祭祀坑、墓葬、窑址、灰坑和壕沟等遗迹，出土了铜器、陶器、石器和骨器等大量文物，揭示了一处完整的古代聚落。通过系统性区域考古调查，对大凌河上游地区古代文化的动态发展过程有了充分了解。

土城子遗址陶窑遗迹

6. 北京延庆张山营镇水峪村遗址

2015 年 7~9 月，对北京延庆区张山营镇水峪村遗址进行发掘，发掘区分为遗址区和墓葬区两部分。遗址区共布设 10 米 ×10 米探方 38 个，发掘面积近 4000 平方米，出土明清瓷片等遗物；墓葬区共清理明清时期墓葬 135 座，皆为平民墓葬，出土镇墓瓦、釉陶小罐、铜鎏金饰品、玉镯、铜（铁）钱等文物 1200 余件。墓地沿用时间较长，最早至明代万历年间，最迟至清代道光年间，整体分布自北向南时代趋晚，叠压打破关系复杂。墓葬形制为头大足小的梯形竖穴土坑墓，有单棺葬或双棺、三棺合葬，长约 1.9~2.7、宽约 0.4~0.7、墓口距墓底深约 1.5~2.5 米。部分墓葬骨骼保存完整，葬式为仰身直肢葬，头向北或略偏东、西。出土遗物较多，在填土中或棺盖上方出土镇墓瓦，瓦上有红或黑色墨书，内容包括“雷令斩杀鬼”“乾元亨利贞，镇墓永安宁”“斩瓛令定”等。在棺内头部上方出土高约 10 厘米的小罐，一般为酱色釉陶，个别时代较晚的是青瓷罐或青花瓷罐。人骨胸部、腹部、足部下方常出土铜钱或铁钱，数量从 1 枚到数十枚不等。部分女性墓葬陪葬铜饰品，个别较丰富，如 M31，出土龙凤鎏金簪 1 对、鎏金发钗 4 件，另有耳环、戒指、护甲套等。

7. 重庆奉节谢家包、赵家湾墓群

2015 年，李梅田教授主持重庆三峡库区消落区奉节谢家包、赵家湾墓群发掘项目，共清理墓葬 24 座，以汉代为主，兼有六朝、明代墓葬，出土铜器、铁器、陶器等随葬品共计 235 件。其中崖墓数量最多，共清理 18 座，均开凿在沿江陡坡上，呈刀把形或近凸字形，由墓道、甬道、墓室组成。谢家包 M1 为东汉墓葬，基本未被扰动，共出有各类铜器、陶器、铁器共 102 件，均保持原摆放状态，为研究奉节地区墓葬的器物组合、墓室空间布局等问题提供了材料。赵家湾 M12 出有铜镜、铜弩机等器物，所出的青瓷虎子造型流畅、制作精细，是六朝时期的典型器物。此外，赵家湾 M5 仅有墓道及部分墓室，未修建完成即被废弃，从中表现出该地区崖墓的开凿特点。

赵家湾墓群局部（东南—西北）

赵家湾墓群 M12 出土青瓷虎子

谢家包墓群 M1 墓室及随葬器物（东南—西北）

北京市文物研究所

2012~2016年，北京市文物研究所在国家文物局、北京市文物局的指导下，共完成地下文物勘探工作704项，勘探面积总计7709万平方米；发掘项目339项，面积总计26万平方米。保护各个时代的古代墓葬2615座，其他各类遗迹500余处，出土各类珍贵文物约8800件（套）。出版考古专题报告、研究专刊33部（册），发表各类文章123篇。为建设“人文北京、科技北京、绿色北京”做出了应有的贡献。

一、业务建设

（一）业务工作

1. 考古调查与发掘

北京市文物研究所积极探索配合基建考古的调查、勘探、发掘制度与方式的创新，考古勘探实行市场准入机制，自2014年3月1日《北京市地下文物保护管理办法》实施以来，面向全国邀请具有国家文物局颁发的考古发掘团体领队资格的单位参与北京市配合基本建设工程的考古调查、勘探工作。制定相关的规章制度，根据勘察工作的新常态，建立健全相应的工作分配、队伍管理、安全保卫等相关制度，做到以制度保障工作。严格执行经费的拨付程序，根据考古工作经费概算办法，各项考古勘探发掘工程的预算及决算均需提交审计部门进行审核。考古发掘遵循申报和验收规定，共申报发掘300余项，组织考古专家对已完工的考古发掘项目进行验收检查，共计130批次。执行考古资料及出土文物管理制度，对考古勘探发掘工地资料进行收集、保存和维护，为以后的考古研究和文物保护提供基础。

对国家重点工程考古工作全力以赴。为配合北京城市副中心、北京新机场、世园会、冬奥场馆等建设项目开展前期地下文物保护工作，圆满地完成任务。

配合城市建设各类考古工作稳健完成。为配合北京市世界月季大会、顺义新城、平谷新城、大兴新城等各类建设以及土地储备项目，完成了各类勘探、发掘工作，圆满地履行了服务职能。

重点项目的科研工作有序推进。延庆大庄科、圆明园等考古发掘取得重要成果。大庄科辽代矿冶遗址群获评“2014年度全国十大考古新发现”。

2. 科技考古与文物保护

科技考古工作积极开展。冶金科技考古工作主要有昌平马刨泉辽代遗址出土铁器、通州次渠辽代铁器的取样分析等。对北京龙泉务窑瓷器的胎釉成分、物相组成、色度指标、烧制温度和微观形态特征进行了全面、细致的测试分析。环境科技考古研究主要为通州宋庄工地孢粉分析工作，归纳出了历史时期北京地区涉及的植物种群类型。对延庆大庄科辽代矿冶遗址群开展炉渣、矿石的科技分析，冶铁炉三维激光扫描，采用计算流体力学方法对炉内气流场进行模拟，通过炉渣分析冶炼技术等。对圆明园遗址完成河道遗址三维扫描工作。对唐代刘济墓出土的玉器和玻璃器进行科学研究等。

加强出土文物的现场保护与修复。对长沟大墓壁画选取损坏程度不同的区域进行高光谱分析，为进一步的壁画保护修复提供技术支持；对通州副中心进行瓮棺的套箱提取；对海党政玲珑巷明代丝织品进行保护；对丰台唐代漆器进行提取和保护等。

大遗址考古和保护不断前进。对圆明园遗址开展系统调查、勘探与发掘，为保护规划的编制提供依据。

3. 基础设施建设

库房及保护整理基地建设量力而行。完成全国可移动文物普查工作，加强库房制度建设。现有上宅考古工作基地、琉璃河考古工作站、老山汉墓工作站，但场地面积有限，还不能满足日益出土的大量文物整理工作的需要，且硬件条件亟须改善。

（二）人才建设与培养

2012~2016年，北京市文物研究所共引进统招、社招各类人员8人，本科学历2人、硕士及以上学历6人。开展业务人员、技工等培训、讲座20余次。让8位青年业务骨干与老专家结对子，“一对一”辅导。专业人员已形成学历、职称、年龄的合理梯队，在发展方向上侧重于学术专长与本职工作相结合。共有2人完成在职博士学位，4人正在攻读在职博士。所学方向均为本所未来重点发展的学术方向。

（三）学术交流与科研成果

近五年来，北京市文物研究所积极参加各类国际性学术研讨会、论坛、考古大会、学术沙龙等100余次，提交各类学术论文20余篇。

此外北京市文物研究所完成《清代园寝志》等2项国家重点课题、《北京地区金代陵墓的考古学研究》等5项北京社科基金课题、《云居寺石塔调查》等4项局属课题的研究。并加快积压资料的整理，共出版《延庆胡家营——延怀盆地东周聚落遗址发掘报告》《窦店与长阳》《京沪高铁与北京新少年宫发掘报告》《北京考古志》等报告、论著33部，发表各类发掘简报、报告、论文、文章123篇。《北京考古史》《军都山墓地》等获北京哲学社会科学优秀成果一等奖。

（四）对外宣传与公众服务

2015年开始，北京市文物研究所在圆明园西洋楼景区启动公众考古活动。自启动以来，有近200万市民和游客前来观摩公众考古现场，取得了良好的社会效果。并参与中央电视台、北京电视台、各类报刊等媒体的采访及协作节目20余次，宣传北京市的地下文物保护成果。此外，还通过网络、微博、微信等平台，宣传、介绍相关的考古发现成果。

二、重要考古成果

1. 北京城市副中心建设地块相关遗迹

2016年3月至今，北京市文物研究所在通州北京城市副中心核心区，A6、A7地块，信息中

北京城市副中心发掘现场（一）

北京城市副中心发掘现场（二）

心等地块相继开展了考古发掘。勘探面积 46 万平方米，共发掘战国至清代墓葬 800 余座，发掘面积 2 万余平方米，出土各类文物 5000 余件。

水峪村遗址全景

2. 北京延庆张山营战国遗迹

遗迹于2015年8~11月发掘，共清理战国时期灰坑90个、房址7座及清代墓葬135座，总发掘面积5000平方米。出土各类文物约400件。

大渠墓葬群 M23 全景

受缘寺遗址局部

大渠墓葬群全景

3. 北京大兴大渠汉代墓葬群和辽代受缘寺遗址

2014年发掘了40余座东汉至魏晋时期砖室墓葬。墓葬主要为带斜坡墓道单室墓、双室墓及多室墓。主要由墓道、封门、甬道、前室、侧室、后室等几部分组成。出土各类器物500余件（套），陶器有仓、灶、井等仿生活器具，鸡、狗、猪等家畜，还有彩绘楼、壶、盆、灯、奁、俑等，尤以体量巨大的三层陶楼最精彩。根据墓葬形制和出土器物特征判断，这批墓葬年代跨越东汉晚期至魏晋时期。墓葬排列有序，墓地规划合理，应为家族墓地。

大渠墓葬群汉代墓葬出土陶楼

大渠墓地的考古发掘获取了一批具有研究价值的实物资料。这一地区东汉时属幽州刺史部广阳郡安次县，魏晋时期属幽州燕国安次县。这批资料填补了该地区汉魏时期物质面貌的空白，为研究北京南部地区东汉至魏晋时期的文化提供了珍贵的科学标本，为北京地区东汉至魏晋时期墓葬研究提供了新的依据。

受缘寺遗址位于大渠墓地南侧，对遗址进行考古勘探的基础上，2014年7~10月在对遗址的关键部位进行了发掘，基本搞清了佛寺的形制和布局。

受缘寺遗址分为两个时期。第一时期是辽代，第二时期为清代。辽代遗址主要由前殿、大殿、东配殿、西配殿、五瓣蝉翅慢道等组成。清代遗址主要由大殿及月台组成。辽代大殿南侧发现了坡状慢道，整体呈五边形，为《营造法式》中所记载的“五瓣蝉翅”做法。这一遗迹丰富了对宋辽时期砖砌慢道的认识，也是古代建筑技术发展的实证资料。

出土文物有瓷器、建筑构件、佛像残件等。遗址内残存经幢2件，其一刻有辽“大康二年（1076年）岁次丙辰七月甲申朔二十六日己酉戌时建”字样，另一刻有辽“乾统七年（1107年）二月廿七日酉时建”字样。

受缘寺遗址的发现填补了大兴地区早期寺庙基址的空白，对了解辽金时期佛教文化的传播十分重要。

4. 北京房山长沟唐代刘济夫妇合葬墓

2012年8月~2013年6月，北京市文物研究所对该墓葬进行了考古发掘工作，确认其为唐幽州卢龙节度使刘济夫妇合葬墓。该墓葬规模巨大，形制特殊，出土物精美，壁画数量多，内容丰富，具有极高的考古、文物、历史、艺术价值。该墓虽遭历代破坏，但墓葬结构仍保持基本完整，在甬道、耳室、侧室、主室及后室内发现大量石、陶、瓷、铜、铁器、彩绘、壁画，尤其是主室发现的须弥座式石棺床，保存完整，有大量浮雕彩绘金刚、瑞兽图案，制作精美，在全国同类型考古遗迹中实属罕见。

刘济墓志

刘济墓壁画

5. 北京通州文化旅游区地块唐至清代墓葬

2014~2016年，相继完成D4、A8、E1、D1等地块的发掘。发掘面积1万平方米。共发掘古代墓葬200余座，分属唐、辽、元、明、清等时期。

6. 北京大兴三合庄汉至元代墓群

三合庄墓群于2014年10月~2015年6月进行发掘，共清理古代砖室墓202座，分属于汉、北朝、唐、辽、金、元诸时期。还清理了面积达3200平方米的遗址。墓地延续时间之长、年代跨度之大，墓葬数量之多、形制种类之全和保存之完好，为近年来北京地区所罕见。此次发掘共出土陶器、瓷器、铜器、铁器、漆器等各类文物500余件（套），具有重要的历史、文物、考古价值，为今后北京地区不同时期的社会状况、丧葬习俗、文化交流、商品贸易、民族迁徙融合等方面的研究和复原提

三合庄墓群全景

三合庄墓群元代塔形墓

供了珍贵的资料。

此外，在辽金家族墓区的东、南、北侧还有大面积的祭祀遗址（燎祭），出土大量辽金时期遗物。有炭化的坚果、果核以及陶瓷片、动物骨骼、金属制品等。粮食遗存中已知的有 13 种作物，种类包括粟、麻、高粱等，数量丰厚。部分粮食种类的发现在国内尚属首次，对研究当时社会的饮食结构以及粮食作物的传播路线具有重要意义。

7. 北京延庆大庄科辽代矿冶遗址群

2011 年 10 月 ~2014 年 11 月，北京市文物研究所在大庄科乡 127 平方千米的范围内进行了考古调查、勘探及发掘，同时开展了文物保护工作及科技考古研究。发掘总面积 3650 平方米，共清理辽代冶铁炉 7 座、房址 17 座、车辙 10 条，以及灰坑、灶址、炒钢炉等遗迹，出土了瓷器、陶器、瓦当、钱币等遗物。

大庄科遗址辽代冶铁炉

大庄科辽代矿冶遗址群由矿山、冶炼、居住及作坊遗址等构成，主要位于水泉沟、铁炉村、汉家川、慈

大庄科辽代矿冶遗址群全景

母川等地。水泉沟遗址中发现了独立炒钢工艺和联合炒钢工艺并存的情况，特别是后者，大大减少了能源消耗，提高了产能，从实物角度直接将明代宋应星《天工开物》所载工艺的历史前溯了 500 年。

该遗址群是目前国内发现的辽代矿冶遗存中保存冶铁炉数量最多且炉体保存相对完好的冶铁场所。为辽代考古、辽代冶金史乃至中国古代冶金史的研究提供了极为宝贵的考古材料。此项目入选“2014 年度全国十大考古新发现”。

8. 北京密云唐代及明清墓葬

2014 年 5 月 22 日 ~6 月 23 日，北京市文物研究所对密云县第六中学改扩建项目工程占地范围的地下古代遗存进行了考古发掘，发掘面积 670 平方米。共清理唐代墓葬 16 座，多为带墓道的砖室墓。墓葬早期被盗，墓室顶部已被破坏，但是墓葬的砖室结构较好，建筑颇具特点。发现了须弥座砖椁，墓内器物早期被盗，仅发现数量较少的铜器、瓷器，如铜勺、白釉瓷碗等。另发掘清理20座明清墓葬，出土器物有陶罐、铜钱等。

密云县第六中学唐墓

9. 北京丰台万泉寺金元遗址及唐、清时期墓葬

2014年8月5日~9月24日，北京市文物研究所对万泉寺住宅小区A地块一级开发项目工程占地范围的地下古代遗存进行了考古发掘，发掘面积2087平方米。共清理唐代墓葬1座，金元时期房址2处、道路2条、灰坑16个、灰沟7条，清代墓葬19座、水井1口、道路遗迹1条。出土随葬品有釉陶罐、铜簪、铜钱等。唐代墓葬中出土陶壶2件、铁釜1件。清代墓葬中出土有簪子、耳环、手镯、铜钱等。遗址区域出土遗物主要为瓷片，窑口有定窑、龙泉窑、龙泉务窑、建窑、磁州窑、钧窑等。

10. 北京海淀八里庄明清太监墓群

八里庄墓群于2014年9~11月进行考古发掘。西部墓葬区清理了明清时期墓葬154座，明代建筑基址10处、道路遗迹1处。东部墓葬区清理了明清时期墓葬150座，明代建筑基址3处。发掘总面积3500平方米。

西部墓葬区的墓葬规划有序，排列整齐。位于最北部的一行墓葬（M1~M8）年代相对较早，集中在明正德至嘉靖年间，等级相对较高。玲珑巷宦官墓葬区是北京乃至全国迄今规模最大的宦官墓葬考古发掘成果之一。墓葬的形制、规模及出土的各种随葬器物可与文献材料相印证，为了解和认识宦官文化及生活习俗提供了丰富的材料。

11. 北京东城明清玉河南区遗址

玉河南区遗址于2014年6~12月进行考古发掘，发掘面积近5000平方米，揭露出部分明代玉河南岸遗迹，包括河堤、水闸、雁翅、河道、桥等。

明宣德七年（1432年），东皇城墙东拓后，玉河逐渐废弃。此次考古发掘成果为探讨古代玉河河道的演变、漕运、北京城市供排水系统及北京水环境的变化提供了一批重要资料，同时也为古玉河的恢复、古城风貌的保护、居住环境的改善提供依据和帮助。

玉河南区遗址澄清下闸遗迹

12. 北京大兴采育清代墓葬及窑址

2014 年 4 月 4 日 ~5 月 12 日，对大兴区采育镇七号地块工程占地范围的地下古代遗存进行了考古发掘，发掘面积 2159 平方米。共清理古代墓葬 102 座、古窑址 12 座，时代全部为清代。出土随葬品有残瓷碗、残烟嘴、铜钱。

13. 北京丰台樊家村明清墓葬

2014 年 6 月 29 日 ~7 月 9 日，对丰台区樊家村危改项目工程占地范围的地下古代遗存进行了考古发掘，发掘面积 700 平方米。共清理明、清时期墓葬 44 座。出土随葬品有釉陶罐、白釉瓷罐、铜簪、铜钱、铜烟锅带、烟嘴等。

14. 北京海淀圆明园遗址

2013 年，北京市文物研究所对圆明园遗址公园内武陵春色遗址中的桃花洞遗址、桃花洞东侧的驳岸与河道以及公园西南围墙外侧的遗址（属于大宫门遗址区）进行了考古发掘和清理；以圆明园西部为起点，开始了全园水系、道路的调查与勘探；对线法画遗址进行了考古勘探。在清理前对发掘区域进行了全面的重点勘探。

圆明园大宫门御河遗址全景

2013 年 10 月 ~2015 年 10 月，为配合圆明园大宫门区域环境整治，对御河、大宫门、西洋楼遗址进行了考古发掘，发掘面积 1000 平方米。

御河驳岸及河道总长度 82 米，东西走向。南北两侧驳岸相距 3.35~3.4 米，中间为河道。南侧驳岸较北侧驳岸保存为好。南侧驳岸一般保存有最下面一层石板和上面的两层石条。北侧驳岸一般仅存最下面一层石板，少数部位保存有石板上的第一层石条。

这些发现填补了文献上的空白，同时，对研究圆明园的历史、清代皇家河工、建筑工艺以及厘清大宫门区域的建筑布局有着十分重要的意义。

15. 南水北调北京段配套工程

南水北调北京段配套工程有团城湖蓄水池、密云蓄水池、东干渠、良乡水厂、郭公庄水厂、通州段、南干渠等，勘探面积100余万平方米。发掘各类古代遗迹200余处，包括墓葬170余座、窑址4座等。

北京联合大学

一、业务建设

（一）业务工作

北京联合大学应用文理学院历史文博系现有考古发掘个人领队资格人员 6 人，分别为韩建业、冯小波、陈悦新、武家璧、黄可佳、宋蓉。2012~2016 年，在业务工作中，主要取得三方面的成绩。

1. 考古调查与发掘

2012~2016 年，主持、参与 20 多个遗址的发掘和整理工作，还调查发现 200 余处遗址。较为重要的田野项目有：湖北韩家洲、徐家湾、滴水岩等 10 个旧石器时代遗址的发掘；湖北丹江口水库旧石器时代遗址专项调查；荆州望山桥墓地考古钻探、发掘工作；陕西汉中盆地旧石器时代遗址专项调查；山西大同云冈石窟考察；赤峰、新疆等草原地区史前文化遗址调查；龟兹石窟研究院国家社会科学基金重大项目“新疆石窟寺研究”调研工作；湖北大冶五里界古城遗址的地形测绘、调查及考古发掘工作；三水银洲贝丘遗址发掘及周边遗址、村落的调查工作；江西海昏侯墓出土竹简的整理工作；龙门石窟、邺城造像及麦积山石窟调研；新疆博乐泉水沟遗址、都木都厄布得格墓地的考古发掘工作；湖北京山苏家垄遗址考古发掘工作。此外，北京联合大学历史文博系每年派 7~10 名研究生赴法国参加 Lazaret 遗址的发掘。

2. 科技考古与文物保护

较为重要的有：熊黑钢教授于 2011~2015 年对新疆天山北坡人类活动影响下绿洲水盐耦合关系与环境效应进行研究；张俊娜于 2015 年对豫西晋南地区新石器早中期粟作农业发展过程进行研究分析；周华对北京大理岩石质文物风化病害特征与无损评价方法进行测试研究；林怡娴对甘肃马家源墓地的车马器开展了模拟制作和研究工作。

3. 基础设施建设

2012~2016 年，北京联合大学考古文博类实验室和严文明图书特藏室相继落成。新建成的实验室占地面积 2000 平方米，由文物检测与科技考古实验室、砖石古建实验室、环境考古实验室、玉石器考古实验室、书画装裱室、陶瓷器修复室、X射线探伤实验室、文化遗产数字化实验室及考古资料整理实验室组成，拥有扫描电子显微镜、X射线衍射仪、X射线探伤仪、便携式X射线荧光仪、时域核磁、金相显微镜、三维视频显微镜、万能材料试验机、三维激光扫描、3D打印机、纤维检测系统等一批用于考古调查、测绘、文物检测和保护修复的先进仪器设备。依托日渐完善的科研设备和优秀的科研人员，北京联合大学将在砖石、纸张、丝织品、玉石器、青铜器、文物修复等方面开展更为广泛、深入的研究工作。

严文明图书特藏室主要是收藏严文明先生捐赠给校图书的场所，包括中文图书1485册，外文图书628册，还有50余种考古、历史、哲社类期刊。图书特藏室的建设，为学校师生提供了很好的学习及科研场所。除此之外，学校还建成了占地800平方米的文物库房及考古材料整理室。

（二）人才建设与培养

北京联合大学历史文博系是一个老中青结合、科研教学能力和成果突出的工作团队。在学校的大力支持下，2012~2016年，学科师资队伍建设有了突破性进展。

2012年引入北京大学博士张俊娜。张俊娜主要从事环境考古和第四纪环境演变研究，曾参与国家科技支撑计划项目、国家自然科学基金项目多项，主持国家自然科学基金和教育部人文社科基金各1项，发表学术论文10余篇，其中核心期刊论文5篇。

2013年引入中国科学院大学博士周华。周华主要研究方向为科技考古、砖石文物保护，文物无损分析技术，参与“十一五”国家科技支撑计划项目多次，主持北京市自然科学基金项目1项，发表EI论文2篇、CSCD论文1篇、CSSCI论文2篇、会议及教改论文各3篇。

2014年引入英国伦敦大学学院博士后林怡娴。林怡娴研究方向为科技考古学，侧重于考古材料分析（玻璃、颜料、陶器和金属）研究，曾获得英国牛顿后续基金资助，参加过甘肃肃北战国至汉代玉矿遗址、张家川马家塬战国墓地等遗址的发掘，发表论文多篇（有的被SCI收录），主持国家文物局科研课题。

2015年引入清华大学博士李若水。李若水研究方向为古代建筑，曾参与国家自然科学基金多项，发表了《唐长安大兴善寺文殊阁营建工程复原研究》《南宋临安城北内慈福宫建筑组群复原初探——兼论南宋宫殿中的朵殿、挟屋和隔门配置》等研究论文。

2015年引入清华大学博士后张雯。张雯研究方向为佛教考古与文化遗产数字化，主持中国博士后科学基金面上资助课题“北魏晚期云冈与龙门石窟关系研究”（第57批），参与国家社科基金重大项目、国家科技部支撑计划等课题，发表论文多篇。

2016年引入中央美术学院博士刘婕。刘婕2008年进入文物出版社《文物》编辑部工作，任副编审，负责古代书画玺印、古代建筑、古邑名村、博物馆藏品等方面的组稿、审稿和加工。发表学术论文十余篇，其中4篇属CSCCI及北大核心期刊，并出版独立专著1本。刘婕还曾参与教育部组织编写的美术史教材写作。

2016年引入北京科技大学博士张登毅。张登毅研究方向为科技考古、冶金考古、新石器时代考古，参与国家自然科学基金1项，主持北京科技大学博士研究生基金1项，主持或参与主持考古发掘项目20余项，发表学术论文多篇。

2016年引入中国科学院大学博士李文静。李文静研究方向为陶瓷考古与文物保护，参与国家自然科学基金、中国文化遗产研究院等项目，发表学术论文多篇。

在高层次人才的业务培养方面，较为重要的有：2014年暑期，周华参加全国首届文化遗产高校师资培训；2015年6月，宋蓉副教授参加国家文物局考古发掘领队初任培训班；2015年暑期，周华参加故宫博物院故宫学高校师资培训学习等。

（三）学术交流与科研成果

1. 学术交流

2012~2016年，北京联合大学历史文博系组织和参与的学术交流活动较多，大致包括三个方面。

一是国际合作考古发掘、培养研究生项目及国际学术访问交流活动。主要有以下几项：2013~2016年，先后派遣26名研究生赴法国参加Lazaret遗址发掘工作，并在法国人类古生物研究所参观学习；有12余人次赴德国、法国、美国、土耳其、匈牙利、澳大利亚等国家进行学术交流与访问。

二是举办多次大型学术论坛及讲座活动。比较重要的有：2015年11月，北京联合大学主办第五届北京高校研究生考古论坛，此次论坛收到了来自17所高校的47篇研究生论文；2015年10月，主办文化遗产区域保护与活化学术研讨会暨全国首届文化遗产保护研究生论坛；2015年12月，邀请国家级非物质文化遗产传承人、杭州十竹斋艺术馆馆长魏立中来院指导学生开展“木版水印技艺”非遗实践课程；2016年1月，张俊娜策划举办“环境考古主题研讨沙龙”（第1期），英国环境考古学会简讯（AEA News letter）上详细报道了此次沙龙内容；2016年3月，邀请故宫博物院宋纪蓉副院长做“文物医院”相关讲座。

三是系内师生出席国内的各种学术会议。其中较为重要的有：2015年12月，韩建业参加第二届“世界考古论坛·上海”，并做“先秦时期阿尔泰及以西地区陶壶的来源——兼论公元前一千纪中叶阿尔泰及以西地区和阴山—天山地区的文化交流”报告；2016年2月，陈悦新参加北京大学考古文博学院与香港泰华古轩联合举办的“闲事与雅器：宋人的生活与器用”学术论坛；2016年5月，韩建业参加首届中国考古学大会（2016·郑州），并获得首届中国考古学大会研究成果奖“金鼎奖”；2016年6月，陈悦新在广州美术学院做报告“古代佛像着衣法式”和“中国佛教造像的制作、观看与描述”；2016年6月，张俊娜参加东亚考古学大会（SEAA7）并做了题为“中国河南省洛阳盆地伊洛河演化及其对史前考古学文化和二里头遗址的影响”和“中国北方全新世早期环境变化促使人类生存策略转化”的两场报告；2014 年 10 月，周华参加首都师范大学首届青年考古学者论坛，并做文物修复人才培养的报告。

2. 科研成果

依托频繁的学术交流及优越的硬件设施，系内教研人员在科学研究方面亮点突出。

首先，申请大量国家级和省部级课题。主持国家社科基金项目、国家自然科学基金项目等国家级项目 9 项，省部级和重要横向项目 28 项，获中国高校人文社会科学研究优秀成果奖等科研奖励，获科研经费 1000 多万元。其中较为重要的有：韩建业主持国家社科基金项目“早期中国文化圈的形成和发展研究”；陈悦新主持国家社科基金项目“5~8 世纪汉地佛像服饰”，对新疆龟兹、麦积山、炳灵寺、云冈、龙门、响堂山等石窟进行考察，与当地文物部门密切合作，组成工作小组，共同观察、测绘、记录遗迹现象，举办专题交流讲座，带动地方人员共同参与石窟寺遗迹的保护与研究；冯小波主持国家社科基金项目“湖北省郧县人遗址发掘研究报告”；宋蓉主持国家社科基金项目“汉代郡国分治的考古学观察——以关东地区汉代墓葬为中心”；熊黑钢主持国家自然科学基金项目“新疆天山北坡人类活动影响下绿洲水盐耦合关系与环境效应”；张俊娜主持国家自然科学基金项目“基于地貌背景的豫西晋南地区新石器早中期粟作农业发展过程分析”；张经主持教育部人文社会科学研究项目“西周世族研究”；张俊娜主持教育部人文社会科学研究项目“中原地区史前农业形成和发展的环境背景研究——以洛阳盆地为例。”；冯小波主持北京市哲社规划项目“北京旧石器时代文化研究”；韩建业主持北京市属高等学校人才强教深化计划——高层次人才资助计划项目“中国新石器时代文化谱系和文化局势研究”；黄可佳主持北京市教育委员会项目“北京及周边区域先秦玉石器研究”；周华主持北京市自然基金青年基金“北京大理岩石质文物风化病害特征与无损评价方法研究”。

其次，学术成果突出。2012~2016 年，北京联合大学历史文博系师生发表发掘简报、研究性论文 50 余篇（部），出版专著 6 部。其中重要的研究论文有韩建业《简论中国新石器时代陶鼎的发展演变》，陈悦新《从佛像服饰和题材布局及仿帐、仿木构再论麦积山北朝窟龛分期》《大足石窟佛像着衣类型》《金塔寺石窟的佛像服饰与年代》《巩县石窟上衣重层式佛衣的探讨》《河南浚县大佛的年代》《响堂山石窟的佛衣类型》《面向石窟文化遗产的交互展示设计研究》等，武家璧《试论郭守敬的“南海测验”》，宋蓉《南阳地区汉代墓葬研究——兼论南阳地区汉文化的形成》，张俊娜《洛阳盆地新石器——青铜时期的炭化植物遗存》，黄可佳《应国墓地西周早中期玉器研究》，周华《石质文物表面污染物清洗效果检测技术实验》。

代表性著作有韩建业《先秦考古研究：聚落形态、人地关系与早期中国》《先秦考古研究：文化谱系与文化交流》《早期中国——中国文化圈的形成和发展》、陈悦新《5~8 世纪汉地佛像着衣法式》。

由于突出的科研成果，韩建业的《中国西北地区先秦时期的自然环境与文化发展》获 2013 年教育部高校科研成果奖（人文社科）三等奖，冯小波的《史前考古学研究》2015 年获“摩纳哥公国兰尼埃三世亲王奖”，陈悦新于 2016 年 6 月受聘任中国人民大学历史学院兼职教授和博士生导师。

（四）对外宣传与公众服务

2012~2016 年，北京联合大学历史文博系加强文化遗产保护宣传和公众考古工作，对首都乃至于全国的文化遗产挖掘、保护和利用做出了突出贡献。如在文化遗产日举办公众体验活动，向公众展示翻模铸钟、陶瓷修复、木版水印、书画装裱、紫砂壶制作等文化遗产及传统工艺技术，以宣传非物质文化遗产传承及文物保护理念；创办《文化遗产保护与公众考古》，在校园、街道、中小学、考古发掘工地组织了形式多样的公众考古活动；学生自发组织成立“文化遗产保护协会”，并依托协会开展丰富多彩的宣传与保护活动，如组织师生前往智化寺参加第五届智华寺音乐文化节。

此外，北京联合大学积极实现产研转化，助力丝绸之路文化传播。设计制作洛阳博物馆“丝绸之路遗迹图光电沙盘”、龙门石窟“奉先寺卢舍那大佛色彩还原数字影像系统”展示装置，搭建“丝绸之路文化旅游地理信息服务系统”导览应用等网站平台，直观生动地展示了以石窟艺术为代表的丝绸之路文化资源，获得公众好评。以石窟寺学术研究成果为支撑，校企协同创新，为丝绸之路文化遗产的传承保护及永续利用做出了贡献。

二、重要考古项目

汉水上游旧石器时代遗址

2012 年以来，北京联合大学历史文博系承担湖北省文物局委托的南水北调中线文物保护项目雷陂化石地点、韩家洲旧石器地点、大桥村 1 号旧石器地点、大桥村 2 号旧石器地点、石板坡 1 号旧石器地点、石板坡 2 号旧石器地点、崔家坪旧石器地点、安阳口旧石器地点、刘湾 1 号旧石器地点、周家坡旧石器地点、徐家湾村旧石器地点、滴水岩哺乳动物化石地点等的考古调查和发掘，其中滴水岩遗址入选“2014 年度全国十大考古新发现”初评候选名单。2013~2014 年，进行湖北省丹江口水库旧石器时代遗址专项调查，新发现旧石器地点 172 处。2015 年 8~11 月，进行汉水上游汉中盆地旧石器时代遗址专项调查，新发现 29 处旧石器地点。2015 年 9~10 月，进行湖北大冶五里界古城遗址地形测绘、调查等工作。2015 年 11 月 ~2016 年 5 月，进行大冶市五里界古城遗址的发掘工作。

此外，还进行了多项考古资料整理工作，如 2012~2014 年，整理湖北省郧县人遗址发现的

崔家坪遗址发掘现场

崔家坪遗址出土石制品

大桥村 1 号地点发掘现场

大桥村 1 号地点出土石制品

古人类化石、石制品、动物化石材料；2014 年 10~12 月，整理广西百色市百谷旧石器时代遗址资料；2014 年 9~12 月，整理湖北省辽瓦、滴水岩等新石器时代和旧石器时代遗址资料；2015 年 3~11 月，整理湖北省丹江口库区黄家窝、刘湾旧石器时代遗址资料；2015 年 10 月 ~2016 年 4 月，整理浙江省余姚市田螺山遗址的石制品资料；2015 年 10 月 ~2016 年 4 月，整理甘肃省临夏州林家遗址的石制品资料。

通过调查、发掘和研究，基本厘清汉水上游从距今 100 万 ~1 万年前史前文化脉络，通过主持“郧县人”遗址等旧石器时代遗存研究，提出中国也是人类起源地之一，挑战人类“单一地区起源”说；通过汉水流域、百色地区手斧文化研究，证明距今 100 万年前中国地区的远古居民在文化创造方面不低于世界上任何其他地区居民。鉴于汉水上游地区旧石器时代文化的独特性和重要性，北京联合大学已向当地政府提出文物保护方案。

首都师范大学

一、业务建设

（一）业务工作

1. 考古调查与发掘

首都师范大学历史学院考古学与博物馆学系自成立以来，一直重视田野考古教学与科研工作。2012~2016 年开展的调查发掘项目如下：2012 年，与濮阳市文物研究所合作，发掘濮阳澶州城遗址、马呼屯遗址；2012~2016 年，与国家博物馆合作开展皖南古铜矿遗址的调查与研究工作；2013 年，与濮阳市文物研究所合作，发掘濮阳铁丘遗址；2013~2016 年，与中国社会科学院考古研究所等合作，发掘山东临淄齐故城战国秦汉时期冶铁遗存；2014 年，与河南省文物考古研究院合作，进行濮阳戚城遗址的发掘；2014~2015 年，进行新疆哈密艾斯克埃尔古城与南墓地调查；2015~2016 年，与北京市文物研究所合作，发掘北京云居寺曝经台遗址；2016 年，与陕西省考古研究院合作，发掘陕西汉中龙岗寺遗址。

2. 大遗址保护与规划

首都师范大学考古学与博物馆学系长期秉承“考古工作、服务社会”的宗旨，积极与社会各界开展合作，充分发挥自身优势和经验，为各地的历史文化保护利用提供智力支持。首都师范大学与濮阳合作成立中国古代文明研究中心，先后与河南文物考古研究院、濮阳文物保护管理所、濮阳戚城景区和濮阳博物馆等单位合作，旨在通过考古调查和发掘来研究河济地区古代文明的发展历程。

在考古工作的基础上，首都师范大学考古学与博物馆学系编写了一系列的历史文化保护规划书，如《濮阳历史文化保护利用规划书》《上古文化看濮阳规划书》。目前，濮阳瑕丘遗址的保护利用工作顺利开展。此外，还推动了西水坡遗址公园和龙文化博物馆的建设。古代文明研究中心极大地推动了濮阳文物事业的发展，也为濮阳各级政府统筹规划、制定决策提供了重要参考。现今，濮阳市政府高度重视西水坡遗址的保护利用，投资 1 亿人民币，准备建设西水坡遗址公园和龙文化博物馆。

在多年综合研究的基础上，袁广阔教授还主持国家社会科学基金重点项目《河洛大遗址保护利用的可持续发展》，深入探讨考古大遗址可持续发展情况。

3. 基础设施建设

首都师范大学设有历史博物馆（300 平方米）和文物库房（200 平方米）。历史博物馆有恒温恒湿设备多套，具备保存环境。为推动考古学科的进一步发展，学校已决定在原有基础上，新提供 200 平方米作为考古实验室用房，供教学科研使用。

（二）人才建设与培养

2012~2016 年，系内引进长江学者特聘教授宁强教授（研究方向：艺术考古）、中国社会科学院研究生院毕业博士尤悦（研究方向：动物考古）、中国科学院研究生院副教授王涛（研究方向：新石器考古）、北京大学考古文博学院毕业博士陈宥成（研究方向：旧石器考古）和范佳翎（研究方向：文化遗产保护与规划），健全了教师人才队伍建设，使得队伍知识结构和年龄结构更趋合理。

近年来，系内教师朱光华、钱益汇、后晓荣等参加国家文物局组织的初任考古发掘项目负责人现场保护培训；钱益汇、王涛参加教育部组织的“马工程”重点教材《考古学导论》任课教师培训等。

（三）学术交流与科研成果

1. 学术交流

近五年，系内举办各类学术会议十余场。主要包括两届青年考古学者论坛（2014、2015）、两届古代中国与美洲文明对比研究研讨会（2014、2015）、第五届全国动物考古学研讨会（2014）、濮阳与华夏文明学术研讨会（2014）、河济地区古代文明研讨会（2015）、第三届“中国公共考古·首师论坛”（2015）、北京地区新石器考古研讨会（2015）、考古文献学研讨会（2015）、动物考古学青年学者论坛（2015）、全国文博专硕人才培养与学科建设研讨会（2016）、新石器考古学术沙龙（2016）等。上述会议的召开，为推动学科发展，提升首都师范大学考古学专业建设起到了良好的效果。

为扩大学术交流，系内教师多人次赴国内高校及文博单位进行考察、观摩或举办讲座。系主任袁广阔教授作为河南濮阳特聘专家，长期与濮阳当地考古文博机构开展合作研究工作，还受邀赴首都博物馆、北京联合大学等单位进行专题学术讲座。钱益汇教授与新疆哈密文物局与博物馆进行深入交流，促成首师大在哈密建立研究基地并开展相关科研项目（2014、2015）。钱益汇、王涛和陈宥成老师赴陕西省考古研究院、西北大学、西安博物院、西安半坡博物馆等单位进行考察，促成与西安博物院、半坡博物馆的合作协议，建立科教实践基地（2015）。王涛副教授受邀先后赴山东大学（2015）、内蒙古师范大学（2016）进行学术考察和专题讲座。2016年，袁泉副教授作为驻访学者赴浙江大学人文高等研究院进行学术交流。

首都师范大学考古学与博物馆学系也一直重视加强国际交流。系主任袁广阔教授2014年出访拉丁美洲厄瓜多尔多处遗址与博物馆，促成中国与古代美洲文明对比研究中心的建立。袁泉副教授赴香港进行沙中线宋王台宋元遗址出土瓷器整理（2014）、赴伊朗进行收藏元明青花瓷器调查（2015）、赴日本冲绳县立艺术大学访问学习（2015）。尤悦博士先后赴英国剑桥大学（2014）、美国哈佛大学（2015）等进行交流学习。

近年来，美国斯坦福大学、英国莱斯特大学、日本金泽大学等多个国家和地区的学者来访，进行学术讲座和交流，并且学校已与英国莱斯特大学古代史与考古系就学生考古发掘与互访达成协议。

2. 科研成果

近五年，系内教师承担国家级课题7项，累积经费140万元。承担省部级和其他横向课题20项，累积经费220余万元。

在科学出版社、文物出版社等国家级出版社出版学术专著12部。在《考古》《文物》《中国史研究》《考古与文物》《第四纪研究》等CSSCI、CSCD等核心期刊发表论文50余篇，在其他学术刊物发表有多篇。

袁广阔教授等编著的《河南地区早期刻画符号研究》被评为北京市社会科学优秀成果二等奖；宁强教授所著《敦煌石窟寺研究》获评全国第四届中华优秀出版物提名奖。

（四）对外宣传与公众服务

目前学科内建有首都师范大学公众考古学中心，组织多次面向不同受众的公众考古活动，在学术界和社会上均有一定影响。现建有首都师范大学公众考古学中心网站（www.cnucpa.com）和微博“考古论今”，首师大考古微信公众号（archaeology-cnu）。其中公众号“首师大考古”关注度较高，多次位居首师大校园公众号访问量前三名，在全国高校考古专业中也居于前列。

中心组织面向校内师生的年度文化遗产日庆祝活动，面向首都高校及社会的年度考古文博系列讲座，面向本校本科生的考古研学学术考察，针对清华附小、北大附中等中小学生的兴趣课程等。中心和国际著名的学术期刊英国“Public Archaeology”合作，由上海古籍出版社出版的《公众考古学》年刊。2015年与中国社会科学院考古研究所联合主办第三届“中国公共考古·首师论坛”，被新华社、《中国文化报》、中国社会科学网等中央媒体报道，还被授予首届中国考古学大会公共考古奖“金镈奖”。

袁广阔教授与中央电视台联合制作《云居上寺》纪录片，宁强教授在中央电视台和英国BBC的纪录片中担任顾问，钱益汇教授拍摄《北京的博物馆》10集，这些纪录片均获得较好的社会效果。王涛副教授开设面向全校的通识拓展课《考古：探索与发现》，面向研究生开设《公众考古学》研讨课，并招收公众考古学方向硕士生。

二、重要考古成果

1. 河南濮阳铁丘遗址

铁丘遗址位于河南省濮阳市西南约5千米的王助乡铁丘村东，遗址以东2千米有马颊河流过，遗址以西1.5千米为汉代以前的黄河故道。遗址现呈漫坡状隆起，略高于周围地表约0.5米，总面积约5000平方米。2012~2014年，首都师范大学先后三次对该遗址进行发掘，发现龙山文化房基1座、墓葬1座、灰坑8个。2013年发现了几座仰韶文化的墓葬、灰坑以及西汉时期的黄河故道；2014年发现龙山时期的灰坑20余个。

从文化因素分析来看，铁丘遗址出土的深腹罐、甗、高领瓮、平底盆、圈足盘、平底碗、三角划纹器座、圆圈纹陶环、钻孔蚌器，以及带有圆形灶台的房屋建筑基址、以碎陶器为葬具的埋葬习俗等，与安阳后冈、汤阴白营等遗址龙山文化晚期的遗存较为一致，属于典型的河南

铁丘遗址仰韶文化灰坑葬

龙山文化后冈类型或后冈二期文化。但是，铁丘遗址接近山东龙山文化分布的西部边界，因此又发现有较多山东龙山文化的因素，如素面罐、鬼脸式鼎足、白陶鬶、蛋壳黑陶杯以及数量较多的磨光陶等，具有一定的地方特色。参照后冈、白营等遗址 ^{14}C 测年数据，铁丘遗址龙山文化遗存的年代应在距今 4300~4000 年范围之内。

铁丘遗址所属的濮阳地区，龙山文化晚期是中原文化与东方文化汇集的地带，铁丘遗址的发掘为认识该地区龙山文化晚期的社会发展状况、民族关系等问题提供了珍贵的资料。

2. 河南濮阳马呼屯遗址

马呼屯遗址位于濮阳市华龙区长庆路与石化路交叉口向南约400米处。因基本建设项目施工，在距地表4米深处发现有古代文化层暴露，首都师范大学等在2013年5~7月对其进行抢救性发掘，发掘面积共计 88 平方米。

该遗址文化堆积深厚，自上而下叠压着 4 个古代文化层。第 ① 层为战国文化层，发现墓葬 22 座，出土器物有陶罐、陶壶、铜带钩、玛瑙环等。第 ②~④ 层为晚商文化层，发现灰坑 8 个、祭祀坑 2 个、墓葬 4 座、房屋基址 1 处，出土遗物十分丰富，陶器可辨器形有鬲、簋、甑、盆、瓮、罐、盂等，另有石斧、骨簪、骨锥等，祭祀坑中还出土有牛角和人头盖骨。

马呼屯遗址商代文化层堆积厚达 3 米，发现了灰坑、祭祀坑、墓葬等丰富的遗迹现象和数量众多的遗物。

该遗址是濮阳市第一次发现具有较大规模的商代晚期墓地，对于研究商代晚期葬俗及古代人类的丧葬观念有着重要的学术价值，为探索濮阳古城的历史和城市发展规划具有重要意义。马呼屯遗址发现的战国墓葬分布密集、排列有序，而且有打破现象，充分说明它是一处使用时间较长的族墓地。这在濮阳甚至豫东、豫东北地区都是首见，具有极高的学术研究价值，有助于研究战国时期的丧葬制度、等级观念、社会发展状况等问题。另外，这些战国墓中出土的铜带钩器形硕大、做工精细、雕刻精美、嵌玉鎏金，具有极高的美学艺术价值。

3. 河南濮阳戚城遗址

戚城遗址位于濮阳市开州路以东，古城路南，京开大道以西，石化路以北。戚城是春秋时期卫国边陲军事重镇，地面现仍保存有当时的古城墙，平面略呈长方形，四角为圆形，城内面积 14.4 万平方米。近年来的考古发掘，不仅在遗址内发现了龙山文化的遗迹和遗物，而且还发现在春秋古城墙下叠压着龙山城墙。可见，龙山时期戚城就是高城北部的一个重镇。

为了进一步廓清戚城早期城址的范围、城内路网的结构，了解城内各功能区的布局情况，揭示春秋战国城墙和早期城墙之间的关系，在历年考古调查、发掘的基础上，2014 年 4~5 月，首都师范大学考古学与博物馆学系和濮阳市戚城文物景区管理处联合对遗址再次进行钻探，廓清城内路网结构及早期城墙走向，发现夯土基址 6 处，对于戚城遗址不同阶段城址状况研究提

戚城遗址发掘现场

供了新的科学依据。

4. 山东临淄齐故城金属冶铸遗址第 3 地点

2013 年齐故城金属冶铸遗址的发掘是齐国故城冶铸考古系列发掘之一，隶属于中国社会科学院哲学社会科学创新工程创新项目之一“临淄齐故城冶铸遗存考古发掘与研究”。该项目 2011 年正式启动。2011 年秋季，中国社会科学院考古研究所和山东省文物考古研究所合作并联合临淄区文物局组成项目组，对临淄齐故城进行考古调查、勘探。2012 年秋进行试掘，发掘相关冶铸遗存，确定此处为与冶铸相关的遗迹性质。2013 年春在 2011 年秋考古调查、勘探和 2012 年秋考古发掘的基础上继续进行发掘。

临淄齐故城金属冶铸遗址位于山东省淄博市临淄区齐都镇阚家寨村村南。发掘区选定在齐故城 58 大区阚家寨 B 区，分三个地点同时进行。其中第 3 地点位于齐故城 58 大区阚家寨 B 区的发掘区北部，编号 2013LQ58KBⅢ。2013 年春，第 3 地点发掘工作由首都师范大学钱益汇教授负责，校内多名研究生参加发掘与后期资料整理工作。

结合三个地点的考古发掘，初步摸清了阚家寨 B 区的文化堆积状况。下部是春秋时期的文化堆积，并且有可能存在大型建筑遗存；中部为战国秦汉时期的堆积，并且存在大型建筑遗存；最上部为唐及之后的堆积及近现代堆积。

第 3 地点发掘铁渣堆积、炉壁堆积、窖藏、垃圾等不同性质的灰坑共 46 个。其中铁片堆积性质的灰坑有 H12、H13、H50，草木灰堆积性质的灰坑有 H55、H37，炉壁堆积性质的灰坑有

临淄齐故城金属冶铸遗址 2013 年发掘第 3 地点全景（北—南）

H35、H88、H100，果核窖藏性质的灰坑有 H24，埋藏大体量陶器的灰坑 H10。H10 有陶缸、陶盆等大体量陶器的埋藏，证明此区域存在一个大的群体，应为手工业作坊。根据这些灰坑遗迹，确定了该区域在战国秦汉时期是一处大型的金属冶铸手工业作坊分布区。另外发掘有建筑遗址 10 处、墓葬 3 处、水井 1 处、道路 1 处。

第 3 地点发现铁渣堆积、炉壁堆积、建筑、水井、道路等遗迹及大量铁渣、炉壁、钱范、铜渣、铜刀、铁刀、铁叉、陶片、陶丸等遗物，确定该地区是与冶铸相关的遗存性质。结合三个地点的考古发掘，证明该区域在战国秦汉时期是一处大型的冶铸手工业作坊分布区，冶铸生产包括铜器铸造、钱币铸造、熔铁铸铁、铁器加工等。第 3 地点为解决建立齐故城编年问题提供资料，根据包含物陶片特征、木炭等采样检测进一步确立编年。

第 3 地点发现的动物角、动物牙齿、墨鱼骨、果核等，为复原当时的自然环境、了解工匠乃至当地居民的生活状况提供了科学信息。

此次齐故城金属冶铸遗址的发掘，注意对出土的易损文物随时进行保护性处理，全面运用全站仪、RTK、GPS 等现代科技手段进行测绘记录，强化各种标本的采集，结合调查和发掘开展多学科合作研究。

5. 北京房山石经山云居上寺遗址

房山西北部山岳地带自隋唐以来就是佛教胜地，汇集了上方山兜率寺、六聘山天关寺、云

石经山遗址 F3 发掘现场

蒙山龙泉寺以及九洞十二峰和以兜率寺为中心的七十二庵等多处佛教遗迹文物。其中尤以石经山云居寺最为有名，云居上寺遗址位于北京市房山区石经山顶部。

2015 年 5~12 月，北京市文物研究所、首都师范大学考古学与博物馆学系、房山石经研究院联合组成考古队（领队为袁广阔教授），对该遗址进行调查和科学的发掘，发现了一些重要的遗迹现象，出土了一批珍贵的文化遗物。经测绘，以坐标法布 10 米 ×10 米探方 9 个，实际发掘面积 400 平方米。遗址发现的遗迹主要有房址 3 座（应为佛殿类遗迹）、道路 1 条，还发现石碑等。其中 F1 位于 T0304 东部，部分伸入 T0404、T0305，开口于①层下，平面形状不规则，南北长 10.4、东西宽 1~4、深 1~2 米。西面利用自然山石作墙体，其余三面均为石砌墙体，砌法简单，底部较平。

通过 2015 年对云居上寺遗址的发掘，主要有以下两点认识：一是遗址的年代，依据遗物及遗迹性质判断，主要遗存为唐宋和元明清时期，宋元以后保存的比较好；二是通过观察，发现佛殿 F1、F2、F3 和雷音洞处于同一条轴线上，据此对云居上寺的布局和结构有了初步的了解。

天津市

天津市文化遗产保护中心

一、业务建设

（一）业务工作

1. 考古调查与发掘

2012~2016 年，为做好大型基本建设工程文物保护工作、提供工程建设项目规划设计文物评估服务，天津市文化遗产保护中心共承担 67 项考古调查项目，主要有塘廊高速公路天津段一期工程，蓟汕高速公路（南段），蓟汕高速公路（北段），天津市外环线东北部调线，天津市地铁 4 号线天津液化天然气（LNG）输气干线工程，西青辛口镇一期、二期渔光互补光伏发电项目，蓟县峰景苑住宅项目等，涉及高速公路、轨道交通、输油（气）管道、输变电线路、渔光互补发电、住房建设等方面，发现 20 余处有可能埋藏文物点。

2012~2016 年，天津市文化遗产保护中心对考古调查出的有可能埋藏文物的点进行全面考古勘探，部分区域进行了重点勘探，共勘探出北辰区双街镇张湾沉船遗址、宝坻区歇马台遗址、大沽口北岸炮台遗址、蓟县小毛庄墓群、宁河田庄坨遗址及墓地、静海文庙遗址、蓟县赵家湾遗址等 20 余处古代遗址、墓地，五年来累计完成勘探面积逾 200 万平方米。

2012 年 4~6 月，完成北辰区双街镇张湾沉船遗址考古发掘，对 2 号沉船进行整体吊装并完成室内二次发掘。发掘明代沉船 3 艘，出土遗物 600 余件。

2013 年 4~7 月，宝坻区歇马台遗址考古发掘，共发掘各类遗址单位 118 处，其中水井 5 口、灰沟 8 条、灰坑 69 个 、墓葬 36 座，发掘面积 2760 平方米，出土铜、陶等质地的文物标本 500 余件（套），丰富了天津地区商周至战国时期的考古学资料。

2014 年 3~5 月，完成京秦高速公路（天津段）工程赵家湾遗址考古发掘，发掘商周时期灰坑 46 个，共发掘面积 3800 平方米。出土文物标本近百件，丰富了天津地区商周时期考古学文化资料。

2014 年 4~5 月，完成塘廊高速公路田庄坨遗址考古发掘，发掘战国时期灰坑 16 个、汉代墓葬3座，出土文物标本150余件，通过出土器物，基本了解田庄坨遗址的形成及延续年代，丰富了天津市考古发掘资料。

2014年4~7月，完成蓟县峰景苑小毛庄墓群的考古发掘工作，共发掘明清时期墓葬16座、战国墓葬1座、汉代墓葬11座，其中7座汉代墓葬为大中型墓葬，取得了丰硕的考古成果。其中二号墓葬为带回廊“甲”字形石室大墓，形制独特、规模宏大，结合二号墓葬回廊结构以及出土的鎏金铜缕玉衣片，经全国秦汉考古专家论证，推断该墓为东汉早期列侯等级大型墓葬，为目前天津地区发现规格等级最高的墓葬。7座汉代墓葬等级较高，为一处规模较大的列侯级别家族墓地。

2014年10月19日~11月20日，天津市静海县老房管局平房还迁改造工程考古发掘，发掘面积960平方米，发掘清代房屋基址4座。

天津市文化遗产保护中心自2009年启动水下文物保护工作以来，积极开展相关工作。2013年8~9月，与国家文物局水下文化遗产保护中心联合组织实施了2013年度天津沿海水下文化遗产重点调查。经过十余天的工作，调查队克服渤海湾海蜇多、水下能见度差、渔网多、靠近航线等众多不利因素，综合运用多波束、侧扫声呐等海洋物探技术和人工潜水等水下调查方法，发现、确认水下沉船3处。调查队针对新发现的3条水下沉船进行了重点调查，其中新发现的“大沽口Ⅱ号”沉船体量大，船长约46、宽约7、型深约7米，长宽比和型深接近军舰。2014年8月底至9月，中心与国家文物局水下文化遗产保护中心、国家海洋博物馆共同组织实施了2014年天津水下文化遗产重点调查，针对2013年调查确认的“大沽口Ⅱ号”沉船遗址进行重点水下探摸，进行了水下3D测绘，基本摸清沉船遗址分布范围、沉船基本形态、保存状况等多方面信息，为下一步抢救性水下考古发掘做准备。

2. 科技考古与文物保护

天津市文化遗产保护中心近年来积极加大对于科技考古人才的培养和技术的应用。2012年，在张湾沉船遗址发掘过程中，采用多种现代技术手段最大限度提取遗存及周边环境信息，邀请国内权威的文物保护、测绘、水利、文史等方面的专家参与到工作中来，对出土木船的本体保护、三维测绘、全景漫游航拍、沉船原因分析展开多学科协作，最大限度地保护、留存与还原沉船及其周围环境的真实历史。同年，完成天津南港工业园区填海工程建设用地（海域部分）物探扫侧工作，利用旁侧声纳、浅地层剖面仪、DGPS（差分全球定位系统）以及Garmin Gps Map 2008海图定位导航仪等科技手段完成二期物探面积26.8平方千米。此外，利用地面高精度磁测和二维浅地层地震勘探两种方法，完成临港工业区华能（天津）煤气化发电厂工程建设项目用地考古勘探工作。2013年，购置航拍飞行器并对专业人员进行培训，积极应用到各项考古工作中，对宝坻歇马台、武清华电工地、蓟县小毛庄、塘沽海神庙、蓟县赵家湾窑址、唐廊高速Ⅰ期及蓟县峰景苑考古发掘工地等遗址和墓葬进行航拍实践，丰富和完善了考古资料留存。

3. 基础设施建设

近年来，天津市文化遗产保护中心不断加大蓟县考古科研基地的投入，每年申请市财政专项和自筹经费对考古科研基地和文物库房进行维护和硬件提升改造。特别是对因霜冻等各种原因损坏的水电管线等基础设施进行了清查检修，对水房厕所等易冻区域进行了防冻处理；整改宽带网络，实现了监控传输网络与工作区网络的独立运行。同时，积极做好考古发掘和文物保护项目的文物出、入库工作。

（二）人才建设与培养

为加强人才梯队建设、完善不同业务方向人才储备，天津市文化遗产保护中心积极参与国家文物局组织的田野考古高级研修班、全国新任考古发掘项目负责人培训班；积极参与天津文物局重点人才培养项目——“名师教室”，选取了如旧石器考古、动物考古、古代史等多个研究方向进行导师一对一专业人员培养；参加文博系统继续教育培训，加强业务知识的储备；积极参加历年水下考古进阶和加强培训，并委派水下考古人员参与了“南澳Ⅰ号”、河北省乐亭县东坑坨海域沉船考古勘察等国家重点水下项目；委派专业人员赴中国社会科学院考古研究所，以“张湾2号”沉船浮选样本为实践对象，学习植物考古，鉴定浮选样本。

（三）学术交流与科研成果

为开阔视野，提升业务能力，积极委派专业人员携稿参加历年中国考古学会年会，《天津地区旧石器材料及石器工业类型的初步研究——兼论与环渤海地区石器工业之间的关系》等数十篇专业论文与报告被收录。积极与吉林大学、中山大学、中国人民大学等高校考古科研机构合作，资源共享，在推进天津旧石器考古调查与研究、明清墓葬人骨整理与研究、汉代墓葬考古材料整理等方面取得一定的成果。

2012年，出版了《天津市明长城资源调查报告》，这是天津市文化遗产保护中心出版的第一部大型考古调查报告，对天津市境内明长城资源（墙体、敌台、烽火台、关堡及附属设施）进行了详细描述和全面的整理、总结，是研究天津长城的第一手资料。

2013年3月，集中展示天津文化遗产保护成果的《天津考古》（一）、（二）正式出版，书中收集了天津市近几年考古工作的新成果，既包括基本建设中考古工作所积累的大量资料，也包括一些长年积压的考古资料，是继1996年《天津考古四十年资料汇编》之后，科学、系统的收集、展示天津地区阶段性考古成果的文集，对于研究天津市的历史文化具有重要的史料价值和学术意义。

（四）对外宣传与公众服务

作为天津市唯一具有田野考古发掘资质的单位，天津市文化遗产保护中心一直肩负着考古成果转化为社会效益的主体责任。并且在近年来的文化遗产日宣传活动中加大考古发掘工地现场的展示力度，邀请媒体和群众进行参观，科普考古知识，宣传文化遗产保护的意义。2012 年，中央电视台、天津电视台、天津日报报业集团等多家新闻媒体对张湾沉船遗址的考古发掘和装箱吊运工作进行了详细报道，取得了广泛的社会关注度；在第七个文化遗产日宣传周活动中，2 号沉船室内二次考古发掘现场对公众开放，同时筹备了“北运河张湾明代沉船考古发掘纪实”图片展示，并在现场进行了观众问卷调查，取得了较好的社会效益。

二、重要考古成果

1. 天津蓟州旧石器地点

2015 年 5 月，天津市文化遗产保护中心与吉林大学边疆考古研究中心合作，对天津市蓟县(今为蓟州区)北部山区开展有针对性的旧石器考古调查。该年度的田野调查以蓟县 1∶10000 地形图为基础，筛选适于古人类生存并具备第四纪埋藏条件的河流阶地、山谷；结合详细的行政区划图和以往哺乳动物、旧石器考古线索，在 2005 年考古调查基础上，确定了以蓟县北部和中东部地区为重点考察区域。

通过调查，新发现旧石器地点（遗址）14 处，分布于蓟州区下营、罗庄子、孙各庄、穿芳峪和渔阳等 5 个镇乡，采集石制品千余件，这次调查使天津的旧石器地点（遗址）总量达到 27 处。采集的石制品原料多取自附近砾石层，原料以燧石、角岩、石英岩为主。剥片以锤击法为主，

2015 年蓟县杨庄西山旧石器地点采集的部分石制品

2015 年蓟县杏花山朝阳洞遗址采集的石制品

也存在一定比例的间接剥片法，砸击法在少量地点被广泛使用。石制品以中型和大型为主，类型较为丰富，包括石核、石片、断块及工具等，工具种类包括刮削器、尖状器、砍砸器等，修理多采用锤击法，且以正向加工为主。

此次调查在第Ⅳ、Ⅲ级阶地上新发现的下营南岭、杨庄西山等地点，具有以大型砾石为原料生产大石片工具的特色，在华北旧石器文化体系中鲜见；以东井峪骆驼岭为代表的第Ⅱ阶地地点，石片石器的小型化趋势明显，与第Ⅳ、Ⅲ阶地的石制品形成鲜明对照。上述地点与蓟县东营坊遗址以燧石为主的小石器工业呈现出三种不同的文化面貌，代表蓟县旧石器文化发展的不同阶段，为建立区域旧石器文化序列奠定了基础。从地貌部位与文化特征推测，新发现的旧石器地点年代已经进入到旧石器时代早、中期，即地质年代的晚更新世早期或更早，不晚于距今 10 万年，将早期人类在天津地区活动的历史推向了更久远的时代。此次调查发现的杏花山朝阳洞系天津地区首次发现的旧石器时代洞穴遗址，具有独特的考古价值。

2. 天津宝坻歇马台遗址

歇马台遗址位于天津市宝坻区南宝平街道歇马台村（已拆迁），窝头河（古河道）从遗址北部穿过。2013 年 4 月，天津市文化遗产保护中心对歇马台遗址进行考古发掘。此次发掘设 3

宝坻歇马台遗址西部发掘区航拍

个发掘区，总发掘面积2425平方米，共发掘各类遗址单位70处，其中水井4口、灰沟4条、灰坑35个、墓葬27座。

宝坻歇马台遗址 M25

宝坻歇马台遗址 M32

灰坑主要分为两种类型：第一类，形状规整，坑口呈圆形或椭圆形，直壁、平底，填土以黑灰色土占比例较多，人工修整痕迹较明显；第二类，形状不规则状，坑口呈不规则状，坑壁凹凸不平、壁面粗糙，多为圜底、底面粗糙，无明显的加工痕迹，填土多由黄土、草木灰、黑灰土反复叠压而成。

灰沟均为东西向，沟上部较宽，沟壁较平缓，下部较窄呈“V”字形，沟壁陡直，灰沟壁面和底面粗糙，无明显的加工痕迹。沟内填土为黑灰色土，沟底部有烧土块、贝类遗骸出土。

水井平面均呈圆形，上部较宽、下部略窄、井壁陡直；灰沟壁面光滑，加工痕迹明显，沟内填土为黄色，夹杂有灰色土块，填土内有烧土块、贝类遗骸和少量陶片出土。

墓葬均为长方形竖穴土坑墓，成人单人葬，墓向以南北向为主，东西向墓较少。墓圹清晰，墓口略大于墓底。葬式以仰身直肢葬为主，侧身屈肢葬的较少。仰身直肢葬的墓一般较大，多一棺一椁，单棺的只占少数。有随葬品的墓只有8座，随葬品组合极不一致。

此次发掘的遗址内出土遗物以陶器为主，陶质有红陶、灰陶、夹砂红陶、灰夹砂陶、黑陶及夹蚌屑的红陶；可辨识的器形有鬲、罐、壶、盆、瓮、甗、豆、网坠以及板瓦、筒瓦等建筑构件；器表饰绳纹较多，素面陶较少，另有少量陶片饰有旋纹、划纹、戳印纹和附加堆纹等。

出有随葬品的墓葬只有8座，遗物多为陶器，仅M35和M40出土了铜带钩2件。出土的陶器有以双罐为组合的，有以罐、瓮为组合的，有以鼎、豆、壶、瓮为组合的，有以鼎、豆、壶、盘、匜、罐为组合的，还有以单簋陪葬的。陶质均为灰陶，器表多饰旋纹，另有少量饰附加堆纹。

宝坻地区商、周和战国时期文化聚落结构、功能的研究受文化分期与谱系研究进展的制约，尚无突破性进展，相关认识仍较为薄弱。对遗址内重要功能区、遗存间的关系尚缺乏更加全面、细致的认识。这次发掘不仅有利于了解该遗址的性质、布局及与其他遗址的关系，更有利于完善遗址的分期编年体系和文化谱系研究，深化对歇马台遗址商、周和战国时期聚落结构的认识。

3. 天津蓟州小毛庄东汉列侯家族墓

小毛庄汉墓群位于天津市蓟州区（原蓟县）城关镇小毛庄村周边地区，该汉墓群曾在1991、2002、2004、2010年进行过四次发掘。2014年3月，为配合蓟县峰景苑住宅项目建设，天津市文化遗产保护中心在此进行了第五次发掘。

小毛庄墓葬群全景

此次发掘共清理28座墓葬，包括战国时期墓葬1座、西汉墓葬5座、东汉墓葬7座、明清墓葬15座。其中7座东汉时期墓葬规模较大、形制不一、排列整齐、年代集中，出土器物也较丰富，为本次考古发掘的重要成果。

东汉时期的M2、M6为砖石结构墓葬，墓门雕刻有画像石，其余墓葬为砖砌多室墓。

M2位于发掘区的东南部，东西宽12.2、南北总长（含墓道）28.8米，方向184°，北邻M1，由主室、前室、侧室、回廊、甬道及墓道组成，为竖穴土坑的砖石结构，回廊包围主室、

小毛庄墓葬群M2全景

小毛庄墓葬群M6全景

小毛庄墓葬群M6墓门中部刻石拓片

前室、侧室。前室墓门门框、门楣、门槛采用花岗岩石材；两侧门框雕有佩剑和持彗门吏，门吏头部、面部及衣服上尚可见朱、白、黑色彩绘，门吏之上为朱雀；门楣顶部朱绘有太阳、太阳内绘有黑色三足乌、太阳周围环绕云纹等图案；门为砂岩石质，外侧为剔地三角纹，内侧上为朱雀、下为铺首衔环图案，朱雀及铺首尚保留有彩绘。主室为石室，花岗岩垒砌，四面起券，石材间由白灰勾缝；主室墓门门框、门楣、门槛采用花岗岩石材，无图案，门采用砂岩石质，对开，门内侧浮雕朱雀、铺首图案，并以白、红、黑彩绘衬托，外侧为剔地三角纹。

M6为不规则形砖石多室墓，南北长22、东西宽14.52米，由墓道、封门、门庭、西耳室、东侧一室、墓门、前室、东侧二室、西侧室、后室组成。墓门门楣、门框、门槛为花岗岩石质，门扉为砂岩石质；门楣外侧雕刻有菱形纹图案，门框、门槛无图案，门扉两侧均采用剔地浅浮雕的形式雕刻有图案。外侧图案为外围饰有排列三角纹、内为朱雀铺首衔环图案；两扇门扉内侧下部均为云气纹，东侧门扉上部为羽人、西侧门扉上部为神兽和树木。门扉内侧、门楣与门槛之间有一立石，砂岩，高120、宽36、厚23厘米，自侧、上、下三个方向分别刻有“仪稚文所造”“广阳刘”“淑度”“上尚”“田仲□门”“鲁国仪稚文所造作”“李□□□造作”“鲁国仪稚文所造作”等字样。

其他5座东汉墓（M1、M3、M4、M5、M21）一般为前、后室或前、中、后室带耳室的砖结构墓葬，长度均在12米以上。

这7座东汉墓葬出土了陶、铜、漆、石、玉

等质地的文物标本200余件，出土文物制作较为精良，彩绘陶器、釉陶器、鎏金铜饰占有较大比重。其中M3出土的彩绘陶器均为橘黄色，而M4、M5出土的彩绘陶器均为朱红色，在M4出土的部分彩绘陶器的底部，压印有“石”字。

从M2带回廊的“甲”字形墓葬形制、墓室中出土的鎏金铜缕玉衣片以及墓门上画像石的雕刻技法，可推断该墓葬为东汉早期列侯等级的墓葬，是目前天津地区发现规格等级最高的墓葬。7座东汉墓葬排列有序，延续年代由东汉早期至东汉中期，推断应为一处规模较大的列侯级别家族墓地，这对于研究东汉墓葬形制的演变、家族观念的变化以及社会意识形态的变迁具有重要价值。

4. 天津北辰张湾明代沉船遗址

张湾明代沉船遗址位于天津市北辰区双街镇张湾村东南，北运河河道转弯处，2012年4月北运河整治清淤过程中发现该沉船，天津市文化遗产保护中心获悉后立即赶赴现场进行田野调查，初步认定为明代沉船遗址。经国家文物局批准，于同年4月底对处该沉船遗址进行了考古勘探与抢救性考古发掘，6月6日田野考古工作基本结束，考古发掘面积550平方米，发现明代沉船遗迹3艘，出土与采集金元至明清时期铜、铁、瓷、陶、骨、木、竹等不同质地文物及标本600余件。

张湾2号沉船全景（西—东）

3艘木质沉船均埋藏于距离现地表深度约5.5米的北运河河道内沙土层上。1

张湾3号沉船全景（西—东）

号沉船损毁严重，整体结构无存，仅在现场散落有较多不完整的船板，

在沉船点周围发现较为丰富的遗物，城砖和韩瓶数量最多，还见有青釉瓷碗、盘残片及釉陶罐、棕绳、骨簪、船钉、铜钱等遗物，同时还有数量较为丰富的动物骨骼。2号沉船发现于1号沉船南侧约20米处，该船结构保存较好，仅两侧舷板有损坏。沉船整体木质保存较好，材质坚硬、纹理清晰，呈东西向覆扣在北运河河道上，全长约12.66米，船底部最宽处达2.2米，船尾略宽于船头，整体形状为齐头、齐尾、平底，在船体四周散落有大量遗物。3号沉船位于2号沉船的北侧约4米处，

张湾3号沉船出土高柄杯

张湾沉船遗址采集龙泉窑三足炉

张湾沉船遗址出土八角形青釉印花盏

与2号沉船基本平行，也呈东西向覆扣在运河河道底部。该船首、尾残损无存，基本轮廓尚存，也呈齐头、齐尾、平底形状，船体残长约11.8、船底最宽处约2.8米，船舱内现存5个底部呈弧形、顶部平直的隔舱板。3号沉船木质腐朽较为严重。根据沉船所在堆积层位和沉船出土器物的年代初步推断，三艘沉船的年代为明代。

2号沉船因其保存较好，采用套箱法整体打包调运至博物馆，对船舱进行室内精细发掘，出土数量较为丰富的遗物。

张湾遗址3艘明代沉船的集中发现是大运河交通运输功能的重要体现，为大运河申报世界文化遗产提供了新的实物证据。除沉船遗址、沉船及相关遗物外，呈倒扣状的2号、3号沉船以及2号沉船内人骨的发现，系国内罕见，具有重要考古研究价值。

起吊成功

河北省

河北省文物研究所

一、业务建设

（一）业务工作

1. 考古调查与发掘

2012 年以来，河北省文物研究所配合国家基本建设工程的考古项目主要有 2 项：一是配合河北省南水北调配套工程考古项目。南水北调保沧、邢清、石津、廊涿干渠及配套水厂的考古调查、勘探与发掘工作涉及邯郸、邢台、衡水、石家庄、沧州、保定等市，发现文物点近百处，重点发掘了邯郸西大屯遗址、永年施庄遗址，邢台隆尧乡观遗址、临城西古鲁营遗址，保定容城东牛东庄遗址、定兴北台上遗址、唐县黄家庄遗址，沧州泊头十里高遗址、任丘后赵遗址，石家庄藁城赵庄遗址等。发掘面积约 13000 平方米，共发现文物遗存 400 余处，出土大量各时期重要遗物。二是京港澳高速改扩建工程考古项目。重要遗址有京港澳高速京石段藁城市南孟镇西凝仁遗址、京港澳高速公路改扩建工程石安段临漳段邺城遗址、贾吕遗址、西张家庄遗址、藁城丘头镇周家庄遗址等。此外，还有其他的配合基本建设项目，如石黄高速公路石家庄段、京秦高速公路、沿海高速公路曹妃甸支线、京昆高速公路石太北线、邯长铁路扩能工程、石衡高速公路等相关高速、高铁等基建工程的考古调查、勘探与发掘工作。

主动性田野考古工作主要有三方面：一是配合国家考古遗址公园建设进行的考古项目，如泥河湾遗址群考古发掘、邯郸赵王城遗址发掘、元中都考古发掘。其中泥河湾遗址群新发现旧石器时代遗址 50 余处，发掘侯家窑、马圈沟、石沟、麻地沟、照坡、前上营等遗址 10 余处，发现不同阶段的石制品、动物化石 3 万余件，进一步完善了泥河湾盆地古人类演化的路径；赵王城遗址考古发掘清理的西城门阙台遗迹是我国考古发现所见最早的城门阙台建筑实例，对研究赵王城城门建筑形式与结构有重要帮助；元中都遗址主要是对一号殿址附属建筑基址进行考古发掘，发掘总面积 300 平方米，发现各类遗迹 6 处，对进一步了解元中都的都城布局有重要意义。二是配合保护规划建设进行的考古工作，主要有内丘邢窑遗址考古发掘、曲阳田庄大墓考古发掘、中山国灵寿城张家庙台遗址调查勘探发掘、邯郸大名府（北宋）故城遗址考古发掘、井陉窑遗址考古调查勘探。其中内丘邢窑遗址因发现布局清晰、结构完整的北朝时期窑炉及隋三彩和带款瓷器等入选“2012 年度全国十大考古新发现”；曲阳田庄大墓是目前考古发现的中晚唐时期墓葬中结构最复杂、整体最大的砖室墓；大名府故城是唐宋时期北方最重要的都市之一，此次对其城垣和城防设施的发掘，对古代的城防制度研究有重要意义。三是主动性课题考古发掘工作，主要是临漳邺城遗址的考古钻探和发掘。2012~2016 年，由中国社会科学院考古研究所和河北省文物研究所组成的邺城考古队主要对北吴庄造像坑、北吴庄核桃园遗址、曹村窑址、邺南城宫城区等区域进行考古勘探和发掘，为进一步研究邺城遗址的内涵提供了重要依据。

积极开展水下考古工作，举办了“河北省水下文化遗产保护工作座谈会暨水下考古业务培训班”，开展了河北海洋文化遗产陆上调查，编制了《河北沿海水下文化遗产陆上调查工作计划》，共发现各类水下文化遗产文物点 70 余处。从 2013 年起，连续三年对东坑坨沉船遗址进行了重点调查，清除了船体表面部分凝结物，摸清了沉船总体分布情况，对遗址进行了测绘，初步确认该沉船为一艘清末民国时期的铜皮木质夹板船。经过对东坑坨沉船周围海域进行物探扫测，新发现沉船点两处。启动了黄骅海丰镇遗址全面调查勘探工作，海丰镇遗址是金代集水陆交通为一体的贸易集散地，且以瓷器为主，有学者认为是海上丝绸之路的北起点。

2. 大遗址保护

大遗址保护与规划工作主要有阳原泥河湾遗址群考古发掘、邯郸赵王城遗址考古发掘、元中都遗址发掘、邢窑遗址发掘、田庄大墓勘探发掘、邺城遗址考古发掘、曲阳修德寺遗址考古发掘等 7 项。

此外，为更好地保护河北省文化遗产，积极推进重要大型古遗址的保护利用，河北省文物研究所主持或参与编制了一系列古遗址保护规划，主要有《泥河湾遗址群考古工作计划（2013~2020）》《邯郸赵王城遗址 2013~2016 年考古工作计划》《元中都遗址实施保护总体规划 2013~2016 年考古工作计划》以及《曲阳县修德寺遗址保护规划》《涿鹿县“泛三祖文化”遗址群 2013~2016 年考古工作计划》《会州城遗址考古工作计划（2013~2017）》《道光陵遗址考古工作计划（2014~2017）》《满城要庄遗址考古工作计划》《行唐故郡墓地 2016~2018 年考古工作计划》等。

3. 科技考古与文物保护

随着新的考古研究手段向精细化方向发展，科技在考古中的作用正日益凸显，2012~2016 年，河北省文物研究所作科技考古方面取得长足进步。一方面引进科技考古人才，从中国社会科学院研究生院、吉林大学等考古院校引进科技考古专业硕士研究生，确定了现代测绘、动植物考古、陶瓷考古等科技考古优先发展方向；另一方面添置了一批新的科技考古设备，如 RTK、全站仪、固定翼测量飞机、8轴多旋翼飞行器、4轴多旋翼飞行器、移动工作站、3D激光扫描器、手持3D激光扫描器、手持矿石分析仪等；与此同时，还积极与科研单位、高校合作：与中国农业大学合作的科研项目“基于古DNA的农业动物起源驯化研究”，获得了中国农业大学教育基金会吴常信动物遗传育种奖励专项基金奖，该课题在国内率先进入了新兴的古代DNA研究领域，并创建了动物古代DNA研究的技术平台，对我国农业动物的起源、驯化过程和传播途径等研究有重要意义；与河北师范大学、河北地质大学共同进行的泥河湾遗址群考古发掘，进行了侯家窑遗址区域时空数据库与VGE建模、遥感考古、泥河湾地区微体古生物和第四纪地质研究等科技考古方面的研究工作，取得了重要成果；黄骅海丰镇遗址考古发掘中，与中国科学院遥感与数字地球研究所、国家水下文化遗产保护中心、中国地质大学等多家单位运用遥感考古、磁法探测技术等科技考古手段，并在测绘过程中引入河北省卫星定位综合服务系统（HBCORS）数据，将海丰镇的测绘工作纳入到整个河北省的现代测绘系统中，对全面汲取海丰镇遗址内涵及大遗址数据研究有重要意义。

4. 基础设施建设

此外，还开展了两项基础设施建设工程：出土文物整理保护基地和泥河湾研究中心。

为解决考古工地出土文物存放及资料整理问题，河北省文物研究所鹿泉整理基地于2010年4月开始筹建，2012年3月起正式开工建设，项目总占地面积10621.9平方米，总建筑面积7176.64平方米，建筑层数为地上四层、地下一层，目前工程建设与装修已经完成，即将投入使用。泥河湾研究中心建设是《河北省泥河湾东方人类探源工程工作方案》中的重要建设项目之一，中心占地8万平方米，建筑面积8000平方米，由科研中心、保护教育中心、国际交流中心、文化餐厅、考古之家、公用设备用房六部分组成。项目定位为功能齐全、设施完善的省级科学研究中心，集科研、教学培训、学术交流、陈列展示、科学实验、信息宣传、文物保护等功能于一体，通过不断地充实和发展，力求成为具有世界影响的旧石器研究中心。该工程建设单位为河北省文物研究所，工程的组织实施由阳原县政府负责，目前工程主体已经完工，规划2016年建成，2017年投入使用。

（二）人才建设与培养

2012年以来，为充实科技考古研究实力，河北省文物研究所所自中国社会科学院研究生院和吉林大学各引进现代测绘、动植物考古方向的硕士研究生1名，并购买价值300余万元的科技考古设备，为科技考古发展提供了条件。为进一步加强秦汉考古方向研究实力，自河北师范大学引进秦汉考古方向硕士研究生1名，进一步充实了田野考古科研团队的力量。

2012~2016年业务人员参加的培训项目主要有：国家文物局举办的全国可移动文物普查培训、全国田野考古高级研修班，国家文物局水下文化遗产保护中心举办的出水文物脱盐技术保护培训班、第七期全国水下文化遗产保护潜水培训班，中国文化遗产研究院举办的出土文献保护、整理、研究培训班，陕西省文物局和陕西省考古研究院举办的考古现场测绘及信息记录技术应用培训班等，使所内科研人员的能力和水平得到大幅提升。

（三）学术交流与科研成果

1. 学术交流

国际学术交流方面，2012 年 5 月，为了进一步促进中日韩三国考古学界的相互交流，徐海峰应韩国文化财厅国立文化财研究所邀请，参加了“东亚古代铁器文化研究”国际学术论坛。2012 年 10 月，应韩国国立文化财研究所的邀请，所长韩立森赴韩国大田、首尔和庆州进行了为期 5 天的考察访问。出访期间，与韩国国立文化财研究所签订了两所之间《文化遗产保护及考古交流意向书》，为两所的交流合作搭起了框架。2013 年 11 月 23 日，与日本大阪市国立东洋陶瓷美术馆共同举办的“定窑・优雅洁白的世界”——窑址发掘成果展在日本大阪市开幕，韩立森应邀做了题为“定窑的发现与研究”的学术报告，就定窑在新阶段发掘和研究工作中的新问题和新成果提出见解，并与日本同行以及社会各界瓷艺研究和爱好者就定窑历史地位、发掘手段、文物现场保护等问题进行了交流。2014 年 1 月，黄信应邀参加在日本大阪市举行的“李秉昌博士纪念——韩国陶瓷研究报告会”，并在会上做了题为“河北的白瓷窑址——定窑、邢窑与井陉窑”的学术报告。2014 年 10 月，应瑞士日内瓦州政府和法国圣丹尼斯省议会的邀请，副所长毛保中随河北省文物代表团对瑞士、法国进行了考察访问，宣传了河北和河北文化，深入了解了瑞、法两国文物、古城、世界文化遗产保护以及博物馆建设、经营、发展等方面先进的理念，并达成了多项合作协议。此外，所内业务人员还参加了澳大利亚计算机应用与考古学定量方法年度国际会议、韩国的“东亚古代铁器文化研究”国际学术论坛、日本京都“泥河湾盆地泥河湾层中发现的旧石器时代遗址”国际专题讨论会等。

所内业务人员积极参与国内学术交流，参加中国人民大学主办的东北亚古代聚落与城市考古国际学术研讨会，德国教育研究部和陕西省文物局主办的考古发掘现场遗迹、遗物科学记录国际学术研讨会，中国岩画学会成立大会暨首届中国岩画遗址遗产研讨会，中国考古学年第 16 次年会暨第六届会员代表大会，南京考古与文化遗产保护专题研讨会，中国古脊椎动物学会第 14 次学术年会、中国第四纪古人类——旧石器专业委员会第 5 次学术会议，内蒙古呼和浩特草原文明国际学术研讨会、草原丝绸之路考古国际学术研讨会、“国家水下文化遗产保护‘十三五’规划暨‘海上丝绸之路’申遗前期研究”研讨会、京津冀联合开展文博课题研究工作会等。2015 年河北省文物研究所还承办了第五届黄淮七省考古论坛，来自陕西、山西、山东、河南、江苏、安徽、河北七省和中国社会科学院考古研究所、中国国家博物馆、河北师范大学等部分高等院校的考古学专家、学者近 90 人参加了论坛。

2. 科研成果

在考古发掘取得重大收获的同时，河北省文物研究所在考古研究、科研出版方面也硕果累累，相继出版考古研究著作 15 部，发表考古研究论文 200 余篇，获评年度“全国文化遗产十佳图书”和河北省社会科学优秀成果荣誉奖、二等奖等多项殊荣。

考古报告主要有《蓟镇长城考古调查报告（1981~1987）》《元中都——1997~2003 年发掘报告》《徐水东黑山遗址发掘报告》《河北省第三次全国文物普查重要新发现史前遗址》《河北省第三次全国文物普查重要新发现古代遗址与墓葬》《河北省第三次全国文物普查重要新发现近现代文物》《河北省第三次全国文物普查重要新发现古建筑》等，其中《元中都——1998~2003 年发掘报告》（上下册）获评“2012 年度全国文化遗产十佳图书”,《明蓟镇长城:1981~1987 年考古报告》（1~10 卷）获评“2013 年度全国文化遗产十佳图书”。

考古研究著作主要有《中原与北方之间的文化走廊》《夏商西周中原的北方系青铜器研究》《邺城考古发现与研究》《中国定窑》《中国出土壁画全集·河北卷》等。

公众考古类著作主要有《穿越千年走进考古——河北省公众考古的三次实践》《发微求真走进定窑：定窑考古全记录（2009~2011）》《足迹、遗迹、心迹——河北省第三次全国文物普查队员手记汇编》等。

发表的考古简报及研究论文主要有《西周銮铃起源管窥》《唐县淑闾遗址东周墓葬发掘简报》《河北南宫后底阁遗址发掘简报》《定窑外刮釉器装烧方法探析》《北吴庄出土佛教造像埋藏坑地方发现与发掘》《东魏、北齐邺京城乡建制》《唐山丰润后冯各庄金元遗址发掘报告》《太行山东麓北部地区夏时期考古学文化述论》《殷墟祭祀坑中的北方文化因素研究》《汉地佛教双身造像崇拜》《北辛文化与镇江营文化的比较研究》《唐山丰润施家营考古发掘简报》《河北邺城遗址赵彭城北朝佛寺与北吴庄佛教造像埋藏坑》《新事证、新视野——定窑创烧时间刍议》《河北宋元考古——陶瓷篇》《泥河湾盆地泥河湾层中发现的旧石器时代遗址》《冀中地区夏至早商时期的考古学文化》《试论邯郸地区漳河型下七垣文化遗存》《燕下都与灵寿城异同比较及其成因试析》《论战国中山灵寿城的“市”》《西汉麟趾金辨析》《汉代出土陶圆炉的发现与研究》《河北隆尧唐陵平面格局暨名称考略》《洺州遗址官署建筑遗物及相关问题》《河北的白瓷窑址——定窑、邢窑与井陉窑》《唐后期的定窑是藩镇义武军官窑》《邢窑与井陉窑的发现与研究》《邺城大总持寺和密教信仰》《试论邯郸地区漳河型下七垣文化遗存》,《河北藁城台西商至宋代墓葬发掘简报》等。

韩金秋承担的国家社科基金后期资助项目《夏商西周中原的北方系青铜器研究》，对中原文化中发现的北方系青铜器进行了全面梳理，为未来在该领域的深入研究打下基础。该课题已于 2015 年 5 月结项，项目成果《夏商西周中原的北方系青铜器研究》已出版。

（四）对外宣传与公众服务

随着国民经济的迅速发展，公众对考古发掘的关注度也日益提升，公众与媒体的积极参与，赋予考古学与考古活动新的活力和意义，在让考古走进民众，成果惠及大众的同时，也要对文物、考古知识进行宣传和普及，提高民众文物保护意识，让他们主动参与到文物保护队伍中来。河北省文物研究所也积极开展多种形式的公众考古活动。

2012年，为配合第七个文化遗产日，在河北省文物局的统一安排部署下，河北省文物研究所在田庄墓葬考古工地举办了“走进魅力曲阳，探秘千年古墓”、在内丘邢窑遗址举办了“相约和谐内丘，品读邢窑文化”等公众考古活动。河北省文物局邀请中央电视台、浙江卫视、河北电视台、《燕赵晚报》和《燕赵都市报》等多家媒体进行现场报道，先后共接待公众近千人，取得良好的社会效益。2013年文化遗产日，紧紧围绕“文化遗产与全面小康”这一主题，在河北省博物馆新馆南门广场开展了多种形式的宣传活动：一是为庆祝河北省博物馆新馆开馆，向河北省博物馆捐赠图书50多部，涵盖了河北省文物研究所近几十年的大部分研究成果；二是精心制作了25块宣传展牌，“河北春华秋实——河北省文物研究所六十年历程”（1952~2012），记录了60多年来文物考古工作所取得的重要成果；三是积极动员和引导公众关注和参与到文化遗产保护中来，特别安排了一个“答题赠书”环节，向广大参与群众发放出版图书、图片等200余套。此次宣传活动营造了全社会共同参与文化遗产保护的浓厚氛围，得到了社会各界尤其是广大考古爱好者的热烈欢迎和高度评价。

2012年11月，承办了中国考古学会第十五次年会，与会专家学者围绕着环渤海地区考古研究的现状和考古研究规划等问题展开研讨，对河北省文物考古及文化遗产保护工作的全面提升及宣传河北文化提供了帮助。2014年12月19~21日，中国考古学会旧石器专业委员会暨泥河湾2014年工作汇报会在石家庄召开，近70名相关领域的专家学者出席会议。2015年10月30日~11月1日，由河北省文物局、河北省文物考古学会共同主办、河北省文物研究所承办的第五届黄淮七省考古论坛学术交流会在石家庄举办，近90位专家、学者参加，通过交流与讨论，区域考古方面的研究。

2013年2月21、22日，科技部社发司社会事业处、河北省科技厅社发处组织北京大学考古文博学院、中国社会科学院考古研究所等单位的专家赴河北阳原泥河湾遗址群调研，就“东方人类探源工程”课题列入科技部科技支撑计划的可行性进行了考察、论证。2013年6月15日，中国考古学会理事长张忠培先生、中国文物学会副会长许伟先生、吉林大学博士生导师李伊萍教授一行对所内先商文化遗物进行了调研。

2012年与故宫博物院共同举办“洁白恬静”——故宫博物院藏定窑瓷器展，与北京艺术博物馆共同举办“中和之美”——定窑陶瓷艺术展；2014年1~3月，与日本大阪东洋陶瓷美术馆共同举办“定窑·优雅的白瓷世界”——窑址发掘成果展；另与国内其他博物馆合作的展览有“地域一体·文化一脉”——京津冀历史文化展、汉王室文物展、“中山风云”——古中山国文物展等展览。

二、重要考古成果

1. 河北阳原泥河湾遗址群

河北省阳原泥河湾遗址群考古发掘为多年连续进行的科研课题考古项目，现为“东方人类探源工程”重要工作内容之一。2012 年对侯家窑遗址进行发掘，在以往文化层下部找到泥河湾层与河流阶地的接触面，证明该遗址的文化遗物并非出自泥河湾层之中，为解决长期困扰该遗址的年代问题提供了思路；同时发现石制品、动物化石 3000 余件，为全面认识该遗址的文化面貌提供了基础资料。2013~2015 年，与中国科学院古脊椎动物与古人类研究所、中国社会科学院考古研究所、河北师范大学、石家庄经济学院、河北大学合作，在泥河湾盆地开展旧石器专

阳原泥河湾马圈沟遗址

阳原泥河湾遗址人类活动面

阳原泥河湾遗址群出土石制品

题调查，发现旧石器时代遗址 50 余处，时代约为距今 100 万 ~1 万年，多处遗址填补文化序列的空白，进一步完善了泥河湾盆地旧石器时代文化序列，古人类演化的路径进一步清晰。此外，还先后发掘马圈沟、石沟、麻地沟、照坡、前上营、禾尧庄、板井子、镜沟、西白马营、油房、三关、马鞍山等遗址，发现不同阶段的石制品、动物化石 3 万余件，代表了直立人，早期智人，现代人各个阶段，为研究盆地内古人类起源演化扩散提供了新的资料。

2. 河北邯郸赵王城遗址

赵王城遗址位于河北省邯郸市西南，是赵邯郸故城遗址的宫城部分，现保存有大部分的地面城垣遗迹，是战国时期列国都城遗址中至今保存最好的典型标本。经国家文物局批准，2012~2016 年，河北省文物研究所与邯郸赵王城文物管理处组成考古队，对赵王城遗址进行了大规模的勘察和测绘，同时对西城西垣的城门遗址（四号城门）和西城三号宫殿基址区进行发掘。围绕对遗址的整体保护工程，首先对西城门遗址（四号城门）进行了考古发掘，发掘面积 6200 余平方米，发现城门建筑基址包括 4 个建筑单元，自前向后依次为：城壕、阙台、门道、城垣

赵王城遗址南郊外围壕沟

赵王城遗址南郊外围壕沟

内侧防御排水设施（即防雨铺瓦和排水槽道）。其中阙台遗迹是此次发掘的重要发现，分南北两阙，对称排列于门道外左右两侧，与城门形成一个完整的建筑整体。这是我国考古发现所见最早的城门阙台建筑实例，为研究赵王城城门建筑形式与结构提供了科学的依据，并为我国城阙建筑的兴起和发展历史提供了珍贵的实物资料。2015 年开始对西城三号宫殿基址进行勘探与发掘，勘探 3 万平方米，发掘 1500 平方米，发现宫殿基址夯土，出土战国陶器板瓦、筒瓦、罐等。由于三号夯土台基址的考古工作刚刚起步，因此对许多遗迹现象的发现和认知还处于初始阶段，但初步的考古勘察和发掘表明，三号夯土台基址北台属于一座高台式宫殿建筑，坐北朝南，为该区域主体建筑，前方有宽大的庭院，庭院南侧另建有大型平台式附属性建筑，即南台。对三号夯土台宫殿基址的考古发掘有助于了解赵王城宫殿建筑的形式与结构。

3. 河北临漳邺城遗址

邺城遗址位于河北省临漳县西南约 20 千米处，是三国曹魏至北朝末期六个王朝的国都。1983 年起中国社会科学院考古研究所、河北省文物研究所组成的邺城考古队开始对邺城遗址进行全面勘探与发掘。2012~2016 年，在邺城遗址进行的考古工作主要有四部分：一是北吴庄造像坑的发掘与整理。2012 年 1 月，邺城考古队在习文乡北吴庄北地抢救发掘一佛教造像埋藏坑，出土佛教造像共 2895 件（块），绝大多数为汉白玉造像，极少数为青石造像和陶质造像。经初

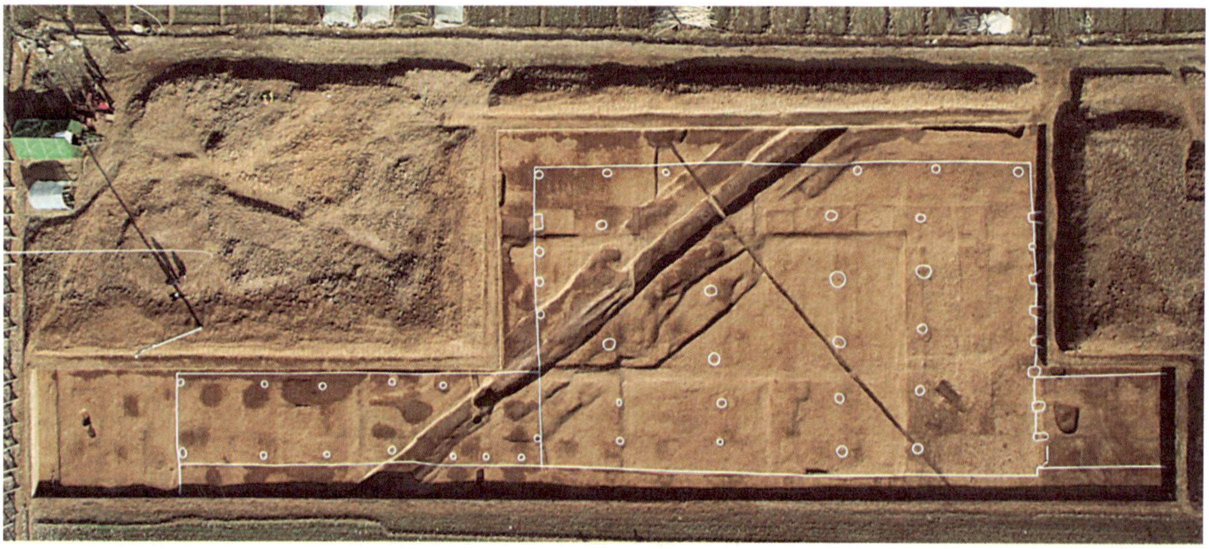

邺城遗址赵彭城北朝佛寺东南院大型殿堂式建筑及连廊基址

邺城遗址出土北魏太和十九年（495 年）刘伯阳造释迦像

邺城遗址出土东魏天平四年（537 年）智徽造观世音像

邺城遗址出土北齐白石透雕龙树背屏式造像

步整理，发现有题记的造像已达200余件，大多数造像表面残存有贴金和彩绘痕迹，造像样式除华北地区常见的中小型汉白玉背屏像外，还有部分大中型的单体圆雕造像，题材涉及释迦、弥勒、药师、阿弥陀、卢舍那、观世音、思惟太子、释迦多宝及双（观音）菩萨、双思惟像等。综合埋藏坑地层关系与出土佛像时代特征可以判断，埋藏坑的年代不早于唐，被埋藏佛像的年代绝大多数为东魏北齐时期，个别北魏晚期和隋唐时期。二是核桃园佛寺遗址发掘。2013~2014年，邺城考古队对核桃园佛寺遗址进行了发掘，发掘面积2000平方米，清理建筑基址3处、佛寺塔基1处、塔基出土石函1件，内有粮食、玛瑙珠及玛瑙质佛指舍利，对邺城佛寺遗址研究有重要意义。三是曹村窑址勘探与发掘。曹村窑址位于河北省临漳县曹村北，距邺南城内城东墙约1.5千米，2014~2015上半年邺城考古队对该窑区进行勘探与发掘，发掘面积约150平方米，清理出3座北朝时期的窑址，对认识东魏北齐时期邺城陶瓷器作坊区的位置与范围、北朝陶瓷窑的形制与规模、釉陶及青瓷器的烧制特点等具有重要意义。四是邺南城宫城区的勘探与发掘。邺南城宫城区位于临漳县倪辛庄村，南部为村庄叠压，北部位于漳河河道内。2015~2016年，邺城考古队对宫城区的西北部进行了全面勘探和抢救性发掘，目前邺南城宫城区西北区域内已勘探出6座大型殿址及多条道路、回廊、围墙、排水设施等遗迹，发掘结果丰富了我们对宫城区范围、建筑布局和文化层堆积的认识，确认了宫城内西宫墙及部分殿堂的位置和结构、宫内院墙及道路的走向和建筑特点，为今后的大规模发掘和宫城区的全面保护以及邺城考古遗址公园规划建设提供了极为重要的参考资料。

4. 河北邢台邢窑遗址

邢窑遗址位于河北省邢台市，2012年5~12月和2014年9月~2015年1月，所内业务人员

邢窑遗址出土唐三彩残片

邢窑遗址出土白瓷执壶

对邢窑遗址进行了两次发掘，共完成发掘面积1500平方米，发现北朝、隋、唐时期窑炉11座，北朝至清代灰坑200座、灰沟6条、井43眼、墓葬30座，出土北朝至清代遗物超过3万件（片），完整和可复原器物400多件。两次发掘的主要收获是发现年代早、完整度高的窑炉，且其布局模式少见，是研究邢窑的重要资料；北朝至隋初灰坑20余个，大部分灰坑内遗物较多，是目前邢窑发掘所见最早的一类遗迹；北朝至隋三彩器的出土，为追寻唐三彩源头提供了重要依据，“高”“上”“大”刻款器物残片的发现，为邢窑发掘的首次。此外，北朝瓷器的批量出土，隋代多种形式的瓦当及瓦当模子，刮条纹白瓷碗，唐代遗物中的三彩、素烧器片以及筒足分格盘、纪年密檐石塔等都是难得一见的收获。翰林苑项目的发掘主要出土了一部分宋金时期遗物，为邢窑报告整理填补了一部分资料空缺，瓷器中碗为多见，器壁见有出筋现象，内底常见有涩圈或4~5个支钉痕，足上也常见有砂堆支烧痕迹，其中的白瓷深剔刻莲瓣碗胎釉细白，花纹剔刻到位，为白瓷中上品。邢窑遗址入选“2012年度全国十大考古新发现”。

5. 河北曲阳田庄古墓

2011年2月起，对曲阳田庄村古墓被盗情况进行了考古调查、勘探，经国家文物局批准后，进行了抢救性发掘，至2013年12月田野工作结束，勘探面积达44300平方米，发掘面积3578平方米，基本摸清了墓葬形制及附属遗迹。墓葬位于河北省曲阳县南15千米，倚山面水，坐北

田庄古墓发掘全景

田庄古墓出土滑石动物纹浮雕带饰

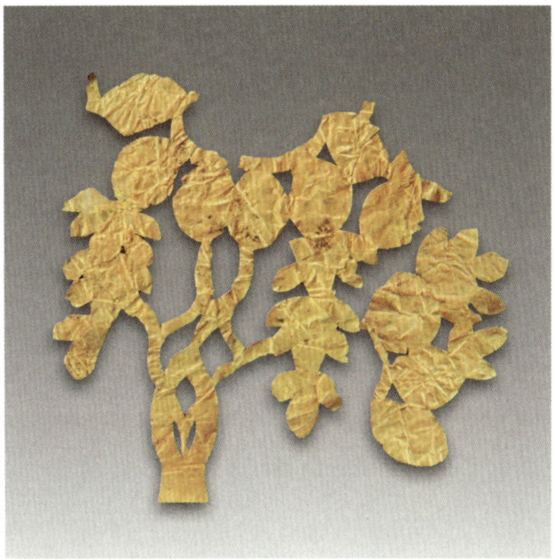

田庄古墓出土树状金片饰

田庄古墓出土鎏金铜合页

朝南，为带长斜坡墓道的大型砖室墓，南北长达118米，规模宏大，分为地上、地下两部分。地上部分由墓上封土和墓前神道组成，地下结构由墓道、仪门、庭院、甬道、前室、后甬道、后室组成中轴，10个侧室及2个大型龛分列左右。墓葬南部地面有神道，神道两侧有4组石刻，神道南北长55、东西宽22米，神道北侧、墓道北段东西两侧各有“凸”字形坑一座。墓葬地下部分坐北朝南，南北长达66米，墓葬仅地面以下开挖土圹面积就达675平方米。墓圹内砌砖券墓室，总数达12个之多，全部用青砖砌筑而成。墓道北端东西两侧相向伸出一段翼墙，墙体端面各竖立一砖柱，象征一道仪门，可能即为文献所言“乌头绰楔”，为考古发掘中首次发现。

田庄大墓虽然经过多次盗扰，但仍出土了一批重要文物，以汉白玉造像和陶瓷制品尤为突出。另外墓葬中还出土有各种金、铜、铁、玉石等制品，其种鎏金铜门钉、鎏金铜锁、鎏金蝴蝶合页、鎏金开元通宝以及滑石浮雕带饰等皆为不可多得的品。

根据墓葬形制、斗拱结构、壁画风格及出土汉白玉构件、莲花纹瓦当、细白瓷器等特点推测，该墓时代约在中晚唐时期。田庄墓葬具有同期墓葬中结构最复杂、整体最大的砖筑墓室，墓葬结构及出土文物带有民族、地域和宗教因素。安史之乱后的河北藩镇雄踞，大量少数民族将领成为节度使或其部将，从而将北方文化带到河北腹地，并与河北地域文化、中原唐文化相互影响、交融，发展成为一种新型文化，这又为契丹兴起进入河北奠定了文化基础。田庄大墓正是反映了这一背景下墓葬制度、物质文化、思想意识、文化艺术等方面新的成就。另外田庄大墓仿木结构都是以墓砖为材，按一定规制和比例做成，可能存在模数制度，从而为古代建筑模数制度的起源添加了珍贵的研究资料。田庄古墓入围“2012年度全国十大考古新发现”初评。

6. 河北邯郸大名府故城遗址

大名府故城遗址位于河北省邯郸市大名县，考古工作始自 2015 年，目前主要针对罗城进行了调查，行程 25 千米，完成勘探 16 万平方米，发现了唐代城墙遗迹、砖室墓群和宋金时期的重要建筑遗迹。在勘探的基础上，布方 21 个进行发掘，发掘成系对了解大名府城墙体的形制、走向、规模和保存情况及罗城的研究有重要意义。2016 年的主要工作是在 2015 年揭露南城垣残存墙体的基础上，对墙体进行了下挖解剖，发掘面积 421 平方米，解剖深度 3.7~6.9 米。通过解剖，对墙体的形制、结构、规模和建筑方法有了明确的认识。

大名府城垣（南城垣）主体为平地起建（无基槽），两侧阶梯式下挖，整体呈主体高、两侧低凹的形态，形制独特，推测可能是为了防止雨水对墙体的冲刷。墙垣下宽 56.6、上部残宽 43.6 米。城垣修筑完成后，外侧（南侧）经过三次修补，最晚一次不早于金代。在后期修补的墙体中发现大量青砖构件以及少量筒、板瓦，并有大量的旗杆砖出土，说明城垣局部当有砖构建筑。通过发掘、解剖，充分了解了大名府城外城城垣的修筑年代、方式、形制和规格，为保护规划的制定提供了重要依据。大名府作为唐宋时期北方最重要的都市之一，其在城垣和城防设施上都有自己的独特性，城墙规模之大，在中国古代都城中比较少见。出土大量的砖瓦构件，说明北方至少在北宋早期，砖构建筑已经被用于城墙之上，对古代的城防制度研究有重要意义。

山西省

山西省考古研究所

一、业务建设

（一）业务工作

1. 考古调查与发掘

山西省考古研究所在“十二五”期间全面推进大遗址的文物保护工作和主动性考古调查发掘等工作。其中，国家或省级立项支持开展的主动性发掘和大遗址抢救保护项目共计 18 项，分别为襄汾丁村旧石器时代遗址、沁县下川旧石器时代遗址、陵川西瑶泉旧石器时代洞穴遗址、襄汾陶寺新石器时代遗址、绛县周家庄新石器时代遗址、兴县碧村新石器时代遗址、曲沃曲村—天马西周遗址、长子西南呈西周墓地、绛县睢村西周遗址、翼城苇沟—北寿城西周遗址、襄汾陶寺北东周墓地、太原晋阳古城遗址、云冈石窟窟顶寺庙北魏至辽金寺庙遗址、忻州九原岗北魏壁画墓、五台山佛光寺寺庙遗址、应县辽应州城遗址、永济蒲州故城遗址、新绛绛州衙署遗址，发掘面积约 6 万平方米，共出土文物标本约 45000 件（套）。另外，山西省考古研究所还开展了怀仁鹅毛口南街遗址调查、右玉县沧头河流域区域考古调查、山西临汾盆地史前遗址调查、万里茶道文化资源调查、曲沃曲村三张古城调查与勘探、稷山玉璧城考古调查等十余个考古调查项目，调查面积约 2000 万平方米，钻探面积约 16 万平方米。

近五年中，山西省考古研究所配合基本建设的考古项目共计 44 项，涉及太原西南环、张台铁路、黄侯韩铁路、长临高速、左权至黎城高速、国道 108 线、临汾凤凰府、平朔马营堡、潞安高硫煤、山西省三交地区三交—碛口区块煤层气总体开发、左云 40 亿立方米 / 年煤制天然气项目厂址及渣场新址项目、山西省高校新校区建设项目、临县至离石高速公路建设项目、太原至兴县铁路建设项目、鄂东煤层气田保德区块 12 亿立方米产能建设项目等国家及省级重点建设项目。发掘地点涉及太原开化墓地、晋中猫儿岭墓地、汾阳金代墓葬、临汾神刘墓地、侯马虒祁遗址等，发掘面积达 10 万平方米，共发掘墓葬 1541 座、遗址 16 处、祭祀坑 822 座，出土各类遗物 7578 件（组），另有大量陶器残片，时代涉及旧石器时代、新石器时代、春秋战国、汉、北齐、唐、宋、元、明、清等。

2. 科技考古与文物保护

近年来，山西省考古研究所高度重视文物保护科技手段的应用和提升，建立了古代青铜器修复实验室，得到了省属科研院所重点实验室专项支持，购置大样品仓能谱仪、激光拉曼光谱仪、超景深视频显微镜、摄影器材及现代化的文物修复台柜等设备，按照“围绕现场保护，以青铜器、铁器等金属文物保护修复为主，夯实基础，在关键技术上重点突破”的发展思路，结合近年来考古发掘出土文物的实际情况，对青铜器修复技术、脆弱金属文物保护技术、保护修复材料等主动探索并经反复实践后不断改进。如设计制作了一套全钢材质的青铜器整形工具，改进青铜器整形技术；引入喷砂机、超声波洁牙机，改进青铜器除锈技术；创新出土脆弱青铜器塑型修复技术、推广电焊技术等。承担了“文物保护相关技术研究——隰县瓦窑坡墓地青铜器科技保护研究”“出土脆弱金属文物保护修复技术研究”“地方文物保护标准化技术委员会运行管理与制度研究——以山西为例”“河津窑的调查与科技研究”等多个国家及省级科研攻关项目。

为提高出土文物现场保护的能力和水平，2013 年，山西省考古研究所向山西省科学技术厅申报了“出土文物现场保护移动实验室”建设项目，并顺利获得批准立项支持。该实验室的引入与建设可为所内乃至整个山西的考古工作提供强有力的技术支撑，特别是能够在考古发掘现场空间信息提取、发掘现场环境动态监测、文物出土状况和评估调查分析、发掘现场脆弱质文物和遗迹现场提取与保护、考古预探测等技术和应用等方面解决田野考古发掘现场遇到的实际问题。

3. 考古工作信息化

近年来，山西省考古工作信息化建设取得了长足进步，山西省考古研究所与武汉大学合作建设“国家考古信息化科研基地”。考古工作信息采集方面，在国家文物局、山西省文物局、山西省科学技术厅的支持下投入约 200 万元，购置了三维激光扫描仪、结构光扫描仪、航空影像处理平台、无人机等，有效提升了考古工作信息采集的效率与精度；考古工作信息管理方面，在多个考古工地建立考古地理信息系统平台，实现了考古工作信息资料的数字化科学管理；考古工作信息应用方面，在数字拓片、出土器物数字绘图等方面取得了良好效果，为传统考古拓片、绘图工作提供了新的工作方法。

另外，为配合全国馆藏可移动文物普查工作，山西省考古研究所还组成 5 个普查小组、近 10 名科研人员投入到具体普查工作中，另有十余名有高级职称的科研人员参加了山西可移动文物普查专家组，开展数据审核和地市调研等工作。截至目前，山西省考古研究所可移动文物普查项目共计完成信息登录 3 万余条，涉及文物 9 万件（组），在 2014 年度全国综合排名中居第二位。山西省考古研究所也借此机会对所内保存的出土文物情况进行了一次比较彻底的摸查。

（二）人才建设与培养

近年来，山西省考古研究所注重综合型人才和科技考古方向的人员引进，除面向全国各高校考古学专业招聘传统考古专业技术人员外，还先后引进太原理工大学、中国科学技术大学、中国科学院大学、太原科技大学、吉林大学、山西旅游职业技术学院等大中专院校毕业的地理信息测绘、文物数字化、科技保护、三维激光扫描、古代人类食性分析、动物考古、科技考古及修复专业技术人员，打造了一支集文物保护修复、实验分析、数据科学采集于一体的技术团队。

同时，山西省考古研究所还积极选派职工参加国家文物局和省文物局组织的各种在职业务培训，如考古绘图班、田野考古领队班、文物保护工程技术培训以及考古管理、保护规划编制等专业培训，增加职工的专业技能。并邀请全国各领域专家来所开展专题讲座和培训，提高专业人员研究水平、开阔科研视野。

（三）学术交流与科研成果

近五年来，山西省考古研究所紧抓考古资料的整理出版及研究工作，共编辑出版考古报告及各类图书 9 部，分别为《山西碑碣（续编）》《运城盆地东部聚落考古调查与研究》《三晋考古（四）》《屯留余吾墓地》《侯马白店铸铜遗址》《汾阳东龙观宋金壁画墓》《黄河蒲津渡遗址》《丁村旧石器时代遗址群 1976~1980 年发掘报告》和《呦呦鹿鸣——燕国公主眼中的霸国》，所内研究人员共发表各类文章 300 余篇。其中，《汾阳东龙观宋金壁画墓》《丁村旧石器时代遗址群 1976~1980 年发掘报告》《侯马白店铸铜遗址研究报告》《山西碑碣续编》还分获山西省社会科学研究优秀成果奖一、二、三等奖。

同时，山西早期碑刻调查资料、山西出土墓志、北齐斛律徹墓发掘资料、辽应州城与佛宫寺发掘资料、绛县横水西周墓地发掘资料、翼城大河口西周墓地发掘资料、稷山玉壁城考古调查资料、隰县瓦窑坡墓地考古发掘资料等也正在整理研究中。其中，隰县瓦窑坡墓地发掘资料整理、崔家河墓地考古发掘资料整理研究、晋西商代青铜器资料整理及研究等还获得了国家社科基金项目支持。

（四）对外宣传与公众服务

山西省考古研究所非常重视考古成果的社会共享和科普宣传等工作，2009 年成立公众考古研究部以来，成功举办多项公众考古实践活动。尤其是近五年来将公众考古作为考古工作的一个亮点，不断创新模式和理念。

借助网络信息技术，山西省考古研究所于 2012 年 1 月创建上线“考古汇”公众考古科普网站，汇集考古、文物相关的各类资讯，向公众传播考古学科和行业领域的动向成果、考古学及文物学的相关知识及公众考古发展状况等内容。经过五年运营，“考古汇”这一山西公众考古品牌已建设成为集网站、微博、微信公共平台、手机网站于一体的考古知识传播综合平台。目前，网站已上传文章 8255 篇、图片约 3 万张，根据数据专家 CNZZ 系统分析，从 2014 年 6 月起，阅读次数达 14 万人次，独立访客约 6 万人。考古汇新浪微博共传信息 1862 条，粉丝量达 7030 人；考古汇微信公共平台自 2014 年 8 月开通以来，共上传信息 456 组、1720 条，关注人数达 25434 人；考古汇电子杂志共发布 9 期，征集原创稿件 70 篇。

自 2012 年以来，山西省考古研究所举办考古发掘现场公众开放日及新闻发布会共 6 次。开放日期间，考古工地接受媒体采访和公众参观，现场一般会树立宣传展板、条幅标语，并邀请考古专家现场讲解，产生了良好的社会反响。

“十二五”期间，山西省考古所研究分别于 2014 年 8 月、2015 年 11 月面向社会公众招募考古志愿者参与考古调查与发掘。2014 年暑期招募的 13 名考古志愿者，分别参与了太原晋阳古城遗址和永济蒲州故城遗址的考古发掘工作，为期半个月，收效良好。2015 年 11~12 月招募的水文、地质、测绘、植物考古、历史地理、民俗、摄影等多学科方向的志愿者，共同开展为期一个月的山西洪洞坊堆—永凝堡遗址考古综合调查，调查面积达12平方千米，采集了大量文物标本、古土壤标本、植物标本、地理信息数据和古民俗资料等。这次工作既是一次带有志愿服务性质的公众考古活动，又是一次多学科的合作研究。

2013 年 3~8 月，依托考古汇网站，举办 10 期“岁月传奇”系列公益沙龙。沙龙分太原城史、趣味考古、公众选题（历史文化）3 个主题系列，由来自考古或相关领域的专家主讲，公众免费参与活动，现场进行交流、讨论。

2014 年 3~6 月，分别以“考古探秘”“古建巡游”“回望历史”为主题，举办了 3 期“考古汇文保爱好者志愿行”系列活动，带领公众前往忻州九原岗北朝壁画墓考古现场、太原国保单位窦大夫祠净因寺、晋国博物馆、丁村旧石器考古发掘现场等地参观考察，山西省考古研究所、山西省古建筑保护研究所专家随行现场讲解，使公众有机会进行深度学习，并且要求每一位参与活动的观众撰写随感，整合后在考古汇网站创建专题。

另外，每逢文化遗产日，山西省考古研究所都会举办各类考古宣传活动，公众考古实践水平得到同行的认可。2014 年 10 月，在中国社会科学院考古研究所举办的第二届“中国公共考古·仰韶论坛”中，山西省考古研究所公众考古活动被评为一等奖。2016 年 5 月，在首届考古学大会上，“考古汇”网站及其线下公众考古活动被授予公共考古奖提名奖。

二、重要考古成果

1. 山西临汾襄汾丁村旧石器时代遗址

丁村旧石器时代遗址群位于山西省临汾市襄汾县丁村一带的汾河两岸，是中华人民共和国成立以后在周口店以外地区发现的首个大型旧石器时代遗址群。从 20 世纪 50 年代开始多次开展考古工作，收获丰富。2011 年以来，山西省考古研究所与丁村文化工作站在丁村遗址群范围内调查发现 46 处石器地点，并且在石沟遗址调查中发现一块人类枕骨残片。2013 年至今，由山西省考古研究所的联合考古队在丁村遗址群南端石沟村采砂场、老虎坡、九龙洞、过水洞等地点进行了考古发掘，发掘面积共计 300 平方米，出土 2100 余件石制品和动物化石，发现原始人类石器打制现场、人类用火遗迹及距今 10 万 ~5 万年的人类活动遗迹等重要遗迹现象，为研究丁村遗址地质变迁、复原埋藏环境、研究古人类行为方式以及丁村遗址公园建设和博物馆展陈设计提供了第一手素材。

2. 山西晋城沁水下川旧石器时代遗址

下川遗址位于山西省晋城市沁水县下川乡，是一个内涵十分丰富的旧石器时代晚期文化遗址。20 世纪 70 年代，山西省考古研究所、中国社科院考古研究所先后对遗址进行了调查、发掘，确定了下川遗址的范围，发掘出土的考古材料对研究中国细石叶文化起源及粟作农业起源具有重要意义。2014 年，由山西省考古研究所和北京师范大学历史学院组成联合发掘队，对下川遗址进行重新发掘，发现了火塘遗迹、石制品和禾类植物种籽等。下川遗址可能保留了距今 4 万 ~1 万年前旧石器时代晚期文化发展全过程的遗址，对其内涵的完整揭示将为研究现代人在中国的出现、迁徙、文化交流、行为方式以及新旧石器过渡等重大学术问题增添新的资料。

下川遗址火塘遗迹

下川遗址出土刮削器

3. 山西临汾襄汾陶寺新石器遗址

陶寺遗址位于山西省临汾市襄汾县东北约 6.5 千米的陶寺镇南侧的塔儿山下，总面积约 600 万平方米。遗址发现于 20 世纪 50 年代，1978~1985、2001~2007 年和 2009 年至今，中国社科院考古研究所山西队、山西省考古研究所及临汾市文物局组成联合考古队对该遗址展开连续性的大规模考古调查和发掘工作。

拉网式考古调查确定了陶寺城址的范围，并初步弄清陶寺遗址作为都城的宏观聚落形态的背景情况。三个阶段共发掘 11000 余平方米，初步揭示出陶寺遗址是功能区划完备的中国史前都城，由王宫、外郭城、下层贵族居住区、仓储区、王族墓地（王陵）、观象祭祀台、工官管理的手工业作坊区、庶民居住区构成，兴建与使用的时代为距今 4300~4000 年。王族墓地随葬的陶鼓、鼍鼓、石磬、铜铃、漆柷等礼乐器，观象祭祀台遗址，朱书扁壶以及大规模的夯土宫殿建筑群等一系列考古证据表明，陶寺遗址在年代、地理位置、内涵、规模和等级及其所反映的文明程度等方面，都与尧都相当契合。2015 年 6 月，陶寺遗址考古队在北京召开新闻发布会，公布近年来陶寺遗址的考古成果。

陶寺遗址门阙基址

4. 山西运城绛县周家庄新石器遗址

周家庄遗址位于山西省运城市绛县横水镇的周家庄、崔村等村落之间，总面积约 400 万平方米，是目前所知最大的史前遗址之一。2007 年以来，中国国家博物馆田野考古研究中心与山西省考古研究所、运城市文物保护研究所组成联合考古队，利用春秋两季持续展开田野发掘，目前已经取得较为丰硕的成果。通过对周家庄遗址进行发掘，运城盆地首次确认了一处特大型龙山时期遗址，并发现了巨型环壕这种大型公共工程，这为确立该遗址中心聚落的地位提供了重要依据。周家庄聚落环壕内，发现了一处房屋集中区和大型墓地，且不同区域存在多处居址。墓地中墓葬成组分布，成人土坑墓与儿童瓮棺葬共存，中间有集中的瓮棺葬区。墓葬规模和结构的不同反映了社会成员中的身份差异。

周家庄遗址瓮棺葬集中区域现场

周家庄遗址出土陶甗

5. 山西吕梁兴县碧村新石器遗址

碧村遗址位于山西省吕梁市兴县高家村镇碧村北，西接黄河，南邻蔚汾河，北抵猫儿沟，东以一道横亘南北的石墙为界，形成一个相对封闭的地理单元，遗址面积约 75 万平方米，以龙山时期的遗存最为丰富，遍布整个遗址。

2014 年下半年至今，山西省考古研究所组织课题组对碧村遗址进行了系统的考古工作，包括对碧村遗址自身的勘探和小规模发掘，还有对周边区域的系统调查工作，其中勘探面积 3 万平方米，发掘面积 500 平方米。通过勘探与发掘，

碧村遗址出土双鋬蛋形瓮

在碧村遗址小玉梁发现了地层清晰、时代明确的大型石砌房址及护坡墙等设施，还发现了零星玉器残片，并发现了遗址东城墙的线索。同时，通过对碧村所在的蔚汾河干流地区的拉网式调查，发现了仰韶、龙山、二里头、汉代等多个时期的遗存，在兴县蔚汾河及黄河沿岸地区发现了6座龙山时期石城，以白崖沟石城保存最为完整，规模超过100万平方米。

碧村遗址发现的意义在于，第一次在晋西高原发现了龙山时期的石砌房址和城墙，进一步深化了学术界对史前时期北方石城遗址分布范围的认识。规模较大的龙山时期石砌房址，尤其是小玉梁上大型石砌排房的存在，为认识晋西乃至北方石城遗址的聚落形态与社会结构提供了新的考古资料。碧村遗址玉器的发现，为探索玉文化传播路线在黄河东岸找到了新的重要支撑点。并且，碧村遗址地处黄河与蔚汾河的关键出入口，遗址规模大、等级高，与神木石峁直线距离不足100千米，战略地位和社会辐射效果显著，这为探索黄河两岸地区的文化与社会交流提供了一个重要突破口，也为探索石峁文化与陶寺文化之间的关系奠定了基础。

6. 山西临汾翼城大河口西周墓地

大河口墓地位于山西省临汾市翼城县城以东约6千米处的大河口村北高台地上。墓地北望二峰山，西邻浍河主干道，南邻浍河支流，两河交汇的三角洲正是墓地所在的高台地。

2007年9月~2008年5月，山西省考古研究所主持、临汾市文物局和翼城县文物旅游局配合，抢救清理了包括M1在内的6座墓葬，通过出土青铜器上的铭文确认该墓地为史籍失载的西周霸国墓地。2009年5月~2011年5月，墓地进行了第一次大规模发掘，发掘面积15000余平方米，共清理不同等级的西周墓葬577座，出土各类器物15000余组（套）。发掘先后获评“2010

大河口墓地鸟瞰图

年度全国十大考古新发现”和2009~2010年度国家文物局田野考古奖一等奖。2014年7月开始，展开第二次大规模考古发掘，预计发掘面积14000平方米。截至2015年底，共发现和清理墓葬400余座、灰坑45个、房址1座、车马坑1座。随葬品以陶鬲和（或）陶罐为主，有的墓葬出土铜戈、铜泡、铜镞、蚌饰、海贝、骨器、玉石器、彩绘陶等，个别墓葬出土青铜容器和漆器，陶器一般置于二层台上，铜戈、铜泡、铜镞、蚌饰、海贝、骨器、玉石器等一般置于棺内。

大河口墓地彩绘陶器出土现场

青铜器铭文显示，大河口墓地墓主的国族名为“霸”，墓葬时代贯穿西周，晚期进入春秋初年。该墓地可能是新发现的一个西周封国墓地，与绛县横水墓地存在诸多相似之处，对于研究西周时期晋南地区的封国及其与晋国的关系具有非常重要的价值。

7. 山西长治长子西南呈西周墓地

2012年8月，为配合山西省长治市长子县东南西南呈中心幼儿园建设，山西省考古研究所对其范围内进行了调查、勘探及小型墓葬的试掘工作，判断该墓地为一处西周时期的大型墓葬区。幼儿园院内初步探明西周时期墓葬73座、宋元时期墓葬3座，其中大型墓葬4座、车马坑1座，墓葬大部分保存完好，未被盗扰。2012年至今，发掘面积达2000平方米，发掘大、中、小型墓

西南呈墓地M15墓道出土车辆

葬 90 座，出土文物百余件，尤其是大型墓葬 M15 的墓道内发现随葬有 14 辆车，这在全国同一时期的同类墓葬中较为罕见。该墓地的发掘为研究晋东南地区西周时期政治势力的分布提供了宝贵的资料。

8. 山西临汾襄汾陶寺北两周墓地

陶寺北两周墓地位于山西省临汾市襄汾县城东北约 7 千米的陶寺村北约 800 米处，在塔儿山以西，隶属于陶寺镇，近年因盗墓被发现。2014 年 6 月下旬，受山西省文物局委托，山西省考古研究所专家组对陶寺村北墓地进行了现场调查，初步推断陶寺村北墓地为两周时期一处大型高等级贵族墓群。随后，由山西省考古研究所主持、临汾市文物局和襄汾县文物旅游局配合，对墓地进行了考古勘探和抢救性发掘。

2014 年 7 月 ~2015 年 1 月，对该墓地进行了两次大规模考古勘探，勘探结果表明，该墓地总面积约 24 万平方米，地势开阔，墓区随地势大体沿西北至东南方向排列，东西长约 600、南北宽约 400 米。已探出墓葬 1283 座、车马坑 1 座。从墓葬分布情况来看，陶寺北墓地应该有统一的规划，墓葬因等级不同而存在小的分区。西北部墓葬年代较早，有的墓葬早至西周晚期，

陶寺北墓地出土玉鱼

陶寺北墓地 M1

东南部已至战国时期，墓地延续约500年。2014年至今，已抢救发掘春秋中晚期大、中、小型墓葬12座，出土铜、玉、骨器等各类随葬品数十件，这是近年来山西南部发现的又一处东周时期大型墓葬群。

9. 山西忻州九原岗北朝壁画墓

九原岗北朝壁画墓位于山西省忻州市忻府区兰村乡下社村东北约600米。2013年6月下旬，由山西省考古研究所与忻州市文物管理处组成联合考古队对其进行了抢救性发掘，共清理壁画200余平方米，出土了大量陶俑残片及数十件铁质棺钉，另外还出土有少量的陶器、瓷器残片。该墓葬以发现大型北朝壁画闻名于世，壁画主要分布于墓道东、西、北三壁，甬道及墓室残存较少。

九原岗壁画墓墓道东壁壁画

九原岗壁画墓墓道北壁壁画

墓道东、西两壁壁画自上而下各分四层，由仙人鸟兽图、武士出行图、大型狩猎场景等内容组成，墓道北壁绘有一座规模宏大的庑殿顶木结构建筑，在同时期墓葬中尚属首次发现。

该墓葬的发掘不仅可以填补忻州地区北朝墓葬的空白，而且可以使山西北部区域北朝墓葬的分布情况更加清晰，对研究北朝社会生活、绘画艺术以及中国古代建筑史都具有非常重要的意义。

10. 山西太原晋阳古城遗址

晋阳古城遗址位于山西省太原市西南晋源区晋源镇附近，2001 年被国务院公布为第五批全国重点文物保护单位。从 20 世纪 60 年代开始，考古工作者就陆续在晋阳古城遗址开展规模不同的考古发掘。

“十二五”期间，作为山西大遗址保护的一项中心工作，山西省考古研究所与太原市考古研究所、晋源区文物部门合作，对晋阳古城遗址进行了大规模勘探，探明古城西城城垣四至，发现了晋阳城修建之初（春秋战国时期）的城墙遗迹，并发现城墙两次大规模营建及历代改建、扩建、修补过程的遗迹。首次发现宋初火烧晋阳城的遗迹现象，

晋阳古城遗址一号建筑基址出土唐三彩狮

晋阳古城遗址全景

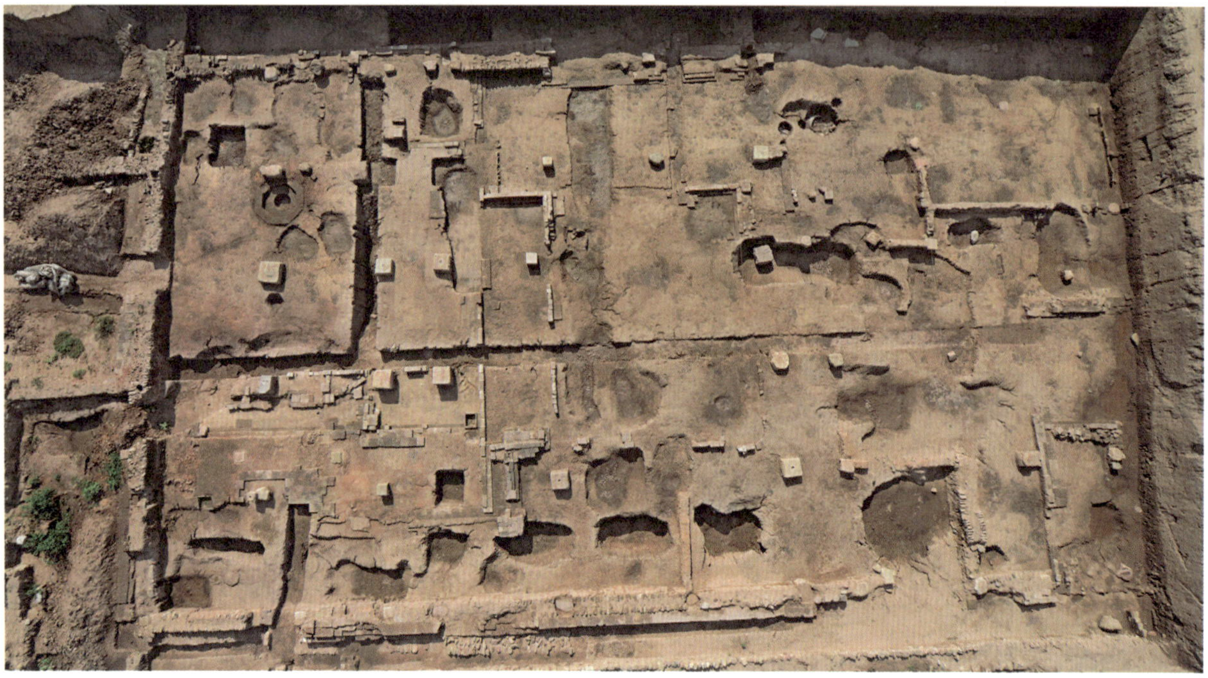

与文献记载吻合。发现了城门 3 座、建筑基址 5 处、手工业作坊遗址 1 处，获取了 390 个有价值的地名，其中与晋阳城遗迹相关的有 80 余个。另外，在晋阳古城遗址范围内的大殿台遗址、小殿台遗址、罗城故唐城遗址、一号建筑基址、晋源苗圃遗址等地点连续开展了大规模的考古发掘工作，发掘面积约 4000 平方米，尤其是一号大型建筑基址和二号大型建筑基址的发掘，对初步了解晋阳古城的城市布局提供了重要线索。

11. 山西朔州应县辽应州城遗址

2012 年 5 月 ~2013 年 12 月，为配合应县木塔申报世界文化遗产，山西省考古研究所对山西省朔州市应县辽应州城遗址开展了相关考古勘探和发掘工作。关于辽代应州城，考古工作以明代城墙为界，在其北部区域共勘探出 3 道东西向壕（水）沟、1 条带状青砖堆积、局部红烧土堆积、大面积踩踏面、东西向硬土堆积和 3 座“品”字形夯土台等遗迹。经过发掘，壕沟内发现窑渣、明代戳印“应”字青砖、金元夯土建筑基址等遗迹遗物。

考古工作在现有佛宫寺外围西部和北部展开佛宫寺遗址的发掘，对佛宫寺西区共发现遗迹 21 处，其中夯土 2 处、踩踏面 2 处、青砖区 5 处、池塘 4 个、明护城河 2 段、明城墙 2 段、沟 2 条、乱砖区 2 处；北区共发现遗迹 6 处，其中夯土 1 处、踩踏面 1 处、池塘 2 个、明护城河 1 段、明城墙 1 段、沟 1 条、乱石区 1 处，夯土与西区夯土在同一走向上，推测为早期佛宫寺的北墙；此外还确定了明代城墙、护城河的位置。

净土寺遗址的考古发掘厘清了明清以来净土寺大雄宝殿前中轴线上的建筑布局，包括铺有砖石路面的中轴线，路面东西两侧的钟楼、鼓楼基址，中轴线中部的天王殿北部边缘以及中轴线尽头的山门局部基址等。此次发掘工作为辽应州城的范围、布局及部分建筑结构的研究提供了珍贵的材料和线索。

辽应州城“品”字形夯土建筑基址

辽代应州城北城墙解剖

12. 山西永济蒲州故城遗址

蒲州故城遗址出土建筑构件

蒲州故城遗址位于山西省永济市西 15 千米的蒲州镇境内，遗址濒临黄河，扼蒲津关口，介秦、晋、豫三界，曾与陕、郑、汴、怀、魏并称“六大雄城”。遗址分东、西两城，占地面积 4.375 平方千米，地上、地下遗存丰富，保存有唐五代至明清时期较为完整的地层堆积序列。2001 年，蒲津渡与蒲州故城遗址由国务院公布为第五批全国重点文物保护单位。

为配合大遗址保护项目，自 2012 年开始，山西省考古研究所主持对蒲州故城遗址进行主动性调查、勘探和发掘。勘探发现护城河遗迹，在西城南城墙护城河外发现疑似码头遗迹，还发现钟楼基址等 20 余处建筑基址和堆石遗迹。从 2012 年下半年开始，以寻找唐代遗存、摸清现存城址布局和地层堆积状况为目的，采取布设探沟和探方相结合的方式，选择重点区域，

蒲州故城遗址Ⅰ区发掘全景

对蒲州故城遗址进行连续的考古发掘。总发掘面积约3500平方米，基本厘清蒲州故城遗址唐五代至明清时期的地层堆积序列，以及部分城墙及其附属建筑的修筑、使用、废弃的年代和夯筑工艺。发现金元时期大型夯土基址1处，清理发掘明清时期西城鼓楼、北门“熙光楼”和东北角楼3处建筑基址，为分析蒲州故城各个时代的布局结构提供了重要线索，也为以后的文物保护工程及遗址公园建设提供了考古依据。同时，发掘出土了大量唐五代和宋金时期遗物，甚至有早到汉代、北朝的遗迹遗物，为研究当地历史文化提供了宝贵的实物材料。

13. 山西运城绛州衙署遗址

2013年3月~2015年7月，山西省考古研究所对位于山西省运城市新绛县县城内的绛州州署遗址进行了为期两年零四个月的主动性考古发掘和清理工作，总发掘面积达6300平方米。其中，Ⅰ区位于现存大堂建筑前方（南侧），Ⅱ区位于现存二堂后方（北侧），两个区域的发掘基本厘清了绛州州署的院落布局和建筑结构，揭示了唐、宋、金、元、明、清各个时期的绛州州署及其附属院落建筑群的变化过程。出土了不同时期的陶、瓷质生活用器及砖、瓦类建筑构件，另有金属、石质品等遗物。其中，瓷器数量众多、种类丰富、窑口庞杂，共有5万余件，器物以碗、盘、碟、勺、罐、缸、瓶、壶等日常生活用器为主。铜钱发现有隋五铢，唐开元通宝、乾元重宝及宋、金、明、清、民国时期的各类品种，铁质钱币的数量特别多，初步统计已超过12000枚。该遗址的发掘，为了解唐至明清时期地方官署建筑布局结构和当时的历史文化提供了珍贵的材料。

绛州署衙遗址发掘Ⅰ区

大同市考古研究所

一、业务建设

（一）业务工作

1. 考古调查与发掘

大同市考古研究所于2012年勘探了华阳房地产融和家园等项目。2013年，勘探并发掘大同御东御昌佳园二期和大同御府等项目。2014年，钻探了富力城、江鸿铂蓝郡、大同尚雅名都二期、上河万家广场等项目，并对大同华宇商业文化中心项目、江鸿铂蓝郡、大同尚雅名都二期、上河万家、华阳星月城、丽华家园、魏都澜庭等项目用地范围内出现的墓葬进行了抢救性考古发掘。2015年，大同市考古研究所继续配合城市基本建设，做好考古钻探工作，发掘了大同市五洲西二路辽代壁画墓、天泰街廉租住房水泊寺北区西地块建设项目A区北魏墓葬群、柳泉南街北魏墓群、左云县中海油煤制气项目三屯乡则楞坡村明清墓葬群等。2016年，大同市考古研究所继续配合城市基本建设，发掘了大同县杜庄遗址。

2015年4月，大同市考古研究所工作人员在大同市五洲西二路道路建设工地发掘两座古代墓葬，编号为M1、M2，均为辽代小型砖室墓。M1、M2的墓葬形制和壁画内容非常相似，这两座墓葬的圆形外壁相切。通过对M1、M2的勘察、分析、研究，最终决定对两座壁画墓一起实施整体搬迁。搬迁前先是对两座壁画墓的壁画进行清理和加固，尽可能将壁画表面的淤土、黏土清除干净，临时加固壁画碎裂、空鼓、起翘部分；然后烘烤壁画的潮湿部分，完全排出壁画内部水分，再用1.5%的改性丙烯酸和有机硅丙溶液喷涂壁画，直到壁画接近饱和状态；再用漆刷将稀稠适度的桃胶均匀涂刷在壁画表面，待贴纸、贴纱布完毕后，用浓度0.2%的防霉剂溶液在表面上喷涂2~3次，防止后期壁画发生霉变，然后用木炭箱进行烘烤直至壁画彻底干燥；最后制作墓室内部支撑体和外部整体加固，并采用槽钢将墓室与地面分离，将壁画墓吊装并安全运输至保护基地。

2. 基础设施建设

2016年，大同市考古研究所的地下临时文物库房建设完成并通过验收，目前已投入使用。

临时文物库房安全设施齐备，其中修复室配备有实验室专用试验台、文物除尘工作台、环境监测系统、喷砂机、蒸汽清洗机、超声波洁牙机、手持显微镜、考古专用内窥镜等。所内技术人员也掌握了基本的文物修复技能及壁画揭取和壁画墓整体搬迁技术。

（二）人才建设与培养

2016年4月，大同市考古研究所派出一名单位职工参加了国家文物局2016年考古绘图培训班，系统学习了考古绘图的技术、方法、步骤，计算机软件技术在考古绘图中的应用，三维影像建模在考古绘图中的应用等。

（三）学术交流与科研成果

2012~2016年大同市考古研究所在国家级、省级等报刊发表考古简报、论文多篇，包括《大同县湖东北魏墓M11发掘简报》《山西大同沙岭新村北魏墓地发掘简报》《山西大同恒安街北魏墓11DHAM13发掘简报》《山西大同仝家湾北魏墓M7、M9发掘简报》《山西大同西环路辽金墓发掘简报》《山西大同西北郊五代墓发掘简报》《山西大同北魏操场城二号遗址发掘简报》《大同北魏平城丝路遗珍》《一对北魏时期的龙形金耳饰》等。此外，出版《大同纯阳宫与道教文化》《大同考古》《大同考古资料汇编》和《大同辽代壁画墓》等著作。

2016年3月，张志忠副研究员在上海博物馆作题为《山西大同沙岭北魏壁画墓的保护与研究》的学术报告。2016年5月，张志忠参加首届中国考古学大会并发言，发言题目是《大同云波路北魏石椁墓相关问题研究》。

（四）对外宣传与公众服务

2014年文化遗产日，大同市考古研究所在华宇考古工地举行为期两天的“考古发掘公众开放日”活动，近5000名市民前来现场参观，充分体现了“让文化遗产活起来”的活动主题，产生了良好的社会效益。

二、重要考古成果

1. 山西大同御东御昌佳园二期北魏墓群

2013年，对山西省大同市御东御昌佳园二期北魏墓群进行了发掘，共发掘古代墓葬139座，其中北魏时期墓葬137座。墓葬多坐北朝南，仅有1座东西方向墓葬；砖室墓2座、石椁墓1座。出土器物400多件，为北魏时期多见的平沿壶、平沿罐、盘口罐、矮领罐及石灯等，还有较为珍贵的北魏时期陶俑。对研究北魏墓葬分期及民族文化交融具有重要意义。

其中M113是一座有长方形底斜坡墓道的偏室土洞墓，坐北朝南，由墓道、封门墙和墓室三部分组成，单人葬，随葬器物51件，全部为陶质。可分为镇墓俑、出行仪仗组合、家禽家畜与

御昌佳园二期墓群整体

御昌佳园二期墓群 M113 俯视及局部

御昌佳园二期墓群出土石灯

模型明器三类。M113 出土的陶俑群是以骑马俑为向导，俑驾马车为护卫，后为牛车，四周包围着胡乐俑、杂技俑、女乐俑、女舞俑、男女侍俑、劳作俑、家禽家畜俑、生活用具模型等。与雁北师院 M2、M5 和司马金龙墓等砖室墓不同的是，M113 是一座偏室土洞墓，却出土了制作精美的俑群。M113 女乐俑服饰既有左衽又有右衽，是北魏平城时期服饰发展和民族文化融合的具体反映。M113 基本未被扰乱，具有一定的研究参考意义。

2. 山西大同云波路华宇商业中心北魏墓葬

2014 年 5 月，大同市考古研究所在山西省大同市云波路华宇商业中心用地范围发掘北魏墓葬 29 座，其中 M10 出土器物丰富。M10 坐北朝南，方向 206°，为长斜坡墓道方形土洞墓，由墓道、甬道、墓室三部分组成。M10 平面近方形，墓顶为四面坡顶，葬具为仿木结构的石椁。随葬品主要分为五大类，包括镇墓俑、人物俑、家禽家畜俑、生活用具及车辆模型，其他还有铁镜、铁质棺环、铁棺钉等，与宋绍祖墓和司马金龙墓出土的随葬陶俑组合和俑群特征类似，说明 M10 是一座北魏平城时期的土洞墓，从 M10 出土的口沿外有二或三周凸弦纹和器身压印忍冬纹带的陶罐可以进一步说明 M10 时代在北魏太和（477~499 年）以后。大同近年来出土的宋绍祖墓、智家堡石椁墓、公安局北魏石椁墓、御昌佳园 M96 均出土有石椁，但以上所列这些墓葬石椁内都置有石棺床，石棺床上不设木质葬具，直接陈尸于石棺床上。而 M10 置木棺，且直接将木棺陈于石椁内地栿上，未置石棺床，这是以前未出现过的现象。且 M10 石椁南壁梁上有出挑，是以前出土的北魏墓葬石椁上未见到的。M10 墓室内的随葬器物基本未被扰动，具有一定研究意义。

华宇商业中心 M10

3. 山西大同五洲西二路辽代壁画墓

2015 年 4 月，在山西省大同市五洲西二路道路建设工地处发现两座古代墓葬，墓室均呈圆形，内部环壁绘有壁画，图案清晰、色彩分明且画面完整。画面内容丰富，人物、动物、花卉等生动翔实、跃然其上，在勾勒出一幅幅辽代契丹、女真及汉民族达官贵人生活场景的同时，还显示出其娴熟的绘画技巧及高超的颜料使用调配技术，历史信息含量颇丰，艺术、科学研究价值极高。两座圆形墓葬外圆相切，经过对现场的仔细勘察、分析和缜密的研究及向同行老师请教，决定对两座墓葬一起进行整体搬迁。首先对壁画进行清理和加固，制作墓室内部支撑体，对外部整体加固，然后采用槽钢将墓室与地面分离，最后将壁画墓吊装并运输到壁画修复基地。

4. 山西大同富乔垃圾电厂北魏石椁墓

2015 年 5 月，大同市考古研究所工作人员对从山西省大同市富乔垃圾电厂运回的数块石板进行清洗、拼对、修复，恢复出一座北魏时期的墓葬石椁。石椁由地栿、四壁、梁和顶板组成，四壁和顶部绘有壁画。

正壁由 3 块石板组成，右侧板上半部残缺，推测原画面应有 4 位主要人物。4 位主要人物坐于尖拱龛内，中间龛二佛并坐，两侧龛单坐一佛，佛身下为须弥座和方形座，人物均有头光、背光，龛顶上有宝盖。人物着通肩或袒右肩服装，中间二佛为说法手势，左侧佛为禅定手势。3 个龛中间饰有梵志、佛、飞天，上部饰有莲蕾图案。下面为供养人物，左侧为女性供养人，右侧为男性供养人，供养人均身着北魏传统服装，女性着裙装，男性着裤装。男女供养人中间置一博山炉，旁边两位司炉者为西域人，着通体长袍。

左壁由两块石板组成，二佛坐于尖拱龛内，下为须弥座和莲花座，有头光、背光，龛顶上有宝盖，左侧佛为说法手势，右侧佛为禅定手势。边上饰其他佛形象和莲纹，下面左侧有女性供养人 6 位，右侧有男性供养人 2 位，中间为博山炉，炉左侧有一西域司炉者。

右壁同左壁，对称构图，左侧佛为降魔手势，右侧佛为说法手势。下层图案左为女性供养人，

垃圾电厂北魏墓石椁正壁

垃圾电厂北魏墓石椁椁顶

右为男性供养人。

前壁由 3 块石板组成，中间为椁室门。前壁内外两面均有图案，内侧上面为七佛，下为莲花座，禅定手势，下面左右为镇墓兽图案，外侧门额上为浅浮雕莲花纹，下面左右为镇墓武士，顶部应由 8 块石板组成，缺失 1 块，内绘有 6 位飞天，头部有背光，飞天人物之间填充有莲蕾图案。

这座石椁是大同地区北魏平城时期葬具中首次出现的佛教题材实例，壁画所绘人物形象、动作，包括龛内两佛并坐形象在云冈石窟的雕刻图案中都能找到相似的内容，常见于北魏平城时期墓葬中墓门处，置有镇墓兽和镇墓武士俑的传统组合也出现在石椁壁画中，应当有镇墓作用和佛教上的护法作用，具有重大意义。

5. 山西大同天泰街廉租住房水泊寺北区西地块建设项目 A 区墓葬群

2015 年 5~8 月，大同市考古研究所在山西省大同市天泰街廉租住房水泊寺北区西地块建设项目 A 区北魏墓葬群共发掘古代墓葬 16 座，其中北魏墓葬 11 座、明清墓葬 5 座。北魏墓葬均坐北朝南，长斜坡墓道，有 1 座窄室墓、5 座方形墓、5 座偏室墓。这批北魏墓葬均以土块封门，

大同市天泰街廉租住房水泊寺北区西地块建设项目 A 区北魏墓葬群

梯形棺（两座带木椁），随葬品多为陶器，部分墓葬还随葬有铁灯、铜手镯、铜指环和铜钱。明清墓葬多为竖井墓道土洞墓，有单人葬、双人合葬，也有迁葬墓。

6. 山西大同柳泉南街北魏墓群

2015 年 8~10 月，大同市考古研究所在山西省大同市柳泉南街北魏墓群共发掘北魏墓葬 45 座，大部分墓葬坐东朝西，为长斜坡墓道梯形窄室墓，土块封门，梯形棺（少部分有木椁），随葬器物多在棺内，多为小型陶壶、陶罐，有的施釉。棺内置动物骨架，部分棺外置漆盘，漆盘上置随葬器物或动物骨架。其中 M16 是一座有石椁、木棺的坐北朝南的长斜坡墓道北魏墓，石椁上雕刻有精美的图案，两侧分别为龙形和虎形，底纹为龟形图案分界，内雕各种动物花卉图案，施红彩、黑彩，椁盖顶绘银河、日、月。墓室内椁前置数个漆盘，上置有动物骨骼，铜质生活器皿、漆器及陶器。棺为典型的北魏时期的梯形木棺，棺外原应绘有图案，但保存较差，分辨不清。棺内人物骨架基本无存，仅余两截腿骨。棺内有数个小陶壶，有的施釉。

柳泉南街 M16

7. 山西大同左云中海油山西大同低变质烟煤清洁利用示范项目清代墓葬群

2015 年 9 月，大同市考古研究所为配合中国海洋石油总公司拟建的山西大同低变质烟煤清洁利用示范项目，在左云县政府规划的山西省大同市左云县煤化工园区内发掘古代墓葬 37 座，按墓葬形制可分为土坑竖穴墓、土坑小侧室墓、竖井墓道洞室墓 3 类。此次共出土各类随葬器物 60 余件，以瓷罐为大宗，共 33 件，其余有铜钱 11 枚、小铜镜 2 件、铜烟锅 3 件、铜饰件 6 件、瓷碗 2 件以及铜扣若干。墓葬多数有壁龛，内置瓷罐并以板瓦封堵，板瓦正面以朱砂或墨书写符文，背面用朱砂或墨书写墓主姓氏。综合各方面因素，推测该墓群应为清代早中期杜氏家族墓地。

左云中海油古代墓葬全景

8. 山西大同桑干河流域泥河湾旧石器时代遗址

泥河湾盆地是分布在山西省北部和河北省西北部桑干河流域的东西向盆地，对于旧石器时代考古、古人类学、地质学等研究具有重要意义。泥河湾盆地总面积约 9000 平方千米，其中分布在山西省的面积占据了其中的 70%，大同市的城区及大同、阳高、天镇、浑源、广灵诸镇都是主要分布区域。

目前发现的泥河湾盆地旧石器时代遗址分布广、数量多，时代上从旧石器时代早期到晚期都有发现，最早的有距今180万年的河北阳原马圈沟遗址，另外还有距今100多万年的河北阳原小长梁遗址。大同阳高许家窑遗址在1976年进行了发掘，出土了人类头骨化石。经研究，许家窑人属于早期智人，这一发现将泥河湾盆地的人类历史推进到了12万年前。种种研究表明，泥河湾盆地是中国乃至东亚地区的早期人类及其文化起源和繁衍的一个重要区域。基于与泥河湾盆地东端的旧石器文化进行比较、整合并构建出“大泥河湾”旧石器文化的需要，2016年，山西大学与大同市考古研究所组成联合考古队，开始了大同桑干河流域泥河湾旧石器时代遗址考古调查与试掘。

从2016年4月下旬开始，经过近两个月的调查，考古队在大同县及阳高县的部分地区共发现旧石器时代遗址和化石地点70余处，其中大同县54处、阳高县19处。从6月中旬开始，对杜庄遗址进行发掘。杜庄遗址分布面积较大，包括了石板沟南北两侧的大部分地区，考古队选定了遗物相对丰富的石板沟进行发掘，发掘面积40平方米。目前已出土石器及化石近千件，以化石为主，石器相对较少。

山西大学

一、业务建设

（一）业务工作

自 2012 年以来，山西大学历史文化学院考古系承担了南水北调支线工程考古发掘、山西省长城保护规划（部分区县）、第一次可移动文物普查、柿子滩发掘报告整理等工作。建立了原平市辛章遗址本科生田野考古实习基地，培养训练了三届本科生和硕士研究生，提出“大泥河湾”概念，并启动了山西区域泥河湾旧石器考古调查。

（二）人才建设与培养

山西大学是国内较早开办考古学专业的 13 所院校之一，考古学与博物馆学系于 1978 年正式招生，2007 年获得国家文物局考古发掘团体领队资格，2012 年设立考古学博士后科研流动站。经过多年的建设，形成了史前考古、晋文化考古、北朝考古等特色研究方向。

现有专职教师 15 人（具有博士学位者 12 人、正在攻读博士学位者 2 人），其中教授、博导 3 人，副教授 4 人，讲师 5 人，助教 3 人。教师中具有考古发掘个人领队资质的有 6 人。聘请了山西省文物局、山西省考古研究所、山西省博物院、云冈研究院等单位专家担任系内研究生导师。

（三）学术交流与科研成果

1. 学术交流

山西大学历史文化学院考古系教师积极参加学术会议：2014 年的纪念北京猿人第 1 头盖骨发现 85 周年国际古人类学学术研讨会、草原文化国际学术研讨会、“一带一路”考古学研究暨中国人民大学考古学科建立十周年学术研讨会、中国考古学会旧石器考古专业委员会成立大会，2015 年的中国考古学会宋辽金元明考古专业委员会成立大会、陕西汉中龙岗史前考古论坛、文物与博物馆学专业教学体系建设研讨会、饶宗颐教授百岁华诞国际学术研讨会，以及 2016 年的首届中国考古学大会。2013 年李君应台湾逢甲大学邀请赴台进行史前考古和文化遗产保护的交流访问。2016年宋艳花赴日参加旧石器考古学学术研讨会。

2. 科研成果

近几年，山西大学历史文化学院考古系承担了多项国家级、省级科研项目：2014年度国家社科基金重点项目《柿子滩旧石器遗址发掘报告》；2014年度教育部人文社科研究项目青年基金项目《东周刻纹铜器研究》；2015年度国家社科基金一般项目《泥河湾盆地山西区域旧石器考古调查与研究》；2015年度教育部人文社会科学研究青年项目《中国古代家鸡的动物考古学再研究》；2015年度教育部人文社会科学研究青年项目《徐水南庄头遗址动物骨骼的生物考古研究》；2012年度山西省文物局科研课题《桑干河流域史前文化与环境研究》；2012年度山西省文物局科研课题《柿子滩遗址石器功能与人类行为研究》；2014年度山西省文物局科研课题《大同北魏时期居民的食物结构分析：来自碳、氮稳定同位素的证据》；2014年度山西省艺术科学规划课题《山西省北朝墓葬壁画研究》。

柿子滩遗址位于山西省吉县，是一处旧石器时代晚期晚段的细石器遗址。经过十年的连续田野发掘工作，2010年开始，柿子滩遗址进入了室内整理和研究阶段，柿子滩遗址各个地点的发掘报告陆续整理发表。2013年~2016年，刊发了《柿子滩遗址第十四地点2002~2005年发掘简报》《山西吉县柿子滩遗址S12G地点发掘简报》《山西吉县柿子滩遗址第五地点发掘报告》《从柿子滩遗址S9地点石磨盘的功能看华北粟作农业的起源》《柿子滩遗址穿孔饰品的穿系方式研究》等简报。

出版学术专著3种，分别为李君《石家庄元氏、鹿泉墓葬发掘报告》、宋艳花《山西旧石器时代考古》和赵杰《中国历代长城发现与研究》。

在国外学术刊物上发表论文20余篇。在国内刊物上发表《平顶山应国墓地新见铜盉与吴越地区西周铜器断代》《晋南地区东周时期铜器墓葬研究》《山西河曲县坪头遗址新石器时代房址发掘简报》《山西原平市辛章遗址2012年发掘简报》《山西吉县柿子滩旧石器时代遗址出土装饰品研究》《北齐赵信墓志考略》《晋城拴驴泉石门铭的勘查与研究》《三星堆器物坑出土人身形铜牌饰辨析》《河北赞皇南马遗址先商文化时期动物骨骼的稳定同位素分析》《早商文化的北进与北方系青铜器的发展》等论文。

（四）对外宣传与公众服务

山西大学历史文化学院考古系成立文物爱好者社团，组织社团成员参观考古工地、参与考古博物馆策展等，并举办“河汾讲堂”，邀请各研究方向的专家讲座已近40期。

原平辛章遗址除了作为考古系学生实习基地外，还同时对当地中小学生、山西大学初民学院学生及对考古感兴趣的群体开放。

二、重要考古成果

1. 泥河湾盆地山西区域旧石器遗址

泥河湾盆地对于旧石器时代考古、古人类学、地质学研究具有重要意义，鉴于该区域旧石器考古研究的重要性和山西省在该区域研究的薄弱现状，山西大学历史文化学院考古系制定了第一期三年工作计划，在野外调查的基础上进行小范围试掘，并于 2016 年开展具体工作。

2016 年 4~7 月，重点对大同县进行调查，并涉及浑源县、阳高县部分区域，经过三个月的野外调查，发现了 75 处动物化石和石器地点，时代涵盖旧石器时代早、中、晚期，其中有 12 处旧石器地点极具进一步发掘和研究的价值。

这次工作与大同市考古研究所联合进行，在野外调查接近尾声时，经国家文物局批准，对大同县杜庄旧石器时代晚期遗址进行了发掘，发掘工作目前仍在进行。遗址位于大同市大同县

杜庄遗址石制品和动物骨骼化石出土现状（一）

杜庄遗址石制品和动物骨骼化石出土现状（二）

杜庄乡杜庄村东北 1000 米处，遗址文化层为大同湖接近消亡时的湖底沉积，为浅灰绿色粉砂质黏土。此次发掘发现了一批动物化石和石制品，动物种类有犀牛、羚羊、鸵鸟等，石制品包括石核、石片、刮削器、尖状器等，原料以石英为主，有少量燧石。这些遗物具有比较明显的聚集现象，石器与化石共出，且化石破碎严重，初步推测这是在古人食用后，又有食肉类动物对残骨肉进行了第二次餐食。经过前期光释光测年及地层对比，初步确定该遗址年代距今约 3 万年。经过进一步野外调查，在杜庄遗址周围又发现 6 处旧石器地点，结合本次发掘情况，确定了杜庄遗址群的分布范围，初步推断这里是古人的一处活动中心。

经过这次野外调查和试掘，“大泥河湾”的概念被推出，通过新发现的 70 余处地点说明在大同盆地中西部同样蕴藏着丰富的远古人类遗址，同样在泥河湾研究中具有重要地位，是探索东方人类起源不可或缺的地区。

2. 山西原平辛章新石器时代遗址

辛章遗址分布于山西省原平市中阳乡辛章村东和村北的广阔区域，地处滹沱河东岸的台地之上。该遗址分布面积较广，延续时间长，文化遗存丰富，保存较为理想，总面积近 100 万平方米，从新石器时代仰韶时期延续至战国时期。2012 年，对该遗址进行了第一次发掘。发掘区位于辛章村东北的一处台地上，北邻一条东西向深沟，发掘面积 164 平方米。发现墓葬 2 座、

辛章遗址 F1（2012 年）

房址3座、陶窑1座、灰坑12座、灰沟2条，出土陶器204件、石器55件、玉器6件、骨器44件（其中卜骨7件）、蚌器7件。此次发掘的遗存时代性质单一，均属龙山晚期遗存。

房址除圆形的半地穴式和地穴式房屋各1座外，还发现1座半地穴式双室房屋。该房址由南北双室组成，方向为北偏西。南室平面呈“凸”字形，其主体平面大致呈圆形，直径2.6~2.8米，在北侧有向外凸出的过道。北室平面大致呈圆形，残存部分东西向最大径1.88米。南室和过道靠近南室的部分铺有白灰面。南室东北侧与东壁相连处有灶坑，灶坑为半圆形的浅穴状，房屋的出入口应位于北室北部。

辛章遗址Y1（2012年）

发现一座横穴式窑址，由窑室、窑门、火道、火膛、火口及窑前工作面等组成。窑室平面呈圆形，底径1.7~1.8米，窑室壁呈弧形内收，残高0.48~1.14米。窑室西侧有窑门，立面呈长方形，窑门底部、火膛之上有土梁。窑室底部有在生土上挖成的“北”字形火道，分为南、北两组，分布对称、规则，每组均有4条火道，分别1条东西向火道和3条斜向火道。火口立面呈长方形，其上有一块斜放的大石板。火膛西侧有窑前工作面，浅坑状，长、宽均为1.1米。窑内填土中出土有斝、瓮、豆等陶器以及石器、骨锥、卜骨等。

墓葬2座，均为竖穴土坑墓，未见葬具和随葬品。灰坑12座，平面形状有圆形、椭圆形、圆角方形等。灰沟2条，堆积均很深，出土了丰富的陶器、石器等。

陶器以泥质陶为多，其余为夹砂陶。灰陶、黑陶最多，有很少量的灰褐陶、黄褐陶和红陶，还有1件泥质白陶。夹砂陶多饰以绳纹，其次是篮纹和素面。泥质陶以素面最多，其次是篮纹，还有少量绳纹、弦纹、方格纹。器形有鬲、斝、盉、甗、瓮、罐、尊、碗、盆、豆、圈足盘和杯，还有环、祖及铃等。富有特征的器物有双鋬鬲、附加堆纹斝、三系罐、敛口瓮，其中双鋬鬲除一鋬位于一侧袋足上、另一鋬位于两袋足连接处的正装双鋬鬲之外，还见有较多口沿外壁紧贴口沿或口沿下方设双鋬的陶鬲。

磨制石器数量最多，主要有穿孔石刀、石斧、石铲以及锛、凿、镞、杵、臼、纺轮和弹丸等，细石器有镞、刮削器等。玉器数量少，有凿、璜、环等。骨器均通体磨光，磨制精细，有锥、针、

辛章遗址 H3 出土双鋬陶鬲

辛章遗址 F3 出土三系陶罐

铲、刀、匕、镞、笄、环、管等。还发现 7 件卜骨和 7 件蚌器，卜骨均为猪肩胛骨经过修磨而成，其中 4 件有灼痕或钻孔。

2014 年 4~6 月对辛章遗址进行了第二次发掘，发掘面积 145 平方米。墓葬 7 座、房址 1 座、陶窑 1 座、石灰窑 3 座、灰坑 12 座、灰沟 1 条，出土陶器 204 件、石器 50 件、骨器 34 件、蚌器 7 件。

石灰窑是本年度的重要发现。以 Y3 为例，总体近漏斗状，其中窑室口部平面呈圆形，部分已被破坏，残径约 70~80、残高约 60 厘米，壁面平滑，较陡。窑室与火膛之间有一个直径 27 厘米的圆形火道，火膛高约 27 厘米，有加工痕迹，火膛底部发现了一层白石灰；在火膛东南部有火膛口，火膛口内及其前部有一层较厚的白石灰渣。

墓葬发现有多人合葬墓和洞室墓。M5 为北宽南窄的圆角等腰梯形竖穴土坑墓，长约 220、北宽约 120、南宽约 80、深约 45~65 厘米。墓内葬 3 人（自东向西依次为甲、乙、丙），葬式混乱。甲为女性，头面向下，左臂上伸至丙头顶，左手与丙左手相交，右臂背向后，两腿分开，右腿屈伸于乙右腿之下；乙头部侧向西，左臂后蜷至脑后，右臂不见，左腿前曲，右腿直伸；丙为男性，头亦侧向西，紧挨乙，左臂伸向头顶左手与甲左手相交，右臂前伸至头前，两腿蜷曲严重。甲、乙、丙 3 人全身有多处骨裂现象，尤其乙头骨骨裂明显。人骨保存较差。墓内主要填灰褐色土，人骨之上有石块和陶片，之下有部分红烧土。墓内北侧发现野猪的獠牙，中部发现一牙雕，南侧乙脚处有一石饼。

M7 为筒形平底的偏洞室墓，墓向 220°，竖穴深约 175、墓室高约 55 厘米。长方形竖穴底部西北侧开一土洞为墓室，墓室仅可容身。墓室与竖穴之间底部有上宽下窄的凹槽，凹槽内发

辛章遗址石灰窑（Y1~Y4）

辛章遗址 M5

现有木炭块和腐朽的木板痕迹。人骨保存完好，墓主为成年女性，仰身直肢。在人骨之下有一层木板痕迹。无随葬品。

出土遗物以陶器数量最多，主要器形有鬲、斝、盉、甗、甑、瓮、尊、罐、碗、盆、豆、圈足盘、杯以及纺轮、弹丸、抹子、刀等。鬲的形态均为正装双錾手，年代约当龙山晚期偏早阶段。石器多为磨制，有刀、铲、斧、锛、凿、矛、镞、杵、臼以及少量细石器。骨器37件，有锥、针、铲、刀、匕、镞等生产工具和笄、环、管等装饰品。

辛章遗址地处滹沱河上游忻定盆地，与盆地内游邀、五台阳白、定襄青石等遗址之间存在着较多的共性。辛章遗址的发掘，为深入探讨山西北部龙山晚期文化的时空格局及该地区与河北北部、陕西北部、内蒙古中南部等地区的文化关系提供了新的资料，并将促进滹沱河上游新石器时代晚期文化向二里头文化过渡问题的考察。

内 蒙 古 自 治 区

内蒙古自治区文物考古研究所

一、业务建设

（一）业务工作

1. 考古调查与发掘

内蒙古自治区文物考古研究所受自治区文物局委托，对全区的公路、铁路、电厂、煤矿等基本建设项目进行实地文物调查，并参加了这些项目的可行性研究论证会。五年来，共计对200多个建设项目的占地区域进行了调查和勘探，同时对占地范围内的遗址进行了抢救性发掘，使许多遗址和地下文物得到了有效保护。承担了自治区境内的长城资源调查工作，在长城资源认定工作结束后，为了编撰长城调查报告，部分工作人员每年都对长城进行实地调查和核实，并对卓资县灰腾梁进行了专项调查，为长城调查报告的编写增补资料。

五年来，内蒙古自治区文物考古研究所共主持考古发掘项目近60项，这些发掘项目以配合基本建设为主，少数发掘项目是配合申报世界文化遗产、建设国家或省级遗址公园、抢救濒危遗址而开展的。其中代表性考古发掘项目有赤峰市魏家窝铺红山文化聚落遗址、通辽市哈民忙哈聚落遗址、呼和浩特市赛罕区沟口子新石器遗址、杭锦旗霍洛柴登古城铸钱作坊遗址、和林格尔盛乐古城及周边墓葬、和林格尔县鸡鸣驿遗址、巴林左旗辽上京遗址、察右前旗元代集宁路古城遗址、凉城县榆树沟元代遗址、和林格尔县下脑亥遗址、和林格尔县小红城古城、库伦旗小奈林稿遗址、库伦旗西孤家子墓地、和林格尔县外西沟车站唐墓、巴林左旗南山窑遗址、化德县裕民遗址、托克托县海生不浪遗址、准格尔旗巴润哈岱墓葬、四子王旗麻黄洼遗址、正镶白旗伊和淖尔墓群、卓资县庙坡底遗址、敖汉旗乃林皋遗址、额济纳旗红庙西汉墓群、准格尔旗城壕村头道沟遗址、准格尔旗脑包湾村唐代墓群、奈曼旗大代村辽墓、商都县北大村辽墓、苏尼特左旗苏仁浑迪墓葬、多伦县辽代贵妃墓、中蒙联合考古调查与发掘项目等。

为配合正蓝旗元上都遗址申遗工作，内蒙古自治区文物考古研究所组织考古队对元上都遗址进行了多次发掘，使元上都的历史文化内涵和普遍价值得到深入挖掘，并为元上都的成功申遗奠定了坚实基础。

为进一步认识辽上京城址的布局和沿革，促进对辽上京遗址的有效保护，推进辽上京国家考古遗址公园建设与辽上京和辽祖陵遗址申请世界文化遗产，与中国社会科学院考古研究所内蒙古二队联合组成辽上京考古队，对辽上京西山坡佛寺遗址、皇城南部街道、宫城东门和东墙等区域进行了考古发掘，获得了重要考古发现。

为配合元代集宁路遗址公园的建设，对古城周边区域进行了勘探和发掘，为清华大学建筑设计研究院有限公司编制的《元代集宁路古城文物保护规划》提供了大量考古发掘资料和文物保护信息，现该规划已通过专家论证。

为配合和林格尔县土城子古城遗址公园建设，对古城及周边区域进行了考古发掘，为《和林格尔土城子遗址保护规划》的编写提供了翔实可靠的考古资料。

2010 年至今，对科左中旗哈民遗址连续进行了六次考古发掘，发现了一批保存完好的房屋基址，出土了大量珍贵遗物；并在发掘区建设了多个覆盖棚，联合当地政府修建了哈民遗址工作站，以有效地保护遗址及出土文物。

2. 基础设施建设

内蒙古自治区文物考古研究所拥有国家一级文物库房及文物标本陈列室，保存有大量的珍贵文物。文物标本陈列室建于 20 世纪 90 年代，由于原有保存展示环境已经不能满足现代文物展览保护以及业务研究的需求，于 2014 年对原有的墓志标本室进行了改扩建，扩建后面积 240 平方米。并采购了一批由专业公司制作的能够使文物保持恒温、恒湿及防爆、抗震等技术要求较高的展柜，以达到文物展示的安全性、环保性、易操作性以及适合的视觉效果。

此外，新建了科左中旗哈民遗址工作站，用于哈民遗址的保护和出土资料整理工作的开展。对巴林左旗辽上京工作站进行了房屋维护和室内装修；对和林格尔县小板申工作站进行了扩建，并购置了一批新桌椅；对元代集宁路古城工作站进行了维护，改善了办公和居住条件；对凉城老虎山工作站进行了暖气改造。通过对工作站的扩建和改造，使出土遗物得到了妥善的保管，为考古发掘资料的整理工作提供了更为便利的条件。

（二）人才建设与培养

五年来，新增在编工作人员 9 人，全部为考古专业毕业的硕士研究生，由此形成阶梯式人才队伍，为业务发展储备了新生力量。此外，1 名工作人员获得博士学位，另有 2 名工作人员成功考入吉林大学，目前正在攻读考古学博士学位。为提升工作人员的业务能力，内蒙古自治区文物考古研究所组织员工积极参加各类培训学习活动，取得了显著的效果，主要有：国家文物局在陕西西安泾渭考古基地组织的考古领队班岗前培训、国家文物局在海口举办的古陶瓷鉴定培训、国家文物局在陕西文物保护专修学院举办的考古绘图培训，呼和浩特全国重点文物保护单位专项补助资金项目申报培训、内蒙古自治区第一次全国可移动文物普查第一次培训会议、第一次全国可移动文物普查第一次骨干培训会议（文物普查器物定名、年代、器物分类、器物摄像培训）、第一次全国可移动文物普查平台登录和信息采集培训、全区第一次全国可移动文物普查培训会议、三峡重庆库区地下文物保护项目综合性研究报告编写工作会议、第一次全国可移动文物普查主任会议暨信息审核工作培训会议、内蒙古自治区第一次全国可移动文物普查主任会议暨信息审核工作培训会议。内蒙古自治区对外文化交流和贸易骨干培训班、中国行政学院321专业技术人才管理培训班、文化部文化干部管理学院内蒙古文物文化素质干部提高班、内蒙古自治区第一次全国可移动文物普查主任会议暨信息审核与管理培训会议、内蒙古自治区文物考古研究所举办的“道德讲堂暨业务提升培训会”等。此外，内蒙古自治区文物考古研究所还经常组织年轻业务人员学习全站仪、三维扫描仪的操作使用。

与国内高校开展合作研究是提升所内工作人员业务能力的重要途径。内蒙古自治区文物考古研究所目前和吉林大学边疆考古研究中心、中山大学社会学与人类学学院、内蒙古大学历史与旅游文化学院、内蒙古师范大学历史文化学院、赤峰学院等展开田野考古发掘及课题合作，一方面为这些高校学生提供了田野实习平台，另一方面也带动了所内业务人员的学习热情，形成了良好的学术研究氛围。

（三）学术交流与科研成果

1. 学术交流

内蒙古自治区文物考古研究所积极派遣业务人员参加国内外的学术交流活动及学术会议，其中学术会议有在赤峰市巴林左旗召开的“十至十二世纪东亚都城和帝陵考古与契丹辽文化国际学术研讨会”，蒙古国乌兰巴托市“第六届东亚考古学会年会”“草原游牧民族与丝绸之路暨中蒙联合考古十周年国际学术研讨会”，俄罗斯伊尔库茨克“第五届中国北方及蒙古、贝加尔、西伯利亚地区古代文化国际学术研讨会”，呼和浩特市“第六届中国北方及蒙古、贝加尔、西伯利亚地区古代文化国际学术研讨会”“内蒙古自治区文物考古研究所成立六十周年暨草原考古学文化研讨会”等。俄罗斯、蒙古、日本、挪威等国家的学者也多次来所考察交流，并初步形成了一些合作意向。

内蒙古自治区文物考古研究所保存有大量珍贵文物，通过文物借调，研究所与内蒙古博物院及其他省市博物馆共同筹备了一些大型展览，主要有国家博物馆、浙江博物馆举办的“惠世天工”——中国古代发明创造文物展，秦始皇帝陵博物院举办的东周时期北方青铜文化臻萃展览，上海博物馆举办的“幽蓝神韵”元代青花瓷器展，大连现代博物馆举办的辽代文物展，安徽博物院“神秘的契丹”——辽代文物展，盛乐博物馆举办的盛乐古城出土文物精品展，南京博物院举办的“金色中国”——中国古代金银器大展，重庆中国三峡博物馆举办的“草原华章”——中国北方游牧民族文物展，内蒙古博物院、鄂尔多斯博物馆和云南省博物馆举办的“金色中国”——中国古代金银器大展，内蒙古博物院举办的“相映成辉”——草原丝绸之路文物精华展，内蒙古自治区文物考古研究所新陈列室举办了内蒙古自治区文物考古研究所重大考古成果展，甘肃博物馆举办的草原丝绸之路文物精华展，浙江省博物馆举办的“香远益清”——唐宋香具览粹，山东博物馆举办的“太阳契丹”——大辽文明展，内蒙古博物院举办的“中华文明的曙光”——红山玉文化展，大同博物馆举办的草原丝绸之路文物精华展，良渚博物院举办的“天骄风采”——成吉思汗与黄金家族的辉煌展览，天津博物馆举办的“发现契丹”——辽代文物精华展、扬州博物馆举办的“发现契丹”——辽代文物精华展，旅顺博物馆举办的草原丝绸之路文物精华展，杭州南宋官窑博物馆举办的“发现契丹”——辽代文物精华展，内蒙古博物院举办的“梦幻契丹”数字展和第一次全国可移动文物普查成果展等。

2. 科研成果

内蒙古自治区文物考古研究所积极承担国家及省部级的各类科研课题。五年来，完成国家社科基金项目 3 项，另有 4 项国家社科基金项目正在进行中；完成省部级科研课题 5 项，另有 1 项正在进行中。积极与国外科研机构合作，开展考古课题研究，与日本妇幼会合作开展“和林格尔汉代壁画墓孝子传图辑录”研究，并出版考古研究报告 2 部；与挪威奥斯陆大学开展古代鼠疫传播的考古学证据研究；与蒙古国游牧文化研究国际学院、蒙古国国家博物馆合作开展“蒙古国境内古代游牧民族考古调查与发掘研究”项目，每年进行为期 3 个月的考古发掘和 1 个月的考古资料整理。

内蒙古自治区文物考古研究所编撰考古报告、专著、论文集 16 套（28 册），发表考古简报和论文 120 余篇。考古报告包括《浑河下游航空摄影考古报告》《赤峰上机房营子与西梁》《内蒙古自治区长城资源调查报告·明长城卷》《内蒙古自治区长城资源调查报告·北魏长城卷》《内蒙古自治区长城资源调查报告·东南部战国秦汉长城卷》《蒙古国后杭爱省浩腾特苏木胡拉哈一号墓园考古发掘报告》；综合性研究著作包括《元上都论》《匈奴论》《内蒙古自治区文物考古研究所 60 年—辉煌历程》《内蒙古自治区文物考古研究所 60 年重要出土文物—草原华章》《阿拉善文化遗产》《呼和浩特文化遗产》《锡林郭勒文化遗产》《内蒙古考古大发现》《内蒙古自治区志·文物志》《和林格尔汉墓壁画孝子传图摹写图辑录》等；论文集包括《内蒙古文物考古文集—配合国家基本建设专集》第四辑和《中国北方及蒙古、贝加尔、西伯利亚地区古代文化》。

内蒙古自治区文物考古研究所的考古发掘工作也取得了重要收获。通辽哈民史前聚落遗址被评为“2011 年度全国十大考古新发现”及 2011 年“中国社会科学院考古学论坛年度考古新发现”，与中国社会科学院考古研究所合作进行的辽上京皇城西山坡佛寺遗址被评为“2012 年度全国十大考古新发现”，正镶白旗伊和淖尔墓群被评为“2014 年度全国十大考古新发现”，多伦县辽代萧贵妃墓被评为“2015 年度全国十大考古新发现”。

（四）对外宣传与公众服务

2014 年 10 月 8 日，内蒙古自治区文物考古研究所网站正式开通，分享所内概况、专家情况、重大考古发现、所内馆藏重点文物图片、出版期刊等信息。

二、重要考古成果

2012~2016 年，内蒙古自治区文物考古研究所共对 200 多个国家基本建设项目的占地区域进行了调查和勘探，累计主持考古发掘项目 60 余项，取得大量重要发现。

1. 内蒙古乌兰察布灰腾梁西汉长城调查

2013 年 8 月，设在内蒙古自治区文物考古研究所的内蒙古自治区长城资源调查项目组在编撰长城资源调查报告的过程中，对位于乌兰察布市灰腾梁上的北魏九十九泉御苑遗址进行了复查。在复查过程中，通过对相关遗存的进一步认识，发现该遗址并非所谓的“御苑”，而是一条呈半环形分布于灰腾梁草原之上的西汉长城。该发现使长城的总长度增加了 46 千米，同时也纠正了以往对于北魏九十九泉御苑遗址的错误认识。调查中，将长城墙体共划分为 18 个调查段，调查墙体沿线及周边地区烽燧 46 座、障城 9 座。采集遗物均为陶片，可辨器形有饰粗绳纹的夹砂釜，外背饰绳纹、内壁饰菱形格纹的板瓦残片等，均为典型的西汉时期遗物。西汉灰腾梁长城的修筑，将水草丰美的高山草原整个包围起来，占据了防控匈奴的制高点，起到有效的控扼作用。东汉时期，随着武要县建制的撤销，灰腾梁长城也随之废弃。

2. 中蒙考古合作项目

2012 年 6~8 月，中蒙联合考古队对蒙古国后杭爱省浩腾特苏木巴彦朝格图山夯土台遗址进行了发掘。该夯土台呈方形，边长 13、高 2.3 米，以浅黄色黏土夯筑而成。夯土台东侧有斜坡形夯土踏道，夯土台顶部有一盗坑，盗坑内出土少量人骨和大量动物骨骼。该夯土台与回鹘都城哈剌巴拉嘎斯古城遥遥相望，可能是古城外围的烽燧。发掘期间，联合考古队还对前杭爱省、后杭爱省、巴彦洪格尔省的 12 处遗址进行了调查。

2013 年 7~8 月，中蒙联合考古队对苏赫巴托省德力格尔汗山周边地区进行了专项调查，总行程约 1500 千米，调查了新石器时代、青铜时代、匈奴、突厥、契丹和蒙元时期的文化遗存 10 余处，重点调查了乌兰朱和新石器时代遗址、乌兰朱和文化青铜时代的墓葬区、查干额力格岩画群、恩格尔布查匈奴墓地、德力格尔汗山布拉格突厥文碑铭、毕其格图石壁文字遗存等重要文物遗址。

2014 年 6~9 月，考古队对布尔干省达欣齐楞苏木詹和硕遗址和后杭爱省乌贵诺尔苏木塔林和日木遗址进行了考古发掘。詹和硕遗址由两个圆形土包组成。1 号土包清理出房址 1 座、窑炉 1 座、灰坑 1 个、墓葬 5 座。房屋为半地穴式，长 10、宽 7 米，建于匈奴时期。5 座墓葬全部为竖穴土坑式，分别属于回鹘、契丹等不同时期。2 号土包清理出匈奴时期房屋 1 座和突厥墓葬 1 座。塔林和日木遗址由 3 座城址组成，此次发掘地点为西城中央的墩台，发现了 1 座柔然时期的竖穴土坑墓，出土了陶罐、金头饰、弓弭、铜项饰、铜手镯及指环、铁剑等遗物。

2015 年 6~9 月，联合考古队对蒙古国布尔干省布雷杭盖苏木宝拉格遗址进行了考古发掘，并在前一年发掘的基础上，对后杭爱省乌贵诺尔苏木的和日木塔拉遗址进行第二次考古发掘。此年度在宝拉格遗址发掘祭祀台基 1 座、砖窑 1 座、葬马坑 1 座。

3. 内蒙古乌兰察布裕民遗址

裕民遗址位于乌兰察布市化德县德包图乡裕民村东北 2.5 千米处，遗址总面积约 2 万平方米。2010 年 8 月，为配合集通铁路复线附属工程建设，对该遗址进行了发掘，发掘面积 100 平方米。2014 年 8~11 月，再次对裕民遗址进行考古发掘，发掘面积 725 平方米。对编号 F4 的房址进行了试掘。此次发掘共出土器物 500 余件，其中大部分为石器，有少量陶器、骨器。石器均为打制和琢制，器形有半圆形刃石铲、片状砍砸器、矛形器、三角状石锥、刮削器、石片状器、石叶、石核等。陶器较少，目前只发现圜底釜和饼形器。骨器有骨角刀、骨锥。该遗址属于中型聚落遗址，这一文化人群的生产方式以狩猎和采集为主，^{14}C 测年结果显示该遗址距今 8000~7000 年。

裕民遗址发掘航拍

裕民遗址出土石叶、刮削器

4. 内蒙古通辽哈民忙哈遗址

继2010、2011年的发掘之后，内蒙古自治区文物考古研究所对于2012~2014年内蒙古自治区通辽市科尔沁左翼中旗哈民遗址进行了第三次考古发掘，发掘面积4500平方米。共清理房址35座、墓葬8座、环壕2条，出土陶、石、玉、骨蚌器等1500余件。通过连续五年的抢救性发掘，发现了完整的房屋顶部木质结构，完整再现了新石器时代半地穴式房屋的构筑框架，这在全国范围内尚属首次。房址当中还发现有凌乱堆弃的大量人类遗骸，这为进一步研究新石器时代当地原始居民的社会结构、政治关系以及生活方式提供了极为重要的实物资料，具有重大的

哈民忙哈遗址 F47

哈民忙哈遗址 F46 出土玉器

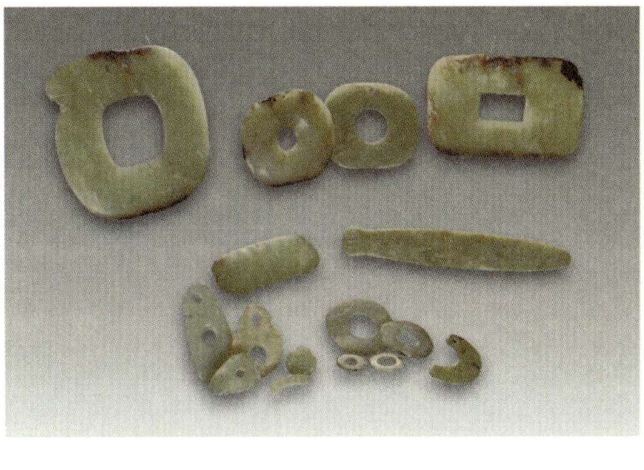

哈民忙哈遗址发掘区全景

研究价值。该项目被评为“2011 年度全国十大考古新发现”。

5. 内蒙古通辽南宝力皋吐遗址

2013 年，为配合南宝力皋吐遗址博物馆建设，内蒙古自治区文物考古研究所对位于内蒙古自治区通辽市扎鲁特旗的南宝力皋吐遗址 D 地点进行抢救性发掘，共清理房址 14 座，出土陶、石、玉、骨、蚌等质地的器物 200 余件。南宝力皋吐聚落遗址是迄今为止内蒙古东部乃至整个东北地区发现的规模最大、获取遗物最为丰富、文化面貌极其独特的一处新石器时代晚期大型聚落遗存，年代距今 5000~4500 年。大量复合工具的发现，为人们了解科尔沁草原史前的生业形态、探寻科尔沁文化源流提供了珍贵的实物资料。

6. 内蒙古赤峰魏家窝铺遗址

该遗址位于内蒙古自治区赤峰市红山区文钟镇魏家窝铺村东北约 2.5 千米处的丘陵台地上。2012 年 7~10 月，由内蒙古自治区文物考古研究所与吉林大学边疆考古研究中心组成联合考古队对该遗址进行了第四次考古发掘。发掘区域位于 2011 年度发掘区的东部，发掘面积共 2636.5 平方米。揭露房址 11 座、灰坑 18 个、灶 7 个，出土陶、石、蚌器 98 件。

魏家窝铺环壕聚落遗址初步展示了红山文化早、中期的文化面貌，部分具有明显中原特色的遗物反映出该地区与中原地区的文化互动关系，对于研究红山文化的形成与发展具有重要意义。

7. 内蒙古通辽西孤家子墓地

为配合库伦—平安地一级公路的改扩建工程，2013 年 4~6 月，内蒙古自治区文物考古研究所对库伦旗西孤家子青铜时代早期墓地进行了抢救性考古发掘。该墓地分布在内蒙古自治区通辽市库伦旗库伦镇西孤家子村西北约 1.5 千米的一处缓坡上，总面积近 3 万平方米。此次发掘在路西布 10 米 ×10 米探方 23 个，累计揭露面积 2300 余平方米，清理墓葬 60 余座，出土陶、石、骨器及贝壳制品等百余件。

这批墓葬排列疏密不均，坡上较为稀疏，坡下较为密集。随葬品有玛瑙玦，石钺，夹砂红褐陶三耳罐、单耳罐、平底钵、重圈足钵，夹砂灰陶筒式鬲、假圈足罐等。根据葬俗和出土遗物特征来看，这批墓葬的文化面貌与分布在下辽河流域的高台山文化较为接近。

8. 内蒙古通辽小奈林稿遗址

小奈林稿遗址位于内蒙古自治区通辽市库伦旗库伦镇小奈林稿村西的一处缓坡上。为配合库伦—平安地一级公路的改扩建工程，2013 年 3~6 月底，内蒙古自治区文物考古研究所对其进行了抢救性考古发掘，累计

小奈林稿遗址发掘区全景（南—北）

揭露面积1800余平方米，共发现了时代和文化属性不同的四种遗存。其中高台山文化的居址和墓葬是此次发掘的主要收获。

房址多为圆角长方形半地穴式，室内中部附近往往有规整的圆形坑灶，数量1~3个不等。遗址南端发现墓葬26座，也有个别墓葬埋在居住区内，打破房址。墓葬全部为单人葬，葬式为侧身直肢，无葬具。多数墓葬有随葬品，以陶器为主。

9. 内蒙古鄂尔多斯霍洛柴登遗址

霍洛柴登遗址位于内蒙古自治区鄂尔多斯市杭锦旗境内，2012年8月，内蒙古自治区文物考古研究所受自治区文物局委托，对该钱币窖藏地点进行了抢救性发掘，共清理铸币窑址2座，出土各类钱范50余块。发现的钱币窖藏和有确切纪年文字的钱范对于研究我国西汉及新莽时期的货币制度、铸币工艺等具有重要意义。

10. 内蒙古呼和浩特鸡鸣驿遗址及墓葬

2012年6~9月，为配合大准（大同—准格尔旗）铁路增二线的建设，内蒙古自治区文物考古研究所、和林格尔县文物保护管理所对位于内蒙古自治区呼和浩特市和林格尔县大红城乡榆树梁行政村鸡鸣驿遗址及墓葬进行了考古勘探与发掘。

此次考古勘探区域位于浑河北岸台地上，勘探面积约17.5万平方米，勘探出墓葬、灰坑、沟、窑址等各类遗存93处，并对部分遗存进行了考古发掘。共清理墓葬13座，其中北魏时期墓葬7座，唐代墓葬6座。从出土遗物来看，灰坑、灰沟、窑址的年代为辽金元时期。这批遗存的时代包括北魏、隋唐、辽金元等几个时间段，为研究和林格尔鸡鸣驿地区的历史沿革、文化分期等相关问题提供了一批翔实可靠的实物资料。

11. 内蒙古锡林郭勒伊和淖尔苏木北魏墓群

伊和淖尔墓群位于内蒙古自治区锡林郭勒盟正镶白旗伊和淖尔苏木宝日陶勒盖嘎查东北5千米处，周边为典型的草原地貌环境。2010~2013年，当地文物管理部门曾抢救性发掘过3座北魏时期墓葬（M1~M3），其中M3出土了保存完整的木棺，内蒙古自治区文物局于2014年3月组织文物保护专家进行了开棺及实验室考古工作，出土大量精美文物。2014年8~12月，为了解墓群的分布情况，内蒙古自治区文物考古研究所联合锡林郭勒盟文物局、锡林郭勒盟文物管理站、正镶白旗文物管理所对墓地进行了局部勘探，并发掘了2座北魏时期墓葬（M5、M6）和1座辽代墓葬（M4）。

伊和淖尔墓群地处北魏六镇及北魏长城沿线，是目前在国内发现的纬度最高的北魏墓群。这些墓葬分布集中，排列有序，规格较高，应是一处北魏时期的贵族家族墓地。伊和淖尔墓群的发掘为研究北魏时期的草原丝绸之路、边疆历史及民族关系提供了极为珍贵的实物材料，是近年来我国边疆考古的重要发现之一。该墓地的发掘荣获“2014年度全国十大考古新发现”。

伊和淖尔墓群 M1 出土鎏金银碗

伊和淖尔墓群 M3 出土金项饰

伊和淖尔墓群 M3 木棺内部

12. 内蒙古呼和浩特土城子古城遗址及周边墓葬

遗址位于内蒙古自治区呼和浩特市和林格尔县北。2012~2014 年，为配合翔宇盛乐新城二期工程的建设，内蒙古自治区文物考古研究所、和林格尔县文物保护管理所对其建设区域进行了考古钻探，勘探面积约 3.2 万平方米，发掘清理战国时期、汉代、魏晋时期、唐代等时期的墓葬 205 座，出土随葬器物 300 余件。

为配合和林格尔县土城子（盛乐）古城遗址公园的建设，内蒙古自治区文物考古研究所、和林格尔县文物保护管理所于 2015、2016 年对古城遗址进行了主动性考古发掘。2015 年 4~11 月，发掘面积 830 平方米，发掘清理灰坑 103 个、水井 4 口、灰沟 6 条、房址 6 座、墓葬 7 座、窑址 2 座、窖藏 1 个、瓮棺葬 55 座，出土罐、盆、釜、瓮、豆、钵等陶器及铜钱、瓦当等，获得了一批重要的实物资料。2016 年 5 月起，开始清理古城北城的一处唐代建筑台基，揭露面积 1720 平方米，基本找到了建筑台基的范围，出土大量瓦当、筒瓦、板瓦、滴水等唐代建筑构件。

和林格尔土城子古城战国时期墓葬

13. 内蒙古乌兰察布集宁路古城遗址及周边墓葬群

集宁路古城遗址位于内蒙古自治区察哈尔右翼前旗巴音塔拉镇土城子村。2012 年 5 月 ~2013 年 10 月，为配合乌兰察布市集宁路文化产业园区集宁路古城遗址公园建设，内蒙古自治区文物考古研究所、乌兰察布市博物馆、察哈尔右翼前旗文物管理所联合对集宁路古城遗址进行了大规模的考古发掘，先后布 10 米 ×10 米探方 130 个、探沟 7 条，发掘面积共计 13290 余平方米。为了保存遗迹，以便后期展示，大部分探方未挖至生土。发现并发掘了大型建筑台基 4 处、房址 15 座（组）、窖藏 6 个、灰坑 93 个、灰沟 17 条、道路 2 条、瓮棺葬 1 个，还确定了集宁路古城遗址元代城址的西城垣和北城垣。出土了丰富的陶、瓷、金、银、铜、铁、玉、石、骨器，取得重要收获。此次发掘确定了元代城址的北城墙、西城墙，并大体厘清其走向。另外，在调查时发现了元代城址南墙的位置。在衙署区发现了大型建筑基址，基址西南侧发现了一条南北向道路，道路两侧分布大量形制规整的圆形灰坑，推测是官署存储粮食的窖穴。金代地层中出土了龙泉窑系、景德镇窑系的瓷器，F131 还出土了“观音阁记”石碑和钧窑香炉。

2014 年 6 月 ~2015 年 11 月，配合国家重点工程呼张（呼和浩特市至张家口）高速铁路的建设，内蒙古自治区文物考古研究所、乌兰察布市博物馆、察哈尔右翼前旗文物管理所联合对集宁路古城遗址东南（Ⅱ区）、西南（Ⅲ区）及大荒滩墓地（第Ⅰ墓葬区）的墓葬区进行了勘探和发掘，

元代集宁路古城 F130

元代集宁路古城周边墓葬群鲜卑墓葬

勘探面积约 13 万平方米，共清理了古代墓葬 115 座、灰坑 2 个、灰沟 1 条。墓葬年代涵盖新石器时代、鲜卑时期、辽、元等多个时期。出土遗物有陶器、瓷器、金银器、铜器、铁器、玉石器、料器、骨器、贝器、木器、丝织品等。新石器时代遗存和辽代遗存在集宁路古城周边区域属于首次发现，且此次发掘发现有新石器时代遗存和辽代遗存与鲜卑墓葬、元代墓葬共处同一区域并出土大量文物的现象，为进一步研究集宁路古城所在地区的历史沿革、活动种群以及丧葬制度等提供了丰富的实物资料。

14. 内蒙古锡林郭勒辽代贵妃萧氏家族墓葬

辽代贵妃萧氏家族墓葬位于内蒙古自治区锡林郭勒盟多伦县西北约 50 千米的蔡木山乡铁公泡子村五组小王力沟的山地中。2015 年 6 月，该墓地遭不法分子盗掘，多伦县公安局和文物局立案调查，追缴回大量珍贵文物。内蒙古自治区文物考古研究所闻讯后，立即派员对墓地进行了抢救性发掘。发掘工作一直持续到当年 12 月份，共清理墓葬 2 座。

M1 由墓道、墓门、过洞、甬道、墓室几部分组成，全长 25.6 米。墓门为仿木结构，并有彩绘图案，斗拱上方承绿色琉璃瓦和黄色兽面纹瓦当。砖砌圆形墓室，直径 4.8~5.22 米，内有方木搭建的八角形椁室。M2 位于 M1 西南约 200 米，由墓道、前庭、仿木结构墓门、过洞、甬道、主墓室组成，墓葬全长 40 余米米。墓门为砖券拱形，上有仿木结构斗拱等，并有彩绘图案。圆形墓室，直径 3.92~4.28 米，青砖砌制，穹隆顶。墓室内发现一具木棺及大量随葬品。

这两座墓葬出土的遗物非常精美华丽，其中 M1 出土亚腰腿包铜木供桌、鎏金铜渣斗、三节莲花形铜灯、铜镜、银鎏金双龙纹饰件、铁斧、青白釉瓷、白釉瓷等遗物。M2 出土了银鎏金镂

多伦县辽代贵妃墓出土玻璃执壶

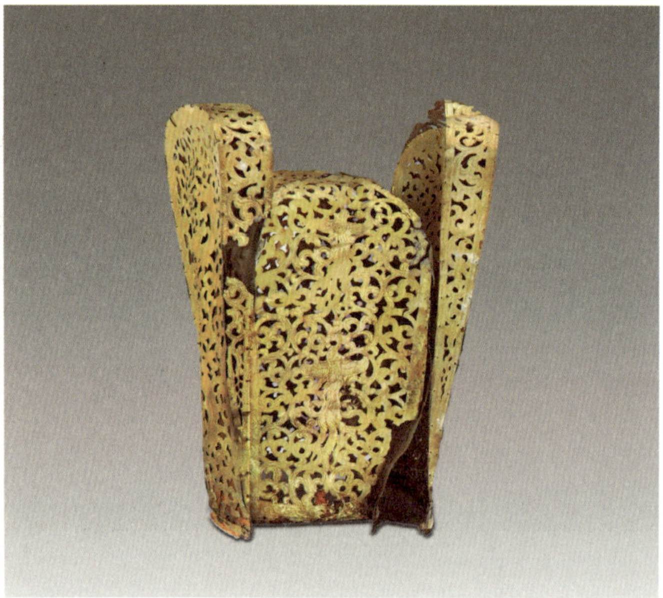

多伦县辽代贵妃墓出土银鎏金镂空凤纹高翅冠

空凤纹高翅冠、金花银镂空凤纹高靿靴、玛瑙柄龙纹银鎏金短刀、金镶玉龙纹玉捍腰、银丝链玉组佩、银片对碟团窠纹髹漆墓枕、定窑白釉“官”字款瓷器、越窑青釉瓷器、景德镇青白釉瓷器、伊斯兰风格玻璃器等。尸床前置有墓志一合，中部阴刻篆书“故贵妃萧氏玄堂志铭”，志文中记载了贵妃的生平及家族信息。从墓葬形制及出土遗物来看，M1 应属辽代中晚期，约为辽兴宗晚期到道宗早期。M2 有明确纪年，为辽统和年间（1983~1012 年），属辽代中期。辽代贵妃萧氏家族墓地蕴含着丰富的历史信息，是近年来边疆地区的又一项重要考古发现。

辽宁省

辽宁省文物考古研究所

一、业务建设

（一）业务工作

1. 考古调查与发掘

基本建设考古是辽宁省文物考古研究所承担的重要业务工作之一。随着振兴东北老工业基地战略的实施，一批大型基本建设项目陆续上马，文物保护任务十分繁重。尤其是2012~2014年，基本建设考古项目格外多，任务特别重；从2015年开始，基本建设考古项目有渐少的趋势。五年来，辽宁省文物考古研究所共完成110多项基本建设考古调查工作，调查总面积约15617万平方米，勘探总面积约740万平方米。完成基建考古发掘项目40余项，发掘遗址总面积33000多平方米，墓葬310余座。主要有大连市新机场大王山遗址、阜新高林台遗址、丹东三湾水库江沿台堡城址、辽阳苗圃汉魏墓群、鞍山市羊草庄汉墓群等。

在做好基本建设考古工作的同时，辽宁省文物考古研究所把握学术前沿，强调课题意识，积极开展主动科研考古工作。五年来陆续开展的主动科研考古工作主要有5项，分别是：朝阳半砬山遗址发掘、大凌河中上游地区红山文化遗迹考古调查、辽阳燕州城考古发掘、北镇医巫闾山辽代帝陵考古工作和辽阳江官屯窑址考古发掘。

朝阳半砬山遗址为一处红山文化晚期的积石冢，通过2014~2016年的发掘，发现了70余座墓葬及祭祀坑、冢界墙等遗迹，出土了100余件玉器和陶、石雕像等重要遗物。

《大凌河中上游地区红山文化遗迹考古调查五年计划（2016~2020）》于2016年获得国家文物局正式批准，是辽宁省文物考古研究所继医巫闾山辽代遗址考古工作之后又一个重点主动考古项目。通过系统的考古工作全面了解该区域内遗存的数量、分布及保存状况，为确定已经发现的特殊遗存的影响范围及意义、探讨红山文化社会的组织方式以及红山文化社会复杂化动力提供重要线索。

辽阳燕州城是高句丽时期的一座重要城址，辽金至明清时期一直沿用。2012年至今对城址内部进行连续发掘，发现辽金时期房址 30 座，疑似高句丽时期的大型建筑遗存 2 处，均位于一号门址的东侧，推测这一区域应该是城内高句丽时期的衙署位置。上述发现对研究燕州城址的历史演变、城内结构及布局提供了重要的考古资料。

医巫闾山辽代帝陵考古调查从 2012 年开始，通过地面踏查发现了一批重要辽代遗迹。2014 年《医巫闾山辽代遗址考古工作计划（2014~2018）》获得国家文物局正式批准，为未来实施医巫闾山辽代遗迹的考古工作奠定了坚实基础。经国内有关专家的专题研讨和论证，初步确认医巫闾山东麓二道沟和三道沟具备辽代皇陵的基本要素，应为辽代景宗耶律贤乾陵和辽东丹王耶律倍显陵的兆域所在。

江官窑址位于辽宁省辽阳市文圣区小屯镇江官村，是东北地区辽金时期重要的瓷窑址。2013 年至今，发掘面积约为 1700 平方米，发现窑址 11 个、灰坑 200 余个、作坊址等其他遗迹十余处，出土文物标本近万件，瓷片数以百万计。根据现有出土遗物推断，该窑址烧造时代为辽代晚期至金末元初。

2. 水下考古

水下考古工作是中国文化遗产保护的重要内容。辽宁省有漫长的海岸线，水下古代遗存丰富，辽宁省文物考古研究所十分重视水下考古工作，先后派数人参加了国家文物局举办的水下考古专业人员培训，并积极支持国家水下中心及其他省份水下考古项目。

五年间完成和开展的水下考古项目主要有绥中碣石宫海域水下考古调查、"丹东Ⅰ号"沉船水下考古调查、辽宁明清海防调查。其中"'丹东Ⅰ号'沉船（致远舰）水下考古调查"被评为"中国社会科学考古学论坛为 2015 年中国考古新发现"之一，并成功获评"2015 年度全国十大考古新发现"。

3. 文物保护

可移动文物保护是辽宁省文物考古研究所的重要业务工作。2012 年，辽宁省文物考古研究所获得国家文物局审批的可移动文物保护修复甲级资质，五年来，共有 16 项可移动文物保护方案通过了国家文物局的审批，大多数项目已顺利实施并通过验收。主要有《东大杖子战国墓地出土青铜器保护修复方案》《北票喇嘛洞墓地出土三燕时期铁质文物保护修复方案》《辽宁省文物考古研究所藏战国陶制彩绘文物保护修复方案》等。在 2016 年首届中国考古学大会上，由辽宁省文物考古研究所编制方案并实施的"东大杖子战国墓地出土青铜器保护修复"项目获评考古资产保护"金尊奖"，标志着省考古所金属文物保护工作水平得到了业界的认可。

2012 年，辽宁省文物考古研究所还获得了国家文物局审批的文物保护工程勘察设计甲级资质，业务范围为古文化遗址保护和古墓葬保护。五年间完成了 7 项不可移动文物保护方案和立项工作，主要有《金牛山古人类遗址 A 点洞穴钢结构保护棚方案》《本溪庙后山遗址保护规划》

《燕州城山城西北段城墙抢险性保护工程设计方案》《辽阳市苗圃汉墓群部分石墓迁移保护工程方案》等。

全面开展了第一次全国可移动文物普查工作。截至目前，已完成17500件文物的采集、录入工作，为高质量完成20221件文物的采集录入和上传工作奠定了基础。

（二）人才建设与培养

加大人才培养力度，派员参加各层次的培训班。五年内，辽宁省文物考古研究所派遣多名业务人员参加了国家文物局举办的田野考古、文物保护、考古绘图、古建筑保护规划编制等培训班，为提高田野考古发掘水平、文物保护及规划编制奠定了坚实的人才基础。

（三）学术交流与科研成果

1. 学术交流

辽宁省文物考古研究所广泛开展国内外学术交流。经国家文物局批准，与日本奈良文化财研究所开展了“辽西魏晋时期都城文化研究”合作项目，该项目已于2015年顺利结项，双方正在开展下一项合作项目的协商；与美国匹兹堡大学合作的“大凌河上游红山文化区域考古调查”项目顺利结项，出版了《大凌河上游流域红山文化区域性社会组织》调查和研究报告；与美国匹兹堡大学、夏威夷大学以及中国人民大学合作开展了“红山文化社区与分期研究”项目；分别与韩国蔚山文化财研究所和台南艺术大学开展学术交流，双方互派学者进行了学术演讲和考察。

辽宁省文物考古研究所与国内知名高校和科研院所开展田野考古、遗产保护等方面的合作。与中国社会科学院考古研究所、中国人民大学历史学院、辽宁大学历史学院合作，开展了营口高丽城山城、大连鞍子山积石冢、喀左土城子遗址、西丰河边遗址考古发掘。

2. 科研成果

五年来，辽宁省文物考古研究所先后获批3项国家级和6项省级社科基金项目，其中华玉冰研究员担任首席专家的“东大杖子墓地及相关遗址的整理与研究”课题，获得国家社会科学基金重大项目的立项支持，是辽宁省文化系统获得的第一个国家社科基金重大项目。目前这些项目进展顺利，国家社科基金一般项目“辽阳汉魏石板墓研究”和青年项目“辽西地区新石器时代聚落研究”通过了中期验收，省级社科基金项目“明辽东镇长城保存现状及保护对策研究”等取得初步成果。

五年来，辽宁省文物考古研究所编辑和出版了著作9部，其中包括重要的田野考古报告如《牛河梁》《查海》《凌源小喇嘛沟辽墓》《羊草庄汉墓》等。《永陵南城址》《辽阳苗圃汉魏墓地》《田家沟墓地》考古发掘报告已交付出版单位，下一步将全力推进金牛山遗址、大王山遗址、江沿台堡城址等发掘报告的编写工作。2013年启动了《辽宁考古专家文库》的编辑工作，目前郭大顺、孙守道、辛占山文集已交付出版社。在国家级、省级学术期刊发表论文数十篇，多名学者受邀参加国际、国内学术会议，并提交和发表了研究论文。

（四）对外宣传与公众服务

充分发挥所内网站的宣传和辐射作用，加大对外宣传工作力度。每年辽宁省文物考古研究所网站发表各类工作信息近百条，及时反映了辽宁省文物考古研究所在田野考古、文物保护、科研成果、对外交流、人才培养等方面的工作信息，部分信息被省政府和省文化厅门户网站采用或转载，扩大了辽宁省文物考古研究所的社会影响力。

2014 年，以“辽宁考古六十周年”纪念活动为契机，进一步加大了对外宣传力度，举办了“辽海遗珍——辽宁考古六十年重要发现展（1954~2014）”，全面介绍了辽宁考古六十年所取得的辉煌成就。结合展览，编辑出版了《辽海记忆——辽宁考古六十年重要发现（1954~2014）》，举办了 11 场“辽宁考古六十年”系列学术讲座，与辽宁省博物馆合作编写了《辽海遗珍——辽宁考古六十年重要发现展》图录。在《中国文物报》专刊发布了辽宁省六十年来考古事业取得的巨大成就，省内媒体《辽宁日报》、辽宁电视台等通过专题报道和纪录片的方式对辽宁考古六十年光辉历程进行了全方位报道，取得了良好的社会反响。

二、重要考古成果

1. 辽宁朝阳半拉山墓地

墓地位于辽宁省朝阳市龙城区召都巴镇尹杖子村大杖子组东北约 600 米处的半拉山顶部，

半拉山遗址全景

半拉山遗址出土石人头像

半拉山遗址墓葬

海拔 280 米。南距朝阳市约 13 千米，北距召都巴镇约 1 千米；2015 年 4 月 ~2016 年 10 月，发掘面积共计 1600 余平方米，发现墓葬 76 座、祭祀坑 15 座、祭坛 1 座，出土陶、石、玉器三类遗物计 200 余件。

通过两年的发掘揭示了该积石冢的内部结构和建造过程：冢体由内部黄土堆积的冢芯、外部石砌的冢界墙及冢上积石三部分组成，墓地具有埋葬逝者、祭祀神灵和祖先两项功能，祭祀遗迹包括冢上的祭坛和冢外的祭坑。

墓葬多为东西向，头东脚西，葬式为仰身直肢葬，二次葬多于一次葬，长度一般不超过 1 米。根据墓葬形制差异，可分为三型：A 型为长方形竖穴土坑墓，不见葬具，人骨保存情况较差，随葬品较少；B 型为石棺墓，数量最多，多东西向成行排列，分布较密集，彼此存在打破关系，棺室四壁均为石板立砌，形制较规整，出土遗物较丰富；C 型为石圹墓，即在积石堆积上拣出石圹作为墓圹，石圹不规则，上用石块封盖，遗物出土较少。

遗物主要有陶器、石器和玉器三大类。陶器出土数量大，主要是泥质红陶筒形器，有少量的夹砂红褐陶和夹砂灰褐陶片，纹饰以素面为主，少量刻划之字纹、网格纹、附加堆纹等，器形有罐、钵等；石器以打制为主，少量采用磨制和压制，器形有斧、钺、锄、铲、矛、剑、镞、饰件、锤、夯锤等；玉器多为随葬品，出土数量较多，保存较好，器形较丰富，有猪龙、鸟形坠、斧、璧、环、镯、玉料、玉芯及绿松石耳坠、珠、兽首形柄端饰等。此外，还出土了数件石人头像和一件近真人大小比例的陶塑人像左手臂和躯干部残块。

根据 M4 出土人骨的 ^{14}C 测年，校正数据为距今 5305~5045 年，属于红山文化晚期。

2. 辽宁辽阳燕州城遗址

燕州城遗址位于辽宁省灯塔市西大窑镇官屯村东南，太子河北岸，城址所在山体海拔约 96 米。城址依山而建，南面依托断崖，不另筑墙体；东西两面沿山脊修筑内低外高的墙体，在北、西墙外修筑有马面 8 座，墙内修筑有马道。山体三面高而西南低，自然形成山谷，在谷口砌筑城

燕州城遗址辽金时期房址

燕州城遗址高句丽时期建筑址

墙，阻断山谷，并在谷口西北角修筑城门。调查发现，城址的东北角还有一处门址，但是后期已经被封堵。

燕州城遗址出土金代瓷碗

2012年至今，对城址内部进行了连续的发掘，发现辽金时期房址30座，面积4~6平方米，保存不完整，个别房址火炕上残存炕面石。房址中出土遗物主要是白釉瓷碗和瓷盘，另有少量铁器，如剪刀、铲、镞等，推测为普通民居。

高句丽时期房址较少，结构和辽金时期相似，出土物主要是红色泥质陶器残片，不见瓷器等生活器皿。发现疑似高句丽时期的大型建筑遗存2处，一处位于一号门址东侧，可见有石块砌筑的墙基，边长约6米，中间有倒塌成堆的高句丽时期的红色瓦片；另一处位于上述遗存的北部，可见石块修筑的墙基。推测这里应该是高句丽时期的城内衙署。

上述发现对研究燕州城的历史演变、城内布局提供了重要考古资料。

3. 辽宁北镇医巫闾山辽代帝陵

辽代帝陵考古是辽代历史和考古研究最重要的内容之一。据《辽史》等史料记载，辽代显陵和乾陵位于辽宁省北镇市的医巫闾山，但具体位置不详。2012~2013年，受辽宁省文物局委派，辽宁省文物考古研究所主持开展了医巫闾山辽代帝陵的专项考古调查，初步确定医巫闾山

骆驼峰遗址建筑基址

东麓的二道沟和三道沟地区为辽代帝王陵区兆域。2014年，辽宁省文物考古研究所根据考古调查工作成果编制了《医巫闾山辽代遗址考古工作计划（2014~2018）》。2014~2015年，辽宁省文物考古研究所按照工作计划积极开展考古工作，取得了较大收获。

新立建筑遗址出土兽面瓦当

考古调查范围主要在龙岗墓群（乾陵陪葬墓）和辽代遗址分布集中的北镇二道沟、三道沟地区。调查方法以实地踏查为主，少数遗址采用了物探法，对极个别遗迹进行了试掘。经过两年的工作，新发现了坝墙子、二道沟瞭望台、偏坡寺、骆驼峰、三道沟瞭望台、石板道等多处重要遗址，同时对琉璃寺、琉璃寺西山、新立辽代建筑遗址等进行了复查并获得新认识。在调查和试掘过程中，采集或出土了大量辽代建筑构件和其他遗物。

2015年启动了“辽宁医巫闾山遗址区机载激光考古调查与三维可视化成果管理系统开发”项目，对陵区及周围约150平方千米范围进行激光遥感调查，利用获取的高分辨率正射影像、数字地面模型和数字表面模型，搭建了医巫闾山遗址区三维可视化成果管理系统。

2015年先后在二道沟龙岗墓群周边和三道沟洪家街墓地进行考古勘探，龙岗墓群钻探面积约20万平方米，新发现大中型砖室墓4座、遗址3处、古道路2段；洪家街墓地勘探面积约12万平方米，发现大型砖室墓5座。

2015年对新立辽代建筑遗址进行了考古发掘，发现大型建筑基址一处（J1），在紧邻J1的西南侧新发现一座大型陪葬墓（M1）。建筑基址位于遗址东北、东部和南部，从考古勘探情况来看，这是一个经过精心规划、面积庞大、结构复杂的建筑群落。目前，在遗址东北部揭露出一组相对完整的单体建筑，出土的建筑构件大部分为绿琉璃件。大型陪葬墓位于发掘区西侧，现已清理出墓圹，平面呈“甲”字形，由墓道和墓室组成，正南北向，全长84、墓室宽23米。

2015年对洪家街墓地进行抢救性考古发掘，清理墓葬2座。据二号墓出土墓志可知，该墓主人耶律弘礼是辽景宗曾孙，后来过继给辽代大丞相耶律隆运（韩德让）为嗣，墓志称“葬公于医巫闾山之阳，以附丞相茔”，证明该墓是耶律隆运的陪葬墓，这对于确定耶律隆运墓的位置乃至探讨医巫闾山辽代帝陵布局均有重要参考价值。

4. 辽宁辽阳江官屯窑址

江官屯窑址位于辽宁省辽阳市文圣区小屯镇江官村，2013~2016年发掘面积约1700平方米，

江官屯窑址第 1 地点 Y8、 Y5

江官屯窑址第 1 地点Ⅱ区全景

江官屯窑址第 1 地点Ⅱ区 H53 出土瓷器

发现窑址 11 个、灰坑 200 余个、作坊等其他遗迹 10 余个，出土文物标本近万件，瓷片数以百万计。

发现的 11 座窑址都遭到了不同程度的破坏，窑炉底部保存相对完好，形制大体相似，皆为马蹄形窑炉。作坊有加工原料的碾槽（附带碾轮），装卸、烘干装置，晾晒作坊等。正在发掘的一座大型建筑址是全国各地瓷窑址中首次发现的大型高台建筑基址，其意义不可低估，可以确定其始建于辽代，金代沿用。

出土遗物有窑具、日常生活用具、生产工具、玩具、建筑构件等。窑具包括匣钵、窑柱、垫饼、支钉、砂垫、泥条等支垫具以及试火器，制坯工具有铁、骨、石工具等。日常生活用具则多见碗、盘、盏、罐、碟、壶、瓶、盆、缸、瓮等，还发现了大量的胎质洁白细腻的具有定窑风格的瓷片标本。玩具皆为捏塑，有人物、马、羊、狗、狮子等多种造型。建筑构件则可见板瓦和瓦当琉璃构件两种。

Y10 和 Y1 出土的盘、碗、罐等器物均具有辽代晚期典型特点，Ⅱ区 H37 出土的四系瓶等器物为典型金末器物，由此可以推断该窑址第 1 地点的时代为辽代晚期至金末元初。

江官屯窑址第 1 地点是辽宁省文物考古研究所对东北地区瓷窑址的首次发掘，也是东北地区大型手工工场的首次发掘，丰富了中国陶瓷史辽金阶段的内涵。

5.“丹东Ⅰ号”沉船

“丹东Ⅰ号”沉船位于辽宁省丹东市西南 50 余千米的海域中，这里是 1894 年中日甲午海战交战海域。2013~2015 年，为配合丹东港集团有限公司在该海域的基建工程，由国家文物局水下文化遗产保护中心和辽宁省文物考古研究所共同实施了水下考古调查工作，最终发现并确认了致远舰。

2013 年 11 月和 2014 年 4 月，通过大范围的物探扫测并结合潜水探摸，确定了水下沉船的

“丹东Ⅰ号”水下测绘工作

“丹东Ⅰ号”方形舷窗

准确位置。2014年8~10月发现了加特林机枪、主炮残片等武器，推断“丹东Ⅰ号”沉船为北洋水师的某艘沉舰。2015年发现了与“致远舰”相关的多层穹甲结构、鱼雷引信、方形舷窗等重要遗物，试掘清理出2件带“致远”篆书文字款识的定制白瓷盘，从而锁定了沉舰的身份。

考古调查提取了60个种类的180余件水下文物，涉及船上构件、武器装备和个人物品等。船上构件有锅炉配件、舷窗、铜牌、电灯罩、衣帽钩、铜锁、木滑轮等；武器装备包括鱼雷引信、152毫米炮弹、57毫米炮弹、47毫米炮弹、37毫米炮弹、加特林机枪弹、毛瑟枪子弹等；个人

“丹东Ⅰ号”加特林机枪

“丹东Ⅰ号”带“致远”文字的白瓷餐盘

物品包括茶杯、鞋底、皮带、木梳、鼻烟壶、印章等。与“致远舰”身份相关的主要遗物有方形舷窗、152毫米炮弹、鱼雷引信、定制白瓷盘。

“丹东Ⅰ号”调查工作取得上述成绩，首先是严格遵循田野和水下考古规程的结果，也是考古学与海洋物探等现代科技相结合的成功案例，开启了中国水下考古对近代沉舰展开调查的新领域。所获考古调查资料为中国近代史、甲午海战和世界海军舰艇史的研究提供了十分珍贵的实物资料。

沈阳市文物考古研究所

一、业务建设

（一）业务工作

1. 考古调查与发掘

“十二五”期间，沈阳市文物考古研究所积极学习贯彻习近平总书记关于文物保护重要论述及《国务院关于进一步加强文物工作的指导意见》文件精神，按照国家、省、市文物局工作部署，结合本地区文物考古工作特点，积极探索考古所向科研型院所转型的道路，不断攻坚克难、开拓进取。五年来，全所上下团结一心，完成配合国家、省、市级大型基本建设项目的考古调查、勘探与发掘，主动性、课题性考古发掘项目共计 30 余项，清理了旧石器时代遗址、新石器时代聚落址、青铜时代遗址、汉魏时期城址与墓葬、辽代贵族墓葬、清代宫殿遗址等遗存十余处，有效地保护了地下文物。包括沈阳农业大学后山遗址、沈阳评王宫遗址、沈阳青桩子城与汉魏墓群、沈阳新乐遗址、沈阳康平张家窑林场十号辽墓及石台子山城的修缮工程。

石台子山城遗址经考古发掘后，房址、蓄水池、墙体、马面、城门等遗迹暴露于地表，易受到破坏，为此，沈阳市文物局组织相关单位，先后编制了《沈阳石台子山城房址及蓄水池保护方案》和《沈阳石台子山城墙体维修工程方案》。核准方案后，国家文物局先后下拨资金 85 万元和 450 万元，对石台子山城遗址房址、蓄水池、墙体、马面、城门进行了修缮，全部修缮工程已于 2015 年 8 月完成。

2. 基础设施建设

自沈阳市文物考古研究所文物整理基地于 2011 年投入使用以来，沈阳市文物考古研究所除了对文物安全方面进行资金投入外，还利用已获得的国家二级可移动文物修复资质，以整理基地硬件设施为依托，不断提升文物保护工作及科技考古工作水平。2014 年上半年投资 8 万元，在整理基地兴建了文物保护摄影室，并购买了航拍设备，这些设施和设备在旧石器考古调查和《新乐遗址考古报告集》编写工作中都起到了重要作用。2014 年下半年投资 20 万元，完成了文物保护实验室建设工作，购买了除尘设备、显微系统、金属透视、氧化物分析等专业设施，积极提升可移动文物保护工作的科技含量。2015 年，沈阳市文物考古研究所投资 10 万元，在整理基地按照国家相关规范建立了出土文物修复室，为做好所藏 6000 余件出土文物（石、陶、瓷、铁、铜器）的科学保护提供了硬件保障。

（二）人才建设与培养

在沈阳市事业单位 2007 年以来“只出不进”的人事政策下，沈阳市文物考古研究因人员调出、退休等减员而出现人员短缺问题。更为严峻的是，出现人员短缺问题的主要是考古一线、文物保护等专业技术岗位，致使业务人才极度缺乏。为解决这一问题，沈阳市文物考古研究所积极与市财政协调，解决了部分人员资金问题，又采取了与编内人员同等待遇的办法，引进 2 名考古学方向的人才充实到业务队伍中，使人员紧张的问题得到了初步缓解。

2012~2016 年，安排 1 人参加了国家文物局主办的金属类可移动文物保护修复方案编制培训班，为期 10 天；安排 1 人参加了国家文物局主办、北京大学承办的国家田野考古个人领队培训班，为期半年。

根据国家文物局出台的新的《田野考古操作规程》规定，考古发掘必须采用全站仪进行田野测绘，沈阳市文物考古研究所购置了全站仪，并组织全所业务人员进行了使用培训。

（三）学术交流与科研成果

2013 年 12 月，沈阳市文物考古研究所申报的辽西、辽中青铜文化的互动与融合研究课题，通过辽宁省社会科学规划基金办专家评审，最终获准列入辽宁省社会科学规划基金项目。

2014 年 10 月，中国哲学社会科学规划办公室公布了《2014 年国家社科基金重大项目（第二批）立项公示名单》，由沈阳市文物考古研究所与中国人民大学清史研究所共同申报的盛京城考古与清代历史文化研究课题，通过专家评审，成功申报 2014 年国家社科基金重大项目。2015 年 3 月 28~29 日，课题开题报告会在沈阳举行。沈阳市文物考古研究所将承担盛京城考古子课题的研究工作，计划在 5 年内完成《清朝的盛京城》《盛京城考古》《盛京城文献与研究汇编》三部学术专著。这是沈阳市文物考古研究所首次参与国家级重大课题研究工作。

2012~2016 年，沈阳市文物考古研究所先后出版了《沈阳石台子——高句丽山城与墓葬》《淅川柳家泉墓地》《庆祝宿白先生九十华诞文集》《沈阳考古文集（第 4 集）》《沈阳地区旧石器考古发现与研究》和《沈阳考古文集（第 5 集）》等学术专著。

《新乐遗址考古报告》和《沈阳文物志》（重修）两书亦在紧张编写之中。

（四）对外宣传与公众服务

2014 年 8 月 31 日 ~9 月 28 日，由沈阳市文广（文物）局主办，沈阳市文物考古研究所、《沈阳晚报》和新乐遗址博物馆共同承办的沈阳市首次公众考古系列活动“考古现场零距离”成功举行，活动利用新乐遗址考古发掘现场，为通过新闻媒体公开招募来的 30 名志愿者举办了考古知识科普展及多场讲座。活动取得了良好的社会效益，并获得第二届“中国公共考古·仰韶论坛”优秀公共考古活动项目一等奖。

2015 年 6 月 13 日，由沈阳市文广（文物）局主办，沈阳市文物考古研究所、《沈阳晚报》、沈阳农业大学联合承办的“沈阳早期人类探秘之旅”公众考古活动在沈阳农业大学后山遗址举行。此次公众考古活动以“沈阳早期人类探秘之旅——公众考古带你回到 11 万年前的沈阳”为主题，结合沈阳农业大学后山遗址考古发掘现场，开展参观考古发掘现场、公众考古活动宣传展、旧石器人类工具制作体验、系列知识讲座及沈阳古人类活动遗存探访之旅等多项活动。

2016 年 6 月 11 日 ~7 月 2 日，由沈阳市文广（文物）局主办，沈阳市文物考古研究所、《沈阳晚报》、沈阳中街豫珑城联合承办的“盛京往事・梦回汗宫——公众考古带你穿越盛京”公众考古系列活动在沈阳举行，并开展“行走盛京”“盛京揭秘”知识讲堂系列活动。

二、重要考古成果

1. 辽宁沈阳农业大学后山遗址

沈阳农业大学后山遗址位于辽宁省沈阳市沈河区东陵路 120 号的沈阳农业大学后山果园和百草园所处的黄土岗地上。2012 年 4 月沈阳市文物考古研究所和吉林大学边疆考古学研究中心组成的联合考古队对沈阳农业大学后山进行旧石器时代考古调查时发现该遗址。遗址所处位置为浑河北岸的三级阶地，旧石器时代遗址位于整个阶地的南部前缘，面积约 8 万平方米。

2012~2016 年，经国家文物局批准，沈阳市文物考古研究所与吉林大学边疆考古研究中心组成联合考古队，先后 5 次对该遗址进行考古发掘，发掘面积 409 平方米。发现了 6 个连续分布的旧石器文化层，通过光释光测年、沉积学检测分析，确定其年代距今 11 万 ~2 万年；揭示出 12 处（编号 YJ1~YJ12）坑状遗迹，并测定该遗迹的年代距今 7.3 万 ~7 万年；出土了手镐、尖状器、尖刃器、砍砸器、刮削器、钻器、盘状石核等古人类加工和使用过的打制石器近千件。

沈阳农业大学后山遗址第⑤层出土手镐

沈阳农业大学后山遗址第⑤层出土盘状石核

经过对相关地层和文物标本进行筛选、浮选及采样，运用考古学、沉积学、古环境学及光释

沈阳农业大学后山遗址俯拍

沈阳农业大学后山遗址④层下坑状遗迹分布（局部）

光测年等科技考古手段进行综合分析研究，最终确定沈阳农大后山遗址距今约11万年。这一发现，将沈阳地区有人类活动的历史从新乐文化的距今7200年提前至距今约11万年。

该遗址发掘是首次在沈阳地区进行的旧石器时代考古工作，也是开展沈阳早期古人类探源课题的重要组成部分。发掘出的多层位旧石器文化层及坑状遗迹在沈阳地区乃至东北地区的露天遗址中尚属首次发现，进一步证实了该遗址属于原地连续埋藏的旧石器时代遗址，填补了沈阳地区以往没有层位确切的旧石器遗时代遗址发现的空白，对于认识中更新世至晚更新世时期沈阳乃至东北亚地区古人类迁徙、融合，旧石器文化的交流与演变，现代人起源与发展等重大学术课题有着十分重要的意义。

2015 年 2 月，沈阳农业大学后山遗址成功入围“2014 年度全国十大考古新发现”初评会前 43 项名单。

2. 辽宁沈阳新乐遗址

新乐遗址位于辽宁省沈阳市皇姑区新乐街道龙山路北的黄土台地上，南临浑河故道，是一处新石器时代的聚落遗址，面积约 17.8 万平方米。为了更好地完成新乐遗址发掘报告的编写工作，沈阳市文物考古研究所联合沈阳新乐遗址博物馆于 2014 年 3 月向国家文物局提出对新乐遗址进行补充性考古发掘的申请。

新乐遗址 2014 年发掘区全景

新乐遗址 2014 年发掘 F1 平面

新乐遗址 2014 年发掘 F3 平面

经国家文物局批准，2014 年 6~7 月，新乐遗址考古工作队在新乐遗址博物馆院内进行了考古勘探。2014 年 7~10 月，在勘探确定的堆积较丰富的区域，布设正方向 5 米 ×5 米探方 8 个，发掘面积 200 平方米。通过发掘，共发现了新乐下层文化时期的房址 3 座、灰坑 1 个和新乐上层文化时期的房址 1 座、灰坑 4 个、灰沟 1 条，出土了大量的陶、石质遗物。

此次发掘是 20 世纪 90 年代以来首次对新乐遗址进行课题性补充发掘，发现的 3 座新乐下层文化房址及文化层堆积关系，丰富了新乐遗址新石器时代聚落布局，补充了对以往发掘中个别地层堆积关系不清晰的房址的认识。此外，此次发掘首次在新乐遗址范围内发现新乐上层文化时期的房址和灰沟，丰富了该遗址新乐上层文化时期的遗存内涵，从地层堆积和聚落布局角度明晰了该遗址新石器时代和青铜时代两期聚落分布结构形态，为下一步编写新乐遗址考古发掘报告提供了新的资料。

3. 辽宁沈阳青桩子城址与汉魏墓群

青桩子城址又名上伯官东城址，位于辽宁省沈阳市东陵区汪家街道上伯官村青桩子自然村，西南距上伯官村 600 米，北濒浑河，东接抚顺市行政界，南临玄菟路。该城址平面呈四边形，

青桩子汉魏墓群 M5 平面

周长约 1400 米。经考古工作确认，该城址始建于战国时期，沿用至汉代。2014 年 10 月 17 日，青桩子城址被辽宁省人民政府公布为省级文物保护单位。

青桩子汉魏墓群位于青桩子城址内。2013 年 4~5 月，经国家文物局批准，沈阳市文物考古研究所对修路施工发现的墓葬进行抢救性考古发掘，共发掘墓葬 13 座，包括砖室墓和瓮棺墓两类。砖室墓，墓向朝南，由墓道、墓门、甬道、墓室构成，按其形制可分为单室墓和双室墓两类，随葬器物有灶、盏、奁、耳杯、盖罐、长身壶、仓、案、盘、灯、五铢钱等；瓮棺墓，土坑内置瓮棺，被破坏殆尽，残存少量绳纹瓮棺残片。

2015 年 9~11 月，经国家文物局批准，沈阳市文物考古研究所对青桩子城址以西城门为中心的西部区域开展了考古勘探工作，发现夯土台基 1 处、灰坑 3 个、古井 4 口、墓葬 28 座。

2016 年 6 月至今，沈阳市文物考古研究所对勘探发现的夯土台基开展考古发掘工作。目前，发掘工作正在有序开展。

4. 辽宁沈阳康平张家窑林场十号辽墓

张家窑林场十号辽墓位于辽宁省沈阳市康平县沙金台乡张家窑林场西北部。2015 年 12 月 3 日，有群众举报该墓葬被盗，经国家文物局批准，沈阳市文物考古研究所于 2015 年 12 月 7 日 ~2016 年 1 月 8 日对该墓葬进行了抢救性考古发掘。

该墓葬为近方形石筑券顶单室墓，由墓道、过洞、天井、墓门、甬道、墓室等儿部分组成，

张家窑林场十号辽墓马具出土情况

沈阳康平张家窑林场十号辽墓木棺内平面

全长约 22 米，墓底最深距地表约 12 米，墓向 118° 。墓圹平面略呈八角形，墓圹内居中向下凿通基岩作为墓室、甬道。墓室平面近方形，甬道底部为台阶状，与墓室、过洞相连。

葬具为木棺，位于墓室西侧正中，紧挨墓室西壁。木棺已朽，仅余棺痕。棺内发现有骨殖，墓主头北脚南，仰身直肢葬。对木棺和马具整体提取进行实验室考古。

随葬品主要有绿釉鸡冠壶，白瓷碗、碟，篦齿纹陶壶，马具（包括银鎏金龙纹蹀躞带、铜鎏金带具、银鞍桥包片，铁马镫、马衔等），铁剑、灯、环钩、镞，磨石，羊头骨，蚕丝等。

经实验室考古初步清理，结合 X 射线拍摄，发现银鎏金面具、摩羯形耳环、银丝网络、璎珞（由银管、金属丝球、银鎏金饰件组成）、银鎏金腰带、玛瑙串、纺织品等文物，并在墓主人头部前方发现了冠饰的痕迹。

通过墓葬形制和随葬品情况判断，该墓葬年代大致在辽代中期早段，即辽圣宗早期，墓主为男性契丹贵族。

5. 辽宁沈阳汗王宫遗址

2012 年 5~8 月，沈阳市文物考古研究所在辽宁省沈阳市沈河区北中街路北地块的某建筑工程用地内发掘出一组清代早期建筑址。根据《盛京城阙图》中所绘的“太祖居住之宫”的位置，结合发掘情况，研究人员认为这组建筑址即为汗王宫遗址，是努尔哈赤将都城从辽阳迁到沈阳后居住的宫殿。

遗址位于北中街路北，九门路南，北面正对清盛京城“九门”遗址，南面正对通天街。该遗

沈阳汗王宫遗址俯拍

址是一座坐北朝南的二进院落，南北通长 41.5 米，东西两侧因破坏严重未发现围墙，故宽度不详。

一进院仅发现大门和南围墙，大门为南向。二进院整体坐落在高台基址上，高台基底座由数道南北向和东西向的砖筑台基构成，整个砖筑台基南北宽 23.5、东西长约 46 米，筑于高台基上的主体建筑早已无存。在高台基北面 0.9 米处发现了汗王宫的北围墙，墙宽 1.4 米。遗址出土了大量的琉璃建筑构件，

沈阳汗王宫遗址出土绿釉琉璃瓦当

沈阳汗王宫遗址南挡土墙细部

器型有板瓦、筒瓦、滴水、花砖、串珠纹砖、砖雕等，均施绿釉。筒瓦瓦当、滴水和部分模印花砖上有莲花纹饰。

汗王宫遗址的发现为研究清早期的宫阙建筑提供了重要实物资料，对探讨清代盛京城的规划、研究明末清初历史等具有重要价值。

2013 年 3 月，汗王宫遗址成功入围“2012 年度全国十大考古新发现”终评，最终以一票之差落选。

辽宁大学

一、业务建设

（一）业务工作

1. 考古调查与发掘

辽宁大学历史学院考古学系以培养各层次专业人才和解决区域重要考古学术问题为宗旨，开展各项考古工作，从2012年起开始招收考古与博物馆文化方向本科生，田野考古工作在2014年秋季以后启动。

据第三次全国文物普查资料，清河流域青铜时代存在年代不同的两类考古学文化遗存，其中一类分布于清河上游的狭小区域，数量极少，似与马城子文化有关，年代约在商周之际；普遍存在的是以高柄豆、敞口长颈壶、侈口筒形罐、叠沿罐、深腹钵为基本组合的所谓“凉泉类型”遗存；凉泉类型有少量遗址伴出三足器，绝大部分则不见。这一流域发现的墓葬类型有石棺墓、盖石墓、石棚等。在对上述普查材料初步分析的基础上，2014年10月，辽宁大学考古学系对清河干流中游及其支流碾盘河中游进行了一次重点复查，圈定了面积约500平方千米的目标调查区域，对区内现存状况较好且地表遗物丰富的遗址，如凉泉镇头道背遗址、姜塘沟遗址，房木镇达德南山遗址、石家后山遗址、河边遗址、弯胳膊沟遗址，八棵树镇团山遗址、八丈沟遗址、夏家后山遗址、转山遗址等，进行了测量与局部勘探，初步了解了区域内重点遗址的分布及保存状况。

2015年始，为解决辽北地区战国中晚期至汉初时考古学文化的面貌，明确“凉泉类型”的内涵及遗址分布特点，辽宁大学考古学系对该类遗存分布相对集中的清河流域开展区域性系统调查，初步掌握了此类遗存的遗址位置、分布特点及保存状况。同时，为更深入地了解“凉泉类型”，结合考古学专业本科生田野考古实习，2015年和2016年对流域内的河边遗址展开发掘工作，清理面积800平方米，并计划于2016年秋对保存相对较好的城山遗址进行更大规模的发掘工作。

2. 基础设施建设

为适应考古发掘发展的要求、促进科技考古和文物保护技术的教学与研究，辽宁大学考古学系于2015年成立了考古与文物保护实验室，建筑面积80平方米，位于辽宁大学蒲河校区文科实验中心101室和114室，学校购置了总价约50万的各类实验仪器设备，目前已经开展了纸质文物的保护与修复、陶瓷器的保护与修复、古人类研究、石器微痕的观察与研究等实验项目。

为对多年来考古专业师生在考古实践教学中发掘、采集或征集而来的文物进行收藏与管理，并为考古及相关专业学生的教学实践服务，辽宁大学于1998年9月将原有的辽宁大学历史学院文物标本室改建成立了历史博物馆。2014~2015年辽宁大学考古学系对博物馆库房内收藏的辽阳菜园子汉墓遗址和康平老山头遗址两批发掘资料进行了部分整理。

2014~2016年，辽宁大学考古学系作为沈阳市沈北新区政府锡伯族博物馆建设项目的专家团队参与了该馆的前期建设，同时辽宁大学启动了由考古学系为主与沈阳市沈北新区合作管理锡伯族博物馆的协商工作，为考古学专业提供更大的业务平台。

（二）人才建设与培养

为推动考古学学科的发展，辽宁大学考古学系从2012年起加大人才引进力度，2012年招入青年博士2名，2014年引进专业教授2名，2016年招聘青年博士1名，教师分别毕业于北京大学、吉林大学、山东大学、南开大学等国内著名高校，已初步形成老中青结合、整体实力突出、学术方向互补的教师团队。

同时还积极鼓励专业教师参加各种专业培训，实现教师业务能力的提升。2014年和2015年度有两名专业教师分别参加了“考古发掘领队初任培训班”，获得了考古发掘领队资格；2013年和2015年有两名青年教师进入吉林大学边疆考古研究中心博士后工作站进一步深造。

（三）学术交流与科研成果

辽宁大学考古学系教师积极参加学术交流，2013~2016年，参加国际研讨会9人次、全国性考古会议15人次。2013年，还作为辽西地区史前文明研究专家受邀到韩国东北亚历史财团、岭南大学、蔚山文化财研究院参加学术研讨和演讲。

作为地方性院校的考古学科，辽宁大学考古学系坚持立足地方，以东北区域考古为主，积极承担科研项目，进行学术研究。2012~2016年，辽宁大学考古学系承担了包括国家社科基金重大项目在内的科研项目7项，包括国家社科基金重大项目1项（东大杖子墓地及相关遗址的整理与研究）、辽宁省社科基金重点项目2项（沈阳老工业基地背景下的工业博物馆建设发展研究、辽西古文化区上古时代的环境史研究），同时还以辽宁大学亚洲研究中心为平台，联合韩国高等教育研究财团共同开展科学研究，承担了“环渤海地区先秦积石墓研究”等国际合作研究项目。

2013~2016年，系内教室及研究人员出版学术专著4部，包括《中国古代物质文化史·史前》《辽宁文化记忆丛书·物质文化遗产（第一卷）》《中国东北及华北地区之字纹研究》和《中国古代陪都史》。2012~2016 年，系内教室及研究人员在 CSSCI 发表论文 11 篇，包括《后冈期红山文化再考察》《石棚山墓地分期与布局结构研究》《西辽河流域上古环境变迁与旱作农业的起源和文明因素的兴起》《论中国古代的多京制》以及《辽宁建昌县东大杖子墓地 M40 的发掘》等。

（四）对外宣传与公众服务

辽宁大学考古学系具有专业的教师队伍和学生资源，以及辽宁大学历史博物馆与考古学实验室等硬件条件，为对外宣传和公众服务提供了条件。2013~2016 年，以辽宁大学历史博物馆为平台向省内各大、中、小学校及社会公众开放，并配合世界博物馆日等活动，将辽宁千年文脉图片展等展览带进校园。举办或参与辽海讲坛、辽宁文化周讲座、辽宁大学文化讲座等各种公益讲座，包括“辽河流域的方国文明”“解密‘摸金校尉’——寻龙诀背后的故事”“红山文化玉璧寓意管窥”等共计 7 场。与省、市博物馆合作，通过组织学生志愿者活动，搭建博物馆与公众沟通与互动的平台，加深公众对博物馆的了解和认同。2014 年国际博物馆日，辽宁大学考古系与辽宁省博物馆共同举办文艺展演活动，以舞蹈“国瓷风采”“满韵清风”等表演宣传了文化遗产；2015 年的国际博物馆日，辽宁大学考古学系把实验考古课堂搬进新乐遗址博物馆，配合博物馆开展“沈阳大学生走进博物馆”主题宣传活动。

二、重要考古成果

辽宁铁岭青铜时代遗址

遗址位于铁岭市西丰县房木镇河边村河边屯西约 300 米的崔家坟西岗梁上。岗梁顶部地势较为平坦，四坡倾斜较大，向南约 500 米是碾盘河的一条支流，南坡下有村村通公路绕过。遗址主要分布在岗梁的东坡及北坡，南北长约 250、东西宽约 40 米，面积约 1 万平方米。2015 年 8~10 月及 2016 年 7~9 月，辽宁省文物考古研究所、辽宁大学考古学系对该遗址展开发掘。发掘区位于遗址东南部自然冲沟两侧，共布探方 20 个，发掘面积 500 平方米，共清理灰沟 2 条，出土大量遗物。出土遗物以陶器为主，还见有少量石器和铁器。陶器以夹砂红褐、黄褐和黑灰陶为主，多数烧制火候不高，泥片套接而成。可辨器型有高柄豆、矮柄豆、环耳壶、叠唇錾耳罐等，且以豆、罐、壶为基本陶器组合。陶器多素面

河边遗址 2015 年发掘区 G1

磨光，纹饰见有戳印窝点纹和刻划线纹等。此外，还发现一定数量的陶纺轮、陶网坠和石刀、石杵、石棍棒头、石饼等陶、石质工具。

从初步整理情况来看，遗址各层清理遗存的文化面貌基本一致，陶器以高柄豆、矮柄豆、环耳壶以及叠唇罐为主，当属“凉泉类型”遗存，年代约为战国晚期至汉初。值得注意的是，此次发掘中发现 1 件袋足残片及 3 件饰有按压窝纹的附加堆纹口沿残片，表明遗址应还包含时代可至商周之际的更早遗存。

河边遗址 2015 年发掘区全景

吉林省

吉林省文物考古研究所

一、业务建设

2012~2016年，按照国家文物局《国家文物博物馆事业发展“十二五”规划》，吉林省文物局《吉林省文物事业发展规划（2012~2020）》的总体要求，吉林省文物考古研究所所对吉林省境内20余个重要遗址开展了主动性考古发掘，配合重点遗址保护规划、方案的编制与实施开展了大量的考古配合和考古指导工作，配合吉林省境内基本建设工程实施开展了大量的考古和文物影响评估工作，在多个领域取得了重要的工作收获。在库房建设、业务管理、学术研究、学术交流、科研成果、人才培养和对外宣传等方面也取得了一定的成果。

（一）业务工作

1. 业务管理

业务管理制度的完善是吉林省文物考古研究所近年来一直在全力推进的工作。2009年起即着手建立所内的学术奖励制度、学术活动管理办法、室内整理管理办法等业务管理制度；2011年起，组织对吉林省抢救性考古资料进行整理，并根据抢救性考古工作实施中存在的实际问题着手编制吉林省抢救性考古工作的规范性要求；2014年，编制了《吉林省抢救性考古工作流程》，经省文物局批准，于2015年起在省内试行，并着手组织业务人员重新修订了《吉林省考古工作管理办法》，编制了《吉林省考古工地检查验收办法》。上述工作的开展，为吉林省考古工作逐步实现科学管理奠定了制度基础。

2. 考古调查与发掘

2012~2016年，吉林省文物考古研究所主持实施主动性考古发掘项目21项，分别为后套木嘎遗址、左家山遗址、长山遗址、东团山遗址、永安遗址、官地遗址、龙潭山城、霸王朝山城、鸭绿江上游积石墓群、古城村一号和二号寺庙址、延边边墙、苏密城、龙首山城、城四家子城址、春捺钵遗址群、宝马城、磨盘村山城、八面佛遗址、尹家窝堡遗址、前进古城、后少力古城。

与吉林大学合作发掘的后套木嘎遗址，经2011~2015年连续5个年度的调查和发掘，不仅圆满地完成了“吉林省田野考古与文物保护教学实践基地”本科教学、地方人才培养及考古、文物保护技术应用实践的任务，在学术上也取得了重要突破。在遗址新确认的后套一期文化遗存中发现了早至1.3万年前的陶器，是东北地区目前已知年代最早的陶器。

与吉林大学和延边州文物保护中心合作发掘的春捺钵遗址群、宝马城、磨盘村山城，均曾入围相关年度的“中国十大考古新发现”终评，在辽金考古学研究领域产生了重要的学术影响。尹家窝棚遗址是首次经发掘的东北地区制盐遗址，具有重要学术价值。

除发掘工作外，吉林省文物考古研究所在吉林省省保专项经费的大力支持下，通过与吉林大学、延边州文物保护中心、吉林市文物管理处、集安市文物局等单位的合作，组织开展了后套木嘎遗址区域性系统调查、吉林省境内夫余遗存专项调查、吉林省境内高句丽遗存专项调查、吉林省境内渤海遗存专项调查、科尔沁沙地专项系统调查、白山市两江流域考古调查6个主动性考古调查项目。上述调查项目将目前国内外新的调查方法和技术手段应用其中，不仅锻炼了队伍，为相应时段和区域考古学研究完善了基础资料，其中的一些重要考古发现也为开展深入的研究工作提供了新的学术思路和学术课题。

2012年至今，吉林省文物考古研究所承担的抢救性考古项目共131项，项目涵盖燃气、电力、公路、铁路、矿业、水利、石油管道工程等，其中调查、勘探120项，发掘11项。调查面积数百平方千米，勘探面积数十万平方米，抢救性发掘面积近5000平方米。

根据吉林省大遗址保护项目的总体规划，2012年至今已完成和正在开展的配合文物本体保护和抢险修缮工程的考古工作十余项，包括通化自安山城、王八脖子遗址、辉南县辉发城、柳河县罗通山城、集安洞沟古墓群——山城下墓区、梨树偏脸城、城四家子城址、苏密城、西团山遗址等，为上述工程的顺利开展提供考古资料和技术指导。除发掘工作外，还参与了辉发河上游积石墓群、城四家子城址等多个遗址保护规划的编写，负责其中考古规划的编制工作。

3. 文物保护

对工程建设对文物资源的影响进行科学评估，是保证文物安全、科学保护和合理利用的一项重要举措，也是吉林省文物考古研究所近年来新增的工作内容。为了提高文评报告的水平，与中国文物信息咨询中心和吉林大学文化遗产保护研究中心合作，完成了《吉林康之源温泉生态养老中心建设项目对龙潭山城文物影响评估报告》《辉发桥改造工程对辉发城址文物影响评估报告》《集双高速公路东丰至双辽段文物影响评估报告》等文评报告近20项。通过此项工作，系统和深化了工程项目对古遗址影响的考古学认知，对遗址的科学发掘和合理保护具有重要指导意义。

2014年，“吉林省文物信息资源管理系统”被列为“吉林省重大科技攻关项目”，目前项目仍在进行中。该项目将实现文物数据的动态管理和整合利用，成为吉林省文物保护预警与管理平台和文物数据管理平台。

（二）人才建设与培养

2011年，在吉林省文物局的倡议和推动下，大安后套木嘎遗址作为吉林省田野考古与文物保护教学实践基地正式建立，由吉林省文物考古研究所和吉林大学边疆考古研究中心合作进行发掘。在基地运行的五年间，不仅取得了重要的学术收获，满足了吉林大学考古学系5届本科基础实习，还有计划地选择吉林省各地市县区具有一定业务基础的30余位基层文物干部进行田野考古培训，为吉林省考古行业培养了人才，提升了省内考古实践的整体水平。

2012年至今，通过公开招聘引进了考古专业、文物保护专业硕士研究生5名，加强了旧石器时代考古、高句丽渤海考古、金属器保护等科研薄弱方向的人才配备。通过人才引进，不仅为所内科研团队注入了新鲜血液，也使所内业务分工不断趋向合理。

除人才引进外，还鼓励所内业务人员进行在职学习，利用发掘项目管理费负担职工在职学习的学费，减轻了业务人员的经济压力，显著提高了所内业务人员的整体学历水平。近年来支持完成在职硕士、博士学位攻读的人员达10余名。

全力支持业务人员参加各类培训，2012~2016年，参加文化部、国家文物局、吉林省文化厅等各类培训近百人次，包括教育部青年干部培训、国家文物局主办的考古领队岗前培训、全国第一次可移动文物普查培训、建筑遗产保护与利用专业人才研修班、文物保护工程监理培训班等等。5名同志获得国家文物局颁发的考古领队个人资质，部分同志获得了文物保护、监理、航拍等相关专业资质和培训证书。

另外，近年来，吉林省文物考古研究所还组织实施了吉林省文物保护与考古技术培训（已组织4期）、第一次可移动文物普查软件应用培训、2015年吉林省文物保护工程从业人员资格培训班等，有计划的针对省内考古、文物保护的相关人员实施业务培训，提升了吉林省文物行业人员的整体业务水平。

（三）学术交流与科研成果

1. 学术交流

为拓展所内业务人员学术视野，吉林省文物考古研究所鼓励业务人员参加学术会议和学术考察，并跨越国门，与东北亚的日、韩、俄等国建立了学术联系。

吉林省文物考古研究所组织了数次全所规模的省内学术考察，并根据研究方向，对辽宁、黑龙江、山西、河北等地进行了多次专题学术考察。吉林省地处东北边疆，考古学文化与东北亚诸国联系密切，吉林省文物考古研究所在建所之初就建立了与日、韩、俄等国学术机构的联络；近年来又将国际学术合作进一步推进，不仅与俄罗斯科学院远东分院建立了学术互访关系，还合作出版了《俄罗斯滨海地区的渤海文物》《俄罗斯滨海地区的女真文物》两部图录，并合作对克拉斯基诺城址进行了考古勘探。

近年，所内业务人员参加各类国内、国际学术会议数十场次，包括首届全国植物考古研究交流会，中国考古学会第十五次、十六次年会，首届中国考古学大会，高句丽、渤海的历史与文化学术研讨会，以及日本综合地球环境学研究所主办的东亚农业研究的新趋向国际学术研讨会、在俄罗斯符拉迪沃斯托克举办的 俄罗斯远东中世纪考古——相关的问题与历史文化遗产保护情况等国际学术会议。

2016 年 1 月，组织承办了首届“中国高句丽・渤海考古论坛”，国内高句丽渤海考古和历史学界百余位学者参会，会议对 21 世纪以来中国高句丽渤海考古的成绩进行了总结，对未来学术发展规划进行了研讨。此次论坛的召开，极大地推动了我国高句丽渤海学术研究的发展。

2. 科研成果

2012~2016 年，承担或参与各类课题十余项，其中国家社科基金重大课题 2 项、国家社科基金青年课题 1 项、省社科基金课题 1 项、国家文物局课题 1 项，另有省文化厅、科技厅课题若干，课题内容涵盖考古学、文物保护、科技考古等。

五年间所内人员共发表各类学术成果 70 余项，其中考古报告、学术专著和图录 7 部，译著 1 部，考古简报 17 篇，论文 34 篇，简讯 11 篇。其中部分成果发表于《考古学报》《考古》《边疆考古研究》等重要考古专业期刊。

吉林省文物考古研究所主办的学术期刊《历史与考古信息・东北亚》在人力、稿源等存在严重困难的情况下，一直保证每年 2 期正常出版，维持了中国学者探知东北亚学术动态的这扇窗口。

（四）对外宣传与公众服务

2012 年，受吉林省文物局委托，吉林省文物考古研究所承担了“吉林省文物信息网”的建设工作。2014 年 6 月，网站正式开通运行，两年的运行中，保证了网站信息即时更新，并在 2015 年新增了“省内动态”和“国内资讯”两个板块，分别对省内和国内文物资讯进行即时报道和转载。

根据吉林省博物馆建设的需求，五年来吉林省文物考古研究所调拨馆藏文物近万件，支持吉林省博物院和省内各地县市博物馆展陈，使文物资源取之于民、用之于民，充分发挥了文物惠及公众的作用。

2015 年，吉林省文物考古研究所创办了工作展示的纸媒载体《资讯》季刊，稿件内容主要包含新闻要报、学术动态和媒体转载三大板块，主要面向吉林省文化厅、文物局和省内各文博单位，成为省内文物部门了解所内工作和学术动态的重要媒介。

吉林省文物局与新华社自 2014 年起进行报道合作，先后走访了吉林后套木嘎、城四家子、宝马城等重要遗址，向海内外播发图文报道 30 余条（幅），向海内外展示了吉林文物考古工作的良好形象。吉林省文物局还与新华社进行密切合作，对吉林省文物考古新发现进行重点报道。

2015 年，吉林省文物考古研究所与吉林画报社建立了合作关系，对吉林省重要考古新发现进行系列报道。现已完成宝马城、磨盘村山城、城四家子城址、尹家窝堡遗址的专栏宣传，取得了较好的社会反响。

近年来吉林省开展的主动性考古发掘项目，大部分将公众考古作为重要内容之一，包括后套木嘎遗址、宝马城、城四家子城址、苏密城、龙潭山城等项目，均组织过针对地方政府、学校、省直文化系统各单位等不同受众群体的公众考古活动。2016 年，与吉林省电视台合作，请吉林电视台策划开展包括公众考古讲座、考古工地参观、视频网络宣传、吉林考古之旅体验活动等系列公众考古活动，通过宣传和组织公众参与，搭建在考古学、考古工作者与公众之间的桥梁和纽带，将吉林省的考古工作和考古发现与广大群众分享，使考古在社会主义文化建设中发挥积极的作用。

二、重要考古成果

1. 吉林大安后套木嘎遗址

后套木嘎遗址位于吉林省大安市红岗子乡永合村西北漫岗中段，新荒泡西南岸，是嫩江下游右岸地区一个典型的沙坨型遗址，面积近 141 万平方米，包含了新石器时代至辽代的多个时期的遗存。

2011 年，经国家文物局批准，在吉林省文物局的全力推动下，由吉林省文物考古研究所、吉林大学边疆考古研究中心合作对遗址开展了主动性考古发掘，并以遗址为依托，建立了“吉

后套木嘎遗址 2012 年发掘区全景

后套木嘎遗址 2014 年发掘区全景

后套木嘎遗址 M24

后套木嘎遗址出土陶器

林省田野考古实践与遗址保护研究基地”。经过五年的考古工作，总计发掘 6587 平方米，并对遗址周边 300 平方千米的范围进行了区域性系统调查，共清理墓葬 123 座、灰坑 651 个、灰沟 65 条、房址 44 座，获得了大量人工遗物及动植物遗存，取得了重要的学术收获。经初步整理，遗存分属七个时期：第一至第四期为新石器时代遗存，年代跨度约为距今 10000~5000 年；第五、六期为青铜时代遗存，年代约为西周晚期至西汉；第七期为辽代遗存。除学术收获外，基地还承担了吉林大学本科生实习和地方文物干部的培养工作，五年间共培养本科生 130 余名、研究生 30 余名、吉林省市县文物干部 40 余名。

2016 年，后套木嘎遗址获国家文物局田野考古奖三等奖，同时以遗址发掘和引申研究为内容的“吉林大安后套木嘎遗址的发掘与综合研究”获得国家社科基金重大项目资金支持。

2. 吉林集安高句丽碑

2012年7月29日，集安高句丽碑出土于集丹公路4300米处麻线河右岸河滩，石碑由一整块花岗岩加工而成，碑体作“圭”形，上部窄、下部宽，右上角有缺损，底部中间有榫头，原应有碑座。石碑残高173、宽60.6~66.5、厚12.5~21厘米，重464.5千克。碑身正反两面经过精细加工，平整光滑。正面阴刻碑文，汉字隶书，共10行，自右而左竖书，前9行每行22字，最后一行20字，共218字。正面上半部碑文磨蚀严重，下半部碑文较清晰，现可辨识150余字。反面似被人为损毁，仅中部可见一行字，字划残缺，难以辨识。碑身左右两侧亦经过加工，但未发现字迹。

碑文内容可分为四部分，第一部分记述邹牟王开创高句丽基业，诸王传承；第二部分记述高句丽王陵有一定数量的守墓烟户“四时祭祀”，但出现买卖烟户的情况；第三部分追述先王功勋，修墓立碑，铭刻20名烟户头的名字，以示后世；第四部分规定不得买卖烟户和买卖烟户将治罪的守墓烟户制度。

集安高句丽碑主要是针对高句丽陵墓烟户被买卖的问题重申律令，刊石立碑，铭刻烟户，以示后世。碑文与好太王碑可相互印证，对于研究高句丽政治、经济、文化、艺术等方面具有极为重要的价值和意义。

集安高句丽碑正面

集安高句丽碑背面

集安高句丽碑碑文拓片

3. 吉林桦甸苏密城遗址

苏密城遗址位于吉林省桦甸市永吉乡大城子村。城址内外两重城墙，平面呈“回”字形。内城平面近正方形，近正南北向，周长 1381 米；外城大致呈长方形，方向与内城略错，城墙东北角已缺失，周长约 2600 米。

2013~2016 年，吉林省文物考古研究所对城址进行了发掘，总发掘面积近 5000 平方米。2013 年对内城西南角、内城南墙中部、外城西南角、外城南瓮城 4 个区域进行了考古清理，对内、外城墙进行了局部解剖；2014、2015 年对外城南部渤海佛寺建筑址、内城城墙东南角进行了清理，对内城东墙和东城壕进行了局部解剖；2016 年对内城中北部的两个区域进行了发掘。通过发掘，明确了内、外城墙的结构，在城内清理渤海时期建筑基址 3 座、灰坑 54 个、灰沟 4 条、

苏密城遗址出土佛像

苏密城遗址全景

河卵石带 2 条。遗物包括三大类：第一类包括多数建筑构件和相当一部分日用陶器，为典型的渤海时期遗物，另出土 500 余件带有明显唐代风格的贴塑佛像残块；第二类为少量篦齿纹陶片等典型的契丹文物；第三类遗物与以往学界认知的渤海遗物既有一定联系，又有所区别，这类陶器和瓦件，可能与辽灭渤海后的遗存有关。

通过四年的考古工作，发现内、外城年代不同，内城对外城的渤海寺庙址存在直接打破关系，内城墙夯土中包含典型的渤海时期遗物。初步认为外城为渤海始建，城内发现多座大型建筑址，当为渤海长岭府故址；内城为辽灭渤海后在渤海故地设立的东丹国营建，苏密城内城与城内发现的第三类遗物很可能为以往学界未能明确辨识的东丹国遗存。

4. 吉林白城城四家子城址

城四家子城址位于吉林省白城市洮北区德顺蒙古族自治乡古城村北部，平面大致呈长方形，周长 5748 米，方向 335°。城址四面城墙各有一座城门，均有瓮城。城墙上分布多个马面，东、北城墙外侧挖有护城壕，西、南城墙利用洮儿河作为天然城壕。

2013 年起，吉林省文物考古研究所对城四家子城址已经开展了 4 个年度的发掘，总发掘面积 4000 余平方米。发掘完整揭露了北城门址，对城墙进行解剖和钻探，确认了墙内道路、护城壕位置、马面数量和南门位置；对处于城址南北中轴线上距离北城墙最近的一处高台式建筑基址进行了发掘，并对城内一处陶窑遗址和城外的墓地进行了发掘。出土遗物以板瓦、筒瓦、兽面瓦当、鸱尾、兽头残块等屋顶建筑构件为主，同时出土大量陶瓷器、石器等日常生活用具。

城四家子城址建筑台基全景

城四家子城址出土辽代迦陵频伽

城四家子城址窑址发掘区全景

通过发掘可知，城四家子城址至少存在五期遗存，第一期为辽晚期，第二期为金代早期，第三期为金代中期，第四期为元代，第五期应为明代中期以后。城址自辽代始建直至明代逐渐废弃，其积淀的历史信息对研究辽金元史具有重要价值，为研究辽金城市建制、经济贸易、文化政治提供了实物依据。发掘出土带有年号墨书的瓦件，为证明城址为辽长春州故址提供了实物证据。

5. 吉林松原春捺钵遗址群

春捺钵遗址群由后鸣字区、地字区、腾字区、臧字区 4 个区组成。其中后鸣字区保存最好，位于吉林省松原市乾安县赞字乡后鸣字村西北的花敖泡湖面东南岸的古湖底。为配合遗址群保护规划编制，2013 年起，吉林省文物考古研究所和吉林大学合作，连续对春捺钵遗址群后鸣字区遗址进行了 4 个年度的调查和发掘。

春捺钵遗址出土佛教造像

后鸣字区遗址现存 900 余座土台遗迹，分布面积约 4.7 平方千米，可分为东、中、西、南四区。中区为核心区，东、西两区似成两翼，拱卫中区。中区的土台中北部密集、外围稀疏，整体为聚拢的向心式布局，中区北部经调查发现一座院落遗址，周长 426 米。

2014、2015 年对院落遗址进行了发掘，清理建筑遗址 2 座，出土有花边红心瓦当、兽面瓦当、兽面滴水、

春捺钵遗址J2近景

凤鸟和鸱吻等建筑饰件，还发现一尊佛教造像头像，推测此院落为祭祀区。对土台的调查和发掘，揭露多个野外炉灶、烧灰面、灰坑等遗迹，勘探发现古代道路3条。采集有契丹篦点纹陶片，辽代和北宋铜钱以及生产生活器具，未发现农业工具。从发掘出土和采集遗物分析，遗址群的年代大体在辽金时期。土台为人工修筑，部分土台见有明显的夯层。部分土台分布具有规律，遗物丰富，功能可能存在差别。春捺钵遗址群规模宏大，院落内遗物等级很高，具有极为重要的学术意义。

6. 吉林大安尹家窝堡遗址

尹家窝堡遗址位于吉林省大安市安广镇永丰村尹家窝堡屯西北约2.5千米处，新荒泡西南岸。2012年，后套木嘎考古队对遗址进行了调查、测绘和著录，确认遗址面积约为15万平方米，在遗址北部边缘发现有沿水边分布的10个土堆，经过钻探确认为人工遗迹。

2014、2015年，为明确遗址年代、性质，吉林省文物考古研究所、吉林大学合作对遗址进行了主动性考古发掘，发掘面积1000平方米，发现辽金时期淋卤坑、灶址、灰坑和墓葬等遗迹。2014年清理了5座淋卤坑，这一发现在东北地区尚属首次。淋卤坑形制结构与明代《天工开物》中记载的部分内容和元代的《熬波图》中 记载的“淋灰取卤”中的“灰淋”和“卤井”结构颇为相近。从打破制盐废土堆的墓葬为金代推断，遗址的年代应不晚于金代。2015年，又在遗址中部的椭圆形台地上发现辽金时期房址、灶址、灰坑和灰沟等遗迹，并出土有大量辽金时期遗物。

两个年度的发掘，确认了遗址北部制盐区域与南侧聚落为共存关系，北侧主要为土盐制作

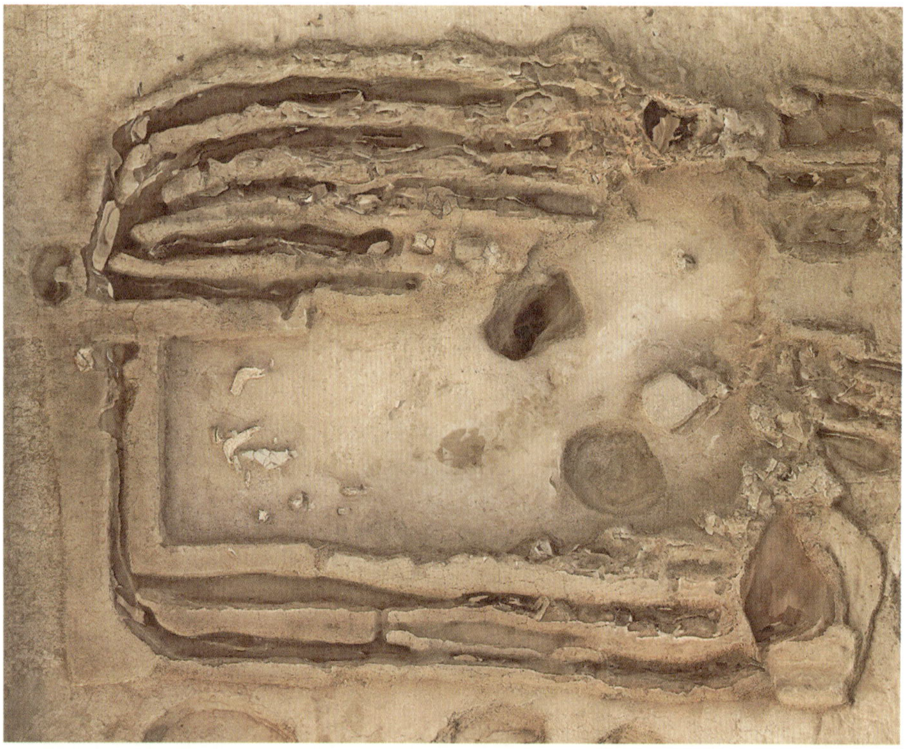

尹家窝堡遗址一号房址

尹家窝堡遗址一号淋卤坑

环节“淋灰取卤”的场所，遗址南侧区域应为当时人们的聚居区。对遗址现存盐包体量估算，可以推知土盐生产在当时人们的生产生活活动中占有很大比重。综合两年的工作，初步推断尹家窝堡遗址为辽代晚期至金代的制盐遗址。

7. 吉林延边宝马城遗址

宝马城遗址位于吉林省延边朝鲜族自治州安图县二道白河镇西北 4 千米的丘陵南坡上。城址

宝马城遗址 2014 年发掘区全景

平面呈长方形，城墙破坏严重，南半部湮没无存，门址不清，城墙现存周长约 465 米。

宝马城遗址出土“凹”字形压阑石

为判明宝马城的年代与性质，经国家文物局批准，自 2014 年起，对该城址进行了连续 3 年的主动性考古发掘，总发掘面积近 3000 平方米。对城内中轴线上的 3 座土台进行了发掘，确认为 3 座大型夯土台基式建筑基址，并发现环绕 3 座基址的回廊、两条连接月台与东西廊庑的铺砖露道、河卵石墁铺的庭院以及两条排水沟。清理出大片的砖瓦倒塌堆积，出土瓦当、滴水、鸱吻、兽头等陶制建筑构件上百件，各式铁钉数百枚，以及少量陶器、瓷器、铁器与铜器。

发掘结果表明，宝马城的始建年代和主体使用年代均为金代，该遗址可能为金王朝祭祀长白山的神庙遗址。宝马城遗址的发掘是金代考古的重要发现，为研究宋金时期宗教信仰、风俗习惯与金代建筑风格提供了宝贵的第一手资料，对探索金代礼仪制度以及我国古代北方山祭与中原皇家山祭的关系也具有十分重要的价值，对充实长白山悠久历史文化的内涵也有着积极和深远的影响。宝马城的发现表明，长白山地区在金代已经确凿无疑地属于中国的领土，其学术价值与现实意义不可估量。

8. 吉林图们磨盘村山城遗址

磨盘村山城（城子山山城）遗址位于延边朝鲜族自治州图们市长安镇磨盘村西南 2 千米与延吉市交界处，西距延吉市区 5 千米。海兰江在其城南 1 千米处注入布尔哈通河，山城南、东、北三面为布尔哈通河所环抱。

磨盘村山城遗址北门出土石刻人像

山城修筑在一独立山体上，城址平面呈阔叶状。城垣依山势沿山脊或山腹以石块砌筑，周长 4549 米，门址 4 处。城内地势多为平缓坡地，城中心位置有一处较大的建筑群，围绕建筑群则有多处居住区和若干大小不等的土筑院落。

2013~2016 年，为配合磨盘村山城保护规划编制，连续 4 年对山城进行了主动性考古发掘。清理了山城东门、北门，确认城中央地带存在人工台地 21 处、建筑群一组和建筑基址 11 处，明确了两处土筑院落内遗存的年代和性质，发现冶炼作坊 1 处。

磨盘村山城遗址二号院落建筑址全景

现存近 5 米高的城垣，多座大规模建筑基址和大量金代晚期风格遗物的出土，为认定磨盘村山城为东夏南京故址提供了实物资料。磨盘村山城的发掘是我国首次对“东夏国”这一文献中仅存 19 年的地方政权进行的主动性发掘，出土的大量文物，为研究鲜见于文献记载的金东夏国增添了不可多得的实物资料。城内部分区域出土了少量渤海早期建筑构件和陶片，为渤海早期遗存研究及探寻渤海建国地点等问题，提供了极为重要的学术线索。

吉林大学

一、业务建设

（一）业务工作

1. 考古调查与发掘

五年来，吉林大学边疆考古研究中心与内蒙古自治区文物考古研究所、吉林省文物考古研究所、河北省文物研究所、宁夏回族自治区文物考古研究所等单位合作，相继开展了内蒙古赤峰魏家窝铺、吉林大安后套木嘎、安图宝马山城、乾安春捺钵、河北涿鹿黄帝城、满城要庄、宁夏隆德砂塘北塬等遗址的发掘。同时围绕洮儿河下游和科尔沁沙地东部地区开展了两项区域性考古调查工作。

2. 科技考古与文物保护

吉林大学边疆考古研究中心凭借自身在科技考古，尤其是生物考古领域的科研与技术优势，积极参与了内蒙古科左中旗哈民忙哈、青海民和喇家、辽宁朝阳半拉山、吉林大安后套木嘎、湖北十堰大寺、广西南宁顶蛳山遗址及新疆克里雅河北方墓地、艾斯克霞尔墓地等数十处发掘现场人骨、动物骨骼的无污染取样及 DNA 采样与分析工作；受国家文物局委托，先后承担了古人骨采集与鉴定技术标准、可移动文物分类标准两项行业技术标准的制定工作；在多个遗址的发掘过程中，利用现场棚护、整体切割、加固提取等方式，加强了文物的现场保护和科学提取工作。

此外，团队成员还先后承担了吉林、浙江、江苏等地的十多处古遗址保护规划的制定工作，为文化遗产的保护做出了应有的贡献。

3. 基础设施建设

“十二五”期间，在学校的大力支持下，人类学实验室和考古 DNA 实验室总计新增实验或库房面积 400 平方米，并且对实验环境与实验设备按照国际标准进行了改造。人类学实验室还增设了标本展示室与来访研究人员专用科研室，为更好地开展学术交流提供了必要的条件。人类学实验室、动物考古实验室和石器分析实验室的标本藏量快速增长。其中，人类学实验室的人骨标本量由“十一五”期间的 8000 例增加到近 2 万例，人骨藏量居全国之首。2013 年，与美国西蒙菲沙大学合作建立生物考古联合实验室。2014 年，吉林大学边疆考古研究中心建设的“体质人类学与分子考古学科研基地”入选国家文物局第五批重点科研基地。

（二）人才建设与培养

“十二五”期间，吉林大学边疆考古研究中心先后选留博士毕业生 3 人，本科均非吉林大学毕业，其中 1 人为法国籍（Pauline Sebillaud），进一步改变了以往“近亲繁殖”的不良学缘结构，还从吉林省文物考古研究所引进了国务院特殊津贴获得者、吉林省考古学会理事长、高句丽与渤海研究专家宋玉彬研究员，吉林大学边疆考古研究中心的朱泓教授入选国家社科规划评审组成员，杨建华教授入选国务院学位委员会第七届学科评议组成员，赵宾福教授入选“长江学者”特聘教授，赵宾福、王立新教授入选吉林省“长白山学者”特聘教授，彭善国教授入选教育部新世纪优秀人才支持计划，此外新增匡亚明特聘教授 5 人，取得了队伍建设的重要突破。

作为我国高层次考古、博物馆专业专门人才的培养基地，五年来吉林大学考古学科共招收培养全日制本科生 300 人、硕士研究生 220 人、博士研究生 54 人，学生培养规模在全国高校同专业中位居前列。2011 年，受吉林省文物局委托，吉林大学边疆考古研究中心与吉林省文物考古研究所合作组建“吉林省田野考古实践与遗址保护研究基地”，采用省校联合的协同创新模式，建设开放性的田野考古实践教学平台，在全面践行新的《田野考古工作规程》的基础上，着重加强学生和学员在田野考古发掘、记录、采样与整理等各方面的技能训练。五年来，基地依托吉林大安后套木嘎遗址的发掘及周边区域性考古调查工作的开展，除完成吉林大学考古学系本科生的田野考古实践教学和项目计划的科研任务之外，共为吉林省文物考古研究所、吉林省博物院、长春市文物保护研究所、沈阳市文物考古研究所等省内外多家单位培养学员 34 名，为中山大学、内蒙古师范大学等多家高校考古专业的硕士及博士研究生提供了田野技能培训。基地还利用自身的技术优势，为吉林省文物考古研究所、辽宁省文物考古研究所、沈阳市文物考古研究所、大连市文物考古研究所、西北大学文化遗产学院、河北师范大学泥河湾研究所、呼伦贝尔民族博物院、中国社会科学院考古研究所内蒙古工作队等单位培养航拍人员各 1 人，为吉林省文物考古研究所、云南省文物考古研究所、长春市文物保护研究所、呼伦贝尔民族博物院培养计算机制图人员各 1 人。2013 年 12 月，受辽宁省文化厅文物处委托，为辽宁省文物考古研究所、沈阳市文物考古研究所全体业务人员举办田野考古新规程与数据库培训。2014 年 8 月，受吉林省文物局委托，为全省主动性考古发掘项目领队（或执行领队）9 人承办新规程高级研修班。2015 年 1 月，为吉林省文物考古研究所全体业务人员举办区域性考古调查、考古新规程与数据库系列讲座。

（三）学术交流与科研成果

1. 学术交流

“十二五”期间，从海外名校引进匡亚明讲座教授 4 人，其中哥伦比亚大学的李峰教授于

2014 年受聘为长江学者讲座教授。4 位外聘教授分别为吉林大学边疆考古研究中心的研究生开办 1~2 门课程或举办系列学术讲座，并参与相关重大课题的研究。还先后聘请 40 余位海内外专家来中心短期访问、研修或举办学术讲座。有 30 余名师生赴国外研修或参加境外国际学术会议。吉林大学边疆考古研究中心每年约有 70%~80% 的研究生能够以各种形式参与到基地研究人员承担的各项重大课题的研究中去，促进了研究生科研创新能力的培养。吉林大学边疆考古研究中心举办了 2 次国际会议、3 次国内学术会议，还陆续举办了第 4~6 届全国高校学生考古论坛，并与西蒙菲沙大学联合举办了 3 届“人体骨骼考古学”暑期学校，6 次面向高校学生举办学术活动，为 300 余位海内外有志于从事考古事业的青年学子提供了相互交流、展示才华的机会，开阔了大学生的学术视野。

2. 科研成果

吉林大学考古学科是中国考古学基础研究的重镇之一，综合实力多年来稳居国内同学科前列，在中国北方边疆地区先秦考古、高句丽渤海考古、辽金元考古、体质人类学、分子考古学、动物考古学、西亚考古、东北亚相关各国考古、考古学史等领域的研究特色鲜明，优势明显，取得了一系列国内外瞩目的学术成果。2011~2015 年，吉林大学边疆考古研究中心共获得各类科研项目 145 项，其中国家社科基金项目 22 项（含国家社科基金重大项目 4 项、国家社科基金重大委托项目子课题 4 项）、国家基础科学人才培养基金项目 2 项、教育部人文社会科学研究项目 17 项（含教育部重点研究基地重大项目 10 项）、其他纵向研究项目 15 项、横向委托项目 62 项、校级科研项目 27 项，共获资助经费 3926 万元。五年来共出版学术著作 20 部，发表论文 497 篇，其中 SSCI 检索论文 3 篇，CSSCI 检索论文 231 篇；2011 年以来科研成果获省部级奖励 4 项。此外，本学科专家撰写的多篇高句丽、渤海考古及历史研究方面的咨询报告，被国家相关部门采用，在国家相关问题决策上起到重要作用。

（四）对外宣传与公众服务

2012 年以来，吉林大学边疆考古研究中心对网络主页（www.bjkg.jlu.edu.cn）进行了多次改版，对吉林大学考古学科在田野考古、科学研究、人才培养等方面取得的丰硕成果进行了广泛的宣传、报道。

吉林大学边疆考古研究中心创办的《边疆考古研究》学术集刊（2002 年），迄今已出版 19 辑，自 2008 年以来，连续 4 次入选 CSSCI 来源集刊。2013 年创办的 *Asian Archaeology*，是我国高校考古学科中第一份全英文专业期刊，迄今已出版 4 期。两份学术刊物均在国内外公开发行。

由吉林大学边疆考古研究中心科研人员任领队的吉林大安后套木嘎、安图宝马山城、乾安春捺钵等遗址的发掘工作，通过报纸、电台、电视台、微信等媒介平台的宣传报道，在国内外产生了重要影响。研究人员围绕学术前沿和热点问题所取得的一些最新的研究认识，也通过海内外主流媒体进行了及时宣传报道。例如，蒙古族源问题是国际学术界关注的热点问题，长期以来，围绕这一问题先后形成了匈奴说、突厥说、东胡说、吐蕃说、白狄说和蒙汉同源说等多种观点，可谓众说纷纭，莫衷一是。由朱泓、周慧教授承担的国家社科基金重大委托项目子课题“蒙古族源的分子考古学与体质人类学研究”，通过对中国东北西部青铜时代至铁器时代早中期的诸多人类学材料开展古 DNA 分析，首次从分子生物学角度证实东胡—鲜卑—契丹—蒙兀室韦—东部蒙古人具有清晰的遗传脉络，从而为我国史学界多数学者主张的“东胡说”提供了坚实的科学依据，被中央电视台、新华社等多家媒体跟踪报道，在国际学术界引起强烈反响。

二、重要考古成果

1. 吉林大安后套木嘎遗址

后套木嘎遗址位于吉林省大安市红岗子乡永合村西北的漫岗中段，新荒泡的东南岸。遗址中部的地理坐标为北纬 45°39′27.5″、东经 123°47′15.1″，海拔 152 米。鉴于该遗址堆积厚度适中、遗迹现象丰富，且包含多个时期的遗存，为执行吉林省文物局全面推行新的田野考古工作规程的计划和部署，由吉林大学边疆考古研究中心和吉林省文物考古研究所合作，于 2011~2015 年对该遗址进行了连续 5 个年度的发掘。总计发掘面积 6450 平方米，共发现墓葬 123 座、灰坑 647 个、灰沟 51 条、房址 43 座，出土完整和可复原陶器 200 余件，还有数量较多的小型铜器、细石器、骨器以及少量玉器等。通过全面筛选、系统浮选等手段，还

后套木嘎遗址 2012 年发掘现场

后套木嘎遗址2013年发掘区全景

后套木嘎遗址第一期M45

后套木嘎遗址第一期陶器残片

获得大量动植物遗存。据初步整理，遗存分属七个时期，其中第一、第三期遗存是通过后套木嘎遗址的发掘所辨识出来的两类新的遗存，填补了松嫩平原西部新石器时代文化序列中的两个重要缺环。

第一期遗存以AⅢ发掘区的第③层及②层或③层下的部分单位为代表，包括墓葬、灰沟、

后套木嘎遗址第三期陶器

灰坑等遗迹。陶器以夹炭的黄褐陶或灰褐陶为主，器表色泽不甚均匀。陶胎很厚（器壁厚度多在1~1.5厘米之间），且富含炭化植物纤维，陶质极酥。器表通体施戳压或滚印的栉齿纹，纹样多为排列整齐的短平行线纹、人字纹、弦纹等。可辨器形有筒形罐、大口曲腹罐和钵等，平底或底略内凹。第一期遗存的陶器，具有东北亚地区早期新石器时代陶器的一般特征。从7例陶器器表含炭残留物的 ^{14}C 检测来看，年代在距今1.3万~1.1万年之间（经树轮校正）。该类遗存是迄今在松嫩平原乃至我国东北地区所发现的年代最早的新石器时代遗存。

后套木嘎遗址第三期遗存包括AⅢ F1~F6、H70、G1等重要的单位及绝大多数探方的第②层即黑沙土层。陶器以夹蚌的黄褐陶或灰褐陶为主，有少量质地细腻的沙质陶。陶胎厚度与第二期陶器相当，多在0.4~0.8厘米。器表多有饰纹，素面陶较少。纹样以条带状附加堆纹、指甲纹、刻划纹、戳印纹为主，多施于陶器的口部或上腹部。器形以形体大小不一的筒形罐为主，也有一定数量的小口深鼓腹罐和大口曲腹罐，还有少量圆鼓腹罐和带流器等。此类遗存的总体面貌也不同于以往嫩江流域已辨识出来的任何一种已确认的文化遗存。依据与邻近地区相关考古学文化的比较及 ^{14}C 测定，可初步推定此期遗存的年代为距今6500~5600年。

后套木嘎第二期遗存，特征与吉林镇赉黄家围子遗址早期遗存的形制特征相似，推测年代为距今8000~7000年；后套木嘎第四期遗存，部分灰沟、灰坑中有连续堆积野牛等哺乳动物骨

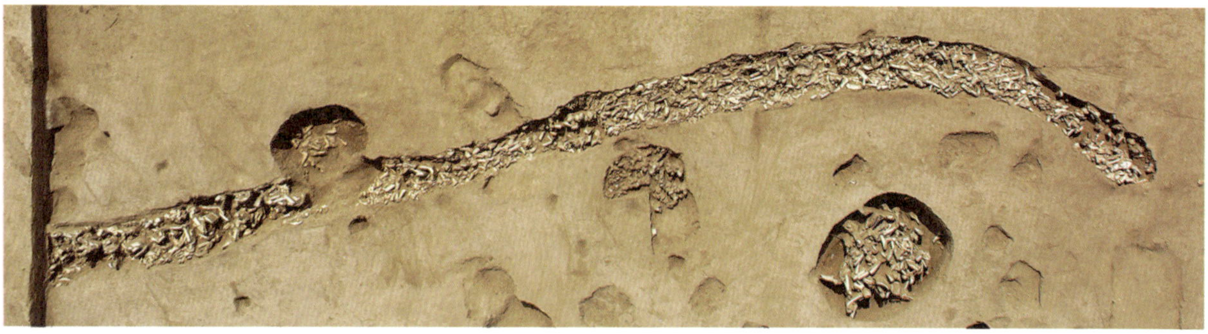

后套木嘎遗址第四期 G2

骼的现象，文化性质可归属于近年命名的哈民忙哈文化，年代在距今5500~5000年，与辽西地区红山文化晚期的年代大体相当；后套木嘎第六期遗存，文化性质属于汉书二期文化，年代相当于战国到西汉，发现有墓葬近百座，1/3以上为洞室墓，这是首次从汉书二期文化中辨识出来的墓葬形制。以上三类遗存，分别弥补了各自所属考古学文化在材料上的不足，是后套木嘎遗址发掘的重要收获。

后套木嘎遗址的发掘，对于构建和完善嫩江流域汉以前考古学文化的编年序列，开展区域内汉以前考古学文化的谱系、生业、人群及环境的综合研究，乃至探索松嫩平原西部极易遭受自然和人为破坏的沙坨型遗址的保护问题具有十分重要的理论和现实意义。

2. 内蒙古赤峰魏家窝铺遗址

魏家窝铺遗址位于内蒙古自治区赤峰市红山区文钟镇魏家窝铺村东北约2.5千米处的丘陵台地上，北纬42°8′、东经118°57′，海拔高度约726米。2012年7~10月，由内蒙古自治区文物

魏家窝铺遗址2012年发掘区近景

考古研究所与吉林大学边疆考古研究中心组成联合考古队对该遗址进行了第四次考古发掘。发掘区域位于 2011 年度发掘区域的东部，共布 10 米 ×10 米探方 27 个，加上扩方，发掘面积共 2736.5 平方米；揭露房址 11 座、灰坑 18 个、灶 7 个，出土陶、石、蚌器 98 件。所有遗迹均开口于 ① 层下，打破生土；房址皆为土坑半地穴式建筑，平面形状有方形和长方形两种，室内有圆形灶和长椭圆形火膛，门道多朝向东南。

魏家窝铺遗址 F110

魏家窝铺遗址面积约 93000 平方米，是目前发现的规模较大、保存最完整、发掘面积最大的红山文化时期环壕聚落遗址。该遗址地处红山文化分布的腹心区域，南隔燕山山脉与华北平原相望，东北越科尔沁草原可达松嫩平原，对研究红山文化时期南北方的文化交流与碰撞、人文地理环境的变迁、社会结构与发展等问题具有重要意义。2012 年魏家窝铺遗址的发掘为解决该遗址的分期与年代、文化构成、居住与生业方式等问题提供了重要线索，初步揭示了红山文化早、中期的文化面貌；部分具有明显中原特色的遗物反映出该地区与中原地区的文化互动关系，对于研究红山文化的形成与发展具有重要意义。

3. 河北涿鹿故城（黄帝城）遗址

涿鹿故城（黄帝城）遗址位于河北省涿鹿县矾山镇三堡村北，地处涿鹿县矾山盆地中，海拔高度为 733 米，东北角地理坐标为北纬 40°13'32.3"、东经 115°24'18.4"。城址平面为不规则四边形，南北长 500 余米、东西宽 450~500 米，城址周围存有高低不等的城墙。2014 年 7~9 月，河北省文物研究所与吉林大学边疆考古研究中心联合对该遗址进行了发掘，对该遗址的文化内涵和年代等问题有了初步认识。

此次发掘地点位于城内东北部，发掘面积 500 平方米，并对西城墙进行了解剖。发掘区文化层厚 1.5~5 米，共分三层。第 ① 层和第 ② 层属于近现代的扰土层，第 ③ 层出土战国—汉代遗存。遗迹大多开口于 ② 层下，从出土遗物看与 ③ 层基本同时，有少量遗迹开口于 ③ 层下。此次发掘共发现灰坑 37 个、灶 1 个、火塘 1 个、墓葬 1 座，出土建筑构件和陶器等遗物 503 件及大量动物骨骼。本次发掘是涿鹿地区首次针对古遗址进行的主动性发掘项目，从发掘的情况看，涿鹿故城的始建年代当不会早于战国时期。包括五铢、半两和货泉等铜钱在内的大部分出土遗物都属于汉代，说明该城的繁荣期应该在汉代。但从城墙的解剖来看，在该城建造之前的商周之际，遗址范围内就已经有人居住了。此次发掘，对于深入认识涿鹿故城的性质和年代有非常重要的意义。2016年，为弄清涿鹿故城的城内布局，吉林大学边疆考古研究中心又对该城址进行了全面勘探，勘探工作正在进行中。

4. 吉林安图宝马城遗址

宝马城遗址位于吉林省延边朝鲜族自治州安图县二道白河镇西北4千米处的丘陵南坡上，相传唐代一将军在此地得宝马，故而得名，亦称“报马城”。城中心区地理坐标为北纬42°27′07.2″、东经128°05′08.5″，海拔高程为707米。该城在1928年所修《安图县志》中已有著录，通过《安图县文物志》的记载，可知其在20世纪80年代的概况：平面呈长方形，城墙破坏严重，南半部湮没无存，门址不清。城墙现存周长约465米，其中北墙保存相对较好，宽4、高1.2米。城垣、墙基以石块垒砌，上部土筑，城墙上不见瓮城、角楼、马面、护城河等设施。城内中部由南向北顺次排列有三个土台，似为大型建筑基址。城内外散落有大量砖瓦残片，础石等建筑构件以及陶片、瓷片等遗物。1978年吉林省博物馆考古队在宝马城普查时发现一些指压纹瓦片，从而断定该城为渤海始建，辽金沿用。以往学术界普遍视宝马城为渤海朝贡道上的重要驿站，也有学者将其比定为当时渤海中京显德府下辖的兴州。

宝马城遗址2015发掘区全景

为判明宝马城的年代与性质，经国家文物局批准，依据先期城内勘探得出的初步认识，吉林大学边疆考古研究中心于 2014 年 8~9 月对城内中轴线上偏北的土包进行了发掘，实际发掘面积 732 平方米。确认大型夯土台基式建筑一座（编号为 JZ3），并发现环绕三座基址的回廊北段的东侧部分，清理出大片的砖瓦倒塌堆积，出土包括瓦当、滴水、鸱吻、兽头等在内的陶制建筑构件上百件，各式铁钉数百枚，以及少量陶器、瓷器、铁器与铜器。发掘结果表明，宝马城的始建年代和主体使用年代均为金代，该遗址可能为金王朝祭祀长白山的神庙遗址。

为进一步了解宝马城的建筑形制与布局，经国家文物局批准，吉林省文物考古研究所、吉林大学边疆考古研究中心于 2015 年 7~10 月对宝马城中轴线上居中的土包进行了发掘，发掘面积 998 平方米。此次发掘确认一座前出月台的大型夯土台基（编号为 JZ2），揭露出两条连接月台与东西廊庑的铺砖露道、河卵石墁铺的庭院以及两条排水沟，并清理出大片的砖瓦倒塌堆积，出土数量众多的瓦当、滴水、脊兽、鸱吻等陶制建筑构件和压阑石等石质构件，各式铁钉数百枚，以及少量陶器、瓷器、铁器和铜器。

宝马城遗址的发掘是金代考古的重要发现，为研究宋金时期宗教信仰、风俗习惯与金代建筑风格提供了宝贵的第一手资料，对探索金代礼仪制度以及我国古代北方山祭与中原皇家山祭的关系也具有十分重要的价值，对充实长白山悠久历史文化的内涵也将产生积极和深远的影响。东北地区地处边陲，自古民族众多，源流与发展各异。由于我国与周边国家史观的不同，东北地区的民族与历史问题越来越成为相关国家学术界研究争议的重点和热点，甚至牵涉到民族、政权的性质与归属等重大分歧，乃至上升到国家利益维护的高度。宝马城的发现表明，长白山地区在金代已经确凿无疑地属于中国地方政权的领土，其学术价值与现实意义不可估量。

5. 吉林乾安春捺钵遗址群

春捺钵遗址群是第 7 批全国重点文物保护单位，由 4 个遗址组成，分别位于吉林省松原市乾安县花敖泡湖东南岸和查干湖西南岸，其中后鸣字区遗址有 900 余座土包台遗迹。土包台主体东西绵延 3000 米。为配合保护规划的编写，吉林大学边疆考古研究中心在 2013 年对春捺钵遗址群 4 个片区进行了考古地面调查，采集到契丹陶器残片等遗物，试掘发现了灶等遗迹，初步掌握了遗存分布等情况。

乾安后鸣字区出土凤鸟形建筑构件

2014 年对春捺钵遗址群的后鸣字区进行勘探发掘，勘探面积约 10 万平方米，重新确定了遗址边界范围，为制定保护规划提供了重要支撑。通过勘探基本厘清小城的布局与大体结构，以及小城通往西南的道路 L1；另对 B089 土

乾安后鸣字区发掘土台下部的遗迹现象

台群组进行勘探，勘探出多处红烧土遗迹和夯土迹象。此次发掘共布方 540 平方米，实际发掘 479 平方米，主要在祭祀区（B014）发掘 J1。发掘出土大量建筑饰件和 1 件佛教造像，初步确定 J1 为金代建筑，并为小城性质的判断提供了依据。通过对 B017-1 土台的发掘，证实此遗迹为多次人工堆积踩踏而成，土壤检测含盐度低，含硝量高。

2015 年再次对后鸣字区进行了调查、勘探与发掘，地面踏查并详细记录了 195 个土台，勘探 6 万平方米，发掘 815 平方米。勘探新发现道路 2 条，为探讨遗址格局提供了重要资料。发掘区位于小城内与中区东部，揭露建筑台基 1 座、灰坑 12 个、灶 11 个，出土建筑构件、陶瓷器、铁器、铜钱、石磨等遗物标本 67 件，明确了土台下部是辽代使用形成的。还发现了动物骨骼、鱼鳞、鱼鳃等遗存，为确定该遗址是辽金时期的春捺钵地点提供了重要证据。

黑 龙 江 省

黑龙江省文物考古研究所

一、业务建设

2012~2016年，在国家文物局和黑龙江省文化厅的直接领导下，黑龙江省文物考古研究所认真贯彻国家“保护为主、抢救第一、合理利用、加强管理”的文物工作方针，坚持落实和执行《中华人民共和国文物保护法》，努力做好大遗址保护工作，在积极配合基本建设考古工作的同时，进一步强化课题意识和文物保护意识，有序开展课题考古发掘和研究。过去的五年里，黑龙江省文物考古研究所抢抓机遇，科学谋划，使黑龙江省考古工作取得新的进展和突破。

（一）业务工作

1. 考古调查与发掘

2012~2016年，黑龙江省文物考古研究所完成配合基本建设工程的考古调查勘探项目共计186项，完成遗址考古发掘16处。在配合基本建设工程中，完成考古发掘所涉及的相关遗址年代时段上自旧石器时代、新石器时代，下至明清时期。代表性的考古项目有伊春桦阳遗址考古发掘和泰来东明嘎遗址发掘。桦阳遗址发掘为小兴安岭地区石器时代考古学文化序列的建立和探讨当时人类社会发展情况提供了难得的实物资料；东明嘎遗址发掘为进一步研究昂昂溪文化的分期与年代、生产生活、生态环境、埋葬制度等提供了重要资料。

针对不同的学术目标和工作要求，黑龙江省文物考古研究所开展了一系列专题性的考古工作。2012年5月，对抚远黑瞎子岛开展了一次较为系统的文物普查工作。此次文物普查的开展，初步了解了黑瞎子岛遗存的分布状况，为黑瞎子岛的全面保护开发提供了科学的资料和依据。2012~2015年，在当地政府的协助下对大兴安岭岩画开展相关调查工作，在东起呼玛沿江乡狐仙洞、西至漠河西北的仙女洞岩画地点，北起黑龙江边的绥安站小黑石砬子“凤凰”纹样岩画、南至八十八岭岩画地点约16.7万平方千米范围内，先后发现33处岩画点、1850余幅彩绘岩画。2013年7月，在开展大兴安岭地区岩画考古调查时，在大兴安岭地区呼中区碧水镇北的北山洞洞口岩壁上发现彩绘纹样，该洞穴为地质时期自然形成，洞口部前沿平顶南北进深长约3、洞口最大宽约5.3米。2014年8~11月，对该遗址洞穴内部进行试掘，布1米×12米探沟1条，发掘深度约0.9~2.4米。经试掘，洞内文化遗存以洞口处较为丰富，地层堆积比较明确，共分8层，出土石器、骨器、玉器、陶器、铁器、古玻璃、玛瑙料珠等文物千余件。初步研究认为，北山洞遗址内至少包含新石器时代和鲜卑时期两大阶段的文化遗存，在一定程度上对大兴安岭地区考古学文化编年体系的构建具有填补空白的意义。在大兴安岭地区发现的大量彩绘岩画是对我国岩画类型的新补充。根据《七三一“四方楼”保护展示工程方案》和《七三一整体考古规划》要求，按照黑龙江省文化厅统一部署，侵华日军第七三一部队旧址考古发掘于2014年5月全面启动。2014~2015年考古发掘的遗址主要为：细菌实验室和特设监狱、地下通道、锅炉房遗址、地下回水池遗址、动物焚烧炉遗址、细菌弹壳厂遗址，发掘揭露面积总计27000余平方米，出土大量遗物。

2. 大遗址保护与规划

大遗址考古是黑龙江省考古工作的一项长期而重要的工作。黑龙江有两大历史时期都城遗址：一是阿城金上京城址，为了加强对金上京遗址的科学认识和学术研究，推进对金上京大遗址的有效整体保护，依据《金上京会宁府遗址保护规划》的设计及金上京国家遗址公园建设的实际需要，黑龙江省文物考古研究所制定了《金上京遗址考古工作计划（2013~2017年）》，该计划2013年7月得到国家文物局审批立项通过，并于2013年启动考古勘探发掘与研究工作。二是宁安渤海上京城址，截止到2008年，渤海上京城的考古工作基本告一段落，2009年7月《渤海上京城——1998~2007年调查发掘报告》出版。自2009年始，为配合国家考古遗址公园的建设，黑龙江省文物考古研究所又对上京城内相关遗迹开展后续的考古工作，并已取得新的成果。

重点对齐齐哈尔洪河遗址和饶河小南山遗址开展科学的考古发掘和研究工作。为了厘清困扰学术界多年的昂昂溪文化的真正内涵，黑龙江省文物考古研究所欲通过发掘与其位置相邻、堆积深厚、遗存保存完整且文化内涵相近的洪河遗址，还原出一个新石器时代以渔猎为主的人群生活画面，进而深化对嫩江流域史前考古学文化序列体系的认识。小南山遗址在黑龙江流域及东亚、东北亚史前研究中有重要地位，鉴于小南山遗址的重要性，遗址的考古发掘工作有必要长期持续进行，着重搞清遗址的文化内涵和年代，为深入研究小南山遗址提供条件和奠定基础。

近年来，配合国家和省级重点遗址保护规划的编制，黑龙江省文物考古研究所开展了对相关遗址的调查勘探与试掘工作。一是泰来塔子城遗址勘探试掘。为了配合《泰来塔子城城墙抢救性保护方案》的编制，2013年8~10月，黑龙江省文物考古研究所对塔子城遗址进行了调查与勘探，并试掘了450平方米；2015年10月，再次对局部城墙、城内相关遗迹展开试掘，进一步深化考古材料和相关学术认识。二是瑷珲新城遗址勘探试掘。为了配合《瑷珲新城遗址保护规划》的编制，2014年7~10月，黑龙江省文物考古研究所对瑷珲新城相关区域及遗迹进行了勘探、试掘，清理面积达530余平方米。此次工作，对关于瑷珲古城建设布局的记载和口耳相传的各种传说做出了进一步的证实，取得了重大的学术突破。三是抚远莽吉塔站故城遗址勘探试掘。为了配合《莽吉塔站故城遗址保护规划》的编制，2015 年 6 月，黑龙江省文物考古研究所对莽吉塔站故城遗址进行了考古调查、勘探和试掘，了解遗址的整体情况，掌握城墙的建筑年代及结构，初步认识到莽吉塔站故城遗址现存两道城墙为不同时期建筑，而非同一城的两道城墙。

3. 基础设施建设

近年来，黑龙江省文物考古研究所注重加强单位馆舍及基地等基础建设，特别是启动了两处大遗址考古工作站及整理基地的使用。一是渤海上京城考古工作站的重新建设与使用，该站与渤海遗址博物馆同期建设，作为黑龙江省文物考古研究所主要考古资料整理基地，自 2012 年投入使用以来不断更新完善基础设施，加强安防安保工作，确保每年的考古资料整理工作得以顺利开展。另一处是刘秀屯金上京考古工作站的建设，该站专用于刘秀屯建筑基址的保护与管理。2015 年，黑龙江省文物考古研究所全面接收对刘秀屯保护房的管理，对工作站进行全面维修和监控设施安装，作为金上京遗址保护与研究基地，该站现已投入使用。

（二）人才建设与培养

在 2012~2016 年的工作中，黑龙江省文物考古研究所坚持“以业务工作为中心，一切为业务服务”的工作方针，形成了一支以中年学者为学术带头人、以青年学者为骨干的具有坚实专业知识和丰富实践经验的科学研究队伍。

在加强学术课题研究的同时，黑龙江省文物考古研究所亦注重学科建设，注入激励竞争机制，重视人才引进，不断拓展和深化学术研究体系。黑龙江省文物考古研究所在石器时代考古、青铜至早期铁器时代考古、渤海考古、金代考古领域有较为突出的优势，在东北亚学术界具有一定影响。近年来，单位再次委托培养博士一名，鼓励业务人员采取各种渠道学习培训，提升学历层次，提高学术研究能力。黑龙江省文物考古研究所于 2012 年 12 月被黑龙江省人民政府批准建设黑龙江省级领军人才梯队——中国考古（黑龙江考古）专业学科梯队，学科带头人为李陈奇，后备带头人为张伟、赵永军。

（三）学术交流与科研成果

1. 学术交流

黑龙江省文物考古研究所注重学术学风建设，积极加强同省内外学界的交流，不定期举办不同形式的学术会议和学术报告，积极参加国内外学术会议和交流活动，全面提升业务人员综合素质。成功举办了东北青年考古论坛（2013）、“文化・族群・社会”——黑龙江流域考古学术研讨会（2014）等学术会议，进一步加强了考古区域部门合作，拓展了业务人员的学术视野。

2. 科研成果

近年来，黑龙江省文物考古研究所继续加大考古资料整理、发表和研究工作的力度，工作成果集中体现在学术著作、发掘简报和研究论文三个方面：出版《渤海上京城考古》《渤海三彩——渤海上京城出土釉陶》等学术著作7部；在《考古》《文物》《考古学报》《华夏考古》《北方文物》《中国文物报》等各级考古学期（报）刊上发表考古调查和发掘简报、学术收获20余篇；在《考古》《人类学学报》《边疆考古研究》《北方文物》等国内重要考古学期刊上发表学术论文40余篇。

《北方文物》是东北地区唯一公开发行的文物考古类学术期刊。在“倡导学术创新、追求学术规范”的理念指导下，黑龙江省文物考古研究所领导班子和学术委员会多次召集会议，集思广益，并以不同的形式和渠道获取省外学界的意见和想法，探索办好刊物的思路和举措；成立了专门的编辑委员会和特邀编辑委员会，革新栏目，强化审稿，进一步提升期刊的学术水准和质量，争创区域的品牌效应，从而推动黑龙江省文物保护和考古事业的健康可持续发展。

2012~2016年，黑龙江省文物考古研究所成功立项国家社科基金项目3项，为《中俄黑龙江流域旧、新石器文化过渡遗存研究》（青年项目，2013年）、《友谊凤林城址发掘报告》（一般项目，2014年）、《金王朝辖域内墓葬综合研究》（一般项目，2016年），省级社科基金项目5项、省级艺术科学基金项目3项，实现了历史性的突破，2015年两项省社科项目已如期结项。

2012~2016年，黑龙江省文物考古研究所多项成果获得各类科研奖项。其中《海曲华风：渤海上京城文物精华》等著作和论文7部（篇）获黑龙江省社会科学优秀成果特别荣誉奖、三等奖、佳作奖等奖项，《渤海上京城》考古报告获首届中国考古学大会研究成果奖“金鼎奖”。

（四）对外宣传与公众服务

在努力做好业务工作的同时，黑龙江省文物考古研究所加强公众考古宣传工作。与《中国文物报》《黑龙江日报》等重要报刊以及新闻媒体、宣传部门联合，及时报道展示考古科研成果。如2013年，联合黑龙江日报社以《聚焦2012黑龙江考古新成果》为题，集中展示报道了2012年度的重要考古科研成果。

2012~2016年，黑龙江省文物考古研究所每年的文化遗产日宣传活动各具特色，特别是2016年第11个文化遗产日，在哈尔滨市的主会场策划了一场精致的考古成果展，吸引了大批社会群众驻足参观。这次考古成果展突出展示了所内人员近年来所取得的考古工作成就和科研成果。再一次使考古走近大众，实现了一次古今连接和交融。

二、重要考古成果

1. 黑龙江饶河小南山遗址

小南山遗址位于中俄界乌苏里江左岸。该遗址从20世纪50年代开始就陆续有文物出土，是黑龙江省出土玉器最多的遗址，它在黑龙江流域及东亚、东北亚史前研究中有重要地位。

饶河小南山遗址 2015 年发掘房址

2014~2015 年正式发掘区位于小南山遗址东坡中部的一个缓坡上，发掘面积 300 平方米，初步发现了新石器时代早晚两期的文化遗存。早期遗存年代距今约 8000 年，出土陶片多数为大篦点纹，少数为菱形纹，还有小石叶等石器，出土的匕形玉佩、鱅形玉佩、珠、璧、管、锛等多件玉佩饰在新石器时代早期十分罕见。晚期遗存年代距今约 4000 年，陶器以红褐色夹砂陶器为主，饰有细篦点纹和划纹纹饰，石器主要为压制凹底石箭头。此次发掘促进了对小南山遗址文化内涵的认识。

2. 黑龙江齐齐哈尔洪河遗址

1930 年，著名考古学家梁思永先生对齐齐哈尔市昂昂溪五福诸遗址进行了调查与试掘，并提出了昂昂溪文化的命名。为了厘清困扰学术界多年的昂昂溪文化的真正内涵，省考古研究所选择了与其位置相邻、堆积深厚、遗存保存完整且文化内涵相近的洪河遗址展开考古发掘。

遗址位于黑龙江省齐齐哈尔市富拉尔基区的嫩江岸边，与昂昂溪遗址隔江相望。2013 年 7~10 月对洪河遗址进行了考古发掘工作，发掘总面积为 1176 平方米，其中北区 184 平方米已发掘到生土层位，获得新石器时代的房址 2 座、墓葬 8 座、灰坑 2 个；南区的 992 平方米仅清理完第 ① 层、第 ② 层以及开口于第 ② 层下的遗迹，共获得明代墓葬 49 座。新石器时代遗存

齐齐哈尔洪河遗址
2015年发掘新石器时
代房址平面图

齐齐哈尔洪河遗址
2015年发掘青铜时代
房址平面图

包括房址、墓葬、灰坑和野外灶等，遗物主要有陶器、石器、骨器、角器和蚌器等。陶器纹饰以指甲纹和附加堆纹为主，石器反映的是以玛瑙为原料的石片工业特征。明代墓葬出土的随葬品有铁铠甲、铁马镫、铁镞、铁刀、铁剑、铁锅、铁剪刀、铜饰件、铜钱、木马鞍、琉璃饰品、瓷器和桦树皮器等，较具东北地方特色。除新石器时代和明代的遗存外，还包含丰富的青铜时代、早期铁器时代、辽金时期等多个时期的文化遗存。2014 年和 2015 年连续对该遗址进行了发掘，发掘面积约 1500 平方米，发现半地穴房址 11 座及灰坑、灰沟、墓葬等，出土大量陶、骨角、石等不同质地遗物，同时采集到大量的动物骨骼标本、碳样标本、孢粉土样标本等。本次考古工作识别出早晚两个时期的考古遗存，其中的早期遗存是一支有别于周邻地区的新石器时代考古遗存，而晚期遗存是一支白金宝文化的地方变体类型。它们的发现和识别对嫩江流域的史实构建及考古学文化序列的建立有着不可估量的作用。

3. 黑龙江宁安渤海上京城址

自 2009 年始，为配合国家考古遗址公园的建设，黑龙江省文物考古研究所又对上京城内相关遗迹开展后续的考古工作。主要有：对城内居民安置区相关地点及重点整治区域进行了考古调查；对王家村、三陵村农民在生产活动中发现的水井、灰坑等遗址、遗迹进行了约 150 平方

渤海上京城寺庙遗址 2015 年发掘区全景（上北下南）

渤海上京城寺庙遗址 2015 年发掘区全景（上北下南）

米的清理和试掘；对白花村渤海遗址进行了 2000 平方米的考古钻探；对渤海石灯、碑座等重点文物进行了测绘工作，完成了宫城正门、一号宫殿遗迹现状图；对渤海上京城宫城匠作遗址进行发掘，揭露面积 400 平方米；对渤海上京城寺庙遗址进行发掘。

渤海上京城寺庙遗址位于黑龙江省宁安市西安区渤海镇旧土台子村西北角、东沙公路西侧，渤海上京城宫城东侧。2014~2015 年，黑龙江省文物考古研究所对渤海上京城寺庙遗址进行了正式发掘，发掘面积 4000 平方米。寺庙遗址为大型佛教建筑基址，呈长方形，东西长 43.5、南北宽 30、高 2.5 米。台基础石东西向 5 排、南北向 8 列，构成一面阔 7 间、进深 4 间的建筑，南部正对第 1 间、第 7 间和北部正对第 4 间处，各有一踏道。周匝作廊，中心部分为佛坛，东西长 22.7、南北宽 7.7 米，坛上有佛像基址。出土了大量的建筑遗物，还有小型佛像和大型佛像残块。此次发掘对渤海上京城布局以及渤海佛教研究具有重大意义。

4. 黑龙江阿城金上京城址

为了加强对黑龙江省哈尔滨市白城子金上京遗址的科学认识和学术研究，推进对金上京大遗址的整体有效保护，黑龙江省文物考古研究所加强了对金上京遗址的考古工作设计。按照《金上京遗址考古工作计划（2013~2017年）》安排，2013年7~9月，对金上京遗址进行了初步调查、勘测和发掘。本年度工作重点是对城址的城墙遗迹进行解剖发掘并取得初步成果。此次发掘从考古层位学上确认了城址的营建使用情况，搞清楚了城址的结构特征；根据城墙的地层堆积和包含遗物特征，确认城址的始建年代为金代，后期至少有过一次以上的修筑情况。在主墙及墙体两侧堆积中出土有陶片、瓷片以及兽面纹瓦当、方砖、铁钉等建筑构件，为判定城址的建筑和使用年代等提供了珍贵的实物材料。2014年6~11月，重点对金上京南城南垣西门遗址进行了

金上京城址2014年发掘南城南墙西门址及瓮城俯瞰（上北下南）

金上京城址2014年发掘南城南墙西门址门道中部（北—南）

考古发掘，揭露面积1100余平方米，出土器物500余件，种类多样，有铁器、石器、骨器、陶器和瓷器等，包括生产生活用具和兵器等。此次发掘确定了南城南垣西门址系金代中期前后营建修筑的，与上京城皇城门址同在一条中轴线上，突显了地理位置的重要；同时加强了对金上

金上京城址2015年发掘皇城西部建筑遗址及院落全景俯瞰（上北下南）

金上京城址2015年发掘皇城西部建筑址院落北墙基址（东—西）

金上京城址2015年发掘皇城西中心建筑址踏道及路面（南—北）

京城址形制结构、营建时序及历史沿革的认识，为深化金代考古及中国古代都城研究增添了重要的实物资料。2015年5~10月揭露的皇城西部建筑遗址属于皇城内西区中部的一处重要建筑基址，是在上京城考古工作中首次揭示的带院落的建筑遗址。中心夯土台基呈十字形，台基东西长约41、南北长约33米，台基边缘清晰，以砖包筑，其上磉墩柱网分布有序，形制完整。台基中部面阔7间、进深3间，东西两侧有减柱，南北两端亦有减柱现象。建筑址布局清晰，形制完整。其北部、东部、西部有院墙，院内有配殿、亭台、装饰墙等附属建筑，前院地面铺砖，西部有门道和砖路与其他院落相通。该建筑址形制独特，或为上京城内一处重要的礼制性质的遗存。此次发掘揭示的带院落的建筑格局，为认识金代都城布局与建筑特征提供了重要的基础材料，将进一步推进金上京都城遗址的考古学研究。

5. 黑龙江哈尔滨侵华日军第七三一部队旧址

根据《七三一“四方楼”保护展示工程方案》和《七三一整体考古规划》要求，按照省文化厅统一部署，黑龙江省哈尔滨市“四方楼”（细菌实验室及特设监狱）旧址考古发掘于2014年5月29日启动。期间于2014年7月7日和18日分别接到国家文物局《关于进一步加强侵华日军第七三一部队旧址保护和申遗工作的函》和黑龙江省文化厅《关于落实国家文物局对七三一旧址保护和申遗工作有关要求的工作安排》指示文件，按照《侵华日军第七三一部队旧址保护规划》和《侵华日军第七三一部队旧址考古规划》，2014~2015年发掘的遗址包括细菌实验室和特设监狱、地下通道、锅炉房遗址、地下回水池遗址、动物焚烧炉遗址、细菌弹壳厂遗址等。发掘揭露面积总计约27000平方米，出土大量遗物。

细菌实验室及特设监狱，俗称“四方楼”，呈长方形，总占地面积15336.82平方米，由细菌实验室及附属建筑、特设监狱、中心走廊及四个庭院构成。通过清理了解到，“四方楼”整体设计构思完善，布局周密合理，施工严谨务实，基础坚固防震，设备脉络清晰，功能实用完备。目前“四方楼”已根据较为全面的文字、绘图、测量、照相、录像、航拍等记录进入整理阶段，

侵华日军第七三一部队细菌实验室及特设监狱遗址俯瞰

侵华日军第七三一部队细菌弹壳厂遗址考古现场

为编写报告乃至研究、保护、展示提供详尽的第一手资料。2015 年 7 月末，黑龙江省文化厅和黑龙江省文物考古研究所专门组织召开“七三一考古发掘成果新闻发布会”，对 2014 年度清理发掘的“四方楼”成果予以公布，各媒体纷纷报道，引起社会广泛关注。

上海市

上海博物馆

一、业务建设

（一）业务工作

1. 考古调查与发掘

2012~2016 年是上海地区考古史上田野考古工作最为繁重的时期，上海博物馆考古部承担了多项抢救性考古发掘、主动性考古发掘和多项考古调查工作。

2012~2016 年，上海地区主要抢救性发掘项目有广富林遗址发掘、崧泽遗址发掘等，上海博物馆在工作中全面贯彻“保护为主、抢救第一、合理利用、加强管理”的方针，在基本建设的抢救性发掘中强化课题意识，严密地设计方案，实施田野考古工作。利用抢救性发掘的机遇，变被动为主动，以解决学术问题为目标，获得了一系列成果，工作方式也得到了行业内的认可。

广富林遗址发掘是上海乃至长江下游地区发掘面积最大的一个抢救性发掘项目，2012~2015 年总发掘面积约 6 万平方米，发掘出各时期墓葬、灰坑、灰沟、水井等遗迹 8000 余个，是研究聚落布局及其历史变化的重要遗址，因广富林遗址而命名的广富林文化填补了长江下游地区新石器时代晚期文化谱系的空白。2014 年度的崧泽遗址发掘发现了丰富的周代遗存，首次发现了明确的良渚文化堆积，为了解遗址的聚落布局和文化内涵提供了重要的资料。

上海地区 2012~2016 年间主动性发掘项目主要是青龙镇遗址发掘。青浦区青龙镇遗址是上海地区唐宋时期重要的市镇，2012~2016 年期间对其进行了长期的考古调查工作及两次发掘，发现了丰富的唐宋时期遗迹和遗物。2015 年度的发掘还发现了文献记载中的隆平寺塔塔基，确定了古青龙镇北部的一个关键性地标，对于研究古青龙镇的市镇布局研究有重要意义。

根据现有资料，目前上海已经确认的考古遗址共 33 处。然而，除了广富林遗址、福泉山遗址、崧泽遗址等几个少数遗址外，关于上海市考古遗址的认识大都停留在 20 世纪 80 年代的水平。根据上海市考古遗址保护的实际情况，开展全面调查是上海市文物保护工作的历史责任。为了全面了解上海地区地下文物埋藏情况，计划对上海地下文物进行全面普查，同时注重全面普查与重点调查相结合，特别是对一些文化内涵丰富又长期没有摸清家底的遗址，需要有计划地进行针对性的专项调查和课题研究。近年来重要的考古调查项目有福泉山遗址考古调查、崧泽遗址考古调查、汤村庙遗址调查、寺前村遗址调查等。

上海博物馆近年来还积极开展上海地区的水下考古工作。2012~2016年开展了上海水下文物埋藏区的调查工作，积极组织相关专业力量进行水下考古扫测与探摸，工作区域包括青浦区淀山湖，金山区大、小金山水域和崇明县横沙岛等水域。2014年，国家文物局批复“长江口Ⅰ号沉船”的调查与探摸工作，是上海首个获得国家批准的水下考古项目。2014年11月12~14日，上海博物馆、上海市文物保护研究中心、上海大学机电工程与自动化学院对崇明县横沙岛3处疑点水域进行了扫测，在第1地点发现一艘疑似沉船。11月27日，邀请国家水下文化遗产宁波基地的水下考古专家联合进行了潜水探摸，在沉船附近采集了一些样品。

2. 大遗址保护与规划

（1）福泉山遗址考古调查工作

青浦福泉山遗址是上海市国家级文物保护单位，是上海地区最重要的良渚文化遗址。2013年，福泉山遗址又被列为国家150处大遗址之一。为了给今后制定福泉山遗址的总体文物保护规划提供准确资料，根据考古研究部工作计划，对福泉山遗址进行考古勘探工作。

2013~2015年，福泉山遗址基本完成了全区域的野外勘探和测绘工作，勘探面积约60万平方米。通过考古勘探基本确定了遗址的边界和重点地下埋藏区，为下一步考古工作和编制福泉山遗址保护规划提供了科学、翔实、完善的前期资料。

（2）青龙镇遗址调查工作

青浦区青龙镇遗址是上海地区唐宋时期的重要市镇，近年来的考古调查和试掘证明该遗址埋藏有丰富的唐宋时期遗迹和遗物。为了给今后制定青龙镇遗址的总体文物保护规划提供准确资料，2013~2015年上海博物馆考古研究部对青龙镇遗址进行了考古勘探工作。通过大规模的考古勘探，初步了解青龙镇遗址唐宋时期的范围约25平方千米，其分布的重点区域位于通波塘两岸。勘探中在塘湾村的葡萄地发现了较厚的砖瓦堆积，根据采集的砖上文字，推测此地可能与寺庙遗迹有关，可能是当时青龙镇的中心，后经过发掘确认为文献记载中的隆平寺遗址。这些工作都为遗址今后的保护和规划提供了最基础的资料。

（3）广富林抢救性发掘和调查工作

广富林遗址是全国重点文物保护单位，近年来在上海市文物局指导下，上海博物馆组织了大规模的抢救性考古发掘工作。近年来，广富林遗址所在区域被列入松江新城区的规划范围，拟开发为遗址公园。为了实施广富林遗址公园的保护和开发规划，由上海博物馆组织了对广富林遗址保护针对性的考古调查、勘探、试掘，划定了遗址的保护范围，在遗址公园设计过程中，考古专业人员发挥自身优势，积极参与、密切合作，为遗址保护提供强有力的支持。

（4）积极配合志丹苑遗址博物馆和崧泽遗址博物馆的筹建和开发工作

志丹苑元代水闸遗址规模宏大，结构严谨，做工考究，保存完好，遗址的发掘对研究中国古代水利工程、吴淞江历史变迁、上海航运和城镇发展史具有重要作用。志丹苑水闸遗址博物馆的规划在发掘之前就已着手制定，在博物馆建设过程中，上海博物馆考古人员积极参与了展览陈列方案的讨论，积极配合做好文物的挑选和移交工作，保障了志丹苑水闸遗址博物馆顺利开放。

崧泽遗址是崧泽文化的命名地，为了向市民展示考古成果，上海市政府决定建立遗址博物馆。根据展览需要，考古部查证了对方要求出借文物的保管情况，提出了出借方案建议，整理了相关出土文物的资料，及时地把考古出土文物出借与崧泽遗址博物馆。同时，考古部还安排专业人员对崧泽文化遗址博物馆所需的部分文物进行了复制。以上工作保证了博物馆于 2014 年 5 月 18 日正式对外开放。

3. 科技考古与文物保护

现代考古学发展要求在考古发掘过程中要注意自然科学在考古学研究中的应用，并要关注遗址现场的保护工作。上海地区考古一直强调田野考古工作中的学术意识，特别是面对大规模的抢救性发掘，不降低要求，积极组织进行多学科合作研究，将被动的抢救性发掘变为主动性的课题研究，取得了良好效果。

（1）广富林遗址的多学科合作和现场保护工作

广富林遗址考古工作中一直强调动植物考古、环境考古等多学科合作研究的重要性，在田野考古工作中要求科学、规范地收集各类遗物，作为了解过去人类生态环境、生业方式、人类体质特征、生存策略等问题的重要线索。为了推进考古学的研究，上海博物馆采用多单位、多学科合作的模式，与华东师范大学地理系合作开展环境考古研究，指出该区域全新世早中期古地理演变与遗址发展有着密切关系；与日本鸟取大学合作开展体质人类学研究，提供了关于早期先民群体健康状况、生活环境以及人群迁徙等方面的信息；与中国社科院考古所、山东大学合作开展植物考古研究，复原了遗址及邻近地区过去植被分布状况和过去人类对于植物资源的利用情况；与日本国立历史民俗博物馆合作开展动物考古研究，了解不同时期动物种属构成和过去人类肉食习惯的历史变化；与复旦大学文博系开展田野考古数据库系统的开发及在考古现场架设无线数据网络，是田野考古数字化有益尝试。

针对广富林遗址发掘过程中的重要遗迹，我们也进行了现场的保护和整体搬迁工作。比如 2013 年发现的广富林文化房址，为了整体保护，邀请了上海市房科院共同商议整体搬迁计划，这是考古发掘和文物保护相结合的重要措施。

（2）福泉山遗址吴家场墓地的实验室考古清理工作

2010年度福泉山遗址发掘又一次发现了一座良渚文化晚期大墓M207。然而，由于年代久远，埋藏环境较差。为了解决野外发掘过程中的文物保护问题，决定将M207整体搬运至室内进行细致发掘，并进行后续的多学科合作研究。该项工作一直延续到2013年结束。通过实验室考古清理的方法，明确了墓葬随葬品组合关系和空间关系等考古信息，对于出土文物及时采取有效的保护措施，并对其文化内涵、历史意义、艺术价值等进行深入研究，为构建上海乃至中国史前文明发展历程提供实物资料。

4. 库房管理及可移动文物普查

考古出土品的管理一直是考古单位的疑难问题，近年来，上海博物馆考古研究部针对这一问题积极应对，逐渐建立起了考古文物账册管理、考古文物库房管理等制度，并积极开展文物管理的数字化工作，基本完成了考古库房数据库的软件设计。

文物账册的制作管理是文物安全和文物管理工作的一个重要环节。根据管理制度要求，包括大型遗址的主动发掘及规模较小的抢救性发掘在内的所有出土遗物都有明确的收入账目，并且要求账目清楚、编目详明、查用方便。指定专项工作人员具体负责考古库房管理，对于文物进出库提出了明确的要求。配合全国第一次可移动文物普查工作，上海博物馆考古研究部积极对以往积压的出土文物进行全面的清点并及时录入考古库房数据库中。

此外，上海博物馆考古研究部还积极支持上海各区县博物馆的建设，历年来出借了大量文物。针对这些文物，提出对出借文物规范化管理的要求，积极与区县博物馆联系，全面清理检查考古部多年来出借的文物，清点核查、签订协议，办理新的出借手续。

（二）人才建设与培养

近年来，上海博物馆考古团队建设一直坚持一专多能、水陆两栖式的培养模式，要求团队成员既能完成常规的考古发掘和研究又能有一项研究专长，既能进行田野考古发掘又能参与水下考古工作。目前，考古研究部的专业人员除了能够承担日常的田野考古工作以外，经过培训，不少已具备了动物考古、植物考古、数字化考古的技能，并在相关领域取得了重要成果。

中国水下考古已经成为国家的重要战略之一。目前，上海水下考古工作尚处于起步阶段，具有水下考古能力的专业人员极少。为了培养上海市水下考古的人才队伍，2014年9月，上海博物馆和上海市文物保护研究中心共同主办上海市水下考古（陆地调查）培训班。培训班招收了20余名学员，他们来自上海市相关博物馆和复旦大学等相关高校。培训中对学员的游泳技能进行了专项训练，也体验了潜水的基本技术，同时聘请了中国水下考古的权威专家对学员们进行理论培训和实践成果介绍。通过培训，这批学员将成为今后上海市水下考古工作人才队伍的基础。2015年，考古部黄翔、王建文2人参加了国家文物局组织的水下考古培训班，并获得水下考古资格证书。

（三）学术交流与科研成果

1. 学术交流

2012~2016 年，上海博物馆考古研究部组织了 3 次学术会议。

（1）2013 年中国南方基建考古区域协作会议

该会议由上海博物馆和上海市文物局共同承办，会期为 2013 年 6 月 24~26 日，来自上海、江苏、浙江、安徽、湖北、湖南、江西、福建、四川、重庆、贵州、广东、广西、云南、海南等地的 23 家考古单位的 70 余名相关业务人员参加了会议。此次会议为各省文物主管部门、考古单位之间搭建了一个很好的交流平台，对统一协调南方区域基本建设中的文物考古工作、交流基本建设中的文物保护经验起到了促进作用。

（2）“城市与文明”学术研讨会

为配合“申城寻踪”——上海考古大展，2014 年 8 月 22~25 日，上海博物馆主办了“城市与文明”学术研讨会，约 80 位国内外学者参加了会议。会议从跨区域比较的角度，对不同地区、不同时期、不同阶段早期城市发展和城市考古成就进行了比较研究。

（3）“区域文明发展模式——从崧泽到良渚”课题数字化工作协调会

为了推动“区域文明发展模式——从崧泽到良渚”数字化考古工作，2016 年 4 月 1 日召开课题前期协调会，来自北京大学和江苏、浙江、上海的相关考古单位的专业人员就区域调查系统的方法、规范电子记录形式等问题进行了交流。

2. 科研成果

2012~2016 年，上海博物馆考古研究部主持各级课题 5 项，包括国家科技部重大项目“中华文明探源工程”子课题项目“福泉山良渚文化遗址及墓葬研究”，项目负责人陈杰；上海社科重大委托课题《上海通史（新修）》第二卷，项目负责人陈杰；上海市哲学和社会科学规划课题“上海青浦福泉山遗址实验室考古清理及出土文物的保护与研究”，项目负责人陈杰；上海博物馆科研课题“广富林遗址的动植物考古研究”，项目负责人陈杰；上海市哲学社会科学规划课题“上海市考古遗址保护现状、问题及对策”，项目负责人陈杰。

上海博物馆独立完成或主要参与完成的著作、论文集、图录共 7 本：宋建主编《广富林——考古发掘与学术研究论集》，何继英《上海唐宋元墓》，宋建主编《志丹苑——上海元代水闸遗址研究文集》，陈杰《良渚文化的古环境》，《申城寻踪——上海考古大展》，协助完成《黄宣佩考古学文集》和《上海出土文物精品选》的编辑出版工作。

（四）对外宣传与公众服务

考古发掘不仅仅是将地下文物发掘出来，更重要的是传承古代文化。2012~2016 年上海博物馆考古研究部承担了多项展览任务，同时在考古发掘和展览期间，积极组织公众考古活动，充分利用考古发掘成果为社会公众服务。

组织"申城寻踪"——上海考古大展。上海考古工作者不懈努力，以实证表明上海地区具有6000年的文明史。为了展现上海地区的历史发展历程，让市民共享考古成果，根据上海博物馆工作计划，2014年6月6日~8月31日在上海博物馆举办"申城寻踪"——上海考古大展。此次展览汇集了历年上海地区出土的文物精品500余件，展览分为三大部分：第一展厅"文明之光"，展现了上海史前文明的起源、发展和转承；第二展厅"城镇之路"，重建了古代上海随着吴淞江、黄浦江两大水系变迁的城镇发展历程；第三展厅"古塔遗珍"，使观众能在塔影秘宝佛光中领悟城镇兴起过程中的文化升华。展览受到了广大市民和各级专家领导的一致好评，观众总数超过63万人。

松江是一座拥有悠久历史的文化名城，也是上海城镇文化的发源地。2013年8~9月，由上海博物馆、松江区文广局在松江共同举办了"寻根上海"——松江出土文物展。展品共有400余件，主要以上海博物馆历年来在松江地区的考古发掘出土品为主。展览以各时期出土的文物展现出松江地区悠久而繁荣的历史，受到了松江区政府和市民的欢迎。

配合区县博物馆陈列和学术研究活动，推出系列考古专题展览：2013年9月，在青浦博物馆举办"千年寻踪"——青龙镇最新考古发现展；2015年8~10月，由上海博物馆、上海市历史博物馆和河南大学主办了"再叩崧泽之门"——崧泽遗址2014年度发掘成果展。

在考古发掘期间积极组织公众考古活动。为展示广富林遗址的重要发现及让广大市民共享考古发掘的成果，2012年6月7日，上海市2012年文化遗产日主会场暨松江广富林考古现场公众开放日活动在广富林遗址举行，公众和媒体走进了广富林遗址，与距今5000年的历史近距离接触，直观感受了上海先民的生活情景。2014年6~8月，上海博物馆"申城寻踪"——上海考古大展举办期间，积极配合上海市文物局的上海市中小学生考古夏令营活动，为广大参与者开展讲解和讲座活动。

二、重要考古成果

1. 上海松江广富林遗址

广富林遗址位于上海市西南的松江区方松街道广富林村，遗址发现于1959年，1999~2005年，上海博物馆考古部曾经对遗址进行了主动性地考古勘探和发掘。2012~2015年，随着松江新城建设的快速发展，建设规划范围涉及广富林遗址现保护范围外围区域。根据《文物保护法》的相关规定，由上海博物馆主持连续对规划范围涉及区域进行了大规模的抢救性考古发掘，发掘总面积超过6万平方米，发现了墓葬、房址、灰坑、灰沟等大量遗迹，出土了各个时期的大量文物，考古发掘获得了丰富成果。

广富林遗址发掘是配合松江新城广富林遗址公园项目而进行的抢救性发掘。由于发掘面积大，在上海市文物局的组织协调下，由上海博物馆主持协调，先后邀请复旦大学、上海大学、南京大学、山东大学、浙江大学、中国人民大学、南京师范大学、宁波市文物考古研究所、洛阳市文物考古研究院共 9 家考古单位组成了联合考古队，对广富林遗址进行了抢救性考古发掘。为了便于管理和科学、规范地开展考古工作，在考古项目开始之前即制定了“上海广富林遗址考古总体方案”；为了保障考古工作的科学性，由各参与发掘单位共同协商制定了“广富林遗址考古发掘标准”；考古项目还邀请知名学者设立了检查监理工作组，及时对考古发掘进行检查和指导。广富林遗址考古工作发掘规模大，但工作精细；参与单位多，但合作紧密；工作时间紧，但科学严谨，为今后同类大型考古发掘工作提供了新的可借鉴的合作模式。

广富林遗址 2014 年发掘崧泽文化墓地全貌

因广富林遗址发现而命名的“广富林文化”填补了长江下游地区考古学文化谱系的空白。广富林遗址是迄今发现规模最大、内涵最丰富的广富林文化时期的遗址，出土了墓葬、灰坑、房址等遗迹和大量遗物。除陶、石器外，还发现了礼仪性玉器——迄今共发现5件玉琮，装饰有简单弦纹或素面，玉质及装饰风格与良渚文化迥异。广富林文化共发现墓葬10座，分布散乱、墓向不一，其中仅2座有随葬品。发现房址6座，大多是地面式建筑，其中F12是一座保存较好的地面式双间排房。广富林遗址北部发现的TJ59是一种湖边临水遗存，其主体是由碎陶片铺就的湖岸护坡及垂直于湖岸并延伸至湖心的栈桥构成，湖岸边发现大量动物骨骼及骨制品，骨制品可分为工具和装饰品两类。

广富林遗址是目前长江下游地区发掘面积最大的一个遗址，遗址面积约25万平方米。经多年考古发掘，可以确认广富林遗址是一个临水遗址，其北、东、南三面都有较大面积水域，从崧泽文化晚期开始直至现代一直有人类居住，有各个时期的墓葬、灰坑、灰沟、水井等遗迹8000余个，是研究聚落布局及其历史变化的重要遗址。

广富林遗址2014年发掘良渚文化石圈

广富林遗址2012年发掘发现的广富林文化F12

广富林遗址出土良渚文化骨镦

广富林遗址出土广富林文化玉琮

广富林遗址出土广富林文化玉琮

广富林遗址出土广富林文化平底鬶

广富林遗址出土春秋时期青铜尊

广富林遗址共发现了8处新石器时代墓地，墓葬共594座，时代主要为崧泽文化、良渚文化和广富林文化时期。崧泽—良渚文化墓葬大多分布于遗址地势较高的区域或人工堆筑的高台之上，墓地墓葬多者在百座以上，少者仅有十余座。2014~2015年度发掘在遗址西北部发现了一处崧泽—良渚文化墓地，面积约200平方米，发现103座墓葬。该墓地墓葬呈东西向排列，皆为土坑竖穴墓，头向大多朝南，仅有2座向北、1座向东，葬式以仰身直肢葬为主，少量侧身屈肢葬及俯身葬，另有2座多人二次合葬墓。

广富林遗址2014~2015年度发掘的一个重要收获是在遗址中南部发现一处良渚文化晚期土台。考古发掘部分为整个土台的东北部，东西约50、南北约45、高约3.8米，面积约1200平方米，方向北偏东30°，土台的东北角呈90°直角。土台建于一处洼地上，从西南部开始堆筑，先用堆土筑成一个小型的高台，再用草裹泥的方式渐次向东、北方向扩展，形成一圈圈的曲尺状堆积。土台外围采用草铺泥的结构进行加护。在土台堆积中，还发现了两层由红烧土铺垫的斜坡状堆积，可能属于土台构筑过程中的加固措施。此外在土台的东、北侧发现了20余条与土台方向平行的沟槽，部分沟槽中发现有竖立的篱笆痕迹，少数沟槽中还可见木棍痕迹，推测应与土台逐次向外堆筑的过程有关。该土台是良渚文化时期同类土木工程的代表。在土台的东北部还发现了一组由石块堆砌成的双石圈遗迹，石圈呈南北向排列，相连呈8字形，北圈直径约3.5、南圈直径约4.5米。

周代至汉代是广富林遗址人类活动最重要的时期之一，在历年的考古发掘中发现了大量的灰坑、水井等遗迹及出土文物。除了日常生活使用的陶瓷器外，广富林遗址还发现了2件春秋时期的青铜尊和1件青铜鬲残片，此外，还有青铜农具和兵器等。同时，广富林遗址还发现了石范和陶范，反映了本地制作青铜器的可能性。

2. 上海闵行马桥遗址

马桥遗址位于上海市闵行区马桥镇东，发现于1959年。此次发掘自2012年9月8日开始，至11月24日结束，历时两月有余。在Ⅰ区内布了5米×5米探方6个，10米×10米的探方8个，扩方50平方米，发掘面积共计1000平方米。

此次发掘发现了三个阶段的遗存，第一阶段为良渚文化，属于这个阶段的遗存为第⑧层，仅见于I2T3409北部。根据以往的认识，良渚文化主要分布于砂堤之上和砂堤西侧，东侧仅有零星分布，此次发掘证实了这一点。出土遗物主要有陶器、石器及少量动物骨骼。陶器以灰黑陶为主、红陶次之，陶质有夹砂和泥质两类；可辨器形有横断面呈“T”字形的鼎足、豆把、器耳、大型罐类的口沿等。石器仅有少量镞及砺石。第二阶段为马桥文化，属于这个阶段的遗存为第⑤～⑦层。本次发掘区西部马桥文化堆积相对丰富，东部较薄。陶质分泥质陶和夹砂陶两大类，陶色以红陶为主、灰黑陶次之，还有少量硬陶；器形有罐、豆、鼎、纺轮等；硬陶纹样有绳纹、叶脉纹、方格纹、席纹、云雷纹、条纹以及各类组合纹样等。石器只有镰、半月形刀、有段锛、镞、砺石和石刀坯等。第三阶段为春秋战国至宋元时期，属于这个阶段的遗存为第③④层，堆积较薄。遗迹仅见唐宋时期水沟一条，近东西向贯穿整个发掘区。

此次发掘证实了良渚文化时期部分先民在沙堤西侧劳作生活，稍后出现了一个短暂的间歇期。期间海水后退，砂堤东侧已经淤积成为陆地，可供人类栖息，马桥先民到此活动。此后直至隋代，这里进入到一个空白期。大约从唐代开始又有先民在此活动，在宋元时期堪称繁荣。总之，本次发掘为研究良渚文化、马桥文化、唐宋元时期的社会面貌提供了重要资料，也为研究陶瓷器、石器提供了不可多得的资料，为谱写马桥地方史增添了重要的物质文化资料。

3. 上海青浦青龙镇遗址

青龙镇遗址位于上海市青浦区白鹤镇，建于唐天宝五年（746年），为上海地区第一个名镇。青龙镇北临吴淞江、东濒大海，因其踞江瞰海的优越航运地理位置，成为当时东南沿海地区重要的贸易港口。然而多年来对青龙镇的研究，仅限于文献记载和保存至今的青龙寺、青龙塔等地面建筑。2010年开始，上海博物馆考古研究部按照大遗址的规划，有计划、有步骤地

青龙镇遗址 2015 年发掘隆平寺塔塔基

青龙镇遗址 2015 年发掘宋代房址

对青龙镇遗址进行了考古发掘。2012~2016年共进行了2次考古发掘工作，发掘面积2300余平方米，发现灰坑、水井、墓葬、房址、铸造作坊等各类遗迹80余处，出土瓷器、陶器、铁器、铜器、木器等各类遗物3000余件。

青龙镇遗址2012年发掘唐代水井

通过考古勘探与发掘，首先是对整个遗址的布局及内涵有了进一步认识。就目前材料来看，唐代青龙镇的范围较小，而宋代的范围相比唐代大了很多，这与文献记载也相符。史载唐代吴淞江面宽20里，宋代逐渐缩为9里、5里、3里。随着吴淞江的缩窄，青龙镇的范围也从南向北扩大，这次的考古发掘也印证了这一点。

2012年的发掘发现了一处铸造作坊，在方圆60米的范围内，清理出排列有序的4座火炉，周围堆积着大量的红烧土铸造残渣，残渣内包含有较多的陶范残块、炉渣等，最厚处有80厘米。初步确定这里是一处范围较大、使用时间较长的唐代铸造作坊遗迹，该遗迹可能为铸铁作坊，为上海地区首次发现。

在作坊附近发现一口工艺精湛的水井。该井为圆形，口径0.7、深4.5米，上下笔直。井壁用小青砖斗砖竖砌，磨砖对缝，对接处用榫卯套合，中间有3层为顺砖平砌，以加强对井壁上部的支撑。此井为上海考古工作中已发现的数百口井中最深且做工最为精致的一口。井内出土

青龙镇遗址2012年发掘出土唐代腰鼓、铜镜、长沙窑碗

唐代鹦鹉衔绶带铜镜，铁釜、提梁鼎、钩，以及银发簪、青釉瓷罐、木雕饰件等珍贵文物。

2015~2016 年，上海博物馆再次对青龙镇遗址进行了发掘，发现了文献记载中的隆平寺及隆平寺塔。根据文献记载，隆平寺是古青龙镇的北寺，而现存的青龙塔是“南寺”隆福寺的古塔，隆平寺塔的确认解决了古青龙镇北部的一个关键性地标，对于研究古青龙镇的市镇布局有重要意义。考古发现确认的隆平寺塔基是上海第一次经考古发掘确认的古塔遗址，其体量超过目前上海所存的 13 座古塔。隆平寺塔始建于北宋天圣年间（1023~1032 年），发掘显示其为八角形的砖石结构，塔身外有双回廊的副阶，塔基以地宫（高度疑似，尚未发掘）为中心，采用夯土堆筑而成，地宫上部以两条十字相交的木板作为封护，结构特殊，不同于目前国内已经发掘的塔基形式，在中国古代建筑史上具有重要意义。

青龙镇遗址经历年考古发掘，发现了大量唐宋时期的贸易瓷器，特别是出土了大量的宋代福建窑口的瓷器，它们与朝鲜半岛、日本等地发现的瓷器组合非常相似，证明此地应是唐宋时期对外贸易的重要港口，也是海上丝绸之路的重要始发港之一。

上海市文物保护研究中心

一、业务建设

上海市文物保护研究中心成立于2012年，2014年全面开展工作，目前各方面工作尚处于初创、完善的阶段。尽管如此，上海市文物保护研究中心还是以田野考古为重点，紧抓田野考古发掘、配套设施建设，注意人才培养。

（一）业务工作

截至2016年，上海市文物保护研究中心已有调查发掘项目4项，以水下考古项目为主，设有专门的周转库房和整理保护基地。

1. 考古调查与发掘

此方面的业务主要围绕上海市水下文物调查展开，目标是了解上海市水域水下文化遗产的概况，为制定下一步保护利用规划奠定基础，为上海市水下文物保护区划定提供科研支撑。中心联合上海博物馆、国家文物局水下文化遗产保护宁波基地（以下简称“宁波基地”）等单位，先后在2014、2015年对上海“长江口Ⅰ号”沉船进行水下考古调查，这是上海首个国家级水下考古项目。调查确定了沉船的形制结构、规模尺寸、保存状况及船载物品的主要种类等基本情况，探索了浑水环境中水下考古作业的新方式，研发了适用于浑水环境的影像录制设备，做到了内容创新、方式创新、科技创新。2016年，上海市文物保护研究中心先后对金山区待泾遗址、宝山区罗泾肖泾寺遗址进行考古调查和试掘，确认待泾遗址是一处清代中晚期的船舫遗址，肖泾寺遗址可能是一处宋代遗存。此外，还参与了浙江省宁波大榭Ⅰ期抢救性考古发掘项目，这是一处新石器时代晚期遗址，目前还处于田野发掘阶段。

2. 科技考古与文物保护

此方面，上海市文物保护研究中心依托上海博物馆文物科技保护中心、宁波基地的技术优势，通过与其合作保护修复2015年“长江口Ⅰ号”沉船部分出水文物，培养中心业务人员的科技保护能力，以期在将来的考古调查和发掘活动中具备自主现场保护和科技保护的实力。

3. 基础设施建设

此方面，上海市文物保护研究中心把位于上海市虹口区的一处独立建筑设为考古周转库房，作为田野出土（出水）文物整理保护基地，并配备相应的安保设施、办公设备，供后期整理人员使用，以便尽快完成后期资料整理、报告编写、文物保护修复等工作。

（二）人才建设与培养

由于中心刚刚成立，还在逐步培养业务团队。中心先后从上海市其他单位引进具有丰富田野发掘经验的业务人员 2 名，公开招聘国内著名大学考古专业研究生 2 名，业务团队初具规模。在未来五年，中心还计划继续通过人才引进和公开招聘等方式，完善现有考古工作团队，使其具备发现、研究、保护等职能。

在人才培养方面，中心一方面与其他单位合作，为上海考古培养储备人才，另一方面选派现有人员参加国家文物局举办的相关培训，增强中心业务人员的专业能力。

2014 年 7~8 月，中心与上海博物馆联合举办上海市水下考古培训班，来自全市文博机构的 13 位专业人员参加培训。培训班邀请全国水下考古专家教授水下考古的理论、技术和方法，通过理论与实践结合的授课方式，为上海市水下考古培养储备人才。近两年来，已经有培训班学员参与中心组织的水下考古调查项目。

与此同时，中心还选派业务人员参加上海市水下考古培训班（2014 年）、海洋出水金属文物保护修复技术培训班（2015 年）、馆藏文物预防性保护系列行业标准培训班（2015 年）等国家级、省级考古文物培训班，扩充业务人员的工作能力范围，提高工作水平。

（三）学术交流与科研成果

2014 年，为响应国家文物局十二五规划，中心自立课题“上海市明清海防遗址调查项目”，通过文献研究、田野调查、人物访谈等方式，系统梳理了上海市明清海防遗址的基本情况，并联合上海大学文学院组成调查组，在第三次全国文物普查成果的基础上完成了《上海市明清海防遗址调查报告》，对上海市行政区内现存海防遗址的类型、历史沿革、保护状况等情况做了系统的研究，报告已于 2016 年 11 月出版。

同年，为探讨文化遗产保护尤其是考古资源保护时的公众参与问题，中心与上海大学文学院联合举办“公众参与文化遗产保护专题研讨会”，来自全国各大高校、科研单位的专家学者以及上海市各区（县）相关部门的专业人员 60 余人参加会议。研讨会上，来自考古学、城市规划、法律和社会学等领域的专家就中外公众参与文化遗产管理与保护的理论、制度、方式、途径及实践等展开了积极的发言和热烈的讨论。会议对探索文化遗产管理与保护的理论和制度、推动公众参与文化遗产保护、将社会上更为广泛的力量纳入到文化遗产保护体系中、实现文化遗产保护的广泛性和可持续性发展有重要启示。会议论文集已于 2016 年 11 月出版。

中心研究部还参与国家社科基金青年课题、江苏省教育厅高校哲学社会科学研究项目，负责上海市艺术科学规划项目等国家级、省级课题 3 项；在国内核心期刊、论文集上发表学术论文十余篇。

（四）对外宣传和公众服务

2014年起，中心连续在每年暑期举办上海市青少年文物考古夏令营，邀请上海市处于义务教育阶段的青少年参加，目的是向全市青少年展现上海市文物考古新成果，使其了解考古流程和文物保护方式。至2015年，共有来自全市的3000余名青少年参与夏令营，获得了良好反响。夏令营已被上海市教委列为重点项目并每年投入资金加以扶持，夏令营还入选“2015年度上海市公共文化建设创新项目”，在全市范围内受到表彰。

考古专题讲座则在每年的文化遗产日、国际博物馆日、上海历史文化名城纪念日推出。中心邀请全国知名专家学者以考古新发现、文化遗产保护等主题举行专场讲座，通过上海发布（上海市政府官方微博、微信平台）、文化上海（上海市文物局官方微信平台）和上海文化遗产保护网（中心官网）发布讲座信息，公众报名后即可参加。从近两年的情况来看，讲座受到上海市各阶层公众的欢迎，参与度极高。

2014年，在上海市文物局的指导下组织编撰了《上海市文物工作手册》，将现行与文物考古工作相关的法律法规政策文件汇编成册并公开出版，为全市文博工作提供法律基础资料方面的支撑。中心还为上海市文物市场行政执法总队就上海市水域水下文物保护行政执法问题，在上海市水域水下文物分布状况、水下文物保护相关信息、出水文物鉴定等方面提供技术咨询，配合行政执法部门做好文物保护工作。

在网络平台建设方面，2015年，中心上线了“上海文化遗产保护网”。网站除在新闻栏目中及时更新国内、上海市文物考古资讯，还专设模块展示上海市田野考古发现和研究成果，并译介了一些国外水下考古领域的信息性资料。

二、重要考古成果

1. 上海宝山肖泾寺遗址

肖泾寺遗址位于上海市宝山区罗泾镇沪太路陈川西路附近。据史料记载，肖泾古寺始建于南宋乾道年间，毁于明永乐二年（1404年）。2015年，中心对肖泾古寺展开调查，采集到了一些建筑材料，并获得了一条沉船的信息。2016年5~7月，中心联合复旦大学、南京大学组成考古勘探队，对萧泾寺及其周边地区进行考古勘探与试掘。

此次勘探面积约8000平方米，试掘面积66平方米。试掘区地层大体分为6层，其中第②～⑤层为文化层，出土遗物有青花瓷、青瓷、青白瓷等瓷片，砖块、瓦片、滴水等建筑构件，初步推断为清代至宋代的文化层。根据整理的调查资料，推测此处应是宋代建筑遗址。

2. 上海金山待泾船舫遗址

待泾遗址出土药瓶

待泾遗址位于上海市金山区朱泾镇西南约6千米、枫泾镇西约14千米、待泾村蒋泾中心路东约150米的位置。2016年3月初，中心获悉待泾村发现一处与水下文化遗产相关的遗迹，遂向上海市文物局汇报了这一线索。随后，市文物局领导和中心专家先后两次到现场勘查、调研，初步明确了其位置和保存状况，并对其相对年代和价值做了初步判断。

2016年3月中旬至下旬，中心对待泾遗址实施抢救性考古勘探与试掘，基本明确了其分布范围、遗址结构、堆积状况、相对年代和文化属性，初步判断其为清代与码头相关的遗址，面积近750平方米，其核心区域面积约300平方米，外围区面积约450平方米。

发掘及清理现代石灰坑4个，发现并揭露石柱、驳岸和台阶等遗迹，根据其结构和区位特征，认为此遗址是一处船坊。船坊是用于泊船的临水建筑，为使船只免遭磕碰和日晒雨淋，江南地区村前屋后河浜岸边，大多会修建船坊。船坊多依河道走向，用砖或石条错缝砌置驳岸，在河道中竖立石柱，其上搭建屋顶。同类型遗址见于浙江嘉善钱氏船坞、江苏同里俞家湾船舫。遗址出土有砖、瓦等建筑材料和陶瓷、金属、玉石类器物，以及木桩、龟壳等遗物近250件。

待泾遗址是江南地区首次经由考古发现的船舫遗址，是上海水下文化遗产保护工作的重要突破，是研究我国封建社会晚期江南地区航运史、社会史的重要材料。

待泾遗址航拍（上南）

3.“长江口Ⅰ号”沉船

“长江口Ⅰ号”沉船扫描声呐图

2010年开始的上海市水下考古陆地调查项目中，在横沙岛长江口发现了一艘沉船的线索。2010年起，由于附近水域开始围海造地，沉船面临被破坏的危险。在2014年初的全国水下考古工作会议上，上海市文物局向国家文物局通报了长江口沉船面临破坏的紧急情况。2014年6月，国家文物局下发《关于长江口Ⅰ号沉船水下考古调查项目立项的批复》，这是上海市首个由国家文物局批准立项的水下考古项目。

2014年11月，中心与上海大学合作，运用侧扫声呐对疑点水域进行扫测，最终确定了沉船位置。随后，为了初步了解沉船状物体与水底环境的基本情况，国家文物局水下文化遗产保护中心宁波基地派出三名水下考古队员，携带潜水装具、压缩机、水下影像和通话设备，与中心业务人员共同对“长江口Ⅰ号”沉船船首区域进行了考古潜水探摸。

2015年，中心与上海博物馆、宁波基地共同承担“长江口Ⅰ号”沉船水下考古调查工作。该项目被列为国家文物局年度重点水下考古项目。

项目于2015年7~9月开展，潜水近3000分钟。通过调查，初步摸清“长江口Ⅰ号”沉船的形制结构、规模尺寸、保存状况及船载物品的主要种类等基本情况。沉船长约77.3、宽13米，高出水床约4.5米，前甲板上发现有缆桩、挡水板、锚链孔等结构。调查打捞出水文物60余件，主要为船上用品及构件，包括电路线管、撬棒、梯子、太平斧、棕绳等。

此次调查，在技术和模式上实现了两个首次：一是首次在国内水下考古工作中使用了水下机器人搭载浑水摄像机获取沉船图像；二是首次在国内使用定点扫描声呐、超短基线水下定位系统、高精度差分 GPS 定位系统以及水下通话系统相结合的方法，实现了浑水环境下对潜水员的实时指挥、定位、跟踪和监测。

4. 浙江宁波大榭遗址

大榭遗址位于浙江省宁波市北仑区大榭街道下场村，是在第三次全国文物普查中被首次发现。后经进一步勘探，初步判断大榭遗址是一处距今 5000~4500 年的新石器时代遗址，对于探

大榭遗址南部驳岸

大榭遗址发掘区航拍（上北）

索东南沿海早期海岛开发史、海洋经济史和交通史均有十分重要而独特的历史价值。

由于遗址所在区域拟进行东华能源英力士百万吨级乙烷资源综合利用一期项目工程建设，为保留遗址所包含的历史、文化信息，宁波市文物考古研究所对该遗址进行抢救性考古发掘，又因发掘面积大、工期紧张，宁波市文物考古研究所与上海市文物保护研究中心、南京大学、中国人民大学、浙江省文物考古研究所等 4 家单位进行联合发掘。

目前，遗址田野考古工作正在进行中，发现了具有良渚文化特征的遗迹、遗物。

江苏省

南京博物院
（江苏省考古研究所）

一、业务建设

南京博物院承担着江苏省田野考古、考古学研究、地域文明探索、文化遗产保护和学科建设的任务，一直以来都将工作重点放在做好基本建设工程中的抢救性考古发掘和文物保护，在探索地域文明中推动遗产保护和学科建设，构建并完善江苏考古学文化谱系，提高考古工作水平的科学化和现代化，加强和完善考古工地管理的规范化和制度化，将考古与博物馆展示、大遗址保护紧密结合，在建设文化强省，构筑社会主义核心价值体系中发挥重要作用等方面。

（一）业务工作

1. 考古调查与发掘

考古发掘和调查始终是南京博物院的主要业务。2012~2016 年，主持考古发掘项目 40 个，发掘面积约 6 万平方米；考古调查项目 20 个，调查面积约 200 平方千米，考古调查共发现 115 个遗址（墓地）。各历史时期的考古工作均取得了进展。

（1）新石器时代考古

江苏作为中国新石器时代文化的重要分布区域，考古学文化谱系尚未建立完全，尤其是江淮地区的文化发展序列还有待探索。2009~2013 年，通过对泗洪县顺山集遗址的勘探和三次发掘，确认了以顺山集遗址第一、二期文化遗存和遗物为鲜明特征的新的考古学文化，可以命名为“顺山集文化”。顺山集遗址是目前江苏境内已知最早的新石器时代遗址，填补了淮河中下游地区新石器时代中期早段聚落考古的空白，被评为“2012 年度全国十大考古新发现”。

江苏作为良渚文化的重要分布区域，近年来不仅在苏南取得相关重要发现，也在苏北取得了重大突破。2011~2015 年，南京博物院主持了泰东河工程中蒋庄遗址的考古发掘。经过发掘，清理了良渚文化时期墓葬 284 座，在一些墓葬中出土了璧、琮等高级礼玉。蒋庄遗址是长江以北地区首次发现的大型良渚文化聚落，对全面、深入研究良渚文明与良渚社会提供了新资料，填补了长江以北地区良渚文化考古发现的空白，被评为“2015年度全国十大考古新发现”。

孔塘遗址位于句容市郭庄镇，2015年3~12月进行勘探和发掘，发掘面积300平方米，已清理北阴阳营文化墓葬200座。这些墓葬中出土了较多含有良渚文化因素的器物，其中一座墓葬还出土了1件玉琮，这是目前宁镇地区唯一经过正式考古发掘出土的玉琮。遗址的发掘对研究北阴阳营文化的分期以及良渚文化在宁镇地区的分布具有重要意义。

（2）商周考古

2015年3~11月，南京博物院主持了对沭阳万北遗址的勘探和发掘。经过勘探，遗址总面积达10万平方米。此次发掘了360平方米。其中较为重要的是发现了晚商及西周早期墓葬5座、西周早期车马器坑1座。西周车马器坑内随葬马车构件及饰品共541件。这些发现表明，商晚期至西周早期，该遗址所在区域可能为一处重要的、未被认知的方国或区域性中心聚落。

（3）汉唐考古

2012~2013年，为配合金马高速（金湖县至盱眙县马坝镇）公路工程建设，南京博物院对东阳汉墓群进行了抢救性考古发掘，共揭露汉代墓葬186座，出土了一大批珍贵的陶器、铜器、玉器和漆器。尤其是众多保存完好的精美漆器，是江苏地区除大云山西汉江都王陵外，西汉墓葬中出土数量最多、种类最为丰富、工艺最为精美的一批。对研究区域性漆器的分期、断代、演变等具有十分重要的意义。

邳州煎药庙墓地的发掘是江苏六朝考古中的新突破。自2015年9月发掘以来，共清理六朝砖室墓葬9座，出土金、银、铜、铁、海螺、玳瑁、玻璃、煤精、石、漆、瓷等质地的随葬品300余件。根据墓葬形制和出土随葬品分析，煎药庙六朝墓地是一处西晋时期高级贵族的家族墓地。

隋唐考古中一个非常重要的发现是隋炀帝墓的揭露。2013年2~11月，南京博物院和扬州市文物考古研究所联合对扬州城西曹庄隋唐砖室墓进行勘探和发掘。通过发掘，M1中出土一方“随故煬帝墓誌”，主墓室内还出土鎏金铜铺首衔环4件、蹀躞金玉带1套等。通过科学的考古发掘，以及对墓葬规模、形制、出土文物、墓志文字等进行充分研究，并对照相关历史文献的记载，可以确认扬州曹庄隋唐墓葬为隋炀帝及其皇后萧氏的墓葬。该墓的发掘为研究隋唐高等级墓葬形制提供了实证资料。

（4）宋、元、明、清考古

近年来，在睢宁县下邳古城遗址、盱眙泗州城遗址、泰州黄桥明清墓地、太仓半泾河古船等的发掘中取得了重要收获，其中规模最大的当数泗州城遗址的发掘。泗州城遗址属南水北调工程东线江苏段文物保护项目，于2011~2014年进行了数次抢救性考古发掘，发掘面积约35000平方米。揭露了香华门及月城、东西大街、内汴河南段、灵瑞塔、普照禅寺、观音殿等众多遗迹，可与康熙《泗州志》《泗州通志》等文献中对泗州城的叙述相印证，为研究泗州城的历史沿革、城市布局、建筑史、宗教文化、运河漕运史等提供了新的考古学资料。

（5）考古调查

近几年南京博物院不仅认真做好基本建设工程中的考古调查和勘探，同时，也根据江苏目前考古学文化存在的问题和缺环，带着课题意识有目的地开展一些区域考古调查和专题考古调查。

基本建设工程中的考古调查项目有2012年西气东输金坛—溧阳天然气管道项目考古调查、2012年西气东输—冀宁联络复线（江苏段）考古调查、2012年川东港水利工程项目考古调查、2012年新孟河延伸拓浚工程考古调查、2014年句容抽水蓄能电站项目考古调查、2014年连镇铁路工程项目考古调查等。区域考古调查项目有江苏汉代城址资源调查和保护、苏北地区先秦文化区域考古调查以及秦淮河流域先秦考古学文化区域调查。此外，还开展了江苏明清海防遗存调查和江苏水文化遗产调查。目前明清海防遗存野外调查已经结束,水文化遗产调查正在进行中。

2. 大遗址保护与规划

近年来，南京博物院以探索地域文明为主线，以文化遗产保护为目标，以考古资料和学术研究成果为基础，切实推进江苏大遗址考古和保护。按照大遗址考古工作的要求，认真做好调查、勘探、测绘和发掘，为遗址的保护和合理利用提供坚实的基础材料。南京博物院先后对昆山赵陵山遗址、溧阳秦堂山遗址、句容城上村遗址、张家港黄泗浦遗址等按照大遗址工作要求开展了工作，制定了高邮龙虬庄遗址、连云港藤花落遗址、盱眙大云山遗址、张家港黄泗浦遗址、新沂花厅遗址、泗洪顺山集遗址等的考古工作计划。推进田野考古与大遗址保护同步开展，合理利用考古资源、考古成果，通过规划、建设大型考古遗址公园和遗址博物馆展示地域历史文化等形式，提供地方文化建设的亮点和新的经济增长点。

南京博物院在认真做好野外考古发掘的同时，还积极利用南京博物院的优势，与院里的大遗址保护研究中心、文物保护部、古建筑部等科研力量合作，积极参与江苏省内重要遗址的保护规划编制。由于主持了相当多遗址是的发掘，因此，南京博物院对遗址的内涵、科学保护、遗址定位，以及对遗址的合理利用和开发等有比较深入的了解和把握。在规划编制方面，依据江苏省大遗址的地域特点、规划内容和核心价值的不同，因地制宜，制定方案。除保有文化遗产的历史真实性外，依据不同文化内涵、地理位置和行政区域发展定位，规划、制定、实施保护方案。近几年南京博物院积极参与的遗址保护规划有，海安青墩遗址保护规划、张家港东山村遗址保护规划、盱眙大云山江都王陵保护规划、泗洪县顺山集遗址保护规划等。

3. 科技考古与文物保护

南京博物院在这几年的考古工作中越来越注重多学科合作及科技手段的运用，同时也注意考古现场的保护和利用。通过举办田野考古科技应用培训班推广科技手段、在多个工地应用

TrimbleGPS 定位、RTK、全站仪等仪器对遗迹全面测绘，应用三维影像技术对考古工地的地形、地貌、遗迹和遗物进行全息扫描，建立三维模型。利用小型无人机对考古工地和周边场景进行航空摄影，建立完整的影像资料。运用多种数据采集手段，全面获取信息。探索、实践数字技术与考古工作深度结合的方法与模式。借鉴自然科学方法和技术，推进考古学以及地理与环境科学、生物学、人类学等相关学科的综合性研究。

4. 基础设施建设

2011 年 6 月，南京博物院江南考古工作站正式开工建设，2013 年 11 月建成并投入使用。工作站建筑总面积约 7000 平方米，内设有数字考古实验室、室内考古实验室、人类学实验室和人骨标本室、动植物标本室、文物标本库房、文物摄影室、文物修复室，以及整理研究室、访问学者办公室等。工作站设置多个理念设计新颖、工作流程通畅的实验室，并有数字化存储和展示、综合研究等方面的数字技术支撑和研究平台，使工作站的综合实力走到了全国考古工作站的前列，促进了江苏省考古工作迈上新台阶。

（二）人才建设与培养

南京博物院近年来非常注重考古业务的学习。2012 年 7 月，南京博物院在盱眙主办了一期田野考古技术应用培训班，培训班采用理论教学与现场实际操作相结合的授课方式，详细介绍了数字考古、科技考古、公众考古等学科建设的新动向及航拍、遥感、GIS 等科技手段，有效地提高了考古调查和发掘中资料信息采集的科学性以及采集信息的广度和深度，推动江苏省考古学研究的深入开展。2015 年 7 月，又对考古业务人员进行了数字考古共享和研究平台的功能和操作使用的集中培训。

2014 年，有两名工作人员参加了国家文物局田野考古高级研修班的学习。

目前南京博物院在职考古业务人员中有博士 3 位、在读博士 2 位、硕士 8 位。

（三）学术交流与科研成果

1. 学术交流

近几年，南京博物院主办和承办的主要学术会议有 2012 年“骆驼墩文化论坛——骆驼墩文化遗存与太湖西部史前文化”学术研讨会、2013 年“考古与文化遗产保护专题研讨会”、2014 年第四届“黄淮七省考古论坛”、2012 年“中国文明起源与形成学术研讨会”。此外，2016 年 5 月 18~20 日，由南京博物院、韩国湖南文化财研究院、镇江博物馆共同主办的“中韩土墩墓学术研讨会”在句容江南考古工作站召开，交流探讨中国江南土墩墓的起源、演变、时代特征及其与韩国的坟丘墓之间的关系等方面的最新研究成果、新发现及未来研究方向。

2. 科研成果

2012 年“东山村遗址和墓地研究”被列为“中华文明探源及其相关文物保护技术研究”子

课题“中华文明起源过程中区域聚落与居民研究”中的课题之一。2013年，“东山村遗址考古发掘报告”被列为“国家社会科学基金2013年度重点项目”。目前已经顺利结项。2015年，“兴化蒋庄遗址出土良渚文化人骨的生物考古学研究”被列为国家社会科学基金项目。2013年，南京博物院与中国国家博物馆联合开展“苏北地区先秦文化区域考古调查”课题，对苏北先秦文化进行调查和研究。2011年，江苏省文物局正式确定了“江苏汉代城址资源调查”的课题，2012年2月正式启动，把汉代城址上升到资源的高度来研究，并把城址存在的风险评估作为城址资源调查的一项重要工作。

此外，南京博物院开展多学科研究，收获较多成果。针对近年来大云山王陵内出土的青铜编钟、琉璃编磬以及玉棺，分别与中国人民大学、徐州博物馆合作开展了“盱眙大云山1号汉墓出土乐器及其复原研究”“盱眙大云山1号汉墓出土玻璃编磬研究”“盱眙大云山江都王陵主墓二号墓出土玉棺室内清理、保护、复原研究”。前两项研究已经通过验收结项，后一项研究正在进行中。

南京博物院出版多部考古发掘报告，发表60余篇发掘简报和论文。出版的考古报告有《梁王城》《藤花落》《淹城》《溧阳神墩》《顺山集》《穿越长三角·京沪、沪宁高铁江苏段考古发掘报告》《穿越宜溧山地·宁杭高铁江苏段考古发掘报告》等。发表的简报和论文有《江苏泗洪顺山集新石器时代遗址发掘报告》《江苏盱眙县大云山汉墓》《江苏盱眙泗州城遗址》《江苏邳州梁王城遗址大汶口文化遗存发掘简报》《春秋行历探索与部分记日金文的属年分析》《对徐州龟山、狮子山汉墓结构的几点认识》等。

（四）对外宣传与公众服务

近几年，南京博物院通过策划考古成果发布、报道重要考古发现、制作专题纪录片等公众传媒活动，举办展览等多种公众展示活动，开放考古工地、举行公益性讲座、开办夏令营等公众教育活动，积累了若干向公众普及考古知识的实际经验。

凤凰卫视《解密帝王陵》栏目在盱眙大云山西汉江都王陵拍摄20集系列节目《埋藏于地下的王的盛宴》。德国RTL电视台录制“盱眙大云山西汉江都王陵出土银器”专题节目。

2012年，举办“梦回江都国——大云山考古探秘之旅”活动，内容包括参观考古现场、聆听专家解读及文物精品欣赏等。2014年5月18日国际博物馆日，江苏卫视对盱眙县泗州城遗址考古发掘进行了现场直播。此外，自2014年开始，南京博物院每年都组织中学生文博夏令营，包括开设专题讲座参观博物馆、文物鉴赏、遗址踏查等直观形式。在考古工地实践过程中积极引导学生思考，学习勘探、调查和发掘的基本步骤和技能，普及考古和文化遗产保护知识，增强了学生的文化遗产保护意识。

二、重要考古成果

1. 江苏宿迁泗洪顺山集遗址

顺山集新石器时代遗址位于江苏省宿迁市泗洪县梅花镇大新庄西南约500米处的重岗山北缘坡地之上，是目前江苏省内乃至国内已知的规模最大、年代最早的新石器时代环壕聚落遗址，总面积17.5万平方米。遗址的一、二期文化遗存代表了淮河下游地区距今8000~7000年新石器时代中期的考古学文化，是近年来淮河中下游地区新石器时代中期偏早阶段聚落考古的重大突破，为进一步认识和厘清淮河中下游地区新石器时代文化面貌及谱系打下坚实基础，为探索淮河流域乃至中国东部地区文化间的交流与融合提供了重要证据。因而先后入选2012年“中国社会科学院考古学论坛年度考古新发现”和“2012年度全国十大考古新发现”。

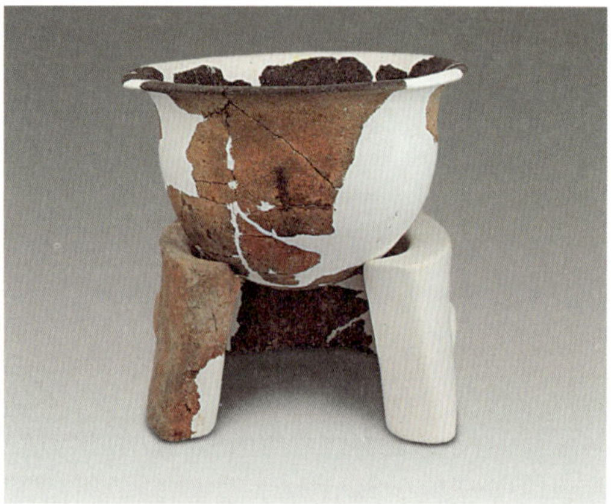

顺山集遗址二期出土釜灶组合

顺山集遗址二期墓地全景（南—北）

顺山集遗址环壕局部
（西北—东南）

2. 江苏兴化、东台蒋庄遗址

蒋庄遗址位于江苏省兴化、东台两市交界处，分属兴化市张郭镇蒋庄村及东台市时堰镇五星村、双溪村。以泰东河为界将遗址分为东西两区，东区以唐宋时期堆积为主，面积达 45 万平方米；西区以新石器时代良渚文化堆积为主，面积近 2 万平方米。2011 年 10 月 ~2015 年 12 月，南京博物院对其进行了抢救性考古发掘及后续的主动性发掘。发掘工作主要集中于西区，发掘面积 3500 平方米，揭露良渚文化聚落一处，目前已清理良渚文化时期墓葬 284 座、房址 8 座、灰坑 100 余个以及水井、灰沟等其他重要遗迹。出土玉、石、陶、骨等不同材质的遗物近 1200 件。

西区发掘揭露的良渚文化墓地，是蒋庄遗址良渚文化聚落最为重要的内容。墓地位于聚落东北部，整体呈南北走向，墓葬分布十分密集，叠压打破关系复杂，其作为一处公共墓地，有着持续而稳定的使用过程。墓葬形制均为长方形竖穴土坑，葬式多样，一次葬与二次葬并行。一次葬均为单人仰身直肢葬，主要分布于墓地的中北部。二次葬分烧骨葬与拾骨葬两种，随葬玉琮、玉璧的较高等级墓葬均为二次葬。其中，烧骨二次葬墓主要分布于墓地的中东部区域，墓坑偏小，少量使用葬具，骨骼为白色碎块状，系异处焚烧后，再将焚烧后的遗骸入葬，多呈条形摆置，个别随葬玉璧，多随葬石器与小型陶器。

蒋庄遗址是长江以北地区首次发现的大型良渚文化聚落，突破了以往学术界认为良渚文化分布范围北不过长江的传统观点。对全面、深入研究良渚文明与良渚社会提供了新资料，填补了长江以北地区良渚文化考古发现的空白。墓葬中大量人骨及葬具保存情况较好，对研究良渚文化的埋葬习俗、社会组织关系与人种属性提供了极其宝贵的实物资料。遗址地处长江以北水网密布的里下河地区，是良渚文化北上的重要通道。其远离良渚文化核心区，出土的各类陶鼎鼎足各异，有截面呈“十”字形、外T形、近跟部穿圆孔等，具有鲜明的自身特点，显示出这类遗存可能属于良渚文化的又一地方类型，是良渚文化与当地文化因素融合后的产物。该遗址的发掘对于构建江淮东部史前考古学文化谱系、研究良渚文化与本地土著文化的关系具有重要意义。

蒋庄遗址良渚文化墓地局部（西—东）

蒋庄遗址M110出土玉器组合

蒋庄遗址良渚文化墓地局部（西—东）

3. 江苏邳州煎药庙六朝墓地

煎药庙六朝墓地 M1 出土琉璃钵

煎药庙六朝墓地位于江苏省邳州市新河镇陈滩村煎药庙，为当地土地整治项目施工时发现。墓地位于一块东西向长条台地之下。该台地原东西长约200、南北宽约100米，高出地表约2.5米。由于还耕工程取土，台地现已不存。

经发掘，该墓地发现、清理砖室墓葬9座，皆南北向，为带斜坡墓道的前后室砖室墓。墓圹南北长15~20、东西宽3~5米。由于其上一直有人居住，故未受到盗扰，保存较好，形制结构完整。

除M1、M8外，墓地中7座墓葬皆可见二次下葬开挖的痕迹，其中M3为双墓道。M1、M6、M8前室为盝顶，余皆券顶。后室皆券顶，除M6、M8为单后室，余皆并列双后室或三后室。经发掘，该墓地共出土了金、银、铜、铁、海螺、玳瑁、玻璃、煤精、石、漆、瓷等质地的随葬品300余件。

煎药庙六朝墓地发掘全景

根据墓葬形制及出土随葬品分析，煎药庙六朝墓地是一处西晋时期的高级贵族家族墓地。

在徐州地区，西晋时期的墓葬发现较少，且大多破坏严重。煎药庙六朝墓地形制完整，未遭盗扰，是迄今苏北地区发现的保存最好的一处西晋时期家族墓群，且墓主等级较高，对于徐州地区西晋墓葬制度的研究具有非常重要的意义。由于该墓地未被破坏、盗扰，墓内随葬品保存完整、位置清楚，可以弥补六朝考古中丧葬制度与埋藏制度研究资料的欠缺，展现随葬品与墓葬的位置关系。

4. 江苏扬州曹庄隋炀帝墓

隋唐考古中一个非常重要的发现是隋炀帝墓的揭露。2013 年 2~11 月，南京博物院和扬州市文物考古研究所联合对江苏省扬州市西曹庄隋唐砖室墓进行了勘探和发掘。通过发掘，M1 中出土一方“随故煬帝墓誌”，主墓室内还出土鎏金铜铺首衔环 4 件、蹀躞金玉带 1 套等。M2 清理出陶器、瓷器、铜器、漆木器、铁器、玉器等 200 余件（套）。其中铜器有编钟一套（16 件）、编磬一套（20 件）、凤冠 1 组、灯 10 件以及铜豆等。通过科学的考古发掘，以及对墓葬规模、形制、出土文物、墓志文字等进行充分研究，并对照相关历史文献的记载，可以确认扬州曹庄隋唐墓葬为隋炀帝陵墓，是隋炀帝杨广与萧后的最后埋葬之地，印证了历史文献的记载。M1 墓主为隋炀帝，M2 墓主为隋炀帝皇后萧氏。隋炀帝陵墓的发掘为研究隋唐高等级墓葬形制提供了实证资料。

隋炀帝墓 M1、M2 全景（南—北）

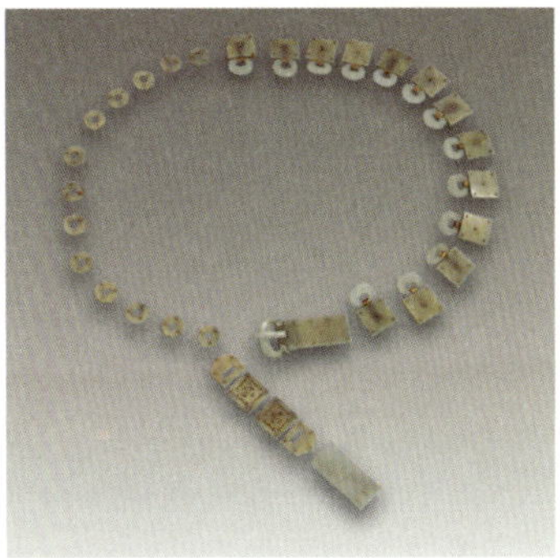

隋炀帝墓 M1 出土金玉蹀躞带

隋炀帝墓 M1 主墓室（俯视）

5. 江苏淮安泗州城遗址

泗州城遗址位于江苏省淮安市盱眙县，属南水北调工程东线江苏段文物保护项目，于2011~2014 年进行了数次抢救性考古发掘，发掘面积约 35000 平方米。揭露了香华门及月城、东西大街、内汴河南段、灵瑞塔、普照禅寺、观音殿等众多遗迹，可与康熙《泗州志》《泗州通志》

泗州城遗址四号基址——灵瑞塔塔基（西南—东北）

等文献中对泗州城的叙述相印证，为研究泗州城的历史沿革、城市布局、建筑史、宗教文化、运河漕运史等提供了新的考古学资料。

泗州城遗址灵瑞塔塔基前侧龟趺座

秦汉以降，历朝大体都以府、县两级作为基本的地方政权机构。州作为一种中间建制，数量不多，泗州城即为“州城”，是我国目前发现的唯一一座“州城”遗址。

泗州城的内城墙、外城墙绝大部分都较好的保存于地下，对于研究明清时期的城防、防洪工程是不可多得的实物资料。城址在康熙年间被洪泽湖淹没以后，历经几百年的泥沙淤积，城内的建筑、设施都埋没于泥沙之下，城内的行政及文化教育机构、礼制祠祀场所、商市、居民区、军事机构等都得到了比较好的保存。城内建筑群的发掘可以为研究泗州城的城市布局、明清时期不同性质建筑的规格、结构、建筑工艺提供第一手研究资料。特别是四号基址（灵瑞塔塔基），是研究元代藏传佛教建筑难得的实例。

泗州城始建于唐，历经唐、宋、元、明、清几朝，自建城以来就饱经水患，为避水患，城内居民不断地垫高地面，因此早期地层保存较好。泗州城早期的地层和遗迹，是研究泗州城历史、城市发展史、建筑史的珍贵实物资料。

作为隋代大运河重要组成部分的汴河在泗州城内由北向南穿城而过。泗州城的兴衰与大运河息息相关，汴河的发掘工作可以为研究汴河的开凿、使用、废弃年代以及唐宋以来汴河的漕运状况提供实物资料，进而为研究唐宋时期的经济情况提供重要的物质证据。

南京市博物总馆

一、业务建设

南京市的考古工作原由南京市博物馆考古部承担。2014 年 4 月，南京市博物总馆成立，原南京市博物馆考古部升级为南京市考古研究所，作为南京市博物总馆下设单位之一，承担全市范围内的各项考古工作。2012~2016 年，南京城市建设进入新一轮高速发展期，配合基本建设进行的考古工作是南京考古最主要的任务，现将考古工作总结如下。

（一）业务工作

1. 考古调查与发掘

南京市文物考古工作紧紧围绕市委、市政府的重点文化项目及全市基本建设工程项目稳步有序地开展，每年承担的考古项目任务十分繁重。2012 年完成考古项目 112 个，调查面积 484 万平方米，勘探面积 210 万平方米，发掘面积约 6000 平方米，出土各类遗迹 137 处及文物标本 3000 余件；2013 年完成考古项目 164 个，调查面积 540 万平方米，勘探面积 346 万平方米，发掘面积 9600 平方米，出土各类遗迹 172 处及文物标本 3500 余件；2014 年完成考古项目 76 个，调查面积 434 万平方米，勘探面积 602 万平方米，发掘面积 8460 平方米，出土各类遗迹 97 处及文物标本 3500 余件；2015 年完成考古项目 85 个，勘探面积 610 万平方米，发掘面积 15000 平方米，出土各类遗迹约 150 处及文物标本 3000 余件；2016 年（截至 6 月底）完成考古项目 65 个，勘探面积 242 万平方米，发掘面积 6800 平方米。其中具有较高学术价值和社会影响力的发掘项目主要有南京栖霞大埔塘南朝墓的发掘、南京瑞金路小学明代白虎桥遗址的发掘、南京将军山明代沐氏家族墓园的发掘、南京市牛首山明代宏觉寺遗址的发掘、南京胡家花园配套地块五代大型建筑基址的发掘、南京金城集团地块明代皇城遗址的发掘、南京瑞金北村小学明代码头的发掘、南京市西天寺南宋雁门郡开国侯高氏夫妻合葬墓的发掘、南京南站明代钦天监贝琳家族墓的发掘、南京尹西村东晋张迈家族墓地的发掘等。这些考古发掘项目时代跨度大，几乎涵盖了南京各个重要的历史发展阶段，主要有以下几个特点：第一，佛教考古是近几年南京考古工作的热点，多处重要古代寺院遗址同时进行考古发掘；第二，古墓葬的发掘取得重要突破，考古工作从重视墓葬本体向全面探索陵园结构挺进，学术深度有质的飞跃；第三，明故宫等重要遗址的发掘与保护工作比以前有较大提升。

这几年，南京市博物总馆加大文化遗产的保护工作，许多经过发掘且具有重要价值的古代遗迹，均根据当地的不同情况，分别采取了原地保护、异地迁移保护等措施，为南京保留了一笔笔重要的历史文化遗产。其中，比较重要的有南京瑞金路小学明代白虎桥遗址、南京将军山明代沐氏家族墓园、南京瑞金北村小学明代码头、南京市西天寺南宋雁门郡开国侯高氏夫妻合葬墓、南京尹西村东晋张迈家族墓地等50余处。

近几年，南京市博物总馆在田野考古工作理念和发掘技术上有了很大的飞跃。积极参与一些大遗址保护规划编制中的考古工作，例如开展南京高淳固城遗址的考古调查和勘探工作、开展南京明城墙遗址保护规划编制及通济门瓮城的试掘工作等。同时，南京市博物总馆十分重视科技考古的投入，积极与高校、考古机构及其他学科进行合作，并购置一批专业设备用于发掘现场的信息提取和保护。目前，在南京市政府的关心下，开始筹备考古工作站的选址和建设工作。

2. 管理制度

南京市博物总馆把完善工作制度当成重要任务，2014年制定了《南京市考古研究所印章管理制度》《南京市考古研究所基本建设考古工作的管理规定》《南京市考古研究所临时库房管理办法》《南京市考古研究所技工管理办法》以及《南京市考古研究所安全管理规定》等有关行政和业务方面的内部管理规定，旨在从制度上明确考古工作各环节的相关要求并加以落实，从而进一步提高工作效率和管理能力。

2015年5月，又制定了《南京市考古研究所考古项目普通用工预决算管理办法》。该办法的实施使全所各项考古调查、勘探和发掘工作的普通用工有了明确和可操作的依据，提高用工效率，加强制度管理，防止腐败发生。2015年7月，又拟定了《南京市考古研究所普通用工管理办法》，已完成劳务公司的招投标工作，进一步依法依规，强化对考古项目普通用工的管理。在南京市文物局的指导下，积极探索城市建设发展与文物保护之间矛盾的解决之道，拟通过招投标建立考古合作单位库的方式，引进考古勘探发掘队伍，推进基建考古项目进度。

（二）人才建设与培养

现阶段，南京地区的考古工作具有任务重、周期短、项目多、地点散、地域广等特点，为使南京考古工作正常、有序、健康地发展，南京市博物总馆近年来对人才建设采取了一系列措施和办法。

自2012年起，为满足人才梯队建设的需要，已先后引进5名人员，现已形成一支老中青结合、结构合理的队伍。同时，也十分重视专业人员的培养，每年组织专业人员赴外地参观学习，并加大在职人员的深造和继续教育。目前，有3名考古人员在职攻读博士学位，且每年邀约考古业界的学者为业务人员开展培训和指导。

（三）学术交流与科研成果

南京市博物总馆十分重视考古整理和研究工作，2012~2016年，在《文物》《考古》《东南文化》等各类专业刊物发表论文、简报约119篇，已出版《南京考古资料汇编》（2013年）、《南京文物考古新发现三》（2014年）、《南朝真迹——南京新出南朝砖印壁画墓及砖文精选》（2016年）3本学术报告，目前正在编写《南京大报恩寺遗址北区发掘报告》《南京明代徐达家族墓地考古发掘报告》。

在此期间，南京市考古研究所极为重视科研和成果的转化，参与省级课题研究1项、市级课题研究1项。参与的南京市秦淮区胡家花园花露岗遗址荣获2010~2014年度江苏省田野考古优秀工地奖，撰写的《南京"王景弘地券"的发现与初步认识》一文荣获2010~2014年度江苏省田野考古成果三等奖。同时，加强学术交流，参与江苏省考古学会年会、全国首届考古学大会、六朝考古——中日学者报告会、中韩土墩墓研讨会、第四届"黄淮七省考古论坛"、第二届"丝绸之路考古与文保"国际学术研讨会等重要学术活动30余场，并提交论文或报告交流学术成果。

（四）对外宣传与公众服务

近几年，南京市博物总馆在南京市文物局的指导的下，利用微博、官网等新媒体形式积极对外宣传考古新发现，同时利用自身优势开展一些公众服务，如组织专家赴学校对学生进行考古知识的普及、开展"文博大讲堂"系列活动对公众宣传考古信息等。

二、重要考古发现

1. 江苏南京清凉寺建筑基址

清凉寺建筑基址位于江苏省南京市鼓楼区清凉山公园兰苑地块，最早创建于南朝，唐中和年间（881~885年）渐兴；五代杨吴时期徐温重建，名兴教寺；南唐升元初，元宗李璟扩建兴教寺为清凉大道场；北宋太平兴国五年（980年）改称清凉广惠禅寺；明洪武三十五年（1402年），周王朱橚重修山寺，成祖朱棣题额"清凉禅寺"；太平天国时期，寺庙遭到严重破坏。

为加快落实南京市委、市政府对清凉寺规划建设的指示，应南京市民族宗教事务局要求，受南京市文物局委托，南京市博物总馆具体承担清凉山公园北侧兰苑区域清凉寺古代文化遗存考古发掘任务，于2013年7~8月、2014年6~10月分两次对遗址进行了发掘。

为了全面了解发掘区地层堆积情况，尤其是了解南唐与孙吴两大时期的遗存情况，在发掘区的南侧开掘了一条东西长22、南北宽2.2米的探沟。探沟文化层厚达2.25~4.25米。根据土质、

清凉寺大殿基址全景

土色、结构、包含物等不同的特征，共分为 12 个文化堆积层，其中第③ ④两层分布于探沟外的北侧。第①～④层均为现代堆积层。第⑤ ⑥层为清代堆积层，⑤层下有 F1 与 G2。第⑦层、第⑧层为宋代堆积层，出土宋代的陶瓷残片和椽当。第⑨层厚约 0.8 米，探沟内基本均有分布，为灰土，质地较松、细，含较少碎砖瓦、红烧土，出土南朝时期的陶瓷残片。第⑩层厚约 0.5 米，分布于探沟内的西半部，为黄土，质地较紧，比较纯净，未出土陶瓷残片。第 ⑪ 层厚约 0.2 米，分布于探沟内的中部，表面与底部均呈东高西低的斜坡状，为灰土，质地较松、细，含少许碎砖瓦、草木灰，出土东晋时期的陶瓷残片。第 ⑫ 层厚约 0.3 米，分布于探沟内的西部，表面与底部均呈东高西低的斜坡状，为黄灰土，质地较紧，含少许碎砖瓦、石块、草木灰等，出土东晋时期的陶瓷残片。探沟中未发现六朝时期、唐五代和宋代的建筑遗迹。

此次考古发掘共发现 2 组建筑遗存，编号 F1、F2。F1 根据层位关系可分为两期，第一期开口在⑥ a 层下，打破⑦⑧层；第二期开口在⑤ a 层下，打破⑥ a 层和⑦ ⑧层。部分地方被近代扰乱破坏。

为保护整体建筑遗址的完整性，未能大面积向下发掘，在不破坏建筑遗址的基础上进行局部解剖。仅发现了 F1 第一期的南墙（已被第二期利用）和东墙（在 F1 第二期东墙内 0.4 米），北墙与西墙都未能解剖，对 F1 第一期的格局无法全面了解。现仅根据露出的 F1 第二期进行介绍。

清凉寺建筑基址出土鸱吻

清凉寺建筑基址出土花边瓦

清凉寺建筑基址出土兽面瓦当

F1 第二期为带月台式建筑，平面呈“凸”字形。由主体建筑及附属建筑月台，月台东、西两侧台阶与台阶外侧道路及排水沟，东侧南北向长廊，东、北两侧排水沟，东、北两侧台地砖石包墙等部分组成。

F1 主体建筑平面为长方形，东西总长 20.6、南北总宽 15.3 米，方向 168°。为五开间、三进深。正中明间宽 5.2、次间宽 4.5、末间宽 3.2 米；第一进深 5.1、第二进深 6.4、第三进深 3.8 米。

F1 墙体保存状况一般，共发现柱础（含磉墩）17 个，柱网结构较为清楚。F1 室内地面采用青灰色方砖错缝铺设。

F1 的月台在主体建筑的南部，平面呈长方形，东西长 17 米，发掘区内南北宽 3.6 米（南部跨出发掘区外，实际宽度不详），高约 1 米。在月台的东侧发现有包砖墙，包砖墙内为黄褐色夯土，质地较紧，夯筑迹象比较明显，含较多碎砖瓦、石灰以及石块、红烧土等，出土明代建筑构件、兽面瓦当以及部分残碎的青花瓷残片。

在月台与主体建筑交接部的东西两侧均设有东西向台阶，其中西侧大部分在发掘区外，发掘区内仅残存东西 0.7、南北 1.1、残高 0.5 米的基础部分，格局已被破坏。台阶东侧有路面一道。

排水沟（G3）为南北向，发掘区内部分长 1.65 米，沟宽 0.25、深 0.4 米。沟壁采用石板铺设，宽约 0.25 米。沟的北端应与 G2 相接，但交接部位已被晚期破坏。

F1 东侧设有南北向长廊（CL1），平面呈长条形，发掘区内南北长 7.7、内宽 2 米。廊内路面采用青灰砖铺设，接近台阶处平铺一条单层方砖，余为单层长方形砖横向错缝铺设。

F1 整体位于低洼地带，东、西、北三面均为高台地，其西部高台地位于发掘区之外，东、北两面的高台地外侧均设有砖石砌筑挡土墙（Q4）。

F2 开口在⑤a 层下，打破⑦层，部分地方被近代扰乱破坏。受场地所限，F2 大部分在发掘区外，现只揭示了南部的一小部分。只发现主体建筑的局部以及附属建筑的道路。

F2 主体建筑已揭露部分平面呈长方形，东西总长 14.2、南北宽 3 米（余均在发掘区外），方向为 168°。由于揭露面积小，加之被晚期遗迹破坏，中部未发现柱础，现根据东西 2 处磉墩及总长度推测，应为 3 开间，发掘区内仅见第一进深 2.1 米，其他不详。

与 F2 有关的道路发现有 2 条（L1、L2）。其中 L1 位于 F1 与 F2 的中轴线部位，南北向，总长 7.55 米。L2 主要分布于 F1 北侧挡土墙的北部与东侧挡土墙的东部，但大部分已被破坏。

由于发掘区域内遭近现代破坏较大，本次发掘出土遗物较少，主要为陶制建筑构件，有瓦当、滴水、青灰砖、石柱等。

据《金陵梵刹志》卷十八《清凉寺》篇记载，清凉寺殿堂建筑有山门三楹、天王殿三楹、左钟楼一座、佛殿五楹、左伽蓝殿一楹、左祖师殿五楹、毗卢殿三楹、方丈八楹、僧院九房。在该卷附图上，建筑由南至北有标有金刚殿、天王殿、伽蓝殿、佛殿、法堂、禅堂、方丈等。

发掘清理出的 F1，其位置、建筑规模与佛殿基本相合，基本可判定 F1 即为佛殿。发掘清理出的遗存至少可分为两期，第一期为明代，第二期为清代。第二期部分沿用了第一期的建筑基础。

F2 为《金陵梵刹志》图中所标示的法堂。再将图与文字相比较，金刚殿即山门，图中未见毗卢殿，文字中未见法堂，颇疑图中所标示的法堂为毗卢殿。若如此，其建筑开间当为三开间。F2 遗存的柱础具有典型明代柱础的特征，其始筑年代应为明代。在发掘区域内，另有砖构遗迹数处，因揭露面积有限，建筑形制、建筑性质不明。

尽管此次考古发掘面积有限，未能全面揭示清凉寺建筑基址，但在发掘区域内清理出的 2 组建筑基址保存较好，建筑形制基本明确，对于研究明清时期清凉寺的建筑布局、建筑形制特点具有一定意义。为了保存发掘清理出的建筑遗存，考古队未再向下继续发掘。

此次发掘区域在目前学术界推测的六朝石头小城所在地，地下可能有更早期的六朝文化遗存。考古队在充分保护明代、清代建筑基址的前提下，通过探沟解剖了解了局部地段的地层堆积。通过解剖，在发掘区内虽然有东晋、南朝、五代、宋代时期的地层堆积，但未发现相关的建筑遗存。据此可以判定，在此次发掘区内没有与六朝石头城相关的建筑遗迹。由于发掘面积所限，不排除在发掘区外存在与六朝石头城乃至金陵邑相关的遗存。

2. 江苏南京明代沐昆、沐绍勋墓前建筑

南京康厚置业九间堂地块位于江苏省南京市江宁区康厚街 10 号，地处将军山东南麓，占地总面积 184337 平方米。南京市博物馆于 2012 年 6 月 ~2013 年 1 月，派出专业人员对该工地开展考古勘探、发掘工作，先后发现和发掘了六朝、宋、明清时期墓葬 21 座、窑址 10 余座，取得了较丰富的考古成果。尤其是确认了明代第六任黔国公沐崑墓（M23）、第七任沐绍勋墓（M42）、第八任沐朝辅墓（M4）的具体位置，并在 M23、M42 墓前发现并清理出布局完整、颇具规模的建筑遗迹，收获了研究明代功臣贵族葬制难得的实物资料。

沐崑墓（M23）为竖穴土坑前后室砖筑结构，方向 150°，由墓坑、墓道、排水沟和砖室等部分组成。墓坑平面呈长方形，长 8.2、宽 6.05 米。台阶式墓道，残长 2.5、宽 1.5 米。砖室由封门墙、前室、过道和并列的双后室构成。早期曾遭受严重盗扰，墓顶、封门墙及墓壁大部分结构均毁坏。前室长 4.05、宽 5.85 米；后室为双室并列结构，结构和大小基本相同。前室与双后室交接口处各设有一道石门，破坏严重，部分残存构件倒塌散落在四周。左后室中部发现有砖砌棺床。因受盗掘严重，墓内仅出土两合墓志和少量铜钱等遗物。据出土墓志得知，墓主为沐氏第六代黔国公沐崑及其夫人樊氏。

墓园平面基本为长方形，南北长 55、东西宽 39 米。四周用石条、石块围砌而成，前后两进院落。一进院落宽 35.6、深 14.7 米，东西两侧均有条石砌筑的包墙，东部包墙墙基宽 1.3、西部包墙墙基宽 1.25 米。院落内发现纵向（南北向）路基遗迹 3 条，编号 L1、L2、L3。三条路均为砖石铺筑，路中用石块砌筑中线，高出路面，把路面一分为二。位于中轴线的 L1 宽 4.1、长 10.7 米，路北与一进建筑台面的月台相连，月台平面呈长方形，面宽 4.1、进深 1.4 米。另有横向（东西向）路基遗迹 1 条，应是通往两侧建筑的道路。一进院落的主体建筑仅存台面四周包墙基槽，平面

沐崑、沐绍勋墓全景航拍

沐绍勋墓发掘现场全景（北—南）

沐崑墓墓前建筑（北—南）

呈长方形，宽 12、进深 7.2 米，其内柱网结构皆因严重破坏而不存。二进院落位于一进建筑台面与二进建筑台面之间，平面呈长方形，东西宽 19.2、南北深 5~7 米。二进院落建筑台面平面呈长方形，东西面宽 12、进深 7.2 米，地表建筑遗迹无存，仅存建筑台面北部 3 排柱础石、柱础坑，推测为一面阔五间、进深三间的建筑。台面四周包墙基槽。残留门槛石，宽 1.55 米。以北正对墓葬的墓道。

一进院落外东南方向，有一神道碑亭。碑亭为方形高台建筑，边长 11.9 米。高台四周包砖，台面四转角处铺有石板，除西北转角处石板无存，其余三面均保存较好。台面包砖毁坏严重，现仅存基槽，台面现存柱础 4 个，柱础间距 4 米，呈方形排列。柱础间残留一倾倒的石龟趺，已残。

沐绍勋墓（M42），平面呈凸字形，为台阶式墓道土圹砖室墓，全长 18.4 米，方向 165°。由墓道、排水沟、甬道、前室和 4 个后室组成，因早年发掘等诸多因素，砖体结构无存，墓底残存少许的底部砖层及白灰粘接面。在甬道底部填土中，出土沐绍勋墓志盖一块，呈方形，边长 1 米，青石质地。在前室的东西两侧，各出土墓志一块，为沐绍勋夫人李氏、贺氏墓志。

墓前建筑平面呈“凸”字形，由月台、建筑台面、踏步台阶三部分组成，全长 19.8 米。月台平面呈方形，东西面宽 12.6、南北进深 6.1 米，北部接建筑台面，南部接踏步台阶。现存东西包墙基槽。建筑台面平面呈长方形，东西面宽 20.8、南北进深 12 米，台面现存 2 排柱础遗迹，最北一排 6 个、第二排 4 个。推测原为面阔五间、进深三间的建筑。在建筑台面北部发现踏步台阶，台阶 4 阶，每阶高差、进深不一。

沐昆、沐绍勋皆为明代沐氏家族的重要成员，袭封黔国公，为高等级贵族。两墓虽遭盗扰，破坏严重，但基本结构仍较清晰。最为重要的是，两墓前分别发现的布局完整的墓园，填补了以往南京明代考古的空白，具有重要的研究价值。

3. 江苏南京明代御河、码头遗址

瑞金北村小学位于江苏省南京市秦淮区，北临瑞北街，东临大清河路，与南京明故宫遗址午门的直线距离约为 500 米。2014 年 7~12 月，南京市博物总馆为配合瑞金北村小学教学楼建设

明代御河、码头遗址发掘区全景

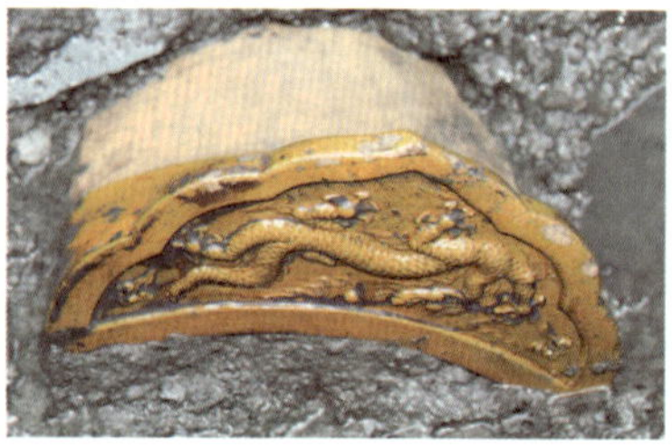

明代御河、码头遗址河道淤土内出土的琉璃滴水

明代御河、码头遗址河道西侧发现的明代琉璃瓦

工程，对该项目涉及区域进行了考古发掘。发掘证实，该项目区域地下原为明代宫城护城河——御河（又称金水河），在该段御河的西侧发现一座明代修建的小型码头，并发现废弃的沉船一条，取得了较为重要的考古收获。

在发掘之前，该项目地块皆为现代地面。经过发掘清理，在现地面以下约 2.3 米发现河岸与河道。河道宽约 19 米，呈南北走向，方向 12°，东西两侧发现河岸。经解剖，河岸的做法为：先在底部打下成排分布的木桩，即明代所称的地钉；然后在地钉上铺设一层厚约 1 米的石灰层；石灰层上为深褐色夯土，厚约 0.65 米，该夯土层的上部呈红褐色，铺洒了一层红色砂土，厚 0.03~0.15 米。这种红色砂土在 2004 年发掘的南京明代宝船厂遗址中也大量出现，推测是由一种红色砂石粉碎后形成，铺设于河道处起防潮作用。两侧的河岸原先均应砌有石质护岸，但目前均未发现，应遭晚期的拆毁和破坏，本次仅在河道淤泥中出土一块较规整的石条。河道内的淤积土呈黑色，出土了大量明代黄色琉璃瓦、滴水、青瓷器、青花瓷器等。

在河道西岸发现一座小型码头（MT1），平面长方形，南北长 2.2、东西宽 4.5 米。MT1 呈西高东低的台阶状，从西侧河岸延伸至河道内。与河岸的做法一样，其底部为密集的木桩、木板，其上以土堆积，表面还残留部分青砖和石板。该码头叠压在河道淤积土之下，因此其建造年代应属明代。

在河道内紧邻 MT1 处发现一条小型木船，掩埋于河道淤积层下。船体残长 4.4、宽 1.1 米，残存底板及船舱隔板，板厚 0.03 米。底板两端微翘，以 10 块木板拼合而成，白色油泥填缝。残存 4 块隔板，皆呈梯形，以铁钉固定于底板之上。

此次发现的河道在南京现代城市地图中已无标识，但是在 1910 年出版的清代地图上，清楚地标识该处为明故宫护城河所在。位于该河道西侧的 MT1，虽然规模不大，但保存完好，时代明确，应是为明皇城服务的一座小型专用码头。

此次在河道内发现的木船是南京历史上发现的第二条古船实物。据明代《龙江船厂志》记载，明代设有“金水河渔船”制度，专门负责在金水河内取鱼，“以荐奉先殿”，因此虽然这种船型“船制极小，工极约，司造作者不可不知其所系之重也”。此次发现的这条木船，从出土位置、船体规模推断，很可能就是史料记载的“金水河渔船”，对于研究明代宫城制度、祭祀制度以及明代造船史都具有重要价值。

4. 江苏南京西天寺墓园宋墓

西天寺墓园宋墓位于江苏省南京市雨花台区铁心桥街道。2015 年 3 月 27 日，南京市红十字会建设的“南京市红十字会捐献遗体志愿者纪念林”项目在施工过程中发现一座古代墓葬。接到举报，南京市博物总馆派人进行现场勘查，并于 2015 年 5 月 20 日进场进行考古发掘。经过 20 多天的工作，考古发掘现场清理工作初步完成，出土金、银、玉、铜、铁、墓园锡、漆器、水晶质、石质文物 30 余件。

西天寺墓园宋墓全景

该墓葬为仿木结构雕砖壁画墓，券顶，墓葬平面形状略呈“凸”字形，连墓道通长 13.5 米。墓道朝东，方向 100°。由墓室土圹、墓道、墓门、封门墙、墓室构成，无排水沟。墓室土圹长 6.2、宽 4.44~4.8 厘米。

墓道为斜坡式，由墓道端口直接斜至墓室底部，坡度 19°。墓道上口长 7.3、宽 2.2~2.6 米，底长 8.1、宽 1.55~2.28 米，两壁均稍斜内收。

墓前外壁为仿木建筑结构。砖墙整体宽 4.44、残高 3.56~4.08、厚 0.74 米，分内外两层，多用长 36.5、宽 18.5、厚 7.8 厘米的青砖错缝砌筑，下部正中为拱券墓门，墓门券顶的两侧及上部砌成高 1.2、宽 1.88 米的边框，框内镶有 4 块砖雕。

墓门两侧为两立柱，两柱间距3.08、柱高2.15、宽0.16米。立柱凸出墙体4厘米，砌筑方法为中间用厚8厘米的青砖立砌，端面朝外，两侧各用厚4厘米的磨制成弧边的青砖竖立。两立柱间架梁，梁为一层砖顺铺，凸出墙面，砖厚4厘米。梁上4组斗栱，分别用厚8厘米和4厘米的青砖经雕凿后组拼而成。斗栱高36、通宽80厘米，每组斗栱的间距为25~30厘米不等。斗栱上砌一排凸出的椽头，共13个。顶部用经雕凿打磨成筒瓦状的青砖组合砌成凸出墙体28厘米的檐。檐下至墓门以上和墓门的左右两侧有明显的白灰涂抹痕迹。

西天寺墓园宋墓墓室前壁

封门墙保存完好。分内外两层，与墙体等厚。多用整砖错缝垒砌，沿墓门券顶处用砖块填充封实，含铺底砖共24层。

墓门位于墓前墙下部正中。保存完好。高1.84、宽1.2、进深1.74米。自两侧砖墙第16层以上开始起券，成券高度为0.62米。券顶用长26.5、宽9.5、厚4厘米的长方形青砖砌成，外侧以雕砖盖帽镶边，所用雕砖表面依稀可辨有用朱砂浸染的红色痕迹。

墓室内券顶与棺床及地面间砌筑仿木构建筑，券顶下有一周凸出的椽头，椽头下有斗栱，四角及四壁正中各一，共8组，栱下有梁，除前后壁正中斗栱下无承柱外，其余斗栱下均有砖砌立柱，立柱间为雕砖壁画。

券顶发券于南北两壁，棺床以上188厘米处，起券垂直高度为160厘米。分内外两层，券顶外部南北两侧紧贴券顶砌筑多层平砖予以加固。券顶内侧顶部有四个秤钩状的铁钩，呈方形排列，间距约15厘米，分别挂有残断的铁环，原应为悬挂铜镜之用。

棺床长254厘米，与砖室等宽，高出墓室地面52~56厘米。棺床中部有一金井，呈正方形，边长40、深6厘米。内放置五色鹅卵石，其中，黑、红、青、白四色分别放置于金井的北、南、东、西四个方向，中间一颗为黄色，体积略大于其他四颗。棺床前部偏北有一砖砌祭台，平面呈长方形，南北长82、东西宽34、高44~48厘米，共用9~10层青砖砌成。

北壁立柱东边为一桌两椅图案。桌高58、桌面宽76厘米，桌上放置类似果盘之物。立柱西边雕砖组拼成的衣架，高78、宽86厘米。衣架右上角镶砌一把砖雕剪刀，雕于一块立砌的长

西天寺墓园宋墓出土穿心合

西天寺墓园宋墓出土金环

西天寺墓园宋墓出土水晶璧

37、厚 8 厘米的青砖的侧面。

南壁立柱东边为一假窗，窗高 72、宽 92 厘米。内镶 9 根近竹节状的窗棂，系采用长 26.5、厚 4 厘米的青砖将侧面磨成柱状凸出墙体。立柱西边为一案，案面宽 125、高 60 厘米。

西壁即墓室后壁，正中为一假门，用厚 7.8 厘米的青砖做框。门高 86、宽 92 厘米，为两扇，中间门缝砌成虚掩状。门框上部两扇门的上侧分别有砖雕的四叶纹和阴阳八卦纹。假门的左右两侧各有一假窗，左侧假窗高 58、宽 64 厘米，共镶砌 7 根窗棂；右侧假窗高 58、宽 56 厘米，共镶砌 6 根窗棂。假窗周边均采用厚 4 厘米的青砖做框。

东壁中间为墓门，墓门两侧素面无壁画。

根据棺床上破损的棺木可以判断，棺床上原应放置两棺，出土的大多数文物都发现于棺床上，棺床上及棺床前各有一志石，风化严重，字迹基本无存，仅见零星笔画。悬挂在墓顶的铜镜也落在棺床的一角，铜镜直径 47 厘米。铜镜上铸有一圈墓铭“绍兴岁次乙亥壬午月甲寅日雁门郡开国侯御前中军统制高翊卫宅建亡妻恭人朱氏墓铭”。

墓铭载铸镜时间为南宋绍兴二十五年（1155 年），墓主人为当时驻扎在建康府的御前中军高姓统制官，具体名字不可考。墓葬形制为仿木结构雕砖壁画墓，墓葬形制结构独特，与南京发现的同时代的建中宋墓（推测应是秦桧夫妇墓）、清修宋墓（秦熺夫妇墓）截然不同，却与北方宋金时期的壁画墓类似；墓顶悬镜也多见于北方，尤其是辽宁、陕西、山西北部的辽金时期墓葬中；墓主所封开国侯的郡号“雁门郡”，而雁门郡就位于今山西北部，综合各方面的因素，推测墓主人来自北方，籍贯或在今山西北部一带。北宋靖康年间，金军南下攻破宋都东京汴梁，掳走徽宗、钦宗，各地军马派兵进京勤王，这些进京勤王的部队主要来自大宋王朝的西北边陲前线，其人员构成也以北方人居多。以宋高宗赵构为首的朝廷南迁，随之南下的不仅有大量躲避战乱的百姓，还有这些勤王的军队。他们随着政治中心南迁，来到长江以南驻扎，保卫南宋朝廷。南京在南宋时是建康府，曾是皇帝行在所在，也是偏安江南一隅的南宋朝廷的江防屏障，军事地位极其重要，驻扎有大量的军队，西天寺宋墓这类具有北方因素的墓葬在南京的发现，应该就是这些南迁北人的传统丧葬习俗的反映和体现。对了解两宋之际的南京居民构成、南北文化交流与交融提供了极其珍贵的材料，具有较高的研究价值，也为南京历史文化名城增添了新的注脚。

5. 江苏南京张迈家族墓

张迈家族墓位于江苏省南京市雨花台区铁心桥街道尹西村冯韦自然村，龙西路北侧的后头山上。2015 年 3 月 24 日，由于机械取土，两个墓室的后壁砖墙暴露出来，南京市博物总馆于同年 4~7 月进行了抢救性发掘。此次共发掘 6 座墓葬，其中 5 座为东晋南朝砖室墓（编号 M1~M5）。而 M1~M4 排列整齐、形制规模接近，为一处家族墓地，根据 M1 出土印章可知墓主名叫张迈。M5 位于张迈家族墓前方并打破 M1 的排水沟，时代为南朝晚期。M1 保存完整，墓室未遭扰乱，M2~M4 顶部虽略有坍塌，但也未遭盗掘，只有 M5 破坏严重，墓壁及铺地砖大都不存。

墓地坐北朝南，墓门朝向约为 170°。M1~M4 东西向呈“一”字排开，整齐、紧密，埋深也基本相同。其中 M1 和 M2 为同穴异室，M1 的一道挡土墙叠压于 M2 上，其排水沟也伸入后者之中。M4 的排水沟打破 M3 的墓道。

张迈家族墓全景

张迈家族墓出土青瓷熏

张迈家族墓出土凤鸟金饰件

张迈家族墓出土张迈印

M1、M2 和 M3 形制规模基本相同，均由斜坡墓道、排水沟、封门、甬道、墓室等部分构成，长 5 米余。排水沟都略偏于墓道一侧。墓壁为三顺一丁砌法，两壁前部各有长方形壁龛，后壁设“凸”字形壁龛和直棂假窗。墓室后部为棺床，底部为生土台，铺砖一层呈“人”字形。棺床前置长方形祭台。M4 相对较小，长方形墓室，没有甬道，也不设棺床，铺地砖呈“人”字形。

M1~M4 的墓室两壁都是单层砖，丁砖多是半块，每隔 4 块使用 2 或 3 块整砖。用砖尺寸近同，长 30~32、宽 15~16、厚 4 厘米。砖侧面不见模印纹饰，砖面有绳纹和钱纹放射纹两种，其中钱纹放射纹的砖只见于 M1。

张迈家族墓出土了包括青瓷器、陶质明器、金饰、印章等在内的各类遗物 70 余件（种），其中六面印、步摇金饰件、头像砖、朱砂颜料等均较罕见，对于探讨墓地性质和内涵、研究六朝墓葬出土遗物的组合规律都具有重要价值。

6. 南京秦淮胡家花园配套地块南朝至唐代建筑群

2013 年 5~12 月，南京市博物馆对胡家花园配套地块进行了考古发掘。该地块位于南京市鸣羊街与花露北岗交叉口的西南侧，东距鸣羊街约 100 米，南距明城墙约 80 米，北与花露北岗相接，占地面积约 18000 平方米。据《金陵梵刹志》等历史文献记载，该地区六朝时期曾为著名的瓦官寺所在地。

该工地先后布设探沟 3 条、探方 34 个，截至目前共完成发掘面积 3500 平方米，发现房址、道路、水井等遗迹 50 余处，获得了较为重要的考古发现。

此次发掘最主要的收获是于第⑤层下发现的一组建筑遗迹，目前已发现3座较大型的建筑基础。其中位于最北侧的F2平面呈“工”字形，由前后两座对等的五间三进建筑和中间的连廊构成，南北长36.4、东西宽30.4米；位于其南侧的F3，四间四进，南北长19.4、东西宽14.3米，在F3之南，F4局部已暴露。在F2与F3之间，发现一座带有砖铺散水的长方形院落（YL1），南北长8.4、东西宽11.85米，四周用人字形砖铺设成散水，人字形铺砖外侧包有两排侧立砖。由于早期破坏严重，目前仅北部及东部断断续续保留了一部分墙基，墙基宽0.35米，里面填有碎砖瓦。在三座房址的东侧，还发现一条宽1.2米的基槽，与房址东墙保持平行，推测可能为这组建筑的东侧围墙的基槽。

此次考古发掘共发现水井20口。其中砖砌水井2口（编号J10、J20），时代均为唐代；其余18口水井均为土井，时代较晚。J10位于F2廊道东侧小院落中部，开口于⑤层下；坑口直径1.2米，砖砌井口直径0.6、深6米；从出土遗物及开口推测为唐代水井。J20位于F3主体建筑的西南角外侧，开口于⑤层下；坑口直径1.35、深6米，仅下部2米发现砖砌井壁；从出土遗物及开口推测为唐代水井。

此次考古发掘出土了大量东吴时期至清代的遗物。其中东吴时期的出土遗物有青瓷、灰陶等，器形有碗、盏、钵、罐、人面瓦当等，纹饰有水波纹与细弦纹等。东晋时期的出土遗物有青瓷、

胡家花园配套地块发掘区全景（东—西）

胡家花园配套地块 F2 小院落（东—西）

胡家花园配套地块 F3 全景（南—北）

灰陶等，器形有碗、盏、钵、器盖、盆、罐等，纹饰有褐色点彩。南朝时期的出土遗物有青瓷、酱釉瓷、釉陶、灰陶等，器形有碗、盏、灯、罐、壶等。南唐时期的出土遗物有白釉瓷、青釉瓷、酱釉瓷、青黄釉瓷、釉陶、灰陶等，器形有碗、盏、钵、油灯、罐、盆、灰陶俑、莲花纹砖、灰陶构件等。宋代的出土遗物有黑釉瓷、青白瓷、青釉瓷、白釉瓷、青黄釉瓷、绿釉彩瓷、白地褐彩瓷、釉陶、灰陶等，器形有碗、盏、钵、盘、盆、罐、瓶、瓷俑等，纹饰有刻划缠枝花等。明清时期的出土遗物有青花瓷、青釉瓷、白釉瓷、釉陶、灰陶、石器等，器形有碗、盏、杯、盘、瓶、彩瓷俑、花盆、器盖、罐、瓦当、滴水、砖雕、石臼等，青花以缠枝花为主，有少许菊花、

胡家花园配套地块工地J10出土四系罐

胡家花园配套地块工地J20出土四系罐

胡家花园配套地块工地出土执壶

胡家花园配套地块工地出土黑釉碗

荷花，另有少许抽象动物图案。

从发掘情况看，该建筑群规模宏大，格局基本完整，从地层关系上初步确定为南朝至唐代，因此很可能与瓦官寺这座六朝名寺有关。由于遗址的南部与西部属于另一个项目地块，目前拆迁工作仍未完成，暂时未能发掘。一旦该地块具备考古工作条件，将继续扩大发掘面积，力争将遗址的原始面貌完整地揭露出来，为准确判定遗址的年代与性质提供更多可靠依据。

无锡市文化遗产保护和考古研究所

2012 年以来，无锡市文化遗产保护和考古研究所按照各级主管部门的统一规划部署，以赤墩遗址考古发掘、鸿山遗址本体保护工作、阖闾城遗址考古工作和大坟山墓群考古发掘为重点，统筹兼顾城区基本建设，开展考古调查、勘探和发掘工作，积极开展各项珍贵文物的修复工作，以科学的考古学方法论指导发掘无锡地区的历史文化底蕴。目前，各项工作在延续以往成果的基础上均取得新的进展，并力求进一步拓展成果。

一、业务建设

2012~2016 年，无锡市文化遗产保护和考古研究所的工作团队认真贯彻《中华人民共和国文物保护法》《田野考古工作规程》等法律法规，坚持脚踏实地、实事求是、与时俱进、创新进取的工作方针，做到加强文物保护和做好学术研究两手都要抓、两手都要硬，积极配合城市基本建设，开展了大量的考古调查、勘探、发掘和研究工作，努力加强与兄弟单位的合作与交流，取得了显著成绩。

（一）业务工作

1. 考古调查与发掘

无锡地处经济繁荣的长三角地区，随着经济发展和城镇化步伐的快速推进，给文物考古工作带来了极大的挑战，无锡市文化遗产保护和考古研究所的工作团队怀着极大的责任心和使命感投身到配合基础建设的文物保护工作中，进行了大量的抢救性考古发掘工作，使得配合基础建设的考古发掘工作成为所内工作的重点。五年来，在相关部门的配合下，无锡市文化遗产保护和考古研究所圆满地完成了轨道交通考古调查、勘探与发掘，石口里遗址考古发掘，新沟河水利工程无锡段（包括江阴）等一系列考古工作，在不影响基础建设的前提下，使本地区的古代文明遗迹得以保存，对本地区文化的发展有着重要的意义。目前新梅遗址和石口里遗址的考古发掘工作正在有序开展中。在这一系列工作中，所内李一全同志连续 3 年获评优秀，被上级主管部门评为三等功。

2. 大遗址保护与规划

无锡市文化遗产保护和考古研究所在阖闾城遗址博物馆和鸿山遗址博物馆的积极配合下，对鸿山遗址和阖闾城遗址制定了合理的保护规划，开展了大量的考古调查、勘探、发掘和研究工作，为大遗址的保护工作奠定了坚实的基础。鸿山遗址和阖闾城遗址的保护工作取得了较好的成效，得到了无锡各界的一致肯定，为以后的保护利用提供了学术保障。为及时总结交流大遗址保护的经验，曾先后多次邀请各地专家组织研讨会，目前大遗址保护工作已经成为无锡市文化遗产保护和考古研究所每年工作的重点，在民众中的知名度逐年提高，得到了社会公众的普遍认可。

3. 科技考古与文物保护

这五年来，无锡市文化遗产保护和考古研究所科学规划、扎实工作，对新技术、新领域积极跟进，使得本市的考古工作得以蓬勃发展。全站仪、RTK、无人机等一系列新的技术手段不断被融合到田野考古工作中，为考古研究提供了技术保障。同时，太湖流域水下考古工作的启动带来了新的契机，无锡市文化遗产保护和考古研究所积极配合南京博物院编写了《江苏太湖水下文化遗产调查方案》，并编制了《太湖水下考古无锡片区调查工作方案》。在水下考古陆上初步调查中发现了 11 个线索，同时，太湖流域水文水资源监测中心更为无锡市文化遗产保护和考古研究所提供了翔实的科学监测数据和古航道声呐监测数据。这些工作为水下考古的进一步展开做好了准备。2016 年，在宜兴地区开展宜兴周铁古村落遗址的发掘工作，发掘面积 200 平方米，经发掘基本确定该遗址为一处清代村落遗址，共发掘清理灰坑 3 个、水井 3 口。

无锡市文化遗产保护和考古研究所分别于 2010 年 4 月、2012 年 7 月对江苏省无锡市鸿山吴文化广场和锡山区八士镇古墓葬进行了抢救性考古发掘，出土大量珍贵文物，其中出土的漆木器饱水、糟朽、残缺等病害严重，急需保护修复的漆器有 24 件（套）。该批漆器保护与研究的价值在于：第一，无锡地区首次出土数量如此之多，造型优美，保存状况较好的宋元漆器。第二，首次出现的荷叶形漆枕，造型别致，线条柔美，为研究该地区的漆器艺术提供了新的考古学实证。第三，通过采用各种科技手段，全面了解这一地区漆器加工工艺的制作程序与技术。第四，基础数据采集完成后，通过与周边地区相关数据的对比，可以知晓宋元时期漆器工艺发展的地方影响因素。无锡市文化遗产保护和考古研究所遵照国家文物局发布的《馆藏出土竹木漆器类文物保护修复方案编制规范》的要求，针对漆木器出土后的实际保存状况、病害类型和分布状况，于 2014 年 10 月底制定漆木器保护修复方案，11 月上报国家文物局，2015 年 5 月《江苏无锡宋元墓葬出土漆木器保护修复方案》获得国家局批复。无锡市文化遗产保护和考古研究所计划利用 2 年时间完成这批漆器的清洗分离、脱水加固与修复，修复后一定程度地恢复该批漆木器文物的完整性，从而更有利于长期保存和展示。

为加强江苏省无锡市鸿山遗址博物馆的文物保护和管理工作，无锡市文化遗产保护和考古研究所受鸿山遗址博物馆委托，对鸿山遗址考古发掘出土的一批文物进行信息采集、修复、拍摄、绘图、卡片制作及文物档案制作等一系列工作。涉及文物数量413件，均为考古修复，其中璧形器93件、角形器113件、陶盆84件、陶瓮104件、陶罐14件、纺轮2件、鼎2件、盖1件。通过全面了解保存现状，结合分析结果，确定保护技术路线，保护修复工作主要涉及清洗、加固、拼接、补全、防护等技术手段，陶器修复档案要求数据完整、详细、真实，通过保护修复，使修复后的陶器能够满足陈列和保管的需要。

4. 法律法规学习

无锡市文化遗产保护和考古研究所不定期组织员工认真学习《中华人民共和国文物保护法》《文物保护法实施条例》等法律法规，以此为准绳及时解决在考古工作中遇到的新情况、新问题，为文物考古工作提供重要的法律保障，尤其是在与基建方的洽谈协调中，这些法律法规成为开展文物工作的有力武器，从而使得大坟山墓群、赤墩遗址等一系列险遭基建破坏的文化遗存得以保存。同时因地制宜，成立阖闾城考古工作站和鸿山考古工作站，完善技术工人管理条例，定期学习《田野考古工作规程》，严肃财务管理制度，定期组织对考古工地的检查，及时解决发现的问题，并将考核成果纳入单位绩效考核体系，从而提高了考古工作的质量，强化了监管力度，使管理水平和能力不断提高。

（二）人才建设与培养

无锡市文化遗产保护和考古研究所重视人才的引进与培养。2016年3月，引进考古领队1名，目前7名专业技术工作人员中有高级职称者4名；积极推选专业人员参加江苏省文物局举办的领队培训班、水下考古培训班等多种形式的学习培训，培养业务骨干，提高从业人员的业务水平，保障考古事业的健康发展。

（三）学术交流与科研成果

在过去的五年中，无锡市文化遗产保护和考古研究所积极加强与兄弟单位的合作与交流，从而更好地推进相关工作的开展。无锡市文化遗产保护和考古研究所配合南京博物院开展的泰东河水利工程文物保护项目、新沟河水利工程文物保护项目、太湖流域水下考古工作均取得了较好的口碑。与纺织品文物保护国家文物局重点科研基地（中国丝绸博物馆）合作，于2014年3月编制完成《无锡市七房桥钱樟夫妇墓出土纺织品保护修复方案》，同年7月1日，与中国丝绸博物馆签署相关丝织品保护协议，使这批珍贵的丝织品得到保护、修复和陈列。2015年5月，与南京博物院合作编制的《江苏无锡宋元墓葬出土漆木器保护修复方案》获得国家文物局批复，下一步计划利用2年时间完成这批漆器的清洗分离、脱水加固和修复工作，修复后将一定程度地恢复该批漆木器文物的完整性，从而更有利于长期保存和展示。为加强鸿山遗址博物馆的文物保护和管理工作，2015~2016年，无锡市文化遗产保护和考古研究所受鸿山遗址博物馆委托，对鸿山遗址考古发掘出土的一批文物进行信息采集、修复、拍摄、绘图、卡片制作及文物档案制作等一系列工作。通过全面了解保存现状，结合分析结果，确定保护技术路线，使修复后的陶器能够满足陈列和保管的需要。通过加强合作与交流，无锡市文化遗产保护和考古研究所的科研能力得到展示和认可，也为所内考古工作的顺利展开做好了准备。

由于工作人员少，工作任务繁重，加快考古资料整理工作，让工作成果尽快向社会展示，已经成为所内工作团队的共识。为做好资料整理工作，无锡市文化遗产保护和考古研究所设立鸿山、阖闾城两个考古工作站，将考古资料分流，人员脉络理清，提高资料整理效率，从而更及时、完整地整理和移交考古发掘资料。同时与阖闾城博物馆、鸿山博物馆等相关单位合作，使考古成果得以展示。在基础工作不断完善的基础上，无锡市文化遗产保护和考古研究所不仅仅满足于撰写考古发掘简报，更注重科学研究，先后出版《从柳湾墓地到河湟地区史前考古学研究》《早期文明与峡江汉墓研究》等学术著作。

二、重要考古成果

1. 江苏无锡大坟山墓群

大坟山墓群位于江苏省无锡市东约 20 千米的新区鸿山镇前房桥村顾家桥，是明代中期的钱氏家族墓地，钱氏为无锡望族，虽无官职，但相往来者均为当时名流，尤与鹅湖华氏家族关系密切。此次发掘共清理墓葬 7 座，其中明代浇浆墓 2 座，清代早期墓葬 5 座。M1 是钱氏家族之钱樟及其夫人华氏之墓，保存较好，由整块石头凿成石椁，东侧墓室内套有木椁，木椁内为漆棺，西侧墓室石椁内直接放置木棺，木棺上有丝质垂帐。两个墓室中发现有金银器、铜器、木器、锡器、丝绸等近 80 余件，墓内有明确的墓志铭。M7 为合葬墓，西室为石条构筑的石椁，木棺已腐朽，内置锡器 18 件；东室为砖石混筑墓室，已遭破坏，墓底发现御窑“金砖”3 块，为明代嘉靖年间松江府烧制。此次发掘出土各类文物包括金银器、丝绸、锡器、漆木器、金砖、墓志、金丝楠木、青花瓷碗、青瓷熏炉、铜镜、玻璃鼻烟壶等 100 余件。其中纺织品有被子、夹袄、背包、枕头、纱巾、绣鞋、缎裙等 22 件，其中衣物左衽的形制及附属的装饰如日月纹样、金属扣等，均具有深刻的意义与独特的价值，是明代葬俗的真实反映和明代市风的实物见证。因时代久远，这些纺织品多已出现污染、糟朽、残缺、粘连等现象，为防止纺织品文物进一步受损，以及便于今后的陈列展示，急需对这批纺织品进行保护修复。2013~2014 年，无锡市文化遗产保护和考古研究所与纺织品文物保护国家文物局重点科研基地（中国丝绸博物馆）合作，于 2014 年 3 月编制完成《无锡市七房桥钱樟夫妇墓出土纺织品保护修复方案》并上报国家文物局，2014 年 5 月 22 日收到批复，同年 7 月 1 日与中国丝绸博物馆签署相关丝织品保护协议。目前出土的丝织品由

大坟山墓群出土面盆架分解

大坟山墓群出土金饰组合

中国丝绸博物馆进行专业保护和修复，大量文物已陈列于阖闾城博物馆。

2. 江苏无锡胥山古墓群

胥山古墓群位于江苏省无锡市滨湖区马山街道阖闾社区胥山北坡。2012 年共发掘墓葬 31 座，包括六朝砖室墓 1 座、唐代双室砖室墓 4 座、宋元时期墓葬 21 座、明清时期墓葬 4 座、疑似六朝土坑墓 1 座。出土器物 78 件，其中瓷器 55 件（包括碗、罐、盏、韩瓶等）、陶器 7 件（罐）、铜镜 3 枚、漆器 3 件（盒），另有钱币若干，其中可分辨的钱文有“开元通宝”“大观通宝”“天圣元宝”“崇宁元宝”等，均为唐宋时期钱币。两座唐墓各出土墓志铭砖一方，其中 M1 为唐僖宗时期墓葬，墓志表明，该墓主是渤海郡吴氏，而临近的 M2 墓志表明墓主系濮阳郡吴氏。M3、M4 的砖室用砖上，都刻了“吴墓”二字。从这些墓的排列来看，应属于唐代的吴氏墓群。这些墓志的出土对于研究无锡地区的吴氏祖先迁徙、吴氏的来源以及完善吴氏宗谱有重要价值。2013 年，胥山湾考古工作新发现墓葬 44 座，其中六朝时期墓葬 5 座、晚唐时期墓葬 4 座、宋代墓葬 12 座、明代墓葬有 8 座、清代墓葬 3 座，其余墓葬难以辨别具体年代，应是从宋代到清代的墓葬。出土器物有瓷器、铁器、铜器、金银器、锡器等。其中六朝盘口壶、鸡首壶，晚唐瓷碗、陶壶，宋代和明代瓷碗等均保存完好，具有较高的价值。有重要历史价值的是位于胥山湾的 8 座晚唐双室船型墓。出土的带有“吴墓”二字的墓砖，为吴氏家族烧造的带有姓氏铭文的墓砖。此次发掘出土的数块墓志和随葬品显示，吴氏家族在胥山生活繁衍的历史至少可以从唐代开始。胥山墓地还出土了大量宋代和明代的瓷器，不少瓷器有鲜明的时代特色，品相完好，具有较高的历史文化价值。

胥山古墓群发掘区Ⅰ区总平面图（阴影部分为唐代船形砖室墓）

胥山古墓群M1发掘现场

胥山古墓群 M52 出土莲花纹砖和带有“吴墓”铭文的墓砖

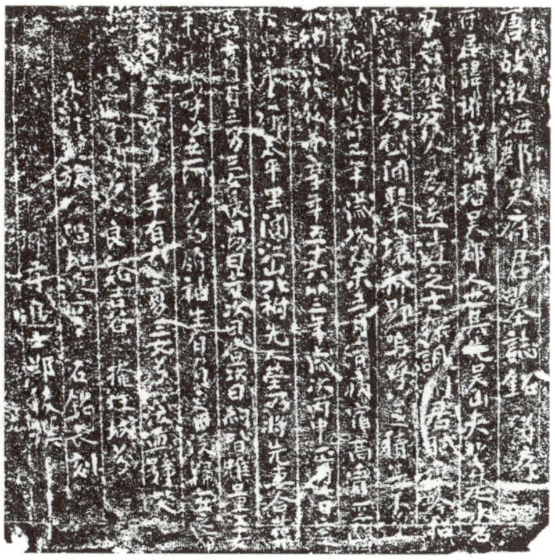

胥山古墓群 M1 出土唐吴璀墓志（拓片）

3. 江苏无锡赤墩遗址

赤墩遗址位于江苏省无锡市惠山区钱桥街道。2013 年，在钱桥街道显山路延伸段施工过程中发现该遗址，并于当年对该遗址开展了第一次考古发掘工作。赤墩遗址是一高出周围 6~7 米的覆斗形土墩，残余部分东西长 110、南北长 30 米，其地层堆积中间高、四边低，呈倾斜状分布，人工堆砌痕迹明显。该土墩从崧泽时期至近现代都有堆筑，从而使该墩的面积不断增加。主要遗迹类型有土墩遗迹（祭台）、灰坑、房屋基槽、红烧土堆积、柱洞等。赤墩遗址大体可以分为两个时期，上层为良渚文化时期，主要遗物以磨光黑皮陶为主，发现良渚时期的房屋遗址 1 座和灰坑 8 个；下层为崧泽文化时期文化堆积，遗物主要以灰陶和红陶为主。崧泽文化的土墩堆积为双墩东西分布，双墩共用一个由非常纯净的灰土构成的基础层，在灰土层之上土墩底部发现有少量人骨残片，该土墩可能是崧泽时期的祭台遗迹。在双墩的中部还有一堵建筑在土墩东侧墩子外围的南北向墙基，应该也与祭台遗迹有关。赤墩遗址第一次发掘中出土遗物主要为陶片、石器及少量骨器、动物骨骼等。陶片主要以夹砂红陶、磨光黑皮陶为主，另有少量的夹砂褐陶。夹砂陶纹饰以戳印纹和绳纹为主，磨光黑皮陶上纹饰较多，且制作较为细腻。器形以豆、鼎、罐等为主，其中鼎足居多，且器形较大。此外，在该遗址发现了少量彩陶残片，主要为黑底红彩，似为彩绘陶。石器主要有锛、刀、磨石等，材质以砂岩居多，还有少量蛇纹岩。在该遗址发现了一些制作石器和骨器的工具，上面有明显的器物加工痕迹。在赤墩遗址崧泽文化堆积内发现了少量骨器，器形较小，有明显的磨制痕迹。2013 年的发掘工作基本明确了赤墩遗址的堆积情况，初步判断其可能是一个崧泽文化时期的祭台遗址。2014 年，无锡市文化遗产保护和考古研究所运用 RTK 技术对赤墩遗址重新进行了测绘调查，并选定朱巷作为第二次发掘地点，该地点是一高出周围 2 米的长方形土墩。此次发掘共发现墓葬 64 座、灰坑 31 个、沟 2 条、灶 1 座、柱洞 10 个、

赤墩遗址 M11

赤墩遗址 M40 出土玉璧

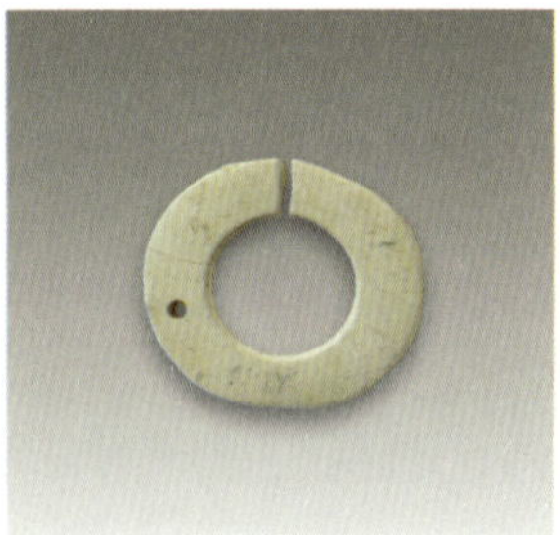

赤墩遗址 M40 出土玉玦

赤墩遗址 H29 出土陶壶

红烧土堆积层 1 处，出土玉器（玦、管、佩饰）、石器（钺、佩挂饰、重石、纺轮、锛、斧、凿等）、陶器（豆、球、鼎、尊、杯、罐、镂孔豆、拍、尊等）、骨器等器物 300 余件。从出土遗物判断，该地点主要为崧泽文化时期和马家浜文化时期遗迹，以崧泽文化时期为主。目前资料尚在整理中。

4. 江苏无锡新沟河水利工程相关遗存

在江苏省文物局统一部署下，无锡市文化遗产保护和考古研究所对新沟河延伸拓浚工程无锡段涉及区域开展考古调查。新发现较重要的遗址有江阴市东江头墓群、惠山区洛社镇“三婆婆坟”墓群、滨湖区杨家遗址。地面建筑有惠山区玉祁镇横港村周文襄公祠，该祠最初是为纪念著名治水功臣、明工部尚书周忱而修的。

东江头遗址是一处清代建筑基址，通过发掘了解了江南清代民房建构的具体方式、墙体结构等，对了解江南地区清代居民的生活、生产有一定的作用。

三婆婆坟遗址是高出地面近 2 米的平面呈方形的土台，经发掘确认是宋代土墩，明清时期经过扩大和平整，并开挖了排水沟，土墩上和周围有大量宋代到明代的墓葬，现已清理出墓葬 17 座，出土瓷器、铜钱 18 件（组）。

杨家遗址是一处新石器时代遗址，现共发现灰坑 147 个、柱洞 8 个、井 1 座、灰沟 1 条。另 T2、T3 内分布有方形坑近 90 个，初步推测，坑内填土均为非常纯净的黄色黏土，类似生土，应是经过筛选的。排列有一定的规律性，似是以一个坑为中心，其余坑在周边围成一圈分布。其作用和功能可能与宗教、祭祀有关。但由于发掘面积较小，一时尚难以定性。

出土遗物主要有商周时期的豆、罐，马桥时期的罐、网坠，马家浜时期的网坠、釜、豆、罐、

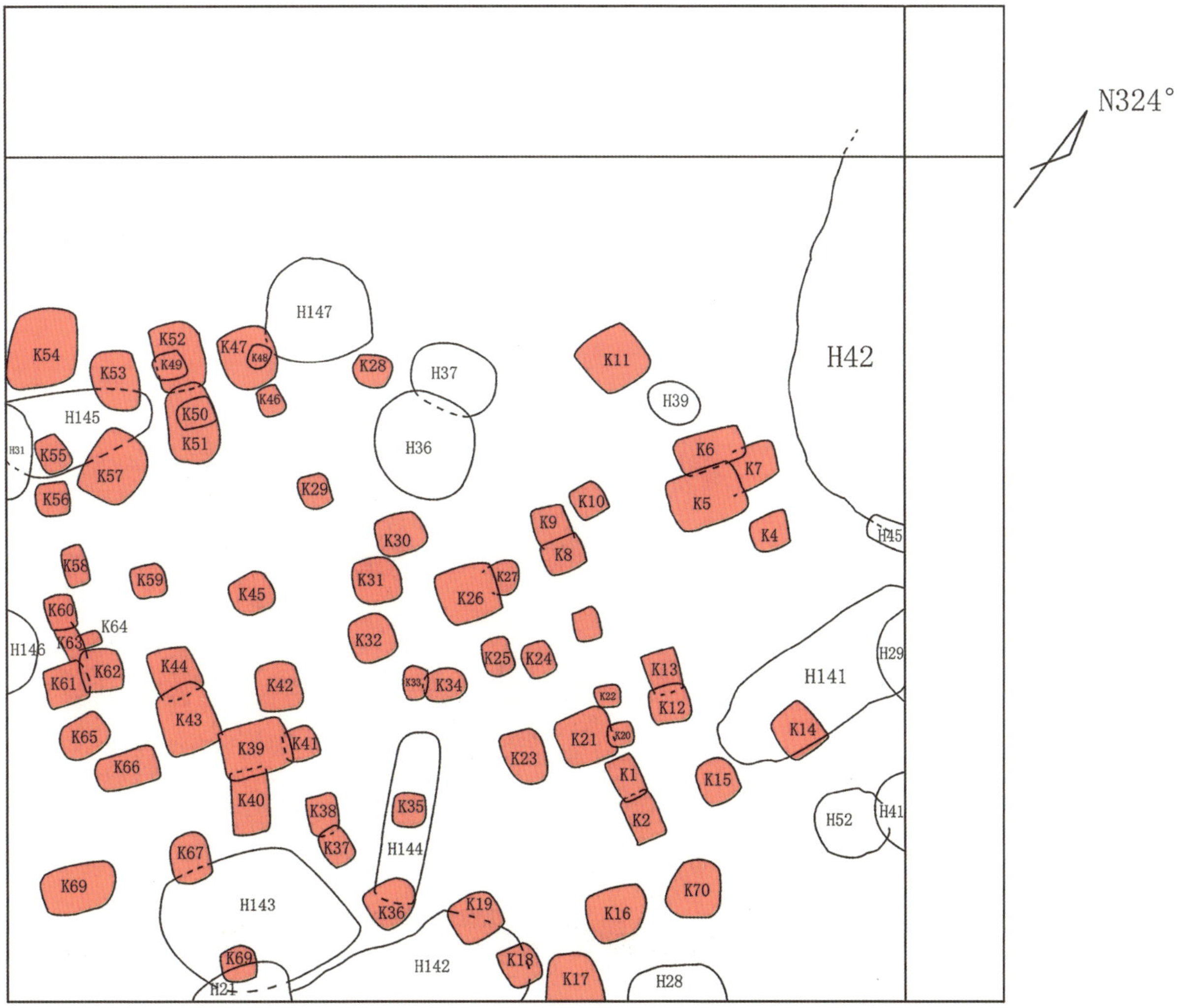

杨家遗址 T2 方形坑分布图

杨家遗址 T3⑥出土网坠

杨家遗址 H109 出土陶釜

鼎、动物骨头（鹿角）、石器、陶拍等。现整理出 167 件，其中网坠 89 件，表明在新石器时代该地区的渔业经济非常发达。通过出土器物分析可知，杨家遗址包括有马家浜文化、马桥文化和春秋战国时期的遗存。

5. 江苏无锡鸿山遗址

鸿山遗址位于江苏省无锡市新区鸿山街道，2013 年选择距鸿山遗址博物馆较近的 9 个土墩墓及周边进行勘探，9 个土墩分别为万家坟，杜家坟 M1-3、M-N1、M1-N2、M1-N3，寿山坟，曹家坟，曹家墩。通过此次勘探，进一步明确了土墩墓的现状及其原始状况，在此基础上又有了新的收获。其中 6 个土墩发现有围绕土墩一周的壕沟，这一重大发现对于今后研究江南土墩墓形制、结

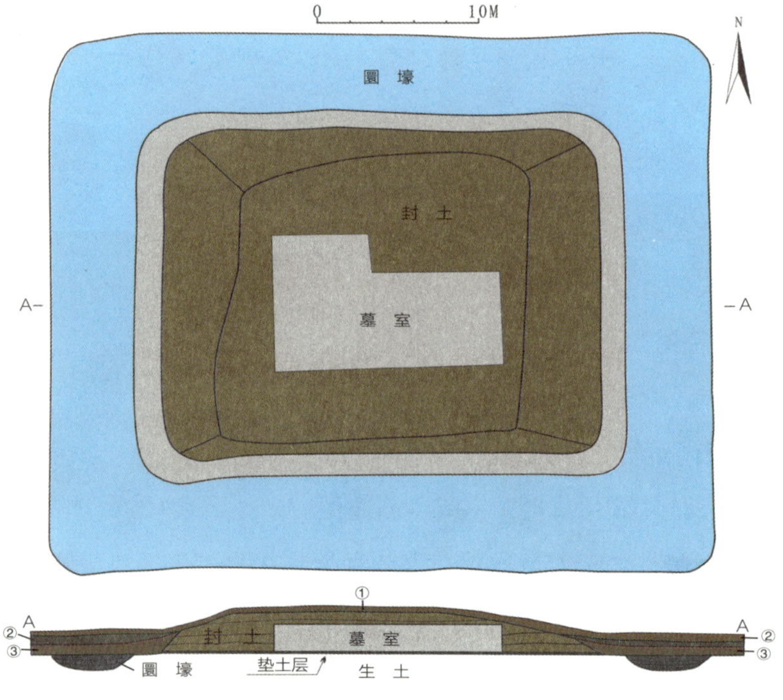

鸿山遗址 M1-3 土墩及环壕平剖面图：①表土层；②灰褐色土层；③灰黄色土层

构、修筑理念等方面提供了新的考古学资料。2014 年，鸿山遗址被国家文物局公布为国家考古遗址公园，为更好地进行鸿山遗址本体保护工作，切实确保遗址范围内大量古代墓葬不被人为破坏，提供更为翔实的考古资料和准确数据，无锡市文化遗产保护和考古研究所对鸿山遗址本体保护二期工程所涉及的 M2 区的 13 个土墩、S1 区的 14 个土墩进行了详细的考古勘探与测绘，在考古勘探中发现了环壕、晚期墓葬等遗存。环壕为鸿山墓区中首次发现，意义重大，环壕与墓葬本体及周边水系有机结合，共存共生，此次勘探成果对于今后研究鸿山土墩墓的营造理念提供了新的考古学资料。2016 年，鸿山遗址本体保护工作主要涉及以下几个方面：一是对前面几年的勘探资料进行梳理补充，根据出版社的要求对勘探报告文字稿进行修改和校对，对大部分线图和照片进行重新绘制和补拍。二是与测绘公司合作对鸿山遗址公园区域进行全景三维扫描，制作遗址的电子三维模型。三是就遗址主体的下一期考古勘探工作与鸿山遗址博物馆进行协商沟通，共同推进遗址公园的后续考古工作。四是主动开始对剩余土墩墓进行勘探。

6. 江苏无锡石口里遗址

石口里遗址位于无锡市西北部约 20 千米处的江阴祝塘镇金庄村。2014 年 10~12 月因华能江阴燃机热电联产项目工程（一期）厂址工程选址于此，无锡市文化遗产保护和考古研究所对该区域进行了文物调查、勘探工作，发现地下埋藏有古代遗址及墓葬。石口里遗址采用探方发掘，第一批布 10 米 ×10 米探方 4 个，于 2015 年 7 月开始发掘。石口里遗址初期清理出南宋时期水井 9 座、

石口里遗址墓葬出土器物

石口里遗址发掘区Ⅱ区全景

石口里遗址灰坑及水井俯瞰

灰坑6个、沟3条、墓葬6座。出土器物有韩瓶、釉陶罐、瓷碗、釉陶盏等40余件。2016年4月，在石口里村南、青祝河以北进行第二次发掘，依地势按自然方向布16米×6米的探沟及10米×10米探方各1个，发掘面积共196平方米，此次发掘历时2月，主要发现的遗迹现象为H31。此次发掘出土器物主要为陶罐、陶盆、陶鼎、陶杯、瓷缸、韩瓶、瓷碗等。发掘中发现该处唐宋地层内发现有新石器时代的夹砂陶片，另发现有印纹硬陶、原始青瓷，推测该处早期地层在唐宋时期已遭到破坏。

7. 太湖水下考古工作

2015年，无锡市文化遗产保护和考古研究所积极配合南京博物院编制《2015年江苏太湖水下文化遗产调查工作方案》《太湖水下考古无锡片区调查工作方案》，2015年8月，开展资料收集和陆上调查工作。据太湖流域水文水资源监测中心声呐探测结果，在平坦的湖底至今尚保存有2条完好的古航道，一条为沿梅梁湖中轴线至拖山东，经乌龟山进入贡湖沿行政区划线延伸；另一条北起拖山，途经平台山、14号标，穿过太湖湖心区至小梅口。通过陆上调查工作，结合文献资料，基本确定了11处线索。2016年，对宜兴周铁古村落遗址开展发掘工作，周铁古村落遗址位于江苏省宜兴市周铁镇东北部，最远距太湖大堤约600米的范围内，此次发掘面积200平方米，布5米×5米探方4个、20米×5米探沟1个。经发掘基本确定该遗址为一处清代村落遗址，共发掘清理灰坑3个、水井3口。3个灰坑内均为一次性堆积，填土为黑灰色，土质松软、较黏，包含少量蚌壳，未见出土遗物，根据其形状与结构推测为生活取土坑。3个井内堆积均为一次性堆积，填土为深青灰色，土质松软、较纯净，未见出土遗物，根据其形状与结构推测为生活取水井。

徐州博物馆
（徐州市文物考古研究所）

一、业务建设

（一）业务工作

1. 考古调查与发掘

这五年，徐州博物馆考古调查方面，开展了沂沭泗流域下游新沂地区遗址，尤其是先秦遗址的调查，主要采取拉网式的调查方法，目前已经调查了阿湖、双塘两个镇，调查面积260平方千米，发现文物点40余处。配合江苏省文物局组织实施的“江苏汉代城址资源调查项目”，对徐州境内的沛县胡陵城、铜山石户城、邳州鹅鸭城及新沂司吾城等进行了勘查，勘查面积约400万平方米，基本了解了这些城址的现状、范围、文化堆积及时代等。为配合工程建设，对宿新高速公路、丰县鑫成热电厂、徐州鼓楼广场、邳州港、郑徐客运专线、金山桥电厂、新沂通达电厂、徐州万科城等项目地块进行了考古勘探，勘探面积约380万平方米。

考古发掘方面，截至目前，经国家文物局批准的发掘项目为19个，主要为两汉时期的文化遗存。其中遗址类主要有贾汪焦庄遗址及苏宁广场古遗址两个项目；墓葬类包括贾汪粪山汉墓群、万达广场汉墓群、贾汪马头村汉墓、荆山汉墓群、奎山墓群、铁刹山汉墓群、邳州埠上汉墓群、贾汪新城小学墓群、玫瑰山汉墓群、茅村梁山村汉墓、新沂市高庄墓群、土山二号墓、卧牛山四号墓、万寨村汉墓、东王庄汉墓、贾汪区伏山墓群、睢宁龙头山明墓等17个项目，除伏山为魏晋时期墓群、龙头山为明代墓群外，其余项目主体均为汉墓。

2. 科技考古与文物保护

目前徐州的考古发掘调查工作更加重视科技手段的运用。近年来添置了全站仪、GPS、RTK等设备，提高了测绘、绘图水平。部分发掘项目配置了升降机、叉车、行车、高清摄像头等，为考古发掘和资料提取提供了保障。另外还请专业公司对发掘现场进行了航拍、雷达探测、三维扫描等，取得了较好的效果。

文物保护方面，在现有条件的基础上开展了更为有效的工作，注重考古现场的文物保护，取得了较为理想的效果。例如对苏宁广场遗址发现的汉代城墙夯层及剖面切割迁移进行了异地保护。汉代城墙具有非常重要的价值，但因其位于地表以下 8 米，且又是老城区，很难现场保护。而将部分城墙切割迁移保护，解决了信息保存的问题。又如万达广场木椁墓整体搬运到博物馆内再进行后期发掘。保存较为完整的汉代木椁墓在徐州地区很少发现，而考古现场为建筑工地，工期紧张，现场发掘必然较为仓促。整体搬迁至博物馆发掘后，发掘条件更好，信息提取更为全面，木质棺椁及不易保存的随葬品（如丝织物等）也得到了有效保护。再如睢宁龙头山明墓的整体异地搬迁保护。该墓主体为砖结构，墓门上方的门楼上有精致的砖雕，墓室壁上有鲜艳的彩画，在徐州地区为首次发现。因该墓不具备原址保护条件，而墓砖又多有风化断裂，不宜分拆迁移。整体搬迁异地保护使整个墓葬得以完整保存，彩画和砖雕也得到了很好的保护。

徐州地区的汉代遗存众多，其中墓葬占已发现遗迹的比例最大，而且不乏高等级的汉代诸侯王墓。针对这一现象，为进一步做好相关的调查、发掘及文物保护等工作，徐州博物馆先后编制完成了《徐州汉代楚王墓群考古工作计划》《徐州土山东汉彭城王墓保护规划》《徐州驮蓝山楚王墓墓道保护规划》等文本，规划中的一部分工作已经开始实施。

3. 基础设施建设

徐州市文物考古研究所是徐州博物馆下设最为重要的部门之一，承担博物馆的主要业务工作，多年来依托博物馆的文物存放条件、安全保卫设施、后勤保障工作及陈列展览功能等多方优势，完成了一系列的考古发掘工作，抢救了一大批文物，取得了良好的社会效益。所内人员数量、学习培训、年龄学历、装备配套、技术支撑等各方面都是馆内优先考虑的重点问题，2013 年徐州博物馆第二次改扩建工程全面竣工，配合徐州市文物考古研究所发展而新建的文保楼投入使用，在原有基础上配备了专门的考古办公区域、考古整理库房、考古资料库房、文物标本库房等，并将徐州市文物考古研究所、文物保护中心、档案室、图书资料室、考古库房、监控室等集成一体，为考古工作提供了良好的环境。

（二）人才建设与培养

徐州博物馆一直重视专业人员的引进与培养，2012 年以来，新引进考古专业硕士 2 人，取得个人领队资质 2 人，在读博士研究生 1 人。同时积极鼓励业务人员参加各种业务培训，如派员参加国家文物局主办的“领队高级研修班”“出土文献整理、保护与研究培训班”等。截至目前，基本形成了老、中、青三代的人才梯队模式，在实际工作中也取得了较好的效果。

（三）学术交流与科研成果

首先，在田野资料的整理与研究方面取得了一些成绩，近年来先后在《考古》《文物》《华夏考古》《东南文化》等主流学术刊物上发表发掘简报及研究论文 10 余篇；第二，对于一些关注度较高的学术问题，采用结集的方式出版质量较高的学术论文，目前针对徐州地区楚王墓的研究已经出版了《徐州文物考古文集（第一编）》，今后这种模式还将持续下去；第三，2014年成功举办了“汉代陵墓考古与汉文化国际学术研讨会”，到会的中外学者达150人，收到学术论文100余篇，会后与中国社会科学院考古研究所合作编辑出版了《汉代陵墓考古与汉文化学术论文集》，取得了较好的反响。

（四）对外宣传与公众服务

公众考古是最近几年才在我国开始流行的一项考古活动，其对于考古学走下“学术的象牙塔”，消除公众的神秘感，向广大社会公众宣传考古成果，普及考古知识，提高全民文化遗产保护意识，传承与弘扬中华优秀历史文化等都产生了积极的影响。2014年5月，国家文物局批准了土山二号墓的考古项目，徐州博物馆根据土山二号墓位于城区的徐州博物馆院内，并一直对外展示的情况，决定依托土山二号墓这一平台，积极稳妥地推进徐州博物馆公众考古系列之“挥动镐铲，探知地下的王朝——土山彭城王墓公众考古活动”。活动内容主要包括四个方面：一是考古学基础知识学习和基本技能培训。学习土质分析及地层的划分，考古测量、拍照与绘图方法，并对土山汉墓基本情况进行了解。分别由馆内工作人员吕健和陈钊做了“考古学基础知识”和“土山汉墓基本情况”两场讲座。二是现场观摩。由杜益华带领队员参观博物馆文物陈列并作详细讲解；由耿建军带领队员参观土山彭城王墓发掘现场，并详细介绍东汉诸侯王墓葬的形制演变，土山汉墓的结构及出土的封泥等随葬品。三是现场操作。由考古人员统一指导，按照田野发掘操作规程的要求，对土山彭城王墓墓道进行局部发掘操作，学习内容包括识别地层、洛阳铲的使用、照相绘图、清理操作、探方记录等。四是文物保护技术的培训。主要是进行陶器修复及拓片制作学习。公众考古的目的不是要培养出考古专家，而是要培养出一批文物爱好者。活动中不仅传授有关考古方面的指示和技能，更进行有关法律法规及文化传统方面的教育，使学员成为文物保的宣传员、文物线索的情报员。

2016年4月9日，由南京博物院、徐州博物馆主办的“汉·晋——探寻贵族墓葬的地下空间”公众考古活动在徐州举行。此次活动以正在进行考古发掘的徐州土山彭城王墓、邳州新河西晋贵族墓为切入点，通过考古工地现场考察、考古专家现场解读、考古人员与历史教师现场互动与座谈等环节，让历史老师零距离感受汉晋时期贵族生活状态及文化面貌。从而为江苏省内中学历史教学提供更多的资源，用考古学特有的、生动丰富可靠的实物标本作为教学辅助，并为中学历史老师提供考古学融入历史教学、结合实物和实践的教学方案，以提高学生们的感性认识、学习兴趣和实践能力。南京博物院林留根、马永强以及徐州博物馆耿建军，先后为来自全省的35位中学历史老师详细解读徐州地区这两处重要考古项目的发掘情况，通过实地考察和互动座谈，老师们不仅对田野考古工作产生了浓厚的兴趣，而且对考古学与历史教学的结合有了更深刻的认识。

二、重要考古成果

1. 江苏徐州贾汪焦庄遗址

焦庄遗址位于江苏省徐州市贾汪区大泉镇后焦庄村西北，为一处西周时期的聚落遗址，总面积约3000平方米，徐州博物馆于2013年3~5月对其进行抢救性发掘，实际发掘面积645平方米。遗址文化堆积以西周中、晚期堆积为主体，并由少量明清时期堆积。此次发掘揭露房址17座、墓葬18座、灰坑69座、灰沟8条，其中F2或为廊柱结构，是聚落中的主要建筑，应为当时聚居者的主要活动场所。遗址出土大量遗物，可见陶鬲、陶豆、陶罍、陶钵等生活实用器及铜镞、石锛、陶拍、陶纺轮、陶网坠、蚌镰、螺壳、鹿角、骨匕、兽牙、龟腹甲等实用或仪式性工具。

2. 江苏徐州苏宁广场古遗址

苏宁广场位于江苏省徐州市老城中心，自2012年8月苏宁广场工程基坑土方开挖以来，徐州博物馆持续进行了抢救性考古发掘，实际发掘面积约600平方米，共发现并清理各个时期的灰坑45个、房址7座、水井7口、鼓楼建筑遗迹1处、古代城墙1处。出土青花瓷器、青瓷器、礌石、石质炮弹、丝麻织品等各类文物2000余件。此外，还出土了五代时期的王宴德政碑和明“徐州宣圣庙重修记”碑。汉代城墙遗迹位于苏宁广场西侧，呈南北走向，顶部被唐代地层叠压，墙体向西延伸出施工区域外。城墙的发掘工作主要集中在两处，一是横切城墙的解剖断面，二是城墙上的通道。截至目前，城墙遗迹整体面貌基本清楚。苏宁广场古遗址发现的城墙遗迹为楚国都城彭城东城墙的一部分，为确定汉代彭城的范围提供了一个重要坐标。

3. 江苏徐州万达广场汉墓群

万达广场汉墓群位于江苏省徐州市云龙区万达广场工地内，2012年4~6月发现，共计清理墓葬7座，时代为西汉晚期到东汉时期。其中砖室墓2座，皆被盗掘，券顶全部塌陷。竖穴土坑墓2座，随葬品有陶灶、鼎、盒、壶、罐等。木椁墓3座，M1因施工破坏严重，其余两座保存较好；M4墓口东西长3.14、南北宽1.84、残深2.4米，方向192°，墓内以长条状木板构建椁室，葬2棺，木棺西侧为放置器物的足箱；M6墓口近方形，南北长3.2、东西宽3、深2.7米，方向178°，木椁搭建方式与M4略同，两侧使用立木，墓主头、脚端使用木板叠加，椁室内并排放置3木棺，北侧为放置器物的足箱。随葬品主要有陶器、漆器以及原始瓷器。两座木椁墓整体搬迁到徐州博物馆进行了清理。

4. 江苏徐州铁刹山汉墓群

铁刹山汉墓群位于江苏省徐州市云龙区铜山路以北铁刹山上，徐州博物馆曾于2005年、2008~2009年两次进行发掘，共清理西汉墓葬46座。2012年5~12月，又陆续发现并发掘西汉墓葬25座，2013年5~9月发掘西汉墓葬3座。该墓群形制丰富，几乎囊括了徐州西汉时期中小型墓葬的各种类型，有石坑竖穴墓、石坑竖穴椁室墓、石坑竖穴洞室墓、石坑竖穴石椁墓等。葬法各异，有单人葬、夫妻合葬、三人合葬、四人合葬，一次葬、二次葬等。时间跨度大，从西汉早期一直延续到王莽时期。墓主人身份、地位复杂，上至贵族官吏，下至平民百姓，高低贵贱皆有。"十二五"期间发掘的 28 座墓共出土陪葬品 350 余件。陶器有鼎、盒、壶、钫、罐、茧形壶、匜、勺、鐎壶、仓、灶、井、磨等；铜器有镜、带钩、鐎壶、钱币等；铁器有剑、环首刀、矛等；玉器有琀、塞、枕、面罩、璜等；骨器有六博棋子等。

5. 江苏徐州卧牛山四号墓

卧牛山四号墓位于江苏省徐州市区西部卧牛山西山头北麓，2015 年 1 月，因群众举报盗墓而被发现。该墓为横穴式岩洞墓，由墓道及墓室两部分组成。墓道呈长方形，总长 19.8、宽 3~3.2 米。北段已被破坏，南段保留部分残长 7.4、北端深 3.4、南端深 4.6 米。墓道底部发现有大量漆皮痕迹，初步判断应为棺木、车厢、封门板等朽痕。另见数量丰富的车马器及兵器，均为明器。墓室为狭长洞室，长 11.6 米，北端宽 3.2、高 2.26 米，南端宽 1.9、高 1.4 米，形制不规整。墓室内残存有棺漆痕迹及少量墓主骨骼，似为女性。洞室内的陪葬器物与墓道中大致相同。卧牛山四号墓可能为西卧牛山楚王墓的陪葬墓。

6. 江苏徐州土山二号汉墓

土山二号汉墓位于江苏省徐州市区南部，现徐州博物馆院内。墓葬现存有高大的封土堆，高度约 18 米，周长 200 米，为江苏省文物保护单位。整个墓地包括 3 座墓葬，此次发掘的 M2 为土山汉墓的主墓，位于主封土下，规模宏大。封土夯筑而成，夯层清晰。夯土较杂，包含物较为丰富，除大量的筒瓦、板瓦碎片外，还有很多陶器碎片、云纹瓦当、钱币等，尤以出土的 4000 多枚封泥最为重要。现主墓室顶部的封土已经清理完毕，黄肠石已全部揭露，黄肠石范围东西 16、南北 20 米。黄肠石的结构是周围有一圈黄肠墙，顶部盖四层盖板。盖板南北成排，共计 16 排，每排黄肠石的数量不一，一般约 18 块。据了解，黄肠石顶部距墓底约 7 米。许多黄肠石上都有铭文，多为工匠姓名。主墓室位于黄肠石内，主体为砖结构，根据雷达探测，应由前室、左侧室、右侧室及后室构成。墓葬早年已被盗，据地方志记载为元代贾胡所为，盗洞位于黄肠石区域的西北部。现主墓室已全部坍塌，盗洞中发现许多朽木板痕迹及排列相对完整的铜缕玉衣片，计 40 余片。墓道南向，长约 20、宽 4 米，曾经二次打开，两侧保留许多对称的壁龛，可能是用于两壁的支撑。墓道后部有三道封门墙，中间为石封门，前后为砖封门，二次打开后未完全恢复。封门两侧各有一个耳室。发掘工作仍在进行中。

7. 江苏徐州东王庄汉墓

东王庄汉墓位于江苏省徐州市金山桥开发区原二十五中学院内，因盗墓被举报而发现，2015 年 5 月进行了抢救性发掘，共有墓葬 2 座，均为石坑竖穴洞室墓。M1 为夫妻合葬墓，竖穴及洞室各葬1人，陪葬品有琀及鼎、盒、壶、钫、茧形壶、盘、井、仓、猪圈、匜、灶等陶器。M2竖穴内置三层块石，北侧洞室内葬1人，口部以4块石板封堵。该室被盗，棺内西北出土一方形玉片，棺外有圆形漆盒（内置铜镜、铜印和银鍱）、错金铜镦等。其他随葬器物放置在东侧室，以陶器为主，器形有鼎、盒、壶、钫、茧形壶、鐎盉、井、仓、猪圈、匜、勺、灶等，其他还有铜带钩、铜铃等。墓葬时代为西汉早期偏晚。M2墓主身份较高。

8. 江苏徐州睢宁龙头山明墓

龙头山明墓位于江苏省徐州市睢宁县官山镇龙头山，2013年3月于建设施工中被发现。墓葬为仿木结构砖室墓，方向110°，由墓道、门楼、前室和后室组成。墓道朝向东南，呈斜坡状；门楼为砖砌仿木结构，砖上雕有斗栱，斗栱之上为彩绘梁枋、椽子、滴水和脊瓦，脊瓦两端为龙头形鸱吻等。门上方砖雕“金公先墓”。前、后室均为砖砌穹隆顶，墓壁上置门窗，门窗之上为彩绘斗栱、梁枋、椽子、滴水、压砖等。后室置有石门，门楣、门柱及门上均有阴刻图案及文字，文字内容多与佛教有关，并有“万历二十三年”纪年。后室内葬夫妻二人，陪葬有165枚钱币及墓志方砖，惜字已不清。墓主人为金先夫妇，葬于明万历年间，为虔诚的佛教信徒。墓葬的砖雕、彩绘等具有重要价值。

苏州市考古研究所

一、业务建设

（一）业务工作

1. 考古调查与发掘

苏州市考古研究所配合基本建设的考古勘探工作以国家与省市各项法律法规为依据，并逐步推进到下辖各县、市的地下文物勘探工作中。2012 年 9 月，江苏省吴江市正式撤市设区，以“吴江区”的身份整体并入苏州市中心城区。以此为契机，吴江区范围内的基本建设项目开始纳入苏州市考古研究所的考古勘探工作中来。另外，昆山市近年开展了一些卓有成效的考古勘探和发掘项目，使得该市相关领导和部门认识到基建项目地下考古勘探工作的重要性，一些大型项目已主动邀请苏州市考古研究所进行勘探工作，一些常规建设项目也正准备开展相应的考古勘探工作。

2012~2016 年，共完成配合基本建设的地下文物勘探项目 358 项，勘探面积达 900 余万平方米；经国家文物局批复的考古发掘项目共 19 项，已全部开工，其中除 2016 年的项目有 4 个尚未完成发掘，其余均顺利完成。

2014 年底，苏州市考古研究所完成所藏文物的全国第一次可移动文物普查工作，2100 余件（组）文物通过全国可移动文物数据平台联网上报到数据库。

另外，苏州市考古研究所田野考古由地上逐渐向水下展开，启动水下文化遗产的调查和保护。2015 年，江苏省启动太湖水下考古工作，开始步入“水下时代”。苏州位于长江三角洲地区，靠长江、临大海，地下水位较高，辖区内湖泊众多，水域面积大。苏州境内的湖泊如太湖、澄湖、阳澄湖等，主要航道如长江、运河、娄江、吴淞江等均具有悠久的历史，水下文化遗产也非常丰富。苏州市在水下发现文化遗存并进行考古发掘的历史可追溯到 1993 年或更早。2015 年 9~10 月进行的太湖水下考古调查中，于苏州太湖水域也发现不少有价值的考古线索。苏州水下考古不仅涉及码头、沉船、水下遗物等，也涉及与古代贸易关联的古航道、与水系变迁关联的下沉遗迹等，现今围湖造田造地等区域也将纳入水下考古的范围内。

在田野考古工作中，科技考古以及文物的现场保护主要采取与院校、研究机构合作的方式展开。分别与中国科学院古脊椎动物与古人类研究所、中国科学院大学科技史与科技考古系以及中国社会科学院考古研究所科技考古中心、苏州丝绸博物馆等合作，注重遗物或遗迹的现场提取和保护，谨慎处理重要遗迹，以更好地予以保护遗迹和遗物。

2. 大遗址保护与规划

苏州市考古研究所在大遗址保护方面近年主要着力于木渎古城考古项目。木渎古城的考古发掘是由中国社会科学院考古研究所与苏州市考古研究所联合进行，为解决新发现的木渎古城所面临一系列学术问题和现实需求而开展的考古发掘工作。

这项工作在发掘前有着明确的学术目标和严谨的课题设计，严密的实施方案和人员安排。先后在五峰地点、合丰地点和新峰地点针对城址的年代、布局、性质等一系列学术问题展开工作，对城址等有了更为深入的认识。

考古工地划定出明确的工作区域，并加以标识。全面系统地收集考古信息，采集各类遗物。提取文物做到当天完成并入库。文物库房有健全的管理制度和完备的安防措施，确保文物安全。在 2015 年江苏省田野考古奖评比中，苏州木渎古城考古工作获得遗产保护奖。

3. 基础设施建设

苏州市考古研究所制定了《苏州市考古研究所发展规划》，将其作为主要工作目标和任务要求，并采取相应措施保证工作目标和任务的完成。2015 年，苏州市考古研究所在总结“十二五”工作经验的基础上，制定了《苏州市考古研究所“十三五”规划》。

苏州市考古研究所对木渎考古工作站进行了改造和线路整改，逐步改善办公和库房条件，专门腾出 4 间房间作为文物库房，购置了铁皮箱、文物展示架等设施，作为考古基地库房正式启用。加强了基地的安全保卫工作，工作站在办公区域和文物库房区域安装了监控摄像头，在库房内安装了红外线报警装置，并设立专门的值班室，确保监控领域全覆盖、不留安全盲点和监控盲区。加强了基地办公环境的管理，重新规划了文物修复室、库房、绘图室、会议活动室、监控值班室等，重新布置了用电线路增加用电量，保证了用电安全与安保设施 24 小时进行有效监控。

除工作站建设外，苏州市考古研究所顺应考古发展趋势和人们对历史文化信息的需求，努力推动公众考古，正筹划建立苏州考古博物馆，将用灵活多样的手段，科学系统地展示田野考古工作规程，达到向市民大众普及考古知识、解读历史、传播文化的目的。苏州考古博物馆还设有出土文物库房、考古设备室、文物整理、修复室、实验室等专业配套区域，满足苏州市考古研究所未来的研究及办公需求。

（二）人才建设与培养

苏州市考古研究所注重人才的培养与引进，按照“立足培养、择优引进”的策略，苏州市考古研究所近年共引进人才4人，其中博士1人、硕士3人。在人才培养上，多渠道、多模式培养专业人才和管理人才，通过多种途径及方法提高员工的业务与研究水平。一是通过外出参观考察拓展眼界、开阔视野；二是鼓励业务人员参加学术会议，积极提交学术论文；三是邀请考古、文史方面专家和学者来所授课，进行业务培训，拓宽知识面。2013、2014、2015年分别有1人获国家文物局考古领队资格。目前，所内现有考古领队6人，其中4人年龄约35岁，是所内未来考古工作顺利开展的保障。人才的引进和培养也进一步解决了考古发掘资料积压和编撰缓慢的问题，促进了考古成果尽快向社会转化，出版大型发掘报告1部，整理各类发掘报告或简报9篇，基本完成之前积压的考古发掘项目资料的整理工作。

（三）学术交流与科研成果

2012~2016年，苏州市考古研究所主持或参与国家社科基金学术课题1项，为“江淮地区出土汉代漆器的考古学研究”；省级社科基金课题1项，为“战国秦汉髹漆妆奁研究”；苏州市社科联资助项目2项，为“从文化遗产学视角看苏州古城与吴文化的关系”和“苏州古代漆工艺研究”。

另外，还获得一批课题资助，包括中国博士后科学基金第54批面上一等资助，2013年度江苏省博士后科研资助计划“汉广陵漆器研究”专项资金资助等。

此外，苏州市考古研究所集中力量整理出版或发表了一批考古发掘资料，包括《昆山绰墩遗址》大型发掘报告1部；各类发掘报告或简报9篇，涉及阳山俞墩土墩墓、东渚馒首山土墩墓、高新区大墩遗址、高新区观音山土墩墓、浒墅关真山D33、朱墓村遗址2013年发掘、通安鸡笼山D1石室土墩、昆山姜里遗址、乐桥宋代井藏铜钱等考古发掘项目，均已发表在《东南文化》《文物》以及《苏州文博论丛》等刊物上；发表各类专业研究论文30余篇。

（四）对外宣传与公众服务

在考古勘探及发掘过程中，应用公众考古学理念，从历史、艺术、科学、文化等角度，向公众普及、传播科学的考古和文物知识，促进文化遗产保护和考古事业的发展。在考古工作结束后，积极通过各类媒体将成果向社会发布，使研究成果服务于公众和当地的社会文化建设。并开放考古工地，欢迎各类社会团体各种形式的参观与考察。此类数据未能充分统计，大约每年次数不少于30次，收到良好社会反响。参加或举办各种类型的公益讲座。据不完全统计，2013~2015年，苏州市考古研究所人员参加各类讲座近20场，演讲对象有社区、学校、博物馆、志愿者团体等。举办考古发掘成果展。在木渎春秋古城发掘区利用搭建保护大棚的时机，在保护棚内因地制宜，张贴展板，宣传内容为木渎春秋古城的发现与发掘经过。该临时展示点已成为苏州市考古研究所接待各类参观考察的重要地点之一。此外，在2013年“5·18”国际博物馆日来临前夕，在苏州中学的西马博物馆举办“文明记忆”——苏州市考古发掘新成果展，这是苏州市考古研究所成立以来首次将最新考古成果向公众展示。此次展览的展品从近年考古发掘出土的文物中精选，包括木渎彭家墩出土玉器、石湖景区谢家坟出土的宋青白瓷执壶等重要文物。此次展览从本地的历史文化出发，根据本地区的考古资源来进行面向青少年学生的公众考古实践，是现代考古新的使命。一方面可以让年轻学生了解乡土历史，拓展视野，增强文化遗产保护的意识和责任感；另一方面，考古学实证的研究方法能够锻炼学生的观察力和动手能力，培养青少年科学严谨的精神。这一活动产生了较好的社会反响。

招募考古志愿者。为进一步传承、保护优秀历史文化遗产，丰富苏州公众考古实践活动，苏州市考古研究所从2015年开始招募考古志愿者，建立考古志愿者队伍。志愿者可以参观考古工地、定期参与讲座，同时也可以参与到考古发掘工作中来。另外，志愿者也将作为文物考古的信息安全员，及时反映或报告各类文物突发事件，有利于文化遗产的保护。

开通微博和微信群。苏州市考古研究所开通了“苏州市考古研究所”新浪微博账号，宣传和苏州市考古研究所相关的考古工作消息以及考古文物信息。同时还建立了考古志愿者微信群和QQ群，方便联络的同时，还可以推送相关文物保护知识和考古讯息。微博自开通以来，推送各类考古信息240余条，报道苏州市文物系统消息80多条，公众活动110多次。

二、重要考古成果

苏州市考古研究所在做好配合基本建设考古工作的同时，开展相关方向的学术课题，把一些抢救性考古工作纳入相关课题中来，使课题项目得以充实，同时也使抢救性考古项目具有更强的研究性。目前，苏州市考古研究所已经形成西部木渎古城考古、东部新石器时代考古以及中部城市考古三大课题，2012~2016年，苏州市考古研究所的重要考古项目分别在东部和西部课题中。

1. 江苏昆山姜里遗址

姜里遗址位于江苏省昆山市张浦镇姜里村，发现于第三次文物普查期间，面积约9万平方米。苏州市考古研究所自2011年下半年配合姜里村新农村建设进行首次发掘之后，于2012年9月至2013年1月中旬再次对该遗址进行了发掘。两次发掘面积共约1300平方米。

姜里遗址文化遗存涵盖代表长江下游史前文化发展系列的马家浜、崧泽、良渚文化，还包含马桥文化及周代、汉代、六朝、唐宋等几乎各个历史时期的文化，上下6000年，源远流长、连绵不断。

姜里遗址出土玉璜

姜里遗址出土三角形玉坠

姜里遗址出土玉璜

姜里遗址出土玉耳珰

姜里遗址发现了马家浜文化时期至宋代的房址、墓葬、灰坑、水井等各类遗存，遗存种类非常丰富。其中共发现新石器时代墓葬 29 座，主要为崧泽文化时期。出土遗物种类繁多，包括陶、瓷、玉、石器 100 余件，器物造型生动精美，如带有兽爪状把手的盉与觚形杯，另出土一批小型装饰性玉器。

姜里遗址发现的马家浜文化、崧泽文化、良渚文化等不同文化时期的居住区、墓地、水田等，为了解当地史前聚落形态、布局以及葬俗等提供了实物资料。姜里遗址发现崧泽文化时期的水稻田遗存，填补了该时期水稻田的空白。

2. 江苏昆山朱墓村遗址

朱墓村遗址位于江苏省昆山市高新区姜巷村西南，2012 年因交能房地产有限公司开发建设而发现，随即由苏州市考古研究所进行了抢救性考古发掘。2012 年至今，已完成遗址的全面勘探和第一、第二期发掘，第三期发掘正在进行中，已基本探明遗址总面积约 14 万平方米，合计发掘面积 6982 平方米，出土墓葬 59 座、古水井 185 口、灰坑 249 座、灰沟 23 条、河道 10 余条，抢救各类文物共计 1668 件（套）。

朱墓村遗址的发掘是近年来江苏地区新石器时代考古的重要发现，遗址面积大、文化面貌单一，是一处非常重要的良渚文化时期聚落，为我们从聚落考古的角度来研究良渚文化提供了一个重要的观察点。

在遗址范围内已发现 5 座有明确范围的高地或土台，堆筑年代为良渚文化时期。基本确定朱墓村遗址是一处由多个独立良渚文化土台组成的大型聚落。土台面积不等，在 1000~2500 平方米之间，范围明确，但高度不高，受后期破坏严重；平面多呈长方形或圆角长方形，周边低地上有河道或水沟一类遗迹；已发现土台之间间距多在二三百米；土台之上及周边的遗迹分布显示土台可能存在功能上的不同；土台年代有早有晚。

发现多块水田遗迹，其中长方形较规整的水田与不规则形状的水田同出。这些水田遗迹与草鞋山、绰墩、姜里等遗址中的同类遗迹组成苏州东部马家浜文化至崧泽文化时期的水田遗存序列，为研究中国稻作农业的发展与演进提供了重要的实物资料。

此次发掘的墓葬在墓主头向、葬式、墓葬大小、随葬器物及摆放上表现出统一性，但也出现 1 例俯身葬、1 例口含玛瑙珠的特殊情况，还在其中一座墓旁发现狗坑，这些均为良渚文化墓葬的研究提供了新资料。

遗址中的良渚文化遗存大致可分为两个阶段。第四地点墓葬出土器物中具有镂孔与弧形三角图案的花边圈足豆的年代可能略早，但遗址内堆积的时代以良渚文化中期为主。

遗址其他地区还保存有汉至西周时期堆积，有些区域东周时期堆积较厚，是了解苏州地区商周时期文化遗存和面貌，建立该区域文化序列的一处重要遗址。随着发掘与整理工作的深入，文化面貌会更加清晰。

3. 江苏苏州木渎古城考古项目

木渎古城位于江苏省苏州市木渎镇、胥口镇窑窿山一带。该项目是以木渎古城为依托，为解决木渎古城及其周边地区古城址、墓葬等遗址群的时代、布局、性质和人地关系等一系列学术问题而联合对太湖东北部地区先秦时期遗存进行的长期综合考古调查、发掘与研究项目。2010 年起对城址展开工作，2012~2015 年，在以往工作的基础上，持续发掘，并于每年完成当

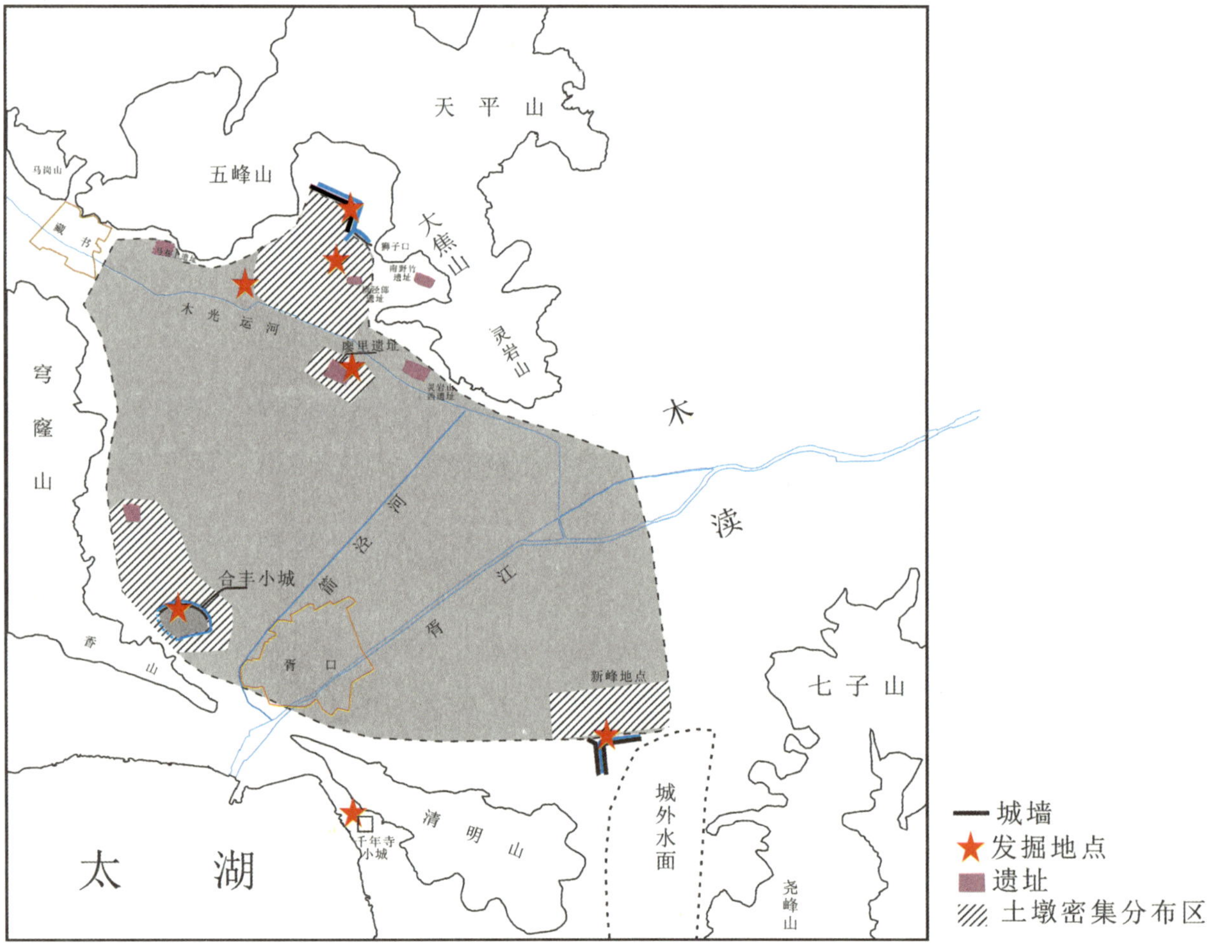

木渎古城总图

年全部发掘工作后进行初步整理。

通过这几年的工作，深化了对城址布局、时代、性质等多方面的认识。对城址走向的认识进一步深化，推测其是利用周边山体作为屏障，并未构筑完整的城圈；在五峰地点发现有城内水系和内城壕等，对此处的布局有初步认识；发现合丰小城，对其范围、时代等有了较为明确的认识；在城外发现千年寺小城，对城址周边防御体系有了较全面的认识；在城址内外清理一批东周至汉代的墓葬，从侧面了解了城址的延续使用情况。

4. 江苏苏州金刚山土墩墓群

金刚山位于木渎古城西北方约 10 千米处的通安镇树山村，地处阳山北麓，周围山地顶部分布着大量的土墩墓和石室土墩墓。2013 年 5~9 月，苏州市考古研究所对被盗掘的 D1 和 D2 进行抢救性发掘。

D1 位于南北走向的金刚山山岭北端，南距 D2 约 50 米。东西径 15、南北径 20、高 4 米，呈馒头状。封土下有一长约 11、底宽约 2、最高处 2.35 米的东西向石室。石室是用石块垒砌而成。石室封门在东侧。封门外有一条长约 3.8、宽 1.2~1.5 米的喇叭状通道。石室内发现有明显叠压关系的墓葬 2 座（M1、M2）。M1 出土有原始瓷碗和印纹陶罐，时代为春秋时期。M2 出土有原始瓷豆、印纹陶坛和泥质陶盒等，时代为西周中期。

紧贴石室南部外侧发现同时期土台遗迹 1 处（T1）。土台呈东西向长方形，长 9~10、宽 4~5 米，台面平整，紧贴石室南壁，与石室走向基本一致。经解剖确认 T1 堆积分 3 层。对黄土台的②③层未做全面发掘，只揭露出局部。各层中发现有柱洞（坑）和沟槽等遗迹，如在第①层层面上就发现柱洞（坑）13 个、沟槽 6 条。柱洞和沟槽为插在或平铺在土台上的圆木遗迹。这些竖直、倾斜或平铺的圆木及和经过平整的地面组成了一处工作台。工作台经过三次修整堆筑加高，

金刚山土墩墓群 D1 石室（西—东）

反映了石室逐步修建的过程。

2013年金刚山土墩墓的发掘是苏州西部山区土墩墓系列发掘的重要发现。虽仅发掘两座土墩，但从多方面促进了对石室土墩墓这一江南地区独特的墓葬形制的认识：一是石室建造的工作台及相关遗迹在石室土墩墓考古中的首次发现与确认。虽保存情况不佳，尚未完全明了其使用方式，但为研究石室的营造方式以及当时的工艺技术水平提供了切实资料。二是两座石室由于位于山体不同位置而采取了不同的构筑方式，这一发现为研究此类墓葬的营建方式提供了资料。三是对石室土墩墓“一室多墓”的现象通过D1内的地层叠压关系再次予以确认。

5. 江苏太仓樊泾村元代遗址

为配合太仓市樊泾河北延沟通工程建设，2016年1月20日至今，苏州市考古研究所联合太仓市博物馆对太仓樊泾村元代遗址进行了抢救性发掘。遗址位于江苏省太仓市太平南路东、新华东路南、上海路北，遗址面积约4000平方米。已出土大量元代龙泉窑瓷片，并发现了多处叠压于瓷片之下的建筑基础、砖铺地面和硬化地面。

截至2016年7月，经粗略统计，已出土瓷片约10吨。可复原器形有高足杯、碗、大盘、小盘、小注子、小型奁式炉、中型奁式炉、荷叶罐盖、莲子碗、菊花形器盖、小酒杯、鼓钉罐、钵、窑具等30余种。这批瓷片釉色、装饰均十分精美，釉色以梅子青、粉青居多；瓷片多有花纹，以印花为主；少量瓷片印有汉字和八思巴文。

经比对，初步确认这批瓷片以元代中晚期龙泉窑青瓷为主，其中的小注子、龙纹盘、大奁式香炉、凤尾尊等器物的器形、纹样与韩国打捞出水的新安沉船所装运的14世纪30年代龙泉窑瓷器基本一致，为探讨这批瓷片的年代与性质提供了参考。此次发掘还出土了印有“至元四年”字样的纪年瓷片。

多处建筑基础和砖铺地面层位相同、方向平行或垂直，当为同时代的建筑，随着发掘工作的推进，具体情况将会更为清晰。

樊村泾遗址出土碗

樊村泾遗址出土高足杯

樊村泾遗址出土花口折沿洗

樊村泾遗址出土莲子盏

南京大学

一、业务建设

南京大学历史学系考古专业始建于1972年，2015年改名为南京大学历史学院考古文物系，具有考古学本科学士学位、考古学及博物馆学硕士学位和博士学位授权点，拥有博士后流动站。2015年，创建了包含4个实验室在内的科技考古中心。本科设考古学与文物鉴定两个专业，硕士学位授予点下设考古学方向的学术硕士和文物与博物馆学方向的专业硕士，博士学位授予点下设中国考古、外国考古、科技考古和文化遗产4个二级学科。每年招收本科生约30名，招收硕士研究生约35名，招收博士研究生约10名。初步建成科技考古中心，下设史前考古、理化检测分析、体质人类学和古代手工4个实验室。

除承担教学任务外，系内师生主要从事长江中下游史前及青铜时代考古、六朝考古、宋元明考古以及边疆及中西交流考古、区域及城市考古等领域研究，建筑考古教学与研究逐渐成为南京大学历史学院考古文物系的特色之一。

（一）业务工作

1. 考古调查与发掘

南京大学考古文物系承担了40余项考古发掘任务，如湖北省文物局的“南水北调中线工程湖北库区考古发掘小河墓群（2011年度）”，浙江省文物考古研究所的“良渚古城水利系统（低坝区）考古调研勘探”。

2. 规划编制

南京大学考古文物系教师对2项国家重点文物保护单位作了规划编制与测绘和复原研究，分别是“金陵大学历史风貌区保护规划”和“江苏省张家港黄泗浦唐代建筑遗址测绘及复原研究”；承担了8项省级文物保护单位的保护规划编制与测绘和复原研究，如江苏省盱眙黄花塘新四军军部旧址保护规划，江苏省泗洪顺山集考古遗址公园规划，江苏省东台富安镇崔氏、卢氏古民居修缮设计和福建上杭临江楼地段街区古建筑现状调研及测绘，山东宁阳县文庙街区环境整治规划设计等；还为19项一般文物保护单位作了修缮设计、保护规划的编制等工作，主要有江苏省海安联抗烈士陵园修缮设计和《重庆市三峡后续工作自然与历史文化遗产保护和完善一期实施规划》《湖北省三峡后续工作自然与历史文化遗产保护和完善一期实施规划》《潜山县薛家岗国家考古遗址公园规划》《隋唐大运河安徽濉溪运河遗址保护与展示方案》《钟山建筑遗址保护规划》和《江苏省“十三五”文物事业发展规划》等。

此外，系内贺云翱教授领衔的课题组积极协助有关地市开展世界文化遗产调查和规划编制等工作，共承担了13个项目，包括中国明清城墙申报“中国世界遗产预备名录”调研文本编制、开封城墙申报“中国世界遗产预备名录”调研及文本编制、南京海上丝绸之路遗产点遴选及储备清单编制项目和海上丝绸之路（南京遗迹）申报“中国世界遗产预备名录”调研及文本编制等。

3. 基础设施建设

在江苏省、南京市和南京大学领导的关心和支持下，南京大学考古文物系建设了4个科研机构。

一是科技考古中心。该中心创建于2015年，包括史前考古、理化检测分析、体质人类学和古代手工4个实验室。现在拥有超景深三维立体显微镜、金相显微镜、立体显微镜、高密度电阻率仪、硬度计、光泽度仪、全站仪等检测、探测和分析设备。

二是考古实习基地。系内考古专业先后与宿迁市博物馆共建了“江苏省宿迁市青墩考古实习基地”，与安徽省文物考古研究所等单位在安徽省郎溪县共建“磨盘山遗址考古实习基地”。文物鉴定专业先后与南京博物院等国内20多家著名文博机构建立了合作关系。

三是中国文化与文物研究所。南京大学历史学院中国文化与文物研究所收藏了包括珍贵图书、青铜器等在内的15000余件文物，供本科生和研究生进行学习与科研。

四是南京大学江苏历史文化研究基地。南京历史文化研究中心从事物质文化遗产、非物质文化遗产、自然与文化双遗产、文化景观、博物馆以及历史文化名城、名镇、名村和街区的调查、研究、保护、利用、规划、出版等方面的研究。

（二）人才建设与培养

南京大学考古文物系现有教师17名，其中教授10名、副教授5名、中级研究人员2名。13人具有博士学位，5人具有海外留学经历，博士生导师8人，硕士生导师15人。

南京大学考古文物系拥有考古团体领队资质，7位教师拥有个人考古领队资格，还拥有与南京大学城市规划设计研究院有限公司合作的文物保护工程乙级资质。

2014年，从美国引进考古人才张良仁，开展新疆和丝绸之路沿线国家的考古发掘与研究。

2012~2016年共毕业本科生157人，其中留学生3人，已经授予学位者118人；硕士研究生172人，其中留学生2人，已经授予学位者91人；博士研究生44人，其中留学生1人，已经授予学位者 17 人。

目前在读学生中有 1 位研究生赴台湾大学交换学习，并有来自韩国的留学生 2 名、来自新加坡的留学生 1 名正在系内攻读硕士学位。并接受日本、马来西亚学生来华短期访学交流。

2012~2016 年，南京大学考古文物系有 1 位本科生、2 位研究生先后获得“李济考古学奖学金”，1 位本科生获得江苏省普通高校本专科优秀毕业设计“论文”二等奖，2 位硕士研究生获得“江苏省优秀硕士专业学位论文奖”。

（三）学术交流与科研成果

1. 学术交流

（1）交流互动

南京大学考古文物系教师与国内外学术界保持密切交流，积极参加各类学术会议和互访活动。

2013~2015 年，黄建秋教授应日本财团法人国立奈良文化财研究所邀请三次访问该所及九州大学、福冈市埋藏文化财中心、福冈市博物馆等机构；2015 年 8 月，参加澳大利亚墨尔本大学举办的学术会议，在大会上作“阅读良渚文化”主题发言。

2014 年 3 月，张良仁教授在纽约举办“新疆史前冶金”国际学术工作坊；2015 年 5 月，参加在旧金山举办的美国考古学会年会；2016 年 6 月参加美国哈佛大学和波士顿大学举办的第 7 届东亚考古学会国际学术会议；接待英国谢菲尔德大学 Roger Doonan 教授一行访问南京大学历史学院。

2015 年，张学锋教授任日本德岛大学客座教授，讲授考古学专题课程，应邀赴韩国参加学术研讨会。

2015 年 10 月，吴桂兵副教授应韩国国立罗州文化财邀请，赴首尔、光州、罗州等地考察，参加韩国罗州国立文化财开所 10 周年及“三国时代罗州伏岩里势力的位相与周边地区动向”国际学术研讨会，发表主题演讲“近年来中国土墩墓的新发现及新课题”。

2016 年 4 月，水涛教授和张良仁教授访问英国谢菲尔德大学。

（2）学术会议

2012 年 11 月，张良仁主持召开了以“文化遗产与可持续发展”为主题的首届“中国欧盟文化遗产论坛”，与参会人员共同探讨了文化遗产与可持续发展、文化遗产传承与保护以及生态文明建设等问题。

2016 年 5 月 20~22 日，第二届“丝绸之路考古与文物保护”国际学术讨论会在南京大学鼓楼校区举行。这是欧亚大陆—太平洋大学联盟牵头，由南京大学和维也纳应用艺术大学联合主办的学术会议。来自奥地利、俄罗斯、伊朗、德国、英国、意大利、瑞士、美国、澳大利亚及国内多个高校和研究机构的学者和学生 70 多人参与了此次会议。此次会议目的在于打破地域和学科壁垒，进一步拓宽学术合作和学术对话的空间。

2016 年 4 月，吴桂兵主持召开了“类型·空间·作品——中古墓葬考古研究的新材料与新视野”学术讨论会，来自北京大学、吉林大学、中央美术学院、南京师范大学和南京大学以及安徽省文物考古研究所的考古工作者就如何研究中古时期墓葬和具体墓例作了深入讨论。

（3）涉外考古合作

2014 年 11 月，与俄罗斯阿尔泰国立大学签订合作协议，拟于此后 5 年间在俄罗斯阿尔泰边疆区域合作开展考古工作；2016 年 5 月，与伊朗文化遗产与旅游研究院签订合作协议，拟于此后 5 年间在伊朗合作开展考古工作。

2. 科研成果

这五年，南京大学考古文物系教师承担了国家级科研项目 11 项，包括国家社科基金重大项目子项目“环境考古与古代人地关系研究”、国家社科基金一般项目“先秦两汉农业与出村聚落的考古学研究”“中古丧葬礼俗中佛教因素演进的考古学研究”等；承担了省部级课题 10 余项，包括国家指南针计划“中国古代木工工具与木作工艺技术价值挖掘与展示”、江苏省社科基金项目“宿迁青墩遗址与苏北乡村社会遗存考古研究”等。

南京大学考古文物系教师主持或参与的科研项目获得多项荣誉，包括江苏省“哲学社会科学优秀成果奖”一等奖 2 项，二等奖 1 项，三等奖 1 项；国土资源部“测绘科技进步奖”二等奖 1 项；住房和城乡建设部“南京历史文化资源普查数字支撑技术研究奖”二等奖 1 项；江苏省文物局、水利厅等三个部门颁发的“南水北调工程考古先进个人奖”1 项。此外，参与的考古发掘项目“浙江省余杭良渚古城外围水利工程的调查与发掘”入选“2015 年度全国十大考古新发现”“田野考古一等奖”。参与考古发掘与研究的大云山汉墓和顺山集遗址等项目分别入选 2011 年度和 2012 年度“全国十大考古新发现”。

南京大学考古文物系师生在核心期刊发表学术论文篇 53 篇，包括 *Scientific Study of Glass Artifactsat Yanliaofang Site*，*Nanjing City*，*China* 和《宿迁青墩发现战国铜戟刺》《安徽固镇谷阳城遗址出土铜玺印》等。南京大学考古文物系教师出版专著 19 部，如《考古学视野下的江南纺织史研究》《百年中国考古》《史前考古学方法与实践》《汉唐考古与历史研究》《六朝文化：考古与发现》等。

《大众考古》月刊创办于 2013 年 7 月，是国内第一本面向社会公众兼具专业权威的科普文化类考古杂志。目前已出版 36 期。创刊以来受到考古界的广泛关注和高度评价，同时也在社会上产生较大影响和好评。2016 年获得首届中国考古学大会公共考古奖“金鏄奖”，贺云翱教授出任总编辑。

《长江文化论丛》2004 年开始出版，已出版 9 辑。以发表长江流域的考古学、文物学、博物馆学、文化遗产学等内容为主，分为三峡文化专题、学术忆旧、考古发现与研究、文化遗产研究、区域历史与文化、文物学研究、博物馆学研究、书刊评介等专栏。

《剪纸报》由南京大学文化与自然遗产研究所与江苏美术出版社联合主办。2012 年 10 月创刊，已出版 24 期。致力于对中国重要的非物质文化遗产项目“中国剪纸工艺”进行保护与传承。内容包括国内外剪纸动态、展览及学术活动等讯息；国内外剪纸活动交流情况及剪纸教学方法、经验、心得、体会；名家名作、老人新作、新人佳作评价；国内外剪纸历史、知识介绍、名家名作赏析与评论、传统和现代剪纸艺术介绍等。

《非遗报》由南京大学文化与自然遗产研究所与江苏美术出版社联合主办。2013 年 12 月创刊，已出版 10 期。致力于保护、传承、传播、利用、发展非物质文化遗产，促进非物质文化遗产事业在新时代里发扬光大，深入走进生活、走进教育。报纸设有“传承 · 记忆”“人物 · 家园”“创意 · 产业”“守望 · 保护”“学术 · 探索”“教育 · 交流”等栏目。

（四）对外宣传与公众服务

南京大学文化与自然遗产研究所建立官方网站，下设“新闻通讯”“研究所概况”“研究方向与成果”“遗产论坛”“教育培训”“专项基金”“出版成果”“遗产知识”等多个版块，多方面、多角度地对研究所的工作以及文化遗产知识等进行介绍。

围绕《大众考古》，开通有包括微博、微信、博客、豆瓣小站等多种新媒体互动方式，其中尤以微博和微信的宣传为重点，突出科普性、互动性和知识性的特点，与公众进行有效沟通。其微博自 2013 年 1 月开通以来，至今已有 16000 余名粉丝，1600 多条微博更新，社会反响良好。

南京大学考古文物系教师在教学科研之余，还参加和配合地方开展文物保护宣传、公众考古活动。如 2015 年黄建秋教授应邀在南京图书馆作题为“南京的考古：从北阴阳营开始”的讲座，协助并全程参加光明日报社、长江文化促进会和张家港市政府举办的“听文物讲长江的故事”大型文物保护宣传活动等。

二、重要考古成果

1. 江苏淮安戚嘴古生物化石地点

戚嘴古生物化石地点位于江苏省淮安市盱眙县鲍集镇大嘴村戚后组。1972 年，南京博物院和南京大学前往该地点调查并采集到少量哺乳动物牙齿。1981 年，中国科学院古脊椎动物与古人类研究所会同南京博物院以及泗洪县文教局开展试掘，获得鱼类、爬行类和哺乳类动物化石。江苏省文物局等单位于 2004 年 5 月 17 日复查该地点，认为该地点位于洪泽湖抬高蓄水位影响范围内，必须进行抢救性发掘，南京大学历史学系考古专业承担此次发掘任务并于 2012 年 3~5 月完成田野发掘，发掘面积 1000 平方米。该地点属于湖相沉积，土的直立性差，古生物化石埋藏较深。地层情况如下：第 ① 层为灰黑色耕土，土质疏松，包含少量细砂石；第 ② 层为黄色砂土；第 ③ 层为红色网纹土，质地坚硬；第 ④ 层为浅红黄色网纹土，质地坚硬；第 ⑤ 层为紫色网纹土，质地坚硬；第 ⑥ 层为金黄色网纹土，土质坚硬；第 ⑦ 层为绿色黏土，质地坚硬；第 ⑧ 层为浅酱色砂土，质地疏松；第 ⑨ 层为灰白色黏土，黏性大；第 ⑩ 层为浅灰绿色凹凸棒土，土质细腻、黏性大；第 ⑪ 层为灰白色黏土，土质坚硬；第 ⑫ 层为浅灰色凹棒土，土质细腻、黏性大。其中第 ① 和第 ② 层是现代堆积，第 ③ 层开始是原生堆积。此次发掘共出土各类遗物 276 件，包括动物骨骼化石 267 件、木化石 8 件、铁锰结核 1 件。动物化石绝大多数为破片，可以鉴定种属的有 12 件，可以鉴定出部位而种属不确定的有 77 件，其余是破碎严重无法鉴定部位和种属的哺乳动物化石。可确定种属的如獐鹿犬齿、古鹿下第一或第二臼齿，种属不确定的动物化石如小鹿角的一段不完整角柄和树木。根据动物化石结合网纹土综合判断，此次发掘出土的动物化石时代大致分更新世晚期和晚上新世两个时代。此次发掘的收获有以下几点：第一，丰富了江苏省古动物化石内涵；第二，新发现了古树化石；第三，揭露了包括多个层次的网纹土在内的厚达 7 米的地层剖面；第四，发现地表下 6 米以下埋藏有厚达 2 米以上的凹凸棒土。

戚嘴古生物化石地点出土獐鹿犬齿

戚嘴古生物化石地点出土古鹿下第一或第二臼齿

戚嘴古生物化石地点出土鹿角角柄

2. 安徽宣城磨盘山遗址

磨盘山遗址位于安徽省宣城市郎溪县飞鲤镇新法村磨盘山自然村南漪湖东岸的二级阶地上，现为省级文物保护单位。南京大学考古文物系与安徽省文物局、安徽省文物考古研究所 2015 年 1 月签署了“安徽郎溪磨盘山遗址考古发掘与文物保护工作合作协议”。2015 年 7~8 月，委托西安鼎诚勘探有限公司对遗址进行了全面钻探。发现遗址重点区域为南北宽 168.7、东西长 293.8 米的不规则椭圆形，面积约 49565 平方米，遗址总面积近 6 万平方米。

磨盘山遗址 M88

第一期考古工作自 2015 年 9 月至 2016 年 1 月，共发掘 800 平方米。遗迹包括墓葬 102 座、灰坑 79 座、房址 13 座、灰沟 9 条、陶片堆 5 处、灶址 2 处、特殊遗迹 1 处。出土各类完整及可修复器物 1334 件，其中陶器 931 件、石器 374 件、玉器 14 件、青铜器 5 件、原始瓷器 7 件、硬陶器 3 件。发掘情况表明：遗址包含马家浜晚期、崧泽晚期至良渚早期、良渚末期、商至春秋时期 4 个文化阶段。马家浜时期以居住遗存为主，分布有大量的红烧土堆积和房址。崧泽时期以墓葬遗存为主，清理墓葬 100 座。良渚末期和商周时期以居住遗存为主。

3. 安徽蚌埠谷阳城遗址

谷阳城遗址位于安徽省蚌埠市固镇县连城镇谷阳村，现为省级文物保护单位，第三次全国文物普查将其确定为西汉城址。2011 年 9 月，南京大学历史系、南京大学文化与自然遗产研究所以及安徽省文物考古研究所联合启动了遗址的保护规划、考古勘探和发掘工作，4 个年度的发掘面积共计 3425 平方米。

勘探大致厘清了城址的功能布局、范围、城门位置、城墙宽度、护城河位置和结构、城墙建筑的年代等。谷阳城内堆积可分为 6 层，第①层和第②层为近现代耕土层，第③层为新莽至东汉时期地层，第④层为西汉时期地层，第⑤层为战国晚期至秦代地层，第⑥层为战国中晚期地层。发掘出土了战国中晚期、两汉、南北朝时期的大量遗迹和遗物。遗迹包括灰坑 148 个、灰沟 11 条、房址 7 座、基槽 15 处、排水遗迹 2 条（其中一条为排水管道）、陶片堆积 45 处、道路 2 条、台基 2 座、墓葬 1 座、陶瓮遗迹 3 个、窑炉遗迹 7 座、水井 4 口、灶 3 座。遗物包括陶器、铜器、石器、铁器等。陶器有筒瓦、板瓦、半瓦当、圆瓦当、罐、豆、瓮、纺轮等；青铜器有印章、带钩、鱼钩、箭镞、弩机部件、泡钉、盖弓冒、当卢等。石器有磨盘、柱础、砺石器等。铁器有錾、刀、釜等。

谷阳城是四边长度相近的方形环濠土城，城墙可见夯筑痕迹，城东西长 908、南北长 899 米，城墙顶面宽 29、基宽 33 米。城外有宽 10 米的护城河，城垣内侧设有水渠。四面城墙正中各有 1 门，城门外两侧均有半圆形马面。谷阳城遗址始建于战国晚期，而非文献所记载的西汉初年。

谷阳城呈现自西北向东和东南变迁的趋势，越往城西遗存的年代越早。战国晚期至西汉早

谷阳城遗址出土印章

期的遗存主要集中在城北部偏西，东汉时期遗存主要集中在城北部偏东。城北部不见晚于东汉的遗存，这与文献记载不符，是否东汉以后遗存转移到城南，有待继续发掘研究。

受发掘面积所限和后期破坏严重的缘故，未能在城址中人工堆砌的高土台上发现明显的建筑痕迹，根据遗迹中出土的带有“函”“官”“宗”“千”等字样的陶片和筒瓦，推测高土台为具有官府性质的建筑遗迹。

出土的大量不同形制的兵器和车马器以及陶、石范和较多的炼渣和红烧土遗存说明谷阳城建设之初，很有可能是作为官办的手工业场所，政治、经济和军事上都具有举足轻重的地位。

淮北地区处于中原和东南地区的中间地带，此城址的调查和发掘为认识此地区县级政权的布局和结构具有重要的意义，为认识当时的政治格局和社会演变提供了重要的线索。

4. 江苏宿迁凤凰墩墓群

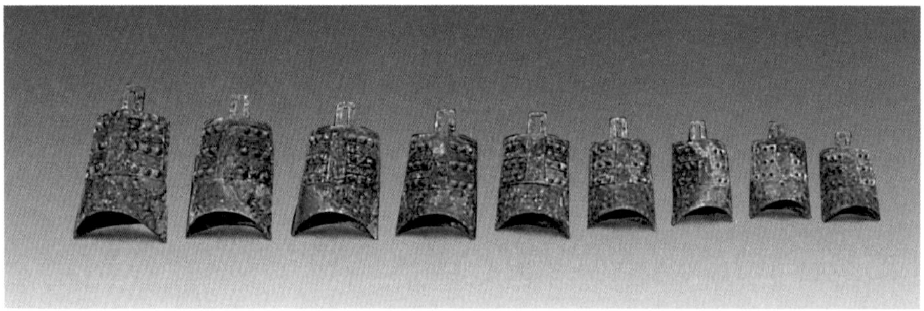

凤凰墩墓群出土编钟

凤凰墩墓群位于江苏省宿迁市宿城区，2012年2~4月，配合宿迁市凤凰美地住宅小区建设进行了抢救性发掘，发掘面积1000平方米。发现墓葬68座，根据墓葬形制和出土遗物判断，其中东周墓葬1座、汉代墓葬27座、宋元墓葬17座、明清墓葬23座。墓葬形制有砖室墓和竖穴土坑墓。出土文物200余件，包括陶编磬、陶壶、陶鼎、陶罐、铁剑、铜编钟、铜鼎、铜缶、铜镜、铜剑、铜盆、银簪等。此次出土的墓葬及随葬品为研究宿迁地区古代埋葬习俗、墓葬形制及宿迁城市空间的变迁史提供了珍贵资料。

浙 江 省

浙江省文物考古研究所

一、业务建设

（一）业务工作

1. 考古调查与发掘

浙江省文物考古研究所在配合大中型基本建设的考古发掘和文物保护的基础上，承担了国家级及省级科研课题项目。2012~2016 年，先后承担了考古调查项目 70 余项，调查里程约 1500 千米，调查勘探面积达 5131 万平方米；承担考古发掘项目 96 项，发掘面积约 26.5 万平方米，出土文物 22291 件（组）。

旧石器时代考古取得新进展。2014 年长兴境内配合杭长线延伸工程开展紫金山、银锭岗等 3 个旧石器遗址的考古发掘，发现较丰富的旧石器遗存，取得新收获。

新石器时代考古学文化谱系进一步完善。浙江早期新石器时代上山文化遗址的调查研究取得新成果，已发现上山文化遗址 16 处，并对其中的龙游荷花山、永康羊角头嘴、义乌桥头、仙居下汤、临海小芝峙山头等遗址进行了考古调查和试掘，发现了上山文化石器加工遗存、环壕聚落等，为上山文化的分布、面貌及影响提供了重要的考古学材料。

继续深入开展马家浜文化及河姆渡文化的考古学研究。结合嘉兴马家浜遗址的考古保护规划，进行了小规模试掘，清理了墓葬、房址等重要遗迹，丰富了马家浜文化时期聚落的考古材料。结合桐乡谭家湾遗址的考古保护规划，对遗址进行了详细的考古调查，重新界定了遗址的范围和具体年代，为今后此类文物保护单位考古工作的开展积累了经验。开展以余姚田螺山遗址为中心的河姆渡文化考古工作，以“聚落形态考古、稻作农业考古、干栏式建筑技术考古、文化与环境互动关系考古”四大主题为引导，在科技考古、环境考古、动植物考古等领域取得重要成果。在田螺山遗址外围的考古调查中还发现距今约 8000 年的有河姆渡文化特征的井头山遗址，拓展了河姆渡文化起源的研究。

对崧泽文化、良渚文化、钱山漾文化的考古学研究取得进展。2013 年抢救性发掘安吉安乐遗址，揭对露2000余平方米，清理了90余座崧泽文化墓葬和其他遗迹、遗物，为研究崧泽文化向良渚文化的转变过程提供了丰富材料。另外,海宁瑞寺桥遗址也发现了多座崧泽文化晚期墓葬。

良渚文化考古工作分为核心区和外围区域考古两部分：核心区主要开展对良渚古城结构、功能的探索，对城内莫角山遗址、城内的道路水网体系进行调查发掘，探索古城内台地功能与形状以及发掘古城外围水利系统。外围重点区域在余杭临平和海宁市。对余杭经济开发区茅山遗址进行抢救性发掘，面积2万余平方米，遗址由居住区、墓地区和稻田区组成，布局结构清晰完整，是良渚文化聚落考古的新突破。余杭经济开发区玉架山遗址的抢救性发掘，发现了良渚文化时期的6处环壕聚落遗迹，清理了400余座良渚文化墓葬，出土了5000余件遗物。玉架山遗址被评为“2011年度全国十大考古新发现”。

此外，还有海宁经济技术开发区小兜里遗址抢救性发掘，揭示了浙北嘉兴地区崧泽文化晚期至良渚文化早期聚落的基本特征。海宁经济技术开发区皇坟头遗址的抢救性发掘，发掘面积2000余平方米，其中包括180余座良渚文化墓葬，出土上千件各类遗物，还发现18处叠石圈遗迹。同期，海宁还发掘了酒地上和瑞寺桥等良渚文化遗址，清理良渚文化祭台、墓葬等遗迹。

钱塘江中上游新石器时代考古学文化的探索取得了新发现。桐庐方家洲遗址发现了崧泽文化时期的玉石器加工场，桐庐小青龙遗址发现较高等级的良渚文化墓葬11座，出土玉琮、玉璧、玉钺和木胎髹漆觚等重要遗物。

经过对湖州钱山漾遗址的多年考古工作，2014年11月，“钱山漾文化”被命名，进一步填补和完善了长江下游环太湖地区新石器时代晚期良渚文化到马桥文化之间的缺环。

自2012年以来，浙江省文物考古研究所调整了工作方向，改变了过去以土墩墓为重点的工作思路，转向越国王陵及贵族墓、商周城址、中心聚落遗址考古等领域，开展相应的考古调查、勘探和发掘工作，在越国王陵及贵族墓葬制度、城址结构、聚落布局与环境、浙江地区商周时期年代标尺及文化谱系等研究方向有所突破。安吉古城、绍兴越国王陵及贵族墓、湖州昆山遗址考古项目均获得国家文物局重点文物保护专项经费的支持。

经过五年的系统考古工作，基本确定安吉古城始建于春秋战国时期，沿用至汉晋。摸清了古城内城的范围、城内外给排水系统和城内文化堆积的分布状况以及与安吉古城相关联的周边遗迹，初步显现了以城址为中心、涵盖多方面相互关联的文化遗存、覆盖范围超过30平方千米的大遗址格局。

绍兴越国王陵及贵族墓调查与勘探厘清了绍兴高等级墓葬的主要分布区，确认了平水盆地是战国时期越国王陵区，对平水盆地越国王陵区的布局有了初步认识。基本明确了越国贵族墓地周边古水系及沟状遗迹的分布状况，表明王陵区与都城由水路相连。获取了建立地理信息系统的基础数据资料，初步建立地理信息系统，涵盖绍兴地区越国都城、贵族墓群和周边聚落的大遗址格局基本形成。绍兴越国王陵及贵族墓的调查与勘探获得中国考古学会2011~2015年度田野考古奖三等奖。

湖州昆山遗址，主要在遗址周围20平方千米范围内的区域进行GIS系统建设工作，初步完成了地理空间分析和地图测绘工作。对可涉足的区域进行地面调查，为后续工作的开展做好准备。

汉唐宋元考古方面，调查并试掘了湖州唐宋子城、嘉兴子城、台州城址等。对浙江境内汉六朝墓葬、唐宋墓葬等进行考古发掘，如长兴张家湾土墩墓、安吉五福天子湖墓地、云和正屏山南宋墓、余姚汪大猷墓、长兴韩枤夫妇墓、南宋武义吕祖谦家族墓。对绍兴南宋六陵展开考古调查，基本明确了部分皇陵的空间布局。

瓷窑址考古方面。全面开展早期越窑、越窑、龙泉窑等项目的考古发掘与研究，在慈溪上林湖、上虞禁山、龙泉大窑等进行再次考古调查和发掘。上虞禁山窑址获评"2014年度全国十大考古新发现"。

水下考古方面，为配合国家"一带一路"倡议，浙江省文物考古研究所开展了对浙江周边岛屿的调查工作，首批选择了舟山群岛中的六横岛双屿港进行勘探和试掘。此外，积极开展浙江明清海防遗址的考古调查。

2. 大遗址保护与规划

（1）良渚遗址

2012年至今，配合良渚遗址申遗工作的展开，浙江省文物考古研究所对良渚古城核心区及周边相关地点，如莫角山、姜家山、花园里、反山、古城南城墙等进行了勘探与试掘，明确了大莫角山的四面边界和堆筑方式，发现了围绕大莫角山的围沟遗迹，并在其顶部揭露出两排7座大型房址，对大莫角山有了全面的认识。此外，解剖发掘了扁担山、里山、卞家山等城外长条形居住址，它们共同构成良渚古城外围的外郭城体系，进一步明确了以莫角山宫殿区、城墙、外郭为核心区的三重古城结构体系。

对良渚古城西北部的岗公岭、鲤鱼山等10条水坝系统进行了钻探调查、遥感分析以及^{14}C测年，其年代距今约5000年，具有防洪与调水双重功能。据此，良渚古城系统总面积已达100平方千米。

另外，还启动了良渚古城核心区以东的勘探工作，已完成勘探面积60万平方米，发现台地21座、古水域3处、古河道4条、湿地4处。

在大遗址考古与保护过程中，浙江省文物考古研究所开展并完成了良渚古城核心区高精度三维数据采集，以及反山、瑶山等遗址的信息数据化工作，建构了三维数字模型框架。并与南京大学等单位合作，制作良渚古城遗址及其周边古地貌、良渚古城营建过程等方面的三维复原及动画展示片。目前已完成良渚古城及其水利系统的三维复原和动画制作工作。

在 2013 年举办的第一届“世界考古 · 上海论坛”上，良渚古城入选“2011~2012 年度 10 项世界重大田野考古发现”。2015 年，第二届“世界考古论坛 · 上海”会议期间，良渚古城的新发现和新认识受到了与会专家的极大关注，剑桥大学考古学家伦福儒勋爵对此高度评价，认为这是一项非常成熟的考古项目，就其所反映的社会复杂性和阶级制度来看，中国新石器时代被远远低估了，并表示要将良渚古城考古写入第七版的《考古学理论方法和实践》。同时，良渚古城外围大型水利系统的发现被评为“2015 年度全国十大考古新发现”以及中国考古学会 2011~2015 年度田野考古奖一等奖。

（2）越窑遗址

越窑遗址发掘面积近 1200 平方米，清理了唐、五代、北宋诸时期丰富的地层堆积，首次对唐宋时期的越窑作坊进行大规模考古发掘，揭露了包括房址、贮泥池、辘轳坑、釉料缸、道路和匣钵挡墙等在内的丰富遗迹现象，为恢复唐宋时期越窑的制瓷工艺、窑场格局，推动考古遗址公园的建设及浙江青瓷申遗工作提供了大量翔实的考古材料。

（3）大窑龙泉窑遗址

调查宋元明窑址 280 多处，发现了多个烧造黑胎厚釉青瓷的窑址，在 2012 龙泉黑胎青瓷与哥窑论证会上，明确了龙泉黑胎青瓷即是文献中的哥窑产品，这是近年来龙泉窑研究所取得的突破性成果。

3. 科技考古与文物保护

植物考古领域，浙江省文物考古研究所于 2012~2016 年开展了“浙江中部新石器时代早期遗址出土的稻谷遗存及其环境背景研究”，完成对龙游荷花山、永康湖西、义乌桥头村等多个新石器时代早期遗址的植物硅酸体、植物遗存的调查和研究。完成文明探源子课题“良渚文化的社会经济与环境”研究，结合莫角山遗址解剖工作进行大植物遗存调查，获得良渚文化先民经济活动和生存环境的考古学证据。参加科技部“末次冰消期以来中国中东部极端气候环境事件与农业起源发展和人类适应研究（2015~2020）”重大科研项目的部分研究工作，完成宁波鱼山遗址 10 个地层土样的植物硅酸体分析以及 56 份土样的植物种子遗存调查，鉴定植物种子 8000 余粒，对遗址各地层的成因、生态环境等有了初步认识。采集了仙居下汤、临海峙山头等遗址的地层和遗迹土样，为研究早期新石器时代环境和生业经济准备了研究材料。

在新技术应用领域，采用卫星遥感考古、科罗娜卫片等全新科技手段对大遗址进行考古调查、信息采集等工作。

在现场保护方面，针对浙江地下水位高及大量出土有机质遗存的特点，主要开展出土饱水有机质遗存的保护工作，对田螺山遗址、良渚遗址等出土的有机质遗存进行有效的现场保护。

4. 浙江省考古遗产展示园项目

自 2015 年始，浙江省文物考古研究所就策划筹备建设一处集文物存放、展示、研究、保护及利用为一体的考古遗产展示园，以使所内存放的、除移交博物馆以外的大量文物资源得到充分利用，在研究与保护文物的同时，更好地发挥文物的公共价值，实现让文物“活起来”的目的。2016 年初，余杭区政府与浙江省文物局签署合作协议，将余杭境内的 200 亩地作为浙江省考古遗产展示园的建设用地。此项目正在积极推进中。

（二）人才建设与培养

2012~2016 年，浙江省文物考古研究所通过公开招聘的方式，引进考古学及相关专业硕士研究生 10 名、博士研究生 2 名。2015 年，为适应新的社会发展形势，本着务实、创新和长远发展的原则，从浙江省文博事业的实际情况出发，浙江省文物考古研究所对原有业务科室做出了适当调整，新设立商周考古室、水下考古室、文化遗产监测研究室 3 个科室。为了培养后备力量、建设人才梯队，大胆起用年轻干部，通过竞争上岗的方式新选拔了一批德才兼备的年轻业务骨干担任中层。

2012~2016 年，所内研究员刘斌获得全国文物系统先进工作者、浙江省突出贡献中青年专家、2014 年文化名家暨“四个一批”人才等称号。

（三）学术交流与科研成果

在课题及专项研究的基础上，浙江省文物考古研究所着力加强多学科综合性的横向合作研究，推动科技考古合作项目深入开展。与日本岩手大学合作，开展浙江青瓷制作工艺的研究项目。与日本、加拿大等国学校联合开展稻作文明的综合研究项目（2014~2019），涉及农业、环境、人的食物、新石器时代文化等方面。此外，还合作开展长江下游地区家畜饲养与驯化的考古学研究（2013~2016）。

2012~2016 年，浙江省文物考古研究所共举办或共同承办学术活动、学术会议 22 次。其中考古展览有“崧泽之美”——浙江崧泽文化考古特展、钱塘江新石器时代考古成果展、秦汉土墩墓考古成果展、“权力与信仰”良渚考古特展等。接待日本、韩国、美国、瑞士、澳大利亚等国专家学者 26 批 86 人次，应邀派遣研究人员 34 批 49 人次出访日、韩、美、英等国以及我国港澳台地区。通过业务交流，提升专业队伍的整体素质和科研能力，推进学术发展，扩大学术影响。

此外，浙江省文物考古研究所 2012~2016 年共出版考古报告、专著、图录 16 部，发表考古简报、论文 120 余篇。

（四）对外宣传与公众服务

浙江省文物考古研究所十分重视文化遗产的宣传和社会影响力的提升。2012 年的“创先争优”

活动中，浙江省委常委组织部长蔡奇“吃不了苦，考不了古”的微博，一下子把平时低调淡泊、默默无闻的考古人推到了聚光灯下。新华社、中新社以及《中国文化报》《中国文物报》《中国新闻网》《光明日报》《浙江日报》等多家媒体纷纷刊载浙江考古人事迹。2012年浙江省文物考古研究所被评为“最美浙江人”先进集体代表，深度的报道和广泛的关注，让文物保护意识似春雨润物，化入人心。

每年的文化遗产日，浙江省文物考古研究所都推出相关活动，如与浙江大学人文学院、省图书馆等联合举办文化遗产保护系列讲座，与德清、湖州、余杭、河姆渡等地博物馆以及良渚博物院合作举办文物展览与知识讲座，与北京大学合作连续开展9届“北京大学全国中学生考古夏令营”活动，每年均有数百位同学到浙江省文物考古研究所的考古遗址点作调查实践，暑期浙江考古行令他们印象深刻。

2015年，由浙江省考古学会主办，浙江省文物考古研究所承办的首届浙江考古重要发现公众分享会在杭州召开，来自省内各地的4位专家学者做了精彩的公众考古演讲，这是践行“让文化遗产活起来”的重要尝试。

2015年，浙江省文物考古研究所申请并运营“浙江考古”微信公众平台，作为浙江省文物考古研究所官方平台，迄今已发送公众考古、文保古建相关专业图文消息44篇，用户总数1016人。

二、重要考古成果

1. 浙江湖州紫金山遗址

紫金山遗址位于浙江省湖州市长兴县白岘乡五通山村西岗自然村。2013年11月~2014年6月浙江省文物考古研究所对其进行了考古发掘，发掘面积600平方米，共获得石质标本971件，其中石制品187件。

石制品岩性单一，仅燧石、石英砂岩、砂岩三种，燧石占92%。可分为石核、石片、刮削器、砍砸器、尖状器、手镐、断块等多种，以刮削器、石片、尖状器等小型石制品为主，砍砸器和手镐等大型工具仅7件。全部采用锤击法生产石片和修理工具。石核分为单台面、双台面、多台面三种；刮削器以片状毛坯居多，有单刃、双刃和多刃三种，修理部位大多在毛坯侧边；尖状器在石片毛坯两侧边进行修理，两侧刃在前端相交成芒状锐尖或钝尖；砍砸器器体粗大，仅见单层浅宽型修疤，刃口较钝。

紫金山遗址是一处以燧石器为主的旧石器时代遗址，该遗址的光释光测年约为距今15万年，石制品工业归属以小型石器为主，对现代人起源研究具有重要意义。

2. 浙江衢州荷花山遗址

荷花山遗址位于浙江省衢州市龙游县湖镇马报桥村邵家自然村，2011~2013 年进行正式发掘，发掘区分为东、西两区，总发掘面积 850 平方米。

东区清理灰坑 20 余座。遗物分陶器、石器和块石三类，陶器普遍残存红衣，以粗泥陶为主，夹炭陶（掺杂炭化稻谷壳）次之，有少量夹砂陶。陶器有大口盆、平底盘、圈足器以及器形多样的双耳罐。石器除少量磨制的锛、凿等外，以砾石石器为主，如磨盘、磨棒、球、锤等，也有一定数量的石片石器。东区遗存的年代为距今 9000 余年。

西区清理了石器、块石混合遗迹，似为一处石器制造场。遗迹分上下两层，分布面积约 150 平方米，所见均为成形或使用破裂的石器，如磨盘、磨棒、球、锤、锛、凿等。出土陶器迥异于东区，以夹炭陶为主，多见红衣剥落痕迹，陶色明显偏黑，绳纹较多，器形有釜、罐、盘等，特征近似跨湖桥文化同类器物。

发掘表明，荷花山遗址是金衢盆地中部一处典型的上山文化遗址，对研究新石器时代早期聚落与环境的关系以及石器加工方式等具有重要价值。

3. 浙江湖州安乐遗址

安乐遗址位于浙江省湖州市安吉县递铺街道长乐村的一处小山冈上。2013 年 11 月~2014 年 11 月，进行了第三、四次考古发掘，揭露面积 2000 平方米。

安乐遗址 M75 出土陶器

清理崧泽文化墓葬 90 座、红烧土遗迹 28 处、房址 1 座、灰坑 13 个、沟 3 条。随葬品有陶器、玉器、石器等，共计 303 件。其中陶器 208 件，有鼎、釜、豆、罐、壶、杯、盆、盉、纺轮等。石器 66 件，有锛、钺、凿、纺轮、砺石等。玉器 29 件，有玦、璜、管、环、坠饰等，材质有透闪石软玉、石英等。安乐遗址是浙北地区崧泽文化时期出土玦、璜数量最多的遗址。

结合之前两次考古工作的成果，可确定安乐遗址是一处由多个独立遗址点组成并围绕山冈而居的聚落。安乐遗址处在湖州地区的东苕溪、西苕溪流域，而西苕溪流域更是连接皖南、宁镇地区的重要通道。浙北山地丘陵的新石器时代考古学文化从马家浜文化开始就具有强烈的地域特征，安乐遗址是该区域崧泽文化阶段的一个代表。

4. 浙江杭州良渚古城遗址

良渚古城遗址位于浙江省杭州市余杭区瓶窑镇，自 2006 年被发现和确认以来，一直在进行遗址内不同地点的勘探、调查和发掘工作，对古城的布局、结构、功能等方面的认知在持续深化。

良渚古城的核心区可分为三重，最中心为面积约 30 万平方米的莫角山宫殿区，其外分别为面积约 300 万平方米的城墙和面积约 800 万平方米的外郭，堆筑高度也由内而外逐次降低，显示出明显的等级差异，形成类似后世都城宫城、内城、外郭的三重结构。同时古城北部和西北部还分布着规模宏大的水利系统和设计精巧的瑶山、汇观山祭坛及贵族墓地，在古城外围也存在着广阔的郊区。整个良渚古城系统包括良渚古城核心区、水利系统和外围郊区，占地面积达到 100 平方千米，规模极为宏大。

经过大规模的勘探工作，基本了解了良渚古城核心区的格局及其演变过程，并在良渚古城外新发现 60 余处遗址点。

2014~2015 年，大莫角山顶上发现了 7 个面积在 300~900 平方米的土台式建筑基址，呈南北两排分布。在莫角山顶面平台上也发现东西成两排、南北成四列分布的 9 座土台建筑基址，面积在 200~500 平方米，排列相当整齐，可能是宫殿区内的贵族居所。

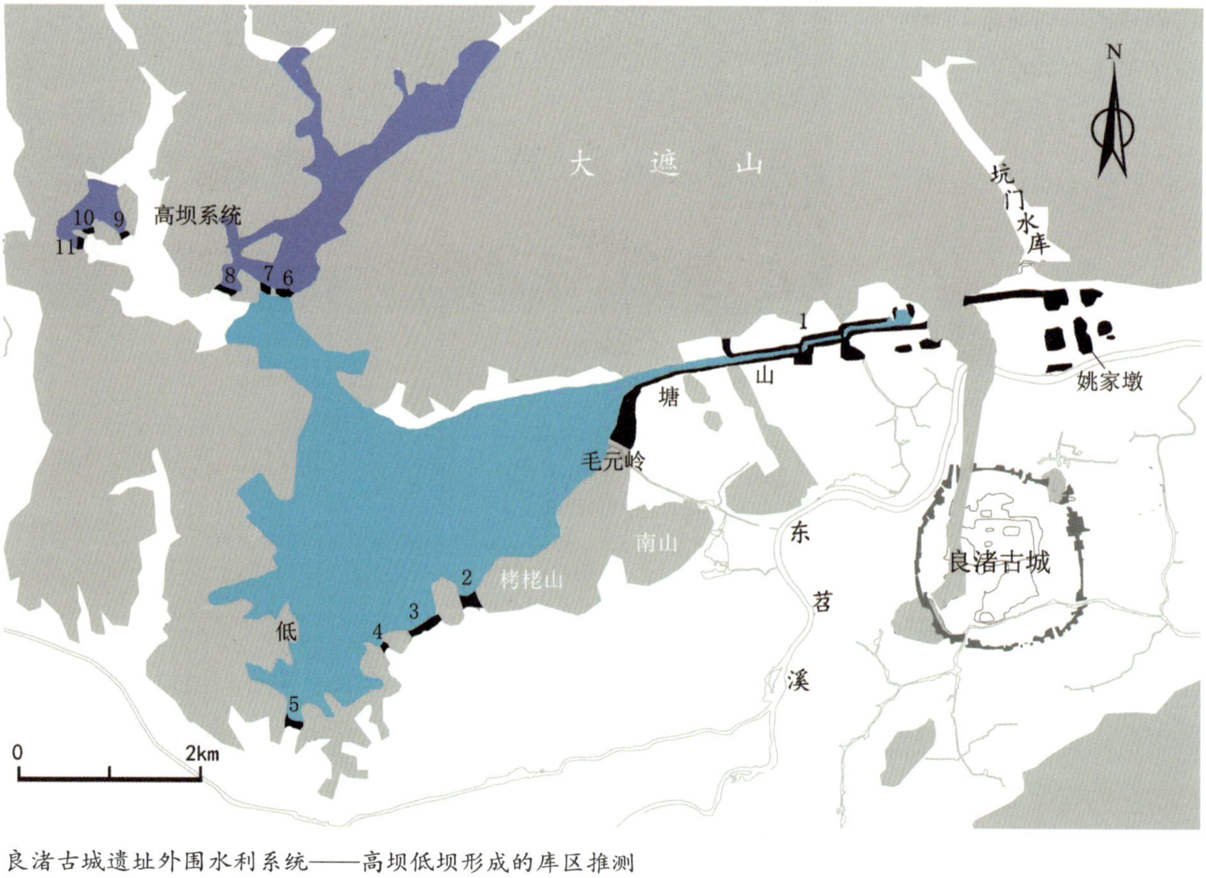

良渚古城遗址外围水利系统——高坝低坝形成的库区推测

良渚古城遗址结构

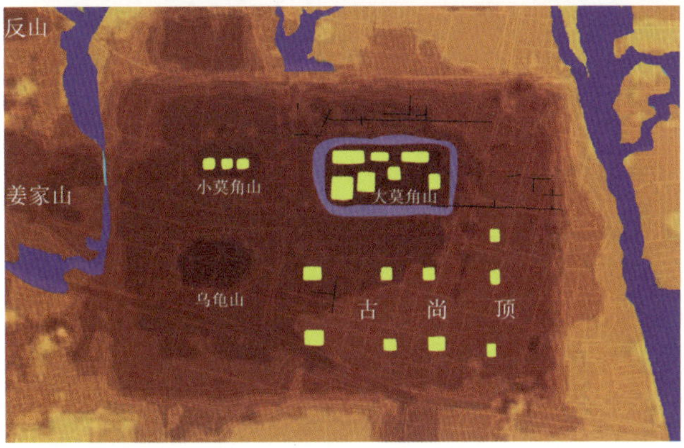

良渚古城遗址莫角山上房址及石头墙基分布图

2009 年以来，经过调查和试掘，发现在良渚古城外围分布有世界上最早的防洪水坝系统，共由 11 处水坝组成。目前获得 12 个测年数据，年代集中于距今 5000~4800 年，属良渚文化早期。2015 年通过老虎岭和鲤鱼山水坝的发掘得到了水坝属良渚文化的地层学证据，并获知了坝体的堆筑结构和层次。

良渚古城遗址的发现和研究成果为中华文明起源过程这一重大学术问题提供了更加系统和明确的证据。

良渚古城遗址莫角山土台沟槽与柱洞遗迹

良渚古城遗址江家山发掘区贵族墓葬

5. 浙江杭州玉架山遗址

玉架山遗址位于浙江省杭州市余杭区东部，西距良渚遗址群 20 余千米，总面积约 15 万平方米。2008 年 10 月开始发掘至今，发掘面积超过 1 万平方米，发现了由 6 个相邻的环壕组成的良渚文化的完整聚落。

在被环壕环绕的土台上均发现数量不等的良渚文化墓葬，迄今已清理墓葬 460 座、房址 11 座、灰坑 24 座，出土各类遗物 5000 余件。墓葬陶器组合多为鼎、豆、罐；石器主要为钺，偶见镞；玉器以管珠为主，少量贵族墓葬中出土琮、璧、璜等玉器。

玉架山遗址的发掘成果对探讨临平遗址群内的良渚文化聚落形态与社会组织关系等具有重要意义。玉架山遗址环壕聚落被评为"2013 年度全国十大考古新发现"。

6. 浙江绍兴越国王陵及贵族墓葬

浙江省绍兴市一带曾是越国国都之一，其周边分布有不少具有一定规模的越国王侯贵族墓葬，对研究越国王陵及贵族墓葬制度具有重要价值。2011 年，浙江省文物考古研究所制定了《绍兴越国王陵及贵族墓考古工作规划（2011~2015 年）》，得到国家文物局重点文物保护专项经费的资助。

通过五年的系统工作，厘清了绍兴高等级墓葬的主要分布区，确认了平水盆地是战国时期越国王陵区，对平水盆地越国王陵区的布局有了初步认识。基本明确了越国贵族墓地周边古水系及沟状遗迹的分布状况，结果表明王陵区与都城由水路相连。此外，获取了建立地理信息系统的基础数据资料，初步建立地理信息系统，涵盖绍兴地区越国都城、贵族墓群和周边聚落的大遗址格局基本形成。

越国王陵及贵族墓葬的调查与勘探成果是越文化考古研究的重要收获，平水盆地越国王陵区的发现是越国王陵考古研究的重大突破。

7. 浙江湖州安吉古城

安吉古城遗址位于浙江省湖州市安吉县城以北约 12 千米的递铺镇古城村，是浙江地区为数不多的保存完好且平面形制清晰的先秦城址之一，周边还有与古城年代相对应的古墓群。2011 年，浙江省文物考古研究所制定了《浙江省安吉古城考古工作规划（2011~2015 年）》，得到国家文物局重点文物保护专项经费的资助。

通过五年的系统工作，基本确定安吉古城始建于春秋战国时期，沿用至汉晋，基本摸清了安吉古城内城的范围、城内外给排水系统及城内文化堆积的分布状况，为城址的下一步工作指明了方向。在安吉古城周边发现了相关联的小城 2 座、大型夯土台基 1 座、大型聚落 1 处、其他相关遗址 3 处、窑址 1 处，另有 3 个分布密集的墓葬群。基本了解了山墩、大庄、窑山等遗址时代及其与中心城址的关系。通过对古城外围上马山墓群的抢救性发掘，获取了先秦、秦汉、六朝时期的大量墓葬资料，为研究安吉古城所经历的越、楚、秦、汉等不同历史时期丧葬文化的变迁提供了丰富的资料。此外，航拍及地形图的测绘为地理信息系统的建立打下了良好的基础。

8. 浙江绍兴禁山窑址

禁山窑址位于浙江省绍兴市上虞区，遗迹丰富、窑炉众多、保存完整、堆积丰厚，产品种类丰富、质量高超、延续时间长，代表了从东汉到三国、西晋时期成熟青瓷发展的第一个高峰，

禁山窑址全景

尤其是东汉全新成熟青瓷类型及东汉至三国、西晋时期完整的窑炉发展序列的发现，更在陶瓷发展史上具有重要意义。禁山窑址发掘的主要收获包括汉代新瓷器类型的发现、东汉至三国和西晋时期完整的窑炉发展过程、较完整的半地穴式窑炉的发现、单体间隔具的发明与改进、高质量青瓷的发现等，对探索窑场布局、成熟瓷器起源及其第一个发展高峰的形成具有重要意义。

9. 浙江宁波上林湖越窑遗址

上林湖越窑遗址位于浙江省宁波市慈溪市鸣鹤镇，为唐宋时期越窑的中心遗址，在中国陶瓷史上占有重要地位。2014 年 9 月 ~2015 年 10 月，浙江省文物考古研究所对荷花芯窑址进行了主动性发掘，发掘面积近 1200 平方米，清理了唐、五代、北宋时期丰富的地层堆积，揭露了包括房址、贮泥池、辘轳坑、釉料缸、道路和匣钵挡墙等在内的丰富遗迹现象。

这是浙江省文物考古研究所首次对唐宋时期的越窑作坊进行大规模考古发掘，揭露了丰富的作坊遗迹现象，揭示了唐宋时期越窑的窑场布局、制作工艺流程以及窑业生产与管理等重要信息，为恢复唐宋时期越窑的制瓷工艺、窑场格局，推动考古遗址公园的建设及浙江青瓷申遗工作提供了大量翔实的考古材料。

通过晚唐、五代、北宋时期丰富地层堆积的揭露，可以建立起唐宋时期越窑发展较为完整的年代序列，为越窑瓷器的更详细分期提供了地层学证据。同时也从地层上建立起唐宋时期越窑的主要发展过程，揭示了唐宋时期越窑从兴起到繁荣再到逐步衰落的完整过程。

大量唐宋时期精美越窑标本的出土，大大拓宽了我们在造型、装饰、成型、烧造等方面对于越窑的认识，使越窑的内涵更加丰富多彩。

10. 浙江龙泉瓦窑路窑址

瓦窑路窑址位于浙江省丽水市龙泉市小梅镇政府所在地，处于大窑窑址群与金村窑址群中间的空白地段。2011 年，发掘揭露龙窑窑炉 1 座，出土大量的黑胎青瓷产品。黑胎青瓷主要发现于两个灰坑中。瓦窑路窑址不仅是一个全新的地点，而且是一个全新的窑址类型，也是目前发现的唯一一处几乎纯烧黑胎青瓷的窑址，其发现为探索黑胎青瓷的起源及其性质提供了极其珍贵的资料。

11. 浙江绍兴宋六陵

自 2012 年冬至 2013 年底，浙江省文物考古研究所对位于浙江省绍兴市富盛镇攒宫山的宋六陵保护区进行了大范围的调查与勘探。前期调查工作主要限定在采集散落在地表的各类标本及大范围的普探，以了解近几十年来六陵整体风貌的变化及部分遗物的出土情况。2013 年下半年，对孟后陵保护区进行重点钻探，发现了大范围的石构建筑基址及疑似地宫石藏的遗迹单位。

根据《宋会要》《思陵录》等文献可知，宋六陵的陵园内不仅有各帝后的主体墓穴，地表还配有上、下宫等大量祭祀类建筑，它们与墓葬本体共同构成了 14 座完整的帝、后陵寝。今后的工作中，除了继续寻找和确认其他各帝、后陵主体石藏外，还要兼顾对共存建筑的调查。

总的来说，这一年多的调查与钻探工作，为考古工作人员全面了解和掌握宋六陵遗址的具体保存状况提供了非常重要的信息，为将来逐一确认南宋各帝后陵的具体位置及各陵园的建筑布局打下了良好的基础。

杭州市文物考古研究所

一、业务建设

2012年至今，杭州市文物考古研究所紧紧围绕临安城遗址保护、城乡社会经济建设以及文化遗产保护三大主题。坚持统筹发展，主动适应新常态，科学谋划，稳扎稳打，在田野发掘、调查勘探、学术研究、文物保护、队伍建设以及公共考古等各方面均取得了显著成效。

（一）业务工作

1. 考古调查与发掘

五年来，杭州市文物考古研究所共完成考古项目228项，其中考古发掘40项，发掘面积近3.5万平方米。考古勘探、调查等188项，面积达750万平方米。其中，柴岭山土墩墓和杭州南宋临安城遗址考古发掘项目分别入围2012年度和2015年度“全国十大考古新发现”终评。湖山墓地、吉如遗址、南宋洪起畏夫妇合葬墓以及五代海塘遗址共4个考古项目先后入围2013年度和2014年度“全国十大考古新发现”初评。另外，杭州南宋临安城供水系统遗存和杭州古海塘遗址两个考古项目获评“2015年度浙江重要考古发现”。

以临安城遗址考古工作为核心开展大遗址保护工作。临安城遗址的考古工作经过几代考古人的不懈努力，取得了丰硕成果。2012年《全国重点文物保护单位临安城遗址保护总体规划》的正式公布，开启了临安城遗址考古发掘和保护的新篇章。2012年以来，杭州市文物考古研究所陆续对临安城城墙、城市供水设施遗存、净慈寺等重要遗址实施了考古调查或发掘，又配合基本建设先后完成望湖宾馆改扩建地块、学士路地下停车场地块等项目的勘探或发掘。同时，加强对临安城相关文献的整理并开展相应课题研究，与浙江大学文化遗产研究院紧密合作，尝试将科技手段应用于临安城遗址的勘探中，效果明显。积极推进临安城遗址考古发掘资料的整理与研究，一批重要考古发掘报告相继出版。另外，平安里吴越捍海塘、龙门山、桃源岭宋墓、平安里元末明清杭州东城墙等周边遗存的发掘，极大丰富了临安城遗址的内涵，也以实物形式见证了杭州的城市变迁。

积极参与全国重点文物保护单位郊坛下官窑和老虎洞窑址保护规划的编制，深化遗址发掘与保护的有机结合。

为大运河、钱塘江的保护和申遗工作提供技术支撑。杭州市文物考古研究所围绕大运河、钱塘江保护与申遗，发掘揭露了永兴闸、大城隍庙、西兴驿等运河遗址，以及五代吴越捍海塘遗址、萧山北干北海塘遗址、萧山瓜沥北海塘等古海塘遗址，发现了“竹笼沉石”捍海塘、柴塘、鱼鳞石塘等多种海塘营建方式，为研究我国古代水利技术、工程技术的发展提供了重要实物资料。同时，为运河与钱塘江申遗工作在遗产真实性、完整性、价值提炼、遗产展示等方面提供了强有力的实物佐证和技术支撑。

围绕杭州社会经济发展大局，配合城市建设抢救地下文物。杭州市文物考古研究所在杭州市园林文物局的指导帮助下与杭州市国土部门进行顺利对接，将考古勘探工作前置到土地出让阶段，减少了文物保护与城市建设之间的矛盾，取得了明显的效果。2012 年以来，累计实施考古勘探项目 150 余项，勘探总面积逾 500 万平方米，发现和保护了吉如遗址、九堡文体中心明清海塘遗址等一批重要遗迹。

特别是 2015 年，在配合杭州市“做地攻坚年”专项行动中，杭州市文物考古研究所全年共组织完成勘探发掘 40 余项，勘探总面积逾 200 万平方米，全面探查了各地的地下文物埋藏情况，为杭州市的城市基本建设、经济社会发展和文物保护事业做出了重要贡献。

推进大杭州考古发展战略，为整个杭州地区社会经济建设服务。杭州市文物考古研究所与区（县、市）文物部门开展合作，先后完成萧山柴岭山商周土墩墓、萧山湘湖湖山墓地、萧山湘湖老虎洞遗址、富阳三桥乌龟山古墓群、临安青山湖西环路墓葬群、南宋洪起畏夫妇合葬墓、余杭小横山南朝画像砖墓群、余杭禾丰港商周至汉六朝聚落遗址、富阳春建坟湾里宋墓、临安龙岗清代家族合葬墓、淳安王阜乡马山村明墓等项目的考古发掘；完成千岛湖配水工程桐庐段、杭州绕城西复线的考古调查；按计划分批对建德、萧山、临安等地进行考古调查，为今后划定地下文物埋藏区提供依据。

杭州市文物考古研究所积极配合文物保护单位（点）的保护性维修工作，开展对余杭九度岭关隘遗址、余杭东明寺遗址、富阳碧昭寺遗址、建德梅城城墙遗址、临安洞霄宫遗址的考古调查与勘探，为遗址保护提供第一手资料。配合非物质文化遗产保护，组织对富阳传统造纸技艺相关遗迹的考古调查。

2. 科技考古与文物保护

加强文物保护，建立科技考古与文物保护平台。杭州市文物考古研究所在科技保护室的基础上，新增了实验室、绘图室以及标本室，添置必要的科技保护设备，进一步加大科技保护的力量，提升科技保护的整体水平。

重视考古发掘现场的文物保护。杭州市文物考古研究所顺利完成了余杭禾丰遗址、萧山老虎洞遗址、临安西坟山墓群、平安里五代捍海塘遗址等项目发掘现场的文物保护工作。完成萧山水漾坞出土金银铜器、百井坊巷工地出土青铜鼎等金属类文物的保护处理，以及余杭禾丰遗址出土竹木器、平安里五代海塘出土饱水有机质文物的日常保湿和脱盐脱水实验等处理。五年来，共修复各类文物标本约 2500 件。

加强与高校、科研院所合作，引入物探和遥感考古、三维信息留存等新技术，积极探索新方法，突破城市考古瓶颈。杭州市文物考古研究所先后多次与浙江大学文化遗产研究院合作，采用 2D 雷达探测技术，对上仓桥、环城北路地区的临安城城墙以及平安里地区的吴越捍海塘考古现场进行了物探实验。临安城考古地理信息系统的建设也在同步推进。

（二）人才建设与培养

杭州市文物考古研究所多渠道搭建人才培育平台，重点加强对 5 名杭州市“131”人才的培养，使之成为各自领域的领军人才。通过整合单位内部资源，充分发挥业务人员的专业优势，开展了田野考古工作规范、出土文物科技保护、临安城考古工作历程等专题培训和讲座。通过发表专业论文、整理出版考古报告、外出考察交流、参加国内外大型学术会议等途径，为业务人员特别是中青年业务骨干搭建较为广阔的事业发展平台，激发干部职工的学习热情，使单位内部充满了浓厚的学习氛围和积极进取的良好风气，促使全体职工安心本职工作，以饱满的工作热情，积极主动地推进考古事业发展。

（三）学术交流与科研成果

大力推进考古资料整理与报告出版工作。杭州市文物考古研究所的业务人员在繁忙的野外考古勘探发掘工作之余，积极开展发掘资料室内整理工作和相关课题研究。目前已出版《南宋御街遗址》《南宋临安府治与府学遗址》《萧山柴岭山土墩墓》《余杭小横山东晋画像砖墓》《吴越国康陵》《临安洪起畏夫妇合葬墓》等考古发掘报告 10 部，以及公共考古科普读物《湖畔寻古》。所内研究人员在《考古》《文物》《中国文物报》等报刊以及各学术会议上发表论文和考古简报等近 120 篇。

强化课题意识，提升科研水平。杭州市文物考古研究所研究课题“浙江余杭小横山南朝墓画像砖整理与研究”“吴越捍海塘遗址信息综合采集与出土文物保护研究”分别获得 2015 年国家社科基金项目和浙江省文物局正式立项。“钱塘江北岸明清海塘的考古调查与研究”“钱塘江南岸古海塘遗址（杭州段）考古调查发掘与研究”以及“宋元时期南方手工造纸技术研究——富阳泗洲宋代造纸遗址的个案研究”已正式获杭州市社科联“钱塘江古海塘研究”和“丝绸之路与杭州研究”专项课题立项。另外，“临安城相关文献集成”和“杭州萧山西山墓葬群出土青铜文物的科学分析与保护探讨”获得 2013 年区（局）级科研课题立项。目前，青铜文物保护课题已顺利结题，其他课题均根据工作计划逐步推进。

此外，所内研究人员还完成了《浙江通志·西湖卷》考古部分，《中国文物志》临安城遗址、吴越国王陵、岳飞墓等条目的撰写。顺利完成可移动文物普查工作和特色档案收集整理三年工作计划既定任务。

（四）对外宣传与公众服务

充分利用媒体，做好考古宣传。杭州市文物考古研究所十分重视图书、报刊、电视、网络等媒介的宣传作用，充分利用文化遗产日现场宣传、宣传册页、博物馆展览等多种形式，宣传文物保护法规政策，普及田野考古与文物保护知识。中央电视台科教频道“探索·发现”栏目先后对杭州市文物考古研究所发掘的柴岭山土墩墓和临安西坟山洪起畏夫妇墓进行了专题拍摄。

公共考古体验活动常态化。为满足社会公众对考古工作的关注和参与热情，自2013年起，杭州市文物考古研究所开展了一些公众考古活动，广受欢迎，产生良好的社会效益。2014年，针对中学生、团员青年职工等不同群体，先后在考古现场组织了数次现场观摩与体验；组织开展“团员青年考古现场探寻之旅”主题活动；与杭州青少年活动中心合作举办了暑期实践活动，在田野考古现场邀请青少年参加考古发掘。2015年，在以往工作的基础上，推出“金手铲——杭州市文物考古研究所公众考古系列活动”，进一步扩大活动的内涵和外延，尽可能多角度地为公众展示考古（学）的本来面目。“金手铲”公众考古系列活动荣获第三届“中国公共考古·首师论坛”公共考古活动一等奖。

定期召开考古新闻见面会。独立建制以来，杭州市文物考古研究所在每年年底都会举办“发现杭州——杭州考古工作年度盘点”见面会，向各大主流媒体及时通报年度考古成果，引起社会各界的广泛关注。

不定期开展专题讲座。杭州市文物考古研究所先后在“武林文博讲坛”“杭州文博讲堂”开展南宋德寿宫遗址、余杭小横山东晋画像砖墓、紫城巷南宋引水系统等多场专题讲座。

五年来，杭州市的文物考古工作取得了可喜的成绩。杭州市文物考古研究所将继续深入实施“大杭州考古”战略，以保护历史文化遗产和服务社会经济发展为己任，大力推动整个杭州地区的历史文化遗产保护工作，为杭州经济社会发展做出新的贡献。

二、重要考古成果

1. 浙江杭州吉如遗址

吉如遗址位于浙江省杭州市拱墅区祥符镇吉如村，十字港河南北向穿过该遗址。2013年3月，疏浚河道时发现该遗址，杭州市文物考古研究所于同年5~11月对其进行了抢救性发掘。

吉如遗址良渚文化层最厚处达1.6米，共清理良渚文化时期人工营建土台1处、房址1处、墓葬1座、灰坑7个、沟1条，出土玉器、石器、陶器等40余件完整器，玉器只有玉锥形器1种，石器有犁、镰、锛、刀、镞、耘田器、网坠等8种，陶器有鼎、豆、罐、双鼻壶、三足盘、甗等器形。另出土大量较细碎的良渚文化时期陶片以及少量动物骨骼。

吉如遗址出土刻画符号陶片

吉如遗址是一处重要的良渚文化中晚期聚落遗址，灰坑中出土长达47厘米的石犁，对研究良渚时期农业生产状况非常重要。此次发掘对了解杭州城郊地区良渚文化遗址的文化层堆积状况及文化内涵具有重要价值，同时可与该遗址北侧约10千米的良渚遗址群做对比研究，对探讨杭州城郊良渚文化遗址与良渚遗址群之间的内在联系具有重要意义。该项目曾参与“2013年度全国十大考古新发现”评选。

2. 浙江杭州柴岭山商周土墩墓群

2011年3月31日~2012年6月15日，杭州市文物考古研究所联合萧山博物馆对浙江省杭州市萧山区西部西山山脉柴岭山至蜈蚣山之间的山顶、山冈及山坡上的土墩墓进行抢救性发掘，共发掘土墩37座，清理墓葬59座、器物群8个、窑址1座、灶1个。墓葬和器物群内出土器物867件（组），封土、填土和扰土中出土器物55件。

土墩平面形状有圆形、长圆形、椭圆形等，以椭圆形为主，最大径6~38米，以7~9米为主。墓葬包括无石室土墩墓和石室土墩墓两大类，前者墩内不见石室，包括平地堆土掩埋型墓、土坑竖穴墓、石床墓、石框墓和木椁墓；后者墩内设明显的石室，一般由墓室、护坡、挡土墙和盖顶石等部分组成。其中，D30M1和D36M1规模巨大、

柴岭山土墩墓群D30M1墓室全景

柴岭山土墩墓群 D36M1 北侧视图（北—南）

保存完整，属于规格、等级较高的贵族墓葬，其发现为研究越地商周时期贵族墓的墓葬制度提供了新资料、新线索。

出土遗物按照质地不同可分为原始瓷器、印纹硬陶器、硬陶器、泥质陶器、夹砂陶器、青铜器、玉器和石器等，器形包括原始瓷豆、盂、碗、盘、罐，印纹硬陶罐、坛、瓮、瓿等。

该项目入围“2012 年度全国十大考古新发现”终评。

3. 浙江杭州湖山墓群

湖山墓群位于浙江省杭州市萧山区闻堰镇，杭州市文物考古研究所从 2012 年 12 月开始对该遗址正式进行考古发掘，2013 年 5 月完成野外考古发掘工作。此次发掘面积约 2800 平方米，

湖山墓群发掘区东部

湖山墓群 M19 出土“宋元嘉廿八太岁辛卯”纪年砖

共清理战国至明清时期的各类墓葬60座、宋代茔园遗迹1处，出土陶、瓷、石、铁、铜等各类器物150余件（组）。

此次发掘的土坑墓分布于发掘区的中部和西部，有战国墓3座、汉墓1座、宋墓1座、明清墓3座。战国至西汉时期的土坑墓平面均呈长方形，随葬品较多，以陶、印纹硬陶和石器为主。砖室墓中有六朝墓6座、唐墓3座、明清墓43座。砖室墓大部分位于发掘区的东部和中部，少量位于发掘区西部。砖室墓的平面形制有长方形和凸字形两种，大部分业已被盗，随葬品较少。其中M1和M19为六朝纪年墓，墓砖上模印"建元元年□□□"和"宋元嘉廿八太岁辛卯"纪年铭文。唐代砖室墓多随葬青瓷盘口壶和开元通宝。宋代茔园遗迹平面呈"工"字形，由T形道路和长方形拜坛组成，铺筑材料以略加修整的块石为主，另夹杂少量的六朝墓砖及缸口沿，铺设较为规整。明清时期合葬墓较多，以二墓同穴、异穴、并穴合葬为主，另有一组四墓异穴合葬，绝大多数墓内无随葬品。湖山墓群的发掘为研究当地的社会发展、丧葬习俗提供了新的考古学资料。该项目曾参与"2013年度全国十大考古新发现"评选。

4. 浙江杭州五代吴越捍海塘遗址

捍海塘遗址位于浙江省杭州市上城区江城文化宫地块，距1983年发掘地点约1千米。2014年6~10月，杭州市文物考古研究所配合基本建设，对遗址进行了考古发掘，发掘总面积450平方米，发掘总深度达7米。经过发掘，再次发现了建于后梁开平四年（910年）的五代吴越国捍海塘遗址及相关遗迹。

捍海塘遗址内部木石结构（北—南）

发掘揭露的吴越捍海塘遗址呈南北走向，横截面呈梯形，自东向西分布着迎水面、顶面和背水面三部分。捍海塘遗址已发掘部分总宽度约34米，其中迎水面宽约14、顶面宽约18米，背水面因发掘面积所限仅发掘2米。塘面最高处距离现代地表2米，已知塘体高度约5米。捍海塘背水面和顶面因地制宜采用纯净的粉砂土分层堆筑而成。背水面因发掘面积所限及近现代扰乱层叠压破坏未发现支撑排列的木柱。整个迎水面呈斜坡状，近塘顶处坡度约28°，自西向东往钱塘江方向逐渐平缓。

捍海塘遗址迎水面木结构（东—西）

此次发掘的遗迹主要位于迎水面。迎水面西部是以经过粗加工的竖向木桩与横木用竹索捆缚作为骨干框架，填以土、石，在木桩与塘体之间采用竹篱进行分隔和加固，框架上部采用大竹笼装载小石块作为海塘表面护塘石，再在塘面覆盖草和泥土，以加固粉砂土构成的海塘塘体。捍海塘迎水面东部塘体用人工分层堆筑，土层间铺以竹编、芦苇，用木橛、木桩加以固定，防止迎水面塘体发生位移。

除出土大量唐五代瓷器残片外，还陆续发掘出芒鞋、竹编、芦苇编织物、漆器残件、加固塘体的麻绳以及动物骨骼、植物种子等有机质文物。

此次发掘确认了捍海塘的修建工序和结构，为研究当时的水利工程技术提供了新材料。该项目曾参与“2014年度全国十大考古新发现”评选。

5. 浙江杭州洪起畏夫妇合葬墓

洪起畏夫妇合葬墓位于浙江省杭州市临安区横街村郎碧东部约300米的将军山西南麓。2013年11月~2014年6月，杭州市文物考古研究所会同临安市文物馆对该墓进行了抢救性考古发掘。

洪起畏夫妇合葬墓背靠将军山，面向南苕溪，坐东北向西南，方向210°，墓体规模宏大，长60、宽约52米，占地面积约3000平方米。结构复杂，由抱手、封土、墓前建筑、墓室、排水道等五部分组成，其间紧密相连，浑然一体。宏大的规模和独特的形制为浙江地区历年发现的宋墓所未见。

在墓室前部发现有洪起畏及其妻郎氏的墓志，墓志内容不仅记述了墓主的生平，还提到夫妻二人父辈、祖辈的大致情况，尤其是记述了南宋晚期吴潜、贾似道、吴坚等重要历史人物和“宋元丁家洲之战”“郑虎臣杀贾似道”等重要历史事件，对于研究南宋晚期历史具有重要的证史和补史作用。该项目曾参与“2014年度全国十大考古新发现”评选。

洪起畏夫妇合葬墓全景（西南—东北）

洪起畏夫妇合葬墓右侧砾石垣墙内墓志（西南—东北）

6. 浙江杭州南宋临安城遗址

2015 年，杭州市文物考古研究所在浙江省杭州市南部凤凰山东麓南宋临安城址进行考古工作，先后发现了临安城内地下引水、供水设施，临安城东城墙遗迹，并将物探技术应用到了城墙的考古勘探中。另外，对元代东城墙遗迹进行发掘，佐证了杭州的城市变迁，成为临安城考古的重要延伸。此项目入围“2015 年度全国十大考古新发现”终评。

2015 年 4~9 月，在对位于浙江省杭州市上城区涌金街道紫城巷地块的发掘中，首次揭露了与引西湖水入城有关的南宋引水、供水设施遗址。发现宋、元、明、清各时期的房址、水井、水池、水沟、道路等多处遗迹。其中，于 T3 内发现的木管水沟 G1 及与其沟通的水井 J5 和 J9 等遗迹，应与《咸淳临安志》所记的引西湖水以供城内居民取汲的诸井有关。尤其是 G1 的用材，与诸井“以木为管”相符，具有重要意义。由于南宋时此地为诸井中镊子井及其水口所在，因此推测 G1、J5、J9 等遗迹应与镊子井有关。这是此类遗迹在杭州的首次发现，在一定程度上以实物形式反映了南宋临安城城市居民的用水情况。发现的各时期房址、水池、水井等遗迹虽然大多保存状况较差，但仍为南宋临安城遗址和元、明、清杭州城址的考古和研究提供了重要的实物资料。

南宋临安城遗址 J9 与 G1（西北—东南）

南宋临安城遗址 G1 转角处连接

位于浙江杭州上城区的临安城东城墙遗迹是目前已发掘的南宋临安城城墙遗迹中保存最好的一处。此次发掘揭露的东城墙遗迹整体呈南北向，长 36.3 米。城墙主体部分宽 10.5 米，其东壁包砖宽约 1.5、残高 0~1.35 米，西壁包砖仅残存少量底砖，宽约 1.3、残高 0~0.15 米，两壁露明面均有收分。墙芯由质细且纯净的灰青色粉砂土夯筑而成。该段城墙遗迹为复原城墙结构提供了重要实物依据，也为复原南宋临安城东城墙线性分布提供了重要且准确的坐标。

此外，杭州市文物考古研究所将现代科技中的物探技术应用于临安城遗址的考古工作中，有效地解决了当前城市建筑密集、路网交错等一系列问题。

2015 年 10~12 月，杭州市文物考古研究所在上城区南星街道彩霞岭社区建设地块的发掘中发现一段城墙遗迹。该段城墙为元末杭州城东扩时始建，明清两代一直沿用，渐遭毁弃。元代

南宋临安城遗址东城墙遗迹全景

城墙遗迹基本位于发掘区东半部T1的正中，近南北走向。揭露的城墙遗迹包括城墙主体和马面两部分，总长48米。城墙主体纵贯探沟南北，马面位于探沟北部、城墙主体东侧。该地块西邻南宋临安城东城墙，且地块内西部有五代捍海塘、东部有元代杭州东城墙遗迹分布。该段城墙的发掘，见证了南宋以来杭州城市的变迁。

宁波市文物考古研究所

一、业务建设

2012~2016年，宁波市文物考古研究所在业务工作、人才建设与培养、学术交流与科研成果和对外宣传与公众服务等方面均取得了新的成绩，做出了新的贡献，已基本形成了“水陆考古并进、抢救保护并举、研究展示并重”的总体格局。

（一）业务工作

1. 考古调查与发掘

（1）田野考古

一是抢救性考古。五年间，宁波市文物考古研究所共组织实施配合宁波地域工程建设的抢救性考古调查、勘探与发掘项目230余项，其中发掘项目39项，遗存年代涵盖史前至明清各个时期，内容涉及聚落考古、窑址考古、城市考古、墓葬考古诸多方面，总发掘面积超过15000平方米。抢救保护了鱼山遗址、乌龟山遗址、大榭遗址、上水岙越窑窑址、南宋丞相史嵩之夫妇合葬墓、鄞江宋元水利遗存等重要地下文物遗迹数十处，出土陶瓷、玉石、骨木、砖瓦、金属等不同类别文物标本1万多件。其中，鱼山遗址与鄞江宋元水利遗存均入选“2015年度浙江重要考古发现”。

二是主动性考古。五年间，宁波市文物考古研究所共完成国家文物局立项的主动性考古课题1项（句章故城考古），发现了宁波地区历史上最早的城邑——句章故城，为宁波城市发展史研究做出了重要贡献。获批国家文物局立项的主动性考古课题1项（宁波地区古代城址考古），已完成鄞江古城考古调查、勘探与试掘工作，现正在开展鄞治古城考古调查、勘探与试掘工作。

三是“走出去”战略。五年间，宁波市文物考古研究所相继应邀参加了上海广富林遗址考古发掘项目（2012~2014年）和北京地区配合工程建设的抢救性考古勘探、发掘项目20余项（2014~2016年），宁波考古“走出去”战略得以持续深化。

（2）水下考古

一是本地水下考古项目的实施。2012年和2014年，宁波市文物考古研究所依托国家水下文化遗产保护宁波基地，与国家文物局水下文化遗产保护中心、中国文化遗产研究院、中国国家博物馆等单位合作，圆满完成浙江首个水下考古发掘项目——“小白礁Ⅰ号”水下考古发掘项目，且因此次发掘在工作理念与技术方法上的诸多创新，被誉为“我国水下考古走向水下文化遗产保护的又一重要标识”“我国水下考古的又一创新之作”，并因此获得中国考古学会颁发的2011~2015年度全国田野考古奖三等奖。此外，还于2012~2016年相继完成了慈溪潮塘江元代沉船发掘、三门湾跨海大桥和浙能镇海电厂水下考古调查等配合工程建设的抢救性水下考古项目，组织开展了“浙江海防遗存考古调查（宁波）”课题以及宁波市文物考古研究所“宁波慈溪上林湖后施岙水域水下考古调查”项目。

二是市域外水下考古项目的参与。五年间，宁波市文物考古研究所积极响应“全国水下考古一盘棋”的号召，应邀派员参加了“南澳Ⅰ号”、西沙群岛、致远舰等重大水下考古项目和全国各地其他水下考古活动，合作开展了舟山、上海等海域水下考古工作，并三次走出国门参与商务部文化援非之“肯尼亚水下考古调查”项目，为落实国家海洋战略、扩大国家文化影响做出了应有贡献。

三是其他水下考古活动的开展。主要包括落成投用国家水下文化遗产保护宁波基地，策划“水下考古在中国”专题陈列，与国家文物局水下遗产保护中心联合举办首届“水下考古·宁波论坛”，应邀参与国家《水下考古工作规程》的编制与试行，成功召开全国沿海地区水下考古工作方法与成果座谈会等。

2. 科技考古与文物保护

一是科技保护设施建设。五年间，宁波市文物考古研究所组建了专门的科技保护中心，培养、引进了多名出土（水）文物科技保护专业人才，建成了专门的出水沉船修复展示室（约1000平方米）和科技保护实验室（约500平方米），添置了300余万元的出土（水）文物科技保护技术装备，具备了自主开展出土（水）文物科技保护和考古现场出土（水）文物保护的能力与条件。

二是科技保护项目开展。五年间，宁波市文物考古研究所相继完成了北仑璎珞村五代陶窑和慈溪潮塘江元代沉船整体迁移保护项目，开创了宁波地域考古遗存整体迁移保护的先河；合作编制了慈溪潮塘江元代沉船保护立项文本与保护修复方案，目前已获国家文物局批复立项；承担了上海“长江口Ⅰ号”部分出水文物保护工作。特别是在2013年，向国家文物局成功申报了浙江首个出水文物科技保护项目——“小白礁Ⅰ号”沉船现场保护与保护修复（Ⅰ期）项目，并在2014年与国家文物局水下文化遗产保护中心、中国文化遗产研究院、中国国家博物馆等单位合作完成了现场保护阶段任务，出水船体现正在国家水下文化遗产保护宁波基地的沉船修复室内边保护边展示，让公众共享水下文化遗产保护成果。

3. 规划编制

主持编制了《宁波考古事业“十三五”发展规划》。此规划在全面总结“十二五”时期宁波地域考古成就、梳理分析存在问题的基础上，从机构建设、人才队伍、田野考古、水下考古、科技保护、学术研究、保护管理、宣传展示八个方面提出了“十三五”时期宁波地域考古的发展目标与重点任务。规划期限为2016~2020年，部分目标可展望至2021~2025年。

参与编制了《国家水下文化遗产保护“十三五”规划》和《浙江省文物博物事业“十三五”规划》，并与国家文物局水下文化遗产保护中心联合主办了“国家水下文化遗产保护‘十三五’规划暨‘海上丝绸之路’申遗前期研究”研讨会。

4. 基础设施建设

2014年，我国首个挂牌成立的国家水下文化遗产保护基地——宁波基地在全国率先建成投用。宁波基地采用与中国港口博物馆合作共享的方式建设，工程总占地面积51966平方米，总建筑面积40987平方米，总投资7.3亿元。其中，宁波基地独立使用部分建筑面积约11000平方米，主要分为陈列展示区、保护修复区、收藏整理区、研究办公区、文体活动区、专家公寓区等不同功能区块。共同使用部分建筑面积约6000平方米，主要是多功能报告厅和临展厅等功能区块。

在宁波基地内专门设有出土（水）文物库房和配套用房。其中，文物库房建筑面积约2000平方米，整理、修复、摄影、绘图、陈列、数控、管理等配套用房约1500平方米。目前，投入近200万元的库房智能化管理系统正在建设中，“十三五”期间争取完成2015年前全部出土（水）文物标本的编号整理、数据采集和电子标签、分类上架等工作。

（二）人才建设与培养

积极壮大自身人才力量。宁波市文物考古研究所按照“立足培养，择优引进，优化结构，提高素质”的总体思路，逐步构建专业能力突出、专业结构均衡、专业门类齐全、专业素质较高的人才梯队体系。截至2016年，所内共有在编在岗人员18名，尚缺编4名，另有编外人员12名。现有在编在岗人员中，博士4名、硕士8名、本科4名，正高职称3名、副高职称4名，在职个人考古领队8名，一线水下考古队员7名，科技保护专业人员3名，留学归国人员2名。多人次入选国家、省、市、局重点人才培养工程和专家库。“探索蓝色文明——水下考古团队”先后入选市、省文化创新重点团队。考古专业人才，特别是水下考古人才数量与水平位居全国前列，被誉为“水下考古的宁波力量”“水下考古的宁波帮”。

多元引进外部人才力量。主要通过协议合作、项目聘用等方式聘请在国内外有一定影响的专家学者，激励并带领本地人才向更高层次发展。同时不断完善技工队伍借用与管理制度，持续推进项目合作制度，让更多外部人才为宁波考古服务。

（三）学术交流与科研成果

重点推进“宁波文物考古研究丛书”出版计划。五年间，宁波市文物考古研究所共编辑出版《傅家山——新石器时代遗址发掘报告》《郭童岙——越窑遗址发掘报告》《永丰库——元代仓储遗址发掘报告》《句章故城——考古调查与勘探报告》等重要报告4部，《宁波文物考古研究文集（二）》《新技术·新方法·新思路——首届“水下考古·宁波论坛”文集》等研究文集2部。

着力实施考古资料整理研究与普及推广工作。五年间，所内研究人员已在《考古》《东南文化》《文物保护与考古科学》等重要学术刊物发表论文（简报）数十篇；在《南方文物》推出宁波考古专栏6期，出版《水下考古在中国》《渔山遗珠》图录2部、纪实读物《水下24米——“小白礁Ⅰ号”水下考古实录》1部。

积极开展对内对外学术交流与研讨活动。五年间，所内多人次应邀参加国内外重要学术会议，成功举办多场高规格考古学术盛会，并与社科院考古所科技保护中心等合作举办了3期6场“科技考古·宁波讲坛”。特别是2014年，与国家文物局水下文化遗产保护中心等合作举办的首届“水下考古·宁波论坛”，来自联合国及世界各地的100余位专家学者出席，成为该年度我国最具影响的水下考古学术交流活动。

（四）对外宣传与公众服务

积极利用新兴媒体开展宣传。五年间，宁波市文物考古研究所新创建了单位网站（www.nbkg.net），新开发了“国家水下文化遗产保护宁波基地手机智能管理系统”，并通过“考古宁波”公众微信平台及时发布考古信息，普及考古知识，扩大考古影响。

加大传统媒体宣传力度。五年间，宁波市文物考古研究所开展的各个重大项目都积极主动邀请媒体如实、科学报道，并在《中国文化报》《中国文物报》及省、市各级媒体上开展连续性、专版式宣传。如“小白礁Ⅰ号”水下考古项目曾由中央电视台进行多场实况直播，并多次组织媒体现场跟踪采访，影响极大，迄今不衰。

举办展示活动服务公众。五年间，宁波市文物考古研究所与中国港口博物馆联合成立了“宁波市公众考古基地”，已举办青少年模拟考古活动多场，广受好评；先后举办了“远古的微笑”——镇海鱼山·乌龟山遗址考古成果特展、“水下考古在中国”专题陈列和“发现”——新世纪宁波考古成果特展。特别是“水下考古在中国”专题陈列，自2014年10月向公众开放至今参观人次已近百万，实现了考古成果惠民乐民之初衷。

二、重要考古成果

1. 浙江宁波鱼山遗址

鱼山遗址位于浙江省宁波市镇海区九龙湖镇河头村。2013~2015年，为配合地方工程建设，由宁波市文物考古研究所主持进行了Ⅰ、Ⅱ两期抢救发掘，总发掘面积4300平方米，共发现史前至唐宋时期灰坑、灰沟、柱洞、木桩、活动面等遗迹300余处，出土陶瓷、玉石、青铜、骨

鱼山遗址河姆渡文化晚期遗迹平面分布航拍

鱼山遗址出土河姆渡文化人面纹陶器耳及玉玦

木类遗物 600 余件（组）和大量动植物遗存。

鱼山遗址地层堆积可分为九大层，其中第④层、⑤ a 层和⑧层属于自然原因形成的堆积，可能与内涝或海侵等环境事件有关。文化堆积层可分为河姆渡文化、良渚文化、商周、唐宋四大阶段。其中河姆渡文化遗存又可分为早、晚两期：早期以第⑨层为代表，年代相当于河姆渡文化二期；晚期以第⑦层为代表，年代相当于河姆渡文化三期。良渚文化遗存以第⑤ b 和第⑥层为代表，年代相当于良渚文化晚期。商周遗存以第③层为代表，是该遗址文化堆积最为丰厚的时期，可细分为商代晚期、西周、东周三个连续的发展阶段。唐宋遗存以第②层为代表，遭受后期破坏严重。

鱼山遗址的发现，不仅填补了镇海地区史前文明的空白，揭开了宁绍地区考古学文化序列新的图卷；同时，遗址不同时期文化层间隔自然层的堆积特点，也为探讨不同时期的人地关系，特别是滨海地区早期人类活动与环境变迁的关系提供了新的案例。该项目入选“2015年度浙江重要考古发现”。

2. 浙江宁波句章故城遗址

句章故城遗址是在今宁波地域范围内出现的最早城邑，相传始筑于春秋末年，系越王勾践所建，秦汉之际为句章县治，两晋因之，东晋隆安年间城废，前后沿用800余年。但由于相关文献记载模糊甚至自相矛盾，同时城址表面迹象也早已湮没难寻，因此关于句章故城的具体方位及其兴废年代等始终未有定论。

2007~2012年，经国家文物局批准立项，宁波市文物考古研究所对位于浙江省宁波市江北区慈城镇王家坝村的句章故城遗址进行了多次考古调查、勘探和试掘，累计完成勘探面积近50万平方米、试掘面积87.2平方米。不仅探明并揭示出部分与城市设施相关的建筑倒塌堆积、干栏式木构建筑、码头等重要遗迹现象和城外的窑址、墓葬区，同时还出土各类遗物306件，主要包括春秋战国至两晋时期的筒瓦、板瓦、瓦当、砖块等建筑构件和印纹陶、泥质陶、原始瓷、青瓷、漆木类生活用具。

句章故城遗址考古的阶段性成果主要包括以下三个方面：一是解决了历史上关于句章故城地望的不同纷争，确认其具体位置在今宁波市江北区慈城镇王家坝村一带，城址范围大致在余姚江—赶水河—横河—后河诸水围合的梯形水系内，总面积约27万平方米，中心区面积约5万

句章故城遗址全景

句章故城遗址出土汉晋时期人面纹瓦当

句章故城遗址汉晋时期木构码头遗迹局部

平方米；二是证实了句章故城的始建年代不晚于战国中晚期，这与后世文献的相关记载基本吻合，可互为印证；三是发现了与古句章港相关的遗迹现象，为探讨宁波地区古代港口的发展提供了难得的实物资料。

3. 浙江余桃史嵩之夫妇合葬墓

史嵩之夫妇合葬墓位于浙江省余姚市河姆渡镇五联村。2011~2012 年，因群众举报有墓葬被盗，经国家文物局批准，宁波市文物考古研究所对其进行了清理发掘，并确认为南宋右丞相史嵩之及继室赵氏夫人合葬墓。

墓葬依山而建，三面环山合抱。地面建筑及石像生等均已不存，仅余宋理宗手书“西天福地”残碑半方。墓葬封土最大径约 22、残高 3.8 米。两墓墓室形制结构相同，均为长方形石顶砖椁单室墓，南北并列，西东相错，间距 2 米。史嵩之墓，墓室盖板上覆青石墓志 1 方，下垫长石条，石条下压砖椁，砖椁外侧四角各立四根支撑石柱；墓室内长 2.75、宽 1.1、高 1.38 米，墓壁并列

史嵩之夫妇合葬墓

双砖错缝平砌，墓底错缝平铺素面青砖；封门已毁，前侧设有梯形甬道，甬道下设砖砌排水道。赵氏夫人墓，盖顶石板与墓志均比史嵩之墓稍薄，余皆同。两墓皆被盗，仅发现玉佩、鎏金银环、金折股钗各一，以及数十枚铜钱和大量丝织品。

史嵩之墓是迄今宁波发掘的规格最高的墓葬，对探讨南宋丧葬礼制、风俗、高等级墓葬形制结构等具有重要意义。特别是出土的丝织品，档次高、数量大，几乎囊括了当时流行的各个品类，对南宋时期丝织品制作工艺研究的意义尤为重大。

4. 浙江宁波宋元水利遗存

宋元水利遗存位于浙江省宁波市鄞州区鄞江镇。2014~2015 年，为配合鄞江镇它山堰 1 号地块（当地人称“古城畈”）工程建设，同时结合国家文物局立项课题“宁波地区古代城址考古工作计划”，由宁波市文物考古研究所主持进行了抢救发掘和遥感探测，共完成发掘面积 1070 平方米，揭露出宋元时期的古河道、石砌堤岸、道路、灶、房址等遗迹多处，出土陶瓷、砖石、金属类遗物 620 余件。

鄞江宋元水利遗存石砌堤岸（局部）

发现的古河道呈东北—西南向沟通南塘河与古鄞江，长约 280、宽约 20 米，按其使用时间大体可分为宋元、明清、近现代三个阶段。石砌堤岸分布于古河道东侧岸线，其主体部分位于古河道与古鄞江交汇处，呈凸字形深入宋元时期古河道中，由外向内共有石堤四排，由大小不等的石块垒砌而成，其修筑年代在宋元时期。道路遗迹大致呈西北—东南走向，一端与石砌堤岸连通，已揭示部分长约 56、宽 2.3~5.8 米，其砌筑与使用年代亦为宋元时期，路面两侧还发现房址、灶等遗迹。

结合考古发现和地方文献记载，此次发现的古河道很可能是文献记载中的“小港”，石砌堤岸也应与宋元时期对鄞江洪水湾一带的水患治理活动有关。这些遗迹的发现，为研究宋元时期鄞江水利建设史和经济发展史提供了新的实物佐证。该项目入选“2015 年度浙江重要考古发现”。

5. 浙江宁波潮塘江元代沉船

沉船位于浙江省宁波市慈溪市宗汉街道新华村潮塘江段，2014 年，在潮塘江疏浚整治工中被程发现，并由宁波市文物考古研究所主持进行了抢救性发掘。

沉船残长约 19.5、宽约 5、型深约 2 米。除首尾已残外，其他部位保存较好，最难得的是保留了二层甲板。与沉船同时出土的主要有龙泉窑青瓷、酱釉瓷、陶器、木器、铜钱等遗物。据研究，该船是一艘既可航行于内河，又可扬帆于近海的尖头方尾货船，也是我国已知元代沉船中保存最为完整的一艘。

潮塘江沉船的发掘不仅弥补了宁波古船时代序列上的缺环，为慈溪围海造田历史、杭州湾岸线变迁以及宁波地域文化、商贸往来等提供了弥足珍贵的实物资料，同时对于深入研究中国古代四大名船之一的浙船的船型结构、造船工艺，以及中国造船史、贸易史等也都具有十分重要的意义。该沉船现已整体迁移至室内保护，并获国家文物局批准立项予以保护修复。

潮塘江元代沉船发掘现场

潮塘江元代沉船整体迁移保护

6.“小白礁Ⅰ号”清代沉船

沉船位于浙江省宁波市象山县渔山海域，是一艘沉没于清代道光年间的木质商船。2008年首次发现，2009年进行重点调查与试掘，2012年完成船载文物发掘，2014年完成船体发掘，出水船体现在国家水下文化遗产保护宁波基地边保护边展示。

“小白礁Ⅰ号”部分出水船体构件

“小白礁Ⅰ号”出水青花瓷碗

“小白礁Ⅰ号”船体残长约20.35、宽约7.85米，既具有典型的中国古代造船工艺特征，也明显保留了一些国外的造船传统。出水文物计1065件，主要包括品相精美的青花瓷、色彩斑驳的五彩瓷、名家制作的紫砂壶、标明商号的玉石印章、西班牙银币、国内外铜币以及宁波本地特产石板材等。

作为国家水下文化遗产保护重点项目和浙江首个水下考古发掘项目，“小白礁Ⅰ号”不仅因其中西合璧的船体构造和众多珍贵的出水文物为社会所关注，更因发掘过程中在工作理念与技术方法上的诸多创新为业界所称道，被誉为“我国水下考古走向水下文化遗产保护的又一重要标识”“我国水下考古的又一创新之作”。该项目获2011~2015年度中国考古学会田野考古奖三等奖。

安徽省

安徽省文物考古研究所

一、业务建设

（一）业务工作

1. 考古调查与发掘

2012~2016 年，安徽省文物考古研究所完成考古发掘项目 49 项，另有 7 个发掘项目正在进行中。其中主动性发掘项目 21 项，其余均是抢救性发掘项目。

主动性发掘项目主要是配合大遗址保护工程和考古遗址公园建设进行的，如含山凌家滩遗址、凤阳明中都城遗址、濉溪柳孜运河遗址、繁昌窑遗址、宣城广教寺遗址的考古发掘。一部分是配合高校考古专业实习或解决重要学术问题的，如固镇南城孜遗址、寿县斗鸡台遗址发掘分别是武汉大学、安徽大学考古专业实习项目，东至华龙洞遗址发掘是为进行人类起源相关问题研究而开展的考古发掘等。

建设工程中的抢救性发掘项目仍是考古工作的主体。安徽省近年来建设工程较多，在安徽省文物局的领导下，安徽省文物考古研究所一直把为国家建设服务、做好建设工程中的文物保护和考古工作作为考古工作的重点，积极与建设部门沟通协调，严格控制相关的工作费用，尽量减少建设单位负担。认真贯彻国家文物局《关于做好当前基本建设考古工作保障重大建设项目顺利实施的通知》精神，服务大局、不畏艰苦，推动基本建设考古工作依法进行，保障基本建设工程的顺利实施，增强服务意识和工作主动性，确保了城乡基本建设工程中考古工作的及时开展。

2014、2015 年，安徽省文物考古研究所和国家文物局水下考古中心共同组建了安徽水下考古调查工作队，开展了水下考古调查工作，对黄山太平湖水下广阳城、秧溪街两处水下遗址进行了物探扫测，初步掌握了这两处遗址在水下的分布范围及保存状况、相关水域的水文及地质资料等，取得了阶段性成果。

2. 规划编制

安徽省文物考古研究所的文物保护中心五年来共完成规划、方案编制 200 余项。其中古遗址、古墓葬的保护规划有固镇谷阳城考古遗址公园、皖南土墩墓群、大运河申遗（柳孜段、泗县段）、淮北市石山孜遗址、蚌埠钓鱼台遗址等，另有正在编制的六安汉代王陵墓地、蚌埠双墩遗址、蚌埠春秋墓等一系列保护规划。

3. 制度建设

《田野考古工作规程》修订后，安徽省文物考古研究所根据新的要求制定了《安徽省文物考古研究所田野考古管理办法》，并陆续制定了关于考古工作的专项经费使用管理、出土文物管理、资料管理、技工管理、安全保卫等方面的一系列配套规定，使考古工作管理逐步走上制度化、规范化的轨道。所有考古发掘项目均及时进行检查验收，按照《考古发掘管理办法》《田野考古工作规程》的要求，对发掘质量、现场管理、记录资料、出土文物及重要遗迹的现场保护等方面逐一检查。发掘结束后，按《考古发掘项目检查验收办法》逐项打分。对检查中发现的问题，都根据各发掘工地情况进行了针对性整改。并且增强科研意识，充分运用先进技术手段，积极开展多学科合作，尽量全面、系统地采集、保存相关的历史信息，确保考古工作质量。针对基本建设考古工作多的特点，要求加强研究意识、课题意识，在建设工程的考古中抓课题，必须严格按照《田野考古工作规程》的程序和技术要求，不能降低工作质量。

4. 科技考古与文物保护

为加强考古发掘现场的文物保护工作，安徽省文物考古研究所成立科技保护室，主要承担考古发掘现场和出土文物的保护。现有 EAGLE Ⅲ μ X 射线荧光能谱仪、Nicolet 6700 傅里叶中远红外光谱仪、Thermo Fisher DXR 拉曼光谱仪、LC-20A 高效液相色谱仪等大型分析仪器及 BR-SUN-T 老化箱、恒温水浴槽等文物保护及修复设备。2012~2016 年，已完成安徽省文物考古研究所发掘的青铜器的保护修复、运河沉船脱水保护等项目。配合考古发掘开展的六安双墩一号汉墓、六安白鹭洲战国墓、南陵宋墓等项目出土文物的保护工作正在进行中。

5. 基础设施建设

在基础设施建设方面，2007 年安徽省文物考古研究所合肥科研基地建成并投入使用。科研基地占地约 10 亩，建筑面积 7000 平方米。2015 年该基地新建文物标本库房 6000 平方米，主体工程结构已封顶。2010 年安徽省文物考古研究所寿县中心工作站建成使用，工作站建筑面积 5000 平方米。目前，安徽省文物考古研究所办公、科研用房已达 2 万平方米。此外，为加强出土文物的保护修复，及时整理发掘资料，安徽省文物考古研究所还与地方合作，共建了含山凌家滩遗址考古工作站、繁昌窑遗址考古工作站、马鞍山考古工作站和六安开发区考古工作站。

（二）人才建设与培养

安徽省文物考古研究所定期组织所有考古专业人员开展业务学习，特别是对《文物保护法》《考古发掘管理办法》《田野考古工作规程》《关于加强大遗址考古工作的指导意见》《考古发掘项目检查验收办法》等与考古业务工作密切相关的法规、规定的学习。

增进专业人员之间的相互学习与交流。一是组织各发掘项目相互观摩，对发掘中遇到的问题现场会诊讨论；二是每年定期召开“业务交流汇报会”。通过这些活动，既可以促使发掘者系统总结自己的工作，及时发现存在的不足，也可以让其他业务人员汲取有益的经验，有利于整体工作质量的不断提高。

加强年轻考古专业人才的培养和培训，提升队伍的整体素质和专业水平。鼓励新进的年轻人继续深造，攻读博士、硕士学位，目前正在攻读更高学历的工作人员有6名。鼓励专业人员参加各类学术交流活动，在具体工作中给年轻人“压担子”，创造良好的工作条件和范围，使其更快成长。

（三）学术交流与科研成果

1. 学术交流

安徽省文物考古研究所所与北京大学、武汉大学、中国科学院大学、中国科技大学、中国科学院古脊椎动物与古人类研究所等高校和科研机构建立了稳定的合作关系。承担了“凌家滩遗址及所在裕溪河流域调查发掘”“ 徽州牌坊的保护修复与数字化展示研究”“皖南早期铜冶金的技术与社会”“安徽新石器时代文化格局研究”等国家和省级课题。2012年以来，举办了第三届“黄淮七省考古论坛”“凌家滩文化论坛”（2013）、“繁昌窑遗址发掘学术研讨会”（ 2014）、“萧县欧盘遗址考古发掘现场会暨萧窑学术研讨会”（ 2015）、“东至县华龙洞古遗址暨安徽旧石器时代考古”等学术会议。

2. 科研成果

安徽省文物考古研究所把考古发掘资料的整理工作作为一个重要环节单独安排。首先，有目的、有重点地安排一些学术意义较强的项目优先进行整理出版，在场地、人员、经费及承担人的时间等方面予以保障。暂时不能安排系统整理的项目，要在进行初步整理后把发掘资料移交所里统一保管。对规模较小、资料整理任务较轻的发掘项目，一般都要求当年完成整理工作，尽量减少积压。

2012年以来，完成大型资料整理项目10余个，已经出版了《钟离君柏墓》《庐江汉墓》《杭埠河中游区域系统调查报告》《潜山林新战国秦汉墓》《天长三角圩墓地》《霍邱堰台周代聚落发掘报告》《宿州芦城孜遗址》《马鞍山五担岗》等8部发掘报告，另有《铜陵师姑墩遗址》（2010年发掘）、《濉溪柳孜运河遗址》（2012~2013年发掘）等6部发掘报告已经定稿交出版社出版。

2012年以来共在专业刊物发表考古发掘简报（报告）27篇，均为近年发掘的新资料。如《安徽南陵龙头山西周土墩墓群发掘简报》《当涂陶庄战国土墩墓发掘简报》《安徽省泗县长沟镇刘圩遗址发掘》《安徽省含山县韦岗遗址发掘简报》《凤阳县府城镇乔涧子春秋墓葬》等。

（四）对外宣传与公众服务

2015年6月，安徽省文物考古研究所网站“安徽考古”建成运行。并在各发掘工地有计划地开展面向公众的宣传活动，接待中小学生和社会人士参观发掘现场。此外，还举办了六安双墩一号汉墓出土文物展（2012）、“大发展、新发现”——“十一五”以来安徽建设工程考古展（2013）、“运河重现”——柳孜运河遗址考古发掘成果展（2013）、“古运河遗珍”——淮北柳孜大运河遗址出土文物展（2015）等发掘成果展览。并积极协助各地方博物馆的建设，2012年以来，已向各地方博物馆移交出土文物共计1192件。

二、重要考古成果

1. 安徽池州华龙洞旧石器时代遗址

华龙洞遗址位于安徽省池州市东至县尧渡镇汪村庞汪组，2014年秋和2015年秋，安徽省文物考古研究所和中国科学院古脊椎动物与古人类研究所连续对华龙洞进行了2次发掘，发掘面积46平方米。共发现人类化石近30件，其中包括较完整的头骨1件。动物化石6000余件（包含破碎骨片），初步整理统计，其中包括20余种动物。目前已确定的灭绝种类有剑齿象、巨貘、

华龙洞遗址2015年出土人类头骨化石

华龙洞遗址远景（西南—东北）

巴氏大熊猫、谷氏大额牛、肿骨鹿、猪等种类。一些动物骨骼呈现非自然性断裂，大量动物骨骼表面具有切割、砍砸、破碎等明显的人工痕迹，初步判断可能是古人类宰杀食用动物或制作工具的遗留痕迹。共出土典型石器标本约 20 件。

根据与古人类伴出的动物化石种类的鉴定结果，初步判断华龙洞遗址的时代在更新世中期，与安徽和县直立人年代接近或更早。

2. 安徽马鞍山凌家滩遗址

凌家滩遗址位于安徽省马鞍山市含山县，为更加充分地了解凌家滩遗址和凌家滩文化内涵，自 2012 年以来在已往墓地发掘取得重大收获的基础上，围绕凌家滩遗址进行了大范围的调查、勘探、发掘工作，旨在寻找生活居住区及相关遗迹、遗物，并了解凌家滩高度发达的社会基础和物质基础。

首先开展了凌家滩及所在裕溪河流域的区域系统调查，调查面积超过 200 平方千米。初步掌握了整个裕溪河上、中游先秦遗址分布及规律，证明凌家滩遗址的出现并非一枝独秀，而是有着深厚的社会基础。

2012~2014 年，对凌家滩遗址及其周边共 10 个遗址进行了全面人工钻探，面积近 300 万平方米。明确了凌家滩遗址的范围在 110~140 万平方米；居住区位于遗址南部，外围有周长超过 2

凌家滩遗址 2013~2015 年发掘位置图

凌家滩遗址南半坎地点2015年发掘现场航拍

千米的壕沟围绕，壕沟北侧有一通道与墓葬祭祀区贯通。

2013~2015年，在凌家滩遗址及其外围进行了4次共5个地点的发掘。包括凌家滩遗址石头圩发掘点（2013），壕沟西段解剖点TG1（2014），壕沟北段解剖点TG2、TG3（2014）以及外围的韦岗遗址（2013），总发掘面积约1070平方米。

除此之外，还开展了年代测定、动植物鉴定、环境分析、地质考古研究及玉、石器测试分析等工作。

3.安徽芜湖繁昌窑遗址

2013年11月~2015年11月，安徽省文物考古研究所对安徽省芜湖市繁昌窑遗址开展了主动性考古发掘，主要发掘了柯家冲窑址和骆冲窑址两处遗存。

柯家冲窑址发掘了龙窑1座、作坊区1处，对瓷片废品堆积作了解剖性发掘。龙窑保存基本完整，呈东西向，斜长38.75、宽2~3米，发现4处窑门。窑床自东向西逐渐抬升，坡度为5°~23.5°。窑墙有修补使用痕迹。窑尾排烟室保存较好，发现了挡火墙和排烟孔。出土瓷器有青白瓷碗、盏、碟、盘、温碗、壶、香炉、水盂、粉盒等。作坊区位于窑炉东部平坦区域，发现了储泥池、排水沟等遗迹。

骆冲窑址发掘龙窑1座、房址1处，对瓷片废品堆积亦进行了解剖发掘。龙窑除火膛外基本保存完整，呈南北向，斜长26.4、宽2.25~2.6米，发现4处窑门。窑床自南向北逐渐抬升，坡度为14°~19°。窑室内发现了4道隔墙，复原高度约0.24~0.4米，将窑室分为5段。出土瓷器均为青白瓷，器形有碗、盏、碟、盘、壶、炉、枕和瓷塑动物等。

此次发掘中对两处窑址的主要认识如下：

骆冲窑址专烧青白瓷，创烧于五代，主要烧造时代为北宋早期，为我国青白瓷起源研究提供了重要资料。窑址出土的刻“淳化”年号的匣钵为判断窑址时代提供了可靠依据；窑内发现的喇叭形支座、碗形匣钵和匣钵座都是流行于唐末、五代时期的典型窑具；发现大量支钉和内外均带支钉的瓷器器底，表明骆冲窑址采用了流行于五代时期的支钉叠烧工艺。

骆冲窑址一号龙窑内设4道隔墙，分割窑室为5段，是我国古代分室龙窑的最早形式之一，是研究分室龙窑的起源和发展的重要资料。骆冲窑址龙窑窑墙砖烧结严重，产品胎质细腻、釉色纯正，说明隔墙设施的启用是为了提高瓷器烧造质量采取的措施，处于我国分室龙窑的起源阶段。

柯家冲窑址和骆冲窑址的青白瓷产品既有不少共性，又各有特点，为研究繁昌窑青白瓷特点、烧造工艺、不同的市场定位等提供了重要资料。比较而言，骆冲窑址产品胎质更为细腻，釉色多偏白，胎釉结合紧密，开片现象少，大

骆冲窑址 Y1 尾部（南—北）

柯家冲窑址 Y2 全景（东南—西北）

柯家冲窑址作坊区储泥池 C2 与排水沟

部分产品施釉至圈足，少数产品达到满釉。因此，骆冲窑产品更加精致、美观，除生活实用器外，还生产较为丰富的陈设品，其市场定位与柯家冲窑址有所不同，主要面向上层社会。柯家冲窑址的产品则主要面向中下层民众。

柯家冲窑址作坊内发现有淘洗池、沉淀池、储泥池、排水沟等多种遗迹，是研究龙窑作坊布局的重要资料；骆冲窑址发现了高等级的房址，可能是设官监烧的遗迹。

4. 安徽淮北柳孜运河遗址

柳孜运河遗址位于安徽省淮北市濉溪县百善镇柳孜村。1999 年进行第一次发掘。2012~2013 年，因申报世界文化遗产和保护需要，进行了第二次发掘。两次发掘面积近 3000 平方米，揭露出 34 米长的一段河道，发现两岸河堤、石筑桥墩、道路等重要遗迹，发现沉船 9 艘，在河道中出土陶器、瓷器、石器、骨器、铜器、铁器等文物 7000 多件。厘清了柳孜段运河结构、河道演变以及文化遗存埋藏情况，为以后的遗址保护工作提供了更加详细准确的信息。

经过考古勘探与发掘可知，隋唐时期河道宽约 40 米。河道部位堆积共分为 14 层。第 ⑦ 层是红胶泥层，分布于整个河道之内，厚度 20~30 厘米，其上是含大量砖石块和瓷片等遗物的青灰色淤泥层，其下为纯净的黄沙层。判断红胶泥层应该是运河最后一次使用期间形成的淤积，以上的层位均是运河废弃之后形成的堆积。从第 ⑦~⑭ 层堆积情况看，运河在使用期间有 3 次明显的、较严重的淤塞，致使河床不断抬高。河堤堤面残留宽度约 13 米，使用了“木岸狭河”这一水利技术，在河堤中打入成排的密集木桩用以加固河堤。

共发现沉船 9 艘。其中独木舟 2 艘，其余均为木板平底船。船体修长窄狭，平头方艄，通体架设空梁，不设桅杆且无帆。造船用榫钉结合与油灰捻缝技术，列板缝线非常密实。船体结构严密、工艺精良、用材合理，反映了当时运河漕船造船工艺的共有特点。

出土文物 7000 多件，按质地分有陶器、瓷器、铁器、铜器、石器、骨器、木器等。其中瓷器数量最多，基本包含了唐宋时期南北方各主要窑口的产品，反映了因运河的开通而带来的频

柳孜运河遗址发掘现场（北—南）

繁的商贸和文化交流。出土文物中有建筑材料、生活用品、生产工具、茶具、玩具、乐器、泥（瓷）塑制品、娱乐用品及赌博用具等，涵盖了当时社会生活的方方面面。

5. 安徽芜湖铁拐宋墓

铁拐宋墓位于安徽省芜湖市南陵县弋江镇奚滩村铁拐组桦树园西约 300 米处的耕地之中。2014 年 6 月，在土地平整施工中暴露出古墓，南陵县文物管理所立即叫停工程施工，并向安徽省文物局紧急汇报。安徽省文物考古研究所随即进行了抢救性发掘，并向国家文物局补报发掘申请。

两座墓葬相距约 1 米，均为竖穴土坑灌浆木椁墓。M2 早期被盗。M1 保存较好，外椁长 3.7、宽 1.02~1.25、高 1.5 米，内棺长 2.4、宽 0.7、高 0.8 米，糯米浆、石灰、石子混合保护层约长 4.8、宽 2.5、残高 1.7、厚 0.5 米。内棺靠近椁尾居中放置，棺上盖有荒帷及送葬幡，头厢位置摆放有一个三层木架格，随葬器物分层码放：上层主要是锡类碗、碟、盘和果实等，中层主要是轿子、木俑、伞等，底层主要为房屋院落和木俑。架格与棺头之间放置有床架、床、榻、足承、桌、椅、衣架等。棺外四周站立 10 支木牌俑（棺头尾各 3、两侧各 2，等距摆放）。送葬幡叠压在荒帷之上，书写白字："安康郡太□□氏之柩。"棺盖内顶贴有老年女性人物画像若干。

墓主被包裹在被子内，骨架保存基本完整。头饰有步摇、金簪、金钗、水晶吊坠、耳环和梳篦等。身着衣物不少于三层，手臂带缠钏，腹部压串钱，小腿后侧存有帔坠，足穿绣花鞋。随葬器物主要置放于靠近棺尾纵向支起的隔板之上：有包裹（衣服、鞋子）、针线、剪刀、木尺、梳妆盘、木梳、铜镜、粉盒等；棺头左内侧放置酱釉梅瓶和银质碗、碟和温壶，计 10 只，呈半圆状包围在墓主头顶两侧。墓主身下铺一张两侧缝有竹竿的草席，再下铺有两层双面黑漆厚纸，最下层为底板，散布铜钱 200 枚，年号上限为开元通宝，下限为元符通宝。

铁拐宋墓出土房屋及院落（正面）

铁拐宋墓出土男俑

铁拐宋墓出土上衣

出土遗物较为丰富：金属类有金银器、锡器、铁器、铜器，器形有金簪、银勺、银筷、首饰、配饰、锡钵、锡杯、锡碗、锡碟、锡果实、铜钱、铜铃、铜镜、铁剪、铁针等；陶瓷类有酱釉梅瓶、银扣茶盏、青瓷碗、青白釉执壶等；竹木类有房屋模型、床榻及床架、衣架、家具模型及木尺、奏乐木俑、劳作木俑、彩绘木俑等；纺织类有棉织物、丝织物等。此外还有纸质类文物等。如此众多的纺织物以及完整的木俑及房屋、家具组合明器在安徽尚属首次发现。

根据出土遗物种类及特性，安徽省文物考古研究所邀请了中国科技大学科技史与科技考古系、荆州文物保护中心、南京大学历史学院考古文物系等相关机构及专家参加现场发掘、室内清理和保护工作，运用3D扫描技术，测量和提取考古现场的多种信息和数据，进行文物清理、棺液取样、脆弱文物（丝绸、纸质）揭取、骨骼鉴定等工作。文物保护人员自始至终参与此次抢救性发掘，对埋藏环境和保存状况进行分析，了解、掌握出土文物的第一手资料与信息，从而为后期防治文物病害腐蚀与修复保护研究提供依据，并根据各类文物的不同特性，制定了专门保护方案，力争在最大程度上保护好这批珍贵文物。

福建省

福建博物院

一、业务建设

（一）业务工作

1. 考古调查与发掘

福建博物院“十二五”期间的考古工作大致可以分为陆地考古及水下考古两大类，其中“国家水下文化遗产保护福建基地”于 2011 年 10 月正式挂牌成立。考古业务主要以配合基本建设的考古调查、勘探与发掘为主。从 2013 年起，在国家政策的引导下，以课题研究为中心的主动性考古发掘及水下公益性项目开始逐年递增。

2012 年度，完成田野考古调查勘探项目共 13 项，勘探面积 18.74 万平方米。完成田野考古发掘项目 5 个，发掘面积 1700 平方米。主要发掘项目有福州三坊七巷文儒坊西段唐宋遗址、赣龙铁路长汀赢坪新石器时代遗址等。

2013 年度，完成田野考古调查、勘探与发掘项目 16 项，其中勘探面积 5.77 万平方米，发掘面积 15650 平方米；完成水下考古项目以及相关课题研究 6 项。考古发掘项目主要有：邵光高速馒头山商周遗址、京台高速闽清南木墩商周遗址、福州屏山地铁汉唐遗址等。

2014 年度，完成田野考古调查、勘探与发掘项目 14 项，其中勘探面积 13.1 万平方米，发掘面积 4780 平方米；完成水下考古项目以及相关课题研究 7 项。考古发掘项目主要有明溪南山史前遗址、延顺高速邹坍后门山窑址、武夷山葫芦山遗址等。

2015 年度，完成田野考古调查、勘探与发掘项目 19 项，勘探面积 8.35 万平方米，发掘面积 3255 平方米。主要考古发掘项目有南靖东溪窑封门坑窑址、闽清下窑岗窑址、武夷山汉城北城门、永春苦寨坑原始青瓷窑址考古发掘等。水下考古项目主要有配合国家文物局水下文化遗产中心“2015 年全国水下文化遗产保护（考古）专业人员培训班”的实习工作，在福建长乐东洛岛及附近海域进行的水下考古调查等。

2016 年上半年，已完成田野考古调查、勘探项目 8 项，其中勘探面积 15.35 万平方米；完成田野考古发掘项目5项，发掘面积1063平方米。考古发掘项目主要有霞浦屏风山贝丘遗址、武夷山葫芦山遗址、长汀汀州城墙等。

2. 大遗址保护与规划

福建省列入清单的大遗址主要有三明万寿岩遗址、武夷山城村汉城遗址、建窑遗址、德化窑遗址、明清海防遗址等5处。

万寿岩遗址的保护规划已经完成，目前配合文物保护工程的开展，由福建博物院指导万寿岩遗址博物馆进行遗址核心区外围的考古勘探工作，2016年上半年对遗址外围水系构成中的五级涌池进行了考古勘探。

武夷山城村汉城遗址配合考古遗址公园建设，对北城门于2015年9~11月、2016年3~4月进行了两次考古发掘，并对北城门周边进行区域系统调查和勘探，前后共用时85天，发掘面积200平方米，普探调查面积3万平方米，重点勘探1000平方米。基本了解北城门东西两侧城墙的长度、宽度与东西门卫房的结构，其基础结构保存基本完整，包括城墙、门道、门卫房、散水等。整体结构呈东西对称，只是由于地形原因，东、西门卫房大小略有差别。

为编制德化窑遗址保护规划，由福建博物院对所有列入保护单位的窑址进行了科学、系统的考古勘探，为规划编制提供了准确、详细的窑址分布及功能分区图纸。建窑遗址的保护规划由福建博物院编制，为此福建博物院对遗址范围内所有可能埋藏的区域进行了全面勘探，在勘探及规划的基础上，于2016年上半年对遗址实施了外部环境保护工程。明清海防遗址由数量较多的卫所遗址构成，在国家文物局水下文化遗产保护中心的指导下，福建基地从2015年下半年开始对福建沿海岛屿及海防遗址等进行了全面、系统的调查，计划用3~5年的时间，完成并提交调查成果。

3. 科技考古与文物保护

福建博物院用于科技保护的设备仪器主要集中在院内典藏部的科技实验室。考古发掘重要遗迹及出土文物的现场保护工作主要依托实验室进行，如平潭大练海域的出水文物保护工作等。

近几年，主要针对国家重点文物保护专项补助资金支持的主动性课题项目展开综合性的科技研究。比较典型的案例有2016年3月进行的霞浦屏风山贝丘遗址考古发掘，发掘面积15平方米，首次揭露出晚于黄瓜山文化的青铜时代早期遗存，对探索闽东地区先秦时期考古学文化序列具有重要意义。发掘期间，围绕屏风山遗址考古进行了多项的学科研究，主要有：^{14}C测年研究，该项目由美国BETA实验室承担；闽东沿海地区全新世气候环境演变历史及人地关系研究，该项目研究由福建师范大学湿润亚热带山地生态国家重点实验室（培育基地）地貌过程与环境演变创新团队负责；陶器的科技分析，该项目研究由厦门大学海洋考古研究中心负责；植物考古学研究，该项目研究由中国科学院地质与地球物理研究所新生代地质与环境研究室负责。

福建博物院不可移动文物保护中心与文物考古研究所同所办公，具有古遗址、古墓葬保护规划编制的先天优势，近年来完成的古遗址、古墓葬保护规划数量较多。在考古遗址方面，主要完成了三明万寿岩、武夷山城村汉城遗址的考古工作计划，建阳建窑遗址、南安南坑窑遗址、浦城土墩墓群、龙海南炮台遗址、福鼎国兴寺遗址等保护规划基本编制完成。

4. 基础设施建设

福建博物院拥有一处出土文物标本库房，与院典藏部库房同楼建设，条件较好。文物标本库房一共七间，总面积约 500 平方米。闽北考古工作站设在武夷山城村汉城遗址，面积约 800 平方米；近期拟建设闽侯碗窑山考古整理基地，尚在进一步实施中。

（二）人才建设与培养

福建博物院主要由在职人员与派遣人员组成。由于年龄结构问题，在 2011 年及以前退休人员较多，之后陆续招聘考古专业与历史专业研究生各 1 名、旧石器考古方向研究生 1 名、新石器考古方向博士生 1 名。此外，从福州市规划院引进文物建筑保护规划专业毕业的研究生 1 名，从屏南县博物馆引进具有摄影师资质的专业人员 1 名。至此，形成 23 名在职人员中正高级职称 6 人、副高级职称 5 人、中级职称 7 人的相对合理的专业人员构成方式，在这些人员构成中，除 1 人为大专学历外，其余均为本科以上学历。此外，大力引进、培养专业技工队伍，招收派遣人员 7 人。派遣人员多熟练掌握各种仪器、绘图、修复等专项技能，成为各个考古与文物保护工地的重要技术力量。

人员业务培训主要以“送出去、请进来”的方式进行。近年来，福建博物院抓住国家文物局、福建省文物局的历次培训机会，将需要培训的人员全部轮番派出学习。包括历次的领队培训班、考古领队高级研修班、西安考古绘图培训班、水下考古培训班以及北京建筑科技大学的文物保护工程培训班等，培训人数 20 余人次。与此同时，也主动聘请老师，对全所人员进行有针对性的业务培训。如 2016 年 5 月，举办 ArcGIS 新技术应用培训班，10 名业务骨干参加培训，5 名技术人员旁听。培训班反响良好，推动了工作人员考古与文化遗产保护技能的提升与技术观念的革新。

（三）学术交流与科研成果

1. 学术交流

2015 年 6 月 14~17 日，“奇和洞遗址国际学术讨论会”在福建省龙岩漳平市举行。研讨会由中国社会科学院、中国科学院古脊椎动物与古人类研究所、福建博物院、龙岩市文化广电新闻出版局和漳平市人民政府联合主办，80 余位国内外专家参加了会议。

2. 科研成果

福建博物院在已提交的《历史文化名镇（乡）名村的保护现状与发展对策——以福建历史

文化名镇（乡）名村研究为例》结题报告的基础上进一步充实与完善，2016年底正式出版；在完成汀州城墙考古工作的同时，开展原汀州府属八县古城墙的现场调查与文献资料收集与整理；开展为期四年（2015~2018年）的福建沿海岛屿及明清海防遗址调查。

2012年4月，漳平奇和洞遗址入选“2011年度全国十大考古新发现”；2013年3月，被公布为第七批全国重点文物保护单位。《漳平奇和洞遗址图鉴》于2015年5月出版，另有奇和洞遗址的发掘和研究报告正在整理中。

2014~2016年，福建博物院与国家海洋局第三研究所合作，开展国家海洋公益项目“水下文物调查集成”，运用各项最新水下声呐探测技术，对平潭海域的水下文化遗产点进行探测。

福建博物院的学术研究成果主要有以下三方面。

一是对福建古代文明的探源追寻。如范雪春领队主持的“福建史前考古调查研究”，采取传统实地踏查和局部解剖相结合的调查方法，为九龙江流域乃至福建新石器时代早期的文化序列框架的建立及其发展演化的研究做出重要贡献。黄运明领队主持的衢宁铁路沿线考古调查与发掘，首次明确了广泛分布于闽北地区的新石器时代晚期文化——牛鼻山文化的绝对年代，发现闽北地区西周时期有别于白主段类型的典型地层、遗迹单位和器物组合，为探索闽越国的起源问题提供了重要线索。

二是围绕“一带一路”的工作主旨，对福建省悠久而深厚的丝绸之路相关文化遗址进行考古发掘。如羊泽林领队主持的闽清义窑下窑岗窑址、南靖东溪窑封门坑窑的考古发掘，为福建这些由宋至清瓷器的海外发现找到了生产的源头，也成为福建省历代“丝路帆远”的真实写照。

三是水下考古以区域性调查工作的有效开展为重点，在平潭海坛海峡对国家海洋局第三海洋研究所提供的疑似水下文物点进行水下探摸确认和资料采集。

（四）对外宣传与公众服务

福建博物院通过官方网站（www.fjbwy.com）、微信（福建博物院）、微博（福建博物院）、App（福建博物院）多平台系统，满足考古爱好者的知识需求，开设考古发现专题研究与现场传真、展览导航等栏目，发布展览、考古相关资讯，通过学术研究、教育学习、文物保护专栏等服务信息，搭建系统化、开放化的博物馆宣传平台，将博物馆文化推进到社会的各个层面，根据不同群体的文化消费习惯，最大限度地将博物馆文化信息进行有效传递。

二、重要考古成果

（一）田野考古

1. 赣（州）龙（岩）铁路沿线遗址

为配合赣龙铁路建设，福建博物院所对铁路沿线的遗址进行抢救性考古发掘。发掘从 2012 年 9 月中旬至 10 月底，历时 40 余天，发掘面积 1285 平方米。

赣龙铁路赢坪一号遗址柱洞

发现的遗迹主要有灰坑、柱洞、灶、红烧土堆积等。遗物有陶片、陶拍、石器、铜器等，此外还有少量的石范。陶器器形主要有罐、豆、钵、环、支座、纺轮等；石器主要为锛、斧、砺石等。

2. 邵（武）光（泽）高速沿线遗址

邵（武）光（泽）高速起于福建省邵武市下沙镇，经光泽县通往江西方向，2012 年 12 月 ~2013 年 7 月对其沿线进行发掘，前后历时 8 个月。实际发掘遗址和墓葬 15 处，面积共 9000 平方米，包括新石器时代末期至商周时期和宋元时期两大阶段的遗存。其中最重要的是光泽馒头山和茶山遗址发现的成组建筑群。

其中馒头山遗址发现房址 12 座、灰坑 4 个、似灶遗迹 5 处、陶窑 3 座。每座房址由大小不同的柱洞围合，房址形状有圆形和方形，面积大小不等，圆形房屋直径 2~5 米，方形房屋边长 2~4 米。这些房屋以第 9 号房址为中心环绕分布，是福建省目前发现的共存数量最多、最完整的史前建筑群遗迹，对探讨福建史前社会的氏族或家庭内部社会组织结构和关系具有重要意义。

邵光高速光泽县域发掘商周墓葬

光泽茶山遗址发现的遗存与闽北的白主段文化类型大致相同，相当于青铜时代早期。东部发掘区面积 700 平方米，② 层下发现条带状烧土遗迹和圆形房址 2 座以及灰坑、火塘等遗迹。

馒头山遗址、茶山遗址分属新石器时代末期和青铜时代早期，两处发现的建筑遗迹均保存完整，数量多且均呈密集的群组分布，这两处遗址是福建省乃至中国东南地区少见的新石器时代至青铜时代的重要聚落遗址。并且在时代上相延续，反映出的聚落形式各异且相互补充，有非常重要的学术和科研价值。

3. 福建明溪南山遗址

南山遗址位于福建省三明市明溪县，由南侧1~5号洞穴和岩厦、山顶全部及东坡、南坡、北坡构成，总面积约18万平方米。该遗址发现于1986年，此后经过1988、2005、2006年3次考古试掘和山顶钻探，试掘面积约180平方米，钻探面积约5万平方米。

2012~2014年，福建博物院与中国社会科学院考古研究所组成联合考古队对南山遗址进行两次正式的考古发掘。山顶发掘区发掘面积600平方米，共发现蓄水池2个、墓葬3座、灰坑数十个，以及一批柱洞等重要遗迹。4号洞发掘面积约20平方米，共发现墓葬5座，其中新石器时代墓葬4座、商周时期墓葬1座，还发现史前人类活动面、火塘等遗迹。出土标本有石器、陶器以及大量炭化稻谷及少量果核等植物标本、动物骨骼等。其中石器有打制石器和磨制石器，打制石器有砍砸器、刮削器、手镐、石锤、石核、石片、断块等；磨制石器有斧、锛、箭镞、网坠、石锤和石球等。陶器有釜、罐、鼎、豆、壶、杯、纺轮、网坠等，以夹砂陶为主，泥质陶占有一定比例。陶器纹饰非常丰富，有绳纹、条纹、篮纹、曲折纹、叶脉纹、圆圈纹、刻划纹、网纹、戳点纹、压印纹及附加堆纹等，其中泥质磨光黑陶、白陶数量丰富、独具特色，为福建省内所罕见。动物骨骼包括猪、鹿、狗等哺乳动物，以及尚未鉴定的小哺乳动物骨骼与鱼、鸟骨等。

南山遗址在福建省内具有重要意义，其中发掘出土的磨光黑陶、白陶等文物为福建省内所罕见，可命名为一个新的考古学文化——南山文化。南山文化是闽西北地区第一个考古学文化，填补了福建史前考古学文化谱系的缺环，具有重大的学术价值和意义。此外，经初步观察出土人骨的体质人类学特征，与台湾发现的“亮岛人”有很多相似之处，该发现为史前闽台关系的研究、台湾史前人类的起源，以及为国际学术界所关注的南岛语族起源与扩散等重大学术热点问题提供了关键材料。古DNA、同位素、残留物、牙结石分析等科技考古手段也可为上述研究提供坚实基础。

4. 福建福州地铁屏山站路段汉唐遗迹

地铁屏山站路段汉唐遗迹汉代水井

2013年8月5日~2014年1月25日，福州市文物考古工作队与福建博物院联合对正在建设中的福建省福州市地铁屏山站路段开展抢救性考古发掘。实际发掘面积2000平方米，揭露出一大批汉唐以来各时期的重要遗迹，其中比较典型的有汉代建筑基础、水塘和水井，南朝时期的台基和水沟，唐代的壕沟、建筑台基、水井和沟，以及宋代的河道等。出土遗物主要有建筑材料、生活用具以及少量其他遗物。建筑材料以陶质和石质为主，包括部分砖瓦、石柱础等；生活用具有

地铁屏山站路段汉唐遗迹发掘现场

金属器、陶瓷器、漆木器、角器等。该遗址文化内涵丰富、延续时间长，很好地体现了福州历史的完整性和连续性。

5. 福建福州南木墩遗址

南木墩遗址位于福建省福州市闽清县东桥镇南坑村。2010 年 8 月，因京台高速公路考古调查而被发现。2013 年 5~7 月，由福建博物院对高速公路涉及遗址的区域开展抢救性考古发掘。此次考古发掘共布 5 米 ×5 米探方 20 个，发掘面积 500 平方米，共揭露新石器时期墓葬 10 座及灰坑 1 个。墓葬均为土坑竖穴墓，人骨已腐朽无存。遗址共出土陶器、石器等 100 多件。其中石器有钺、锛、镞、水晶尖状器；陶器可辨器形有罐、釜、壶、豆、盘、簋、杯、纺轮、鼎等。

南木墩遗址墓葬

南木墩遗址墓葬随葬品器物组合与昙石山遗址中层即“昙石山文化”极为相似，常见釜、壶、圈足盘、杯和簋等器形，同类器的器形特征亦大同小异。可判断遗址的年代应为新石器时代晚期,其文化内涵与昙石山文化有着密不可分的关系，但器物形态、器类及陶质陶色较昙石山文化又有所变化。如 M1 出土的连通形器及 M10 出土的带把鼎在昙石山遗址均未发现，且多数陶器的陶质更薄且疏松，陶色亦有所不同。故该遗址的发现及发掘，是对昙石山文化内涵的重要补充。

闽清介于闽西、闽北与闽东、福州之间，过去尚未发现或发掘过类似于昙石山文化因素的遗址或墓葬，南木墩遗址的发掘为昙石山文化向西的扩张提供了有力证据，为研究新石器时代晚期福建东、西部之间的区域文化交流提供了珍贵的实物资料。

6. 福建南平后门山窑址

后门山窑址位于福建省北部南平市延平区王台镇吴坍村邹坍自然村后门山西坡。窑址总分布面积约 2000 平方米，发掘面积 950 平方米。发掘时间为 2014 年 5~12 月，共揭露斜坡式龙窑 5 条和灰坑 4 个，其中 Y2、Y3、Y4 和 Y5 存在从上到下的叠压打破关系。

出土物绝大多数是酱釉陶器，还有少量瓷器。陶器以各种规格的罐、执壶和器盖居多，还有瓶、杯、灯盏、灯座、枕、鼎和釜等。窑具主要有垫柱和垫筒。部分垫筒外壁或内外壁涂泥，这种做法在福建地区宋元陶瓷考古中是首次发现。制瓷工具有轴顶碗和拍锤等。窑址地层中出土的瓷器以青白瓷为主，少量黑釉盏和青瓷，器类有碗、碟、杯、盏、执壶等，部分生烧，一些器底有墨书，纹饰多为篦划纹。这些瓷器属于窑业人员的日用品，而非窑炉产品。

从窑炉结构和陶瓷器总体特征分析，窑址年代为北宋中晚期到南宋早期。

7. 福建福州三坊七巷文儒坊西段遗址

文儒坊西段遗址位于福建省福州市三坊七巷之文儒坊的西段，安泰河流经遗址西面和南面。为揭示三坊七巷早期街巷的历史格局，曾于 2011 年 10 月 ~2012 年 1 月对遗址进行考古发掘，发现了丰富的晚唐五代至明清时期的遗迹和遗物，其中尤以晚唐五代时期的罗城城墙和宋代房基最为重要。2014 年 9~10 月，为配合遗址博物馆的建设，对位于原发掘区东南侧的地块再次进行考古发掘。

2014 年度发掘除对唐五代时期的罗城城墙进行局部解剖外，还首次发现了罗城南侧的护岸遗迹以及河岸边的木质桩基等。罗城城墙主体走向大致为东西向，由夯土墙基、夯土墙体、墙体护基、城墙砖等组成。墙体基槽深达 4 米，基槽内以木、石为界可分 11 层，每层内再分若干夯土层；基槽底部平铺木料，侧面紧贴沟壁斜插一排直径 5~10 厘米的树枝，底部并有南北向平铺的粗糙原木压住木板。护岸遗迹由南北各一排东西向木质挡板以及挡板之间平行铺设的两类长短木构成，其中一类长短木由一根长木柱和短木棍榫卯相接呈十字形结构，并在短木南侧栽埋两根木桩加以固定；另一类长短木是在长木的北端凿出方形孔，再插入短木桩予以固定。木质桩基则是由 3 块用榫卯相接平铺的木板、两段放置其上以十字形榫卯相接的木座以及在底部开十字卯槽套住木座的木柱构成，推测可能为河岸台榭建筑的底部桩基。

8. 福建三明将乐岩仔洞遗址

将乐岩仔洞遗址位于福建省三明市将乐县距县城 7 千米的一处孤丘上，相对高度 40 米，为石灰岩结构，有大小溶洞 7 个，周围地势平坦，四面有小涧流水，是古人类理想的栖息之地。1988 年第二次全国文物普查时被发现，此后 3 次对其进行试掘，曾出土距今 10 万年的动物化石、新石器时代晚期的陶片和箭镞等。

2014 年 9 月 12 日 ~11 月 8 日，福建博物院、中国东南考古研究基地、将乐县博物馆组成联合考古队，对岩仔洞遗址山顶和一号洞进行发掘。山顶发掘面积 200 平方米。发现房址 2 座、墓葬 2 座、灰坑若干，以及柱洞等重要遗迹。生活在岩仔洞遗址的古人将小型的岩块搬移，整平地面，清理出平坦的活动面，将房屋建在石灰岩空隙之间，充分利用有限的空间，搭建干栏式建筑。墓葬则是直接利用石灰岩缝隙作为墓框，形成天然的墓穴。这种因势利导的遗迹特征，目前在福建省内发现的新石器时代考古遗址中是唯一的，极具特色。

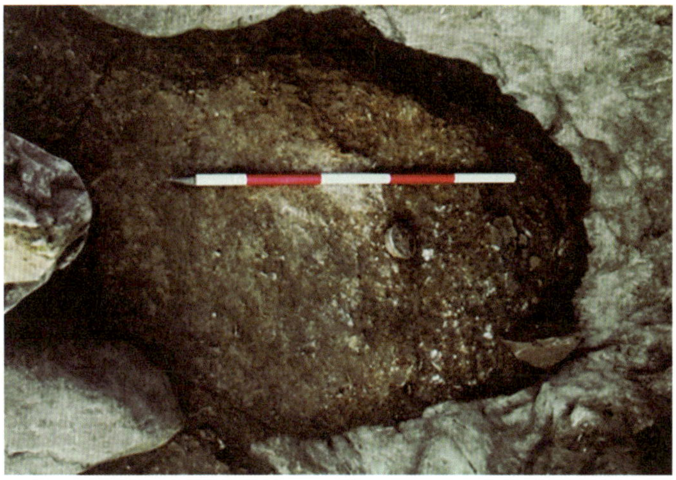

岩仔洞遗址墓葬

遗址出土了丰富的文化遗物，包括大量陶片、陶纺轮、磨制石器、石箭镞、石环、锥形玉器、动物骨骼、炭化果核和大量木炭。

通过与明溪南山遗址出土遗物的对比，推测将乐岩仔洞遗址的年代为距今 5300~4300 年。山顶发掘区发现的房址和红烧土烧结面表明，新石器时代的史前人类在此有过长期的、一定规模的聚居生活，此类遗存的发现为了解福建史前人类的另一种居住模式提供了新的证据。

9. 福建泉州辽田尖山原始青瓷及原始瓷窑址

辽田尖山原始青瓷窑址位于福建省泉州市德化县与永春县交界处的辽田尖山，发现于 2007 年初，2014 年 10~11 月，福建博物院与泉州市博物馆、德化陶瓷博物馆联合对其进行考古发掘，发掘面积约 51 平方米。共揭露存在相互叠压打破关系的龙窑 4 座，对其中的一号窑炉进行了全面揭露，其他 3 座仅揭露局部。

一号窑炉位于发掘区的北侧，窑头朝向东南，方向 125°。南侧窑壁被二号窑炉破坏。窑炉残存斜长 3.92 米，水平残长 3.58 米，窑头与窑尾高差 1.46 米。窑炉可分为火膛和窑室。火膛较宽，由于破坏严重，仅存少量后壁和底部烧结面。窑室较窄，前部内宽 1.24、中部内宽 1.16、尾部内宽 1.11 米。出土遗物除小部分为陶器外，大多为原始青瓷。原始青瓷装饰技法主要有刻划、拍印、戳印、堆贴等，纹样有弦纹、网格纹、绳纹、戳点纹、鼓钉纹、几何纹、云雷纹、水波纹等。根据出土器物特征，初步判断其年代为西周中晚期至春秋战国时期。

辽田尖山原始青瓷窑址的发掘填补了福建南部地区原始青瓷烧造历史的空白，对探讨我国原始青瓷的分布与起源有着重要意义。

尖山窑址出土原始青瓷器

尖山窑址周代原始青瓷龙窑

辽田尖山原始瓷窑址位于永春与德化交界的辽田尖山南侧山坡，于2007~2010年第三次全国文物普查时被发现，先后于2014年10~11月、2015年11月~2016年1月进行了两次考古发掘，总发掘面积约350平方米。

两次发掘共揭露窑炉遗迹17座，其中一号窑址8座、二号窑址9座。出土大量的原始瓷标本和窑具，器形以圜底器和圈足器为主，有尊、罐、豆、钵、纺轮等。纹饰较丰富，以绳纹、篮纹、方格纹、水波纹、三角形纹为主。窑具主要为垫饼，部分正反两面均可见垫烧粘连痕迹。二号窑址距一号窑址约200米，9处窑炉遗迹之间有叠压打破关系，为了保存晚期的窑炉遗迹，大多数仅进行了局部清理。

尖山二号窑址全景

尖山窑址出土原始青瓷和陶片

10. 福建武夷山竹林坑西周原始青瓷窑址

竹林坑西周原始青瓷窑址位于福建省武夷山市武夷街道黄柏行政村盆地北部，发现于2009年第三次全国文物普查期间，后被列为全国100处第三次文物普查重要新发现之一。由于窑址面临被土地承包者修建住宅和开垦茶园破坏的危险，2011年11~12月，福建博物院与武夷山市博物馆、福建闽越王城博物馆等单位联合对该窑址进行了抢救性考古发掘，发掘面积130平方米。共揭露窑炉遗迹3处，其中一号窑址为我国少见的保存较好的西周原始青瓷龙窑遗迹，于2013年被公布为第八批省级文物保护单位。

由于2011年度仅对部分窑炉遗迹进行了抢救性发掘，未对相关作坊遗迹进行清理。为全面了解竹林坑一号窑址窑业技术遗存状况，2014年11~12月，福建博物院与武夷山市博物馆、福建闽越王城博物馆等单位联合对窑址作坊区域进行考古发掘。此次发掘面积55平方米，揭露作坊遗迹1处以及窑炉局部遗迹1处，并出土一批原始青瓷和少量陶器标本。其中原始青瓷以豆、罐、甗等为主，纹饰以刻划弦纹，拍印席纹、方格纹等为主。除对作坊遗迹进行发掘以外，还在

竹林坑窑址作坊遗迹

竹林坑窑址出土原始青瓷豆

竹林坑窑址周边开展系统调查，亦发现与竹林坑一号窑址内涵相近的原始青瓷窑址 4 处以及西周时期遗址 3 处，其中一处为面积 2000 平方米以上的大型西周墓葬遗址。

从竹林坑及其周边相关遗址调查情况来看，西周时期这里的制瓷手工业曾经非常繁荣，并且留下了丰富的物质遗存。这些陶瓷手工业生产区、生活区、墓葬区等不同功能分区遗址的发现，为我们研究竹林坑一带西周时期的聚落形态提供了丰富的材料。

11. 福建漳州东溪窑封门坑窑址

东溪窑封门坑窑址位于福建省漳州市南靖县龙山镇、金山镇和华安县高安镇交界处，属明中晚期至晚清民国时期的瓷窑址。2015 年 1~2 月及 4~5 月，经国家文物局批准，由福建博物院、南靖县文物保护中心组织队伍，对东溪窑封门坑窑址开展抢救性考古发掘，发掘面积 1020 平方米，揭露有相互叠压打破关系的窑炉遗迹 4 座、作坊遗迹 1 处、居住遗迹 1 处，并出土一批瓷窑、窑具及制瓷工具等标本。

封门坑窑址第三期窑炉（Y1）的产品与印度尼西亚泰兴号沉船出水的部分瓷器相同，根据泰兴号沉船出水的“道光二年”纪年器物，人们一般认为其年代在道光初期。因此封门坑窑址第三、四期窑炉，即 Y1、Y4 的年代应在清代中晚期，而第一、二期即 Y3、Y2 的年代则在明代晚期至清代中期。此次发掘揭露的窑炉、作坊、居住遗迹，连同附近的开采瓷土矿洞遗迹，构成完整的制瓷手工业遗存。向人们完整地展示了从开采、粉碎瓷土到炼泥拉坯、烧制成品等一系列制瓷工艺流程。将这些遗存妥善保护，并进行系统规划和展示，对于保护和利用这些珍贵的文化遗产，丰富人们的精神生活有着重要意义。

12. 福建福州下窑冈窑址

下窑冈窑址位于福建省福州市闽清县东桥镇义由村东南约 500 米的一

下窑冈窑炉及投柴孔

座山冈上，这里群山环抱，树林灌木四季繁茂，小溪淙淙，水流长年不断，再加上丰富的瓷土资源，都为古代闽清县东桥镇一带窑址的兴旺发展创造了条件。

下窑冈窑址所处山脉由大片延绵相接的山头组成，包括上窑冈、荒田冈、上武坪等。下窑冈所在的山头已确认4处窑址，其中一号窑址位于下窑冈窑址的东部，经国家文物局批准，于2015年1~4月，由福建博物院与闽清县博物馆联合组成考古发掘队伍进行考古发掘，发掘面积约300平方米，揭露保存较好的龙窑窑炉1座和作坊的储泥池遗迹1处。窑炉的部分窑门、投柴孔、窑顶等保存较好。窑内保存大量成摞的匣钵柱。下窑冈窑址是元代一处典型的外销瓷窑址，其产品在沉船中及国外均有发现。

13. 福建宁德屏风山遗址

屏风山遗址位于福建省宁德市霞浦县沙江镇古县村西南部，发现于2011年，在山顶地表和断坎发现大量贝壳和陶片分布。2016年3月，对遗址进行正式发掘。屏风山遗址是闽东地区新石器时代末期向青铜时代过渡的重要遗址之一。通过对其文化面貌进行分析，结合发掘所得的测年数据，可知屏风山遗址延续时间较长，大体在距今3700~3400年。此次发掘，明晰了以屏风山遗址为代表的“后黄瓜山文化”与黄瓜山文化的区别，为进一步研究闽东史前考古学文化序列指明方向。

14. 福建武夷山葫芦山遗址

葫芦山遗址位于福建省武夷山市兴田镇西郊村东南约1千米处。分别于20世纪90年代初和2014、2015、2016年进行了多次发掘。2014年9~12月，发掘面积365平方米，共发现陶窑2座、建筑台基1座、沟2条、灰坑及柱洞数十处，出土石器、骨器、陶器、原始瓷器标本千余件。2016年4~7月，发掘面积300平方米，主要发现了属于夏商时期、西周早期和西周晚期三个时期的文化遗存，包括墓葬、基址、灰坑、灰沟、柱洞等遗迹以及属于上述各个时期的陶器、原始瓷器、石器等。

葫芦山遗址T1第⑤层出土陆生动物骨骼

葫芦山遗址T1第⑤层出土木骨泥墙的植物印痕

葫芦山遗址T1出土石锛

葫芦山遗址T1出土彩陶片

（二）水下考古

1. 福建宁德翠屏湖水下旧城遗址调查项目

为配合福建省宁德市古田县开发古田翠屏湖区，实施“湖城一体”战略，古田县政府请求福建省文物局组织队伍对翠屏湖水下旧城遗址进行调查，以便全面掌握旧城遗址的保存状况，更好地保护和利用文化遗产。福建省文物局经研究，同意由福建博物院会同古田县有关部门合作开展该项目，对翠屏湖水下旧城遗址开展物探调查工作。

2013年8~9月，在中国国家博物馆的大力支持下，福建博物院以及古田县文化体育新闻出版局组织调查队，对翠屏湖水下旧城遗址开展物探调查工作。通过调查，基本了解旧城遗址的形状与街市布局及保存现状，为下一步制定保护和工作方案提供了翔实依据。

2. 福建平潭、长乐海域水下考古调查

2013年8月，有渔民在福建省长乐市乌猪岛海域生产作业时，打捞上来部分元代龙泉窑青瓷，随后，部分不法分子雇佣潜水员或用拖网等一些自制的盗捞工具在该海域进行疯狂的盗捞活动。为摸清乌猪岛海域水下文化遗存情况，制定保护方案，2014年3~7月，福建省文物局委托福建

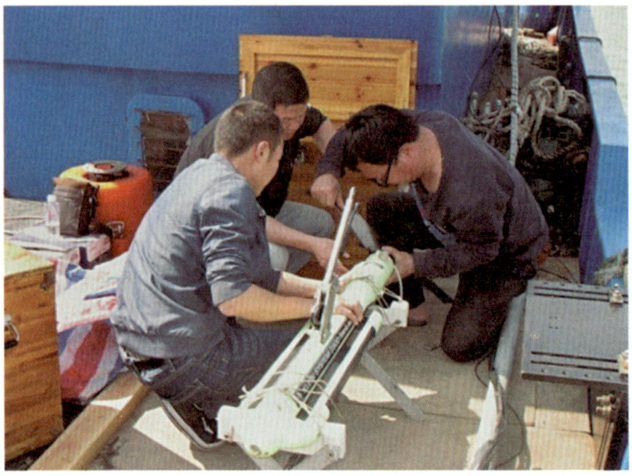
平潭、长乐海域水下考古调查——安装探测设备

平潭、长乐海域水下考古调查——考古队员准备下水

博物院对平潭海坛海峡、长乐乌猪岛海域开展水下文化遗产调查，中国国家博物馆和福州市文物考古工作队参与了具体工作，共确认平潭“老牛礁一号”明代沉船、“老牛礁二号”清代沉船、鼓屿门清代水下文化遗存、长乐东洛岛宋至清代水下文化遗存 4 处水下文化遗存，除鼓屿门清代水下文化遗存只发现部分遗物，其他 3 处水下遗址均保存有不同程度的船体残骸。这些沉船遗址采集的陶瓷器标本主要有福建窑址生产的黑釉瓷、青白瓷、青瓷、青花瓷以及景德镇窑的青花瓷、龙泉窑的青瓷等。在日本、东南亚等地的许多遗址和沉船均发现类似的陶瓷器。此外在长乐乌猪岛沉船遗址还发现较多碇石，分析其可能为过往商船避风的锚地。

此次水下考古调查不仅填补了长乐海域水下文化遗存的空白，还丰富了平潭海域的水下文化遗存内涵，为研究我国古代陶瓷贸易史、航海史提供了翔实的第一手材料。

3. 福建漳州海域水下文化遗产重点调查

福建省漳州市海岸线长、海域面积大，水下文化遗存十分丰富。近些年来，随着不法分子盗捞手段和设备的不断升级，水下文化遗存的保护面临日益严峻的形势。同时漳州市文物部门开展了系统的陆地调查工作，搜集到大量水下文化遗存线索。为进一步摸清漳州海域水下文化遗产家底，制定切实可行的保护方案，2014 年 9~10 月，福建博物院与漳州市文广新局合作，在国家文物局水下文化遗产保护中心的指导下，以福建水下考古队员为主，借调江西、辽宁、江苏、北京等省的水下考古专业人员，在漳州半洋礁、将军屿、沙洲岛海域进行重点调查。

此次调查主要在已搜集线索的基础上，通过筛选，划定调查区域和范围，用先进的水下探测设备进行全方位扫测，通过探测和信息分析确定疑似文物点的位置和范围。最后派遣专业水下考古队员对目标区域进行水下探摸确认并进行详细调查和测绘，确定文物点分布的中心区域、范围和水下文物的保存现状。经调查，在半洋礁、沙洲岛海域确认两处元代沉船遗址，分别为龙海“半洋礁二号”元代沉船与漳浦圣杯屿元代沉船。这两处沉船遗址均保存部分沉船船体残骸，并采集出水一批龙泉窑标本，器形以盘、碗、碟、杯、洗等为主。另外还通过多波束声呐、侧扫声呐、浅地层剖面仪等发现 10 余处水下文物遗存可疑点。

圣杯屿元代沉船出水青瓷碗及青花盘

通过此次调查，基本摸清了“半洋礁二号”元代沉船和圣杯屿元代沉船遗址的性质、内涵、保存状况等，为研究龙泉窑瓷器的外销和我国造船史、海外交通史提供了第一手材料，也对漳州海域水下文化遗存分布状况有了进一步了解。

4. 海洋公益性行业科研项目

福建博物院承担的海洋公益性行业科研专项“水下文物探测、保护技术体系研究与示范”的子任务“水下文物调查集成”，自 2013 年正式启动以来，至 2015 年 7 月，已完成项目既定目标，共潜水探摸 7 个疑点，确认清代木船遗址 1 处、铁船沉船遗址 1 处，并做好相关资料记录。

厦门大学

一、业务建设

为顺应考古学一级学科发展需要，巩固传统特色与优势，2012~2016 年，在国家文物局的统一领导和部署下，厦门大学积极参与海西高速路网建设、海上丝绸之路文化遗产储备名单目录编制、鄂北水资源配置工程等文物保护工程，承担考古调查、勘探与发掘任务，并探索与地方省所合作培养考古后备人才的院校合作模式。

（一）业务工作

2012 年 10~11 月，为配合京台高速建瓯至闽侯段文物保护工作，厦门大学人文学院历史系考古教研室与南平市博物馆、建瓯市博物馆等单位组成联合考古队，对建瓯市柿子窠、牛山、茶厂后山、对门林等遗址进行了抢救性发掘，总发掘面积 2090 平方米。

2013 年 7~11 月，厦门大学人文学院历史系、福建博物院、福建闽越王城博物馆组成联合考古队对洲庵遗址进行抢救性发掘。洲庵遗址位于武夷山市兴田镇城村洲庵与枫坡村交接处的一座山冈上，东北距城村汉城遗址约 2 千米，该遗址在修建武夷新区兴田片区经一路而开展的考古调查中被发现，此次发掘面积 1950 平方米。

2014~2015 年，厦门大学与福建省地方文物主管部门合作，开展一些考古调查与勘探项目，主要有 2014 年 5 月龙海市九九坑水库工程专项文物调查与勘探、2014 年 10 月漳州市南江滨路项目专项文物考古勘探、2015 年 4 月漳州沿海大通道考古调查、2015 年 8 月漳平市双洋镇二十四溪水库工程项目考古调查、2015 年 8 月龙岩市上杭县横山头水库工程项目考古调查、2015 年 9 月永定大坑水库考古调查、2015 年 9 月漳平箭竹坪煤矿建设项目考古调查等。在一些调查中发现，在项目工程红线及绿化带范围之内存有少量第三次全国文物普查时登记的文物保护单位和部分虽未进行登记但有特殊历史价值的宗庙、祠堂等文物古迹点，并及时上报福建省文物局，避免在施工过程中造成各类文化遗产的破坏。

2016 年 6 月，受湖北省文物局邀请，厦门大学参与鄂北水资源配置工程文物保护项目，承担了湖北省襄阳市襄州区古驿镇车屋程家墓地、黄集镇杨冈墓地和北太山庙遗址的发掘工作，目前发掘工作正在顺利开展中。

（二）人才建设与培养

2012~2016年度，为切实提高厦门大学考古专业学生调查、发掘及资料整理的基本技能和科研水平，为国家和我国东南地区文博事业单位培养和输送高水平后备人才，厦门大学与福建博物院在平等合作、互惠互利的基础上建立“厦门大学田野考古（福建）实习基地”，希望通过院、所、校学术合作与交流的方式，共同培养东南考古后备人才。双方选定葫芦山遗址作为实习地点。该遗址发现于1990年，北距武夷山市区27千米，是福建省内商周考古的首次重要发现。经考古调查，发现葫芦山上尚有较为丰富的遗存。2014年9月~2016年7月，厦门大学、福建博物院、武夷山市博物馆组成联合考古队，对葫芦山遗址进行了3次正式发掘，取得较为丰硕的成果。北京大学考古文博学院、浙江省文物考古研究所等单位的专家对葫芦山遗址的考古发掘和院校合作的田野实习模式均给予较高评价。三年来，葫芦山遗址为厦门大学考古专业训练了近70名考古专业的本科生和研究生，今后厦门大学将继续深化与福建博物院、江西省文物考古研究所等兄弟单位的合作关系，在合作共赢的基础上，共同打造出我国东南地区首屈一指的考古与博物馆专业人才实习基地。

在教师队伍建设上，2014年，厦门大学从吉林大学边疆考古中心引进付琳博士来校从事博士后研究工作。2016年7月，付琳博士正式留校任教。2016年5月，张闻捷老师参加了国家文物局举办的新晋考古项目负责人培训班。

（三）学术交流与科研成果

2012~2016年，厦门大学人文学院历史系承担国家社科基金重大项目1项、国家社科基金青年项目3项、国家社科基金后期资助项目1项，省级及重大横向项目22项。共发表科研论文88篇，其中高水平论文30篇，出版专著等各类书籍15本。

2012年4月17~23日，厦门大学焦天龙教授、葛威博士赴美国田纳西州孟菲斯参加美国考古学会SAA第77届年会。2012年6月13日，美国斯坦福大学东亚语言与文化系刘莉教授来校访问，并做了题为“粟黍、橡子与块根：显微镜下的中国食物生产起源”的演讲。2012年7月2日，美国加州大学洛杉矶分校珂岑考古研究所及艺术史系罗泰（Lothar von Falkenhausen）教授来校访问，并做了题为“从国际立场看当前的中国考古学”的演讲。2012年8月下旬，吴春明教授受美国哈佛燕京学社资助，赴美国哈佛大学人类学系进行为期一年的合作研究。2013年11月15日，美国夏威夷大学人类学系Barry Rolett教授来校访问，并做了题为“太平洋失地的考古探索”的演讲。

2012年6月26~27日和2014年5月24~26日，厦门大学海洋考古学研究中心主办“海洋文化遗产调查研究新进展学术研讨会”。来自国内外的80余位历史、考古学者与会。会议共收录论文 90 篇，涉及“聚落、港市与海洋经济”“多元文化交流史迹”“海防与海疆历史”“舟船与航技”“海洋族群与海洋民俗”等方面的内容，既有国内多时空的海洋文化遗产调查研究最新成果，也有对马来西亚砂拉越发现的中国外销瓷、法国早期民族志中的中国帆船资料等海外中华海洋文化遗产的收集与研究，体现了国家社科基金重大项目“环中国海海洋文化遗产调查研究”的最近进展。

2013 年 12 月 2~4 日，由挂靠在厦门大学的中国百越民族史研究会主办，广东省文物考古研究所、广州市文物考古研究所和中山大学社会学与人类学学院联合承办的“中国百越民族史研究会第十六届年会暨岭南民族文化学术研讨会”在中山大学召开。来自国内各省市的专家学者 80 余人参加了会议，共收到会议论文约 80 篇。会上，代表们围绕岭南考古发现、民族文化与遗存、民俗与民间信仰等问题展开广泛而深入的讨论，其中“汉至南朝岭南地区的陆路交通工具”“贵州崖洞葬的考古新发现”“华南‘洞穴人家’的族属”等议题引起了与会学者的浓厚兴趣。

（四）对外宣传与公众服务

厦门大学最早在高校中开设海洋考古、海外交通史迹等课程，培养海洋考古博士生与硕士生，为我国水下考古事业输送了大批优秀人才，成为我国海洋考古学教学研究的中心。吴春明、王新天、刘淼等老师先后参加国家文物局主办的水下考古培训班，并承担或承办全国第二至五期水下考古培训班的教学任务。吴春明教授还参与“十二五”水下考古学科规划、《水下考古工作规程》和海洋文化公约等的拟定，为水下考古行业发展提供了重要理论支持。吴春明教授带领的海洋考古教学团队还积极承担教育部、国家社科基金等重大项目，参与沿海一系列水下考古工作，出版《环中国海沉船》《海洋考古学》《辽宁绥中三道岗元代沉船》《福建连江定海湾沉船考古》等海洋考古学专著和水下考古报告。

此外，厦门大学人文学院历史系考古专业还积极参与海上丝绸之路文化建设。2013 年 7 月，起参与建设“海上丝绸之路”网站，并具体负责“海丝遗珍”栏目的更新与维护。2015 年 6~12 月，为配合莆田市参与申报“海上丝绸之路”遗产点，详细梳理莆田市妈祖宫庙、释迦文佛塔、祥应庙记碑、宁海桥等遗迹，制定莆田市“海上丝绸之路”遗产点储备名单文本。

厦门大学考古专业还积极建设了考古人类学实验中心网站和海洋考古学研究中心网站，第一时间报道国内外海洋考古和东南考古的最新进展。

二、重要考古成果

1. 福建武夷山洲庵遗址

洲庵遗址位于福建省武夷山市兴田镇城村洲庵与枫坡村交接处的一座山冈上，东北距城村

洲庵遗址瓦片堆积

洲庵遗址陶瓮出土情况（左图）
洲庵遗址出土板瓦（右图）

汉城遗址约2千米，该遗址为修建武夷新区兴田片区经一路而开展的考古调查发现。2013年7~11月，厦门大学人文学院历史系、福建博物院、福建闽越王城博物馆组成联合考古队对该遗址进行抢救性发掘，发掘面积1950平方米。揭露的遗迹有灰坑6个、窑炉3座、柱洞14个及倒塌的瓦砾堆积。出土遗物主要为大量汉代瓦片、陶片和少量的宋代瓷片等。汉代陶片纹饰有绳纹和方格纹，器形有盅、罐、釜、瓮、陶具、盆、钵、纺轮等。瓦片中有带字的筒瓦残片和带“央”字的瓦当残片。瓷片多为宋代黑釉瓷和青瓷、青白瓷，器形有盏、碗等。通过发掘，考古工作人员对洲庵遗址的性质面貌有了一个初步的了解。洲庵遗址是一处位于山脊的干栏式建筑，屋顶覆瓦，形制较为特殊。洲庵遗址出土的建筑遗迹、瓦片堆积以及带字的瓦片和瓦当等，说明其是西汉闽越王城西南扇形防御体系中的一处重要军事瞭望所。该遗址的发掘对于了解闽越王城的防御体系、研究闽越王城布局以及探讨西汉前期南方地方政权王城和汉长安城形制规划的异同均提供了重要资料。

2. 福建武夷山葫芦山遗址

葫芦山遗址位于福建省武夷山市兴田镇西郊村东南约 1 千米处，东北距城村汉城遗址直线距离约 4.4 千米，北距武夷山市区 27 千米。该遗址发现于 1990 年，1990~1992 年，由福建省考古队对该遗址进行正式发掘，揭露面积 300 平方米，发现建筑基址、陶窑群，出土大量遗物，是福建省内商周考古的首次重要发现。因发掘面积较小，文化遗存揭露不够完整，遗址整体文化面貌

葫芦山遗址 2014 年发掘区全景

葫芦山遗址 Y1

葫芦山遗址出土石锛

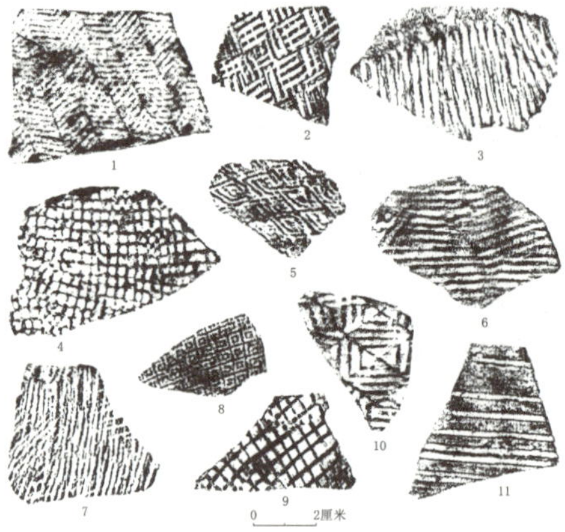

葫芦山遗址出土陶片部分纹饰拓片

不清，2014 年 9 月 ~2016 年 7 月，经国家文物局批准，厦门大学、福建博物院、武夷山市博物馆组成联合考古队，对葫芦山遗址进行了 3 次正式发掘，发掘面积 790 平方米，共发现陶窑 2 座、建筑台基 2 座、墓葬 1 座、沟 6 条、灰坑及柱洞数十处，以及石、陶、原始瓷器千余件，并采集较多木炭、土样，取得较为丰硕的成果。

江西省

江西省文物考古研究所

一、业务建设

（一）业务工作

1. 考古发掘与整理

2012~2016 年，江西省文物考古研究所开展的考古发掘项目主要有新余施家庙前遗址、九江荞麦岭遗址、乐安县万崇月形山遗址、金溪县聂家商周遗址、莲花县东周木椁墓、景德镇南窑、景德镇兰田窑、景德镇落马桥遗址、吉安井开区将军山南宋纪年墓、庐山市塔园明代壁画墓葬、鄱阳县明代淮王府遗址、鹰潭龙虎山大上清宫遗址、抚州万寿宫文兴庵旧址等。此外，江西省文物考古研究所还对 2006 年发掘的景德镇道塘里、铜锣山、凤凰山 3 处遗址的考古资料进行了整理与研究。

2006 年，江西省文物考古研究所分别对景德镇南河流域青白瓷窑址中的道塘里窑址、铜锣山窑址以及凤凰山窑址进行了抢救性考古发掘，共计发掘面积 1917 平方米，揭示龙窑遗迹 2 座、制瓷作坊遗迹 3 处、练泥池 1 个，出土了一大批青釉、酱（黑）釉、青白釉瓷器和窑具标本，青白釉瓷和窑具占出土物的绝大部分，完整和可复原的器物达数百件，考古发掘成果喜人。

江西省文物考古研究所领导高度重视考古成果的转化，为了及时向学术界公布发掘成果，促进陶瓷考古研究的进一步深入，经报请国家文物局批准，于 2011~2012 年组织人员对景德镇南河流域 3 处窑址 2006 年度发掘的资料进行了系统整理，目前基本完成整理工作。

通过整理研究，发现 3 处窑址都是以烧造青白釉瓷为主的综合性瓷窑，兼烧青釉和酱釉瓷器。3 处窑址在烧造青白釉瓷器时分别有所侧重，铜锣山、道塘里和凤凰山窑址分别是以烧造碗、台盏、执壶类为主的专业性强的窑场。可见宋代景德镇地区的窑场出现专业分工，制瓷业的分工越细，效率和规模就越大。正因为有了这种细致的专业分工，才使景德镇在五代少有的几个烧造青瓷和白瓷窑场的基础上，创烧出受世人喜爱的青白釉瓷，涌现出大批的专业瓷场，影响周围的瓷窑，从而形成一个青白釉瓷类型体系，扩及全国、影响世界，使景德镇窑成为宋代六大窑业类型之首。景德镇正是在这样的基础上走向了辉煌之路，于元代创烧出青花瓷，在明代赢得“瓷都”称号。

3 处窑址的时代较早，特别是铜锣山、道塘里窑址出土的青白釉瓷器有的早到五代晚期，这两处窑址有可能是最早成功烧造青白釉瓷的窑址之一，对他们的发掘和研究将有助于青白釉瓷器起源问题的解决。

这 3 处窑址的发掘，为景德镇和江西地区乃至中国陶瓷史以及制瓷手工业的研究提供了新资料、新思路，为研究宋代制瓷手工业和景德镇的区域经济发展史提供了珍贵资料，对探索我国青白瓷的起源、生产、发展及其早期烧造历史具有重要意义。

2. 考古调查

2012~2016 年，江西省文物考古研究所开展的考古调查（含水下考古）项目有都昌县老爷庙沉船遗址重点调查项目、潦河流域旧石器遗址调查、赣北地区先秦矿冶遗址考古调查、抚河流域先秦遗址考古调查、昌江流域水下文化遗产考古调查、古代瓷器文化线路调查等，取得了丰硕的成果。

都昌县老爷庙沉船遗址重点调查项目为国家文物局批准的第一个内陆水域水下考古调查项目，也是在我国内陆水域首次以人工潜水探摸方式进行的水下古工作，实现了在我国内陆水域开展水下考古调查工作的零突破；采用前期陆上调查及物探调查、人工潜水探摸等多种调查方法相结合，找到了一种在内陆水域开展沉船遗址探测既经济又高效的方法；探索了内陆水下文化遗产保护多部门密切协作的工作机制；摸清了鄱阳湖水域的水下地质与水文特征以及天气状况等，为以后在鄱阳湖开展相关工作积累了经验。

潦河流域旧石器遗址调查是 2015 年 5 月 7 日至 6 月初由江西省文物考古研究所和中国科学院古脊椎动物与古人类研究所等单位组成的联合考古队在江西省安义、靖安和奉新县等地展开的为期 1 个月的旧石器时代遗址考古调查。调查收获颇丰，新发现旧石器时代遗址 15 处，主要分布在南潦河和北潦河的河流二、三级阶地上，时代涵盖旧石器时代早期、中期和晚期，其中安义县 9 处、靖安县 4 处、奉新县 2 处。获得石制品 200 余件，有备料、石核、石片、石砧、石锤、刮削器、石球、砍砸器和薄刃斧等，部分标本出土于地层之中。此次调查最大收获是在安义县的舒家垄、郭家村、回春寺等遗址的网纹红土地层中发现打制石器，尤其是安义舒家垄 I 号遗址发现精制的砍砸器、石球和石片等。根据地质地貌和石制品的文化特征，初步确定遗址的地质时代属于中更新世，距今 50 余万年，遗址的考古学年代属于旧石器时代早期。这是江西首次在网纹红土中发现石制品，它的发现把江西的史前史提前到 50 万年前，为研究中国的旧石器文化提供了重要的资料。此前江西省旧石器时代考古调查和研究工作开展较少，虽然曾经发现过近 10 处旧石器遗址，但均未展开正式的考古发掘工作。下一阶段，江西省文物考古所将继续会同相关单位在这些地点展开进一步的调查和试掘工作，以期全面了解潦河流域旧石器时代遗址的分布和文化内涵。

自 2014 年以来，江西省文物考古研究所联合相关单位陆续在赣北地区开展了一些小流域冶金遗迹调查工作，取得了一些成果。2014 年，围绕铜岭铜矿遗址及其周边、南阳河和横港河流域开展调查，初步掌握该区域遗址分布状况。此次调查共发现遗址 14 处，其中在铜岭铜矿遗址及其周边发现商周时期重要遗址 2 处、一般遗址 6 处，在南阳河、横港河等流域共发现新石器时代、商周时期遗址 6 处。2015 年度主要在德安、九江的博阳河流域、赛湖流域以及德安锡矿周边区域开展调查工作，并对已发现的重要遗址如神墩、檀树咀和王家墩遗址进行复查，寻找冶金遗物。此次调查在德安县新发现商周时期遗址 2 处，此外在德安县龟山、思姑墩，瑞昌檀树咀、螺石口以及九江神墩等遗址采集到炼渣等冶金遗物，在德安岭上遗址中采集到铸造用的陶范。尤其在德安县思古墩遗址采集到较多陶片和炼渣，说明它是商周时期一处较为重要的冶炼遗址。此次调查是流域调查和冶金考古视野相结合，在采集传统遗物标本的同时也注重采集冶金相关遗物，因此在一些早年发现的遗址上也有新的收获。目前赣北地区的先秦矿冶遗址调查仍处于调查摸底阶段，尚有大量基础性工作要做。

抚河流域先秦遗址考古调查为国家文物局 2014 年批复的专题科研项目。2014 年 10 月~2015 年 10 月，完成了乐安县、崇仁县、宜黄县的考古调查、勘探与资料整理任务。调查面积总计 1084 平方千米，复查了以往发现的遗址 10 处，经调查新发现遗址 33 处，分布面积总计 302.25 万平方米，勘探面积 74.9 万平方米。在调查、勘探的基础上，对资料及时进行了整理，完成了抚河流域宜黄县、乐安县、崇仁县境内勘探报告的撰写；挑选了宜黄县、乐安县、崇仁县境内有代表性的遗址 4 处，完成了简报的撰写和发表；完成了阶段性考古调查报告《江西抚河流域先秦遗址考古调查报告——宜黄・乐安》的编撰，并于 2015 年出版发行。

2015 年 10 月 ~2016 年 6 月，完成了崇仁县、资溪县、金溪县、东乡县、临川区的考古调查及大部分勘探任务。调查面积总计 1604.87 平方千米，共发现先秦遗址 206 处，其中环壕遗址 84 处、山岗或坡地遗址 122 处，分布面积总计约 302.25 万平方米，勘探面积 275.5 万平方米。2016 年下半年，继续完成临川区新发现遗址 26.745 万平方米的勘探任务，同时启动考古调查、勘探资料整理（包括各类科技检测）及报告出版工作。

昌江流域水下文化遗产考古调查 2015 年度的工作重点是对昌江及其支流南河近岸瓷窑遗址进行区域性调查，综合权衡既往考古工作和窑址保存状况等方面条件，选定银坑坞及其附近区域约 6 平方千米范围展开调查工作。

经过近两个月的田野调查，发现宋元时期瓷窑遗址共计 32 处。其中以银坑村附近的 3 个区域为主：银坑西区，包括白庙下、碓家坞、红庙下、塘坞、草坦上等 5 处窑址。银坑东区，包括八角湾A、八角湾B、八角湾C、八角湾D、八角湾E、八角湾F、八角湾G、八角湾H、八角湾I、郑家坞A、郑家坞B、蓝家井A、蓝家井B等13处窑址。小坞里区，包括铜锣山A、铜锣山B、铜锣山C、道塘里、小坞里A、小坞里B、小坞里C等7处窑址。此外还有银坑以东的满坑坞A、满坑坞B，小坞里以西的南山下、渡峰坑、水文站、月山坞A、月山坞B等7处窑址。根据对采集标本的初步整理，这些窑址大致可以划分为8个历史时期，即五代至北宋初期、北宋早期、北宋中期、北宋晚期、北宋末期、南宋晚期、南宋末期至元代早期、元代中晚期。不同时期窑址之间存在着明显的位移现象，而同时期窑址之间也表现出产品类型及工艺的细微差异。通过2015年度的调查工作，对景德镇宋元瓷窑遗址分布与昌江流域水系地理环境之间的关系有了更为明晰的认识，同时也借助区域性考古调查方法深入揭示了以往不甚了解的宋元瓷窑手工业生产的某些特点。2016~2019年，调查工作将扩展到昌江流域南河、小南河近岸其他区域，以期更为全面地了解景德镇宋元窑业遗存的沿水系分布状况及动态发展过程。

古陶瓷文化线路调查是国家文物局专题科研项目，该项目工作量巨大，涵盖面广，江西省文物局高度重视，江西省文物考古研究所组织了包括江西省文物保护处、江西省博物馆处、江西省执法处、江西省博物馆、江西省文物保护中心以及厦门大学、清华大学、北京大学、南开大学、中国人民大学、江西师范大学、故宫博物院、福建省考古研究所等单位科研人员参与，吸纳各地市博物馆高级研究人员，在全面收集文献、充分吸纳前人研究成果的基础上，于2013~2015年撰写、编辑完成了《江西古陶瓷文化线路》书稿，多次聘请省内外专家进行讨论审稿。同时，江西省文物考古研究所联合高校、地方文博部门，启动开展赣江流域的调查、勘探工作，已完成赣江中游吉水县、吉安县、青原区的调查工作和初步整理工作。调查简报也已经完成，并计划发表和出版。

宜黄棠阴手工业遗产考古调查是国家文物局批复的《抚州手工业遗产2014~2016年考古调查》的专题科研课题，由江西省文物考古研究所联合江西师范大学南方古村镇发展与保护研究中心、湖北省海达文化遗产保护科技研究院、武汉大学土木建筑学院、南开大学历史学院考古与博物馆学系、抚州市文物博物管理所、宜黄县文物管理所、吉安市博物馆等机构共同开展。2015年8月底至12月进驻棠阴古镇，开展棠阴古村落以及夏布手工业遗产的考古调查工作，整个工作在考古调查领导小组的指导下，分历史文化调查组、古建筑调查研究组、空间测绘组、考古调查试掘研究组有序进行。业已完成棠阴古镇民主、建设、解放村3个村落，同时扩展流域上下游渣浦（堡）、雷湾村、车上村、君山村等村落相关碑刻、族谱、方志等文献资料的收集、整理、解读以及历史人文的调查、分析。通过无人机航拍获取了古村空间地理信息，完成了古镇3个村落古建筑、手工业遗迹遗物以及周边区域古建筑的实地勘察工作，完成了部分古建筑三维扫描测绘和精细测量任务。在全面调查棠阴古镇地形地貌、古建筑、街巷格局、历史环境要素以及相邻村落的基础上，考古调查组对瑶下码头、迎恩塔单孔桥、迎恩塔杉木路面、民主村暗巷万寿宫沿河、车上村古道路进行了清理，清理总面积555平方米。分别在农业银行、八府君祠北面、迎恩塔、港下17号民居等不同地点针对不同性质的遗存进行了试掘，发掘面积408平方米，出土一批陶器、青花瓷器标本，新发现了清代罗俊川公祠、康熙五十年纪年建筑和经幢1座。通过对塔、码头、桥、宫观、建筑遗存的清理发掘，得以了解棠阴古镇不同时期不同建筑的特征，以及这些建筑的处理和加工方式等珍贵历史信息，为棠阴古镇的研究提供了新的资料。

3. 大遗址保护与规划

2012~2016年，江西省文物考古研究所为做好大遗址的保护与规划工作，重点对樟树筑卫城遗址、新干牛城遗址、赣州七里镇窑址、吉安吉州窑址、景德镇湖田窑址、景德镇御窑厂遗址、瑞昌铜陵铜矿遗址等进行了考古调查、勘探和发掘工作。

樟树筑卫城遗址是一处保存完好的先秦城址，位于大桥街道办事处洪光塘村东南1千米，为全国重点文物保护单位，面积14万平方米。1974、1977年分别进行了两次发掘。2012~2014年进行了第三次发掘，发掘面积约1500平方米，解剖城墙一处，发掘表明筑卫城遗址包含了新石器时代、夏代、商代、西周、春秋、战国六个时期的文化堆积，城址的建设使用年代不会晚于战国。在发掘的同时完成了筑卫城遗址考古地理信息系统的建和立遗址的航拍工作，对筑卫城周边及清江盆地东部开始进行考古调查，发现先秦遗址30余处。

国字山墓葬遗址位于筑卫城以西200米，是由于盗墓所发现的。为了了解国字山墓葬的具体情况，于2014年10月开始对国字山周边进行考古钻探，后将考古勘探范围扩展到筑卫城遗址的整个保护范围内，并在周边进行有针对性的重点钻探。钻探发现了大量的遗迹，包括大型墓葬4座，围沟2条，小型墓葬、房址和水道遗迹数十处。M1是4座墓葬中规模最大的，位于国字山的顶部。从目前的情况看，国字山墓葬与筑卫城存在着千丝万缕的联系，对其进行调查、勘探和发掘工作，对进一步深入研究筑卫城的文化性质将起到关键作用。

2012~2016年，为配合做好国保单位牛城城址的保护工程，江西省文物考古研究所对新干牛城遗址开展了调查、勘探与发掘工作。牛城城址的外形为北窄南宽的梯形状，面积为32.2万平方米，由外城、内城以及内河三部分组成，现保存的牛城城址内城墙全长1424.1米。在此基础上选择了城址内湖头山及西部城门地点进行发掘。通过2012~2014年的发掘，可知湖头山地点是在原有山丘上人工堆筑的台地，坐东朝西，面积达2000平方米。已清理出两座小型长方形土坑墓，其中一座出土戈、锛、斨等5件青铜兵器和工具，其形制与新干大洋洲商墓出土同类器物一致，判断时代亦应为商代。此地点是否还有大型墓葬，尚待进一步的考古发掘。发现制陶作坊1处，学术价值极高，主要遗迹现象有窑炉1座、房址1处、垫面1处、储泥坑1个。其发现为牛城遗址陶瓷器专业化生产相关问题提供了重要资料，也为南方地区如吴城遗址发现的窑炉复原、制陶作坊遗存的辨别等重要学术问题的解决提供有益线索。西门城门地点的发掘，在于弄清整个城门的结构、布局、建造方式等。通过前一阶段的发掘，在城门西侧城墙上发现面积20余平方米的建筑基址，清晰可见建造时期、使用时期、废弃时期、废弃以后的堆积，整个城门的结构、布局、建造方式尚待进一步的清理。

2015~2016年主要开展了以下几个方面的工作：首先对考古遗址进行精确测绘，对牛城进行航空遥感考古的计算机分析，并对整个牛城进行全面的测绘。其次，对以牛城为中心的河东地区进行相关考古调查。再次，对牛城城址所在的大洋洲镇进行调查，面积20平方千米，发现商周时期遗址10余处，为了解这一时期遗址分布的空间规律及聚落等级，并在此基础上考察赣江流域文明演进模式提供了重要材料。最后是对老包庙地点发现的商代制陶作坊区进行更进一步的发掘，以了解它在整个作坊区的空间功能区的分布，主要收获是发现商代码头，它与作坊区构成一完整的体系，形成从原料的加工、生产、运输销售等反映窑业生产的完整链条。

瑞昌市铜岭铜矿遗址是我国商周时期一处集采矿、选矿、冶炼于一体的大型矿山遗址，被列为第五批全国重点文物保护单位。因大遗址保护和遗址公园建设需要，2012~2015年江西省文物考古研究所和瑞昌市铜岭铜矿遗址管理处在遗址范围内及其周边开展调查、勘探和试掘工作。经调查发现重要文物点3处、一般文物点6处，并陆续在新发现的焦炭厂、合连山北坡遗址和余家山冶炼区展开试掘工作。合连山北坡遗址与采矿区的直线距离约600米。遗址分布范围较大，但因历年来的开垦耕作以及建设影响，文化堆积分布零散。2014年秋，在遗址南部位于保护区范围之外的地点进行试掘，发掘面积约200平方米。此次发掘共清理商代灰坑7个、柱洞13个，出土大量陶片和铜矿石碎块，少量炉壁残片、炼渣以及石器等。陶片数量很多，器形以鬲和折肩罐为主，另有少量假腹豆、深腹盆、大口尊、直口钵和甗腰等。根据出土遗物分析，遗存时代约为商代中期。这是首次在铜岭铜矿遗址采矿区周边发现商代生活区，其时代也与采矿区的始采时间一致。炉壁残片、炼渣等遗物表明铜岭遗址从采矿伊始就是一处采冶相结合的铜矿遗址。此外，遗址出土的鬲、豆等日常用具与檀树咀遗址出土的商代同类器器形一致，明确了两个遗址的关系，结合两遗址出土遗物的差异来看，檀树咀遗址应该是一处为铜岭铜矿遗址提供生活资料（粮食生产）的聚落遗址。余家山冶炼区与铜岭古采矿区的直线距离仅有约150米。由于紧靠矿山，铜岭钢铁厂对这里的扰乱也比较严重。2014年秋冬，在余家山南坡尾砂库加固工程即将影响的地点进行发掘。发掘面积约400平方米。此次发掘共清理灰坑1个、排水沟2条、冶炼活动面1处、冶炼残炉2座。发掘出土有大量陶器、少量原始瓷器和1块铜器残片，另外出土大量的炼渣、炼炉残块、石炉壁以及石英等矿石标本。陶器器形有鬲、罐、盆、细柄豆、甗形器、匜和器盖等，原始瓷器有杯和钵等。根据余家山冶炼区出土的陶器等标本判断，其时代约在春秋晚期至战国早期。遗址出土了大量炼渣、炉壁残块以及石英等筑炉材料，通过对这些材料进行技术分析，有助于了解当时的冶炼技术和工艺。近年来通过对铜岭遗址及其周边地区的调查、勘探和试掘，并结合以往的考古工作，基本弄清了铜岭遗址的分布范围和遗址性质，也增加了对铜岭遗址时代、功能布局的认识。此外，发掘出土的大量生活遗物为确定铜岭铜矿遗址的文化属性、族属等问题提供了依据。

江西省文物考古研究所参与编制和评审的规划有《吉安县吉州窑考古遗址公园规划》《鸣水桥保护规划》《朱轼墓保护规划》《浮梁县沧溪古村落文物保护工程总体方案》《江西新干牛城址规划》和《江西樟树筑卫城遗址保护规划》。

4. 基础设施建设

文物保护基地建设主要有南昌西汉海昏侯墓文物保护中心。南昌西汉海昏侯墓为国家文物局重点项目，为遵循国际文化遗产保护的理念和共识，努力提高文物抢救性保护修复的能力和水平，适应文物保护的发展方向，江西省文物考古研究所在南昌市新建区政府的大力支持下，建设和打造了南昌西汉海昏侯墓文物保护中心。它是专门为南昌西汉海昏侯墓出土文物的保护和科学研究设立的机构，总建筑面积4170平方米，基地面积16763平方米，建筑层数1~2层，最大建筑高度10.9米。中心下设木漆器保护研究室、纺织品保护研究室、无机质文物保护研究室、实验室考古研究室以及办公、后勤等部门。

（二）学术交流与科研成果

江西省文物考古研究所编撰、出版的学术专著包括《五色炫曜——南昌汉代海昏侯国考古成果展》《景德镇南窑——考古发掘与研究》《江西抚河流域先秦时期遗址考古调查报告——乐安县·宜黄县》《江西萍乡莲花西汉安成侯墓发掘报告》《走进古代文明——景德镇明初官窑外销瓷器精品鉴赏》《幽蓝神采——元代青花瓷器特集》《物本天成——景德镇官窑博物馆出土成化官窑瓷器》《景德镇出土明成化官窑瓷器精品鉴赏》《浮梁翠色——江西景德镇元明官窑青花瓷》《说陶论瓷——权奎山陶瓷考古论文集》等20余部。

发表的简报与论文有《江西龙南围角头窑业堆积清理简报》《江西吉水县晋墓清理简报》《江西省星子塔园明代壁画墓（M2）墓主身份探析》《江西省星子县塔园明代壁画发掘简报》《抚州玉隆万寿宫文兴庵旧址考古调查与发掘简报》《江西吉安南宋纪年墓发掘简报》《江西吉安将军山南宋纪年墓与葬制》《曲颈壶小考》《江西20世纪遗产反映时代变革》《龙南武当山，阳明建功地》《从宋元匠籍制度看〈陶记〉一书的成书年代》《2014年景德镇御窑遗址考古发掘主要收获》《明清官窑仿汝窑瓷器略论》《略论明初外销瓷器》《明御窑厂遗址出土明初釉上彩瓷》《元代至明初景德镇地区制瓷技术及其源流考察》等60余篇。

江西省文物考古研究所主持的课题有《中华文明起源过程中区域聚落与居民研究》。所内人员参加的学术会议包括2014年盘龙城国际学术研讨会，2016出土文献保护整理与研究研修班，2014年景德镇宋元瓷业暨《陶记》著作时代学术研讨会、"一带一路"与中国茶业发展高峰论坛、景德镇陶瓷与"一带一路"战略国际学术研讨会、元末明初青花瓷海上巡礼（马来西亚）国际学术研讨会，2012年首届中国吉州窑文化研讨会、2013年的吉州窑陶瓷学术报告会和中国古代制瓷技术的对外传播与影响学术研讨会、2014年的景德镇南窑学术研讨会、2015年的中国古陶瓷学会2015年年会暨安徽繁昌窑青白瓷研讨会等。

（三）对外宣传与公众服务

2013年，在鄱阳县明代淮王府遗址举办了江西省首次公众考古活动，共有20名考古爱好者参与其中。除参观淮王府遗址外，江西省文物考古研究所的工作人员还带领参与者到考古现场亲身参与考古活动，获得了良好的社会反响。

2015~2016年，江西省文物考古研究所在确保海昏侯墓园发掘工作正常进行的前提下，积极与各宣传媒介展开合作，利用现代传媒技术，建立了互动体验、即时共享平台，进行了全方位、多角度的实时现场报道，大大拉近了考古发掘、文物保护与公众的距离，取得了良好的社会效益。2015年11月17日~12月16日在江西省博物馆举办了为期1个月的西汉海昏侯墓考古发掘成果展，参观人数达18万多人次。2016年3月2日~6月26日，在北京首都博物馆举办"五色炫曜"——南昌汉代海昏侯国考古成果展，受到领导高度重视、社会高度关注、媒体高度聚焦，接待观众超过42万人次。最近在考古发掘团体的大力支持下，南昌汉代海昏侯国遗址管理局又借助现代科技手段推出了海昏侯墓园网上数字博物馆，这是在发掘过程中如何协调文物"保"与"用"关系的新尝试。

二、重要考古成果

1. 江西九江荞麦岭遗址

荞麦岭遗址于2013年5月由江西省文物考古研究所在江西省都昌至九江高速沿线进行文物调查时发现，遗址南侧为商代遗址区，北侧为汉唐墓葬区。2013年8月，为配合都昌至九江高速公路（星子至九江段）工程建设，经国家文物局批复同意，江西省文物考古研究所联合当地文博单位对荞麦岭遗址进行了15个月的考古发掘，总发掘面积4600平方米。其中商代遗址区发掘面积2600平方米，汉唐墓葬区发掘面积2000平方米。商代遗址区发现夏商时期灰坑130个、水井 11 口、灰沟 12 个、房址 10 座，复原各类陶器 200 余件、石器 150 余件，出土各类陶片约 8 吨。汉唐墓葬区清理汉墓 19 座、唐墓 4 座，出土文物 130 余件。

（1）商代遗址区发掘情况与主要收获

此次发掘采用象限法，依正北方向布方，发掘区位于遗址东南坡，并在新建高速公路的绿化带内，为方便发掘，坐标基点取在东南角。此次发掘共布探方 101 个，其中 5 米 ×5 米探方 76 个、10 米 ×10 米探方 1 个，扩方 5 米 ×5 米探方 24 个，共计发掘面积 2600 平方米。根据发掘情况，遗址从北到南文化层堆积逐渐增厚，堆积最大深度 4.5 米，普遍堆积深度达 1.8~2.5 米，西北侧稍薄，堆积深度约为 1.2~1.5 米。

文化堆积按地层划分，共可分 7 层。①层为现代耕土层，②层为清代地层，③层为明代地层，④层为宋代地层，⑤层为唐代地层，⑥层、⑦层为夏商地层。目前清理的夏商遗迹主要开口于⑥层下，少数开口于⑦层下。从发掘情况看，遗址北区主要为手工业作坊区，遗址中部为祭祀区，遗址南部主要为生活区。

遗址北区分布了大量水井、灰坑等冶炼相关遗存，还发现了炼炉残块、坩埚、铜矿石、铜锭等冶炼遗物。遗址中部发现了 3 座祭祀台，均为高出周围地面的圆台，夯土而成，祭祀台四周均有一圈烧土分布，烧土外侧为深沟，祭祀台上分布了数量不等的大型柱洞，祭祀台边均有祭祀用深坑。遗址南部主要为灰坑及半地穴式房址，出土遗物主要以生活用器为主，遗址南部的商代地层下叠压着夏代遗存，出土遗物主要为二里头因素器物。

荞麦岭遗址商代房址

荞麦岭遗址商代灰坑出土器物

经过初步修复，目前发掘出土的陶器包括鼎、鬲、斝、鬶、爵、甗、罍、尊、簋、觚、圜底罐、汲水罐、豆、盘、大口缸、器盖等，另还发现较多铜矿石、坩埚等与冶炼相关的器物，另有石镞、石刀、石凿、石斧、石锛、各式砺石以及少量青铜箭镞出土。

荞麦岭遗址出土的器物与中原地区商文化中心区早商、中商时期出土的器物有着千丝万缕的联系，有的形制基本一致，从出土遗物判断，荞麦岭商代遗址主体年代为二里冈下层二期略晚至二里冈上层一期之间。另在遗址下层发现有中原二里头文化因素的器物，遗址下层年代与二里头三期、四期接近。

荞麦岭商代遗址是目前江西地区发现保存较好的二里头晚期至二里冈期的古文化遗址，分布范围大、地层堆积深厚、发现遗迹众多、出土遗物丰富、年代系列清晰，对于认识江西地区夏商文化全貌有重要作用。遗址中出土的冶炼相关遗物对于研究长江中游矿冶技术有重要意义。遗址的文化内涵以中原商文化因素为主，融合了本土的文化因素，是中原商文化早期经略南方地区的重要证据。而出土的二里头文化因素遗物，地层关系明确、叠压有序，对于探寻江西夏时期文化内涵提供了条件。荞麦岭商代遗址的发掘，对于研究长江中游南岸地区夏商文明的南渐和江西地区早期历史具有重要价值。

（2）汉唐墓葬区发掘情况与主要收获

荞麦岭遗址北侧为汉唐墓葬分布区，墓葬广泛分布于西北高、东南低的荞麦岭大垄的后段上，面积约25万平方米。

此次考古发掘共清理墓葬 21 座，其中汉墓 19 座、唐墓 4 座，共计出土文物 130 余件。M1、M7、M20、M21 为唐代墓葬，M2~M6 和 M8~M19 为汉代墓葬。M3、M7、M14、M15、M20 未遭盗扰，其余各墓均有不同程度的扰乱。

汉代墓葬除 M8 为凸字形券顶砖室墓和 M19 为带双耳室券顶砖室墓外，其余均为长方形券顶砖室墓，墓顶均遭毁坏。除 M4 为南北向外，其余均为东西向。M14、M15 为单室砖室墓，M6、M9、M18 残破严重，只剩墓底铺地砖一部分，无法辨明有无前后室，其余均为带前后室的砖室墓，其中 M2、M3、M16 前室朝东，M4 前室朝南，M5、M8、M10、M11、M12、M13、M17 均为前室朝西。墓砖花纹见有网钱纹、对称半圆圈纹、对角几何纹、交叉线纹等，M8 见有“永元二年”铭文墓砖。

汉代墓葬中出土随葬器物 110 余件，按质地分有陶器、铁器、铜器、琉璃器、琥珀等。墓葬器物组合中均有模型明器，其中 M14、M15 全为素面灰陶，其余各墓都出土有绿釉红胎模型明器。各墓均出土有中国早期名片——石方，以 M8、M15 为例。M8 出土石方 1 件、绿釉耳杯 1 件、绿釉谷仓盖 1 件、绿釉陶案 1 件，绿釉陶灶 1 件，铁剑 1 件；M15 出土有双系硬陶罐 3 件、弧腹硬陶罐 1 件、深腹硬陶罐 1 件、灰陶罐 1 件，灰陶井 1 件、灰陶谷仓 1 件、灰陶灶 1 件、灰陶鼎 1 件、灰陶釜 1 件、五乳规矩凤鸟纹铜镜 1 件、S 形铁器 1 件、环首铁刀 1 件。

荞麦岭遗址 M8 出土永元二年铭文砖

荞麦岭遗址 M19 出土东汉晚期谷仓

荞麦岭遗址 M19 出土东汉晚期陶灶组合

荞麦岭遗址 M15 出土汉代铜镜

唐代墓葬分为长方形券顶砖室墓和竖穴土坑墓两种。M1、M7为长方形券顶砖室墓，小砖铺砌，墓墙砖采用三顺一丁的方式铺砌。唐代墓葬共出土随葬器物20余件。M1被破坏严重，仅剩一个残角，出土碗1件；M7中出土酱褐釉双系罐4件、酱褐釉壶1件以及开元通宝1件；M20、M21为竖穴土坑墓，均出土较多开元通宝铜钱。

荞麦岭遗址M7出土器物组合

荞麦岭遗址M20出土砚台

荞麦岭遗址M20出土“江州绝上”款砚台

汉墓均为长方形砖室墓，墓葬大小、形制基本类似，墓砖花纹也基本一致，墓葬时代由东汉中期晚段至东汉晚期，以东汉中期晚段墓葬为多。这批汉代墓葬的发现为研究赣北柴桑古城的历史增添了新资料。尤其是东汉和帝永年二年（90年）纪年墓葬的发现，对这一地区的墓葬形制的演变、随葬器物的特点等研究具有重要的标尺意义。唐墓均为晚唐时期墓葬，M20出土的一件“江州绝上”箕形砚台是九江地区发现的唯一江州款铭实物，这些墓葬的清理对于了解赣北地区汉唐社会生活提供了丰富的实物资料。

2. 江西萍乡桐鼓堆东周木椁墓

2011年10月，江西省萍乡市莲花县琴亭镇六模村村民在铜鼓堆挖建宅基过程中发现该墓葬。为弄清该墓葬的形制及周边墓葬情况，江西省文物考古研究所申请对该墓葬本体及周边进行考古发掘与勘探工作，并获国家文物局批准。

该项目发掘工作分为三个阶段。第一阶段为2012年10月~2013年1月，完成了该墓葬的封土堆解剖工作；第二阶段为2014年5月~2015年1月，完成对该墓葬椁室顶部以上的封土及形制清理，在发掘期间完成桐鼓堆地形测绘，并搭建钢架大棚对该墓葬的本体进行保护，对出土漆木器委托湖北荆州漆木器保护中心进行保护；第三阶段为2015年5月~2015年7月，完成了对桐鼓堆东周木椁墓的全面清理，并对墓葬本体进行三维扫描及动画制作，同时对墓葬周边的空隙地带进行考古勘探，无陵表建筑和其他墓葬发现。桐鼓堆东周木椁墓葬分布范围东西长约40、南北宽约20米。墓葬西部封土堆残高4米。墓穴平面呈凸字形，坐西向东，由墓道、墓室、椁室组成。墓道呈长方形，位于墓室东端靠南侧，东西长19米，坡度19°。在墓道底部铺有一层青膏泥，再在其上铺一层树皮，可能用于防滑。墓室呈长方形，开口东西长16.5、南北宽16、深8.3米。墓室上部两侧壁呈斜坡状，深2.3米，下部则呈竖直状，宽9.5、深6米。木椁东西长10.1、南北宽5.4、高3.4米，椁内空间长8.95、宽3、高2米，共用料70根。墓室出土遗物主要有漆器与木器，还有少量陶器残片。漆器残件可辨器形有棺盖、棺身、编钟架构件、樽、盒盖、筝、箱底板、箱盖、漆器构件等，从功能看，可分为葬具、乐器、食器、纺织工具等，多为整木制作，手法有刨、剜、削、凿等。漆器纹饰采用雕刻、漆绘、点绘等手法，纹样有云雷纹、几何纹、叶脉纹、植物纹等。少部分漆木器还有雕花，以浮雕为主、阴刻为辅，雕刻工艺精湛，是反映当时漆木器工艺成就的珍贵实物资料。木器有门板、夹杆形器、环形器座、方形器座、条形木板、铲形器、钫板、钫锤、构件等，皆整木制成，无纹饰。发现少量陶器残片，可辨器形有罐底、腹、口沿，壶口沿等，拍印纹饰有方框米字纹、大方框填线纹、细方格纹、方格纹、蓝纹等。

该墓为战国时期标准的土坑竖穴木椁墓，墓室结构居室化，属典型的战国中晚期墓葬形制。从椁室规格及出土漆木器残件看，该墓葬规格非常高，墓主人身份应为战国时期楚国封君或高级贵族，这是江西地区发现最早、规格最大的木椁墓葬。该墓葬规模宏大、形制特殊、用料讲究，十分罕见，可填补江西这一时期高等级贵族墓葬研究的空白。

3. 江西南昌西汉海昏侯墓

2011年3月至今，江西省文物考古研究所会同南昌市和新建区文博单位，在江西省南昌市新建区大塘坪乡观西村老裘村民小组东北约500米的墎墩山上，发掘了距今2000多年的西汉海昏侯墓。

海昏侯墓园以海昏侯和侯夫人墓为中心建成，共占地4万平方米，由园墙、门、门阙、两座主墓和7座祔葬墓、寝、祠堂及园寺吏舍等建筑构成，内有完善的道路系统和排水设施。侯墓和侯夫人同茔异穴，占据了墓园最高、最中心的位置，两墓共用一座寝和祠堂。其东、北两侧为祔葬的家族成员墓，每座祔葬墓前均有祠堂。

正在发掘的海昏侯墓由墓葬本体及其西侧的一个车马坑组成。车马坑为真车马陪葬坑，出土实用高等级安车5辆、马匹20匹。侯墓本体规模宏大，上有高达7米的覆斗形封土，下有甲字形墓穴，墓穴内建有面积达400平方米的方形木结构椁室。椁室设计严密、布局清晰，由主椁室、过道、回廊形藏椁和甬道构成。椁室中央为主椁室，周围环绕回廊形藏椁，在主椁室与

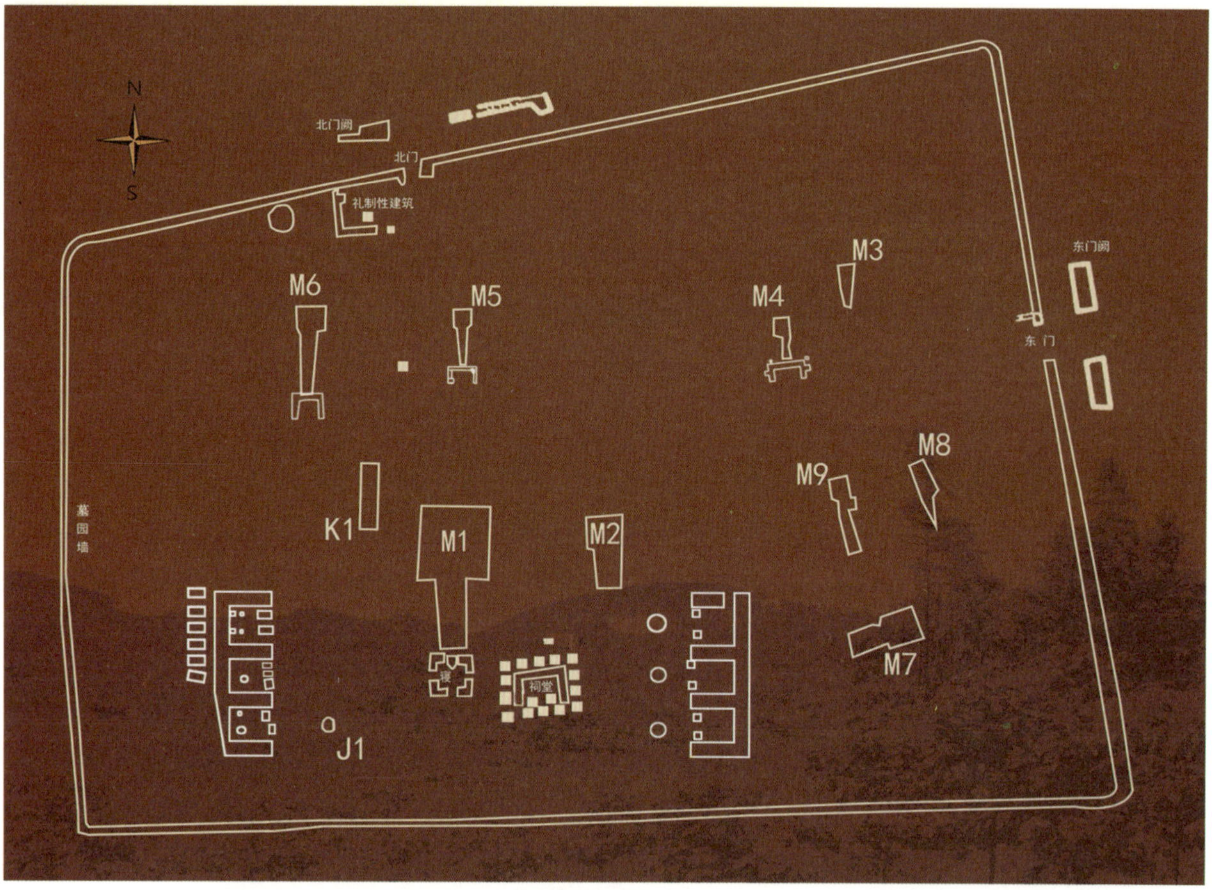

海昏侯墓墓园结构

海昏侯墓 M1

藏椁之间辟有过道，将主椁室与藏椁分隔开。甬道位于椁室南部中央，其南、北两端用门与主椁室和墓道相通。其中主椁室高约3.4米，高出其周围回廊形藏椁约0.4~0.5米，面积约60平方米，由东、西室两部分构成，东室比西室大一倍，棺柩位于东室东北部。藏椁按功能区分，北藏椁

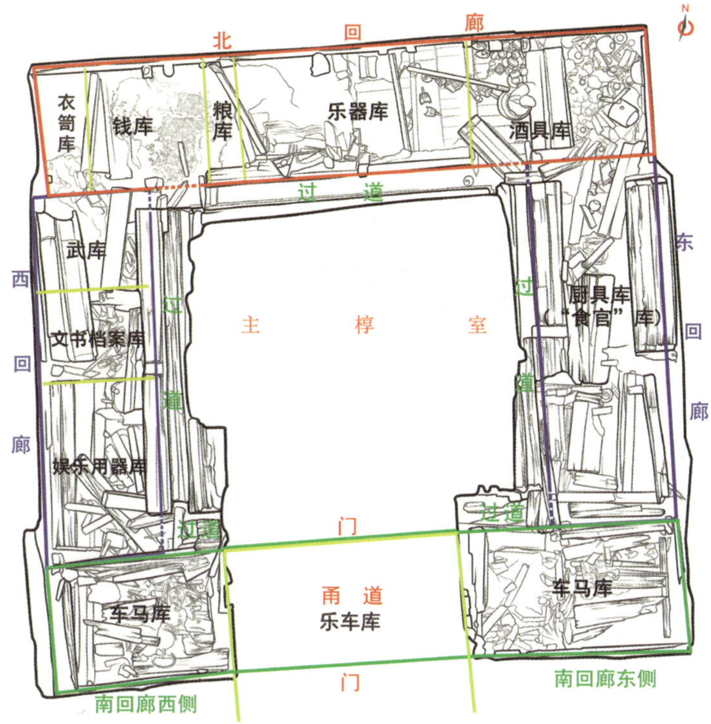

海昏侯墓 M1 分区

自西向东分为衣笥库、钱库、粮库、乐器库、酒具库，西藏椁从北往南分为武库、文书档案库、娱乐用器库，东藏椁主要为厨具库（“食官”库），甬道主要为乐车库，甬道东、西两侧的南藏椁为车马库。

通过对海昏侯墓周边5平方千米区域的考古调查和勘探，发现了以紫金城城址、历代海昏侯墓园、贵族和平民墓地等为核心的海昏侯国的一系列重要遗存。结合文献记载，基本确认面积达3.6平方千米的紫金城址即为汉代海昏侯都城，紫金城城址西面和南面为几代海昏侯的墓葬区、贵族和平民墓地。

2011年至今，五年来的考古工作，取得了重大的阶段性成果。勘探总面积约100万平方米，发掘总面积约1万平方米。出土了金器、青铜器、铁器、玉器、漆木器、纺织品、陶瓷器、竹简、木牍等珍贵文物1万余件。其中，数以千计的竹简和近百版木牍，使多种古代文献在2000年后重见天日，是我国简牍发现史上的又一次重大成果，也是江西考古史上的首次发现；出土的整套乐器，包括两架编钟、一架编磬、琴、瑟、排箫、笙以及众多伎乐俑，形象再现了西汉列侯

海昏侯墓车马坑

海昏侯墓出土铜鼎

海昏侯墓出土当卢

海昏侯墓出土漆盘

海昏侯墓出土多子奁

的用乐制度；出土的车马特别是两辆乐车与实用安车，为西汉列侯的车舆、出行制度作了全新的诠释；出土的大量青铜、漆皮陶酒器和厨具，特别是带有“昌邑食官”“籍田”等文字的青铜鼎、灯，反映了西汉时期的“食官”系统和“重农”的祭祀制度；出土的10余吨、约200万枚五铢钱，反映了西汉王朝的“赙赠”制度。此外，还出土1盒共25枚马蹄或麟趾金，两盒共187枚金饼，这是我国汉墓考古史上金币保存最完整、数量最集中的一次发现。大量工艺精湛的错金银、包金、鎏金铜器，如车马器、乐器、博山炉、连枝灯、雁鱼灯、铜镜、铜镇等；玉器，如透雕龙、虎、凤纹饰的韘形佩、玉具剑、组玉佩等；图案精美的漆器，如绘制孔子画像和记载孔子生平的漆屏风、扣银边的漆盘、贴金片的漆奁、漆樽、镶玉石和玛瑙的几案等，均显示出西汉时期高超的手工业工艺水平。另外在一件青铜豆形灯座上，清晰地刻有“南昌”二字，这是关于南昌城最早的实物资料。

海昏侯墓出土韘形佩

海昏侯墓出土玉璏

海昏侯墓出土玉佩饰

海昏侯墓出土有文字瑟

在海昏侯墓发掘和保护过程中，中国社会科学院考古研究所、中国国家博物馆、北京大学、荆州文物保护中心等参与了实验室考古、植物考古、动物考古、纺织品、金属器、漆木器、简牍、漆皮陶等文物保护方案设计与实施。地理信息系统（GIS 系统）、航空拍摄、三维扫描、延时摄影、数据库建设等数字化采集和记录工作，在整个考古和保护过程中得到广泛运用。

南昌西汉海昏侯墓墓园是我国迄今发现的保存最好、结构最完整、功能布局最清晰、拥有最完备祭祀体系的西汉列侯墓园，对于研究西汉列侯的园寝制度价值巨大。南昌西汉海昏侯墓是我国长江以南地区发现的唯一一座带有真车马陪葬坑的墓葬。墓葬本体规模宏大，椁室设计严密、结构复杂、功能清晰明确，是西汉中晚期列侯等级墓室的典型标本，对于研究、认识西汉列侯等级葬制具有重大价值。迄今已出土的 1 万余件文物，形象再现了西汉时期高等级贵族的生活，具有极高的历史价值、艺术价值和科学价值。以紫金城城址、历代海昏侯墓园、贵族和平民墓地等为核心的海昏侯国的一系列重要遗存，共同构成了一个完整的大遗址单元，这是我国目前发现的面积最大、保存最好、内涵最丰富的汉代侯国聚落遗址，是重要的国家级历史文化遗产，具有重大研究和展示利用价值。

根据文献记载，南昌西汉海昏侯墓地处文献记载的西汉昌邑王（海昏侯）刘贺的封地，历史背景清楚。发现的实用车马陪葬坑出土了雕刻精美纹饰的鎏金、错银青铜车马器，与《后汉书·舆服志》所载“龙首衔轭”的“王青盖车”相似。墓园内还发现了多处等级很高的礼制性建筑基址，出土了大量带有“食官”“脯酹”“籍田”“海”“南昌”“昌邑二年造”“昌邑九年造”“昌邑十一年造”“元康三年十月”“元康四年六月”等文字的漆器、青铜器、印章和木牍。墓主是西汉第一代海昏侯刘贺的可能性最大。

4. 江西宜春城头村东汉墓葬群

城头村东汉墓群位于江西省宜春市上高县泗溪镇城头村委岭里自然村南 150 米处的山坡地

（俗称“坡子上”），南距锦江约 100 米，北距 320 国道约 10 千米。2011 年 12 月 31 日，在国务院部署的农业“园田化”建设过程中发现了砖室券顶墓一座，经过调查、钻探，在同一区域还分布有同时期的其他古墓葬。经报请国家文物局批准，由江西省文物考古研究所和上高县博物馆组成联合考古队对其进行抢救性的考古发掘，截止到 2012 年 4 月 26 日，共清理古墓葬 7 座，出土了丰富的随葬品。

此次经考古发掘正式揭露的 7 座古墓葬均为砖室券顶墓，坐北朝南，方向为 154°~170°，墓葬形制分 A、B 两型。A 型墓平面呈“十”字形，1 座，即 M1，由墓门、前室、左右耳室、后室、甬室五部分组成。B 型墓平面呈长方形，依甬室的不同可分 Ba、Bb 两亚型。Ba 型为 M2、

城头村东汉墓群 M1（南—北）

城头村东汉墓群 M3（南—北）

城头村东汉墓群 M5（南—北）

M4~M7 共 5 座，除 M2 墓室由前、中、后三室和墓门、甬室共计五部分组成外，M4~7 形制基本一致，由墓门、前室、后室、甬室四部分组成。Bb 型 1 座，即 M3，后室不带甬室而砌建壁龛，由墓门、前室、后室、壁龛四部分组成。

甬室为券顶，与墓葬后室后壁相通，在结构上相互融合，应为同时砌建。甬室的位置分两种，M1 的甬室位于后室左（西）侧，其他位于后室后壁正中位置。

墓壁采用平砖横、纵向相间错缝叠砌的方法，砖柱和墓壁之间用平砖纵向平铺衔接、相互咬合，类似木构件中的榫卯结构。墓顶利用斧形砖前薄后厚的特点纵向叠砌，达到自然成券的目的。墓底为“人子形”铺地砖。

墓砖分平砖和斧形砖两种，纹样一般压印在侧面，以十字交叉纹、十字交叉环填对角纹、十字交叉内填铜钱纹、网纹、网钱纹、上下对称半同心圆纹、车轮纹、叶脉纹、复线对角纹等为主，另在 M1 中发现少量墓砖侧面压印“宜子孙”砖铭。

各墓所出随葬品多寡不一，完整及可复原器物总计 153 套 171 件。所出土的随葬品按质地分有陶器、青瓷器、酱釉瓷器、金银器、铁器、铜钱、滑石器等。

陶器分硬陶（印纹、素面）、绿釉、黑皮、酱釉等不同的种类。硬陶器有罐、钵、盖（子口、

城头村东汉墓群 M5 出土印纹硬陶双口罐

城头村东汉墓群 M5 出土绿釉陶甑

城头村东汉墓群 M5 出土黑皮陶盘口壶

城头村东汉墓群 M4 出土酱釉陶簋

城头村东汉墓群 M4 出土青瓷四系盘口壶

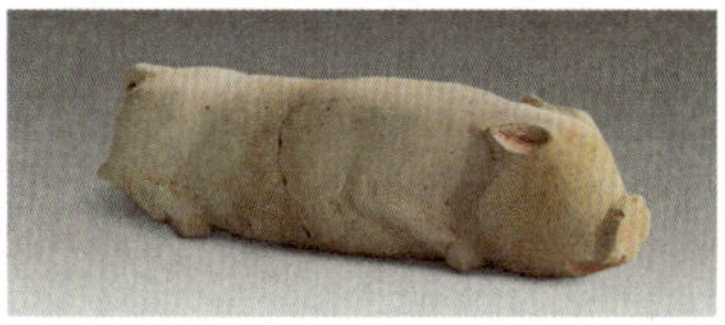

城头村东汉墓群 M2 出土滑石猪

城头村东汉墓群 M2 出土金戒指、金虎、金珠

饼状、伞状）、案、谷仓、纺轮、陶牌、灶（包括锅、釜、甑）、水井（包括水桶）等；绿釉陶有盘、三足盘、耳杯、谷仓盖、水井、灶（包括锅、釜、甑）等；黑皮陶有罐、盘、双系盘口壶、耳杯、灶具（包括锅、釜、甑、小罐）、水井、谷仓等；酱釉陶有簋。青瓷器有罐、盘、盘口壶、钵、耳杯、高柄灯等，酱釉瓷有双系罐。金器为小巧的金饰品，有戒指、镂孔虎、串珠。银器有银钗。铁器有铁剑、长条刀、环首削刀、凹形刀、剪刀、镰刀等。铜钱为五铢钱。滑石器为雕塑猪。

此次发掘所出随葬品以明器为主，既有典型的水井、谷仓、灶等模型，也有出土数量最多、最具特色的双口罐（亦称双唇罐、腌菜罐），它们均应是专为死者定制烧造的随葬用品。

根据墓葬形制、墓砖纹样和出土器物特征分析，这批墓葬应属东汉中晚期。平面布局排列有序，墓葬形制接近，应是江西地区东汉中晚期一处较为典型的家族墓地。在出土的器物中，有的器物底部正中有方形压印痕，有的器物底部有“十”字形凸痕，这些痕迹已不是我们原来认识的垫烧痕所能解释的，它们应该属“标识符号”性质，说明当时已有窑场为适应市场的需要而专门负责生产此类产品，是当时窑业生产分工进一步细化的反映。

5. 江西景德镇南窑遗址

南窑遗址位于江西省景德镇市乐平市接渡镇南窑村，为了全面把握遗存的分布范围、保存状况、文化内涵以及窑场与瓷都景德镇陶瓷的关系，探讨景德镇早期的陶瓷发展历史，经报请国家文物局批准，江西省文物考古研究所于 2013 年 3~11 月对遗址进行了考古发掘。此次发掘使用新方法，邀请荆州市博物馆信息技术中心采用地理信息系统对遗址进行测量、定点、整体布方，建立整套的考古地理信息系统。在全面揭露龙窑遗迹的基础上，针对龙窑遗迹采取横切的横向解剖法，在龙窑遗迹两侧不同部位布设 6 条探沟进行解剖。具体工作分三个区域进行，实际发掘 5 米 ×5 米探方 36 个，揭示龙窑遗迹 2 座、灰坑 10 个、灰沟 1 条、道路遗迹 1 条。总计揭露面积 1013.5 平方米，出土大批窑具和瓷片标本，多达数十吨，考古发掘取得重要收获。

该遗址文化层堆积普遍厚 1~3 米，最厚处超过 5 米，规模宏大，分布面积仅窑山就超过 3 万平方米，是全国少见的保存完好、规模宏大的唐代青瓷窑址。发现一条长达 78.8 米的龙窑遗迹，是迄今为止我国考古发掘最长的唐代龙窑遗迹，也是目前景德镇地区发现最早的、保存最完整的窑炉遗迹，龙窑遗迹的发现填补了景德镇瓷器烧造窑炉形制最早形态的空白，在江西制瓷业发展史乃至中国陶瓷史的研究上有着十分重要的意义。窑室内多处部位保留排列整齐的原始状态装烧坯件的支座，对于了解当时龙窑的装窑工艺、装窑量提供了重要资料，为研究南窑的生产工艺流程、窑炉构筑技术和当时的手工业生产状况提供了依据。尤为独特的是，叠压在 Y1 龙窑下面的另外一条龙窑，在窑床中段使用了方形减火坑的技术手法，这是以往龙窑遗迹中所不见的。

南窑遗址JNY1减火坑

南窑遗址出土青釉花口盘

南窑遗址出土酱釉玉璧底碗

南窑遗址出土青釉褐斑罐

南窑遗址出土青釉褐彩罐

南窑遗址出土酱釉腰鼓

南窑所烧瓷器釉色种类多，有青釉瓷、酱釉瓷、青釉褐斑瓷、青釉褐色彩绘瓷以及素胎瓷，以青釉瓷为主。器物造型端庄、器形丰富，大者雄浑、小者精巧，有双系瓶、双系罐、小瓶、执壶、盘口壶、小碗、中碗、大碗、盘、灯盏、钵、盏、瓮、水盂、盒、盆、腰鼓以及器盖、壶把等，以碗、盘、双系瓶居多。碗盘类瓷器流行圆饼足、玉璧底，有少量圈足器。还发现人面埙、茶碾、瓷杈、砚滴等罕见器物。值得关注的是青釉、酱黑釉腰鼓和器形硕大的大碗器，有可能是为满足胡人所需而专门烧造或订烧的。腰鼓又名拍鼓，原为西域少数民族的一种打击乐器；器形硕大的大碗与汉民族使用习俗明显有别，这也是《太平广记》中屡述洪州商胡事的最佳实物注脚。它们的出土彰显了唐代赣鄱与西域地区文化交流频繁的史实。尤为重要的是出土了夹耳盖罐、穿带壶等具有重要断代的器形。南窑出土的夹耳罐与1998年在印尼唐代“黑石号”沉船出水的夹耳罐相似，表明南窑生产的部分产品具有外销的性质。

南窑遗址出土青釉双系瓶

南窑遗址出土晚期烧造支座

南窑遗址出土青釉玉璧底盘带匣钵盖

南窑遗址出土褐彩人面埙

南窑遗址出土酱釉双系罐

南窑的制瓷技术高超、烧造水平一流，产品明显分为普通大众所用的粗瓷器和质量高档的上品两类。上品瓷器工艺精致、造型典雅、艺术性高，胎质非常细腻，釉层均匀、釉色莹润，可以与长沙窑、越窑的高档瓷器相媲美。

南窑遗址是景德镇境内目前已知最早的瓷业遗存，是唐代江西地区重要的陶瓷产地，填补了景德镇地区唐代瓷窑遗存的空白，把瓷都景德镇的瓷器烧造历史向前推进至唐代，丰富了景德镇地区陶瓷文化内涵，为探讨景德镇陶瓷历史、探索景德镇的瓷业源头提供了第一手资料，为研究唐代制瓷手工业和青釉瓷器发展史提供了重要资料。

6. 江西景德镇兰田窑址

景德镇兰田窑地处湘湖镇南河流域，窑址位于江西省景德镇市浮梁县湘湖镇兰田村金星自然村西北的万窑坞山坡上，东距景德镇市区约 20 千米，南距南河约 1 千米，是景德镇早期瓷业的中心地区。

2011 年 12 月，该村砖瓦厂在后山坡（万窑坞）取土烧砖时，揭露出古代窑业堆积，景德镇市陶瓷考古研究所工作人员闻讯立刻前去勘察，发现该处山坳间裸露大量青釉瓷残片和窑具，窑业遗存已遭到破坏。鉴于此种情况，经向上级层层汇报，景德镇市陶瓷考古研究所立刻组织并联合北京大学考古文博学院、景德镇陶瓷学院师生对该窑址进行了考古调查和试掘。试掘地点为裸露大量瓷器残片的一山坳间的断面处，主要为两个包含大量瓷片的土堆，分别编为采 A、采 B，并对其进行了清理。此次试掘清理出一处窑炉残迹，保存较差，灰坑 1 个，出土了一批青釉、白釉、青白釉瓷和窑具等标本，其中青釉瓷标本占出土物的绝大部分。

2012 年 11 月 ~2013 年 2 月，景德镇市陶瓷考古研究所联合北京大学考古文博学院、景德镇陶瓷学院师生对景德镇兰田窑进行了正式发掘。此次发掘分三个区域，分别为万窑坞（A 区）、柏树下（B 区）、大金坞（C 区），发掘工作以 A 区万窑坞为主，三个地点共计布方 18 个，发掘面积共计 541 平方米，清理各类遗迹 12 处，包括窑炉 2 座、灰坑 7 个、墓葬 1 座、沟 2 条，出土了数以吨计的各时期的瓷器和窑具，包括许多可复原器物。

以往学界多认为景德镇的制瓷业始于五代，并且景德镇地区的窑业自创烧以来就以白瓷和青白瓷为主。但近些年来，在湘湖镇、鄱阳、乐平南窑以及本次发掘的兰田窑都发现了一批晚唐、五代时期生产青瓷的窑址，例如此次发掘的器物可早至中、晚唐时期，遗物丰富，表明景德镇地区制瓷业创始时间可早至中晚唐时期，将以往认为的起始时间提早了约百年。不仅如此，此次发现了青绿釉、青灰釉和白瓷同时出现在同时代的地层里，改变了以往学术界认为的三种器物存在早晚关系的传统认识，并且此次发掘在早期地层里出土了一批制作精细的白瓷，这一发现对于研究南方地区白瓷的起源问题有重要意义。

7. 江西赣州七里镇窑址

七里镇窑址位于江西省赣州市章贡区水东镇七里村，整个窑址分为东区（上窑）、南区（中窑）、西区（下窑）三个地段，现有窑包堆积 14 处，遗址总面积 2 平方千米。七里镇窑自晚唐创烧，宋元曾鼎盛一时，到明中期停烧。所烧产品主要有晚唐五代时期的青瓷与白瓷，宋元时期的青白瓷与紫色釉瓷，产品曾经外销到韩国、日本等国，是江西宋元四大名窑之一。1959 年被列为省级重点文物保护单位，2013 年 5 月又被国务院公布为第七批全国重点文物保护单位。

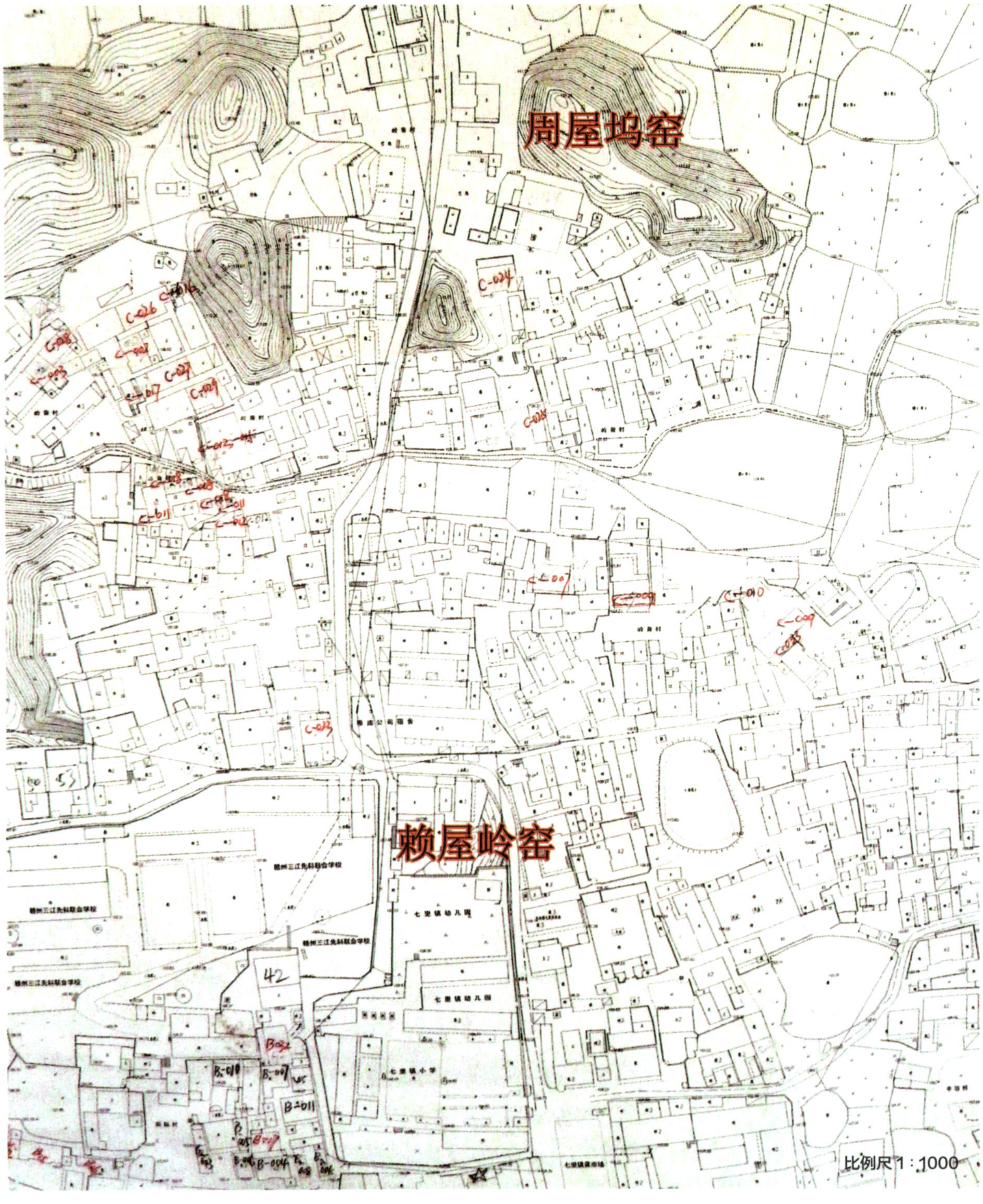

七里镇窑址发掘区位置图

2014 年 7~12 月，经国家文物局批准，江西省文物考古研究所与赣州市博物馆联合对七里镇窑址的周屋坞与赖家岭两个窑包进行了主动性考古发掘，目的在于寻找七里镇窑的代表性产品，弄清七里镇窑的制瓷年代与各时代产品风格，并对其遗产价值进行科学评估。

七里镇窑址周屋坞窑烟室遗迹

七里镇窑址赖屋岭龙窑

七里镇窑址出土五代青瓷

七里镇窑址出土青白瓷与青瓷共存遗迹

截至目前，共发掘了300平方米，揭露分属五代、北宋、南宋三个时代的龙窑遗迹各1座，并出土五代至宋元的多种釉色瓷器上万件。重要成果有三：一是在周屋坞窑揭露一座历经7次改扩建的南宋龙窑遗迹，每次改扩建的痕迹非常明显，并在窑尾保存了四个时期的烟室遗迹。这是迄今为止全国发现的经过改扩建次数最多的龙窑，对研究宋代窑炉建造技术、产量大小以及窑包山的成因都具有重要的考古价值。二是此次揭露的五代龙窑残长17.5、宽2.8米，北宋龙窑残长28.5、宽3.7米，南宋龙窑残长19、宽3.85~4.2米。这三座龙窑分属三个时代，可以看出其宽度不断扩大，最宽的一座达4.2米，这是迄今为止我国发现的窑身最宽的龙窑，对研究我国龙窑由北方向南方、由唐宋到元明的演变过程具有非常重要的价值。三是在赖家岭窑发现了从五代到北宋早、中期的典型地层堆积，特别是五代风格的青瓷与北宋早期风格的青白瓷伴出的堆积，这对研究南方青白瓷窑系的窑口如何从五代以生产青瓷为主过渡到北宋以生产白瓷、青白瓷为主，过渡期间的制瓷技术与烧造技术的变化，具有非常重要的价值。

其中赖家岭窑包山上发现的两座龙窑，都是坐北朝南，几乎平行，中间相隔 12 米。其中 Y1 开口于③层下，为斜坡长条形龙窑，位于窑包山的最高处，残存长度为 29.32 米，窑头部分保存较好，极为难得地保存了壁高 2.5 米的窑门，窑门前工作室、窑门、火膛都清晰可见，窑尾在早年遭村民建房时破坏。龙窑尾部窑床断面宽 3.25、窑壁高 0.7、窑床中部最宽处达 3.9、窑壁残高 1.05 米。这座龙窑是一条因窑顶塌陷而废弃的龙窑，可以看到塌陷下来的窑顶楔形砖以及窑床上排列整齐的匣体柱遗迹。中部较宽处每行放置了 16 列匣钵，装烧的主要是一种素面的青白瓷碗，在窑尾则混合装烧青白瓷与酱釉瓷碗，产品的时代特征为南宋前期。另外一条龙窑 Y2 开口于④层下，也是斜坡长条形龙窑，位于 Y1 的东侧，属于窑包山地势较低矮的部位。残存长度 35、窑床中部宽 2.23、尾部宽 2.15 米。窑壁残存最高处有 1.2 米，但明显看出有一次加高改建的痕迹。窑壁除了用砖，还使用了喇叭形支座等窑具来砌筑。这条龙窑尤其难得的是在窑头部位保存了券拱形的窑顶。由于发掘工作遭到了一些人为干扰，再加上窑头部位深达 5 米多，发掘进展缓慢，还没来得及把窑头完全揭露。窑床上的残留瓷器主要是带泥团支钉支烧痕的青瓷，窑具是喇叭形支座，所以判断这是一条五代时期烧造青瓷的龙窑。除了两座龙窑外，在两座龙窑之间的空白地带，从南往北还发现了青砖砌筑的淘洗池，堆放进窑瓷坯与出窑成瓷的、高低不同的两层晒坪以及窑工工棚等作坊遗迹。

2015 年度在赖家岭窑包上发掘揭露的两座龙窑，一座较好地保存了窑顶，一座较好地保存了窑头。如果再加上第一期在周屋坞窑包上发掘的一座保存了完整窑尾的龙窑，就可以完整再现五代至宋代时期南方大型龙窑的建筑构造技术。这对破解唐宋龙窑的建筑技术之谜是一个重大突破，在窑业技术发展史研究上将留下浓墨重彩的一笔。

8. 江西景德镇湖田窑址

为配合江西省景德镇市民窑博物馆湖田古瓷窑址宋元明作坊遗址、葫芦窑窑址保护房重建工程，经国家文物局同意，江西省文物考古研究所于 2015 年 11 月 ~2016 年 6 月对扩建区域进行了主动性发掘。共布探方 11 个，发掘总面积 785 平方米。发掘揭露出宋、元、明时期文化层叠压堆积，宋、元、明三个时期的作坊遗迹，并获得大量的宋、元、明时期陶瓷标本。通过本次考古发掘，清晰地揭露出了明代作坊遗迹与元代作坊遗迹布局，功能完整，是展示湖田窑制瓷作坊成就的一个重要窗口。

考古发现表明景德镇湖田窑为元代浮梁磁局下辖的窑场之一。在湖田窑野猪岭保护房发掘区揭露出规模大、规格高、修砌精细雅致的元代庭院式作坊路面，精心设计的、与窑前工作室连为一体的葫芦窑。出土大量带有元代官窑特征的器物，如铭文“东局”筒瓦、五爪龙纹瓦当、枢府釉瓷、西亚型元青花等。从作坊规模、规格及出土遗物看，这里应为元代浮梁磁局下辖的一个窑场，这对于研究元官窑管理制度有着重要的意义。揭露出的元代烧成作坊区遗迹与南面保护展示的元代制瓷作坊遗迹同处一个层位活动面，应属同一时期的作坊遗迹。以青砖路面为界，南面为练泥池、沉腐池、辘轳车基座等制瓷作坊遗迹，北面空旷，可能为晾坯区，西面为窑炉与窑前工作室等烧瓷作坊遗迹。作坊整体设计严密、功能清晰，对于研究元官窑作坊布局制度有重要价值。

揭露出的宋、元、明作坊遗迹与出土的众多陶瓷标本，形象再现了湖田窑宋元明时期繁盛的制陶业，具有重要历史、科学与艺术价值。如出土遗物表明湖田窑在宋代是重要的贡瓷产地，元代作坊遗迹与遗物表明湖田窑在元代是浮梁磁局下辖的一处重要窑场。通过对出土遗物的检测，元代瓷器胎体使用二元配方，表明元代烧造工艺取得重大进展，使景德镇在元明时期取得瓷都地位。大量精美的瓷器采用刻花、划花、印花、镂雕、捏塑等技术，显示出当时手工业的高超工艺水平。

9. 江西景德镇落马桥遗址

落马桥遗址位于江西省景德镇市珠山区中华南路 404 号红光瓷厂院内。20 世纪 80 年代以来随着城市建设和改造陆续出土有宋至清代的窑业遗物，1980 年景德镇市陶瓷考古研究所为配合基建进行了一次抢救性发掘清理，在距地面 1.7 米处发现元代遗物，主要有青花瓷、青白釉瓷和卵白釉瓷等。青花瓷以小件为多，瓷胎略粗，品类丰富，包括有“头青”“戴彩”字样的试火具、有八思巴文的残钵和有“辛巳”二字的元青花瓷片等。2012 年红光瓷厂进行改建时发现厂区内部分区域盗掘现象严重，经国家文物局批准，景德镇市陶瓷考古研究所、北京大学考古文博学院和江西省文物考古研究所组成联合考古队，于 2012 年 11 月对该窑址进行了抢救性考古发掘。最初布方面积为 275 平方米，2013 年 1 月 2 日根据发掘的需要，扩方至 485 平方米。发掘揭露出一批重要的遗迹，主要包括元明清作坊房址 13 处、作坊澄泥池 10 个和可能是高规格带祭祀或宗教性质的元代庭院 1 处，以及已经被破坏严重的明代龙窑残留遗迹 1 处，这些遗迹为研究当时社会经济文化形态以及陶瓷作坊内部分工有重要意义。发现并清理了自宋末元初到清末民初的地层，出土了一批典型遗物。从地层情况看，红光瓷厂窑址的陶瓷生产从元早期到清末民初一直有延续。

此次发掘发现并清理了从南宋至民国的文化地层，出土了较丰富的遗迹、遗物，取得了重要成果，主要收获简要概括起来有以下几点：第一，从地层情况看，落马桥窑址的陶瓷生产从南宋末到民国一直有延续，以考古地层叠压关系为基础排出的瓷器发展序列，将极大地丰富、补充和完善景德镇民窑生产的年代发展变化信息。尤其是元代地层和明初地层的出土物对了解和解决这一时期的陶瓷生产情况及断代问题具有重大价值。第二，清理出一批重要的遗迹，包括明代葫芦窑遗迹 1 座、房屋遗址 15 处、与陶瓷作坊有关的水池 13 处、辘轳坑 8 处、排水沟 8 条、路面 5 处、墙体 14 处和高规格的元代庭院 2 座等。这些遗迹对研究当时瓷器的生产工艺和作坊布局等问题具有重要意义。第三，发现一些重要器物，器形种类丰富、装饰手法多样，工艺水平较高，如制作精良的元代枢府瓷和青花瓷。从青花人物故事图案以及青花彩绘五爪龙纹的产品来看，该窑址在元代是浮梁磁局辖下的一处重要窑场。

10. 江西星子塔园明代壁画墓

2013 年 3 月 27 日江西星子庐山秀峰旅游度假有限公司在庐山秀峰景区大门东南约 200 米处修建停车场时，发现一座壁画墓。经国家文物局批复同意，同年 7 月 24 日江西省文物考古研究所会同星子县博物馆对墓葬进行抢救性发掘。

墓葬位于庐山南麓，江西省庐山市（原星子县）白鹿镇秀峰村开先陈村民小组北约 50 米处，西北距庐山秀峰景区大门约 200 米，南面为环庐山南路公路。墓地名叫塔园，为长方形台地，高出东边水田约 3 米，高出南、西面旱地约 1.5 米，高出北边水田约 0.5 米。布 10 米 ×10 米探方 1 个，在发掘过程中，发现并排连在一起的 3 座墓葬，坐北朝南，因发掘需要向东南方向各扩 3 米。3 座墓葬都是麻石堆砌而成，穹隆顶，圆形墓室，长方形阶梯墓道。M1 墓道六步台阶，青石平铺而成，两排麻石封门，墓室正中有八块麻石拼接而成的须弥座中空圆形棺床，棺床上垫一层厚约 5 厘米的长方形石灰，石灰上有保存较完整的骨骸。骨骸面向墓道，仰身直肢，棺台四周清理出较多棺钉，不见棺木，头骨北部棺床下清理出 2 件白釉墩式碗。墓室周壁全部涂有石灰层，并绘有壁画，脱落严重，仅东面保存有一较完整的瓶花图案，穹隆顶残存少量莲花图案。M2 墓道六步台阶，麻石条平铺而成，两排麻石封门，取掉封门石三层后发现石灰椁。石灰椁为中空六边形委角，六边各模印有花纹。石灰椁墓道口处清理出 9 件器物，2 件青花碗、3 件青花盘、2 件青瓷觚、1 件陶炉、1 件铜器（腐蚀严重）。周壁涂抹石灰层，石灰层上绘有壁画，其中 4/5 保存相当完整，周壁见有完整的瓶花图和莲花图案，色彩鲜艳、图案精美、线条流畅。M3 墓道九步台阶，青石平铺而成，一排青砖封门，墓室正中有 8 块麻石拼接而成的须弥座中空圆形棺床，棺床上垫一层厚约 5 厘米的长方形石灰，石灰上有保存完整的骨骸。骨骸面向墓道，仰身直肢，棺台四周清理出较多棺钉，不见棺木，头骨东北侧棺床上清理出 2 件白釉墩式碗覆扣在一起。墓室周壁全部涂有石灰层，并绘有壁画，脱落严重，周壁保存有四幅瓶花图，穹隆顶残存少量莲花图案。3 座墓并排相连，形制结构基本一致，墓室内壁画图案风格一致，绘画手法基本相似，从层位关系上看，M1、M2 同时修建，M3 略晚于 M1、M2，从出土器物上看 3 座墓年代应在明代弘治至正德年间。3 座墓的形制结构独特，在南方地区少见，M2 的壁画保存较完整，图案精美，江西少见。其壁画是在一种砂石上附有 3~4 毫米石灰层，石灰层上以矿物颜料与胶料绘有莲花等花卉图形。石灰地仗较为密实，彩绘层均为矿物颜料，色彩鲜艳，线条流畅，画工精美。

星子塔园明代高僧墓葬的发掘，极大丰富了庐山地区及江西地区佛教文化的内涵。其独特的墓室结构、葬式及保存基本完好的墓室壁画均较为罕见。出土器物完整精美。为研究江西乃至整个江南地区的佛教文化及僧人的丧葬制度，提供了珍贵的实物资料。

11. 江西鄱阳明代淮王府遗址

明代淮王府遗址位于江西省鄱阳县鄱阳镇饶州府文庙东侧。南北长约 100、东西宽约 80 米，

淮王府遗址平面图

占地面积约8000平方米。2012~2013年，江西省文物考古研究所与鄱阳县博物馆联合对其进行了两次正式发掘，发掘面积达4000平方米，取得重要成果。各时期建筑遗迹的布局与层位关系清楚，出土的明清景德镇官窑瓷器无论类型与数量均十分丰富，特别是能够修复的器物数量较多，让我们对明代淮王府的王府建筑与生活用品的面貌有了较清晰的了解。

淮王府遗址龙纹辇道

淮王府遗址出土云龙纹柱础

从文献资料来看，发掘区位于明淮王府的东侧，位于王府存心殿与世子府之间的间隔地带。由于世子府是高台宫殿式建筑，在后世土地平整过程中遭破坏程度较大，仅发现一小段柱础加墙基（F11）和一小块铺地石（F7），但在世子府后院发现了由太湖石与汉白玉栏杆构建的园林景观遗迹（F21）。另外，发现了淮王府存心殿与世子府之间南北长约70米的宫墙（Q1）与墙外排水沟（G1），在宫墙的东南角还发现了一座建筑的室内地面（F20）。在发掘区西北角发现了从宫殿区通往世子府的台阶与露台遗迹（F12）。这些重要遗迹的发现，让我们对淮王府的建筑布局有了一个基本认识，其布局规制与《大明会典》所记载的弘治朝亲王府复原图基本相符。虽然这一地区从明至清存在四个不同时代的建筑遗迹，但目前仍然屹立的晚清饶州府文庙与文庙大门前的明淮王府辇道是始终如一的建筑中轴线，除了明代淮王府与清晚期饶州府府学宫的建筑更多是坐北朝南之外，明早期饶州府府衙与清早期饶州府府学宫的建筑更多是东西向的厢房布局，明显是要与中轴线上的主殿围合成四合院式。明代淮王府的建筑材料与下层的明早期饶州府府衙及上层的清代饶州府府学宫的建筑用材明显不同，王府的室外是用花岗岩铺砌，室内是用青石板铺地，用浮雕祥云双龙纹或双凤纹的花岗岩或者汉白玉做柱础或栏板栏杆，用模印龙凤纹的绿色或黄色琉璃瓦盖顶，尽显皇家建筑的奢华气派。

淮王府遗址出土带“朱府”款的王府用瓷（正面及底面）

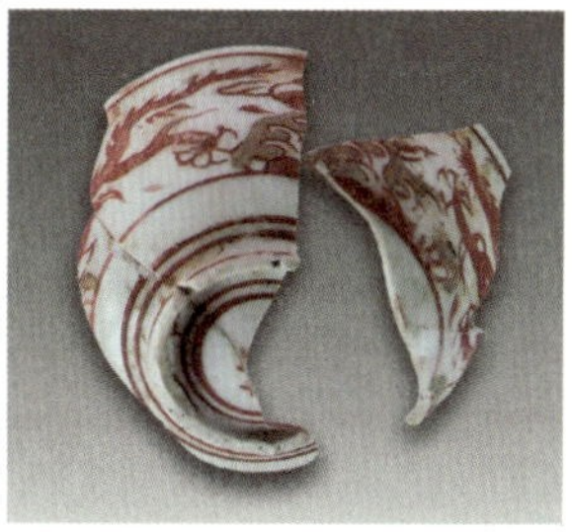

淮王府遗址出土红绿彩双龙纹碗

淮王府遗址出土红彩龙珠纹碗

淮王府遗址出土黄地绿彩暗刻龙纹碗

淮王府遗址发掘出土的遗物非常丰富，仅瓷器就多达3万余件，还有大量各种质地的建筑构件，出土瓷器的年代大多是明代后期至清代早期。在这些出土文物中，以下几类价值较大：首先是出土了大批淮王府使用的瓷器，其中一件直径达80厘米的万历“八福捧寿”龙纹大盘，是目前国内所见同时期最大的青花瓷盘；一件通高45厘米的万历五彩龙穿牡丹纹花觚也是国内罕见，只在日本东京国立美术博物馆收藏有一件；其他如釉里红、黄釉、孔雀绿、黄地绿彩、青花五彩、矾红彩的明代官窑瓷器都有所发现，还发现了一批带“淮府上用”“朱府”“典膳所”“双龙殿”“克敬宫”等铭款的王府定烧瓷器。其次是遗址中出土了一大批明末清初的带官府定烧款（“毛衙”“周衙”“帅府公用”等）、堂名款（“癸轩堂”“碧峰馆”“乾明府”等）、画押款以及清早期纪年款（“大清康熙年制”“大清顺治年制”“大清乾隆年制”等）的瓷器，很多款识都是以前从来没有发现或者比较稀有的，这对研究景德镇明末清初商品瓷器的定烧制度与转变期瓷器的面貌具有重要价值。此外，在出土的建筑构件中发现了一大批带有“淮府”及烧制窑户铭记的琉璃瓦与浮雕双龙、双凤、祥云等皇家专用纹饰的花岗岩或汉白玉的大柱础，以及一些雕刻有龙、凤、狮等瑞兽的汉白玉建筑构件。这些具有皇家风格的生活用品和建筑构件的出土，让我们领略到了明代淮王府建筑的皇家气派。

明代淮王府遗址下有宋元安国寺、明初饶州府府治遗址，上有清代饶州府文庙与民国时期芝阳师范学校遗址，是一处延续上千年的建筑遗址。这里一直是古代饶州府最为繁华、建筑等级最高之地，留下了许多精美的建筑遗存，对研究古代建筑史与城市发展史等具有重要的历史与科学价值。

淮王府遗址是明代江西三大藩王中现在唯一保留较好且能进行考古发掘的王府遗址。由于明代王府规划设计以明代皇宫为摹本，可谓是明代紫禁城的缩影，因而在历代藩王府第中对我国传统城市发展影响最大。通过对其进行考古发掘，有助于对明代藩王府的建筑规制、建筑布局、建筑材料等进行进一步的研究。

12. 江西鹰潭龙虎山大上清宫遗址

龙虎山大上清宫遗址位于江西省鹰潭市上清镇东陲，距嗣汉天师府约 1 千米。遗址于 2014 年 6 月，龙虎山大上清宫二期工程施工过程中被发现，江西省文物考古研究所与鹰潭市博物馆迅速入驻考古现场进行了联合发掘。目前考古发掘工作仍在进行中。

经过近两年的考古发掘，目前已将大上清宫中轴以东的位置完全揭露出来。大上清宫占地面积约 1 万平方米，目前已揭露 4500 平方米。已揭露出来的建筑基址有龙虎门、玉皇殿、后土殿、三清阁、三官殿、五岳殿、天皇殿、文昌殿、周廊、厢房、碑厅等，除北部的玉皇殿遗迹损坏较大，仅保存有北墙的局部外，其余皆保存较好。遗址出土了大量宋、元、明、清时期的陶瓷器碎片及各类建筑构件，其中不少是十分精致的琉璃瓦。出土遗址建制与文献记载大体吻合。

龙虎山大上清宫初为天师张道陵的草堂，第四代天师张盛在此置传箓坛。唐会昌年间敕改为真仙观，宋大中祥符五年（1112 年）改名上清观，仁宗天圣年间，二十五代天师张乾曜曾迁于龙虎山之南，哲宗元祐元年（1086 年），二十八代天师张敦复又重建，但均已不可考。宋徽宗崇宁四年（1105 年）迁于上清镇东锺重建（即今址），政和三年（1113 年）升观为“上清正一宫”。南宋高宗建炎年间，宁宗庆元、嘉定年间均有修建。理宗于端平二年（1235 年）赐内帑，并派太乙宫高士易如刚再次进行较大规模的扩建，时共兴建二阁、三馆、六殿及东西道院数百楹，不久又创建门楼，增建紫微阁。元代曾有三建三毁，武宗时敕改上清正一宫为“大上清正一万寿宫”。明代先后经过六次重建与修复。清康熙二十六年（1687 年），御书大上清宫匾额。雍正九年（1731 年）特赐帑银十万两，于当年大兴土木，开始重修，至雍正十年（1732 年）八月竣工，除将原有殿宇葺修一新外，又新建了碑亭、斗姆宫及配殿，已发展成二宫、十二殿、二十四院，整个宫宇规模宏大、气势磅礴，不仅居江南之首，在全国亦是一枝独秀。后因年久失修且屡遭灾毁，至解放初仅存门楼、午朝门、钟楼、下马亭、东隐院等建筑，为江西省重点文物保护单位之一。“文化大革命”中，上清宫残存建筑全遭毁坏，现存有元代所铸大钟及部分碑刻藏于天师府内。

道教在中国历史中有着重要的影响力，而龙虎山大上清宫历史悠久，是龙虎山的核心建筑，道教正一道的祖庭。是传承道教文化的重要载体，在中国道教史上有着承先启后、继往开来的地位和作用以及重大影响。通过对龙虎山大上清宫遗址的发掘，可以深入掌握大上清宫的建制规模，与全国各地的上清宫进行研究对比，对探讨龙虎山在道教史中的重要地位将发挥重要作用。

通过发掘科学揭示龙虎山大上清宫的建筑规制，探清大上清宫的古代建筑布局、规制及所使用的建材，对于重建龙虎山大上清宫，按照“修旧如旧”的原则正确复建和传承好大上清宫的建筑风格，延续龙虎山道教祖庭的辉煌历史提供了重要学术依据。

13. 江西景德镇御窑厂遗址

2012~2016 年对景德镇御窑厂遗址的考古工作主要是配合御窑厂国家考古遗址公园的建设开展的，重点对遗址东围墙、龙珠阁北麓保护房、遗址管理用房和遗址博物馆（新馆区域）等开展了考古发掘和清理工作。

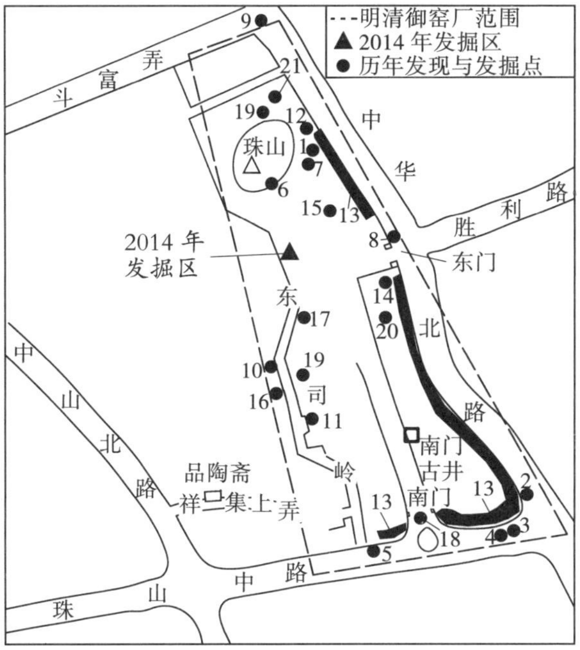

2014 年发掘区及历年发现与发掘点位置示意图

（1）御窑厂遗址东围墙发掘

2014 年 3~6 月，为配合御窑厂国家考古遗址公园东围墙的建设工程，景德镇市陶瓷考古研究所工作人员对御窑厂东门以南的东围墙墙基施工区域以及东门内西南部区域进行了抢救性的考古发掘，此次发掘共布探沟 1 条、探方 6 个，发掘面积共计约 200 平方米。清理出土了一批明清时期的建筑遗迹，主要有灰坑 2 个、清代天井 1 座、墙基 1 条、沟 1 条、练泥池 1 座，此外还出土了一批明宣德、成化、嘉万，清代康熙、乾隆、光绪以及民国时期的官窑和民窑瓷片数千片。

此次发掘出土了一批较为重要的官窑遗物，另外揭露出一座清代早期的天井建筑，为研究清代早期御窑厂遗址的建筑布局提供了重要坐标和考古信息，另在围墙内侧大致与现在的东围墙平行发现了一条晚明时期的长约 15 米的石砌墙基，为研究御窑厂的东围墙以内、东门附近的建筑布局提供了一条较为重要的历史信息。

（2）御窑厂遗址龙珠阁北麓保护房抢救性清理

2014 年 7~12 月，为了配合龙珠阁北麓保护房改扩建工程项目的顺利进行，景德镇市陶瓷考古研究所工作人员联合景德镇陶瓷学院学生对龙珠阁北麓保护房改扩建区域进行了抢救性清理，发掘面积约 500 平方米。清理出的主要遗迹为灰坑 2 个，其余为明宣德到清末民国时期的文化堆积，出土了一大批宣德、空白期、成化、弘治、正德、同治、光绪等时期的瓷片。典型器物主要有空白期的青花花觚、青花和斗彩的凉凳、白釉梅瓶等。

此次发掘出土了一批比较重要的御窑遗物，尤其是空白期官窑器物的出土，填补了御窑厂遗址历次发掘的空白，对于研究明宣德至成化时期的制瓷业情况和官窑制瓷工艺等问题提供了重要的实物资料。

（3）御窑厂遗址龙珠阁南侧、毕家弄以东区域发掘

2014 年 10~12 月对遗址进行考古发掘，发掘区位于御窑厂国家遗址公园内即龙珠阁南侧，西侧与东司岭仅一墙之隔。布方面积 400 平方米，布 5 米 ×5 米探方 16 个，实际发掘面积 363 平方米。发掘揭露的主要遗迹有作坊址、房址、灰坑、辘轳坑、墙基、天井、排水沟、澄泥池和掩埋落选御用瓷器的坑、缸等，时代自元代中晚期到清末、民国时期，其中明代釉上彩作坊遗址相对完整，这对研究明代御窑厂整个作坊群的分布、规模、制瓷工艺、作坊内部分工形式有重要的科学价值。出土遗物与遗迹的时代吻合，延续时间较长，序列较为完整，种类比较齐全，可谓御窑厂历次发掘工作中出土遗物最为丰富的一次，为研究景德镇陶瓷史与陶瓷断代提供了科学的、权威的断代资料。尤为罕见的是此次发掘明代正德地层出土的部分釉上彩颜料、配制釉上彩的原料以及大量较为完整的正德官窑釉上彩半成品，对研究明代官窑釉上彩制作工艺提供了十分珍贵的实物资料。

（4）御窑厂遗址龙珠阁南侧、毕家弄以东区域发掘

2015 年 11 月 ~2016 年 1 月进行发掘，整体位于 2014 年发掘区域西北侧，发掘面积 300 平方米，布 5 米 ×5 米探方 12 个。目前已揭露出的主要遗迹有路面 2 处、作坊遗迹 1 处、墙基 4 处、房址 2 处、辘轳坑 2 个等，出土了一批清代至民国时期的御窑瓷器、窑具、颜料、建筑构件等。瓷器按釉色主要以青花、粉彩为主，少量的黄釉、红釉、釉里红等，器形主要有碗、盘、杯、碟、壶、罐、照子等。窑具主要有匣钵、匣钵盖、垫饼、试料，建筑构件主要有卷草纹砖、板瓦、瓷板等。

此次发掘的遗迹和遗物的时代主要集中在晚清和民国时期，从遗迹和遗物的出土情况，可以看出民国时期御窑厂的生产从未停止，尤其是出土了一批民国粉彩的精品，为研究御窑厂民国时期的瓷器生产和窑业状况提供了重要的实物资料和历史信息。此次发掘揭露的一座清末民国时期的晒架塘，为研究清末民国时期御窑厂制瓷作坊的布局和分工、建筑结构、内部空间布局、制作流程、制瓷工艺阶段的分工以及御窑厂的停烧和废弃等问题提供了重要的信息。

（5）御窑厂遗址管理用房发掘

2016 年 2~5 月，对拟建为管理用房建设区域进行了抢救性考古发掘。此次发掘区域位于御窑厂国家考古遗址公园内的东南部，东与中华北路仅一墙之隔，南接御窑厂遗址管理处办公用房，实际发掘面积 257 平方米。目前所揭露的遗迹主要有匣钵墙、房屋建筑、掩埋落选御用瓷器的

遗迹、池子、缸、灰坑等。出土遗物数量十分丰富，绝大多数为瓷器和窑具。遗物时代主要为明清时期，以民窑瓷器居多，时代大多为明末至清代。官窑瓷器亦有出土，年代主要在明宣德、成化、正德、嘉靖、万历和清康熙时期。此外亦有少量民国与现代瓷片出土。遗物种类主要有瓷器、制瓷工具、瓷砖、窑具等。瓷器品种主要有青花、斗彩、五彩、红釉、祭蓝、白釉、紫金釉、粉彩、孔雀绿釉、仿龙泉青釉等，器形主要有碗、盘、碟、壶、瓶、杯、罐、靶盏、鸟食罐、花觚等。

明代宣德时期的落选御用白釉瓷器的遗迹（掩埋坑 K1 与掩埋堆 D1）说明了在明代宣德时期，落选御用瓷器的掩埋区域分布较广。第一次发现明代宣德时期的房屋建筑遗迹（F1、F2），用途可能是堆放瓷土原料。发掘结果表明，御窑厂东南端区域在明代早期至宣德时期应为制瓷作坊区，成化时期该区域作为掩埋窑业垃圾的区域，明代中后期，出于修建建筑的需要，在御窑厂东南端普遍铺垫了一层土质较硬的红色垫土，再在红色垫土层上砌建大型匣钵墙建筑，并一直延续使用至清初。

（6）御窑厂遗址博物馆（新馆区域）发掘

2016 年 2 月底至今，对景德镇市御窑博物馆新馆建设区域进行了抢救性的考古发掘。该区域位于景德镇市御窑厂东围墙外东北部，总面积约 8000 平方米。到目前为止，发掘面积总计 546 平方米。发掘揭露出宋、元、明、清、民国五个时期的文化层叠压堆积，明、清、民国时期的居住与作坊遗迹等，并获得了大量的宋、元、明、清、民国时期的陶瓷标本。这表明自宋代以后，景德镇御窑厂周边区域的制瓷历史前后传承有序，从未间断并且不断继承和发展创新。为研究景德镇御窑厂晚清到民国时期的制瓷业提供了重要的实物材料和历史信息。从考古发掘的文化堆积和遗迹遗物的出土状况分析，该区域极有可能已不再属于明清御窑厂的范围，这也印证了文献记载的可靠性，这一认识与早年前辈学者们所界定的“御窑厂之东不越中华路”的结论相吻合。

14. 江西吉安吉州窑遗址

为了解决吉州窑的相关学术问题，深入研究吉州窑，探索吉州窑陶瓷发展历史，进一步揭示吉州窑所蕴含的技术与文化特征，展示吉州窑的窑业技术及其深厚的陶瓷文化，促进和加强吉州窑遗址的文物保护工作，根据《吉州窑遗址保护规划》，经过国家文物局批准同意，江西省文物考古研究所联合吉安市博物馆、南开大学历史学院考古与博物馆学系、南京大学历史学院考古文物系等单位，对位于江西省吉安市吉安县的吉州窑遗址开展了调查、勘探与发掘工作。

2012 年 9~11 月，考古工作人员分别对吉州窑遗址中的老陶瓷厂遗址、尹家岭遗址进行了考古发掘，共计布 10 米 ×10 米探方 6 个、5 米 ×10 米探方 6 个、5 米 ×5 米探方 2 个、3 米 ×15 米探沟 1 条，方向正南北，发掘面积 995 平方米。共计清理揭露圆形釉缸 8 个、砖砌圆形池子 2 处、砖砌长方形池 2 个、辘轳车基座 5 个、道路 2 条、砖墙 2 道、匣钵墙 3 道、排水沟 2 条、砖地面2处等大批遗迹，出土一批宋元明时期的青白釉、白釉、黑釉、绿釉瓷、白地彩绘瓷标本。2012年11月~2013年1月，对东昌路改造路段进行了抢救性考古发掘，分别在A区、B区、C区布5米×5米探方7个、9米×10米探方4个、20米×4米探方1个、10米×4米探方11个，方向分别为北偏西10°、21°、15°，揭露面积1125平方米，清理遗迹86个，其中圆形釉缸17个、砖砌方形池9个、砖砌圆形池6处、辘轳车基座7个、砖墙18道、匣钵墙2道、排水沟4条、砖地面遗迹5处、匣钵地面遗迹2处、道路1条、窑炉2座以及灰坑16个。出土一批宋元时期的青白釉、白釉、黑釉、绿釉瓷器标本。2014年1~12月，对吉州窑茅庵岭、东昌路窑址进行了考古发掘，共布10米×10米探方15个，探方方向正南北，揭露面积1350平方米，清理了明清时期墓葬10座、明代灰坑9个、明代挡土墙基14条、元明时期房屋基址5处、路面2条、储泥池1个以及龙窑2条等43个不同时期的遗迹，出土一批宋元明时期的青白釉、白釉、黑釉、绿釉、彩绘瓷、枢府瓷器以及青花瓷器标本。

2015年3~8月，对2013年东昌路改造段抢救性考古发掘资料进行全面清洗、分类、统计、画图、照相，共计完成3个发掘区100多个遗迹单位近300个蛇皮袋的标本整理，基本完成3个发掘区的简报工作，为全面梳理吉州窑瓷器的品种、文化源流、发展、衰落、各瓷种的兴衰史，吉州窑陶瓷文化的分期，吉州窑瓷器的工艺技术、销售等一系列问题提供了基础资料，为研究吉州窑陶瓷文化及其与庐陵文化、江西地方文化的关系和吉州窑生产的整个技术特征及其蕴藏的文化精神，全面揭示吉州窑古代手工业生产、社会组织、观念形态打下了基础，推动吉州窑陶瓷文化研究迈上了一个新台阶。

中国考古事业

2012~2016

下

国家文物局 编

文物出版社

山东省

山东省文物考古研究所

一、业务建设

2012~2016年，是国家及省级“十二五”规划实施阶段，随着国家战略规划的逐步展开，大遗址保护及国家考古遗址公园建设工作全面启动，日益成为文物工作新的重点和亮点。与此同时，山东省境内也开始了新一轮大型基本建设热潮，工程建设中的文物保护工作也如火如荼地开展起来。面对新形势，作为省级文化遗产保护与研究机构，山东省文物考古研究所不断加强业务建设、人才建设与培养，广泛开展学术交流，承担起应肩负的社会责任，加强与社会的沟通交流，逐步开展公众服务。现将各方面工作情况总结如下。

（一）业务工作

1. 考古调查与发掘

2012~2016年，山东省文物考古研究所先后完成了德商高速、济徐高速、邯济铁路、山西中南部铁路、青荣城际高铁、青连铁路等近10条高速公路、铁路及20余条国道、省道改扩建工程中的调查、勘探及发掘工作，完成中石化新疆煤制天然气外输管道、鲁宁线石油管道改线工程、天津LNG管道（山东段）、山西—江苏特高压输电项目、上海庙—山东高压输电项目、聊城至济宁输变电项目等20多项工程的沿线调查、勘探工作，还完成了武城大屯水库、淄博黄土崖水库建设等水利工程的勘探、发掘工作，另外，为配合城市建设，还完成了几十处小型工程的勘探工作。目前正在进行济青高铁、济青高速改扩建及石济客专铁路、枣菏高速、临枣高速等6条大型交通线性工程和枣庄庄里水库的考古工作，其中济青高铁、庄里水库文物占压面积较大，发掘任务繁重。据不完全统计，2012~2016年累计完成调查勘探面积约11800万平方米，徒步调查60多条线性工程，长达9000多千米，勘探面积呈阶梯式逐年攀升，由2012年的1500万平方米至2016年的3500万平方米。

五年来共完成88个发掘项目，其中90%为配合工程建设而开展的，累计发掘面积达11.5万平方米。

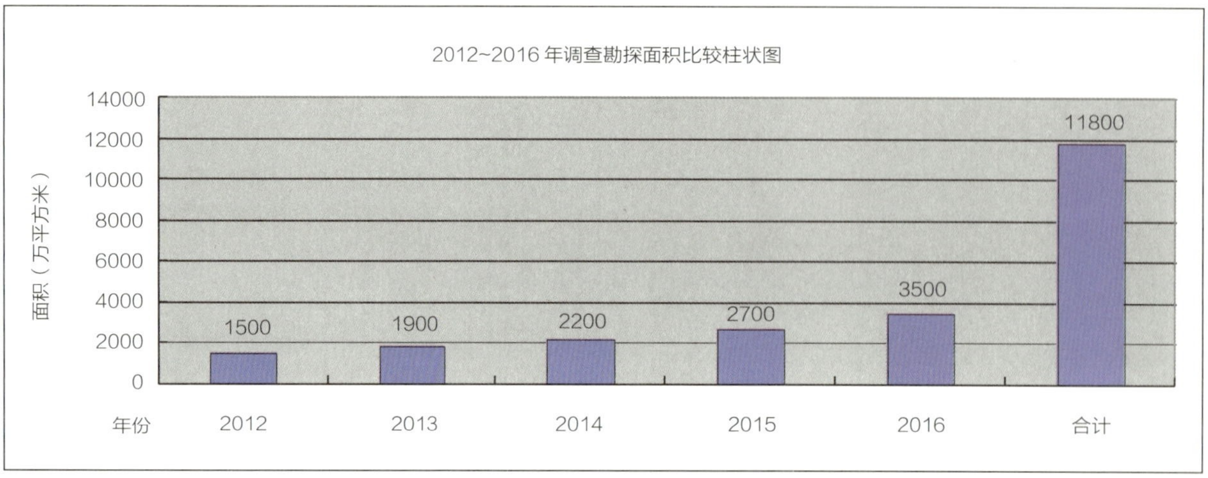

2012~2016 年调查勘探面积比较柱状图

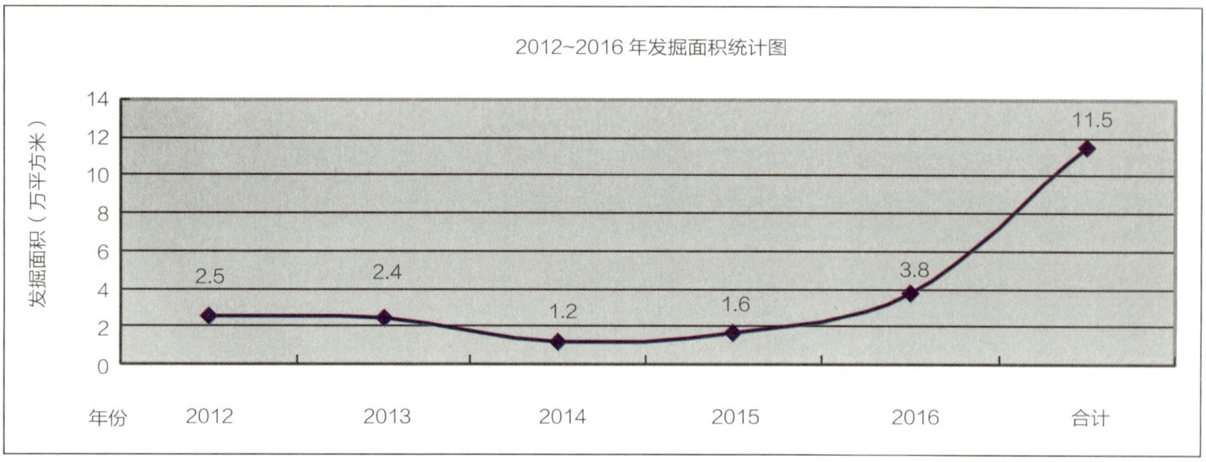

2012~2016 年发掘面积统计图

2. 大遗址保护与规划

“十二五”期间，山东先有 3 处大遗址被列入首批国家考古遗址公园名录，后又增加 2 处，这 5 处国家考古遗址公园分别是：曲阜鲁国故城、泰安大汶口遗址、汶上南旺分水枢纽、临淄齐故城、章丘城子崖遗址，5 处遗址的考古工作均由山东省文物考古研究所承担，除汶上南旺分水枢纽考古工作已结束外，其他 4 处每年都在按计划进行发掘。遗址公园的考古工作以发掘为主，每年约 1000 平方米，同时也开展了周围区域的系统调查及遗址内的勘探工作。如城子崖遗址周围已进行了 100 多平方千米的“拉网式”调查；大汶口遗址从 2015 年开始，也在发掘后开展了汶河南岸的系统调查，计划 2 年内覆盖汶河两岸约 100 平方千米的范围。齐故城、鲁故城城址规模较大，均占地 10 余平方千米，结合发掘工作，就发掘区域展开大规模系统勘探，如鲁故城的周公庙宫殿区，齐故城的十号宫殿基址周围、桓公台周围。每个遗址的勘探均已覆盖数百万平方米，且按计划逐年扩大勘探面积，为进一步摸清城址内建筑布局提供重要资料。这些工作的持续开展，不仅为遗址公园的建设提供了重要的资料，更有力地推动了人才的培养与学术研究的深入展开。

近年来，山东各地大遗址保护规划的编制工作开展得如火如荼。据不完全统计，全省已开展了几十处大遗址保护规划的编制工作，这些大多需要遗址考古勘探提供进一步的详细资料。山东省文物考古研究所承担了部分勘探工作，其中规模较大的如曲阜寿丘遗址、无棣信阳故城遗址、潍坊杞国故城遗址等。

3. 科技考古与文物保护

山东省文物考古研究所与山东大学植物考古、动物考古、环境考古、体质人类学等研究方向的学者合作，还邀请北京大学、中国社会科学院考古研究所的相关专家，商议制定工作方案，并参与发掘及后续的整理研究工作。每个发掘工地都有专门的文物保护人员参与，遇到重要发现还会再组织相关专家现场研讨，制定针对性的保护方案。

文物保护修复工作是考古工作的重要组成部分。自 2013 年以来，山东省文物考古研究所不断加大文物保护方面的工作力度，在办公场所十分拥挤的情况下，腾出专门场地建起了文物保护实验室，购置了一批文物保护设备，引进了专门的文物保护工作人员，成立了近 10 人的文物保护工作队伍。近几年已制定了 10 余个文物保护修复方案并获国家文物局批准，已开展铜器、漆木器、彩绘陶器等方面的保护工作。铜器保护方面，除对所藏文物进行保护修复之外，还承担了招远市、黄岛区、新泰市、沂水县等地馆藏铜器的文物保护修复任务，并在新泰、沂水分别筹建了铜器保护实验室，已完成沂水纪王崮春秋墓、新泰周家庄墓地、薛国故城等出土青铜器的修复保护工作。漆木器的保护工作方面，与荆州国家漆木器保护中心合作，已成功修复保护了菏泽沉船，日照海曲汉墓出土漆木器脱水保护工作也正在有序开展。另外还进行了定陶汉墓出土彩绘文字陶砖、曲阜花山等地出土的彩绘陶器等的保护工作。

4. 第一次可移动文物普查工作

山东省文物考古研究所领导高度重视第一次可移动文物普查工作，组建了专门普查机构，积极与开设考古学、历史专业的多所大学联系，先后聘用山东大学、山东财经大学、东北师范大学等校大学生 50 余人参与可移动文物普查工作，实现普查工作的推进与大学生社会实践的双赢。两年来，普查人员加班加点，已经完成 4 万余件文物标本的信息采集、登记、照相和上传工作。

5. 基础设施建设

根据山东省发改委 2014 年 8 月 18 日的批复，山东省将在济南东部唐冶新区建设山东省文物保护科研修复工场，一期规划占地 40 亩，建筑面积 2.6 万平方米，概算投资 1.96 亿元。该工场集收藏、保护、修复、科普于一体，主要建设文物标本库房、考古整理基地、文物保护修复基地、公众考古科普中心四个部分。2015年文化遗产日当天，该工程奠基，目前建设工作已全面展开，预计于2018年8月竣工。为保证工程建设的顺利进行，在山东省文物局的安排下，山东省文物考古研究所在人员及资金上大力支持、积极参与。

（二）人才建设与培养

近年来，随着经济文化强省战略的实施，大型建设项目集中开工，地方城市化进程加快，国家遗址公园建设全面铺开，文物保护工作任务越来越繁重。编制少、人员缺乏成为制约山东省文物考古研究所事业发展的瓶颈。为使各项工作能够顺利开展，在深入挖掘在职职工潜力的基础上，招聘了部分毕业研究生编外业务人员，并充分调动地方文物干部的积极性。在岗位设置和工作任务安排方面，充分考虑到个人业务专长及研究方向，做到人力资源的优化组合。为进一步扩大交流、提升科研能力，所内尽力为业务人员创造各种学习机会，邀请北京大学、社会科学考古研究所等学术机构的专家学者来所讲课，并多次选派业务人员参加国内、国际学术会议，进一步提升专业技术人员的研究水平和学术视野。

（三）学术交流与科研成果

为进一步提高专业技术人员的科研水平，山东省文物考古研究所通过“请进来、派出去”的举措，加强了与国内外同行的学术交流。几年来，已邀请北京大学、吉林大学、中国社会科学院考古研究所等多名专家学者来所做专题报告，介绍相关领域的学术前沿知识和进展情况，传授相关知识和专业技能，还积极鼓励业务人员特别是年轻人参加各种学术活动，郑同修、刘延常、孙波等学者还多次应邀前往日本、韩国、美国等国家参加国际学术交流活动。五年来，山东省文物考古研究所承办了4次大型学术会议，分别是2012年10月份在济南举办的黄淮七省考古论坛、2013年9月在泰安召开中华文明探源工程工作会议、2015年12月在莒县举办的“青铜器与山东古国”会议、2016年3月在定陶召开的“夏商时期鲁西南及周边区域的文化与环境”研讨会。

2012年以来，《海岱考古》第五至八辑、第九辑以及《临淄齐故城》《新泰周家庄》《寿光边线王》《章丘西河》《临朐白龙寺》《临沂洗砚池晋墓》等考古报告基本完成资料整理和编写工作，并与出版社签订了出版合同。另发表研究报告和学术论文上百篇，学术成果获山东省社会科学优秀成果二等奖1项、三等奖4项，还有多项成果获山东省考古学会一、二等奖及山东省文化艺术优秀成果一、二等奖。

（四）对外宣传与公众服务

近几年，山东省文物考古研究所调整工作思路，采取多项举措，积极主动地开展相关宣传及公众考古活动。

第一，在考古发掘现场开展公众考古活动。利用考古发掘现场，通过邀请当地中小学生及居民参观考古工地，制作宣传板、发放传单，向当地民众介绍发掘现场情况，宣传考古知识及新的考古发现成果，介绍考古遗址公园建设对当地未来发展的影响，解答百姓有关文物考古方面的疑惑。这些活动，主要在常年开展工作的考古遗址公园发掘现场进行，如曲阜周公庙工地已连续三年在文化遗产日开展公众宣传活动，2012~2013 年的汶上南旺分水枢纽工地也举办多次活动。2014 年 10 月在定陶十里铺北遗址，山东省文物考古研究所与菏泽市文广新局、定陶县文物局合作，组织菏泽 8 县区文化系统广大干部职工走进考古工地，首先让地方的文化工作者亲身感受考古，后在仿山镇政府的合作下，组织了当地中小学生及周围村民参观。通过上述活动，不仅宣传了考古工作，更重要的是赢得当地政府、民众的理解、关心与支持，增强了他们对地方文化的自豪感，提高了他们的文物保护意识。

第二，重大考古发现，与新闻媒体合作，举行新闻发布会、拍摄相关专题片。新的考古发现会引起社会舆论与民众的广泛关切，一般采取定期开新闻发布会的形式向社会及时披露信息。如沂水纪王崮春秋大墓的发掘现场，邀请全国几十家媒体参加，共举行十余次新闻发布会。每年的“全国十大考古新发现”都会引起轰动效应，为满足民众需求，山东省文物考古研究所与有关媒体合作，及时拍摄专题宣传片。如高青陈庄遗址的发现已被中央电视台科教频道《探索·发现》栏目拍摄成《西周古城探秘》节目，定陶汉墓的发现被凤凰卫视拍摄成科普节目《消失的宝藏》（上下集）。

第三，通过新媒体向社会主动宣传。每年初，所内都要承办上一年的全省田野考古工作汇报会，且向社会公众、媒体开放，这成了每年集中展示和宣传山东最新考古发现的平台。2015 年开始，山东省文物考古研究所申请了公众微信号“山东考古”，通过新媒体平台，向社会及时传达客观、准确的考古信息，取得了较好的社会宣传效果。今后还将认真筹划，组织专业技术人员通过该平台及时向社会发布最新的考古发现动态。

二、重要考古成果

1. 山东泰安大汶口遗址

为配合大汶口国家考古遗址公园建设，2012 年以来，山东省文物考古研究所每年均进行发掘，发掘位置位于山东省泰安市南汶河北岸大堤以北、泰汶公路以西的居住区。至今已揭露 10 余座房基，均属大汶口文化早期偏晚阶段。从层位关系看，有 9 座房基大致同时，其中 8 座位于发掘区的东部，分布错落有致，每座房基间距约 3~5 米，方向一致，南偏东 10°~20°。形制规模相当，基本呈方形，属于地面建筑，四周都有基槽、柱洞，边长 4 米多，面积约 12~15 平方米。室内地面较为平整，有的经过烧烤，局部区域放置数量不等的陶、石、骨器。房址上均堆叠大量烧

大汶口遗址房基布局

土块，一般稍大于房址实际范围，多在15~30平方米，中部较四周边缘处略高。烧土块堆积内均夹杂较多陶、石器。多数房址的门道不清，明确者向东南。另有面积较大的房基2处，分布于发掘区西侧的南北两端。南端的面积达37平方米，周围红烧土堆积分布范围达100余平方米，方形，边长6.5米，门道向东南，保存较好，局部残留高约10厘米的红烧土墙基，墙基宽约30厘米，留有清晰的、粗细不一的柱洞，室内西南部有灶址，西北部活动面上有2件石磨盘及陶器，室内地面经烧烤。北端的房基呈长方形，面积约25平方米，门向西。紧邻这批房址的东部发现了较大的活动面，应该是广场一类的公共活动场所。这批房基的发现对于进一步了解大汶口文化的面貌，尤其是聚落形态和社会性质有重要意义。

2. 山东章丘城子崖遗址

城子崖遗址位于山东省济南市章丘区龙山街道龙山四村东北 500 米处，西邻武源河。遗址内涵丰富，包含新石器时代至东周时代的文化遗存，其中以新石器时代晚期的龙山文化遗存和青铜时代早期的岳石文化遗存为主。2010 年被列入中华文明探源工程项目之后，依课题研究需要，于 2013~2015 年持续进行了数年的发掘工作，重新揭露了 20 世纪 30 年代发掘的南北向解剖沟，并在南部城墙内侧大面积布方发掘，收获颇丰，尤其对城址的年代、结构及城内布局取得许多新认识。该遗址文化内涵可能以岳石文化为主，在遗址北段发现了两圈岳石文化夯土墙及壕沟，

城子崖遗址岳石文化晚期城墙剖面

城子崖遗址岳石文化灰坑（西—东）

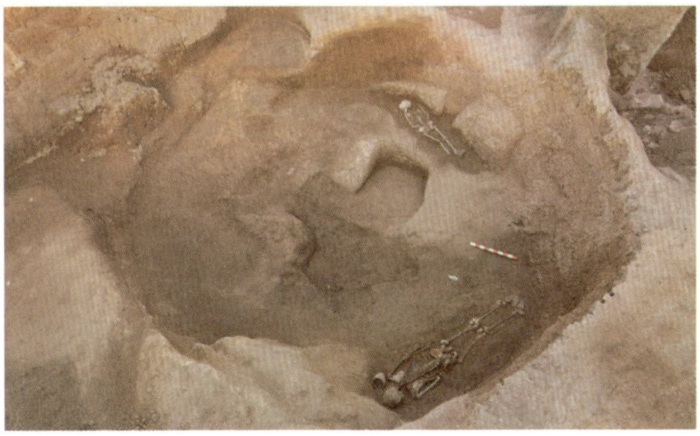

城子崖遗址岳石文化残存南城门

两圈间则为龙山文化夯土墙及壕沟。在遗址中段发现龙山、岳石、周代三个阶段的大型沟状遗迹和周代夯筑基址，并发现在周代遗址应存在面积近 1 万平方米的水域。发现贯穿南北的岳石文化道路，其两端可能连接南北城门，在道路的南端、南城门内侧揭露一处岳石文化夯土台基，其东西宽 50、南北长 25 米，确定其为城内中轴线南端垫筑的一个类似广场性质的活动区域。还揭露了岳石文化台基南侧的南城门，虽然遭严重破坏，但确认了岳石文化内圈城址南门的具体位置及结构。

3. 山东菏泽十里铺北遗址

十里铺北遗址位于山东省菏泽市定陶区仿山镇十里铺村北约 100 米处，是鲁西南地区新发现的一处重要堌堆遗存。因地方工程建设，2014 年下半年至 2015 年春季对该遗址进行了大规模的勘探和发掘，取得重要收获。遗址完全掩埋于地表下，由北部的堌堆遗存及西南、东南部的两块岗地构成，南北长约 350、东西宽约 300 米，总面积 9 万多平方米。发掘出土了包含北辛文化、大汶口文化、龙山文化、岳石文化及商、东周、汉、唐等不同时期的文化遗存，尤以龙山文化、岳石文化、商代晚期遗存最丰富。北部高地上存在岳石文化及晚商时期城址一座。城址平面近圆形，直径约 180~190 米，面积约 3 万平方米，现存约 2/3 周的夯土墙，墙体沿高地边缘

十里铺北遗址发掘区全景

十里铺北遗址南墙体解剖

绕行修筑，南部有一缺口，东部遭河道破坏。墙体顶部距地表约 0.3~1.5、宽约 7~8、底部宽约 11~13、残高约 2.3~3.5 米。该遗址是迄今鲁西南地区发现的古文化延续时间最长、保存最完整、发掘面积最大的堌堆遗存，是研究、展示 6000 年以来该区域环境变化、社会演变的绝佳实例，是在东西文化交汇地带发现的第一座夷商城址，是东夷西进、先商南下、晚商东渐路线上的重要城邑，也是鲁、豫、皖交界区夏商考古的重要突破。

4. 山东曲阜鲁故城遗址

近几年，山东省曲阜市鲁故城的考古工作主要围绕考古遗址公园的建设展开，发掘了南东门遗址、周公庙宫殿区、北东门遗址，解剖了内城城墙，取得了重要收获。

第一，确认了南东门遗址的具体位置及形制结构。门址占地上万平方米，仅揭露了门道及东侧北端的一部分。门址由两侧高大的阙台基及一条门道构成，门道两侧的夯土台基当为门阙的基础。其形成使用分两大阶段，第一阶段约属春秋时期，夯土台基略小；第二阶段为战国时期，台基增宽筑高。因周围现代建筑的占压，没有揭露完整。

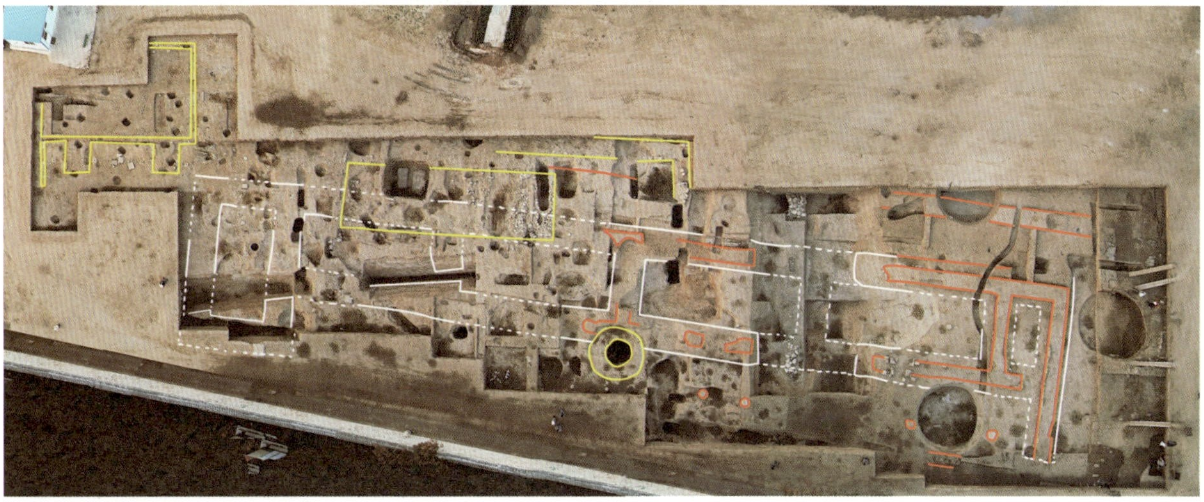

鲁故城遗址周公庙宫殿基址

第二，确定了东周时期鲁故城内城（宫城）的存在，并在内城进行系统勘探，摸清了内城的基本布局，揭露了一座大型宫室建筑 F8。通过勘探和探沟解剖，确认在周公庙高地上，存在平面近长方形的内城，西北角略内折，内城东西长约 480、南北宽 220~250 米，城内面积约 12 万平方米。F8 为一座大型建筑基址，平面呈东西向长方形（方向 186°），东西长 85、南北宽约 11.37 米，仅存墙基基槽部分。面阔 6 间，东西各 1 小间，中部 4 大间。4 大间进深均为 5.5、面阔 14.3 米，东间进深 5.3、面阔 2.2 米，西间南北阔（加墙厚）17.15、进深 5.4 米。F8 北侧和东侧发现有夯土院墙，东南部和西南部存在有对称的夯土建筑，推测为院落式布局。

鲁故城遗址宫城西门

5. 山东临沂纪王崮春秋墓葬

纪王崮春秋墓葬位于山东省临沂市沂水县西北部的泉庄镇纪王崮顶，海拔高度为 577.2 米，崮顶地势较平坦，面积约 45 万平方米。现整个崮顶已被开发为旅游景区——“天上王城”。2012~2013 年发掘了两座墓葬，被评为“2013 年度全国十

纪王崮 M1 车马坑

大考古新发现”。

纪王崮 M1 器物箱

M1 墓葬形制较为特殊，墓室与车马坑共凿建于一个岩坑之中。墓葬虽然破坏较为严重，但主墓室部分保存较好。根据残存部分判断，墓圹呈长方形，墓壁斜内收，其南北长约 40、东西宽约 13 米，南部为墓室，北部为车马坑，墓道则位于岩坑东南部。在棺室、器物箱、车马坑及殉人坑中共出土文物近 200 件，主要包括青铜器、陶器、玉器、海贝、骨器、玛瑙珠、绿松石饰及骨珠等。车马坑位于墓葬北部，破坏较为严重，南北残长 7.5 米。残存车 4 辆，每辆车配两匹马，在 2 号车内出土有鼎、鬲、敦 3 件车载青铜礼器。根据器物形制特点推断，该墓的年代为春秋晚期。在 M1 南部，发现一处规模与其相当的墓葬（M2），可惜是一座未完工（或称为正在开凿中）的墓葬，没有发现埋葬和随葬现象。纪王崮春秋墓规模较大、规格较高、结构特殊、出土遗物丰富，是山东近几年来东周考古最重要的发现，对研究该地区春秋时期的葬制、葬俗及青铜器、玉器的制造工艺等具有重要的意义。

6. 山东淄博齐故城遗址

齐故城遗址十号宫殿基址战国彩绘木门遗迹

齐故城考古遗址公园的考古工作还没有大规模开展，目前仅发掘了十号宫殿遗址，解剖确认了大城城墙的年代，并在桓公台及十号宫殿基址周围进行大规模勘探，首次揭露了齐国大型宫殿建筑基址，对齐故城的始建年代也有了新认识。

2012 年发掘了十号宫殿遗址，该遗址位于山东省淄博市临淄区齐国故城小城的东北部，面积在 1 万平方米以上，主体夯土台基为长方形，南部凸出、北部内凹，东、西两侧北部各向外延伸。总体南北长 87.5、东西宽约 118 米。台基上部夯土遭到破坏，现存高度 3.04

齐故城遗址十号宫殿台基南侧铺石地面

米，未发现与台上建筑有关的迹象。夯窝为圆形圜底，直径6~9厘米，夯层厚6~12厘米。台基外壁大多留有较清晰的立柱、横板痕迹，柱下铺有础石或枕木。推测台基周围立以木柱，贴以木板，起到保护和装饰夯土壁面的作用。夯土台基周围堆积大量经焚烧的夯土墙体及建筑构件。发现彩绘木门遗迹一处，门仅存一扇，高278（不含门轴）、宽155厘米，推测厚约10厘米。陶制建筑构件包括板瓦、筒瓦及瓦当等，瓦当均为半圆形素面瓦当。另外还出土数量较多的铜铺首。十号宫殿规模宏大、装饰精美，应为战国时期齐国的一处重要宫殿遗存。

2014~2015年对齐故城大城东墙北段城墙解剖，发掘地点位于河崖头村南约200米的高台地上。根据层位关系，可以对城墙建造使用过程及年代进行初步推断，第一期城墙被西周晚期的M11打破，推断其年代不会晚于西周晚期，可早到西周中期；第二期城墙打破M11，出土春秋时期陶片，其年代应为春秋时期；第三、四期城墙应为战国时期的扩展。

7. 山东菏泽灵圣湖汉墓

灵圣湖汉墓位于山东省菏泽市定陶区，是目前发现的规模最大、规格最高、保存最完整的汉代大型黄肠题凑墓葬，备受社会关注，并被评为“2012年度全国十大考古新发现”。2015~2016年，为配合该墓文物保护工程建设，又发掘解剖了周围的夯土，取得了重要收获，首次厘清了大型封土墓葬的封土结构及构筑方式。在地表下5.8米深处发现墓道、墓道两侧夯土台及柱洞、墓坑周边版筑夯土台基等重要遗迹现象。

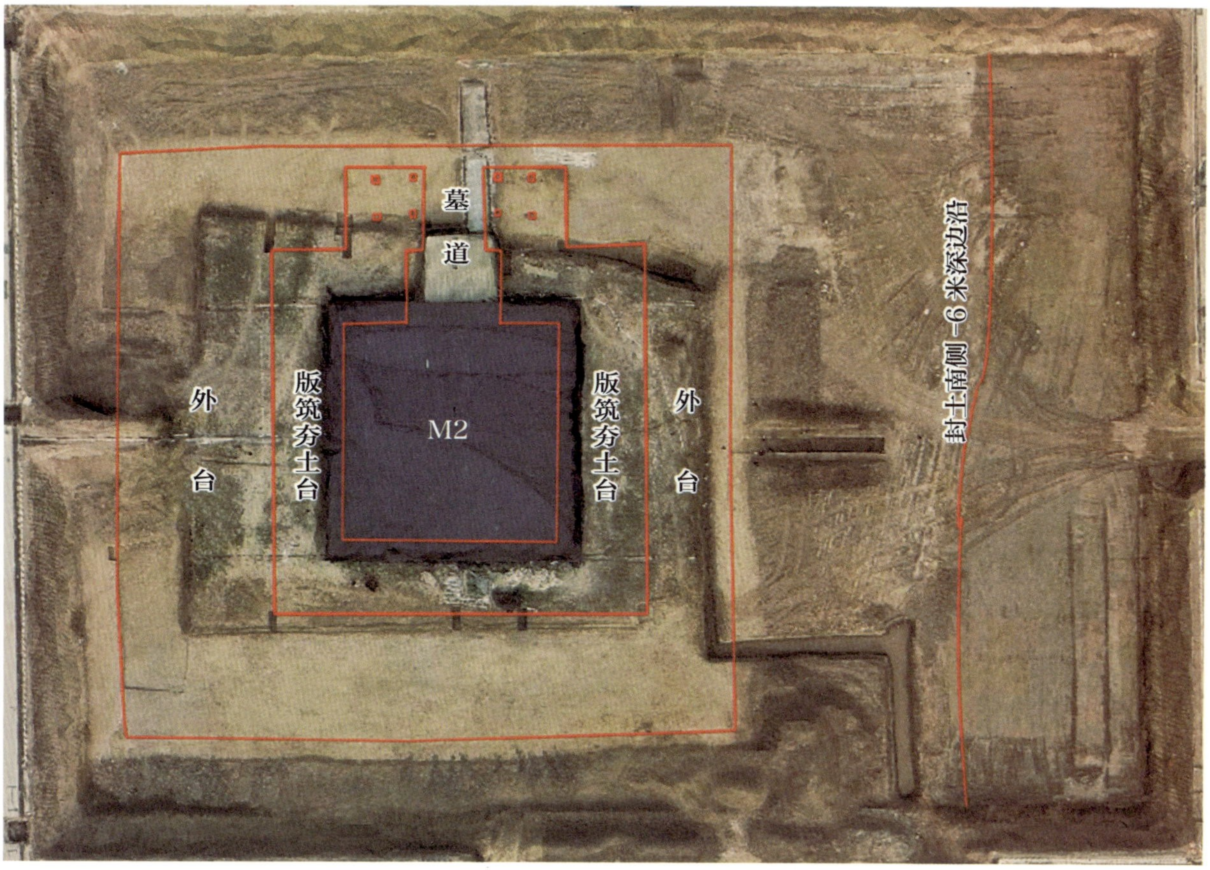

灵圣湖汉墓封土结构俯视照

墓道东西长 21 米，方向 94°。东端上口宽 8 米，中部变宽，约 12.4 米，墓道两侧壁皆呈台阶状向下斜收。墓道两侧有类似“阙”的夯土台，平面近方形，南北宽约 10、东西长约 11 米。墓坑外围有一大型版筑夯土台，简称内台，平面基本呈方形，边长 48 米。在内台外又围筑一周方台，称为外台，边长约 76 米。该墓葬规模宏大，封土结构特殊，且显示等级较高，可能对研究西汉帝陵形制结构有所帮助。

济南市考古研究所

一、业务建设

（一）业务工作

1. 考古调查与发掘

2012 年至今，济南市考古研究所先后根据社会反映、上级安排、配合工程建设完成了近百处考古调查勘探项目，其中大型项目 30 余处，涉及公路、铁路、厂房、电力、新能源建设等方面。调查勘探总面积近 7000 万平方米，其中各类公路、铁路调查勘探里程达 200 多千米，发现文物点百余处，编制完成多部调查勘探报告，为工程选址中的文物保护提供了依据。比较重要、规模较大的调查勘探项目有济南顺河高架桥延长线、长清长峡新能源有限公司太阳能发电项目、平阴县东阿古城、长清风电场马山工程、济南西环铁路项目、章丘茄庄电瓶车厂、S240 盐济线及 G340 东子线商河绕城段、S102 济青线章丘绕城段、G220 东深线长清陈庄至长清平阴界段、G220 东深线暨 S105 济聊线长清绕城段、济泰高速公路、G105 京澳线平阴绕城段、章丘复华未来世界项目、章丘华章新能源光伏电站、齐长城遗址长清大寨至赵家林东山段、国瑞能源章丘九顶山风电场二期工程等。其中济泰高速公路的调查勘探是济南市考古研究所第一次承担跨地市工程的全线考古勘探工作。

近五年，济南市考古研究所进行的主动性发掘及配合工程建设发掘包括中型以上遗址和墓葬近 30 处，面积 3 万多平方米，共发掘墓葬 100 余座，灰坑、房址、窑址等遗迹 100 余处，出土文物总量千余件，为研究济南城市发展及各时期的社会文化、葬制葬俗等提供了不可多得的实物资料。其中济南宽厚所街遗址的发掘被编入《2013 中国重要考古发现》；章丘东姚庄元代壁画墓群是济南地区一次性出土规模最大的元代壁画墓群，壁画内容丰富，尤其是出现了有确切纪年的元代砖雕壁画墓；章丘于家埠墓地发现一批新莽时期墓葬；长清崮云湖宋墓出土了两合墓志及一批精美器物；神通寺遗址的发掘廓清了元明清时期该寺庙的布局，为四门塔保护规划方案的制定提供了重要依据；高新区埠东村清代壁画墓是济南市第一次发现的清代双室夯筑壁画墓，并首次对发现的39幅壁画进行了搬迁保护，为今后工作积累了丰富的经验；济阳县白杨店大型汉画像石墓出土一批精美画像石；历城区凤凰路赵家庄墓地首次发现济南地区保存基本完整的舟形墓；济阳县前刘村唐墓出土一合墓志，是全国首次发现的有明确纪年的唐代穹隆顶砖雕双室墓，其形制结构和砖雕都极富特色，对唐代墓葬研究具有重要意义；章丘孟家阿遗址和历城甄家村西遗址发现商周时期的墓葬、祭祀坑等重要遗迹；章丘巡检村东墓地发现一批战国至明清墓葬，其中一座战国砖椁墓为研究砖椁墓起源提供了新材料。

考古工作离不开良好的管理工作，济南市考古研究所严格按照《考古发掘管理办法》《田野考古工作规程》《考古发掘项目检查验收办法》的要求，从申报发掘、制定预案、发掘、工地验收、文物及资料移交直至资料发表都制定了严格的程序，并在实践中不断改进。大多数项目按《考古发掘项目检查验收办法》进行了验收，凡验收的工地合格率100%，优秀率超过50%。发掘过程中，济南市考古研究所坚持贯彻领队在第一线工作的原则，使之切实担负起领队职责，并通过不定期检查等监督方式进行。济南市考古研究所高度重视发掘质量，所有发掘做到了经常督查，并重点查看记录资料（文字、图纸、照片），重点工地实行完工汇报演示制度。济南市考古研究所还高度重视现场遗迹、遗物的保存保护及文物的库房移交情况。目前，已有半数以上工地发表考古发掘报告，其余正在积极整理过程中。严格的制度既保证了发掘的质量、文物的安全，也实现了所有工地均不发生严重安全事故的目标。

近年来，济南市考古研究所大胆尝试在考古工地引进新技术，先后在神通寺遗址、历城区凤凰路赵家庄墓地、章丘巡检村东墓地、历城甄家村西遗址等工地使用了无人机航拍技术，取得了良好的效果。在东姚庄元代壁画墓群、赵家庄墓地等遗址的发掘中采用三维扫描、三维模型制作等方法提取发掘资料，获得了同行的好评。全站仪、GPS、GIS、RTK等已成为基本的测量工具。今年还计划购进无人机航拍器1台、野外监控器1套，更新GPS、GIS各1台。先进设备的应用最大限度地满足了考古工作的需要，提升了考古工作的质量。

2. 科技考古与文物保护

（1）可移动文物保护

济南市考古研究所建立起了较为先进的文物保护修复实验室。先后对发掘出土的各时期500余件陶瓷器进行了保护和修复。对刘家庄、大辛庄出土的青铜器进行初步保护，暂时稳定了青铜器粉状锈蔓延的态势，为后期细致全面的保护修复争取时间。对高新区埠东村清代壁画墓发现的39幅壁画进行了初步清理和保护。结合第一次可移动文物普查工作对所藏可移动文物进行了翔实、细致的统计和记录，为后期的保护工作打下了坚实基础。

2013年，济南市考古研究所主持了国家级文物保护项目——魏家庄遗址汉代墓葬出土铁器保护修复项目，请中国社会科学院考古研究所合作制定修复方案并执行修复。该项目于2015年顺利结项，获得 2016 年首届中国考古学大会考古资产保护奖“金尊奖”。这是山东省迄今在文物保护与修复方面获得的最高奖项，标志着汉代铁器的研究和保护提升到一个新高度，这一修复项目将作为成功案例在全国推广。

目前，正在启动刘家庄出土青铜器保护方案的编写工作，并协同中国社会科学院考古研究所制定《洛庄汉墓出土铁器维修方案》。

虽然在文物保护工作中取得了一些成绩，但在实践工作中，文物保护工作的力度亟待加强，存在金属器、漆木器等器物修复人才缺失的短板。

（2）地上文物建筑保护

济南市考古研究所还承担着地上文物建筑维修保护的工作，在市级考古研究所中，肩负地上地下文物保护两项职责的考古机构在全国也屈指可数。济南市考古研究所于 2014 年获得文物保护工程勘察设计乙级资质。

文物档案登记方面，近年来先后完成第四、五批省级文物保护单位及第四批市级文物保护单位的申报和复核工作，第六、七批国家级重点文物保护单位档案备案工作，济南市级及以上文物保护单位保护范围和建设控制地带审核工作，闵子骞墓苑内石刻文物登记建档工作，88 处第四批省、市级文物保护单位保护标志树立工作。对济南市二环以内的不可移动文物进行了登记造册。

近五年来完成的文物保护工程有章丘兴国寺、华阳宫古建筑群（含壁画）、兴福寺、老舍旧居、题壁堂大堂、闵子骞墓苑、中国社会主义青年团济南地方团成立会址、山东红卐字会诊所旧址及济阳县前刘村唐墓迁移保护等多项重点文物保护工程。

文物保护规划编制方面，先后对老舍旧居、题壁堂大堂、华阳宫古建筑群、闵子骞墓苑、兴福寺、章丘普集刘氏祠堂、章丘埠村三清观、九顶塔观音寺等文物建筑进行调查和勘测，制定保护维修方案。完成国家级资金项目——济南考古馆展陈设计方案的申报工作。完成济南市城市轨道交通建设规划 8 条线路的文物调查及报告编写工作，调查长度 120 千米，调查面积 2400 万平方米。

2015 年，济南市考古研究所主持的章丘兴国寺修缮保护工程入围“2014 年度全国十佳文物保护工程”终评。

3. 基础设施建设

济南市考古研究所的文物库房条件大大改善，正在向安全化、正规化、数字化方向发展。2013 年，经过艰难的争取，搬入新的办公地点，库房面积大大增加。按照国家级标准，建立起现代化的先进文物库房。库房分类进一步细化：分为重要文物库房、陶器库房、瓷器库房、金属器库房，并设立文物鉴赏室。按照国家级收藏标准，为 100 件（套）精品文物量身定制高档先进的木质文物囊匣。为进一步确保文物安全，办公楼安装门禁系统，其中文物库房安装 11 处独立门禁，并安装高清监控摄像头、红外报警系统，二十四小时人员巡逻，全方位提升安保水平。配合可移动文物普查，选取一部分文物进行三维扫描，为将来建立数字化库房做准备。监控设施全覆盖加上严格的库房登记制度和值班制度保证了库房的文物安全。除了文物库房，所内还设有绘图室、文物修复室、摄影室、技工工作室、图书室、会议室、职工活动室等。

（二）人才建设与培养

济南市考古研究所一直注重人才建设与培养，积极为职工发展提供机会，创造便利条件。2012 年以来，有 2 人继续深造，分别获得博士和硕士学位。先后有 3 人获得国家文物局考古发掘领队资格，5 人获山东省文物局勘探领队资格，5 人获山东省文物局勘探技术员资格，并参加相关培训。1 人参加国家文物局主办的考古绘图培训班，1 人参加国家文物局主办的文物保护工程勘察与方案设计培训班，1 人参加济南市第一次全国可移动文物普查培训班。

（三）学术交流与科研成果

1. 学术交流

2012 年以来，每年组织人员参加山东省田野考古发掘汇报会，共有 10 余人次在会上发言。先后派人参加汉代石椁画像与汉文化研究学术研讨会、佛教造像碑与佛教艺术学术研讨会、农业起源与传播暨中国植物考古学新进展国际学术研讨会、盐业考古与古代社会国际学术研讨会、山东省考古学会龙山文化研究会成立大会暨龙山文化研讨会等一系列学术会议。

2. 科研成果

2012 年 11 月，济南市考古研究所与北京大学合作，对刘家庄遗址、大辛庄遗址出土的部分青铜器进行了 X 射线无损探伤的检验检测工作。与西北大学合作，共同研究古壁画的修复、保护。2013 年，与中国社会科学院考古研究所合作对魏家庄遗址汉代墓葬出土的 37 件铁器开展保护修复项目，2015 年顺利结项，该项目在 2016 年首届中国考古学大会上获考古资产保护奖“金尊奖”。2014 年，与山东省国土资源资料档案馆合作完成“济南地区古代采矿冶铁状况考古与调查研究”的课题报告。2015 年起，与山东大学合作研究刘家庄遗址、大辛庄遗址出土人骨及动植物标本。

济南市考古研究所一直重视科研工作的开展，2012 年以来，先后编撰出版了《章丘女郎山》《济南考古》《济南考古图记》等专著。

单位工作人员先后在《文物》《考古》《中国国家博物馆馆刊》《华夏考古》《东南文化》等期刊上发表《济南市北毕村汉代画像石墓》《山东济南发现两合刘豫伪齐时期墓志》《山东济南长清崮云湖宋墓发掘简报》《山东济阳县白杨店村汉代画像石墓发掘简报》《济南老城区卫巷遗址出土的宋代金银器窖藏》《济南市刘家庄遗址商代墓葬 M121、M122 发掘简报》等考古工作成果 10 余篇。在省内外重要刊物《东方考古》《海岱考古》《山东省博物馆辑刊》《大众考古》《人文天下·山东文物》上发表《济南唐冶遗址发掘报告》《章丘于家埠汉代墓葬2012年发掘报告》《济南魏家庄遗址汉代墓葬发掘报告》《济南市神通寺遗址发掘简报》《济南魏家庄遗址宋元墓葬发掘报告》等考古工作成果20余篇。

（四）对外宣传与公众服务

把文物保护的意义和工作宣传出去，做好公众考古，让文物活起来，为济南的文物保护工作打牢群众基础是党对文物事业的要求，也是济南市考古研究所一直追求的目标。济南市考古研究所始终坚持公益单位的性质，通过报纸、电视、展览、宣讲等多种渠道向社会宣传考古成果。

2012年以来济南市考古研究所通过新闻媒体向社会宣传考古成果及文物保护知识、法规，每年宣传次数达100多次。举办展览10余次，其中比较重要的有“泺源华章”——济南城市考古成果展、济南城市考古暨古建筑保护图片展、山东省全国十大考古发现图片展、济南十大考古发现图片展、济南抗战遗址图片展等。

为更好地将文物考古知识惠及民众，济南市考古研究所与《大众日报》联合推出“考古探秘”系列报道，对重要的考古发现进行连载，社会反响强烈；与济南市博物馆推出“牵手文明”流动文化巡展；走进中小学开展“济南考古知识”系列讲座；在考古工地上制作宣传栏，引导群众参观工地，切身体会考古工作，使更多的群众了解济南悠久的历史和灿烂的文明。济南市考古研究所通过积极努力的宣传，弘扬了济南的历史文化，宣传了济南文物事业所取得的成绩，大大增强了市民的历史文物保护责任感，取得了良好的社会效益。

二、重要考古成果

1. 山东济南唐冶遗址

唐冶遗址位于山东省济南市历城区唐冶村南。2014年8~12月，山东省文物考古研究所、济南市考古研究所联合对唐冶遗址进行了考古发掘。总发掘面积750平方米。清理出一批龙山文化时期至东周时期的重要遗迹，包括壕沟1处、灰坑窖穴100余处、墓葬9座、祭祀坑1处。其中祭祀坑内出土有卜骨、牛骨1具、马骨1具。出土大批各时期的陶片、骨、角、蚌、铜器等遗物。此次发掘丰富了唐冶遗址的内涵，为研究济南地区龙山文化时期至东周时期的文化提供了新资料。

2. 山东济南孟家阿遗址

孟家阿遗址位于山东省济南市章丘区孟家阿村南。2015年7月~2016年1月，济南市考古研究所对孟家阿遗址进行了考古调查、勘探和发掘。通过调查勘探，确定遗址范围东西约760、南北约600米，总面积约45万平方米，遗存时代包括商代、东周、唐代、北宋、金代，遗址面积分布广、文化延续时间长，具有重要的考古价值。发掘面积约300平方米，清理商代灰坑39个、商代房址 1 座、春秋时期墓葬 7 处、时代不明墓葬 3 处。出土商代陶鬲、陶豆、陶罐、陶簋及春秋时期的陶鼎、陶豆、陶鬲、陶罐、陶盆、陶匜、铜剑、骨簪等重要文物，各遗迹单位还出土大量商代陶器标本、石器、骨器等。考古发掘表明该遗址商代文化内涵丰富，发掘区域可能为商代聚落的窖藏区域，春秋时期又成为墓葬区。

3. 山东济南甄家西遗址

甄家西遗址位于山东省济南市历城区董家街道办事处甄家村西 500 米。2016 年 5~7 月，济南市考古研究所对甄家西遗址济青高铁占压区域进行了考古发掘，面积 300 平方米。共清理墓葬 15 座，灰坑 14 个、窑址 1 座。其中墓葬和灰坑时代自商代至东周各时期均有，窑址为汉代砖窑。出土商周时期陶鼎、陶豆、陶鬲、陶罐、陶盆、陶匜、铜剑、骨蚌器等重要文物 30 多件。各遗迹单位还出土大量陶器标本、石器、骨器等。其中 H3 清理出土大量可复原陶甗、陶盆、陶簋等

甄家西遗址全景

甄家西遗址 H3

甄家西遗址 H12

器物，推测其为祭祀坑；H12清理出母牛及腹内小牛遗骨各一具；H13清理出猪骨一具。发掘表明该区域文化内涵丰富，是一处重要的商周时期遗址。

4. 山东济南梁二战国墓

梁二战国墓位于山东省济南市历城区鲍山街道梁二村。2016年8~12月，济南市考古研究所对其进行了考古发掘。

M1墓形制为“甲”字形竖穴土坑积石木椁墓，墓道残长12.75、残宽7~9米，墓室口长22.85、残宽21、至二层台深5.8米。墓室四壁自开口至二层台呈三级台阶状内收，椁室宽6.5、长5.35、深2米，内部四周以大型石块垒砌，石块间填以卵石和蚌壳。出土器物70余件（组），重要器物有铜镈钟、铜钮钟、铜句鑃、铜盖豆、铜罍、铜镜、石编磬、玉璧等。这是济南乃至

梁二战国墓墓道北端填土夯筑（北—南）台阶

梁二战国墓M1全景（上西）

山东地区近年来发现的规模最大的战国墓，墓主人当为大夫一级的贵族，为研究齐国葬俗、齐国边邑、齐文化变迁、齐国历史等提供了重要资料。此墓的发掘获评“2016 年度山东省五大考古新发现”。

梁二战国墓 M1 出土铜

梁二战国墓 M1 出土铜钮钟

5. 山东济南巡检村东墓地

巡检村东墓地位于山东省济南市章丘区巡检村东济青高铁占压区域。2016 年 5~7 月，济南市考古研究所对其进行了考古发掘，共发现墓葬 31 座，其中土坑竖穴墓 16 座、土坑洞室墓 10 座、砖椁墓 1 座、砖室墓 4 座。

土坑竖穴墓形制简单，绝大多数设二层台、半数设壁龛，随葬品很少，主要为陶罐、陶壶、铜镜、铜钱、兽骨等器物，时代绝大部分为西汉早中期。土洞墓主要随葬有瓷碗、瓷罐、瓷灯、铜钱等，时代为元明清时期。砖椁墓根据出土陶罐推测时代为战国晚期。砖室墓可分单室墓和多室墓两种，主要随葬绿釉红陶的耳杯、案、盘、勺、樽等器物，时代为东汉晚期至魏晋时期。

此次发掘丰富了济南地区战国秦汉至明清时期的墓葬资料，尤其 M30 是目前所见时代较早的砖椁墓，为济南地区战国秦汉至明清时期的葬制葬俗以及社会历史研究提供了新材料。

6. 山东济南于家埠墓地

于家埠墓地位于山东省济南市章丘区曹范镇于家埠村。2012 年 11~12 月，济南市考古研究所对于家埠墓地曹范变电站占压区域进行了考古发掘。共发现小型墓葬 17 座，其中土坑竖穴墓 6 座、砖椁墓 4 座、砖室墓 5 座、土坑洞室墓 2 座，除土坑洞室墓为清代墓葬外，其余均为汉代墓葬。

土坑竖穴墓和砖椁墓，随葬品较少，多为陶壶（或陶罐）1 对、少量铜钱、铜镜、铜带钩等，时代为西汉中晚期至东汉早期，其中部分墓葬的时代可确定为新莽时期。砖室墓有前后室墓和单室墓两种，出土灰陶罐、白陶罐、铜镜、铜钱等，时代均为东汉时期。土坑洞室墓均带有壁龛，出土器物为瓷碗、瓷灯、瓷罐、铜钱、铜簪。

此次发掘为研究济南地区汉代墓葬提供了重要资料。尤其是一批新莽时期墓葬的确定，为判断本地区其他墓葬的时代提供了依据。

7. 山东济南白杨店汉画像石墓

白杨店汉画像石墓位于山东省济南市济阳县垛石镇白杨店村，2014 年 8 月，济南市考古研究

白杨店汉画像石墓全景（南—北）

所对该墓葬进行了清理发掘。墓葬形制为砖石混筑多室画像石墓，自南向北由墓道、甬道、墓门、前室、前室东西耳室、中室、中室西耳室及后室组成。甬道至后室南北长13.6、东西最宽8.5米。出土画像石15块，画像共计29幅，其中一方仿木结构的盘龙纹立柱尤为精美。该墓葬对于研究济南北部地区东汉时期的历史文化、丧葬习俗具有重要意义。

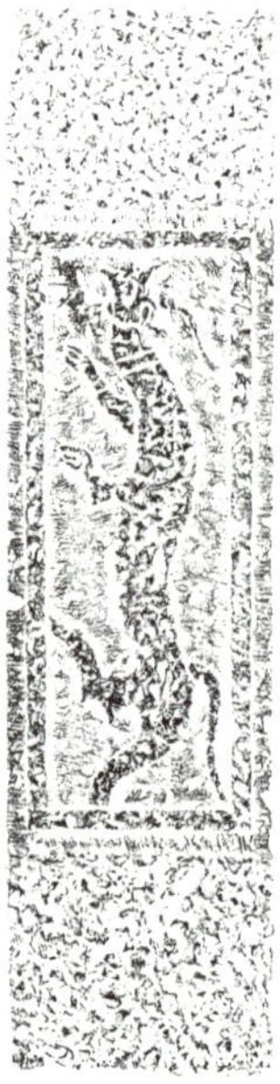

白杨店汉画像石墓西耳室门洞画像石

白杨店汉画像石墓出土盘龙纹立柱

8. 山东济南前刘村唐代砖雕双室墓

前刘村唐代砖雕双室墓位于山东省济南市济阳县前刘村。2015年3~4月，济南市考古研究所对两座墓葬进行了发掘。两墓东西并列，均为穹隆顶砖室墓，由斜坡墓道、甬道和墓室组成。M1位于西侧，为单室墓，南北通长11.6米，墓室直径3.1、高3.2米，出土陶罐、瓷碗和铜钱。M2为双室墓，分圆形前室、椭圆形后室，南北通长18米，前室直径4、高4米。M2前室北部设有棺床，墓壁设有斗拱、桌椅门框等砖雕，并残留极少量的白灰和红彩绘，推测应有彩绘壁画。出土有陶罐、瓷罐和铜钱。M2 前室出土一合墓志铭，根据志文记述，可知墓主人为顾忖，葬于唐开成二年（837 年）。

顾忖墓是济南首次发现的有明确纪年的唐代砖雕双室墓，形制、结构、砖雕风格都极富特色，为了解唐代穹隆顶双室墓提供了详细的资料，不仅为研究济南地区唐代墓葬发展变化提供了标尺，也为了解唐代济南地区社会面貌提供了一个典型切面。还可以了解济阳地区的水文及城址变迁，为唐代济南地区历史面貌的廓清提供重要资料。发掘完成后，济南市考古研究所对这两座墓葬进行了抬升搬迁保护，目前保护工作正在进行中。

9. 山东济南西甄村唐墓

西甄村唐墓位于山东省济南市商河县玉皇庙镇西甄村。2015 年 7 月，济南市考古研究所对两座唐墓进行了发掘。墓葬形制均为砖砌穹隆顶单室墓，出土陶罐、瓷执壶、瓷碗、瓷瓶、铜镜、骨梳、漆盘等重要文物。西甄村的两座唐墓是商河地区首次发现的唐代古墓葬，丰富了此区域的唐代文物资料，也为了解商河地区唐代政治经济状况提供了实物依据。

10. 山东济南崮云湖宋代石室墓

崮云湖宋代石室墓位于山东省济南市长清区崮云湖办事处。2012 年 12 月，济南市考古研

崮云湖宋代石室墓排列顺序

究所对该地发现的三座宋代石室墓进行了抢救性考古发掘。M1 和 M3 均为带墓道的圆形穹隆顶石室墓，M2 为长方形平顶石室墓。三座墓葬出土了铜镜、漆器和瓷器等一批精美文物。其中 M2 和 M3 分别出土墓志 1 合，记载此地为北宋晚期宋氏家族墓。这三座墓葬的发掘为研究该济南地区同类墓葬供了明确的纪年依据。同时，其形制和随葬器物都具有相当的特色，是研究济南地区宋代历史、葬俗的珍贵资料。

崮云湖宋代石室墓出土银带扣

崮云湖宋代石室墓出土银带扣背面

11. 山东济南春喧路宋墓

春喧路宋墓位于山东省济南市高新区春喧路斯凯孚公司内。2012 年 3 月，济南市考古研究所对该地发现的两座宋墓进行了发掘。M1 为圆形砖雕墓，由墓道、墓门、甬道、墓室组成，墓壁砌有桌椅、假门、衣箱和灯台。M2 为长方形砖室墓。发掘完成后，济南市考古研究所应建设单位需求，设计了 M1 原址保护的方案和图纸，并对墓葬保留封护，设置了楼梯和通风口，实现原址保护和对外开放参观的效果。此次发掘是文物保护和基本建设的一次完美合作，具有重要意义。

12. 山东济南赵家庄墓地

赵家庄墓地位于山东省济南市历城区赵家庄村西南部。2015 年 3~4 月，济南市考古研究所对赵家庄墓地凤凰路施工区域进行了考古勘探和发掘，共发掘小型墓葬 9 座，其中有圆形砖雕壁画墓 4 座、舟形墓 1 座、土坑洞室墓 3 座、竖穴土坑墓 1 座，除竖穴土坑墓为清代墓葬外，其余时代均在宋元时期。

圆形砖雕壁画墓的墓门为仿木结构门楼，墓壁上用青砖砌出斗拱、房屋、门窗等建筑以及桌椅、衣架、灯檠等家具，并施以彩绘壁画。舟形墓由墓道、墓门、甬道、墓室组成，仿木结构墓门较简单。墓室平面呈舟形，底部前窄后宽、两壁呈弧形，两壁向上逐层叠涩内收，顶部平面收成梭形。墓内随葬品很少，主要为瓷罐、瓷碗、铜钱等。此次发掘丰富了济南地区宋元、清代墓葬资料，其中的舟形墓是济南地区首次发现的保存基本完整的舟形墓。

13. 山东济南东姚庄元代壁画墓群

姚庄元代壁画墓群位于山东省济南市章丘区圣井街办东姚庄一处施工工地。2012 年 3~4 月，济南市考古研究所对其进行了抢救性发掘，共发现并发掘墓葬 9 座，包括长方形砖石结构墓葬 1 座、土洞墓 2 座、砖雕壁画墓葬 6 座，出土瓷碗、瓷四系罐等器物。

6 座砖雕壁画墓分布集中，形制及壁画的风格相近，推测应为家族墓地。其中 M1 墓门内侧东壁有朱书纪年“元贞三年三□月三日”，据此推断这些墓葬可能为元代墓葬。此次壁画墓群

东姚庄元代壁画墓群 M1 墓室（南—北）

东姚庄元代壁画墓群 M1 东壁夫妇对坐图

东姚庄元代壁画墓群 M4 东壁夫妇对坐图

东姚庄元代壁画墓群元代壁画墓内部装饰

是济南地区一次性出土的规模最大的元代壁画墓群，壁画内容丰富，尤其是出现了明确的纪年，对于研究元代砖雕壁画墓具有重要的断代作用。墓葬内部装饰内容丰富、题材广泛、保存较好，对于研究济南地区元代社会生活、风土人情及艺术发展都具有重要的意义。

14. 山东济南神通寺遗址

神通寺遗址位于山东省济南市历城区柳埠镇青龙山麓。2013 年 5~12 月，济南市考古研究所对其进行了勘探和发掘。共清理房址 14 座（其中 F1 早年曾进行过发掘）、墙体 3 段、道路 1 条。房址绝大多数仅存最下部的墙体，少数残留有铺地砖（或石板）。出土较多瓦当、滴水、板瓦、筒瓦、砖雕构件、脊兽残件，少量石刻残件、佛像、瓷片、铜钱等器物。

经发掘，神通寺遗址的主体布局基本清晰，中轴线上自南至北共发现 6 座建筑，南侧 3 座应分别对应山门殿、天王殿、大雄宝殿，北侧 3 座可能分别为千佛殿（或罗汉殿）、方丈、法堂。东西两侧分布有鼓楼、伽蓝殿、祖师殿、配殿和厢房等建筑。初步推测现存房址多为元明时期所建、历经多次重修。通过发掘，对神通寺现存基址有了初步认识，不仅为遗址的保护、展示提供了重要依据，而且为研究历史时期的寺庙发展、建筑方式等提供了一批重要材料。神通寺遗址发掘项目被评为“2013~2015 年山东省优秀田野考古工地”。

神通寺遗址大雄宝殿全景

15. 山东济南宽厚所街遗址

宽厚所街遗址位于山东省济南市宽厚所街。2011 年 7 月 ~2012 年 3 月，济南市考古研究所对该遗址进行了考古发掘。这是目前济南城市考古中涉及面积最大的一次发掘。最为重要的是发掘出两座明代郡王府——宁阳王府和宁海王府建筑基址。其中，宁阳王府保存完整，规模较大，其院墙范围为南北 134、东西 83 米，由中轴院落、东西跨院以及其他相关建筑遗存构成，遵守中国古建筑中轴对称的布局设计。院内还发现完善的排水设施，其中覆盖石板的暗渠式下水道共清理出 8 条，总长度达 400 多米。这是济南市首次发掘出保存完好的明代郡王府遗址，为研究济南的历史沿革以及明代的郡王制度提供了重要资料。该遗址被编入《2013 中国重要考古发现》。

宽厚所街遗址宁阳王府全景

宽厚所街遗址宁阳王府 F23 西侧甬路（左图）

宽厚所街遗址宁阳王府东墙南段及墙内散水（右图）

16. 山东济南埠东村清代壁画墓

埠东村清代壁画墓位于山东省济南市高新区埠东村。2013 年 5~6 月，济南市考古研究所对该墓葬进行了抢救性考古发掘。墓葬为三合土、砖、石混筑前后室墓，由墓道、墓门、前室、过道和后室组成。墓门及门楼、后室墓门、后室壁龛及门楼为块石结构，墓室四壁的底部青砖错缝垒砌(三层),墙的主体和墓室拱顶均为三合土夯筑而成。该墓墓室四壁及墓室顶部绘满壁画，其内容有花草、动物、八卦、书法、题记等。根据墓葬形制、壁画内容和出土遗物推断，该墓时代为清代末期，即光绪三十三年（1907 年）。

该墓是济南地区清代墓葬中第一次发现的夯筑双室墓。虽然时代较晚，但仍具有较高的学术价值。墨书题记的发现，为研究清代墓提供了确切断代标尺。墓室壁画、书法为研究清代埋葬习俗及绘画史等提供了重要的实物资料。

烟台市博物馆

一、业务建设

（一）业务工作

1. 考古调查与发掘

2012~2016 年，烟台市博物馆在山东省文物局和烟台市文物局的指导下，积极与各级政府及社会各界进行协商，根据实际情况，全面开展工程建设中的抢救性考古和文物保护工作。五年来，先后与烟台南山置业、龙口南山集团、烟台（及龙口、蓬莱、莱州、莱阳、栖霞、海阳、莱阳、长岛）市交通运输局、芝罘区河滨东路建设指挥部、烟台高新区党群工作部、北京国瑞福鼎投资有限公司、中海石油气电集团有限公司、莱山区陈家村村民委员会、龙烟铁路建设指挥部、烟台市建设局、华润电力开发有限公司、山东怡力热电公司等数十个单位签订考古调查、勘探或发掘协议，共完成考古调查、勘探面积 700 余万平方米，发掘面积 8000 多平方米。其中归城故城址、日头泊墓群、午台遗址、三十里堡墓群、大仲家遗址、旸里店墓地等考古工地均被评为当年度优秀考古工地，得到了专家组的肯定和表扬。归城故城址的考古勘探和午台遗址、日头泊墓群、三十里堡墓群、西三甲墓地等遗址的发掘都取得了重要成果，为烟台市的考古科研工作提供了新的实物资料。

此外，积极参与全国水下考古工作，先后参加了“南澳Ⅰ号”“小白礁Ⅰ号”和“丹东Ⅰ号”水下考古作业，同时还参加了天津滨海新区、庙岛群岛水下考古调查，得到了国家文物局水下考古中心的表扬和肯定。

2. 大遗址保护与规划

随着大遗址保护工作的全面开展，烟台市大遗址保护也列入各级政府和文物部门重要议事议程。为此，烟台市博物馆充分发挥业务优势，积极参与大遗址考古和保护规划，先后与长岛县博物馆、海阳市博物馆、龙口市博物馆、蓬莱市文物局、福山区文物管理所等合作，根据大遗址保护规划的要求对北庄、庙岛宋代寨城、归城故城址、村里集古城及墓群、邱家庄遗址等进行详细的考古调查和勘探，摸清了这些遗址的范围、城墙走向和建筑工艺、结构、遗迹和墓群的布局及内涵等，并根据保护现状提出保护规划建议，为做好这些遗址和墓群的保护规划提供科学、翔实的依据，同时也为烟台市大遗址保护工作打下了坚实的基础。

3. 科技考古与文物保护

近年来，随着科技考古的广泛应用，烟台市博物馆在遗址的发掘中积极推广科技考古新技术和新方法，并取得了较好的成果。其中，照格庄、午台、大仲家等遗址的考古发掘采取浮选法等科技手段，获取大量植物和动物残骸，并对各遗迹单位采取的土样进行植硅体分析，发表了相关论文，这对研究胶东地区地理环境、经济形态以及人地关系都具有较高的学术价值。同时，对各遗址出土的人骨和动物骨骼在现场进行科技保护，尽最大努力对标本进行完整采取，同时对各类骨骼进行检测和鉴定，特别是对人体骨骼各种元素进行了测定，为开展当时人类体质特征、病理分析、食物结构、人类族群迁徙等相关课题的研究提供科研证据，目前已完成病理、食物结构等课题的测试和研究工作。近年来，借助与大学、科研院所的合作，烟台市科技考古和发掘现场的科技保护工作迈上了一个新台阶。

4. 基础设施建设

烟台市博物馆新馆于 2011 年正式对外开放，并设有 1 万余平方米的藏品库房。库房实施微环境规划方案，恒温恒湿，确保各类文物的安全。同时，对原库房进行合理改造，使之成为规范的考古标本库，标本存放环境得到了明显改善。烟台市博物馆的文物科技保护中心设有陶器修复室和铜器修复室，可对考古发掘标本进行修复保护。另外，烟台市博物馆与牟平博物馆合作，利用牟平恤养院旧址部分闲置房屋进行考古资料的整理工作。目前考古标本库和文物保护、修复整理等工作室的面积已达 1000 余平方米。

（二）人才建设与培养

烟台市博物馆始终把人才队伍建设和培养视为重点工作，考古人才队伍的建设和培养更是重中之重。烟台市人事部门每年安排应届考古专业研究生的招录工作，五年来共招录考古专业研究生 3 名、本科生 1 名。在人才培养方面主要是通过田野考古工作来提高考古人员的技术规范和业务能力，使之在实践中得到锻炼，业务综合水平得到较快提升。同时，还派专业人员参加国家和省组织的田野（水下）考古培训班。增加了 2 名年轻的考古领队，注入新鲜血液。通过人才培养与引进，为烟台市博物馆馆考古工作健康发展打下了良好的基础。

（三）学术交流与科研成果

烟台市博物馆大力支持馆内业务人员参加国内外学术交流活动。一方面多次参加中国考古学会年会、国际史学大会等会议，并积极提交论文、报告，和与会代表进行学术交流。另一方面，派专业人员参加美国考古学年会第77届年会和日本“中日韩高丽青瓷研究学术会议”等国际会议。

通过参加这些学术会议和学术交流活动，不仅增加了烟台市博物馆与国内外大学和科研院所的学术研讨，也推动了烟台市考古科研工作能力和水平的提高。

烟台市博物馆坚持以课题意识引领考古科研工作的理念，积极参加“环中国海海洋遗产”和“山东秦代庙祭遗迹调查”等国家重大项目和课题的研究；通过整理历年考古发掘资料，申报“胶东周代墓地研究”“胶东岳石文化研究”等省级人文社会科学课题，不断推动胶东考古研究工作向前发展。近几年，先后出版《烟台市第三次文物普查成果汇编》和《莱州壁画墓》2 部专著，发表《文登旸里店墓地的发掘简报》《胶东周代地方文化研究》《先秦时期胶东与辽东海上文化交流与互动》《蓬莱古船研究》《关于中国北方出土朝鲜半岛瓷器的检讨》等考古简报和论文 30 余篇，其中《蓬莱古船研究》等 6 项成果获得省市社科联和考古学会优秀成果一等奖或二等奖。

（四）对外宣传与公众服务

烟台市博物馆新馆开馆后，各类对外宣传的网站、微博、微信等平台正式搭建起来，并创办了《胶东文博》杂志，及时向社会宣传烟台考古新发现和新成果。同时利用考古现场向中小学生和当地干部群众宣传《文物保护法》、文物考古基本知识以及考古发现成果。制作展板和图录，走进校园、部队和工厂，宣传烟台的文物瑰宝。另外，还在国家、省、市级报刊、电视台、网站等媒体及时发布考古新发现和新收获的信息。

二、重要考古成果

1. 山东烟台大仲家遗址

大仲家遗址位于山东省烟台市经济技术开发区大季家镇仲家村东 500 米的高台地上，烟台市博物馆考古队于 2012 年 4~5 月及 2014 年 7~10 月两次对该区域进行抢救性考古发掘，发掘面积 1000 平方米。

大仲家遗址出土陶器残片

由于发掘区域处于遗址边缘，文化堆积较薄，发现的遗迹数量不是很多，类型也比较单一，出土了陶器、石器等遗物。遗迹以灰坑为主，还发现有些柱洞、烧土硬面等建筑遗迹。陶器均为大汶口文化时期的器物，主要器形为鼎、觚形杯、钵、小口罐、双耳罐等；石器主要为斧、铲、锛、环等；另外还出土了鹿角等动物骨骼。

通过这次发掘，对大仲家遗址内涵有了更清晰的认识。大仲家遗址为典型的贝丘遗址，发掘区域的堆积时代为大汶口文化早期，文化内涵单纯，发掘区域内 1 米多厚的海沙叠压堆积的遗迹现象，对我们认识贝丘聚落的消退和人地关系变化具有重要意义。

2. 山东烟台午台遗址

午台遗址位于山东省烟台市莱山区初家街道办事处午台村东南，2011~2013 年，烟台市博物馆组织考古力量对其进行两次发掘，发掘面积 1000 平方米，获得了比较丰富的成果。

通过发掘发现，这个区域的地层厚约 1.2 米，分为 6 层，堆积较丰富，是胶东地区目前保存最好的遗址之一。该遗址遗迹分布较为密集，叠压打破关系复杂。主要遗迹包括房址、灰坑、墓葬等。此次发掘的建筑遗迹是形制各异的柱洞，有柱坑式的、有基坑式的，许多柱较深，有的深达 1 米。其中 F1 保留有相对完整的活动面，面积约 16 平方米，为厚约 10 厘米的灰土面。F4 面积仅约 4 平方米，半地穴式，可能是类似干栏式的窝棚类建筑。共清理墓葬 48 座，均为土坑竖穴墓，多为单人葬，少数为合葬墓，个别为直肢葬，人骨多保存较好；多有随葬品，主要为明器，以罐、壶和杯为基本组合；随葬品多放置于墓室二层台或墓主人腰、脚部等处。另发现有 3 座灰坑葬。灰坑是本次发掘清理最多的遗迹，共 136 个，多为圆形和椭圆形，也有少量长方形和不规则形，内多含红烧土块和灰土，出土有陶片、石器、骨器、木炭及动物骨骼等，早期坑还堆有大量海贝及鱼骨等。

午台遗址出土遗物丰富，主要包括陶器、石器和骨器。陶器包括大汶口文化和龙山文化两个阶段的器物。大汶口文化主要是鼎和罐等，数量较少，以红褐陶为主。龙山文化的陶器较多，多为黑陶，有一部分灰陶、红陶、白陶等，主要有鼎、罐、鬶、盘、盆、杯、壶、豆、器盖等，并出土了 2 件蛋壳陶，一件为高柄杯，一件为小罐。石器主要是斧、铲、锛、刀、镞等。骨器有锥、针、镞、环等。另外还出土了猪、牛、马、鹿骨及鱼骨和各种海贝残骸。

午台遗址出土高柄杯

午台遗址出土红陶鬶

此次发掘区域虽位于遗址的南部边缘，但仍包含了三个时期的文化堆积，即大汶口文化时期、龙山文化时期和春秋时期，其中大汶口—龙山文化时期堆积最厚。此次发现的屈肢葬特色鲜明，对研究胶东地区这一时期的葬俗和社会关系具有重要学术价值。

3. 山东龙口西三甲墓群

2013 年 4 月 14~30 日，为配合山东省龙口市港城大道西延工程建设，烟台市博物馆对道路沿线进行了考古勘探，并在西三甲村附近发现墓群。5 月 1 日 ~6 月 30 日，烟台市博物馆组织考古队对该墓群进行了抢救性发掘，发掘面积 1500 平方米，共清理墓葬 91 座。

西三甲墓群东汉墓

西三甲墓群出土陶壶

本次发掘所清理的 91 座墓葬根据形制可分三类：土坑墓、砖室墓及瓮棺墓。土坑墓共 83 座，多为长 3、宽 2 米的长方形土坑，均有熟土二层台，部分有壁龛或腰坑，葬制多为单棺，少数为一棺一椁，在其中 2 座墓中发现了荒帷。砖室墓共 7 座，均为带墓道的“甲”字形墓，分单室和双室两种，破坏严重。瓮棺墓只有 1 座（M1），土坑墓圹，由 2 个绳纹陶瓮对扣成瓮棺。

战国墓 32 座，均为土坑竖穴墓，有熟土二层台，2 座带壁龛，12 座设腰坑，

14 座为一椁一棺，其余为单棺，人骨保存较差，多为仰身直肢葬，也有一定数量的屈肢葬，棺椁多髹漆，随葬器物放在二层台、壁龛、腰坑及棺椁之间。随葬器物主要包括陶器、铜器、玉石器和骨器等，以陶器居多。陶器的基本组合为鼎、罐、豆、壶，规格较高的墓还有仿铜器的匜、薰等陶礼器，多为彩绘陶；铜器有剑、矛、戈等；玉石器有璧、璜、珠、柄等，主要是荒帷上的坠饰；另外还有骨梳等少量骨器。

西三甲墓群出土陶鸟

西汉墓共 51 座，主要分布在西区，成组排列。50 座为土坑竖穴墓，均设熟土二层台，其中 16 座带壁龛，17 座为一棺一椁，其余为单棺，棺椁髹漆，人骨多保存较差，以仰身直肢葬为主，随葬品放在壁龛、二层台或棺椁之间。另有 1 座瓮棺葬。西汉墓出土遗物主要是陶器、铜器和铁器，陶器主要是罐、壶、奁，铜器有镜、带钩、印章和铜钱等，铁器为剑、削。部分陶罐中残留有动物骨骼和鱼骨。

东汉魏晋墓共 7 座，均为带长斜坡墓道的砖室墓，穹隆顶，由菱形或鱼纹花纹砖砌筑，分单室和双室两种。此类墓葬均在近代农业生产中遭到破坏，棺椁制度及葬式已无从得知。墓室长 4.4~7.6、宽约 4、高约 1.5 米。仅在填土和墓底发现残存的遗物，主要是白陶和釉陶器，器形有壶、耳杯、盘、勺等，另外还发现一定数量的铜钱。

从出土遗物来看，西三甲墓地的时代可初步判定分为三个阶段，即战国晚期、西汉早中期和东汉魏晋时期。从布局上看，战国时期墓葬位于墓地中部，西汉时期位于西部，东汉魏晋时期则位于东部。同时，战国和西汉墓葬都有成组排列的现象。

4. 山东烟台三十里堡汉墓群

为配合山东省烟台市经济开发区斗山机械项目工程建设，2013 年 3~7 月，烟台市博物馆考古队对三十里堡西墓区建设控制地带西北部进行抢救性考古发掘。发掘面积约 3000 平方米，共清理墓葬 151 座。墓葬形制主要是土坑墓，另有少量砖室墓、瓦棺墓。出土随葬器物近 800 件，以陶器为主，还有少量铜镜、铁器等。

土坑墓共 143 座，均为长方形竖穴墓，长约 2~4、宽约 1.5~3 米，墓葬最深达 4 米。墓葬为东西向或南北向，多见夫妻并穴合葬。土坑墓上原多有封土，由于后期破坏，封土现已不见。墓葬填土为黄褐色，个别填鹅卵石，多经夯打，较坚硬，一般为圆夯。多有熟土二层台，少量有生土二层台，个别墓葬有头龛、壁龛。葬具为单棺、单棺单椁、单椁双棺等。葬式多为单人仰身直肢葬，个别为屈肢葬。随葬品多为陶器，器形有罐、壶、熏炉等，另有少量的铜镜、铁削等。此外，少数墓葬间存在打破关系。

砖室墓 2 座，均为单室墓。一种平面略呈“凸”字形，由墓道、封门砖、墓门和墓室等组成。墓道为土质，墓室为先挖土圹，后单砖错缝平铺砌筑墓室四壁，墓顶情况不清，根据以往发掘资料分析，可能为穹隆顶。另一种为长方形，墓顶已破坏。

瓦棺葬 6 座，棺由圆柱状瓦和折腹盆组合而成，根据朽痕分析，可能为婴儿墓。

本次发掘是近几年来烟台市发现两汉时期墓葬最多的一次，墓葬排列有序，对了解本地区汉代历史及社会文化具有重要的意义，为研究本地区汉代墓葬形制特点、丧葬习俗等提供了珍贵的实物资料。

山东大学

一、业务建设

（一）业务工作

1. 考古调查与发掘

2012~2015 年，为配合本科生考古实习，山东大学历史文化学院和文化遗产研究院先后在章丘黄桑院、济南大辛庄、青岛北阡、邹城邾国故城、章丘焦家和高青狄城等遗址进行发掘。

此外，为配合上海市城市建设，山东大学历史文化学院教授栾丰实等承担广富林遗址的抢救性发掘项目，首次在长江流域发现了龙山时代的排房建筑遗存，为良渚文化与北方同时期文化关系的研究提供了资料。为配合大运河申遗，山东大学历史文化学院教授方辉等承担了大运河聊城段周家店闸遗址的抢救性发掘任务，厘清了周家店闸的始建年代、使用年代及废弃年代，论证了该闸清代至民国时期屡次修复的证据及其工艺特点。

2. 大遗址保护与规划

滕州西康留是一处大汶口文化至龙山文化时期的史前环壕遗址，为山东省重点文物保护单位。山东大学历史文化学院副教授王芬等通过实地调查及勘探等，制定了基于保护为主、合理利用原则的规划方案，得到专家组一致好评。招远曲城遗址是一处西周早期至汉代时期的城址，为山东省重点文物保护单位。王建波等通过调查及勘探，发现该遗址比以往界定的面积要大得多，而且存在西周时期的城址，据此重新划定遗址保护范围和建控地带，避免了墓群遭进一步破坏，获得专家组高度认可，成为通过规划提升保护水平的典型案例。

3. 科技考古与文物保护

在国家文物局支持下，学院与中国社会科学院考古研究所、山东博物馆和南京博物院等单位合作，开展了馆藏青铜器和书画的修复与保护。在唐仲英基金会支持下，开展一系列实验室考古项目，对河南舞阳贾湖墓葬与祭祀坑、山西翼城大河口墓葬、邹城邾国故城钱币窖藏和焦家大汶口文化墓葬进行室内发掘和文物保护工作，首次在贾湖墓葬中发掘出土一组由数百枚绿松石珠组成的串饰，颠覆了学界对于新石器时代早期装饰品及其工艺水平的认识。

4. 规划编制

主持和参与省内外考古发掘项目 8 项、文化遗产调查项目 6 项，负责和参与编制文物保护规划和工程方案 15 项、传统村落保护发展规划 8 项，参与编制了山东省“十三五”文物事业发展规划，承担了山东省传统村落和“乡村记忆”工程的标准制订与评选工作，协助多个县市的 20 个村落申请成为各级传统村落和历史文化名村，有力地促进了山东全省文物保护事业和城乡遗产保护的发展。

5. 基础设施建设

积极推动与地方文物部门共建实践基地，已经建立了泗水尹家城、邹平丁公、即墨北阡、高青狄城等考古实践基地。2015 年 3 月，建成邹城“邾国故城考古实习基地和考古工作站”；2015 年 5 月，建成高青县“齐文化考古研究实践基地”；2015 年 12 月，在莒县博物馆设立“山东大学历史文化学院教学与科研基地”，章丘焦家考古实习基地的建设工作也已提上日程。基地的建设一方面满足了考古教学与科研的需要，另一方面对于进一步挖掘地方历史文化内涵，弘扬传统文化，保护考古文化遗产，促进社会精神文明建设也发挥了重要作用。

实验室建设方面，在全国高校中率先建立起植物考古、动物考古实验室，目前考古实验教学中心拥有包括沉积学、体质人类学、同位素考古在内的多个考古实验室，2009 年入选国家级考古实验教学示范中心。“环境与社会考古学创新引智基地”获教育部和国家外国专家局“高等学校学科创新引智计划”项目资助。新建古 DNA 实验室和有机质文物保护实验室，建立更加完善的考古实验室体系。并整合各实验室的设备与资源，建立有效的共享机制，提升考古实验室的整体水平。

（二）人才建设与培养

近年来，山东大学加大对考古学科人才队伍建设的力度，加强梯队建设，50 岁以下具有博士学位教师的比例达到 100%。五年来新引进博士 9 人，其中海外博士 3 人。尝试引进外籍教师，优化学缘结构，促进师资队伍的国际化。

2015 年 6 月 1~8 日，朱磊、郎剑锋作为 2014 年度考古发掘领队资格人员，参加国家文物局在河南省郑州举办的 2015 年度考古领队初任培训班。

2015 年 9 月 7~28 日，王芬赴长沙参加国家文物局田野考古高级研修班。本次研修班由北京大学考古文博学院承办，湖南省文物局、湖南省文物考古研究所协办，来自全国二十多家文物考古单位和大学的 24 位学员在此进行为期三周的学习。

2016 年 5 月 24 日 ~6 月 2 日，史本恒在浙江安吉参加“全国考古发掘项目负责人初任培训班”。期间有来自全国各地的专家学者为学员进行考古工作、考古技术、遗产保护、政策法规等相关课程培训，期间还参观、考察了良渚古城及外围水利系统、安吉古城等考古遗址。

（三）学术交流与科研成果

1. 学术交流

山东大学考古学科一直倡导教学和科研的国际视野，充分利用海外资源，走国际化合作道路，探索创新型人才培养模式。近年来，依托教育部、国家外国专家局高等学校学科创新引智基地，山东大学考古学科开展教学科研合作的海外科研机构和大学已达31个。“十二五”期间，与山东大学考古学科保持长期合作关系的高水平大学和科研机构主要有美国芝加哥自然历史博物馆、耶鲁大学，加拿大多伦多大学、皇家安大略博物馆，德国欧亚考古研究院，英国雷丁大学，荷兰莱顿大学，日本九州大学等。

2012年，组织召开“考古与文化遗产国际学术研讨会”。2013年，组织召开“农业起源与传播国际学术讨论会暨中国植物考古学新进展”。2014年，组织召开“盐业考古与古代社会国际学术研讨会”。2015年，组织召开第22届国际历史科学大会济南章丘卫星会议“比较视野下的龙山文化与早期文明”。山东大学历史文化学院教师靳桂云与唐仲明赴美国哈佛大学长期出访，另有会议交流34人次。

此外，2010年以来，引进台湾立青文教基金讲座教授3人，特聘流动岗教授7人次，高等学校学科创新引智基地海外专家10人。高等学校学科创新引智基地项目建设以来，10位引智海外人才在基地工作的时间平均达到每年30天，有的学者（如Henry Wright院士、Anne Underhill教授、沈辰教授和李旻博士等）达到或超过90天。此外，结合台湾立青文教基金、山东大学特聘流动岗基金，聘请讲座教授10人次，为学生开设全英文课程12门。

另外，山东大学积极参与涉外考古合作。由美国国家自然科学基金会、国家地理学会、鲁斯基金会资助，与芝加哥菲尔德博物馆Gary Feinman教授、Linda Nicholas研究员和耶鲁大学Anne Underhill教授合作进行鲁东南区域系统考古调查。由美国国家自然科学基金会、鲁斯基金会资助，与耶鲁大学Anne Underhill教授、美国史密森研究院、南佛罗里达大学、华盛顿大学和加拿大多伦多大学等合作进行山东日照两城镇遗址考古发掘与研究。与日本九州大学文学部宫本一夫教授等合作进行日本高水平大学建设项目——稻作农业传播路线研究。由美国鲁斯基金会资助，与加拿大英属哥伦比亚大学荆志淳教授、美国加州大学洛杉矶分校李旻博士、加州州立大学斯坦尼斯洛斯分校Sari Miller-Antonio教授、南非金山大学Lynne Shepartz教授等合作进行大辛庄遗址多学科综合研究项目。由美国鲁斯基金会资助，与芝加哥大学AliceYao博士、密歇根大学HenryWright教授、云南省文物考古研究所等合作进行云南滇池盆地考古调查植物遗存分析。作为加拿大社会科学合作发展基金项目，由多伦多大学发起，与加拿大皇家安大略博物馆、美国斯坦福大学、俄勒冈大学、中国社会科学院考古所等合作进行古代东北亚历史生态学比较研究。由英国科学院资助，与英国雷丁大学 Steve Mithen 教授和 Karen Wicks 博士合作进行北阡遗址地质考古研究、建立考古沉积物实验室。

2. 科研成果

（1）学术课题

近五年来，山东大学考古学科共获得国家级项目 17 个，其中国家社科基金重大项目 2 个、重点项目 3 个、一般项目 5 个、青年项目 5 个、教育部项目 4 个，省部级项目 19 个，另有校级和其他横向项目 74 个，到账经费 3442.5 万元，为科研和学科发展提供了经费保障。

国家社科基金重大项目包括《丁公遗址发掘报告（2012~2017）》，负责人栾丰实教授。《济南大辛庄发掘及综合研究报告（2014~2018）》，负责人方辉教授；国家社科基金重点项目包括《环境考古与古代人地关系研究——以海岱地区先秦时期环境考古研究为例》《洛庄汉墓陪葬坑发掘报告》；国家社会科学基金中华学术外译项目包括《鲁东南沿海地区系统考古调查报告》；国家社会科学基金项目包括《山东北部先秦时期盐业考古研究》《鲁东南地区龙山文化的陶器生产、流通与社会复杂化》《海岱地区后李文化时期石制品研究》《海岱地区商周农业的考古学研究》《胶东沿海地区大汶口文化早期的生物考古学研究》《济南大辛庄遗址出土人骨的整理与研究》；国家自然科学基金项目包括《中国东部海岱地区后李文化植物利用与农业起源研究》《胶东沿海地区史前人骨和动物骨骼的碳氮稳定同位素分析》。

（2）专项考古成果

《鲁东南沿海地区系统考古调查报告》对十余年来鲁东南地区考古调查的新发现进行了全面的分析、整理和详细研究，全面、系统地发表了全部调查资料，初步显示出该地区复杂社会的产生、发展和衰退过程。此书在大量占有第一手资料的基础上，为鲁东南地区早期国家的规模和控制策略等理论问题提供了一个翔实可靠的个案研究报告。获得 2014 年度山东省社会科学一等奖暨重大成果奖，2015 年全国第七届高等学校科学研究（人文社会科学）优秀成果一等奖。

《新泰出土田齐陶文》的研究对象是新泰出土战国陶文，更多地采用了考古学的研究方法。首先记录了陶文的出土地层，其次是对铭文陶器的拍照、考古绘图并进行分类。对于陶文本身，除了文字方面的分析，也采用了类型学的方法，按照形制进行分类，以此尝试对出土陶文进行综合研究，为探讨齐国工官制度和量制、量具的演变提供了珍贵的资料。平阳廪和平阳市陶文的出土证明了新泰战国时期的确切地名。新发现古文字为战国文字学研究提供了新材料。

（3）学术研究成果

第一，聚落与社会研究。聚焦关于中华文明起源和早期国家形态的课题，在已有鲁东南地区聚落考古成果基础上，将研究拓展至其他重点地区，综合运用多学科手段，从环境、经济和社会等不同角度全方位解读古代社会演进过程，得到一批具有实证性和阐释性的研究成果。

第二，技术与经济研究。在已有植物考古、农业考古和盐业考古成果基础上，围绕农业起源和发展等课题，开展农作物起源及其在东亚地区的传播、农耕技术、动植物驯化、食盐生产、古人饮食结构等方面的研究，揭示古代农业及手工业发展状况。

第三，环境与资源研究。自然环境和资源是人类生存的物质基础。基于已有成果，实验室围绕重建古代环境变迁、探索古代人地关系演变规律等课题，产生了一批立论扎实、具有重要学术影响的综合研究成果，在环境考古和文化生态理论领域取得新突破，并为当代环境保护和生态文明建设决策提供参考依据。

第四，文化遗产保护与研究。文化遗产的保护和利用是一项具有国家战略意义的工作。考古学科作为该项工作的主要承担者，应在社会决策和大众层面有所贡献。通过与考古学、建筑学、城乡规划学、博物馆学的交叉研究，初步在国内考古遗产、乡村聚落遗产、地方文化景观遗产等领域形成一定的理论优势。通过承担地方政府和国家省市部门的文物保护、传统村落等文化遗产研究咨询课题和规划项目，提高山东大学考古学科的社会服务能力和影响力。

（四）对外宣传与公众服务

山东大学考古学科发挥科研和教学的示范辐射作用，促进教学成果和科研成果的社会化与产业化。通过与省、市政府合作，共建考古实践基地，开展专业技能培训，拓展中外合作领域。与地方在古代遗址探讨、文化遗产保护等诸多领域展开合作，同时承担服务地方项目，积极将科研和教学成果转化为社会效益。山东大学考古学科依托博物馆文物展览，积极开展公众考古教育，向大众宣传文物考古知识；建立传统文化体验基地，与国外高校组织“中国传统文化体验夏令营”；开展网络教育，建立数字化博物馆窗口；参与媒体考古与博物馆教育节目录制，为地方文化建设提供咨询和帮助，促进大众文化教育和文化遗产保护事业的发展；为兄弟单位提供考古遗址的自然和社会遗物分析，为各层次的博物馆和文物考古科研机构提供业务培训。

二、重要考古成果

1. 山东青岛北阡遗址

北阡遗址位于五龙河入海口丁字湾西南侧，地处山东省青岛市即墨市金口镇北阡村北一块略微隆起的高地上。东距今海岸线约 5 千米，海拔高度 2~4 米。

遗址于 1979 年文物普查时发现。2007~2013 年，山东大学历史文化学院与青岛市文物保护考古所对该遗址进行了 4 次发掘，累计发掘面积约 2300 平方米，并开展了以北阡遗址为中心的多学科合作研究，取得丰硕成果。遗址堆积分为两层，下层为北辛文化末期至大汶口文化早期阶段，上层为西周晚期到春秋时期。

揭露了一个比较完整的大汶口文化早期阶段小型聚落遗址。北阡遗址下层为北辛文化末期至大汶口文化早期阶段，现存面积约2000平方米。目前主要部分已发掘完毕，发现大汶口文化早期房址90余处，可以划分为早晚四期。值得注意的是，在房址的中部，发现两处呈西北—东南走向的椭圆形活动场地（小型广场），广场1位于东南部，面积约200平方米，广场2位于西北部，面积约100平方米，两广场相距约15米。广场均为层层筑打而成，中间夹杂有成层的红烧土铺垫层，十分坚硬。广场的堆积比较简单，与周边遗迹呈现的错综复杂的打破、叠压情况完全不同。广场上基本没有遗迹分布，其周围则分布着较多的房址和墓葬。

发现一大批大汶口文化早期阶段的墓葬材料。在北阡遗址两个大汶口文化广场的西侧和南

北阡遗址 F85 平面

北阡遗址 M81

侧，发现大汶口文化早期阶段不同时期的墓葬197座，埋葬人数近400人。北阡大汶口文化墓葬有两大类别，分别为二次合葬墓和迁出墓，没有发现同时期其他地区流行的单人一次葬。除了个别合葬墓的人骨放置较为规则之外，绝大多数墓葬人骨摆放得十分凌乱，似无规律可循。多数墓葬没有或极少有随葬品，种类有鼎、鬶、罐、觚形杯等陶器和少量石器、骨器。

对大汶口文化早期的生业经济、人地关系等问题有了较为系统的认识。以田野发掘资料基础，课题组开展了以生业经济和人地关系为主要目标的多学科综合研究，包括人骨、石器、陶器、植物、动物、环境等各子课题。尽管北阡遗址大汶口文化早期阶段的农业经济还不发达，但其存在是确定无疑的。北阡遗址发现的动物遗存十分丰富，可以划分为陆生动物和水生动物两大类别。陆生动物中作为家畜饲养的动物多于狩猎获取的野生动物。捕捞各种海水和淡水动物资源是当时居民的重要生产活动。稳定同位素检测结果表明，大汶口文化早期阶段的北阡居民，维系生存的食物资源有三个主要来源，依次为海生动物类资源、陆生C4类植物资源和陆生动物类资源，所占比例大体相当。

较之大汶口文化，北阡遗址的周代遗存面积更大，约4万平方米，遗存种类也十分丰富。首先是发现了围墙基槽和环壕。其次是周代墓葬的发现，截至目前，已经发现了5座周代墓葬，这些墓葬的规模略大，绝大多数有一椁一棺，均为单人葬，头向东。第三是对北阡遗址周代的农业经济内容有了诸多新的认识。较之遗址下层的大汶口文化早期，北阡遗址周代时期的农业经济获得长足发展，种植的农作物种类明显增多，从出土数量和出土概率看，以粟和小麦最多，其他还有黍、大豆、大麦和水稻等。这一时期的农业经济有两个显著特点，一是小麦的数量大大增加并成为略少于粟的主要农作物，二是黍的数量急剧减少。特别是小麦的大量出现，远远超出人们的预期，改变了以往对周代农业的传统认识。

2. 山东济南焦家遗址

焦家遗址地处泰沂山系北侧的山前平原地带，位于山东省济南市章丘区西北约20千米处，南距城子崖遗址4千米。从目前掌握的情况看，该遗址延续时间较长，发现极少量北辛文化晚期陶片，主要遗存为大汶口文化时期，下限约在汉代。第三次全国文物普查公布该遗址南北长约800、东西长约600米，面积约为48万平方米，实际这个数值只包括存在于章丘界内的面积，尚未加入延伸至历城区界内的部分。2016年，通过对遗址周围剖面的详细调查得知，该遗址总面积超过100万平方米。因为未经过系统考古勘探，所以对每个时期的面积和功能分区情况尚不了解。

2016年3~7月，山东大学历史文化学院和文化遗产研究院对该遗址进行了第一次发掘，发掘面积约1099平方米。遗址堆积分为两大时期：一为大汶口文化中晚期，二为汉代；另外发现少量龙山文化和岳石文化灰坑。这次发掘使考古人员对发掘区域内的聚落布局和聚落变迁有了较为清楚的认识；填补了鲁中北地区大汶口文化中晚期阶段居住形态研究的空白；获得一批较

焦家遗址墓葬

为系统和丰富的大汶口文化中晚期阶段的埋葬材料，可知大汶口晚期阶段的大型墓葬有被毁现象，发现有合葬、拔牙、手握獐牙等埋葬习俗。

3. 山东济南黄桑院遗址

2012 年 3~6 月，山东大学考古学科 2009 级本科生及部分硕士研究生对位于山东省济南市章丘区龙山街道办的黄桑院遗址展开了为期近三个月的考古工作。此次发掘是对该遗址进行的第一次正式发掘，共布设 5 米 ×5 米探方 26 个，发掘面积 650 平方米。通过此次发掘，大致了解了黄桑院遗址的文化面貌。从出土遗物来看，其时代从龙山时代一直延续至宋元时期，以龙山、商周、汉代三个时期的遗存最为丰富。虽然整个发掘区地层遭后期人为破坏较为严重，但还是清理出灰坑 80 余个、墓葬 8 座、窑址 4 座、房址 2 座、沟 7 条。特别是几座倒焰式窑址，保存较为完整，其时代、用途有待进一步研究。8 座墓葬，从形制、随葬品来看，其中 7 座时代可能集中于战国时期，均为竖穴土坑墓；另一座时代为北宋早期，为带竖井墓道土洞墓。就出土遗物来看，包括陶器、瓷器、骨器、石器和金属器等种类。陶器以龙山、商周时期为主，龙山陶器包括碗、罐、壶、鬶、盆、盏等，还出土有少量蛋壳黑陶杯残片，商周时期的器物可见豆、钵、大口盆等；骨器可见有簪、针、饰件等，还可见少量的卜骨；金属器包括少量宋代铜钱、锈蚀严重的铁器等。此次发掘所获的遗迹、遗物，为进一步研究章丘地区龙山至宋元时期的考古学文化内容提供了新的考古学材料。发掘出土的几座陶窑，其性质有待于进一步探讨，其保存状况较为良好，为山东地区近年来考古发掘所少见。发掘过程中注重多学科结合，包括动物、植物、古地理环境、体质人类学、陶瓷片分析等，从各个角度、最大限度地提取考古材料信息。

4. 山东济南大辛庄遗址

大辛庄遗址位于山东省济南市历城区王舍人街道办事处大辛庄村东南，是一处以商文化为主要堆积的考古遗址。山东大学历史文化学院与山东省文物考古研究所、济南市考古研究所于

黄桑院遗址 M2 底部棺木朽痕

黄桑院遗址 H38

2014 年 3~7 月对大辛庄遗址进行联合发掘。本年度发掘区位于蝎子沟以东，发掘面积近 700 平方米。发掘过程中共发现灰坑或灰沟 200 多个、墓葬 20 余座，另有少量的建筑遗迹、灶址、水井、陶窑等。

商代文化遗存种类多、数量大，是此次发掘的主要收获。发现的遗迹包括灰坑、墓葬、建筑遗存、水井、陶窑等。灰坑数量最多；墓葬数量有限、规模较小，随葬品也较为贫乏。除墓葬外，在较大的灰坑内也发现了较为完整的人骨架，死者的身份很值得注意。建筑遗迹破坏较甚，保存状况不佳，平面形状不明，部分建筑遗迹内发现人骨架，可能与奠基等祭祀行为有关。战国秦汉时期的文化遗存也较为丰富，文化遗迹以灰坑为主，另发现少量墓葬。唐宋时期的文化遗存较少，仅发现少量墓葬。

大辛庄遗址 2014 年度考古发掘具有多方面学术价值：首先，此次发掘获得大批包括陶器在内的商文化遗存，年代多集中于中商至晚商早期，为进一步完善大辛庄遗址的考古学文化编年奠定了基础；其次，发掘出土大量人工遗物，采集了大量自然标本，可以有效开展有关古代社会的技术、经济、人地关系等方面的研究；第三，发掘获得了包括灰坑、墓葬、建筑遗存、水井、陶窑在内的多种遗迹，跨越不同的文化阶段和时期，为深入探讨大辛庄遗址的文化内涵、聚落布局和聚落形态的演变提供了丰富的资料。此外，在考古发掘过程中，还开展了多种形式的公众考古活动，积极宣传文物保护、文化遗产保护，更大地发挥了考古遗址在弘扬优秀传统文化过程中的作用。

5. 山东邹城邾国故城遗址

邾国故城遗址位于山东省邹城市峄山镇纪王城村周围，是山东先秦时期重要的都城和秦汉时期重要的县城遗址，历年来出土了大量珍贵文物。2015 年 3~7 月，经国家文物局批准，结合本科生田野考古实习，山东大学考古队对邾国故城开展了首次大规模主动性考古发掘。2015 年度工作的重点首先是依靠出土材料初步建立邾国故城遗址的文化编年标尺，其次是厘清遗址宫殿区“皇台”周围区域各种遗迹的空间结构特征，为邾国故城遗址的保护、开发和利用提供信息。

2015 年发掘区域位于“皇台”西南约 400 米处，发掘面积 930 平方米，共发掘遗迹单位 757 个，其中灰坑 715 个、水井 11 口、沟 24 条、墓葬 4 座、房址 1 座、窑炉 2 座，年代从春秋延续到明清时期，出土遗物以东周和秦汉时期的陶容器、陶量、陶范、有陶文的陶片、砖、瓦、半两钱、五铢钱，以及石范、坩埚、炼渣、骨器、动物骨骼等为主。尤为重要的是出土了大量陶文和多件带有陶文、规格等差的陶量，为研究当时的量制提供了实物资料。

2015 年度的工作坚持将浮选土样、植硅石、^{14}C 测年标本的系统采集和动物骨骼等其他标本的全面收集贯穿于整个发掘过程之中，采集了大量标本。从初步整理情况来看，通过考古出土材料，

邾国故城遗址 2015 年发掘区

郑国故城遗址的考古学文化分期编年体系已基本构建，为下一步工作奠定了基础。

6. 山东淄博狄城遗址

狄城遗址位于山东省淄博市高青县高城镇信家村、陈窑村和西关村之间。2013 年底至 2014 年初的考古勘探表明，遗址范围超过 50 万平方米，城址面积约 30 万平方米。

2016 年 3~7 月，对狄城遗址进行了发掘。发掘区域位于遗址中部偏西和遗址西南。其中，主要发掘区位于遗址的中部偏西，共布设 5 米 ×5 米探方 19 个，遗址西南布设 55 米 ×4 米探沟 1 条。

此次考古发掘的目的在于了解狄城遗址的文化面貌，初步建立该遗址的文化编年，明确城址的始建年代、废弃年代及城址性质，为进一步开展考古学研究、文化遗产保护和遗址保护规划与展示利用提供基础资料。共发掘汉代、明代墓葬 18 座、灰坑 215 个、道路 3 条，另有少量灰沟、窖穴、灶，还发现了与建筑相关的遗存，包括垫土、柱础、柱洞、排水沟等，探沟则主要是对西城墙南段的解剖。出土遗物包括大量陶质建筑遗存（板瓦、筒瓦、瓦当、铺地砖、墓砖、护阶砖、石灰块）、日用陶器（盆、釜、罐、瓮、鼎）、唐代和明代的瓷器、少量玉石器（玉璧等）、青铜器（带钩、镞、钱币、铜泡、漆扣、鎏金器耳）、铁器（钉、刀等）、琥珀装饰品、带字陶片（“狄市”“□亭”）等。除人工制品之外，发掘过程中还系统采集了大量用于浮选的土样和植硅石土样、测年标本等自然遗物。

此年度的考古发掘工作获得了一大批内涵丰富的考古资料（包括部分文字资料），为研究狄城遗址的文化面貌、判断狄城遗址时代和性质提供了丰富的考古资料。这些资料有助于建立并进一步完善和细化鲁北地区战国秦汉时期的考古学文化编年，为开展物质文化史及都邑考古研究提供了新的资料，也为遗址的规划、保护与展示利用提供了基本信息。

狄城遗址出土“狄市”陶文拓片

狄城遗址路面遗迹

河南省

河南省文物考古研究院

一、业务建设

（一）业务工作

1. 考古调查与发掘

2012~2016年，河南省文物考古研究院贯彻“保护为主，抢救第一”的文物工作方针，完成了河南省水库、铁路、公路、输气管线、特高压、城市建设等一些基本建设中的文物保护工作，为全省经济建设提供技术支持和服务，为打造华夏历史文明传承区提供资源储备和智力支持。一是配合大型基本建设进行文物保护规划和完工报告编制工作。完成南水北调中线工程、山店水库、宁西铁路增建二线、蒙华铁路、郑万铁路、郑合高铁、太焦高铁、日照—濮阳—洛阳原油管道、鄂安沧燃气管道、驻马店国道107拓宽、西气东输三线、平顶山93MW光伏项目、引江济淮工程（河南段）等60余个项目的考古调查与文物影响评估工作，为河南省文物局批复省内大型基本建设工程选址意见提供了可靠依据；编制完成西气东输二线平顶山至泰安支线、博洛煤层气输气管道工程、锦郑成品油管道工程、商登高速郑州段、宁西铁路增建二线工程（南阳段）、孟平铁路增建二线工程、灵州至绍兴特高压线路工程等30余个重点工程项目的文物保护工作报告，及时交付建设方并协助其办理省级文物行政主管部门的施工许可函件。二是做好南水北调中线工程、河南省重点建设项目中的文物保护和抢救性考古发掘工作。配合南水北调中线工程、出山店水库工程、灵州至绍兴特高压工程、宁西铁路增建二线工程、孟平铁路增建二线工程、中原油田至开封输气管道工程、机场至西华高速公路工程、郑州至机场高速公路工程、郑万铁路等30余个重点建设项目对77处文物点进行了考古勘探和发掘工作，发掘面积75000余平方米，许多发掘项目取得了重要考古收获。三是配合国家城镇化建设战略，积极做好城市基本建设中的文物保护工作。在配合郑州、新郑、焦作、新乡等城市基本建设，对郑州商城遗址、郑韩故城遗址、禹州瓷窑遗址等进行了勘探发掘，发掘面积近4万平方米，发掘墓葬千余座，为进一步研究郑州商城遗址、郑韩故城遗址提供了新材料。

作为研究型事业单位，河南省文物考古研究院在做好配合基本考古工作的同时，还鼓励单位研究人员要提高课题意识，围绕学术课题积极申报国家和省级项目，开展主动性考古工作，不断提升河南省文物考古研究院考古研究水平。一是积极承担国家大遗址保护考古等工作，五年来，连续对灵井许昌人遗址、舞阳贾湖遗址、濮阳戚城遗址、盐城郝家台遗址、淮阳平粮台遗址、信阳地区先秦城址、三杨庄汉代聚落遗址、浚县黎阳仓遗址、开封北宋东京城新郑门、宝丰清凉寺汝窑址等十余个大遗址进行了考古勘探和发掘工作，均已取得阶段性成果。二是积极争取省级财政资金，开展区域系统考古调查，抢救被盗墓葬。省级财政资金支持开展的区域系统调查项目主要有河南省旧石器考古调查与试掘，濮阳瑕丘遗址调查、勘探与发掘，郑州西北郊地区古文化遗址调查，淅川龙城水下考古发掘调查及丹江口库区周边地区考古地理信息综合研究，周口地区颍河流域古文化遗址调查与研究。这些项目也取得了可喜成果。

大运河申报世界文化遗产是近年来我国正在进行的一项重大跨省跨区文化工程。河南省文物考古研究院主要承担省内大运河关键节点永济渠隋代黎阳仓遗址和通济渠（汴河）商丘南关段、夏邑济阳镇段的发掘与展示工作。2013 年 9 月、10 月，国际遗产专家对这些遗产项目进行了现场考察评估，给予高度评价。

2. 大遗址保护与规划

文物保护类项目规划编制是河南省文物考古研究院近年来着力推动的一项工作，《南阳市十里庙遗址文物保护规划》《漯河市古城遗址文物保护规划》的编制工作以及《柘城县柘城故城文物保护规划》立项工作考古调查已经完成，《方成县八里桥遗址文物保护方案》和《叶县楚长城文物保护方案》编制的考古调查工作正在进行。在这些工作中形成文物保护规划类项目编制工作的特色：根据不同遗址墓葬的特色进行不同的规划，特别是展示方面的设计，保证遗址墓葬各有特色，避免千篇一律。

3. 科技考古与文物保护

河南省文物考古研究院以文物科技保护中心为依托，实施了可移动文物修复保护、土遗址加固保护和考古发掘现场文物保护工作。对三杨庄汉代聚落遗址进行的加固保护工作全面展开，对开封北宋东京新郑门遗址、信阳城阳城八号墓等多处重要遗址或墓地也开展了现场保护工作；完成南京大报恩寺出土干缩变形阿育王塔的复原研究工作；与日本爱媛大学合作进行铁器保护前期研究工作，为下一步开展保护修复打下了坚实基础。目前，随着保护实验室功能提升各个项目的陆续完成，一个规范化的文物保护研究平台已初具规模。

4. 基础设施建设

近年来，河南省文物考古研究院在传统研究方向相关配套设施建设的基础上相继建立了动物考古实验室、考古人类学实验室、植物考古与寄生物考古实验室，并逐年提升科技考古硬件设施和研究水平。动物考古实验室研究人员制作现生哺乳动物骨骼比较标本600余具，收集贝类标本50种1000余件，收集鱼类标本15种90余件，完成了近年来考古工地出土动物骨骼的整理和报告撰写工作和“动物考古标本数据库”网络平台的基本建设工作，录入现生动物骨骼比较标本数据23000万余条。考古人类学实验室完成了近年来考古工地出土人骨的清洗、性别年龄的鉴定、颅骨和肢骨的观察和测量、骨病和牙病的观察和统计等研究工作。植物考古与寄生物考古实验室完成发掘的多处重要遗址植物大遗存的分析鉴定工作和多处墓地人骨腹土样品的寄生物考古工作。今后科技考古室拟在古人类食谱研究、锶同位素分析、环境考古研究等方面取得新进展。

（二）人才建设与培养

河南省文物考古研究院一直十分重视学术梯队的建设与发展，重视高水平人才的吸引和稳定，采取了一系列措施。

积极支持青年学者在职攻读博士学位，五年来，有3人已经完成学业，3人正在攻读学位，他们是未来科研基地的重要后备军。通过公开从国内外招聘高层次人才，有计划有目的地从澳大利亚拉楚布大学、北京大学、中国科技大学等引进具有博士学位优秀人才5名，他们在各自的研究领域均已颇有建树。为培养业务骨干，选派中青年学者赴国内外进修或从事合作研究。十余位年轻研究人员参加了“3S技术应用于考古调查”等3个省内外业务培训项目，多名业务人员参加了全国考古发掘项目负责人初任培训班和田野考古高级研修班，科技保护人员参加了“冷冻干燥设备培训”和“陶制彩绘文物保护修复培训班”。通过培训和研修，带回了开阔的学术视野和先进的学术思想与研究技术，也提高了科研水平和业务素养。

（三）学术交流与科研成果

1. 学术交流

2012年8月，河南省文物考古研究院成功举办建院60周年庆典活动。五年来，举办了彩陶中国——纪念庙底沟遗址发现60周年暨首届中国史前彩陶学术研讨会、纪念贾湖遗址发现三十周年暨贾湖遗址国际研讨会、濮阳与华夏文明学术研讨会、国际动物考古协会第九届骨器研究学术研讨会、河南省科学技术史学会第五次会员代表大会、夏商周时期的中原与周边暨纪念郑州商城发现60周年和韩维周、安金槐、邹衡先生学术贡献研讨会，湘鄂豫皖楚文化研究会第十四次年会，中韩·韩中冶铁文化与农业发展研讨会，中原古代丝绸之路与大运河学术研讨会等学术交流会，协办了首届中国考古学大会。

除院内举办的学术会议外，业务人员还积极参加国内其他省份举办的学术会议，并与美国、瑞典、澳大利亚、韩国、日本等国家相关学术机构进行交流与合作研究，进一步加大对河南古代文明的宣传，扩大了河南省文物考古研究院在国内外的知名度。

河南省文物考古研究院还积极开展涉外考古合作，与美国纽约城市大学皇后学院人类学系卡丘莎·帕奇凯娜博士合作，对新郑市房管局遗址出土人骨进行体质人类学及古病理方面的研究；与美国圣路易斯华盛顿大学合作进行三杨庄汉代聚落遗址地理环境变迁研究；与日本奈良文化财研究所开展中日合作开展巩义唐三彩窑址与白河瓷窑遗址的研究工作，日方研究人员在研究院从事相关考察、分析和研究工作并出版《河南省巩义市白河窑址发掘调查简报》日文版，《河南省巩义市白河窑址发掘调查简报》中文版也即将刊出；与韩国国立中原文化财研究所进行关于东亚冶铁文化合作研究工作，进行学者年度互访。

2. 科研成果

2012 年以来，院内研究人员承担国家重大科研项目“中华文明探源工程四”中的子课题“禹州瓦店遗址聚落形态研究”，承担国家社科基金重点项目 2 项（“禹州瓦店遗址考古报告”“新郑韩王陵发掘报告”）、国家社科基金一般项目 4 项，承担国家文物局、河南省社科及其他省级或厅局级科研项目 27 项。其中，国家文物局文化遗产保护科研课题“干缩变形木质文物的水性再润胀复原及脱水定型研究”顺利结项，该项研究已发表论文 8 篇，获得国家发明专利 2 项。

2012 年以来全院科研人员在《考古学报》《考古》《华夏考古》《中原文物》等学术期刊上发表考古报告、简报和论文多达 200 余篇。

出版了《安阳鄣邓》《郾城郝家台》《伊川考古报告》《平顶山应国墓地》《鹤壁刘庄下七垣文化墓地》《新郑西亚斯东周墓地》《郑州小双桥》《新郑双楼东周墓地》《新郑坡赵一号墓发掘报告》《动物考古学》《舞阳贾湖（二）》《古代青铜器修复与保护技术》《郑州商城陶器集萃》《郑州商城遗址考古研究》《淅川阎杆岭墓地》《两周随葬青铜礼乐器制度研究》等考古专题报告或论著 23 部。

（四）对外宣传与公众服务

河南省文物考古研究院新网站正在积极筹建，建成后将成为展现研究院风采的全新平台；2016 年上半年院官方微信平台正式上线，成为宣传河南省文化遗产保护的一个新窗口。2016 年文化遗产日期间，研究院精心挑选了城阳城八号墓、信阳出山店水库孙寨遗址、淇县商代墓地、郾城郝家台遗址、郑万高铁长葛九牛站墓地 5 处遗址作为分会场进行公共考古宣传活动，收到了良好的宣传效果。

二、重要考古成果

1. 河南许昌灵井许昌人旧石器时代遗址

灵井许昌人遗址位于河南省许昌市灵井镇，2007 年灵井许昌人遗址 9 号探方第 ⑪ 层发现距今 10 万前的古人类头骨化石以后，2014 年又在同一层位发现第二颗古人类头骨化石。截至目前，已发现包括两颗头骨化石在内的 7 个古人类个体，另外也出土数万件石器和大量动物化石。灵井许昌人遗址已是世界上最重要的古人类遗址之一。

经过近年的考古发掘与研究，该遗址可探索以下国际前沿课题：发现的距今 10 万年前的古人类化石，其年代正处在现代人起源的关键时段，对于研究东亚古人类演化和中国现代人起源具有重要意义。大量石器采用间接法（压制技术）制作，是我国境内发现的唯一一处能同国际上其他遗址进行对比的旧石器中期遗址，通过近期研究，该遗址可能成为东亚旧石器时代中期的代表遗址。发现一批刻画在动物化石上的形象符号痕迹，可以探讨早期艺术的起源（现在公认的形象符号刻画痕迹是在距今 7 万年前的南非波鲁姆波斯遗址发现的）。第 ⑤ 层发现 91 片早期陶片，时代为距今 10870~9305 年，是中原地区发现早期陶片最多、时代最早的遗址，对于探

灵井许昌人遗址 2015 年 T13 第 ⑪ 层发掘现场

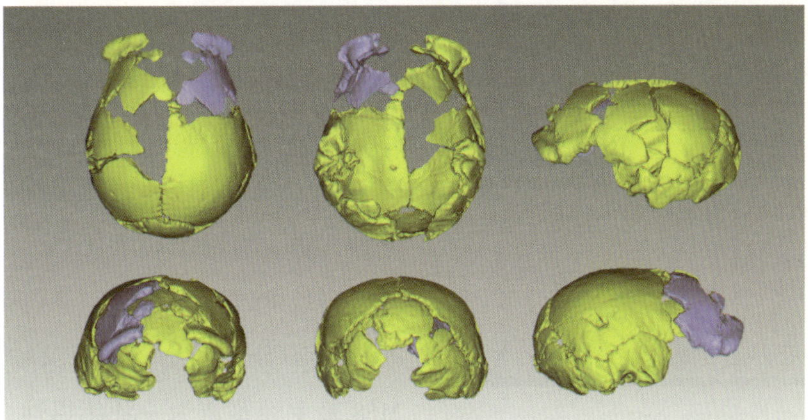

灵井许昌人遗址出土 1 号头骨 CT 图像

索陶器起源具有重要意义。此外，第⑤层发现的雕刻鸟、细石器、钻孔技术等也非常重要。

目前已有一批国内外研究团队展开对灵井许昌人遗址的合作研究，已在国内外杂志发表论文 50 余篇。国内外同行评价许昌人遗址“是一处十分完美的古人类文化遗址”。

灵井许昌人遗址 2015 年发掘出土石器：1~4：钻器；5~7：削器

灵井许昌人遗址出土遗物：7、10、11 可能为人类象形刻画痕迹

2. 河南舞阳贾湖遗址

贾湖遗址位于河南省漯河市舞阳县北贾湖村。2013 年 9~12 月，在漯河市和舞阳县文物部门的配合下，河南省文物考古研究院与中国科技大学合作对贾湖遗址进行了第八次考古发掘，此次发掘区位于遗址中部，实际发掘面积 300 平方米，共发现墓葬 97 座、房址 9 座、灰坑 24 个，出土陶、石、骨、角、牙各种器物 600 余件。

通过贾湖遗址第八次发掘，对贾湖聚落的布局有了新的认识。此次发掘在中心区发现一个规格较高的墓地，发现一些新的重要文化现象。M56、M62、M65、M73、M75、M81 等墓葬随葬有数以百计的绿松石串饰，主要分布在发掘区西北部的 T0201 和 T0202，这是首次在贾湖遗址墓葬中发现随葬数量如此之多的绿松石串饰，且分布范围集中，暗示着这片墓地的主人可能拥有与其他墓地主人不同的身份地位或埋葬习俗，表明当时可能在墓葬等级和分区上已经有了一定程度的分化。

贾湖遗址 M58 实验室考古

首次在贾湖遗址发现象牙雕板，以象牙制成，表面打磨光滑，主要出现在墓葬中。

房址 F5 较为特殊，下层填土内对称分布两个墓葬，其中 M68 墓主经鉴定为一壮年男性，

贾湖遗址出土象牙雕板

年龄约30岁，部分肋骨由于墓圹较小受挤压变形，颅骨右侧面有一明显圆角方形凹陷，疑似受外力打击形成。在下层居住面下厚葬两个非正常死亡人的现象实属罕见，这两个墓葬可能为居室葬的一种形式，或与祭祀或房屋奠基行为相关。

3. 河南濮阳戚城龙山时代城址

戚城遗址位于河南省濮阳市华龙区古城路与京开大道交汇处西南角，为第四批全国重点文物保护单位，相传春秋戚邑是卫灵公的外孙孔悝的采邑，故又称孔悝城。遗址地表现存晚期城址一座。晚期城址四垣周长1520米，城垣最高处残高约8.3、基宽20余米，城内总面积14.4万平方米。

近几年，又在晚期城址之下发现了一座龙山时代城址。戚城龙山时代城址与晚期城址大体重合，略有错位，平面呈圆角方形，方向20°。龙山时代城址东西长约420、南北宽约400米，面积近17万平方米（含城垣）。据 ^{14}C 测年，该城址距今4300~4200年，结合地层叠压打破关系，

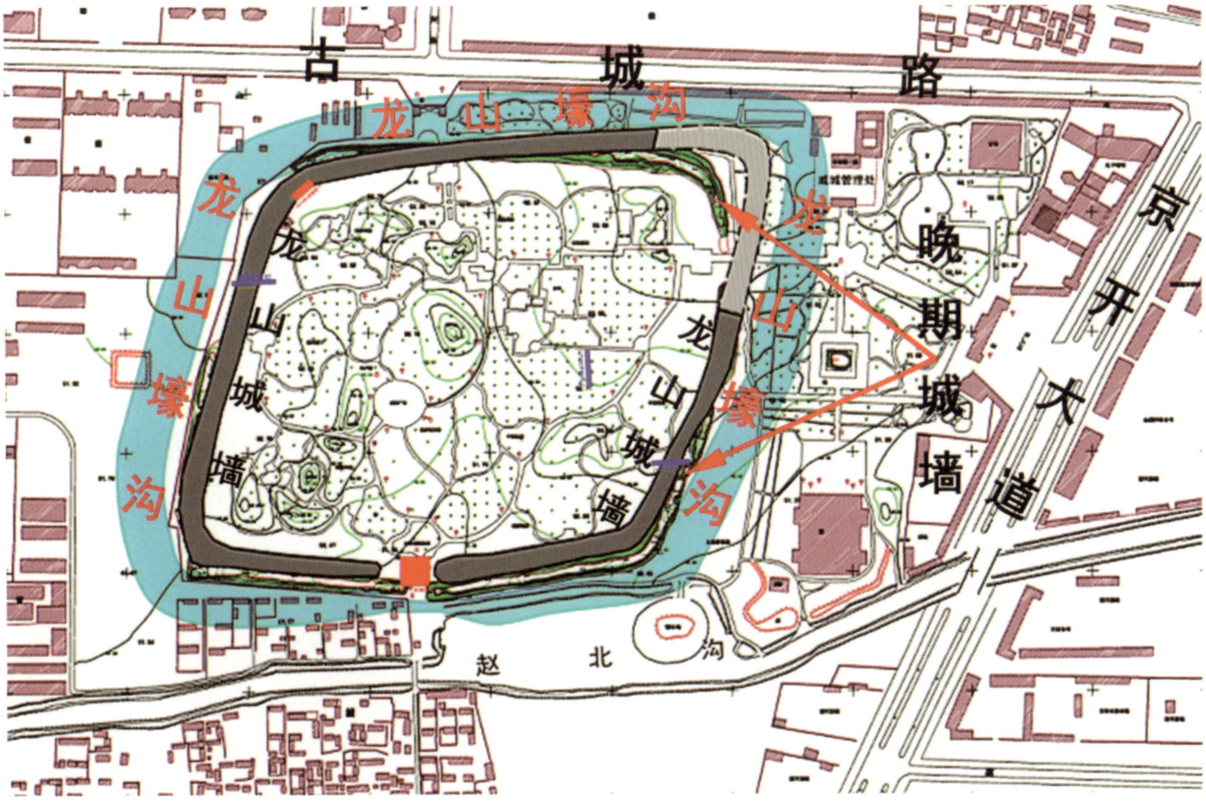

戚城龙山时代城址及壕沟分布（晚期城址与龙山城址叠压关系反置）

戚城龙山时代城址打破龙山时代城墙的H1出土陶器

戚城龙山时代城址TG1北壁龙山时代城墙剖面（东南—西北）

时代上属河南龙山文化晚期。城墙结构分主墙体和内护坡两部分采用版筑、夯筑和堆筑三种筑城方法。文化面貌上，以河南龙山文化后冈二期文化因素为主，同时受到了山东龙山文化等周边同时期文化因素的影响。

在戚城城内发现有“工”字形道路及大面积夯土基址。在城外，勘探发现有不同时期的护城壕沟。

戚城龙山时代城址是濮阳地区首座经过考古发掘证实的龙山城址，位于太行山脉与鲁中南山地之间冲积平原的中间地带，居于豫东北，临近鲁西、冀南，正处于中原龙山文化与山东地区龙山文化的交汇地带。这种特殊的地理位置对于研究文明起源时期不同文化、文明的碰撞与交流，部族之间的冲突与融合，乃至国家起源方面的问题都具有十分重要的意义。上古五帝时代，颛顼、帝喾和舜均在以濮阳为代表的豫东北地区活动。戚城龙山时代城址的发现、发掘与研究再次表明豫东北地区也是探索中华文明起源的重要区域之一。

4. 河南淅川下寨遗址仰韶晚期至石家河文化时期墓地

下寨遗址位于河南省南阳市淅川县滔河乡下寨村北，地处滔河与丹江交汇处。为配合南水北调中线工程丹江口库区建设，2009年3月~2013年7月对其进行了持续考古勘探和发掘，最重要的收获是发现了仰韶晚期至石家河文化时期的墓地一处，发掘长方形土坑竖穴墓葬133座。按墓主头向的不同可分甲、乙、丙、丁四类。甲类大致朝南，共59座，时代为仰韶文化晚期，其中24座有随葬品，主要为玉石质的钺、璜、斧、饰品和少量陶器。乙类大致朝西，共55座，其中35座有随葬品，主要为陶器，共76件，陶器多成组埋置于腰

下寨遗址甲类墓葬M67出土随葬品

下寨遗址仰韶至石家河文化早期墓地俯瞰（局部）

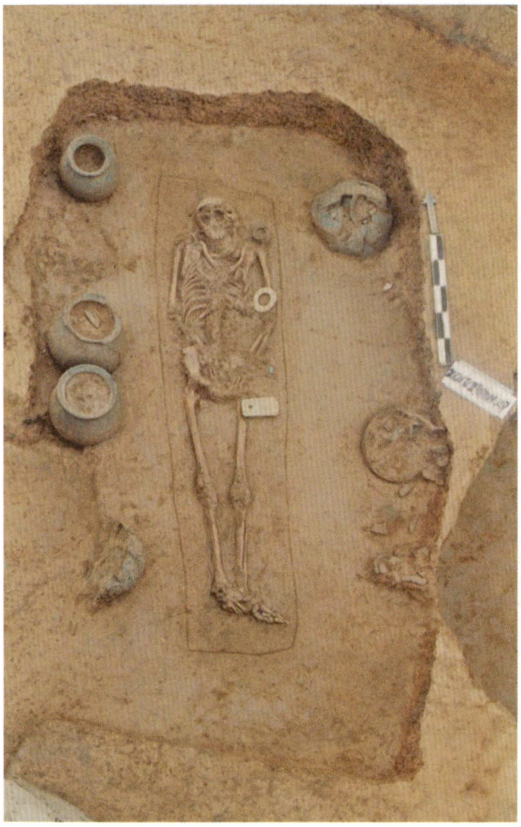

下寨遗址丁类墓葬 M207

坑之中，组合主要为长颈壶上放置一陶钵，钵底部皆有孔，这类墓葬主体年代为石家河文化早期或略早。丙类大致朝东，仅 4 座，时代与前者大致相同。丁类大致朝北，共 15 座，7 座有随葬品，其中 4 座存在腰坑中陶器和玉石钺共存的现象。这类墓葬主要为石家河文化早期，M207 可能晚至石家河文化中期。此外，从墓葬之间的打破关系、随葬品和埋葬习俗来看，甲类墓葬和后三类墓葬之间具有较为明显的差异性，分别属于中原地区的仰韶文化系统和江汉地区屈家岭—石家河文化系统。

这批墓葬分布较为密集、使用时间较长且具有一定的延续性，填补了豫西南、鄂西北地区同类遗存的空白。墓葬表现出的文化面貌印证了豫陕鄂三省交会地带文化因素的多元性和复杂性，墓葬随葬品和规模所暗示的社会逐步复杂化的趋势也比较明显，为认识丹江口库区交汇地带的文化面貌和社会发展状况提供了新的资料，具有极其重要的学术价值。特别是乙类墓所代表的腰坑葬习俗，时代较早，为探索腰坑葬的起源提供了线索。单独随葬玉石钺的墓葬以往在这一地区罕见，对于相关问题的研究有重要意义。

5. 河南信阳战国城阳城址八号墓

城阳城址八号墓位于河南省信阳市平桥区城阳城址保护区，北距信阳市 25 千米。从 20 世纪 50 年代起，该地区陆续发掘了 8 座大型楚墓，包括著名的长台关一号墓、二号墓以及七号墓。其中，八号墓位于七号墓南部 20 米，2015 年 8 月 ~2016 年 2 月，河南省文物考古研究院对墓葬进行了清理。

八号墓平面呈“甲”字形，坐西向东，方向 95°，由墓道、墓室两部分组成。墓葬面积约 127 平方米，全长约 18.5 米，上口长 10.1~10.9、宽 9~9.4 米，墓道长 6.0~6.4、宽 3.2 米。

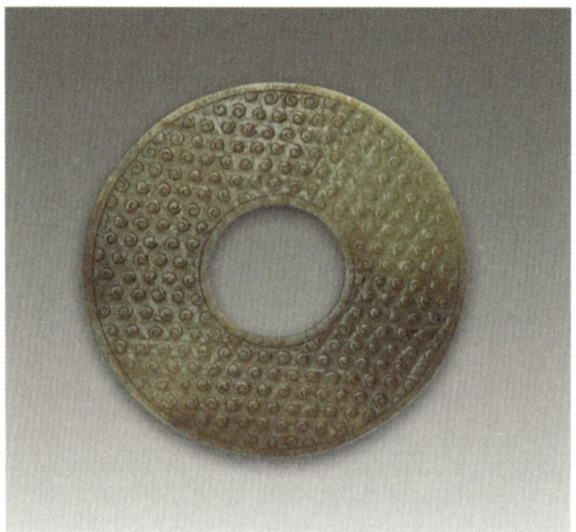

城阳城址八号墓主椁室出土玉璧

城阳城址八号墓椁室平面

城阳城址八号墓前室漆木器出土状况

城阳城址八号墓南侧室竹席出土状况

墓室平面大致呈方形，自上而下呈阶梯状逐层内收。椁板表面距地表4.5~5.1米，椁室平面呈长方形，由主室、前室、南侧室、北侧室以及北后室、中后室、南后室组成，总长6.2~6.3、宽4.8~4.9米。前室中部有过梁，南北两部分相通，前室和南、北侧室被盗严重，主室和后室保存完好。

前室虽然被盗严重，仍发现不少陶器和彩绘漆木器。陶器主要有鼎、方座簋；漆木器数量较多，有案、耳杯、豆、盒等，以耳杯最为多见。

南侧室发现有床榻、竹席、木俑、木几、投壶箭以及铜镜、铜剑等，其中竹席髹红、黑漆几何纹，长约2米，蔑宽0.25厘米。

北侧室发现有木质车舆、弓、箭、箭囊、瑟以及铜矛、铜戈、车軎、车辖等。矛为彩色髹漆长木柄，伞盖破坏严重，散落在椁室中。

南后室保存完好，发现有陶方壶、圆壶、鉴等仿铜陶礼器，表面多施彩绘。中后室发现40余个荷叶包裹，以及雕刻木案、陶鬲、陶罐等。初步观察荷叶包裹内有水稻、小米等粮食。

主室保存完好，双棺双椁。其中外棺盖板为弧形，上覆织物（多朽），内侧髹红漆；内棺盖板平，表面有红色彩绘，内侧髹红漆。墓主人头向东，头部及全身被织物覆裹，织物纹样依然可辨。目前主棺暂未清理。

南后室陶壶和陶鬲可确定为战国中期楚文化遗存，与七号墓的年代相当。其他诸如彩色髹漆竹席、长柄矛、耳杯、案、几等漆木器均十分精美。墓主人全身敷裹的织物是在信阳地区乃至河南全省的战国时期楚墓中首次发现，在全国楚文化墓葬中这样完整织物的发现也十分罕见。

6. 河南三门峡大唐火电厂战国秦汉墓地

2014年3~10月，河南省文物考古研究院对河南省三门峡市大唐火电厂三期扩建工程基建地基建区的古墓葬进行了多学科大规模抢救性发掘，共发掘古墓葬802座，其中战国至西汉早期

大唐火电厂战国秦汉墓地全景

大唐火电厂战国秦汉墓地 M663 围沟全景

大唐火电厂战国秦汉墓地 M47 墓室

秦人墓751座，东汉墓16座、唐墓3座、宋墓2座、明清墓13座、时代不详的墓葬17座。

占绝大多数的秦人墓是此次发掘最重要的发现，是研究秦文化内涵和秦汉墓葬界定的实物资料。这些墓葬排列密集有序，几乎没有打破关系，当经过详细规划。一条东西向宽约7米的类似神道的空当区将整个秦墓区分为南北两个大区，体现了大规划特色。两区秦人墓差别明显，时代上前后衔接，多数为顺向的洞室墓，个别为长方形竖穴封土坑墓，既有较大的围沟墓，也有瓮棺葬。揭示了本地秦人洞室墓掘墓、埋棺、放物、封木门、墓道埋牛马羊头蹄祭祀、封埋等流程。发现墓外围沟和墓道内二层台上半围沟均是防水设施。墓道和填土内殉人罕见。屈肢葬、蒜头壶仍是主要的秦文化特征，少数直肢葬墓可能是国属不同而致。出土大量随葬品，保存多数保存完好，更加重要的是发现了大量漆器痕迹。

其他墓葬中东汉大中型砖室墓体现了家族式二次葬的特点，M750则是一座十分重要的唐代纪年墓。

此外，在体质人类学、DNA、古人寄生物、古人食性、动物考古、金属文物保护、漆木器灰痕保护等方面也获大量标本与重要发现，为研究汉民族起源等重大课题提供了物质基础。

初步统计，共出土鼎、蒜头壶、鍪等铜容器154件，镜、带钩、戈、附件等小件铜器300余件，铁器80件，各种陶器2500余件，还有少量瓷器和大量铜钱。

7. 河南禹州神垕建业“钧都新天地”钧窑址

2013年3月，河南建业集团在河南省禹州市神垕镇进行商业开发的过程中，发现了古代窑址的迹象。研究院和禹州市文物勘探队联合对神垕镇建业“钧都新天地”项目第一期工程建设范围进行了考古勘探，勘探面积1万平方米，发现窑炉等众多制瓷遗迹。从8月下旬开始，研究院对该工程建设区域展开抢救性发掘，发现了一批金、元、明时期瓷窑遗址以及同时期的大量瓷片及各类器物，取得了丰富的发掘成果。此次发掘面积2120平方米，发现窑炉18座（其中较完整的13座）、作坊遗迹3处、灰坑126个、澄泥池13座、灶18座、灰沟3条、墓葬1座，此外还出土大量瓷器残片和窑具残片数万件，其中完整和可复原器物千余件。

禹州神垕建业“钧都新天地”瓷窑遗址出土白地黑花瓷罐

此次发掘窑址数量多、形制大、密度大，目前能够确定的窑炉数量已达15座，大多数为直

禹州神垕建业“钧都新天地”Y9

禹州神垕建业“钧都新天地”H96

径4~6米的圆形馒头窑。其中在第一发掘区西部密布7座窑炉，屡有打破关系，说明当时这里是一处较大规模的窑场。窑炉保存较好，在已发现的18座窑炉中，有13座保存较好，除了窑室、烟囱上部已不存外，窑床、烟囱底部、落渣坑、出渣道等均得以保存，有的还保留着清晰的匣钵痕和窑箅，火膛与出渣道周围还保留有石块、砖头或匣钵残片垒砌的墙壁，这在历年的考古发掘中十分罕见。

瓷片数量丰富，器形丰富。在已出土的数万枚瓷片中，不仅有金代的钧瓷、黑釉瓷、白瓷，也有元代钧瓷、青瓷、黑釉瓷、白瓷等，明代的白地黑花瓷出土数量更为巨大，器形也十分丰富，包含有碗、碟、盘、罐、盆、灯、瓶、杯等日常生活用品，此外还有人物、动物瓷俑和绞胎瓷球等玩具类物品，说明这里的窑场烧造的产品品种十分丰富。

除窑炉外，还发现制瓷作坊坑和烘干坯体的小灶。这些配属设施的发现说明这里是集原料加工、坯体制作、入窑烧造等完整工艺流程的窑场。

8. 河南鹤壁隋代回洛仓与黎阳仓粮食仓储遗址

黎阳仓遗址发现于2011年，位于河南省鹤壁市浚县大伾山北麓，东邻黄河故道，西距永济渠（卫河）1.5千米。经发掘，隋代黎阳仓遗址的总体布局及各构成要素已经明确。该仓城依山而建，平面近长方形，东西宽260、南北长超过300米；仓城东城墙宽约5.5米，东城壕宽3.9米。在仓城北中部发现一处漕渠遗迹，南北向，口宽约8、深约4米，在渠西北侧钻探发现一处夯土台基，为粮仓管理机构所在位置。

黎阳仓遗址出土的五代至北宋时期大型建筑使用的“官”字印戳板瓦残块

目前已探明储粮仓窖90余座，皆呈圆形，口大底小，口径8~14、深约2.5~5米。仓窖排列基本整齐有序，排与排间距约10米，窖与窖间距3.5~10米。发掘清理了3座仓窖，其中C6窖口直径约12米，窖口至窖底深3.2米，窖口周围清理出有柱础遗迹。对窖内近底部残存的粮食遗存进行初步检测，分析为带

黎阳仓遗址隋代漕渠遗迹及上层五代至北宋时期建筑基址剖面

黎阳仓遗址隋代仓窖C6清理现场

颖壳的粟、黍、豆等。

隋代黎阳仓废弃于唐初。考古发现表明，五代至北宋时期在废弃的隋代仓窖之上，另建有大型地面官仓建筑，在得到清理的约3000平方米建筑基址之上，出土大量砖、瓦、吻兽等建筑材料，其中带“官”字印戳的板瓦块多达100余件，说明该建筑的官方性质。

黎阳仓遗址集中展现了隋代至北宋时期我国古代国家粮仓的储粮技术水平及由地下窖藏转为地上仓储的历史转变过程。

郑州市文物考古研究院

一、业务建设

（一）业务工作

1. 考古调查与发掘

近年来，郑州市文物考古研究院全面完成第三次全国不可移动文物普查工作，共录入第三次全国文物普查数据采集专用软件资料3035处，获得河南省第三次全国文物普查先进单位、郑州市文物普查先进单位。积极开展可移动文物普查工作，共核对清点文物60468件，采集录入文物45112件（套），其中包含珍贵文物一、二、三级品576件（套）。在此基础上进一步细化普查成果，开展分类分项的专题调查，如与北京大学考古文博学院、泥河湾盆地旧石器考古队等合作开展了旧石器专题调查工作，发现旧石器地点500多处；合作“索须河流域夏商聚落遗址调查”，确认了仰韶至西周时期的遗址160处；践行“留得住乡愁”，调查测绘城镇化过程中郑州地区明清以来建筑500余处、古村落13个、传统街巷3条；调查与“家风”紧密相关的宗庙祠堂234处；开展了具茨山岩画规模化影像调查，新发现岩画100余处，拍摄照片资料3000多幅，另发现伴随岩画存在的巨石遗迹及祭祀遗址多处。

高质高效完成考古发掘工作，时刻牢记“文物部门也是现代化建设的主力军”的使命和职责，本着“既利于文物保护，又利于城市建设”的原则，又好又快地完成基本建设中的考古发掘工作，获得“全国十大考古新发现”2项，河南省五大考古新发现3项，获得省市大型项目办多次表扬。

完成基本建设重要考古发掘项目186项，完成发掘遗址面积98734平方米，清理各时期遗迹8000多处、墓葬3126座。入库登账文物6616件（套），临时入库文物10740袋（件），骨架1751副；整理存档资料21692份，修复文物5956件，绘制器物图6053件，描图5768件。开展主动性考古发掘项目6项。其中郑州东赵城址获评“2014年度全国十大考古新发现”。主持调查、发掘隋唐大运河通济渠郑州段，发现古汴河走向，为大运河申报世界文化遗产做出贡献。

2. 规划编制

创新理念，积极开展文物环境影响评估技术导则、古建筑保护与文化遗产规划设计工作。2007年国家文物局颁布《关于加强基本建设工程中考古工作的指导意见》，要求在工程项目建议书阶段提交文物环境影响评估报告。现在，郑州市每年均有一些重大项目进行文物环境影响评估。随着国家法律法规的进一步健全，文物环境影响评估所占比重越来越大。为此，郑州市文物考古研究院专门成立了文物环境影响评估中心，又加大调研，率先出台了《建设项目文化遗产影响评估技术规程》《建设项目文化遗产影响评估深度要求》《文化遗产影响评估基础资料搜集规范》《建设项目文化遗产影响评估报告编制收费管理规定》等4个重要的行业技术规范文件。五年来，共计完成《郑州市快速轨道交通文物环境影响评估报告》等文物影响评估报告23个。此外，完成古建及大遗址保护规划的编制工作19项，主要有《曹操高陵考古遗址公园规划设计》（与中建设计集团合作）、《郑州航空港区文物保护总体规划》（与郑州大学合作）、《新密李家沟遗址文物保护规划》和《郑州西山遗址文物保护规划》等。

3. 科技考古与文物保护

加快推进现代科技手段在文物保护工作中的应用，完成文物保护实验室建设和专业应急实验平台建设。

按照国家新出台的标准化实验室要求，花费1500余万元建设完成文物科技保护实验室、青铜器修复实验室、瓷器修复实验室和壁画修复实验室。此外还自筹资金700多万元，开展完成了专业应急考古移动实验平台建设，做到将传统实验室前置，第一时间对脆弱、易损文物实施急救。

建设陶瓷科研基地，打造“实验考古学”平台。目的是对郑州地区发现的具有代表性的陶瓷器进行复烧，通过“实验考古学”手段，对古代陶瓷制作技艺、烧制气氛等进行研究与恢复；对郑州地区乃至全国发现的系列瓷器样本进行测试分析，为学术界研究瓷器提供数据支撑。在此基础上，将基地打造成陶瓷爱好者参观、交流甚至参与体验的场所，为公众了解瓷器相关知识提供平台。

合作开展文物碎片拼接技术研发，解决行业整理难题。为提高整理效率，郑州市文物考古研究院创新理念，与相关单位合作，利用现代科技手段，开展文物碎片数字化拼接软件系统的研发工作，旨在提高整理速度，解决目前行业整理的一大难题。

开展基于4S技术的文物工作数字化建设。组建了专业测绘工作队，熟练掌握考古测绘、三维扫描、无人机航拍技术及微拍技术，逐步把信息技术、数字技术融入考古工作的各个环节。

研发“野外智能考古工作站”，与军方企业合作，发挥其在建筑、网络、通信等方面机动、灵活、安全可靠的野外智能系统技术优势，结合地方考古工作实际，以双方共同拥有知识产权和专利技术的形式成功研发了“野外智能考古工作站”。考古工作站将极大地满足野外考古的生活、工作、科研需求及信息传输、远程协作、全面安防、文物保护、规范化、形象化等方面的需要，特别是在考古发掘现场配备低氧工作舱、充氮文物保护箱等，满足了考古现场文物保护尤其是科技考古的高标准要求。

4. 基础设施建设

积极推进新院址及考古遗址公园、县区工作站建设，为文物考古工作搭建硬件平台。

郑州市文物考古研究院新院址项目已经开工建设，预计年底主体建设完工，其中考古院使用面积 26574 平方米，共享区（两院共有区域）面积 26576 平方米。

老奶奶庙遗址公园建设项目已通过立项，占地约 60 亩，目前土地已经由二七区文化旅游局进行租赁，正在进行土地控规调整。该项目计划建筑面积 10400 平方米，其中保护大棚 2400 平方米，旧石器文化研究中心 3000 平方米。

基于“嵌入式可逆性遗址公园”同步建设的理念（及时向公众展示和传播，避免文化遗产项目建设落后于遗址周边项目规划实施问题），东赵保护大棚已完成建筑面积 3473 平方米，下一步将继续对宫殿基址建设保护大棚。目前，郑州市人大常委会已将东赵夏商城址考古遗址公园建设列入了 2016 年度市级政府投资项目计划。

积极推进工作站建设，加强文物安全巡视工作综合防范体系建设。为积极应对新形势下文物保护及文物安全问题，郑州市文物考古研究院在郑州市下辖航空港区、高新技术开发区及新郑、巩义、登封、新密、荥阳、上街、中牟等地建立工作站。各工作站均配备有值班电话，设有专职的文物保护巡视员，在全域范围内建立“全覆盖、无缝隙”的网格化管理体系，促进条块融合、联动负责的违法监督体系，确保文物工作落实到位。

（二）人才建设与培养

在人员招聘方面，郑州市文物考古研究院通过公开招聘、人才中心代管、招募实习生等方式改善队伍结构，已形成包括发掘、绘图、摄影、修复、计算机、古建、规划、测绘等在内的复合型专业人才队伍。

在人员管理方面，打破大锅饭机制，自 2014 年起成立了业务考核管理办公室，在全院职工中建立起绩效考核机制，以“绩效—待遇”联动为引领，通过职工日常考核（出勤率、工作作风、工作量）、季度考核、年度考核不断加强职工管理，做到有错必纠、有功必奖的薪酬激励机制，尤其对事关安全、廉政等问题的考核，更是采取相互监督模式，一人有错，全体受罚，增强职工的责任意识，极大调动全院职工的工作积极性，目前还与河南卓越管理咨询有限公司签订协议，就单位核心管控流程模块和绩效考核管理模块进行优化升级。

在人员队伍培养方面，于每年年初制定全年培训计划，邀请国内外著名学者如哈佛大学教授 QferBar-yosef、香港中文大学教授邓聪、北京大学考古文博学院教授李伯谦、中国社会科学院考古研究所所长王巍等教学或演讲。并在全院实行技术化，成立技师培训学院，每年除基本办公人员外，对其余员工进行从知识、技能到实际操作的全面培训，要求全员熟悉考古发掘工作，并在每年年底组织考试，考试成绩与职工待遇挂钩，切实做到真学真用，不走过场。且与北京大学、郑州大学、南京大学签署协议，成为他们的实习基地，以项目为依托，带动人员培训，如与北京大学考古文博学院合作发掘东赵遗址，培养单位人员现代考古学发掘理念；与中国科学院地质与地球物理研究所合作，培养大家在发掘中收集和采集标本的正确方法。通过逐步渗透，进一步提高大家对现代考古方法的关注与应用，提升队伍整体素质。安排业务人员尽量参加学术会议、出国访问，开拓学术事业，同时鼓励业务人员自己主动参与各类学术交流。支持职工参加国家、省、市举办的各类培训和社会上有关机构组织的仪器设备、专业技能等培训。

（三）学术交流与科研成果

1. 学术交流

近年来，郑州市文物考古研究院先后与中国科学院地质与地球物理研究所、中国科学院南京地理与湖泊研究所、中国社会科学院考古研究所、北京大学考古文博学院、中国科技大学、首都师范大学、郑州大学、河南省科学院地理研究所等科研单位合作，汇聚全国高等院校、科研院所历史、考古、环境、地质等方面专家、学者，组织开展学术联合攻关，对嵩山地区 7 万年以来的环境与人文聚落变迁问题、晚更新世古人类发展问题、旧新石器过渡问题、中原地区农业起源问题、中原地区早期国家形成与发展问题、郑州柴窑文化问题、商代墓地埋藏环境三维建模问题等进行深层次研究，取得巨大收获。在环境方面，初步确认郑州东西部存在浅沼泽相沉积；在农业研究方面，唐户遗址发现了黍、稻混合耕作迹象；在旧新石器过渡方面，发现了距今 10500~8600 年的新密李家沟遗址；在早期国家形成与发展方面，发现了西山、点军台、王城岗、新砦、古城寨、大师姑、望京楼、西史村、东赵、官庄、曲梁、南城等一批古城址，数量达到 70 座。还积极与北京大学、美国加州大学沟通，拟合作开展国家起源项目研究，以探索郑州在华夏历史文明传承创新区中的地位和作用。

此外，与北京大学古代文明研究中心合作，开办“商都文明大讲堂”；与北京大学中国考古学研究中心合作期刊《玉器考古通讯》；与中国社会科学院考古研究所合作期刊《聚落考古通讯》；与水利部黄委会《黄河黄土黄种人》合作创办《华夏文明》杂志，在国内外公开发行，目前是河南省一级期刊和 CNKI 来源期刊。

2. 科研成果

2012 年以来，出版了《新郑望京楼田野考古发掘报告》《郑州地区湖泊水系沉淀积与环境演化研究》《郑州文物考古与研究（三）》《新砦遗址与新砦文化研究》《文明之光——古都郑州探索与研究》《重构中国上古史的考古大发现：郑州地区重大考古发现纪实》《华美与灵动：院藏文物精品三维动态鉴赏》《新砦陶器精华》《郑州大师姑图录》《剪纸上的郑州》《全国考古和文化遗产保护优秀漫画作品集》《中国钧瓷收藏与鉴赏》《谁是人类最早的文明》《时代光影老郑州——你的历史我的眼》等14种图书，发表简报或论文130余篇。目前正在组织《新郑唐户》《荥阳蒋寨》《新郑铁岭墓地》《郑州地区彩陶研究》《具茨山岩画图录》《郑州市近现代史迹历史学和文化遗产保护学维度研究》等书籍的编写，尚有《巩义瓦窑嘴》《郑州电力机械厂》两本考古发掘报告即将付梓。

此外，郑州市文物考古研究院在考古发掘报告及学术图录的出版中积极思考田野考古报告及图录的创新问题，利用二维码技术，与相关技术单位合作，建立了自己的网络存储器，研发了有知识产权的“遗迹遗物三维鉴赏图像识别软件”，《新砦陶器精华》《郑州大师姑图录》《华美与灵动：院藏文物精品三维动态鉴赏》等专业图录及《新郑望京楼田野考古发掘报告》即按照院里制定的“遗迹遗物高清传播计划”出版。

（四）对外宣传与公众服务

2012年以来，郑州市文物考古研究院在郑州市纪委的指导下，作为总编剧创作完成的《正气贯古今》廉政历史纪录片在电视台播出，并由中纪委组织出版发行；作为主要创意执行单位，在郑州市纪委的指导下，与河南省动漫产业基地郑州小樱桃卡通公司联合开展全国“天地之中”廉政文化遗产漫画大赛，发挥文物行业独特价值；组织开展了《殷商传奇之再生缘》等电影、文物法律法规漫画版制作及考古歌曲创作、公益广告拍摄；与民间非物质文化遗产传承者合作，开展“剪纸上的郑州”“剪纸上的非物质文化遗产”主题活动；积极运用现代科技，对馆藏文物进行三维扫描并向公众展示；利用单位网站积极发布工作信息和动态，宣传考古工作最新发现与研究成果；利用国际博物馆日、文化遗产日积极组织活动宣传文化遗产保护的重要性，进一步提升市民的城市荣誉感和保护文化遗产的使命感；考古工地实行预约参观，积极开展“公众亲密接触考古发掘现场”活动，组织市民、中小学生走进考古工地，参与考古发掘实践，并对其宣讲考古和文物保护知识。

二、重要考古成果

1. 河南郑州老奶奶庙遗址

老奶奶庙遗址位于河南省郑州市西南郊二七区侯寨乡的樱桃沟景区内。2012年，郑州市文物考古研究院与北京大学考古文博学院合作对该遗址进行了发掘，发掘面积80平方米，发现石制品3000多件、动物骨骼及碎片12000多件、用火遗迹20余处，以及多层叠压、连续分布的古人类居住面。据此可知早在3万~5万年前中原地区已具备繁荣的旧石器文化与复杂的栖居形态。

老奶奶庙遗址的发现进一步将近年来在嵩山东南麓调查及发掘的数量众多的旧石器地点完整地连接起来，对于建立郑州地区旧石器中晚期直至全新世文化的完整系列及古人类学界关于现代人类起源与发展问题的歧见具有重要的学术意义。该遗址获评“2011 年度全国十大考古新发现”。

2. 河南登封方家沟遗址

方家沟遗址位于河南省登封市卢店镇方家沟村。方家沟遗址的石制品整体上仍属于石片石器工业，但与同时代的老奶奶庙、赵庄等遗址有一些差异，如工具和石核的尺寸较大、包含一定的砾石石器成分，这应当与不同遗址的石料开发和利用方式有关。

老奶奶庙遗址古人类用火遗迹

以 G1 为代表的遗址性质可能是短时间内形成的临时营地，除了搬运石料和打制石器之外，可能还有一定的动物消费和植物加工活动存在，它既不同于老奶奶庙这种反复利用且功能更加多样化的中心营地，也不同于赵庄摆放大象头骨遗迹与石器加工场的组合，丰富了对嵩山东南麓 MIS3 阶段人类栖居形态和文化内涵的认识。

G1 及其中丰富的遗存是以往少见的遗迹现象，可能反映了当时人类依托自然沟壁面和底面

方家沟遗址 L18 发掘现场

方家沟遗址地层剖面及发掘位置

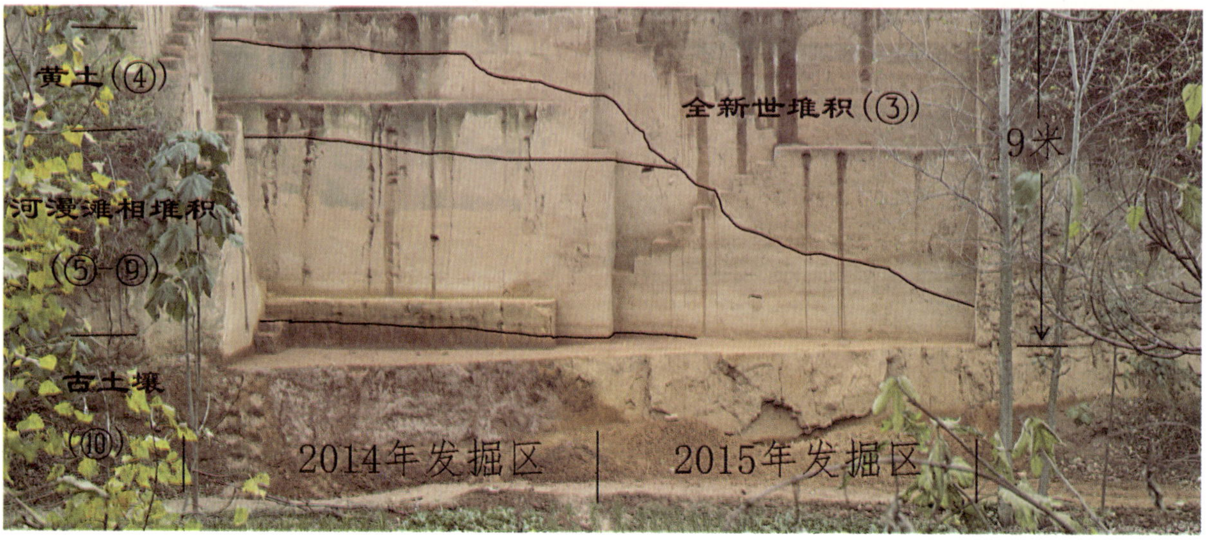

开展各类活动，沟内石制品的分布疏密有致，石器拼合组局限在相当小的范围内，这些对于进一步研究这一时期人类活动与行为特点具有重要意义。

方家沟遗址最下部发现的裂缝是该时空范围内发生地震的证据，结合其他古环境信息载体，为复原当时人类生存背景和人地关系提供了难得的资料。

3. 河南荥阳青台遗址

青台遗址位于河南省荥阳市广武镇青台村东，枯河北岸的一处岗地上，面积约100万平方米。

2012年3~5月，郑州市文物考古研究院对该遗址进行了调查勘探。2015年，为了给“丝绸之路经济带”和“海上丝绸之路”文化建设提供更多的实物资料，郑州市文物考古研究院与中国丝绸博物馆共同申报“青台遗址丝绸起源”发掘项目。通过发掘发现有环壕3条，其中2条形状相同，近椭圆形，间距约89、口宽21、深4~6米。西北部及西南部壕沟中均发现有生土隔断，且发现宽19米的路土，推测为贯通遗址内外的通道。外环壕分布于遗址西北部的最外缘，近半环状，南及东北部入枯河，宽窄深浅不等，似为自然形成。内外壕之间几乎未见有遗迹分布。

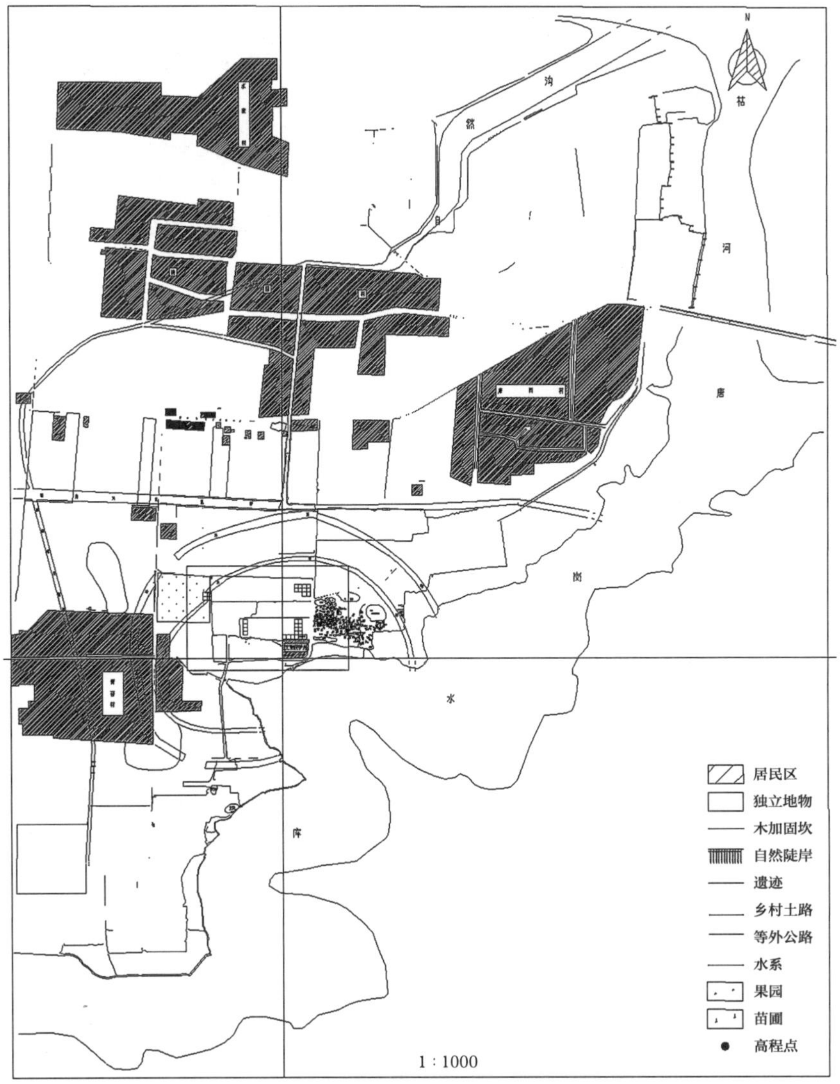

青台遗址总平面图

青台遗址是中原地区一处著名的仰韶文化大河村类型遗址，因其发现早、规模大、遗存丰富，在中国新石器时代考古发掘与研究中占有重要地位。

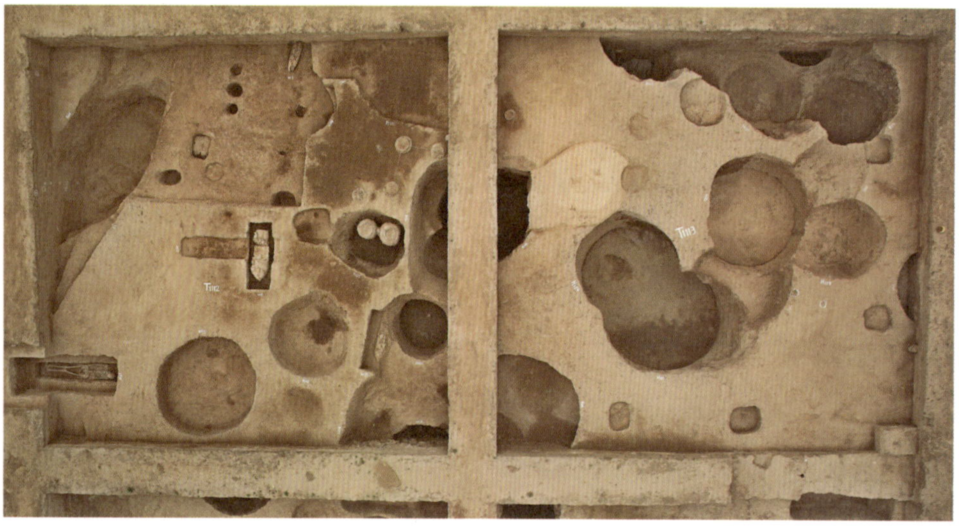

青台遗址北斗七星图

4. 河南巩义双槐树遗址

双槐树遗址位于河南省巩义市河洛镇双槐树村南黄河南岸台地上，东西长 1500、南北宽 600 米，面积 90 万平方米，是“郑州地区仰韶时期聚落形态、仰韶文化类型研究以及中华文明

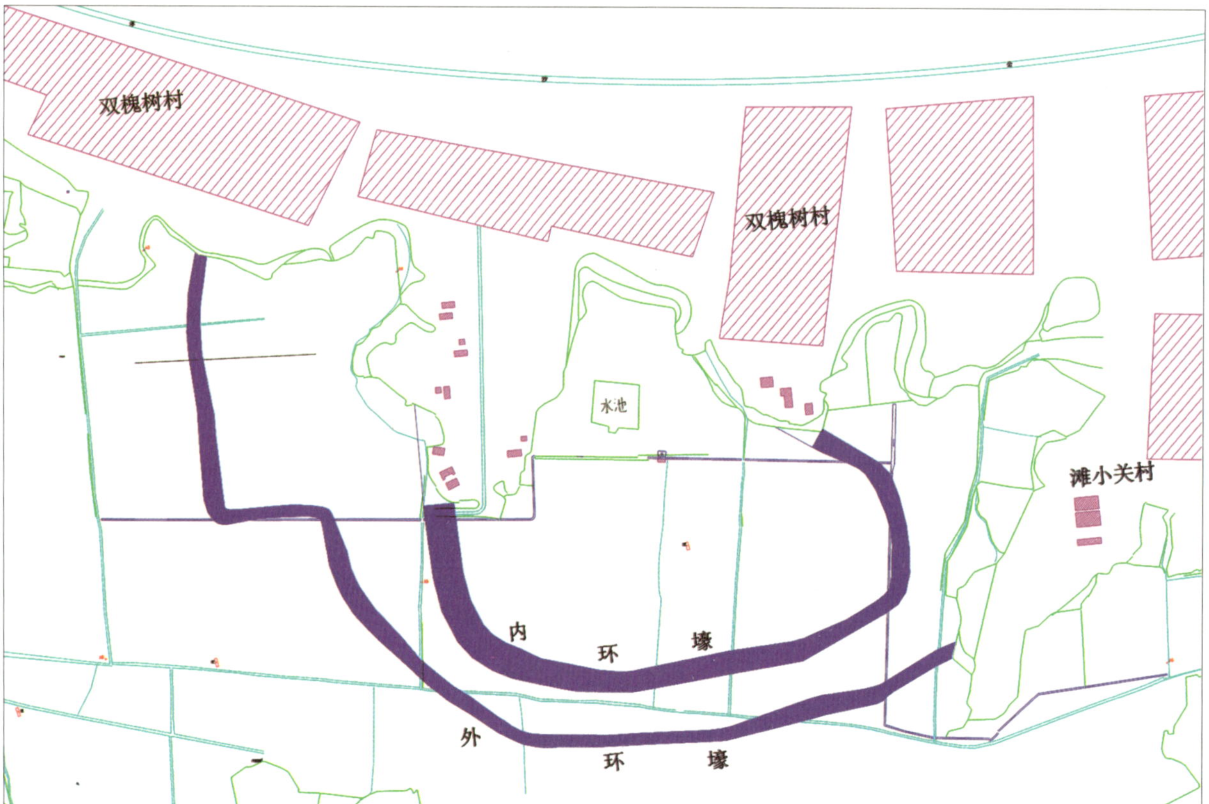

双槐树遗址 2016 年发掘环壕遗迹平面图

探源”的立项项目。

双槐树遗址出土骨蚕

2013年起，郑州市文物考古研究院与中国社会科学院考古研究所合作对该遗址进行了发掘。经勘探和发掘，发现内、外环壕各1条及墓葬200余座、灰坑210处、房基12座、窑址3处、祭祀坑13处、大型活动面1处。其中墓葬区墓葬自东向西成组排列，共发现9排，每排相隔约15米。

5. 河南荥阳汪沟遗址

汪沟遗址位于河南省荥阳市城区北2千米之城关乡汪沟南约500米的岗地上。东、南临索河支流故道，遗址南北长955、东西宽881米，面积约84万平方米。

汪沟遗址仰韶时期壕沟（西—东）

汪沟遗址仰韶时期F13（西北—东南）

汪沟先民利用天然河道和人工挖壕相结合的形式进行了三重防御。发掘得知 G2 为人工开挖防御用的设施，G2 东、西、北三面均发现有一呈“凹”字形的出入口。

夯土分布于遗址的南部 G1 与 G2 之间，形状近椭圆形，长 177、宽 112、深 0.8~2.1、夯层厚 0.06 米。发掘显示其中部以东下部叠压有墓葬或灰坑等现象，应为公共活动中心。

生活区分布于遗址中部高台地及其四周，墓葬区分布于遗址西南部，从遗址规模来看，汪沟遗址应是一处区域性中心聚落。

6. 河南郑州东赵遗址

东赵遗址位于河南省郑州市高新区沟赵乡东赵村南，2012 年 10 月至今，郑州市文物考古研究院与北京大学考古文博学院对东赵遗址进行了勘探与发掘，发现较为丰富的夏商时期文化遗存。遗迹主要为灰坑、墓葬、房址、陶窑等，遗物以陶器为主，有一定数量的骨蚌器和石器，还发现有城墙、城壕和夯土建筑基址等重要遗迹。初步判断，小城建筑年代相当于新砦二期末段，

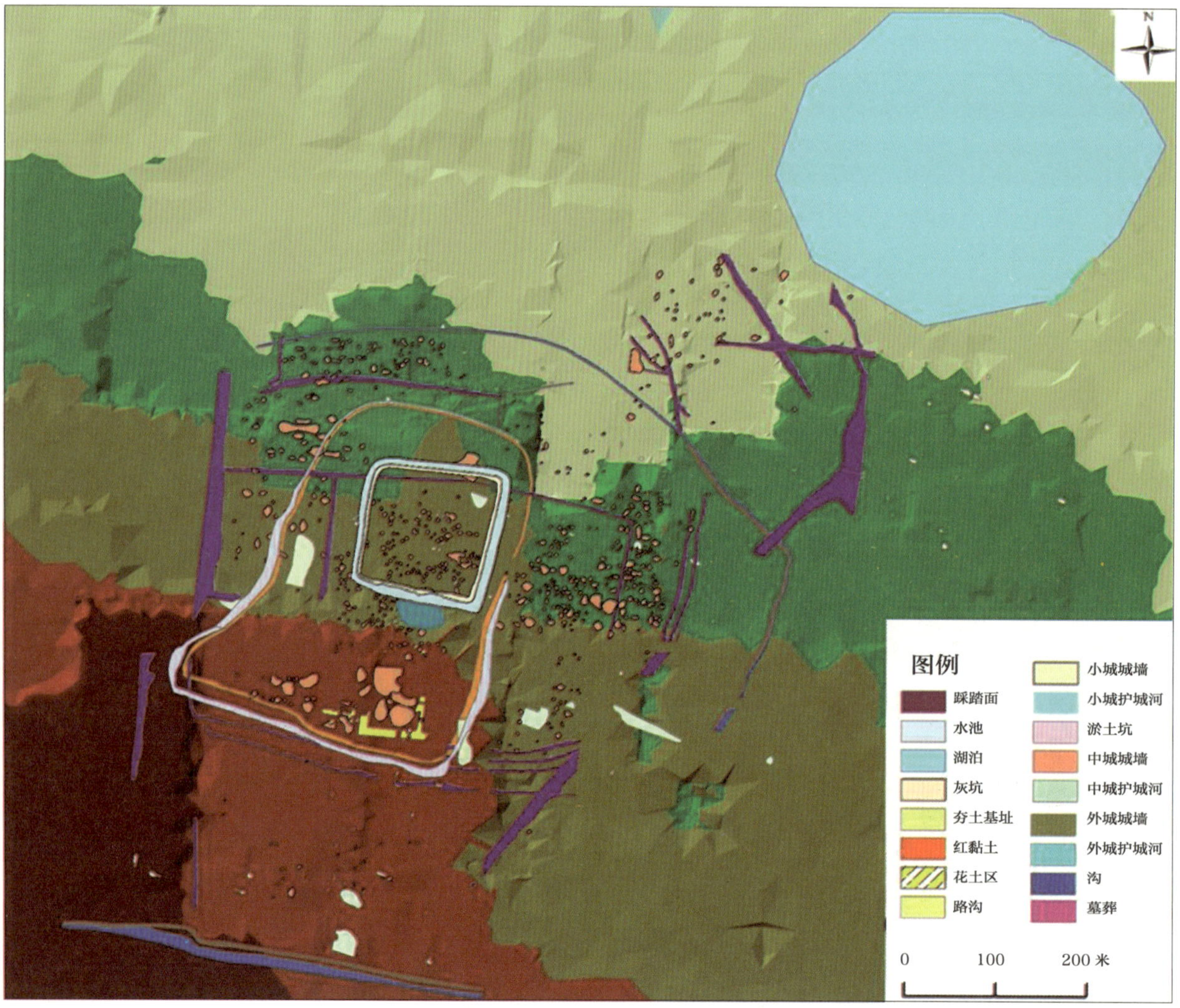

东赵遗址平面图

东赵遗址出土玉柄形器

东赵遗址小城南城墙剖面

废弃于二里头文化中段；中城建于二里头文化中期，废弃于二里冈下层时期；大城年代为东周战国时期。该遗址获评“2014 年度全国十大考古新发现”。

7. 河南荥阳西史村遗址

西史村遗址位于河南省荥阳市城关镇西史村西南，索河自西南向东北从其东部流过，处于一块较凸起的平地上。经勘探，发现有城垣绕遗址的外围分布，形状近方形，南北长 360、东西宽

西史村遗址城垣西南角(上南)

西史村遗址西城垣南断面（北—南）

350~380米，面积109826平方米。护城河宽约21米、深5~6米，内填土多为冲积淤土。解剖夯土墙体2段，发掘表明西史村城址建于二里头三、四期、废弃于商代早期。

西史村遗址出土二里头时期陶三足盘

8. 河南郑州隋唐大运河相关遗址

该项考古工作自启动以来，采取考古调查与人类学调查相结合的办法，通过认真勘查和严格发掘，基本厘清了隋唐大运河通济渠郑州段河道的全部走向，发现了最高级别水神——“水帝玄武帝”的庙宇，隋唐时期最大的国家粮仓“洛口仓”的附属设施——将城、军粮道、烟坡，大型运河水量调节枢纽——中牟水渍遗址，运河河堤等。通过系列工作，对文献记载及先前学者的观点有重大完善和补充，对隋唐大运河申报世界文化遗产提供了重要学术支撑。

大运河通济渠郑州段走向示意图

大运河通济渠郑州段惠济桥立面

洛阳市文物考古研究院

一、业务建设

“十二五”期间，洛阳市文物考古研究院大力整合队伍，加强内部建设，着力提升考古工作质量，强化课题意识，实施项目带动，做好主动性和基本建设考古与文物保护工作，加强文化遗产保护与利用，加强对外交流，探索文物保护利用的新途径，狠抓学术研究，扩大对外宣传，加快实现转型发展，取得了一定的学术成果和较好的社会效益。

（一）业务工作

1. 考古调查与发掘

（1）探索人类起源的重大学术问题

多年来，洛阳市文物考古研究院围绕人类起源的重大学术课题，在栾川盆地开展了大量的考古工作。2012 年孙家洞遗址的发掘取得重大收获，发现了中更新时期的栾川直立人化石（距今四五十万年前）。目前正对栾川龙泉二号洞进行发掘与整理，发现有烧骨和烧石等大量人类活动的证据。通过 ^{14}C 测年及对石器的初步研究分析，判断该遗址应该属于旧石器时代晚期。

（2）伊洛河流域新石器时代文化发展脉络探索

几年来，洛阳市文物考古研究院围绕伊洛河流域新石器文化的谱系建设，对孟津县小浪底镇班沟村东南的班沟遗址进行调查、钻探与发掘，该遗址以王湾三期文化与东周文化遗存最为丰富。2015 年以来，还对宜阳县境内的四岭遗址、段村遗址、水兑遗址等进行了考古调查。

（3）商周时期伊洛河流域少数民族遗存考古调查与研究

据文献记载，商周时期伊洛河流域分布着数十个少数民族部落，他们多为外地迁徙而来，大都缺乏文献记载，各个少数民族活动范围、文化面貌都不甚明了。2013 年 6 月发现的伊川徐阳东周墓地，经过几年的发掘，取得阶段考古成果。徐阳墓地从时间、地域、规模、习俗等都与春秋时期活跃在这一区域的陆浑戎形成唯一对应关系。洛阳市文物考古研究院以徐阳墓地及相关遗存的调查与发掘为切入点，结合以往文献记载和考古工作，开展对洛阳周边少数民族遗存的考古调查。

（4）邙山陵墓群考古调查与勘测项目

2012年以来，洛阳市文物考古研究院先后对孟津县平乐镇二汉冢（M561）、三汉冢（M560）东汉帝陵陵园遗址、刘家井东汉帝陵陵园遗址（M67）、孟津新庄东侧的M875古墓冢、洛南东汉帝陵等进行了调查与勘测，钻探总面积约60.4万平方米，取得重要收获。此外，还开展了洛阳高句丽遗存考古调查以及洛阳地区百济文化遗存的考古调查与勘测工作，累计钻探52.3万平方米，取得了阶段性成果。

在前期钻探与发掘的基础上，2012年以来，继续对孟津朱仓M722东汉陵园遗址进行考古发掘。发掘面积约1万平方米，取得较重要考古收获。2012年钻探查证M802夷平墓冢时发现一处窑址，在面积近10万平方米的区域内分布烧窑127座。2014年开始对烧窑遗址进行考古发掘工作，目前共发掘遗址面积约1500平方米。2015年7月在洛阳市伊滨区寇店镇发现一座曹魏大墓，随即进行抢救性发掘，并对墓葬周边进行了详细的考古调查与勘探，发掘面积1200平方米，钻探面积56万平方米。

（5）隋唐洛阳城水系考古项目

2013年以来进行实地调查和勘探，并有选择地进行发掘，对谷水、漕渠、新潭、通济渠，洛南里坊区内的运渠、伊水正支、伊水东支等水系渠道进行调查勘探，对隋唐城西苑遗址内的龙鳞渠进行了钻探和发掘。基本上确定了隋唐时期谷水、运渠、伊水正支、漕渠和新潭的位置和大致范围，为探索隋唐洛阳城水系脉络、城址布局和漕运系统提供了重要的考古资料。

（6）洛阳“运河一号”“运河二号”古沉船发掘与汉唐漕运水系调查

2013年9月，在偃师市首阳山镇义井村西南的洛河滩地发现了一艘沉船，至2014年12月，共清理了两艘古代沉船，并以此为契机，对汉唐漕运水系进行了考古调查，取得了丰硕成果。

（7）配合基本建设的考古工作

近年来，每年完成数十项基本建设考古项目，在工作中，尽力将每一个考古项目都作为一项课题来完成，如衡山路北延长线北魏大墓、唐代官窑遗址、新区龙盛小学壁画墓、偃师市首阳新区聚贤路东汉大墓等多处重大考古发现。同时与建设方积极沟通，倡导对基本建设中的重要成果进行原址保护，加大对文物资源的展示与宣传。

2. 大遗址保护与规划

洛阳市文物考古研究院极为重视大遗址保护与规划工作。目前《洛阳东周王城保护规划》编制工作正在进行；宜阳韩国故城调查与发掘正在有条不紊地进行，并以此为契机，申请宜阳韩国故城保护规划立项；为支持隋唐洛阳城国家遗址公园“一区一轴”建设，对九洲池进行了考古发掘，为复原九洲池，还原宫城区格局提供了科学依据。

同时，洛阳市文物考古研究院紧紧围绕大运河和丝绸之路申报世界文化遗产工作，扎实做好考古发掘、遗产保护和管理工作，重点对回洛仓遗址、隋唐洛阳城南城墙遗址、宁人坊遗址、新潭与漕渠遗址、汉函谷关遗址等开展了一系列考古调查与发掘工作，并完成了汉函谷关保护展示工程、永宁寺塔基保护展示工程和回洛仓、含嘉仓本体保护展示工程以及三门峡崤函古道翻模复制工作，为丝绸之路申遗、大运河申遗打下坚实基础。

3. 科技考古与文物保护

洛阳市文物考古研究院十分重视考古工地的规范化管理和文物保护工作，每个工地在发掘前即制定详细的文物保护预案，并注重科技应用，积极展科技考古工作；筹建了科技考古实验室、文物修复实验室及纸质、金属、陶瓷等专用修复保护室；投入资金建设的古籍特藏库，被列为河南省古籍重点保护单位，一批院藏古籍入选河南省和全国珍贵古籍名录。

2012 年以来，洛阳市文物考古研究院先后完成了三座隋唐至五代壁画墓的现场文物保护、揭取、整体搬迁，洛伊铁路拆线工程砖雕宋墓整体搬迁和偃师首阳山镇义井村洛河滩地发现的“运河一号”和“运河二号”古沉船的搬迁工作；设计并实施了孟津县鹞店寨门、老城文峰塔、安国寺等多个古建维修项目，其中安国寺项目入围了“2014 年度全国十佳文物保护工程”。

4. 基础设施建设

为推动栾川旧石器考古工作，积极争取国家文物局的支持，拟在栾川县建立旧石器考古科研基地并使其成为公共考古的科普与教育基地，目前已与当地政府达成合作初步协议；宜阳韩都故城考古基地建设亦在开展前期的资料准备及申请立项工作。

（二）人才建设与培养

近年来，洛阳市文物考古研究院与北京大学、郑州大学、天津师范大学、安阳师范学院等院校均建立了战略合作协议，在人才培养、合作研究等方面均开展了卓有成效的合作。

同时，还派员参加各类学术交流和培训学习，如各级文物系统、高校等举办的专业技术性培训班，日本、韩国、法国、非洲等国际学术交流活动，全国考古工作会、第三届“中国公共考古・首师论坛”、秦汉考古视野下的汉代海昏侯墓考古及其意义学术研讨会等系列会议活动。

（三）学术交流与科研成果

自建院之初，洛阳市文物考古研究院就将科研工作作为重中之重。2015 年编制了洛阳市文物考古研究院科研总体规划——《洛阳在中华文明起源、形成与发展中的历史地位与作用》，紧紧围绕以这一科研总体规划，积极谋划主动性、科研性考古、保护与研究项目，来深入挖掘、研究河洛文化。同时，通过各种形式，积极搭建各种科研平台，进行学术交流。

2012 年开始，连续三年邀请全国知名考古专家担任评委，召开年度考古工作汇报会，并定期外出学习交流，开展分享会、专家座谈会、学术沙龙等，还组织举办栾川古人类与旧石器专家座谈会、伊川徐阳墓地考古发掘暨考古院科研规划专家座谈会等学术会议。

从2013年开始，采取以书代刊的形式，创办了学术季刊《洛阳考古》，发表洛阳及全国的考古简报和学术论文；同时，每年还出版两期《院讯》和《考古年报》，为学术交流提供平台。

洛阳市文物考古研究院主持发掘的考古项目连续三年获评“全国十大考古新发现”，栾川孙家洞旧石器遗址与洛阳伊川徐阳东周墓地获得国家田野考古质量奖三等奖，栾川孙家洞旧石器遗址、新安汉函谷关遗址、洛阳衡山路北魏大墓、隋代回洛仓遗址（与黎阳仓）还荣获河南省五大考古新发现。

近年来，洛阳市文物考古研究院狠抓科研工作，取得一系列重要成果：完成《洛阳朱仓东汉陵园遗址》《洛镜铜华》《盐东遗址考古报告》等学术专著和发掘报告近30部，其中《洛镜铜华》被中国文物报社评为“2013年度文化遗产十佳图书”；在《文物》《考古》《洛阳考古》等学术刊物上发表论文数百篇；完成地厅级课题10项，在研国家级课题2项、省部级课题5项。

洛阳市文物考古研究院着眼单位发展，积极加强对外合作，与吉林省文物考古研究所合作开展“洛阳高句丽遗存考古调查”项目考古调查钻探工作；与郑州大学历史学院考古学系就栾川旧石器考古调查项目等进行合作；与韩国忠清南道百济古都文化财团进行友好文化交流，并签约发展协议。

（四）对外宣传与公众服务

近年来，洛阳市文物考古研究院开拓思路，充分利用出土的重要考古文物，与各地文博单位合作举办考古专题展览，收到了极好的效果，如荆州博物馆《东周——洛阳文明展》、北京恭王府文物特展、杭州谷仓博物馆文物展、新疆哈密文物展等一系列展览；结合都市雅居唐代砖瓦窑址、洛阳龙盛小学发现的五代壁画墓、洛阳六中发现的隋唐洛阳城宫城东墙等重要发现，与建设方多次协调沟通，拟促成考古成果的及时保护和有效展示；并在市中心专门开办了一家考古商店，经营自行设计的文创产品、文物复仿制品及自身出版的考古书籍等，以扩大展示窗口。

洛阳市文物考古研究院自成立之初，就与《洛阳晚报》、洛阳电视台等媒体合作，筹划举办不定期的“走近考古，触摸文明”公众考古活动，几年来的近10次公众考古活动都收到了良好的社会效果。另外，院内专家还应邀走进多所大专院校，举办考古专题讲座，为广大高校师生介绍洛阳考古工作的最新成果与收获，有效地扩大了宣传。

洛阳市文物考古研究院利用古都洛阳丰富的考古新成果，与国内多所中小学联合举办了多次考古夏令营。2016年7月，与《洛阳晚报》等单位合作举办了为期五天的“我是小小考古家”夏令营活动，取得良好效果。

二、重要考古成果

1. 河南栾川孙家洞旧石器时代遗址

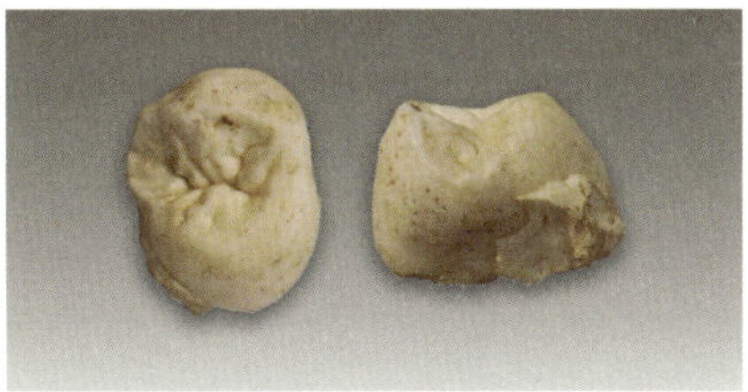

孙家洞旧石器时代遗址出土人牙（上第二前臼齿）

孙家洞遗址位于河南省洛阳市栾川县栾川乡湾滩村哼呼崖的断崖上，北边紧挨伊河。2012 年 5~10 月，报请国家文物局批准后，洛阳市文物考古研究院开始对该洞穴进行抢救性考古发掘，发掘面积 8 平方米，发现有古人类化石、石制品、种类丰富的动物化石和动物粪便化石等，年代属于中更新世时期。遗址的发现与发掘对研究该区域中更新世时期动物群的种类、特征和演化及古气候环境的变化等都有着重要意义。遗址出土的 6 颗古人类牙齿化石属于直立人阶段，对直立人演化和现代人起源的研究有着重要作用。该遗址发掘获评“2012 年度全国十大考古新发现”。

2. 河南孟津班沟遗址

班沟遗址位于河南省洛阳市孟津县小浪底镇班沟村东南，地处瀍河南岸二级台地上。其西、南部为丘陵，东、北部为瀍河河道。遗址现存平面形状近梯形，总面积近 4 万平方米。2014 年 8 月 ~2015 年 5 月对该遗址进行发掘，发现有灰坑、墓葬、灰坑葬、灶、沟等遗迹现象，出土有陶、石、骨、蚌器及铜器。从发掘情况来看，遗址包含有仰韶、

班沟遗址 H57 全景

班沟遗址探沟全景（南—北）

王湾三期、周代以及汉代四个时期的文化遗存，其中以王湾三期文化与东周文化遗存较为丰富。目前正在进行室内整理工作。

3. 河南洛阳徐阳墓地

徐阳墓地位于河南省洛阳市西南伊川县鸣皋镇徐阳村。2013 年 6 月勘察盗墓现场发现该墓地，初步推断为东周墓地，经国家文物局批准，2013 年 9 月对其进行抢救性发掘，同时对徐阳村周围展开了大面积考古调查，目前共发现长方形竖穴土坑墓 200 余座、车马坑 8 座、灰坑 30

徐阳墓地墓葬

徐阳墓地车马坑

余个、烧窑10余座。该墓地横跨顺阳河中下游两岸台地，依河谷呈带状分布，总面积约20万平方米。在位于徐阳村西约2千米处的顺阳河上游两大支流夹河地带的宜阳县南留村东发现一座古城，经考证为两汉时期的陆浑县城遗址。目前共发掘大型墓葬3座、车马坑2座、小型墓葬24座。从徐阳墓地的墓葬形制、陶器组合、铜器、骨器纹饰特征等推测徐阳墓地应为东周时期。徐阳墓地无论从时间、地域、规模、习俗等都可以与春秋时期活跃在这一区域的陆浑戎形成唯一对应关系，因此推测徐阳墓地应为陆浑戎贵族墓地，车马坑应为陆浑戎国君或高级贵族墓的陪葬坑。徐阳墓地的发现印证了陆浑戎的迁徙、灭国的历史事件，对探索华夏民族的融合与发展、河洛地区方国遗存调查与研究都具有十分重要的考古学术价值。

4. 河南洛阳汉函谷关遗址

函谷关是中国古代最重要的关隘之一，遗址位于河南省洛阳市新安县城东500米的东关村。函谷关始建于汉武帝元鼎三年（前114年），是古代丝绸之路东起点的第一道门户。为了配合丝路申遗工作，2012年6月~2013年10月，对函谷关遗址进行了第一次考古调查勘探和发掘，勘探总面积13.9万平方米，发掘面积3325平方米，取得了重大收获。

汉函谷关遗址出土“关”字瓦当

汉函谷关遗址远景（西—东）

函谷关遗址是一处东西狭长的小型城邑，关城的布局基本清楚，发现有城墙、道路和建筑遗址等。东墙北侧夯筑部分由台基和墙体组成；道路为建关前古道，位于遗址南侧、皂涧河北，东西向，经勘探，该道长 360、宽 10~15.7 米，时代为东周到西汉初期，建关后废弃。这条古道的发现证明在西汉建关以前，函谷关所处位置就是一条重要的东西通道，而且这条道路很可能是“周道”和“秦驰道”的一部分。

5. 河南孟津新庄汉代烧窑遗址

新庄汉代烧窑遗址遗址位于河南省洛阳市孟津县平乐镇新庄村东北部，为 2012 年末在对编号 802 号的夷平墓冢进行调查勘探时发现。勘探面积 9.82 万平方米，发现烧窑 127 座。经国家文物局批准，2014 年 7 月 ~2016 年 7 月对遗址进行了发掘，同时对遗址的分布范围开展了进一步的调查勘探。目前已发掘面积 1500 平方米，清理烧窑 9 座。烧窑遗址地处邙山东汉陵区，规模宏大，保存较好，使用时间较长，遗址出土的砖瓦等建筑材料与朱仓东汉陵园遗址出土遗物基本可以对应，应是营建东汉帝陵所需建材的重要产地。

新庄汉代烧窑遗址出土“大泉五十”钱纹空心砖拓片

新庄汉代烧窑遗址 Y1 窑室

6. 河南洛阳朱仓 M722 东汉陵园遗址

朱仓 M722 东汉陵园遗址位于河南省洛阳市孟津县朱仓村西部，地处邙山陵墓群东汉陵区内，是目前确认的邙山东汉帝陵之一。钻探可知陵园平面略呈方形，边长 420 米，四面有垣墙，暂未发现门址。陵冢位于陵园的中西部，原始封土呈圆形，直径约 136 米。封土下墓葬平面呈“甲”字形，墓道长 50、宽 8.8~10.4 米，墓室东西长 28.8、南北宽 25 米。陵园建筑主要分布于封土东、南部。为进一步了解陵园布局结构，2014 年 1 月 ~2016 年 7 月，对遗址部分区域进行发掘，发掘面积近 7000 平方米。主要发掘清理了 3 处大型夯土台基、2 组院落。其中一号遗迹性质为“石

朱仓 M722 东汉陵园遗址一号台基（西—东）

殿”，二号台基遗迹性质为“寝殿”，三号台基遗迹性质为“园省”（陵园贵人居所）主体；一号院落位于三号台基北部，遗迹性质为“园省”（陵园日常侍奉人员居所）局部，二号院落位于三号台基北部，紧邻一号院落，遗迹性质为“园寺吏舍”局部。

依据朱仓 M722、M707 帝陵与邙山其他东汉帝陵的位置关系，结合文献相关记载，初步确定朱仓 M722 为顺帝宪陵，其东侧紧邻的朱仓 M707 为冲帝怀陵。

朱仓 M722 陵园遗址是目前考古发现的唯一有垣墙（基槽）的东汉帝陵陵园，也是目前发掘面积最大的东汉陵园，陵园布局、结构保存相对完整，陵园性质、年代较为清楚。陵园遗址的发掘对进一步明确帝陵的归属、陵园的布局结构，深入开展东汉陵寝考古学研究等均有重要意义。

7. 河南洛阳隋代回洛仓遗址

回洛仓遗址位于河南省洛阳市瀍河区瀍河乡小李村、马坡村西一带，原隋唐洛阳城外的东北部，南距隋唐洛阳城外郭城北城墙 1200 米。仓城遗址地处邙山南麓的缓坡带，地势高敞，平坦开阔，不易积水。

2012~2013 年，为了给大运河申遗提供保护展示的实物资料，经国家文物局批准，从 2012 年 1 月初至 2015 年底进行了较大规模的钻探和发掘。已发掘探方 17 个，发掘总面积 6000 平方

隋代回洛仓遗址143号仓窖口保存状况

隋代回洛仓遗址渠道状况

米，清理出完整的仓窖6座、仓城内主要道路2条、仓城外漕运渠道1处。通过钻探基本上掌握了仓城的范围、道路、管理区等总体布局及漕运相关的情况。根据钻探调查和考古发掘可知，回洛仓城呈长方形，东西长1140、南北宽355米，分为中部的管理区、东西两侧的仓窖区、道路和漕渠几部分。仓窖成组分布，整齐排列，目前已确定的仓窖数量达到220座，根据对仓窖分布规律的推算，整个仓城仓窖的数量约700座。

8. 隋唐洛阳城宁人坊与定鼎门大街遗址

为配合丝绸之路申遗工作，2011年以来，对河南省洛阳市隋唐洛阳城宁人坊及其周边区域进行了大规模的考古调查与勘探，通过勘探摸清了宁人坊及周边里坊的形制、坊内布局、周边街道等情况。2013年3月~10月底，对宁人坊西、南坊门和从政坊东坊门进行了发掘，发掘面

宁人坊遗址东坊门俯瞰

宁人坊及定鼎门大街遗址发掘区航拍（北—南）

积 1700 平方米，揭露了坊门形制、坊内十字街以及街道和坊墙两侧的排水沟渠。

2014 年 9 月至今发掘约 4000 平方米。对宁人坊东坊门和坊内东南部以及天街进行了考古勘探与发掘，初步了解了坊门的形制和定鼎门大街各期的演变，而建筑基址则为了解文献所载的龙兴寺提供了新的线索。

通过调查勘探和发掘，确认宁人坊平面近方形，南北长约 527、东西宽约 462 米，坊墙经过两次夯筑。坊墙四周正中各开有一坊门，坊门由门道和门墩构成，门墩连接坊墙，门道连接坊内十字街。坊门形制相同，南、西坊门体量近似，面朝定鼎门大街的东坊门体量较大。明教坊西坊门与宁人坊东坊门形制相近，两坊门之间的定鼎门大街宽 141 米，依据路土可分五期，大街两侧有排水渠。从发掘情况看，定鼎门大街由早到晚逐渐变窄。

9. 河南偃师汉唐漕运故道沉船遗址

沉船遗址位于河南省洛阳市偃师义井村西南汉唐漕运故道中，发现并发掘出两艘清代沉船。一号船保存较好，结构清晰，呈东西向、头西尾东，方向 295°，长 20.15、最宽 3.47 米，船体最高处约 1.4 米。船体内共有 13 个舱，其中 1~3 号舱和 11~13 号舱可能为生活舱，其他 7 个舱为货舱。船体用材多为松木，局部构件为榆木、槐木等。二号古沉船呈东西向，侧翻在河道淤沙中，船中至尾部残缺，部分壳板散落于船的东侧和北侧，现船体残长 10.6 米、最大残宽 2.3、底宽 1.6、船首残宽 1.1 米。在船体东北 2~3 米处出土粗瓷坛、罐、锡壶、铁锚、木钻、铁锛等遗物，应为二号古沉船侧翻时散落的遗物。在发掘的同时对沉船所处河道内地层、船体分别进行了光释光和 ^{14}C 检测及材质和船体的复原性研究。2014 年，结合沉船发掘，对汉唐漕运水系进行钻探调查。

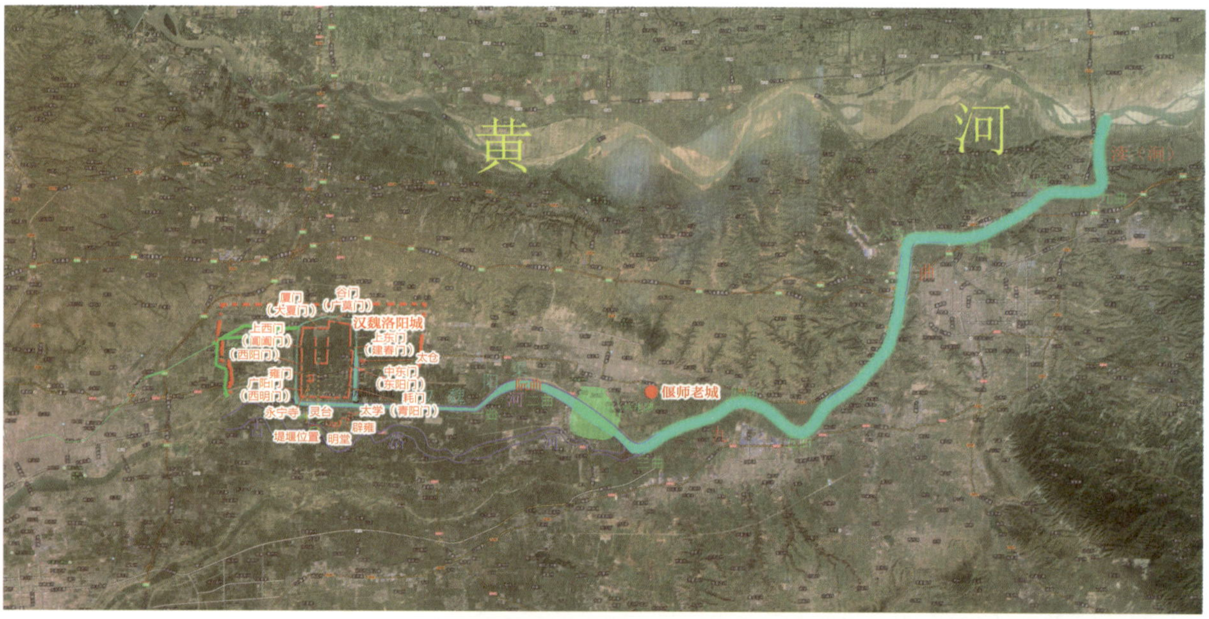

汉唐漕运故道沉船遗址汉魏洛阳九曲渎卫星影像图

汉唐漕运故道沉船遗址一号沉船全景

郑州大学

一、业务建设

（一）业务工作

2012 年，郑州大学历史学院考古学系“中原考古”创新团队获批为河南省首批高校哲学社会科学创新团队。2014 年，“中原考古”教学创新团队获批为校级教学创新团队。2015 年 11 月，以考古学科作为核心学科之一的“中原历史文化”学科群获批为河南省优势特色学科一期建设工程之特色学科群。

2013 年 5 月，与西安市文物保护考古研究院合办的郑州大学—西安市文物保护考古研究院历史学校外实践基地获批为国家级大学生历史学校外实践基地。

2012~2016 年，郑州大学考古学系在国家文物局、河南省及有关地市文物考古单位的支持下，积极参与国家重点工程“南水北调”工作，承担文物保护发掘项目 2 项，承担地方文物保护单位委托的钻探发掘项目 11 项。2011 年以来，经国家文物局批准，与郑州市文物考古研究院合作，在郑州西北郊开展了系统的区域调查，对荥阳官庄和车庄遗址进行了发掘。

按照国家文物局和省文物局要求，积极展开全国可移动文物普查工作，圆满完成了库藏文物的登记，并应邀参与了河南省博物院等单位的文物普查工作。

（二）人才建设与培养

2012 年以来，郑州大学考古学系从中国科学院大学、以色列希伯来大学、北京大学、吉林大学、中国社会科学院研究生院引进优秀博士毕业生 9 人。选送赵海洲、田成方赴北京大学、“台湾中央研究院”历史语言研究所进修或学术访问，另外赵海洲、张继华还参加了国家文物局组织的田野考古研修班、全国田野考古发掘项目负责人初任培训班等。

作为高校，人才培养是最主要的工作。四十年来，郑州大学考古学系已建立了从本科到博士的完整人才培养体系，围绕中原地区考古与文化遗产保护，培养不同层次、不同侧重的优秀人才。2012 年以来，共培养考古学博士 16 人、硕士 96 人（其中包括文物与博物馆学专业硕士 60 人）、本科生 100 人。

（三）学术交流与科研成果

1. 学术交流

2013 年 11 月 9~10 日，由考古杂志社、郑州大学历史学院、郑州大学历史文化遗产保护研究中心联合主办的“多维视域下的当代考古学”学术研讨会在郑州大学召开，来自高校、科研院所和考古类期刊编辑部、出版社的 50 余名专家学者参加了会议。

2013 年以来，韩国河、许俊平、李锋等教授先后应邀对瑞典斯德哥尔摩大学、澳大利亚墨尔本大学文化材料保护中心、乌兹别克斯坦科学院考古研究所进行了访问，并参加了中国——澳大利亚文化材料保护论坛（China-Australia Cultural Materials Conservation Symposium）及第十七届世界博物馆学大会（ICOMM-cc 17th Triennial Conference）、中国历史与考古学新成果国际学术研讨会等。郑州大学历史学院与澳大利亚墨尔本大学文化材料保护中心建立交流互访机制，举办了两届中澳文化遗产保护论坛，并开展了初步合作研究。

2015 年 8 月 3~10 日，应柬埔寨吴哥世界遗产管理局（APSARA）局长文那列（N.Bun）先生邀请，中国文化遗产研究院联合郑州大学历史学院对吴哥古迹茶胶寺（TaKeo）进行考古调查、发掘工作，韩国河、惠夕平副教授、朱津博士参与本次工作。

2014 级硕士生刘露露等 3 人赴乌兹别克斯坦撒马尔干地区参加了为期两个多月的田野考古发掘。2015 年 5 月接受澳大利亚墨尔本大学硕士研究生张慧姝进修学习。

2. 科研成果

2012 年以来，郑州大学考古学系教师主持完成国家社科项目 3 项，新承担国家社科项目 13 项，承担教育部人文社科研究项目 3 项，国家文物局项目 2 项，河南省教育厅重大科研课题 1 项，承担南水北调文物保护项目 3 项，北京市文物研究所、郑州市文物考古研究院委托的横向课题 11 项，到账经费达 1000 多万元。

2012 年以来，出版学术专著 13 部、发表文章 42 篇，其中 CSSCI、A&HCI、SSCI 期刊论文 30 篇。专业承担的多项田野考古和文物保护发掘项目正在有序整理研究中，陆续出版了《民权牛牧岗与豫东考古》《辉县孙村》《荥阳官庄遗址》《新乡金灯寺》《登封南洼》等考古发掘报告。

韩国河、张继华主编的《登封南洼——2004~2006 年田野考古报告》获 2014 年度河南省哲学人文社科优秀成果奖一等奖；张国硕教授所著《先秦人口流动民族迁徙与民族认同研究》《中原先秦城市防御文化研究》，分获 2011 年度、2014 年度河南省哲学人文社科优秀成果奖二等奖。

韩国河主持的“河南荥阳官庄遗址”入选 2012 年度河南省五大考古新发现，并入围“2012 年度全国十大考古新发现”终评。

（四）对外宣传与公众服务

推进科学普及，承担社会公共服务。依托秦汉陵寝考古专业领域的研究优势，韩国河参与了安阳曹操高陵、南昌海昏侯墓的相关研讨工作，并在《光明日报》刊文，进行了解读和宣传。此外，韩国河、张国硕、徐玲等教授担任了考古学、博物馆学的多项社会兼职，积极承担社会公共服务。

为兄弟院校、文博单位培训教师和专业人才。郑州大学考古学系积极接受省内外高校教师、考古文博从业者的进修培训，2012 年以来，培养文物与博物馆学专业硕士 60 余人。

郑州大学考古学系师生先后申请了“郑州大学官庄考古队”“郑州大学车庄考古队”微博以及“中原考古”微信公众号，宣传考古和郑州大学田野考古工作。其中 2011 级本科生李子一借助“郑州大学官庄考古队”微博，以漫画形式宣传考古，引起了媒体和社会的广泛关注，起到了较好的宣传效果。

二、重要考古成果

1. 河南南阳单岗遗址

单岗遗址系南水北调中线工程文物保护项目之一，位于丹江南岸一级阶地上，南距河南省南阳市淅川县盛湾乡单岗村北约 250 米，面积约 2 万平方米。地理坐标为北纬 32°57′50″、东经 111°22′30″，海拔 162 米。1994 年由河南省文物考古研究所同南阳市文物考古研究所、淅川县文化局调查发现，2003、2004 年对该遗址进行了复查。为配合南水北调中线工程丹江口水库淹没区的建设，郑州大学历史学院考古学系受河南省文物管理局南水北调文物保护办公室委托，经报请国家文物局批准，于 2011 年 7 月开始对该遗址进行钻探和抢救性发掘，至 2012 年 1 月 10 日发掘结束，发掘面积 5500 平方米。

从发掘情况来看，该遗址地层堆积整体可分为 5 层。第①层为现代农耕层，厚 0.15~0.25 米；第②层为近代农耕层，厚 0.12~0.22 米；第③层为宋代层，厚 0.25~0.27 米；第④层为东周层，厚 0.25~0.67 米；第⑤层为屈家岭文化层，厚 0.15~0.27 米。

从发掘及初步整理的情况来看，该遗址至少包含有旧石器时代晚期、屈家岭文化、王湾三期文化、二里头文化、西周、东周、南朝、隋、宋、元、清等多个时期的遗存，延续时间较长。其中屈家岭文化时期遗存主要分布于发掘区的中部和东北部，形成一个较为完整的史前小型聚落；东周时期遗存则遍布于整个发掘区；宋、元时期遗存主要分布于发掘区西南部。出土文化遗物质地有陶、瓷、铜、铁、石等。

单岗遗址处于黄河与长江中游文化区联结地带的汉水中游地区，通过对该遗址的发掘，可以更好地了解这一地区古代文化面貌及南北文化交流情况，对于完善豫西南和鄂西北地区古代文化发展序列，进一步认识其文化面貌特征和年代，揭示不同时期的聚落布局及其演变规律，

单岗遗址远景

单岗遗址发掘现场

单岗遗址瓮棺葬

探索当时人们与自然环境的关系都具有十分重要的学术价值。

2. 河南南阳申明铺东遗址

申明铺东遗址为南水北调中线工程文物保护项目之一，位于河南省南阳市淅川县滔河乡申明铺村东，丹江右岸二级阶地上，遗址中心点坐标为北纬 33°00′30.16″、东经 111°17′32.2″，海拔 161 米，遗址面积约 4 万平方米。2012 年 6 月，郑州大学考古学系受河南省文物局南水北调文物保护管理办公室委托，经报请国家文物局批准，开始对其进行考古勘探与发掘，共布 10 米 ×10 米探方 34 个，发掘面积 3400 平方米，文化层堆积厚 1.1~3.8 米。整个遗址为台地地形，中部高、周围低，地层堆积呈坡状，新石器时代堆积位于最下层，沿河分布。发现新石器、东周、汉至明清各类遗迹149处，其中仰韶文化时期灰坑28个、墓葬1座、房址4处、窑1座、沟1条；东周时期灰坑3个、井1口、房址1处、沟10条；汉代墓葬15座、灰坑10个、灰沟7条；六朝时期墓葬6座；唐代墓葬3座；宋代墓葬15座，灰坑29个、沟3条；明清墓葬4座、灰沟3条；4处遗迹因未见遗物，年代不详。出土银、铜、铁、瓷、陶、石各类遗物200余件。比较重要的是发现了数量众多的细石器石叶、石核、石片等，还发现有新石器时代的石器毛坯、石锤、石料以及成形的石斧、石铲、石凿、盘状器、网坠等。

发掘期间，对遗址周边区域进行了较为详细的考古调查，在申明铺东遗址西约1500米的文坎村沟东地点发现一片墓地，中心点坐标为北纬33°00′49.8″、东经111°18′10.01″，海拔163米。2012年10月，组织人员对文坎沟东地点进行大规模考古勘探，钻探面积约6万平方米，确认墓地面积近1万平方米。11月初开始对该墓地布方发掘，在4000平方米发掘范围内发现龙山时期灰坑17个，西周灰坑29个、房址1处、陶窑2座，东周墓葬54座，汉代墓葬7座，六朝墓葬4座，唐代灰沟1条。出土铜、玉、铁、瓷、陶、石等各类遗物250余件（套）。

丹江是古代豫、陕、鄂地区文化交流的重要通道，通过对该遗址两处地点的发掘，可以更好地了解豫西南和鄂西北地区古文化面貌、特征、性质和年代，对于完善该地区先秦时期文化发展序列，探讨南北文化的交流状况及楚文化源流等问题，都具有重要学术价值。此外，通过对申明铺东遗址内发现的大量石制品及石器毛坯、石锤、石料的初步统计来看，该地点在石器时代很可能属于石器生产型遗址，这对探讨丹江口库区石器产地及石料来源等问题具有重要学术意义。

3. 河南荥阳官庄遗址

官庄遗址位于河南省荥阳市高村镇官庄村西部，北依连霍高速公路，南距索河3000米。大张村至官庄村的乡村公路呈东西向横贯遗址区的中北部，地理坐标北纬34°5′6″、东经113°22′28″，高程116米。平面形状略呈东西长方形，重点区域东西长约1300、南北宽约900米，面积约117万平方米。遗址处于平原地带，地势较周围稍高，现为耕地，南水北调干渠由东南向西北横贯遗址南部，干渠占压遗址面积约4.5万平方米。

该遗址于1984年全国第二次文物普查时发现。2004年8月，郑州市文物考古研究院配合南水北调中线工程建设对官庄遗址进行了复查和试掘；2009年8~12月，配合国电荥阳煤电一体化工程中水管道工程，郑州市文物考古研究院发掘面积625平方米。2010年11月~2011年1月，为配合南水北调中线工程，郑州大学考古学系对遗址南部、西南部（西区）干渠占压部分进行了发掘，发掘面积6000平方米。在这次发掘中，发现了遗址外壕，并对其进行了钻探和解剖，推定其建造年代为西周晚期。

2011年7月，为进一步探明官庄遗址的布局、性质，经报请国家文物局批准，郑州大学与

官庄遗址小城西墙中部的双重壕沟

郑州市文物考古研究院合作，展开了对官庄遗址的系统钻探、发掘。于大张—官庄公路之北钻探出小城一座。小城东西长 211、南北宽 201 米，近方形，总面积约 4.2 万平方米，方向大致为 353°，为内外双重城壕，东、北二面城墙保存较差，南墙中部偏西有一处缺口。在小城范围内发现大批灰坑，于小城东北部发现较多墓葬，暂未发现大型夯土建筑基址。

官庄遗址小城南门俯瞰

在小城之南发现大城一座。大城位于外壕内中部，平面呈东西长方形。其环壕东西长约 750、南北长约 420 米，围合面积超过 30 万平方米。大城环壕与小城外壕相通，其北壕中段即是小城的南外壕，壕宽约 19、深约 5 米。大城环壕内侧为一周红褐色生土条带，宽约 9 米，表面平整，其内侧为密集的灰坑。结合小城的相关迹象看，此红褐色生土条带应为大城城墙的墙基。根据大城环壕底层堆积出土陶器推断，其修建年代应不晚于西周晚期，经历春秋时期，最迟至战国早期已被填平。小城外壕与大城环壕相通、壕底高程相近，当为同时期修造。

从钻探和发掘的情况来看，官庄遗址文化层厚 1~2.2 米，包含明清、唐宋、汉、春秋及西周等多个时期的文化堆积，其中又以西周晚期至春秋时期的文化遗存最为丰富、保存最好。

2012 年 3 月 ~2013 年 1 月，继续对小城南门进行发掘，并在小城中部、大城南壕中部进

官庄遗址大城南墙及壕沟

官庄遗址Ⅰ H12

行了发掘，发掘面积1000平方米。2013年9月~2014年1月，对大城西北部进行了发掘，揭露面积600平方米。2015年7月至今，在遗址南部、大城中北部进行了发掘，揭露面积1200平方米。

2015年以来，在发掘的同时，还对官庄遗址进行了系统钻探，在大城中部发现东西向道路两条、南北向道路两条，并发现有疑似夯土建筑基址。尤其是手工业遗存的发现令人瞩目。在大城之南，南外壕之北发现了铜凿的芯范，年代属春秋中晚期；在大城中北部发现了两周之际的陶窑及大量制陶遗存，并发现了数十块陶范以及陶管、熔炉残块等铸铜遗存；另在大城东北部、西北部分别钻探出较为密集的铜渣、铁渣，推测大城内外都存在不同时期的手工业作坊。这对于深入了解官庄遗址的布局、功能，乃至郑州地区两周时期的社会变动有着重要意义。

官庄遗址出土战国陶文

官庄遗址是继娘娘寨遗址之后，郑州西部地区发现的两周时期的又一大型聚落。与娘娘寨遗址相比，官庄遗址两周之际的遗存更为丰富，为完善郑州地区的两周考古学文化序列提供了重要资料；从遗址面积看，官庄城址外壕的围合面积超过 130 万平方米，是目前中原地区最大的西周城址。此外，官庄城址多重环壕、大小城南北并列的结构也非常独特，其性质值得进一步探讨。

4. 河南荥阳车庄遗址

车庄遗址位于河南省荥阳市广武镇西北，南邻枯河，北靠邙山。地理坐标为北纬 34°50′67″、东经 113°15′22″，海拔 127.3 米，是郑州市文物保护单位。遗址内涵丰富，包含有仰韶、龙山、两周、汉等多个时期的遗存，又以西周早中期遗存为主，现存面积约 55 万平方米。

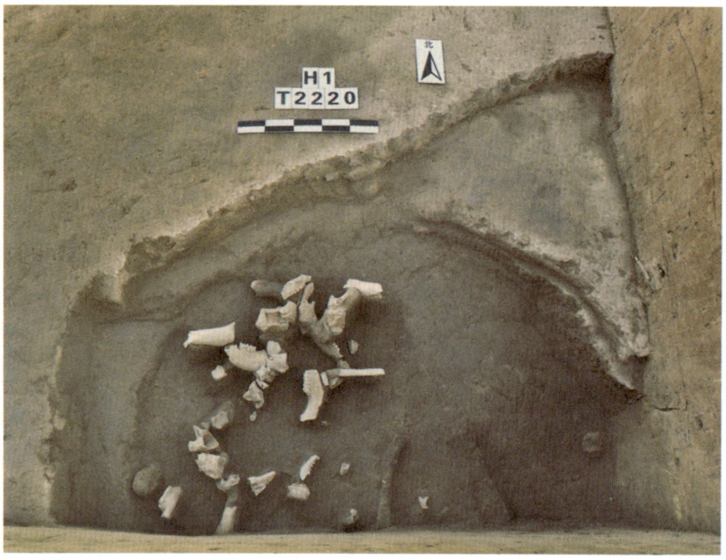

车庄遗址 H1

2014 年 9 月 ~2015 年 1 月，郑州大学考古学系配合本科教学实习对车庄遗址展开了系统的勘探与发掘，发掘区位于遗址西南部，揭露面积 1000 平方米。文化堆积厚 0.5~3.5 米，包含有两周、唐宋、明清时期的遗存，其中又以西周早中期遗存为主。发掘灰坑 384 个、西周道路 1 条，局部发现槽状遗迹，可能为车辙；墓葬 10 座，其中西周墓 8 座、宋墓 2 座，随葬品以陶器为主，有的墓葬出土有海贝。

目前郑州地区发现的西周早期遗址不多，已发掘的有洼刘、西司马、蒋寨等，前两处为墓地，车庄遗址西周早期遗存丰富，为了解这一时期的文化面貌提供了重要资料。车庄遗址西周时期的遗存从西周早期延至西周中期偏早，从目前的情况看，郑州西北部西周前期的遗址与西周后期的遗址基本不重合，这表明西周中期时，这一地区的聚落分布发生了较大变化。

河南大学

一、业务建设

（一）业务工作

1. 考古调查与发掘

河南大学历史文化学院考古文博系自1993年开始，与河南省文物考古研究院（前身为河南省文物考古研究所）、开封市文物考古研究所等单位建立合作培养关系，共同开展对本科生的考古实习教学工作。

2012年5~6月，2名教师、28名本科生在新郑郑韩故城发掘，清理新石器时代墓葬26座、灰坑54个、房址3处，出土大量陶器、石器和骨器。2013年3~6月，2名教师、17名学生在淅川单岗仰韶文化遗址发掘，清理墓葬44座、灰坑28个、灰沟3处、灶2个，出土大量陶器、石器。2013年3~6月，1名教师、11名学生在焦作武陟万花遗址发掘，共发掘商代到唐代墓葬62座、房址6座、窖穴5座、灰坑48个，出土大量陶器、瓷器、石器、骨器和少量玉器，并对武陟南水北调支线的遗址公园建设做出了初步规划。2013年3~6月，与安徽省文物考古研究所合作，5名研究生参与涡河流域的田野调查工作。2013年4~6月，2名教师、18名学生在新郑郑韩故城发掘，清理夏商至东汉时期墓葬4座、灰坑26个，出土大量陶器和少量玉器。2013年7~8月，1名教师、12名学生参与开封市新郑门遗址考古发掘工作。2013年7~9月，6名本科生参与郑徐高铁（开封段）的调查工作，参与发掘开封北郊官庄遗址的发掘工作。2014年3~7月，1名教师、6名研究生、11名本科生参与三门峡陕县大唐电厂战国汉唐时期墓葬的清理工作，共清理各类墓葬120余座。2014年3~6月，2名教师、17名本科生在新密新寨龙山文化遗址进行考古发掘工作。2014年3~6月，1名教师、8名本科生在上海广福林遗址进行考古发掘工作，清理出崧泽文化、良渚文化时期的重要遗迹与遗物。

2014年冬，设置“太行山东南麓夏商时期文化互动与聚落演变”研究课题，拟通过对新乡、焦作地区夏商时期考古遗址的调查和典型遗址发掘，推动豫北地区夏商时期考古学文化研究工作。在进行了大量的田野调查之后，确定以焦作城乡一体化示范区文昌街道（原修武县周庄乡）李屯遗址、新乡凤泉区王门遗址为重点工作对象。自 2015 年 3 月开始，连续在两处遗址开展考古发掘和聚落考古研究工作，已经清理了一批二里头文化三期至二里冈文化时期的重要遗迹，出土了大量陶器、石器、骨器和少量玉器、青铜器、铁器等重要遗物，对研究豫北地区夏商时期的对外文化交流有重要价值。

2. 基础设施建设

2015 年 9 月开始建设整理室，因河南大学历史文化学院所在办公楼为 20 世纪 30 年代的老建筑，办公区域有限、用电用水等条件不便，为顺利开展整理工作，在整理室建设方面主要进行了三点工作。第一，文物库房建设。在河南大学明伦校区 9 号楼设置两处专用文物库房，所有出土文物标本均统一存放、统一管理。第二，整理间建设。在明伦校区 7 号楼地下室争取到两处较大的房间作为陶片拼对、粘接修复的整理间，另争取到一处临时存放标本的小库房。第三，在文物馆设置了专业摄影室和绘图室。

目前，河南大学考古文博系有条件开展基本的出土文物和遗迹资料整理工作，但仍突出存在亟须解决的问题，主要是：第一，文物库房、整理间、摄影室、实验室之间分布过于散乱，文物标本及文字资料的来回搬运对文物安全和资料保全存在不利影响，易于损毁或丢失；第二，整理间的水电设施不全，阻碍了修复等基础保护工作的开展；第三，缺乏专门的实验室管理、文物保管和资料管理人员。河南大学考古文博系将向学校、学院争取更多支持，努力早日解决上述问题。

2014~2016 年，在河南大学和历史文化学院的大力支持下，争取多方面资金，购置了一套实用的实验仪器，促进了教学与科研工作。2014 年 6~12 月，根据实验教学平台建设要求，公开招标采购完成所需的仪器设备，共购买更新 23 台（套）设备。2015 年 1~6 月，完成实验室环境整治工作，完成了冶金考古实验室、SEM 实验室、生物考古实验室、文物处理室和文物标本室等配套设施的完善工作。2015 年 7~9 月，完成人员培训、设备调试、实验物品准备等工作。2015 年 9 月起，考古与文化遗产保护实验室正式投入运行。实验室建设总投入资金 657 万，其中省财政到账经费 141 万元、学校自筹经费 516 万元。主要用于购买体视显微镜、全站仪、纯水仪、扫描电子显微镜、360° 全景数据采集系统、超景深三维显微系统、XRD、便携式 X 光能谱、材料显微镜等基础实验设备和大型设备，部分用于扫描电子显微镜磁屏蔽等实验室环境改造工程。目前，实验室已经开始在教学、科研、社会服务等方面发挥作用。

（二）人才建设与培养

2012 年以来，河南大学考古文博系共引进专职教研人才 8 人，其中教授 2 人、中青年博士 6 人，另原有教工 2 人取得博士学位。新引进人才知识范围涵括了商周考古、汉唐考古、宋元考古、科技考古、甲骨学等方面，年龄结构上既有在国内外有一定影响力的中年学者，也有在某些专业领域崭露头角的青年博士。目前，考古文博系已经基本形成了一支知识结构全面、职称结构均衡、年龄结构合理的教学科研团队。

考古业务培训对于教师的教学和科研提升至关重要。过去的五年中，共有 5 人在河南大学成为考古发掘项目负责人（即取得原考古领队资质），加上引进的 2 人，共 7 人可独立主持考古发掘工作，形成了一支具有良好田野考古调查与发掘能力、具备良好考古学研究能力的考古专业人才队伍。

（三）学术交流与科研成果

1. 学术交流

2012 年 11 月 12~13 日，承办纪念孙作云教授百年诞辰暨古代中国历史与文化国际学术研讨会，来自中国、美国、韩国 30 余所高校和科研单位的 60 多位专家学者参加会议，讨论内容包括孙作云先生的学术思想、先秦历史文化研究和历史研究、早期中国考古学研究方面三个方面。

2015 年 11 月 28~29 日，中国考古学会夏商专业指导委员会 2015 年会暨考古视野中的早商文化与先商文化论坛在河南大学举办。来自国内考古发掘单位、高校的 46 名学者出席了会议，35 名学者做了大会发言。会议期间，与会学者认真观摩了河南焦作新区李屯遗址、新乡凤泉区王门遗址、郑州洛达庙遗址与黄委会、安阳殷墟梅园庄等地出土的文物标本，对先商文化考古新发现、先商文化相关概念和理论方法、先商文化专题研究等与先商文化有关的学术问题展开了热烈讨论，并对河南大学的考古学建设提出了良好建议。

以“让年轻优秀的教师走出去访学，让有影响力的学者走进来讲学”的方式，促进并扩大人员与学术交流。三年来，共有 5 名教师分别到希腊、美国等国家进行人均一年以上的学术访问，他们已经把新的所见所学运用到了教学与科研工作中去。共有来自英国、美国、白俄罗斯等国的 8 名专家来我校讲学。另外，年均邀请国内各高校和考古发掘研究机构的知名专家 12 人以上来我校做专题报告。这些不同形式的学术交流与研讨活动，对于拓宽师生的学术视野、扩展师生的学习和研究思路都有十分明显的促进作用。

2. 科研成果

五年来，共承担国家社科基金科研项目 11 项，其中重大项目 1 项、重点项目 1 项、一般项目或青年项目 9 项，教育部社科一般项目或青年项目 3 项，博士后科学基金面上资助项目 4 项、特别资助项目 1 项，全国高等院校古籍整理研究项目 1 项，河南省社科一般项目或青年项目 4 项，国家文物局资助社科研究项目 1 项，河南省教育厅人文社科项目、开封市社科规划项目等 20 余项。项目研究内容涉及不同时段的考古学研究、古代城市规划、中西文化交流、考古报告编写、历史研究、礼乐制度、甲骨学、青铜器铭文释读与整理研究等多个方面。

出版《古陶字录》《两周射礼研究》《先秦服饰制度形成研究》等各类专著9部，发表代表性学术论文65篇。

（四）对外宣传与公众服务

在日常考古工作中，师生们向参加考古发掘的民工普及、讲解考古基本知识和理念，推动了公众考古的基层实践，有利于考古工作的开展；向村民传播考古与非法盗掘的重大区别，使村民对考古工作有了初步认识，给考古工作打下很好的群众基础；邀请村委会成员到考古发掘现场参观，并向他们讲解考古工作方法、理念及取得的成果，宣传国家文物工作的方针、政策，土遗址也是文物的理念深入人心，村干部更加理解、支持考古队的工作，主动提供诸多有效的帮助。通过新媒体，如“中国考古网”及其官方微信公众号发布考古工作动态和新闻，同时在考古队自办的微信公众号“新乡王门考古队”及河南大学公共考古中心微信公众号“考古河山”发布系列文章，向公众分享考古工作的体会、考古成果等，受到社会各界广泛关注和好评，取得良好的社会反响。

2015年，微信公众号“新乡王门考古队”“河南大学李屯考古队”主要发布考古发掘过程中的各类新闻。2016年，河南大学公共考古中心合作的微信公众号“考古河山”整合校内外考古资源，以推动公众考古的宣传和实践为宗旨，发布“田野考古实习系列美文”“考古队长田野工作体会系列美文”“考古2016·青年学者圆桌会议分享系列”“学术报告分享系列”及“张立东专栏”等系列文章，王门考古队、李屯考古队的新闻也在“考古河山”发布。“考古河山”在河南大学及各界的支持下迅速成长，引起行业及社会公众的广泛关注，多家重要的新媒体进行报道和转载，取得了良好的社会效益，受到同行和公众的好评。

此外，还开展了广泛的校园宣传活动。一是在文物馆举办馆藏文物精品展和新近的考古成果展，向学校师生和其他社会公众开放，由考古文博系师生进行讲解服务，让不同学科背景的人士了解考古及其反映的古代历史文化。二是在博物馆日、文化遗产日、新生入学日等时间在校园广场举办图片展览，让大家了解考古学科和工作，也提升大家对考古学的兴趣和认知。

两个实验室建成后，即与河南省文博单位及企事业单位进行合作，在服务社会方面已经做出了初步成绩。近期开展的社会服务工作主要有：为周口、新乡、开封三地的博物馆制作“展览宣传视频”，河南幻境数字科技有限公司的“数字信息实地采集”项目，河南大学出版社的“汉画像数字馆及汉画墓虚拟漫游制作”项目，开封市铁塔公园的“铁塔光影秀对铁塔影响程度的评估”项目，开封市繁塔公园的繁塔佛像数字化项目。

二、重要考古成果

1. 河南焦作李屯遗址

李屯遗址位于河南焦作新区文昌街道（原修武县周庄乡）李屯村东南，西距焦作市5千米，西北距太行山10千米，南距沁河12千米、距黄河26千米，地处卫河以北、新河之南一处地势稍高的平坦开阔地带，南北距卫河、新河均约880米，东北距两河的交汇点约4900米。20世纪70年代，当地村民在遗址北部建窑取土烧制砖瓦，出土有绳纹陶罐、石斧等器物。2004年，焦作市文物工作队在此发掘50平方米，发现有素面陶盆、印文陶罐、粗绳纹陶罐，以及方格纹陶片等，确认遗址年代为辉卫文化时期。

河南大学考古文博系2015年起对遗址开展主动性考古发掘，沿贯穿遗址南北的一条田间小路，分两排布5米×5米探方共20个，发掘面积500平方米。2016年在遗址东部继续发掘，发掘面积585平方米。

从发掘情况看，遗址堆积比较简单，第①层为现代耕土层，第②③层即为辉卫文化层，第④⑤⑥层土质纯净，不见遗迹和遗物，推测为泥沙自然淤积而成。2015年发掘区域，北部辉卫文化层堆积较薄、遗迹较少，而南部堆积较厚、遗迹数量也较多。

辉卫文化遗迹有灰坑、房址、墓葬和环壕。

灰坑以开口平面形制不同分圆形、椭圆形、方形和不规则形四种。圆形灰坑数量最多，大小不一。H54是一个直径达4.4米的大圆形灰坑，深约1.6米，坑内填灰色虚土，自上而下可以分为13层，各层土色差异明显；出土器物丰富，有陶器、石器等。陶器有鬲、甗、鼎、甑、大口尊、盉、深腹盆、平底盆、小盆、深腹罐、捏口罐、小口鼓腹罐、花边口沿罐、蛋形瓮、小口瓮、平底瓮、豆、钵、器盖、捉手、陶垫等；石器有石铲、石刀、石镰等。

李屯遗址出土陶器

房址发现两处，分层明显，或经过夯打，但面积较小，整体形制与布局不明。H82西南壁呈弧形稍斜，底部近平、向中间部分稍低，内部填土可以分为13层，以红褐色为主，土质致密，各层厚度不均。

墓葬仅发现1座，平面形状为长方形，壁较直，底部南高北低。内有人骨一具，仰

李屯遗址环壕遗迹

李屯遗址 M1

身直肢葬，头向南。随葬陶罐 2 件、陶豆 1 件，另有 1 件陶器因残损严重而器型不明。

环壕是重要遗迹，口部较宽，约 7 米，深约 1.6 米，底部较窄，南北两侧斜壁，北部因为垮塌或者被后期的灰坑破坏而呈不规则的台阶状；填土有明显的分层，在不同探方的剖面上，可以看出分 12~16 层不等，多数呈圜底状，中间较厚而两侧较薄，包含物丰富。通过对陶片的初步分析，认为壕沟建造于辉卫文化时期，从出土的砖瓦分析，最上层填土的年代应为战国秦汉时期。初步钻探结果表明，环壕整体形状近椭圆形，东西长约 120、南北向最宽约 90 米。

发掘区北部发现周代墓葬 2 座。M1 为长方形竖穴土坑墓，壁较直，墓底较平。葬具为两棺一椁，外层为椁、内有双层棺。椁呈“井”字形，但不甚规整，底部铺设有 13 块木板。外棺长方形，保留有朽木痕迹，东侧棺壁木丝分明、呈黄色。内棺长方形，腐朽严重，仅留灰色朽木痕迹。人骨一具，头向北。棺椁之间的四个角落都有红陶随葬品，共计 7 件，陶质疏松，破碎严重，推测为专门制作的明器，可辨有陶鼎、豆盖、陶盒等。陶盒周围发现有 5 个红陶质圆环，是比较少有的发现。

发掘区南部一东西向沟状遗迹内出土大量汉代砖瓦。发掘区的东部边缘，一条水渠贯穿南北，其剖面留有明显的因水流而形成的淤沙层，出土有白釉瓷碗残片和光绪通宝。

辉卫文化遗物类别主要有陶器、骨器、蚌器、石器、玉器、兽骨等。陶器是最主要的器类，以泥质灰陶为主，有较多的泥质夹砂灰陶，夹砂红褐陶数量较少。除 H54 见到的器类外，还有陶爵、斝、小杯、支脚、圆片、纺轮、网坠、陶拍、纹饰压印模具等。骨器有刀、匕、镞、锥、针、簪和卜骨。环壕内出土一件玉璜，单面钻孔，遗址中还出土有玉柄形器的残件。动物骨骼常见，有牛角、椎骨和不同形状的动物牙齿，还有贝壳和蜗牛壳。

李屯遗址对于研究豫北地区夏商时期的考古学文化序列、豫北地区先商文化与周邻文化的相关关系提供了重要资料。

2. 河南新乡王门遗址

王门遗址位于河南省新乡市凤泉区潞王坟乡王门村西，地处太行山支脉凤凰山脚下。王门遗址包含有夏商周各个时期的遗存，主要包括辉卫型文化、二里冈文化及东周时期遗存，分布面积约 10 万平方米。王门遗址除西部遭到破坏，其他大部分保存状况较好。

2015 年 5~7 月，对王门遗址进行发掘，发掘面积 500 平方米，2015 年 8 月开始进行室内整理；2016 年 4~7 月，对王门遗址进行第二年度的发掘，发掘面积 800 平方米。

清理夏商时期房基 2 座、灰坑 140 个、陶窑 4 座、墓葬 2 座，东周时期灰沟 1 条、马坑 2 座、墓葬 4 座。出土遗物主要有夏商时期的陶、石、骨、蚌器和卜骨等。陶器可复原者 30 件、残器较多，石器 200 余件，骨器 30 件，蚌器 8 件，卜骨 20 片。

辉卫型文化陶窑集中分布在 2015 年发掘区的西北部，已清理的 3 座陶窑集中分布在一起，附近还勘探出 1 座陶窑，周围的发掘区出土有丰富的石铲等取土工具，应当是一处制陶作坊。其中 Y1 保存状况较好，包括窑室、操作间等，窑箅还保存 6 个箅孔。

探沟 TG2 南北长 20、东西宽 4 米，南部为东周时期大沟，打破了北部的二里冈上层时期房基，TG2 有两处与房基有关的婴儿遗骸，房基下叠压有辉卫型文化遗迹。

2016 年发掘区中部的 H82 填土分层，每层厚约 0.1 米，有些层次稍厚。该遗迹与相邻探方的堆积有关联，南北向长度约 14 米，东部被压在隔梁下，已知长度约 5 米。根据该遗迹相关堆积的范围及堆积性状，推测可能为二里冈时期居住址的"庭院"垫土。

潞王坟遗址以前发现有辉卫型文化陶窑，一方面残损严重，另一方面缺乏线图和照片，难以提供详细的研究资料。王门遗址辉卫型文化陶窑保存状况较好，清理出的 Y1 保留了基本形制，是迄今所知清理出的结构最清楚的辉卫型文化陶窑。王门遗址的陶窑及相关设施集中分布在一定

王门遗址 Y1

王门遗址出土陶器

区域，属于制陶作坊，对认识辉卫型文化的手工业生产、特别是陶器生产具有重要价值。

王门遗址辉卫型文化和二里冈文化遗存都比较丰富，对认识太行山东南麓夏商之际的文化互动及夏商文化更替都具有重要意义。勘探工作表明该遗址外围存在界隔性设施（环壕）的线索，其性质及年代均有待进一步的田野工作。该遗址对认识太行山东南麓夏商时期基层聚落的布局及变迁具有重要意义。东周时期大沟是太行山东麓迄今发现较少的同类遗迹，对认识当时的聚落布局具有重要价值。

王门遗址 H82

湖 北 省

湖北省文物考古研究所

一、业务建设

（一）业务工作

1. 主动性考古发掘

近五年来，湖北省文物考古研究所共申报主动性考古工作项目 14 项，其中 13 项获得国家批复立项并给予专项经费支持，1 项获得批复立项，包括石家河遗址、屈家岭遗址、铜绿山遗址、鄂王城遗址、龙湾遗址、纪南城遗址、唐崖土司遗址、容美土司遗址等 8 项大遗址保护项目，随州叶家山、文峰塔、郭家庙、庙台子、宜城楚王城等 5 项国保单位保护项目，宜昌万福垴遗址 1 项重要遗址保护项目。

全国重点文物保护单位的考古发掘和文物保护工作，是近五年来所内主动性考古项目的另一重点，文峰塔墓地和郭家庙墓地先后被评为 2013 年度和 2014 年度“全国十大考古新发现”。

2. 抢救性考古发掘

近五年来，为配合各类基建工程项目文物保护而进行的考古发掘工作，主要分为以下两个方面。

（1）南水北调中线工程考古发掘

2012 年是南水北调中线工程文物保护工作的收官之年。为保证南水北调考古工作圆满完成，湖北省文物考古研究所调集精干业务力量对剩余项目进行了集中发掘，完成了郧县大寺遗址、郧县刘湾遗址、郧县韩家洲墓地、郧县尖滩坪墓群、房县何家村、丹江八腊庙墓地、北泰山庙龙脖子墓地、武当山柳树沟墓群、荆门严仓猴子冢等项目的考古发掘工作。其中一些遗址取得了极为重要的考古成果。

（2）配合其他基本建设项目的考古发掘工作

在配合其他基本建设项目的考古发掘中，也取得了重大收获。如随州叶家山墓地和文峰塔墓地，就是在地方土地平整项目和小型房地产开发项目中发现的。

2014 年 9~11 月，为配合随州市曾都区世纪大道建设项目，对线路范围内勘探出的一处墓群进行了发掘。此次发掘共清理墓葬 25 座，年代多为两汉时期。出土器物 230 余件（套），有陶器、青铜器、铁器、漆木器、竹器，更难能可贵的是出土一批珍贵的简牍。经初步清理，竹简编号 566 个，其中完整竹简约 360 枚，总字数约 16000 字。另有木牍 1 枚、签牌 3 支。竹简主要内容为《日书》，木牍内容为《告地书》。新出《日书》极大地丰富了秦汉《日书》的内容，对研究秦汉《日书》文本的演变具有重要意义。该墓地入围了“2014 年度全国十大考古新发现”终评项目。

此外，还配合各类基建项目发掘了一批重要遗址，如：2012 年，配合洪利高速项目发掘了洪湖大城壕、小城壕遗址，该遗址从东周一直沿用到六朝时期，保存完好，为研究湖北省战国到六朝城址的修筑方式提供了重要材料。2013 年，配合襄阳钟兰纺织有限公司厂房建设项目发掘了谷城肖家营墓地，发掘北宋晚期珍贵砖雕壁画墓一座，为湖北目前发现的保存最完整、规模最大的一座砖雕壁画墓。该墓砖雕和壁画共存，为湖北地区首见，在整个南方地区也属罕见。此墓的结构和砖雕整体象征一仿木结构的院落，为研究宋代葬制葬俗、建筑、绘画和当时人们的居住、生活等方面提供了极为难得的实物资料。2013~2014 年，配合南漳赵家营兴发安居社区地产项目发掘了川庙山墓群，发掘东周墓葬 23 座，出土陶器、青铜礼器、玉饰、骨器、石器、铜佩饰、小铜铃等随葬遗物 102 件（套），为研究东周时期南漳地区的考古学文化面貌以及春秋时期楚都地望等相关学术问题提供了新的实物资料。

（二）人才建设与培养

2012~2016 年，湖北省文物考古研究所引进多名具有博士、硕士学的历人才，进一步充实和完善了人才队伍。2014 年，与武汉大学历史学院达成合作协议，多名本科学历的工作人员进入武汉大学历史学院考古学系攻读硕士学位，进行学历提升。同时与北京大学、清华大学、山东大学等高等院校和科研机构签署合作协议，在人才队伍建设上提供支持。

采取多种形式，积极开展工作人员业务培训工作。一是召开业务汇报会，经过多年的传承，汇报会已经成为展示考古队员田野实践经历和学术研究成果的舞台，同时也是一个互相学习、不断提高业务水平的平台。二是开展必要的业务培训工作，2016 年 7 月 15~16 日，在天门市石家河考古研究中心举办了“多视角影像三维重建技术培训班”，邀请中国社会科学院考古研究所科技考古中心副主任刘建国研究员担任培训教师，22 名青年业务骨干参加。

（三）学术交流与科研成果

湖北省文物考古研究所重视学术交流和科研工作的开展。2012 年组建了学术委员会，尝试进行所内科研课题评审管理工作。2015 年进行了部门设置调整，在《江汉考古》编辑部的基础上成立了学术研究中心，负责科研和学术交流工作。五年来，在学术交流、各种学术会议的主办或参与、学术论文和专著的发表与出版等多个方面均取得丰硕成果。

1. 学术交流

2012 年，受邀派员 20 余人次，参加了中国考古学会第十五次年会、中国古脊椎动物学会第 13 次年会、全国第三届动物考古学会、中国第五届环境考古大会、汉代西域考古与汉文化国际学术研讨会、“农业起源与传播：基于中东和中国的视野”国际学术讨论会、中华文明探源课题汇报会等学术活动，提交的论文和演讲受到好评。同时，发挥所内动物考古、古人类学、考古摄影等方面的优势，参与了湖北省内外多项研究与交流工作。

2013 年，主办随州叶家山西周墓地国际学术研讨会、第四届全国动物考古学研讨会及协办的大冶铜绿山古铜矿遗址考古收获四十周年学术研讨会。全年受邀派员 50 余人次，参加中国考古学会第十六次年会、湘鄂豫皖楚文化研究会第十三次年会、随州叶家山西周墓地国际学术研讨会、大冶铜绿山古铜矿遗址考古收获四十周年学术研讨会、台湾商周考古艺术与文化国际研讨会、盘龙城遗址研讨会、21 世纪中国人类学发展高峰论坛、中华文明探源课题汇报会等学术活动，提交的论文和演讲受到好评。

2014 年《江汉考古》由季刊扩增为双月刊，并获“2014 中国国际影响力优秀期刊”称号。主办或承办叶家山国际学术研讨会、曾国考古发现与研究、咸丰唐崖土司学术研讨会、盘龙城与长江文明国际学术研讨会等并取得圆满成功。全年受邀派员共 60 余人次，参加第五届中国动物考古学年会、东亚地区生物考古学国际研讨会、中国明代国际学术会议、冶金技术与中华文明发展学术研讨会、第十二届全国科技考古学术研讨会、中国古文字研究会第二十届年会等学术活动，提交的论文和演讲受到好评。

2015 年，成功举办了纪南城考古发掘四十年学术研讨会以及纪念石家河遗址考古发掘 60 年学术研讨会。全年受邀派员共 50 余人次，参加湘鄂豫皖楚文化研究会第十四次年会等重要学术活动。同年底《江汉考古》被评为“最具国际影响力学术期刊”。

2. 科研成果

近五年来，所内科研课题立项数量达 9 项，超越以往同期。其中国家级项目包括国家社科基金重大招标项目“叶家山墓地研究”，国家哲学社会科学基金项目“清华简《楚居》与楚国都城研究”“曾侯乙墓出土人骨研究”，国家重大科研项目“中华文明探源——石家河遗址研究”。

省部级及厅级项目包括国家文物局科研课题“中国古代家猪饲养的早期发展”，湖北省文物局科研课题“汉水中游地区古动物遗存研究”“湖北省南水北调文物保护工程中出土人骨的综合研究”“鄂东南古矿冶调查报告”，以及“随枣走廊地区新石器时代遗址调查”。

据不完全统计，2012~2015 年，湖北省文物考古研究所共出版考古报告、学术专著 23 部，发表考古简报、论文逾 162 篇。

2012 年，发表论文、简报 45 篇，出版或提交出版社的专题考古报告与专著 4 部。有关早期城址及曾楚文化的讨论集中深入，罗运兵同志的专著《中国古代猪类驯化、饲养与仪式性使用》荣获“2012 年度全国文化遗产十佳图书”。

2013 年，出版《阳新大路铺》《襄阳陈坡》《宜昌杨家湾》《丹江口市牛场东周两汉墓》《长江中游文明化进程中的人地关系——以新石器时代为例》《日本人的起源与形成》等 6 部专著，编著《动物考古学》等 2 部专业书籍，发表论文、简报 39 篇。有关新石器时代及商周考古的讨论集中深入。

2014 年，完成《沙洋塌冢楚墓》《襄阳卞营墓地》《武当遇真宫》《郢靖王墓》《馆藏近现代文物》等 5 部专著的编写并提交出版社，发表论文、简报 44 篇。

2015 年，《曾侯乙编钟》《穆穆曾侯——枣阳郭家庙曾国墓地》等图录和《纪南城考古发现》《湖北史前城址》《天门龙嘴》等考古发掘报告陆续出版。国家社科重大课题“西周早期叶家山曾国墓地考古报告”顺利开题，国家社科课题“楚国早期都城研究”顺利推进。

（四）对外宣传与公众服务

湖北省文物考古研究所发挥自身优势，及时利用考古新成果，多次开展公众考古教育活动，取得良好的社会效应。

2013 年叶家山考古发掘期间，与中央电视台等新闻媒体合作，开展大型考古直播活动，向社会公众宣传考古发掘的价值与意义。2014~2015 年，枣阳郭家庙曹门湾曾国墓地考古发掘期间，中央电视台科教频道《考古进行时》栏目深入考古现场，录制了多集电视节目，在春节期间播放，反响极大。2015 年，中央电视台科教频道《探索・发现》栏目进入随州叶家山考古整理基地拍摄随州叶家山的青铜器保护修复过程，并以《青铜密码》为题于同年 10 月 22 日在《考古进行时》栏目播出，节目集中反映了叶家山 M27 出土的罍、卣和尊三件青铜器的保护过程，播出后反响良好。

2016 年 5 月 28~29 日，所内研究人员黄凤春应中央电视台《百家讲坛》栏目之邀，拍摄了两集有关曾国考古的讲座，即“发掘曾侯乙墓”和“曾随之谜”，向观众介绍了曾国研究的新进展，特别是从考古学上向大众讲述了曾随之谜破解的证据和过程，该讲座播放后在全国观众中引起了较大反响。

2015 年 7 月 7~11 日举办了湖北省首届公众考古夏令营，以探索商周文化为主题，通过专家授课、实地考察、器物鉴赏、相互交流、班会互动等环节，为大学生搭建零距离接触考古的平台，取得了良好的社会效应。

2016 年 3 月 16 日，湖北省博物馆、湖北省文物考古研究所官方网站（http://www.hbww.org/）、微信公众号（hbsbwg）正式上线。官方网站和微信公众号一直是对外宣传和文化展示的重要窗口。新版网站在形式、功能和操作上都比以往有了很大的创新与改进，更加适合观众浏览。首次开通的微信公众号力求更好的服务手机用户，便于观众及时了解和掌握博物馆最新资讯与动态。

二、重要考古成果

1. 湖北天门石家河遗址

石家河遗址位于湖北省天门市石家河镇北郊，距天门市区约 11 千米，遗址占地面积逾 8 平方千米，是长江中游地区发现面积最大、延续时间最长、等级最高的史前聚落群。2014~2016 年，湖北省文物考古研究所与北京大学考古文博学院对该遗址核心区域进行勘探并发掘了其中的印信台、谭家岭、三房湾等遗址，取得重要收获。

印信台遗址揭露出石家河文化晚期的 4 座人工堆筑台基、6 组套缸遗迹等祭祀遗存。这是目前发现的长江中游规模最大的史前祭祀场所。谭家岭遗址东部发掘区域 W3、W4 等 5 座瓮棺中出土有大量精美玉器，以玉蝉、玉管、玉珠、玉虎数量最多，其中双人连体头像玉玦、虎座双鹰玉饰等为首次发现。同时，在谭家岭遗址北部发掘区发现城垣与环濠，结合此前的发掘资料，大致可以推测，谭家岭古城环濠内面积约 26 万平方米，城垣内面积约 17 万平方米，是我国目前已发现的同时期规模最大的史前城址。谭家岭古城的发现，将石家河城址的城建历史至少提前了 300 年。三房湾遗址发现了陶窑、黄土堆积、黄土坑、洗泥池、蓄水缸以及大量红陶杯残件，是一处石家河文化晚期至石家河文化时期以烧制红陶杯为主的专业窑场。

三房湾遗址南城垣剖面

谭家岭遗址出土玉器

三房湾遗址城垣下木构遗迹

2. 湖北随州叶家山墓地

2011~2013年，在湖北省随州市叶家山共发掘西周早期曾国墓葬140座、马坑7座，出土铜、陶、玉等质地的文物近3000件，特别是出土了大量曾侯自作之器。此次发掘完整地揭露出西周早期的曾侯墓地，使得西周曾侯世系及其墓葬排列布局更为清晰。出土了迄今所见西周时期数量最多、年代最早的一套保存完好的编钟，对研究我国古代乐悬制度及音乐的发展具有重要学术价值。墓地中的M28和M111，是目前我国发现的西周墓葬中墓室规模最大的两座，其中出土的2

叶家山墓地M111全景

叶家山墓地 M111 出土编钟组合

块铜锭证明此时的曾国已有了独立的青铜冶铸业，同时为研究汉东方国铜料来源提供了非常重要的实物依据。马坑内所葬马匹最多达 10 具，年代早、数量多且保存好，对研究西周高等级贵族葬马制度有着重要的参考价值。叶家山墓地也因此获评“2011 年度全国十大考古新发现”。

3. 湖北枣阳郭家庙墓地

郭家庙墓地位于湖北省枣阳市吴店镇东赵湖村，坐落于一条东北—西南走向的狭长台地上。墓地主要年代为西周至春秋时期，是曾国中期的曾侯家族墓地。墓地南北长 1500、东西宽 800 米，总面积达 120 万平方米。

2014 年，湖北省文物考古研究所在曹门湾墓区抢救性发掘墓葬 29 座、车坑 1 座、马坑 1 座、

郭家庙墓地 M1 出土编钟复原示意：磬跗（底座）、筍（横梁）和虡（立柱）

郭家庙墓地 M22 出土铜礼器

郭家庙墓地 M1 出土玉虎与金虎

车马坑 1 座，揭露了以曹门湾一号曾侯大墓为中心的墓地布局，确认郭家庙墓地是西周至春秋早期的曾侯墓地。

2015 年 9 月 ~2016 年 1 月，湖北省文物考古研究所对郭家庙、曹门湾两片墓区三个区域进行了发掘，共清理墓葬 87 座、车马坑 2 座，完整揭露了曾侯夫人墓葬 2 座，确认郭家庙墓地是曾国中期的曾侯家族墓地。

郭家庙墓地填补了随州叶家山西周早期曾国遗址与随州擂鼓墩、文峰塔春秋晚期至战国早期曾国遗址的历史空白，对于建立完整的曾国考古学文化谱系起到承上启下的桥梁作用。郭家庙出土的乐器、书写工具以及所发现的髹漆工艺、金属冲孔、模锻加工工艺均处于创始期，该墓地是研究长江中游青铜文明的一个关键节点。郭家庙出土的大量兵器、车马器也是研究曾国中期武器系统与军事思想的重要材料。郭家庙铭文所记载的江汉诸侯国是研究当时曾国与楚、黄、邓等国家间政治关系的重要文献。与郭家庙墓地相关的周台、忠义寨聚落遗址的研究也有助于了解曾国中期聚落结构、布局及考察社会复杂化程度。郭家庙墓地被评为“2014 年度全国十大考古新发现”。

4. 湖北大冶铜绿山遗址

铜绿山古铜矿遗址位于湖北省大冶市金湖街。为配合铜绿山国家考古遗址公园建设，2012 年起，湖北省文物考古研究所对该遗址进行了发掘。在岩阴山脚遗址发现洗矿尾砂堆积、选矿场、矿工脚印、工棚等；在四方塘遗址墓地共发掘西周至春秋时期墓葬 123 座，墓葬分布密集、排列有序，推断是一处与矿冶生产相关人员的公共墓地。铜绿山四方塘遗址矿冶生产者墓地是 40 余年来鄂东南铜绿山乃至中国的首次发现。四方塘墓地与岩阴山脚遗址发现的洗矿尾砂堆积、选矿场、四方塘遗址的冶铜场及 7 号矿体 1 号采矿井巷连成一片，形成一个较为完整的春秋时期采冶生业链，这在中国矿冶考古中尚属首次发现。同时，墓地上还揭露宋明时期的多座焙烧

铜绿山遗址四方塘墓地全景

铜绿山遗址岩阴山脚印遗迹

炉（窑），不仅填补了铜绿山冶炼技术发展史的空白，而且丰富了中国冶金史资料库。铜绿山四方塘墓地获评“2015 年度全国十大考古新发现”。

5. 湖北恩施唐崖土司城址

唐崖土司城址成功申请世界文化遗产，是湖北省文物考古研究所大遗址保护工作中最耀眼的

唐崖土司城址官言堂 F1 全景

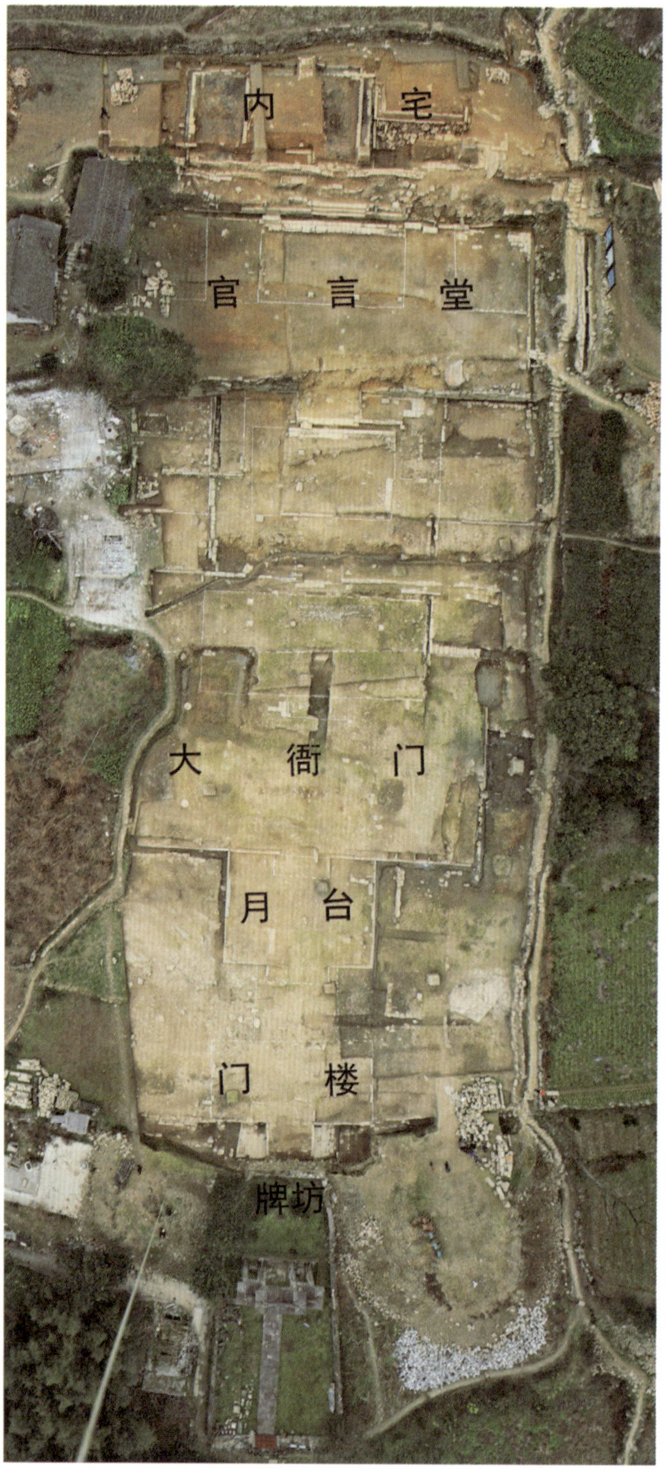

唐崖土司城址发掘区全景

成就。2011~2013 年，湖北省文物考古研究所对位于湖北省恩施土家族苗族自治州的唐崖土司城址进行了系统调查，并对城址内衙署区的大衙门内宅等建筑遗存进行了全面发掘。通过考古调查和发掘，大致确定现存土司城址的主体遗存大致形成于明代中后期。城址坐西朝东，随形就势，由外围环壕——核心区城墙——衙署区围墙组成三重结构，具有明确的中轴线。衙署区建筑群分为两期，反映了其鼎盛时期作为土司官衙所在与改土归流后作为地方行政机构的差别，为研究在中国延续数百年的土司制度对于维持地方稳定、保护民族特色文化所起的积极作用提供了最重要的物证。2015 年 7 月 4 日，在德国波恩召开的第 39 届世界遗产大会上，湖北恩施唐崖土司城遗址联合湖南永顺老司城遗址、贵州遵义海龙屯土司遗址，成功被列入《世界遗产名录》。

武汉市文物考古研究所

一、业务建设

（一）业务工作

1. 考古调查与发掘

（1）配合基本建设工程的文物保护和抢救性考古发掘

武汉市文物考古研究所本着“既有利于基本建设，又有利于文物保护”的基本方针，在武汉市内的大中型工程建设项目中，配合工程所进行的考古调查与勘探包括蔡家嘴变电站、蛇山黄鹤楼公园六朝—唐代古城墙、武石化供气管道（江夏段）、东西湖马头谭遗址公园、东西湖和盛汽车配件厂、蔡甸至汉川公路蔡甸段改扩建工程、蔡甸区窑址群专题调查、蔡甸区五星至集贤公路建设工程、蔡甸区大集至沌口公路建设工程、蔡甸区 318 国道永安至成功段改扩建工程、东西湖马投潭公园园路建设工程、东西湖交通局 9571 部队道路改造工程、武汉复星汉正街房地产开发公司保寿桥项目、新洲区祥和福临门房地产项目等 14 项建设工程，调查面积 120 余万平方米，勘探面积 80 多万平方米。

武汉市文物考古研究所在调查与勘探的基础上，还配合工程建设在蔡家咀变电站、武石化供气管道（江夏段）、黄陂李集方下湾水利工程等建设工程进行了抢救性发掘工作。共发掘了战国以及宋、明时代的古墓葬 12 座及明、清古窑址 30 余处，发掘面积 50 平方米，出土 70 余件文物以及大量的陶瓷片标本。

（2）其他考古发掘

除了配合基本建设的文物保护工程外，所里还根据上级安排，于 2013 年进行了新洲区问津书院清理发掘工作，勘探清理面积 700 平方米，共清理房屋及附属建筑基址 7 处。出土了一批具有时代特征的遗物，如石柱础、门档石、石栏板、砖雕构件等，明确了书院的历史沿革，为书院的下步复原修缮工作提供了依据。

2015 年 5~6 月，根据国家文物局安排，所里派出一名考古队员参加丹江口水库水下考古，进行明代采石场遗址、沧浪亭遗址和龙城遗址的探摸测绘。通过此次水下考古工作，了解了采石的加工方法、石制品的样式、采石场的面貌及其与武当山的修建之间的关系。对沧浪亭水下保存状况和龙城城垣的详细测绘，为后人研究龙城与楚国的历史提供了翔实依据。此次水下考古采用了水下摄影合成3D图像的新技术，更加完整地展现了各项遗迹的真实面貌，使文物保护工作的宣传展示达到更好的效果。通过此次工作，对丹江口库区各时期的遗址有了大致的认识，为以后的考古工作打下坚实的基础。

（3）鄂北水资源配置工程文物保护项目的考古发掘

2016年，根据湖北省文物局安排，武汉市文物考古研究所参加了鄂北水资源配置工程文物保护项目白毛庄遗址、水寨子遗址、河南墓地、小王家湾墓地的考古发掘工作。截至目前，实际完成调查面积20万平方米，考古勘探面积1.5万平方米，已探明汉代墓葬10座、宋代墓葬2座、宋至明清时期遗址2处。

2. 大遗址保护与规划

2012~2016年，武汉市文物考古研究所配合大遗址保护工程进行的工作主要为配合盘龙城考古遗址公园建设的盘龙城遗址勘探工作，以及配合龙泉明楚王墓群庄王、靖王、愍王陵园设计展示工作所做的勘探工作。

（1）盘龙城遗址考古

盘龙城遗址位于湖北省武汉市北郊，遗址总面积约3.5平方千米。该遗址是我国南方地区目前发现的最大、保存最好的商代前期文化遗址，是一处保存完整、布局清晰、遗存丰富的青铜时代城市遗址。1988年，盘龙城遗址被国务院公布为第三批全国重点文物保护单位。

2012年9~12月，武汉市文物考古研究所对盘龙城遗址一般保护区及建设控制地带进行了勘探，勘探面积74万平方米，共发现或复查文物点17处，其中商代文物点5处、周代文物点4处、宋至明清时期文物点8处。系统的勘探工作为考古遗址公园的规划建设提供了翔实的资料和科学的依据。

2014年初，在盘龙城遗址王家咀区域抢救性发掘一座商代墓葬。该墓葬为近长方形竖穴土坑墓，墓葬平面形状南部略窄、北部略宽。墓葬上部破坏严重，仅保留墓底厚约10厘米的墓葬填土。经过清理，出土器物12件。

同年，按照武汉市政府关于盘龙城考古遗址公园建设的布局以及湖北省文物局、武汉市文化新闻出版广电局的批示，武汉市文物考古研究所、盘龙城遗址博物馆筹建处于2014年3月至今对盘龙城遗址进行文物勘探工作，为城墙本体保护和展示工程提供可靠的数据，并在此基础上了解各城门分布情况，厘清护城河的长、宽、深等相关数据，提供护城河本体复原展示所需的考古数据及相关信息。

（2）龙泉明楚王陵园勘探清理工作

龙泉明楚王墓群坐落于长江南岸，武汉市东南郊的龙泉山麓。明楚王墓群是现今保存最完整的明藩王墓群，2001 年被公布为第五批全国重点文物保护单位。

为完善对明楚王墓群遗址的保护，进一步了解墓群内各王陵园地面建筑基址的布局、结构及规格。经国家文物局批准，2015 年 4 月，武汉市文物考古研究所对其中庄王、靖王和愍王陵园的地面基址进行了考古发掘，清理面积达 35900 平方米。此次清理工作绘制了三座陵园的平、剖面图，为陵园的保护规划设计提供了科学、翔实的依据。

（3）保护规划编制

2016 年是“十三五”的开局之年，在国家考古事业发展的新形势下，武汉市文物考古研究所未来五年将着力于武汉地区大遗址保护工程的相关考古工作，注重高新科技在考古工作中的应用，同时兼顾基建工程的考古工作，以及相应考古成果研究及相关报告的编撰工作。

武汉市文物考古研究所早在 2014 年就制定了大遗址保护“十三五”专项规划项目《明楚王墓群考古工作计划》和《2015 年度盘龙城遗址考古工作方案》，此外，还制定了《“十三五”考古工作规划》。目前，正按照规划内容逐步进行。

3. 科技考古与文物保护

除了传统发掘用具及摄影摄像设备外，武汉市文物考古研究所先后引进和使用了物理勘探、全站仪、航空摄影等科技手段，并在湖北省文物局布置下学习考古数据平台和三维扫描技术的田野运用。

4. 基础设施建设

因客观条件限制，武汉市文物考古研究所办公和出土文物周转库房以及出土文物修复、保护保管、文物资料整理等用房，全部拥挤在武汉市博物馆办公楼四层近 1000 平方米的建筑内。特别是出土文物资料整理，几乎无法进行，文物修复也只能进行简单的陶瓷器修复。这些都极大地制约了所内考古科研工作的正常开展和科研水平的提高。针对目前状况，研究所积极与江夏区合作，力争在“十三五”期间或不远的将来，在湖泗窑址群大遗址保护工作的基础上，建立集文物修复、文物资料整理、科技文物保护及考古科研为一体的考古基地，为武汉地区考古科研工作的大发展创造条件。

目前，武汉市文物考古研究所立足现有条件，完成了对现有文物周转库房、文物修复室的改造，增加了消防、恒温恒湿等设施设备及文物修复设施、工具等，尽可能满足出土文物保管和出土文物资料整理、修复的基本需要。

（二）人才建设与培养

武汉市文物考古研究所一向重视人才建设与培养工作。由于编制数量有限，2012 年，采取编外聘用制人员的方法招聘了2名考古专业本科毕业生，由武汉市文化局每年划拨经费进行补助。2015年，公开招聘1人，另编外聘用了1名考古专业硕士研究生。同时积极扩宽渠道，希望从多种途径引进考古、古建筑专业人才，充实考古专业技术人员队伍。

武汉市文物考古研究所对所内职工参加各种业务培训、学习和再教育，从经费到时间方面均予以大力支持。2012年，派出1名同志参加了国家水下文化遗产保护中心组织的首届水下考古队员培训班，获得CMAS三星级潜水员证书。2013年，派出1名同志到长沙参加古建筑修缮专业技术的学习；派出4名同志参加湖北省文物局组织的湖北省文物保护工程从业资格人员培训，获得文物保护工程从业资格证。2015年，鼓励1名年轻职工报考西北大学研究生班。

（三）学术交流与科研成果

武汉市文物考古研究所在抓好文物考古工作的同时，也认真进行了考古学术交流和科研工作。

武汉市文物考古研究所高度重视学术交流和互访，连续三年参加盘龙城博物馆举办的商代盘龙城学术研讨会（2013年）、盘龙城与长江流域文明研讨会（2014年）、考古资产与利用论坛（2015年）。参加了2013年随州叶家山西周墓地国际学术研讨会、2015年湘鄂豫皖楚文化研究会第14次年会以及纪南城考古发掘40周年学术研讨会。2014年，派员参与了恩施唐崖土司遗址申报2015年世界文化遗产项目工作。2015年，派员随武汉市文化局考察团考察美国、加拿大文化遗存保护与展示利用情况，学习国外先进经验，为盘龙城遗址及武汉地区古代文化遗址的保护和展示利用提供有益借鉴。

2014年，魏航空同志成为武汉市"黄鹤英才（文化）计划"入选人才。

2012~2016年，武汉市文物考古研究所共撰写或发表田野考古简报、工作报告、学术论文等40余篇，其中包括《丹江口行陡坡墓群发掘简报》《明通城王朱英峪家族墓地发掘简报》《武汉市黄陂区蔡塘角东吴墓葬清理简报》《〈中华人民共和国文物保护法〉是基建考古工作的重要保障》《盘龙城商代城址补缀》《盘龙城遗址一般保护区及建设控制地带勘探总报告》《盘龙城遗址一般保护区及建设控制地带勘探三区工作报告》《和盛汽车工地考古勘探报告》《马头谭遗址勘探工作报告》《新洲问津书院发掘工作报告》《2014年度盘龙城遗址南城垣勘探工作成果及主要收获》《关于马投潭遗址中的几点心得》《黄陂蔡塘角墓地发掘简报》《武汉蔡家嘴墓地发掘简报》《赏析隋唐十二生肖俑》《武汉市蔡甸区蔡甸至汉川公路改造工程文物调查报告》《武汉市蔡甸区窑址群专题调查报告》《重庆市巫山古城遗址（人民医院工地）发掘简报》《重庆巫山瓦岗槽墓地发掘报告》《盘龙城与长江文明》《湖北武汉丁家咀M1、M2出土战国竹简》《黄陂蔡塘角三国墓发掘简报》《武汉市武昌梅家山五代超惠大师墓》等。

（四）对外宣传与公众服务

将遗址、墓葬的考古勘探和发掘工作与武汉地区各高校历史系和考古系学生实习相结合，是武汉市文物考古研究所一直坚持的工作方向。香炉山遗址考古工地、浮山窑址考古工地等，都是武汉大学相关专业学生的毕业实习基地。同时，所里十分注重考古成果的展示与宣传，在发掘工地均设置有小型展览室，邀请省、市、区各级领导和地方史志研究专家以及湖北大学、中南民族大学等大专院校的有关专家到工地现场参观指导，实地解决考古发掘过程中遇到的问题

随着互联网的发展，相关网站、微博、微信平台建设已列入武汉市文物考古研究所的基本规划。

二、重要考古成果

1. 湖北武汉蔡家咀变电站项目宋代墓葬

2011 年 12 月底，湖北省武汉市武昌区兴国南路原武汉重型机床厂医院所在地的变电站建设工程施工中发现有宋代墓碑，经抢救性考古发掘，共清理出 8 座墓葬。其中 M1 是一座仿木构建筑的砖室墓，残毁严重。墓内出土两块墓志，一块为董先墓志，志文详细记录了董先的一生，特别是其英勇作战的事迹；一块残缺较严重，仅存墓志的上部，根据残断的文字，分析出是董先妻子王氏的墓志。根据志文可知墓主是南宋著名大将董

蔡家咀变电站项目出土董先墓志

蔡家咀变电站项目董先墓发掘现场

先，据史料记载，董先曾经是岳飞的下属，先后任新江南西路马步军副都总管、龙神卫四厢都指挥使等显赫官职，最后病死于鄂州（今武昌）。据平面形制推测，董先墓为直径 6.6 米的圆形墓。这种规格的宋代墓，在武汉尚属首次发现，在湖北省内也属罕见。墓底铺砖，墓壁构筑厚实，墓室内壁推测为八边形，在一块相对完整的墓室内壁上，发现有砖砌的两椅一桌像，精巧美观，是典型的宋代风格。

2. 湖北武汉盘龙城遗址

（1）勘探工作

2012 年 9~12 月，对位于湖北省武汉市黄陂区的盘龙城遗址一般保护区及建设控制地带进行了勘探，勘探面积 220 万平方米，其中普通勘探面积约 210 万平方米，重点勘探面积约 10 万平方米。由于勘探面积较大，将盘龙城遗址一般保护区及建设控制地带划分为三个勘探区域，由武汉市文物考古研究所牵头负责，其中武汉大学考古学系对Ⅰ区进行勘探，湖北省文物考古研究所对Ⅱ区进行勘探，武汉市文物考古研究所对Ⅲ区进行勘探。

盘龙城遗址 2012 年采集商代陶器标本

勘探工作共发现或复查文物点 17 处，其中商代文物点 5 处、周代文物点 4 处、宋至明清时期文物点 8 处。系统的勘探工作为考古遗址公园的规划建设提供了翔实的资料和科学的依据。

（2）商代墓葬

2014 年初，武汉市文物考古研究所在位于湖北省武汉市黄陂区的盘龙城遗址王家咀区域抢救性发掘一座商代墓葬。同年 3~12 月，按照盘龙城考古遗址公园建设的布局以及湖北省文物局、武汉市文化局的批示，对盘龙城遗址开展文物勘探工作，为城墙本体保护和展示工程提供可靠的长、宽、高及其他相关数据，并在此基础上了解各城门分布情况，厘清护城河的长、宽、深等相关数据，提供护城河本体展示所需考古数据及相关信息。

王家咀商代墓葬：2014 年 1 月 16 日，因湖水退落，王家咀东南部一区域暴露出部分青铜器。经武汉市文物考古研究所及盘龙城遗址博物馆筹建处联合组队调查，认定其为一商代墓葬，并进行抢救性考古发掘，同年 1 月 22 日发掘结束。

该墓葬为近长方形竖穴土坑墓，方向 39°，南部宽 1.1、北部宽 1.2、东西长 2 米。墓葬上部破坏严重，仅保留墓底厚约 10 厘米的墓葬填土。经过清理，出土器物 12 件，其中铜觚、爵、斝、刀各1件，铜箭镞6件，硬陶尊1件，陶饼1件。根据该墓葬形制及随葬器物组合，墓主身份应为普通贵族，相对年代约当于二里冈上层时期。

城墙勘探：为配合盘龙城遗址公园建设中城墙的展示工程，对盘龙城遗址南、北、东、西四段城墙进行了勘探。盘龙城遗址原地表可见有城墙残垣，经过勘探，了解到城墙夯土以红黄土为主，约10~20厘米为一小夯层，土质较硬、密。南、北城墙走向约110°，东、西城墙走向约20°；城墙长265~300、宽25~30、现残高3~6米。在勘探清理过程中，发现盘龙城城墙的构筑方式为分段版筑。

城门址勘探：遗址现存西城墙、南城墙中段各有一豁口，经过勘探，确定豁口即为城门位置；北城墙中段也有一豁口，经过勘探，发现其

盘龙城遗址王家咀商代墓葬

盘龙城遗址南段城墙版筑痕迹

盘龙城遗址护城壕位置及现状

城门位于现存豁口西侧；东城墙破坏严重，其中部现地表未见有豁口，但通过勘探在其中段发现有城门。通过勘探可知城门宽 5~8 米，门道深 1.1~8 米。

盘龙城遗址排水石沟现状

护城河勘探：此次勘探确定护城河距北城墙约 15 米，其中段走向与北城墙大致平行，西端向北延伸至杨家湾内小山丘，东端注入盘龙湖。其开口大，两侧沟壁向下斜收，形成缓坡，中间区域最深，长约 210 米。

环城壕沟勘探：在勘探过程中，在城墙外侧约 3 米处发现一条壕沟，沟宽 3~4、深约 3 米，该壕沟围绕城墙四周，为一条环城壕沟。

城门外侧防卫设施：勘探发现城墙各城门向外右侧均凸出 2~3 米，形成弧形台地，此种现象应与城门的防卫设施有关。

城角夯土台基：城墙角落分别发现规模较大的夯土台基，台基位置紧靠城角，推测其为城墙的保卫设施，西南角夯土台基由于农田改造被破坏殆尽。

排水沟：在南城墙西段豁口处发现一条石沟遗迹，南北向，两端破坏严重，呈长条形，由大小不一的石块垒砌而成。沟顶部由 2 块大石块覆盖，嵌以零星小石块，沟两侧用碎石垒成沟边。现沟长约 3.3、宽约 0.6、内空高约 0.3、内宽约 0.2 米。石块未经人为加工，构筑方式原始，石缝间应用土黏合，建造于商代早期文化层上，推测其为商代穿过城墙的排水沟。

盘龙城遗址北城门外东侧突出部位现状

这次勘探工作取得许多重要发现，既填补了相关考古工作的空白，又为盘龙城国家考古遗址公园的建设以及本体保护展示工程提供了翔实的考古资料。

3. 湖北武汉马投潭遗址

马投潭遗址采集陶器标本

2013 年 3~4 月，为配合位于湖北省武汉市东西湖区吴家山北部的马投潭遗址公园规划及建设，对马投潭遗址及其他区域进行了勘探，勘探面积 29 万平方米。该遗址于 1992 年 12 月被公布为湖北省文物保护单位，是一处新石器时代遗址。勘探工作分为三个区域，其中Ⅰ区为核心保护区和一般保护区，面积约 1 万平方米。通过此次勘探，基本探明遗址的范围，了解其文化堆积及保存状况。该遗址文化层堆积较厚，达 1.5~5.1 米。发现少量石器，主要为锛和凿；陶器以钵、碗、鼎的数量最多，代表性器物是红顶钵及柱状鼎，红顶钵口沿下有一红色宽带，腹以下为灰色，鼎以柱状足为主，扁足次之。同时采集了大量文物标本，通过对标本的分析、排列、比对，马投潭遗址文化面貌为仰韶文化后冈类型，包含一定的大溪文化因素。

4. 湖北武汉问津书院

问津书院位于湖北省武汉市新洲区旧街孔子河边，2002 年 11 月被公布为湖北省文物保护单位。2013 年 6~8 月，为配合新洲问津书院维修复原保护工程方案的设计，武汉市文物考古研究所对问津书院部分建筑基址进行了考古清理工作，着重清理了已毁的仪门、文昌阁、魁星楼、照壁等建筑基址。此次清理为问津书院维修复原保护工程方案的设计提供了翔实依据，对研究地方书院的格局以及建筑风格有一定意义。

问津书院魁星楼基址

问津书院文昌阁基址

5. 湖北武汉龙泉明楚王墓群

龙泉明楚王墓群坐落于长江南岸，湖北省武汉市东南郊的龙泉山麓。1956 年被公布为湖北省文物保护单位。2001 年被公布为第五批全国重点文物保护单位。

为完善对明楚王墓群这一大遗址的保护，进一步厘清墓群内各王陵园地面建筑基址的布局、结构及规格。2015 年 4 月，武汉市文物考古研究所对其中庄王、靖王和愍王陵园的地面基址进行考古清理，面积达 35900 平方米。

（1）庄王陵园清理

庄王陵园平面呈长方形，方向 280°，长约 194、宽约 158 米，面积约 30652 平方米。其地面建筑基址尚存，可见碑亭、门楼、恩门、东西配殿、月台、祾恩殿及墓冢。

此次清理工作将残存的陵寝门完全清理出来，门址长 17.3、宽 10、残高 0.9 米，为三门四墩结构，发现有侧边门。内班房长 6.8、宽 6.2 米。内城垣的残存构造平面呈长方形，长 52.3、宽 51.8 米，内城垣基础两侧有毛石护脚，内城垣后墙内有挡土墙，内后垣外和内前垣两侧有排水沟。陵园内排水口表面呈漏斗形，平面为梯形，外口长 0.95、内口长 0.8 米，梯形大边外长 1.4、内长 0.92 米，梯形小边外长 0.63、内长 0.3 米，沟外宽 0.65、内宽 0.35、内深 0.24 米。排水口周围不规则平铺青砖以滤水，沟底和沟壁用青砖砌筑，青石板盖顶。

（2）愍王陵园清理

愍王陵园平面呈长方形，后端呈圆弧状，方向 300°，长约 260、宽约 138 米，面积约 35880 平方米。地面部分基址及墓圹保存较好，地面建筑可见门楼、祾恩门、东西配殿、月台、祾恩殿及墓冢。

龙泉明楚王墓群庄王陵寝门基址

此次清理将愍王陵园陵寝门完全暴露出来，门址长 25.8、宽 11.7、残高 2.1 米，为三门四墩结构。祾恩殿长 28.3、宽 18 米，现地表残存部分石柱础，地表用边长 41 厘米的方砖铺地。内城垣基础用毛石垒砌，宽大厚实，宽 1.2 米；内城垣基础外侧 0.35~0.4 米设毛石护脚，其外有宽 0.8 米的挡土墙。排水沟内垣外侧有穿过内垣，由青石砌筑的排水沟，用材厚实，长 100 余米，外宽 1.1~1.3、内宽 0.5、深 0.6~0.7 米，沟底铺青砖，两壁用长条青石砌筑，大青石盖顶。祾恩门两侧边门旁还

龙泉明楚王墓群愍王陵寝门基址

各有一青砖砌筑的小排水沟，宽 0.2、残深 0.1 米。

（3）靖王陵园清理

靖王陵园平面呈长方形，方向 317°，长约 164、宽约 78 米，面积约 12792 平方米。地面部分基址及墓圹保存较好，地面建筑可见有门楼、祾恩门、东西配殿、月台、祾恩殿及墓冢。

经过清理可知，靖王陵园配殿长 15、宽 9 米。靖王陵园神帛炉呈正方形，边长 1.9、残高 45 厘米。

6. 湖北武汉保寿桥遗址

保寿桥位于湖北省武汉市硚口区保寿巷，南临长堤街，北靠中山大道，东临延寿巷，西临多福路。保寿巷因桥而得名，据方志记载，保寿桥最早建于康熙初年，道光十四年（1834 年）重修，1988 年由武汉市人民政府定为市级文物保护单位。

2015 年 10~12 月，为配合基本建设，对该桥以及周边进行了勘探以及局部清理。经勘探发现，保寿桥主体为梁式古桥，根据挡板上的文字记载，该桥为道光十四年（1834 年）建成，出资方为山陕会馆。保寿桥主桥体由栏板和抱鼓石组成，目前东侧残存抱鼓石和 5 块栏板，西侧抱鼓石已毁，仅残存 5 块栏板，但铺栏板石的桥基还在。目前观测桥体主梁长度 5.3、整体长度 12.2 米，由榫卯结构通过望柱串联而成。每块栏板的尺寸略有差距，整体对称。桥基础由南北两面组成，基础部分主体为红砂石结构，上部由一层麻石挑梁和一层红砂石挑梁组成，红砂石挑梁部分仅在两侧做出斜面结构，中间部分由方形的红砂石构成。

通过此次考古工作基本了解了保寿桥的结构以及保存状况，对该桥的保护和武汉地方史研究有一定意义。

保寿桥遗址全景

保寿桥遗址保存现状

荆州博物馆

一、业务建设

（一）业务工作

1. 考古调查与发掘

荆州博物馆考古工作以配合城乡基本建设进行抢救性文物保护为主。2012~2016 年上半年完成文物调查面积 476.9 平方千米，调查文物点 510 处；文物勘探 516.4 万平方米，考古发掘 71907 平方米，出土文物 11465 件（10541 套）。

2. 大遗址保护与规划

近年来，荆州的大遗址保护与规划工作扎实开展，熊家冢遗址博物馆现场保护展示取得明显成效，八岭山古墓群考古工作按国家文物局批准规划顺利进行，研究成果丰硕，为考古学研究、文物保护和国家考古遗址公园建设打下了坚实的基础。

2012~2016 年上半年，调查八岭山古墓群、望山古墓群共计 10 平方千米；勘探望山古墓群 2.1 万平方米、八岭山古墓群 15.5 万平方米，勘探东周墓 25 座、车马坑 3 座，明墓 1 座；发掘望山古墓群望山桥一号楚墓 2600 平方米，出土文物 756 件；发掘八岭山古墓群冯家冢墓地 1600 平方米，其中东周墓 4 座、祭祀坑 9 座，隋唐墓 10 座，明清墓 7 座，出土文物 52 件。

3. 科技考古与文物保护

荆州博物馆重视科技考古工作，在湖北省内较早将科学技术运用于考古工作，组建信息技术部，培养科技人才，加强科技设备建设，开展交流合作。2012 年至今，除积极实践科技考古、不断提升考古工作水平外，主要在湖北省文物局指导下，与湖北省海达文化遗产保护研究院合作开展八岭山古墓群考古调查遥感测绘工作，开展“基于三维激光扫描的墓冢遗址遥感识别方法”的课题研究；严格遵守《田野考古工作规程》，践行考古工地数字化管理，合作开发可视化、GIS 应用等关键性技术，逐步实现考古数据管理、分析、统计、检索及 GIS 平台应用。

荆州博物馆重视考古现场保护工作，2013 年 1 月至今，与荆州文物保护中心、中国科技大学，合作开展国家科技支撑计划“中华文明探源及其相关文物保护技术研究（2013~2015）”中的“出土有机质文物现场提取技术研究与应用示范”课题研究，主要负责“出土有机质文物现场提取技术的应用示范研究”，完善了《考古发掘现场文物保护预案（潮湿环境通用）》的试行本，在四川成都老官山汉墓、湖北荆州望山桥一号楚墓、夏家台战国墓地、王氏堰汉代墓地、湖北枣阳郭家庙周代曾国墓地、江西南昌海昏侯西汉墓等考古现场进行应用示范，取得了较好的效果。

自楚纪南故城遗址被列入全国“十一五”时期100处大遗址进行规划保护及“大遗址保护荆州片区”共建以来，在国家文物局、湖北省文物局、荆州市政府、荆州市文物旅游局指导下，荆州博物馆配合中国建筑设计研究院、北京建工建筑设计研究院等编制了《楚纪南故城保护总体规划》《楚纪南故城及相关遗存保护总体规划纲要》《楚纪南故城保护总体规划》《纪山楚墓群保护总体规划》《八岭山古墓群保护总体规划》《熊家冢墓地保护规划》等。

4. 基础设施建设

荆州博物馆占地面积5万余平方米，建筑面积2.3万平方米，绿化面积1.1万平方米，环境优雅。其中，文物库房11410平方米（重要文物库房面积3320平方米），均按质地和保存要求进行分类、分库保存，设置陶瓷器、铜器、漆木器、丝织品、金银器、玉器、书画等专用库房；展厅面积3500平方米，由中央空调作大环境调控，各厅有独立通风口和除湿机调节小环境，通风、温湿度等设施完善；文物保护实验室1400平方米，文物修复室1000平方米，有人数达20人的文物保护修复专业队伍，在藏品保护修复方面取得了较大成绩。

（二）人才建设与培养

荆州博物馆不断引进高层次专业技术人才。2012年至今，共引进北京联合大学应用文理学院副教授、科学史博士1名，吉林大学历史文献学硕士1名，重庆师范大学考古与博物馆学硕士1名，武汉大学考古学本科生1名，长江大学英语本科生1名，华中师范大学旅游管理本科生1名，长江大学荆楚文化专门史硕士1名，湖南大学文物与博物馆学硕士1名。

荆州博物馆重视人才培养。2012至今，有4人参加国家文物局《田野考古工作规程》推广和培训班，并有1人参加考古发掘领队初任培训班，获考古发掘领队资格，2人参加“全国考古发掘项目负责人初任培训班”获考古发掘项目负责人资格，1人参加考古绘图培训班，1人参加2015年度出土文献保护整理研究培训班。此外，还参加国家文物局田野考古高级研修班、中德博物馆管理培训班、第二期全国可移动文物普查骨干培训班、全国文物保护行业标准培训班、馆藏文物保存环境监测与调控技术成果推广培训班、馆藏金属文物保护修复方案编写规范等4项行业标准培训班以及湖北省文物保护工程从业资格人员培训班等。

（三）学术交流与科研成果

1. 学术交流

荆州博物馆坚持举办年度考古工作汇报会、年度学术汇报会，承办纪南城考古发掘40年学术研讨会，积极参加国家文物局、中国文化遗产研究院、中国博物馆协会、中国考古学会及具有较高学术影响力机构举办的学术会议，如中国文字学会年会、湘鄂豫皖楚文化研究会年会、首届中国考古学大会等。此外，2012~2016年上半年两次派员赴日本参加展览交流和学术研讨。

2. 科研成果

荆州博物馆与荆州文物保护中心进行文物保护技术方面的合作研究，长期开展出土饱水木漆器、竹木简牍、丝织品等有机质类文物脱水保护修复及综合研究工作；与长江大学共建湖北省高校人文社会科学重点研究基地——荆楚文化研究中心，开展楚文化综合研究、学术交流、教学科研、人才培养等工作；与武汉大学简帛研究中心长期合作，主要开展荆州出土战国秦汉简牍研究，参加教育部哲学社会科学研究重大课题攻关项目“楚简综合整理与研究”“秦简牍的综合整理与研究”课题组工作；与北京中遥地感、中视典等公司及武汉大学科技考古中心等合作开展荆州市考古地理信息系统、数字博物馆建设研究；与上海博物馆合作开展“博物馆文物藏展微环境被动调控技术成果示范”课题研究；与湖北省文物考古研究所合作开展楚故都纪南城大遗址保护科课题研究及考古发掘，并配合地方经济建设开展考古调查、发掘等工作。

荆州博物馆重视考古资料整理、学术研究和编辑出版。2012~2016年上半年共计发表科研成果145项，包括《谭家岭》《巴东谭家岭与宋家榜》考古报告2部；《中国丝绸艺术》（《中国文化与文明丛书》之一）、《楚地出土战国简册合集（二）葛陵楚墓竹简长台关楚墓竹简》、《秦简牍合集（壹）》、《秦简牍合集壹（释文注释修订本）》等专著4部；馆刊《荆楚文物》第1、2辑；《成都市天回镇老官山汉墓发掘简报》《湖北荆州八岭山冯家冢墓地考古勘探简报》《湖北荆州八岭山冯家冢楚墓2011~2012年考古发掘简报》《湖北荆州八岭山冯家冢祭祀坑2013年考古发掘简报》《荆州曹家山一号楚墓考古发掘》等考古简报23篇；《雕龙碑遗址聚落的发展及特点》《浅析史前居室埋人现象》《曾侯乙墓漆画“杂悬”图及其实验心理学解释》等考古学研究论文75篇；《古代青铜（铜锡合金）自然锈蚀物形态及形成机理》《定制器械结合环氧材料修复青铜器的方法及实例》等文物保护学研究论文6篇；《荆州楚玉——湖北荆州出土战国时期楚国玉器》《荆州楚王陵园出土玉器精粹》《南方霸主——庄蹻故国楚文物大展》文物研究性图录3部；《美的巡礼——走进荆州博物馆》《楚故都纪南城国家考古遗址公园——熊家冢遗址博物馆》《楚文化——简明读本》科普读物3本；以及博物馆学论文27篇。

荆州博物馆参与编著的《楚地出土战国简册（十四种）》于2014年获教育部“第六届高等学校科学研究优秀成果二等奖”、湖北省人民政府“第八届湖北省社会科学优秀成果一等奖”；“湖北荆州刘家台墓地与夏家台墓地”考古项目入围“2015年度全国十大考古新发现”终评；“湖北荆州望山桥一号楚墓”被编入《2015中国重要考古发现》。

（四）对外宣传与公众服务

荆州博物馆在考古工作过程中重视宣传《文物保护法》和国家文物保护方针政策，督促落实文物保护层级联控联防责任制，努力让文物保护意识和行动深入人心。在确保文物安全的前提下，经常为公众开放考古工地，通过讲解、展板、参观、研讨等方式开展公众考古实践与文物保护宣传教育。在每年的“5·18”国际博物馆日和文化遗产日不断加强考古发现与文物保护宣传，2014年接待“北大考古夏令营”实践，2015年在考古现场举办“走进尘封的世界”——荆州望山桥一号楚墓考古工地开放日，在馆内举办“文物修复我在行”——未成年人模拟文物修复等活动，效果良好。

为展示考古成果，回应社会关切，荆州博物馆及时推出考古专题展览“暮楚·朝秦”——荆州黄山墓地出土文物精华展、“神奇考古新发现”——夏家台258号楚墓出土文物展、“楚越吴神奇碰撞的新探索”——望山桥考古特展，邀请考古专家讲解、讲座，产生良好的社会效益。

此外，荆州博物馆官网（www.jzmusm.org）界面友好、设置科学、信息量大、更新及时，是馆内主要的公众宣传媒体，社会反响良好。

二、重要考古成果

1. 湖北荆州八岭山古墓群冯家冢墓地

八岭山古墓群为全国重点文物保护单位，是大遗址保护荆州片区重点文物遗存区，位于湖北省荆州市荆州区八岭山一带，为配合八岭山国家考古遗址公园建设，荆州博物馆从2011年起，对该墓群中的冯家冢墓地进行了持续的田野考古工作。

2011年对冯家冢墓地进行了全面的考古勘探，勘探面积达14.25万平方米，探明墓地主体为一处战国时期楚国高等级贵族陵园，由2座大型封土墓冢（冯家大冢、冯家小冢）、100余座殉葬墓、2座大型车马坑等组成，此外还有少量隋唐、明清等时期的中小型墓葬。

2011~2016年1月，对八岭山古墓群冯家冢墓地进行发掘，发掘面积1600平方米，清理东周墓葬21座、祭祀坑9座，隋唐墓13座，明清墓7座。出土文物52件。东周墓葬均为土坑竖穴式，具有坑深、口大底小的特点，坑口上残存有低矮的封土。墓内葬具可辨单棺痕，棺痕内底有零星红色漆痕，人骨保存差。坑内填土有少量陶豆、罐的残片。在坑位分布规律上，具有排列有序、规模相当、方向一致、间距均等的特点，判断其应为两座大型封土墓冢的殉葬墓。

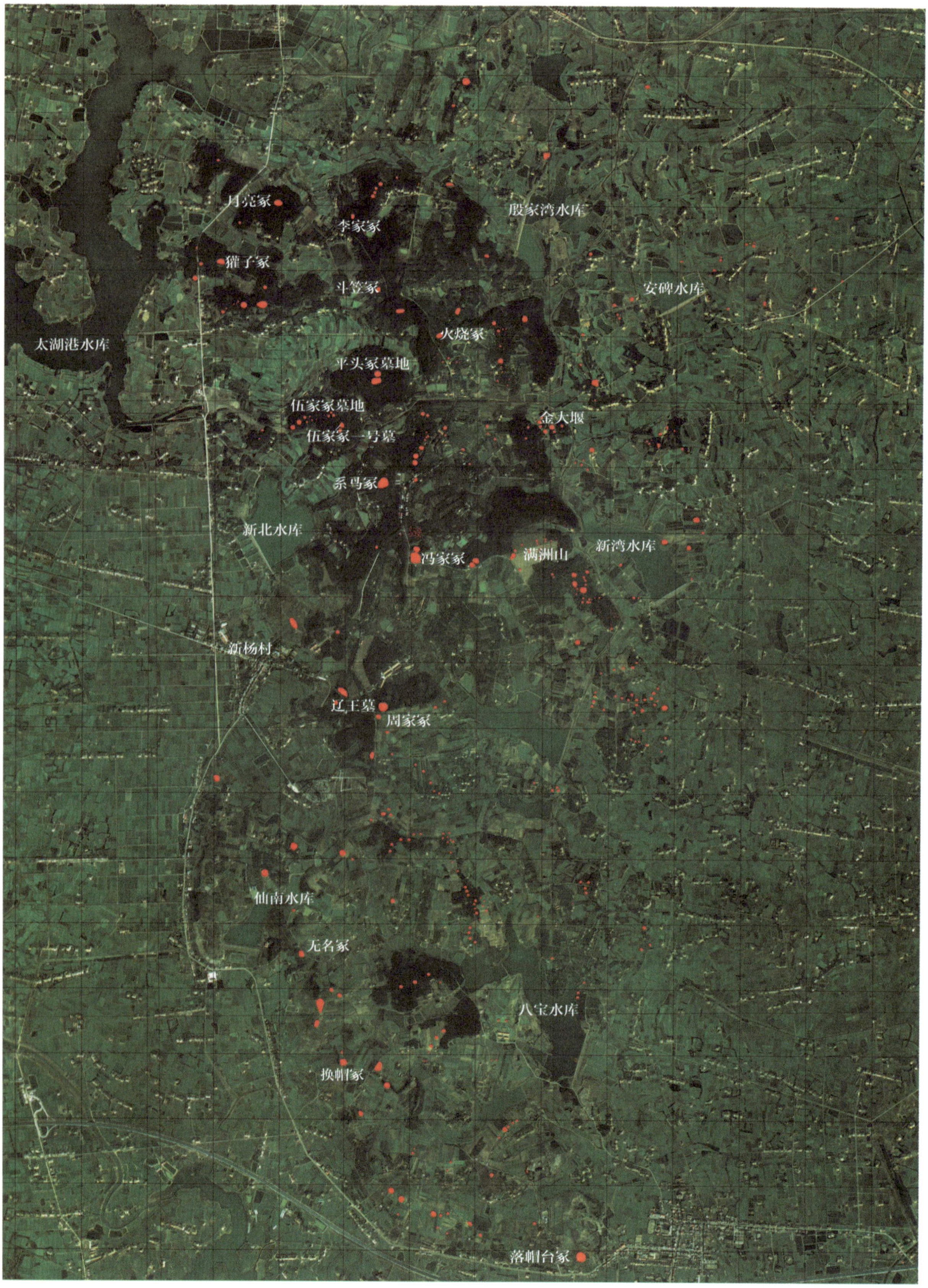

八岭山古墓群主要墓地分布图

八岭山古墓群冯家冢墓地南殉墓（西—东）

八岭山古墓群冯家冢墓地南殉墓（M5）出土文物

八岭山古墓群冯家冢墓地南殉墓发掘现场（西—东）

冯家冢墓地与本地区经科学发掘的熊家冢墓地有着极为相似的格局，均是东周时期楚国高等级贵族墓地（陵园），具有很高的保护研究和展示利用价值。通过持续的考古工作，逐步探讨冯家墓地核心墓冢的墓主身份、等级、葬制、下葬年代等学术问题，进而明确冯家冢墓地在八岭山古墓群中的性质和地位。对冯家冢墓地主墓两侧殉葬墓的发掘，可为探讨先秦时期（尤其是战国时期的楚国）人殉制度的发展、演变提供重要的考古资料。

2. 湖北荆州望山古墓群望山桥墓地

望山桥墓地属望山古墓群，位于湖北省荆州市荆州区川店镇望山村五组，1965 年修建漳河水库二干渠时破坏了墓冢封土，2013 年 9 月 ~2015 年 1 月，配合干渠改造和荆应公路提升，陆

望山桥一号楚墓全景（西—东）

续发掘了一号墓（甲字形土坑竖穴木椁墓，墓口东西长 34、南北宽 32 米，13 级台阶，二椁二棺），揭示了一号墓封土及挡土墙（在西部封土边缘，宽约 1.2、长约 5 米，纵剖面呈三角形，应与封土的堆筑有关）、田埂、“山”字形遗迹、祭祀坑、腰坑、盗洞等，出土文物 765 件（套）墓葬年代为战国中期偏晚阶段。

望山桥一号楚墓内棺玉器出土状况

望山桥一号楚墓出土漆木车辕

望山桥一号楚墓出土铜剑（带剑盒）

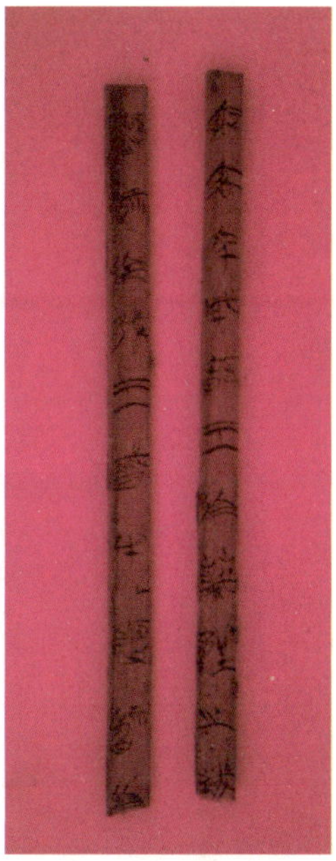

望山桥一号楚墓内棺出土竹简红外照相

望山桥一号楚墓出土铜鬲

望山桥一号楚墓出土漆木耳杯

望山桥一号楚墓出土玉佩

清理出 15 支残断的竹简，内容为遣策简和卜筮祭祷简。其中卜筮祭祷简 5 支，其余为遣册。

关于墓主的具体身份，墓中出土的一支竹简载曰“我怿以軠需为中厩尹贞”。楚国高官习称为“尹”。楚国厩苑包括若干邑，中厩尹负责管理厩苑内的吏民，治理政事。

3. 湖北荆州刘家台墓地与夏家台墓地

2014 年 8 月 16 日 ~2015 年 8 月 13 日，荆州博物馆对位于湖北省荆州市荆州区郢城镇荆北村 14 组与郢南村 1 组交界处的刘家台墓地与夏家台墓地进行抢救性考古发掘工作，共清理战国墓葬 350 座，出土随葬器物 3056 件（套），其中陶器 1797 件、铜器 398 件、竹简 420 枚、漆木器 375 件、玉石制品 30 件、丝织品 3 件（套）、皮革制品 3 件（套）及其他有机质文物 30 件（鹿角 17 件、腌鱼 13 件）。

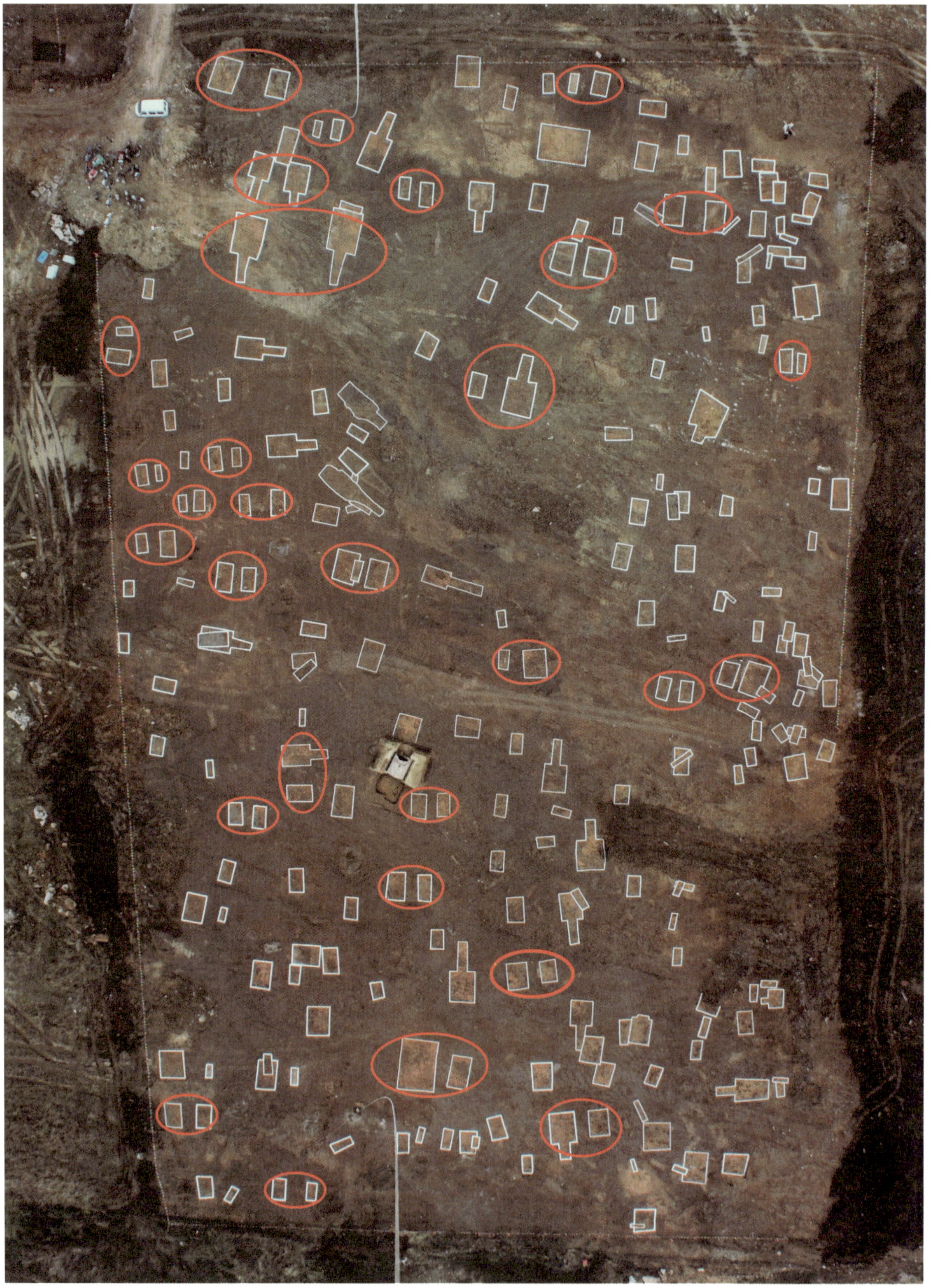

夏家台墓地墓葬分布图（红圈内为夫妻合葬墓）

墓地中有较多两两成组、相隔较近、排列一致、方向相同的墓葬，其中只有一座墓内出有兵器，这类墓葬应该是夫妻异穴合葬墓。据此推测，该墓地的性质应是以单个家庭为组成单位的族墓地。

发掘情况表明，这批墓葬有两种不同的棺椁形制，代表两组不同的文化，其中 A 组是以弧形棺为代表的楚文化，B 组是以方形棺为代表的秦文化，楚、秦两种文化因素共处。

在夏家台 M106 出土了一批战国竹简，内容为《日书》《诗经 · 邶风》和《尚书 · 吕刑》。夏家台 M258 出土了大量战国丝织品，通过 CT 扫描发现有七层丝织物包裹在一起；出土保存完好的战国皮铠甲 1 件，并附有皮带和皮矢箙；出土保存完好的腌鱼 13 条。

《日书》《诗经 · 邶风》和《尚书 · 吕刑》是十分重要的历史文献，其中《诗经 · 邶风》与《尚书 · 吕刑》在楚墓中均为首次发现，这批竹简对于思想史、文学史、法制史的研究，尤其是战国时期荆州地区社会政治、经济、思想状况等研究提供了重要资料。出土的战国丝织品，是继马山一号墓以来，荆州发现的保存最完好、数量最多的战国丝绸，对于战国时期纺织技术的深入研究提供了不可多得的实物资料。

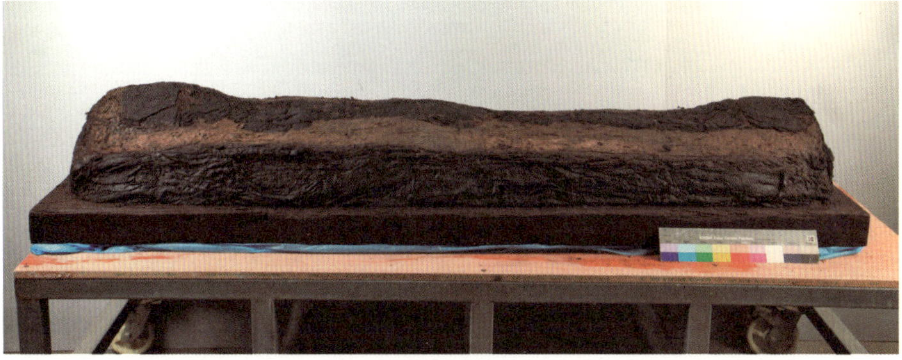

夏家台墓地 M258 棺内出土纺织品

夏家台墓地 M258 出土随葬陶器组合

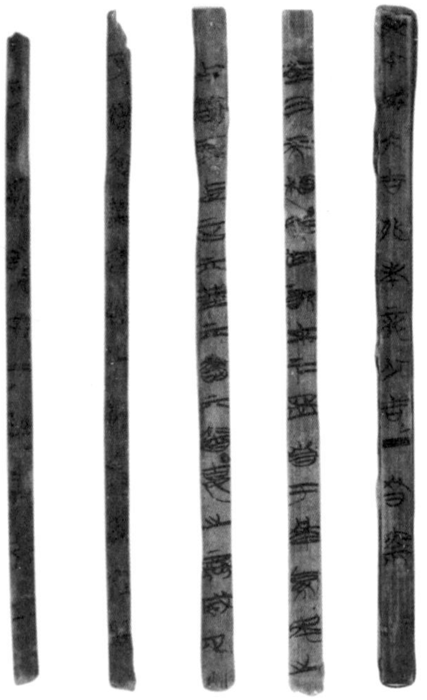

夏家台墓地 M106 出土竹简

出土的皮铠甲保存完好，丝线清晰可辨，皮带上有丝带连接的骨鍱，矢箙保存完好。在墓葬内出土保存如此完好的皮铠甲及其附件极为少见，此次发现为战国皮铠甲的复原及其制作工艺的研究提供了极为宝贵的实物资料。保存完好的腌鱼极为罕见，为有机质防腐研究提供了珍贵的实物资料。

发掘情况表明，刘家台墓地与夏家台墓地是一处白起拔郢后楚人与秦人的合葬墓地，该墓地出土的随葬器物年代特征明显，为楚墓晚期器物考古学文化的断代分期提供标了尺性依据，也为秦楚关系研究提供了新材料，为寻找南郡治所提供了重要线索。

武汉大学

一、业务建设

（一）业务工作

2012~2016 年，武汉大学历史学院考古学系及相关考古学科研平台将教学与科研紧密结合，积极完成承担的南水北调工程考古项目整理工作，推进安徽与湖北两个田野考古实习基地建设，承担了走马岭与盘龙城等大遗址保护及遗址公园建设任务，发挥武汉大学作为综合性大学的优势，推进了一系列科技考古项目。

1. 考古调查与发掘

武汉大学考古学系积极参与三峡工程、南水北调工程的文物保护规划及考古发掘，承担了多个规划、发掘、研究项目，为提升三峡与南水北调工程考古的科研水平、把三峡和南水北调工程建设为文明工程做出重要贡献。2012 年以来，主要对南水北调工程考古的发掘资料进行整理和研究，取得一系列重要成果。如湖北郧县辽瓦店子包含了非常丰富的从夏代早期到东周时期的文化遗存，是构建丹江库区文化序列的重要遗址，荣获“2007 年度全国十大考古新发现”。通过汉水流域的地质学考察、遗址及年代学分析，探索汉水流域 10 万年前的人类文化特征、技术与认知模式，并与欧洲、非洲同时代文化进行对比，为确立中国史前文化在世界文化体系中的地位提供了依据。郧县庹家洲遗址的发掘对廓清老官台文化的空间分布提供了重要资料，有助于揭示老官台文化的动态变迁过程。河南淅川马岭遗址采取聚落考古的发掘方法，揭示出比较完整的史前聚落形态，在早期亲族组织研究方面取得重要突破。河北元氏南白楼遗址主要为战国秦汉时期和唐代墓地，其发掘对重建这一时期文化变迁过程、研究晚期亲族组织具有重要意义。

近年，为了安排考古专业的教学、科研，先后在安徽和湖北建设两个田野考古实习基地。安徽考古实习基地已经运转多年，先后对安徽省固镇县南城孜遗址、杨堡遗址、古堆桥遗址与小孙岗遗址以及阜南县朱寨镇台家寺遗址进行了调查、勘探、试掘和较大面积发掘，对皖北地区的文化序列、文化内涵等有了比较系统的认识。其中台家寺遗址商时期堆积年代为二里冈上层至殷墟时期，主要文化因素接近郑州、安阳一带同时期的商文化，也有一些特色因素。该遗址在花园庄期至殷墟一期是商代在淮河流域的中心，发现高等级的遗迹遗物。经过长时间的准备，湖北考古实习基地也于近期启动。这两个考古实习基地的建成，对保障武汉大学考古学系学生的田野考古实习及推进考古学研究的深入开展具有重要意义，也可以承担文博系统专业人员的培训任务。

2. 大遗址保护与规划

武汉大学考古学系依托世界遗产保护研究中心等平台，积极参与湖北及周边地区大遗址保护规划与遗址公园建设项目。

（1）盘龙城大遗址保护及遗址公园建设考古

盘龙城是长江中游重要的商代城址，武汉的城市之根。遗址公园建设列入《国家十二五文化和自然遗产保护规划》。为推进盘龙城考古遗址公园规划，武汉大学考古学系与湖北省文物考古研究所、武汉市文物考古研究所等单位合作，对遗址进行了全面勘探和科学发掘，对盘龙城商代城址的整体布局和聚落形态有了更加明晰的认识，对盘龙城遗址的古代景观进行了复原，为大遗址保护规划及遗址公园建设提供了坚实的科研基础。此外还多次主办学术会议，促进了相关研究课题的开展，扩大了盘龙城遗址的学术影响。

（2）走马岭大遗址保护及遗址公园建设考古

走马岭遗址是重要的史前城址，经过多年的考古工作，明确了城址的整体范围，基本厘清了城内的堆积状况、大致布局，以及城墙的结构和功能，证明其不仅具有军事防御功能，也具有防洪避水功能。明确了走马岭城址具有内城墙、壕沟以及基本完整的外围防御体系，已经具备了内外城的雏形。走马岭城址是目前国内发现最早的具有内外城结构的史前城址之一，有利于推进早期城市的形成、演变及中华文明探源等重大学术课题的研究，也为走马岭大遗址保护及遗址公园建设提供了坚实的依据。

（3）荆州纪南城、八岭山陵墓区遗址保护与利用

纪南城是东周时期楚国郢都故址，八岭山是重要的楚国王陵区。武汉大学考古学系承担或参与了纪南城遗址、八岭山陵墓区保护规划方案的制订，参与国家科技支撑计划项目“荆州大遗址楚文化数字化保护及传播技术集成示范”，针对楚文化这一中国南方地区高度发达且风格独特的区域文化保护与传播困境，总结其特色文化内涵，建立楚文化符号系统、元数据体系和资料数据库，建成以荆州大遗址片区为示范的文化保护、展示与传播基地，为服务地方经济、文化建设贡献了力量。

3. 科技考古与文物保护

依托科技考古研究中心、有机硅化合物及材料工程研究中心、青铜文明研究中心、非物质文化遗产保护中心等平台，开展跨学科研究，研发了一系列文物保护新技术，提升了考古与文

物保护的整体水平。

遥感测绘是武汉大学的优势学科，武汉大学考古学系在遥感技术与考古学研究相结合方面形成了一系列前沿性成果，如对荆州大遗址采用机载三维激光扫描遥感技术进行考古调查与监测的方法，不仅为国内首创，在国际上也属前沿，该成果2014年获得全国测绘科技进步二等奖。利用遥感测绘技术对敦煌等地的石窟寺壁画、武当山等地的古代木结构建筑以及随州叶家山等考古发掘现场进行扫描记录及3D复原方面也取得一系列成果，为文化遗产保护做出了很大贡献。

以化学、物理学、材料学等为基础，在大型古代遗址及珍贵文物的无损原位病害分析、文物科学辨伪理化指标体系的建立、新型保护材料的开发及保护效果评价体系的建立等方面取得突破。在中国古代丝织品劣化机理、古代竹简劣化机理、铅颜料褪色机理、青铜器腐蚀机理及除锈技术等方面取得了一系列新进展，产生了良好的行业和社会效应。

利用网络技术开发出考古发掘管理系统，在湖北省广泛使用，增加了考古学资料管理的科技含量。对博物馆及文化遗产的管理模式、数字化关键技术和标准进行研究，开展博物馆及遗产数字化、产业化服务应用示范，构建文物信息管理平台，开发出数字考古实验室及文物库房RFID藏品全流程管理系统及文物库房智能管理系统。

加强自然科学技术在考古学研究中的应用，关注文化的技术层面研究，成为武汉大学考古学系的一个亮点。在石器制作技术、青铜器制作工艺、古代陶瓷工艺、GIS重建遗址系统等方面产生了大量高水平的成果，拓展了考古学研究的深度和广度。

（二）人才建设与培养

2012~2016年，武汉大学考古学系选留优秀博士毕业生4人，师资队伍得到进一步加强与优化。并且充分发挥教学、科研方面的优势，为文博单位、政府部门提供干部和业务骨干的培训服务，多次为湖北省、广东省主办考古、博物馆专业的岗位培训，为各级文物管理部门和业务单位培养了一批文物干部。将专业硕士的培养与文博系统业务人员的培训相结合，一方面，聘请考古文博单位的专业学者参与专业硕士的培养，另一方面，鼓励招收各类文博部门业务人员作为专业硕士研究生，为湖北省博物馆和文物考古研究所等单位开办专班培养专业硕士，提升了文博系统的业务水平。

此外，在各类考古及文物保护项目中，积极与当地文物考古部门合作，联合发掘、合作科研，既保障了考古与文物保护项目的顺利推进，也为当地文物考古部门培养了业务人员。利用武汉大学考古学系的办学优势，与湖北省文物局合作共建鄂东田野考古实习基地，目前已经完成了基地选址、遗址确认、项目申报等工作，也得到了国家文物局的批准和经费支持，基地建设已经启动，并于近期开办湖北省文博系统干部与业务人员的培训班。

（三）学术交流与科研成果

中国考古学无论是在田野考古技术与方法还是文化理论方面，均具有自身特色，在国际上具有一流的研究水平，当前中国考古学正在经历研究重心从中原到边疆然后走向世界、参与国际学术竞争的过程。武汉大学考古学系在中外考古交流方面也取得了一系列成果。如利用教育部、湖北省和武汉大学的学术交流项目经费先后多次邀请美国匹兹堡大学周南院士、加州大学洛杉矶分校的罗泰院士，法国巴黎第十大学艾瑞克・博伊达院士等国际知名考古学家来校短期讲学，并接受海外考古专业学生来校交流。同时武汉大学考古学系教师多次前往欧美大学访学、讲学、参加国际学术会议，也派出多名考古专业学生前往国外大学进行交流。并与美国匹兹堡大学、法国高等实践研究院等大学进行考古项目合作。

2012~2016 年，完成各类科研项目 30 余项，发表高水平科研论文 90 余篇，出版学术著作 8 部。

二、重要考古成果

武汉大学考古学系结合教学实习推进田野考古，先后在安徽北部和湖北东部地区建立两个田野考古实习基地，开展了一系列考古调查、勘探、发掘以及保护工作。同时积极参与湖北省大遗址保护及遗址公园建设，先后承担了武汉盘龙城和石首走马岭两个重要遗址的考古工作。

1. 湖北石首走马岭史前城址

走马岭史前城址位于湖北省石首市东升镇走马岭村与屯子山村的交界处。基点坐标为北纬 29°40′13″、东经 112°31′07″，城内海拔 30~40.7 米。2014~2016 年，武汉大学考古学系联合石首市博物馆对走马岭史前城址进行考古工作。

此次工作包括采用 RTK 对走马岭史前城址及周边地区进行测绘；对城址及周边土墩、土冈反复踏查；对走马岭城内和屯子山土墩范围内全面勘探，并选取若干断面进行清理；在走马岭城内东部城垣、北部城垣及城外东部护城河部分作小面积发掘；发掘过程中对遗迹单元进行网格式精细清理，分区、分层采集土样，开展植物考古、动物考古等项目；进行机载激光雷达、探地雷达、三维建模等相关技术的探索与实践。

走马岭史前城址应该包括走马岭内城、护城河和周边的屯子山、狗赶张、蛇子岭等外围城垣体系，共同构成了内外双城结构。整体平面形状大致呈椭圆形，内城面积近 10 万平方米，加上外城总面积逾 36 万平方米。勘查发现，内城北部至东南部高地有丰厚的文化层堆积，当时居民应该主要长期居住于此，而推测西北部、西南部也有较多居住活动。外城范围内仅屯子山分布有零星稀薄的文化层堆积。

走马岭内城从西北部经东北角到东南部一带的城垣均较宽，剖面呈台阶状。城垣外侧修筑成耸立的拱形土墙，应主要承担军事防御功能；内侧的平台上普遍分布有文化堆积，包括灰坑等遗迹现象，应该为居住场所，兼具防御洪水的功能。西部、南部城垣相对较窄，只筑成一道

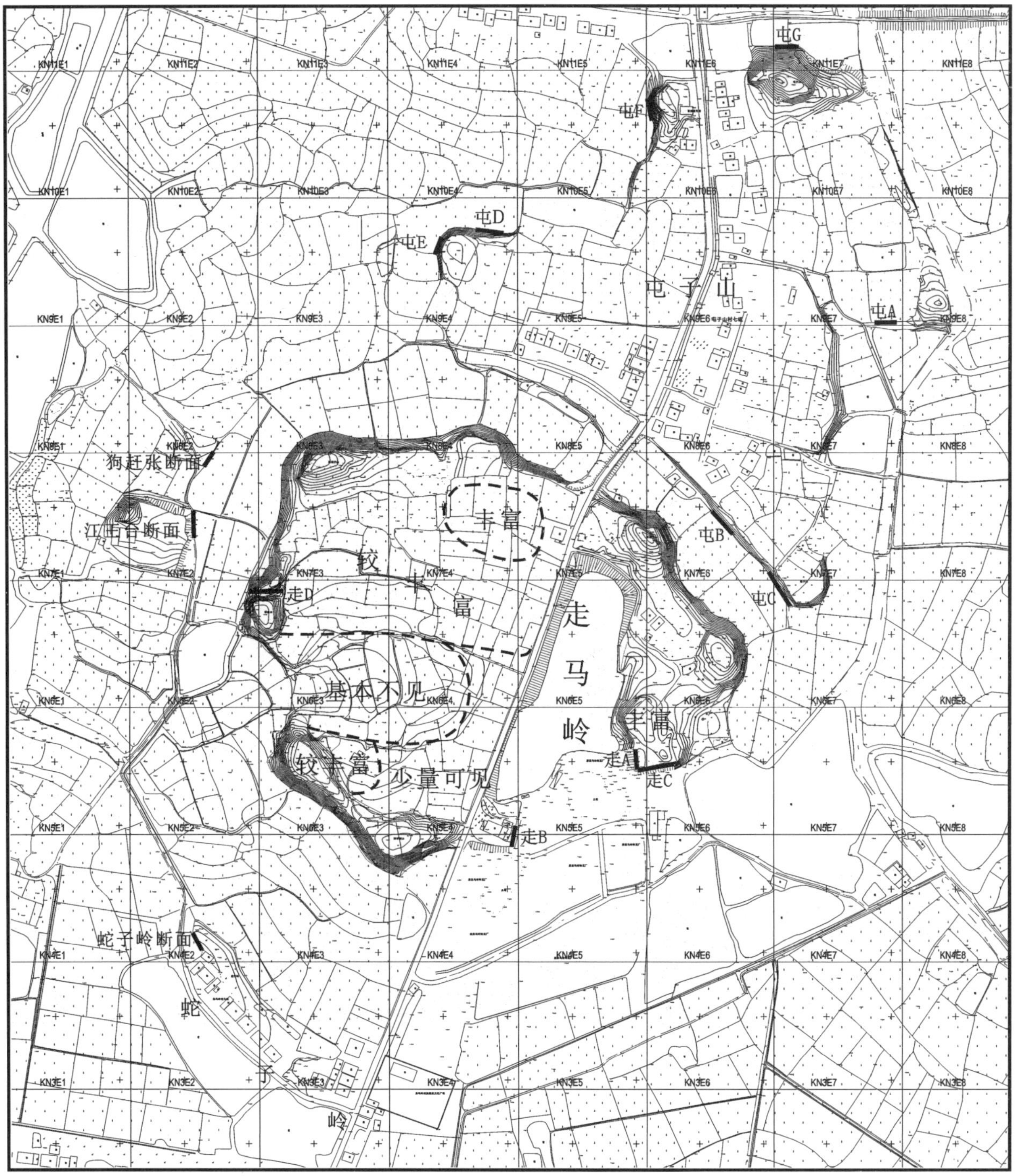

走马岭史前城址测绘、勘查图

剖面近梯形的土堆。

采用聚落考古的方法，对走马岭城垣的东南角断面和北城垣附近进行了小面积发掘。城垣东南角的发掘表明，耕土层下即分布有煤山文化石板巷子类型的房屋建筑基址及相关遗迹。在城垣北部的勘探和发掘表明，这里在屈家岭下层、上层文化时期存在长期的居住现象，形成了

走马岭史前城址正射影像图

丰富的文化层堆积，揭露出较多房址、红烧土堆积、灰沟和灰坑等遗迹。在城垣北部偏南的地方存在零星的石家河文化遗存。出土了大量陶器、石器、少量骨器、玉器等，文化遗存包括屈家岭下层文化、屈家岭上层文化、石家河文化和煤山文化石板巷子类型，另有零星东周、宋代和少量明清时期堆积。

据调查和发掘资料，综合判断走马岭城始建年代应该不晚于距今5300年的屈家岭下层文化，大致与郑州西山城、杭州良渚城等年代相当，是国内发现的最早的具有内外双城结构的史前城址之一。走马岭城的废弃年代大致相当于夏代早期的煤山文化石板巷子类型。

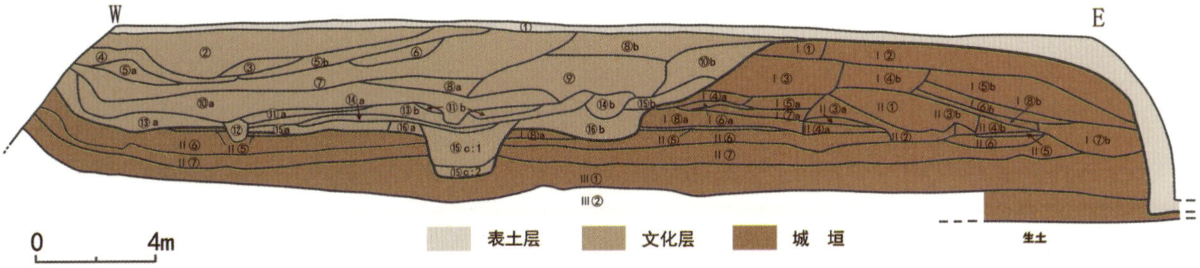

走马岭史前城址东南部城垣剖面彩图

走马岭史前城址屈家岭上层文化F10（南—北）

2. 湖北武汉盘龙城遗址

盘龙城遗址位于湖北省武汉市黄陂区，1954年被发现，20世纪70年代发掘城址、宫殿等大型建筑，同时发现多座高等级贵族墓葬及大批青铜器。2013年，为推进盘龙城大遗址保护，武汉大学考古学系等单位开始对其展开考古工作。在此基础上，2015年又进行针对性考古工作，主要取得以下三个方面的收获。

一是对遗址地理景观及其变化的认识。为在统一的地理坐标系统中精确记录不同年度、不同遗址的空间数据，目前已在盘龙城遗址建立了永久性的三维坐标系统。在此基础上，2015年开发了“盘龙城遗址田野考古钻探系统”，可利用不同层位探孔数据形成点云来构建遗址不同时期的地貌模型，分析遗址环境及景观变迁。

二是对聚落布局的新认识。杨家湾南坡近年发现有大型建筑基址F4，规模与城垣一号宫殿相当，可能为晚期阶段的中心建筑。同时在F4西北部发现6座集中分布的墓葬。大型建筑与高等级墓地的存在，说明盘龙城遗址的晚期中心应该在杨家湾岗地。此外，在近年的勘探中发现杨家湾坡北存在长约150、宽约20米的黄土带。黄土带呈弧形分布于杨家湾北坡阶地边缘，其范围大大超出一般建筑的体量，推测可能为外城垣遗存。

三是关于聚落社会与生产的新发现。依据勘探线索，对盘龙湖北岸的小王家嘴进行发掘，清理二里冈文化时期遗迹单位 29 个。这些遗迹除了规模略小之外，其他特征均与一般墓葬一致，可能为未成年人墓葬。在对盘龙城城垣以西的小嘴遗址发掘中，发现南、北范围均超过 30 米的大型遗迹，遗迹不同部分走向或平行，或垂直 。便携式 X 荧光仪检测显示，遗迹中一些区域铜等金属的含量超过其他区域数十倍。这处遗迹应与青铜器的生产相关，目前发掘工作尚在进行中。

结合近年来的田野工作，2015 年盘龙城考古工作的意义可归结为以下几点：一是认识到遗址废弃后水位上升造成了古今地理环境的变迁，对于重建盘龙城夏商时期地理景观具有重要意义。二是盘龙城聚落经历了形成、发展和衰退的不同发展阶段，加深了对盘龙城性质以及当时中原王朝与长江流域文化之间互动关系的理解。三是小王家嘴墓地的发现首次明确了有意识规

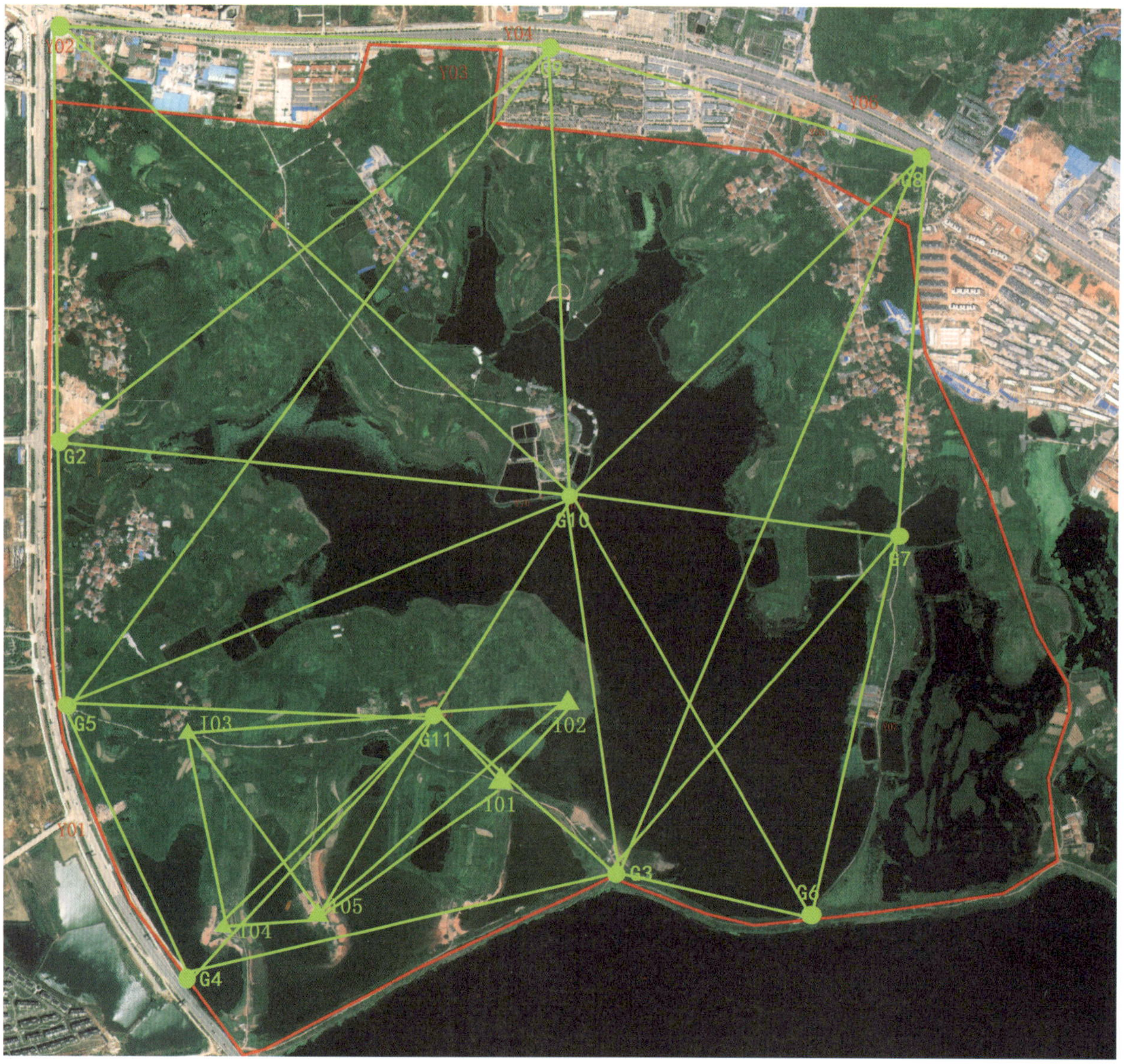

盘龙城遗址当代景观及三维测绘控制网

盘龙城遗址杨家湾北坡黄土带北端及石块遗迹（北—南）

盘龙城遗址杨家湾 M17 出土青铜斝、觚、爵（从上至下）

盘龙城遗址小王家嘴墓地出土青铜器

盘龙城遗址小王家嘴墓地 M7

盘龙城遗址小嘴遗址青铜器作坊遗存全景（右北）

划的墓地的存在。墓地分布在聚落外围、杨家湾城垣的存在，展现出一个 3500 多年前长江流域中心城市的新面貌。四是小嘴遗址青铜器生产作坊属于早商时期都城地区之外的首次发现，根据这一发现，对早期青铜器为国家垄断生产的主流观点需要重新认识，同时对于盘龙城性质的研究具有重要意义。

3. 安徽阜阳台家寺遗址

台家寺遗址位于安徽省阜阳市阜南县朱寨镇三合村白庄南，遗址紧临润河。其中心地理坐标为北纬 32°42′03.5″、东经 115°53′52.8″，海拔高度 26 米。1957 年，在润河旧河道中曾出土青铜龙虎尊等商代青铜器共 8 件（觚、爵、斝、尊各 2 件）。2014~2015 年，安徽省文物考古研究所和武汉大学考古学系对该遗址进行了小面积的主动发掘。

2014~2015 年共发掘 1000 平方米，发掘区均在围沟内北部商代大型台基上及其周边，发掘面积 1000 平方米。发掘的遗迹年代涵盖龙山时期、商代、西周至春秋。遗迹遗物主体为商时期，

台家寺遗址全景

包含灰坑近 200 个，小型房屋 13 座，围沟北部重要的大型台基及同时期的台基上建筑 F2、F12、F14、F16 和台基外围建筑 F15、F17、F18、F4、F1 等。

遗址居住区上存在平面大体呈方形的大型围沟设施，东北部有切角，方向为 10°，整体长度东西约 105、南北约 85 米（围沟内建筑区范围为 76 米 ×56 米），围沟宽度为 13~15 米。围沟使用年代为商时期，在两周之际被填平。居住区的主要遗迹均分布在围沟之内。经勘探，北部有一处大型台基，中部为场院，南部则主要为小型建筑垫土。F2、F12、F14 和 F16 四座大型建筑建在北部的大型台基上。其中 F2 建于大型台基西南部，是台家寺遗址最大的中心建筑，方向

台家寺遗址居址区北部主要建筑（上北）

10°，由南北两排各 9 个方形柱坑构成。柱坑边长 75~105 厘米，底部均设有大型石板柱础。F2 东西总长约 27.8、南北进深约 5.9 米。

台家寺遗址 M3 平面

商代墓葬区位于居址区西侧 150 米外，发掘的 7 座商代墓葬在保留了长方形竖穴形制及腰坑等典型的商文化特点外，也加入了独木棺等因素，对研究商代丧葬制度具有重要价值。同时也为 1957 年发现的青铜器属于商代墓葬这一观点找到了重要证据。台家寺揭露的墓葬区和贵族居址区，有较好的地层学和类型学依据证明其共时性，因此对研究商代的居葬关系具有极重要的价值。

台家寺遗址发现了铸铜作坊建筑 F16。其清理工作坚持了提前预案、将田野考古工作与冶金考古原址检测工作相结合的方法，取得重要发现。如首次发现商代铸铜作坊内的铸造场地使用石灰铺地，首次发现商代铜精炼遗址。该遗址内发现铜精炼和铸造铜器两类冶金活动遗迹，且应用纯锡料配置合金。这些发现对研究商代冶金考古和冶金史具有重要意义。

湖南省

湖南省文物考古研究所

一、业务建设

2012~2016年，湖南省文物考古研究所的工作主要围绕湖南省大中型基本建设工程中的文物保护、大遗址保护和国家考古遗址公园建设以及若干重要学术课题展开。同时，在单位建设、学科建设、人才培养、对外宣传等方面也做了大量工作。

（一）业务工作

1. 考古调查与发掘

在湖南省文物考古研究所近年的业务工作中，配合基本建设的考古调查、勘探、发掘与文物保护工作依然占了很大比重。2012~2016年，累计完成50余项基建工程的文物调查、勘探和60余处古遗址、古墓葬的发掘工作，工程范围涉及公路、铁路、水库、电厂、输气、输油管道和输电线路、开发区、房地产等各种项目。在开展基建考古的过程中，湖南省文物考古研究所时刻保持课题意识，将纷繁复杂的基建考古工作纳入学术课题研究的视野，使一些零星的、不起眼的考古发现凸显出本身具有的学术价值。如在“洞庭洋沙湖国际度假区”项目的工作中，将其与正在开展的学术课题“湘江流域古瓷窑址调查”相结合，以此为契机，开展了湘阴窑遗址的调查工作，基本厘清了湘阴窑遗址的分布规律、产品特点及发展演变脉络，为下一步开展湘阴窑遗址的工作打下了基础。楚汉墓葬是湖南省发现最多的遗存，由于数量大、出土文物相似，加上基建考古工作的随机性，长期以来没有引起足够的重视。近年来，湖南省文物考古研究所开展了“湖南境内楚汉城址调查”学术课题，通过聚落考古的视野，将过去极易被忽视的零星楚汉墓葬的发掘纳入了学术思考的范畴，在此基础上，中方职教城、蓝山工业园的考古工作中，经过细致的发掘，取得了许多意想不到的成果。

在做好配合基本建设的考古调查、发掘工作的同时，湖南省文物考古研究所还结合相关研究课题，开展了一系列主动性的考古调查、发掘工作。如为探讨南岭南北的文化交流与传播，近年来在湘南地区做了大量的工作。在调查的基础上，2011年、2012年10~12月，对濒临破坏的桂阳千家坪遗址进行了抢救性考古发掘。该遗址出土了大量精美的白陶，为探讨湖南新石器文化向岭南的传播提供了重要资料。为探索澧水流域的商周考古学文化，2012、2013 年，先后对澧县星星遗址和斑竹遗址进行了考古发掘。斑竹遗址发现了商、西周、东周三个时期的遗存，为建立澧水流域商周考古学文化序列以及与周邻地区考古学文化的关系提供了较为系统的资料。2014 年，为探索沅水流域的商周考古学文化，先后在沅水下游的常德发掘了贵家冈遗址，上游潕水流域发掘了芷江四方园遗址。贵家冈遗址的文化面貌与澧水流域同时期文化比较接近，表明环洞庭湖以西商周时期的考古学文化面貌具有较大一致性。芷江四方园遗址发现了具有早晚关系的三座房址，出土器物以小平底和尖底为典型特征，显示出与成都平原、峡江地区和清江流域同时期遗存的相同特征，表明早在商代，武陵山区作为一个相对独立的地理单元，已形成了较为统一的文化。

在开展传统的考古调查、发掘工作的同时，所里还不断开拓新的工作领域。2014、2015 年先后在澧水津市河段和酉水中游王村至会溪坪河段进行了水下考古调查。通过声呐扫描，结合人工潜水作业，获取了澧水津市河段较为精确的河道声呐图和数据资料，摸清了该河段的河床地形，并发现已淹没于水中的两处古码头和防洪堤。同时，在水深 12.5 米处，发现长 12.31、宽 3.91 米的沉船 1 艘。酉水中游的水下考古调查确认了溪州铜柱的具体位置，发现了一批溪州土司早期遗存，为研究溪州土司早期文化提供了重要资料。这两次水下考古调查虽然规模不大，但却具有开创性的意义，标志着湖南省的考古工作开始从陆地向内水延伸。

2. 大遗址保护与规划

2012~2016 年，湖南省文物考古研究所的大遗址保护与规划工作主要围绕永顺老司城、澧县城头山、宁乡炭河里等一批大遗址或国家考古遗址公园的建设而开展。其中永顺老司城国家考古遗址公园建设和土司遗存申报世界文化遗产是重中之重。

永顺老司城位于永顺县城以东的灵溪河畔，为历史上永顺土司数百年政治、军事、文化的中心，也是湘鄂渝黔土家族地区规模最大、保存情况最好的土司城址，是 2010 年获得国家文物局立项的国家考古遗址公园之一。2010~2014 年，湖南省文物考古研究所对该遗址进行了大规模的调查、勘探和发掘，厘清了老司城遗址的基本情况：老司城遗址由核心区、主体区（中心城址）、外围区组成。其中核心区面积 25220 平方米，包括生活区和衙署区；主体区（中心城址）面积 19 万平方米，包括城址核心区（生活区、衙署区）以及与核心区紧邻的街巷、中央文教区和贵族墓葬区，是彭氏土司居住、办公、教化和居民集中生活居住的地方；外围区 25 平方千米，包括祖师殿建筑群、观音阁、俞家堡建筑群、监钦湾建筑区、碧花山庄、栈道、哨卡以及其他外围建筑遗存。在城址的河流两端分别是具有军事护卫性质的城堡，以吊井、颗砂为中心的开阔河谷为老司城的重要经济命脉。在调查、勘探的基础上，为配合国家考古遗址公园建设和申遗，湖南省文物考古研究所对相关区域进行了大规模的考古发掘，并在上述工作的基础上，为老司城遗址编制了各种保护规划和方案，实施了具体的保护工作。

老司城遗址保护工作的特色是由一家单位，即湖南省文物考古研究所，自始至终参与了考古发掘、保护规划编制和保护工程实施的全过程。由于发掘者同时又是规划编制者和保护工程的实施者，在工作的每一个环节都能充分做到相互兼顾、统筹安排、因地制宜。因此，该遗址的保护工作得到了国家文物局和ICOMOS相关专家的肯定。2015年7月4日，在德国波恩召开的第39届世界遗产大会上，老司城遗址与贵州遵义海龙囤遗址、湖北恩施唐崖土司遗址以“土司遗址”的名义联合申遗成功，获准列入《世界遗产名录》，成为湖南的第一处世界文化遗产，也是我国的第34项世界文化遗产。2015年11月，永顺老司城遗址本体保护工程获得“全国十佳文物保护工程”殊荣。

除老司城外，湖南省文物考古研究所还配合澧县城头山、宁乡炭河里等大遗址或国家考古遗址公园的建设，开展了较大规模的考古发掘和文物保护工作。其中澧县城头山遗址一号馆、六号馆考古发掘现场的保护展示工作实现了南方高温潮湿环境下土遗址保护技术的突破，取得了良好的保护效果。2016年6月8日，澧县城头山国家考古遗址公园开园，一号馆、六号馆考古发掘现场的保护展示工作获得了专家学者和社会大众的一致好评。

3. 科技考古与文物保护

近年来，湖南省文物考古研究所在科技考古和现场保护方面有了较大进展。科技考古方面，除继续加强传统的植物考古、动物考古外，还引进材料学等相关专业的人才，开展了各种材质文物及赋存环境的检测分析，并在考古遗址和墓葬出土瓷器的窑口分析、湖南古代灰浆工艺复原及应用研究等方面取得了显著成果。在铜官窑遗址的考古工作中，将磁法、多频电磁法、高密度电阻率法等多种无损伤的物探技术运用于调查勘探中，并取得了较好的效果。在永顺老司城遗址，城墙砂浆成分的研究、岩土风化机理的实验检测、大气环境和植物病害的科学检测分析、高光谱探测等技术都应用于遗址的本体保护工作中。

近年来，湖南省文物考古研究所的数字化考古工作也进展显著：重要考古工地基本全部实现了数字化采集与管理，近景摄影测量、考古发掘现场可视化三维建模等技术得到了广泛使用，库房文物也实现了三维信息的存储与管理。此外，还将过去60多年积累下来的考古发掘资料进行了数字化转换。在此基础上，初步建立了湖南考古地理信息系统。

文物保护方面，所里大力引进人才，开展了乌鸦山遗址旧石器时代晚期文化层剖面的保护与研究，实现了城头山2号遗址区护坡遗迹、娄底明代壁画墓、桃源杨家山、临澧九里楚墓出土棺椁等的套箱提取。2015年底，由国家文物局支持和推广的“文物出土现场保护移动实验室”正式交付，并在澧县余家牌坊等工地进行了使用，取得了良好的效果。

在开展科技考古和文物保护工作的过程中，湖南省文物考古研究所还对文物保护的材料进行了实验和筛选，开展了南方土遗址加固材料筛选及加固效果评估、戊二醛饱水木质文物脱水定型修复工艺及新型交联剂加固计筛选研究，并在此基础上对益阳兔子山遗址出土的饱水简牍及竹木器、娄底市娄星区万宝村凤凰山一号明墓出土壁画以及所藏青铜文物进行了保护修复。

4. 规划编制

近年来，所内文化遗产保护与利用工作发展迅速。由于湖南省文物考古研究所同时具有考古发掘和文物保护的多种资质，有能力实现从考古发掘、科技检测与分析、保护规划和方案的编制、保护工作的实施等全过程的参与，避免了因规划、方案的编制与考古发掘和保护工程实施之间脱节带来的种种弊端，能够做到根据不同对象有针对性地编制保护规划和方案、实施保护工程，真正做到因地制宜。

2012~2016 年，为永顺老司城、长沙铜官窑、宁乡炭河里、龙山里耶、安乡汤家冈、澧县花瓦塔、余家牌坊等 20 余处古遗址、古墓葬、古建筑、古街区和古村落等编制各类保护规划、方案、立项报告等 100 多个，为湖南省文物考古研究所和兄弟单位编制了近 20 个可移动文物保护方案，实施了老司城、城头山等遗址的保护工程。

5. 基础设施建设

近年来，随着业务工作的不断发展，所内基础设施落后的矛盾日益突出。特别是办公楼老化、办公场所狭窄拥挤的现状既制约了所里的发展，也是不容忽视的隐患。由于缺乏工作场地，大批考古发掘项目无法进行后期整理，发掘资料长期积压，成果无法及时公布。因此，“十一五”期间，湖南省文物考古研究所启动了长沙铜官窑考古基地的建设。2012 年底，铜官窑基地正式建成并投入使用，截至目前，已有 20 多个工地在铜官窑基地完成了资料整理工作。2014~2015 年，又对原有的石门工作站进行了提质改造，2015 年 10 月改造完成并投入使用。上述工作为所内业务的发展提供了强有力的后勤保障。

（二）人才建设与培养

为了业务发展的需要，湖南省文物考古研究所大力加强人才建设和培养。2012~2016 年，先后引进考古人员 7 名，文物技术保护和科技考古人员 5 名，建筑、土木工程、规划及设计人员 6 名，这些人员基本都有硕士以上学历（含博士 1 名）。此外，鼓励业务人员继续学习和深造，根据现有人员的岗位要求，先后安排 80 余人次参加各种类型的专业培训，另有 5 人进入北京大学、武汉大学、山东大学、中南大学、中国社会科学院考古研究所攻读博士学位。通过培训和学习，提高了现有人员的业务素质。2015 年，10 余名业务人员参加了国家文物局委托中国文物古迹保护技术协会组织的文物保护工程责任设计师、工程师的资格考试，参考人员全部通过所报科目考试，获得了文物保护工程责任设计师、工程师资格。

（三）学术交流与科研成果

1. 学术交流

“请进来，走出去”是加强学术交流、提升科研单位业务建设的重要内容。湖南省文物考古研究所每年派出大批业务人员参加国内外各种学术会议及交流互访。2016 年 5 月，在河南郑州召开的首届中国考古学大会上，所内共有 17 名代表参加，并分别在 9 个专业委员会上做了发言。这是所内人员在中国考古界的一次集体亮相，集中展现了湖南考古人的学术风采。此外湖南省文物考古研究所每年还接待大批国内外同行的来访，承办“湘鄂豫皖楚文化研究会第十三次年会”等学术会议和国家文物局田野考古高级研修班、文物出土现场保护移动实验室技术示范应用和技术培训班等业务培训班，与香港中文大学等单位共同举办了“地下的中国——凤翥龙翔”等展览。

在与国内同行积极交往的同时，努力扩大对外学术交流和考古合作。为探讨稻作农业的起源问题，湖南省文物考古研究所与北京大学、美国哈佛大学、波士顿大学等单位一起，联合开展了澧阳平原山前地带史前遗址的区域系统调查，并选取其中的杉龙岗、华垱、宋家岗等遗址进行了发掘。这是一次精细化考古作业的典范，发掘队伍由来自中美双方 6 个不同单位的研究人员组成，研究领域涉及考古学、年代学、植物学、动物学、地质学、环境学等多个相关学科。在发掘过程中，结合中、美双方的田野考古方法与技术，制定了一套详细的从布方、发掘、记录、采样、收集到资料整理的系统，成功实践了当代考古学“理论多元化、方法系统化、技术国际化”的思想。发掘出的水稻与“水稻田”遗存、建筑形态与活动面、壕沟与聚落等多种遗存为研究澧阳平原早期农业在形态提供了重要资料。

“十二五”期间，湖南省文物考古研究所开展了文物援藏和援疆工作。在文物援藏工作中与西藏山南地区文物局联合开展了为期 3 年的山南地区庄园遗存调查，在文物援疆工作中为新疆吐鲁番地区文物局编制了《新疆鄯善洋海墓地考古工作计划》。2014、2015 年，湖南省文物考古研究所还走出国门，与孟加拉国国家考古局联合开展了 Vikrampura（毗诃罗普尔）遗址的考古发掘工作，发掘了一处规模宏大的寺院建筑遗迹，此项工作对于促进中、孟两国友好关系以及扩大中华文化的影响力、维护国家安全具有重大意义。

2. 科研成果

在做好各项业务工作的基础上，湖南省文物考古研究所业务人员坚持科研工作不放松。2012~2016 年，承担了“汤家岗文化综合研究”“湘西北晚更新世旧石器文化发展与生存环境研究”“先秦时期湖南与岭南的交通”“湖南史前炭化水稻胚的研究”等多项国家社科基金、国家社科青年基金以及国家文物局文物保护科学和技术研究课题。所内业务人员累计发表论文、报告 200 余篇，出版了《安乡汤家岗》《湘阴青山》《沅陵窑头发掘报告——战国至汉代城址及墓葬》《桂阳刘家岭壁画墓》《永顺老司城》《湖南旧石器时代文化与玉蟾岩遗址》《湘西史前遗存与中国古史传说》《城头山遗址与洞庭湖区新石器时代文化》《永顺老司城——八百年溪州土司的踪迹》《湖南出土简牍选编》《湖湘陶瓷》《濂溪故里》《考古与文化遗产保护——理论与实践》以及《湖南考古辑刊》第 9、10、11 辑等 20 余种报告、专著和刊物。

2014年12月，湖南省文物考古研究所与武汉大学等单位共同向国家文物局申报的文物保护专项“湖南澧阳平原史前遗址群机载激光测绘遥感考古与三维考古GIS平台项目”通过验收。该项目通过先进的机载激光遥感测绘技术，获取了澧阳平原遗址区域精细而丰富的地形地貌数据4D产品；通过空中采集的精细的地表信息，展现了澧阳平原大范围地表文化遗存的空间布局关系；通过滤波技术过滤掉地面的树林等物体，使隐藏在澧阳平原地表的文化遗存得以呈现；通过裸露地表信息的精细完整展现，为澧阳平原未知文化遗存现象的发现提供更多的可能；通过高程模型和影像数据的叠加，实现了澧阳平原大范围文化遗存的三维场景与信息展示。该项目的实施将进一步提升湖南省文物考古研究所在数字考古方面的水平。

（四）对外宣传与公众服务

近年来，湖南省文物考古研究所加强对外宣传和公众服务的力度。为使社会大众了解文物考古和湖南省的相关工作，建立了湖南省文物考古研究所网站、微博和微信公众平台，利用现代通信手段及时发布湖南考古的相关信息。2015年，所内业务人员以“考古在现场”为题，通过撰写通俗易懂的随笔、考察记和回忆录、拍摄视频短片等手段并在网站、微博、微信等上发表，取得了良好的效果。《长沙铜官窑考古发掘记》《归阳唐家窑考古调查随笔》《忆资兴旧市考古往事》《湘桂古道永州段考察记》等多篇文章被多次转载。

每年的文化遗产日活动都是公众考古宣传的重要窗口。2009年起，湖南省文物考古研究所联手三湘都市报已举办了7场形式多样的“考古志愿者”活动。在开展大型公众考古活动的同时，所里还根据考古发掘现场的情况，以“湖湘文化考古之旅”为题，不定期开展各种形式的宣传活动，并在此基础上编辑了《湖湘文化考古之旅》和《发现湖南》系列丛书，宣传湖南考古的相关工作。

二、重要考古成果

1. 湖南桂阳千家坪遗址

千家坪遗址位于湖南省桂阳县，南岭北侧，湘江上游支流舂陵江左岸一级阶地，海拔129米。遗址于2011年3月因遭破坏而被发现，2011年冬至2013年春，湖南省文物考古研究所先后两次对该遗址进行了抢救性发掘，并于2012年和2013年对两次发掘资料进行了初步整理。

遗址主体为新石器时代遗存，文化内涵非常丰富。不仅发现了壕沟、房址、灰坑及少量墓葬，而且出土了大量纹饰繁复、极具艺术性且蕴含大量文化信息的陶器。总体来看，它与湖南两广地区同时期文化遗存（包括环洞庭湖地区的皂市下层、汤家岗，湘江流域的大塘，沅水中上游地区的高庙文化以及珠江三角洲的咸头岭文化等）比较一致，尤其是白陶上的凤鸟、兽面纹饰等，与高庙文化关系十分密切，对于研究湖南地区新石器文化向岭南的传播具有十分重要的意义。

千家坪晚期遗存主要发掘了40余座商代墓葬，绝大多数骨架保存较好，葬式独特，体质特征鲜明，这在南方地区古代遗址中十分罕见。该遗址商周文化遗存的面貌与湘江下游地区的商周文化存在较大差别，具有明显岭南地区的文化因素，反映出商周时期南岭南北文化交流的流向发生了改变。

千家坪遗址新石器时代灰坑

千家坪遗址商代墓葬

千家坪遗址出土陶器：1. 新石器时代白陶釜；2. 新石器时代白衣陶釜；3. 新石器时代白陶盘；4. 商代圈足罐

千家坪遗址地理位置十分重要。遗址所处的舂陵江属于湘江上游支流，它与珠江水系的北江支流连江、武水于骑田岭西侧交汇，形成一条狭长的南北交通走廊，具有穿越南岭、连接珠江和长江两大水系的纽带作用。因此，该遗址的发掘不仅填补了湘江中上游地区考古的空白，而且为探索南岭南北的文化交流提供了重要资料。

2. 湖南益阳兔子山遗址

兔子山遗址位于湖南省益阳市赫山区三里桥铁铺岭社区，资水与兰溪河交汇处一条东北至西南走向的山冈（铁铺岭）上，海拔约45米。2012年，益阳市易盛达置业有限公司在此进行房地产项目的建设施工时发现，湖南省文物考古研究所获悉后对其进行了抢救性考古发掘，发掘面积1000平方米，主要收获是清理古井16口，其中有11口出土了数量不等的简牍，总数达3万余枚，时代从战国经秦、两汉直至三国孙吴时期，其中以两汉时期简牍数量最多，内容为战国至孙吴时期益阳县的文书档案。除简牍外，古井内还出土了陶器、瓷器、铜器、铁器、建筑材料、动植物遗存等大量不同材质文物，为建立资水下游战国至六朝时期考古学文化序列提供了重要资料。在发掘的基础上，对周邻区域开展了大范围调查，初步确定兔子山遗址所在的铁铺岭古城应为战国至

兔子山遗址J8第⑧层发掘现场

兔子山遗址 J8、J9 出土木觚和木牍

兔子山遗址 J3 出土简牍

宋时期的益阳县城。在地方政府的努力下，目前房地产项目已停止建设，该遗址得到有效保护。

3. 湖南永州五里坪墓群

五里坪墓群位于湖南省永州市蓝山县城东北，距县城约 1.5 千米。该区域为南岭北麓一山间谷地，西、南、东三面均被属于南岭山系之九嶷山山系的崇山峻岭所围绕，北面则为低缓的丘

五里坪墓群 2015 年发掘区全景

五里坪墓群长方形土坑墓 M215

五里坪墓群“凸”字形土坑墓 M75

五里坪墓群“刀”字形土坑墓 M86

五里坪墓群 M22

陵地貌。源于南岭的舜水河呈西南—东北向从谷地间流过，古墓葬密集分布于舜水河西北部方圆约 6 平方千米的区域，是一处规模较大的古墓群，很多墓葬封土堆在地表犹清晰可见。墓群南侧不足 1 千米处即为汉南平城故址，长沙马王堆 3 号墓帛画地图上对此城曾有标注。为迎接沿海产业转移，发展县域经济，蓝山县政府将县城东北约 10 平方千米的区域划为新工业园区进行开发，开发区域将整个五里坪墓群全部包括在内，使得古墓葬的考古发掘与文物保护工作变得十分紧迫。2011~2015 年，湖南省文物考古研究所对该墓地进行了抢救性考古发掘。截至目前，共发掘墓葬 200 余座，出土各类随葬器物 1000 余件。

此次发掘的墓葬以竖穴土坑墓为主，砖室墓相对较少，且砖室墓基本为单室。未遭到破坏

五里坪墓群出土器物

的墓葬，基本可见有封土堆，且一般棺椁痕迹明显；发现多座墓有同一封土堆下异穴合葬的现象。墓葬朝向暂无明显的规律，以西北—东南向为多。一般在位置稍高的岗地，墓葬分布相对较密集。这批墓葬的随葬品都偏少：土坑墓平均约5件；砖室墓数量稍多，约10件。随葬器物组合有鼎、壶，鼎、钫、壶、罐，罐、釜，鼎、壶、罐等。从出土器物的特征来看，时代大致可分为西汉、东汉和魏晋三个时期。该墓地的发掘不仅对建立湘南地区汉晋时期的考古学文化序列具有重要意义，而且为研究汉晋时期南岭南北的文化交流以及湘江上游的开发提供了重要资料。

4. 湖南岳阳茆山宋墓

茆山宋墓位于湖南省岳阳市康王乡茆山村，2014年12月村民修建房屋时被发现。该墓地处洞庭湖东岸丘陵地带，地理坐标北纬29°18'22.22"、东经113°12'00.62"，海拔54米，是一座长方形并列双室仿木构券顶砖室墓，方向110°。该墓由南北并列的两个结构相同的长方形墓室构成，两墓室之间有小窗相通。两墓室皆长5.33、高2.06米，北墓室宽2.12、南墓室宽2.09米，均由前堂和后室组成。四壁用特制的砖砌成仿木结构的屋檐、门窗和立柱。该墓葬早年被盗，但仍出土金、铜、陶、瓷器46件，其中南墓室出土器物14件，北墓室出土器物26件。另外在盗洞中还出土5件瓷器和1件建筑构件。仿木构的砖室墓在南方十分罕见，为了解宋代仿木构墓葬在长江中游以及南方的传播提供了重要的材料。该墓葬出土的瓷器主要是耀州窑、景德镇窑的

茆山宋墓 M1
墓室全景

茆山宋墓 M1 南墓
室细部

茆山宋墓 M1 出土器物

产品，十分精美，为了解北宋时期景德镇窑、耀州窑产品的流通提供了新的材料。

5. 湖南益阳羊舞岭窑址

羊舞岭窑址处于洞庭湖南岸的冲积平原上，行政区划属湖南省益阳市赫山区龙光桥镇、苍水铺镇，目前已发现有蜈蚣塘、瓦渣仑、高岭等窑址，窑址附近有故河道与洞庭湖水系的烂泥

羊舞岭窑址南宋晚期作坊遗迹全景（西北—东南）

湖相连。1979年文物普查时发现该窑场，2008~2012年，湖南省文物考古研究所与益阳市文物管理处先后多次对该窑址群进行了系统调查，2013年8月起，为配合319国道益阳南线的建设，湖南省文物考古研究所与益阳市文物管理处对羊舞岭窑址进行了首次抢救性考古发掘，发掘面积近2000平方米。

羊舞岭窑址 Y51 淘洗瓷泥作坊遗迹

此次发掘分为Ⅰ、Ⅱ两个发掘区。Ⅰ区揭露出了南宋晚期、元代早期、元代中晚期三个不同时期的作坊遗迹，较为全面地展现了羊舞岭窑不同发展阶段中制瓷工艺流程、产品结构及技术体系的变化。Ⅱ区清理出的南宋至元代早期龙窑遗迹保存较为完整，尤其是4座龙窑的明沟

羊舞岭窑址 Y29~Y54 叠压关系（东北—西南）

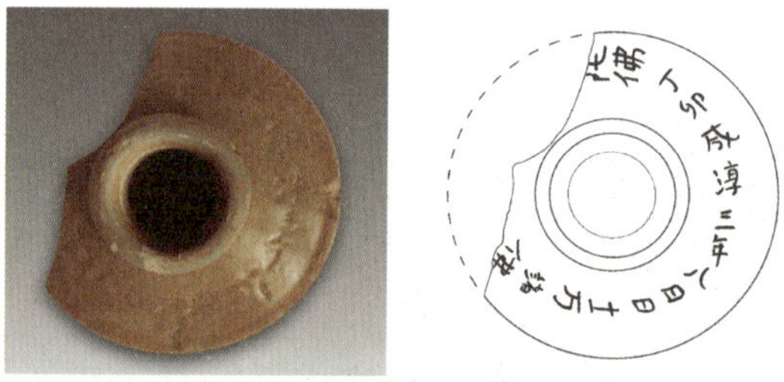
羊舞岭窑址Ⅱ区出土“咸淳三年”青釉盏托

羊舞岭窑址 H5 出土“大德八年五月”轴顶板盏

及暗沟排水系统独具特色，为我们了解羊舞岭窑的窑炉技术等提供了科学依据。从发掘情况来看，羊舞岭窑兴烧于南宋晚期，至元代早期，其产品均以青白瓷为大宗。其青白瓷产品的形态特征、装饰纹样等均与景德镇窑同类器相似，装烧窑具、制坯工具等都与景德镇窑同类器如出一辙，装烧方法也与景德镇窑相同。南宋末年至元代早期地层出土的“咸淳三年八月”青釉盏托、“大德八年五月”轴顶板盏以及“饶州”铭垫钵为了解其兴烧的历史背景及技术来源提供了依据，揭示出羊舞岭窑与景德镇窑的关系。南宋初年，景德镇地区上层瓷石原料枯竭，加之“官籍丈尺，以第其税”政策的制订，导致大批窑场倒闭，许多窑业工匠外迁，羊舞岭窑的兴起应得益于景德镇窑业工匠入湘。元代中晚期，羊舞岭窑转而仿烧龙泉青瓷，之后又因优质原料的开采而成为湖南地区较早烧制成熟青花瓷的窑口。因此羊舞岭窑的发掘为研究宋元时期景德镇窑青白瓷、龙泉窑青瓷产品的兴衰及其对南方诸省窑业技术的影响提供了十分重要的资料。

长沙市文物考古研究所

一、业务建设

（一）业务工作

1. 考古调查与发掘

“十一五”期间，通过多部门协调，建立和完善了地下文物保护评审制度。长沙市区内建设项目在规划立项前均应报请文物部门对建设工地进行地下文物调查勘探工作。这既建立了在办理报建第一阶段手续时对建设项目开展地下文物保护评估和评审的机制，又使考古工作由项目施工时开展转变为项目开工前开展，这样建设项目中的考古工作由被动变主动，并在一定程度上防止了工程建设中的文物破坏。“十二五”期间，长沙市文物考古研究所认真履行建设项目前置调查、勘探工作，严格践行地下文物保护评审制度，抢救和保护了一批重要文物。

2012~2016 年，在城区配合基本建设开展了 31 处考古工地的发掘工作，共清理古墓葬 230 余座、古井 670 余口，出土较完整文物 1400 余件。近年，在长沙城区的考古工作中发现了魏晋、五代、宋至明清时期的古城墙及护城河等遗迹，对于长沙古城的研究具有重大意义。

2. 大遗址保护与规划

2012~2016 年，长沙市文物考古研究所承担了两处大遗址保护与规划工作。

一是按照国家文物局批准的《西汉长沙王陵考古工作计划》独立承担了“西汉长沙王陵”大遗址考古工作，对湘江西岸的西汉长沙王陵分片区开展考古调查、钻探与发掘工作。已邀请武汉大学完成水文地质调查（谷山片区）、现代动植物调查（谷山片区）、水利水系调查（谷山片区）以及高清遥感与测绘项目工作等基础性工作。该项目最终形成了《水文地质调查报告（谷山片区）》《动植物调查报告（谷山片区）》《水利水系调查报告（谷山片区）》，1 ： 500 矢量化电子地形图（谷山片区，其他区域形成了 1 ： 2000 地形图），建立了统一的汉代长沙王陵墓群考古测绘控制网等基础性成果。已发现高等级墓葬 22 座，初步划定了陵区范围，完成了调查钻探面积 40 余万平方米、发掘面积 900 余平方米。并向有关部门提供了考古资料，为《长沙国王陵遗址公园保护规划》提供了强力支撑。

2012~2016 年，长沙市文物考古研究所配合湖南省文物考古研究所对宁乡县炭河里商周时期遗址开展考古工作。目前已完成了沩水（井冲段）、沩水支流塅溪、沩水支流楚江（青山桥段）流域的调查，发现了数处与炭河里文化相关的遗址。

3. 科技考古与文物保护

其一是建立、完善了数字化、网络化的资料信息系统。建立了单位局域网，将考古、出土文物、文献资料等信息在一定范围内共享。与武汉海达数云技术有限公司合作，根据长沙地区考古工作的实际情况，合作开发了田野考古资料数字化系统软件。为配合考古工作中数字化及数据库等电子信息的记录及录入的工作，长沙市文物考古研究所还从长沙勘测设计院及其他业务单位购买及收集了长沙地区不同年代的电子测绘地图、纸质地图等，作为田野考古资料数字化系统软件的基础地图。通过基础地图和基础软件初步建立了长沙地区考古地理信息系统。引进专业测绘人员，并购买了 3 台全站仪、2 台 RTK 测量仪、1 台无人机等测量、航拍仪器，实现了田野现场数据采集端口的数字化。

其二是建设了一个实验室。添置了 X 荧光光谱仪、体视显微镜、红外影像扫描仪等一批检测设备，可在所内为出土文物开展简单的检测项目，为考古和出土文物保护提供了一定保障。

其三是开展了大量检测项目。2012~2016 年，长沙市文物考古研究所向北京大学、陕西师范大学、中国科技大学、中国林业科学院等检测单位申请检测了漆木、瓷、土样（胞粉）等不同质地的上百件样本，为田野考古和实验室考古提供了基础信息。

4. 基础设施建设

长沙市文物考古研究所现有三层办公楼两栋，面积 700 余平方米；三层文物库房一栋，面积 1018 平方米。目前计划在长沙国王陵遗址公园内建设一处考古工作站，拟新建办公楼一栋、文物库房一栋、实验整理楼一栋，初步规划面积 7500 平方米。长沙市文化广播电视新闻出版局将位于望城区的原长沙市文化局艺术学校（用地面积约 5000 平方米）划拨长沙市文物考古研究所筹建整理基地。目前上述两个项目的相关协调工作正在进行中。

（二）人才建设与培养

“十二五”期间，长沙市文物考古研究所根据业务发展需要，新进专业人员 10 人，其中本科学历 2 人、硕士研究生 7 人、博士研究生 1 人，分别来自于南京大学、郑州大学、西北大学、武汉大学、清华大学等。

为更好地发挥业务人员的 专业特长，将所有专业人员专业研究方向分段分组，分别为史前组、商周组、秦汉组、魏晋隋唐组、宋元明清组、简牍研究组、文物科技保护组等，各组承担相应段的考古调查、勘探、发掘、文物保护项目及研究课题。另专门招聘 1 位在职测量人员，以加强考古资料的数字化管理工作。

单位积极引导和鼓励各类专业技术人员参加国内、省内各类学习和培训。2012~2016 年，参加考古类学习和培训 3 批 3 人次、文物保护类学习和培训 4 批 8 人次。

为了加强技工力量，长沙市文物考古研究所采取多种方式引进、培养技工。从省外考古所引进 5 人，从各地职业学院引进 10 余人，并与湖南省艺术职业学院共建实习基地，共同培养技工人才。目前技工队伍已基本能保障业务工作正常开展。

（三）学术交流与科研成果

1. 学术交流

2012 年，派专人参加各项学术会议、培训班及考察活动等 5 批次。蒋成光于 2012 年 5 月 26 日 ~6 月 8 日参加了由国家文物局主办、国家博物馆和山西省博物院承办的“全国金属文物保护方案编写培训班”。佘玲珠、蒋成光于 2012 年 6 月 25 日 ~7 月 12 日参加了湖南省文物考古研究所和敦煌研究院举办的“文物出土现场保护移动实验室技术应用示范和技术培训班”。何旭红、黄朴华、黎石生、赵晓华等于 2012 年 9 月 19~21 日参加湖南省考古学第十二次年会，何旭红、赵晓华分别做学术报告。何旭红于 2012 年 10 月 15~19 日参加了在新疆乌鲁木齐市举办的“汉代西域考古与汉文化国际学术讨论会”并做学术报告。何旭红于 2012 年 11 月 17~29 日赴台湾参加了“博物馆教育与公众服务”专题考察活动。

2013 年，派专人参加各项学术会议、培训班及考察活动等 7 批次。2013 年 4 月，蒋成光、佘玲珠、莫泽等 5 人应邀请赴清华大学开展简牍保护交流学习。2013 年 5 月，黎石生参加国家文物局在西安举办的文物保护行业标准培训班。2013 年 6 月，黄朴华、李云辉参加在清华大学举行的“出土文献与中国古代文明国际学术研讨会”，黄朴华、何佳应邀参加了在上海博物馆举办的“中国南方基建考古区域协作会议”。2013 年 9 月，与《文物》编辑部等成功承办了由清华大学、中国文化遗产研究院、湖南大学、文物出版社等单位参加，国内著名简牍专家与会的“2013 长沙五一广场简牍学术研讨会”。2013 年 10 月，何旭红参加了在西安举办的中国考古学会第十六次年会，会上长沙市文物考古研究所被批准为中国考古学会团体会员，何旭红被选为学会理事。2013 年 11 月，王传明参加了“湘鄂豫皖楚文化研究会第十三次年会”。

2014 年派专人参加各项学术会议、培训班及考察活动等 6 批次，与武汉大学考古学系合作整理万达广场考古发掘资料。2014 年 5 月 5~16 日，赵晓华参加国家文物局在江苏扬州举办的 2014 年度“考古发掘领队初任培训班”。2014 年 5 月 16~20 日，蒋成光、佘玲珠到安徽亳州参加全国第十三届考古与文物保护化学学术研讨会，在会上做了题为“长沙风篷岭 M1 出土漆器保护修复”的报告。2014 年 5 月 5 日 ~6 月 27 日，张大可参加长沙市委党校第十期民干班学习。2014 年 9 月 3~29 日，何佳参加了由国家文物局、北京大学文博学院组织的“田野考古高级研修班”的培训学习工作，获取了北京大学文博学院颁发的结业证书。2014 年 9 月 17~20 日，莫泽到四川成都参加全国第十三届文物保护修复学术研讨会，并在大会上作了学术报告。2014 年 11 月 21~26 日，何旭红赴意大利参加马王堆汉墓出土文物展览及研讨活动。

2015 年，派专人参加各项学术会议、培训班及考察活动等 4 批次。2015 年 4 月 ~20 日，罗小华前往清华大学出土文献研究与保护中心学习交流。2015 年 5 月 ~25 日，王传明参加在南京举办的第 13 届东亚农业史国际学术研讨会暨第 3 届中华农耕文化研讨会,并在会上做了题为“考古学视角下神农氏生活的时代”的报告。2015 年 6 月 1~8 日，张景尧到郑州参加国家文物局主办的考古发掘领队资格初任培训。2015 年 11 月 5~8 日，罗小华、黎石生到广西桂林参加“第三届简帛学国际学术研讨会暨谢桂华先生《汉晋简牍论丛》出版座谈会”。

2016 年，派专人参加各项学术会议、培训班及考察活动等 2 批次。2016 年 5 月 21~23 日，何旭红参加中国考古学会在郑州举办的首次中国考古学大会。2016 年 6 月 7~8 日，赵今、李强参加湖南省考古学会在澧县举办的“数字技术与古文化遗址——2016 年文化遗产智慧化保护研讨会”。

2. 科研成果

目前，为了解决长沙考古工作中的相关学术问题，长沙市文物考古研究所主要开展了以下三项考古及学术整理课题：一是 2016 年启动的国家社会科学基金重大项目“五一广场出土东汉简牍的整理与研究”；二是西汉长沙王陵考古调查勘探及发掘工作；三是长沙先秦及史前文化遗址调查工作。

2012~2016 年，长沙市文物考古研究所在省级以上刊物发表考古报告及论文共计 81 篇，出版学术专著《长沙考古文存（第一辑）》《汉代长沙国考古发现与研究》《长沙五一广场东汉简牍选释》《长沙古城墙考古发现与研究》《西汉长沙王陵漆器选录》《长沙尚德街东汉简牍》及《长沙考古文存（第二辑）》共 7 部。

（四）对外宣传与公众服务

长沙市文物考古研究所每年会选择部分考古工地举办 2~3 次公众考古特定主题宣传活动。近几年在宁乡县罗家冲遗址，长沙市城区西汉长沙王陵遗址、万达国际广场、市十一中学、上园小区、雅礼中学等考古工地开展特定主题的公众考古活动，每次参加人数数十人至数百人不等，并得到多家媒体的宣传报道，实现了较好的社会效益。

2013 年 5 月，请专业制作公司制作了单位官方网站“长沙考古网”，设置了单位概况、新闻动态、考古发现、科技保护、科技考古、学术研究、公众考古、文物掠影、政策法规等栏目，对长沙考古工作进行全面、及时的宣传。目前正在筹划升级改版工作。并于 2015 年 3 月开通了单位官方微信平台“长沙考古”。

为了加大宣传力度，长沙市文物考古研究所每年与《中国文物报》《湖南日报》《长沙晚报》《潇湘晨报》《三湘都市报》及中央电视台、湖南卫视、湖南经视、长沙都市频道、长沙政法频道等媒体合作，对长沙考古工作进行现场报道或制作纪实类节目。2016 年 7 月 23~28 日，中央电视台科教频道《探索·发现》栏目播出了《得而复失的王陵》(1~5 集)，介绍了望城区风篷岭汉墓、望城区蚂蚁山明墓，产生了较大影响。

二、重要考古成果

1. 湖南长沙史前及商周文化遗址

为了建立长沙地区史前及商周发展谱系，配合宁乡县炭河里商周遗址的考古与保护工作，长沙市文物考古研究所主动开展了长沙地区史前及商周文化遗址调查工作，对湖南省长沙地区五河（湘江、沩水、浏阳河、捞刀河、靳江河）一湖（望城区团头湖）进行区域系统调查工作。

罗家冲遗址 T0203~T0205 ⑤层下发掘现场

2012 年至今，已组建考古队伍，主要沿宁乡沩水流域开展专项考古调查工作。目前已发现了上流寺、罗家冲、石家湾、月形山、景德观、钦家塅、转耳仑、九牯洞等遗址，主要开展工作的遗址为黄材镇月山村转耳仑商代遗址、黄材镇九牯洞新石器时代末期至商周时期遗址、青山桥镇罗家冲新石器时代末期至商周时期遗址。其中位于宁乡青山桥镇的罗家冲、石家湾、月形山、景德观等 4 处遗址均位于楚江北侧的二级台地上，分布密集，时代接近，推测应为一组大型聚落群遗址，其中中心聚落位于罗家冲遗址。2014 年，为了全面了解罗家冲遗址的文化内涵，长沙市文物考古研究所向国家文物局申报了该遗址的考古发掘，发现了新石器晚期至商代晚期的大型建筑基址，目前该遗址的发掘工作仍在进行中。2016 年，为了进一步弄清该遗址的建筑布局及文化内涵，继续向国家文物局申报该遗址的发掘，开展发掘工作，同时在遗址周边开展调查勘探工作。

2. 湖南长沙西汉长沙王陵考古

西汉初年，汉高祖刘邦封吴芮为长沙王，建立长沙国，延续200余年。通过数十年的考古工作，目前已发现西汉长沙王陵集中分布于湘江西岸。为了弄清王陵区的规模、陵园规制等，在“十二五”期间主要做了如下工作。

专门组建了西汉长沙王陵考古队伍，建立考临时考古工作站，持续开展考古工作。

做好与考古有关的基础性工作，邀请武汉大学完成了陵区水文地质调查（谷山片区）、现代动植物调查（谷山片区）、水利水系调查（谷山片区）以及高清遥感与测绘项目工作等基础性工作。该项目最终形成了《水文地质调查报告（谷山片区）》《动植物调查报告（谷山片区）》《水利水系调查报告（谷山片区）》，以及1∶500矢量化电子地形图（谷山片区，其他区域形成了1∶2000地形图），并建立了统一的汉代长沙王陵墓群考古测绘控制网等基础性成果。与武汉海达数云技术有限公司合作开发了“考古工地信息管理平台”软件，初步建立了陵区考古地理信息系统。

制订有关考古工作方案并依方案开展考古调查与钻探工作，已完成了《西汉长沙王陵考古工作计划》《西汉长沙王陵考古调查方案》和各年度工作方案的编制。截至目前，陵区内已发现高等级墓葬22座，完成调查钻探面积40余万平方米。

组织专业人员对桃花岭墓地区域部分遗迹开展发掘工作。2014年向国家文物局提出主动性考古发掘申请，项目名称为“湖南省长沙市星城镇长沙王陵墓群·桃花岭墓地陵园墙遗址考古发掘”，发掘面积约900平方米，历时3年，目前发掘工作已经接近尾声。

为推动和促进西汉长沙王陵的考古工作，积极开展有关西汉长沙王陵考古资料的整理与研究工作。所内研究人员何旭红撰写的专著《汉代长沙国考古发现与研究》，已于2013年出版，《西汉长沙王陵出土漆器辑录》于2016年10月出版。

3. 湖南长沙国际金融中心工地考古遗存

该工地位于湖南省长沙市芙蓉区，处于长沙古城的核心区域，2011~2012年进行发掘。重要发现有长沙明王府宫墙基址、宋代街坊遗址、魏晋至隋唐时期城墙及护城河遗址、战国城墙及护城河遗址等。另发掘古井数百口，出土了简牍、经幢、陶罐、瓷壶等一批重要文物。

4. 湖南长沙万达广场工地考古遗存

2012年，对湖南省长沙市开福区万达广场工地开展发掘工作。此次发掘发现了五代及明清时期古城墙遗址，这段城墙为长沙古城西侧城墙，不同时代的城墙有相互叠压关系，每个时期的城墙建筑各有特色，目前通过文物部门及政府的协调，已有20余米进行了原址保留并进行设计展示。此外，该工地还发现300余口古井，出土大量陶、瓷、铁、木等质地的生活日用器。

万达广场工地两宋至明清城墙墙体局部

5. 湖南长沙青少年宫工地考古遗存

2014 年，对湖南省长沙市开福区青少年宫工地开展考古发掘工作。此次发掘的重要遗迹有一段两汉至唐代初期的长沙古城北墙及其护城河遗址，墙体局部保存较好，墙面包有青砖，护城河的修造与其时代相同。这一发现为研究长沙古城的发展演变提供了重要考古资料。

另发掘清理各时期古井 70 余口、灰坑 17 个，出土简牍、灰陶绳纹罐、印纹硬陶罐、青瓷双沿罐、青瓷四系罐、青瓷提梁壶、青瓷碗、白瓷碗、釉陶碗、釉陶执壶、铁刀、铁剑、五铢铜钱、木质建筑构件等各类器物数百件。

廣東

广东省

广州市文物考古研究院

一、业务建设

（一）业务工作

1. 考古调查与发掘

广州市文物考古研究所成立于 1995 年 5 月，2014 年 1 月更名为广州市文物考古研究院。2012~2015 年，广州市文物考古研究院配合国有土地出让和基本建设进行的考古项目合计约 350 个，勘探总面积约 310 万平方米，发掘面积约 2 万平方米，发掘古遗址 34 个，清理古墓葬约 400 座，发掘出土具有重要历史研究价值的文物 1 万余件（套）。此外，还开展多项主动性调查项目，为摸清广州地下文物资源埋藏情况、划定地下文物埋藏区起到了很好地推动作用。

较重要的主动考古调查项目有萝岗区中新知识城地下文物埋藏区考古调查、花都区地下文物埋藏区考古调查、番禺区地下文物埋藏区考古调查、广州从化流溪河流域考古调查等。

较重要的考古发掘项目有从化横岭遗址、萝岗区榄园岭遗址、广州动物园东汉砖室墓、恒福路汉唐墓葬群、中山四路南汉建筑基址、越秀中路南汉宋代河岸遗存、东濠涌五代南汉与宋代城墙遗址、市一大道宋明城墙遗址、北京路清代古船遗址等。

在田野考古和文物保护工作实践中注重创新，不断推广使用新仪器、新技术和新方法。在田野考古实践中已基本普及手提电脑、数码相机和摄像机，普遍使用 GPS、全站仪、RTK、航拍等进行测绘，对遗址全貌和重要遗迹开展三维扫描、全景摄影等数字化保护工作。同时，利用非线性编辑系统对以往原始考古发掘材料进行数字化编辑，建立考古资料数据库。

2. 科技考古与文物保护

广州市文物考古研究院具备可移动文物修复一级资质、可移动文物技术保护设计甲级资质等，除承担本院考古出土文物的现场技术保护与提取外，还积极参与其他单位的文物修复及陶瓷考古、冶金考古等科技考古研究工作。

2012~2016 年，广州市文物考古研究院在文物保护与科技考古方面主要有以下突破：一是配合考古发掘开展考古现场脆弱文物保护工作，摸索和总结了针对脆弱文物的揭露、加固和提取等现场保护方法，逐步探索出了解决岭南地区出土此类脆弱文物的考古现场保护方法和工艺；二是配合考古资料整理和兄弟单位委托开展科技保护工作，2012~2015 年，完成国家文物重点文物保护专项补助经费广州市小谷围脆弱青铜器保护修复项目；三是积极开展科技考古研究工作，先后与中山大学社会学与人类学学院、广东省博物馆、中国科学院地理科学与资源研究所、香港中文大学、上海光机所等机构合作开展广州汉代玻璃器科学分析与研究、南汉出土瓷器产源研究、动植物考古、沙边窑出土瓷器检测分析与研究、汉代铁器冶金考古研究等。

地上不可移动文物保护工作是广州市文物考古研究院的另一项重要职责。在2012~2016年期间，主要围绕“四有”工作开展地上不可移动文物保护与研究工作，取得一定成果：第一，针对全市共计 424 处国、省、市级文物保护单位，开展保护范围与建设控制地带划定工作；第二，按照国家标准，对 29 处全国重点文物保护单位、48 处广东省文物保护单位的记录档案进行了规范化整理，并积极推动各类记录档案的电子化；第三，在已有文物保护标志牌的基础上，对近年新公布的 62 处第八批广州市文物保护单位全部树立标志牌；第四，先后开展了《广州重要近现代史迹现状调查与评估》和《广州海上丝绸之路史迹保护管理总体规划纲要》等十余项文物调查、文物保护勘察设计及规划文本的编制工作，在一定程度上扩大了研究院在文物保护工程领域的影响力。

3. 文物信息化管理平台建设

为加快广州文博信息化建设，2013 年，广州市文物考古研究所向广州市科技和信息化局提出了“广州市文物数据管理与信息应用平台”建设申请。2014 年，《广州市文物数据管理与信息应用平台建设规划（2015~2020）》编制完成，获得专家评审组一致通过，并在市科技和信息化局完成备案。按照规划，“广州市文物数据管理与信息应用平台”总体架构划分为五个层次，平台计划分 6 年建设，投资总概算为 2900 多万元。目前广州市文物数据管理与信息应用平台一期（2016 年）项目方案已编制完成，并按计划推进相关建设工作。通过运用现代信息网络技术，建设广州市文物资源基础数据库，形成文物数据管理系统；完善文物业务管理体系，实现全市文物保护管理工作的智能化；构建集文物资源展示、行政审批、公众服务于一体的文物数字化保护与综合应用服务平台。

4. 可移动文物普查

广州市文物考古研究院从 2013 年 9 月起正式启动全国第一次可移动文物普查工作，2016 年 3 月全面完成所藏可移动文物的信息采集与数据上传、审核工作，2016 年 6 月通过验收。申报藏品数量为 36149 件（套），已登录数量为 36149 件（套），实际数量为 54170 件（套），完成率 100%。

5. 基础设施建设

依托全国重点文物保护单位南汉二陵建设的南汉二陵博物馆是广州市“十二五”时期重点

文化基础设施建设项目，2014 年 10 月项目立项申请获批，2015 年 3 月 1 日南汉二陵博物馆举行奠基仪式。该项目总投资约 3.2 亿元，占地面积约 9 公顷，总建筑面积 21800 平方米。主要建设内容包括康陵本体保护利用工程、南汉二陵博物馆建设工程（南汉历史陈列馆、考古科研标本陈列室、公众考古活动中心、文物库房及其他配套用房等，建筑面积约 2 万平方米）。南汉二陵博物馆是一座集南汉历史展示，广州考古出土文物存放、整理、保护、研究及公众考古活动于一体的综合性博物馆，计划于 2018 年开馆。

从化流溪河流域考古基地建设。2014~2015 年，在从化流溪河流域开展主动性调查项目，发现先秦两汉时期遗址 300 余处。2015 年 10 月 9 日召开的广州新石器时期遗址考古发现与保护工作会议决定按照“节俭、实用、美观、科普”的要求，在从化流溪河流域建设两个考古基地（横岭基地、狮象基地）。2016 年 1 月，考古基地建设方案获广州市文物管理和历史文化名城保护委员会 2016 年第一次会议审议通过，项目总投资 8000 余万，用地规模 17500 平方米，建筑面积 9525 平方米，项目预计 2019 年投入使用。届时，流溪河流域考古基地将建设成为集考古调查勘探、发掘保存、整理研究、修复实验、展示交流、科普教育与旅游休闲于一体的综合性基地。

6. 制度建设

2013 年 5 月 1 日，新修订的《广州市文物保护规定》正式实施，在文物考古方面，明确了大型基本建设工程的概念，要求国有建设用地出让前必须进行文物考古调查、勘探、发掘，由政府财政支付考古工作经费等，解决了文物保护过程中存在的实际问题。

2014 年 5 月，广州市人民政府公布了广州市第一批 16 片地下文物埋藏区，涉及面积约 200 平方千米，这对广州的地下文物考古工作产生了积极影响，广州文物保护事业迈上一个新台阶。《广州市文物保护规定》的颁布实施，“广州古城区及近郊地下文物埋藏区”的公布，为广州文物保护工作提供了有力保障。

（二）人才建设与培养

在广州市委、市政府的高度重视和大力支持下，2014 年 1 月，广州市文物考古研究所更名为广州市文物考古研究院，分配事业编制 100 名（近期落实 70 名）。单位内设办公室、调查勘探部、考古研究一部和二部、文物保护规划部等 9 个部门。

2012~2016 年期间，根据院内机构设置和未来发展规划制定科学合理的人才引进计划，五年内累计招聘或借调各类人才 20 余人，使院内人才队伍得到壮大，现有在编职工 43 人，具有中、高级职称业务技术人员 22 人，具有个人考古发掘领队资格者 6 人。

（三）学术交流与科研成果

2012~2016 年，广州市文物考古研究院立足实际，着眼于广州城市考古与文物保护事业的需求及学科发展趋势，积极拓展对外学术交流，整体科研实力得到逐步提升。

2012年3月，举办了2010~2011年度广州田野考古与文物保护成果汇报会，省、市、区文博系统领导及专家汇聚一堂，共享文物考古成果，探讨考古与文物保护工作经验。2013年，成功举办纪念广州考古六十年暨南越王墓发掘三十年学术活动。2015年1月，成功召开广州文物保护事业暨市考古院发展研讨会。此外，还积极组织业务人员参加国内文物修复、领队培训班等相关培训学习。

依托考古发掘团体领队资质、可移动文物修复一级资质等专业资质，以及大量的专业技术人才优势和广州丰富的文化遗存资源优势，广州市文物考古研究院积极开展考古、文物修复、科技考古研究，承担了一批国家、省、市级科研项目。2012~2015年，完成国家重点文物保护专项补助资金广州市小谷围脆弱青铜器保护修复项目；与中山大学社会学与人类学学院、广东省博物馆、香港中文大学、上海光机所等合作开展汉代铁器冶金考古研究、广州汉代玻璃器科学分析与研究等；开展晚清广府壁画的调查、整理与研究；开展增江流域文物资源考古调查项目；与番禺区文物管理委员会办公室合作，开展沙路炮台调查、勘探、发掘研究。

院内科研人员在《文物》等期刊发表多篇专业学术文章，出版《广州考古六十年》《鲁山杨南遗址》等学术著作。

（四）对外宣传与公众服务

近年来，广州市文物考古研究院在从事广州地区考古工作的过程中注重以各种形式开展公众考古活动，引起公众对考古工作和考古新发现的关注。一是组织文物爱好者参观考古工地，走近考古现场。2016年“6·13”文化遗产日活动期间，通过微博、微信线上招募部分幸运观众进入考古探方，在专业人员指导下，用手铲、小锄头等工具亲身体验考古发掘。二是加大宣传报道，及时向公众通报考古新发现。通过新闻媒体及考古院官方微博、微信，定期向社会公众发布考古新发现、新动态、新成果。三是举办考古成果展，让公众及时分享文化遗产保护新成果。2013年底，与西汉南越王博物馆等合作举办广州考古六十年成果展；2016年5~6月，举办“扬帆通海两千年——广州城与海上丝绸之路”展览，精选数百件广州考古发现的海丝遗物，向公众宣传广州古城的发展历史及其与海上丝绸之路的密切联系。

二、重要考古成果

1. 广东广州横岭先秦遗址

2008年11月~2009年1月，为配合粤境大（庆）广（州）高速公路的建设，广州市文物考古研究所对高速公路从化段拟定施工沿路进行了考古调查勘探。2013年7~12月，对高速公路用地范围内的温泉镇云星村新园社横岭遗址进行抢救性考古发掘，总发掘面积4630平方米。

横岭遗址发掘区全景

横岭遗址 M24

横岭遗址出土双肩石锛

横岭遗址出土陶壶

横岭遗址清理出距今约 4000 年的新石器时代晚期至早商的灰坑、灰层遗迹多处，墓葬 51 座，出土陶、石器数百件。横岭遗址是广东省 2013 年史前考古最重要的发现，也是该年度考古发掘规模最大、出土遗迹遗物最为丰富的先秦遗址，尤其是排列有序的新石器时代晚期墓地的完整揭露，为研究珠江三角洲史前考古学文化的交流与融合和岭南社会历史演进的脉络提供了珍贵的实证材料。

2. 广东广州流溪河流域考古调查

2014 年 6 月 ~2015 年 5 月，广州市文物考古研究院与中山大学南中国海考古研究中心合作，对从化流溪河流域开展考古调查。

流溪河属珠江水系北江支流，发源于广东省广州市东北部的桂峰山至大岭头一带，从东北到西南流贯从化区，属珠江三角洲向粤北山区延伸过渡地带，地势从东北向西南倾斜，两岸发育众多二级支流。本次调查取得了突破性的收获，在从化流溪河流域（包括莲麻河、潖江河）新发现各时期遗址 360 余处，其中先秦两汉时期遗址约 300 处，遗址主要集中于几个大型的河谷平原和盆地内，多位于河谷、盆地边缘的缓坡台地和低矮山岗上。经初步分析，可将已发现的先秦考古学文化遗存分为前后发展的三个阶段：第一阶段为新石器时代晚期至商代，以绳纹、曲折纹等印纹陶为特征，可辨器形以圈足壶、罐为主，有少量尊、器座、纺轮等，还采集到一些石锛、石斧、箭镞、砺石、穿孔石器等，文化面貌兼有珠三角印纹陶文化和粤东虎头埔文化两种特色；第二阶段为西周至春秋时期，以夔纹、重菱形纹、方格纹、篦点纹陶片为特征，可辨器形有罐、瓮、簋、豆等，整体文化面貌属典型夔文陶类遗存；第三阶段为战国时期（部分可晚至汉初），以米字纹、方格纹陶片为特征，可辨器形有罐、瓮等，整体文化面貌与战国时期分布于广东地区的米字纹陶遗存相似。

此次考古调查工作发现遗址数量多、采集遗物丰富，通过调查，系统掌握了从化流溪河流域的文物埋藏情况，初步建立起该地区的考古学文化谱系，为文物保护、城乡规划建设及珠三角地区先秦考古学文化研究奠定了坚实的基础。

3. 广东广州动物园东汉砖室墓

2012 年 7 月初，广州动物园在施工时挖出墓砖，随即停止施工，并报告文物部门。广州市文物考古研究所立即对工程范围进行抢救性考古勘探和发掘，清理出一座东汉砖室墓，为近年广州地区考古发现规模较大、结构保存最完整的东汉砖室墓。

墓坑平面呈“中”字形，墓向 248°，东西长 10.2、南北最宽 7.5、残深 3.5 米。墓坑前端中部有斜坡式墓道。墓室全长 9.74 米，分甬道、横前堂和并列双后室。甬道券顶前部上方有额墙壁，保存完整，封门保存完好、略向外弧，墓壁和券顶均为双隅。甬道内长 1.62、内宽 1.65、内高 1.7 米，底部以长方形平砖纵横交错平铺，部分为残砖。横前堂内长 1.5、南北宽 5.9、高 2.8 米，底部铺砖也是以长方形平砖纵横交错平铺，后室前面为双层铺砖，后室高出横前堂 4 层砖高度。左后室内长 5.76、宽 1.36、高 1.7 米，底砖绝大多数被撬走。右后室内长 5.8、宽 1.44、高 1.7 米，底部铺砖几乎不存。左、右后室间有门道相通，门道宽 0.4、高 0.7 米。

此墓被严重盗扰，盗洞在横前堂左侧。残存随葬器物不多，集中分布在横前堂，包括陶屋、仓、灶、井、俑，鸡、鸭、牛、猪、狗等模型以及碗、罐、盂等容器和较多的陶器盖。其中 5 件陶俑烧制火候高，形态各异，面部表情刻画得栩栩如生，为广州地区以往考古发掘中少见。此墓虽被严重盗扰，但其结构保存完整，为研究广州两汉墓葬形制及其演变提供了相当重要的材料。

4. 广东广州一大道宋明城墙遗址

2014 年 6~11 月，广州市文物考古研究院配合工程建设，在广东省广州市一大道南侧工地进行勘探发掘，总发掘面积约 500 平方米，最重要的发现是清理出了宋明城墙。城墙遗址南侧堆积最深距现地表近 6 米，自上而下包括近现代、民国、清、明、两宋及唐末五代时期堆积层。

宋代城墙方向西偏北 4°，清理长度 21.64 米，城墙底部南北宽 12.06 米，残高 3.15 米，由内（南）、外（北）壁包边墙和墙芯填土组成。内（南）壁包砖墙以长方形平砖错缝分段结砌，外侧多用整砖，内侧多用残砖，外壁向上逐层内收。墙砖多为青灰色。外（北）壁包边砖墙存底部五层砖，以红砂岩石块结砌基础。墙芯以黄红色山冈土分层填筑。城墙内侧活动面分四期，城墙至少经过三次加固，第一期加固墙用砖结砌，砖面多有“番”字铭文，侧面有“番禺”戳印或“廿七”等刻划符号。

明代城墙方向西偏北 6°，清理部分长 10、残高 4.05 米。清理北（外）壁包边砖墙和墙芯填土。北（外）壁包边砖墙厚 1.5~1.6 米，最下一层用红砂岩石块砌筑基础，之上以 9 层红砂岩石条结砌，再往上部用长方形城墙砖错缝结砌，外侧多用整砖，内侧多用残砖。外壁向上逐层内收，层与层之间用白灰黏合。墙芯填土以红褐色山冈土分层填筑。明代城墙北（外）侧活动面距地表深 3.75~4 米，垫土层厚 0.5~0.75 米，为红褐色黏质土，往北略向下倾斜，坡度为 9°。垫土内夹含砖瓦残片，出土酱黄釉罐、盆，酱黑釉盆、盏，青釉碗和青花瓷碗等。

根据文献记载，北宋神宗熙宁四年（1071 年）筑西城。此次发现的宋代城墙为宋代广州城西城的北城墙，确立了宋代广州城西城的北界，也是广州目前考古发现保存最好的宋代城墙。明代城墙在宋代城墙基础上略向北扩，证实文献记载明洪武十三年（1380 年）合三城为一并向北扩至越秀山的记载。

此次发现的宋、明时期城墙遗址与文献记载完全吻合，是广州古城考古的重大发现。根据专家意见，市政府决定对城墙遗址实施原址保护，目前对城墙遗址实施临时保护性回填，待条件成熟时予以展示。

5. 广东广州北京路清代古船

2014 年 3~6 月，广州市文物考古研究院在广东省广州市北京路 17~43 号等地段商业住宅项目工地进行考古勘探与发掘。清理了清代至民国时期红砂岩建筑基础，出土陶瓷器、铜钱等遗物，并清理出 3 艘木船。

木船分别编为 1、2、3 号，船首在北，稍上翘，船尾最深处距现地表 3.5 米。1 号船最小，压在 2 号船中部上方，船尾已残破。2 号船最大，残长 19.2、中间宽约 3 米，船后部两侧船板向两侧裂开，宽3.5米；两端略有残缺，尖首。3号船在2号船西侧，残长15.2、中部宽2.6米；尖首，尾部残缺，结构不明。初步考察，这三艘木船的木料均以杉木为主，船舱壁板、隔板等少量构件为其他杂木。船板间以榫头和铁钉相接。2、3号船都有一个显著的特点，即船舱内间隔很密，且为舱壁板和肋板相结合的形式，其中2号船以肋板居多，3号船以舱壁板居多。2、3号船底的龙骨均保存较好，船板还残留少量朱漆，十分难得。

从出土物及地层关系判断，这3艘木船废弃年代在清嘉庆、道光年间，属清代晚期，其制造和使用的时间则可能早至清代中期。2、3号船结构特殊，船头尖细，舱壁板和肋板混合使用，具有清代船舶的特点。其长宽比超过6：1，属长狭型船，为快速船。清代中晚期珠江口地区的海盗用一种“快蟹船”抢夺商船财物，这次发现的2、3号船与快蟹船相似，可能是官府巡逻缉捕之用。

古船的发现在广州历史城区内属首次，这为广东的造船工艺研究提供了重要实物资料。

深圳市文物考古鉴定所

一、业务建设

（一）业务工作

深圳市地处广东省南部、珠江口东岸，东临大亚湾和大鹏湾，西濒珠江口和伶仃洋，南隔深圳河与香港相望。深圳地势东南高、西北低，大部分为低山、台地和丘陵，沿海区域则多有湾内沙丘。东南部主要为低山；中部和西北部主要为丘陵，也有500米以上的低山突起，山间有较大片的冲积平地；西南部主要为较大片的滨海冲积平地。

新石器时代深圳地区的居民多生活于沿海沙丘地带，有咸头岭、大黄沙、大梅沙等十多处沙丘遗址；商周时期深圳地区的居民除了在沿海沙丘继续活动外，明显有向山地丘陵地带大规模转移的趋势，比如屋背岭、九祥岭、斜岭岗等山岗遗址在深圳有大量分布；明清时期出于海防的需要，在沿海地区建立卫所、炮台、烟墩等防御体系，如深圳地区的新安古城、大鹏所城和赤湾左、右炮台等。因此，深圳市文物考古鉴定所的工作重点以沿海沙丘遗址和山地商周遗址为主，同时兼顾明清沿海卫所等海防设施。

深圳市的考古发掘工作以配合基本建设为主。目前，除了为解决珠江三角洲地区新石器文化的发展序列，主动发掘了咸头岭遗址外，其他发掘工作均是配合基本建设任务而开展的，包括2012年的大学城10号路项目、500千伏现代（梅林北）变电站工程项目、钰湖电力有限公司扩建工程项目、宝能酒店投资有限公司桔钓沙宝能酒店项目（龙岗区南澳街道桔钓沙片区）、深圳市野生动物救护中心项目；2013年的国电坪山分布式能源项目；2014年的南方电网项目、深圳市东部电厂第二期项目；2015年的滇西北送电至广东特高压直流输电工程（东方换流站）项目、大鹏新区丰树学校项目、深圳职业技术学院官龙山校区建设工程用地项目、400千伏核深线增容改造项目、广深沿江高速公路（深圳段）项目二期工程、哈工大深圳校区扩建工程项目、南方科技大学校园内扩建工程项目；2016年的沙荷公路引桥项目、惠盐高速二期扩建项目等。这些项目的普遍情况是早期遗址堆积薄、发现遗物少，没有明显的遗迹现象，而晚期主要以清代民国时期的墓葬为主。

为了深入了解深圳市的文化资源状况，在第三次全国文物普查的基础上开展了一些考古调查工作：西丽湖周围是目前深圳地区古遗址最为集中的区域，已知的先秦两汉遗址有40多处且延续时间长，有新石期时代、夏商时期、西周时期、东周时期和汉代早期遗存；龙岗区、坪山新区、大鹏新区山岗遗址的文物普查累计发现先秦两汉遗址或采集点46处。

深圳市存在大量的民居建筑，以炮楼、祠堂以及广府和客家民居等为主，且深圳的城市更新速度特别快，为了有效保护珍贵的文化资源，近年来，深圳市文物考古鉴定所开展了深圳炮楼的专项调查工作，出版了《深圳炮楼》一书。同时，面对大量不可移动文物在保护中价值难以确定的现实情况，在大量调研和讨论的基础上，形成了《深圳市不可移动文物价值评估办法（草案）》，对深圳龙华新区159处不可移动文物点进行价值评估，不断地改进和完善评估体系。此外，还在广东省文物管理委员会办公室的委托下，编写制订了《广东省不可移动文物的认定参考标准》。

（二）人才建设与培养

深圳市文物考古鉴定所注重对专业人员技术的培养和提高，同时不断配备和更新考古所需的专业设备。目前已经配备的用于考古工作的设备主要有笔记本电脑、台式电脑、打印机、扫描仪、GPS全球定位仪、红外测距仪、浮选仪、全站仪和显微镜等，并设有考古实验室。此外，保证每年用于购买专业书籍和学术刊物的经费，所藏学术资料已经形成初步的体系。目前设有两个资料室，藏书近5000册（套），还购置有十余套电子古籍数据库和全国期刊网考古数据库，为所内专业人员的学习和研究工作提供了良好的条件。

（三）学术交流与科研成果

深圳市文物考古鉴定所虽然立足于深圳市，但面向的是岭南乃至整个南中国，除参加国内各种学术活动外，还通过组织专题展览和学术会议等形式开展学术交流。2013年举办了“填空补白”——明代正统、景泰、天顺三朝官窑瓷器特展及学术讨论会；2016年举办了“知白守黑”——北方黑釉瓷精品文物展及学术讨论会。近年还出版了《深圳咸头岭》发掘报告1部，发表论文40余篇。

（四）对外宣传与公众服务

为了更好地服务市民，深圳市文物考古鉴定所自2006年起，就开展了“盛世收藏”系列活动。2012~2016年，每年开展10~12场面对市民的免费鉴定，累计鉴定文物数万件。

二、重要考古成果

广东深圳斜岭岗遗址

斜岭岗遗址位于广东省深圳市龙华新区龙华街道共和老村周围的山冈地带，地处观澜河及其支流小沙河之间。该遗址为20世纪80年代初深圳博物馆进行文物普查时发现。在此后的数次文物调查、试掘工作中以及在该区域日常耕种活动和施工作业中都采集有商周时期的陶器、石器等遗物。2010年，该遗址被深圳市宝安区公布为第五批区级文物保护单位。

2012年7~11月，深圳市文物考古鉴定所对该遗址位于梅龙中路施工红线范围内的山体部分（遗址东区）进行了抢救性考古发掘，共清理10米×10米探方50个、探沟7条，由于地形限制、安全和配合现场道路施工等原因，部分探方的实际清理面积较小。

斜岭岗遗址出土陶器

斜岭岗遗址出土陶器和玉器

斜岭岗遗址出土青铜器

此次发掘为商周时期的居住址和墓葬，叠压打破关系较复杂。发现了灰坑、灶、砾石铺面、圆洞、沟槽等居住遗迹，清理墓葬60余座，出土大量陶器、石器和少量玉器、青铜器。由于大部分陶片陶质酥脆或糟朽，块小量大，加之自然损毁和后世生产生活破坏造成的缺失，陶器的拼对修复工作进展较慢，已修复完成近500件。该遗址的发掘为研究深圳及珠江三角洲地区商周时期的地理环境、人类活动和历史文化发展状况提供了珍贵资料。

斜岭岗遗址出土石器（一）

斜岭岗遗址出土石器（二）

珠海市博物馆

一、业务建设

（一）业务工作

1. 考古调查与发掘

考古调查与发掘工作方面，2013 年，调查珠海斗门区缯船埔遗址、马山窑址、马山遗址、石仔咀遗址、上夫利遗址，香洲吉大水库，勘探淇澳岛东澳湾遗址。2013 年 8 月 27 日，广东省文物局和珠海市人民政府在珠海淇澳岛举行“广东省海岛文化遗产考古调查启动仪式”，由珠海市博物馆承担 2013~2017 年珠江口西岸海岛文化遗产考古调查，珠海淇澳岛、珠海西区海岛、横琴岛等地的文化遗产考古调查工作已陆续开展。2014 年，珠海市博物馆承担了珠海市环保生物质热电工程用地的文物考古调查与勘探工作，并提交调查与勘探报告。2014 年 6 月，清理港珠澳大桥连接线管理中心办公楼建设工地清末古墓 1 座。

2. 科技考古与文物保护

不可移动文物保护方面，2012 年，进行了拱北拉塔石古炮台的前期勘查设计工作、白石街的保护规划工作，并协助愚园文物保护修复重建工作；2013 年协助珠海斗门大王宫文物保护工程、珠海三灶慰安所文物维修工程、珠海宝镜湾遗址现存岩画抢救性保护工作；2014 年协助珠海宝镜湾遗址现存岩画抢救性保护工作、珠海香洲拱北拉塔石炮台文物维修；2015 年协助开展珠海香洲商埠古旧建筑及龙舟亭文物保护前期工作。

自 2013 年 3 月获考古发掘团体资质后，珠海市博物馆分年度购置考古相关设备，RTK、全站仪、显微镜、放大镜、色度仪、电子水准仪、航拍用小型无人飞机、测距仪、GPS、打印机、扫描仪、相机、测距仪、笔记本电脑等，印刷田野考古工作日志、总日志、探方记录表、墓葬发掘记录表等材料，并筹备在新馆成立考古实验室。

（二）人才建设与培养

2012 年 9 月张建军、陈振忠、肖一亭等参加国家文物局考古领队培训班；2013 年 5 月郭雁冰参加国家文物局考古领队培训班；2014 年杨建军参加国家文物局考古领队培训班；杨建军在中山大学社会学与人类学学院攻读在职考古学博士学位；2014 年 2 月 17 日 ~5 月 20 日，郭雁冰参加“南海 I 号”沉船正式发掘工作，发掘面积 70 平方米，主要学习沉船发掘的技术和经验以及发掘管理理念。

（三）学术交流与科研成果

1. 学术交流

2012 年 2 月 29 日，李世源同志应邀在中山大学亚太研究院主讲“南中国海早期人类文明之谜——珠海宝镜湾岩画中的巫舞”；6 月 17 日应澳门古物古迹协会邀请，在澳门教育局主讲“以小见大——澳门世界文化遗产哪吒庙”；10 月 20 日在澳门科技大学主讲“睁开眼睛看澳门”。2013 年，李世源应邀在澳门大学、青教局、澳门文物保护学会演讲“澳门世遗的前世今生”“澳门历史文化试析”“中西文物保护与澳门的启示”。2014 年 6 月 26~28 日，肖一亭参加在厦门大学举行的第二届中国海洋文化遗存调查与研究研讨会；9 月 28 日，参加在台湾台北举行的 2014 从台湾马祖到东南沿海史前文化与体质遗留国际学术研讨会；同年，应澳门特区政府文化局局长吴卫鸣正式邀请，前往澳门，指导路环考古发掘，并作业务交流。

2015 年肖一亭参加了“亘古天书—中国岩画展暨中国岩画研究保护 100 周年国际岩画论坛”。

2. 科研成果

2012 年，珠海市博物馆与中国科学院上海光学精密仪器研究所干福熹院士合作，进行珠海宝镜湾遗址出土史前玉石器研究。2013~2017 年，进行珠江口西岸文化遗产考古调查，目的是复查海岛已知古遗存的保存状况和消失原因，调查寻找新的遗迹遗存，探寻海岛文物遗存的分布状况以及人地关系的变化规律，建立一个文物保护数据库，为日后珠海海岛区域文物保护工作提供基础资料；实践新的《田野考古操作规程》中有关区域系统考古调查的工作要求，熟悉相关操作程序及记录方法，培养人才队伍；为沙丘遗址、海上丝绸之路、海防、海关及古建与民俗等课题的研究提供资料，促进珠海历史文化的研究、海岛文物保护和旅游规划事业的发展。

2012 年，珠海市博物馆参与广东省不可移动文物丛书的编辑出版，具体负责《广东省不可移动文物——广东石刻》一书。2016 年，珠海市博物馆编《珠海市淇澳岛文化遗产考古调查报告》出版。

出版 2012~2015 年，馆内研究员发表《郑济东及其历史遗存考略》《广东博罗横岭山墓地分析》《南海岛民史前生态与文化特征》《拱北关总关设于澳门考》《试述 20 世纪初香洲埠免税创设历程》《南海沿岸岩画所反映的宗教与艺术》《澳门华商曹善业及其家族的再研究》《香港马湾岛东湾仔北遗址的分期及相关问题》《1887~1915 年拱北关鸦片贸易述略》等多篇学术论文。

二、重要考古项目

珠海沿海岛屿文化遗产调查

珠海市博物院完成了 2011 年“广东省第三次全国文物普查办公室经费项目——珠海东澳岛海关遗址调查与勘探”项目成果——《拱北关辖下东澳关考述》及《拱北关东澳岛海关遗址调查与勘探报告》。发现了东澳岛海关遗址中的报关船泊船处、水手房、办公区、生活区、水井、烽火台和海关古道等 7 处遗址，基本厘清了东澳岛海关遗址的位置及分布，纠正了关于原海关遗址位置的错误说法。

清末南水墟船运码头遗址

横琴岛南环遗址

淇澳岛文化遗产调查

按照广东省文物局的要求，开展 2013~2017 年珠江口西岸文化遗产考古调查。其中珠海淇澳岛、横琴岛、珠海西区海岛等地的文化遗产考古调查工作已陆续展开，《珠海淇澳岛文化遗产考古调查报告》已出版，馆内研究人员撰写论文《明清时期淇澳地名考述》，《珠海西区海岛文化遗产考度调查报告》正在撰稿中，浪白澳历史的考证与研究工作也已展开。

中山大学

一、业务建设

（一）业务工作

2012~2016 年，中山大学社会学与人类学学院本着以教学为主、以科研为目的、以服务社会为原则的准则，认真贯彻“保护为主，抢救第一”的文物保护工作方针，与境内外多家单位及部门积极合作，完成了对广东、广西、河南等地考古遗址的调查及发掘工作；借助毗邻港澳及东南亚的地缘优势，与香港特区政府文物考古部门或考古公司之间建立了长期的合作关系，参与或主持了香港地区多项考古勘探、发掘工作，为香港地区提供了考古发掘及环境影响评价、遗址保护等方面的报告。

为优化资源，与校内相关学科合作，于 2012 年在原灵长类进化实验室、科技考古实验室、体质人类学实验室的基础上成立人类进化与科技考古实验室，该实验室于 2013 年获批广东省文科重点实验室。借助此平台，与广东海上丝绸之路博物馆签署科研合作协议书，近年在协议框架下，双方深层合作、优势互补，在科技考古、生物考古学、水下文物保护三方面开展了系列研究。较重要的如“南海Ⅰ号”保护及研究工作，主要包括船体保存环境的研究与技术开发，及“南海Ⅰ号”出水陶瓷器保护与保存技术的研发（陶瓷器凝结物软化处理）。

借助海上丝绸之路重镇的地缘优势及文化遗产和丝绸之路研究上的学术优势，积极配合广东省及广西地区海上丝绸之路申报世界文化遗产的工作，以项目形式承担了部分调查研究和文本编制工作，并展开了与“申遗”有关的基础研究，出版了专著《广东文化遗产——海上丝绸之路史迹》。

（二）人才建设与培养

结合单位性质专职人员数量较少的情况，中山大学社会学与人类学学院 2012~2016 年人才建设与培养重点着眼于以下几点：一是制定相应措施，加大人才引进力度，面向国内外招聘具有国际视野的学术带头人和学术骨干；二是强化人才质量与内涵，加大青年教师的培养力度，选拔学术骨干到国外进修交流，增加高层次人才数量；三是加强学生培养，特别是硕、博士研究生的培养。

在人才引进方面，2012~2016年招聘专职教师1名、晋升博士生导师2名、硕士生导师1名。2015年开始着手建设考古学专职科研团队，截至2016年上半年，已经吸收专职科研人员6名。此外，近年来博士后的招收及科研工作的开展也有所加强。

在强化人才质量与内涵方面，近年来选派了2名专职教师分别赴美国、英国进行为期半年和两年的交流访学；借助与人类学、民族学的密切关系和资源优势，在科研领域加强与民族学、人类学的合作，强化了学科特色，从科学研究质量上推动了人才质量与内涵的提升。

在学生培养方面，近几年重点关注本、硕、博的教学质量。加强实践教学，为此与省内外有关机构合作新建了一批教学实习、实践基地，如与广东省博物馆合作共建博物馆与文化遗产综合实践教学基地、与中国港口博物馆共建教学科研基地、与重庆市文化遗产研究院共建文化遗产保护与研究实习教学基地、与广东省考古研究所及和平县人民政府共建广东田野考古研究基地和人类学研究基地；设置了文物与博物馆专业硕士，采用校外导师双导师制，且在课程设置上强化了专业实习、实践训练（6个月）；学术硕士培养由2年制模式改为3年制。

（三）学术交流与科研成果

1. 学术交流

为推动与境内外考古文博机构的合作与交流，与国内研究单位合作举办学术会议，与境外机构签订合作协议及互邀学者进行访问及讲学。近年共主办或承办学术会议3场，总计邀请国内外专家学者近300位。2012年11月，与广东省文物考古研究所、和平县人民政府联合主办东江文明与区域文化研讨会；2013年12月，与广东省文物考古研究所、广州市文物考古研究所共同承办中国百越民族史研究会第十六次年会暨岭南民族文化学术研讨会；2014年11月，与中国科学院大学科技史与科技考古系、中国社科院考古所科技考古中心、中国科技考古学会等单位共同举办全国第十二届科技考古研讨会。与越南河内国家大学人类学博物馆签署《中山大学人类学系与河内国家大学所属人文社会科学大学人类学博物馆学术交流协议书》及《越南清化省含龙坊东山村东山遗址2012年度考古合作发掘协议书》，与英国阿伯丁大学签署合作研究备忘录。近年中山大学社会学与人类学学院与国外机构互邀访学增加，先后邀请了越南河内国家大学、英国阿伯丁大学、法国西巴黎·南戴尔·拉德芳斯大学、美国芝加哥Field Museum自然历史博物馆、俄罗斯科学院物质文化史研究所等多所学术研究机构的专家学者来访，并组织了“越南近年来考古学和体质人类学的新进展”“古代非洲文明考古概述”“俄罗斯近年匈奴墓考古新发现和匈奴贵族墓葬”“跨越城市范围——古代东非三种规模的互动与交流”等多场学术报告。学院代表亦受邀赴美国、英国、越南、印度、肯尼亚、埃塞俄比亚等国进行学术访问并作专题报告，如“越南和中国拔牙习俗的比较研究”“明代前中国史书有关非洲的记载与问题”“非洲肯尼亚 Takwa 考古遗址（800~1750 年）出土中国陶瓷产地研究”“斯坦因以后尼雅遗址的考古发现与研究”等。

近年来，凭借地域优势，通过与国外考古机构合作，中山大学社会学与人类学学院越来越多地参与到海外考古调查与发掘工作中。2012 年承担了印度尼西亚德纳地与蒂多雷岛考古遗址调查，以发现考古遗址为调查重点，调查方法为徒步地表调查配合 GPS 定位，调查共发现 26 个地点，其中德纳地岛 17 个、蒂多雷岛 8 个。2013 年与印尼 Gadjah Mada 大学考古学系合作开展了古代环南中国海海岛地区贸易网络与社会文化研究，对印度尼西亚北摩鹿加省蒂多雷岛考古遗址进行了调查与试掘，调查面积 30 万平方米，试掘面积 11 平方米。

中山大学社会学与人类学学院还参与或主持了香港地区多处考古勘探、发掘与监理工作，其中院内教师主持的重要项目有：2012 年 6~7 月香港屯门考古监察，2013 年 1 月的香港龙鼓滩考古监察，2011 年 10 月 ~2012 年 5 月的香港中区警署旧址考古勘探与发掘，2012 年 11 月 ~2014 年 10 月香港九龙圣山遗址的考古勘探、发掘与遗址保护等。其中中区警署旧址和九龙圣山遗址的项目具有重要学术价值，并产生了很大的社会效益。

中区警署旧址位于香港中环区，始建于 19 世纪 50 年代，包括前维多利亚监狱、法院及警署等古迹。出于文物保护和再利用目的，2012 年 3 月对该遗址进行了发掘，发现了 19 世纪 50 年代以来各时期的建筑遗迹及遗物。香港目前保存的殖民地时期以来的文物古迹屈指可数，该遗址的保护、保存与活化，对香港的历史研究和文化遗产保护工作意义重大。九龙圣山遗址位于九龙湾西侧，为前“圣山”及“宋王台”古迹所在地。因香港铁路公司（MTR）地铁站建设涉及圣山（宋王台）一带的遗址和墓地，故在地铁站施工区域内做了考古勘探和发掘。该项目由院内教师担任持牌人（相当于内地考古领队），勘探和发掘面积约 1 万平方米，发掘工作历时两年有余，发掘结束后对主要遗迹进行了保护工作。该遗址发掘有宋元时期的居住址、作坊遗迹和墓地以及清代至民国时期的农田和房址、街区建筑等遗迹，出土文物 1300 余箱，是香港最大、最重要的一次考古发掘，在香港产生了重大社会影响。

2. 科研成果

中山大学社会学与人类学学院专职人员近年发表学术论文总计 86 篇，其中 SSCI 收录 5 篇，SCI 收录 4 篇，CSSCI 收录 30 余篇，出版学术专著 7 部，执笔编纂考古发掘报告集 1 部；获广东省哲学社会科学优秀成果奖 2 项；承担国家级科研项目 12 项，其中国家社会科学基金项目 8 项（重点研究项目 2 项）、国家自然科学基金项目 1 项、教育部人文社会科学重大项目 2 项，承担广东省教育厅社科基金项目 3 项；与各级文物管理部门及相关企事业单位合作，承担科研项目近 60 项。

（四）对外宣传与公众服务

中山大学社会学与人类学学院借助校、院、系各级网络平台，面向公众公开各项常规事务，并及时发布各类讲座信息及其他学术动态。此外，与广东民间工艺博物馆联合主办了多期广州陈氏书院论坛。论坛主题多样，贴近大众，如“博物馆与青少年”“博物馆与国民素质教育”“‘曹操墓事件’与公众考古学”“博物馆与公众参与”“民间工艺与地方戏曲”“展览与观众”等。该活动每期都面向公众开放，邀请公众参与，广泛吸取社会意见，鼓励更多普通市民参与到文化遗产保护事业中来，取得了较好效果。

二、重要考古成果

1. 广东河源谢屋背遗址

谢屋背遗址位于广东省河源市和平县大坝镇上正村西侧的一处小山丘的东坡上，地理坐标为北纬 24°31′、东经 114°55′，海拔 202 米，遗址东西宽约 56、南北长约 113 米，总面积约 6328 平方米。2013 年 8 月开始，中山大学社会学与人类学学院与广东省文物考古研究所、和平县博物馆联合，对谢屋背遗址进行了主动性考古发掘。此次发掘在位于遗址东南部的断崖附近建立了永久测量基点，采用象限法以正方向布方，使遗址的大部分区域位于第四象限，共布设 5 米 ×5 米探方 4 排 19 个，并在西侧小山包上布设 1 米 ×4 米探沟 1 条，总发掘面积 479 平方米。发现新石器时代晚期墓葬 3 座、宋元时期墓葬 1 座、先秦至宋元时期的灰坑 28 个、

谢屋背遗址新石器时代晚期墓葬

谢屋背遗址新石器时代墓葬随葬软陶器

灰沟 4 条及柱洞 71 个，清理出土一批新石器时代晚期至宋元时期的陶、瓷、石器，为了解粤北地区古代人类文化提供了一批新资料。

此次发掘中较为重要的是 3 座新石器时代晚期的墓葬。这 3 座墓葬平行排列，均为长方形竖穴土坑墓，墓葬长宽比约 4∶1，其中两座墓葬使用红烧土块作为墓室填土，这种做法在广东省同一时期墓葬中比较少见。出土陶器均为软陶器，包括有圜底罐、豆、圈足盘等，部分陶器的器表装饰细绳纹。这批陶器部分器形在广东地区尚属首次发现。初步推断这 3 座墓葬的年代为新石器时代晚期。3 座墓葬所呈现的独特的墓葬形制和随葬品是否代表一种新的考古学文化类型，尚有待于进一步的考古工作，发现更多资料来证实。

谢屋背遗址宋元墓葬

谢屋背遗址宋元墓葬出土瓷器

2. 广东河源枫树墩遗址

枫树墩遗址位于广东省河源市和平县大坝镇上正村，地理坐标为北纬 24°31′、东经 114°55′，海拔 183 米。2014 年 9~12 月，中山大学社会学与人类学学院与广东省文物考古研究所、和平县博物馆联合对该遗址展开主动性发掘，共布设 5 米 ×5 米的探方 4 排共 20 个，布方面积共 500 平方米，因光缆和高压电线杆等设施所限，实际发掘面积为 321 平方米。

此次发掘主要发现了新石器晚期至商代早期的灰坑 40 个、柱洞 29 个、灰沟 2 条，战国时期的灰坑 1 个、柱洞 1 个、墓葬 6 座，战国末期至西汉早期墓葬 1 座，以及宋元、晚清民国时期的遗迹和遗物。

新石器时代晚期至商代早期的地层和遗迹单位中，拍印条纹、曲折纹、梯格纹、叶脉纹并饰 1~2 条附加堆纹的矮圈足罐，与拍印细方格纹的高领折肩凹圜底罐广泛共存。这可能为解决广东地区的考古学文化如何从新石器时代晚期向商代早期过渡提供新的线索。

战国时期的 6 座墓葬均为有腰坑的长方形竖穴土坑墓，墓向一致，成组分布，墓地应是经过统一规划的，墓底均铺有一层膏泥，正中设有腰坑，随葬品多置于其中。M7 的墓底还有两道横

枫树墩遗址 14HFM2（战国中晚期）

枫树墩遗址 14HFM6（战国末至西汉初）

枫树墩遗址 14HFM7 出土漆皮（战国中晚期）

枕木沟，并发现有成条的黑彩红地漆皮，疑为棺椁痕迹。随葬品以成组原始瓷器为主，此外还有玉刀，罐、钵、瓿、提筒等。原始瓷的形制与战国时期江西、浙江等地发现的同类器物极为相似。

战国末期至西汉早期的墓葬为带墓道的长方形竖穴土坑墓，墓底铺小石、膏泥，并有两道可能是用于枕棺的石坎。正对墓道的一端有两个头坑或柱洞。该墓严重被扰，出土物较残碎。

3. 内蒙古呼和浩特海生不浪遗址

海生不浪遗址位于内蒙古自治区呼和浩特市托克托县双河镇海生不拉村北 500 米的沙丘上，地理坐标北纬 40°10'32"、东经 111°16'01"，海拔 1030 米。受内蒙古自治区文物考古研究所委托，中山大学社会学与人类学学院于 2014 年 8 月起开展了近 3 个月的考古调查与发掘工作，此次发掘区域位于 1992 年发掘区北部，发掘探方 17 个，实际发掘面积 520 平方米（含扩方），共清理新石器时代晚期海生不浪文化和青铜时代朱开沟文化的灰坑 47 个、房址 13 座、灰沟 2 条，收集记录各类小件标本 1000 余件。

发掘了仰韶文化晚期海生不浪文化灰坑22个，形制有圆角长方形、圆形、椭圆形、不规则形等，以H45为代表的一类较大的圆角长方形坑比较有特点。海生不浪类型房址共9座，均为浅地穴式或半地穴式，由于水土流失破坏严重，仅保留房址底部地面、灶坑、柱洞和墙基。其构筑方式为在坡面上切挖出平整的地基后再建筑房屋。此类房址平面呈圆角长方形，间宽大于进深，坐北向南，居住面皆用白碱土铺垫。根据房址内灶的数量，可分为无灶、单灶、双灶3种类型。

海生不浪遗址海生不浪类型H45

海生不浪遗址朱开沟文化F13

海生不浪遗址出土朱开沟文化彩陶小口双耳罐、石环

此次还发掘青铜时代朱开沟文化灰坑25个和地穴式房址1座（F13）。F13位于T0605内，平面近圆角长方形，间宽大于进深，斜坡式门道位于房址南侧中央，房址整体呈袋状，南北两壁略直，东西两壁斜收较甚，在房址东北角发现浅坑式壁灶一处。房址内填土中出土有鬲足和鬲的腹片各一。

遗址出土大量陶器残片。夹砂陶多为灰陶，亦有褐陶、红胎灰皮陶及少量红陶；纹饰多为杂乱绳纹，亦有少量篮纹，个别为网格纹，颈部（尤其是折沿罐）大多盘筑一道链条形附加堆纹；器形以折沿罐居多，其次为直口缸、敛口瓮、筒形罐，另有极少量鬲、甗。泥质陶以灰陶为大宗，另有红陶、黄陶、褐陶及少量橙黄陶，多为素面，纹饰以篮纹为主，有少量绳纹、弦纹和锥刺纹，其中可辨识器形有喇叭口尖底瓶、敛口钵、折口钵、折腹钵及小口双耳罐。该遗址还发现了少量彩陶片，以红陶黑彩、红黑复合彩为主，纹饰母题包括鱼鳞纹、条带纹、网格纹、锯齿纹等。

此外，还发现各类骨器、蚌器、石器、陶器工具和饰品，其中以形制多样的各类环形饰品为大宗，另发现有石钻头、磨棒、圆饼形器等生产工具。

4. 内蒙古准格尔旗头道沟遗址

头道沟遗址出土“安阳”布

头道沟遗址出土西魏大统五铢

头道沟遗址出土战国晚期陶器

头道沟遗址位于内蒙古自治区准格尔旗大路新区城壕村西北 3000 米，地理坐标北纬 40°6'28.95"、东经 111°20'10.74"，海拔高度 1100 米。2015 年 8~11 月，中山大学社会学与人类学学院受内蒙古自治区文物考古研究所委托，对头道沟遗址开展了为期 3 个月的考古调查与发掘。此次发掘共布 5 米 ×5 米的探方 24 个，实际发掘面积 600 平方米，共发掘灰坑 41 个、房址 4 座，获陶、石、骨等质地标本 100 余件。遗址地层堆积较复杂，文化层厚度达 1~3 米，可分为 7 层，根据典型陶器类型与风格以及地层叠压关系进行分析，头道沟遗址可分为两期。

头道沟遗址早期文化堆积的年代以战国晚期为主，可划分为早晚两段。早段以 H29、H33 为代表，包括 F4 等单位。灰坑较密集，多为小型圆筒状，填红褐色土。典型陶器组合以釜、甑为炊具，盆、罐为盛储器具，碗、豆为食具。陶质轻薄坚硬，纹饰以各类绳纹、凹弦纹及组合纹饰为主，纹饰规矩整齐、立体感强。晚段以 H10、H7、H6 为代表，包括 F1、F2、F3 等单位。灰坑多为锅底状，亦见筒状，填土多为夹杂大量草木灰炭粒的灰土。典型器物组合与早段并无明显区别，只是部分器物形态发生了变化。

战国晚期遗址出土遗物十分丰富，包括陶、石、青铜、铁、骨、蚌器等百余件。其中以陶器为大宗，泥质陶居多，间有夹砂陶，器形主要有罐形釜、甑、罐、盆、碗、豆、奁等容器，通常饰绳纹、弦断绳纹、附加堆纹及研光暗弦纹等纹饰。此外，战国晚期遗址还出土灯、瓦、纺轮、圆陶片、陀螺形器等日常器具。货币有“安阳”布。铜器多箭镞、锥。铁器出土数量众多，有锛、刀、镰、镬、锥、镞、车軎、带钩等。石器有斧、锛、磨棒、杵、环、网坠等。

遗址晚期遗存可能为北朝时期，包括 H4、H21、H24 三个典型单位。灰坑深大，填红色土，典型器物为平沿凸唇的盆，长弧腹、小平底的罐或壶，多为方格纹、叶脉纹，多漫漶不清。其中 H21 中出土西魏大统五铢 1 枚。

广西壮族自治区

广西文物保护与考古研究所

一、业务建设

（一）业务工作

1. 考古调查与发掘

2012~2016 年，广西文物保护与考古研究所完成了近百项考古调查、勘探以及数十项考古发掘工作，开展近 20 项发掘资料的整理和发掘报告的编写工作。

（1）配合基本建设的调查勘探与发掘

受广西壮族自治区文物局委托，广西文物保护与考古研究所完成了包括南广铁路、贵广铁路等铁路项目，田东鱼梁水利枢纽、大藤峡水利枢纽等水利项目，桂平至来宾、马山至来宾、马山至平果、灌阳至全州、崇左至靖西、柳州至武宣、荔浦至鹿寨、桂林至三江、靖西至那坡等高速公路项目，龙胜、容县等风电项目，富川龙头送变电、中缅油气管道广西段、西气东输广西段等油电项目在内的 40 多个项目的考古调查与勘探工作，发现了一批重要的遗址和墓葬。根据调查勘探成果，认真完成相应项目的文物调查勘探评估报告，经广西壮族自治区文物局核准后提交给相关建设项目的设计或建设单位，为做好工程选址和在开工建设前做好基本建设项目中的文物保护工作打下了良好的基础。

近年来，广西文物保护与考古研究所完成了右江鱼梁航运枢纽工程建设范围内 5 处遗址的考古发掘、百色至靖西高速公路涉及的 6 处遗址的考古发掘、阳朔至鹿寨高速公路古墓葬发掘、灌阳至全州高速公路古墓葬发掘、岑溪至筋竹高速公路古窑址发掘、合浦迎宾大道古墓葬发掘、贵港贵城遗址发掘、新建云桂铁路 4 处遗址的考古发掘，以及贵阳至广州铁路建设工程恭城段何家厂墓群墓葬、广西沿海铁路钦州至北海扩能改造工程合浦段古墓葬，合浦县外东环路古墓葬、郁江老口水利枢纽工程涉及的隆安大龙潭遗址、扶绥江西岸遗址、敢造遗址发掘，邕江水利枢纽项目涉及的南宁凌屋贝丘遗址等百余处遗址和古墓葬的发掘工作。

（2）主动性考古发掘

广西文物保护与考古研究所大力抓好申遗项目的考古工作及大遗址保护的考古工作，特别是配合广西壮族自治区文化厅做好花山岩画与灵渠申遗的考古工作，精心组织了两个课题组开展一系列的考古调查、发掘工作，重点发掘龙州县庭城遗址、兴安县通济城遗址，取得重要发现，为申遗工作做好充分的考古学研究方面的准备工作。同时还承担了合浦县汉墓群大遗址公园、靖江王陵及王府、田东檀河遗址的考古调查、勘探、发掘工作，为下一步编制保护措施提供了科学依据。

（3）水下文化遗产调查及水下考古工作。

近年来，广西文物保护与考古研究所多批次派出专业技术人员参加中国国家博物馆、国家文物局水下文化遗产保护中心的培训及各项具体业务工作。目前，所内已具有4名专业水下考古技术人员及水下考古工作必备的潜水装备，能够满足区域内的水下文物调查及摸排工作。

2013年10月，完成了对广西宁明、龙州的水下文化遗存调查工作，获取了包括水深、河床地形地貌、水下环境等大量水下信息，为左江花山岩画文化景观申报世界文化遗产提供了重要的水下考古资料。

2015年7月，为全面落实“一带一路”倡议，共建21世纪“海上丝绸之路”战略构想，联合国家文物局水下文化遗产保护中心共同组织实施了北部湾海域水下考古调查工作，此次水下考古调查首次发现唐朝至民国时期的陶瓮、罐、盆、盒及瓷碗、盘、碟、罐等各类文物标本87件，从侧面证明了防城港海域历史上一直都是海上丝绸之路的重要线路之一。

2 文物保护

广西文物保护与考古研究所在资质范围内配合广西壮族自治区文化厅和文物局开展国家重点文物保护工作，完成相关项目可移动文物的保护规划、维修保护方案的编制和施工。近年来，完成了柳州白莲洞遗址、西林县岑氏家族建筑、恭城县周氏宗祠、钦州乌雷炮台遗址、南宁市扬美古镇古码头、防城港市谦受图书馆、河池文庙、灵山县大芦村、桂平市弩滩甘王庙、南宁市莫文骅故居等重要文物保护单位的修缮方案。

完成富川县秀水村状元楼、灵川县湖南会馆、象州县郑小谷故居、西林县岑氏家族建筑群、东兰县覃健上将、韦杰中将、覃士冕少将故居、柳江县九厅十八井西门楼、南宁市广西高等法院办公楼旧址、岑溪市邓公庙、柳州市东门楼等项目的维修复原和保养加固工作。

完成了单位所藏合浦县文昌塔汉墓群出土金属文物、桂平市博物馆馆藏金属文物、贵港市罗泊湾1号汉墓棺椁、柳州市摩崖石刻、上林县铜鼓文物、昆仑关旧址石质文物修复保护方案，妥善保护了文物古迹，为当地文化、经济发展提供了帮助。

3. 基础设施建设

2011年底，广西文物保护与考古研究所新办公大楼正式投入使用，2012年10月，经广西壮族自治区机构编制委员会办公室同意，成立广西文物保护与考古研究所。

2015年，与来宾市博物馆协作，采取租用来宾市博物馆库房的办法，在来宾市博物馆挂牌成立“广西桂中考古研究基地”，基本解决了所内所藏历年来出土文物的安全存放问题，但是缺乏资料整理场地的问题仍未解决。

2016年，为全面落实“一带一路”倡议，共建21世纪“海上丝绸之路”战略构想，利用广西面向北部湾及东南亚的地理优势，发挥东盟桥头堡的功能，同时为解决资料整理场地匮乏的老问题，广西文物保护与考古研究所正筹建“北部湾水下考古基地”项目。在广西壮族自治区文化厅及防城港市各部门的大力支持下，该项目现已完成在防城港市江山半岛旅游度假区的选址工作，立项及报建工作正在开展。项目建设用地30亩，建筑面积12000平方米，建设经费预算7200万元。

（二）人才建设与培养

广西文物保护与考古研究所高度重视人才培养工作，制定规章制度鼓励专业技术人员继续攻读硕士生、博士生，目前在读硕士生1人、在读博士生3人；制定科研成果奖励办法，激励专业技术人员多出成果、出优秀成果；2012~2016年新录用、聘用了7位专业技术人员；高度重视单位在职人员的再学习、再教育工作，每年多批次安排人员参加国家文物局、各级考古单位、高校、国内外学术机构以及广西壮族自治区文化厅、文物局组织的培训班学习活动。

（三）学术交流与科研成果

1. 学术交流

广西文物保护与考古研究所邀请吉林大学、中山大学、四川大学等高校的著名教授来所进行学术交流活动；加强与高校的横向联合研究工作，与广西师范大学、广西壮族自治区博物馆建设联合培养硕士研究所基地，同时与广西师范大学建设泛北部湾区域研究协同创新中心，不断推动、深化所校的科研合作；与西北大学、广西师范大学、广西民族大学分别向教育部、广西壮族自治区教育厅合作申请成立“协同创新中心”，开展边疆考古、东盟考古、文物保护等协同创新研究。

此外，还积极派员参加美国考古学会年会等国际国内学术研讨会，参与法国、肯尼亚的史前遗址、水下考古工作，接待越南、日本等国际同仁来访，并对今后的科研交流合作达成初步共识。

2. 科研成果

在科研成果方面，第一是组织专家向国家申报《广西少数民族建筑的调查及保护对策研究》《广西永福窑田岭出土陶瓷器工艺技术研究》等两项科研课题，目前承担一项国家社科基金资助课题《合浦汉墓研究》。

第二是加强考古资料整理，采取租借整理场地、返聘退休老同志、改善考古人员野外工作待遇、与有关科研院所合作等办法，统筹安排，努力开展发掘资料整理工作。特别是2015年与来宾市博物馆协作，在来宾市博物馆挂牌成立“广西桂中考古研究基地”，大大加快了资料整理的步伐和力度。近年来，广西文物保护与考古研究所在资料整理的基础上出版了《广西出土汉代玻璃器的考古学与科技研究》《广西考古报告集（1991~2000年）》《广西考古通论》《广西考古文集》（第五辑）、《广西崖洞葬》《桂林靖江昭和王陵考古发掘清理报告》等著作；在《考古学报》等国内著名学术刊物发表报告、论文等15篇；此外，2014年已初步完成《合浦文昌塔汉墓》《2010~2013年度合浦汉晋墓发掘报告》等考古报告。

（四）对外宣传与公众服务

近年来，广西文物保护与考古研究所与防城港市博物馆等单位共同举办了“秦风桂韵”——耀州窑陶瓷暨在广西、越南的传播影响展，展出文物230多件；所藏文物牛车和附鼓俑红陶船参与由中国文物交流中心与香港特别行政区政府康乐及文化事务署主办、香港历史博物馆承办的“汉武盛世”文物展；积极配合广西壮族自治区文化厅，精选广西出土的陶屋、陶仓、陶井等114件建筑模型，在香港举办“瓯骆汉风”——广西古代陶制明器大型文物展，圆满完成了赴港展览工作；联合南宁市博物馆共同举办了“八桂汉风”——广西汉代出土文物精品展，共展出文物105件（套）。截至目前，已基本完成“广西考古重要发现”陈列展览的装修施工。

2012~2016年，为普及公众文化遗产保护知识，提供文化遗产社会教育平台，广西文物保护与考古研究所于每年5月的国际博物馆日、6月的文化遗产日多次在合浦县、桂林市、南宁市等地举办“公众体验考古”活动，向社会、公众宣传考古工作和文化遗产保护意义，社会反映良好。

二、重要考古成果

1. 广西百色高岭坡遗址

为解决百色盆地旧石器时代遗址的年代序列和文化分期等重大学术问题，经国家文物局批准，广西文物保护与考古研究所会同田东县博物馆从2013年8月至2014年4月，对位于广西壮族自治区百色市田东县林逢镇的高岭坡遗址进行考古发掘，取得重大收获。遗址中发现旧石器时代和新石器时代的文化堆积，揭露出旧石器时代的石器制造场和用火遗迹，出土不同时期的遗物约900件。新石器时代的地层发现了大量柱洞，出土约70件石制品，种类包括研磨器、石锤、砺石、石核、石片、砾石和断块等。

此次发掘，在属于旧石器时代的不同地层堆积中出土了多个时期的石制品，这将为解决百色盆地旧石器时代遗址的年代序列和文化分期问题将带来突破。

2. 广西南宁凌屋新石器时代贝丘遗址

凌屋贝丘该遗址位于广西壮族自治区南宁市青秀区长塘镇五合村凌屋坡西南约 50 米邕江北岸台地上。2013 年 12 月 ~2014 年 12 月，为配合邕宁水利枢纽工程建设，广西文物保护与考古研究所对遗址进行了考古发掘，发掘面积共 2000 平方米，共发现墓葬 303 座。

遗址属于顶蛳山文化的范畴，此次发掘获得了大量地层关系明确的文化遗物和自然物，包括陶片、石器、骨器和蚌器等生活用具、生产工具以及水、陆生动物遗骸等。遗迹主要为墓葬，墓葬形式主要有屈肢葬和肢解葬两种，其中肢解葬所占比例约达 1/3。同一墓地出现两种形式的墓葬，特别是肢解葬，十分罕见，引起了国内外学术界的极大关注。这些墓葬对研究史前时期人类的宗教思想意识和生产生活状况，具有十分重要的意义。

3. 广西南宁大龙潭遗址

大龙潭遗址位于广西壮族自治区南宁市隆安县。2014 年 3~9 月，为配合郁江老口航运枢纽工程建设，广西文物保护与考古研究所组织考古队伍对大龙潭遗址进行发掘。此次发掘分两个发掘区进行。其中第Ⅰ发掘区位于石人山南侧的平缓台地上，发掘面积 3000 平方米；第Ⅱ发掘区位于第Ⅰ发掘区东面的右江河岸坡地上，地势较低，坡度较陡，发掘面积 1150 平方米。主要发现均集中在第Ⅰ发掘区，共发现新石器时代晚期灰坑 9 个、石铲埋藏坑 15 个、大型石铲祭祀遗存 1 处，

大龙潭遗址石铲祭祀场（南—北）

大龙潭遗址石铲祭祀场石铲摆放情况（一）

大龙潭遗址石铲祭祀场石铲摆放情况（二）

大龙潭遗址石铲祭祀场石铲摆放情况（三）

大龙潭遗址石铲祭祀场石铲摆放情况（四）

出土编号标本300余件，另外还发现数千件石铲残片。第Ⅱ发掘区遗址地层堆积相对简单，遗迹主要有石铲祭祀坑、灰坑和石铲祭祀遗存三种，年代均为新石器时代晚期。

此次发掘是大龙潭遗址的第三次考古发掘，所发现的大量石铲祭祀坑及石铲祭祀遗存不仅为此类遗址的研究补充了新的资料，对于进一步巩固隆安大龙潭遗址在桂南大石铲遗存研究课题中的核心地位也具有重要意义。

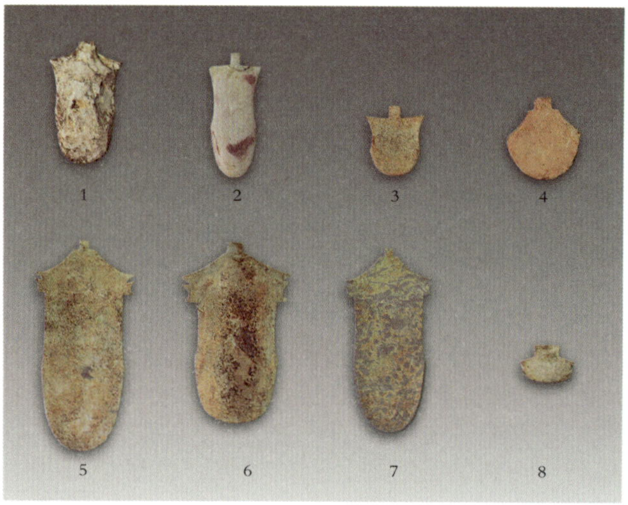

大龙潭遗址出土石器：1~3. 束腰石铲；4. 扇形石铲；5~7. 带袖石铲；8. 石钺

4. 广西北海草鞋村遗址

草鞋村遗址位于广西壮族自治区北海市合浦县廉州镇草鞋村，于20世纪80年代调查时被发现，1993年被公布为县级文物保护单位。2009~2011年连续三年进行了勘探、试掘和发掘，主要工作围绕窑址的发掘而进行，在初步确认其为手工业作坊区后，扩大勘探范围，最终确定该遗址为一处周长约1300米的汉代城址，极有可能是合浦郡的郡城。作坊区仅为城址西南角的一部分，故将其更名为“草鞋村城址”。

2012年11~12月，经国家文物局批准，对该遗址开展2012年度的考古发掘，发掘面积500平方米。此次发掘完整揭露了⑤层下的一组∟形遗迹。迹总长50多米，由多个相通的长方形坑和沟组成，两侧

草鞋村遗址B区建筑遗迹（东北—西南）

草鞋村遗址成组作坊池 AC3~6（西—东）

草鞋村遗址工作坑与 AC4（南—北）

草鞋村遗址亭遗迹（西北—东南）

有规律地分布着圆形的囤泥坑、工作坑等，基本反映了制陶工艺的整个流程。同时，明确了汉代主要遗迹分为四期，年代从西汉中期延至东汉中晚期。第一期（⑦层），地层较薄，不连续分布，出土少量几何印纹硬陶片；第二期（⑥层）包含物以板瓦和筒瓦为主，见少量陶器残件；第三期（⑤层），堆积与⑥层接近，但出现铺地方砖，瓦的颜色、火候有区别；第四期（⑤层上），地层无存，仅余汉砖砌排水沟和磉墩等。从叠压相对明确的遗迹分析，⑤层和⑥层有成组的淘泥池及分布于池两侧的囤泥坑和工作坑，且出土大量的筒、板瓦残片，应为制陶作坊。第一期遗存表明该遗址有人类活动，第四期遗址上分布的大型磉墩则可能说明作坊已被废弃，改为居住区。

草鞋村遗址出土瓦件：1.A 式瓦当；2.B 型Ⅱ式瓦当；3. Ⅱ式板瓦；
4.B 型Ⅲ式瓦当；5.C 型瓦当；6. Ⅰ式筒瓦

5. 广西桂林靖江王陵遗址

靖江王陵遗址位于广西壮族自治区桂林市七星区东郊尧山西南麓。为配合靖江王陵考古遗址公园规划与建设的需要，2012 年 10 月，广西文物保护与考古研究所会同桂林市靖江王陵文物管理处、桂林市文物工作队等单位共同组建了靖江王陵考古工作队，历经两年半的时间，完成了靖江昭和王陵、温裕王陵、安肃王陵、悼僖王陵、怀顺王陵、宪定王陵、荣穆王陵等 7 座王陵以及一处奉祠遗址的考古发掘清理工作，此次发掘不仅厘清了各个王陵的陵园布局及构筑方式，还首次发现了悼僖王陵的奉祠遗址、悼僖王陵陵园内的

靖江安肃王陵遗址全景

靖江安肃王陵遗址发掘现场

道路网及亭楼等重要遗迹，以及怀顺王陵独特的后期构筑——五边形外围墙，弯子山采石场遗迹及石刻，荣穆王陵独特的布局，构筑方式及建筑材料，并在昭和王陵的西南外围墙转角处首次发现叠压的早期官式建筑遗址。

此次发掘为全面了解靖江王陵提供了比较完整的资料，为今后开展系列研究提供了坚实的基础，为考古遗址公园建设及遗址保护提供了科学的依据。

6. 广西防城港海域怪石滩水下考古调查

2015 年 7~8 月，为落实国家“一带一路”倡议，探究北部湾水下文化遗产，国家文物局水下文化遗产保护中心、广西文物保护与考古研究所共同组织实施了防城港海域水下考古调查。

防城港怪石滩海域

防城港怪石滩海域出土瓷器：1. 明代瓷盘；2. 清代瓷盘；3. 清代瓷盘；4. 清代瓷碗

此次调查调集北京、福建、江西、海南、广西等地的水下考古及物探专业人员，围绕水下遗存线索点对广西壮族自治区防城港市防城区江山乡白龙村怪石滩（江山半岛西南端）附近海域的4个区域进行物探扫测，总扫测面积约232.92平方米，在珍珠港出海口发现一处疑似沉船点，经潜水探摸确认为现代铁质船，在怪石滩海域搜索发现了唐代至清代的陶瓷器。同时对国家海洋局第三海洋研究所提供线索的位于中越边境的3处疑似沉船点进行了排查，确认为现代铁质船或木质船。

怪石滩原为石质山丘的余脉谷地，自东北向西南倾斜延伸，两侧岩石嶙峋，随潮起潮落而若隐若现，中部淤沙为沟。潜水搜索区位于中部沟谷，面积约12560平方米，水深5~12米，在海床表面采集到陶瓷器标本87件，器物多数残缺，初步划分为唐五代、宋元、明清三个时期。唐五代器物有瓷碗、盆、罐，为灰胎、青釉。宋元器物有瓷碗、碟及陶罐，瓷碗为灰胎、青白釉，分为斗笠碗和敞口碗，斗笠碗内壁底模印卷云纹，敞口碗釉层脱落较严重。明清器物占多数，其中约有一半为陶瓷器，瓷器有盘、碗、盆，陶器有瓮、罐、盆、钵、镭钵等器形；瓷器胎色有灰、灰白、白等色，釉色有青、青白、青灰、白等色，少数为素面或印花瓷，多数为印制或手绘的青花瓷，青花呈色多样，纹样有人物、折枝花、缠枝花、花草、云龙、飞凤、变体“寿”字等；部分器形产地特征明显，为龙泉窑、景德镇窑、闽南民窑产品，是常见的外销瓷；陶器胎质坚硬，施釉不及底，部分器形的时代特征和区域特点突出，为闽南或北部湾沿岸常见器物。

类似怪石滩出水遗物的陶瓷器，在防城港其他沿海区域也有发现，尤其是横穿江山半岛的潭蓬运河附近，发现了不少完好如新的瓷器。据《旧唐书》及《北梦琐言》记载，唐代潭蓬运河的疏通，为的是避开怪石滩的暗礁，反映出怪石滩海域行船危险的一面。宋代安南独立之后，潭蓬运河的航运功能逐渐减弱，至明清时期已然成为名胜古迹。怪石滩海域出水及采集的遗物中，唐宋器物较少，明清器物居多，这种状况可能与潭蓬运河的兴衰有关。综合遗物、古迹和史籍记载判断，防城港海域是古代北部湾海路的一部分，是古代官商往来、军旅海防、物资转运的一个重要节点。

广西壮族自治区自然博物馆

一、业务建设

（一）业务工作

广西壮族自治区自然博物馆现有文物库房400平方米、文物整理和修复室800平方米，馆藏品5万余件，其中各类古脊椎动物化石、古人类化石及旧石器等3万余件。

近年来，在国家文物局和广西壮族自治区政府的大力支持下，广西壮族自治区自然博物馆加强了馆藏文物安全防范和保存环境达标建设，经过几年来的维修和改造，安装了110计算机联网报警器，配备了消防器材，在安全方面做到了“四有”；同时安装了密集柜、抽湿机、空调等基本设施，在恒温、抽湿方面达到文物库房的要求；在管理方面配备了自动化办公设备。

此外，还购置了一系列从事考古发掘所需的仪器和设备，基本适应发掘工作的要求。现有设备包括全站仪1套、水准仪1套、全球定位仪2部、数码摄像机2台、数码照相机16台、台式电脑16台、笔记本电脑9台、打印机12台、进口体视显微镜2套、普通体视镜12台、发电机1台、化石修理工具6套（进口风刻笔2套）、望远镜2台、台式钻3台、空气压缩机3台、手动液压叉车1台、弯管机1台、装卸车1台、搬运车1台、小型修理工具一批。

在藏品管理方面，认真贯彻落实“保护为主，抢救第一，合理利用，加强管理”的文物工作方针，采取现代化的管理手段，建立了完善的保管制度并严格实施；设立专业保管部门，配备专职保管人员，经常性地开展安全教育工作，提高工作人员的安全意识，防患于未然；藏品总账清晰、账物相符、鉴定明确，分类账科学合理、编目详明、查用方便；每年投入专项经费用于文物保护，并严格按照相关政策科学使用各级财政下拨的文物保护经费，做到专款专用，合理安排；每年组织专门工作人员对文物保存现状进行检查，做好防尘、防虫、除霉和防风化等文物保护工作。目前，馆藏的5万余件标本基本上得到了妥善的保护。

（二）人才建设与培养

加大人才小高地培养力度。一是广西壮族自治区自然博物馆作为广西壮族自治区人才小高地联合载体单位之一，以科研项目为依托，以多学科的人才团队为载体，创新人才培养模式，建立人才激励机制，致力于全面提高人才队伍培养和建设工作，不仅在相关领域取得成果，而且使人才得到发展和提升。二是加强人才培训力度，举办自然遗产与文博研究研讨会及自然类藏品业务培训班、自然史业务培训等培训讲堂，邀请国内外专家学者到馆进行培训、学术讲座及科研合作调研；年均举办、参加各类培训 50 余项，年均参加培训、学术交流 80 余人次。三是鼓励、支持专业技术人员、业务骨干进行硕士、博士等高学历的深造学习。近年来，广西壮族自治区自然博物馆培养博士研究生 4 名、英国伍斯特大学硕士研究生 1 名、在职硕士研究生 3 名，一支知识结构丰富、年龄梯队合理，以中青年骨干为主，老中青结合的高层次人才队伍正在茁壮成长。四是做好人才引进工作，2014~2015 年通过公开招聘引进了一批地质学、古生物学、植物学等专业的人才，为馆内人才建设不断注入新的力量。五是做好人才服务，推进队伍建设，开展好“三区人才”支持与服务工作，先后选派 20 多名业务骨干为百色田东县、富川县、天等县等地的基层文博单位提供包括自然类文物藏品的调查、管理与鉴定，文物保护和修复，花山岩画自然环境背景调查、化石调查和保护，陈列展览策划与实施，讲解与教育活动等多方面的业务指导与服务。

以项目的形式吸引更多国内外权威专家加入到课题研究中去。如扶绥那派盆地脊椎动物群研究、宁明盆地渐新世生物群等项目，吸引了如 Eric Buffetaut（法国科学研究中心研究员，国际著名古生物学家）、徐星（中国科学院古脊椎动物与古人类研究所研究员，著名恐龙专家）、张弥曼（中国科学院院士、瑞典皇家科学院外籍院士、中国科学院古脊椎动物与古人类研究所研究员，中国著名古鱼类学家）、史恭乐博士（中国科学院南京地质古生物研究所，古植物学专家）、Steven R.Manchester（美国佛罗里达大学教授，国际著名古植物学家）等专家参加。

不断推出新举措，创新人才培养模式。一是推出“广西自然博物馆青年创新计划”。该计划是广西壮族自治区自然博物馆立足人才小高地在人才培养模式上的一个创新，着眼于青年人才的后续培养和文博事业可持续发展，支持探索自然规律的基础科学问题以及自然遗产保护与利用、成果推广和科学普及等方面的研究与实践。此举加强了青年人才的培养力度，对充分发挥青年人才的积极性、创造性和能动性具有重要意义。近年来，先后对 11 个符合要求的项目进行了资助，资助总金额 22 万元。二是创办以学术性为主的综合性出版物《自然遗产与文博研究》，2012 年至今已出版四卷，目前第五卷的征稿工作正在进行。该论文集自创办以来，收集并出版馆内外学术论文共 50 余篇，激发了职工的创造活力，提高了广大文博工作者的理论研究和实践探索水平。

（三）学术交流与科研成果

近年来，广西壮族自治区自然博物馆的科研活动日益活跃，科学研究水平在国内同行中处于先进水平，在动物分类和生物多样性保护、古动物、古植物、古人类等方面的研究取得显著成绩；先后承担省部级以上科研项目10余项，其中国家自然科学基金课题4项、国家重点实验室项目1项、广西自然科学基金项目3项、国家留学基金1项、广西“新世纪十百千人才工程”项目，自治区人才小高地课题1项等。

此外，近年广西壮族自治区自然博物馆发掘、征集了许多价值很高的、具有广西特色和国际影响力的文物（标本）。2012~2016年，发现并发表古生物、古植物等新物种近10个。与美国、英国、法国、日本、泰国等多国博物馆或科研机构建立合作关系，在古鱼类、古植物、恐龙、古人类以及野生动植物调查研究等领域进行广泛的合作研究。近五年，广西壮族自治区自然博物馆研究人员在国内外刊物上发表论文70余篇，其中英文论文30余篇，出版著作7部。

（四）对外宣传与公众服务。

第一，使研究成果惠及大众。目前，扶绥县恐龙化石、宁明县鱼类化石和植物化石、富川县古人类化石等研究取得了丰硕的成果，为了让“陈列在广阔大地上的遗产活起来”，当地政府正在规划筹建地质公园或遗址博物馆，计划在保护自然遗产、传播文化的同时，为当地旅游带来一定的经济效益，实现资源、文化、产业三丰收。

第二，推进科普宣传，提高公众文物保护意识。近年来，广西壮族自治区自然博物馆以丰富的馆藏资源和严谨科学的专业学术为支撑，通过举办主题鲜明、构思精妙的展览展示，开展丰富多彩的科普宣传活动，在科学普及和促进公众文物保护意识等方面发挥了很好的作用。一是以社会、学校为平台，打造科普慧民品牌，采取立足基本陈列并主动“走出去”，送展览进公众、进校园、进社区、进山区的方式开展宣传教育工作，成效显著。二是不断丰富对外宣传和公众服务的手段：2014年，开通新浪官方微博与腾讯公众微信号两个线上宣传平台，定期推送科普活动，并制作了4部科普主题纪录片；2015年，增设《科学融合艺术学堂》，每月固定为少年儿童提供科学教育课程；并常年面向广大少年儿童举办“恐龙之旅夏令营”“亲子团考古春令营”“六景考古夏令营”等活动。

2012~2016年，广西壮族自治区自然博物馆的科普教育工作成效显著，受益公众逐年增加，超过300万人次，年均接待观众超60万人次，取得显著的社会效益，成功地向广大群众及在校学生普及了自然科学知识，为提高广西公众的科学素养做出了应有的贡献。

二、重要考古成果

1. 广西崇左扶绥那派盆地脊椎动物群调查研究

该项目于2011年启动，研究团队由不同门类和不同学科的研究专家组成，分别开展蜥脚

那派盆地发现的部分脊椎动物牙齿化石

那派盆地采集的恐龙化石

类恐龙、兽脚类恐龙、龟鳖类、硬骨鱼类、软骨鱼类、地球化学和地层学等方面的研究，成员来自中国、法国、泰国、瑞士和丹麦等国家的研究机构或博物馆。2011~2016年，联合国内外古生物专家组成考察队对位于广西壮族自治区崇左市扶绥县山圩镇的那派盆地进行了多次系统调查、试掘和研究，取得了一些重要科研进展，新发现主要包括：大型蜥脚类恐龙、大型肉食性鲨齿龙类恐龙、禽龙，至少6种淡水鲨鱼牙齿，2种辐鳍鱼类牙齿和鳞片，2种龟鳖类化石和鳄鱼牙齿。该项目研究人员在国内外核心刊物发表论文6篇。

那派盆地调查发现的淡水鲨鱼牙齿化石

那派盆地调查发现的棘龙类牙齿化石

2. 广西宁明盆地渐新世生物群及环境研究

2011年以来，广西壮族自治区自然博物馆多次在宁明地区开展野外调查和室内研究工作，

宁明盆地发现的化石

发现大量珍贵的第三纪鱼类和植物化石，包括 6 个植物新种、2 个鱼类新种，在国内外发表科研论文近 10 篇，一些研究还在继续。

该项目连续多年由国家自然科学基金资助，旨在通过系统发掘，结合原有化石材料，采用比较形态学及支序分析方法，进一步研究中越边境宁明盆地的渐新世生物群，填补我国渐新世化石研究的薄弱点，丰富该时期生物群的面貌。在全面重建植物群面貌的基础上，运用最近现生亲缘种法、共存分析法、叶缘分析法和气候—叶片分析多变量程序定量重建宁明地区渐新世时期的古气候，与邻近的越南北部同时期的化石群及地层特征进行比较研究，探讨这些盆地的古生物地理联系及环北部湾地区的沉积环境，为诠释东亚南部地区现代生物区系的起源演化及其环境变迁的协同关系提供可靠的化石依据。

3. 广西贺州富川古人类化石调查研究项目

该项目是广西壮族自治区文化厅“三区人才”支持项目之一。2014 年，广西壮族自治区自然博物馆与受援单位富川文物管理所组成野外洞穴考察工作队，对广西壮族自治区贺州市富川瑶族自治县富阳镇、古城镇、城北镇、新华乡等 8 个乡镇的 30 余个洞穴进行哺乳动物化石和古人类化石调查，基本摸清了富川县第四纪洞穴古人类和旧石器时代遗址的分布情况。在新华乡棺材山遗址和狗公山大口岩遗址进行试掘，发现大量哺乳动物化石、3 颗人类牙

富川古人类化石调查研究项目出土石器

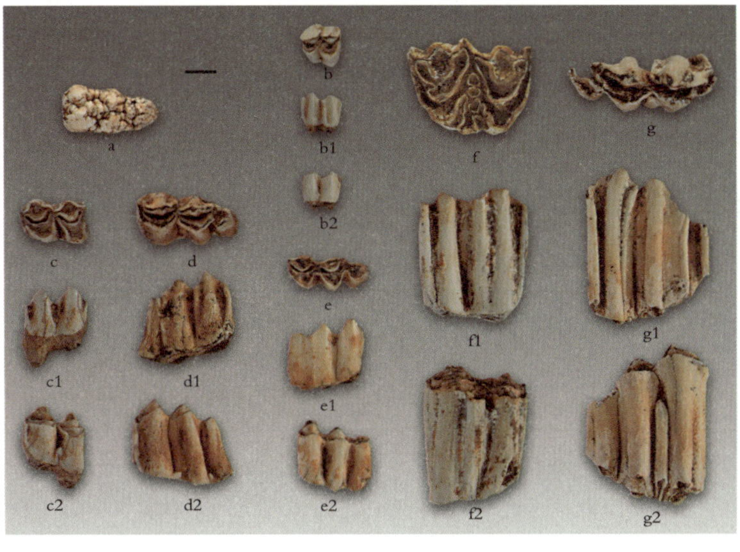

富川古人类化石调查研究项目出土偶蹄类动物化石

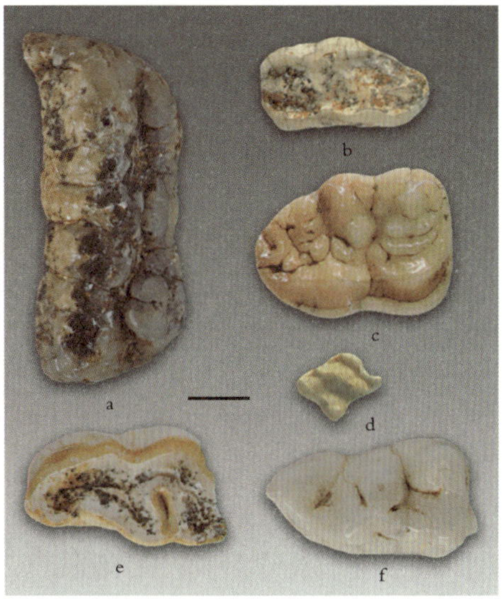

富川古人类化石调查研究项目出土长鼻类等动物化石

齿、少量陶片和打制石器。这些动物群化石组合属于中国南方典型的大熊猫—剑齿象动物群，推测其时代在更新世晚期。目前已对这些化石标本和石器约 2000 件进行了整理、分类、鉴定、描述及测年工作。该项目取得的重要发现对研究该地区更新世动物群的分布、古人类的活动历史以及了解当地的古环境具有重要意义。

富川古人类化石调查研究项目出土灵长类动物化石

4. 广西宁明花山岩画区域自然环境背景调查研究

该项目启动于 2013 年，是广西壮族自治区文化厅"三区人才"支持项目之一。2013~2016 年，广西壮族自治区自然博物馆主要以项目服务、培训等形式向受援单位开展人才支持，内容包括培养和指导基层文博人员对广西壮族自治区宁明市花山岩画的地质和生物等自然背景进行调查研究，协助夯实花山岩画申遗的科学基础。其间，广西壮族自治区自然博物馆多次组织专业技术人员到宁明花山岩画区域开展自然环境背景调查。

5. 广西特色自然遗产（宁明新生代古生物化石）研究

该项目启动于 2015 年底，由广西文化名家暨"四个一批"工程资助。2016 年上半年，广西壮族自治区自然博物馆多次前往宁明地区开展古生物化石发掘调查工作，获得一批古植物、古鱼类等化石标本。

6. 广西宁明左江流域历史环境研究

该项目属于广西壮族自治区左江流域花山岩画景观申遗工作的一个子课题，研究目的是为申遗工作提供基础性资料和历史环境论证。主要工作内容是论证第四纪以来左江流域地形地貌的变化规律，寻找左江水位变化及河道变迁规律，对左江全新世以来的生态环境进行论证。2014 年，广西壮族自治区自然博物馆多次到宁明县、崇左市和扶绥县等地开展左江第三系堆积阶地野外调查，获得左江河道变迁的现场资料。

海南省

海南省文物考古研究所

一、业务建设

（一）业务工作

2012~2016 年，海南省文物考古研究所主要业务工作如下。

2012 年 2 月，进行乐东县莺歌海镇海南西南部电厂项目考古调查、勘探工作；2~3 月，与中国科学院古脊椎动物与古人类研究所合作，对昌江县钱铁洞遗址进行调查和试掘；3 月，与中国社会科学院考古研究所合作开展中国南疆考古项目的前期调研工作；4~11 月，完成海南岛古代军事设施考古调查和昌化江流域史前遗存考古调查两个项目的田野调查工作；5~6 月，对新建海南西环铁路沿线进行考古调查和勘探；7~8 月，进行"迈湾水库工程"项目的前期文物调查工作；11 月，新发现的青岭遗址进行考古发掘。

2013 年 1 月，进行红岭灌区工程项目考古调查、勘探工作；1~4 月，和中国社科院考古研究所合作进行南疆考古计划的陵水桥山遗址发掘；4~11 月，进行环海南岛海洋遗址调查；4~12 月，进行海南岛古代城址调查；2013 年 12 月 ~2014 年 1 月，进行三亚南山电厂扩建项目工程用地考古调查、勘探工作。

2014 年 1 月，进行南渡江引水工程沿线用地的考古调查、勘探工作和海南环岛天然气管网工程沿线用地的考古调查、勘探工作；1~5 月，继续进行和中国社科院考古研究所合作的南疆考古计划的陵水桥山遗址发掘；3 月，继续进行环海南岛海洋遗址调查；4 月，进行海南岛古代盐业遗址调查，并抢救性发掘陵水黎安镇黎丰村瓮棺葬 2 座，出土一批青铜装饰品。

2015 年 1 月初，对全国重点保护单位清代秀英炮台门楼遗址进行调查和文物保护工作；3~4 月，进行海口南港码头扩建工程考古调查、勘探工作；4 月起，进行海南古代寺庙遗址调查项目的考古调查工作；7 月起，进行海南古代石刻调查项目的调查工作；10 月起，进行海南古窑址调查项目的考古调查工作。

2016 年 1 月起，与中国社会科学院考古研究所合作进行南疆考古计划之三亚英墩遗址发掘；

2~3 月，进行儋州天角潭水利枢纽项目库区用地考古调查、勘探项目；3 月起，进行海南古代牌坊调查；5 月，进行洋浦开发区棠兰古生物化石点的清理发掘工作。

此外，在水下考古方面，2014 年 3~11 月，进行琼北大地震海底村庄遗址调查项目；2015 年，开展海南伊斯兰墓葬考古调查项目；2015 年 4~5 月，进行“珊瑚岛Ⅰ号”沉船遗址水下考古发掘工作。

（二）人才建设与培养

近年来，海南省文物考古研究所引进考古学专业硕士 1 人，2 人参加国家文物局主办的田野考古领队班培训并顺利取得田野考古领队资格。

（三）学术交流与科研成果

在学术交流方面，所内人员参加历年中国考古学年会、中国百越民族史研究会年会和其他各类学术会议。

在研究课题方面，参加国家社科重大基金项目“海洋文化遗产调查与研究”；每年组织开展专项考古调查研究课题，主要有海南岛明清时期海防调查、海南岛古代城址调查、海南岛古代窑址调查、海南昌化江流域史前文化调查、环海南岛海洋遗址调查等。

在学术成果方面，出版专项考古调查研究报告《环海南岛明清时期海防设施考古调查报告》；发表《史前时期海南岛与周边国家的文化联系》《海南岛史前遗址中的海洋文化特质》《海南岛铜鼓发现情况述略》《环海南岛的史前聚落与海洋文化》等学术论文数十篇。

（四）对外宣传与公众服务

海南省文物考古研究所已开通门户网站和微信等线上服务，及时更新相关考古工作、研究和学术交流信息。同时不定期与单位宣教部门开展合作，进行大众考古普及和文物保护等活动，产生良好的社会反响。

二、重要考古成果

2012 年 3 月起，中国社会科学院考古研究所与海南省博物馆（海南省文物考古研究所）联合在海南岛开展田野考古调查，2012 年 12 月 ~2016 年 1 月先后发掘了陵水桥山、莲子湾以及三亚英墩三处遗址，并在海南东南部沿海地区开展考古调查，发现了陵水岗山、走风等 30 余处史前遗址。根据英墩、莲子湾、桥山等遗址的地层叠压关系及出土遗物特征，可初步建立起海南东南部沿海地区史前文化发展的基本框架。

1. 海南三亚英墩遗址

英墩遗址位于海南省三亚市海棠区江林村东约 1.5 千米，地处海棠湾沿岸沙堤南部，东距海

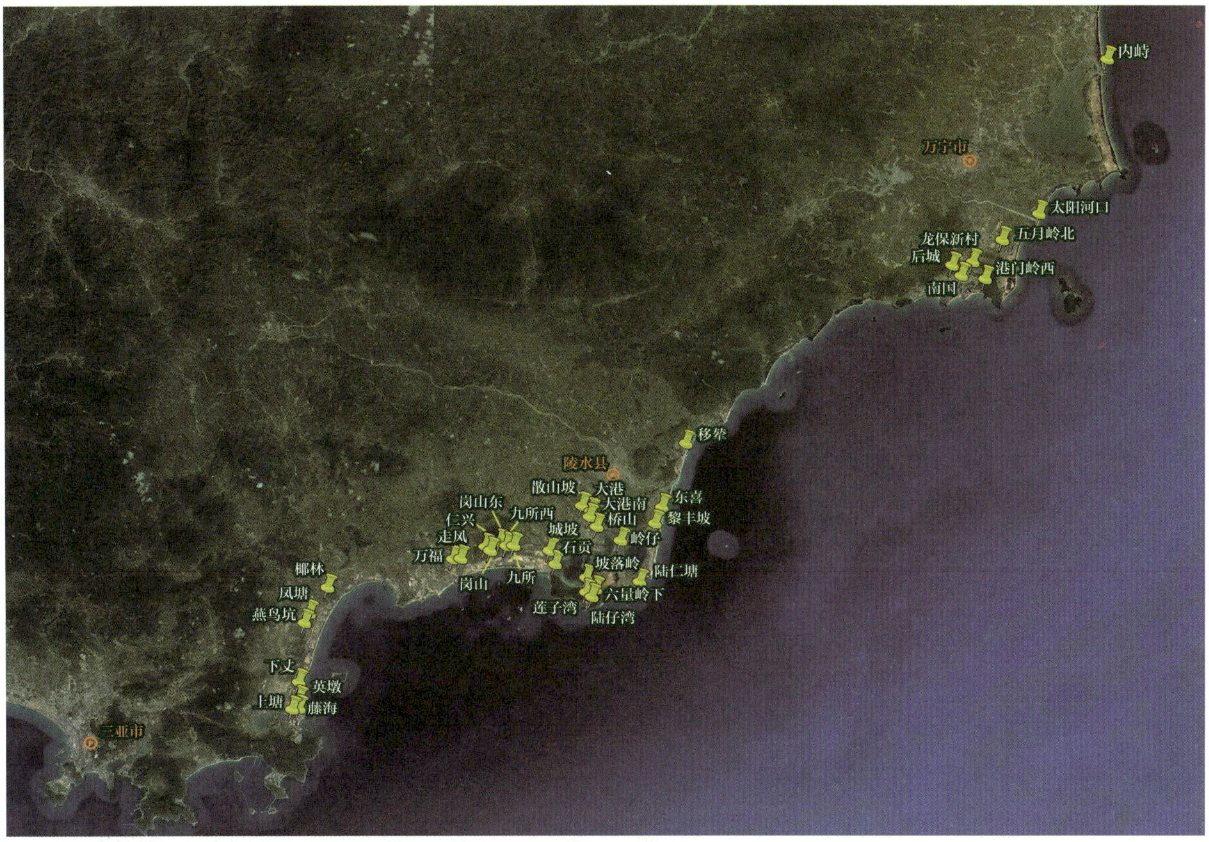

海南省东南部沿海地区史前文化遗址分布图

岸线约 280 米，西濒铁炉港。沙堤以西有大片低地，原应系潟湖，后干涸成陆。因疏通河道及修路，遗址略受破坏。遗址现存南北长约 300、东西宽约 50 米，面积约 15000 平方米。2015 年 12 月 ~2016 年 1 月，联合考古队对英墩遗址展开抢救性发掘，发掘面积约 325 平方米。

英墩遗址存在丰厚的贝壳堆积，且出土遗物丰富，在海南岛乃至华南地区极为罕见。

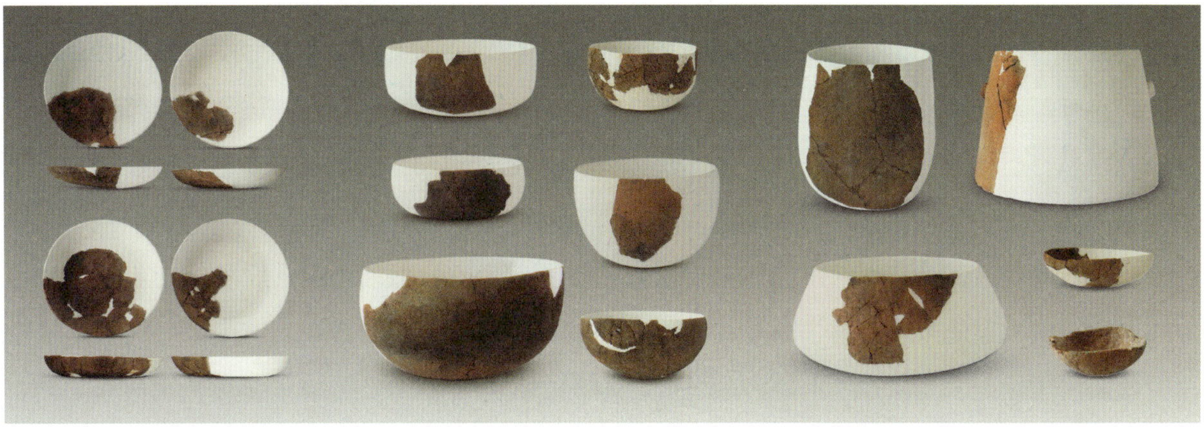

英墩遗址出土陶器

英墩遗址的文化遗存根据文化内涵及堆积关系可分为早、晚两期。

早期遗存中发现房址1座，平面为不规则椭圆形，周围一圈及中心有柱洞，内部有灰烬、炭粒及细碎的兽骨、贝壳等，可能系窝棚类建筑。房址内出土陶钵1件。

英墩遗址遗迹

早期遗存所出陶器主要有夹粗砂陶、夹细砂陶两系。夹粗砂陶陶色多呈红褐，亦见灰褐色，陶胎一般较厚，夹砂甚多，砂粒粗大，陶质疏松，器表有灼烧、烟熏痕迹，器形多为平底盘形釜。此类器物器形硕大，制作粗犷，口径约40厘米，系英墩早期遗存的典型器物。夹细砂陶陶色多呈褐、黄褐、红褐、灰褐等，陶胎较薄，夹砂量较少，砂粒较细，陶质较硬，器形见罐、钵、杯等，常施绳纹或复合篦划纹，应为盛器。石器以有肩石器为主，还出土石锤、砺石等。另出有大量的贝壳、鱼骨、兽骨等水陆生动物遗存。早期遗存是英墩遗址的主要遗存，具有明确、独特的文化内涵。

晚期遗存出土遗物以陶片为主，均为泥质陶，陶胎较薄，呈黄色或灰黑色，陶质较硬，火候较高，施红、红褐色陶衣，磨光，制作精美，可辨器形有卷沿罐等。卷沿罐的唇部多见锯齿纹，腹部施一带细绳纹。英墩晚期遗存年代与莲子湾遗存、桥山早期遗存相当。

2. 海南陵水莲子湾遗址

莲子湾遗址位于海南省陵水黎族自治县黎安镇大墩村西南约3.5千米，地处南湾岭和尖岭相夹的沙堤，内有低地，原系潟湖，遗址以东有淡水河流经。遗址因洗沙等活动受到破坏。2014

莲子湾遗址出土陶器

年3月，联合考古队对莲子湾遗址展开了抢救性发掘，发掘面积约75平方米。

莲子湾遗址出土石器

莲子湾遗址出土的陶器分夹粗砂陶与泥质陶两系。夹粗砂陶多褐色，陶胎较厚，夹大量粗砂，器表有灼烧、烟熏痕迹，器形均为釜。泥质陶陶色有红、橙黄、红褐、褐、白等，陶胎较薄，陶质较硬，施陶衣，磨光，制作精致，多见细绳纹，部分器物的口部饰锯齿纹，器形有折沿罐、卷沿罐、钵、碗、圈足盘、尊、杯等。莲子湾遗址出土大量有肩石器，少量人类骨骼残片和大量贝壳、鱼骨、兽骨等水、陆生动物遗存。

莲子湾遗存年代与英墩晚期遗存、桥山早期遗存相当。

3. 海南陵水桥山遗址

桥山遗址位于海南省陵水黎族自治县新村镇桐海村北约2千米的沙丘之上，遗址地处桐栖港的西北岸，淡水河经遗址之北入港。遗址所在沙丘被田间小路及冲沟分为东、西两部分（Ⅰ、Ⅱ两区），面积约5万平方米。遗址保存状况良好，为海南地区迄今发现最大的史前遗址之一，其堆积之丰厚、遗物之丰富、保存之完好在整个华南地区都极为罕见。2012年12月~2016年5月，联合考古队对遗址进行了4个季度的发掘，发掘面积约975平方米。

遗址堆积可分为3层。其中第①层为现代耕土层；第②层为黄色沙土层，出土少量瓷片、陶片；第③层层面为“活动面”，其上大面积密集分布陶器、石器等遗物；第③层系文化层，黄褐色沙土，结构稍紧，出土陶器和石器；第④层及以下为生土。

桥山遗址的文化遗存根据文化内涵及堆积关系可分为早、晚两期，分别以第③层及第③层层面为代表。

桥山遗址第③层出土陶片分为夹粗砂陶与泥质陶两类。夹粗砂陶均呈褐色，陶胎较厚，夹大量粗砂，陶质疏松，器表有灼烧、烟熏痕迹；泥质陶陶色有红、橙黄、红褐、褐等，陶胎较薄，陶质较硬，施陶衣，磨光，制作精致，多见细绳纹，部分器物口部饰锯齿纹，可辨器形有卷沿罐、钵、碗、圈足盘、尊等。石器以有肩石器为主。桥山遗址早期遗存与英墩晚期遗存、莲子湾遗存年代相当。

桥山遗址第③层层面（编号③S）是一种独立的特殊堆积单位或埋藏情景，与第③层可明确区分。层面上遗物大面积紧密分布，最厚处达20~30厘米，彼此间几无空隙，又相互叠压，所出遗物以陶容器为主，偶见陶纺轮（或网坠）、石器等。陶器均为夹砂陶，陶色多为红褐、黄褐，偶见灰褐、灰黑等色，陶质较为疏松，以素面为主，偶见刻划纹、绳纹等色，器形有钵形釜、盘口罐、凹沿罐、折沿罐、卷沿罐、钵、杯等；陶纺轮（或网坠）为算珠形；另发现一件婴儿左脚陶模；石器以平面为长方形或梯形的斧或锛为主。

桥山遗址全景

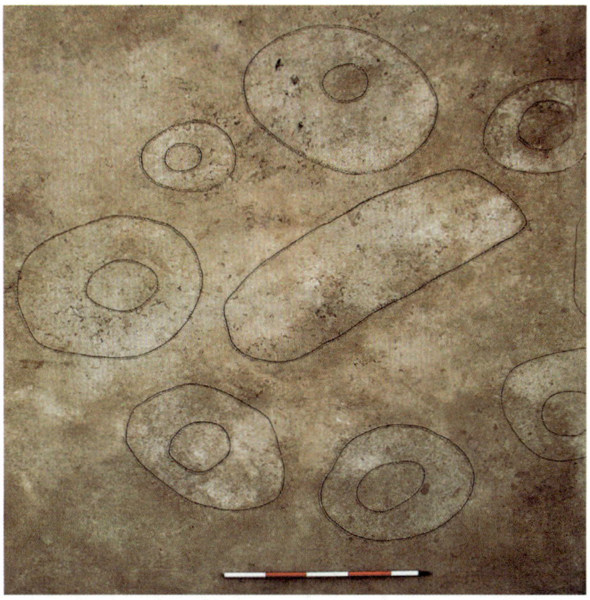

桥山遗址第③层层面遗迹剖面

晚期遗存是桥山遗址的主要遗存，具有明确、独特的文化内涵。常见较完整的陶器口部朝上放置于平面，多见钵形釜和带钮盖等组合陶器共出，因受地层覆压，层叠在第③层层面。同时，第③层层面的陶片习见因风化而产生的脱皮、磨损等现象。推测这些器物系古人因某种目的露天放置于此，可能为某种特殊活动的遗留。第③层层面遗物大面积密集分布的情况鲜见于其他地区，对探讨海南古代人类的行为模式具有重要意义。

在遗址Ⅰ区发现墓葬1座（编号M1）。墓葬开口于②层下，平面略呈圆角长方形，长约130、宽约50、残深约5厘米。填土略呈灰黄色，夹杂灰白色细砂，土色较杂。墓内出有头骨残片和部分胫骨，保存状况较差。头朝西南，面向不详，直肢葬，未见随葬品。填土中出有细碎的夹砂红陶片，与第③层层面所出相同。M1四周环绕着8个柱洞，柱洞之间的距离基本相等，柱洞填土为灰白色细砂，柱子所在的中心部分为灰黄色细砂，柱洞内未见文化遗物。推测柱洞与墓葬为同时期遗存，墓葬之上原似有建筑。

以往，海南省考古工作的基础相对薄弱，学界对海南史前遗存知之甚少。通过在海南省东南部沿海地区的考古调查和发掘，发现了英墩、莲子湾、桥山三种全新的、文化内涵不同的新

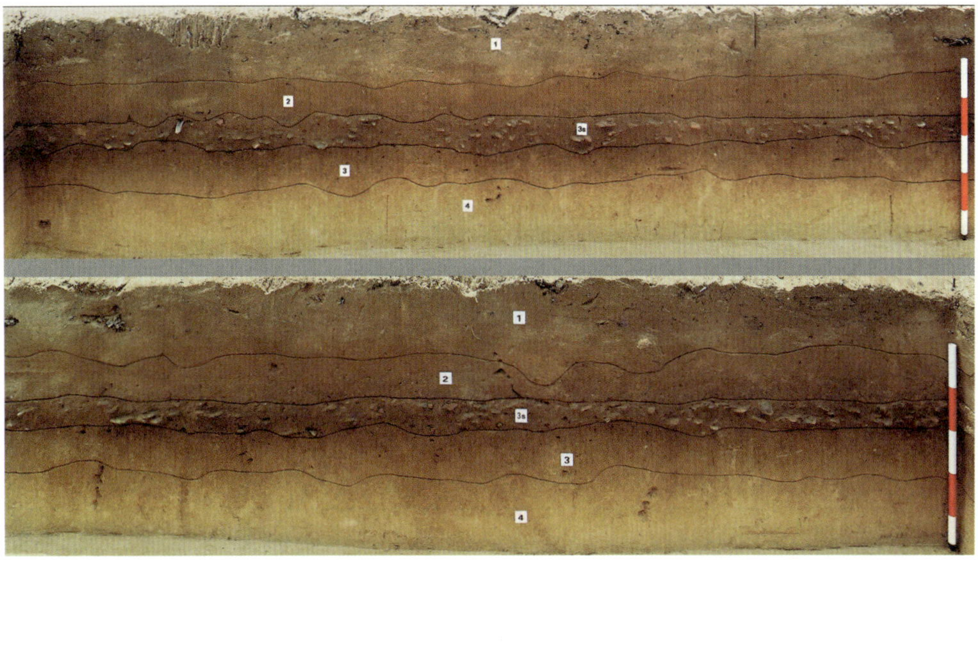

桥山遗址地层剖面

桥山遗址出土陶器

桥山遗址出土石器、陶纺轮（或网坠）及婴儿左脚陶模

石器时代遗存，为人们全面地认识其文化面貌与性质提供了重要的实物资料，填补了海南史前考古的诸多空白。

英墩、莲子湾、桥山三处遗址的地层叠压关系及文化内涵表明，以英墩、桥山遗址为支点或桥梁，可初步构建起海南省东南部沿海地区的史前文化编年序列。在英墩遗址发现了英墩遗存早于莲子湾遗存（即英墩晚期遗存）的地层叠压关系，而在桥山遗址则存在莲子湾遗存（即桥山早期遗存）早于桥山遗存的明确的地层证据。如此就首次建立起英墩文化遗存→莲子湾文化遗存→桥山文化遗存的基本年代框架，为构建海南东南部沿海地区史前考古学文化编年与谱系提供了重要的、关键的证据。

同时，桥山遗址出土了海南首座史前墓葬，并出土人类遗骸，将为研究海南先民的体质特征、DNA 信息等提供支持。莲子湾、英墩遗址出土了丰富的海、陆生动物遗存，为了解当时的自然环境及人类生计方式提供了重要资料。

重庆市

重庆市文化遗产研究院

一、业务建设

（一）业务工作

1. 考古调查与发掘

重庆市文化遗产研究院始终将考古工作作为各项事业发展的核心，2012 年以来，整体呈现出主动考古、三峡考古、基建考古齐头并进的发展态势。在主动考古方面，先后获批合川钓鱼城南部一字城和范家堰遗址、永川区汉东城遗址、荣昌县瓷窑里遗址、渝中区太平门遗址等近 10 项主动性考古发掘项目，考古发掘面积近 6000 平方米，取得了非常重要的业务收获和科研成果，提高了重庆考古的科研分量。2012 年以来，重庆市文化遗产研究院在三峡消落区先后开展了对 113 处文物的抢救性发掘工作，完成考古发掘 69218 平方米，出土各类文物（含标本）约 1.9 万件（套），多项发现填补了此前三峡考古的空白，发掘成果具有重要的历史、科学与艺术价值。在配合基本建设考古领域，五年来共开展调查勘探 219 项，累计线性调查里程 2847.79 千米、区域调查 1212.97 平方千米，发现文物点 2751 处，发掘文物点 424 处，发掘面积 123274 平方米，出土文物（含标本）经初步统计达 13236 件（套）。

2. 大遗址保护与规划

合川区钓鱼城遗址是首批国家级大遗址，重庆市文化遗产研究院围绕该遗址先后开展了 4 次考古调查和发掘。2012 年对南一字城西城墙上段开展了考古发掘，揭露出宋代城墙 1 段，有助于加深对钓鱼城南一字城布局结构以及山顶环城功能分区的认识，对于探讨钓鱼城的营造、使用、废弃这一发展演变过程具有重要意义；2013~2014 年，在位于钓鱼城北部的范家堰遗址清理大型高台建筑 2 座，通过调查与试掘发现了大量依山势分布的建筑基址，结合文献记载，推测范家堰遗址很可能与《宋史》所载“淳祐三年，徙州治于钓鱼山”有关。

通过考古发现，推动了钓鱼城遗址获得首批国家大遗址和国家考古遗址公园称号。目前，重庆市文化遗产研究院作为主要技术力量，正在开展钓鱼城遗址总体保护规划和申遗文本编制，积极推进钓鱼城申报世界文化遗产工作。

3. 科技考古与文物保护

重庆市文化遗产研究院考古发掘现场及出土文物保护研究中心成为重庆市文物局“重庆市文化遗产保护科研基地”，考古出土文物和考古现场保护获得重要的平台支撑。在文物保护修复原则指导下，通过客观的调查和科学评估，制定有针对性的保护预案，并根据实际情况和保护研究要求，配备便携的检测仪器（如电子温湿度仪、视频显微镜、便携式 X 荧光光谱仪等）进行现场环境检测和样品信息采集，进而开展规范性的现场处理、科学提取和安全包装存放与运输等工作。2012 年以来，重庆市文化遗产研究院编制可移动文物修复保护方案 40 余项，开展考古出土文物修护保护上万件，留取野外文物拓片资料 2000 余件，现场保护重要遗迹 20 余处，积累了丰富的考古现场及出土文物保护研究经验。在技术方面，对材料、工艺不断进行改进，总结了重庆地区高温高湿环境下多类别文物的现场保护工作，取得了重要收获。

4. 规划编制

在文物保护领域，重庆市文化遗产研究院创新文物影响评估机制，对文物价值和保存状况进行科学评估，根据文物的具体情况制定合理的保护方式，确保文物保护工作的科学性。五年来，累计编制各类文物保护影响评估报告、文物保护规划等 310 余部，为文物保护下一步工作的推进奠定了科学基础。

综合性专题规划编制的成果较为突出，重庆市文化遗产研究院先后编制完成了《三峡后续消落区地下文物保护实施规划》《重庆小南海水电站工程水库淹没影响区文物保护规划》《重庆老鼓楼衙署遗址保护规划》《白帝城大遗址保护总体规划》《重庆市五大功能区域文化遗产保护与利用规划》等一批重要的专题规划，获得首届中国考古学大会考古资产保护“金尊奖”2 项。

5. 基础设施建设

重庆市文化遗产研究院在周转库房建设完成之后，继续加强在基础设施建设方面的投入。一是完成文物科技保护大楼（实验楼）建设，新建出土文物保护基地、动植物考古实验室、文物科技检测室、文物整理室、数字影像实验室等一批重要的实验室；二是启动三峡库区文物修复中心改建项目，计划建设修复保护用房建筑面积 3000 平方米；三是加强设施更新改造，配置一批文物库房安全防护、环境监测控制设施，建立馆藏文物保存环境监测平台；四是新置考古工作设备，先后采购电子全站仪、高架摄影设备、多旋翼航拍飞机、RTK、三维扫描仪等新的科技设备。

（二）人才建设与培养

根据单位实际业务人才需求，以专业技术为基础，探索复合型人才培养模式，2012~2016 年重庆市文化遗产研究院各门类专业人才队伍快速壮大。一方面加强高层次人才的培养，现有正高级职称8名、副高级职称6名、考古领队12名；同时重视对专业技术人员的培训，通过举办“重庆文物考古专家大讲堂”和专题培训、开展考古项目工作汇报会等方式，加强业务学习、交流和培训，提高业务技能，五年来受训专业技术人员累计达600余人次；鼓励专业技术人员再教育，现已毕业在职博士1名、在读硕士4名；并大力引进专业技术人员，新增考古和文保专业技术人员15名，多数具有硕士以上学位。

（三）学术交流与科研成果

1. 学术交流

重庆市文化遗产研究院与四川大学、西北大学等近10家国内科研单位签订了不同形式的《文化遗产保护战略合作框架协议》，在田野考古、资料整理、科学研究、人才培养、教学实习等多方面开展具体合作，取得了丰硕成果。此外，还走出国门，与俄罗斯教育科学院合作成立中俄科技考古研究所，与日本爱媛大学、国士馆大学等开展了文物保护方面的合作。2016年，重庆市文化遗产研究院先后承办了考古学、人类学和古动物学国际论坛以及“手工业考古重庆论坛”等重要学术会议，通过学术交流进一步扩大学术视野，提高了科研水平。

2. 科研成果

重庆市文化遗产研究院有针对性地加强了对科研工作的支持力度，各类学术成果层出不穷，呈现出逐年增长的良好态势。2012~2016年，出版《酉阳邹家坝》《丰都镇江汉至六朝墓群》《嘉陵江下游考古报告集》《中国玉器通史·夏商卷》《三峡地区春秋战国至汉代青铜器科技研究》等专著和专题报告10部，发表各类论文及报告142篇。

重庆市文化遗产研究院以“科研兴院”的发展战略为指导，深入改革科研体制、科学搭建科研平台，科研工作实现了跨越式发展，先后承担参与省（市）级以上课题研究21项。其中，“三峡文物保护总结与研究”“微痕考古研究”以及中科院战略性先导科技专项、国家社科基金等国家级课题6项；承担重庆市文物局、规划局、社科联等委托的“重庆文化遗产保护与利用策略研究”“三峡消落区文物保护管理办法研究”“重庆城市演变沿革与历史资源空间分布研究”“重庆新石器文化谱系”“老鼓楼衙署遗址考古发掘研究”“三峡地区鎏金技术发展史研究”等重庆市级课题15项。

（四）对外宣传与公众服务

重庆市文化遗产研究院按照“院长统一领导、信息部门负责、相关部门协作、全院共同参与”的原则，积极开展公共考古工作，加强组织领导，制定规划计划，开展多维、多元、创新的宣传活动，取得了较好的效果。坚持公共考古的长效性、实效性、品牌性，重点开展“重庆文化遗产宣传月”活动，重点打造“走进考古现场”公共考古品牌，重点依靠“互联网+”现代传媒，使重庆的公共考古活动做得有声有色。

重庆市文化遗产研究院组织开展网络媒体暨微博达人“重庆考古发现”公共考古活动，充分利用网络平台和自媒体传播迅猛、便捷和影响广泛深远的特点，招募和邀请了 12 家网络媒体、4 家平面媒体和 10 位热爱文化遗产的微博达人，对文化遗产保护和公共考古的理念进行了宣传，覆盖人群广、社会影响大。网络媒体报道 35 篇，其中中新网、视界网、新浪网、重庆考古网等对活动进行了专题报道；平面报道 11 篇，其中《中国文物报》对活动做了整版报道，《重庆政协报》做了 11 期连载报道。新浪官方微博和达人以“重庆公众考古”为话题，发布 135 条原创微博，按照所影响的粉丝统计，活动全程受众覆盖 100 余万人次，“重庆公众考古”话题讨论共计 7704 条，阅读量达 130 余万人次，官方微博粉丝从 31283 人增加至 51811 人；腾讯官方微博和达人共发布 126 条原创微博，按照所影响的粉丝统计，活动全程受众覆盖 50 万余次；官方微信和达人发布“重庆公众考古”话题 197 条，引发朋友转载、评论，多元传播，进一步扩大活动影响。该项活动荣获中国社会科学院考古研究所、中国考古网组织评选的“优秀公共考古活动一等奖”。

二、重要考古成果

1. 重庆巫山大水田遗址

大水田遗址位于重庆市巫山县曲尺乡，为三峡后续消落区地下文物保护项目。2014 年 3~9 月，重庆市文化遗产研究院对该遗址开展了考古发掘工作，发掘面积共计 1300 平方米，发现大溪文化、商周、战国中晚期至西汉早期、六朝、唐宋遗迹 473 座，其中墓葬 258 座、灰坑 211 个、房址 1 座、沟 3 条，出土陶、瓷、石、玉、铜、铁、骨质类器物小件 1800 余件（套），器物标本 1 万

大水田遗址大溪文化墓群

大水田遗址出土大溪文化石人面形饰

大水田遗址发掘区局部三维模型

余件。大溪文化遗存是本次考古发掘的主要成果，从时代上看，基本涵盖了大溪文化一期至四期，大溪文化一期遗存发现较少，主要为大溪文化二期、三期遗存，大溪文化四期遗存也有少量发现。遗存类型包括墓葬212座、房址1座、灰坑208个、沟3条，出土遗物非常丰富，基本包含了大溪文化代表性器类，其中以陶带流鼎、陶单耳杯、陶小型支座、陶铃、陶器座、穿孔石铲、石矛、石环形饰、石动物形饰、石车轮形饰、石人形饰、石人面形饰、骨矛和带规律刻划痕的骨镞为以往大溪文化的遗存中不见或少见。墓葬数量众多且具有一定埋葬规律的大溪文化墓地的发现，为研究大溪文化的墓地规模、排列方式、聚落形态和人口规模等重要信息及阶段性变迁等提供了重要实物资料。

2. 重庆合川钓鱼城范家堰遗址

范家堰遗址位于重庆市合川区钓鱼城西部，背靠薄刀岭，下临水洞门段城墙。2013年10月~2015年12月，经国家文物局批准，重庆市文化遗产研究院对钓鱼城范家堰遗址开展了两期各2000平方米的主动发掘。清理发现宋元至明清时期高台建筑基址、房址、道路、灰坑、水沟、墙、门、壁龛、碾盘等各类遗迹131处，其中房址41座、道路23条、灰坑17个、水沟35条、墙12段、门1座、壁龛1个、碾盘1个，出土器物标本700余件。发掘工作清理揭露了布局清晰、结构完整、保存较好的南宋官式建筑群，结合历史文献及方志材料推断为衙署遗址或戎司驻所，与宋末合州徙治钓鱼城密切相关。该建筑群坐北朝南，依山构筑，四周由石墙围合，东部为大门及前、中、后三进院落，西部为大型蓄水池及亭榭类景观建筑。遗址设计巧妙、布局科学、结构完整，对钓鱼城遗址布局结构、防御体系及空间演变的研究具有重要意义。

范家堰遗址发掘区全景

3. 重庆渝中老鼓楼衙署遗址

老鼓楼衙署遗址位于重庆市渝中区望龙门街道，自2010年发现以来，先后开展了三次考古发掘，其中以2012年的发掘收获最为丰硕，共完成发掘面积3840平方米。新发现宋元至明清时期的房址、道路、灰坑、水井、水沟等各类遗迹30余处。出土器物标本1000余件，依质地可分为陶、瓷、木、铜、石器五大类，可辨器形有板瓦、陶罐、陶盆、瓷碗、瓷盘、瓷杯、瓷碟、

老鼓楼衙署遗址宋代高台建筑基址

老鼓楼衙署遗址出土宋代脊兽

老鼓楼衙署遗址发掘区全景

瓷壶、铜簪、铜钱、礌石等。其中Ⅱ区西部明代大墙以西，新发现一组宋代建筑基址，其北侧建筑基址平面形状呈长方形，坐南朝北，现存东西残长 9.5、南北进深 10.4 米，墙基为长方形条石垒筑，条石边缘及正中均刻有榫卯结构的浅凹槽，构筑精致。房基南侧门前发现有石板道路及台阶痕迹，道路南侧分布有大型石砌水池。该组建筑规格较高，应为宋代衙署的重要组成部分。

通过 2012 年的发掘，将遗址Ⅱ区 2010 年和 2011 年分别发掘的南、北两区域内明代建筑遗迹贯通，揭露出该区域内的明代建筑群全貌，其东西残宽 54.1、南北残长 115.6 米，面积逾 6200 平方米，包含较多单体建筑基址、围墙、水沟、灰坑等，由南向北诸多遗迹相连，呈现出较为清晰的明代衙署布局。遗址Ⅰ区北侧，发现一座清代巴县衙门建筑基址，平面呈长方形，坐北朝南，东西面阔 23、南北进深 17.75 米。其基址基本保存完好，与现存的清代巴县衙门地面建筑有明显联系，同属于清代巴县衙门的一部分。

老鼓楼衙署遗址遗存丰富、纪年明确、保存完好，反映了南方山地城市特有的建筑工艺与城市布局，对于填补中国宋元时期都城以外的城址考古资料空白有重要意义。遗址反映的“依山控水”筑城思想，对于研究中国古代城市的发展规律具有十分重要的参考价值。

4. 重庆忠县冶锌遗址

忠县冶锌遗址位于重庆市忠县洋渡镇沿江四社，地处长江南岸的二级台地上。遗址北临长江，南靠缓坡，东临水扬溪，西隔小冲沟与沿江四队墓群相望。2013 年 6~8 月，重庆市文化遗产研究院对该遗址进行了抢救性考古发掘，发掘面积共计 2100 多平方米，清理各类冶炼相关遗迹 125 个，其中有炼锌炉 10 座、灰坑 59 个、柱洞 51 个、灰沟 3 条、灶 1 座、冶炼罐堆积 1 处，出土陶、瓷、铁、铜器等遗物 700 余件。

此次发现的遗迹以炼锌炉为中心有规律地分布。炼锌炉平面为长条形，由炉床、窑室两部分组成。炉床平面呈长条形，其上置炉栅，炉栅下部用汉砖垒砌，上部为土坯砌筑；窑室为马槽形，由炉栅、端墙、侧墙等构成。炼炉两端或两侧一般分布有圆形柱洞，部分炼炉地势较高的一侧，顺炼锌炉方向有长条形小沟用于排水。灰坑可分为堆煤坑、炼煤坑、拌泥坑、蓄水坑等几类。柱洞大都位于炼锌炉四周，应为搭建顶棚所用。此外，在一号炉南部还清理出灶和冶炼罐堆积等遗迹。

该遗址是目前全国发现的面积最大、保存最好的明代炼锌遗址，为研究这一时期炼锌炉的形制、探寻冶炼工艺流程提供了珍贵的实物资料，对研究明代炼锌遗址的分布、技术传播和发展等具有重要价值。

临江二队冶锌遗址发掘区全景

临江二队冶锌遗址
冶炼炉叠压关系

临江二队冶锌遗址一号冶炼场

5. 重庆彭水中井坝制盐遗址

中井坝制盐遗址明清盐灶遗迹

中井坝制盐遗址位于重庆市彭水苗族土家族自治县郁山镇南京社区，地处中井河南岸的台地上。发掘面积共约940平方米，发现各类遗迹36座，其中盐灶12座、蓄卤池5座、黄泥加工坑2座、墙2座、柱洞11个、排水沟1条、灰坑2个、灰沟1条，出土各类文物标本200余件。

盐灶分布密集，排列有

序，由火膛、火道、甑子以及沟槽、灰坑等相关附属设施组成。火膛呈马蹄形，两壁内侧垒砌有成行的吸收卤水的红色土球；火道为长条形，两壁为红烧土，其内侧垒砌有成行的红色土球；甑子略呈半圆形，周壁为红烧土，其内满布红色土球；部分盐灶在甑子后部设置方形坑，另外一些盐灶隔墙顶部有沟槽类遗迹。蓄卤池分布于盐灶周围，有单池和双池两类，池壁用长方形石块或不规则卵石垒砌。另外遗址内还分布有墙体、柱洞以及排水沟等遗迹。初步判断遗址年代为明清时期。

该遗址是一处规模较大、遗迹保存较完整、配套设施齐全的制盐作坊遗址，遗址内首次发现“泼炉印灶”工艺的实物资料，是中国井盐晚期制盐技术的杰出代表，对研究中国西南地区明清时期的制盐生产和盐业史具有重要意义。

中井坝制盐遗址发掘区三维模型图

重庆中国三峡博物馆

一、业务建设

（一）业务工作

1. 考古调查与发掘

2012~2016 年，重庆中国三峡博物馆共进行考古发掘项目 3 项，分别是巫山龙骨坡遗址 2012 年度考古发掘、巫山县玉米洞遗址发掘、巫山县玉米洞遗址 2015 年度发掘，三者均为主动性发掘。同时，重庆中国三峡博物馆进行了大量野外调查工作，包括大渡口区和九龙坡区的长江阶地旧石器调查、綦江区洞穴古生物和旧石器调查、奉节县兴隆镇洞穴古生物和旧石器调查、巫溪县洞穴古生物和旧石器调查、万州区盐井沟第四纪古生物化石调查、云阳县恐龙化石调查、丰都县都督乡洞穴古生物和现代地貌调查等，并分别在大渡口区长江二级阶地和奉节县马家湾洞进行了试掘工作。

2. 科技考古与文物保护

重庆中国三峡博物馆现有文物保护实验室面积 1000 余平方米，下设金属文物实验室、陶瓷文物实验室、有机质文物实验室、馆藏文物有害生物室、检测分析室和资料室等，可针对各类文物展开科技保护工作。为改善文物保护技术研究的基础条件，围绕文物保护修复研究工作需求，重庆中国三峡博物馆累计投入 500 余万元，进行实验室场地改造和设备购置，配备了连续变倍体视显微镜、金相显微镜、超声波振荡仪、恒温恒湿箱等 50 余台文物保护、修复研究用仪器。并先后为云阳、巫山、奉节等多个区县编制馆藏珍贵文物保护方案、后三峡文物再修复方案等各类文物保护修复方案 30 余个；完成 6000 余件馆藏和出土文物的保护修复工作。此外，重庆中国三峡博物馆先后取得文物保护工程勘察设计甲级资质和文物保护工程监理乙级资质。2013 年 7 月，重庆中国三峡博物馆被国家文物局列入首批可移动文物保护修复优质服务机构。

3. 基础设施建设

国家文物保护装备产业基地已落户重庆，作为该产业基地的重要组成部分，重庆市三峡文物科技保护基地项目已获批，即将落户文物保护装备工业园区。该项目总用地面积 9421.67 平方米，项目总建筑面积 15017.18 平方米，其中管理服务用房 607.13 平方米、展厅 1294.38 平方米、文物修复用房 2182.81 平方米、文物科技保护实验室 2949.81 平方米、文物预防性保护实验室 989.55 平方米、文物有害生物控制实验室 644.64 平方米、库房 2455.95 平方米、车库 3115.18 平方米、安消防监控及设备用房 777.73 平方米。

（二）人才建设与培养

2012 年至今，重庆中国三峡博物馆根据实际需要，积极招揽人才，制订了一系列关于引进高层次人才的相关政策，并与香港中文大学文物馆、香港历史博物馆签订人才培养合作意向书，确保人才引得进、留得住。在政策的支持下，共引进博士 3 人、硕士 17 人，使馆内人才队伍的学历、年龄和专业结构得到进一步改善和优化。

在引进人才的同时，重庆中国三峡博物馆也十分注重人才培养工作，按照“分类培养、按需培养、重点培养”的原则，对现有人才队伍进行系统、专业的培训，派员参加博物馆陈列展览策划培训班、ICCROM 博物馆库房重整（RE-ORG）培训班、陶瓷器文物鉴定培训班、油画保护与修复基本技能高级培训班、“创意与创新”博物馆教育项目培训班、“智慧博物馆背景下的观众研究”英语培训班等专业培训。努力做好“三峡文博大讲坛”系列讲座，有计划的聘请市内外专家教授或知名人士来馆授课，年均举办讲座约 15 期。馆内职工参训率达 100%。选送优秀中青年赴国内外一流博物馆深造——选送优秀人才赴英国大英博物馆、V&A 博物馆、威尔士博物馆进行社会教育方面的深造学习，制定并实施《关于选送青年人才赴国内一流博物馆（一级馆）培养方案》项目，根据各部门岗位的需求，选送优秀人才赴南京博物院等国内一流博物馆（一级馆）学习。此外，还积极主办英语培训班，制定并实施了《英语人才培养方案》。加强在职培训，积极鼓励支持职工进修深造，3 名业务骨干在重点科研院校攻读博士学位。积极搭建人才培养交流平台，外派专业人才赴美国、英国学习，与南京大学历史学院签订合作共建框架协议。

（三）学术交流与科研成果

重庆中国三峡博物馆积极支持科研人员参加学术会议，主办巫山龙骨坡遗址发掘方案研讨会、巫山玉米洞遗址学术研讨会等考古相关学术会议，派遣专业技术人员参加第十二届科技考古研讨会、中国古脊椎动物学会第 14 届学术年会暨第四纪古人类—旧石器专业委员会第五次学术年会、纪念北京猿人第 1 头盖骨发现 85 周年国际古人类学学术研讨会以及 RCMNS 14th Congress：Neogene to Quaternary Geological Evolution of Mediterranean，Paratethys and Black Sea 等国内、国际学术会议数十次，做报告或提交会议论文十余篇次。

在进行考古调查和发掘的同时，重庆中国三峡博物馆也非常注重藏品的研究工作，大力支持馆内科研人员申报相关研究课题。近年来，获批国家社科基金青年基金项目“重庆巫山玉米洞旧石器时代遗址之动物考古学研究”、重庆市社科规划重点项目“巫山龙骨坡遗址综合研究”、重庆市社科规划一般项目“巫山玉米洞遗址初步研究”等学术课题，并有重庆市社科规划一般项目“考古学视野下的先秦时期三峡地区人居环境”等项目结题。

科研成果方面，出版《迷宫洞遗址》《和县猿人》等旧石器时代考古相关专著3部，并在*Quaternary International*和*Chinese Science Bulletin*（《科学通报》中、英文版）、*Historic Biology*以及《考古学报》《人类学学报》《边疆考古研究》等国内外SCI或核心期刊上发表学术论文40余篇。

（四）对外宣传与公众服务

重庆中国三峡博物馆一直致力于加大网站、微博、微信等新型媒体的宣传力度。自重庆中国三峡博物馆新媒体渠道开通至今，共发布网站信息454条、微博信息2982条、微信信息135条。微博粉丝总量达41000人，微信粉丝总量达54100人。此外，为配合考古发掘、普及考古知识，重庆中国三峡博物馆多次进行相关方面的宣传与报道，如对玉米洞遗址考古发掘的实况播报；对留守儿童“‘珍宝在我身边’——巫山旧石器遗址参观体验”活动进行全程报道，包括活动准备期的预热，活动进行中的信息推送以及活动的整体回顾等；此外博物馆官网还同期跟进了与专家面对面——“考古中华”特展导赏活动的报道，听专家们讲述新石器时代和夏商周三代的考古遗址及重要发现，深度揭示了遗迹现象背后的文化内涵，向观众阐释这些考古遗迹对于研究中国早期文明起源的重要意义。这些活动与宣传为重庆中国三峡博物馆扩大网络影响力、塑造新媒体形象、扩大活动辐射面和影响力起到了积极作用。

同时，重庆中国三峡博物馆也非常注重考古发掘、科研等相关方面的宣传和报道，巫山龙骨坡遗址、玉米洞遗址的发掘分别被《重庆时报》《重庆商报》《重庆晚报》、腾讯、新浪等新闻媒体和门户网站报道，相关研究成果被美国*Scientific American*、《重庆日报》头版新闻以及诸多媒体报道。

在公众考古方面，重庆中国三峡博物馆基于馆藏特色和研究方向，以三峡地区古人类演化、旧石器时代考古和动物考古普及为内容，开展了“走近远古——小小考古家”“触摸远古生命”“神奇殿堂·走进远古”等系列活动，带领青少年观众走进考古遗址现场，用手铲体验考古发现的奇妙。现场观看专家打制石器以及模仿古人类生活场景，与考古人员互动释疑等，使参与的青少年初步了解了旧石器考古工作的方法和旧石器考古与古人类学的基础知识，野外发掘的乐趣与艰辛激发了他们探索自然与历史的强烈兴趣。作为全国科普教育基地和重庆市科普基地，重庆中国三峡博物馆在一系列活动中充分挖掘整合了本馆特色的科普教育资源，为提高市民公共科学素养发挥了积极的作用。

二、重要考古成果

1. 重庆巫山龙骨坡遗址

龙骨坡遗址位于重庆市巫山县庙宇镇新城村，该遗址发现于1984年，经历了1985~1988年、1997~1998年和2003~2006年三个主要发掘阶段。2012年的发掘是龙骨坡遗址的第四次发掘，由重庆中国三峡博物馆研究员魏光飚任领队，重庆中国三峡博物馆、中国科学院古脊椎动物与古人类研究所和重庆市巫山县文物管理所共同组队发掘。该遗址先后发现“巫山人”、巨猿等120多种脊椎动物化石，总计近千件石制品以及具有人工痕迹的化石堆积体2处。

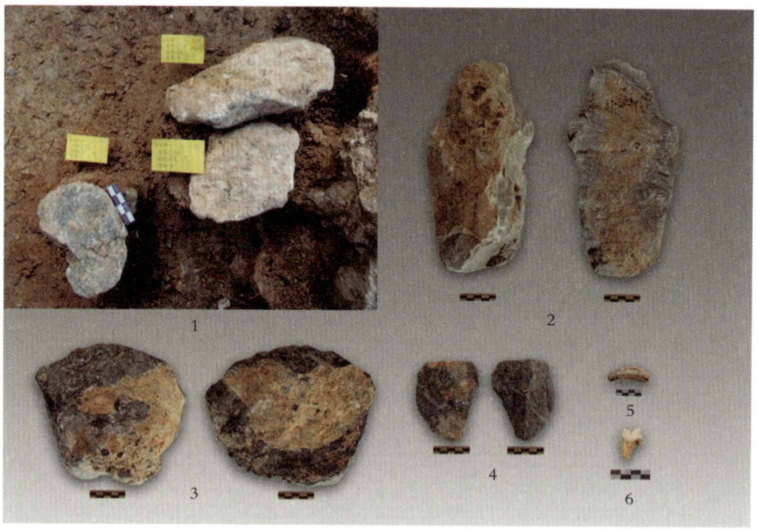

龙骨坡遗址部分出土遗物：1. 器物出土状态；2. “似手斧”；3. 砍砸器；4. 石片；5. 裴氏猪犬齿；6. 豹裂齿

布设探方规格为1米×1米，发掘面积50平方米，发掘深度1~3.5米。此次发掘共获得石制品206件（其中采集品7件）。能够辨别出的石器类型主要包括石核、石片、砍砸器、“似手斧”、手镐等。获得哺乳动物化石178件，其中牙齿化石93件、骨骼化石85件，可识别的种类20余种，主要有小种大熊猫、桑氏粗壮斑鬣狗、豹、华南剑齿象、云南马、双角犀、山原貘、中华黄昏爪兽、裴氏猪、小猪等。这些发现进一步丰富了龙骨坡遗址的研究材料，增加了新的遗物类型，其中似手斧的出现是此次发掘工作的一个重要突破。

2. 重庆巫山玉米洞遗址

玉米洞遗址位于长江南岸的重庆市巫山县庙宇镇小营村，距巫山山脉西端的山间溶蚀盆地庙宇盆地和著名的龙骨坡遗址约4千米。重庆中国三峡博物馆于2013年和2015年对该遗址进行了正式发掘。玉米洞遗址的洞口开阔、平坦，距洞口约30米处的洞顶有一个直径约3米的垂直天窗，使洞穴内保持了良好的通风与采光，非常适宜人类居住。从玉米洞的特殊地貌及遗址中的大量石制品及哺乳动物化石来看，玉米洞遗址很可能是远古人类居住和屠宰猎物的场所。

发掘区共布5米×5米探方8个，目前发掘深度超过4.5米，未至洞底。玉米洞遗址自第②

玉米洞遗址地形地貌

层顶部起自上而下均含石制品。

此次系统发掘在石器、骨器、哺乳动物化石的数量和类型上都取得了重要突破，获得旧石器时代人工石制品及哺乳动物化石 4355 件（套）。

其中哺乳动物化石 1000 余件，经初步鉴定有 46 属 53 种，包括四川短尾鼩、鼩鼱（未定种）、印度长尾鼩鼱、长尾鼩鼱（未定种）、肥鼩、大长尾鼩、针尾鼹、长吻鼹、白尾鼹、毕氏菊头蝠、鼠耳蝠（未定种）、大耳姬鼠、安氏白腹鼠、社鼠、川西白腹鼠、褐鼠、攀鼠、西南绒鼠、绒鼠（未定种）、华南豪猪、凉山豪猪、中华竹鼠、大仓鼠、灰猪尾鼠、灰鼯鼠、小飞鼠、复齿飞鼠、皮氏毛耳飞鼠、犬（未定种）、虎、野猫（未定种）、南方猪獾、花面狸、斑鬣狗、包氏大熊猫、中国黑熊、东方剑齿象、剑齿象（未定种）、斯蒂芬犀（未定种）、额鼻角犀（未定种）、马（未定种）、巨貘、野猪、赤麂、水鹿、鹿（未定种）、鬣羚、大额牛（未定种）等。玉米洞的哺乳动物群与中国南方传统的大熊猫—剑齿象动物群相同。包氏大熊猫、东方剑齿象、巨貘和斯迪凡犀（未定种）的共同出现表明玉米洞遗址的年代为更新世中晚期。

所采集测年样品经澳大利亚昆士兰大学年代实验室用铀系法测定，表明玉米洞遗址的时代为距今 40 万 ~8000 年，即自旧石器时代早期延续至晚期。总体而言，该年代结果与出土器物的性质是一致的。尤其重要的是，该遗址中第三文化层的时代为距今 7.8 万 ~7.5 万年，正好位于一个非常关键的时间段内，中国境内距今 10 万 ~5 万年的人类化石或文化遗物极其稀少，而这些化石或遗物对于解决现代中国人的起源问题具有非常重要的意义。

人工石制品包括石核、石片、矛形器、雕刻器、钻、凹缺器、刮削器、尖状器、砍砸器、手镐、手斧等，这些石器可以划分为 13 个类型，其毛坯为岩块、岩块碎片和石片。石制品刃缘的工作面分为自然和人工（有意和无意的修理疤）两种。依据体积结构，这 13 个类型又可以划分为三个大类：A 大类（类型 1~9）以镜子似的斜面结构为特征，B 大类（类型 10~12）以三面结构形成的变体为特征，C 大类由有汇聚形态和不同于其他模式的工具组成。

玉米洞石器工业的形态技术特征体现出强烈的一致性，在华南以及更南的区域共同形成的庞大技术体系中占据了非常重要的位置。玉米洞遗址石器工业具有独一无二的技术特征，与欧洲、非洲、近东甚至印度次大陆的石器文化均有明显的差异。玉米洞遗址的年代从中更新世晚期直至晚更新世，覆盖了现代人出现的时间范围。石器工业整体面貌粗大、厚重，是中更新世至晚更新世古人类成功适应三峡地区特殊的森林环境并与其实现良性互动的产物，体现出该文化的原创性、高效性和特殊性。直至今日，类似该遗址的石器工业在其他地区尚无发现，该遗址的石器工业与周边发现的属于“现代人”（智人）的石器工业相比也是风格迥异。

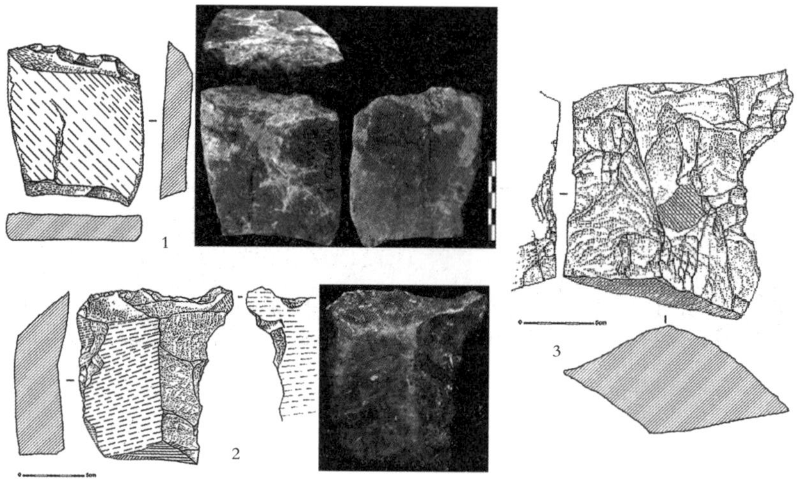

玉米洞遗址出土部分石制品示例：1. 类型 1；2. 类型 10；3. 类型 2

玉米洞遗址被重庆市文物局评为重庆市“十二五”期间十大考古发现之一。

四 川 省

四川省文物考古研究院

一、业务建设

（一）业务工作

1. 考古调查与发掘

2012~2016 年，四川省文物考古研究院在配合大型基本建设中，进行了较大规模的考古调查和勘探工作，涉及 200 余项高速公路、铁路、水电站、电厂、输油管道等工程用地的调查、勘探工作，发现各类文物点 2000 余处，使得一大批重要文物得到及时抢救和保护。

2012~2016 年，四川省文物考古研究院共完成考古发掘项目 100 余项，以配合基本建设进行的考古发掘为主，发掘面积 10 万余平方米，其中 7 项入选"中国重要考古发现"（金川刘家寨遗址、屏山骆家沟遗址、德阳罗江周家坝船棺葬、广汉三星堆遗址、乐山大佛及周边区域考古调查、广元大坪子秦汉墓地、邻水宋墓），2 项被评为"全国十大考古新发现"（金川刘家寨、石渠吐蕃时代石刻）。通过这些发掘，在新石器时代考古、巴蜀考古、汉代考古以及宋元明清考古等方面取得了重要成果。

2. 大遗址保护与规划

2012~2016 年，四川省文物考古研究院开展的大遗址保护与规划工作主要集中在广汉三星堆遗址和宣汉罗家坝遗址。

三星堆遗址的大遗址考古与保护工作主要在《三星堆遗址 2011~2015 年度考古工作规划》的指导下进行。2011~2016 年，四川省文物考古研究院先后对遗址内约 20 平方千米的范围进行了细致测绘，初步建立起三星堆遗址考古地理信息系统，对遗址重点保护范围和一般保护范围约 9 平方千米进行了细致勘探，对鸭子河上游流域约 55 平方千米的范围进行了考古调查，在遗址北部开展了 11 次考古发掘，总发掘面积 4200 平方米。基本摸清了遗址范围内的遗存分布、堆积状况和保存状况，城址尤其是城址北部的布局和营建过程逐渐清晰，初步了解了三星堆遗址群鸭子河上游的区域聚落形态，并显著拓展了三星堆一期、四期的文化内涵。此外，还积极配合、参与编制《三星堆遗址保护规划》和《三星堆国家考古遗址公园建设方案》等，对遗址进行整体保护和展示。

宣汉罗家坝遗址的大遗址考古与保护工作主要是大范围的考古调查和勘探，并在此基础之上开展关键节点的考古发掘，制定相应的文物保护预案。2015年，为解决罗家坝遗址的墓葬区与遗址区的关系以及探索遗址区的文化内涵，在罗家坝遗址的中部和东部进行了考古发掘，取得重要成果。在发掘过程中，相继开展了古环境、古地貌、动植物、石器工业、陶器工业等相关科技考古工作，以期立体式呈现宣汉罗家坝遗址的面貌。同时也加强了罗家坝遗址的展示效果，开展了《罗家坝遗址考古公园》规划的编制工作。

3. 科技考古与文物保护

随着考古工作分工的精细化，考古发掘不仅是对遗址出土遗物的单线条研究，而且越来越需要立体式呈现遗址的方方面面，这就需要利用现代科技分析古代遗存，取得丰富的“潜”信息，再结合考古学方法，探索人类的发展历史。2012~2016年，四川省文物考古研究院先后组建了动植物考古实验室和文物移动医院，并与北京清城睿现数字科技研究院有限公司合作，成立协同创新中心，就考古发掘、申遗工作、复原研究、保护设计、数字再现、教育传播等多项业务进行深度合作。随着这些工作的逐步开展，院内科技考古力量不断增强，进一步促进了文化遗产的保护和利用。

4. 规划编制

近年来，四川省文物考古研究院共计完成全国重点文物保护单位保护规划5项、省级文物保护单位规划7项、革命文物保护规划等专项规划2项，其中大遗址保护规划2项。完成全国重点文物保护单位、省级文物保护单位勘察设计35项，承担文物保护工程26项。

此外，业务还向山西、江西、广西、福建等外省扩展，并承担乌兹别克斯坦花剌子模州历史文化遗迹修复项目管理，为国内首家承担“一带一路”文物保护项目的文博科研单位。

5. 基础设施建设

四川省文物考古研究院本部房屋建筑面积4585平方米（其中库房建筑面积1015平方米），虚拟考古体验馆建筑面积224平方米，公产住宅建筑面积300平方米。土地使用面积6182平方米。

三星堆遗址考古工作站（广汉市南兴镇）房屋建筑面积1301.32平方米（其中库房建筑面积1000平方米），土地使用面积2033平方米。

四川省文物考古研究院文物标本库房（整理基地）建设项目位于广汉市西外乡，于2014年5月取得省发改委批复，2016年6月正式开工。建筑面积6080平方米，土地使用面积12966.2平方米。

（二）人才建设与培养

五年以来，四川省文物考古研究院引进专业技术人员12名，为在职人员提供大量机会进修培训。目前出站博士后 1 名，自行培养进站博士后 1 名，已毕业博士 1 名，硕士 1 名，在职进修博士 1 名、硕士 2 名。同时，大量引进和培养编外技术工人。

五年来，四川省文物考古研究院 3 人参加国家文物局举办的田野考古高级培训班，2 人参加田野考古初任领队培训班，2 人参加田野考古绘图班，多人参加全国文物保护工程勘察与方案设计培训班、国家文物局建筑遗产保护规划进修班等。

（三）学术交流与科研成果

四川省文物考古研究院先后承担了国家科技部“十二五”科技支撑计划项目《中华文明探源及其相关文物保护技术研究（2013~2015）》之《中华文明起源过程中区域聚落与居民研究》子课题“三星堆遗址综合研究”以及“指南针专项计划——中国古代发明创造的价值挖掘与展示”专项项目中“槽坊头”酿酒遗址和“泰安作坊”酒坊遗址的价值挖掘与展示研究。

先后派遣 100 余人次参与重要的国际、国内学术交流活动 38 项，包括在柬埔寨举办的“印度洋——太平洋史前史协会第 20 届学术大会”，在美国旧金山举办的“美国考古学会第 80 届年会”，在美国哈佛举办的东亚考古会议，在成都举办的“中国秦汉史研究会第十四届年会暨国际学术研讨会”，在浙江余姚举办的“中国考古学会植物考古专业委员会 2014 年年会暨稻作农业起源学术研讨会”，在广汉三星堆举办的“夏商周方国文明国际学术研讨会”和“三星堆与世界上古文明暨纪念三星堆祭祀坑发现三十周年国际学术研讨会”，在汉中举办的“蜀道学术研讨会”，在渠县举办的“汉阙与秦汉文明”研讨会等。

四川省文物考古研究院先后出版了《广汉二龙岗》《宣汉罗家坝》《越南义立》《中日合作西南地区北方系青铜器与石棺葬文化的研究》《城坝遗址出土文物》《天府皕宝图》《考古宜宾五千年》等考古发掘报告、专著、论文集或图录 17 部。完成考古简报、论文 80 余篇。

同时《三星堆遗址（1980~2000）》《忠县中坝》《乐山西坝窑址》《荥经高山庙》等 5 部报告已提交出版社或已基本完成初稿。

（四）对外宣传与公众服务

近五年来，四川省文物考古研究院在配合基本建设的考古工作中发掘出土了大量文物，如何使这批文物得到更好的诠释，并发挥其应有的社会效益，是摆在考古工作者面前的难题。同时，国家文物局也要求考古发掘单位积极主动参与考古和遗址类展陈方案的编写。在此情况下，四川省文物考古研究院积极进行考古调查、发掘、整理、研究、保护、规划和展示一体化的尝试。结合瀑布沟水电站项目考古发掘成果，为项目所在地汉源县新建博物馆编制《大渡河文明密码——汉源博物馆陈列大纲》、为高速公路建设单位编制《传奇蜀道——成绵高速公路复线文化主题创意策划方案》、为向家坝水电站考古发掘和文物保护成果专题展编制《考古宜宾五千年——向家坝水电站文物抢救与保护成果展展陈大纲》等展陈创意策划方案，并出版了《文化遗产展陈创意策划方案集》，在考古成果的利用、文化遗产保护等方面进行了积极探索和尝试，取得了良好效果。

为使公众科学地了解和认知考古，四川省文物考古研究院在全国率先开展公共考古工作，成立了公共考古中心。先后举办了科普日系列公益讲座、考古工地开放日和三星堆进校园等活动，并建成全球第一家“虚拟考古体验馆”。虚拟考古体验馆得到了全国考古和博物馆界专家的高度认可，同时也深受广大市民喜爱，已经成为四川省文物考古研究院普及考古知识和对外交流、展示的平台。同时，为使政府、建设单位和群众能够及时了解和分享考古成果，四川省文物考古研究院在宜宾举办了国内首个以配合基本建设为主题的考古成果展，得到了三峡集团、全国考古博物馆界专家和当地政府、群众的高度认可，认为这是考古工作的新模式，具有良好的示范意义。

文创产品是对文化资源进行创新与提升，创造高附加值的产品。对于考古工作者来说，就是尽可能地对考古成果和文物资源进行创新和提升，这不仅有利于创造高附加值的产品，而且有利于考古知识的传播与文化的传承。五年来，以四川省文物考古研究院发掘出土文物为基础开发的“家庭生活系列”“礼包系列”和“汉代牵狗绳”等文创产品持续热销，受到了社会各界的广泛关注。

此外，四川省文物考古研究院还出版了全国第一部考古绘本《少儿考古入门》，拍摄了全国第一部考古动漫教学片《考古训练营》，全国第一部考古动漫故事片《神树的传说》等。因在公共考古方面的突出表现，在2016年首届中国考古学大会上，四川省文物考古研究院获得两项公共考古奖“金镈奖”。

二、重要考古发现

1. 四川阿坝刘家寨遗址

刘家寨遗址位于四川省阿坝藏族羌族自治州金川县二嘎里乡二级阶地，2011~2012年，四川省文物考古研究院对该遗址进行发掘，发掘面积3500平方米。共清理新石器时代各类遗迹350处，其中灰坑298个、灰沟1条、房址16座、陶窑址26座、灶7座、墓葬2座。出土各类小件标本逾6000件。出土的陶器分

刘家寨遗址出土深腹罐

刘家寨遗址出土尖底瓶

刘家寨遗址发掘区全景

为夹砂陶和泥质陶两类。夹砂陶为褐陶，多饰以绳纹、交错绳纹、附加泥条堆纹等；泥质陶主要为红褐陶，多饰以黑彩，少量彩陶为灰褐底，另有少量磨光灰陶和黑陶。可辨器形主要有侈口深腹罐、长颈圆腹罐、重唇口尖底瓶、折沿盆、器盖、钵、杯、陶球、陶环、陶拍等。石器以磨制为主，如斧、锛、刀、笄、环、璧、纺轮、石球、磨盘、磨棒、杵等，也有少量打制石器，如刮削器、小石片、锐棱砸击石片、石镞等。此外，还有少量利用天然形状略做加工的大型石器，如带柄斧、鹤嘴锄等。石质多为硅质岩、石英、石英砂岩、页岩。还发现有窑渣和沾有朱砂的石片。骨器以动物肢骨加工而成，主要有锥、角锥、针、笄、刀、饰品等。

刘家寨遗址所体现的考古学文化内涵与阿坝州境内哈休、姜维城、营盘山等遗址比较接近。不过刘家寨遗址出土遗物种类丰富、数量繁多，对解决当地早期

刘家寨遗址 M2

刘家寨遗址 H11 出土尖底瓶

刘家寨遗址 F6

土著文化与周邻地区文化交流提供了不可多得的实物资料，为了解、传承和保护、研究相应历史时期的社会经济文化发展状况及物质精神文明成果提供了新的线索和材料。

2. 四川达州罗家坝遗址

罗家坝遗址位于四川省达州市宣汉县普光镇进化村，地处渠江二级支流后河和中河交汇的一级阶地上，遗址面积 70 万平方米。

2015~2016 年，为解决罗家坝遗址墓葬区与遗址区的关系以及遗址区的文化内涵等问题，四川省文物考古研究院对罗家坝遗址外坝的中部和东部进行了考古发掘，发掘面积 300 平方米。共清理灰坑 78 个、墓葬 3 座、房屋基址 2 座、沟 1 条。时代集中在新石器时代至东周，其中以新石器时代为主。

新石器时代的出土器物主要是陶器和石器。陶器以夹砂褐陶为主，泥质黄褐陶较少，纹饰以绳纹、附加堆纹为主，另有戳印纹、瓦楞纹、素面等，可辨器形有卷沿鼓腹罐、花边口沿罐、折沿直腹罐、卷沿折腹盆、敛口钵等，均为平底器，未见圜底器和圈足器。石器中打制石器较多，磨制石器较少。磨制石器多为石英岩、砂岩，器形有斧、锛、磨石、石砧等；打制石器多为黑

色燧石，其次为石英石，细石叶数量最多，共发现近百件，多在灰坑中出土，个别灰坑中仅黑色燧石的细石叶就出土多达十余件，其余器类有石核、石片、砾石、砍砸器、刮削器、小石器、磨石等。在考古发掘期间，四川省文物考古研究院还开展了包括中河流域等地区的考古调查、古环境、古地质、动植物考古、石器工业（资源、技术、实验等）、陶器工业等相关项目，以期立体式呈现宣汉罗家坝早期遗存。

罗家坝遗址出土细石叶

罗家坝遗址出土陶罐

罗家坝遗址是目前川东北地区发现的连续堆积最厚的新石器时代文化遗存，对于建立川东北地区新石器时代序列具有重要意义。同时该遗址出土的陶器和石器有别于周边区域，可能代表一种新的文化类型。

3. 四川广汉三星堆遗址

三星堆遗址位于四川省广汉市西北的鸭子河南岸，2012~2016 年，四川省文物考古研究院主要按照国家文物局批准实施的《三星堆遗址 2011~2015 年度的考古调查与勘探规划》在广汉三星堆遗址开展相关的考古调查、勘探和发掘工作。在此期间，四川省文物考古研究院首次对遗址所在的约 20 平方千米范围进行了细致测绘，初步建立起三星堆遗址考古地理信息系统；对遗址重点保护范围和一般保护范围共计约 9 平方千米进行了详细勘探，基本摸清遗址范围内的遗存分布、堆积状况和保存状况；对遗址上游的鸭子河两岸开展 55 平方千米的考古调查，发现商周遗址 17 处，初步弄清了三星堆遗址群鸭子河上游的聚落形态。

2012~2016 年，四川省文物考古研究院在三星堆遗址北部开展了 11 次考古发掘，共计发掘面积约 4200 平方米，主要收获及意义有两点：一是新发现了真武宫、仓包包、李家院子、青关山和马屁股等 5 段城墙。其中真武宫城墙、青关山城墙的始建年代为二期，与月亮湾城墙、西城墙北段组成月亮湾小城；仓包包城墙、李家院子城墙和马屁股城墙的始建年代为三期，与东城墙北段合围成仓包包小城，青关山城墙、真武宫城墙和马屁股城墙可连成一线，应是三星堆城址的北城墙。此外，在月亮湾小城的西北部发现面积约 16000 平方米、厚 4 米的青关山人工土台，其上有 F1 等大型建筑 3 座。F1 平面为长方形，呈西北—东南走向，面积逾 1000 平方米，使用年代大约为商代，是南中国地区迄今为止发现的建筑面积最大的商代单体建筑基址，应属宫殿一类建筑。由此，三星堆城址，尤其是城址北部的空间布局和营建过程逐渐清晰。二是 2014~2016 年，在青关山城墙之下发现了一期夯土台面和大型建筑，另有 6 个出土多件完整陶器

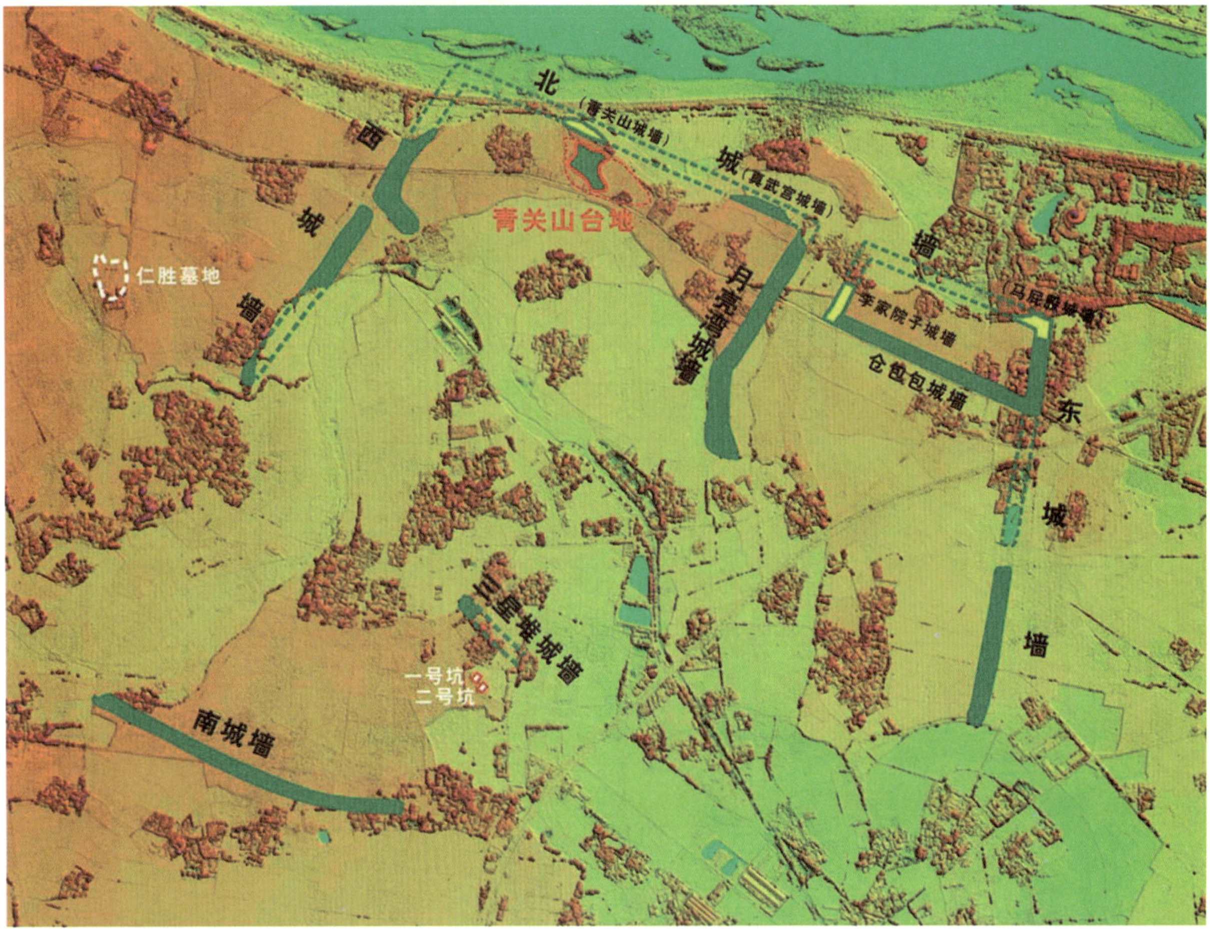

三星堆遗址各段城墙及青关山台地平面关系

三星堆遗址青关山 F1

三星堆遗址青关山城墙及其下的一期夯土台和大型建筑基址

的器物坑，在青关山台地东西向凹地发现四期遗存 H105，出土大量完整器物，其中不乏绿松石珠、玉璋、金箔片等高等级遗物，另在月亮湾小城南墙内侧发现有四期补筑的城墙。这些发现极大地拓展了三星堆一期和四期的文化内涵，表明三星堆遗址在一期和四期阶段依旧是成都平原的中心遗址。

4. 四川达州城坝遗址

城坝遗址位于四川省达州市渠县土溪乡，2012年，四川省文物考古研究院对城坝遗址郭家台城址的城墙进行了解剖工作，发现了两次夯筑的证据，其中第一次夯筑的时代为战国晚期至西汉早期，第二次为东汉中晚期的增修部分。与此同时，组织相关人员对城坝遗址历年收集的所有器物进行了全面整理，并形成了《城坝遗址出土文物》一书，全面介绍了2012年以前的考古工作，为后续考古工作的开展奠定了基础。2013年，四川省文物考古研究院对该遗址进行了全面测绘。2014年，国家文物局批准实施《渠县城坝遗址2014~2018年度考古工作计划》，同年开始对遗址进行全面的考古调查、勘探和发掘。2014年发掘面积500平方米，共清理墓葬7座、灰坑57个、窑址2座、水井2口、房屋基址2座等，出土各类遗物300余件。此次发掘区的堆积以汉代至南北朝时期为主，并发现了连续的地层堆积，为下一步的考古工作奠定了基础。2015年的发掘主要是解决遗址的早期堆积问题，故在遗址的一级阶地进行考古发掘，此次考古发掘共清理墓葬16座、灰坑20余个，新发现了两处墓葬群，为城坝遗址的功能分区提供了重要资料。

5. 四川甘孜石渠吐蕃时期石刻

石渠吐蕃石刻遗址位于四川省甘孜藏族自治州石渠县，2010~2013年，四川省文物考古研究院联合甘孜州石渠县文化局对石渠县境内的早期石刻开展调查工作，陆续在石渠县境内新发现3处早期石刻群遗存，分别为须巴神山石刻群、白马神山石刻群、洛须村石刻，石刻总计18幅，取得了重大收获。其中须巴山石刻群的发现尤为重要，是此次发现数量最多、分布最密集的一处。该石刻群题材内容丰富，除佛教图像外，还有大量古藏文题刻，并可根据现存题记推断建造时间为赤松德赞在位时期（755~794年），为吐蕃时期佛教考古的研究提供了重要的新资料。目前青藏高原现存早期摩崖石刻或造像总量较少，大多以图像为主，古藏文题记少见，尤其是缺乏明确的断代依据。其中仅西藏昌都地区仁达摩崖造像和青海玉树贝纳沟文成公主庙的摩崖造像

须巴神山远景

须巴神山石刻第 1 幅（拓片）

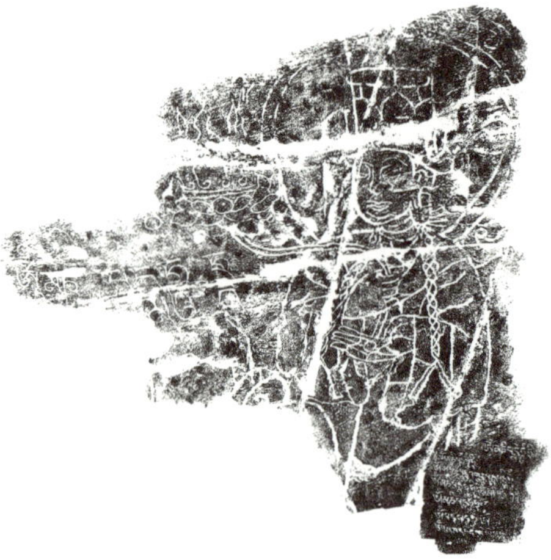

须巴神山石刻第 7 幅

等少数文物点有造像题刻，能够准确断代，成为研究吐蕃石刻和造像的重要参考资料。因此四川石渠县须巴神山石刻群的发现尤为重要，是研究吐蕃时期佛教艺术和宗教形态的重要资料。

石渠县吐蕃时期石刻的调查工作和收获，使石渠县成为四川省首次发现成片吐蕃时期石刻的地区，也成为我国现存已发现的吐蕃时期石刻分布密集、数量较多的县之一。石渠县吐蕃石刻的大量分布使其成为唐蕃古道的重要节点，为唐蕃古道走向的研究提供了新的资料，填补了重要环节的资料空白。雅砻江沿岸首次发现吐蕃石刻，把唐蕃古道的走向扩展到了雅砻江流域，为学术界提供了新的线索。为研究吐蕃时期佛教史、佛教艺术史、唐和吐蕃关系史提供了十分珍贵的资料，特别是为青藏高原早期佛教本土化造像的讨论提供了更为丰富的资料。

成都市文物考古研究所

一、业务建设

（一）业务工作

为配合中华文明探源工程及成都平原大遗址保护工作，近年来，成都市文物考古研究所对宝墩古城遗址、高山古城遗址等进行了考古发掘，成果丰富，并在温江区红桥村遗址发现了水利设施遗迹。20世纪90年代以来，在成都平原先后发现了新津宝墩、大邑高山、盐店、温江鱼凫城和郫县古城等8处距今4500~3700年的宝墩文化阶段带有夯土围墙的大型聚落址，同时还发现了一般性的小型聚落址数十处。其中，成都平原史前城址获评“1996年度全国十大考古新发现”。为进一步探索该文化阶段的环境、生业、聚落结构及变迁，进而结合各方面信息综合分析成都平原社会复杂化进程及动因，成都市文物考古研究所近年来结合成都平原古代文化与地貌环境的实际情况，开展了一系列聚落考古的调查、研究与探索。田野考古工作重点在新津宝墩、大邑高山和温江红桥村等遗址所在区域开展，除大范围的地面调查外，还对遗址区进行系统钻探，选择遗址的重要区域进行重点发掘，并辅以环境考古、植物考古、动物考古、体质人类学等多学科综合研究。并尝试探索总结出一套在成都平原开展聚落考古的方法。通过几年的工作取得了一些新的收获，主要体现在距今5000~4000年，成都平原环境、生计模式的转变、人口的增加与聚落空间分布变化之间的关系，聚落内部的区划特征、房屋建筑形式、居住区与墓葬的空间分布规律及其与环境的关系等诸多方面。还利用多种科技手段进行资料信息的提取与记录，比如应用机载激光雷达遥感获取遗址片区的数字正射影像图及地形数字高程模型，并尝试用小航模对发掘区做全景记录。高山古城发掘还以DEM数据为基础，利用ArcGIS10.1的水文分析功能对高山古城区域进行了河网提取，并与考古资料结合，探讨河网和古河道与文化层分布的关系。

近五年来，成都城市中心地区的考古新发现层出不穷。如成都东华门古遗址、四川大剧院古遗址、正科甲巷唐宋遗址、下同仁路佛教造像坑、通锦路唐五代园林遗址等。

此外，成都与凉山州、阿坝州、眉山市、雅安市及贵州省的区域考古合作也取得了丰硕的成果。

如成都凉山州区域考古合作调查和发掘安宁河流域、城河流域、盐源盆地等区域先秦时期数十处遗址，建立了安宁河流域新石器、商周至汉代的文化序列，厘清了城河流域新石器和商周时期文化面貌以及盐源盆地青铜文化内涵，并将城河和盐源盆地的古代文化追溯至距今4500~4200年的新石器时代。同时，大理国时期的考古新发现也极大地丰富了川西南地区的古代文化与历史内涵。此外，还开展了一系列科技考古工作，除了传统的植物、动物考古以及 ^{14}C 测年研究外，还积极进行冶金和盐业考古，为该地区冶金与盐业开采、冶铸、生产以及贸易等方面的研究提供了重要资料，也为文化遗产的保护与研究提供了实物资料。

2014年以来，成都市文物考古研究所与贵州省文物考古研究所、四川大学合作在贵州省开展了系列西部洞穴遗址考古调查与发掘工作。2016年对贵州省贵安新区高峰镇招果洞遗址的发掘已获得重要成果。

（二）人才建设与培养

成都市文物考古研究所现有编制90人，其中具有博士学位者4人、具有硕士学位者27人，国务院津贴获得者1人，四川省学术与技术带头人2人，四川省优秀专家4人，成都市优秀专家6人，二级研究员2人，三级、四级研究员10人，副研究员20人，被国家文物局授予个人领队人员29名，是西南地区硕士和博士数量最多、副研究员以上科研人员最多、学科门类最齐备的文物科研单位。所内多名学者被四川大学、西南民族大学、四川师范大学等高校聘为兼职教授。

（三）学术交流与科研成果

成都市文物考古研究所业务人员承担的《金沙遗址祭祀区考古发掘研究报告》和参加的“西南地区唐宋石窟寺的调查与综合研究”课题于2012、2013年被列入国家重大社科基金招标课题，此外，还承担科技部（国家文物局）指南针课题3项，国家中医药管理局重大课题1项，四川省社科重点课题1项、一般课题6项。发表及出版了《成都十二桥》《成都商业街船棺葬》《老龙头墓地与盐源青铜器》《四川邛崃龙兴寺：2005~2006年考古发掘报告》《遂宁金鱼村南宋窖藏》《茂县牟托一号石棺墓》《茂县营盘山石棺葬墓地》《水井街酒坊遗址发掘报告》《广元石窟内容总录（千佛崖卷）》《四川大邑县药师崖石窟寺和摩崖造像考古报告》等学术报告、专著及论文500余篇（部）。

成都市文物考古研究所的佛教考古研究在西南地区居领先地位。开展了多项中外合作项目，如与北京大学考古文博学院等单位合作的广元石窟考古调查、巴中石窟考古调查，与日本早稻田大学文学部合作的成都市蒲江、邛崃唐代摩崖石刻造像的调查与研究，与德国慕尼黑工业大学合作的安岳圆觉洞石窟的保护与研究，与德国海德堡大学合作的四川唐代石刻佛经的考古调查与研究等。

成都市文物考古研究所的科研成果曾获国家文物局田野考古优秀成果三等奖1项，获四川省政府社会科学优秀成果荣誉奖 1 项、一等奖 1 项、二等奖 4 项、三等奖 14 项，获成都市政府社会科学优秀成果一等奖 3 项、二等奖 11 项、三等奖 27 项。近年来，成都市文物考古研究所与美国哈佛大学、德国慕尼黑大学、日本爱媛大学及早稻田大学、法国文物保护中心等机构开展新津宝墩遗址考古研究、汉代冶铁遗址调查研究、安岳石窟文物保护技术研究、成都平原考古遗址调查、出土有机质文物的保护研究等课题，是西南地区涉外科研合作最多的文博单位。并与北京大学、中国社会科学院考古研究所、四川大学、西南民族大学等国内外学术科研机构建立了长期、广泛的联系。与四川大学签订了合作基地协议，与西南民族大学签订了合作协议，2013 年及 2015 年，接收了四川大学考古学系学生在新津县宝墩遗址实习。此外，还与国家文物保护重点科研基地荆州文物保护修复中心签订了文化遗产保护合作协议，与国家文物保护重点科研基地西安文物保护修复中心签订了石质文物保护合作协议，与国家文物保护重点科研基地中国丝绸博物馆签订了西汉织机研究协议。

成都市文物考古研究所组建了科技考古研究中心，拥有动物考古、植物考古、冶金考古、空间信息考古、环境考古 5 个专业科技考古实验室和研究室，总面积 1000 余平方米。拥有专业仪器设备 20 余件套，设备总金额 1500 余万元。科技考古专业人员 10 余人，来自四川大学、北京大学、南京大学、成都理工大学、西北大学等重点高校。拥有四川省学术带头人 2 人，高级职称 4 人。为支持科技考古研究工作，单位配学科门类齐全的图书资料室，并与中国知网合作，专门建立了成都市文物考古研究所科技考古知识服务平台，提供及时、多学科的文献查阅功能，极大促进了科技考古研究的便利性。同时，与英国李约瑟研究所、哈佛大学、伦敦大学、北京大学、南京大学、成都理工大学、北京科技大学、四川农业大学等相关单位领域的学者长期建立了合作关系，资料共享、成果共享，全面开放，推动成都科技考古不断向前发展。

成都市文物考古研究所还开展了建筑史研究、古建筑工艺研究、古建筑修缮设计等项目，已完成峨眉山万年寺古建筑群修缮设计、成都武侯祠三义庙古建筑群修缮设计、都江堰文庙修缮设计、雅安观音阁修缮设计等。受国家文物局委托，承担了“5·12”地震灾区受损珍贵文物及古建筑保护修复，涉及都江堰、茂县等极重灾区以及蒲江、新津、青白区、苍溪等灾区。负责监理的四川茶马古道—观音阁灾后抢险维修工程获评“2014 年度全国十佳文物保护工程”。

二、重要考古发现

1. 四川成都高山古城遗址

高山古城遗址位于四川省成都市大邑县三岔镇高山社区三组古城埂村，地处成都平原的西南边缘，地理坐标为北纬 30°27′09.5″，东经 103°34′46.3″，海拔高度 494.5 米。大邑县地处川西北高原向成都平原过渡的前沿地带，与邛崃山脉接壤，背靠龙门山，面向成都平原。该地带属于青藏高原东缘地带川西北高原与川西平原的过渡区域，特殊的地理位置使得该地区先秦时期的文化遗存具有鲜明的时代特征和独特的文化面貌，对于研究该地区先秦时期聚落发展和族群互动具有特殊意义。高山古城平面形状大致呈梯形，东西平均长500、南北平均长640米，面积约31万平方米。通过对东城墙的解剖，考古人员初步确认城墙修筑年代为新石器时代宝墩文化时期，壕沟始于宝墩时期，废弃于汉代。2003年春，成都市文物考古工作队调查发现该遗址，但此后该遗址一直未进行过正式的考古发掘工作，对其文化面貌和内涵与时代特征等诸多信息一直缺乏基本认识。2012年，成都市文物考古研究所围绕成都平原大遗址保护工作，启动了大邑县盐店古城遗址和高山古城遗址的考古调查、勘探及发掘工作。目前以高山古城遗址为中心区域的系统考古勘探面积近280万平方米。钻探结果显示该遗址内广泛分布着宝墩文化时期、商周时期和汉代的聚落遗址，宝墩文化时期的聚落主要集中于城内的西北、中及东北部，遗迹现象丰富，在东、西城墙外侧古河道外台地上亦有少量宝墩文化的聚落分布。城内聚落面积大于城外聚落的面积，城外的聚落分布相对零散，规模较小。东、西墙外古河道西侧的台地边缘发现商周时期十二桥文化早期阶段的遗存，此类遗存不见于古城内，特点是聚落规模较小，遗迹现象相对单一，这是目前成都平原西南山前地带仅见的商周时期遗存，对于探讨十二桥文化在成都平原西南山地的分布与特征提供了重要资料。汉代遗存遍布整个调查区域，在城内也有少量分布，主要是灰沟，不见墓葬或其他遗存。高山古城遗址调查区域内宝墩文化和商周、汉代时期聚落的发现，对于讨论高山古城遗址的聚落结构体系、形态和性质以及聚落的历史演变等具有重要的意义，这些考古信息在成都平原已发现的8座史前城址中是极其少见的。

为了进一步深入认识高山古城的文化内涵、时代特征以及聚落形态等信息，经在国家文物局批准，2015年，成都市文物考古研究所对高山城址中部偏南的位置进行了考古发掘，发掘面积800平方米。截至目前，发掘区内发现墓葬80余座、人祭坑1座、奠基坑1座、灰坑43个、灰沟5条、水井1个。此年度发掘的主要收获之一是发现了一处保存较好的宝墩文化墓地，丰富的葬式与葬俗以及良好的骨骸标本使其具有重要地位。目前已清理墓葬和人祭坑17座，墓葬为平面形状呈圆角长方形的竖穴土坑墓，头向有南北向和东西向两种，墓室内均未发现随葬品和葬具。葬式多样，有仰身直肢葬、侧身屈肢葬，以仰身直肢葬最多见，其中一只手置于胯部之上，另一只手沿身躯放置，较具特色。墓主成年人和未成年人均有，以未成年人居多。这些墓葬大致可分两个时期，早期墓葬方向以东西向为主，人骨保存状况较好；晚期墓葬方向以南北向为主，人骨保存情况普遍较差。人祭坑平面形状呈圆形，仅见主要肢骨叠放，推测为二次葬；奠基坑发现于城墙西南角夯土层中，坑内遗骸头骨受外力挤压严重变形，肢骨亦扭曲变形，呈绑缚状。该墓地是目前成都平原已发现的年代最早且较完整的史前墓地，分布范围广、延续时间长、分布密度大，人骨保存较好而且葬式多样，这在以往发现的成都平原新石器时代遗存中是极为少见的。这为探讨宝墩文化的丧葬习俗及成都平原的史前埋葬制度提供了难得的实物资料，同时对开展体质人类学测量研究和DNA测试分析提供了理想的考古材料，有助于认识成都平原史前先民的体质结构特征。另外，此次发掘出土了大量遗物，种类十分丰富，主要包括陶器、石器和少量玉器。其中石器分为打制和磨制两类，磨制石器包括斧、锛、凿、刀、砺石、半成品等，以穿孔石刀、有肩石斧、打制的燧石器（包括石核、石片及燧石原料等）较有特色。玉器数量较少，磨制规整，边缘多遗留有切割痕迹，有锛、穿孔凿等。陶器质地有夹砂和泥质两种，以泥质陶居多，烧制火候较高，陶器上的纹饰较为丰富且精美，装饰手法以压印、刻划最为常见，其次为戳印，这些装饰手法往往在同一件器物中组合使用，最常见的纹饰有绳纹、附加堆纹、水波纹、瓦棱纹、细线纹等。陶器器形有花边口沿罐、喇叭口高领罐、壶、尊、豆、盆、钵等，其中盘口罐、敞口尊、喇叭口高领罐、直口壶等较具特色，发现了一些属于宝墩文化的新器形，如宽大耳器、窄沿盘口罐、直口壶形器等。此次发掘出土的陶器不仅形态多样，且完整器较多，改变了过去通过残件认识宝墩文化陶器面貌及其组合的状态，丰富了宝墩文化的考古学文化面貌和内涵，为进一步探讨宝墩文化的渊源提供了资料。结合层位关系和类型学分析，将宝墩文化的遗存初步分为两个时期，第④⑤层及开口于其下的遗迹为晚期遗存，该期遗存同宝墩文化第一期文化面貌一致，两者时代相近；第⑥⑦层及开口于其下的遗迹为早期遗存，该期遗存较以往认识的宝墩一期遗存为早，文化面貌也有所差异，但由于目前出土陶片较少，文化特征不甚明朗，仍需做进一步的整理与分析。高山遗址早、晚两期遗存时代特征鲜明，层位关系清楚，对于认识宝墩文化的内涵与外延以及文化渊源等提供了重要线索，这是目前宝墩文化遗址中唯一有明显层位关系的地点，为其后的研究奠定了基础。此次发掘还开展了多项科技考古工作，如植物考古、环境考古、多视角三维重建、陶石器成分测试分析等。此外，还进行了墓葬的三维建模工作，采集了大量土样标本进行浮选，初步鉴定出水稻、粟等植物种属，采集了土样进行植硅石测试分析，并以高山古城的DEM数据为基础，利用ArcGIS10.1的水文分析功能，对高山古城区域进行了河网提取，并与考古资料结合，探讨了河网和古河道与文化层分布的关系。考古发掘与科技手段的结合，将极大地推动高山古城的聚落系统与演变以及社会结构的研究，为成都平原史前城址群的聚落研究提供范例。高山遗址的发掘为推进成都平原史前聚落考古研究提供了新资料。该遗址周边不同时期聚落的发现，有助于分析成都平原文化演进与环境变迁的互动关系，并将极大地拓展对宝墩文化内涵与外延的认识。

2. 四川成都老官山汉墓

2012年7月~2013年8月，成都市文物考古研究所和荆州文物保护中心组成联合考古队，对位于四川省成都市金牛区天回镇土门社区卫生站东侧成都地铁三号线建设工地的一处西汉时期墓地（当地俗称“老官山”）进行了抢救性考古发掘，共清理西汉时期土坑木椁墓 4 座，出土了大量漆木器、陶器、铜器和铁器等文物。其中 M1 出土的 50 余件木牍、M2 出土的 4 件竹木制织机模型、M3 出土的 920 余支（编号数量）竹简及人体经穴漆人像堪称重要发现。已发掘的 4 座墓葬中 M1、M2、M3 为一组，在蓉都大道西侧呈南北向分布，M1 墓向 192°、M2 墓向 34°、M3 墓向 35°；M4 在蓉都大道东侧北距 M1 约 420 米处，墓向 148°。4 座墓葬均早期被盗。墓葬均为竖穴土坑木椁墓，建筑方式为先挖竖穴土圹，土圹内置榫卯结构镶嵌而成的髹漆木椁，木椁外包裹青膏泥，椁室内置葬具及随葬品，M2 木椁上满铺棕垫，葬俗特殊。其中 M1 有墓道，平面呈凸字形，墓室长 6.24、宽 4.04、深 4.22 米，椁室长 5.98、宽 3.6、高 2.2 米，置双棺；M2 无墓道，平面呈长方形，墓室长 8.45、宽 5.76、深 5.2 米，椁室长 7.2、宽 4.5、高 2.75 米，置单棺；M3 有墓道，平面呈凸字形，墓室长 6.4、宽 4.26、深 2.7 米，椁室长 5.6、宽 3.26、高 2.2 米，置双棺；M4 无墓道，平面呈长方形，墓室长 6.02、宽 4.04 米，深 2.86，椁室长 4.22、宽 2.38、高 2.27 米，置单棺。M1 椁室无底箱，M2、M3、M4 在椁室底部分隔出高约 0.3~0.4 米的一层底箱，底箱多隔离为四箱，各箱内多放置随葬品。4 座墓葬椁室内器物多遭扰乱，但墓葬底箱随葬器物保存较好，基本保持原始位置。出土遗物总计 620 余件（不含简牍），其中漆器 240 余件，器形有耳杯、奁、几、盘、盒、俑、马等，有些漆器上有精美的云、龙、鸟等纹饰和文字符号；木俑形态多样，服饰有深衣和袒裼两类，部分俑身上有彩绘和文字；陶器 130 余件，器形有罐、鼎、盆、

老官山汉墓发掘现场

老官山汉墓出土器物人体经穴漆人像

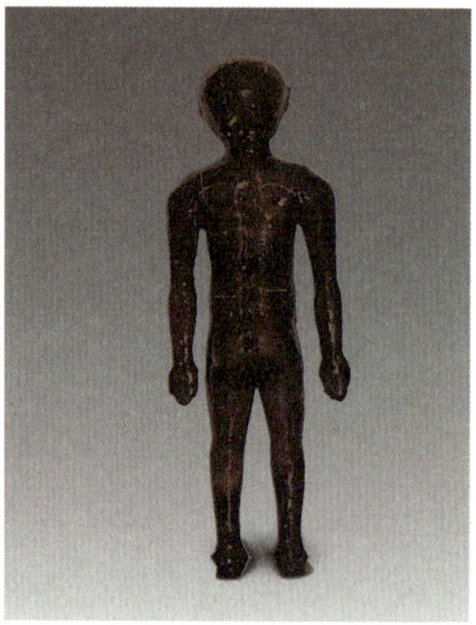

钵、瓮、壶、井、灶等；木器 140 余件，器形有璧、杖、器座、案、半圆形器、房、织机模型等；铜器（含钱币）100 件，器形有弩机、带钩、扣饰、半两和五铢钱币等。此外，M2 出土 1 件玉印。另有少量铁器、竹编器、草（棕）编器等。M1 出土木牍 50 枚，根据内容初步分为官府文书和巫术两大类。官府文书类木牍涉及内容应与汉高祖时缴纳赋税的法令和汉武帝时“算缗钱”有关，为研究西汉时期赋税制度提供了重要资料；巫术类木牍涉及内容应与妇女求子术和禳灾术有关。M3 出土医简 920 支，分两处存放。编号 M3-121 者共 736 支（含残简），根据竹简长度、摆放位置、叠压次序和简文内容，可分为 9 部医书，其中除《五色脉诊》之外，都没有书名，经初步整理暂定名为《敝昔医论》《脉死侯》《六十病方》《尺简》《病源》《经脉书》《诸病症侯》《脉数》等。编号 M3-137 者共 184 支（含残简），内容为《医马书》。

3. 四川成都天府广场遗址

2012 年 8 月，为配合四川大剧院的修建，经报国家文物局批准，成都市文物考古研究所对该地块开展了正式的考古发掘工作。发掘区位于成都市天府广场东北侧，发掘面积逾 4300 平方米，发现有战国、西汉、东汉、蜀汉、西晋、东晋、南朝、隋、唐、五代、宋、元、明、清各时期的文化遗存，遗存类型包括灰坑、灰沟、城墙、角楼、道路、排水沟、房屋、水井、建筑台基等，并出土了大量的陶器、瓷器、铁器、铜器、钱币、建筑材料等遗物。在数量众多、种类丰富的出土文物中，最引人瞩目的要数一件大型圆雕石兽。石兽出土于一坑内，形态近似犀牛，为整块红砂岩雕刻而成，作站立状，侧身掩埋于坑内，头东尾西，头部略呈圆锥形，刻有较清晰的耳、眼、下颌及鼻部，局部装饰简单的卷云图案，风格粗犷，躯干部分显得丰满圆润，四肢短粗，长 3.3、宽 1.2、高 1.7 米，重约 8.5 吨。根据出土情况和雕刻风格推测，石兽的埋藏时间约在西晋，制作年代则可能在秦汉时期。此次发掘的文化遗存连续性强，对研究成都城市的变迁史具有重要的科研价值。石兽的体形巨大，年代久远，且出土于成都城市的核心地带，故具有极高的考古与艺术研究价值。考古发现与文献记载均表明，秦汉时期的巴蜀地区存在着制作大型石雕的传统，此次天府广场出土的石兽无疑当视作这一传统文化影响下的产物，有关其性质、归属、文化渊源及埋藏背景等都是有待深入研究的问题。

4. 四川成都东华门遗址

东华门古遗址位于四川省成都市青羊区东华门街 18 号、成都体育中心南侧，西临人民中路，东临东华门街。为配合“成都体育中心整体提升改造项目”的建设，经报国家文物局批准，成都市文物考古研究所从 2013 年 10 月起对该遗址进行了考古发掘，至 2014 年 7 月，发

东华门遗址明蜀王府宫城内河出土的宣德官窑青花瓷碗

东华门遗址发掘区全景

掘总面积近5000平方米，共发现汉、六朝、隋唐五代、宋、元、明各时期的文化遗存，遗迹包括道路、房屋院落、水井、排水沟、灰坑、灰沟、水池等，出土大量陶器、瓷器、铁器、铜器、钱币等遗物。汉代遗存主要分布于发掘区东南部，包

东华门遗址唐代庭院基址

括西汉、东汉、蜀汉各时期遗存，遗迹有灰坑、水井等，出土物以陶器为主，另有少量青瓷器和钱币。六朝遗存主要分布于发掘区东南部，遗迹有排水沟、灰坑和水池等，出土物以陶器和瓷器为主。唐五代遗存主要分布于发掘区南区的中部和西部，有院落基址、排水沟、道路和水井等，按层位关系可分为早、晚两期，早期遗迹年代约在隋代至唐代早期，包

东华门遗址摩诃池东岸的护堤（隋末唐初）

东华门遗址宋代道路遗迹 L2 局部

括院落基址、排水沟、道路和水池，以 F7、G15、G16、L4、C1 等为代表。其中道路遗址 L4 保存完好，为砖石混筑，路面用卵石拼花，方向北偏东 25°，揭露部分长 43、宽 1.5 米。C1 主要分布于发掘区西部和西北部，属于坑状堆积，为人工回填的杂土，包含较多的建筑瓦砾和陶器、瓷器等生活遗物，靠近底部为黏性很重的黑色淤泥层，以下为砂石层，堆积最深处距现地表 6~7 米。根据 C1 的分布范围、堆积情况，结合文献记载和历代学者对摩诃池位置的考证，初步判断该遗迹可能为开挖于隋代的摩诃池之局部。晚期遗迹年代约在唐代中期至五代，包括庭院基址和排水沟等建筑，以 F3、F5、F6、G10、G11、G14 等为代表。其中 F3 为保存最完好的一处院落基址，位于发掘区南区中部，方向北偏东约 30°，主体平面略呈正方形，南北长 18、东西宽 17 米，占地面积约 306 平方米，由石子路、露天活动区、排水沟、踏道、井台等设施组成。出土物以瓷器和陶器为主，另有大量建筑材料。宋元遗存主要遗迹有道路、房屋、水井、灰坑等。其中道路 L2 修建于北宋，沿用至南宋末，与唐代道路 L4 相似，残长 46、宽 1.3 米，路面也用卵石拼花，较为精致。出土物以瓷器为主、陶器次之，所属窑口有琉璃厂窑、邛窑、磁峰窑、玉堂窑、金凤窑、龙泉窑、湖田窑、钧窑等。明代遗存主要分布于发掘北区，包括人工河道、房屋建筑、道路和水井等，重要遗迹是一条砖石砌筑的河道（G4），平面呈“L”形，南段东西向揭露长约 70、宽 6~16.5、残深 4 米；东段南北向揭露长约 45、宽 13、残深 1.5 米。从发掘情况看，这条人工河道位于蜀王府宫城内的东南角，约修建于明代早期，明末清初废弃回填，废弃原因可能与明代以后在蜀王府基址上改建贡院有关。

东华门古遗址是继江南馆街唐宋遗址之后成都城市考古工作中的又一次重大发现，此次发掘出土了大量汉六朝遗存，在当前成都中心城区汉代及六朝时期遗存发现总体偏少的背景下，这批考古材料对于建立汉代及六朝时期四川地区的考古学文化序列以及研究汉代及六朝时期成

东华门遗址明蜀王府宫城内河局部

都的城市史和政治经济状况都具有十分重要的参考价值。长期以来，尽管唐宋诗词和地方志文献中屡见摩诃池的相关记载，但对于其具体方位或语焉不详，或存在争论异议。经确认，隋唐五代遗存中的水池遗迹（C1）应是文献记载的摩诃池东部一角。此次对摩诃池堆积的发掘，确定了其东部边缘的走向和范围，弄清了隋代开凿以及唐代、宋代和明代三次回填的具体情况，资料翔实可信，能够与文献记载相互印证，有助于今后进一步确立摩诃池作为成都城市考古重要坐标的地位。

隋唐五代遗存以庭院基址、排水沟和小型道路组成的建筑群为主体，为近年来首次发现保存较完好的该时期建筑遗址，这片建筑群西面毗邻摩诃池，可能属于等级较高的官府或衙署建筑。明代人工河道的规模宏大，工艺精良，属于蜀王府宫城内建造的第一批设施，集中体现了明太祖对蜀王府修建“非壮丽无以示威仪”的诏谕。其发现对于研究明蜀王府的内部格局有重要意义，同时也为明代建筑技术的研究提供了科学的实物依据。

5. 四川成都正科甲巷唐宋遗址

正科甲巷唐宋遗址位于四川省成都市锦江区正科甲巷 3 号，现为成都市第一人民医院旧址，西北方向与春熙路商业区相邻。2014 年 6~10 月，为配合建设单位用地需要，成都市文物考古研究所对该遗址进行了考古发掘。此次发掘面积约 800 平方米，清理房址 11 座、排水渠（沟）12 条、道路 2 条、灰坑 17 个、灶 3 个、水井 2 口，出土瓷器、陶器、金属器、玉器、钱币等一批重要遗物。出土遗迹以编号 G8 的排水渠保存最完好、建筑规模最大，为土圹砖砌的券拱式暗沟，保存长度 19.2、底宽 2.02、残深 1.92 米。从发掘情况看，G8 的砖壁在修筑时预留有多个出水口与其他小型暗沟相通，可知其应属于当时城市地下排水系统的干渠部分。修筑年代约在唐末五代，沿用时间较长，至南宋末元初废弃。正科甲巷遗址的年代主要集中于唐末五代至宋元之交，所体现的文化面貌与其东南方向的江南馆街遗址相近，且两个地点发现的部分遗迹单位之间也存在联系，对于研究唐宋时期成都的城市格局和社会生活具有重要的参考价值。

6. 四川成都下同仁路古遗址

2014 年 9~11 月，为配合成都文旅集团的用地需要，成都市文物考古研究所对下同仁路古遗址进行了考古勘探和发掘工作，目前现场工作取得了重要收获，出土了一批南朝至唐代的佛教造像。出土遗迹以编号 H3 和 H6 的两个灰坑最为重要，坑内埋藏大量石刻佛像。其中 H3 内发现石刻佛像 100 余件，有单体佛、菩萨、天王像，也有背屏式组合造像，其中一件背屏式造像有南朝“梁天监十五年”发愿文题记，另有一件国内罕见的单体倚坐式托塔天王像。这些造像均为红砂石质地，个别造像外有贴金，雕刻精美，弥足珍贵。初步判断这批造像的时代集中在南北朝至唐代，且多数造像属于南朝时期，从坑内伴出的瓷器判断，H3 的埋藏时代在五代至北宋初。H6 内出土了 30 余件石刻残件，其中罗汉头像较多，时代多属唐代。

2015 年 3~7 月，为配合中铁二局“通锦坊”项目的施工建设，经报国家文物局批准，成都市文物考古研究所对该项目工地开展了正式的考古工作，发掘总面积约 2500 平方米，揭露出丰富的汉代至明代文化遗存。其中由砖砌沟渠（G2）、人工池塘（C1）、亭台基址（F1）和水井（J1）组成的唐五代大型建筑群是此次发掘的重要收获。其发现对于研究唐五代时期的园林艺术提供了珍贵的考古资料，也为今后寻找和定位古代万佛寺的范围、研究寺院的发展历史提供了重要的参考依据，同时进一步推动了成都城市考古工作的进展。

四川大学

一、业务建设

（一）业务工作

1. 考古调查与发掘

四川大学是全国首批开设考古学专业的三所大学之一。四川大学考古学系隶属四川大学历史文化学院。2012~2016 年，四川大学考古学系与省市各级考古部门合作，在西藏、青海、四川、重庆、贵州、广西等地区承担了各类主动性和抢救性发掘项目十余项。在考古项目执行期间，利用高校的研究优势，在多个领域取得了一系列重要突破。

西藏考古是四川大学考古学系长期的优势研究领域，2012~2016 年四川大学考古学系与西藏自治区文物局、西藏自治区文物保护研究所继续保持密切合作，在昌都卡若遗址、琼结藏王陵、噶尔县卡尔东遗址、琼结邦嘎遗址开展了田野考古工作。其中卡若遗址和藏王陵遗址是为配合这两处全国重点文物保护单位的保护规划编制而进行的、以调查为主的田野考古活动。卡尔东遗址、邦嘎遗址则属于为解决重大学术问题而开展的主动性田野调查和发掘。四川大学考古学系在完成高质量研究报告的同时，为部分遗址保护规划的顺利编写提供了科学依据，特别是对青藏高原早期文化的探索取得了显著成果。

2012~2016 年，在国家文物局、青海省文物管理局的大力支持下，为配合玉树地区“4·14”大地震灾后重建工作，青海省文物考古研究所联合四川大学考古学系、成都市文物考古研究所组成联合考古队，在玉树地区连续开展考古调查与发掘工作，在史前细石器文化、古代岩画、石棺葬文化以及吐蕃时期的封土石丘墓、佛教摩崖造像等方面均获得重要发现，为研究青海史前文化、吐蕃文化提供了一批重要的新材料。此外，为配合喇家遗址的大遗址规划编制工作，2014 年起，四川大学考古学系连续三年参与青海省文物考古研究所领衔的喇家遗址的发掘工作。

2014 年起，受广西文物保护与考古研究所的邀请，四川大学考古学系组织力量参与了广西钦州、桂平、博白与象州等地的田野考古工作。在钦州市海上丝绸之路重点遗址考古调查与试掘项目中，通过对唐代古城、窑址、墓葬与运河的调查，为钦州市海上丝绸之路文化遗产点的申报工作提供了科学的考古依据；桂平市弩滩村明代巡检司城址是全国首次大面积揭露的明代巡检司城址，为了解明政府边疆民族地区基层军政机构的设置情况提供了考古资料；博白宴石山摩崖石刻的调查有助于了解广西地区隋唐时期佛教文化的来源及其与海上丝绸之路的关系；象州古城址的调查为秦汉至唐宋时期中央政府在广西地区的郡县机构设置情况提供了新材料。

2012 年起，四川大学作为主要研究方参与了贵州中西部洞穴考古调查项目。该项目由国家文物局批准并予以专项支持。四川大学派出旧石器时代考古专家，与贵州省文物考古研究所、成都市文物考古研究所组成联合考古队，在贵州调查确认了 38 处洞穴遗址，并对大湾洞、招果洞等遗址做了重点调查试掘，获得了丰富的文化遗物，确认了地层堆积剖面，开展了石器技术、古环境、土壤微形态等方面的研究工作。

在国家文物局和四川省文物局的支持下，四川大学考古学系与四川省文物考古研究院、成都市文物考古研究所合作，在武胜苏家坝遗址、新津宝墩遗址开展了三次田野发掘，在取得了显著学术成绩的同时，田野实习的教学水平也达到了新台阶。同时，配合国家社科基金重大攻关项目的实施，组织队伍对四川省境内的石窟寺开展了大规模的调查测绘。

2. 科技考古与文物保护

2012~2015 年，依托国家级考古实验教学示范中心，四川大学考古学系利用四川大学划拨的各项经费，配置了三维扫描仪、多台全站仪、拍摄飞行器、粒度分析仪、元素分析仪、金相显微镜、体视显微镜、RTK 等各类田野考古和整理研究中的仪器，在高原植物考古、体质人类学研究、环境考古等领域形成一套成熟的多学科研究方法，与西南地区多个省市考古机构有合作研究项目。

四川大学考古学系近年自四川大学化学系引进的罗雁冰博士，在承担本科生的文物保护教学活动外，致力于铁质文物保护和石质文物保护技术的探索与实践，参与了 2014 年中德合作安岳石窟圆觉洞 10 号龛抢救性保护工作，承担了教育部青年基金项目“纳米技术在四川地区石质文物保护中的应用研究”、四川大学中央高校基本科研业务经费项目“雅安地区石质文物保护的基础与应用研究”以及四川省科技厅科技支撑计划项目“四川雅安潮湿环境中砂岩类石质文物保护材料的关键技术研究与应用示范”，在四川地区石窟寺及石刻保护方面取得了重要进展。

3. 基础设施建设

四川大学考古学系在四川大学江安校区新获 1200 平方米的实验室用地和办公场所，建有石器分析实验室、体质人类学实验室、植物考古实验室、环境考古实验室、田野考古实验室、冶金考古实验室、文物保护实验室。并设教授办公室 4 间、考古集体办公室 1 间、考古系会议室 1

间、资料整理室2间、多媒体研讨室2间。系内考古资料室面积400平方米，位于望江校区，可同时容纳60余人阅读，收藏考古学、人类学书籍7余万册，订阅了10余种外文期刊和国内出版的全部考古、文物及博物馆学科专业期刊，是西南地区考古文献收藏最为齐备的资料信息中心之一。

（二）人才建设与培养

2012年以来，四川大学考古学系人才发展进入关键时期。由于部分人员退休及学科发展的需要，系里自兰州大学引进佛教考古方向的董华锋博士，自吉林大学引进体质人类学方向的原海兵博士及从事新石器时代考古的杜占伟博士，自北京大学引进从事商周考古的黎海超博士，自南京大学引进环境考古方向的李兰博士，自英国伦敦大学引进从事植物考古的宋吉香博士等。利用“四川大学青年教师海外高水平大学研修计划”奖学金项目派出吕红亮博士赴英国剑桥大学进行学术访问，派出原海兵博士赴加拿大英属哥伦比亚大学学习人类骨骼学，派出罗雁冰副教授赴美国大都会博物馆进修石质文物保护，派出宋吉香副教授赴加拿大多伦多大学开展植物考古合作研究，即将派出李兰博士赴美国圣路易斯华盛顿大学进修环境考古学。同时通过四川大学人才项目，聘任了著名冶金考古学家丹麦哥本哈根大学华道安教授（短期讲座教授，聘期3年）、英国埃克瑟特大学贝西安博士（全职外教，聘期1年）来校任教，充实了系内的师资队伍。

2012以来，四川大学考古学系共派出10余名学生次赴境外大学学习进修，接收来校留学生21人。

同时，四川大学考古学系还承担了成都文物信息中心、成都武侯祠博物馆委托的业务培训项目，均取得良好效果。

（三）学术交流与科研成果

1. 学术交流

为推进高端外籍教授、国际教学周等项目，引进6名国外学者，吸引20余名外国学生来华交流。建设3处海外实习基地，派出20余名学生赴日本、俄罗斯、以色列发掘。与日本爱媛大学、美国华盛顿大学等开展成都平原冶铁考古、青藏高原早期生业等项目。在PNAS、Antiquity发表一批论文。推进国际学术对话，与哈佛大学、日本爱媛大学等合作，在境内外共同举办西藏历史与考古、宗教与艺术，四川古代早期冶铁，古代世界的铁器生产等一系列国际会议，显著提升了中国考古学的国际化水平。

此外，四川大学考古学系位与哈佛大学、圣路易斯华盛顿大学、华盛顿州立大学、英属哥伦比亚大学、剑桥大学、艾克赛特大学、哥本哈根大学、九州大学以及台湾大学、“台湾中央研究院”历史语言研究所、香港中文大学等建立了广泛学术合作，开展学者互访、实验室合作并联合培养学生。通过国家留学基金委“中国政府奖学金”和自主设立的“一路一带奖学金”，招收来自东盟国家的留学生，并与云南省文物考古研究所合作在老挝等国开展田野考古工作，成为东南亚、南亚考古和文化遗产海外留学生培养的基地。

2012~2016年，四川大学考古学系主办或承办学术会议7次，其中国际学术会议3次，国内学术4次，包括“手工业考古重庆论坛”——中国西南地区冶金与盐业考古学术研讨会、“一带一路”与高原丝路学术研讨会、“观器之道——多视角下的汉代器物”历史考古青年沙龙（第二期）、“观水有术，必观其澜”历史考古青年沙龙（第一期）、西南考古协作会预备会议、四川盆地及中国古代早期冶铁与中国古代社会国际学术研讨会，以及7至17世纪西藏历史与考古、宗教与艺术国际学术研讨会等。

2. 科研成果

2012~2016年，四川大学考古学系教师发表A&HCI、SSCI、SCI及CSSCI检索论文121篇，其中在《考古学报》《考古》《文物》等权威期刊发表论文40余篇，包括《西喜马拉雅地区早期墓葬研究》《河南淅川泉眼沟汉代墓葬发掘报告》《试论西藏发现的早期金属器和早期金属时代》《李济考古学方法论中的史学特征》《中国出土的蜻蜓眼式玻璃珠研究》《四川广汉石亭江汉代铁桥墩相关问题研究》《汉代太一信仰的图像考古》《汉画像石所见的子路与西王母组合模式》《“柱铢”及“离利”辨误》《越王差徐戈铭文释读》《四川博物院藏两件敦煌绢画》和《记美国芝加哥富地自然史博物馆藏唐代镇墓石刻》等。出版《格萨尔唐卡研究》《卫辉大司马墓地》《中国藏地考古》等专著和报告26部。

近四年来，四川大学考古学系共承担国家社科基金重大招标项目4项、国家社科基金项目17项、教育部基地重大项目4项、各类横向课题共计75项，经费总额达2000万元。

（四）对外宣传与公众服务

四川大学考古学系充分利用四川大学历史文化学院网站，及时全面公布系内人员简历、学术活动公告、学术活动总结等信息。同时独立建设运营四川大学考古学实验教学示范中心网站，及时更新学术活动简讯，并在网站上传四川大学考古学系主办的《南方民族考古》等期刊的全部电子版内容，开放下载。组织学生开办“明远考古”公众微信平台，作为系内学术活动的重要发布平台，同时还建设有“四川大学中国藏学研究所”网站。

四川大学考古学系在每年学生实习期间，都在发掘地组织公众考古活动，如组织中小学生参观工地，制作遗址信息说明展板，进入学校课堂演讲等。2012年在苏家坝遗址、2013年在新津宝墩遗址、2014年在青海喇家遗址，均取得了良好反响。2015年4月，联合中国文物报社、边疆考古与中国文化认同协同中心举办了“2014年度全国十大考古发现进校园·四川大学站”活动，参与人数达300余人。

此外，系内学科带头人霍巍教授基于多年的研究，出版了科普著作《西藏考古文物新发现之旅》（教育部人文社会科学项目科普项目），详细解读西藏历史文化遗产，并多次通过主流媒体，就目前对西藏文化保护的一些不利言论做出有理有据的反驳，为维护西藏稳定、反击达赖的“西藏文化灭绝论”起到了积极作用。同时，霍巍教授还通过承担国家社科基金重大招标项目，全面梳理了“西藏自古以来就是中国一部分的”的历史依据，引起国内外藏学界高度关注，为维护西藏社会稳定、各民族团结、弘扬中华民族多元一体文化发挥了重大影响。

二、重要成果

1. 贵州平坝招果洞遗址

招果洞位于贵州省贵安新区高峰镇岩孔村招果组，于 2016 年 3 月由四川大学考古学系、贵州省文物考古研究所、成都市文物考古研究所组成的联合考古队在调查中发现。由于洞内堆积保存极好，遂以该洞作为试掘点。因洞口附近有一近代扰坑，且于扰坑断面处发现丰富的文化堆积，故清理扰坑后，于扰坑南侧布设 1 米 ×1 米探方 2 个，试掘面

招果洞遗址火塘遗迹（北—南）

招果洞遗址试掘区

积共 2 平方米。此次试掘因安全问题至第 ⑦1 层止，已知文化堆积达 6.5 米，仍未见底。于第 ㊸ 层处采集碳样，^{14}C 测年年代约为距今 16000 年。试掘区域内用火痕迹非常明显，发现火塘 12 处，大部分火塘均铺设有烧石，且伴出骨角器。石器主要为与燧石小石器生产相关的石核、石片、断块等，有少量成品，以刮削器，尖状器为主，另在第 ⑫ 层出土 1 件磨制石器。陶片数量极少，均出土于第 ⑫ 层以上的晚期地层，以泥质陶为主。

2. 贵州平坝大湾洞遗址

大湾洞位于贵州省贵安新区马场镇洋塘村 170 厂宿舍区东侧约 200 米，2014 年 7 月，由四川大学考古学系、贵州省文物考古研究所与成都市文物考古研究所进行联合试掘。因洞内钙化非常严重，试掘区域位于洞外，共布设 1 米 ×1 米探方 12 个，发掘面积 12 平方米。因下部地层夹杂大量石块，无法清理，至第 ⑤ 层止，清理文化堆积仅 1.2 米。出土 105 件石制品，还有部分哺乳动物的骨骼和少量陶片。石制品大多数是与燧石小石器生产相关的石片、石核及断块等，经二次加工修整的工具数量非常少，仅有 5 件刮削器和 1 件经过磨制的残石斧。陶片均为夹砂陶，无可辨器形，制作技术较落后，与牛坡洞出土陶片的特征类似。因采集碳样的 ^{14}C 数据异常，故未获得该遗址的精确年代。遗址的绝对年代约为距今 1 万年。

3. 青海玉树参雄尕朔遗址

参雄尕朔遗址探方位置

参雄尕朔遗址位于青海省玉树藏族自治州治多县东部，地处通天河一级支流登额曲入河口北岸台地，所在区域属高原草甸区，海拔 4030 米。遗址总面积约 1 平方千米，核心区面积约 15000 平方米。2013 年 8 月，青海省文物考古研究所、四川大学考古学系及四川大学中国藏学研究所、成都市文物考古研究所组成联合考古队对遗址进行了系统性的调查与发掘。发掘总面积 60 平方米，清理灰坑 3 个、石堆遗迹 11 处，获取石制品 2000 多件，其中石核 78 件、细石核 33 件、细石叶 300 多件，刮削器、石片、废料等其他石制品 1700 余件，还获取了动物骨骼、炭粒等其他遗物。参雄尕朔遗址是青藏高原东北部地区首个系统发掘的具有多个文化层的细石器遗址，并且出土了大量的文化遗物，此次发掘将极大地推动青藏高原石器工业源流问题的研究。

4. 西藏昌都卡若遗址

针对该遗址保护规划的工程建设，2012 年 7 月 6 日 ~9 月 3 日，四川大学考古学系组织人员与西藏自治区文物保护研究所、昌都市文物局等对西藏自治区昌都市卡若新石器时代遗址开展了新一轮田野考古工作。2012 年度考古工作主要包括三个方面的内容：测绘、钻探和小规模试掘。测绘面积约 38 万平方米，将遗址周边地形、景观信息以及 1978~1979 年、2002、2012 年历次发掘区域全部整合形成科学数据，这是迄今为止卡若遗址研究历史上最为齐备和科学的测绘资料。钻探方面，采取网格系统抽样的方法，分别实验了三种不同的钻探工具，完成了对遗址的全覆盖式探查，首次探明遗址整体堆积状况，并确认了未经扰动的原生堆积，形成了详细的钻探报告。试掘方面，开设 5 米 ×10 米探方 1 个，系统进行了筛选和浮选工作，并收集了碳样本、植物样本、孢粉土样等，获得了一批有关遗址环境和生业信息的重要资料。

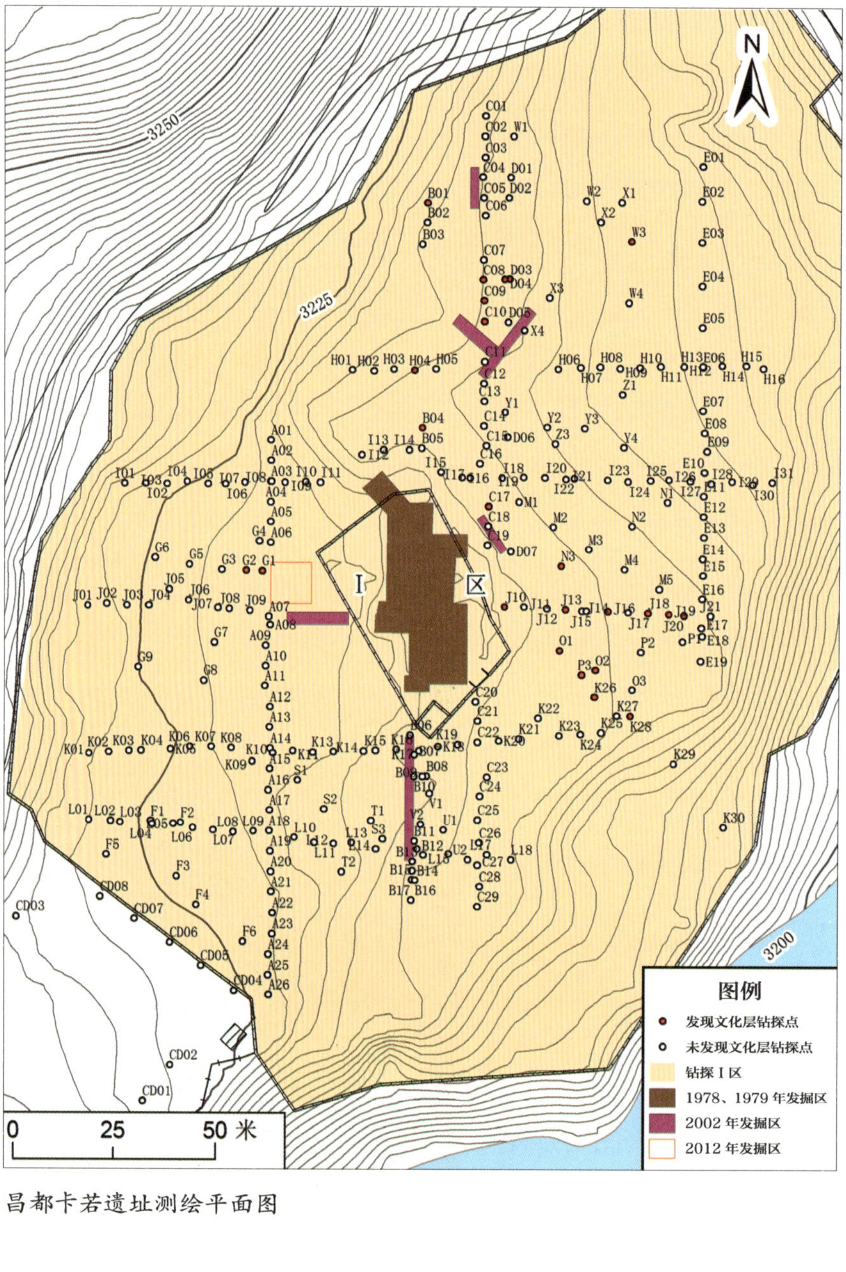

昌都卡若遗址测绘平面图

5. 四川成都宝墩遗址

宝墩遗址位于四川省成都市新津县城西北约 5 千米的新平镇宝墩村。2013 年和 2015 年，成都市文物考古研究所、四川大学考古学系联合对该遗址进行发掘。这两次发掘区域均位于宝墩遗址内城田角林地点，是国家文物局、四川省文物局支持下成立的“四川大学与成都市文物考古研究所共建宝墩实习基地”的一项重要工作。两次发掘共计2440平方米，发现了新石器时代、汉代、唐宋至明清三个时期的文化遗存。揭露出的宝墩文化时期遗存十分丰富，其中属于宝墩文化偏早阶段的房址规模较大，是宝墩遗址考古的又一次重大突破。墓葬均为东西方向，且与居住区界限明显，清晰显示出内城区域聚落的布局规划。

宝墩遗址2015年发掘区全景

6. 青海海东喇家遗址

喇家遗址位于青海省海东市民和回族土族自治县官亭镇喇家村黄河北岸的二级阶地上，是我国首次发掘的大型史前灾难遗址。2013年12月，喇家国家考古遗址公园建设获准立项。2014~2015年，为配合喇家国家考古遗址公园建设，青海省文物考古研究所、四川大学考古学系、成都博物馆、民和县博物馆多家单位联合对喇家遗址进行发掘。

2014年度发掘面积近3600平方米。其中，2、3、4号保护棚内的文化遗存较为集中。据统计，发现遗迹136处，包括房址19座、疑似房址3座、灰坑102个、墓葬4座、灰沟7条、陶窑1座。另外，还发现古地震留下的多处裂缝及漏斗状喷砂遗迹。遗物种类繁多，出土青铜器、铁器、陶器、石器、玉器、骨器、角器、牙器、蚌器等诸类标本达千余件。据初步整理分析，遗址内有马家窑文化、齐家文化和汉唐三个时期的遗存。

2015年度发掘面积近1000平方米。发现遗迹128处，其中房址4座、灰坑114个、灰沟4条、壕沟1条、墓葬5座，另外还发现古地震留下的多处裂缝及当时地表剧烈形变迹象。出土陶器、石器、玉器、骨器、角器、铜器、铁器等诸类标本数百件。其中，齐家文化和汉晋时期遗存最为丰富，还发现有少量辛店文化遗存。

7. 西藏山南琼结邦嘎遗址

邦嘎遗址 F1

邦嘎遗址位于西藏自治区山南市琼结县下水乡邦嘎村北侧，南临一条宽约 30 米的东西向冲沟。地理坐标为北纬 29º05'13.66"、东经 91º43'15.36"，海拔 3713 米。根据断崖上暴露的文化层和地表陶片的分布推测，总面积约 2000 平方米。2015 年，四川大学考古学系与西藏自治区文物保护研究所联合对该遗址展开了调查与试掘。目前发现房屋遗迹 3 处，出土陶片 1000 余件。植物遗存的初步鉴定显示，该遗址存在大麦和小麦，动物遗存有绵羊、山羊、牛等。初步推测邦嘎先民的生计形态应属农牧结合的定居生业模式。邦嘎遗址主体堆积的年代应当在曲贡晚期遗存之后，与曲贡晚期石室墓时代相当。F2、第 ⑫ 层、第 ⑪ 层中炭化种子的测年结果显示，这三个单位的年代区间分别为公元前 1045~ 前 905 年、公元前 760~ 前 410 年、公元前 400~ 前 230 年（校正后年代），这与器物群分析的结果基本吻合。

8. 四川广安苏家坝遗址发掘

四川省文物考古研究院于 2012 年与四川大学考古学系达成合作协议，在国家文物局的支持下，于嘉陵江中上游地区共建考古实习基地，在培养考古人才的同时，共同推进对该区域考古学文化的探索与研究。

2012 年首期实习地点根据双方协商并经国家文物局批准，确定在四川省广安市武胜县烈面镇沿江村苏家坝遗址。该遗址位于吉安河汇入嘉陵江的河口附近南岸，是 2010~2011 年四川省文物考古研究院、广安市文物管理所在武胜县调查时新发现的 7 处巴文化遗址之一，经钻探，分布面积约 22 万平方米。此次发掘面积 975 平方米，共清理墓葬 5 座、灰坑 66 个、灰沟 10 条、房址 2 座、灶 1 个。尤以 G2、M1、M2、F1、F2 等最为重要。此次实习所获资料地层关系清晰，遗存尽管不是非常丰富，但变化脉络较为明显，组合具有自身特点，通过进一步的整理和研究，对于认识嘉陵江中下游地区先秦时期考古学文化面貌及初步构建区域年代序列等起到重要作用。

9. 西藏山南藏王墓

2013 年 8 月 16 日 ~9 月 4 日，经国家文物局批准，四川大学考古学系与西藏自治区文物保护研究所、山南地区文物局合作，在西藏自治区山南市琼结县进行藏王墓遗址的试掘。此次发掘在2012年对陵区进行田野调查和测绘的基础上，重点围绕西陵区一号陵（松赞干布陵）展开考古发掘，共开设6条探沟，发掘面积196平方米。发掘揭露出6层地层堆积，发现并确认了有地层依据的三个时期的围墙建筑。根据层位关系和出土遗物，三个时期的围墙分属17世纪、13~15世纪和吐蕃时期。特别是吐蕃时期的围墙，长达40余米，距地表2米有余，保存完好，该围墙的发现首次确认了一号陵陵垣的存在。此次发掘中以RTK设备测绘了高精度的一号陵微地形和围墙遗迹，并采集了光释光测年样本和^{14}C测年样本，为藏王墓陵墓制度提供了科学的考古材料，也为藏王陵保护规划的制定提供了科学依据。

山南藏王墓吐蕃时期陵垣遗迹

10. 青海玉树古墓群

“三江源地区青海玉树藏族自治州古墓群考古与文物保护项目”由青海省文物考古研究所、四川大学考古学系、成都市文物考古研究所三家单位联合实施。项目田野工作自2012年7月始，

章齐达墓群M1（南—北）

于 2015 年 8 月结束。其间共开展田野工作 4 次，为期 8 个月。工作以田野调查为主，在 2013 年实施了较大面积的考古发掘。调查区域涉及玉树州玉树、治多、曲麻莱、称多、囊谦，果洛州玛沁、甘德和达日诸县（市）。核心区域为治多县东部通天河干流及其南部支流，面积近 3000 平方千米。考古队共发现文物点 135 处，其中，一般性古遗址 12 处、细石器地点 56 处、古墓葬群 50 处、岩画点 17 处，获取石制品、兽骨等遗物数千件。2013 年，考古队对治多县聂龙加霍列、章齐达、普卡贡玛等墓群进行了发掘，总发掘面积 1515 平方米，共发掘石棺墓 8 座、石丘墓 17 座、石构遗迹 3 座，出土青铜器、银器、陶器、骨器等各类遗物千余件。对了解吐蕃时期青藏高原文化板块的构成以及吐蕃文化的传播有着重要意义。

11. 广西桂平明代巡检司城址

弩滩村巡检司城址位于广西壮族自治区桂平市南木镇弩滩村一队，黔江东北岸的二级台地上，东南距市区约 25 千米，基点坐标北纬 23°28′19.8″、东经 110°01′24.0″，海拔 40 米。该城址发现于 1975 年，第二、第三次全国文物普查时复查，曾出土碎花银、陶罐等。为加快大藤峡水利枢纽考古工作进程，2015 年 10 月，广西文物保护与考古研究所与四川大学考古学系联合对该城址进行考古发掘。本次发掘面积约 5100 平方米，基本廓清城址的结构、布局、周围附属设施等情况。弩滩村巡检司城址的发掘是全国首次对明代巡检司遗址进行正式的大面积考古发掘，具有重要的学术意义和研究价值，有助于深化人们对明朝中央政府在边疆民族地区基层军政机构设置情况的认识。

明代巡检司城址西城墙北段（南—北）

贵州省

贵州省文物考古研究所

一、业务建设

（一）业务工作

近年来，贵州省文物考古研究所秉持“科研立所、基建富所、项目壮所、规划兴所”的理念，有序推进业务建设，以考古研究为根本，以基建考古的收入作为扩充编制外队伍、进行创造性工作的保障。

2012~2016 年，贵州省文物考古研究所先后编制并完成了《海龙囤与播州杨氏土司遗存考古工作规划（2013~2015）》《贵州中西部地区洞穴遗址考古调查与研究（2013~2014）》，《贵州安顺宁谷遗址考古工作规划（2013~2015）》等，在史前洞穴遗址的调查、发掘与研究，战国秦汉考古，土司考古等领域均取得重要进展。特别是土司考古，在助推海龙囤遗址成功跻身世界文化遗产的同时，也使土司考古成为贵州的一张靓丽名片。

2012~2016 年，贵州省文物考古研究所在全面推进贵州考古工作的同时，结合贵州特色，选择了史前考古（洞穴遗址）、战国秦汉考古、土司考古和流域考古几个方向集中力量、重点推进，效果明显。

在史前考古方面，贵州全省面积 17.6 万平方千米，地貌以高原、山地和丘陵为主，具有典型的熔岩地貌，是史前人类理想的栖息之地。目前已发现史前洞穴遗址逾 200 处，数量居于全国前列。近年来，贵州省文物考古研究所编制《贵州中西部地区洞穴遗址考古调查与研究（2013~2014）》，与中国社会科学院考古研究所、四川大学、成都市文物考古研究所合作，展开贵阳及以西地区史前洞穴遗址的调查、发掘和研究工作。该项目实施以来，共在贵阳、安顺、六盘水等地发现洞穴遗址 130 余处。采集到大量石制品、骨角制品、动物化石、陶片等。黔中地区发现的数量众多的新旧石器时代过渡时期的洞穴遗址，对解决黔中地区的新旧石器时代过渡、农业起源、家畜驯化、陶器起源等问题以及探讨人类生存方式的多样性具有重要意义。

2014 年，贵州省文物考古研究所等单位对大湾洞遗址进行了试掘。2012~2014 年，对牛坡洞遗址进行了三个季度的发掘。从文化面貌来看，牛坡洞、大湾洞遗址的出土遗物均以石制品为大宗，并伴出少量陶片。石制品原料以燧石为主，少量为砂岩或硅质岩砾石，类型主要包括石锤、石砧、石片、石器、断片和碎屑等。石片的台面多见自然台面、素台面、有疤台面，少量为零台面，石片背面多数保存有数量不等的前期剥片疤痕，整体上人工面多于自然面，显示出古人连续剥片，熟练掌握剥片技术，有效地利用了原料。从剥片方法看，以锤击法为主，锐棱砸击法和砸击法也有使用，还发现一些具有石叶和细石叶特点的长石片，此外还有与之相关的楔形石核，表明了间接剥片及压制技术的存在。石器以中小型的刮削器为主，亦包含少量砍砸器，是一套以燧石石器为主，兼有砾石石器的小石片石器工业系统。陶片较之石制品显得数量非常少，火候较低，陶色多不纯正，以褐陶为主；纹饰多见绳纹、戳印纹、附加堆纹；陶器多残碎不堪，器形难辨，制陶技术仍不成熟。这些特点均与黔中地区早年经过发掘的平坝飞虎山、长顺神仙洞等遗址的史前时期文化遗存具有较多相似的特征，深化了我们对于黔中地区洞穴遗址文化遗存的认识。

从时代上来看，牛坡洞遗址至迟在新石器时代早期即有古人类活动，并发现了该时期的古人类墓葬，此后直至战国秦汉时期仍有不同时期的人类在此生活。大湾洞遗址的出土物包括石制品与陶片，皆具有黔中地区新石器时代晚期至商周时期遗存的特点，具体年代尚有待检测数据的证实。嘉禾穿洞遗址亦约在新石器时代。调查发现的周边地区其他洞穴遗址，其文化面貌亦与牛坡洞、大湾洞、嘉禾穿洞类似，基本都处在新石器时代至商周时期，少数可晚至战国秦汉时期。

战国秦汉时期的考古材料与贵州历史上悬而未决的夜郎问题相关，也是深入探索汉人与汉文化进入贵州与当地土著及其文化之间互动关系的重要实物遗存。位于安顺市西秀区的宁谷小盆地内的宁谷遗址，是贵州一处较为重要的汉代遗存，内有遗址、墓地、窑址等，内涵丰富，部分学者认为这可能是汉牂牁郡的郡治所在。2013 年开始，贵州省文物考古研究所对宁谷遗址周边展开区域性系统调查，新发现遗迹地点 12 处；2015~2016 年对其中的衙门坡地点进行了发掘。

土司考古是贵州省文物考古研究所近年来的重要课题，抓住海龙囤遗址申报世界文化遗产的契机，编制了《海龙囤与播州杨氏土司遗存考古工作规划（2013~2015）》，展开对播州杨氏土司遗存的系统梳理，取得了丰硕的成果。一是对贵州省遵义市播州山城进行了较为全面的调查，并对其中的海龙囤、养马城两处遗址特别是前者进行了较为系统的发掘；二是对播州杨氏土司墓地进行了再调查，并对新蒲、团溪两处墓地进行了全面揭露；三是对播州田庄遗存进行了初步调查。

此外，贵州省文物考古研究所在基建考古中融入课题意识，对赤水河流域和乌江上游的六冲河流域相关遗存进行较为全面的调查与揭露，获取了一批全新的资料，涵盖了新石器时代、商周、汉晋等不同时期。

（二）人才建设与培养

人才是文化遗产工作的根本。近年来，贵州省文物考古研究所在人才引进、在职培养、方向引导、技工培养等方面都进行了一些探索。

2012 年以来，贵州省文物考古研究所广泛吸纳考古专业毕业生入编，共计引进硕士 1 名、本科生 3 名。同时，由于编制受限，贵州省文物考古研究所采用“两条腿”走路的方式，聘用了 6 名大学本科与硕士研究生，专业涉及考古、文物保护等。此外，为保持已有职工的专业特长并培养新进人员的专业方向，对所内部室进行了调整，分作史前、历史时期前段、历史时期后段、民族考古、科技考古、公众考古、基建考古等部室，形成保持优势、以老带新的业务格局，这是新业务发展的需要。

人才分为不同的层次，除研究型人才外，技工是文化遗产事业中不可或缺的一个群体。近年来，贵州省文物考古研究所注意培养和引进航拍、测绘等新技术方面的人才。同时，依托海龙囤等长期开展工作的考古工作站，从当地年轻人中培养技术力量，一举多得。

（三）学术交流于科研成果

1. 学术交流

贵州省文物考古研究所一方面积极参与各类学术交流活动，推进学术建设；另一方面与兄弟单位积极开展合作，共同攻克学术难题；并且举办不同类型的学术会议，解决业务推进过程中的困惑。

各类学术会议是业内互通有无、交流思想的场域。因此贵州省文物考古研究所积极参与各类学术会议，并给年轻人提供学习与交流的机会。贵州省文物考古研究所先后参加的国内较为重要的学术会议有第二届“世界考古论坛・上海”（2015）、首届中国考古学大会（2016）、考古学会相关专业委员会会议，以及 2013、2014、2015 年度的“全国十大考古新发现”终评会与“中国社会科学院考古学论坛年度考古新发现”汇报会等。

为解决业务推进过程中遇到不同问题，贵州省文物考古研究所曾先后举办海龙囤考古专家座谈会（2012）、西南考古协作会（2016）以及各种小型座谈会，这些会议都取得了很好的效果。海龙囤专家座谈会邀请了业内 20 余名知名学者，为海龙囤遗址的考古工作“把脉”“开药方”，保障了考古工作的科学推进。协作会以及相关座谈会则促成了贵州省文物考古研究所与重庆市文化遗产研究院、成都市文物考古研究所、四川大学历史文化学院考古学系、中国社会科学院考古研究所开展合作，在土司考古及史前洞穴遗址的调查、发掘与研究上取得了重要的学术成果。

2. 科研成果

贵州考古从业人员少、底子薄、经费相对缺乏，至今没有固定的办公场所。即便如此，2012~2016 年，贵州省文物考古研究所转变工作方式，奋力有为。一方面积极开拓新的领地，鼓励就地整理，尽快推出发掘简报；一方面启动对既往发掘项目的整理工作，下大力气解决成果转化问题，并取得了一定成效。贵州省文物考古研究所每年都在各级刊物上发表发掘简报与研究论文。以播州土司考古为例，2012 年项目启动以来已在《考古》《文物》《南方文物》《贵州社会科学》《贵州文史丛刊》等刊物发表简报与论文 10 篇以上。在推进既往发掘项目资料的整理方面，陆续出版考古发掘、调查报告与研究专著，计有《贵州董箐考古发掘报告》《水族墓葬调查发掘报告》《夜郎寻根：六盘水市史前至夜郎时期考古调查新发现》《贵州田野报告集：1993~2013》《贵州基建考古重要发现：2003~2013》《夜郎文明的考古学观察：滇东黔西先秦至两汉时期遗存研究》《古播遗踪：播州杨氏的历史遗迹与口碑传说》等。

研究成果先后获得贵州省哲学社会科学优秀成果奖二等奖 3 次、三等奖 2 次。

（四）对外宣传与公众服务

2012~2016 年，贵州省文物考古研究所积极开展宣传工作，一方面通过媒体对相关发现和公众考古活动进行报道，一方面积极策划面向大众的书系，由专业人员将考古故事通俗易懂地讲述出来。土司考古和史前洞穴遗址的相关发现引起了中央电视台、新华社及贵州省内各大媒体的关注。特别是在助推海龙囤遗址申报世界文化遗产的过程中，进行有计划、有步骤的宣传攻势，为海龙囤遗址成功跻身世界文化遗产营造了良好的社会氛围。

近年来，贵州省文物考古研究所积极策划和开展公众考古活动，包括组织志愿者、大中小学生到考古现场体验，在学校、社区及相关场所开办讲座，开通微信公众号，以及出版公众考古书籍等。目前已出版的书籍有《土司，考古与公众：海龙囤公众考古的实践与思考》《复活的土司城堡：海龙囤考古手记》《叩问黄土：一个考古者的田野札记》《夜郎寻踪：战国秦汉时期的贵州》《大河上下：赤水河考古记》《仰望沅水：清水江考古记》《拼接往昔：贵州魏晋南北朝至明考古》等。

二、重要考古成果

1. 贵州贵安新区大湾洞遗址

大湾洞遗址位于贵州省贵安新区马场镇洋塘村新寨组 170 厂宿舍区东侧约 200 米的山坡上。为 2009 年 8 月第三次全国文物普查时发现，2013 年 9 月复查。

该遗址地理坐标为北纬 26°24′45.33″、东经 106°24′00.83″，海拔高度 1248 米。方向 280°，洞口宽 10、高约 5 米，洞深 8 米（未到底）。洞内大部分堆积已遭破坏，洞内中部北侧靠内壁处残存有厚约 2 米的文化堆积，此外，洞口及洞前台地亦保存有不同厚度的文化堆积。

2014 年，贵州省文物考古研究所、四川大学历史文化学院考古学系、成都市文物考古研究所签署“贵州中西部洞穴考古合作框架协议”，三方决定首先对贵安新区马场镇大湾洞遗址进行试掘。

由于洞内堆积已被破坏殆尽，且洞内中部有一坍塌巨石，难以开展工作，故此次试掘选择洞口及洞前台地部分为主发掘区。在大湾洞洞口布 1 米 ×1 米探方 6 个，洞前台地布东西向 1 米 ×1 米探方 6 个，并对洞内壁上残存的胶结堆积进行了局部清理，发掘面积共 15 平方米。以小方为单位，发掘中基本按水平层（10 厘米）揭露，结合自然地层进行记录。发现遗物后不立即收集，而是注意观察遗物与周围地层及其他遗物的空间关系，利用全站仪详细记录遗物的三维坐标、产状、岩性等信息，待同一水平层发掘完毕后统一收取。

发掘区地层堆积自上至下可分 5 层。第①层：灰黑色沙质淤泥，较致密。第②层：红褐色黏质淤泥，致密，局部堆积，包含少量角砾，出土较多石制品、动物碎骨、陶器残片。第③层：褐色沙质淤泥，疏松，局部堆积，富含小型角砾，出土少量石制品、动物碎骨。第④层：浅褐色黏土，较致密，富含角砾、巨石，出土少量石制品、动物碎骨。第⑤层：黄褐色粉质黏土，较疏松，富含角砾，未见文化遗物。

出土遗物包括石制品、陶器残片、动物碎骨等，以石制品为主。石制品共 279 件，其中地表采集 107 件，地层中出土 172 件。石制品原料以燧石为主，兼有少量砂岩砾石。类型包括石锤、石核、石片、石器、断片和碎屑等，石器多见刮削器。陶器残片多系夹砂陶，火候较低，陶色以黄褐和

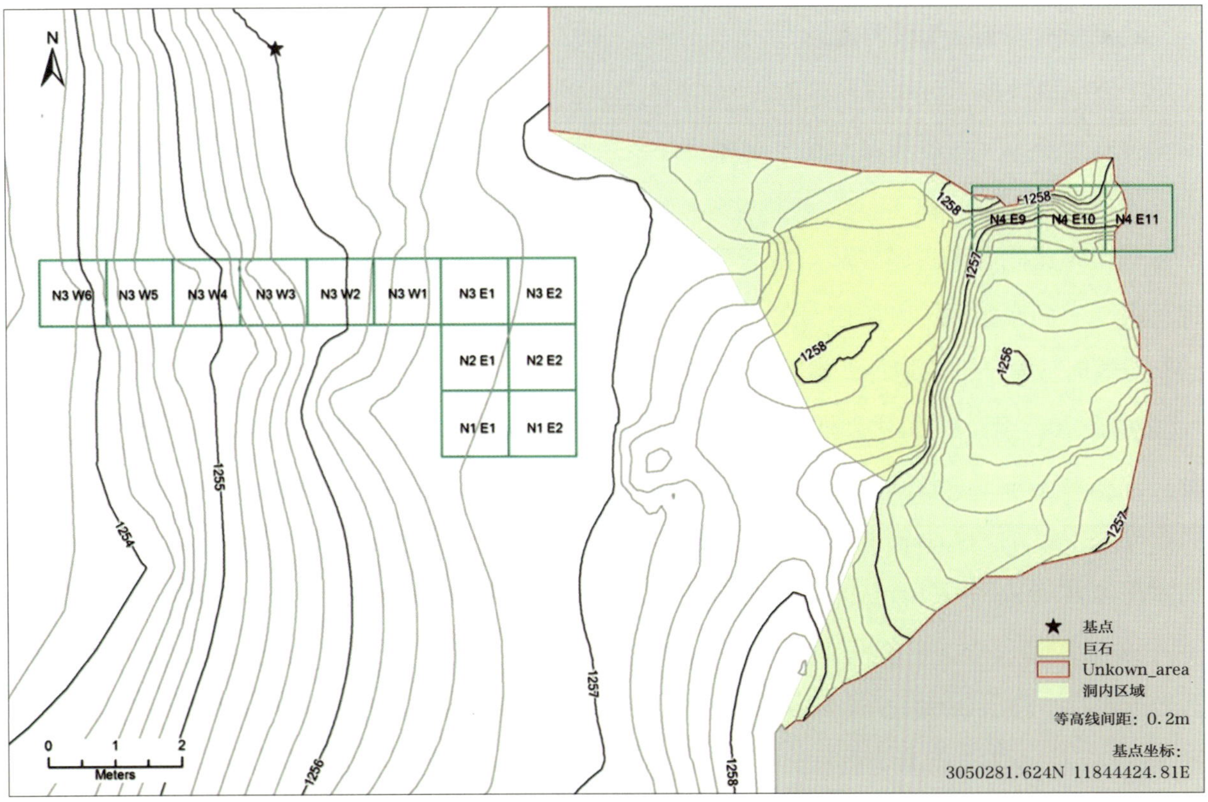

大湾洞遗址布方位置图

灰褐两色为主，纹饰见有绳纹、戳印纹、细泥条附加堆纹等，多较残碎，器形莫辨。动物碎骨亦较丰富，其中不乏经火烧者，但多为肢骨部分，且较残碎，种属多不可辨，整体以鹿类居多。

大湾洞遗址出土石制品

大湾洞遗址出土陶片

大湾洞遗址的发掘与研究，对于认识贵州地区特别是黔中地区史前文化的特征和内涵，探讨整个黔中地区的洞穴遗址、贵州史前史、云贵高原地区史前人类行为模式、古代环境及其变迁和人与环境间的互动关系具有十分重要的意义。

2. 贵州贵安新区牛坡洞遗址

牛坡洞遗址位于贵州省贵安新区马场镇（原属平坝县）平寨村龟（kun）山组（又名魁山、坤山）东约 200 米一座名叫牛坡的山丘上。2008 年夏，平坝县文物管理所在第三次全国文物普查中首次发现该遗址。2011 年 11 月，中国社会科学院考古研究所、贵州省文物考古研究所、平坝县文物管理所组成联合考古调查队，在平坝地区进行大规模的考古调查，对该遗址进行了复查，发现其由 3 个洞穴组成，分别编号为 A 洞、B 洞、C 洞，判断其为黔中地区发现的保存状况较好的新石器时代早期洞穴遗址，具有重要的学术价值。

2012~2014 年，中国社会科学院考古研究所、贵州省文物考古研究所、平坝县文物管理所联合对牛坡洞洞穴遗址连续进行了三个季度的发掘。发掘区主要位于 A 洞洞厅内左侧、右侧，A 洞洞口外左侧、右侧，B 洞洞厅中部，B 洞洞口外中部、左侧，C 洞洞厅内中部及 C 洞洞口外中部，揭露面积共约 86 平方米。其中，2012 年发掘 A 洞、B 洞，面积约 16 平方米；2013 年继续发掘 A 洞、B 洞，面积约 30 平方米；2014 年在发掘 A 洞、B 洞的同时，开始发掘 C 洞，面积约 40 平方米。共发现墓葬 6 座、灰坑 6 处、用火遗迹 10 余处，可复原的陶器、磨制石器和骨器数百件，各种类型的细小打制石制品数万件。

发掘表明，A、B 两洞堆积均较厚，A 洞堆积最厚约 6 米，B 洞堆积最厚约 3.2 米。B 洞洞

牛坡洞遗址远景

前堆积比较有代表性，可分为 13 层。

遗物以各种细小打制石制品为大宗，主要是与加工细小打制石器有关的石料、断块、石核、石片、碎屑等，以及少量成形的细小打制石器，如刮削器、砍砸器、尖状器等，另外，还有部分典型细石核、细石叶等。砾石工具数量亦较多，大部分两面都带有凹窝。砺石数量很少，大部分已残断。磨制石器数量很少，主要为石斧，除少量通体磨制外，大部分仅刃部磨光。陶器数量较少，器类简单，破碎严重，仅见直口和敞口鼓腹的平底罐，亦有少量圜底器，多为手制，器形较规整，夹砂陶比例高，烧成火候较高，陶色以灰色和土黄色为主。器表纹饰以交错绳纹为主，另有少量刻划纹、水波纹、凹弦纹和圆圈纹等。磨制骨器数量相对较多，有锥、铲等。此外，还出土了大量水、陆生动物遗骸，包括中华圆田螺、方形环棱螺、圆顶珠蚌及狗、熊、虎、亚洲象、猪、赤麂、小麂、水鹿、梅花鹿、水牛、竹鼠等。

通过发掘，对牛坡洞遗址 A、B、C 三洞的关系及其功能有了初步的认识。A、B 两洞出土的大量细小打制石制品从原料选择到制作技术，再到石器、石片、石核、断块等遗物，均表现出强烈的一致性特征。两个地点出土陶片的陶质、陶色、纹饰以及烧成火候均相近。因此推测 A、B 两洞应被同时占用。A 洞出土大量水、陆生动物遗骸，较多加工坚果类食物的凹石以及炭化果核，推测其应为当时的主要生活区。B 洞少见水陆生动物遗骸，但出土了大量的细小打制石器以及石屑、断块、石核等石制品，推测其可能是当时加工石器的场所。C 洞的文化堆积较浅，但从出土遗物看，该洞可能与 A、B 两洞同时使用，但应非主要活动场所。

根据遗址堆积状况、地层叠压关系以及出土遗物判断，该遗址延续时间较长，可能自新石器时代早期或更早开始，一直沿用到新石器时代晚期，甚至更晚。

尤其重要的是，遗址中发现的细石核以楔形为主，为该时期贵州地区所仅见。这些石核表现出较为成熟、稳定的细石叶剥取工艺，但预处理及台面修整并不十分精细，同时细石器制品比例极低，推测当时细石叶工艺并不十分发达。细石叶工艺是史前人类应对环境变化，为获取资源将石器打制技术演化到极致的结果，是较大的生存压力下的产物，因此在我国分布范围较小，主要分布于北方地区和西南地区的四川、西藏、云南等地。贵州牛坡洞遗址出土的材料为研究细石叶工艺的扩散与分布提供了非常重要的材料。

牛坡洞遗址 B 洞前地层堆积状况

一直以来，贵州地区新石器时代遗址，尤其是洞穴遗址的考古发现和研究相对薄弱。牛坡洞遗址的发掘与研究，对于认识贵州地区史前文化特征和内涵，构建该地区史前文化，特别是洞穴遗址考古学文化的基本框架和序列，确立贵州在中国史前文化中的地位，探讨整个黔中地区的洞穴遗址、贵州史前史、云贵高原地区的旧新石器时代过渡、史前人类行为模式、人类体质、古代环境及其变迁和人与环境间的互动关系，都具有十分重要的意义。通过对试掘与发掘资料比较系统的整理与分析，使我们更加深入地认识了贵安新区洞穴遗存的文化面貌与年代序列，在一些方面取得了重要进展。

特别值得关注的是，牛坡洞遗址发现有新石器时代早期人类墓葬，提供了贵州境内少有的新石器时代早期墓葬及人骨材料，为研究当时的埋葬习俗、居民体质提供了宝贵的材料。同时牛坡洞遗址在原生地层中出土石叶、细石叶、楔形石核，在贵州境内尚属首次发现，是贵州史前考古的重大突破，为研究细石叶工艺的扩散与分布提供了非常重要的材料，具有十分重要的学术意义。

3. 贵州安顺宁谷汉代遗址

宁谷遗址位于贵州省安顺市西秀区宁谷镇，北距市区约 8 千米。20 世纪 70 年代以来，由贵州省博物馆考古队和贵州省文物考古研究所对宁谷地区进行了数次调查和发掘清理工作，调查出墓葬近 200 座，清理墓葬 32 座，出土陶、铜、金、铁等质地的遗物。试掘陶窑 1 座、居址 1 处，龙泉寺居址内出土较多板瓦和筒瓦，另有少量“长乐未央”瓦当残件和铜箭镞、钱币出土。据此推知宁谷遗址可能为西南地区比较大的汉代遗址。

2013 年以来，贵州省文物考古研究所首先在宁谷遗址周边展开区域性系统调查，新发现遗址点 12 处，包括旷野阶地遗址和洞穴遗址，时代为战国至汉晋时期，初步厘清了宁谷遗址的分布范围和各遗址点的具体位置。为更确切地对宁谷遗址的性质、功能和内涵进行界定，贵州省文物考古研究所于 2015~2016 年对新发现遗址点中的衙门坡地点进行了重点发掘，2015 年发掘面积 350 平方米。经过初步发掘，发现衙门坡地点有两个时期的文化堆积，分别为汉代和明清时期，两者皆发现有墙体的存在。汉代堆积主要是夯土墙和包含有大量绳纹筒瓦和板瓦存在的地层明清时期堆积则包含宽约 0.6~1 米的石砌围墙和石砌房屋基址。

汉代夯土墙依山势的自然形态用黄色泥土夯筑而成。其南侧、西侧地势较为峻峭，北侧较为平缓，山顶东西向 87、南北向 56 米，面积约 4800 平方米，从目前发掘情况得知，其北、东、南三侧皆有夯土城墙，部分墙段被晚期石砌城墙破坏，夯土墙残高约 0.8~1.5、厚约 2~2.5 米，墙内侧较直，外侧墙体向外稍倾斜，形似护坡，城外无护城壕发现。

明清时期墙体有与之配套的台阶踏步、门及排水设施。石砌墙体与汉代夯土墙的走向大体

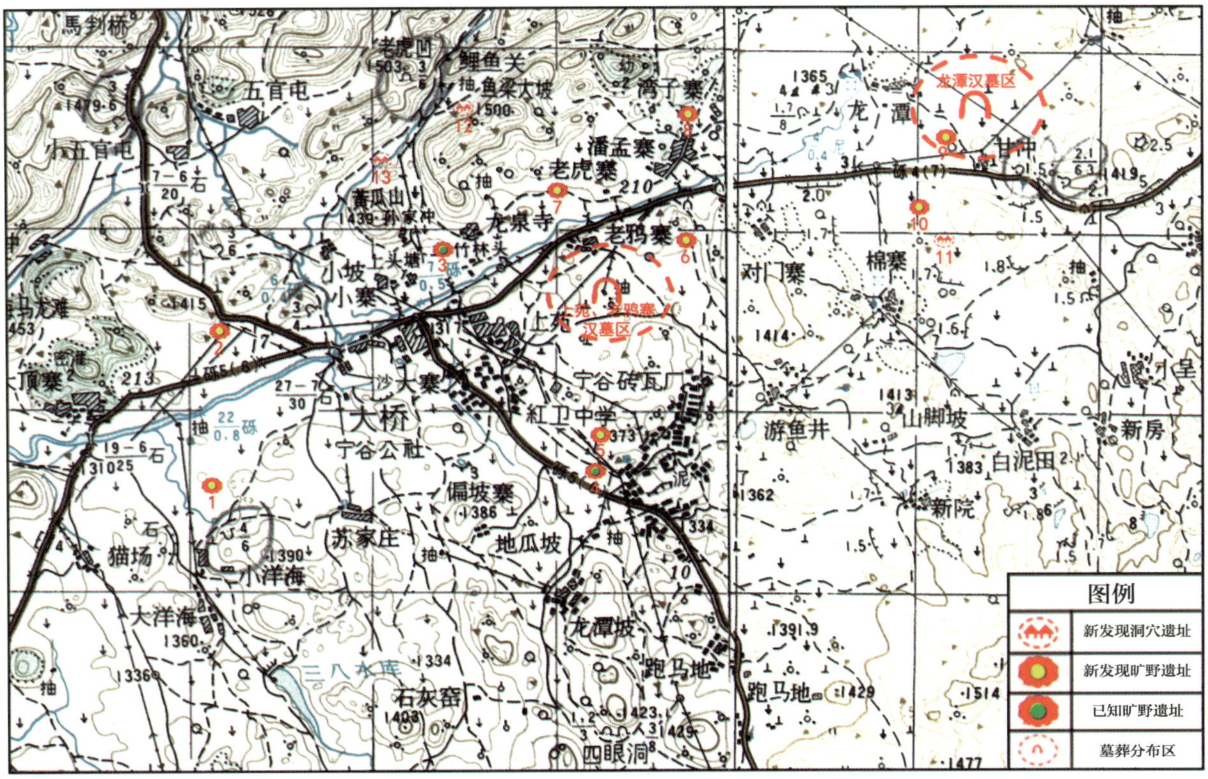

宁谷汉代遗址分布示意图

衙门坡地点全景

一致，夯土墙部分被石墙打破。从已发掘的城内情况知，夯土城墙的年代为汉代，依据文献记载和考古资料推测其与牂牁郡郡址或其下的且兰县治有关，而石砌城墙则极有可能与宁谷寨长官司或其所领二十九寨之一的治所有关。

位于宁谷河畔平畴中的龙泉寺遗址，一直被视作宁谷遗址的中心，长期以来考古工作人员尝试在其周围发现城垣、壕沟一类设施，进而确定宁谷城的存在，但一直未取得突破性进展。而其周边文化面貌和与龙泉寺遗址中较为典型的汉式风格有所区别的其他遗址，以及处在独立山峦上的衙门坡遗址的发现，丰富了我们对宁谷遗址的认识。周边遗址是与龙泉寺、衙门坡同时存在的土著遗存还是较之其更早的遗存，衙门坡是宁谷遗址的中心抑或只是一处防御性设施，其与龙泉寺之间的关系等，都是下一阶段需要探讨的问题。

4. 贵州遵义海龙囤遗址与养马城遗址

2012 年春，为助推海龙囤遗址申报世界文化遗产，贵州省文物考古研究所启动了对海龙囤遗址历时 5 年的考古发掘与整理工作，并在海龙囤巅建立考古工作站，土司考古取得突破性进展。一是厘清了全囤的格局，以及城池轮廓由宋到明的历史性变迁，从考古证据上确定该城始建于南宋晚期，毁于明末。二是厘清了海龙囤上最大的建筑群“新王宫”的格局、年代和性质——一组由墙垣包围的建筑群，面积达 1.8 万平方米，大堂居中、中轴对称，建于明万历时期，具有衙署性质。三是解决了建囤所需的部分建筑材料的来源问题，在囤上发现了采石遗迹、窑址等，表明多数建筑材料系就近取用。四是梳理囤上道路交通系统与不同遗迹在囤内的分布了。发掘资料目前正在海龙囤考古工作站进行有序整理，已陆续发表简报 3 篇、论文 4 篇、专著 2 种，研究成果引起普遍关注。

位于海龙囤遗址东约 2 千米的养马城遗址建于相对平缓的山坳中，规模与海龙囤遗址相当，是播州杨氏土司一处重要的山城遗迹。2014 年 5~10 月，贵州省文物考古研究所联合重庆文化遗产研究院对养马城遗址进行了系统勘探与局部发掘，对该城的年代及格局有了进一步认识。与海龙囤一样，该城始建于宋代，明代修葺补筑，并在播州之役中毁弃。其与海龙囤等遗址一起构成了一个以海龙囤为中心的庞大而严密的军事防御体系。养马城遗址保存至今的城垣及城门遗迹以宋代为主，城内有衙署遗迹有宋、明两个时期的遗存，还发现有采石场遗迹。

5. 贵州遵义杨氏土司墓地

在广泛调查的基础上，贵州省文物考古研究所重点对贵州省遵义市新蒲、团溪两处杨氏土司墓地进行了较为全面的揭露，新发现了第 14 世土司杨价墓和第 21 世土司杨铿墓，使已确定墓主的杨氏土司墓葬增至 9 座。另对第 25 世土司杨辉的墓园进行再梳理，且有了新的发现。

新蒲杨氏土司墓地内共有墓葬 3 座，即第 14 世杨价、第 21 世杨铿、第 29 世杨烈三代土司的夫妇合葬墓。杨烈墓早年被列为省级文物保护单位，另外两座墓葬则是新的发现。其中第 14 世土司杨价墓是杨氏已确认墓主身份的 9 座墓葬中唯一的一座土坑木椁墓，且未经盗扰，出土各类金银器近百件。该墓的另外一个重要收获是发现一圈环绕墓葬的垣墙，从而揭露出杨价墓较为完整的墓园格局。经过进一步梳理，发现其近旁的杨烈墓亦有垣墙，大致与杨价墓垣墙重合，

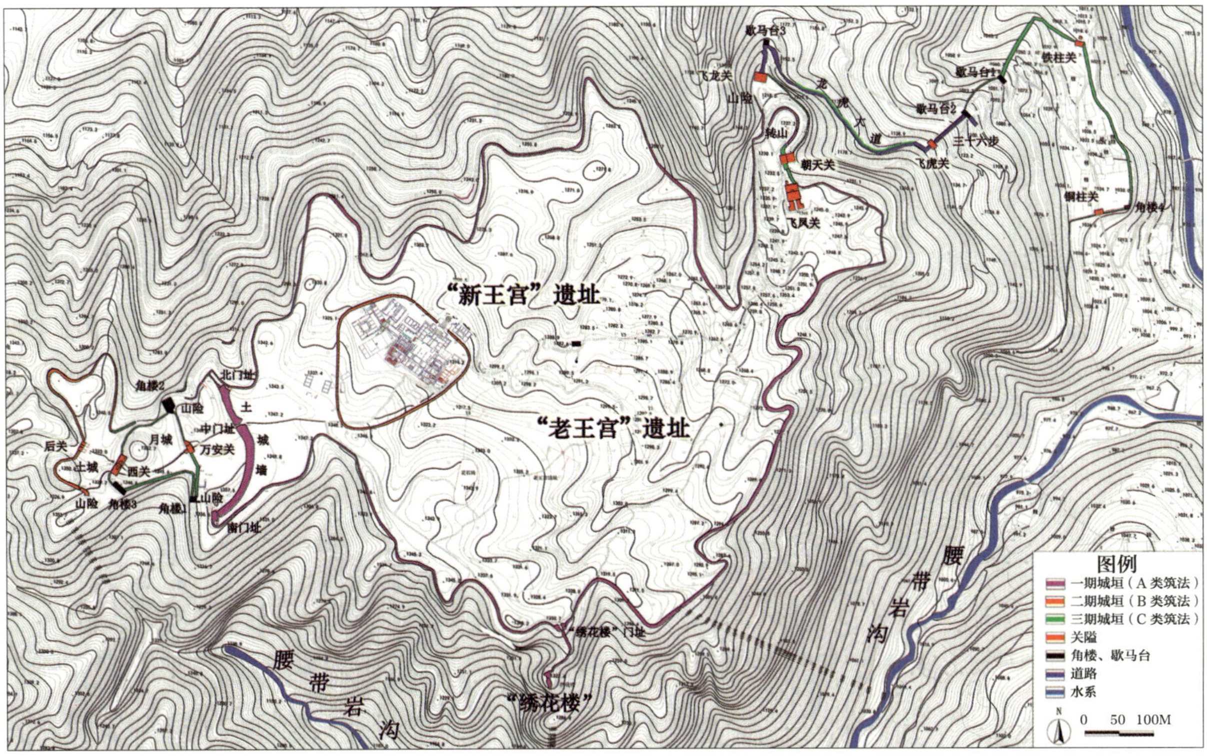

海龙囤遗址总平面图

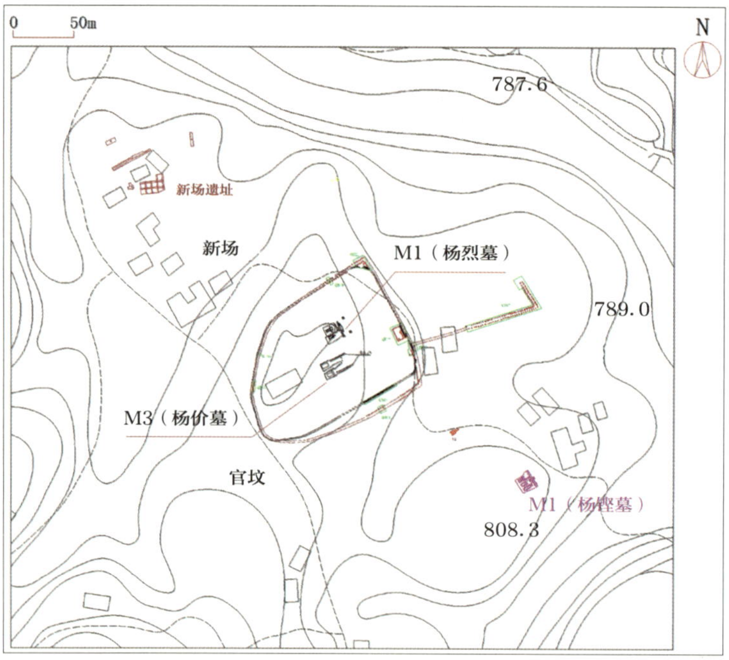

新蒲杨氏土司墓群平面图

但用材及砌筑工艺有明显差别。杨铿墓的主要发现是出土两方墓志铭，通过墓志铭上提供的线索，确定了墓主身份，并最终发现了杨价墓。

受新蒲杨氏墓群发掘的启发，贵州省文物考古研究所对位于遵义县团溪镇的第25世土司杨辉墓进行了再发掘，取得三个方面的重要发现：一是发现了真正的杨辉墓，为一座三室并列的夫妻合葬大型石室墓，而此前发掘的、据墓碑推定为杨辉墓的单室石墓可能是其风水冢；二是发现杨辉墓亦有一圈环绕墓葬的垣墙，并存在墓上建筑；三是清理出杨辉墓较为完整的墓祠遗迹。

两处墓地的发掘，深化了对杨氏土司家族墓地的认识，明确了除墓葬本身之外，墓外建筑亦是墓地的重要组成部分，它们一起构成了完整的墓园格局，对杨氏土司墓葬的发掘，经历了从墓葬到墓地的变化。

6. 赤水河流域史前至汉晋时期遗址群

赤水河流域为滇黔川三省交界地区，2014年11月至今，为配合基本建设工程，贵州省文物考古研究所等单位在赤水河沿岸（贵州境）开展了系列考古调查与发掘工作。现已在赤水河沿岸发现新石器时代至汉晋时期古遗址31处，并对其中的习水黄金湾、宝寨、新田湾、福禄台、庙子坝、黄果岩、庙坝等7处遗址进行了抢救性发掘。

该地区的新石器时代遗存主要发现于黄金湾遗址，整体与峡江和川南地区的新石器时代晚期遗存具有较多的共同点。夏商周时期遗存在福禄台、庙坝、黄果岩、宝寨、新田湾、黄金湾等遗址均有发现，多见三星堆文化和十二桥文化的影响因素，也显现出一些地域性的特点。汉代遗存在习水黄金湾、宝寨、庙子坝、庙坝等遗址均有发现，以黄金湾遗址的发现最具代表性，文化面貌整体上呈现出一种飞跃式发展的特点，主体为中原地区汉文化，同时亦多见巴渝地区汉文化因素。魏晋时期遗存以墓葬为主，主要包括崖墓和砖室墓两种形制。崖墓主要发现于习水黄金湾、福禄台、庙坝等遗址附近，以黄金湾遗址的最为典型；砖室墓发现于宝寨遗址附近，为刀把形砖室墓。

习水黄金湾遗址全景

赤水河自古为连接川渝地区和黔北地区的重要通道，亦是两汉时期中央王朝开发西南夷地区的通道之一。这些考古发现充分显示出赤水河作为这一地区文化、经济、政治通道的重要作用，对于认识黔北地区和赤水河流域新石器时代至魏晋时期的聚落结构、文化特征、社会风貌以及构建该地区的考古学文化发展序列等问题具有重要意义。

7. 乌江上游野鸡河流域商周遗址群

乌江上游野鸡河流域早年曾发现过毕节青场遗址，其时代为商周时期。2012~2013 年，为配合夹岩水库的修建，又在青场下游的马场、塘边各发现一处遗址，2016年春季开始，贵州省文物考古研究所对这两处遗址展开发掘。

遗址主要分布在野鸡河支流两岸的二级台地上。其中的马场遗址包括大寨、土墙屋基和官房屋基3个地点。大寨地点位于野鸡河与先秀田小河交汇处西北部的山前坡地上，发掘面积800平方米。目前已清理出房址、火塘、灰坑等遗迹。出土遗物有石斧、石锛、平底罐（残）及大量的陶片和石制品等。土墙屋脊地点堆积较厚，共13层，堆积深度2.5米以上。在第⑪层中出土有陶片，⑪层下发现有房址。官房屋基地点堆积分为8层，第⑥⑦层有陶片出土，为夹砂红陶和灰陶，陶质较硬，纹饰仅见方格纹。遗址文化面貌与毕节青场遗址群相似，推测年代为商周时期，是贵州商周时期考古的最新发现。

塘边地点的发掘目前正在进行中，其于第⑨层开始进入早期文化层，出有石制品、陶器碎片等，年代应与上游的马场、青场遗址相当，为商周时期。

云南省

云南省文物考古研究所

一、业务建设

（一）业务工作

2012~2016 年来，云南省文物考古研究所把提高业务工作质量放在各项工作的首位，狠抓质量管理，对考古项目做出明确的规范及要求，在项目启动前，项目领队必须提交详细的工作计划，由所长、分管领导、所内专家及财会人员进行审核，通过后严格按照计划开展工作。同时，按照国家相关标准加强了项目实施过程中的检查和监督力度，每个发掘项目至少组织专家进行一次工地检查，检查内容和要求按《田野考古工作规程》和《考古发掘项目检查验收办法》执行，并同时检查工作计划的执行情况。

从 2012 年到 2016 年 7 月，质量管理效果显著，业务工作效能整体提升，共计完成针对基本建设工程的文物影响评价工作 80 项、主动性考古调查勘探工作 13 项、考古发掘工作 38 项。其中，祥云大波那墓地和江川甘棠箐遗址分别入选 2014 年度和 2015 年度“全国十大考古新发现”，宾川白羊村遗址第二次考古发掘获得中国考古学会 2011~2015 年度田野考古奖二等奖。

1. 大遗址保护与规划

2014 年 6 月，经国家文物局批准，云南省文物考古研究所正式启动了太和城遗址和石寨山古墓群两项大遗址考古项目，经过两年细致认真的田野工作，保护工作成绩初显。

太和城遗址是唐代西南地方政权——南诏建立的第一座都城遗址，对研究古代西南少数民族地方政权的兴衰历史有着极其重要的学术意义，弄清遗址的保存现状、分布面积、内部结构、功能分区及性质等是太和城大遗址保护工作首先要解决的问题。2014 年，通过数字测绘、地理信息系统建设、区域系统调查、大面积钻探和重点区域探沟勘探等方法，完成了太和城遗址及周边区域 10 平方千米的地理信息系统建设，完成了太和城遗址 3.5 平方千米的全域实地踏查，完成了太和城内城区域 5.6 万平方米的钻探工作，完成了 33 条探沟近 1 万平方米的勘探工作，发现建筑基址、柱坑、石墙、散水、石砌道路、铺石遗迹、灰坑、柱洞、沟等各类遗迹 30 多处，初步了解了城内建筑的形制及性质、遗迹的分布及保存情况，为遗址内涵的研究提供了重要材料。2015年，重点对太和城遗址进行分区规划，完成了现存城墙的数字测绘工作，继续进行探沟勘探工作，新发现大型建筑基址、房址、夯土基址、瓮棺葬等遗迹，对太和城的结构、布局及演化有了新认识，对城墙的解剖勘探则加深了对城址严密防御体系的了解。2016年，将继续采取钻探与探沟勘探相结合的方式，发现新遗存、寻找城内主干道、水系分布及给排水系统、确认内城布局及功能分区，进一步推进对城址内涵的研究和价值阐释。

相较太和城遗址的研究，石寨山古墓群的考古及研究工作则有着更为悠久、丰富的历史和背景。从20世纪50年代开始到今天，围绕石寨山古墓群及石寨山文化开展了扎实的基础工作，积累了丰富的原始材料。但是，遗址材料少、编年线条粗、局部年代框架存在缺环等一系列问题悬而未决，石寨山文化的起源、文化发展的阶段性、文化内涵的清晰度等诸多问题都还有待深入探讨。大遗址保护工作长期性、系统性、全面性的特点为石寨山古墓群考古工作的长远规划指明了新的方向。

2014年，云南省文物考古研究所通过数字测绘、系统钻探、探沟勘探的方法，对滇池东南岸石寨山古墓群核心区域近10平方千米的范围进行了重点复查，同时对天女城山和金砂山墓地进行了系统钻探。2015年，结合钻探结果，对金砂山山顶和东坡进行了重点发掘，随后对发掘资料进行了整理，发现金砂山墓地的大型墓葬存在祭祀现象，在出土的青铜器和玉器中发现了之前不曾出现的新器物。同时对石寨山古墓群为中心的周边近150万平方米的农田区域开展了勘探工作，发现石块范围、贝丘堆积范围、河道、木块范围、黄土堆积、水沟等遗迹25处。2016年，计划对呈贡小古城片区开展200万平方米面积的考古勘探工作，厘清该区域内遗址的保存情况、遗址的规模及周边环境等问题。

从2013年开始，云南省文物考古研究所陆续启动了句町文化、哀牢文化的区域性调查勘探工作，为今后更为深入地开展工作夯实基础。

2. 科技考古与文物保护

云南省文物考古研究所大力推动业务项目中现代化科技手段的运用，无人机飞行测绘成图技术、无人机影像资料采集技术、影像三维建模技术、三维激光扫描技术、考古测量仪（RTK）测绘技术、WiFi拍照技术、考古工地数字化管理系统等新技术，已在各项主动性考古发掘项目中全面推广，目前该领域工作已跃居国内同行前列。同时，积极开展多学科综合研究，大大提高了成果信息资料提取的细致度、精准度、全面性以及管理使用的有效性和便利性。

云南省文物考古研究所加大文物保护基础设施建设力度，强化文物现场保护意识。2013年，建成文物修复实验室并投入使用，全面负责文物现场保护及实验室的测试保护工作，制定科技考古及文物保护工作细则，在考古项目开展前预先制定各类出土文物的现场保护预案、应急预案和实验室保护方案，文物保护的理念、方法和技术日趋规范化。

3. 规划编制

云南省文物考古研究所认真贯彻“保护为主，抢救第一，合理利用，加强管理”的方针，把考古发掘和调查工作与遗址的保护、规划、利用和展示工作紧密衔接，在开展考古发掘和调查的同时，从遗址实际出发，积极尝试开展遗址的保护规划编制工作。五年来共完成考古遗址、墓地和城址 3 种类型的保护规划编制 3 项，开创了云南省文物保护工作的新模式。

4. 基础设施建设

为改善文物考古研究工作环境，满足观赏价值较低但研究价值较高的各类文物标本和重要遗址出土的大量文物的集中保护、收藏和研究需要，提升文物考古研究、保护的整体水平，同时搭建中国与东南亚、南亚国家物质文化遗产研究与交流的平台，云南省文物考古研究所启动了东南亚南亚考古研究与文物保护基地（含文物标本库房）建设项目。该项目于 2014 年 7 月获得省发改委立项批复，同年 11 月完成了地勘及设计招投标，2015 年完成了方案设计，目前正在办理建设工程规划许可证等相关事宜，项目建设进展顺利。

（二）人才建设与培养

云南省文物考古研究所结合长远发展规划和现阶段工作实际，把在职专业技术人员专业素养的培养和专业技能的提高放在工作的首位，外出学习及培训活动逐年增加。自 2012 年至今，共派出专业技术人员计 21 人参加各类专业培训班和高级研修班 12 次，自主举办 6 次，培训内容涉及田野考古、植物考古、数字考古、文物保护修复、行业技术规范等，为所内专业队伍的规范化建设和业务工作质量的提高奠定了扎实基础。同时，积极探索人才建设与培养的新途径，2015 年 4 月，云南省文物考古研究所与四川大学历史文化学院签订战略合作协议，共建考古学教学实习基地，协作开展云南及东南亚地区的考古研究与人才培养工作，开启了实施院所合作、跨境合作培养专业人才战略的新篇章。

（三）学术交流与科研成果

1. 学术交流

云南省文物考古研究所积极参与并开展对外学术交流与互访活动，拓展合作平台，提升竞争实力。五年来，共有 24 人应邀参加国内外各类学术会议 29 次；16 人应邀出访英国、澳大利亚、泰国、老挝、柬埔寨、意大利等国 6 次；接待来自美国康奈尔大学、华盛顿州立大学、日本京都大学、马来西亚槟城赛恩斯大学、俄罗斯科学院西伯利亚分院、老挝社会科学院历史研究所等国家的相关科研院所来访共计 34 人。通过交流与互访，拓展了云南考古研究的学术视野，为将来开展更深层次、更宽领域的对外合作与研究奠定了基础。

云南省文物考古研究所主动融入国家“桥头堡”及“一带一路”倡议，充分发挥云南区位优势，积极开展面向东南亚、南亚国家的考古及文物保护工作。2013 年 12 月云南省文物考古研究所成功出访老挝，与老方签署了《中华人民共和国云南省文物考古研究所与老挝人民民主共和国社会科学院历史研究所关于文物考古的合作意向书》。根据合作意向，云南省文物考古研究所于 2014 年 11~12 月和 2015 年 11~12 月两次派出考古调查团赴老挝，与老方合作开展考古调查工作，初步把握了老挝三个重要区域文化遗存的情况以及老挝考古工作的现状。这是云南省实施赴境外国家文物考古工作的首次尝试，为云南省文物考古研究所面向老挝乃至整个东南亚国家更为深入的考古与文物保护合作打开了新局面。

2. 科研成果

2012~2016 年，云南省文物考古研究所加大科研管理力度，强化课题意识，鼓励学术研究。2012 年制定出台《云南省文物考古研究所科研成果奖励办法》，2013 年又制定了《云南省文物考古研究所重点课题管理办法》，专业技术人员的科研积极性和主动性大大提高。五年来参与或主持的科研项目有国家级社科基金项目 1 项，教育部人文社会科学研究青年基金项目 1 项，云南省哲学社会科学规划项目 1 项，国际合作项目 1 项。

另外，针对云南省亟待突破的若干重大学术问题，设立所内专题研究课题项目 8 项，年代跨越旧石器时代、新石器时代和青铜时代，内容涉及聚落考古研究、考古学文化序列研究、文化多样性研究、地域性考古学文化研究等，对课题的研究时间和研究质量提出了严格要求，研究成果颇丰。五年来共出版学术专著 4 部、考古发掘报告专著 6 部，在国内外学术刊物公开发表科研论文 54 篇。

（四）对外宣传与公众服务

近年来，云南省文物考古研究所通过发行科普读物、建立网站、开通微信平台、启动教育实践项目等方法开展形式丰富的公众考古活动。2014 年，正式出版了儿童科普读物《卡通手绘云南——南南考古探秘》一书，以此书为基础，启动了全国第一个面向少年儿童，以普及考古知识为主的“南南考古学院”教育实践项目，依托该项目不断在公共考古领域探索经验，先后举办了“考古夏令营”“考古进校园”“考古时光机”“蒲公英计划——云南考古新发现高校行”等一系列公众考古活动，同时严格规定每一个考古项目在实施过程中必须在当地学校或社区宣讲一次。2015 年，“考古夏令营活动”入选第三届“中国公共考古·首师论坛”公共考古活动一等奖；2016 年，“南南考古”系列成果及活动荣获首届中国考古学大会公共考古奖“金镈奖”。同时推出云南省文物考古研究所官方网站以及“云南考古”和“南南考古”两个官方微信。在普及考古知识、宣传文物保护的同时，扩大了考古受众面，增进了社会不同层面对文物考古工作的认知和认可，拉近了普通公众与文化遗产保护的距离，获得了社会广泛赞誉。

二、重要考古成果

1. 云南玉溪甘棠箐遗址

甘棠箐遗址位于云南省玉溪市江川县路居镇上龙潭村西南约1.5千米处。1984年文物普查时发现该遗址，1989年进行了考古发掘，初步判断为旧石器时代早期遗址。为深入了解该遗址地层堆积、文化特征和年代等信息，尽可能科学全面地复原遗址整体埋藏情况和文化面貌，2014年10月~2015年2月，由云南省文物考古研究所主持对遗址进行了主动性发掘，发掘面积50平方米。此次发掘在严格执行《田野考古工作规程》的基础上，将数字化考古的理念和方法运用于考古发掘工作中，取得了突破性收获。

发掘重视遗物的空间分布情况和埋藏学方面的分析和研究，尤为重视遗址的地层堆积情况，

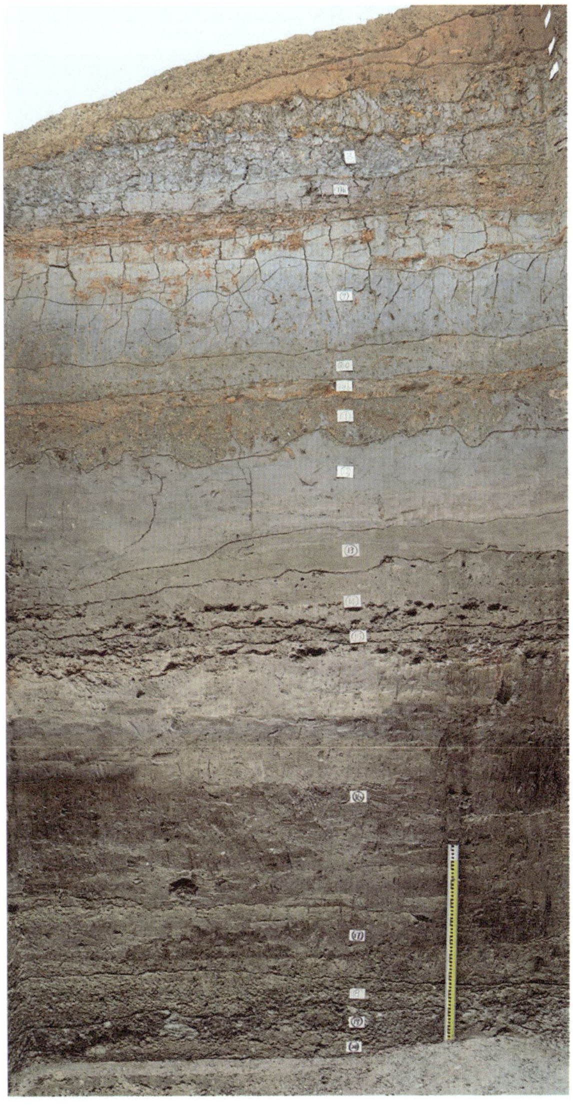

甘棠箐遗址T1南壁剖面

甘棠箐遗址出土木制品

甘棠箐遗址出土石器

注重堆积物在成因和性质方面，以及所包含的遗物在时间框架内的变化和特点。在发掘过程中，地层划分完全以地层堆积的变化为标准，各地层堆积内部根据发掘者的需要来划分水平层进行发掘。在每一个水平层中又在平面将探方分为四个等分区域，以便记录收集标本。发掘中注意各类科学检测样品的采集，开展地质学、埋藏学、环境学、年代学等多学科综合研究，选取土样进行了筛选和浮选，增强了发掘工作的科学性。

遗址发现一处用火遗迹。出土石制品 25153 件，其中石核 658 件、石片 564 件、初级砸击断块 102 件、石器 192 件、废品（含断块、断片和碎屑等）23637 件。出土骨制品 28 件，木制品十多件，其中木制品的发现不但填补了国内相关领域研究的空白，也是目前世界上发现时代最早的木制品。此外，还出土了丰富的动、植物化石。

甘棠箐遗址地层清楚且有多个文化层位，文化遗存和伴生动、植物遗存丰富，文化面貌原始而独特，埋藏与保存状况极佳，对研究早期人类生存模式、人类起源与演化历史、古环境背景具有独特的价值与意义。该遗址是云南省继元谋人遗址后发现的又一个非常重要的旧石器时代早期旷野遗址，发掘获得了很多重要发现，并完整收集遗址各个方面的资料信息。遗址的发现、发掘和研究无疑为东亚地区古人类本地起源说提供了新的佐证，再次证明了滇中高原是人类起源的关键区域。此次发掘入选了“2015 年度全国十大考古新发现”。

2. 云南玉溪兴义遗址

兴义遗址位于云南省玉溪市通海县杨广镇兴义村，属湖岸贝丘遗址。为配合兴义小学扩建工程，从 2015 年 9 月开始，云南省文物考古研究所联合玉溪市文物管理所和通海县文物管理所对遗址进行了考古发掘。发掘面积 200 平方米，文化层堆积厚达 9.2 米。

兴义遗址 F1 出土带流罐

由于遗址堆积厚、遗迹类型丰富、遗物众多、学术价值较高，在发掘开始前制定了科学全面的发掘方法和文物保护预案，充分注重传统考古学方法与新技术、新方法的结合使用。在发掘过程中，一方面严格按照《田野考古工作规程》进行遗迹判断；按照最小堆积单位收集记录遗物；制定系统采样方案，全面提取各类样品；对地层堆积均采用多遍干筛、水洗的方法，尽可能多地收集各类遗物。另一方面，借助考古工地数字化管理平台、数字影像三维建模、RTK 测绘、无人机航拍等新技术全面收集各类信息。

针对贝丘堆积疏松易垮塌的困难，发掘前做了大量前期论证准备工作，创造性地提出了物理加固与化学加固相结合的办法。物理加固即采用钢架结构及钢网支撑探方四壁，防止四壁垮

兴义遗址 F6 屋顶

兴义遗址地层剖面

塌。化学加固即采用水玻璃、氯化钙、水泥浆灌注渗透螺蛳壳，形成硅胶，黏结加固各层螺蛳壳堆积。同时在发掘区上部搭建防雨棚，便于加固作业及发掘工作。实践证明这种方法安全可行。

截至目前，发现房址、道路、墙、柱洞、灰坑、活动面、土坑墓、瓮棺葬等遗迹类型，发掘出土遗物主要有陶、石、骨器及少量青铜器。陶器演变规律明显，器形主要有釜、罐、盘、钵、尊、器盖、支足等；石器主要有网坠、纺轮、有领环、有肩有段锛、石范等；骨器主要有箭镞和锥；青铜器均为小件器物，主要有锥、镞、鱼钩等，另外还发现少量铜矿石。

通海兴义贝丘遗址堆积深厚、文化内涵丰富，遗址发现有石寨山文化遗存及比石寨山文化更早的遗存，为建立滇中地区距今4000~2000年间的考古学文化序列提供了重要材料，在探索滇文化起源、海东类型遗存研究等方面取得了突破。一些首创的贝丘遗址发掘方法，也为云南乃至全国其他贝丘遗址的发掘提供了值得借鉴的宝贵经验。

3. 云南大理白羊村遗址

白羊村遗址位于大理白族自治州宾川县城北1.5千米的金牛镇白羊村西400米的桑园河东岸，属金沙江支流河旁台地上的聚落遗址，现存核心面积约1600平方米。根据云南省文物考古研究所“洱海区域早期考古学文化序列研究”课题计划，为弄清白羊村遗址的文化内涵、编年和在区域文化发展链中的地位和影响，云南省文物考古研究所联合大理州文物管理所、宾川县文物管理所于2013年10月~2014年6月对该遗址进行了第二次发掘。发掘面积100平方米，清理堆积厚度约5.5米，划分出25个地层，清理灰坑、房址、土坑墓、瓮棺葬、火堆、火塘、灶、活动面、柱洞等遗迹1200余个，出土各类标本1200余件。

白羊村遗址发掘现场

通过科学发掘，细分了遗址的文化层堆积，厘清了遗址层位和伴出物及层位和遗迹间的关系；通过多学科综合研究方法的介入，提取了大量有效的原始

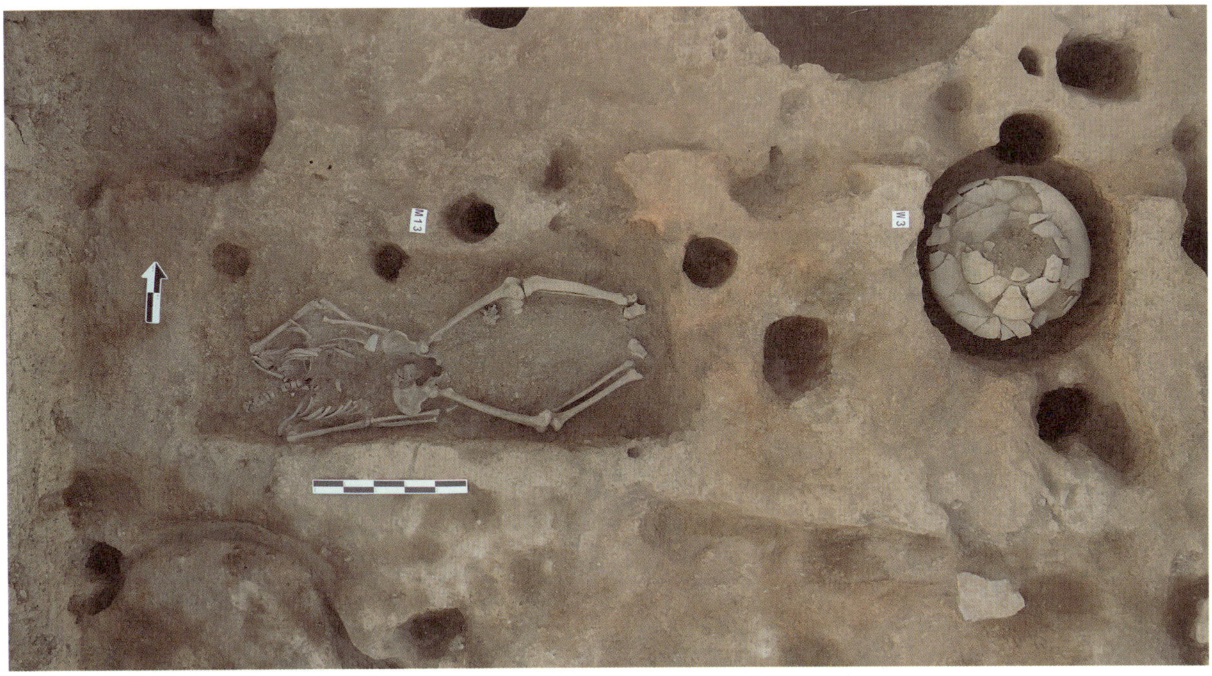

白羊村遗址 M13 和 3 号瓮棺

资料信息；通过对浮选样品进行 ^{14}C 年代测定，重新构建起了遗址的年代学框架，推进了遗址内涵的研究和价值的阐释；同时为遗址后期的保护、展示和利用提供了科学依据。

更重要的是，此次考古是云南省内第一次应用数字考古技术、数字管理平台贯穿始终的发掘，工作理念创新意识显著。把新思维、新技术的应用同传统考古方法较好地结合在一起，取得了很好的效果。在发掘工作进行期间，国家文物局组织专家组来工地进行实地检查，对遗址发掘工作给予高度评价，并提出了宝贵意见。

4. 云南大理大波那墓地

大波那墓地位于大理白族自治州祥云县刘厂镇大波那村东。墓地发现于 1961 年，1964、1977、2008 年进行过三次抢救性清理，属云南战国至西汉时期的大型墓葬，是洱海区域内一个等级较高的墓地。根据云南省文物考古研究所“洱海区域早期考古学文化序列研究”课题计划，2014 年 7~11 月云南省文物考古研究所联合大理州文物管理所、祥云县文物管理所对其进行了主动性考古发掘。

大波那墓地出土铜钺及铜仗首

大波那墓地分为相距 1.2

大波那墓地 M12 全景

千米的东西两区。西区发掘面积约 150 平方米，普遍分布有早期文化堆积，发现了房屋、柱洞、灰坑、灰沟等遗迹，出土遗物除较多陶片外，还有砺石、石斧、石垫、铜镞、红砂石范残片等。东区分为南北两个墓地，北部墓地发掘面积 800 余平方米，清理墓葬 25 座，出土器物共计 280 余件（套），分别为铜、锡、铁、陶、石、木和藤或竹编器。铜器可分为兵器、生产工具、生活用具、装饰品，其中生活用具数量最多，主要为锄类；兵器包括剑、矛、斧、钺、镦、箭镞等；生产工具有削和卷经杠、梭口刀；装饰品有镯、环、杖头饰等。锡器一套 2 件。铁器数量较少，仅见几件残件。陶器根据陶质陶色可分为夹砂灰褐、红褐、灰黑、黑灰陶，火候低，根据器形可分为双耳、单耳、无耳罐，杯，匜，盘和纺轮。

大波那墓地的年代大致在战国至西汉时期，是目前滇西地区为数不多的高规格墓地，其中出土的很多器物与周边石棺墓出土的器物相似，葬式主要为多人二次合葬，只是存在葬具的差异。此次发掘为研究云南洱海区域青铜时代文化提供了重要的实物资料，该墓地发掘入选了“2014 年度全国十大考古新发现”。

5. 云南保山大甸山墓地

大甸山墓地位于云南省保山市昌宁县田园镇龙泉村委会漆树坡小组东南侧的大甸山上。2012 年 11 月 ~2013 年 3 月，云南省文物考古研究所主持完成了大甸山墓地的发掘工作，发掘面积 2500 平方米，共清理各类墓葬 198 座，出土随葬品 268 件（套）。

墓葬按形制可分为竖穴土坑墓、土洞墓和瓮棺墓三种，其中竖穴土坑墓 174 座、土洞墓 23 座、瓮棺墓 1 座。

随葬品按质地可分为铜器、铜铁合制品、铁器、石器、陶器、琥珀、海贝、麻织品、竹藤制品等。

铜器数量较大，按器物功能可分为生活用具、生产工具、兵器、礼器和装饰品等，器形有弯刀（含人面纹弯刀）、扣饰、镯、矛、剑、钺、钏、盒、镦、斧、凿、牛角、象牙、盖、器座、指护、带铃圆环、钟、铃等。铜铁合制品有铜柄铁矛和铜柄铁削等。铁器有矛、削、剑、镯等。石器有石范、砺石、纺轮、锛以及绿松石等。陶器有单耳杯、罐、釜、纺轮等。琥珀制品都为串珠饰。海贝为贝币。竹藤制品为藤篾腿套等。

大甸山墓地出土铜弯刀

大甸山墓地出土铜钺

大甸山墓地出土铜扣饰

大甸山墓地反映的是一种全新的、具有典型特点的云南本地青铜文化。结合墓葬形制、出土器物和文献记载来看，墓地存在两种不同的族群文化，一个是以土洞墓遗存为代表的古哀牢文化，一个是以土坑墓为代表的西北地区的氐羌民族文化。土洞墓遗存的发现为研究古哀牢国提供了很好的材料。以铜鼓、铜盒、铜弯刀、靴形钺、半圆弧刃钺、铜案、铜编钟、铜矛、山字格铜剑、铜铃、铜镯、铜钏等器物为主体特征的器物群，在保山坝子、腾冲坝子、昌宁坝子以及周边的临沧、德宏等地都有发现，这些器物是否是古哀牢文化的典型器物，需要将来开展更多科学的考古发掘工作才能回答。

6. 云南曲靖八塔台墓地

八塔台墓地位于云南省曲靖市麒麟区珠街街道办事处三源村民委员会董家村民小组东北 200 米处的丘陵缓坡地带，墓地由 8 个彼此相连而又相对独立的椭圆形土堆组成，现存总面积 4200 平方米，1978~1982 年，云南省博物馆文物工作队对 1 号堆、2 号堆（北部）先后进行了 7 次发掘，清理竖穴土坑墓 353 座、火葬墓 304 座，出土铜、铁、陶、玉等各类器物计 1800 余件。

根据《曲沾盆地青铜时代遗存的调查和研究》课题的计划，2015 年 7 月 ~2016 年 7 月，云南省文物考古研究所联合曲靖市文物管理所，完成了墓地 2 号堆的主动性考古发掘工作，发掘面积 500 平方米，清理墓葬 343 座、灰坑 3 个、祭祀坑 1 个，清理墓祭活动面及其他活动面 38 处、护坡堆积 33 层。

出土器物按质地分为陶器、青铜器、铜铁合铸器、玉石器、玛瑙器、绿松石等。陶器器形有鼎、

八塔台墓地 M19 出土铜剑鞘

罐、盘、器盖、豆、壶等；青铜器和铜铁合铸器有兵器、生产工具、装饰品等器类；兵器有戈、矛、剑、钺、箭镞、甲片等器类，生产工具有凿、斧、削等；装饰品有圆形扣饰、方牌形扣饰、圆形泡饰、管形饰、片形饰、镯等；玉石器有环、耳玦、镯、管、珠、坠等；玛瑙器为少量的玛瑙珠。

八塔台墓地是滇东地区战国至汉代时期分布范围大、保存较为完整、葬式特殊且规格较高的一处墓地。此次发掘厘清了墓地形成的原因及规律，墓穴之上再垒筑封土加固是八塔台墓地区别于其他墓地的独特葬俗。初步确定了八塔台墓地的年代在战国至东汉初期。此次发掘也证明，2 号堆是八塔台墓地中规模最大的一处土墩形公共墓地，其特征是墓地长期反复使用，墓葬密集，墓葬间叠压打破关系十分复杂。在发掘过程中，无人机航拍、三维扫描与建模、文物保护等新技术、新方法的同步进行与扎实的田野考古发掘工作紧密配合，获取了大量的古代信息资料，为将来开展考古学、人类学、民族学等相关研究提供了重要材料。

八塔台墓地 M41 封土剖面

7. 云南迪庆维西宗咱遗址

宗咱遗址位于云南省迪庆藏族自治州维西傈僳族自治县巴迪乡真

朴村者阶自然村东，为澜沧江西岸的一座独立小山。2013 年 9~12 月，为配合里底水电站工程建设，云南省文物考古研究所主持完成维西宗咱遗址的考古发掘工作。发掘面积 1600 平方米，清理出石砌房基 16 座、大小石墙 45 道、石沟 1 条、灰坑 1 座，出土了大量的陶片及动物骨骼，发现陶器、石器、骨器等标本器物 560 余件。

遗址出土的陶片大多为夹砂灰陶及红褐陶，上层器物以折沿陶釜、耳上带乳钉的大宽耳为典型代表，下层陶器大多以大侈口、颈部略长的罐为代表，器形主要有罐、纺轮和陶管等。石器有斧、锛、刀、镞、砺石等，其中亚腰形打制石刀尚属首次发现，具有鲜明的地域特征。骨器有锥、针、管、镞等，同时发现少量铁爪镰及一枚五铢钱，这在滇西北的考古发掘中极为罕见，不仅为判断遗址的年代提供了重要依据，更有力证实了汉代时期维西与内地间的交流联系极为密切。遗址内还出土了大量动物骨骼，种类极为丰富，有牛、羊、熊、鹿、猴、獐、狗、猪等。

宗咱遗址全景

宗咱遗址出土陶器耳部装饰

通过采样浮选，在遗址土样内发现多种炭化粮食种子，加深了对澜沧江上游古代农业发展的认识。

根据出土遗物初步判断，宗咱遗址年代跨度为西周至汉代（距今 3000~1800 年），遗址内大量的石砌建筑属于汉代。遗址所处山体临近水源，地势险要，并有多道护坡墙环绕山体，房屋建筑居高临下，布局有序，具有较强的军事防御性质。同时，遗址堆积深厚，年代跨度大，出土物丰富，遗迹保存较好，极大地丰富了对澜沧江上游地区考古学文化的认识。

西藏自治区

西藏自治区文物保护研究所

西藏自治区文物保护研究所在自治区文物局党组的正确领导下，坚持高举中国特色社会主义伟大旗帜，以邓小平理论、“三个代表”重要思想和科学发展观为指导，全面贯彻落实党的十八大和十八届三中、四中、五中全会精神，深入贯彻习近平总书记系列重要讲话精神和关于加强历史文物保护、传承优秀传统文化重要论述精神，落实习近平总书记“治国必治边、治边先稳藏”的重要战略思想和俞正声主席“依法治藏、长期建藏、争取人心、夯实基础”的指示精神，贯彻落实中央第六次西藏工作座谈会、全国文物局长会议精神，坚持“保护为主，抢救第一，合理利用，加强管理”的文物工作方针，结合西藏文物资源特点，突出重点、强化特色，以“解放思想、开拓创新、科学管理、加快发展”的工作思路，加强文物科学保护能力，加强队伍建设人才培养，积极开展各项业务工作。在考古调查、发掘、研究及古建筑保护、文物科技保护、文物保护规划编制、藏传佛教艺术、藏族历史研究等领域取得了新的进展，实现了以考古为主要保护手段向以保护为目的考古的转变，实现了从少量点、局部区域向全西藏多点散布的转变，实现了以历史局部时段为重点向历史各时期全面扩散的转变，实现了以考古发掘为中心向发掘、整理、科研并重的转变，实现了以考古、古建筑保护较单一业务领域向考古调查、发掘、古建筑保护、大遗址考古与保护、石窟寺及石刻、保护规划编制、近现代重要史迹及代表性建筑、壁画、科技保护等文物保护领域全面发展的转变。

一、业务建设

（一）业务工作

近年来，西藏自治区文物保护研究所共开展考古调查、研究、发掘项目 141 项（含合作项目）。其中考古发掘项目 16 项，发掘面积 6800 平方米（含合作项目及跨年度项目），出土文物和标本 1354 件（套）；配合基本建设的调查、勘探项目 125 项，调查里程 8800.7 千米，调查面积 784 平方千米，调查勘探面积 43400 平方米，发现和复核文物点 2281 处（含地面文物）。其中与中国社会科学院考古所合作的“西藏阿里故如甲木墓地及曲踏墓地”项目入选“2014年度全国十大考古新发现”及2014年“中国社会科学院考古学论坛年度中国考古新发现”六大项目之一；“墨脱新石器遗址调查”“阿里环罗布措考古调查”等考古项目先后参加了“全国十大考古新发现”的评选活动，均入围终评；合作开展大遗址考古及保护项目3项，分别为藏王墓保护规划前期的考古调查和发掘工作、卡若遗址的前期考古调查、发掘以及古格王国遗址考古调查工作，为西藏大遗址保护规划的编制提供了资料，奠定了工作基础。

西藏自治区文物保护研究所近年来编制规划及地面文物保护、勘察、维修设计方案100余项，主要包括《西藏自治区“十三五”时期文物事业规划》《西藏自治区十二五文物保护事业规划》《西藏自治区“十三五”文物保护事业项目规划》《西藏自治区“十二五”革命文物事业保护专项规划》《西藏芒康县盐井盐田保护规划》，进行了50余处西藏全国重点文物保护单位、自治区级文物保护单位保护范围和建设控制地带的划定，50余处地面文物保护方案、古建筑勘察、维修设计方案、可行性报告的编制工作。另外，西藏自治区文物保护研究所还承担着西藏自治区第一次全国可移动文物普查、西藏三大文物保护维修工程、西藏“十二五”文物保护维修工程等工作任务。为西藏地区重点文物保护维修工程的顺利进行提供了科学依据和技术保障。

科技保护工作是西藏自治区文物保护研究所的工作职能之一，所内工作人员参与了中国文化遗产研究院主持的布达拉宫西印经院、大昭寺壁画保护工作和扎什伦布寺壁画保护维修工程病害前期调查工作。文物数字化数据采集和保护是当前文物保护中常用的一种科技手段，近年来，西藏自治区文物保护研究所先后对吐蕃石刻造像、碑刻、大型摩崖造像、石窟寺等遗存进行了高清数字化数据采集和保护，这为文物研究和完整档案的建立，以及文物保护和规划的制定提供了科学依据。

（二）人才建设与培养

为适应新形势下文物事业发展的新要求，在西藏自治区文物局及外省兄弟单位的大力帮助下，西藏自治区文物保护研究所通过文博系统内部人才调整和加强现有人员的再教育，接收吸纳考古、文博专业大学毕业生以及人才援藏等多措并举，使得人才匮乏问题得到了有效缓解。所内工作人员参加由国家文物局举办的文化遗产保护规划培训班3人次、文博干部管理培训班5人次，参加田野考古工地勘察测绘、文物保护勘察测绘和壁画文物保护修复等专题类培训22人次，参加办公室工作人员业务和财会培训达10人次，参加其他文物考古学习交流20人次，累计培训时间达855天，有效地提高了专业技术人员和工作人员的专业技能和业务素质。特别是在对口援藏工作的推动下，高级专业技术人才力量得到了有效补充和壮大，加之每一批援藏干部切实履行职责，在新单位、新岗位上充分发挥作用，坚持“输血”与“造血”并重，坚持“软件”提升与“硬件”建设并举，为单位建设进入正常化轨道和事业的较快发展做出了突出贡献，留下了永不带走的珍贵财富。

（三）学术交流与科研成果

1. 学术交流

为推动事业的快速发展，构建更加广阔的合作交流平台，西藏自治区文物保护研究所立足事业实际和发展需要，先后同陕西和四川两省的文物考古机构达成共识，签署《西藏自治区文物保护研究所、陕西省考古研究院、四川省文物考古研究院合作意向书》；经西藏自治区文物局同意，与敦煌研究院达成《合作建设“国家古代壁画保护工程技术研究中心西藏工作站”》的协议；同中国文化遗产研究院，故宫博物院藏传佛教研究中心、古建筑研究所、工程管理处以及四川大学、首都师范大学藏学研究中心等单位形成了合作意向，从开展课题研究、设备援助、人才培养、资金支持等方面进行合作。

2. 科研成果

2012 年，西藏自治区文物保护研究所申报的“吐蕃时期碑刻考古调查”“西藏境内晚更新世人类遗存调查与生存状况研究”两项课题获国家社会科学基金项目立项。其中，“吐蕃碑刻铭文考古调查与研究”项目于 2014 年底结项；与陕西省考古研究院、四川省文物考古研究院合作开展的国家文物局“指南针计划”之“中国古代盐业的创造与发明”课题——“西藏自治区昌都地区芒康县盐井盐田调查”研究，已结项；与中国藏学研究中心合作开展的“明代藏族艺术文化交流”国家重点课题研究，于 2013 年年底结项；还开展了“10~13 世纪西藏早期寺院调查与研究”“西藏石窟寺研究”等专题性课题 4 项。

近年来，西藏自治区文物保护研究所陆续出版了《西藏文物考古研究》（第 1、2 辑）、《西藏古建筑测绘图集》（第 1 辑），现正积极筹备《西藏古建筑测绘图集》（第 2 辑）、《西藏古代建筑保护与研究》（第 1 辑）、《西藏建筑佛塔》和《达拉岗布寺考古报告》等研究成果的出版工作。已经完成各类论文、报告、规划、设计方案 100 余篇（份），主要有《西藏自治区昌都地区芒康县盐井盐田调查报告》《古水水电站西藏境内淹没区考古调查简报》《佩古措湖边沉寂数百年的两座寺院——恰芒波拉康和喇普德庆寺的最新考古调查》《青藏高原东部石棺墓遗存初探》《西藏自治区墨竹工卡县唐加寺尼玛拉康早期壁画及其初步研究》等，研究成果获得好评。

近年西藏自治区文物保护研究所先后主办和联合举办了西藏考古与艺术国际学术研讨会、藏区考古与艺术新发现及 7 至 17 世纪西藏历史与考古、宗教与艺术国际学术研讨会等学术会议 6 次，派员 50 余人次参加了西藏考古与艺术、茶马古道学术研讨会、文化遗产与文化线路保护及各类专题性学术会议 20 次。同时还邀请了王巍、高星、焦南峰、王炜林、李水城、杨林、水涛、王占奎、张建林、张之平、王立平、王旭东、苏伯民、霍巍、罗文华、谢继胜、熊文彬等著名的考古学、藏学研究专家进藏指导、交流及作学术讲座，所内工作人员 40 余人次赴外省各科研院所、大学院校进行交流互访，为提高西藏自治区文物保护研究所的考古文物保护研究水平奠定了坚实基础。

（四）对外宣传与公众服务

社会对文物保护、考古工作的关注度日益提高，为将最新的考古发现和研究成果及时向外外传播，加大考古宣传普及力度，更好地发挥考古工作的社会效益。西藏自治区文物保护研究所一是积极参与每年的文化遗产日、国际博物馆日的宣传工作，还利用下乡工作的时机开展形式多样的宣传活动，受到了广大基层干部群众和僧尼的欢迎；二是举办了面向高校、科研机构及大众的西藏考古讲堂、文化遗产保护与研究论坛，积极宣传和扩大了考古文物工作的社会影响；三是2015年开办了西藏自治区文物保护研究所公众考古微信平台，发布信息50余条，将考古新发现和研究成果积极对外宣传，取得了较好的效果。下一步拟在各小学、中学、大学、社会团体、党政机关等开展一系列的文物考古“进校园”“进社区”“进机关”活动。

陕西省

陕西省考古研究院

一、业务建设

（一）业务工作

陕西省考古研究院是我国成立最早、规模最大的省级考古科研机构，承担着陕西省境内的田野考古调查发掘和科研工作，先后发掘了数十处重要的古遗址和万余座古墓葬，取得了丰硕的科研成果，许多项目受到国内外学术界的高度重视。在 2001 年进行的“中国 20 世纪 100 项考古大发现”评选中，陕西省有 13 项名列其中。

1. 考古调查与发掘

主动性考古项目历来是陕西省考古研究院科研项目的核心，也是解决学术难点、疑点问题的主要途径。在史前考古学研究及中华文明探源工程方面，以关中的泾河、渭河流域为重点，以陕北的大理河、无定河以及陕南的丹江、汉江等流域的史前考古学文化调查为基础，进一步厘清陕西史前考古学文化谱系，并阐释其与周边区域文化的相互影响及传播等关系。在商周考古研究方面，除周公庙遗址、周原遗址之外，继续深入对梁带村两周墓地及其周边的渭北地区的墓葬、遗址的研究，从而更加全面地了解孔走河、洛河乃至关中东部地区北山山前地带商周时期遗存的分布状况及性质内涵；积极开展商周时期都邑遗址（如沣镐遗址）及其相关遗迹的考古发掘与科研活动。在秦汉考古方面，除秦陵、西汉帝陵外，重点开展了早期秦文化聚落考古工作、早期秦都邑考古调查、秦公陵园、秦汉时期手工业形态、葬俗葬制等各方面的研究工作。在隋唐五代及宋元明清时期考古学方面，以隋唐长安城，唐代帝陵，隋唐时期墓葬及其壁画、佛教考古以及外国人墓葬研究为重点，同时开展以蓝田五里头宋代家族墓地为代表的宋朝瓷器、文具方面的研究，以及明秦藩王墓地及其陪葬墓研究等。

2. 大遗址保护与规划

陕西省考古研究院的大遗址保护项目考古工作，在以往的基础上完成了西汉帝陵、唐代帝陵考古的后续工作，建立完整的帝陵文物遗迹 GIS 信息系统，加快秦始皇帝陵及秦东陵、秦雍城遗址及秦公雍城陵园、秦直道、秦咸阳城、统万城等遗址的考古工作步伐。以周公庙（凤凰山）遗址、周原遗址为中心，展开大范围的考古调查，对以关中西部为中心区域的周文化进行深入研究。近年，对高陵杨官寨、神木石峁等史前遗址开展了大量研究工作，取得了多项令人瞩目的成果。

3. 科技考古与文物保护

文物科技保护方面，陕西省考古研究院在确保做好考古发掘现场文物保护修复工作基础上，加强金属、陶瓷、壁画、纺织品文物的修复保护与研究工作。在此基础上，进一步探索考古发掘中出土文物的保护理论，努力推进考古发掘现场文物保护技术体系的建设。针对现场文物保护的特点，完善发掘现场的文物保护技术，推动相关技术装备的研制，提高现场文物保护的效率，规范现场文物保护的工作方法与工作程序，最大限度地抢救文物，提取与保存文物信息。同时，继续推广墓葬壁画保护所取得的研究成果，完善考古现场脆弱质遗痕信息的提取研究工作和技术攻关，并积极促进学术成果的总结、出版与宣传工作。

4. 基础设施建设

2010年10月20日，国家文物局批准设立以陕西省考古研究院为依托单位，以考古发掘现场文物保护为重点研究方向的国家文物局重点科研基地。该基地旨在从田野考古发掘的实际工作出发，探索解决考古发掘现场面临的文物保护问题，为现代考古学研究提供技术支持。

该基地至今已开展文物保护科研项目15项、室内文物保护修复项目12项、考古发掘现场文物保护项目14项，共计保护修复各种材质的文物300余件（组）、院藏壁画24平方米，抢救揭取壁画约22平方米。同时，根据中央关于加强"一路一带"建设和第二次中央新疆工作座谈会的有关精神与要求，为促进丝绸之路沿线省份文物考古合作与技术交流，陕西省考古研究院在新疆设立考古发掘现场文物保护国家文物局重点科研基地新疆工作站，并以该工作站为依托开展了丝绸之路沿线部分金属及冶金遗物的科学研究及保护修复工作。

目前，陕西省考古研究院正努力建设好以该基地为纽带的田野考古与文物保护相结合的机制，使出土文物及相关遗存实现由考古现场到实验室的平稳过渡，为学科的发展做出贡献。同时，还将充分考虑该基地文物保护多学科交叉的特点，与国际、国内相关科研院所及其他重点科研基地密切合作，在全国开展考古发掘现场文物保护技术研究，创建合作交流新模式，力争将该基地建设成我国文化遗产保护事业跨学科合作、信息化建设的典范。

5. 考古管理体系建设

"陕西省考古研究院考古管理体系"是陕西省考古研究院委托专业质量管理体系咨询公司，在遵循文物保护相关法规的基础上，依据《GB/T19001-2008质量管理体系要求》，结合院内文物考古研究的实际工作特点，深入调研、充分论证后，建立起来的具有考古科研院所特色的质量管理体系。该质量管理体系涵盖了全院的行政与业务工作，是陕西省考古研究院贯彻"规范管理”指导方针的具体体现，遵循策划、实施、检查、改进的管理原则（即PDCA），为院内各项工作的开展提供必要保障。

（二）人才建设与培养

陕西省考古研究院博士后工作站设立于2014年，作为省级文物系统中第一家也是唯一一家设立博士后科研工作站的单位，将为培养文博类人才提供良好的学术平台。

目前，陕西省考古研究院博士后工作站与西北大学博士后科研流动站联合先后招收了3位博士后。作为陕西省考古研究院博士后科研工作站招收的首批博士后研究人员，3位年轻博士后以陕西省考古研究院的工作成果为基础，展开系统研究，为求在相关研究课题的带动下，尽快取得科研成果，为陕西文化遗产保护与考古研究增加新的学术亮点。按照国家人力资源和社会保障部及国家博士后管理委员会的要求，结合单位自身和进站博士后的实际，陕西省考古研究院将细化科研课题，提升科研环境，努力使首批进站博士后的研究工作取得突出成效，为后续博士后招生与科研工作积累扎实的经验，为陕西文化遗产保护与研究工作培养更多优秀的专业技术人才，产生更多一流的科研成果。

为全面提升院内工作人员及技工队伍的专业素养，陕西省考古研究院每年会根据实际工作中遇到的问题，举办具有针对性的田野考古技术培训班，从法律、制度、技术三方面进行必要的培训。培训班的举办进一步提高了考古工作质量，提升了行业形象，进而助推考古学科与文化遗产保护事业的发展。

（三）学术交流与科研成果

1. 学术交流

近年来，陕西省考古研究院在学术合作方面取得了丰硕成果。先后协助西藏自治区进行古格遗址、萨迦寺遗址考古调查与发掘；参加国家文物局组织的青藏铁路、三峡工程（重庆市）、南水北调工程（河南省、湖北省）中遗址和墓葬的考古项目。此外，相继有北京大学、北京师范大学、西北大学、南京大学、南京师范大学、四川大学、西藏民族学院等高校文博专业和台湾台南艺术大学的学生，以及美国、日本、波兰、澳大利亚等国家的学生前来进行考古实习。与国内外众多高校和科研机构共同开展考古与文物保护科技研究。

陕西省考古研究院与韩国庆州国立文化财研究所建立了交流合作关系，双方每年互派专家进行交流考察与合作研究；与日本奈良国立文化财研究所、澳大利亚墨尔本大学、越南国家博物馆、英国剑桥大学等十余个国家的研究所、博物馆、大学等科研机构建立学术交流和资料交换关系。特别是与德国美茵兹罗马—日耳曼中央博物馆合作达20年，共同建立了国际一流的金属质文物、壁画、丝绸等文物修复实验室。目前，陕西省考古研究院已与哈萨克斯坦依塞克历史考古博物馆建立合作关系，签署合作协议，双方将开展拉哈特古城的联合调查和发掘研究工作。

另外，正在积极开展与乌兹别克斯坦、吉尔吉斯斯坦、俄罗斯等国的联合考古调查、发掘，文物保护、展览以及出版物翻译等合作前期的筹备工作。

2012~2016年，陕西省考古研究院组织了"一带一路"沿线国家考古与文物保护论坛，考古发掘现场遗迹、遗物科学记录国际学术研讨会，中华文明探源工程石峁遗址研讨会，中国考古学会第十六次年会等一系列重要的国内外学术会议20余次。2012~2016年，陕西省考古研究院学者受邀参加国际、国内各类学术活动300余次，邀请国内外，包括美国、韩国、日本、俄罗斯、乌兹别克斯坦、吉尔吉斯斯坦、哈萨克斯坦等众多国家科研机构的研究人员来院进行学术交流，共80余次。

2. 科研成果

2012~2016年，陕西省考古研究院主持发掘的项目荣获"全国十大考古新发现""中国社会科学院考古学论坛年度中国考古新发现"等奖项13项，先后出版考古发掘报告和学术专著近13部，发表考古简报、论文500余篇，获国家和省级奖项14项。获得国家社科基金资助项目16项，其中重大招标项目1项、重点项目2项、国家自然科学基金资助项目2项，获得省级社科基金资助项目2项。1980年创刊的学术期刊《考古与文物》已出版213期，入选"2013~2015年最具国际影响力学术期刊""2015年度中文报刊海外发行最受海外机构欢迎TOP50"，已成为国内最有影响的考古学术刊物之一。

（四）对外宣传与公众服务

2014年，陕西省考古研究院入选陕西省社会科学界联合会第二批陕西省哲学社会科学普及基地名录。陕西省考古研究院将以此为契机，整合院内现有资源，以历年陕西省内的考古发现与研究为基础，结合近年开展的重要考古项目，向公众进行考古普及活动，从陕西文明演进这一侧面梳理出华夏文明的发展脉络，具象地呈现出华夏文明的源起与形成过程。同时，陕西公众考古基地也是文化惠民工程之一，通过公众考古基地建设，将陕西省考古工作者多年来的工作成果实实在在地展现给人民群众，使考古成果人人共享，满足人民群众对文物考古工作的现实需求。

作为公众考古普及基地，陕西省考古研究院有着众多身在一线进行考古发掘研究的业务人员，这些人员约占院内职工总数的70%，其中不乏在国内外某一领域颇有影响力的专家学者，这是开展公众考古普及活动的重要技术支持。

2012~2016年，陕西省考古研究院先后举办"传承文化遗产、添彩美丽富平""感受考古、触摸文明""绕过展柜看文物体验'文物医生'的修复神技""联手共建公众考古进校园"等20余项公众活动，参加人数约4000人次，向来自不同工作岗位和领域的公众全面地展现了考古工作的魅力，也使得考古这一行业更加立体、生动地被公众所了解。同时，在近年来的帮扶工作中，院内逐步意识到文化帮扶的重要性，将文化活动纳入帮扶工作之中，将极大地丰富帮扶工作的内容，开创帮扶工作新方向。

陕西省考古研究院网站建立于2012年，历经两次改版，目前版块设置分为行政类及业务类新闻、考古发现、文物保护、学术研究、公众考古和出版物六部分。网站主要发布业内行政及学术类新闻动态，考古工作和文物保护工作的新发现、新成果及最新的学术动态。同时提供陕西省考古研究院《考古与文物》学术期刊的目录及新出版的学术著作简介。

二、重要考古成果

1. 陕西汉中龙岗寺遗址

龙岗寺遗址位于陕西省汉中市南郑县，遗址东部的仰韶文化墓地已于20世纪80年代进行了全面揭露，而墓地以西的情况依然不明。2014年以来，陕西省考古研究院对遗址的西北角和北部进行了发掘，发掘面积总计1200平方米，发掘深度0.4~2.5米。发掘过程表明，遗址中部为自然冲刷形成的南北向马鞍形凹槽，东西两端为高冈，因此所有文化层堆积均向中心地带倾斜。

目前对遗址各时期聚落的空间布局认识已有所进展。在以黑皮陶为代表的龙山时代至青铜

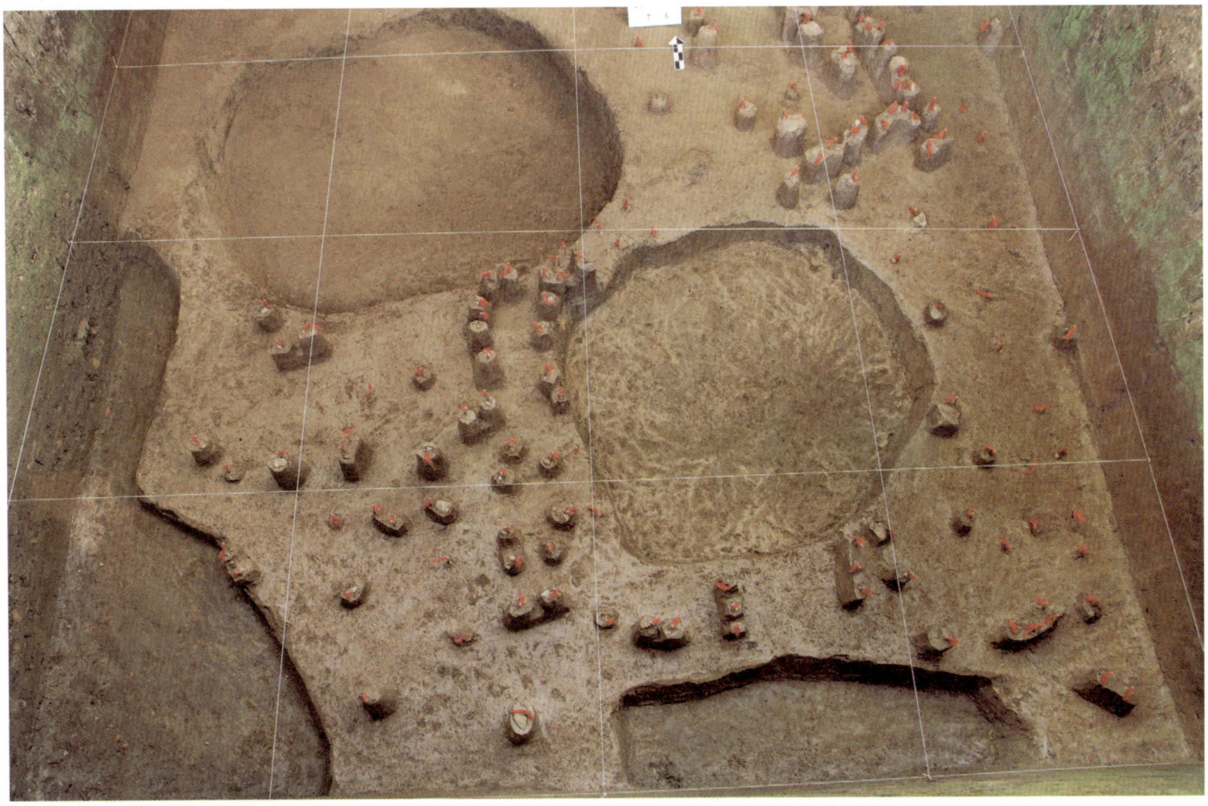

龙岗寺遗址第三级阶地新石器遗存之下的旧石器遗存

时代早期遗存中，屈肢葬墓地位于遗址东、西两端，陶窑和制陶作坊区位于遗址北部边缘，居住区尚未揭露。仰韶文化中期的聚落布局尚不明晰，目前仅了解到其制陶作坊区位于遗址西北部，而遗址中部发现同时期的房屋残存迹象，尚未发现墓地线索。仰韶文化早期的制陶作坊区位于遗址西北部，遗址中部的遗迹类型主要是房址和灰坑。房屋的形制可分为两大类：第一类为粗夯形成的高台建筑基址，房屋建在高台顶部；第二类为半地穴式房址，从人工夯土台顶部向下挖出半地穴式房屋轮廓，随后建造墙体。这两类建筑方式均体现了仰韶文化居民应对南方潮湿环境的适应行为。结合房屋木骨泥墙中大量使用胶泥的现象和灰坑底部多挖穿胶泥层的特殊规律，考古人员初步认为，房屋周边密集的方形灰坑可能是古人在建造房屋墙体过程中索取胶泥资源造成的遗迹。

此外，还有一批以西周中晚期连裆和瘪裆陶鬲为代表的遗存打破了黑皮陶遗存，这批陶鬲的口部形制有早期秦文化陶鬲的多道凹弦纹特征，可能暗示早期秦人已经迁徙至汉水上游，也不排除周文化南渐或郑人南迁等可能性。

2. 陕西西安杨官寨遗址

杨官寨遗址位于陕西省西安市高陵县姬家乡杨官寨村四组东侧泾河左岸的一级阶地上，该遗址是公元前 4000~ 公元前 3000 年间我国罕见的大型史前聚落，其主要文化堆积为庙底沟文化和半坡四期文化。

杨官寨遗址 H402 出土器物

从目前的考古发现看，杨官寨遗址地处庙底沟文化分布范围的中心区，面积约 80 万平方米，聚落规模远大于同期其他遗址，如华县泉护村、夏县西阴村、陕县庙底沟等。杨官寨遗址不仅有规模宏大、规划整齐的环壕，在环壕的东北部还发现了疑似夯土墙的迹象，遗址中发现的如巨型陶祖、镂空人面器、浅浮雕蛙纹陶釜、“蜥蜴纹”彩陶等特殊器物，均为其他遗址所不见。据此推测，杨官寨遗址应该是庙底沟文化时期的中心聚落。因此，对杨官寨遗址的研究更具有特殊而重要的意义。

杨官寨遗址的另外一期文化遗存是仰韶时代晚期的半坡四期文化，这是中国文明形成的重

杨官寨遗址聚落环壕西门俯瞰

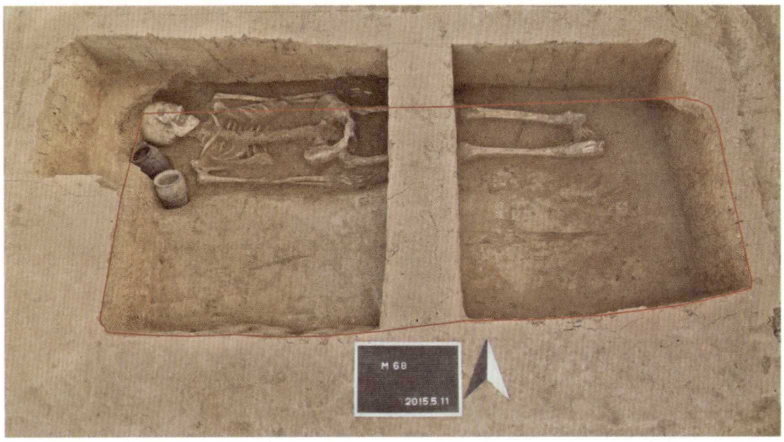

杨官寨遗址庙底沟文化偏洞式墓

要时期。在郑州的西山遗址发现了这个时期的夯土城墙；杨官寨南区发现该时期制陶作坊区；出现了房址与陶窑组合关系，打破了早期共用陶窑的习惯，可能制作陶器的陶工就住在陶窑边的房址内，反映了一部分家庭专门从事陶器制造业，表明当时已经出现了比较明显的社会分工。同时在北方内蒙古中南部、陕北地区，这一时期的窑洞式房址内大量建造有储藏间、窖穴等附属设施，可能与私有物品的出现有着密不可分的关系。而杨官寨遗址作坊区附近的 H402 中出土了大量相同规格的陶器，仅尖底瓶就复原了 18 件，这种专门储藏陶器的窖穴说明财产私有观念业已出现，并且通过聚落形态得到了表现，对认识当时的社会结构具有重要意义。

2015 年，为探索杨官寨遗址环壕聚落东侧的聚落布局，陕西省考古研究院对征地范围内长庆集团泾欣园三期工程的拟建区域进行了考古发掘。

发掘清理了甲字形墓 25 座，墓葬均由墓室、墓道两部分组成，南北向。墓葬形制以偏洞室墓为主，有少量竖穴土坑墓，均为单人葬，暂未发现葬具。随葬品较少，仅少数墓葬随葬有夹砂罐、彩陶壶、杯等。根据墓葬内出土随葬品等相关资料，推断该批墓葬为与杨官寨遗址环壕聚落同时期的庙底沟文化墓地，它的发现为杨官寨遗址的聚落形态、庙底沟文化的聚落布局、埋葬习俗、人类学研究、人群的血缘组成以及社会组织结构等重大课题的研究提供了依据。

3. 陕西榆林石峁遗址

石峁遗址位于陕西省榆林市神木县高家堡镇，地处黄土高原北部、毛乌素沙漠南缘，黄河一级支流秃尾河及其支流洞川沟交汇的台塬梁峁之上。

石峁遗址因其所出玉器而闻名，这些玉器在质料、器形、工艺等方面均有其独特性，辨识度非常高，其年代、属性等问题受到学界的长期关注，陕西省、市、县三级文博单位联合开展的考古工作正是在此背景下启动的。2011 年的区域系统考古调查首次确认了石峁城址的存在，初步认为其年代不晚于夏时期。通过 2012 年的勘察和发掘，进一步了解到石峁城址包含皇城台、内城和外城三个层次的石城，城内面积逾 400 万平方米；对于外城东门的发掘揭示出一座体量巨大、结构复杂、筑造技术先进的城门遗址，包含内外两重瓮城、包石夯土墩台、门塾等设施，出土了玉铲、玉璜、壁画、石雕和石刻人面像等龙山晚期至夏时期的重要遗物。内城几处地点的试掘清理出一批龙山中期至夏时期遗存。上述工作确认了石峁遗址包含有目前所见中国史前时期最大的城址，不仅为石峁玉器的年代、文化性质等问题的研究提供了科学的背景，更对进

石峁遗址韩家圪旦地点发掘区全景

一步理解“古国、方国、帝国”框架下的早期文明格局具有重要意义。

2014 年，考古工作的重点是发掘韩家圪旦地点。该地点位于石峁城址内，城东墙中段西侧，东侧连通内城东墙上的一处城门遗址，西侧与皇城台隔沟相望，南北两侧均临沟壑。发掘清理的主要遗迹单位包括墓葬 41 座、房址 42 座、灰坑 28 个，出土陶、石、骨、玉等文物标本约 300 件。石峁城址内部已经确认的重要地点除韩家圪旦外，还有后阳湾、呼家洼、对面梁、夜蝙蝠塌、圆圪堵等。这些地点均有居址或墓葬发现，其中后阳湾地点遗迹较为丰富。同韩家圪旦地点的发现一致，后阳湾地点揭示了多处墓葬打破居址的地层关系，清晰地表明了石峁城址内部各地点在不同时期其功能区划发生过变化，是细化研究石峁城址形成和发展过程的重要素材。

石峁遗址外城东门址外瓮城北端东侧石墙内玉铲出土状况

石峁遗址北墩台散水上堆积内出土的玉璜

2015 年，重点开展了樊家庄子祭坛遗址发掘、东门址局部清理以及遗址内部功能区划的复查和前期资料整理等工作。祭坛位于整个石峁城外东南方向约 300 米，与外城南侧一处城门隔沟相望，四周开阔，系在土峁顶部垫土找平后再构筑长方形石砌建筑，分为内、外两重。内围呈东西向长方形，墙体用砂岩石块或石片平砌而成。结合东门址的资料整理工作，对外城东门南墩台进行了局部清理，发现一座大型院落。该院落的主体建筑为一座具有石砌墙体的地面式房屋，平面近方形，四角外圆内方，屋墙保存较好，灶址呈圆形，位于室内正中。院落东依南墩台台体，北临内瓮城南墙，门口铺设石板，正对门道的地坪处还特意用绿色弧边砂岩石板拼成近圆形图案，精致考究。

考古复查表明，“皇城台”为石峁遗址高等级建筑的核心区域，台顶分布有成组的宫殿建筑基址，北侧有池苑遗址，周边以堑山砌筑的护坡石墙包裹，多达九级。通向皇城台的门道位于台体东北部，面向内外城墙。20 世纪 70 年代仍可见自台底通往台顶的石砌踏步，至今尚可分辨出其两侧对称分布的“墩台”等石构建筑。

4. 陕西宝鸡周原遗址

2014 年，周原贺家车马坑出土的车辆，木制轮辋外包铜壳，车軎、衡饰均镶嵌绿松石，以往商周时期同类形制车辆发现甚少，可见其等级、规格之高。该车马坑的发现和发掘，一方面为车马器的研究增添了新材料，对古代车辆结构的研究以及商周时期车马埋藏制度的研究具有

周原贺家遗址北部基址区正射影像图

重要意义，对认识周围地带周代聚落变化亦具有积极意义。另一方面它靠近凤雏建筑基址群，可构成一个相对独立的周文化展示景区，丰富景区建设内涵。同时，首次发现西周社祭建筑遗存。此次发掘的夯土基址与凤雏基址相距仅数十米，为两座独立的夯土建筑基址。其中，一座平面呈“回”字形，东西宽约56、南北长约47米，总面积约2600平方米，是目前所见规模最大的西周时期单体建筑。初步判断，以上两建筑从西周早期一直使用到西周中期。

基于对周原都邑性聚落的理解，陕西省考古研究院联合中国社会科学院考古研究所与北京大学组成周原考古队，从2014年9月开始，对周原遗址开展了新一轮考古工作。在2014年工作收获的基础上，2015年3~12月，对与水网系统有关的池渠遗迹进行了重点勘探和发掘，同时还对贺家北区域的墓地及城墙进行了清理。

水网系统的勘探，共完成重点勘探面积约67万平方米，抽样勘探面积108万平方米，新发现大淤土遗迹1处、人工沟渠11条。为确定这些遗迹的形制与走向、使用和废弃年代以及内部堆积性状等基本信息，对大淤土遗迹和4条人工沟渠遗迹进行了解剖发掘。通过发掘，可初步认定周原遗址内存在着自然水系与人工水系、蓄水池与引水渠、干渠与支渠等不同层次的水系遗存，它们共同构成了周原遗址的水网系统。该水网系统的发现与确认，进一步强化了以往所发现

周原遗址 M30 出土铜鼎

的诸多重要遗迹之间的有机联系，加深了对周原遗址聚落扩张过程与水源关系的认识，为了解周原遗址内部不同功能区的分布提供了新的视角，也有助于从整体布局上对一些重要遗迹的性质进行新的思考。流水网系统与丰镐遗址的“昆明池”等池渠一起填补了周代都邑性遗址给水（池苑）系统的空白，为在田野作业中探寻聚落结构提供了一条比较切实可行的途径。

2015 年度周原遗址的考古工作，以贺家北区的凤雏建筑群为中心，通过对该区的普通居址墓葬区、大型夯土基址及铜轮牙马车的发掘，以及对周原遗址内水网系统的发现与确认，进一步了解了周原遗址的聚落结构和功能分区，加深了对周原都邑性聚落整体布局的认识。这是时隔多年后周原遗址取得的重大考古发现，此次发掘成果以其重要学术价值成功入选“中国社会科学院考古学论坛年度考古新发现”。

5. 陕西榆林辛庄遗址

辛庄遗址位于陕西省榆林市清涧县城东北约 20 千米的李家塔镇辛庄村。遗址坐落于村东当地人称“前、后老爷盖”的山峁上，地理坐标北纬 37°26′、东经 110°28′。遗址两面邻沟，处在两沟交汇的三角形地带，属无定河支流川口河流域范围，东距南流黄河 35 千米。

辛庄遗址出土三足瓮

辛庄遗址出土陶鬲

2012 年 9~12 月，由于遗址遭受盗掘，陕西省考古研究院受陕西省局委托，联合市县文物部门对被盗的 7 座墓葬进行抢救性发掘。墓葬均为南北向的窄长形竖穴小墓，墓底无腰坑。由于盗扰严重，人骨不存，亦未见有随葬品，但在盗洞中及其旁侧发现有鬲口沿、云雷纹陶片、三足瓮腹片，年代当为商代晚期。同时，为进一步了解遗址的内涵，考古队进行了详细调查与局部勘探，发现了集中连片的夯土建筑基址、石砌与夯土台墙及分处两个地点的数座墓葬。

2013 年 4~12 月，经报国家文物局批准，考古队重点对山峁顶部的夯土遗迹进行了解剖发掘，发掘总面积 1000 平方米，同时对周邻台墙进行了局部清理，确认发现了一组由主体建筑加两级疑似回廊建筑组成的大型建筑遗迹，总面积达 4200 平方米。

根据打破建筑的灰坑中所出陶器群面貌、纹饰风格、器类特征及基址夯土中夹杂陶器的特征判断，该建筑遗迹年代当为商代晚期。可辨器类有体饰绳纹的矮圆柱足鬲，肩饰云雷纹的小口折肩罐，瘦高圆柱足跟甗，圆柱足跟三足瓮，陶豆，腹饰三角划纹、弦纹或目纹的簋等，所见陶器纹饰还有方格乳丁纹、填充绳纹的三角划纹，附加堆纹、指窝纹、锯齿纹等，皆同于李

辛庄遗址大型建筑基址

家崖商代晚期遗存。

辛庄遗址中型建筑基址

辛庄遗址是目前晋陕高原同类文化中聚落构成要素最为清楚的遗址，为厘清该区域同时期的聚落分布与层级结构提供了参照。山顶发现的建筑遗迹规模恢宏、结构奇特、工艺考究，是目前殷墟之外发现的商代晚期规模最大的礼仪性建筑。辛庄遗址的重要发现一经披露，立即引起文物主管部门与学界的高度关注，被编入《2013 中国重要考古发现》一书，并被列入第六批省级文物保护单位。

2014 年辛庄遗址的考古工作主要集中在调查、勘探、发掘和资料整理方面，共调查面积约 10 平方千米，勘探面积 5 万平方米，发掘面积约 800 平方米。

辛庄遗址考古发掘出的建筑群层级结构清楚，种类多样齐全，所有建筑皆为下沉式结构。建于生土之下的建筑系该区域首次发现并确认，在已发现的夏商周三代遗址中均未见类似现象。同时辛庄遗址的发现是进一步认识陕晋高原地区商代考古学文化面貌特征、生活习俗、经济形态的重要资料。不同形式建筑设施的揭露和以石刀、石斧等与农业相关的生产工具的较多发现，清楚地反映了辛庄遗址为代表的李家崖文化先民应该是以山地农业经济为主，并经营少量畜牧活动的生业形态，可能将明显改变过去普遍认为我国北方早期青铜文化属于所谓草原牧业文明的观念。

6. 陕西宝鸡秦雍城遗址

秦雍城遗址位于陕西省宝鸡市凤翔县南郊，系两周时期秦国“九都八迁”历程中建置时间最长的一处都城，也是目前各列国都城遗址中保存较为完好的一座。

近年在城外周边发现的多处国人墓地，改变了以往认为国人墓地仅分布于南郊的观点，确立了其在城外四周皆有分布的新认识。同时，各个墓地之间显现出的明显差异，说明秦人当时实行的是聚族而葬，即一个族群一个墓地。一个族群和另一个族群有文化差异，其来源背景不同，不同的族群充分体现了当时秦人的文化多元结构与特征。城外的每个墓地可能都对应着临近城中的某个国人聚落。

2015年，陕西省考古研究院对马家庄三号建筑进行了发掘，此次发掘有利于进一步了解马家庄三号建筑的年代、属性等问题，对认识雍城马家庄宫殿区分布与沿革都具有重要意义。此外，作为雍城城址区的核心区域，马家庄宫殿区的发掘所揭露的大型建筑基址，为今后雍城遗址的保护、展示及未来遗址公园的建设提供了重要资料。

7. 陕西西安秦东陵遗址

秦东陵位于陕西省西安市临潼区斜口街道办事处，为战国晚期的秦公陵园，保护面积约27.5平方千米。自1986年发现以来，至1988年，先后勘探发现四处秦公陵园，南起洪庆沟，北至武家沟。基于秦东陵地下文化遗产保护形势及秦公帝王陵寝制度研究的需要，陕西省考古研究院于2011年正式启动秦东陵大遗址保护工作，目的是了解秦东陵陵园数量、单个陵园范围、陵园形制及文化内涵等基础信息。2012年，对一号陵园区域进行了详细的考古勘探。2013年，对已知的二、三号陵园进行了详细的考古勘探。

经过勘探确认，秦东陵一号陵园由东、南、西、北四面相互连接的壕沟围成，总体形制为南北向长方形，南北长约1100、东西宽600米，面积近70万平方米。其中有“亚”字形主墓葬2座、陪葬坑14个、建筑遗址11处、小型陪葬墓161座。二号陵园内除20世纪80年代勘探发现的“中”字形大墓1座、小型陪葬墓1处外，经勘探新发现南北向的“中”字形大墓1座、陪葬坑6座、围沟1个、小壕沟3处、小型陪葬墓106座。其他时代墓葬14座、冲积沟4条、活土坑5处、水井2眼、窑址1座。三号陵园位于一号陵园以北，区域内未发现级别更高的墓葬，所以应不能成为一座独立陵园，而是一号陵园的祔葬区。“中”字形墓葬西南、东南侧的大量小型墓葬应为该主墓葬的祔葬墓区，而区域内新发现的一座“中”字形墓葬应为级别稍低的一处墓葬遗存。

秦东陵遗址四号陵园车马坑

2014~2015年，对四号陵园勘探发现的建筑遗址与祔葬坑进行考古发掘。发掘区域位于四号陵园东南部，发掘对象为勘探新发现的“中”字形墓葬东墓道南侧的一座长方形祔葬坑及墓葬南侧的一处残存平面呈“凹”字形的建筑遗址。内部有排列整齐的坑洞的建筑遗址是近年来秦汉陵墓建筑遗址的重要发现，坑洞可能为祭祀坑遗存，这一建筑当为“中”字形墓葬的礼制建筑，可能与“中”字形墓葬祭祀有关的遗存，时代与墓葬同期，为战国晚期。这是战国秦贵族墓葬礼制建筑遗存的重要发现，为研究秦公帝王陵园礼制建筑的发展演变提供了极其重要的参考资料。车马坑的发现为研究战国时期车马随葬制度提供了新材料。通过发掘，确定了建筑遗址与小型祔葬坑的年代，验证了考古勘探结果，为进一步厘清勘探所发现的遗迹与文化属性提供了翔实的基础资料。

8. 陕西西安渭桥遗址

渭桥遗址厨城门一号桥（东南—西北）

汉长安城渭桥遗址位于汉长安城北城墙遗址以北的渭河故道上，处于今陕西省西安市北三环路西段南北两侧，汉城大遗址特区六村堡街办西席村、唐家村、相小堡村，汉城街办高庙村以北区域及未央区草滩镇王家堡小学以北一带。自2012年4月当地挖沙时发现古桥遗址后，经国家文物局批复，由中国社会科学院考古研究所、陕西省考古研究院、西安市文物保护考古研究院联合在此进行考古工作。

自2012年6月正式开展考古工作以来，已在未央区六村堡街道办相小堡村、唐家村、师道口、西席村，汉城街办高庙村以北区域及草滩镇王家堡村发现三组7座桥梁遗址。其中位于西席村北的古桥，因正对汉长安城北墙中间城门厨城门，称“厨城门桥”，在该处共发现5座桥梁，据发现的先后依次编号。其中位于中间者为厨城门一号桥，一号桥向西约200米为二号桥，向西约80米为四号桥，再向西70米为五号桥，一号桥向东约200米为三号桥。

在横门外发掘区域暂未发现渭河桥的情况下，厨城门外古桥群很可能即是文献所载“中渭桥”。该桥的发现和确定，不仅对古代桥梁史的研究有重要价值，而且对秦咸阳城、汉长安城的

桑园遗址富平窑正射影像图局部

进一步研究，也具有重要意义。其不仅是目前世界上发现的最大的木梁柱桥，而且也是丝绸之路从汉长安城出发后的第一座桥梁，具有重要的学术价值。汉长安城北渭桥遗址被评为“2013 年度全国十大考古新发现”之一。

9. 陕西渭南桑园窑址

桑园窑址位于陕西省渭南市富平县宫里乡桑园村西侧，唐定陵陵山的西南侧。发现唐代砖瓦窑共十二组，每组少的数座，多的上百座。单个窑址数量达 540 余座。绝大多数窑沿南北方向、呈相对的两排布列，两排间为操作通道。另外还有一些呈东西向或“品”字形分布的窑址，数量较少。整个窑场面积达 90 万平方米，保存状况一般，是唐代为修建定陵而建筑的窑场。

2012 年，为配合唐定陵大遗址保护项目，陕西省考古研究院对该窑址进行了考古勘探。2013~2015 年，陕西省考古研究院对该窑址进行了考古发掘。勘探及发掘结果显示，每组窑址都生产某一类产品。根据不同产品种类窑炉的位置分布，该窑场可分为四个功能区：第Ⅰ区包括第十、第十一、第十二、第十三和第十五组等五组窑炉，为砖窑区，产品以绳纹条砖为主，其中包含少量的手印砖；第Ⅱ区包括第一、第六、第七、第八、第九、第十四组等六组窑炉，为瓦窑区，产品以瓦为主。第Ⅲ区包括第二、第三、第四组等三组窑炉，为砖窑区，产品以砖为主，包含少量的方砖，另含有极少量的手印砖；第Ⅳ区为第五组窑炉，为特种窑区，产品为兽面砖、鸱尾等特种建材。

通过进一步的发掘，对窑场的功能分区有了更全面的了解：窑场区可分为数个区域，分别进行砖、瓦和特殊建材的生产；不同区域之间的窑炉在筑造水平方面有差异，或许工匠的来源层次不同。这些资料对研究唐代官窑窑场的组织分工、工匠管理等方面具有一定意义。

10. 陕西西安唐韩休墓

唐韩休墓位于陕西省西安市长安区大兆街办郭新庄村南 100 米处，该地区是唐代重要的墓葬区之一，在该墓西侧有著名的韦氏家族墓、郭子仪家族墓、长孙无忌家族墓，该墓南侧为武惠妃敬陵，东侧为唐代宰相杜如晦家族墓葬。

2013~2014 年，陕西省考古研究院对该墓葬进行了发掘，显示该墓为长斜坡墓道单室砖室墓，平面形制呈刀把形，坐北向南，方向 175°。其南北水平总长 40.6 米，墓室底距现存地表深 10.15 米，墓葬开口距现存地表 0.4~0.45 米。其结构由墓道、5 过洞、5 天井、6 壁龛、封门、甬道、墓室、棺床几部分组成。在第二过洞至第四过洞下各有一对壁龛，均被盗。第三过洞西龛残存骑马俑、侍女俑及动物俑 140 余件，骑马俑及侍女俑做工精细、色彩鲜艳。第五过洞下为甬道，甬道口为砖封门，内有石门，石门构件完整，石门边框绘如意卷草纹，门扇上刻有头戴幞头、手持笏板的文官形象。墓室口放置有墓志韩休和夫人柳氏墓志各一合。墓室内出土有白瓷残片、三彩残片及人体肢骨一小节。

墓内壁画主要分布在甬道和墓室内。甬道两侧为侍女图、宦官抬箱图。墓室南壁为朱雀图，北壁西侧为玄武图、东侧为山水图，西壁为树下高仕图，东壁为乐舞图。乐舞图分为两组，北侧为女乐、南侧为男乐。女乐为典型的唐人形象，男乐则为胡人形象。两个乐队之间有一男一

唐韩休墓北壁东侧山水图

唐韩休墓东壁乐舞图

女和乐起舞。墓顶为日月星象图。

该墓出土了朱雀图、玄武图、山水图、树下高仕图、乐舞图等大量壁画，这是此次考古发掘中最重要的发现。特别是北壁山水图为首次发现的独幅山水图，可填补唐代山水画未有实物发现的空白，使中国山水画发展的缺环得以弥补。东壁的乐舞图更是体现了中西文化交流的生动场景，具有重要的学术意义。

秦始皇帝陵博物院

一、业务建设

（一）业务工作

2012年以来，秦始皇帝陵博物院在秦始皇陵大遗址区域进行了系统调查勘探与重点发掘。目前已完成4平方千米的系统勘探，陵园内外各2平方千米。对以下八类陵墓丧葬遗存有了明确的认识，包括墓道墓室、墓上台体建筑与封土、门阙、墙垣、道路、礼制建筑、从葬墓、陪葬坑等。此外对陵墓建设中的工程遗存也有了新的发现，如地面、地下的阻排水设施，施工道路、陶窑等。2012年以来整体发掘了K9901，对内城陵寝礼仪建筑、西北内外城间附属建筑进行了探沟式发掘，发掘了10座小型从葬墓，以探沟的形式解剖发掘了陵园道路系统。此外，对兵马俑坑一、二号坑进行了后续发掘并展开了陵园西侧大墓M1的发掘。通过重点发掘，验证了勘探成果、细化了对遗存本体形制、内涵、结构的认识，为进一步探索秦始皇陵考古研究中的深层次问题提供了考古资料。

（二）人才建设与培养

2012~2016年，秦始皇帝陵博物有两人次参加了国家文物局考古领队培训班和大遗址考古人员高级研修班，多人参加陕西省文物局组织的专项文物鉴定培训班。全员每年进行业务培训与学习。

（三）学术交流与科研成果

2012~2016年，秦始皇帝陵博物院承担了考古方面的国家社科项目“礼仪与秩序——秦始皇帝陵研究”，目前已结项；承担了国家文物局课题“基于考古资料的秦始皇陵地区自然环境重构研究”。此外，发表简报16篇，正在编写的考古报告3部；有5人次参加国际学术交流会议，分别出访了英国、美国、德国、日本、土耳其等国；还进行了大量的国内学术交流。2016年8月，秦始皇帝陵博物院首次在伦敦举办秦始皇、秦始皇陵考古学术研讨会。此外，对目前秦始皇帝陵博物院与伦敦大学的合作中涉及的科技考古内容开展了相关研究。

（四）对外宣传与公众服务

2012~2016 年，秦始皇帝陵博物院共制作考古专题纪录片 3 部，分别涉及秦始皇陵和兵马俑一号坑；接待了大量媒体采访，有效地宣传了院内的考古工作。此外，博物院网站设立了考古新发现版块，并设立有官方微博、微信。考古部门虽然没有建立自己的微博，但是有公共信箱、公共空间、微信、钉钉等宣传交流渠道。近三年，NHK、BBC、DISCOVERY 分别就秦始皇陵考古收获制作了大型纪录片。其中 NHK 采用 8K 技术制作的纪录片已在日本播出，并向全世界推出了高清版本；BBC、DISCOVERY 制作的节目也已向全球发布。

二、重要考古成果

1. 陕西西安秦始皇陵园兵马俑一号坑 T23

该探方自 2009 年 6 月发掘至今，发掘面积达 400 平方米，出土陶俑 200 余件、陶马 12 匹、车迹 2 乘以及大量的兵器、建筑遗迹等。

到目前为止，G8 初步清理出陶俑 55 件，小件遗物 42 件，遗迹现象 31 处；G11 初步清理出陶俑 51 件，小件遗物 126 件，遗迹现象 40 处。

在 G11 北侧墙壁上发现一处红烧土堆积，已暴露部分宽约 1.1~1.3、深约 1.4 米，根据位置，判断此处可能是甬道或门道，但据红烧土堆积的情况推测，可能是有人曾利用门道进入俑坑造成了破坏，因此，此处堆积可能与俑坑的人为破坏有密切联系，需高度重视。

在 T23 西隔墙上发现了一处盗洞，直径约 1.1 米，上下呈不规则形状，宽窄不一，由坑顶部一直到俑坑过洞，还打破了俑坑过洞的部分隔墙，从盗洞打破红烧土层这一现象来判断，“盗洞”

秦始皇陵园兵马俑一号坑近年新修复陶俑

行为要晚于焚烧秦俑坑的时间。但具体盗掘时间还不能肯定，需要将来通过盗洞内的包含物来判断。

在G11西段发现两个陶俑皆面东，与其他位置陶俑一东一北的排列明显不同，且在其周围发现了4个级别较高的军吏俑。推测可能与整个俑坑军阵的排列有关，亦应引起高度重视。

对第九隔墙、第十隔墙和九过洞、十过洞的铺地砖以下地层进行了解剖，发现隔墙和铺地砖以下地层皆为生土，这是一个非常重要的发现，对了解秦陵陪葬坑的建筑技术和秦陵的修建过程都有很大的帮助。

2. 陕西西安秦始皇陵园从葬墓园小型墓葬

秦始皇陵园从葬墓园人骨遗存

秦始皇陵园的内城东北区是近年发现的一处可以定为从葬墓园的遗址。1980年，曾发现小型墓葬33座；2002年，新发现1座；2011年通过进一步勘探发现65座，其中中型墓5座，此外还发现有建筑、道路等遗存。这一区域位于秦始皇帝陵园内城北部东区，北、东、南三面分别以内城城垣作为界隔，西面以2009年新发现的二号隔墙为界；南北长630、东西宽244米，面积达153720平方米。2012年发掘小型墓葬10座。

墓葬形制可根据墓道的有无可分为有墓道墓和竖穴土圹墓两类。其中竖穴土圹墓4座。由墓道墓室组成的墓葬又可分为两型：A型为斜坡墓道墓，墓室为土圹或洞室，或二者兼有；B型为竖穴墓道墓，89座，由竖穴式墓道与墓室组成，墓室为洞室，依竖穴墓道底部结构的不同又可分为三亚型。

这些墓葬的排布有一定规律，总体上呈南北向的8列分布。这8列墓葬自西向东排布，西侧1~5列排布规律较为明显，东侧稍有零乱；南北向居中的墓葬排布较有规律，南北端的墓葬稍有零乱。第一列西距西侧墙垣23~26米，第一、二列间距约28米，第二、三列间距13~16米，第三、四列间距25~30米，第四、五列间距约35米，第五、六列间距约23米，第六、七列间距15~25米，第七、八列间距约30米，第八列东距东侧内城墙垣20~26米。

在墓葬区的北部靠近内城北墙的区域，还发现了一组夯土遗存，该遗存由内外两层墙垣构成，具体功能有待进一步发掘及研究。

此外还发现石质道路遗存3处。

3. 陕西西安秦始皇陵园陪葬坑K9901发掘

陪葬坑K9901的发掘工作从2011年8月开始，至2013年7月结束。位于秦始皇帝陵园的东南部，介于东内外城墙间，约北偏东91.5°，与陵园及其他陪葬坑方向大体一致。在这次发掘的准备阶段院内工作人员系统规划了项目内容与课题设计，在发掘中采取各种新技术、新方法，包括遗物的三维扫描、发掘现场的数字近景摄影测量工作、数字化彩绘信息记录工作、陶片的虚拟三维拼接等，尽可能全面地收集现场信息。

K9901平面呈东西向长条形，通长80.8、宽12.8~16.7米，底部距现地表深4.6米。总面积900.93平方米。主体部分为由二层台、隔墙分隔而成的三条过洞，长40.2、宽12.8~16.7米；西门道通长20.35、宽8.6~10.5；东门道通长20.25米，宽3.2~5.85米。

坑中秦代遗迹主要为秦代踩踏遗存与坑体建筑遗存。遗物主要出土于过洞底部。第二、三过洞清理了棚木层及其之下的坍塌土层、遗物堆积层，发现了陶俑残片约1200件（组）、铜器10件（组）、石器5件、铅器20件（组）（含已局部烧流的铅器）、陶器3件（组）等。目前已修复陶俑2件，其他的陶俑正在修复中。第1过洞无遗物发现。

此次发掘的主要收获有以下三方面：

一是基本确定了该坑的平面形制、组成部分以及建筑结构。此次发掘中东门道的发现为对陪葬坑建筑形制与结构的认识增加了新的材料；此外，该坑过洞部位填土层上部存在大范围连续分布的踩踏层，证明了该坑没有高出秦代地表的封土存在，表明此类陪葬坑在秦始皇陵规制中不设封土，这是对秦始皇陵考古新的认识。

二是确定了该坑与其他陵园陪葬坑一样有着修建、使用以及被破坏的过程。这个过程与陵园的修建、使用和破坏基本同步。从目前发现的迹象判断，该坑修好被封闭后，陵园内的封土、内城垣等尚未完工，该坑曾被作为运土或运送其他物质的通道使用。此后，该坑被破坏、焚烧。这一过程同步于陵园的修建、破坏焚烧的历史进程。

三是初步了解了该坑的内涵与性质。2012年重点清理了该坑的第三过洞，共出土了属于27~28个个体的980件（组）陶片。从这一批陶片看，该坑的第三过洞主要遗物为排列有一定规律的陶俑。目前根据陶俑脚踏板的排布看，初步判断近南北两壁至少各有一列东西向陶俑，每列陶俑基本是背靠壁面，面向过洞内侧站立。至于其动作姿态需要将全部陶俑修复后才能确定。总体上来说，该坑属于秦始皇陵的一处陪葬坑，但其性质有待综合所有的遗存发现进行判断。

4.C区M1

2011年7月，在秦始皇帝陵西侧钻探时新发现了多座“中”字形和“甲”字形墓葬，为了确定这批墓葬的性质与年代，秦始皇帝陵博物院经过精心准备，于2013年起，连续申请对其中的M1进行发掘。

发掘前对墓葬的考古发掘方案进行了完善，细化了发掘计划，确定了“探方与墓葬相结合、局部发掘引导全面发掘、多剖面控制进度、整体把握墓葬结构”的发掘思路；制定了考古发掘现场出土遗物保护预案；对发掘过程进行全程照相与摄像，及时采集各类样品等。2013年8月底，秦始皇帝陵西侧墓葬M1的考古发掘正式开始。为了保证墓葬发掘的质量，考古队严格按照《田野考古操作规程》的要求，结合墓葬的实际规模与方向，确定了以墓葬为中心的探方划分办法与发掘区域。

目前，考古队对墓葬的南墓道与墓室部分进行了发掘，北墓道与北侧陪葬坑由于土地问题没有解决而暂时没有开始工作。自发掘以来，发现盗洞12个，出土遗物11件，采集木炭样品15个、土样20个。初步厘清了墓葬上层的地层堆积情况、南墓道内填土情况及墓室填土及塌陷情况。

该墓葬开口于耕土之下，第①层为耕土；第②层为墓室上花土；第③层为墓道与墓室夯土，分细夯和粗夯两种。

目前发掘仍在进行中。墓室部位深已超过11米，中心部分已经塌陷。夯土直接叠压于耕土层之下，根据墓室边缘可见的夯土层向外延伸的情况来看，夯层复原后均高于墓室开口土层，初步判断，当为地表以上的墓葬封土，高度不低于7米。

5. 陕西西安秦始皇陵园内城陵寝建筑

该建筑遗址早年即被发现，但长期以来，研究者并没有认识到这是一个大规模建筑群，发现的不同时代遗迹仅被认为是不同的遗迹。秦始皇帝陵博物院与陕西省考古研究院共同勘探了这一建筑群，对其整体形制、结构有了基本认识。

封土北侧建筑群南北总长692米，南起原封土北侧3米处，北至建筑北墙外侧；墙垣外侧测量东西宽228米。东西两侧的墙垣北与内城墙相连，东侧的墙垣南部可能与东西向内城墙垣相连，西侧的墙垣南部被破坏。东西侧的墙垣分别与东西侧的内

秦始皇帝陵内城陵寝建筑青石台阶遗迹

城城垣相距约6米。北墙垣与东西墙垣相连，与内城北垣平行，距内城北垣18~20米。

从形制上来看，该建筑群大体包含有两类建筑，第一类为大型的夯土台基式建筑。此类建筑位于南端，目前发现最南端的两组建筑应该是这种形式，其北邻的建筑可能与其相连，但是建筑形式已有变化。第二类为院落式建筑。目前明确的院落式建筑已发现10排，分布于第一类建筑北侧。每排南北宽55~60米，其间以散水或墙垣隔开，以中间通道为中轴各位于东西两侧，结构基本一致。其中第一排仅存西侧的一组大型建筑基址，边缘部分的院落结构破坏较为严重；东侧院落基本上已破坏殆尽。第二排建筑左右两侧院落内有两组大型建筑基址，东西长34、南北宽21米，院内还有一些附属建筑；第三至七排东西院落内各有三组大型建筑基址，东西长24~31、南北宽17~20米，并有附属的相关遗存；第八至十排两侧的院落内主要为一条较大型的夯土台基，东西长95、南北宽11米。

为了验证勘探成果，进一步解决这一建筑遗址的细部情况，如院落建筑的基本结构、院落间的连接或分隔关系、中心通道问题、高台建筑的具体结构等问题，2011~2013年院内考古工作人员以探沟形式发掘了1300平方米，取得了一些比较主要的收获。

第一，对台基式建筑形制、结构的认识。

第一排台基式建筑分为东西两组，其中东部为第一组，西部为第二组。第一组建筑东边长66、南边长60、西边南段长26.6米，然后向西折向第二组建筑。经过发掘，我们认识到第一组建筑在结构上分为周边的廊与台上建筑两部分。廊宽约4.6、长约180米，设于第一组建筑的周边（北边缘暂不清楚）；底部为夯土结构，其上应该铺有刻有条纹的青石板，依台体设有壁柱，壁柱间距1.5~2米，没有发现檐柱。台上建筑部分南北长57、东西宽51米，初步发现内中外三层室内建筑。内层建筑位于台体的中心位置，发现有室内地面，规模较大；中层建筑也有室内地面，与内层建筑之间有一堵墙垣；外层建筑地面为河光石、细沙相间的铺地结构。在发掘中还发现了该组建筑内部由廊通向台体的青石踏步。

秦始皇帝陵内城陵寝建筑排水设施遗迹

通过勘探，考古人员发现到第二组建筑与第一组在中部通过边廊相连，主体部分为东西向的长方体大型建筑，东西长约75、南北宽25米；此次发掘在边廊部分亦发现有壁柱遗存，并发现一处与边廊相连的壁面饰有壁画的小房间，这是秦代考古中第一次发现陵墓建筑壁画。

第二，对院落式建筑的认识。

对院落内主体部位的发掘：三年来分别发掘验证了第二排第三组、第三排的一号基址、第八排的六号基址以及第九排的六、七号基址，这些基址均是院落建筑中的大型主体台式建筑，发现了少量建筑的边廊部位，验证了勘探中对这些建筑主体部位的判断。

对院落门枢的发掘：对第九排三、四号基址的发掘验证该处为门枢遗存，由此得出院落式建筑为南北向的判断。

对院落间通道的发掘：通过对第八排、第九排左右院落间通道的发掘，验证了对中轴线上南北通道的判断；通过对第四、五排间通道，第八、九排间通道的发掘，验证了南北两排院落间通过道路分隔与交通。

对排水设施的认识：通过对第一排第二组、第二排第三组建筑主体内部的排水遗存的发掘，发现在一些主体建筑内部有水池、水管道以及渗井等设施。

第三，对建筑性质的认识。

在勘探中，考古人员已认识到这一建筑群中包含两类建筑，南部的大型高台式建筑为台、殿建筑，北部的院落建筑为宫室建筑；从文献记载来看，这种大型的台殿建筑应该对应着正寝，而院落式的宫室建筑为燕寝；院落式建筑复杂的层次化正反映了燕寝的复杂。

通过三年的发掘，考古人员进一步认识到这一建筑中的台基式建筑与院落式建筑具有前朝后寝式格局，建筑的主要方向也是坐北朝南，总体上以南部的陵墓为尊，在建筑群内部，建筑的级别则自南向北有所差别。此次发掘进一步深化了对秦代寝制尤其是陵寝建筑相关问题的认识。

6. 陕西西安秦始皇陵园内外城间建筑发掘

发掘区域位于西外城间中部及北内外城间西部区域。发掘对象为西内外城间 AB 组建筑遗存及北内外城间的第二组及第十一组建筑遗存。发掘形式为探沟式发掘，实际发掘面积 900 平方米，共开 2 米 ×9 米探沟 18 个。

总体发掘深度 0.5~1.5 米，清理遗迹主要为建筑遗迹及相关设施，包括单体建筑基址 8 处、庭院 6 处、道路 2 条、排水设施 1 处、天井 1 处、院墙 8 条、门塾 1 处、祭祀坑 3 个。除 3 个祭祀坑为整体发掘外，其他建筑遗存均为局部发掘。出土遗物包括铜、铁、陶、石等类别，其中铜器发现箭镞 2 件、铜条 1 件，陶器发现罐 2 件、釜 1 件、云纹瓦当 8 件以及带字的筒瓦 3 件、板瓦 12 件，石器发现臼 1 件。发掘中应用了航拍、三维扫描以及数字建模手段。采集土样 9 袋，并分析了土样中的氨基酸成分。

秦始皇陵园道路遗迹（一）

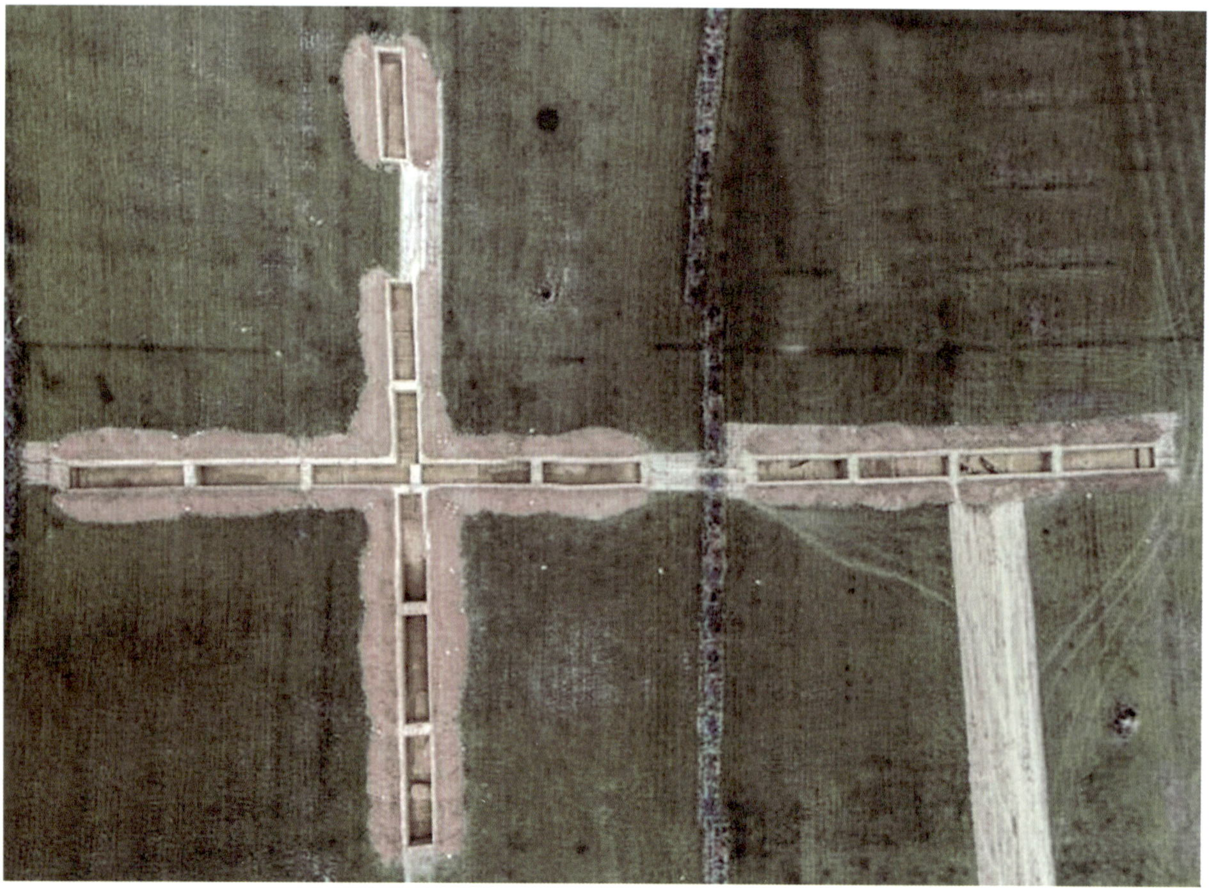

秦始皇陵园道路遗迹（二）

主要收获包括：在勘探成果的基础上，进一步厘清了发掘区域建筑群内部各单元的形制与细部结构，确定了西内外城间 AB 组建筑群的形制、结构以及交通关系；在西内外城间区域秦代建筑层及道路层下发现的坑为陵墓早期施工时段遗存，判断为祭祀坑，而不是早年认为的空墓；经过发掘，结合前期勘探及早年发掘材料，判断陵园西内外城间建筑遗址均与陵园祭祀有关，而非陵园寺舍；陵园北内外城间建筑遗存结构形制与陵园内城、西内外城间建筑遗存基本一致，判断仍为祭祀建筑。

7. 陕西西安秦始皇陵园道路遗迹

道路遗迹于 2015 年开始发掘，2016 年延期。2015 年发掘的遗迹对象为陵园的道路遗存，出土器物很少，仅发现残铁锸 1 件、器物残片 4 件以及大量板瓦和筒瓦残片，此外还出土清代铜钱 1 枚。

此次发掘主要发现道路遗存 4 条。

其中 1 号发掘区共布设 CCNT20G1 等探沟 6 个，总体位于内城南部南北向道路遗存 L3 的东西剖面上。道路遗存宽 56、厚约 0.1 米。中间部位稍低，中、西部发现大量东南—西北向的沟槽，宽 15~25、深 2~5 厘米，多为平行分布，应与车的碾压有关；东部压在后期的粗夯土层及冲积沙层下，未作清理。

1 号发掘区的探沟 BETT23G1 位于南内、外城间区域，也位于一条南北向道路遗存 L4 的东西剖面上。L4 宽 13、厚 0.1 米。并在其西侧发现排水沟，似经过人工修整。排水沟上口宽 0.7~0.8、底宽 0.4~0.5、深 0.5 米。

2 号发掘区共开探沟 5 个，位于 3 条墙垣遗存间的两条道路上。发掘区域的道路遗迹 L1 东西宽 3.1 米，遗迹表层致密，层状结构明显，系陵寝建筑院墙与南北向一号隔墙间的道路遗存。L2 东西宽 76 米，遗迹表层亦致密，表层的层状结构明显，破坏严重，个别部位不清，并被一后期墓葬打破。陶石质排水设施 1 处，编为 G1，西端为南北向一号墙垣底部的两个并列的陶质五角形水管道，东接由毛石块砌成的两侧高、中部低的排水渠。发掘区域内排水渠南北宽 3.5、长 3.5 米，经勘探向东北方向延伸约 15 米，原渠大致排向内城北门方向。

西安市文物保护考古研究院

一、业务建设

（一）业务工作

1. 考古调查与发掘

西安市文物保护考古研究院的考古调查与勘探工作主要是配合西安市的基本建设而开展的，2012 年至 2016 年上半年，共进行考古调查与勘探 690 余项，勘探面积近 4000 万平方米，发现各类遗迹 3000 余处，古遗址 2 万余平方米，包括西安地铁、西安斗门水库等重大项目。配合城市建设进行的考古调查与勘探，既推进了西安市的城市建设与发展，也使地下文物得到了及时有效的保护，为西安历史文化遗产的研究提供了重要资料。

2012 年 ~2016 年 6 月，西安市文物保护考古研究院共进行考古发掘项目 240 余项，发掘墓葬等古遗迹 2500 处，发掘古遗址约 2000 平方米，出土各类文物约 18000 件。其中大部分是配合基建的发掘项目，主动性发掘主要针对大遗址而开展，多由西安市文物保护考古研究院与中国社科院考古研究所联合组建的阿房宫与上林苑考古队进行。

配合基建的考古发掘，大部分项目集中在西安市的各开发区，如北郊的经济技术开发区，南郊的航天基地、曲江新区、高新技术区以及西郊的西咸新区沣东新城等，另有一小部分属于城中村改造或其他房地产开发等项目，分布于城郊各地。配合基建的考古发掘对象中古墓葬占大多数，且以汉唐墓为主。重要项目有西安渭河古桥、秦汉栎阳城、西安石家街汉墓、西安春临村汉代遗址、唐代朱雀大街遗址等。

2. 大遗址保护与规划

主要开展了隋唐长安城、秦汉栎阳城、渭河古桥、鼎湖延寿宫、西汉帝陵等大遗址的考古调查与试掘工作，均取得重要收获，为大遗址的保护规划提供了科学依据。

3. 科技考古与文物保护

在科技考古与现场保护方面，西安市文物保护考古研究院在所有需要文物保护的考古发掘现场均实施了现场保护。其中主要有航天置业、长安新寨子等多个墓葬出土壁画的现场保护及揭取；首次对周至县集贤镇胡家堡村关帝庙寺观壁画进行抢救性揭取保护，对墓葬出土器物做现场保护及提取；西安理工大学西汉墓壁画的现场保护及回填等。制定西安渭河古桥遗址发掘现场的临时保护方案、户县化羊庙建筑彩画保护方案、周至佛坪厅旧城石碑刻保护方案等。2012~2016 年，先后开展了“西安汉代铁器分析”“汉代鎏金铜带钩制作工艺和锈蚀分析”“汉代鎏金铜铺首铸造工艺和彩绘颜料分析”等课题研究，取得了可喜成绩。

西安市文物保护考古研究院还承担了许多文物修复保护项目与文物保护管理规划编制工作。主要有山西太原龙泉寺出土五重棺椁保护修复项目、陕西西安十六国墓葬出土彩绘陶制文物保护修复项目、西安周至仙游寺出土珍贵文物保护修复项目、西安出土唐墓壁画保护修复项目、丰镐遗址车马坑出土可移动文物保护修复项目及孙蔚如故居、和平电影院等 19 处市级文物保护单位管理规划方案的编制，并通过了专家论证。

4. 基础设施建设

西安市文物保护考古研究院高度重视库房与整理基地建设工作，目前在小雁塔院内有文物存储库 6 个（地下室），面积近 1000 平方米，整理室（平房）4 个，面积 200 余平方米。文物库房范围内有保安人员昼夜值守，全部库区皆装有全覆盖的监控摄像装置，外围有带铁丝网的高墙，并配有警犬守卫。为了缓解库房文物堆积如山、无法开展修复整理的燃眉之急，2013 年以来，西安市文物保护考古研究院利用曲江新区的秦二世博物馆地下库区，建成了秦二世博物馆修复整理基地。目前还与长安区、高陵区相关部门协商联合建立了文物库房与整理基地，其中两个已投入使用，另一个正在建设之中。

西安市文物保护考古研究院认真落实各项文物库房管理制度，不断规范工作，提升管理水平。落实了双人双锁制度、日常工作制度、进出库登记制度、文物接收制度、文物出库制度等，使文物库房工作逐渐走上正轨。同时，购置了一批文物存放框和文物囊盒，使部分珍贵文物得到妥善保管，也使陶质文物能够按照墓葬单位整齐存放。目前还设立了专门的小件存放库，要求无论整理与否，所有小件都必须集中存放于文物库房。

（二）人才建设与培养

2012 年以来，西安市文物保护考古研究院从应、往届毕业生中招聘专业技术人员 14 人，均为考古、文物保护专业的硕士研究生，增加了自身的技术力量。同时，还委托培训在职博士 3 人，其中 2 人在西北大学学习，1 人赴日本学习，进一步提高了自身的专业实力。

另外，还邀请国内外知名学者对院内专业技术人员进行技术培训，共 16 次，开阔了专业技术人员的视野，提高了科研能力。赵晶、辛龙、朱连华、柴怡等同志参加了国家文物局全国考古发掘领队初任培训班，并取得了考古发掘领队资格。

（三）学术交流与科研成果

1. 学术交流

学术交流方面，主要采取“走出去”和“请进来”的形式加强专业人员的交流。如安排专业人员积极参加国内外的学术研讨会并提交论文、做演讲报告，邀请国内外专家来院做报告等。主要情况如下。

张全民研究员赴日本、韩国等地参加国际学术会议，杨军凯研究员赴美国、澳大利亚等国参加学术交流，柴怡赴上海、徐州等地参加学术会议等，并在大会上宣读了论文。冯健院长参加“片治肯特—撒马尔罕—莫尔”廊道申遗专家会议、第38届世界遗产大会、草原丝绸之路交流合作国际论坛、2015欧亚经济论坛等国际学术会议，并在大会上发表针对相关问题的演讲。此外，院内业务人员还参加了支持中亚丝绸之路跨国系列申遗档案标准与程序项目总结会、丝绸之路跨国申报世界遗产协调委员会第四次会议、第37届世界遗产大会、大运河及丝绸之路申遗工作会、廊道遗产旅游战略研讨会、2014年ICAHM年会、丝绸之路文化遗产保护研讨会等学术会议，均提交了论文并在大会上宣讲。

另外，西安市文物保护考古研究院邀请ICOMOS主席古斯塔夫·阿罗兹先生、国际古迹遗址理事会挪威主席Harald Hoyem先生、国际古迹遗址理事会爱尔兰主席Peter Cox先生、ICOMOS前主席麦克尔·佩赛特先生、ICOMOS澳大利亚前主席谢里丹·伯克女士、ICOMOS挪威主席玛丽·路易斯·安克女士等进行访问座谈。

承办、协办了“丝绸之路：起始段和天山廊道的路网”工作组会议及丝绸之路协调委员会会议、2015年丝绸之路世界文化遗产地保护管理培训班、“一带一路”沿线国家文化遗产保护交流合作论坛、第三届文化遗产保护与数字化国际论坛、第十八届中国东西部合作与投资贸易洽谈会暨丝绸之路国际博览会——丝绸之路经济带世界文化遗产保护专题论坛、丝绸之路申遗技术研讨会、世界文化遗产保护管理论坛、丝绸之路申遗工作推进会等会议，均取得圆满成功，得到业界同仁的认可。

2. 科研成果

西安市文物保护考古研究院在做好田野考古工作的同时，积极开展科研工作，加快考古资料的整理与研究。2012~2016年，编著或参与编著学术著作9部，发表考古简报、论文100余篇。出版的专著主要有《北周史君墓》《淇县大马庄墓地》《西安文物勘探考古工作编年》（2011~2014）、《西安文物考古研究（第二辑）》《西安文物精华陶俑》《古都遗珍》《古都寻珍》《西安新获墓志集萃》《秦阿房宫的考古发现与研究》等。在核心专业期刊上发表的简报、论文主要有《汉长安城沉水古桥遗址发掘报告》《陕西周至县八云塔地宫的发掘》《西安西郊唐代突骑施王子墓发掘简报》《西安凤栖原唐郭仲文墓发掘简报》《西安南郊西汉墓发掘简报》《西安唐殿中侍御医蒋少卿及夫人宝手墓发掘简报》《西安曲江张达夫夫妇墓发掘简报》《西安地区古城垣保护与展示模式初探》《西安北郊战国晚期至汉代墓葬方向初步研究》《唐阎识微及夫人裴氏墓志考释》《西安出土北魏〈韦辉和墓志〉和〈韦乾墓志〉研读》等。

（四）对外宣传与公众服务

西安市文物保护考古研究院通过新闻媒体向大众宣传考古新发现，传播文物考古知识，并在博物馆、大学等举办的公共讲堂上作专题报告。

郭永淇副研究员就长安区发现轩辕府鹰扬郎将郑乹意夫妇墓接受《华商报》、陕西电视台记者采访，普及了文物知识，提高了广大人民群众的文物保护意识。张全民研究员做客陕西师范大学“集贤讲堂”，以“长安新出唐代百济祢氏家族墓的考古发现与研究”为题作了学术报告，并参加了学苑出版社《盛唐长安复原图》的编写工作，向社会公众宣传唐长安城。王自力研究员先后在中央电视台中文国际频道《浐灞长歌》栏目和科教频道《国宝档案》栏目中介绍金乡县主墓的发掘与彩绘陶俑，并作客西安广播电台《艺术西安》栏目，在线上线下与听众互动，讲解陶俑艺术。

2012~2016年，西安市文物保护考古研究院转变工作思路，增强公众服务意识，积极支持博物馆建设，先后向西安博物院无偿移交文物共计6472件（组），增强公众服务意识，加大文物利用力度，积极参与外展。如配合西安博物院展品更换工作，完成了25件展品的挑选及文物移交工作，配合青龙寺遗址公园临展项目，经西安市文物局批准，出借展品共24组69件；与秦二世遗址公园博物馆达成合作意向，经上级主管部门批准，借展文物124件（组），借出的文物多为曲江地区近年考古发掘出土文物；应上海博物馆“幽兰神采”——元青花展函邀，经西安市文物局批准，借展元代青花瓷匜1件；配合陕西省文物交流中心，完成了美国纽约“中国秦兵马俑展”、土耳其“秦始皇兵马俑展”、瑞士“秦:8000兵马俑，中国的2000年，1位皇帝展”、日本“始皇帝与大兵马俑展”等展览。

二、重要考古成果

1. 陕西西安秦汉栎阳城遗址

2012~2015年，西安市文物保护考古研究院与中国社会科学院考古研究所联合对陕西省西安市阎良区的秦汉栎阳城遗址进行了考古勘探与试掘。在35平方千米的范围内对栎阳城遗址进行调查勘探，基本确定了栎阳城遗址的范围。发现大小三个城址及相关路网、水网，在栎阳城北发现一条西南—东北向大型沟渠，宽15~20、深4~6米，已勘探出的长度约9.93千米，可能与汉唐白渠有密切关系，是关中水利考古的重要发现。

栎阳城遗址三号城 TG28 内 F2 及北侧散水（北—南）

2. 陕西西安渭桥遗址

2012~2015 年，西安市文物保护考古研究院与中国社会科学院考古研究所、陕西省考古研究院联合发掘了陕西省西安市汉长安城北渭河古桥遗址，已发现三组 7 座桥址。其中一号桥正对汉长安城北城墙中部的厨城门，长约 880、宽约 15.4 米，是迄今为止世界上发现的同时期木构桥梁中最大的，很可能就是秦汉时期的中渭桥，被称为“丝路第一桥”。在一号桥北发掘区发现汉代沉船 1 艘，被称为“丝路一号”。该项考古工作学术意义重大，被评为“2013 年度全国十大考古新发现”。

渭桥遗址出土“丝路一号”古船

3. 陕西西安西汉霸陵、杜陵遗址

2011~2012 年与陕西省考古研究院合作开展西汉帝陵考古调查工作，主要对位于陕西省西安市辖区内的霸陵和杜陵进行了调查。霸陵勘探面积 50 万平方米，基本厘清了霸陵的形制结构及周边遗迹的分布的情况。杜陵勘探面积 80 万平方米，勘探陪葬墓 70 余座，发现大面积的与陵寝建筑相关的遗迹。两座帝陵的调查成果为编制保护规划提供了翔实资料。西汉宣帝杜陵考古勘探调查获国家文物局 2011 年“田野考古奖”一等奖。

4. 陕西西安曲江春临遗址

遗址位于陕西省西安市雁塔区曲江街道春林村，2012~2014 年，该遗址配合基本建设发掘面

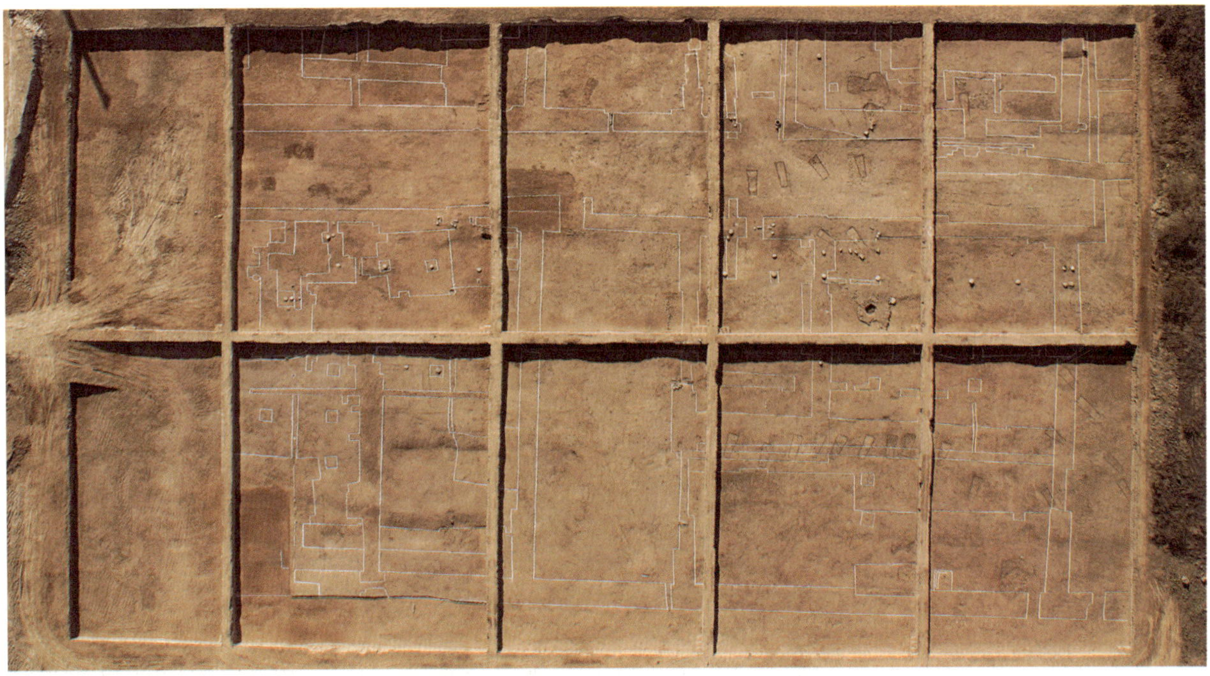

春临遗址全景

积达 8900 平方米。经过发掘，该遗址地层堆积可分为耕土层、汉代以后的堆积层、汉代文化层及汉代遗迹，汉代遗迹以下即为生土。汉代遗迹发现有夯土墙基、排水管道、柱础石等，出土文物主要为板瓦、筒瓦、瓦当。就目前发掘面积来看，在大的夯土墙范围内共发现院落遗址 6 个，其中 4 个院落内有房屋夯土墙基、柱础石、排水管道、水井、厕所（初步认定）、家畜喂养圈舍（初步认定）等建筑及设施。其余 2 座院落未发现建筑夯土，其性质和用途待定。由于遗址位于宣帝杜陵附近，因此推测该遗址与杜陵邑有密切关系。

5. 陕西西安黄渠头墓地

黄渠头墓地位于陕西省西安市雁塔区黄渠头村，南三环与雁翔路交叉口东北角。该墓地共发掘墓葬 236 座，其中汉墓 226 座、唐墓 6 座、金墓 1 座、时代不明墓葬 3 座。墓葬形制可分为竖穴土圹大开挖墓和洞室墓两大类，其中洞室墓所占比例较大。出土各类器物 1170 余件，绝大多数为陶器。依据墓葬形制和出土器物特征可以划分为西汉早期、西汉中期、西汉中晚期、西汉晚期到新莽及东汉时期。墓葬排列紧密、有序，打破关系较少。该墓地位于杜陵邑北，距离杜陵邑不到 2 千米，墓地延续使用时间较长，约 90% 的墓葬埋葬年代在西汉中期和中晚期。据此推测该处墓地与杜陵邑内居民关系密切，为一处延续时间较长的公共墓地。

6. 陕西西安南郊清凉山战国秦汉墓葬

该墓葬位于陕西省西安市长安区韦曲街办上塔坡村北侧，清凉寺遗址东侧，分别于 2012 年、2014~2015 年进行了两次考古发掘。其中西区配合清凉寺遗址公园建设发掘战国至明代墓葬 148

座，出土各类文物860件，其中战国墓葬约41座、唐代葬墓92座、宋元明时期墓葬15座，其中出土墓志的唐代墓葬12座。东区配合清凉山森林公园东侧住宅项目发掘战国至明代墓葬223座，出土各类文物1200余件，其中战国至西汉早期墓葬68座、东汉中晚期墓葬16座、唐代墓葬125座、宋元明时期墓葬14座。

7. 陕西西安石家街大型汉墓

石家街汉墓位于陕西省西安市新城区太华路街道办事处东元西路东段，东距东二环约100米，西距汉长安城东南角约6千米。2012年发掘，发现大型汉墓1座，墓葬为带封土的斜坡墓道土圹砖、木椁墓，坐北朝南，平面呈“甲”字形，由封土、墓道、墓室及陪葬坑组成。出土有各类裸体陶俑、铜质车马器、铜盆、铜钫、铜壶、铜钱、玉璜残片、玉片、石磬等遗物600余件。

石家街汉墓K2南半部全景

8. 陕西西安北周张氏家族墓

2010年6月~2012年8月，西安市文物保护考古研究院在陕西省西安市航天基地服务外包产业园发现了4座排列有序的北周时期墓葬。其中3座墓葬出土墓志，墓主人分别为张猥、张政、张盛父子三人，张政墓出土石棺一具，线刻细致精美。该墓地的发掘为研究关中地区北周墓葬形制、丧葬习俗、家族墓地的排列、出土器物的演变提供了丰富的实物资料。张政墓出土石棺线刻繁复、细致、精美，对研究时人的丧葬观念、北周石刻艺术具有重要意义。出土墓志的志文中对北周重大历史事件多有提及，是具有补史作用的重要碑志资料。

9. 陕西西安隋唐长安城遗址

2015年7月开始，西安市文物保护考古研究院与中国社会科学院西安唐城考古队联合对隋唐长安城遗址进行考古调查。迄今已对曲江唐城墙遗址公园八区等20多处地点进行了考古勘探，勘探面积超过10万平方米，发现唐长安城外郭城东墙和夹城遗址、启夏门大街和通化坊东西横街等遗存。此外还配合基建，对含光门大街遗址及东西两侧水沟、永达坊西墙、宣义坊东墙、延寿坊内的42口唐井、安邑坊内的9座陶窑遗址进行了发掘。

10. 陕西西安唐朱雀大街遗址

2012 年 2~7 月，配合西安真爱城市发展有限公司碑林区小雁塔西侧棚户区综合改造项目，发掘探方和探沟 19 个，揭露面积约 1600 平方米。揭露出唐长安城朱雀大街、朱雀大街东侧水沟、安仁坊坊墙、第七横街等遗迹。

朱雀大街遗址车辙近景

雀大街遗址俯瞰

11. 陕西西安汉唐昆明池遗址

2012~2015 年，西安市文物保护考古研究院与中国社会科学院考古研究所联合组建的阿房宫与上林苑考古队配合西咸新区沣东新城昆明池生态园和陕西省斗门水库的建设，对汉唐昆明池进行了勘探和局部发掘，调查勘探面积 16 平方千米，基本厘清了汉唐昆明池的边界范围，同时发现一条早期沟渠，初步判断应为西周镐京遗址的东南边界，进一步确认了西汉修建昆明池时占压了镐京遗址的史实，对于镐京遗址范围的确定有重要意义。

昆明池遗址底部新发现的周代车马坑

12. 陕西西安唐郭钊与夫人沈素墓

该墓葬位于陕西省西安市民用航天基地凤鸣小区项目工地内，2013 年 3 月 7 日 ~4

月 17 日发掘。墓葬坐北朝南，地表原有封土，南北总长 31 米，为斜坡墓道砖室墓。甬道、墓室均绘有壁画。甬道南半部个别画面保存较好，东西壁各绘 7 人，东男西女。墓室内壁画脱落严重，已不可见。根据墓志可知，墓主郭钊为唐汾阳王郭子仪之孙，驸马都尉、拜骑省左常侍、赠左仆射郭暧之子。夫人沈素为唐故驸马都尉检校右庶子沈宇之第二女，代宗皇帝的外孙。郭钊及夫人沈素分别于唐大和四年（830 年）、咸通十一年（870 年）入葬。

13. 陕西西安唐戴胄夫妇壁画墓

2014 年，配合雅居乐常宁新区项目，在陕西省西安市长安区常宁新区子午路西侧潏河南岸约 300 米处进行考古发掘，共发掘汉代窑址 1 座、灰坑 2 个，汉代墓葬 1 座，唐代墓葬 6 座等。其中 M5、M6 为唐民部尚书戴胄夫妇墓，出土各类俑 60 余件、墓志 1 合，墓道和墓室有壁画若干幅，为唐代早期历史和艺术史的研究提供了新的资料。

唐戴胄夫妇壁画墓壁画局部

14. 陕西西安佛坪厅故城遗址

佛坪厅故城遗址位于陕西省西安市周至县厚畛子乡老县城村。2014 年，西安市文物保护考古研究院开始对其进行全面考古调查，至今共调查 10 平方千米。其中城墙以内院落 22 处，除城内的 22 处官署、庙宇等建筑基址外，重点对外围遗址及民居、民风民俗、道路等作了调查。其中调查民居 39 处，新发现佛坪厅普通居民院落遗址 70 余处，庙宇遗址 7 处、有碑刻墓葬 7 座、无碑刻墓葬 20 余座、采石场遗址 4 处、砖瓦窑遗址 1 处、古桥遗址 4 处、道路 2 条、排水沟渠 2 条。试掘了马王庙基址、文庙基址、同知署基址以及河坎上一处普通居民院落基址。通过调查及试掘，明确了佛坪厅的总体规划，一般居民居住选址的范围、理念及民居建筑模式，手工业的分布范围及劳作方式，厅城建设及维修建筑材料来源，清代佛坪厅的路网以及与外界的交通状况，官署建筑保存状况、分布、结构等。这些发现加深了考古人员对于清代佛坪厅厅城的认识，明确了下一步的工作方向，也为进一步理解清代至民国时期秦岭山内厅城的构造特点提供了新的资料。

佛坪厅故城遗址发掘区全景

西北大学

一、业务建设

（一）业务工作

西北大学考古学科已拥有田野考古发掘项目负责人14人，除水下考古外，能够同时开展多个田野考古项目。同时，充分利用考古研究、文物保护和规划管理“三位一体”的学科优势，以科研项目为依托，合理整合具有多学科背景的项目组，大力提升考古工作的科技含量，积极开展大遗址考古和保护、科技考古与现场保护、编制大遗址保护规划等工作，成效显著。

1. 考古调查与发掘

2012~2016年，作为第一单位，主持调查发掘新疆巴里坤石人子沟遗址群（2006~2016）、焉耆县七个星（2013）和库车县苏巴什（2014）佛教遗址以及陕西旬邑枣林河滩遗址（2016）；作为第二单位或主要合作单位，参与发掘了甘肃临潭磨沟遗址（2008~2012）、甘谷毛家坪遗址（2012~2014）、酒泉黑水国遗址（2012~2015），陕西延安芦山峁遗址（2016）等。“古豳地”区域考古调查工作持续进行（2013），（北）洛河中下游史前至先秦时期遗存调查也逐步展开（2015），并合作开展北方石城址聚落、渭水流域仰韶文化庙底沟期聚落遗址调查研究项目（2016）等。与江西省文物考古研究所等单位合作，调查了抚河流域史前至先秦时期的文化遗存（2013~2014）。同时，积极与中亚各国展开合作交流，力求拓展中亚考古调查及发掘工作，拓宽丝绸之路考古研究的基础，为“一带一路”经济建设提供有益的历史依据和借鉴。

西北大学在田野考古工作中，严格规范考古发掘工作流程，注重发掘过程的信息提取，坚持考古发掘与现场文物保护工作同步进行。如针对东天山地区古代游牧民族石结构遗迹的特征，在《田野考古工作规程》的基础上，设计各类表格77张，力争在考古发掘过程中全面采集、记录各类信息。包括现场遗迹、遗物的清理、拍照、测绘、保护、室内遗物的清洗、拼合、修复、加固、观察记录、绘图等各项内容，实现了考古资料规范化管理。

注重方法创新，积极引入新技术。在磨沟墓地发掘中，以解剖清理取代水平式整体清理墓穴的发掘方法，获得了大量埋藏堆积信息，改变了对埋葬过程及埋葬方式的传统认识。在考古测绘方面，陆续购置了电子全站仪、带有实时差分功能的全球定位系统（RTK）、航空模型、三维激光扫描仪等仪器。近年来，又引入了摄影测量技术，不仅提高了田野考古现场测绘的效率和精度，也可快速生成遗址的地理模型及遗迹、遗物的三维模型。另外，在石人子沟遗址群发掘过程中，还设计研发了相关考古地理信息系统（AIS），实现了考古记录的数字化和科学管理。

树立“考古遗产”理念,采取考古发掘与现场文物保护及遗址保护规划同步进行的工作模式。除七个星和苏巴什佛寺遗址，石人子沟遗址群、磨沟墓地、毛家坪遗址的田野工作均是如此。

严密组织、分级管理、密切协作。西北大学按照考古工作对象与实际需求，严密组织安排工作人员，并形成院、系、考古队三级管理机制。同时，注重与合作单位密切协作，确保考古工作顺利完成。

同时，西北大学根据田野考古工作特点，强调阶段性成果总结，注重工作经验交流，以综合研究促进田野考古工作水平和质量的不断提高。

一是树立“考古遗产”理念，以“三位一体”的价值体系指导田野考古实践。西北大学文化遗产学院根据区位优势及学科传统，以“遗产”为理念，在构建“三位一体”学科体系的同时，进一步把“文化遗产”转化为“考古遗产”，从而使“三位一体”的价值理念能够有效地贯穿于田野考古实践过程。即在田野考古实践中，在价值认知的基础上，还要充分考虑到价值保存和价值实现问题，把考古发掘与文物保护及大遗址保护规划等问题紧密结合起来。这一田野考古工作理念和模式，在石人子沟遗址群的调查发掘中得到了充分体现。

二是厘清实物遗存与实物资料的关系，提高田野考古工作目标的科学化水平。考古发掘本身就是对古代遗址或墓葬的彻底破坏，这已是考古学者的普遍共识。但如果将田野考古尤其考古发掘工作的目标简单地理解为获取实物资料，似乎就一定程度地弱化了考古实践过程中的探索精神。客观而言，实物遗存不等于实物资料，两者属于完全不同的概念，否则考古学就应随着人类的出现而存在了。把实物遗存与实物资料严格区分开来，便可如此理解田野考古工作的目标：在获取各种实物遗存及相关标本的同时，还需更加注重获取把实物遗存转化成实物资料的各种线索和依据。

三是积极探索新的研究方法，努力提高田野考古的信息获取量。在田野考古工作中，科技手段的应用是必要的，但在田野考古工作中也应尽量避免只注重科技方法的应用而忽略考古现象的观察和分析，否则就会导致本末倒置的不良倾向。事实上，无论是地层学、类型学还是各种科技方法，其作用也都是有限的，还需要在田野考古及研究实践中积极探索新的方法。诸如考古埋藏学（新石器时代以来）、考古人类学、功能结构分析、游牧文化聚落考古等研究方法，以便更好地指导田野考古工作实践，有效提高调查发掘过程中的信息获取量。

2. 科技考古与文物保护

通过技术创新，促进丝绸之路文物保护。制定了土遗址的行业规范，并将该技术应用于我国陕西、甘肃、新疆、青海、西藏、内蒙古、宁夏等省、区 50 余处大型遗址的保护中，抢救了西夏王陵、长城、交河故城等一大批代表中华文明、中国发展、边疆经营历程的重要遗址，对传承传统文化、增强民族凝聚力做出了重要贡献。研发文物分析技术、数字保护虚拟修复技术，解决了秦兵马俑的修复中的一些关键技术，查明了兵马俑变色、褪色的根本原因，提升了兵马俑保护修复的科技水平，已在兵马俑的修复与保护中发挥重要作用，极大地拓展了兵马俑保护、展示、利用的方式。

加强科技成果转化，推进丝绸之路经济发展。实施的新疆交河故城、新疆北庭故城、克孜尔石窟监测保护、陕西大明宫监测保护、元上都抢救性保护等项目，在丝绸之路整体申遗、元上都申遗工作中发挥了极其重要的作用，有力保障了申遗成功，在国内外产生广泛的影响。成功实施一批标志性项目，如陕西明长城监测与保护、甘肃嘉峪关、敦煌、瓜州长城保护、新疆康家石门子岩画研究与保护、重庆渝中区老鼓楼衙署遗址保护、山东济南华阳宫壁画修复保护、新疆哈密馆藏青铜器修复保护、广东虎门露天铁炮修复等。科学阐释文物保护理念，合理运用文物保护技术，对于推动当地旅游发展和经济建设，发挥文物在经济建设中的作用做了良好示范，探索出一条文物保护与利用的和谐发展之路。

开展教产融合，服务文化事业。围绕丝绸之路，持续开展的敦煌壁画病害调查、新疆吐鲁番地区可移动文物病害工作、新疆哈密地区岩画和阿勒泰地区岩画保存状态的调研，得到了调查当地文物部门的认可与赞同，支援了西部地区文物保护工作，这些地区已经成为西北大学的工作基地。

3. 大遗址保护与规划

科学合理地编制大遗址保护规划，是实现文化遗产管理保护的有效途径之一。五年来，西北大学共承担全国重点文物保护单位保护规划 20 余处，分布在新疆、甘肃、宁夏、陕西、山东、河南等省区。其中 9 处由国家文物局评审通过，5 处由省级人民政府公布实施，为文化遗产保护管理提供了科学指导，为文化遗产保护和区域发展做出了杰出贡献。

以特区模式解决大遗址综合保护难题。《汉长安城遗址保护总体规划》解决了汉长安城遗址保护与西安市城市发展之间的矛盾，也为未央宫遗址成功申遗奠定了良好的基础。规划提出的成立大遗址管理特区的策略得到专家认可，2012 年 8 月 16 日，汉长安城国家大遗址保护特区领导小组办公室和管理委员会正式挂牌运行，这是我国首个大遗址保护特区。

以大农业种植替代园林化传统模式，提升大遗址保护效益。《殷墟遗址保护总体规划（修编）》创造性地提出用大农业代替传统园林式绿化，既保证了殷墟遗址的安全和历史风貌协调，又为当地群众生活提供了更好的保障，得到国家文物局和世界遗产组织的认可，并于2012年7月由河南省人民政府公布实施，指导殷墟遗址的日常保护管理工作。

建立联动机制，保护长城遗址。2015年通过陕西省专家组认定的《陕北明长城保护规划》，针对明长城线性遗产的突出特征，提出建立新型长城资源保护机制，充分发动属地群众，构建自下而上的群防网络，努力促进全民保护长城新局面的形成，有效解决长城保护难题。

（二）人才建设与培养

2012年以来，西北大学考古学科先后引进副高级职称以上的高级人才4人，国内外优秀博士毕业生8人。对于新进年轻博士，分别安排指导教师，引导青年教师快速成长。同时，充分利用国家及学校的相关政策，大力支持中青年教师以进修、研修、访问等不同形式，在国内外相关机构学习或展开合作研究，有效促进中青年学术骨干的成长，平均每年派遣3~4人参与相关交流项目。近年来，已有6名青年教师晋升为副教授，为考古学科的可持续发展奠定了人才基础。

高等教育必须面向社会，服务社会。西北大学考古学科在学历教育的基础上，始终高度重视行业人才的培养工作，逐渐形成了以国家重大需求和行业人员素质提升为导向，充分利用学科优势和区位优势，立足西部、面向全国的行业人才培训特色。分别与国家文物局、陕西省文物局、新疆维吾尔自治区文化厅、西藏自治区文化厅签署了战略合作框架协议或人才培训计划。

西北大学注重科学研究与人才培养的密切结合，拓展田野考古的工作效应，提高人才培养质量。石人子沟遗址群发掘先后承担三届近60名本科生、四届10余名硕士研究生，磨沟遗址发掘承担一届计17名本科生、一届9名硕士研究生，毛家坪遗址发掘承担两届计30余名本科生、两届8名硕士研究生，黑水国遗址发掘承担一届计17名本科生、枣林河滩遗址发掘承担1届17名本科生的田野考古实践。

围绕“一带一路”倡议和边疆地区文化建设，以“省长课堂”和“白皮书”等形式，为政府提供决策咨询。2012年4月受国家文物局委托举办了第三期西藏地区文博管理干部培训班，该培训班三期累计培训文博干部200余人次，约占西藏自治区文博机构行业人员的85%以上。2013年9月~2015年12月受新疆维吾尔自治区文化厅委托举办新疆地区文博干部文物保护技术高级研修班和文化遗产管理高级研修班，累计培训新疆文博干部50人。

2012年11月受陕西历史博物馆委托举办了管理干部培训班，重在提升管理人员管理水平和管理能力。2015年4~5月受陕西省文物局委托，围绕陕西文物大省的建设需要，以“保护传承文化遗产、提升管护执法能力”为主题，举办了两期陕西省市县文物旅游局长培训班，135位县市文物旅游局局长或负责人参加培训。

2015年10月，在西北大学的积极推动下，国家文物局在全国设立了包括西北大学在内的9

个人才培养示范基地，这一举措将极大地促进我国文博行业人才教育与培训的全面发展。2015年以国家文物局人才培养示范基地，申办文化遗产管理与区域经济发展、文化遗产中的考古学研究二项专题培训，促进行业为地方经济服务、提升行业人员科学研究能力。

积极探索学历教育与行业高层次人才培养相结合的新模式。针对国家文物局“金鼎工程”高层次人才培养规划，西北大学提出将其与研究生学历教育相结合的行业人才“提升计划”，为“金鼎工程”提供了可操作性极强的实施方案，并被列入国家文物局“十三五”规划之中。2015年，西北大学成为国家文物局行业人才“提升计划”的唯一试点院校。2015年全国共有300余名行业人员报考该计划，其中西北大学260余人，占总人数的87%，这充分反映了西北大学在行业人才教育中的重要地位和影响力。

（三）学术交流与科研成果

西北大学考古学科先后承担国家社科基金重大招标项目等国家级研究课题26项、省部级研究课题20项、其他横向课题130余项，到款科研经费总额达5480万元。发表论文100余篇，出版著作23部。连续出版学术刊物《西部考古》，举办欧亚考古学国际学术研讨会等学术会议。与伦敦大学学院、巴黎大学联盟、日本橿原考古学研究所等国际著名学术机构与团体建立了密切的合作关系，联合培养、学术会议、外籍专家授课、赴国外学术交流等活动全面开展。

西北大学考古学科长期坚持立足长安、面向西域的发展战略，开展丝绸之路考古与文物保护研究，在“一带一路”建设中起到了先锋和先导作用，对于增强中国文化认同、提升中华民族凝聚力、维护边疆稳定发挥了积极作用。

长期以来，西北大学在丝绸之路沿线的甘肃临潭磨沟齐家文化墓地、东天山草原游牧部落遗址、库车苏巴什佛寺遗址等进行发掘与研究，取得了一系列显著的研究成果。基于这些研究成果，在“丝绸之路：起始段和天山廊道的路网”申遗的22个国内申遗点中，承担了张骞墓、汉长安城未央宫遗址、交河故城、高昌故城等8个申遗点的调查、发掘与保护工作，担任苏巴什佛寺及克孜尔尕哈烽燧遗址2个申遗点的申遗学术顾问，有力地支持了丝绸之路申遗的国家战略，为实现世界文化遗产评定标准的中国化等奠定了坚实的基础。

为积极响应国家的“一带一路”倡议，率先在乌兹别克斯坦、塔吉克斯坦、吉尔吉斯斯坦、哈萨克斯坦等中亚四国开展考古工作。2014~2015年，与乌兹别克斯坦组成中乌联合考古队，在撒马尔罕盆地南缘等地进行了大规模的考古调查与发掘，发现其居址类型、埋葬习俗、随葬品与东天山石人子沟等遗址的同类遗存相当一致，为大月氏等民族的迁徙路线、民族融合等历史悬案的解决提供了重大线索，为中国考古学界取得中亚考古的发言权奠定了基础，打破了中亚考古以往以欧美俄日学者为主的格局，促进了与中亚国家的人文合作，受到了中乌两国政府的高度肯定。2016年6月，习近平总书记在乌兹别克斯坦进行国事访问期间，发表了题为《谱写中乌友好新华章》的署名文章，文章提到："中国国家文物局、中国社会科学院、中国西北大学等单位积极同乌方开展联合考古和古迹修复工作，为恢复丝绸之路历史风貌作出了重要努力"。

二、重要考古成果

1. 乌兹别克斯坦合作调查与发掘

2013年12月，在陕西省专项经费的支持下，西北大学与乌兹别克斯坦科学院考古研究所正式签订合作研究协议。王建新教授作为中方负责人，组建了一支10多人的中乌联合考古队。2014~2015年，考古队勘察了乌兹别克斯坦东南部数万平方千米的土地，共调查勘探了上千座墓葬，新发现遗址50多处。2016年6–7月，中乌联合考古队对萨扎干遗址的一座大型墓葬进行考古发掘。基于现场文物保护的需要，在墓葬上部搭建了相对封闭的活动板房，屋内各个角落都安装有中方自主研发的环境监测和安防监控系统。随着发掘工作进展，监测监控系统逐步拓展至墓道内部，以保证发掘工作的科学性和安全性。从规模来看，这座墓葬的坟丘直径达到40米，应属当地游牧民族的王公贵族，其年代与大月氏人在中亚活动的时间大致相当。发掘结果将为研究撒马尔罕地区古代的游牧文化提供宝贵的实物资料。

2. 新疆哈密石人子沟遗址群

该遗址群市西北大学与新疆维吾尔自治区文物考古研究所合作、多年连续调查发掘项目。在新疆维吾尔自治区文物局、哈密地区文物局及巴里坤县文物局的大力协助下，石人子沟遗址群的考古工作历时10年，直到2016年发掘工作仍在进行中。遗址群位于新疆维吾尔自治区哈密地区巴里坤县石仁子乡石人子村南的东天山北麓。在全面调查的基础上，选择性发掘了不同规模、不同等级的墓葬50余座，石构房址11座，确定了石人子沟遗址群是一处距今3300~2000年的游牧聚落群遗址。通过多学科综合研究，初步建立了遗址群的考古学年代序列，揭示出不同时期遗址群居民的独特生产、生活方式和埋葬习俗等，为探讨东天山地区与周邻区域文化互动与交融的历史事实提供了多方面的科学依据。

3. 新疆焉耆七个星佛寺遗址

该遗址的发掘是配合遗址本体保护加固工程、与新疆维吾尔自治区文物保护中心等单位合作进行的，并得到了新疆维吾尔自治区文物局、巴音郭楞蒙古自治州文物局及焉耆回族自治县文物局的大力支持。该遗址位于新疆维吾尔自治区焉耆县七个星镇西南。2013年发掘面积约800平方米，共计清理洞窟、僧房及大小佛殿遗址28座，取得了一定收获，厘清了僧房、洞窟和大小佛殿的基本形制，为本体加固工程提供了基本依据，使得这一工程顺利完工并通过验收。与此同时，在清理和发掘过程中，还出土了一批比较珍贵的文物，包括各类佛教造像、钱币、陶器、木器及装饰品等，这批出土物目前妥善地保存在巴音郭楞蒙古自治州博物馆库房之内，新疆维吾尔自治区文物保护中心对其病害状况进行了详细调查，并制定了修复方案。但由于该佛寺遗址破坏较为严重，出土物多为碎片，完整者较少。尽管如此，这些出土物仍是深入研究七个星佛寺遗址的重要资料。

4. 新疆库车苏巴什佛寺遗址

遗址分布于新疆维吾尔自治区库车县库车河东、西岸的两岸，面积约 20 公顷。该遗址主要由佛塔、庙宇、洞窟、殿堂、僧房等建筑组成，是天山南麓古龟兹地区重要的佛教建筑群，也是西域地区迄今保存最完整、历史最悠久（3~10 世纪）、规模最大的佛教建筑群遗址，集中展现了丝绸之路上古龟兹地区长期作为西域佛教传播中心的历史地位。1996 年苏巴什佛寺遗址被列为第四批全国重点文物保护单位。2013 年苏巴什佛寺遗址成为丝绸之路起始段和天山廊道世界文化遗产。2010 年受新疆维吾尔自治区文物局委托，西北大学文化遗产学院对该遗址进行了地面踏查和测绘工作，完成了调查报告。发掘工作也是基于本体加固工程项目需要。2013 年因申请世界文化遗产的缘故未实施发掘。2014 年，在新疆维吾尔自治区文物局的支持下，西北大学文化遗产学院与新疆维吾尔自治区文物古迹保护中心、库车县文物局合作，对僧房和佛殿两类遗址展开发掘，发掘面积约 800 平方米，清理僧房和小型佛殿遗址 8 座，并对苏巴什佛寺遗址西寺遗址北部的洞窟壁画进行了测绘。共计出土各类钱币、陶器等数十件，可以辨认和修复的器形主要有钵、灯盏等，资料整理工作正在进行中。

同时，西北大学根据田野考古工作特点，强调阶段性成果总结，注重工作经验交流，以综合研究促进田野考古工作水平和质量的不断提高。

甘肃省

甘肃省文物考古研究所

一、业务建设

（一）业务工作

1. 考古发掘与调查

2012~2016 年，为配合甘肃省大型基本建设项目，甘肃省文物考古研究所先后开展了涉及公路、铁路、电力、水利等建设项目的 200 余项考古调查工作，涉及遗址及墓群百余处，并对一些涉及文物遗址点的项目用地区域进行了抢救性考古发掘，分别为：涉及兰新客运二线双线铁路建设的永靖县坟台遗址；涉及兰渝铁路建设的榆中夏官营古城遗址和岷县山那树扎遗址；涉及国家西气东输三线建设的永昌县水泉子汉墓群，酒泉玉门市金鸡梁墓群、白土梁墓群，肃州区的半截墩墓群、双古堆墓群、三坝湾墓群等；涉及敦格铁路（甘肃段）建设的敦煌市祁家湾墓群；涉及新建西安—平凉铁路建设的平凉市泾川县泾州古城遗址；涉及瓜敦快速公路建设和敦煌机场扩建工程的敦煌佛爷庙湾—新店台墓群遗址、瓜州十工山墓群；涉及宝鸡—兰州铁路客运专线建设工程的通渭县董家庄汉代墓地、通渭李家坪遗址等，保证了基本建设项目用地区域的文物安全和项目的顺利实施。

主动性考古调查与发掘方面，甘肃省文物考古研究所联合中国科学院古脊椎动物与古人类研究所、兰州大学等单位先后对渭河上游旧石器时代遗址进行了调查和发掘。其中杨上遗址发掘面积 12 平方米，获得石制品近 2000 件、动物化石约 500 件。石峡口遗址（第 1、2 地点）发掘面积总计 58 平方米，发现疑似用火迹象 5 处，出土各类文物 5600 余件，多为石制品、动物化石。2015 年，在张家川境内进行了旧石器调查，其中包括清水河、樊河、后川河、马鹿河。考察了全县不同区域的堆积覆盖情况，新发现旧石器地点 4 处。同时，对陇东黄土高原泾川县境内已有的 7 处旧石器地点进行了考察，包括大岭上、南峪沟、宋家、牛角沟等。大地湾遗址发掘面积 42 平方米，发现遗迹 15 处，其中房址 4 座、独立火塘 1 处、灰坑 9 个、灰沟 1 条，于发掘区东部发现早年发掘的老探方 1 处。完整揭示了大地湾遗址旧石器时代向新石器时代过渡的地层。

联合西北大学文化遗产学院、中国社会科学院考古研究所和北京科技大学冶金与材料史研究所开展河西走廊早期冶金遗址考古调查、勘探、发掘和研究项目。

联合西北大学文化遗产学院继续对临潭磨沟遗址进行考古发掘。该项目于2012年结项，当年发掘面积850平方米，清理仰韶文化晚期遗迹有窑址7座、灰坑12座、灰沟3条，出土有陶器、石器、骨器等遗物；清理打破仰韶晚期遗存的齐家、寺洼文化墓葬计33座，出土随葬品有陶器、石器、铜器、铁器等200余件组。

联合中国国家博物馆、陕西省考古研究院、北京大学考古文博学院、西北大学文化遗产学院开展早期秦文化及西戎文化调查、发掘研究项目。

漳县墩坪遗址调查、勘探、发掘与研究项目。2016年，对漳河流域中段进行了大规模区域系统考古调查，在漳河两岸发现53处遗址和墓地，采集了大量遗物。2014年起，共勘探15万平方米，发现墓葬186座。发掘墓葬85座，其中东周时期83座、其他历史时期2座。出土金、银、铜、铁、锡、陶等各类遗物近900件。器物组合以车马器、装饰品、武器和工具为主。

宁县西头村遗址调查、勘探、发掘与研究项目。目前已勘探面积15万平方米，发现古墓葬257座、车马坑19座。遗迹单位多为西周时期灰坑、窑址等。2016年4月上旬至今，已发掘墓葬8座、车马坑1座、祭祀坑1座。

马鬃山玉矿遗址调查、勘探、发掘与研究项目。2011年起，通过调查先后确定了肃北马鬃山径保尔草场、寒窑子草场、敦煌旱峡玉矿遗址，并对径保尔草场玉矿遗址开展了多年的发掘工作。目前该遗址已发掘面积4000余平方米，清理遗迹单位200余处，其中选料作坊近90座。

泾洲古城佛教遗址考古发掘与研究项目。2012年12月31日，甘肃省泾川县城关镇共池村村民修整道路时，在现大云寺博物馆东侧发现一处佛教造像窖藏坑。随后，甘肃省文物考古研究所对该窖藏坑所处的佛教遗址进行了发掘。武威亥母寺遗址考古发掘与研究项目。由于该遗址开凿于红砂岩山体之上，现存洞窟已被坍塌岩体掩埋，无法直接开展考古发掘，需用机械开挖揭顶。截至目前，已对1号窟进行了支护与加固，对遗址整体进行了统一虚拟布方，对1号窟内喇嘛塔进行了清理，并对出土的18000余件擦擦进行了初步的整理分类。

2. 大遗址保护与规划

临洮县马家窑遗址保护规划项目。2012年以来，对该遗址进行了大面积的考古调查与勘探，调查面积10万平方米，勘探面积117.8万平方米。基本确定了遗址范围和中心区域及遗迹遗物堆积特点。2014年以来，联合中国社会科学院考古研究所对该遗址进行考古发掘，发掘面积约700平方米，清理遗迹单位40个，包括房址5座、灰坑32个、祭祀坑1个、晚期冲沟2条。出土陶片10万余片，器形包括瓶、盆、钵、罐、瓮、碗及器座等，出土陶、石、骨、角、贝等各类小件800余件（组）。马家窑时期房址、灰坑等遗迹的发现和确认，提供了马家窑类型遗存聚落形态的资料，对马家窑文化内涵特征、聚落布局及社会结构等方面的研究具有重要意义。

会宁县牛门洞遗址保护规划项目。2013 年 6~7 月，对该遗址进行了考古调查、勘探，勘探面积 167948.5 平方米。该遗址文化类型丰富，延续时间长，涵盖了仰韶文化晚期、马家窑文化、常山下层文化、马家窑文化半山类型和马厂类型以及齐家文化。经调查、勘探，基本厘清了牛门洞遗址的分布范围、分布面积、文化堆积厚度、埋藏情况、文化内涵、破坏程度及原因等，对遗址区内各区域文化性质、功能和主要分布状况有了全面的认识，也为今后的有效保护、考古研究及开发利用提供了科学依据。

景泰县寺滩乡永泰城址保护规划项目。2014 年 4~5 月，对该遗址进行了考古发掘，发掘面积 120 平方米。根据国家文物局关于永泰城址保护工程项目方案的要求，通过发掘了解护城河残存现状，全面获取护城河的宽度、深度、断面形式、边坡坡度等信息，确定了永泰城原无有全环绕的封闭性护城河，其南北两端均无护城河的建设，人工开凿的护城河主要在永泰城的东西两侧，其南北两端均较浅，东西两侧较深。说明当时所谓的“护城河”实质上就是人工开凿的“防洪沟”。

东乡林家遗址保护规划项目。2016 年，对该遗址进行了考古勘探和测绘工作，勘探总面积 10 万平方米，共发现各类遗迹 90 处，其中北区发现遗迹 66 处，进一步明确了东乡林家遗址的分布范围、布局、遗迹的具体形制、埋藏厚度与深度、性质以及各功能分区等要素，同时为东乡林家遗址的文物保护规划工作提供了科学、翔实的基础资料。

甘南八角城城址保护设施建设项目。2016 年，对该城址进行了考古勘探和测绘工作，勘探总面积 59760 平方米，对八角城护城河的形制结构、修建方式有了明确的认识，尤其是河边道路的发现丰富了八角城城址的遗存类型，完善了城址的整体布局。此外，瓮城与南城河相互关系的确认对厘清八角城城址遗存的时代序列提供了很大的帮助。

敦煌沙州古城遗址公园规划建设项目。为配合项目的顺利实施，分别于 2011、2015、2016 年对该遗址进行了考古勘探，勘探总面积 586793.57 平方米，基本确认了古城遗址的平面布局和遗存分布状况。

黑水国遗址保护规划项目。2016 年对该保护规划项目涉及的北城、汉代建筑遗址、古屯庄遗址建筑遗址、古建筑基址（高台）、古寺院遗址共 5 处遗址进行了考古勘探和测绘工作，勘探面积 15.3 万平方米，进一步确认了黑水国遗址的范围、布局和内涵。

成县吴挺陵园保护规划项目。2016 年对该遗址进行了考古勘探和测绘工作，勘探总面积约 90770 平方米。共发现各类遗迹 93 处，其中石刻 16 处、门址 1 处、陵园垣墙 3 处、吴挺墓 1 座、其他墓葬 49 座、窑址 7 处、活土坑 6 处、石块范围 8 处、冲沟 2 条。明确了吴挺墓及吴挺碑的范围、布局和吴挺墓墓道、墓室的确切位置，同时为研究吴氏家族的历史文化提供了翔实资料。

武威凉州区锁阳城遗址规划项目。2016 年对该遗址进行了考古勘探和测绘工作，勘探总面积约 1 万平方米，遗址范围内现存残城墙、夯土范围、砖块炉渣堆范围 3 处可见遗迹。通过对 3 处进行详细、科学的考古勘探，初步了解了其平面分布范围、埋藏深度等。

3. 科技考古与文物保护

2012~2016 年，甘肃省文物考古研究所开展的科技考古与现场保护工作基本围绕主动性发掘项目进行。

一是对甘谷毛家坪遗址车马坑 K201、K202、K203 进行现场提取和保护。对 3 座车马坑进行现场的切割、打包提取以及加固处理，对车辆进行三维扫描，保存数据，建立信息数据库，研究设计分割示意图。在实际操作中严格按照分割图进行现场操作，目前已提取的车辆和马匹存放于考古队临时驻地，准备运输至甘肃省文物考古研究所，开展实验室文物清理保护。

二是张家川马家塬墓地的文物保护工作。甘肃省文物考古研究所制定的《张家川马家塬战国墓地出土车辆和可移动文物保护方案》获国家文物局批准，遵照批复意见及方案，运用多种科技检测和保护手段对墓葬、马车遗迹、遗物等实施保护修复。对所有出土棺木套箱至室内进行实验室可控环境下的微观精细发掘。截至目前，保护修复可移动文物 3800 余件（套）。在科技考古方面，出土的各类金属器及玻璃和料珠的检测和分析结果已陆续发表或应用至文物保护及车辆复原展示当中。

三是张掖黑水国遗址的科技考古工作。在土样、炭样、兽骨、人骨、陶器内残留物等样品系统采集的基础上，已展开动物、植物、人种、DNA、病理、食性、树种、^{14}C、古环境、古气候等方面的检测研究，并取得了阶段性成果。同时冶金检测研究表明，该遗址所见合金可能并非用金属共生矿或混合矿矿石冶炼得来，而是有意识地添加了合金元素。这在当时是一种较为先进的技术。

4. 基础设施建设

为改善文物存放及研究条件，甘肃省文物考古研究所于 2012 年 11 月建成文物周转库房综合楼，目前正在办理验收手续。并于 2016 年完成了天水科研基地的立项前期准备工作。

（二）人才建设与培养

在人才引进方面，2012~2016 年，甘肃省文物考古研究所通过公开招聘引进人才 2 人，均为考古与文物保护专业硕士研究生。

在人员业务培训和学习方面，2012~2016 年，选派 4 人参加了国家文物局举办的考古发掘领队初任培训班，3 人参加了国家文物局举办的田野考古高级研修班，1 人参加了国家文物局举办的玉石器鉴定培训班，1 人参加了国家古代壁画保护工程技术研究中心主办的全国馆藏壁画保护与修复技术培训班，1 人参加了上海望德环保有限公司举办的“文物激光清洗技术”应用学习，

1 人参加了参加国家文物局主办、陕西文物专修学院承办的考古绘图培训班，1 人参加了人力资源社会保障部主办、中国文化遗产研究院承办的新材料在文物保护修复中的研究与利用研修班。2014 年，邀请中国社会科学院考古研究所、北京大学、北京科技大学、陕西省考古研究院、中国科技大学、中国科学院古脊椎动物与古人类研究所及英国剑桥大学等科研院所和高校的 16 位考古专家对全所职工进行了 12 场专题讲座。

（三）学术交流与科研成果

1. 学术交流

2012~2016 年甘肃省文物考古研究所先后承办了早期丝绸之路暨早期秦文化国际学术研讨会、火烧沟与玉门历史文化国际学术研讨会、2014 中国临洮·马家窑文化国际学术论坛暨马家窑遗址发现九十周年纪念大会、西北地区“五省一校”第三届考古工作联席会议、齐家文化与华夏文明国际研讨会等学术会议。赴日本协办了“丝绸之路上的记忆”——中国甘肃省与日本秋田县缔结友好关系 30 周年纪念文化交流展、赴法国协办了“汉风”——中国汉代文物展。此外，还协办了国家博物馆丝绸之路展、西安曲江博物馆“色挂形象穷神变”——中国古代壁画源流展、“秦与戎：秦文化与西戎文化十年考古成果展”等展览。

2012~2016 年，先后安排人员参加美国哥伦比亚大学，德国科隆国际地理学会，美国布莱恩特大学美中研究所，美国明尼阿波利斯艺术研究中心，香港中文大学，香港中文大学中国考古艺术研究中心，柬埔寨 IPPA 亚太史前考古学会，俄罗斯哈卡斯语言、文化历史研究所，日本秋田县，韩国东亚文化遗产保护国际研讨会等地区、学校或机构举办的会议或展览。此外，参加国内学术研讨会 30 余次。

此外，甘肃省文物考古研究所还参与了两项涉外考古合作。

一是“甘肃洮河流域新石器至青铜时代文化与社会之演进”项目。2015 年 10 月 27 日收到国家文物局相关批复，2016 年 7 月 3~12 日，联合北京大学、哈佛大学和印第安纳大学等高校组成中美联合考古队，对临夏回族自治州广河县齐家坪遗址进行了第一次试掘，面积 17 平方米，包括遗址南部的 13 平方米和遗址北部的 4 平方米。发现陶窑 1 座、灰坑 2 个，出土现代砖块、齐家文化陶片、兽骨、小件等。通过此次试掘，首先对地表调查和地磁物理探测的结果进行了验证，证明地磁物理探测的可靠性。同时试掘的结果较为理想，不仅发现了陶窑和灰坑等遗迹，更重要的是卜骨的发现为齐家文化等级观念的研究填充了新资料。

二是与耶鲁大学人类学系合作开展洮河流域马家窑与齐家文化陶器使用情景研究课题，重点进行陶器日常使用情景研究，综合分析陶器制作、形制和用途之间的关系。根据课题需要，选择了甘肃洮河流域出土的陶器残片进行切片取样及分析检测。现已将拟检测陶器残片邮寄至北京地质博物馆切片室制作切片，准备将切片邮寄至耶鲁大学人类学系进行检测分析并完成相关研究。

2. 科研成果

2012~2016年，甘肃省文物考古研究所先后承担了6个课题项目。

一是“指南针计划——中国古代车舆价值发掘与复原研究”项目。自2012年启动至今，已完成了M14–1号车的实物复原及展示。2013年对M16–2号车进行了现场解剖，2014年完成车辆解剖报告及车辆复原图，2015年完成了车辆木质结构的复原，2016年上半年，完成了车辆的髹漆及铜、锡质饰件的装配。目前，正在进行车辆外包装工作，准备由荆州博物馆运送至甘肃省文物考古研究所。

二是国家文物局科研课题“高台地埂坡墓葬研究”项目。现已完成了设定的目标任务，顺利结项。对地埂坡墓葬的年代进行了判定，对河西墓葬中的少数民族因素等进行了识别研究，并与中原及周边地区同期墓葬进行了比较。

三是国家科技部“十二五”科技支撑计划项目中华文明探源工程——“实验室技术在出土文物现场保护和信息获取应用研究与示范课题”。根据项目计划，对实验室环境进行了控制，运用三维激光扫描、X光照相、高清摄影、红外成像和多光谱扫描等实验室考古技术对遗址、墓葬和出土遗物进行了系统分析，揭示了大量隐匿信息。现已对M13至器物层、M19至浮土一半土层进行了清理；对M4、M16、M18、M57进行了提取清理，保护修复棺内器物千余件，并复原了部分串饰及金腰带；对M21马车进行清理、饰件提取，并保护修复饰件百余件，对车体进行了再清理、加固、车体补修、饰件复原回贴工作，基本完成M21墓道随葬马车室内发掘清理保护及复原工作。

四是参与国家科技部“十二五”科技支撑计划项目中华文明探源及其相关文物保护技术研究（2013~2015）之中华文明起源过程中区域聚落与居民研究所涉及的“甘肃张掖黑水国遗址考古发掘与研究”子课题。目前该课题已结项，发表相关调查、发掘报告或研究文章2篇。

五是甘肃省文物局科研课题“甘肃茶马古道文化遗产的调查与研究”项目。已完成研究论文5篇。

六是甘肃省文物局科研课题“悬泉汉简：社会与制度”项目，已完成《悬泉汉简：社会与制度》一书的编写与出版，发表研究论文3篇。

2012~2016年，甘肃省文物考古研究所工作人员编著考古发掘简报及论文共计百余篇，主编或参与编辑出版了考古发掘报告及专著11部，包括《民乐八卦营——汉代墓群考古发掘报告》《早期丝绸之路暨早期秦文化国际学术研讨会论文集》《早期秦文化考古发掘报告之二——清水刘坪》《西戎遗珍：马家塬战国墓地出土文物》《马家塬墓地金属制品技术研究——兼论战国时期西北地区文化交流》《甘肃省文物地图集》《简牍学论稿——聚沙篇》《基于简牍的经济、管理史料的比较研究》《肩水金关汉简（贰）》《肩水金关汉简（肆）》《敦煌悬泉置出土文书研究》。

（四）对外宣传与公众服务

2013 年 6 月 8 日，由甘肃省文物局主办、甘肃省文物考古研究所承办的室内考古开放日活动正式开展。这是甘肃省 2013 年文化遗产日系列活动之一，60 名公众在省文物考古研究所现场观摩了张家川马家塬战国墓地出土棺木的室内考古工作，了解了马家塬墓地车辆提取及出土文物科技保护现场，听取了专家关于马家塬遗址考古发掘成果的讲座并进行了交流。

2015~2016 年，联合美国哈佛大学人类学系在临洮举办了“地磁物探短期培训班”，对西北五省区兄弟单位的 40 余名业务人员进行了短期培训，组织 11 名业务骨干分专题对酒泉各县、市文物部门的 70 余名工作人员进行了培训。培训内容主要包括早期中西文化交流、甘肃史前文化谱系、汉简、石窟寺考古、彩陶鉴赏、河西走廊早期铜矿冶遗址等，并讲授了田野考古操作规程、墓葬清理技术、文物保护技术、RTK 测绘技术及考古绘图、聚落考古理念下的考古发掘等。此外，还委派业务人员为兰州大学历史文化学院学生进行了 4 期学术讲座。

二、重要考古成果

1. 甘肃河西走廊早期冶金遗址

2010~2016 年，甘肃省文物考古研究所对张掖黑水国西城驿遗址进行考古勘探与发掘，发掘面积 3620 平方米，发现遗迹 605 处，其中房址近 110 座、墓葬 20 余座、灰坑 360 余个、灰沟近 40 条。获取陶器、石器、骨器、铜器、玉器、玉料、水晶、海贝、漆皮、炭化作物、冶金遗物等各类遗物 2000 余件（份）。已发掘出土铜器近 40 件，均为小型铜器，种类有刀、泡、环、锥等，以锥为主。此外发现大量炉渣、矿石、炉壁、鼓风管、石范等与冶炼相关的遗物。

西城驿遗址出土石范

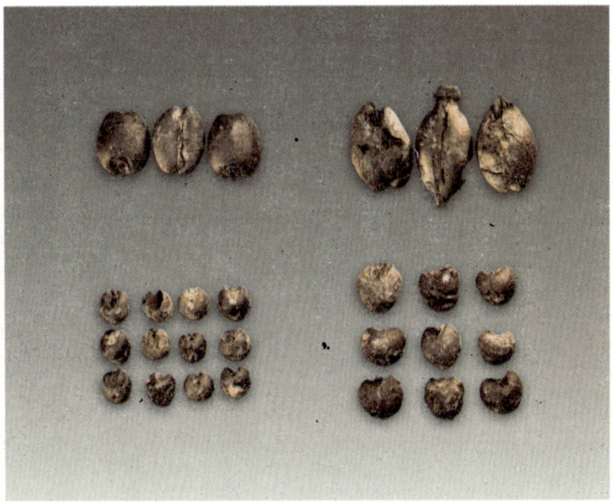

西城驿遗址出土炭化作物

通过连续六年的考古发掘工作以及西城驿遗址一系列冶金遗物的发现，表明至迟在距今约4100年，河西走廊地区已经有了比较发达的冶金生产，为进一步开展中国早期冶金技术起源和相关问题的探讨提供了重要资料。此外，西城驿遗址的发掘，为确立黑水河流域史前文化序列、推动河西走廊地区史前聚落研究、开展早期中西文化交流研究等提供了翔实的资料。

2. 甘肃天水毛家坪遗址与马家塬遗址

甘肃省文物考古研究所联合中国国家博物馆、陕西省考古研究院、北京大学考古文博学院、西北大学文化遗产学院对早期秦文化及西戎文化开展调查发掘与研究。2012~2014年，再次对位于甘肃省天水市磐安镇毛家坪村的毛家坪遗址进行发掘，全面揭示了毛家坪遗址的性质和内涵。其中甘谷毛家坪墓地发掘面积约4000平方米，共发掘墓葬199座、灰坑752个、车马坑5座。共出土铜容器51件、陶器约500件、小件千余件（组）。礼县大堡子山遗址发掘面积近500平方米，其中墓葬4座，发现有厚达40~70厘米的踩踏面、柱洞、殉葬马坑、建筑基址等遗迹。墓葬中有铜器、陶器、玉石器、金器、骨角器等随葬品。张家川马家塬墓地五年来共计发掘5200平方米，清理墓葬23座、祭祀坑1座，出土马车遗迹8辆，解剖马车遗迹13辆，出土遗物千余件（组），质地包括金、银、嵌金银、铁、铜、锡、铅、陶、骨、角以及绿松石、肉红石髓、水晶、煤精、玻璃、费昂斯、料器等，功能上可分为日常生活用具、武器、工具、车马器、车马饰及人体装饰和服饰等。极大丰富了甘肃东部以及周代秦文化的内涵。其中所发掘的车马坑比较全面地展现了秦人车制，对研究秦独特的车马文化有重要意义。M2059所出青铜戈铭文“秦公作子车用……”，印证了《诗经》《左传》《史记》等文献中关于秦穆公卒、三良从死，子车为穆公近臣，子车氏为春秋时秦国重要宗族的记载。毛家坪沟西墓地可能为子车氏家族墓地。据调查毛家坪遗址面积不少于60万平方米，墓葬总数逾千座，可能是古冀县的县治，对研究中国郡县制起源有重要意义。2015~2016年，对礼县大堡子山遗址进行发掘，发现两座大墓之间的两

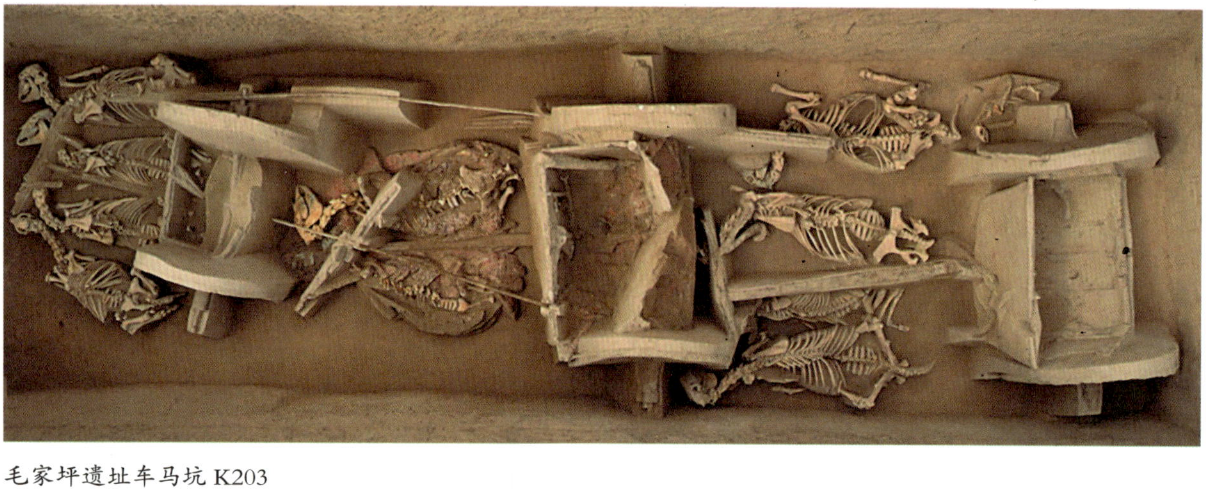

毛家坪遗址车马坑K203

马家塬遗址战国墓地出土虎形金车舆饰、羊形金车舆饰、射箭俑形银箔饰

座马坑均被破坏，在发掘点处发现大量马骨散落，推测这里曾经有成片的马坑。而这种马坑祭祀或殉葬的行为从殷商至周代一直传承下来。大量使用马坑祭祀与殉葬的行为应为商代贵族的传统，秦人更加重视使用马来祭祀，比如秦襄公做西畤祭祀天帝少昊即用马做祭品。M30从墓葬形制、随葬品摆放位置以及器物形态与在原礼县西山坪遗址发掘的所谓“西山遗址三期类型”相似。这是首次在西山坪遗址以外的地方发现此类器物，可能整个西汉水上游地区都有这种器物分布，这也许是齐家文化受当地文化影响形成的一种新的文化类型（待证实）。M31年代为西周晚期，是迄今大堡子山遗址发掘的最早的秦文化遗存。其西南部的人祭坑为单人祭祀坑，这在秦墓发掘还是首次发现。而这种墓外单独的人祭现象正是从商人那里传承下来的，周人鲜有人祭。也从另一侧面证实秦人和商人的密切关系，即秦族、秦文化是东来的。

2012~2016年，对张家川马家塬遗址进行发掘，截至2016年7月，发现墓葬69座、祭祀坑2座。马家塬墓地自发掘以来，其葬俗之奢华、随葬马车类型之多样、器物种类之丰富、墓葬形制之独特、包涵文化信息之复杂，在全国实属少见，它是一处研究和利用价值极大的战国晚期西戎遗址。为了全面了解和研究遗址布局、结构及文化面貌，2012年起，课题组在以往考古研究的基础上对该墓地采取整体揭露式的考古发掘和多学科结合的研究方式，以便为研究西戎历史、秦戎关系、东西方文化交流、古代车舆及金属的制造工艺等相关重大历史问题提供更为详尽的考古资料。

3. 甘肃定西墩坪遗址

墩坪遗址位于甘肃省定西市漳县三岔镇三岔村。2014年起，甘肃省文物考古研究所对该遗址进行了考古调查、勘探与发掘并对漳河流域中段进行了大规模区域系统考古调查，在漳河两岸发现53处遗址和墓地，采集了大量遗物，发现多处文化层、灰坑、房址、陶窑等。采集遗物以陶片为主，还有少量其他遗存，如玉璧、铜钱、绿松石珠等。根据遗物特征判断，漳河流域分布着时代从早至晚的各类文化遗存，包括庙底沟文化、仰韶晚期、马家窑文化、半山文化、常山文化、齐家文化、寺洼文化以及东周、汉代、宋代、明清、民国等时期的遗存。勘探面积15万平方米，发现墓葬186座。截至目前，考古发掘墓葬85座，其中东周墓葬83座，其他历史时期墓葬2座。出土金、银、铜、铁、锡、陶等各类遗物近900件。器物组合以车马器、装饰品、武器和工具为主。墓葬可分为土坑竖穴墓、偏室墓、洞室墓和甲字形墓四类，皆为东西向，流行生土二层台，数量不等。根据未盗墓葬可知，该墓地流行仰身直肢葬，头东脚西，仅个别墓葬为屈肢葬。陪葬大量殉牲是其重要特征，主要发现有马、牛、羊的头骨和蹄骨。

墩坪遗址M48殉牲（北—南）

4. 甘肃庆阳西头村遗址

西头村遗址位于甘肃省庆阳市宁县早胜镇西头村。2015年起，对该遗址进行了考古勘探与发掘。目前已勘探范围面积达15万平方米，共发现古墓葬257座、车马坑19座，其他遗迹单位多为西周时期的灰坑、窑址等。现已发掘墓葬8座，从墓葬形制、随葬品组合及器形来看，皆为春秋时期墓葬。随葬品有石斧、石圭、陶磬、陶珠、铜铃、铜戈、青铜短剑、铜翣、铜翣角、

西头村遗址M35墓室全景

衡末饰、铜车軎、铜马衔镳、青铜鼎、蚌泡、酱釉瓷碗等。另外，从某些典型器物之间演变关系来看，该墓地在时间上有一定的延续性。陪葬的车马坑中车马的数量、埋葬方式及车马器的形制同样符合春秋时期特点。从族属上来看，墓葬呈南北向分布，随葬的丧葬礼器铜翣、棺饰等，有周人墓葬中同类器物的特点。但墓葬殉狗比例较高，葬式上流行侧身屈肢葬，车马坑内有殉人、殉狗、整车随葬、车马作驾乘状等特点，均与周人埋葬习俗相差较远，符合春秋秦墓的特征。

5. 甘肃酒泉马鬃山玉矿遗址

2011年起，通过调查先后确定了位于甘肃省酒泉市马鬃山径保尔草场、寒窑子草场、敦煌旱峡玉矿遗址，并对径保尔草场玉矿遗址开展了多年的发掘工作。旱峡玉矿遗址面积300万平方米，地表发现矿坑、矿沟、岗哨、房址、选料区等地表遗迹145处，年代约在公元前一千纪内。寒窑子草场玉矿遗址面积50万平方米，目前确定矿坑6处、斜井1处、石料堆积2处、岗哨1处，最早开采年代为骟马文化时期（距今3500~3000年）。径保尔草场玉矿遗址是我国目前发现的唯一一处由防御区、采矿区、选料作坊区等组成的战国至汉代的采玉聚落遗址，面积6平方千米，地面发现矿坑、选料作坊、防御遗存等遗迹383处。目前该遗址已发掘面积4000余平方米，清理遗迹单位200余处，其中选料作坊近90座。从发掘情况来看，当时骟马文化和汉文化两支族群在这一矿区共存，共同开采玉矿。玉料以透闪石为主，青玉、糖玉、青花等居多，成矿年代约在距今3.2亿年。该项目的开展，对学界重新探讨早期玉石之路及中原地区玉料来源、采矿人群等问题，开展早期工业遗产保护研究以及寻找透闪石玉石资源等具有重要意义。

径保尔草场玉矿遗址2016年发掘现场

6. 甘肃平凉泾洲古城佛教遗址

2012年12月31日，甘肃省平凉市泾川县城关镇共池村村民修整道路时，在现大云寺博物馆东侧发现一处佛教造像窖藏坑。随后，甘肃省文物考古研究所对该窖藏坑所处的佛教遗址进行了连续4年的发掘。2013年主要对铭文砖中所提到的宋代龙兴寺曼殊院文殊菩萨殿进行了清理；2014年主要围绕2013年发掘区域向外扩展，主要在北侧、东侧进行发掘；2015年在2014年基础上继续向东、南方面扩方；2016 年继续向南清理。4 个年度的勘探面积共计 54703 平方米，发掘面积达 3500 平方米。截至 2016 年 7 月 20 日，共清理出窖藏坑 2 处、房址 20 座、排水渠 7 条、灶址 2 座、路基 2 段、灰坑 5 个、明清时期墓葬 2 座、水井 1 口、散水设施 1 段等。出土遗物有佛教造像 260 余件（组）、陶棺 1 具、铭文砖 1 块以及部分陶器、铜器、瓷器、建筑构件等。通过发掘，对泾州古城内的佛教遗址有了初步认识，推测其为宋代龙兴寺遗址。寺院整体规模较大，发掘中出现较多的房屋，虽然很多房屋的结构因后代生产、生活的破坏不甚明了，但仍能看出存在多重院落，且各院落功能性质不同，符合宋代佛教宗派林立、佛寺流行多院落结构的情况。造像及其他遗物具有多方面的重要价值，是甘肃乃至西北地区佛教考古的重要发现。

泾洲古城佛教遗址房址

泾洲古城佛教遗址一号造像坑局部

青海省

青海省文物考古研究所

一、业务建设

（一）业务工作

1. 考古调查与发掘

近五年，青海省文物考古研究所的考古工作仍以基本建设考古为主。考古调查方面，围绕省内公路、铁路、水库，以及西宁市和周边工业园区等重要建设项目，先后对西宁轻轨线路、乐都至化隆一级公路、循化至大力加山高速公路、循化至隆务峡口高速公路、库格铁路、大唐百盘峡水电站库区、海北纳子峡水电站库区、黄河上游茨哈水电站淹没区、“引大济湟”北干渠及西干渠一期、海东工业园区高寨物流区、湟中甘河滩工业园青海万象铝镁电厂、民和下川口民和工业园区新建项目建设区域、青海引大济湟项目工程、祁连黄藏寺水利枢纽工程（青海境）；班多—玛多—玉树 750 千伏输变电先联网区域、大通铝电厂二期、格尔木光辐发电厂、大唐格尔木火电厂建设区域等 50 余处建设区域内的文物进行了考古调查工作。考古勘探方面，配合羊曲水电站、哇沿水库、海东平安工业园区高铁新城移民安置区、民和积石峡水库灌溉工程胡李家遗址、民和大沙沟沙场灌溉渠、互助尕山墓群、民小公路勘探、祁连黄藏寺水利枢纽工程（青海境）、民和银海养殖场等项目建设，先后完成了建设区域内的考古勘探工作。考古发掘方面，先后对平安工业园区高铁新城移民安置区、海东工业园临空物流园区汉墓、哇沿水库吐蕃墓、民和积石峡水库灌溉工程胡李家遗址进行了抢救性发掘。

主动性考古工作主要有三江源地区青海玉树藏族自治州古墓群考古与文物保护项目和金禅口遗址、151 遗址、沙隆卡遗址的考古发掘。

为配合玉树地区“4・14”大地震灾后重建工作，2012~2014 年，青海省文物考古研究所与四川大学考古学系、成都市文物考古研究院组成联合考古队，在青海玉树地区开展了系列考古调查与发掘工作。这是中华人民共和国成立以来在玉树州域内首次开展的多家机构合作、多学科介入的大规模科学考古调查，调查成果对梳理玉树州古代历史文化面貌具有非常重要的学术价值和现实意义。

金禅口遗址位于海东市互助县加定镇加塘村金禅口社西侧的缓坡上，东北与甘肃省天祝藏族自治县隔河相望。遗址地处大通河（又称浩门河）南岸的二级阶地上，南距大通河河谷约300米，海拔2419米。遗址南北长约100、东西宽约80米，面积约8000平方米。2012年7~9月，青海省文物考古研究所对该遗址进行发掘，揭露面积285平方米，获得了较为丰富的遗存。已发掘的文化遗迹、出土遗物表明该遗址是一处重要的齐家文化时期的聚落遗址。

151遗址位于青海湖盆地，青藏高原东北部的青海湖南岸，地处青海省海南藏族自治州共和县江西沟乡下社村东南。此次考古发掘工作由青海省文物考古研究所与兰州大学西部环境气候变化研究院合作完成。发掘工作从2014年9月28日开始至11月4日结束，发掘面积25平方米，发掘深度3.4米，发现了丰富的石制品，共1008件。

沙隆卡遗址考古发掘由青海省文物考古研究所、山东大学历史文化学院联合进行。2016年6月，联合考古队进驻工地，实际发掘面积75平方米。截至目前，先后发掘清理了卡约文化、齐家文化、仰韶文化庙底沟期文化堆积和多个细石器地层。由于本次发掘区与2010年兰州大学所做剖面在同一台地，二者相距约30米，通过与2010年测年地层对比分析，初步判断这些细石器地层约在距今8000~6000年之间。目前发掘工作仍在进行。

2. 大遗址保护与规划

喇家遗址位于青海省民和县官亭镇喇家村黄河北岸的二级阶地上，是我国首次发掘的史前灾难遗址。2001年，该遗址由国务院批准为第五批全国重点文物保护单位；2002年获评“2001年度全国十大考古新发现”；2005年，被国家确定为“十一五”期间100处重要保护的大遗址之一；2013年12月，喇家国家考古遗址公园建设获准立项。

2014年，为配合喇家国家考古遗址公园一期工程即2、3、4号保护棚及遗址展示馆建设，由青海省文物考古研究所、四川大学考古学系、成都市文物考古研究所、民和县博物馆组成喇家遗址联合考古队，在2013年对该遗址进行全面、系统勘探的基础上，于2014年7~12月进行了为期4个多月的田野工作，发掘面积近3600平方米。2、3、4号保护棚内的文化遗存较为集中，遗址展示馆区域所见遗存甚少，文化内涵以齐家文化为主，还包括马家窑文化和汉唐时期遗存。

马家窑文化遗存主要分布于3号保护棚，据遗物可明确判断为马家窑文化的遗迹仅有3个灰坑，出土遗物有陶器、石器、骨器等；齐家文化遗迹丰富，包括房址20座、疑似房址3座、灰坑近百个、墓葬2座、灰沟6条、陶窑1座；汉唐遗存有灰坑4个、灰沟1条、墓葬2座。

2015年度喇家遗址年度考古发掘工作继续配合喇家国家考古遗址公园的建设，在民居样板房改造区域、排污管道局部区域、地下消防水池等区域内进行考古发掘工作。由青海省文物考古研究所、四川大学考古学系、民和县博物馆组成联合考古队，在科学、全面、系统勘探的基础上，于2015年7~12月进行了为期4个多月的田野工作，发掘面积近1000平方米，发现灰坑

70余个、房址4座、壕沟1条、墓葬4座。出土遗物主要有陶器、石器、玉器和骨器等。文化内涵丰富，有齐家文化遗存、辛店文化遗存和汉晋时期遗存，其中以齐家文化遗存为主。

3. 科技考古与文物保护

丝织品文物保护项目于2012年8月正式启动，青海省文物考古研究所与瑞士阿贝格基金会合作，完成了都兰果里木出土纺织品的保护修复工作，主要包括5件纺织品的清理、回潮平整工作及53件碎片的拼对工作；完成了德令哈尕海墓地出土纺织品的保护修复工作，主要包括12包纺织品的保护处理和200多片碎片的揭展工作；2015年完成了都兰哇沿水库出土的8件丝织品的保护处理工作。2015年11月，项目通过了专家验收。

彩陶文物修复保护项目于2014年6月启动，至2015年10月，共完成164件彩陶本体保护修复工作。2015年11月，项目通过了专家验收。

4. 基础设施建设

完成了所内藏可移动文物预防性保护项目。购置标本室陈放柜61个、恒温恒湿机6台、特殊标本存放柜30个，完成了标本室升级改造工程。2015年11月通过了专家验收，2016年完成标本室的展陈工作。

2015年积极争取专项资金，对办公楼及文物库房的安保消防进行了升级改造维修，开展了灰楼文物库房中的文物整理清点工作，并对文物库房进行了维修和整合。

（二）人才建设与培养

作为青海省唯一的一所文物考古研究机构，随着近几年人才队伍严重老化，老同志开始逐批退休，一些人员调离，专业技术人员极其匮乏，高层次人才更是紧缺。近五年来，面向社会公开招聘专业技术人员11人，其中硕士研究生5人，较好地补充了人才队伍，但人才结构尚不合理，专业领军人才和拔尖人才紧缺。

近几年，通过项目合作、学术交流，利用加强与外埠兄弟单位交流，建立良好的互助与合作关系，引进先进的工作设备和工作理念，以最直接和快捷的方式培养了一批专业骨干；结合青海省“三区”人才文化工作者专项服务工作和“三基”建设，鼓励年轻同志到考古一线实地锻炼，较好地提高了年轻同志的科研实践和管理能力，收到了较好的成效；加强了优秀青年人才培养力度，采取“传、帮、带”方式，充分发挥业务水平高、专业能力强的业务骨干力量，带领一批青年人才，使得年轻同志崭露头角，有的已能独立承担田野考古任务；借助一切能够利用的人才培养平台，加强高层次人才培养力度，如积极申报业务骨干作为本领域的领军人才和拔尖人才。同时，通过鼓励业务能力强、专业素质高的人才参加国内外各类文博学术研讨及培训，组织干部职工赴外埠观摩学习好的管理经验和工作方法等多种方式和渠道，加快专业人才培养和队伍建设。

（三）学术交流与科研成果

1. 学术交流

2015 年 4 月，由青海省文物考古研究所主办，在青海西宁召开了“西北五省一校考古协作会”，青海省文化和新闻出版厅、青海省文物管理局、西北大学文化遗产学院、陕西省考古研究院、新疆维吾尔自治区文物考古研究所、宁夏回族自治区文物考古研究所、甘肃省文物考古研究所、青海省直文博单位、部分州县文物管理部门的领导和专家以及所内业务人员出席了会议，密切了区域间的联系，加强了区域性协作，进一步开创了西北地区考古的新局面。2015 年 10 月，举办了青海省首期青海历史文物考古培训班，以青海历史文物考古为主题，设置了青海考古文化专题等 10 种课程。省直及各市（州）县 43 家文博单位的 90 余名业务骨干参训，强化了州县基层文博力量，密切了与地方文博单位的联系。2015 年底，邀请中国社会科学院考古研究所、北京大学考古文博学院、北京大学城市与环境学院、吉林大学边疆考古研究中心、四川大学历史考古学系、甘肃省文物考古研究所等单位的专家学者，考察了该年度喇家遗址考古发掘现场，并组织召开了专家咨询会。同年，还多次邀请国内知名专家来所作系列专题学术讲座。2016 年 6 月，所内研究人员受邀赴美参加了东亚考古学国际年会，会上做了题为“喇家遗址——一座因地震与洪水毁灭的史前遗址”的学术报告，报告主要从遗址概况和2014年至今的新发现两个方面，向大会介绍了位于青海省民和县的喇家遗址，让更多国际友人认识青海、了解青海、走进青海，感知青海神秘久远的历史和多元多彩的文化。

2. 科研成果

青海省文物考古研究所承担的学术课题有国家社科基金项目“青海省共和盆地东部新石器—青铜时代植物遗存研究”，2012 年获准立项。

在专项考古成果方面，玉树治多参雄尕朔细石器遗址入围“2013 年度全国十大考古新发现”终评，2014 年喇家遗址考古项目亦入围“2014 年度全国十大考古新发现”终评。

考古资料整理与研究工作已列入青海省文物考古研究所“十二五”期间的工作重点。在田野考古发掘的同时，强化了资料整理，减少资料积压，要求对新发掘的资料必须及时整理，尽快公布科研成果。对多种原因所致历史遗留的考古资料，组织人力物力按计划逐年整理出版。如 2011 年 6 月开始，对积压数十年的贵南尕马台遗址的发掘资料首先进行整理，《贵南尕马台考古研究发掘报告》已于 2016 年 1 月出版发行。现已完成了《青海省明长城资源调查报告》《再现文明——青海省基本建设考古重要发现（2）》的编辑出版，以及《青海省第三次全国文物普查工作报告》《青海科技志—文物科技志》和《中国文化通览・青海分卷》中第二章“考古发现的史前文明”和《青海文化艺术志》部分章节的编写。五年内，所内专业人员共发表各类论文近百篇。

（四）对外宣传与公众服务

积极开展公众考古活动。近年来，多次组织中小学生到考古现场，并在专家指导下学习体验考古测绘、考古发掘等考古技能，既让大家亲身体验了考古工作，认识到了什么是考古，激发了孩子们对考古的兴趣和历史的热爱，又较好地普及了文物知识，增强了公众保护文化遗产的意识。

积极挑选文物精品出省参展。2014~2015年，青海省文物考古研究所参加了丝绸之路文物展、“玉泽陇西”——齐家文化玉器展、“丝路之绸：起源、传播与交流展”等外埠多家文博单位举办的展览，出展文物达100余件。

二、重要考古成果

近五年，青海省文物考古研究所主要开展了151遗址、喇家遗址、沙隆卡遗址、金蝉口遗址、三江源地区青海玉树藏族自治州古墓群考古与文物保护等5个主动性考古项目，并配合哇沿水库建设对官却和遗址与热水墓葬群进行抢救性考古发掘。

1. 青海海南151遗址

151遗址位于青海湖盆地，青藏高原东北部的青海湖南岸，地处青海省海南藏族自治州共和县江西沟乡下社村东南。此次考古发掘工作由青海省文物考古研究所与兰州大学西部环境气候变化研究院合作完成。发掘工作从2014年9月28日开始，至11月4日结束。发掘面积25平方米，发掘深度3.4米，发现了丰富的石制品，共1008件。动物骨骼经初步鉴定，种属主要为羊科、鹿科和啮齿科动物，还有少量野牛、野马、犬科和鸟类骨骼等。采集了大量的炭屑并进行了测年工作。目前共获得9个炭屑AMS^{14}C和4个全有机质AMS^{14}C测年结果，全有机质年龄偏老，炭屑测年结果显示下文化层形成时间约为距今1.5万年，上文化层持续时间为距今8500~6000年。此次发掘出的石器原料组成上下两层有明显区别。

此次发掘更清楚地揭示了青藏高原古人类活动历史，为研究史前人类何时、持何种经济方式登上青藏高原，以及如何适应高海拔缺氧、严酷寒冷环境等热点问题提供了丰富的研究材料，并为高原上狩猎采集经济向农牧经济过渡的研究提供重要信息。

2. 青海海东喇家遗址

喇家遗址位于青海省海东市民和回族土族自治县官亭镇喇家村黄河北岸的二级阶地上。2014年度，为配合喇家国家考古遗址公园一期工程，即2、3、4号保护棚及遗址展示馆建设，由青海省文物考古研究所、四川大学考古学系、成都市文物考古研究所、民和县博物馆组成喇家遗址联合考古队，于2014年7~12月进行了为期4个多月的田野工作，发掘面积近3600平方米。2、3、

4 号保护棚内的文化遗存较为集中，遗址展示馆区域所见遗存甚少。发现丰富的马家窑文化、齐家文化和汉唐时期遗存。

马家窑文化遗存主要分布于 3 号保护棚，据遗物可明确判断为马家窑文化的遗迹仅有 3 个灰坑，出土遗物有陶器、石器、骨器等；齐家文化遗迹丰富，包括房址 20 座、疑似房址 3 座、灰坑近百个、墓葬 2 座、灰沟 6 条、陶窑 1 座；在遗址内首次发现汉唐遗存，有灰坑 4 个、灰沟 1 条、墓葬 2 座。

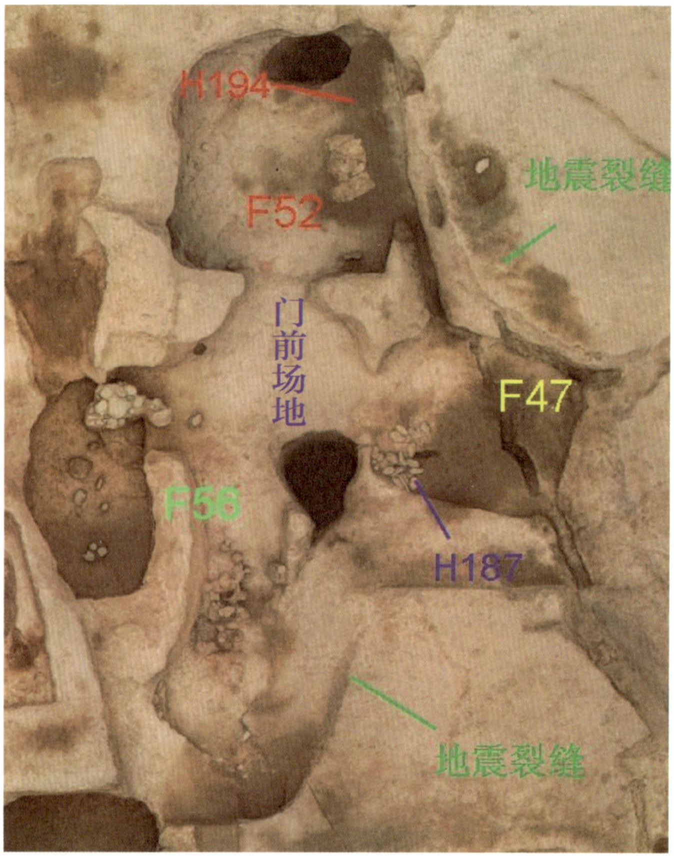

喇家遗址 3 座房址共用一处门前场地的遗迹组合

重要发现包括揭露喇家遗址第一座齐家文化陶窑（Y1），发现 3 座房址共用一处门前场地的遗迹组合（F47、F52、F56）及带有柱洞的房址（F35），发现仅随葬玉料的墓葬（M36）及地震留下的多处裂缝及漏斗状喷砂遗迹。

2015 年，配合喇家国家考古遗址公园的建设，在民居样板房改造区域、排污管道局部区域、地下消防水池等区域内进行了田野发掘工作。由青海省文物考古研究所、四川大学考古学系、民和县博物馆组成联合考古队，于 2015 年 7~12 月进行了为期 5 个月的田野发掘，发掘面积近 1000 平方米，发现灰坑 70 余个、房址 4 座、壕沟 1 条、墓葬 4 座，出土遗物主要有陶、石、玉和骨器等。文化内涵丰富，有齐家文化遗存、辛店文化遗存和汉晋时期遗存，其中以齐家文化遗存为主。

此次发掘发现齐家文化、辛店文化和汉代遗存，东区北部发掘 3 座受灾损毁的齐家文化房址和多具裹挟于红土中的人骨遗骸，揭露出地震留下的剧烈地表形变迹象及多处裂缝，集中发现辛店文化灰坑及地层堆积。南区解剖一段壕沟，明确了壕沟的深度与宽度，并发现齐家文化房址打破壕沟的层位证据，及带有上下台阶、底部连为一体的 3 座汉代灰坑。

3. 青海海东沙隆卡遗址

沙隆卡遗址位于青海省海东市化隆回族自治县，年代约当于大地湾三期Ⅰ～Ⅲ段，是青海地区发现的年代最早的仰韶文化遗址，也是目前发现的仰韶文化最西端的遗址。2010 年在灰层内采集炭屑年代样品，经测定年代约为距今 8000 年。

2016 年 6 月，由青海省文物考古研究所与山东大学历史文化学院联合组成考古队，开始对该遗址进行发掘，目前发掘工作正在进行，实际发掘面积 75 平方米。截至目前，先后发掘清理了卡约文化、齐家文化、仰韶文化庙底沟期文化堆积和多个细石器地层。卡约时期的遗存仅有文化层，未发现遗迹单位；齐家时期的房址破坏严重，仅残存局部居址硬面和大量柱洞，发现较为完整的小型房址 1 座、窖穴 1 个、灰沟 2 条，小型灰坑较多，包含物甚少；由于发掘区位于仰韶时期遗址的边缘地带，仰韶时期的遗存仅有文化层，未见遗迹单位，仅在地层中发现少量庙底沟期的陶片。细石器遗存是这次发掘的主要发现，在仰韶文化层之下，发现四个地层中有细石器，有相对集中的细石器加工遗迹、火塘和集中分布的木炭及灰烬分布区等。石制品有石叶、石核、石片和大量的石屑，并在细石器地层中发现几片疑似陶片，但细石器地层中刮削器及动物骨骼较少。由于本次发掘区与 2010 年兰州大学所做剖面在同一台地，二者相距约 30 米，通过与 2010 年测年地层对比分析，初步判断这些细石器地层约在距今 8000~6000 年之间。

4. 青海海东金禅口遗址

金禅口遗址位于青海省海东市互助土族自治县加定镇加塘村金禅口社西侧的缓坡上，东北与甘肃省天祝藏族自治县隔河相望。遗址地处大通河（又称浩门河）南岸的二级阶地上，南距大通河河谷约 300 米。遗址南北长约 100、东西宽约 80 米，面积约 8000 平方米，海拔 2419 米。于 2012 年 7~9 月进行发掘，揭露面积 285 平方米。

在发掘区域共发现房址 5 座、灰坑 15 个、墓葬 1 座及陶窑 2 座，出土遗物丰富、种类齐全，有陶器、石器、玉器、骨（角、牙、蚌）器、铜器及木器等 230 余件。

通过合作，利用科技手段，经北京大学考古文博学院考古年代学实验室对炭化种子进行加速器质谱（AMS）测年，金禅口遗址的年代范围为公元前 2200~ 前 1750 年，其中小麦炭化种子年代最早为公元前 2030~ 前 1890 年，是青海省目前有确切测年数据的最早的麦类遗存。动物骨骼经中国社会科学院考古研究所科技考古中心鉴定，有野生动物和家养动物两类，其中以野生动物为主，家养动物也占了相当的比例。

金禅口遗址发掘面积虽然不大，但是出土遗迹遗物较为丰富，为进一步认识与深入研究大通河流域齐家文化的经济形态、聚落结构等提供了科学依据。遗址中出土 6 件铜器，经鉴定有 3 件为砷铜器，这一发现对于研究我国早期砷铜技术的传播路线具有重要意义。

5. 青海玉树古墓群

为配合玉树地区“4・14”大地震灾后重建工作，2012~2014 年青海省文物考古研究所与四川大学考古学系、成都市文物考古研究院组成联合考古队，在青海玉树地区开展了系列考古调查与发掘工作。这是中华人民共和国成立以来在玉树州境内首次开展的多家机构合作、多学科介入的大规模的科学考古调查。在史前细石器文化、古代岩画、石棺葬文化以及吐蕃时期的封土石丘墓、佛教摩崖造像等方面均取得了重要的考古发现，从不同的角度和侧面揭示出青海玉树史前文化、吐蕃墓葬和佛教艺术的若干片断，为研究青海史前文化、吐蕃考古文化提供了一批重要的新材料。

（1）细石器遗址与地点

目前在通天河（长江）流域和澜沧江流域发现细石器遗址与地点 40 余处，均在河流主干道及其支流河谷之中。其中对通天河（长江）流域一级支流登额曲做了重点调查，发现有 26 处细石器遗址构成带状遗址群分布。遗址广泛分布于河流阶地前沿和高山草原地带。其中对治多县登额曲流域的参雄尕朔遗址进行了考古发掘。

参雄尕朔遗址地处通天河（长江）一级支流登额曲入河口北岸台地，所在区域属高寒草原草甸区，海拔 4030 米，遗址总面积约 1 平方千米。地层堆积相对丰富，共分为 6 层，发掘共清理灰坑 3 个、石堆遗迹 11 处，获取石制品 2000 余件。根据 ^{14}C 测年结果，参雄尕朔遗址最早年代约为 8100 年前，并一直持续至 7500 年前，是青海地区新石器时代早期持续时间长、规模大的一个遗址，是长江上游地层明确、年代准确、出土遗物丰富的重要遗址。

（2）石棺墓葬

在素以民族文化交流通道著称的“藏彝走廊”地带，石棺墓是一种标志性的古文化遗存。目前在通天河（长江）流域和澜沧江流域共调查发现石棺墓地点 16 处，并对治多县加吉博洛镇

参雄尕朔遗址发掘点位置图

普卡贡玛石棺墓群进行了考古发掘。

普卡贡玛石棺墓彼此间存在年代差异，但其主体年代当属于春秋战国时期，时代下限已进入汉代。无论从石棺形制还是出土器物的种类看，普卡贡玛石棺墓遗存的很多文化特征都与藏东以及川西高原同类遗存相类，但也具有浓烈的区域性色彩。

（3）石室封土墓葬

在通天河（长江）流域和澜沧江流域地表共调查发现墓群 56 处，单体墓葬数量达到 3700 多座。墓葬整体布局完整，封堆保存大部分完好。大墓位于墓群高处或中心位置，两侧排列着数十座中、小型墓葬。墓葬的排列方式基本一致，均以梯形封堆的宽边朝向山谷临河的一面，而窄边依山而建，构成井然有序的墓葬主次关系，有着较明显的族葬制特点。其中对治多县聂龙加霍列墓群和章齐达墓群两处墓葬群进行了考古发掘工作。

聂龙加霍列墓群位于治多县治曲乡治加村的聂龙沟内。共发掘墓葬 15 座。墓葬封堆形制全部为梯形，墓室结构为先挖竖穴，形制不很规整。墓上有大型石板封顶，层层叠压，底部铺有小碎石，不铺底板，墓室中用石条分割出区域。出土随葬品主要有银器、铁器、漆器、陶器等。陶器较为少见，仅出土 1 件，漆器数量较多。

章齐达墓群位于治多县立新乡叶青村，墓地分布有地表特征明显的墓葬33座。已发掘墓葬2座，规模较大，封堆采用岩石人工垒砌，中间加以碎石填充。墓葬封堆墙体逐级收分，呈三级台阶状。

（4）岩画

经调查所获的 24 处岩画、近 1200 余幅单体图像皆发现于通天河（长江）流域一级支流阶

聂龙加霍列墓群

地后缘的山体基岩节理面上，海拔高度4025~4450米。均属岩面岩画，图像多以敲凿法制作，在相对平整基岩节理面上敲琢出点状或短条形的凹痕，或构成图像的轮廓线，或形成“剪影式”的通体图形。岩画单体图像以各类动物居多，约占全部图像的90%，人物形象较少，有少量与佛教有关的图像和图像符号。岩画所表现的题材多与畜牧、射猎、征战、舞蹈、自然崇拜等有关。其中以昂拉地点动物群与狩猎岩画最为典型。玉树岩画在制作与造型手法上亦有区别，部分图像存在早晚重叠或在同一岩面多次作画的现象，亦有近现代所刻藏文“六字真言”打破古代岩画的情况。

（5）摩崖石刻

2012~2013年，联合考古调查队对玉树勒巴沟、贝纳沟进行摩崖石刻专项考古调查。调查中运用拓片、照片、绘图等考古技术提取了摩崖石刻资料。

勒巴沟位于玉树县结古镇东30多千米处通天河西岸的群山中，海拔3538米。共发现古秀泽玛、吾那桑嘎、恰冈、泽琼沟等4处佛教考古遗存，有的地点下面又有若干个小的地点。共发现摩崖石刻15幅，特别是吾那桑嘎发现的猕猴听法落水、佛诞图、佛降自三十三天、佛涅槃图以及大量古藏文题记，是此次考古调查的重要发现，这些题材在同时期的摩崖石刻中极为罕见。

贝纳沟位于玉树县结古镇东南20千米处，其东端以勒杰嘎牙山与勒巴沟相隔，西端与214国道相连。此次调查以文成公主庙为中心，共发现5处摩崖石刻，包括吐蕃时期的摩崖造像和古藏文题记，内容丰富。其中“狗年题记”原始版本、十方佛及线刻佛塔为此次调查的新发现，为研究吐蕃时期的佛教艺术增添了新的重要实物依据。

6. 青海海西官却和遗址与热水墓葬群

官却和遗址与热水墓葬群位于青海省海西蒙古族藏族自治州都兰县热水乡扎麻日村东南约2000米，地处察汗乌苏河南北两岸的一级台地上。为配合都兰县热水乡哇沿水库的工程建设，青海省文物考古研究所与陕西省考古研究院于2014年4~9月，共同对该遗址与墓群等进行了抢救性考古发掘，共清理房址10座、灶坑31个、灰坑14个、墓葬25座，揭露面积达7695平方米。

官却和遗址是青海境内首次发现的吐蕃时期聚落遗址。遗址可分为东、西两个功能区。东部为集体烹食之所，中西部为居住区。墓葬多集中分布于南岸的墓葬区。祭祀坑共6座，均分布在规格相对较高的石室墓附近。其中殉马坑5座、人牲共殉坑1座，殉马坑以K2的规格最高。

墓中随葬陶器以夹砂灰陶为主，器形主要有罐、灯；铜器有釜、盆、盘、勺，均为素面，钱币只出土一件开元通宝；随葬饰品有镶绿松石金耳坠、蜻蜓眼石珠、蚀花肉红石髓珠、血珀坠饰、绿松石珠饰与少量贝饰。还出土有墨书古藏文与墨绘人像的卜骨，墨书古藏文的木简，较多的丝绸、皮革残片，部分丝绸残片上纹饰清晰。此外，还出土一具干尸，仅存上半身，左手托下颌，姿态安详。

宁 夏 回 族 自 治 区

宁夏回族自治区文物考古研究所

一、业务建设

在宁夏回族自治区文化厅、文物局的支持和领导下，宁夏回族自治区文物考古研究所认真贯彻文物考古工作方针、政策、法规，在业务建设、人才建设与培养、学术交流与科研成果、对外宣传与公众服务等方面，取得了较好的成绩。

（一）业务工作

1. 考古调查与发掘

2012~2016 年，完成配合基本建设的考古调查、勘探、发掘项目 50 项。配合输气管道工程建设，完成了西气东输一线黄河跨越与黄河隧道互联工程、西气东输三线和四线工程、中国石化新疆煤制天然气外输管道工程沿线、盐池县 LYP1 号集气站输气管道工程（定北 18 井至 LYP1 号集气站）的文物调查；配合国家电网输变电线路改造，完成了东部热电—金凤 220 千伏送电线路工程、宁东电解铝供电系统改造输变电工程、中卫热电厂—中卫 330 千伏变电站送电线路工程、宁东—浙江 ±800 千伏特高压直流输电线路工程、永乐 220 千伏输变电工程、沙湖 750 千伏输变电工程、宁东—浙江 ±800 千伏接地极及接地极线路（宁夏段）、特高压直流换流站工程、太阳山—六盘山—平凉 750 千伏输变电线路工程、城关 220 千伏输变电工程、宁浙直流送端 750 千伏接入工程、永丰 330 千伏输变电工程、宁东矸石电厂—罗山双回开断环入太阳山变 330 千伏输变电工程、沙湖 750 千伏变电站 220 千伏配出工程、海原曹洼—宁安 330 千伏输变电工程、牛首山 330 千伏输变电工程、沙坡头 750 千伏输变电工程、原州 330 千伏输变电工程、杞乡 750 千伏开关站输变电工程、六盘山 750 千伏变电站 330 千伏配出输变电工程、盐州 330 千伏变电站主变扩建工程、巴浪湖 330 千伏输变电工程、古峰 330 千伏输变电工程、准东—华东（皖南）±1100 千伏特高压直流输电工程宁浙直流送端配套电源送出工程、沙坡头 750 千伏变电站 330 千伏配出工程的考古调查勘探工作；配合道路建设完成了中卫市镇照公路照壁山经沈桥至滨河大道连接线道路工程、银川市交通局北京路延伸及滨河黄河大桥工程、东毛高速公路工程、京藏高速石嘴山（蒙宁界）至中宁段改扩建工程、青银高速公路宁东过境段考古调查工作、吴忠至中卫城际铁路工程、新建中卫至兰州客运专线工程中卫段进行了考古调查、勘探工作；完成宁夏盐池盛唐2×15兆瓦生物质发电项目、新桥煤矿工程、宁鲁煤电有限责任公司灵州电厂二期、宁夏电投西夏热电厂二期、国电大武口热电2×350兆瓦工程、中铝宁夏银星电厂2×600兆瓦级机组工程、宁夏宝丰能源综合利用发电有限公司2×350兆瓦煤矸石综合利用电厂工程、宁夏大唐平罗2×660兆瓦火电项目、宁夏固原地区饮水安全水源工程的考古调查与勘探。此外，配合其他基本建设完成了宁东西夏遗址、中卫常乐汉墓、彭阳县打石沟新石器时代遗址、彭阳县幸福城秦—西汉早期墓地、固原南郊水厂墓地的考古发掘工作。

围绕课题研究，开展了宁夏南部新石器时代遗址考古调查及隆德沙塘遗址的发掘，鸽子山遗址的调查及第10地点和第15地点的考古发掘，中卫常乐汉墓、固原南郊M1401唐墓、水洞沟遗址第1地点和第2地点的考古发掘，固原开城镇东海子遗址的调查与测绘，中宁石空大佛寺考古测绘，固原须弥山石窟测绘，朝那湫渊祭祀遗址考古勘探，制定西夏陵国家考古遗址公园规划之考古工作规划与一、二号陵的测绘。

配合第一次全国可移动文物普查工作完成了相应的文物信息录入和上传，登记上传文物标本2949套，共计31994件。

2. 科技考古与文物保护

不断加大科技考古方面的投入和应用。田野考古发掘全程采用全站仪测量，在水洞沟、鸽子山等工地使用一些配合全站仪的测绘软件（EDM）、室内观测软件（New plot）、3D数字图像软件（Agisoft）进行数据测绘采集和统计学分析，大大提高了获取的速度和精度，降低了批量数据获取中的系统误差与随机误差。在遗存性质的分析上，除了注意通过筛选、浮选、孢粉采样等手段来获取信息外，微量元素分析、遗物的成分分析等手段也得到了较多的运用。与国内外科研机构合作，采集^{14}C、光释光样本等进行实验室分析，使测年数据更加精确。在须弥山石窟调查测绘中，采用全景式航空摄影测量和多图像三维重建技术替代了传统人工洞窟测绘，同时将其作为与传统的文字、测图、照相、拓片等记录手段同等的石窟寺记录工具和手段，完整、详尽地记录了遗迹的信息，为学术界提供了重要的第一手资料。文物保护修复方面，完成了倒墩子青铜器文保修复项目，对百余件文物进行了保护修复、成分测定。此外，固原1401号唐墓壁画文保修复等项目正在逐步展开。

3. 基础设施建设

基础设施建设方面，组织了固原工作站文物周转库房工程设计、招标采购，目前正在实施中。完成了文物标本库房柜架的安装工作，对所藏文物标本进行了科学分类。完成了全国重点文物保护单位承天寺塔及大院防雷工程的勘察、设计、公开招标工作，对承天寺塔及银白杨古树进行了避雷设施的安装。并启动了承天寺塔院内安防工程的勘查、设计和招标工作。

（二）人才建设与培养

推进人才队伍建设是促进各项工作发展的重要保障。一是大力引进高学历、高层次专业人才，近几年，连续引进硕士以上学历的专业技术人才13名，优化了队伍结构；二是注重人才培养力度，充分利用各类考古培训班、学习班，提升职工业务水平，鼓励职工攻读硕士、博士研究生，并予以学费支持；三是设计了具有引领性、示范性的重大人才工程与计划，如成立宁夏考古院士工作站，引进吴新智、周忠和、刘庆柱、安家瑶、高星、荣新江、王明珂等特聘专家，依托院士及院士团队的作用，建立新型合作科研平台，进一步提高宁夏的文物考古科研能力；四是创造条件，使职工走出去，接受更好的学习深造和实践锻炼，与日本奈良橿原考古所签订了合作框架协议，从2015年开始每年选派1名业务骨干赴日本交流学习；五是合理配置人力资源，按照个人学科特长科学分工，争取人尽其才。目前，已初步形成结构优化、素质优良的人才队伍。专业技术人才占在册人员的79.5%，硕士以上学历占31%，中、高级职称人员占65%。

（三）学术交流与科研成果

1. 学术交流

2012年4月29日，与原州区人民政府组织召开了丝绸之路与石窟艺术论坛，会议邀请了国内石窟研究学者等，就须弥山石窟、石窟艺术与保护进行了讨论。

2013年5月26~29日，在银川举办了“纪念水洞沟遗址发现九十周年国际学术研讨会”，来自国内外的130余名学者参加了会议。会议总结了水洞沟遗址发现90年以来的研究成果，探讨了亚洲史前考古研究的新方法和新途径、史前遗址与公众科教相结合的新模式及文物保护与旅游事业良性互动的具体方法。

2013年9月12~13日，邀请吴新智院士、刘庆柱院士、高星研究员为宁夏文博单位工作人员分别做了题为“从我们的祖先到我们”“古代都城考古视阈下的国家社会形态变化”“远古古人类用火研究”的专题学术讲座。2014年8月13~16日，邀请北京大学荣新江教授作了《丝绸之路上的商业贸易与文化交流》专题报告；邀请中国社会科学院安家瑶研究员，向固原市政府与文博单位的领导与文物工作人员介绍了丝绸之路跨国联合申遗项目的工作进展以及准确认识宁夏丝绸之路的重要性。2015年9月10~20日，邀请“中央研究院历史语言研究所”王明珂研究员到宁夏讲学，先后做了“早期民族考察者在边疆：知识、权力与近代变迁”“人类生态的本相与表相”“毒药猫理论”“一个反思性的长城史”等学术报告。

2014年8月13~16日，联合北京大学中国古代史研究中心举办了第二届丝绸之路国际学术研讨会“粟特人在中国：考古发现与出土文献的新印证”，国内外高校、科研院所与文博单位的108位代表参加了会议。与会专家学者就丝绸之路、考古发现与研究、粟特石棺床及相关问题、粟特墓志及其他、宗教与信仰、美术史的东西交流、粟特人在中亚、粟特人在中国等专题进行了广泛的交流与探讨。会议共收到论文 45 篇。

2014 年 11 月 29 日 ~12 月 1 日，组织举办了“全区考古发掘、文物保护与现代科技应用高级研修班”。研修内容包括：体质人类学、动植物考古学的新进展及科技在考古学中的应用，旧石器时代考古的发掘与研究方法以及从考古发现看史前时代东西方文化交流，大遗址保护与考古遗址公园的现状。研修班特别邀请了吉林大学朱泓教授，北京大学杭侃教授、吴小红教授，中国社会科学院考古研究所陈星灿、袁靖、赵志军研究员，中国科学院古脊椎动物与古人类研究所高星研究员，他们分别以《近年来我国古人骨研究领域的新进展》《大遗址保护与考古遗址公园的现状和问题》《考古学的科技视野》《公元前三千纪至二千纪的东西文化交流》《动物考古学揭秘古代人类和动物的相互关系》《植物考古学——探索古代人类生活的途径》《旧石器时代遗址的调查、发掘、研究与保护》为题进行了授课。宁夏各文博单位近 60 名文物考古业务骨干参加了培训。

2. 科研成果

2012~2016 年，宁夏回族自治区文物考古研究所先后编写、出版了《固原九龙山汉唐墓葬》《水洞沟：2003~2007 年度考古发掘与研究报告》《西夏考古论稿》《西夏六号陵》《彭阳海子塬墓地发掘报告》《唐史道洛墓》《宁夏固原北周宇文猛墓发掘报告与研究》《须弥山石窟》《粟特人在中国：考古发现与出土文献的新印证》考古报告与论文集，配合南水北调中线一期工程文物保护项目，完成了《石家庄元氏、鹿泉墓葬发掘报告》《郧县上宝盖》的资料整理和出版任务。发表论文有罗丰的《从帝王到孝子——汉唐间图像中舜故事之流变》、*Liquor Still and Milk-Wine Distilling Technology in the Mongol-Yuan period*、《从山陵为贵到不封不树——北朝墓葬封土的转变》《水洞沟第 12 地点 2007 年出土石核研究》等。承担的课题有罗丰的国家社会科学基金项目《固原北魏漆棺画研究》《新中国出土墓志・宁夏卷》等。罗丰的《中国北方乳制品制作与消费之历史——一个考古学与民族学的考察》一文获宁夏社科优秀成果一等奖，《西夏六号陵》《彭阳海子源墓地发掘报告》分别获宁夏第十三届社科优秀成果一等奖、三等奖。《西夏六号陵》入选“2013 年全国文化遗产十佳图书”，《水洞沟：2003~2007 年度考古发掘与研究报告》荣获首届中国考古学大会研究成果奖“金鼎奖”。因学术成果突出，罗丰同志被宁夏回族自治区党委、政府授予“塞上英才”荣誉称号，牛达生同志被授予“突出贡献专家”荣誉称号。

（四）对外宣传与公众服务

近几年，宁夏回族自治区文物考古研究所在开展考古发掘的同时，尝试性地开展了公众考古工作，采取科普讲座、公众开放日、现场讲解、发掘体验等形式，普及了相关的考古、历史、文化知识。

2014 年，在固原南塬 M1401 唐墓考古发掘期间，积极开展公众考古活动。将每周五下午定为公众开放日，向前来参观的当地民众和考古爱好者讲解该墓的发掘方法与收获，宣传文物保护相关法律规定和固原古代历史，增强群众的文物保护意识。水洞沟遗址第 2 地点发掘期间，结合区域文化堆积情况，为西吉县火石寨中学的学生展示了考古学发掘的规范流程，耐心细致地解答他们提出的各类问题，普及旧石器时代考古的背景、进展、收获与局限，介绍了旧石器时代遗址考古调查的要领、新发掘的目的与策略及取得的新成就。活动取得了良好的社会反响，新华社、《光明日报》、中央电视台、宁夏电视台等媒体对此了记录和报道。

二、重要考古成果

1. 宁夏灵武水洞沟遗址

自 1923 年发现以来，位于宁夏回族自治区灵武市临河镇的水洞沟遗址已经历了 5 次正式发掘。2014~2018 年的发掘工作是该遗址的第 6 次发掘，由宁夏回族自治区文物考古研究所和中国科学院古脊椎动物与古人类研究所联合实施。

2014 年 6~7 月，对水洞沟遗址第 2 地点东北区域进行了发掘，面积约 50 平方米，出土标本 1000 多件。采集到大量食草类哺乳动物牙齿和骨殖，少量装饰品及毛坯（鸵鸟蛋皮半成品）等，同时还有较多的灰烬、火塘等遗迹现象，其中大量人工炭标本为测量遗址年代提供了可靠的材料。

水洞沟遗址 2014 年发掘遗物出土位置

2015 年 6~7 月，对水洞沟遗址第 2 地点 T3 区进行发掘，共布 1 米 ×1 米探方 154 个，实际发掘面积约 92 平方米。全程采用全站仪对每件器物进行测量，并对每个探方内的土样以 0.2 厘米孔径网筛进行筛选，采集了大量碎屑。发掘深度约 10 米，揭露了 6 个文化层。共出土石制品（>2 厘米）3415 件，哺乳动物化石 953 件，鸵鸟蛋皮碎片 995 件（其中有少量装饰品成品及半成品），采集炭屑样 339 份。另发现疑似火塘 30 个，主要集中于第 ③ 文化层。此次发掘获得了大量测年样品，有望为第 2 地点建立更为完整可靠的年代序列。发现的鸵鸟蛋皮毛坯及残存钻孔痕迹、火灼痕迹，对了解水洞沟古人类制作装饰品的工艺流程和遗址不同功能区的空间分布提供了重要材料。

2. 宁夏青铜峡鸽子山遗址

2013~2016 年，宁夏文回族自治区物考古研究所联合中国科学院古脊椎动物与古人类研究所，对宁夏回族自治区青铜峡市蒋顶乡鸽子山遗址 10 号地点、15 号地点进行了为期 3 年的发掘。

鸽子山遗址 2014 年发掘 T1 剖面

2013 年 9~10 月，10 号地点发掘面积约 100 平方米。上部扰土层采集烧石 9000 余块、打制类石制品 600 余件、磨制类石制品和磨食工具（磨盘、磨棒）200 余件（块）、细石器类石制品 70 余件和少量装饰品及毛坯（鸵鸟蛋皮半成品、石环毛坯）等，还采集到大量食草类哺乳动物牙齿和骨殖；未经扰动的土层中发现两个文化层，共出土 700 多件标本，有较多的灰烬、火塘、灶等遗迹现象。

2015 年 8~9 月，对第 10 地点继续进行了发掘，对第 15 地点做了试掘。第 10 地点共出土石叶、石核、烧石、磨棒等石制品，动物骨骼、牙齿及炭化木等遗物 2600 余件。在 T1 第 ④ 层火塘附近出土一件尖状器，明确了该类器形的文化层位。在 T4 第 ④ 层中也筛选出鸵鸟蛋皮及串珠等。第 15 地点，共计出土土石制品及炭样标本 250 多件，在第 ② 层与第 ③ 层之间出土一件打制且磨光的石斧毛坯，证明该遗址此类器形的出土文化层位。该地点还进行了连续采样 46 份，光释光采样 6 份。

2016 年，继续对第 10 地点进行发掘。

3. 宁夏固原北塬遗址

北塬遗址地处宁夏回族自治区固原市隆德县沙塘镇渝河流域二级台地之上。

2013 年 6~10 月，发掘面积约 400 平方米，发现房址 9 座、灰坑 90 个、灰沟 1 条。其中，房址有半地穴式 8 座、窑洞式 1 座。其中窑洞式房址保存基本完整，可分窑室、过洞、门槛及门前活动面四部分；灰坑多为圆形且有少量袋状坑。出土遗物有陶器、石器、骨器、动物骨骼等，陶器主要有侈口罐、单耳罐、双耳罐、双耳杯、盆、斝、瓮、器盖、豆、陶拍、纺轮及少量彩陶片；石器主要有刀、斧、镞、凿等；骨器有针、锥、镞等。

2015 年 7~10 月，清理房址 5 座、窑址 1 座、灰坑 115 个、灰沟 1 条。房址多为半地穴式房屋，

隆德沙塘遗址 2015 年发掘后航拍

平面呈圆角方形。窑址窑室顶部已经坍塌，窑室火道呈“Y”形，用一圆形灰坑作为操作间。灰坑多为圆形袋状、不规则椭圆形或长方形。出土遗物以罐、盆、斝、豆为主，其次为陶拍、陶刀、石镞、石刀、骨锥、骨针等小件，文化面貌接近齐家文化早段的师赵村七期。另外出土小型玉器和玉料残片数件。

该遗址的发现、发掘和相关问题研究，对探讨宁南地区新石器时代文化谱系及演变规律，认识和了解与周边地区的文化渊源具有重要意义。从出土器物的组合和特征来看，沙塘遗址与海原菜园遗址出土的新石器文化遗物有部分较为接近，初步推断二者之间的文化面貌和性质可能存在一定的嬗变关系。

4. 宁夏固原打石沟新石器时代遗址

2013 年 4 月，为配合宁夏回族自治区固原市彭阳县彭青公路建设，对打石沟遗址进行了考古发掘。发掘面积共 1600 平方米，发现灰坑 65 个、墓葬 7 座、房址 15 座。出土遗物以陶器为主，另外还有数量较多的石器、骨器、角器以及少量的玉器。初步认定其为龙山时期客省庄二期文化的聚落遗址。该遗址是宁夏继海原菜园遗址后又一次发掘的新石器时代聚落遗址，对于研究宁夏南部和泾水流域新石器时代晚期文化、研究龙山时期的聚类形态提供了重要资料。

打石沟新石器时代遗址出土陶器

5. 宁夏固原幸福城秦—西汉早期墓地

2013 年 8 月，对宁夏回族自治区固原市彭阳县幸福城小区工程施工时发现的 10 座秦至西汉时期墓葬进行了抢救性发掘。其中带斜坡墓道的洞室墓 3 座、竖穴土洞墓 6 座、竖穴墓 1 座。

幸福城秦—西汉早期墓地出土遗物

出土铜器、铁器、陶器、石器、漆器、车马器构件等各类遗物260余件。其中M5出土的铜壶，分别在肩部和腹部刻有铭文。部分出土遗物在宁夏属首次发现，填补了宁夏秦至西汉早期文物资料的空白。

6. 宁夏中卫常乐汉墓

2012年4~7月，为配合西气东输三线工程，对宁夏回族自治区中卫市常乐镇25座墓葬进行了发掘。其中汉代墓葬24座、清代墓葬1座、扰乱坑2座。汉墓中，6座为双人合葬墓，其余均为单人葬。随葬品以陶器、漆木器、铜钱及少量的车马明器为主。出土陶器以罐、壶、灶、釜、甑、灯等为主；铜器有铜镜、带钩、铃铛等；漆器有盒、案、耳杯、木筷等，大部分器表有彩绘，以云气纹为主；木器有供案、鸠杖、木屋、俑、车、舂等明器以及木梳、图章、手杖等实用器；铜钱以货布、货泉等新莽钱以及汉代武帝至宣帝时期的五铢为主，其中大布黄千、契刀五百等新莽时期货币在当地以往的发掘中较为少见；另有一些铅锡车马明器及琉璃料器等随葬品。M7、M17出土的漆木器、丝织物及尸骨棺木的完整性在当地以往的汉墓发掘中较为少见。

7. 宁夏固原须弥山石窟寺

2012~2017年，为进一步保护和利用须弥山石窟，宁夏回族自治区文物考古研究所联合浙江大学文化遗产研究院，开展了为期5年的须弥山石窟调查测绘。利用正射影像建模技术对须弥山石窟寺遗迹进行全面的调查整理。

2012年4~7月，对须弥山石窟寺整体地理信息数据和圆光寺区第40~50窟及3座附窟的正射影像电子信息进行了采集，记录了各石窟的相对位置、立面、窟内遗存、造像、时代、类型等。2013年5~9月，对圆光寺区进行了数字信息采集，建立了三维数字化模型，并开展了现场校图、

须弥山石窟全景

补充采集数据、补充题记、题刻、碑刻记录。2014 年，重点对圆光寺、相国寺、松树洼、三个窑、黑石沟以及禅塔山进行了考古调查、测绘。2015 年 5 月，启动了对须弥山石窟大佛楼区（1~5 窟）、子孙宫区（6~39 窟）的数字化测绘。

8. 宁夏固原南塬汉唐墓地

2014 年 6 月，对宁夏回族自治区固原市南塬乡 M1401 唐代壁画墓进行了抢救性发掘。该墓葬由封土、斜坡墓道、5 个天井、5 个过洞、甬道、土洞墓室构成。墓葬虽历经三次盗毁，但还

南塬 M1401 唐墓第四天井西壁龛出土俑阵（清理后）

南塬 M1401 唐墓壁画

是发现了彩绘泥俑、开元通宝、玻璃珠、铜带饰、骨钗等遗物上百件。其中有些泥俑彩绘贴金，装饰华丽；一批开元通宝字迹清晰、肉廓俱好、制作精良，是唐代铸造技术最高水平的代表；墓道至墓室的各个建筑单元残存有壁画，有部分壁画保存状况较好，清理、揭取时采用高保真数字化技术对壁画进行三维成像记录。该墓葬位于固原南塬史氏家族墓地一线，墓主人骨经鉴定为欧罗巴人种，推测与史氏家族有一定关联，这为研究固原在中西文化交流中的作用增添了新材料。

9. 宁夏固原南郊水厂墓地

为配合宁夏回族自治区中南部城乡饮水安全连通工程建设，2015 年 5~7 月，对工程所涉文物遗迹进行了发掘清理。发掘古墓葬 29 座，其中汉代墓葬 6 座、北朝至隋唐时期墓葬 7 座、明清墓葬

固原南郊水厂墓地M3出土镇墓俑

固原南郊水厂墓地M 3 出土墓志盖

16座，另发掘窑址1座。隋唐墓葬均为带长斜坡墓道的土坑洞穴墓，明清墓葬均为土坑竖穴墓。出土遗物有瓷器、陶器、铜器、铁器、漆器、玉器、钱币、墓志等，共计158件。

10. 宁夏固原安西王府遗址

开城安西王府遗址位于宁夏回族自治区固原市原州区开城镇，遗址中的长虫梁城址一号基址考古发掘工作于2015年8月开始，发掘面积850平方米。出土遗物主要为砖瓦石块等建筑材料，大量琉璃砖瓦、石材饰件等高规格建筑材料显示遗址的地位与规模，其中出土的4件完整台沿螭首与元上都所出者造型一致，通过遗址规模与发掘出土物基本可以判定一号基址即为安西王府主殿基址。

安西王府遗址一号基址出土台沿螭首

新疆维吾尔自治区

新疆维吾尔自治区文物考古研究所

一、业务建设

在中央和新疆维吾尔自治区党委、政府的亲切关怀下，在国家文物局、新疆维吾尔自治区文化厅及文物局的大力支持和具体指导下，新疆维吾尔自治区文物考古研究所立足实际，顺应时代潮流及学科发展动向，在业务建设、人才建设与培养、学术交流与科研成果、对外宣传与公众服务等方面勤修“内功”、深耕厚植，为新疆历史文化的挖掘与宣传、新疆文化软实力的构建做出了积极尝试及应有的贡献。

（一）业务工作

1. 考古调查与发掘

（1）配合基本建设的考古工作

配合基本建设的考古工作是新疆维吾尔自治区文物考古研究所田野工作的重点。2012~2016年，在新疆维吾尔自治区文物局的安排部署下，积极配合“安居富民”“定居兴牧”等惠民工程及地方基本建设工程的展开与推进，做好相关的考古调查和发掘工作。截至2016年8月，累计发掘遗址、墓地60余处，成果颇丰。哈巴河县托干拜二号墓地、阿依托汗一号墓群的发掘，进一步丰富了切木尔切克文化的内涵，对探讨其与阿凡纳羡沃文化的关系具有重要价值；尼勒克县恰勒格尔遗址、乌吐兰墓地、吉仁台沟口青铜时代遗址和墓葬的发掘，为深化对伊犁河流域安德罗诺沃文化遗存的认识提供了重要材料；和静县重工业园区遗址及墓葬、莫呼查汗墓地、哈布其罕萨拉墓群，和硕县那音克墓地、红山沟墓群石围石室墓的发掘，对研究焉耆盆地察吾呼文化的面貌及其走向意义重大；哈密市萨伊吐尔墓地、亚尔墓地、柳树沟墓地及伊吾县沙梁子墓地的发掘，为完善东天山地区考古学文化序列、探究该地与周边地区文化联系提供了实物资料；昌吉市努尔加墓地、楼庄子墓群，沙湾县大鹿角湾墓群、吉木萨尔县白杨河墓地的发掘，丰富了对乌鲁木齐周边地区考古学文化面貌的认识；且末县古大奇墓地、托盖曲根一号墓地，莎车县兰干遗址、和硕县红山墓群石堆石室墓、洛浦县比孜里墓地的发掘，则为探索历史时期小宛、且末、西夜、危须、于阗等西域古国的历史文化提供了宝贵资料。

（2）主动性考古发掘与调查

近年来，边疆考古研究逐渐成为学界热点。乘着“一带一路”的东风，结合自身学术取向及关注点，新疆维吾尔自治区文物考古研究所积极参与申报国家级科研项目，业已主持或参与了多项主动性科研课题，涉及墓葬、遗址调查与清理。

一是完成了国家文物局“中亚考古”课题“喀什—克州边境地区史前至汉唐时期重要遗址考古考察”，在塔什库尔干县等地新发现遗址、墓地 230 余处。2015 年，启动对塔什库尔干县石头城的考古发掘。二是组织实施了“两汉西域都护府遗址等军政建置综合考古研究”田野考察，对轮台县境内的多处城址进行了物探考古调查，对楼兰古城—库车沿线古城、烽燧遗址进行了资料判读和分析。三是为配合汉代西域都护府遗址的考古调查，对奇台县石城子遗址进行了考古测绘，并自 2014 年起对其进行考古发掘，证实了此地即为《后汉书·耿恭传》中所记载的疏勒城。四是开展对龟兹古城的考古调查及测绘。五是参与了由中国科学院地质与地球物理研究所主持的科技部国家科技基础性工作专项重点项目“罗布泊地区自然与文化遗产综合科学考察”，并承担其子课题“古楼兰交通与古代人类村落遗迹调查”。2015 年发现的“张币千人丞印”铜制官印，是百余年楼兰科考历史中首次发现的印章实物，为学术界研究魏晋时期西域职官制度提供了重要的实物资料。六是积极承担丝绸之路新疆段重点文物保护工程项目，对哈密地区白杨沟佛寺及烽燧遗址、吐鲁番市胜金口佛寺遗址及柏孜克里克石窟、若羌县米兰遗址和和田地区烽火台、城堡遗址进行了考古发掘。七是启动了阿勒泰地区“额尔齐斯河流域史前考古综合研究”课题，对布尔津县图瓦新村墓地、哈巴河县喀拉苏墓地进行了发掘，出土了一批重要遗物。在 2015 年测绘的基础上，2016 年展开对哈巴河县通天洞遗址、布尔津县海流滩墓地的考古发掘。

除上述已然完成或正在继续的项目外，2016 年拟进行的主动性考古调查或发掘工作还有尼勒克县汤巴勒萨依墓地发掘、霍城县阿力麻里古城遗址考古发掘、甘新丝路古道楼兰—龟兹考古调查和博州达勒特古城发掘等。

在考古调查过程中，除采用常规方法外，还通过独立实施或与相关单位合作，适时运用空间信息技术成果（卫星遥感、航空影像）和物探技术。在考古发掘过程中，注重对遗存信息的全面提取和考古发掘现场的文物保护，对不适于现场清理的遗物进行整体提取，转入实验室考古。

2. 基础设施建设

五年来，新疆维吾尔自治区文物考古研究所积极进行馆舍库房的建设及改造工作。通过文物库房的升级改造、问题隐患整治、加强安全保卫，狠抓文物安全管理，确保安全生产；在完成对建所以来所藏文物标本的初步清理及全国第一次可移动文物普查的基础上，对馆藏文物进行重新登记造册、分类存放；编制完成《新疆文物考古研究所可移动文物预防性保护》《新疆尼雅墓地出土纺织品文物保护》《新疆尼雅墓地出土纺织品文物数字化保护》《新疆营盘墓地出土纺织品文物保护修复项目》《新疆营盘墓地出土纺织品文物数字化保护》《新疆小河墓地出土腰衣保护修复项目》《新疆莫呼查汗墓地出土青铜器修复、保护》等文物修复、保护规划，按规划独立开展或合作开展相关工作；在坚持“实用、适用、管用”的原则下，选购除湿机、基恩士超景深微镜5000C、恒温恒湿柜等设备，开辟专门的整理室或库房，提升文物分析、修复及保护的能力。

2015年，新疆维吾尔自治区文物考古研究所联合陕西省考古研究院、北京科技大学分别成立了“考古发掘现场文物保护国家文物局重点科研基地新疆工作站”和“金属与矿冶文化遗产研究国家文物局重点科研基地新疆工作站”，旨在为新疆考古发掘现场文物保护及室内文物修复、保护等方面提供技术支撑，培养专业人才，开展科学研究。

（二）人才建设与培养

新疆维吾尔自治区文物考古研究所高度重视人才队伍建设，努力探索新形势下文物考古工作人才梯队的培育与养成。通过道德讲堂和领导现身说法，树立职工强烈的责任感与使命感；采取多种形式吸收新鲜血液，结合个人志向及所内实际工作需要，对职工工作进行合理安排，以帮带模式促进新进职工的成长；鼓励并安排职工参加业务培训，通过邀请专家学者讲座、参加学术会议、参与合作研究等形式促进职工学术素养与工作能力的提升。

（三）学术交流与科研成果

1. 学术交流

新疆维吾尔自治区文物考古研究所在平等互利的基础上，广泛开展与国内外考古、文博单位的合作研究，促进学术交流与合作。国内方面，累计进行了小河墓地科技考古合作研究（与北京大学、吉林大学、中科院大学合作），新疆出土史前毛织物染料的合作研究（与中国丝绸博物馆合作），哈密、和静等地墓葬出土骨骼同位素分析，下坂地墓地人类遗骸生物人类学研究（与兰州大学、吉林大学合作），哈巴河县喀拉苏墓地出土马骨的动物考古学研究（与中国社会科学院、首都师范大学合作），开都河流域古墓葬及尼勒克吉仁台沟口遗址冶金考古学研究（与北京科技大学合作）等多项合作研究项目。国际方面，积极推进中法克里雅河流域考古资料的合作整理研究，并积极参与中德“丝路霓裳”项目的合作研究。目前，各项合作项目均已取得阶段性的科研成果。

五年来，新疆维吾尔自治区文物考古研究所所先后有十余人次赴北京、西安等内地城市和德国、法国、澳大利亚、俄罗斯、埃及、丹麦等国进行学术交流与友好访问，拓展了交流渠道与合作空间。

在“走出去”的同时，更注重“引进来”。2011年至今，新疆维吾尔自治区文物考古研究所坚持每年末举办考古汇报会，邀请在新疆从事考古发掘工作或进行新疆考古相关研究的单位及专家、学者参会，分享各自的工作情况及研究成果。累计有中国社会科学院考古研究所、中国科学院大学、中国科学院地质与地理研究所、北京大学、中国人民大学、北京科技大学、首都师范大学、西北大学、兰州大学、武汉大学、吉林大学、中国丝绸博物馆、新疆维吾尔自治区博物馆、新疆龟兹研究院、吐鲁番学研究院等10余家单位的科研人员做专题发言。2012年，成功举办汉代西域考古与汉文化国际学术研讨会，邀请日本、韩国、德国、越南等4个国家和香港地区、中国社会科学院考古研究所、国家博物馆等22家国内文博机构及18所高等院校的专家学者交流、研讨，对汉代西域考古与汉文化研究进行了系统梳理和深度分析。这一交流平台的存在，不仅可以增进同行之间的了解，也锻炼了所内的年轻队伍，同时媒体的宣传、报道更为大众了解新疆考古提供了新的途径。

2. 科研成果

严谨、规范、科学地刊布考古调查、发掘资料与相关研究成果，是考古工作者的职责。五年以来，在做好《新疆文物》出版工作的同时，研究所还延续了“新疆文物考古研究所丛刊”工程，先后出版了《新疆下坂地墓地》《新疆萨恩萨伊墓地》《新疆昌吉回族自治州考古调查与发掘》《新疆阿勒泰地区考古与历史文集》《吐鲁番故城及其周边地区的考古工作报告（1902~1903年冬季）》（译著）5本考古报告或论文集。在强调对新进考古发掘资料整理、出版的同时，对尼雅墓地、小河墓地等一批重大考古发现的未刊资料的整理也正在有序进行。

（四）对外宣传与公众服务

新疆维吾尔自治区文物考古研究所重新布展的文物标本室设三个展厅，共展出富有特色的精品文物标本1000余件，具有代表性的干尸若干。近年来，前来参观的国家及新疆维吾尔自治区有关领导、国内外学术团体、高校师生、社区群众等日益增多，年均接待观众达500余人次。文物标本室的窗口作用越发凸显。

2012~2016年，新疆维吾尔自治区文物考古研究所服务于国家和新疆维吾尔自治区对外宣传的工作大局，积极筹备、参与了法国“汉风”——中国汉代文物大展、日本“中国西域”——丝路传奇、美国斯坦福大学文物外展以及台湾地区“法宝之路”——中国丝绸之路上的佛教艺术展、香港汉代文物大展等多项展览。同时，还筹备、参与了国家博物馆丝绸之路文物展、中国丝绸博物馆新疆小河墓地出土纺织品文物展及“丝绸之路：起源、传播、交流”等展览，并向新疆维吾尔自治区博物馆、伊犁州博物馆、乌鲁木齐市博物馆、尼勒克县博物馆、木垒博物馆等疆内文博机构借展文物1500余件，有力地支持了各地文物事业的发展，实现了文物惠民。

此外，新疆维吾尔自治区文物考古研究所积极利用公共媒体进行考古成果宣传，除邀请媒体参与考古成果汇报会外，还配合拍摄了兵团屯垦、小河墓地、哈密五堡墓地、新疆电视台文物考古档案、可移动文物普查的相关专题片；并申请了微博、微信公众号，及时发布最新工作动态。积极参与新疆维吾尔自治区“去极端化”宣传工作，组织学者、专家完成“天山大讲堂”“让历史告诉未来"等主题节目的组稿工作，多措并举，扩大受众面，为推动新疆"三史"（新疆历史、民族发展史、家族演变史）教育，准确阐释新疆璀璨悠久的人文历史、多元融合的地域文化做出自己应有的贡献。

二、重要考古成果

1. 新疆伊犁吉仁台沟口遗址和墓地

吉仁台沟口遗址和墓地位于新疆维吾尔自治区伊犁哈萨克自治州尼勒克县科蒙乡恰勒根村东1.5千米，地处喀什河出山口处北岸台地上。2015年共计发掘墓葬76座、遗址1000余平方米，出土文物300余件（组）。2016年度考古发掘顺利开展。

墓葬年代可分为青铜时代中晚期、青铜时代晚期、早期铁器时代、秦汉、隋唐、宋元时期六个阶段。出土遗物80余件。

吉仁台沟口遗址
F6 全景

吉仁台沟口遗址 F5 出土铜刀

吉仁台沟口遗址出土陶范

遗址包括房址、灶址和灰坑。房址平面呈长方形，为半地穴式建筑，可分大小两种，小型房址面积约 20~30 平方米，大型房址在 100 平方米以上，最大的一间建筑面积 300 余平方米。大型房址中见成排的规整柱洞，遗迹有灰坑、灶址、居住面、灼烧面等，发现大量的煤块及煤渣、煤灰，出土陶器、铜刀、铜颗粒、陶范等，推测这类房址具有生产加工作坊的性质。

一座青铜时代墓葬打破了遗址，确定遗址的年代不晚于青铜时代。且墓葬出土的陶器与遗址中发现的较为一致，二者可相互佐证，对于研究早期居址和墓葬关系提供了第一手资料。结合遗址内出土的陶、铜等器物以及墓葬的佐证，揭示了二者与安德罗诺沃文化遗存的密切联系。

2. 新疆哈密亚尔墓地

亚尔墓地位于新疆维吾尔自治区哈密市五堡乡东天山南麓的平缓戈壁滩上，地势北高南低。整个墓地呈东西向长条形，总面积约 12379.8 平方米。2012~2013 年共发掘墓葬 490 座，出土器物 1500 余件（套）。

大部分墓葬无地表标识，只在揭掉地表戈壁砾石层后暴露出墓室，个别成人墓在墓口有一

亚尔墓地外景

周土坯垒砌的圆形墓垣，而个别儿童墓则在墓口盖有木盘或盖木。墓葬平面以东西向圆角长方形为主，仅个别墓葬为南北向。墓葬形制主要有竖穴土坑墓、竖穴生土二层台墓、竖穴土坯二层台墓，葬式以二次扰乱葬为主，一次葬多见于儿童墓，该类墓葬以向左侧身的屈肢葬居多。葬俗方面，以单人葬为主，也有一定比例的双人合葬或多人合葬墓。仅在两座墓中见有木尸床。

亚尔墓地出土彩陶罐

随葬品大多位于填土中，有陶、铜、木、石器，以陶器为大宗，主要有单耳罐、双系罐、杯、钵、豆等。一般陶器上饰红色陶衣，凡彩绘陶均为黑彩，有倒三角纹、平行线纹、“S”形纹等。^{14}C 测年显示，墓地年代在距今 2800~2300 年之间，属于焉不拉克文化的范畴。

3. 新疆塔城大鹿角湾墓群

大鹿角湾墓群位于新疆维吾尔自治区塔城地区沙湾县大鹿角湾，地处天山山脉北麓山前坡地。2014~2015 年共发掘墓葬 69 座，多数墓葬遭盗扰。依墓室结构，可分竖穴二层台墓、竖穴偏室墓、竖穴土坑墓三大类。竖穴土坑墓中部分墓葬以树棺为葬具，具有地域特点。墓葬呈东北—西南向排列，不同形制的墓葬有交替分布的现象。流行单人仰身直肢葬，由于大多数墓葬被盗扰，不排除存在二次葬的可能性。合葬墓数量较少，大体可分为同茔同穴、同茔异穴两类。出土遗物百余件（套），质地有陶、铜、铁、骨、木、金、石器以及皮制品，多置于墓主人头端附近。

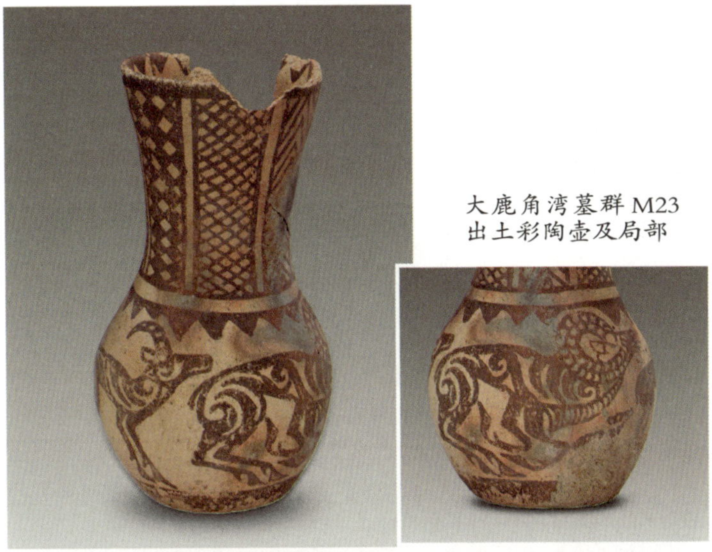
大鹿角湾墓群 M23 出土彩陶壶及局部

大鹿角湾墓群 M11 出土觿

墓群的墓葬形制多样，文化内涵丰富，地域特征鲜明。以石圈土堆为墓葬地表标识的现象、竖穴偏室墓的形制以及出土单耳陶器、三角网状纹彩陶、带柄铜镜、折沿铜镜和不同类型骨、木、铜镞等遗物的文化因素在沙湾以东、以西的天山山间盆地或河谷、山前地带均有大量发现，其时代多集中在春秋时期至汉代。此次较大规模的考古发掘为该地区考古学文化谱系、体质人类学、环境考古、动物考古等方面的研究提供了宝贵资料。

4. 新疆阿勒泰喀拉苏墓地

喀拉苏墓地位于新疆维吾尔自治区阿勒泰地区哈巴河县加依勒玛乡西北 2.5 千米的戈壁草场上。2014 年发掘清理墓葬 53 座。

墓葬分布不集中，地表封堆多为直径 6~38 米的低矮石堆，有的封堆下有石圈。墓葬开口多在封堆下中央位置，近长方形，多数墓葬曾被扰动。依墓室形制可分为偏室墓、石棺墓、石椁木棺墓、木棺墓、竖穴土坑墓 5 类。殉马的墓葬有 16 座。出土遗物约 600 件，质地有石、骨、陶、铜、铁、金之属。

M13、M15 两座石椁木棺墓是这次考古发掘的重要发现之一。M15 是该墓地中规模最大、规

喀拉苏墓地 M15 木棺盖板上黏附的金箔

喀拉苏墓地 M15 出土双横耳铜杯

喀拉苏墓地 M15 出土陶壶

格最高、出土文物最为丰富的墓葬，有殉马 13 匹，出土遗物约 400 件，是目前新疆考古发掘中发现殉马数量最多的一座墓葬，其发现有助于古人用马、马匹装饰风格特点及亚欧草原早期牧业文明葬俗葬制等方面研究的推进。此外，墓地还出土了约公元 7 世纪的铁马镫、箭箙、剑鞘、兜鍪等遗物。

该墓地虽然墓葬数量少，但年代跨度大，依墓葬形制及出土器物组合、特征的不同，可初步分为早期铁器时代、汉代前后、公元 7 世纪前后三个不同的时期。早期铁器时代墓葬的出土遗物与阿尔泰山北部以及西部同时期古代遗存出土的遗物有一定相似度，但墓葬结构有一些差异。

发掘过程中，对不适宜现场清理的马骨、金器、漆器、皮革制品、纺织品等遗物进行了现场保护，并局部进行了整体提取以开展室内清理和保护工作。

5. 新疆昌吉石城子遗址

石城子遗址位于新疆维吾尔自治区昌吉回族自治州奇台县半截沟镇麻沟梁村东北、河坝沿村南的麻沟梁上。古城依自然地形而造，城内地势北高南低，起伏较大。古城平面为不甚规则的长方形。东西长约 260、南北长约 400 米，总面积约 8 万平方米。城内已被辟为耕地，破坏严重，仅西、北墙尚存一段墙体。

2014 年 9~10 月，对古城西墙南段及城内西北部进行了初步发掘，发掘面积约 300 平方米。遗存的主要年代为汉代，另有少量清代遗存。在汉代遗存中清理出城墙、壕沟、灰坑、柱洞、车辙、房址等遗迹。城墙夯筑，无基槽，墙基宽 9.3、残高 1 米；灰坑 3 个，内含板瓦、筒瓦及少量动物骨骼；柱洞 2 个，部分柱洞内残留朽木；车辙 10 条，从车辙分布情况推测很有可能是木质独轮车；房址 1 座，表面有一层板瓦和筒瓦残片，边沿有炭粒、红烧土、灰烬等火烧痕迹。出土

石城子遗址 T1 内房屋遗迹（东—西）

石城子遗址车辙遗迹

陶、铁、铜、石器等遗物，还见有马、羊等动物骨骼。2015 年，对古城进行了全面调查，在古城附近发现窖址和墓地。2016 年继续在城内西北部进行考古发掘和勘探，发掘面积 600 平方米。揭露出的遗址区域文化层厚 0.4~2 米。揭露房址 2 组。清出的墙体用土坯垒砌或者夯土砌筑，表面涂一层白灰，墙体底部在白灰上又涂红彩。出土板瓦、筒瓦、瓦当、方砖等建筑材料和陶盆、钵等生活用品。截至目前已基本清楚发掘区域内房屋规模大小及形制布局。

发掘的同时，还对石城子遗址进行了航拍和 RTK 测量。纵观该古城遗址的地形地貌，可以看出其作为军事要塞所具有的战略优势。出土遗物中的大量汉代风格板瓦、筒瓦、瓦当及陶器，进一步佐证了该城址就是《后汉书・耿恭传》中所记载的疏勒城。

6. 新疆巴音郭楞米兰遗址

米兰遗址位于新疆维吾尔自治区巴音郭楞蒙古自治州若羌县米兰镇东约 6 千米处，地处古罗布泊以南，为丝绸之路南道咽喉。遗迹呈大分散、小集中的态势分布于方圆几千米的戈壁荒漠之中，自米兰文物保护站向东约 1 千米处为一片佛教建筑遗迹，共有单体遗迹 6 处，其中佛塔 4 座、佛寺 2 座。斯坦因编号为 M Ⅲ ~M Ⅶ，从此处遗迹向东约 2 千米处为米兰戍堡，斯坦因编号为 M Ⅰ，再向东 1 千米处为一佛寺遗迹，斯坦因编号为 M Ⅱ，该佛寺北部、南部各有烽燧一座，与戍堡呈“品”字形分布。

2012 年，配合保护工程，对遗址西部的 M Ⅲ ~M Ⅶ 4 处佛教建筑遗迹以及位于遗址东部编号为 M Ⅰ 的戍堡进行了发掘，发掘面积近 2000 平方米。通过发掘发现建筑遗迹系建造于以往的废弃堆积之上。出土各类文物 260 余件，器类有木、陶、骨、陶、铁、石等，另有部分壁画残块、纺织品与文书等。以木器为大宗，包括碗、盘、建筑构件、吐蕃文木简等。陶器以罐为主，石器以磨盘居多。纺织品则以皮甲、毛织物居多。

结合考古发掘及前人研究成果，米兰遗址的年代下限应在公元 8~9 世纪。关于米兰遗址的性质，众说纷纭，斯坦因认为该遗址即文献所载之鄯善的“故东城”扜泥，而更多的学者则根据城址分布以及归置，认为米兰遗址即为汉代“伊循”城，且此观点多已被认可，但本次发掘尚无支持上述论证的材料。8 世纪后，吐蕃占领该区域，该城址的名称未见明确的史书记载。